工商行政管理理论探索

第四次全国工商行政管理论文评选获奖论文集

GONGSHANG
XINGZHENG GUANLI
LILUN TANSUO

中国工商行政管理学会 编

上册

长江出版社

图书在版编目(CIP)数据

工商行政管理理论探索:第四次全国工商行政管理论文评选获奖论文集(上、下册)/中国工商行政管理学会编.—武汉:长江出版社,2007.3
　　ISBN 978-7-80708-285-9

Ⅰ.工… Ⅱ.中… Ⅲ.工商行政管理—文集 Ⅳ.F203.9-53

中国版本图书馆CIP数据核字(2007)第040313号

工商行政管理理论探索(上、下册)　　　　　　中国工商行政管理学会　编
责任编辑:张艳艳
出版发行:长江出版社
地　　址:武汉市解放大道1863号　　　　　　　　　　　　邮编:430010
E-mail:cjpub@vip.sina.com
电　　话:(027)82927763(总编室)
　　　　　(027)82926806(市场营销部)
经　　销:各地新华书店
印　　刷:通山县九宫印务有限公司
规　　格:787mm×1092mm　　1/16　　61.5印张　　1300千字
版　　次:2007年10月第1版　　　　　　　　2007年10月第1次印刷
ISBN 978-7-80708-285-9/F·12
定　　价:158.00元(上、下册)

（版权所有　翻版必究　印装有误　负责调换）

序

以科学发展观为指导、深化理论调研工作，
为不断提高工商执法效能、切实规范执法行为献计献策

2006年，中国工商行政管理学会开展了"第四次全国工商行政管理系统优秀论文评选"活动，得到了各单位会员及各级基层工商部门的积极响应，提交参评成果超过400篇。中国工商行政管理学会将获奖成果编辑成集，出版了这本《探索》文集，对于鼓励理论骨干积极参加调查研究和学术理论研究与交流工作大有裨益。

2006年是我国实行"十一五"规划的开局之年，并取得良好开端。在党中央、国务院的正确领导下，工商行政管理工作亦取得了很大成绩。我们坚持"两手抓、两手都要硬"的方针，一手抓职能任务的落实，加强市场监管和行政执法，收效显著，市场秩序总体保持良好态势，有力地配合了中央政策的贯彻和国务院宏观调控目标的实现；一手抓队伍建设、行政行为的规范和工商行政管理体制改革和制度、机制创新，亦成绩斐然。温家宝总理在2006年12月26日给国家工商行政管理总局呈报的周伯华局长"在全国工商行政管理工作会议上的讲话（送审稿）"上的批示中指出："**完善市场管理制度，整顿规范市场秩序，加大行政执法力度，提高市场管理水平，是一项长期的任务。当前，要针对群众反映强烈的问题，及时采取有力措施加以解决。对农村市场管理要予以特别的关注和加强。**"温总理这段批示文字凝练、高度概括，包含十分丰富的内容，希望各级工商行政管理机关认真学习、领会讲话精神。

在这里我想从提高工商执法效能、规范工商执法行为的角度谈几点认识。

第一，提高工商市场执法效能，是我们一切工作的出发点和归宿。

一般地讲，效能是指事物所蕴藏的功用及其发挥的成果。工商执法效能，是指工商部门依据法定的市场监管职能，以行政执法为主要手段和行为方式，作用于监管对象所达到的某种效果状态。所以，效能是能力的一种体现，它是客观的，有着质与量两个方面的评价标准。当前，一些地方工商行政管理部门，包括一些学会正在开展这方面的课题研究，即如何构建一个工商市场监管和行政执法能力的评价体系，如浙江省工商局、工商学会去年年初就开展了此项工作，已取得了一些初步的研究结果，这是一种很有意义、很有价值的探讨。

效能的发挥,是体系内各种相关因素相互作用、共同发挥效能的结果。就工商行政管理系统而言,如果存在着体制不顺、机制不畅、职能不确立、队伍建设跟不上、行政方式不规范的问题,那么,就谈不上效能的最大发挥。树立与落实科学发展观也就会成为一句空话。为什么?因为树立和落实科学发展观,首先要体现在执政党的执政理念和执政方式的转变上,体现在各级政府及其职能部门的经济、社会、文化及其行政方式的转变上,重点是解决执政成本和执政能力的问题。如果执政成本很高,监管效能上不去,市场秩序混乱没有明显好转,群众不满意,社会不认可,那么,工商行政管理的权威、地位、职能、作用、社会公信力等就会大打折扣。所以,从20世纪90年代初至今,我们重点抓了以下工作:加大了工商行政管理体制、机制改革的力度;以管办脱钩为突破口,进一步确立了市场监管执法职能;推进了工商行政管理的法制化、规范化、现代化建设,创新市场监管和行政执法制度;加强基层建设,重点推动执法队伍建设等。我们的初衷,或者说直接目的,就是要提高工商行政管理的市场监管和行政执法的效能。我们的落脚点也是如此,即衡量我们一系列改革措施的成败得失,最终要体现在我们履行职能达到的客观效能状况,这是不言而喻的。

当然,做任何事情都不会是一蹴而就的,"不积跬步,无以至千里",这是一个艰巨的、需要不断付出努力的过程。应该看到,我们的改革和发展虽然取得了成绩,我们的市场监管和行政执法效能也有所提高,但正如众孚同志所强调的那样,我们"无论是履行监管职能、提高执法水平,还是规范执法行为、提高队伍素质,依然任重道远,必须不断增加认识,继续加倍努力"!

第二,规范工商市场执法行为应围绕着提高市场执法效能目标切实开展。

规范工商执法行为不是目的,只是一种方式和手段,目标是提高执法效能。怎么规范,这就涉及了如何推进工商行政管理的法制化、规范化、现代化建设的问题。

首先,法制化是前提,是基础。大家都说,市场经济是法治经济,还要补充一句,即现代社会是法治社会。离开了健全的法律法规,缺少了以法规为前提和基础的制度安排,"人治"的传统就不会根治,法治的力量也难以体现。法治的力量主要体现在什么方面呢?从浅层次上讲,它给每个人、每个社会组织和群体提供了一个公开、公平、透明、有章可循的行为规范,这种共同的行为规范是社会秩序的保障。否则,行为方式不统一,人们就会你说你的,我说我的;你做你的,我做我的,这岂不是混乱了吗?正如市场缺乏了法治,就会出现市场交易、竞争秩序混乱一样。从深层次上讲,法治的力量在于打造全社会共同遵守的价值理念,有助于实现社会公平与效率的协调发展。正是基于这一点,我们才强调,由人治向法治的转变,是我们党执政理念和执政方式转变的核心内容之一。

强化法治理念、推进工商行政管理的法制化建设,是实现工商行政管理行政行为方式转变的基本要求,其具体内容就是要求我们在市场监管和行政执法中,排除一切干扰,努力做到有法可依、有法必依、执法必严、违法必究。我们现在是不是完全做到了这一点,显然值得进一步总结和探讨。

其次,规范化是法制化的必然结果。法制化为规范化提供了客观依据,但如果到此止步,规范化还是不能实现的。规范化的要义是在法制化的基础上,实现一系列的制度安排和机制再造,从而保证法律的公正性、严肃性和权威性,实现执法的有效性,即执法效能。再进一步讲,规范化有什么具体要求呢?就是要不折不扣地做到严格执法、公正执法、文明执法、廉洁执法。换言之,如果执法者做不到这一点,随意执法,不公正执法,野蛮执法,不廉洁执法,那还奢谈什么树立法治理念,实现法治社会?问题还不仅于此,文明社会要靠道德支撑,执法者要有执法者的道德操守。胡锦涛总书记倡导的"八荣八耻"也是我们工商部门的道德原则,要实现德治社会的目标,要求每个执法者、每个执法机构都能自觉遵守职业道德,坚持从我做起、从本职工作做起,付出更多的努力。

再次,现代化是规范化的时代要求。人类文明已经走进了 21 世纪,在全球化的作用下呈现出分化与整合、多元与一元的辩证发展特征,其最终结果必然导致人类文明的发展和进步。然而,文明实现的方式和过程却是艰难和复杂的,现代化是不二的选择。什么是现代化?概括地说,就是科学化。树立科学的现代文明理念,包括物质文明、精神文明和政治文明的理念,本身就是现代化的内在要求。中国共产党倡导的科学发展观,本质意义上就是树立科学的现代文明理念,努力寻找现代社会实现物质、精神、政治文明的新途径、新方式、新方法、新手段,这是十分重要的。中国的文明不能仅仅体现在物质层面,还要体现在精神、政治的层面,否则,物质文明将难以为继。这是其一。其二,现代化还体现在充分利用现代人类的科技人文手段,为实现文明目标服务。例如,信息化手段,通过电子政务的方式促进政治文明;通过电子商务的方式实现物质文明;通过传媒网络的方式促进精神文明。这里有许多工作要做,蕴藏的社会效能、社会效益和经济效益巨大,同样也是我们工商行政管理部门整合管理资源、促进市场执法法制化、规范化、现代化的必由之路。

第三,要靠努力构建信用工商、法治工商、信息工商的实际行动,实现执法效能的不断提高、执法行为的不断规范。

实现执法效能的不断提高、执法行为的不断规范,应该说是工商行政管理事业改革与发展的永恒主题,只是在不同的历史阶段体现出不同的时代特征,形成不同的具体任务。当前，深化信用工商、法治工商、信息工商的构建工作，任务还是相当繁重的。客观地讲，这不是一句口号，而是工商行政管理工作应该实现的工作目标，而且要变成具体的实践行动。我们在开展市场监管和行政执法过程中，目前仍然存在的许多不规范行为，违背了信用工商、法治工商、信息工商的现代理念，实际危害也不可忽视。如何把这种现代的管理理念落到实处，需要各级学会更多地付出。本着实事求是的精神，在理论上多做研究，在实践中勇于探索，这就是理论创新和实践创新。

第四，规范执法行为，提高执法效能的着眼点，是进一步加强基层队伍建设，努力建设素质过硬的干部队伍。

2007年1月4日，周伯华局长在全国工商行政管理工作会议上的讲话中指出：**"基层处于市场监管执法第一线，是维护市场秩序、促进经济发展和社会和谐的主要力量，是服务人民群众、树立良好工商形象的重要窗口，必须坚持把抓基层工作作为队伍建设的重中之重。"**周伯华同志还进一步强调，建设素质过硬的干部队伍，要在加强学习和能力建设上下工夫。一是要建设政治上过硬的队伍，二是要建设业务上过硬的队伍，三是要建设作风上过硬的队伍。学会开展各项工作，也要面向基层，树立为建设素质过硬的干部队伍服务的宗旨，无论是开展群众性的学术理论工作，还是会刊的编辑出版、发行工作，都应遵守这一宗旨，离开了这一点，学会工作就会失去活力，甚至生命力。

总之，工商行政管理工作面临的新形势、新任务，给各级工商行政管理学会提出了新要求。还是那句老话，紧紧围绕工商行政管理中心工作，求真务实地开展调查研究工作，努力在工商行政管理理论文化建设的阵地上有所建树，是时代赋予我们的责任。

2007年已经到来，希望各级工商行政管理理论工作者以科学发展观为指导，深化理论调研工作，为不断提高工商执法效能，切实规范市场执法行为献计献策。在新形势下，为推动工商行政管理事业的改革与发展作出新贡献！

谨以此为序。

2007年1月29日

目 录

上 册

论文篇

一等奖

论驰名商标的反淡化保护
……………………………………………………… 李文剀/2

公益广告发展中的政府行为研究
……………………………………………………… 冯念文/24

集贸市场政策分析与制度设计
…………………………………………………… 陈季修 张国山/71

行政许可中商事登记疑难问题对比研究
……………………………………………………… 王伟民/99

对中国现阶段反垄断问题的研究
……………………………………………………… 刘鸿斌/117

论建立以工商机关为主导的反垄断执法体制
……………………………………………………… 白 宁/146

行政执法的趋利化与行政执法体制的重构
…………………………………………………… 盛小伟 唐国标/155

商标侵权行为之认定研究
…………………………………………………… 崔维纲 唐 栋/159

运用现代化手段提高市场监管能力
……………………………………………………… 张志宽/171

建立现代商事登记制度　全面提升外资登记工作的质量和水平
.... 王令浚 /178

二等奖

法律推定在工商行政执法办案中的运用
.... 朱军华 /184

关于个体工商户分层分类登记管理改革的思考
.... 孙文序 /194

论网络广告发展与监管对策
.... 杨同庆 /204

试论商标"窃权"行为及其惩治方法
.... 杨叶璇 /218

论工商行政管理部门在市场监管体系中的地位和作用
.... 罗文阁 /226

长三角地区市场监管与工商行政执法实务研究
.... 上海市工商局课题组 /234

关于振兴东北老工业基地"软环境"问题的若干思考
.... 谢　地 /248

关于吕梁实施品牌兴农战略的几点思考
.... 张学明 /256

企业年度检验制度反思
.... 郑智敏　韩　珺 /277

实施品牌战略　促进经济增长方式转变
.... 张炳明 /283

时代生成的标志文化——"3·15 文化"
.... 丁世和 /292

论城镇住宅小区停车位的产权归属及相关问题
.... 邓光达 /302

企业注册官制度试点与深化工作探究
.... 方惠萍 /314

改革和完善我国食品安全监管体系的思路
.... 李永才 /320

我国合同秩序的现状分析及对策研究
.... 卫　琳／327

三等奖

论商标战略的塑造与经营
.... 王玉英／336

新时期工商企业年检制度的剖析与思考
.... 胡　芳／344

建立工商行政执法责任制的思考
.... 李学昌／350

理性执法：缘由及其推动
.... 盛小伟／357

有限责任制度的缺陷与完善
.... 丁重林／360

对清算企业及清算组法律地位的思考
.... 黄　炯／366

实行流通环节食品安全目录准入制度　提高对食品安全的控制力
.... 左京生／371

基于信用缺失环境下的弱质民营企业发展路径
.... 王林昌／378

加大行政执法力度　建立市场监管权威
.... 谭小英／387

日本企业合并制度的研究与借鉴
.... 张兰兰／395

公司登记机关审查虚假证明文件若干法律问题的思考
.... 李孝猛／402

关于工商行政管理党员干部保持先进性的几点思考
.... 石　栋／408

中国西部中小企业发展研究
.... 章继刚／417

股权出资基本规则试探
.... 蒋　杰／430

谈谈陈化粮市场监管
………………………………………………………… 陈 骥/435

商号权转让之法律问题探讨
………………………………………………………… 杨 宇/441

《公司法》修订后的公司章程审查研究
……………………………………………………… 钟 民 李 菁/446

充分发挥工商职能 积极推进城乡一体化
………………………………………………………… 陈春建/454

当前工商执法环境存在的主要问题与对策建议
………………………………… 张务锋 纪连强 吴允福 王来智/462

信息化建设与工商行政管理组织系统运行模式创新
……………………………………………………… 周裕昌 李 瑛/469

商业秘密案件查处研究
……………………………………………………… 郦金花 吉 镇/473

商事登记主体的确认与特殊类型
………………………………………………………… 刘安伟/479

政府的承诺不应视同于企业的承诺
………………………………………………………… 张 经/485

浅谈企业改制中的以净资产出资
………………………………………………………… 张琼瑜/488

对经济户口管理一体化进程的思考
………………………………………………………… 黄炳东/498

建立健全陈化粮市场长效监管机制势在必行
……………………………………………………… 王金斌 张 文/504

倡导信用新理念 建立企业信用监管新机制
………………………………………………………… 何艳红/510

理顺内设机构是工商行政管理制度创新的基础
………………………………………………………… 张国山/514

提高工商行政管理能力的对策研究
……………………………………………………… 宁波市工商学会课题组/520

对有限公司股东变更登记案例的法律思考
………………………………………………………… 肖 薇/533

下 册

调研报告篇

一等奖

广州市工商局12315行政执法网络建设的实践与思考
....肖洣海　叶冠勇　高文华　邓良容/540
新疆维吾尔自治区工商系统基层队伍建设调研报告
....刘新海/550

二等奖

完善企业守信激励机制和失信惩戒机制　提高信用监管效能
....北京市工商学会课题组/557
关于广东、浙江、江苏三省个体私营经济发展情况的考察报告
....王天仁　纪连强　刘德福/565
在华跨国公司限制竞争行为表现及对策
....国家工商总局公平交易局反垄断处/576
基于浙江企业信用调查的研究报告
...."基于浙江企业信用调查的研究报告"课题组/583

三等奖

关于台商来鲁投资兴业情况的调查及加快合作发展的建议
....闫增谦　倪玉军/629
发展中介组织　规范中介市场
....滕茂行/636
整合系统执法资源　建立科学管理协调运作的执法机制
....北京市工商学会课题组/642
重庆市农村市场流通问题研究
....重庆市工商局农村市场流通研究课题组/648
关于工商行政管理机关支持服务黑龙江省对俄经贸战略升级的调研报告
....孟祥君/667
借鉴香港经验　改革公司注册制度
....赵在俊/676

课题报告篇

一等奖

北京市食品安全现状分析及立法对策
　　…………………………………………………… 北京市工商局课题组/684
关于网络经济中工商行政监管经验探讨与政策建议
　　………………………… 北京市工商学会　北京大学网络经济研究中心课题组/709

二等奖

论信息化提升工商行政管理能力
　　………………………………………………………………… 罗文阁/722
关于进一步放开粮食收购市场　加强粮食市场体系建设和规范管理的报告
　　……………………………………………………… 王树燕　陈　骥/731
河北省商品市场监管制度研究
　　………………………… 卢玉平　金洪钧　陈爱民　靳志远　赵康民/740

三等奖

上海外资科技型企业发展的困惑及思考和对策
　　………………………… 上海外资科技型企业发展的困惑及思考和对策课题组/764
北京市信用服务市场现状及其发展对策研究报告
　　…………………………………………………… 北京市工商局课题组/779
加强工商行政执法能力建设研究
　　…………………………………………………… 重庆市工商局课题组/802
工商系统公务员能力标准与培训课程参考模式研究
　　……………………………………………… 王东国　王瑞萍　谷素华/822
深圳市广告业发展规划(2004—2010年)
　　………………………… 深圳市工商局　深圳大学　深圳市广告协会课题组/876

后　记

论文篇
LUNWEN PIAN

一等奖

论驰名商标的反淡化保护

李文剧

商标淡化理论起源于美国的学术研究以及德国的司法判例,现在已被越来越多的国家认可和采纳。驰名商标因其具有卓越的信誉和特殊的魅力,而往往容易遭受假冒、影射、寄生或其他侵害。"淡化"就是一种有别于传统商标侵权的特殊的侵害驰名商标的行为。淡化行为的出现和蔓延,使驰名商标的反淡化保护变得尤为迫切和必要。本文从商标淡化的法律内涵、表现形态、法理基础、立法规制等方面,就驰名商标的反淡化保护问题进行分析、讨论和研究,对存在的问题提出对策措施和立法构想。

一、商标淡化的法律内涵及理论渊源

(一)商标淡化的法律内涵

1. 商标淡化问题的提出

商标是指"一种商品、服务的标记或标记的组合"。商标权,则是指商标权人对其商标所享有的排他性的专有权利。商标权具有独占性,第三人不得擅自使用他人商标。在传统意义上,商标只有和特定商品或服务相结合,才能成为商标,才能产生商标权。脱离了特定商品或服务的"商标",并不是商标法意义上的商标,不过是一种文字或图案,并不能产生商标权。商标一经注册,就取得了商标专用权,任何人不得擅自将他人的注册商标使用于相同或类似的商品或服务上。但是能否将他人的注册商标用于不相同或不相类似的商品或服务之上呢?对于这一问题,我国现行《商标法》并未作出明确规定。随着市场经济的繁荣发展,商标作为市场竞争的有效利器越来越受到普遍采用和重视。复制、模仿、抄袭或者翻译他人商标并把它注册于不相同或不相类似商品或服务之上的行为越来越多,尤其对于具有一定知名度的著名、驰名商标,在不相同或不相类似的商品或服务领域被恶意抢注的现象也时有发生。这一行为虽然有些时候并不至于引起公众混淆,也不属于假冒侵权,但它是否对商标所有权人造成其他损害,就是本文要讨论和研究的"商标淡化"问题。

所谓商标淡化，是指减少、削弱驰名商标或其他具有相当知名度的商标的识别性和显著性，损害、玷污其商誉的行为。目前，理论界尚没有关于"商标淡化"的严格定义。美国1995年《联邦商标反淡化法》（Federal Trademark Anti-Dilution Act）将商标淡化定义为："减少、削弱驰名商标对其商品或服务的识别性和显著性能力的行为，不管在驰名商标所有人与他人之间是否存在竞争关系，或者存在混淆和误解或欺骗的可能性。"商标淡化是通过对他人商标的淡化使用，来冲淡商标的显著性，降低该商标的影响力的行为。

由于传统的商标保护理念着眼于防范假冒、仿冒行为，保护范围局限于相同或相类似的商品或服务，因此，商标反淡化保护问题是我们当前面临的新课题。

2. 商标淡化的法律内涵

目前我国法学界尚未形成统一的商标淡化的概念表述，立法上也没有对商标淡化作出明确的定义，因此学术界对商标淡化的理解莫衷一是，对商标淡化的解释也各不相同。有的学者认为，商标淡化意指冲淡商标与其核定使用商品或者服务之间的特定联系，弱化商标识别、区别不同生产经营者商品或者服务的能力的现象。有的学者将商标淡化称作"影射商标侵权"，指将知名商标作为企业字号（名称）登记注册，或将知名企业字号（名称）作为商标注册，或在不同种类、不相类似商品上注册知名商标。有的学者认为：商标淡化是指无权使用人在不相同或不相类似的商品上使用与驰名商标类似或相同的标识，利用驰名商标的商业信誉来推销其他商品或服务。有的学者将商标淡化称作"搭便车"，指将他人的驰名商标用于自己的商品或服务上，暗示该商品与驰名商标所有人存在某种联系，以利用他人驰名商标的良好信誉推销自己的商品或服务。上述对商标淡化的各种阐述尽管都体现了商标淡化的某些内容，但未能完全揭示商标淡化的本质特征。我们通过从不同侧面对商标淡化问题进行考察，可以比较全面地把握商标淡化的法律内涵。

首先，从行为表象看，商标淡化，笼统地说，就是擅自使用他人驰名商标的行为。这包括三种情形：一是擅自将他人的驰名商标使用在与其所标识商品相同或类似的商品或服务之上；二是将他人的驰名商标使用在与其所标识商品不相同或不相类似的商品或服务之上；三是将他人的驰名商标做商标以外的其他使用，如作为企业商号、形象标志、商品名称、网络域名，等等。众所周知，第一种情形属于假冒侵权行为。传统商标法已有明确规定，淡化理论对此没有必要再做深入研究，尽管这种行为也可能造成驰名商标淡化的后果。第二种和第三种情形由于所使用的商品或服务不相似、使用领域不相同，淡化行为人与商标所有人之间没有存在直接竞争关系，一般情况下也并不会引起混淆或误导公众，可见行为人没有假冒的意图。但事实表明，其行为将造成驰名商标逐渐淡化。因此，淡化行为主要表现为后两种情形。事实上，商标淡化理论无论是从其产生的背景，还是其确立之目的，抑或是实际运用效果来看，都主要是为了禁止他人未经许可在不相同、非类似商品或服务以及其他领域擅自使用驰名商标的行为。

其次，从危害结果看，淡化行为将使驰名商标弱化、退化，甚至异化。一个商标之所以驰名，是商标所有人经过长期的生产、经营、使用、宣传、推广、培育等辛勤努力，使之逐渐在消费者中广为传播并被接受的结果。因此，大凡驰名商标，都已深入人心，在消费者和相关公众心目中打上深刻烙印。当有人把驰名商标用于不相同、不相类似的商品或服务上时，由于消费者心目中对该驰名商标长期以来形成的明确概念和深刻印象，必然对该商品或服务加以特别的关注和联想。而当消费者发现该商品或服务与其印象中的不同，生产经营者也不是原驰名商标所有人，这时，消费者原来对该驰名商标及其所标识商品的清晰概念就被模糊了，原来的深刻印象就被淡化了。也就是说，驰名商标与其所标识商品或服务之间直接、唯一、特定的联系被降低和冲淡，导致驰名商标的显著性弱化、识别性退化，甚至发生异化。

第三，从侵害客体看，商标淡化是对驰名商标良好信誉与内在价值的侵害。一个商标从创制、使用到驰名的过程，就是商标所有人不断提高产品质量、积极推广传播、努力树立信誉的过程，其间离不开商标所有人的潜心耕耘和辛勤劳动。可见，驰名商标凝聚了劳动，具有了价值。由于驰名商标长期以来积累的良好声誉，对消费者产生强大吸引力。当淡化行为人擅自在不相同、不类似商品或服务上使用驰名商标时，由于消费者长期形成的消费心理和思维定势，必将自然而然地给予关注和信任，但当他发现情况不对时，尤其是发现商品和服务的品质不如从前时便会大失所望，其原有的明确概念和良好印象也必将受到破坏和瓦解。这不仅淡化了驰名商标的可识别性，而且将动摇驰名商标在消费者和社会公众心目中的良好形象和崇高地位，这事实上就是对驰名商标所有人长期以来所努力追求的目标——在消费者和公众心目中树立良好信誉和影响力——的巨大损害，从而也就降低了驰名商标的无形价值。

综上可知，商标淡化是一种特殊的商标侵权行为，它主要是指非权利人在不相同、不相类似、非竞争的商品、服务或其他领域擅自使用与驰名商标相同或近似的商标，从而削弱或降低驰名商标的识别性和显著性，损害驰名商标良好信誉及其内在价值的行为。

(二)商标淡化的法理基础及其发展

1. 商标功能的发展与商标保护基点的转移

在传统商标理论中，商标的主要功能是区别功能，即对来源不同的商品进行识别，而在商品经济高度发达的今天，商标尤其是驰名商标蕴含着巨大的商业价值，商标的功能也由其单纯的原始功能向经济功能发展。

商标的功能是随着经济的发展、时代的变迁而不断发展的。商标功能的发展使得对商标的保护也相应地发展。在19世纪以前，由于商品经济不发达，交通及通信极不便利，消费者购买商品只能在附近特定区域，消费者对商品的可选择性很小。因此，消费者首先关心的是买到货真价实的商品。此时，商标的主要功能在于防止不同商品之间的混淆，即商标的区别功能。当商标只具备这一种区别商品来源的原始功能时，它和所标示的商品是融为一体的，商标一旦脱离特定的商品，便没有任何价值。只具有原始功能的商标与商品本身不同，商标的价值只体现在商品购买前，一旦购买完成以后，商标的使命也就完成了。

随着市场经济的不断发展，商标的功能也发生了变化。为了在市场竞争中生存和发展，商品生产经营者越来越多地运用商标这一有效武器，不仅把它作为商品的标识，更把它作为企业形象的旗帜和吸引消费者的亮点，有意识地对其投入大量资金、精力、劳动，苦心经营、潜心运作所转化来的商业信誉就不断地积聚到其商标上。因此，商标凝聚了商品生产经营者的心血和汗水，已成为企业的最重要的无形资产之一。例如，1994年"可口可乐"商标被估值为330.45亿美元，1996年该商标的价值达到390.5亿美元；"万宝路"的商标价值为387.14亿美元。在我国，由于逐渐重视品牌的培育工作，也逐渐出现了一些具有市场竞争力的驰名商标。例如，1995年中国最具价值的品牌评估中，"海尔"商标被估值为42.6亿元人民币；"红塔山"商标被估值为30亿元人民币；"长虹"的商标价值为87.61亿元人民币。由此可见商标作为一种无形资产的价值在企业中的重要地位。

由上可知，随着市场经济的不断发展，商标的功能也从单一的区别商品不同来源的原始功能发展到今天具有凝聚无形财富的经济价值功能。商标功能的这一变化，直接导致了对商标保护出发点的变迁。

商标的原始功能只是将商标与某一特定的商品联系起来，以满足消费者认牌购物的要求，降低消费者搜寻商品的成本。因此，在这种情形下，关键是保护广大消费者，而不是保护商标所有人。可见，在传统商标保护中，制止"混淆的可能"是其核心问题。对此，各国的商标法都有所体现。

但另一方面，在现代市场经济中，商标尤其是驰名商标具有价值功能，它凝聚了企业长期累积的商业信誉。企业的这一无形财产权同样需要保护。所以，仅仅制止"混淆的可能"是不够的。举一个简单的例子来说，如将"KODAK"商标用在饮料上，消费者不太可能认为"KODAK"商标所有人会生产饮料，但一看到"KODAK"商标，就会觉得眼熟，因为他马上就联想到了"KODAK"胶卷。在这里，尽管消费者不会引起混淆，但驰名商标"KODAK"已经受到了损害。事实上，因看到某一商标而自然而然地联想到另一个商标，消费者就会不自觉地将在先商标的商誉转移到该商标上，久而久之就必然会因此而淡化在先商标的形象，因此，这种行为也应当加以制止。正如德国联邦法院在一份判决中所述："之所以要给予这种反淡化保护，是因为该显著商标的所有人，完全有正当理由继续维持他花费大量时间和金钱取得的独特地位，任何可能危及他的商标的独创性和显著性，以及由此产生广告效应的行为都应当禁止，保护的目的不在于避免任何形式的混淆，而是为了使积累的资产免遭损害。"从制止混淆到防止淡化，体现了商标保护的基点从维护消费者合法权益向保护驰名商标所有人商誉的转移。

2. 识别功能构建的传统商标混淆理论的局限性

商标随商品生产的发展而萌芽，随市场经济的发展而勃兴。商标在初始阶段，其主要功能是区别商品或者服务的来源，防止不同商品或服务之间产生混淆。这时候，商标紧紧依附于商品，成了便于识别的一种手段，一种消费者认牌购物的工具。传统商标法的目的就是保护商标的这种识别功能，并由此建立了商标混淆理论。传统商标混淆理论认为：商标是商品或服务上使用的标记，区别商品或者服务的不同来源是商标的最原始、最基本的功能。商标的混淆是指商标使用者假造、伪造他人商标或非法使用与他人相同或近似商标，造成消费者对商标所标识的商品或服务来源产生误认的行为。这种行为使商标的区别功能丧失，严重侵犯了商标权人依法享有的商标专有权，同时也严重违反了商品交换中的诚实信用原则，破坏了正常的商品流通秩序，损害了消费者的利益。传统的商标混淆理论是一切商标权保护制度的理论依据，驰名商标保护制度最初同样是建立在这个理论基础之上的。其逻辑是：商标知名度越大，则对其保护范围越广，可及于不同类商品，这一扩大保护的理论基础"乃在于被侵害之商标如系众所周知，将更引起消费者对于商品来源发生混淆。盖世所共知商标如被冒用于不同商品之上，将使消费者误认为系商标权人之新产品而发生混淆"。可见，传统商标混淆理论对驰名商标的扩大保护仍是以"足以发生混淆的可能"为前提条件。也就是说，如果不会产生混淆，则就无侵害可言，也就不给予保护。

3. 表彰功能的崛起催生现代商标淡化理论的形成

随着经济发展、社会进步，商标的功能也逐渐进化，传统商标理论日益暴露出它的局限和不足，商标理论寻求自身的突破已成发展趋势。二战后，资本主义经济在和平环境下长足发展，商标逐渐从识别手段发展为一种信誉的象征，即从识别商品或服务来源的标记发展为凝聚企业信誉的载体；从附属地位发展为独立地位，即从附属于商品或服务的标记发展为一种独立的、代表一定内容的品牌。当商标主要起识别作用的时候，使消费者免于混淆无疑是传统商标保护的基本出发点。但当商标的表彰功能日渐凸现时，对商标的保护需要作出相应的调整，特别对承载较多商誉的驰名商标，法律应给予特别的保护。因为知名度越高、信誉越好、影响力越大的商标（即表彰性功能越强的商标）越容易被利用、被损害。早在1942年，美国弗兰克·福特法官对商标的表彰作用及其保护就给予过十分经典的评论："保护商标是基于法律对于标记的心理功能的认可。我们不单依靠标记生活，而且也依靠标记购物。商标是引导消费者选购他需要或他相信他所需要的物品时的一条商业捷径。商标所有人竭力将一个合适标记的吸引力注入到市场氛围中，从而强化人类的这一倾向。无论手段如何改变，目的只有一个，通过商标在潜在消费者的头脑中唤起对商品的欲望。一旦成功，商标所有人就拥有了某种价值。假如有人企图偷猎这一标记的商业吸引力，商标所有人自然可以获得法律救济。"总之，伴随着商标表彰性功能的崛起，商标的淡化与反淡化问题日益凸现，法律保护愈来愈关注商标的信誉、声望、影响力等内在价值。对商标表彰性功能的保护突破了传统商标权保护的法理基础，改写了商标保护的原则和内容，促成了商标淡化理论的形成和发展。

二、驰名商标淡化的表现形式与法律属性

（一）驰名商标淡化的发生形态

从商标保护的实践上看，驰名商标淡化的行为表现是多种多样的。但从理论上讲，驰名商标淡化的发生形态可归纳为弱化、泛化、丑化和异化四种形式。

1. 弱化

弱化也称暗化，是一种典型的淡化形式。弱化是指将他人的驰名商标使用在不相同、不相似的商品或服务上，从而削弱了该驰名商标与它原来所标示的商品或服务之间的特定联系，模糊了该商标的识别性，进而对该商标所承载的商誉造成损害，减低该商标所凝聚之价值的行为。

弱化本质上是对商标识别性的削弱和降低。任何人未经许可，将他人的驰

名商标使用在不相同、不相似的商品或服务上,都会降低其识别性。当人们在消费过程中涉及侵权人所使用的淡化商标时,他首先接触的是商标淡化行为人的商品或服务,进而联想到他所熟知的该驰名商标原先所标示的商品或服务。由于存在着同一商标标示不同的商品或服务,消费者头脑中原来对该驰名商标及其所标示商品或服务的明确概念就变得模糊不清了。毫无疑问,这对驰名商标的识别性来说,是一个严重的损害。

在实践中,弱化行为一般表现为,淡化行为人擅自将与他人驰名商标相同或相似的商标用于不相同或不相似的商品或服务上。例如:把"Haier"这一家用电器的驰名商标用在了鞋子上,将弱化"Haier"商标的影响力,冲淡"Haier"商标与家用电器的紧密联系,从而降低了"Haier"电器对顾客的吸引力。

2. 泛化

泛化是指对驰名商标不适当的广泛使用,以至产生泛滥局面的行为。不适当的广泛使用既包括他人擅自使用的弱化行为,也包括驰名商标所有人自己不当使用或许可他人使用的行为。随着商标知名度的不断提高,将在各行业、各领域引来众多的仿效和假冒现象,即所谓的傍名牌现象。而在商标被认定为驰名之后,有的商标所有人急功近利,擅自扩大商标使用范围,甚至许可他人使用,这样就可能导致一个驰名商标在各行各业、各种不同商品和服务上的普遍使用,造成该商标市场充斥、屡见不鲜,甚至泛滥成灾的局面,正所谓"狐狸"满街走,"鳄鱼"到处游。泛化表面上看使人们随处可见该商标,但殊不知消费者不知其所言何物,实际上是对商标的识别性、显著性和独特性的严重损害。由于不适当地大量、普遍地使用,导致了该驰名商标与其原来所标示的商品之间固有的、唯一的、特定的关系被完全消除了,这就冲淡了该商标商品在消费者心目中的特有形象,降低了其对顾客的吸引力。正如美国律师协会知识产权分会主席汤姆斯·E. 史密斯(Thomas. E. Smith)所指出的那样:"如果法院容许或者放任'劳斯莱斯'餐馆、'劳斯莱斯'自助餐厅、'劳斯莱斯'裤子、'劳斯莱斯'糖果存在的话,那么,不出十年,'劳斯莱斯'商标的所有人就将不再拥有这个世界驰名商标。"

3. 丑化

所谓丑化,是指将他人驰名商标使用在对该商标的良好声誉和形象会产生贬低、玷污、损毁作用的商品或服务上的行为。丑化他人商标,不管是戏谑、贬低或污损、毁誉,抑或曲解、诬蔑,都会对该商标的声誉造成严重损害,引起消费者的不良心理反应和不愉快联想,削减其消费欲望,从而降低了该商标商品的市场竞争力,因而危害性更大。

在实践中，丑化既表现为有意地贬低、矮化、污损他人驰名商标的行为，也包括无意中使用而给他人驰名商标造成负面效应的行为。污损贬低的丑化行为常有两种情形：一种是在有伤大雅、伤风败俗或有悖人们心理和生活习惯的背景下使用驰名商标。例如"麦当劳"是食品快餐业的驰名商标。如果有人将它用在了妇女卫生巾上，很显然，将"麦当劳"美食与卫生巾联系到一起必然会使消费者感到不快甚至厌恶。另一种情形是将高档商品的驰名商标使用在低级的普通商品之上。例如在"Steinway"一案中，被告将原告使用于钢琴上的"Steinway"商标用来指示啤酒罐开启把手，原告诉称这是一种矮化贬低行为，法院支持了原告的主张，认为"被告将'Steinway'商标同其商业活动及商品联系使用的行为，如果不加以制止，原告高质量的钢琴产品，势必会同被告廉价批量的产品相联系，同销售被告产品的商店、小铺相联系，而这种联系必然会损害原告只生产或赞助高品位、高质量、高档次钢琴的声誉和形象。

无意中使用也可能产生丑化影响。有一个典型案例就是1923年德国联邦法院所判的"4711"香水案。该案原告是著名的"4711"香水的制造商，被告是一家污水清理公司。原告诉称被告在其污秽不堪、臭气熏天的卡车车厢印有"4711"字样，是对原告驰名商标"4711"香水的丑化行为，请求法院予以禁止。而事实上，"4711"恰巧是被告公司的电话号码，被告在其卡车车厢上标印公司电话号码，本是再自然不过的事情，但法院还是支持原告诉求，禁止被告继续使用该号码，但改换电话号码的费用由原告承担。

4. 异化

异化，是指由于商标使用不当，使商标的识别功能不断退化，并逐渐演变，最终沦为它所标示商品的通用名称的情形。异化，有人把它称为退化。笔者认为，退化是商标识别功能逐渐衰退的过程，而异化则是退化从量变到质变的结果。企业市场经营成功而商标运作管理不善，就可能导致商标异化。异化一旦发生，亦即商标标记异化为商品名称，商标就将彻底丧失识别性，不再具有区别功能。企业失去了商标，也就失去了凝聚于其上的价值，失去了长期累积的无形财富。因此，异化无疑是商标淡化中最为严重的一种后果。

在实践中，"优盘"商标异化事件是值得一提的例子。深圳市朗科科技有限公司在使用"优盘"名称时，整个计算机行业还没有"优盘"这一概念和名称。1999年8月，朗科公司在第9类计算机存储器等商品上，向国家工商总局商标局申请了"优盘"商标注册，并于2001年1月21日被核准注册。但长期以来，由于朗科公司商标保护意识不高、商标运作管理不当，致使许多同业经营者、计算机从业人员、消费者都把"优盘"作为一种计算机移动存储器的商品通用名称加以广泛使用而未得到及时纠正。朗科公司自己在其商品包装盒及促销宣传材料上，也把"朗科优盘"或"优盘"直接作为商品名称使用，甚至在其营业执照的"经营范围"项目中，也把"优盘"作为其所经营的一种商品名称进行申请登记。这就让社会公众将"优盘"认读为一种新型计算机移动存储设备的商品名称。2002年10月23日，北京华旗资讯数码科技有限公司向国家工商总局商标评审委员会提出申请，请求撤销朗科公司注册的"优盘"商标。华旗公司声称，"优盘"商标仅仅直接表示了商品的用途及具体的使用方法，并且该商标已成为此类商品的通用名称。中国电子商会向商评委提交的《关于"优盘"已经成为产品通用名称不宜再作为注册商标使用的情况反映》中，也认为"'优盘'已经成为产品的通用名称，如果继续作为一个注册商标而为某个厂商所专有和使用，会造成市场推广成本过高，不利于整个行业的良性发展"。经审理，商标评审委员会作出裁决，认定"优盘"商标已成为其指定使用商品——计算机存储器的通用名称，应予撤销。"优盘商标"事件凸现出商标异化的风险，应当引起我们的重视和关注。在历史上，如Jeep（吉普）、Aspirin（阿斯匹林）、Freon（氟里昂）等都曾经是很有影响的商标，后来分别异化为越野车、药品乙酰水杨酸和制冷剂的通用商品名称。随着商标知名度与美誉度的建立和累积，商标的无形价值也将随之攀升，驰名商标不仅可以有效凝聚客源，还可增加客户对产品的信赖度与忠诚度，更能带给企业无穷的商业利益。如果商标被淡化，企业必将面临巨大的损失。

（二）驰名商标淡化的法律属性及其危害

研究驰名商标淡化的法律属性及其危害，需要从不同的角度来考察。从商标所有人的角度看，商标淡化是一种民事侵权行为；从淡化行为人的角度看，商标淡化是一种不正当竞争行为；从消费者及社会公众的角度看，商标淡化是一种损害消费者及社会公众利益的行为。

1. 驰名商标淡化是一种特殊的商标侵权行为

商标淡化是一种侵害商标权的行为，这是商标淡化最基本的法律属性。对于普通注册商标，传统商标理论将其专用权限定在其所注册的商品或服务的范围之内。但对于驰名商标则不同，商标淡化理论将其权利范围进行扩充，实行跨类保护。也就是说，对于驰名商标，不仅在其注册的同类商品或服务上的假冒混淆行为构成侵权，而且在其所注册的商品或服务之外的不同类别的商品或服务上的淡化行为也要禁止。商标淡化理论使驰名商标获得了权利扩张和扩大保护，其基本精神已体现在《巴黎公约》、TRIPS协议等一些国际条约之中，我国2001年修订的《商标法》也部分吸收了商标淡化理论。由此可见，驰名商标淡化是一种侵犯驰名商标特有权利的侵权行为。

2. 驰名商标淡化是一种不正当竞争行为

驰名商标淡化作为对驰名商标显著性的暗化、对驰名商标识别性的弱化和对驰名商标表彰性的丑化等行为，是一种损人利己的行为。一方面，商标淡化行为人要么阻挡了驰名商标所有人进一步运用其驰名商标发展新业务、开拓市场的大门，要么损毁驰名商标所有人的商业信誉和企业形象；另一方面，商标淡化行为人不适当地利用驰名商标所有人长期经营所累积的商业信誉和强大影响力来推销自己的商品和服务，这种"搭便车"的行为使其在市场竞争中从一开始就站在别人的肩膀上，而不是在同一起跑线上开展与同业的竞争。可见，商标淡化是一种不正当竞争行为。这种不正当性，主要表现在商标淡化行为人与其同行之间的同业竞争之上，而不是他与驰名商标所有人之间的关系上。

3. 驰名商标淡化是损害消费者及社会公众利益的行为

随着社会发展、市场繁荣，面对琳琅满目的商品和多种多样的服务，一般消费者在购买商品或接受服务时，已逐渐形成认牌购物和选择服务的消费习惯，而很少也很难去仔细考证商品或服务的来源和质量等基本状况。驰名商标所标示的商品或服务，是商标所有人长期辛勤经营与不懈努力的结晶。商标之所以驰名，是因为商标所有人潜心经营、不断提高商品质量和服务品质，包括为提高商标知名度所做的长期努力的结果。驰名商标已成为其所标示的高品质商品和服务的象征，消费者在经过一段时间的消费体验之后逐渐对其形成良好印象并建立了一种信赖。消费者对驰名商标的这种信赖和商标权人不懈努力给予的信心保证，使消费者能够以较少的时间、精力和较低的成本去获得高品质的商品和服务。然而，一旦驰名商标遭到淡化行为的侵害，情况就不同了。由于原来的驰名商标被用于其他行业、出现在其他的商品或服务之上，抑或受到贬低和玷污，这一方面可能对消费者产生诱惑和误导，凭借驰名商标的强大吸引力，促其认牌购物，结果是消费者上当受骗；另一方面也可能会给消费者带来一系列的疑惑：究竟驰名商标所有人怎么了，是改从他业，还是拓展新业；是与他人联营，还是受到仿冒；是经营管理不善，还是他人恶意攻击，等等。带着这些疑惑，消费者要么又要费心地加以认真了解考察，要么就干脆放弃对这些商品和服务的选用。总之，驰名商标淡化将逐渐消磨并最终瓦解消费者心中业已建立的信赖心理，搞乱人们的消费思维和消费习惯，增加社会大众获得高品质商品和服务的成本。因此，驰名商标淡化是一种损害消费者和社会公众利益的行为。

总之，从性质上说，驰名商标淡化既是一种商标侵权行为，又是一种不正当竞争行为，同时也是一种损害消费者及社会公众利益的行为。

明白了驰名商标淡化的法律属性，其危害性也就显而易见了。首先，它侵犯了驰名商标所有人的合法权益，损害了公正合理的创业环境；其次，它损害了同业经营者的利益，扰乱了公平有序的市场竞争秩序；第三，它误导诱骗了广大消费者和社会公众，破坏了诚信安全的市场消费环境。

三、国际反淡化立法的新进展及我国相关立法的现状

（一）世界主要国家商标反淡化立法的进展情况

商标淡化概念的起源可以追溯到德国的司法判例，但目前在世界范围内，美国是商标淡化理论和实践走在前列的国家。1927年美国学者富兰克·斯凯特（Frank Schexhter）在《哈佛法学评论》上撰文，其文章《商标保护的基本原理》首先引入了商标淡化的概念。他认为对商标独一无二性的维护将构成商标保护的唯一原理。斯凯特的理论虽然没有被普遍接受，但他却通过提出反淡化概念扩大了商标的保护范围。1947年美国的马萨诸塞州首先颁布了有关商标淡化的地方法律，随后其他的24个州也先后颁布实施了此类法律。20世纪60年代初，美国的州法律对《兰哈姆法》进行了修订，对商标侵权判定的必要条件不再局限于有竞争关系的商品之上，而是扩展到了一般的误认。但是，直到80年代，美国的联邦法院仍不愿全部地接受淡化条款，而只是就注册商标的淡化问题提供保护，对于未注册商标以及不适合注册的商标都不适用淡化条款。

另一方面，在美国的州与州之间，对商标淡化的保护问题的态度也存在分歧。一些州认同商标淡化条款，并制定了成文的商标淡化法规。而另一些州法院则采取抵制态度。美国政府为了改变州与州之间的不统一、不协调的商标淡化法律保护状况，当时的克林顿总统于1995年底签署了《美国联邦商标反淡化法》，并于1996年1月16日开始实施，成为世界上第一个对淡化问题进行专门立法的国家，这标志着美国商标淡化理论及反淡化立法走向成熟。

英国及其联邦法在开始时对商标淡化理论倾向于采取相对保守的态度，其商标注册体制也限制了商标淡化理论的发展。但是在巨大的商业压力下，这一束缚逐渐被挣脱，在英国的判例法中，也逐渐接受了商标淡化的概念。英国1994年商标条例在为侵权下定义时也明确指出：如果根据某一限制条件，对某一标记的使用与曾注册过的商标相同或相似，不管与其使用商标的商品或服务是否相同或近似，均构成侵权。

随着1996年欧共体商标条例的施行，在欧共体成员国间的商标注册法律体系中也引入了商标淡化的概念，使得欧共体的成员国今后不管是在商标注册中，

还是在商誉诈称之诉中都将较多地使用商标淡化概念。

目前,商标淡化理论在世界上其他一些国家也已受到关注,像加拿大、西班牙、希腊、委内瑞拉等国家的法律对商标淡化问题均作了明确规定。这些国家的法律,有的是把商标淡化行为视为一种不正当竞争行为而在反不正当竞争法中加以制止。例如希腊《反不正当竞争法》第一条规定:"禁止使用著名商标于不同商品上以利用著名商标信誉而冲淡其显著性"。最早产生淡化判例的德国也将淡化视为不正当竞争行为,并主要依照《防止不正当竞争法》及《德国民法典》中的诚实信用与公序良俗原则进行调整。其他更多国家则是通过单独立法或通过判例法对其予以确认。

日本、法国主要依《商标法》对淡化行为进行规制。《日本商标法》(1981)规定:对"可能损害公共秩序或善良风俗的商标"、"可能与他人业务有关的商品发生混淆的商标"以及"可能对商品质量引起误解的商标"拒绝注册。1996年6月12日,日本依其第68号法令对其《商标法》进行修改,将反淡化的保护对象扩展至国外驰名商标。而法国《商标法》(1975)对"淡化"问题规定得更为明确具体。该法规定,与驰名商标相同或相近似的商标,不限于在驰名商标指定的相同或相似的商品或服务,且包括不近似的商品或服务,只要能证明存在下列情形之一即可:①该商标对在先的驰名商标是有害的;②对商标的来源有产生混淆的危险;③对商标显著性或吸引力的含义有威胁,竞争者有意伤害其商标所有人,不正当利用其商标的声誉。

韩国1998年知识产权法虽然没有明确提出商标淡化概念,但其明确规定,如果由于一个商标的注册引起了对已注册商标的混同,或者由于对于已注册商标相近似商标的转让引起了消费者的误解,那么这样的商标权可以被撤销或作废。

在国际立法方面,早在20世纪60年代,驰名商标的淡化问题就已引起国际组织的关注。《保护工业产权巴黎公约》以及世界贸易组织的Trips协议都明确禁止商标淡化行为。巴黎公约规定,凡系被成员国认定的驰名商标的标识,一是禁止其他人抢先注册,二是禁止其他人使用与之相同或近似的标识。Trips协议比巴黎公约更进了一步:第一,宣布巴黎公约的特殊保护延及驰名的服务商标;第二,把保护范围扩大,禁止在不类似的商品或服务上使用与驰名商标相同或近似的标识;第三,对于如何认定驰名商标也做了原则性的规定。

(二)我国商标反淡化立法的现状与不足

商标反淡化保护在我国还是一个比较新的课题。我国目前有关对驰名商标保护的法律中还没有"商标淡化"的明确提法,但我们并不能因此就说我国还没有商标反淡化保护的法律规范。事实上，1996年8月14日由国家工商行政管理局发布施行的《驰名商标认定和管理暂行规定》已经在某种程度上确立了对驰名商标的反淡化保护。该《暂行规定》第八条规定："将与他人驰名商标相同或者近似的商标在非类似商品上申请注册，且可能损害驰名商标注册人的权益，从而构成《商标法》第八条第（9）项所述的不良影响的，由国家工商行政管理局商标局驳回其注册申请；申请人不服的，可以向国家工商行政管理局商标评审委员会申请复审；已经注册的，自注册之日起五年内，驰名商标注册人可以请求国家工商行政管理局商标评审委员会予以撤销，但恶意注册的不受时间限制。"第九条规定："将与他人驰名商标相同或者近似的商标使用在非类似的商品上，且会暗示该商品与驰名商标注册人存在某种联系，从而可能使驰名商标注册人的权益受到损害的，驰名商标注册人可以自知道或者应当知道之日起两年内，请求工商行政管理机关予以制止。"第十条规定："自驰名商标认定之日起，他人将与该驰名商标相同或者近似的文字作为企业名称一部分使用，且可能引起公众误认的，工商行政管理机关不予核准登记；已经登记的，驰名商标注册人可以自知道或者应当知道之日起两年内，请求工商行政管理机关予以撤销。"

为了顺应我国加入世界贸易组织的需要，在驰名商标保护方面与《保护工业产权巴黎公约》以及TRIPS协议相衔接，我国于2001年对商标法及其实施细则进行了修改，引入了商标淡化的有关内容，增加了对驰名商标保护的规定，其中一个重要方面就是对已在我国注册的驰名商标进行跨类保护。新修订的《商标法》第十三条规定："就相同或者类似商品申请注册的商标是复制、模仿或者翻译他人未在中国注册的驰名商标，容易导致混淆的，不予注册并禁止使用。就不相同或者不相类似商品申请注册的商标是复制、模仿或者翻译他人已经在中国注册的驰名商标，误导公众，致使该驰名商标注册人的利益可能受到损害的，不予注册并禁止使用。"相应修订的《商标法实施条例》第五十三条还规定："商标所有人认为他人将其驰名商标作为企业名称登记，可能欺骗公众或者对公众造成误解的，可以向企业名称登记主管机关申请撤销该企业名称登记。企业名称登记主管机关应当依照《企业名称登记管理规定》处理。"最高人民法院也于2001年6月26日发布了《关于审理涉及计算机网络域名民事纠纷案件适用法律若干问题的解释》，规定人民法院在审理涉及网络域名纠纷中可以认定驰名商标并对其进行保护。在商标法及其实施细则修订之后，国家工商行政管理总局于2003年4月17日重新制定发布了《驰名商标认定和保护规定》。我国地方性法规《上海市著名商标认定与保护暂行办法》第二十二条第三款则第一次使用了"淡化"一词,规定:"禁止他人以各种方式淡化、丑化、贬低上海市著名商标的行为。"

虽然,我国在商标淡化立法方面已做了一些探索和实践,但是还存在着不少缺陷,主要表现在以下几方面。

其一,尚未引入商标淡化的概念并对其作出明确界定。没有任何法律对商标淡化的表现形式、构成要件、法律责任等内容作出具体规定,在行政执法和司法实践中无法可依。

其二,对驰名商标的扩大保护仍以"误导公众"、"可能欺骗公众或者对公众造成误解"为条件,没有完全突破传统的商标混淆理论。

其三,没有将驰名商标的淡化作为一种特殊的商标侵权行为,《商标法》第五十二条规定的侵犯商标权的行为仍限定于在相同或相类似的商品或服务上。

其四,《商标法实施条例》规定,驰名商标与企业名称的冲突问题可依照《企业名称登记管理规定》处理,但《企业名称登记管理规定》并未就此问题作出规定。事实上,在这一问题的处理上存在着明显矛盾:企业名称登记管理权在各级工商局,但工商局并无权对商标是否驰名作出认定,而没有对驰名商标作出认定就不能给予扩大保护;也不能是"别人认定、我来保护",因为驰名商标认定的效力仅及本案,不对第三人,并实行个案保护。

其五,没有统一的立法,对驰名商标的认定与保护的有关规定散见于有关法律、条例、规定和司法解释等,在法律适用上显得勉强而零乱,缺乏足够的严肃性、威慑性和稳定性。

尽管困难和问题较多,但现实中不断有商标淡化案件出现,随着市场繁荣、经济发展,驰名商标的淡化问题必将越来越突出,实践和理论都在呼唤着驰名商标的反淡化立法。

四、我国驰名商标反淡化保护的立法规制及构想

(一)关于立法体例

世界各国商标反淡化法律制度的立法体例并不一致,归纳起来大致有三种:一是把商标淡化作为反不正当竞争行为并以反不正当竞争法加以规制,如希腊;二是把它纳入商标法中加以规制,目前有较多的国家采用这一体例;三是对它进行单独立法,制定专门法律予以规制,如美国。我国的商标淡化立法应采取什么样的立法体例呢?笔者认为,如果采用第一种做法,即在《反不正当竞争法》中规定商标淡化问题,确实简便易行,但从理论上解释不通。因为商标淡化虽然也是一种不正当竞争行为,但其本质上主要还是一种商标侵权行为。其

法理基础是商标权的扩充,而不是不正当竞争。《反不正当竞争法》不过是对知识产权立法的补充,如果仅将商标淡化规定在《反不正当竞争法》中,并不足以有效保障商标权人的利益。如果采用第二种做法,把商标反淡化保护纳入《商标法》中加以规范,从理论上说是可行的。事实上,2001年修订的《商标法》已经吸收了商标淡化的部分内容,但对驰名商标的反淡化保护还很不全面、很不完善。而从目前的情况来看,不可能在近期内再对《商标法》进行修订。因此,笔者认为,目前可采用第三种办法,由国务院组织制定一部专门的反淡化条例,名称可取为《驰名商标认定与保护条例》,其中设专章对驰名商标反淡化保护问题进行规制。理由有三:一是制定行政法规相对来说较为容易,时间快、效率高;二是我们目前已有国家工商总局制定实施的《驰名商标认定和保护规定》,其中已包含驰名商标反淡化保护的部分内容,可以此为基础进行充实、完善、提高,并将其位阶由部门规章提升为行政法规,以提高其法律效力;第三,对于将他人驰名商标注册为企业名称字号或者网络域名等淡化行为,国家工商行政管理总局1999年4月5日发布的《关于解决商标与企业名称中若干问题的意见》和最高人民法院2001年6月26日发布的《关于审理涉及计算机网络域名民事纠纷案件适用法律若干问题的解释》已分别作了规定,可供借鉴吸收。总之,目前可通过制定、颁行《驰名商标认定和保护条例》,并以《商标法》、《反不正当竞争法》等法律法规为补充,初步建立起较为完善的驰名商标反淡化保护体系。

(二)关于行为界定

反淡化立法对淡化行为的界定至少应包括以下几种行为:①擅自在不相同、非类似的商品或服务上使用与驰名商标相同的商标;②擅自在不相同、非类似的商品或服务上使用与驰名商标近似的商标;③在广告中利用他人驰名商标宣传自己的商品;④在包装、装潢上使用他人的驰名商标;⑤将与驰名商标相同或相近似的商标用于对驰名商标的声誉产生污损、丑化以及其他负效应的不同类商品或服务上;⑥把与他人驰名商标相同或近似的文字用于企业名称之中;⑦把与他人驰名商标相同或近似的文字注册为计算机网络域名;⑧以贬低或其他间接曲解的方式将驰名商标作为有关商品的通用名称使用。

应当注意的是,商标的反淡化保护不应绝对化,不是一切未经许可擅自使用驰名商标的行为都构成"淡化"。下列使用驰名商标的行为不能界定为"商标淡化行为":①在比较性商业广告中的公平应用,这种应用的目的仅是为了将自己的商品与驰名商标所标示的商品相区别;②非商业性使用,如词典编纂、文学创作等;③各种形式的新闻报道与评论;④各种形式的在先注册使用,如在商标驰名之前，其他人就已经将其用于不相同或不类似的商品或服务上，或用于企业名称、商号、域名等方面，在商标驰名之后应允许其在原有范围内的继续使用。

（三）关于构成要件

我们知道，驰名商标比起普通商标，享有很多"特权"，但这种"特权"不能无限制地扩张。与知识产权法的其他领域一样，对驰名商标的合理保护，最终归结为公益与私益的平衡问题。因此，要建立一种合理、完善的驰名商标法律保护制度，就必须找到一个支点，使得驰名商标所有人与其他市场主体、消费者和社会公众利益之间尽可能保持平衡。具体到驰名商标反淡化方面，就是要设定明确的驰名商标淡化的构成要件，以保持各方关系人之间的利益平衡。笔者认为，驰名商标淡化应包括以下几个构成要件。

1. 行为人实施了淡化驰名商标的行为

行为人的驰名商标淡化行为，具体可按照上述列举的八种情形加以界定。必须指出，这里的"行为人"既包括其他经营者，也包括驰名商标所有人自己。如果说其他经营者通过淡化他人驰名商标谋求利益是不法侵权行为，那么，驰名商标所有人搭借自己驰名商标特有商誉的自我淡化行为显然属于不正当竞争和误导消费者行为，因而必须受到法律规制。另一方面，我们明确限定被淡化的对象为驰名商标。这里所说的"驰名商标"是指有权机关依照法定程序认定的驰名商标。理论界有一种观点认为，反淡化保护的对象应不限于驰名商标，可扩大为有一定知名度的商标。其理由是：一个商标从"有一定知名度"到"驰名"往往是一个较为漫长的过程，如果不在其具有"一定知名度"时就加以反淡化保护，等到其"驰名"时就来不及了。笔者认为，反淡化保护对象应严格限定为驰名商标较为适宜。一则"有一定知名度"是一个极其模糊的概念，实践中难以认定和把握。而"驰名商标"的法律含义和认定办法则已规定得较为清晰。事实上，"驰名"就是"有一定知名度"中的一种相对明确的状态，是"知名度"的具体化。"驰名"本身也还有驰名程度不同的区别。二则把保护对象扩大到"有一定知名度的商标"，势必阻碍市场公平竞争。对任何私权的保护，都必须充分考虑权利人与其他人和社会公众之间的利益平衡关系，商标权也不例外。如果对"有一定知名度商标"的保护过于宽泛和超前，就使商标权人有理由吞噬本可以由社会公众合理使用商标的权利，并将被滥用以排挤其他竞争对手、限制和阻碍市场自由竞争。三则法律不能预设某一个"有一定知名度商标"将来一定能达到"驰名"的程度，更不能事先为其预留发展空间，否则就显失公正。事实上，一个商标的知名度的提高直至驰名，关键靠商标所有权人的投入和培育，法律主要是提供一个公平公正的市场竞争环境。商标在驰名之前的法律保护，应当可以通过防御商标和联合商标来获得。

2. 行为人对驰名商标已经造成实际淡化

民法上侵权责任的构成要件，无论是四要件说，还是三要件说，都强调损害后果对侵权行为构成的重要性，如果没有实际的损害后果，往往不能成立侵权责任。但是，在知识产权侵权责任中，一般不要求有实际的损害后果的出现，这是因为知识产权对象具有抽象性和无形性特征，其损害后果难以一时显现。另一方面，我们已经论述，商标淡化行为不仅是一种侵权行为，而且是一种不正当竞争行为，也是一种损害消费者和社会公众利益的行为，因此，其构成要件不能只从侵权角度来考察，还必须考虑其不正当竞争性和对社会公众利益的损害，而这种损害往往是潜在的、间接的。但是，不把造成实际损失作为驰名商标淡化的构成要件，并不意味着商标淡化行为的构成要件中不考虑有任何后果。笔者认为，应把实际淡化后果作为驰名商标淡化行为的构成要件之一。也就是说，如果驰名商标所有人主张其商标受到他人淡化，他应当证明有实际淡化后果，而非仅仅证明有淡化之虞。

实践表明，过于宽泛的反淡化保护存在种种弊端，于是在淡化理论的诞生地——美国，已开始对反淡化保护进行了限制。在2003年3月的"Victoriaps Secret"案中，以销售女性内衣闻名的"Victoriaps Secret"公司指控被告情趣商店使用"Victoriaps Secret"商标侵害其商标专用权并淡化其商标。一审时，地方法院判决被告行为构成对"Victoriaps Secret"商标的淡化。被告不服上诉后，法院维持原判决，认为原告只要举证证明被告之行为有淡化其著名商标之虞即可。而在联邦最高法院审理后，以9比0的悬殊票数作出判决，认为驰名商标权利人若要主张其商标被淡化，必须证明有实际的淡化，而不是仅仅证明有淡化之虞。最高法院确立的这种淡化标准介于仅要求精神联想和要求实际经济损害之间。前者过于宽泛，后者过于苛刻。这样，驰名商标所有人在寻求反淡化保护时，必须采取多种举证方式证明实际淡化的存在而不是主观臆想的淡化。起诉人可采用的证据除了实际损失证明外，还包括情景证据（比如争议的两种商标是相同的），以及消费者调查报告等。

3. 行为人有实施淡化驰名商标的主观过错

商标侵权与一般的民事侵权既有共同之处，又有其自身特点。驰名商标淡化侵权行为的认定究竟应采用过错责任原则，还是无过错责任原则，抑或是过错推定责任原则，需从驰名商标淡化侵权的特征来考察。笔者认为，驰名商标淡化侵权应以主观过错为构成要件，并适用过错推定的归责原则，这是由驰名商标淡化侵权的基本属性所决定的。过错是指行为人在实施加害行为时的某种主观意志状态，它"标志着行为人在实施加害行为时对社会利益和他人利益的轻慢，及对义务和公共行为准则的漠视"。由于这种轻慢和漠视，行为人理应受到非难。实施商标淡化是一种侵权行为，行为人必须在主观上具有过错，才构成商标淡化侵权。没有过错的行为，不具备主观可归责性，则不能构成商标淡化侵权。

商标淡化行为人的主观过错，是指行为人在实施商标淡化行为时的主观意志状态，包括故意和过失两种形态。所谓故意，是指行为人明知自己的行为会淡化他人的驰名商标，仍然刻意追求或者放任这种损害结果发生的主观心理状态；所谓过失，是指行为人未尽合理的注意义务而未能预见自己的行为会淡化他人的驰名商标或者自以为自己的行为不会淡化他人的驰名商标的主观心理状态。商标淡化行为人的主观过错，是决定责任归属的依据和标准。在通常情况下，加害人只有在具有主观过错的情况下，才承担法律责任，而且，承担责任的范围，往往与过错程度成正比。

考察商标淡化行为人主观上的故意或过失具有重要现实意义。首先，只有具备主观过错，才能构成驰名商标淡化侵权，没有过错的行为，不能认定为驰名商标淡化侵权行为。其次，具体研究行为人主观上的故意或过失，有利于明确行为人承担责任的大小、方式和范围。一般说来，行为人如果故意实施商标淡化行为，则承担的责任要重得多，尤其是要承担比较重的损害赔偿责任，但如果是过失实施商标淡化行为，则承担的责任范围要小得多，往往只承担较轻的赔偿责任，甚至可能不承担法律责任。例如，《巴黎公约》第六条规定，对驰名商标的淡化，行为人若是恶意的，则权利人随时可以要求成员国的有关主管机关撤销行为人对该商标的申请注册，并禁止其使用，还可以采取一定的制裁措施；若行为人只是无意间构成了对他人在先驰名商标的淡化，则权利人的上述权利须在固定期限(至少5年)内行使。这里的固定期限是一个除斥期间，如果权利人没有在这个固定期限内行使上述权利，则行为人将不再承担商标淡化的法律责任，并可能取得继续使用该商标的权利。

为什么不以无过错责任作为驰名商标淡化的构成要件呢？因为尽管2001年修订的《商标法》第五十二条之(2)与原第三十八条之(2)相比，删去了"明知"二字，可见修订后的《商标法》对销售侵犯注册商标专用权商品的行为已经采用无过错责任原则取代原先的过错责任原则。但是，驰名商标的反淡化保护是一种扩大保护，如果采取无过错责任形式，必将产生助强凌弱的局面，有失法律的公平正义。驰名商标所有人本来就处于强势地位，再给予过强的保护，必将导致其滥用权利、挤占和打压其他人的利益空间，使利益天平向其倾斜。

另一方面，我们也不能完全排除商标、商号等企业标志设计上偶然的雷同或相近。毕竟，商标、商号等企业标志的创制也不是凭空想象的，而总是在别人已有成果的基础上的智力创造。

实际上，驰名商标因其具有很高的知名度和广泛的影响力，所以大凡对驰名商标的淡化行为不是主观故意，就是存在过失。因为只要行为人稍加注意，就可避免淡化行为发生。所以对于确实属于行为人无意间发生的淡化侵权的少数情形，行为人应有足够的证据和充分的理由来证明自己在主观上确实没有过错。就是说，在"主观过错"这一要件上，应采取举证责任倒置原则，即由行为人负举证责任，并适用过错推定的归责原则。对于行为人无意间发生的淡化行为，只要驰名商标所有人进行提醒或警告，行为人就必须停止淡化行为，如继续则显然属于主观故意，便构成淡化侵权行为无疑。

4. 行为人实施商标淡化以获取非法利益为目的

前面已经指出，驰名商标的反淡化保护不能绝对化，否则将造成"知识霸权"。实际上，对驰名商标的使用存在一个合理限度的问题。如果行为人出于公益目的进行宣传或提供服务，没有营利性目的、没有搭借驰名商标特殊信誉的故意，就可认为是对驰名商标的合理使用。所以，在上述的"商标淡化行为界定"一节中，我们列举了4种例外情形。美国《联邦商标反淡化法》对于非商业使用行为也予以豁免，如果出于非商业回报目的，则不能援引反淡化法对该商标进行保护。这里的"商业回报目的"意指出于广告宣传或者推销商品或服务目的，亦即以营利为目的。

综上可见，商标淡化理论的产生，体现了驰名商标"特权"与私益的扩张。但在法律给予驰名商标越来越完善的特殊保护的同时，还应当注意平衡驰名商标所有人与社会公众——消费者和其他市场主体之间的利益关系，即私益与公益的关系。因而在商标反淡化立法中应通过设定相对严格和明确的构成要件，以对商标反淡化保护进行必要的限制，防止驰名商标权利滥用。

（四）关于救济方式

对驰名商标进行反淡化保护，必须在立法上明确救济方式，以便使驰名商标所有人在遭到他人淡化时能够及时有效地得到法律的救济。

1. 不予注册

我国现行商标法第十三条第二款规定："就不相同或者不相类似商品申请注册的商标是复制、模仿或者翻译他人已经在中国注册的驰名商标，误导公众，致使该驰名商标注册人的利益可能受到损害的，不予注册并禁止使用。"这一规定可以说是商标法对驰名商标的反淡化保护。但是，应当指出，这一保护措施仅限于对"已经在中国注册的驰名商标"，而且以"误导公众"为前提条件。可见，商标法对驰名商标的保护仍以消费者和其他社会公众的利益为出发点。笔者认为，驰名商标反淡化保护的对象不应限于"已经在中国注册"。未在中国注册的驰名商标遭到淡化时，同样应当能够得到法律救济。另一方面，对驰名商标的反淡化保护应以驰名商标所有人的利益为出发点，不以"误导公众"为必要条件。这是因为，驰名商标淡化的本质是对驰名商标识别性、显著性，以及驰名商标特有商誉的损害，而不管是否会误导公众或引起混淆。

2. 撤销注册

商标法第四十一条第二款规定："已经注册的商标违反本法第十三条、第十五条、第十六条、第三十一条规定的，自商标注册之日起五年内，商标所有人或者利害关系人可以请求商标评审委员会裁定撤销该注册商标。对恶意注册的，驰名商标所有人不受五年的时间限制。"

3. 禁止使用

对淡化他人驰名商标的商标注册申请不仅应当不予注册而且必须禁止使用，这在商标法第十三条第二款的规定中已经体现。"不予注册"侧重于对淡化行为的事前防范，而"禁止使用"侧重于对淡化行为的事后制止。前者杜绝淡化行为人以合法外衣掩盖非法目的，后者保障驰名商标所有人利益免遭继续侵害。两者相辅相成，使驰名商标所有人在发现遭到淡化或可能遭到淡化时能够及时得到法律救济。

4. 消除影响

对于已经发生和正在发生的驰名商标淡化行为，除撤销注册、禁止使用外，还应当消除淡化行为所带来的不良影响，把淡化的危害后果降到最低程度。具体措施应包括封存、扣押、没收、销毁侵权标识、侵权物品和专用工具等。

5. 损害赔偿

驰名商标所有人对淡化侵权行为人应当可以提起损害赔偿，但需满足两个条件：一是商标淡化行为人有主观过错，二是商标淡化行为人以营利为目的。我国商标法第五十六条对损害赔偿额的计算方法做了规定。侵犯商标权的赔偿额为侵权人在侵权期间所得的利润，或者被侵权人在侵权期间所受到的损失，包括被侵权人制止侵权行为的合理开支。通过以上两种方法都无法确定赔偿额的，可以在法定赔偿额50万元以内由人民法院酌定。从这一规定可以看出我国对商标侵权的损害赔偿是以补偿为原则的。对于驰名商标淡化这一特殊的侵权行为，补偿性赔偿难以发挥威慑作用。由于驰名商标淡化行为的影响和危害往往十分深远，损害后果难以估算，甚至无法挽回，因此有必要引入惩罚性赔偿金制度，加大淡化行为人的侵权风险，强化法律应有的威慑作用。

（五）完善驰名商标认定办法

我国现行的《商标法》及《商标法实施条例》、《驰名商标认定和保护规定》和《最高人民法院关于审理涉及计算机网络域名民事纠纷案件适用法律若干问题的解释》及《最高人民法院关于商标民事纠纷案件适用法律若干问题的解释》，共同构成了我国现阶段驰名商标保护的法律体系。这些法律法规，接受了《巴黎公约》和TRIPS协议等国际条约对于驰名商标认定与保护的基本精神，对驰名商标实行"被动认定、个案保护"的基本原则。即对驰名商标的保护必须以认定为前提，而认定的效力仅及于个案。因此，研究驰名商标的反淡化保护，离不开驰名商标的认定问题。《商标法》第十三条规定："就相同或者类似商品申请注册的商标是复制、模仿或者翻译他人未在中国注册的驰名商标，容易导致混淆的，不予注册并禁止使用。就不相同或者不相类似商品申请注册的商标是复制、模仿或者翻译他人已经在中国注册的驰名商标，误导公众，致使该驰名商标注册人的利益可能受到损害的，不予注册并禁止使用。"《驰名商标认定和保护规定》第四条规定："当事人认为他人经初步审定并公告的商标违反商标法第十三条规定的，可以依据商标法及其实施条例的规定向商标局提出异议，并提交证明其商标驰名的有关材料。当事人认为他人已经注册的商标违反商标法第十三条规定的，可以依据商标法及其实施条例的规定向商标评审委员会请求裁定撤销该注册商标，并提交证明其商标驰名的有关材料。"《驰名商标认定和保护规定》第五条规定："在商标管理工作中，当事人认为他人使用的商标属于商标法第十三条规定的情形，请求保护其驰名商标的，可以向案件发生地的市（地、州）以上工商行政管理部门提出禁止使用的书面请求，并提交证明其商标驰名的有关材料。同时，抄报其所在地省级工商行政管理部门。"可见，通过行政途径认定驰名商标，不管是通过商标异议程序，还是争议程序，抑或是在商标管理案件中认定，都限定在违反《商标法》第十三条规定的情形。而最高人民法院的两个司法解释规定的司法认定也限于计算机网络域名和商标民事纠纷案件。显然，现行法律规定的驰名商标所有人请求认定其商标驰名并给予扩大保护的请求事由、认定途径和程序不能涵盖淡化侵权的所有情形。比如，权利人的驰名商标被他人用做企业名称字号，或在广告中不当使用、曲解为商品的通用名称，以及玷污、丑化等情形，均未涵括在内。而当驰名商标遭到淡化侵权时，当事人寻求法律救济，必须主张其商标驰名并请求给予认定，才能获得法律的特殊保护。因此，必须补充完善驰名商标认定办法，对各种商标淡化行为、商标权人请求认定其商标驰名的法律途径和启动程序作出具体规定，以保证驰名商标认定与保护的有机统一。

随着我国社会主义市场经济的不断繁荣发展，以及世界经济一体化进程的不断加快，驰名商标不仅已发展成为开展国内外市场竞争的锐利武器，而且已成为全球贸易体系、国际经济关系的诚信标志和实力象征。我国已加入世界贸易组织，为使我国企业能在激烈的市场竞争中发展壮大、走出国门、开拓市场，我们必须着力培育和保护我们的驰名商标，这就要求我们的立法必须作出积极的回应。因此，完善商标淡化理论，着手商标淡化立法，为驰名商标提供更加完善、周全的法律保护，具有重要的理论与现实意义。

（作者单位：福建省石狮市工商局）

一等奖

公益广告发展中的政府行为研究

冯念文

一、公共管理视野中的公益广告

随着社会经济的发展和人类文明的进步,"公益"已经成为现代社会生活中一个不可缺少的主题,公益广告作为社会公益事业的一个重要组成部分,是全体社会成员参与受益的活动,也是现代社会公共管理的重要手段。

(一)公益广告研究的基本现状

我国公益广告的发展历史较短,理论研究也比较薄弱,目前国内公益广告并没有引起学者们的广泛关注。已有的研究主要包括以下几个方面。

第一,主题及发展历史研究。主要从"公益广告的概念"出发,从公益广告的组成要素、功能着手分析,寻求公益广告的特点,研究公益广告与商业广告,公益广告与政府宣传三者之间的区别;关于中国公益广告历史及发展方面的研究,有王云、冯亦弛(2003)的《公益广告15年》,王云、舒扬(2000)的《〈广而告之〉在中国公益广告史上的意义》等。

第二,中外对比研究。从"西方市场经济背景下"这个角度,阐释西方公益广告运作模式及机制,围绕在中国计划经济体制向市场经济体制转变的背景下,中国的公益广告运作模式及机制,通过对比,得出中外公益广告各自的优劣,找寻问题所在。例如董京生(2000)的《新加坡、日本公益广告基本情况》等。

第三,应用战略与社会价值的研究。从具体操作的角度出发,研究如何表现公益广告主题、公益广告的市场化策略;研究在中国特色的经济体制下,如何发挥公益广告的作用;探讨我国公益广告运作的优化模式,及如何建立有效、良好的运作机制等。例如马玉梅、周云利(2000)的《论公益广告的社会价值》等。

除了以上三类论文之外,近几年开始出现一些关注公益广告运作机制的文章,例如赵晨好(1997)的《要建立公益广告的良性循环机制》,李凌燕(1997)

的《关于公益广告的法律思考》，郑文华（2003）的《公益广告的运行机制》等，这些研究都提及了公益广告的发展需要健全的管理制度，但是都没有深入探讨如何才能建立健全公益广告的运作机制。北京广播学院程爱晶（2000）的《企业在公益广告中扮演的角色》具体谈到了企业参与公益广告的注意事项，但是这一讨论未能与公益广告运作的其他环节相结合。

我国公益广告研究主题方向见图1。

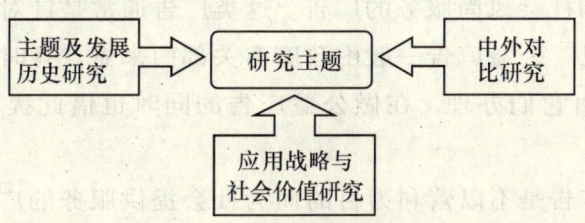

图1　公益广告研究主题方向

经过以上回顾可以看到，当前我国关于公益广告的研究范围涵盖了公益广告的发展历史、公益广告的发布、公益广告的参与主体、公益广告的市场化、公益广告的比较研究等众多领域。但是，对符合我国国情的公益广告发展运作机制和模式方面的研究相对较少，尤其是公益广告发展中政府行为的研究几乎是空白。完善公益广告管理，既是政府社会管理职能的重要组成部分，也是公共服务职能的重要内容，应当给予足够的重视。

（二）公益广告概述

1. 公益广告的定义

国外关于公益广告的英语表述，一般有两种译法：

Public Interest Advertising 直译为"公益广告"；

Public Service Advertising 直译为"公众服务广告"；

我国把社会服务和公众服务类广告统称为"公益广告"。

美国的公益广告一般译为 Public Service Advertising，将其理解为"旨在增进一般公众对突出的社会问题的了解，影响他们对这些问题的看法和态度，改变他们的行为和做法，从而促进社会问题的解决或者了解"[①]。

美国公益广告分为两类，一类是公共广告（Public Interest Advertising），多是由社会公共机构针对他们所关心的社会问题发布的各类广告；另一类是意见广告（Opinion Advertising），多是国外的企业集团针对各类社会现象阐述企业态度的广告，这是一种企业形象广告的延伸，表明了企业在社会中的个性。[②]

在日本，公益广告被称为公共广告，《广告用语词典》是这样定义的："企业或团体表明他对社会的功能和责任,表明自己追求的是不仅仅追求从经营中获利,而且还过问和参与如何解决社会问题和环境问题,向消费者阐明这一意图的广告。"

国内关于公益广告的专题学术研究开始于十年前,关于公益广告的定义有以下这样一些表述。

其一,公益广告是广告性质划分的广告类别之一,指不以营利为目的,而为公众切身利益和社会风尚服务的广告。这类广告通常是针对某类社会现象宣传一种想法或意见。公益广告一般由政府有关部门来做,有时由广告公司或企业资助,或完全由它们办理,在做公益广告的同时也借此提高企业自身的声誉。③

其二,公益广告是不以营利为目的而为社会提供服务的广告,具有社会的效益性、主题的现实性和表现的号召性三大特点。④

其三,公益广告是面向社会广大公众,针对现实时弊和不良风尚,通过短小轻便的广告形式及其特殊的表现手法,激起公众的欣赏兴趣,进行善意的规劝和引导,匡正过失,树立新风,影响舆论,疏导社会心理,规范人们的社会行为,以维护社会道德和正常秩序,促进社会健康、和谐、有序运转,实现人与自然和谐永续发展为目的的广告宣传。⑤

其四,公益广告是为公众利益服务的非商业广告。旨在以倡导或警示等方式来传播某种公益观念,促进社会精神文明建设。⑥

日本认为,公共广告就是企业或者团体表示它对社会的功能和责任,表明自己不仅仅追求从广告中获利,而且还过问和参与如何解决社会问题和环境问题,并向消费者阐明这一意图的广告。

由此,我们将公益广告的定义表述为:公益广告是不以营利为目的,向公众传播有利于全社会健康、和谐发展的道德观念、行为规范和思想意识的广告(见图2)。

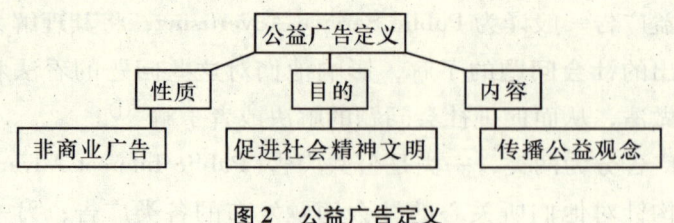

图2 公益广告定义

2. 公益广告的要素

广告活动由广告主、广告信息、广告代理商、广告媒体、广告费用和广告受众六要素组成。公益广告作为广告的一个分支,既具备一般广告六要素的基本特征,又有自己的特点。研究公益广告的要素及其特点,对于我们探讨如何建立科学的公益广告发展机制有着重要的意义。

(1)广告主

即公益广告的发起者、倡导者,广告主支付公益广告的制作成本费用。公益广告的广告主在国外多为政府部门、各种专业协会、各类社会保护组织、基金会、经济实力较强的工商企业和广告公司以及个人等。在美国,各种民间社会组织和企业所发布的公益广告占主要部分。在我国,公益广告的广告主多为政府机构、社会团体,工商企业参与的公益广告还比较少。

(2)广告信息

广告主通过广告要传播的对公众有益的观念信息。公益广告的广告主与广告信息之间无商业关系,而只是责任化、义务性关系。

(3)广告代理

指为公益广告活动代理客户事务的专业广告组织。从理论上讲,公益广告主可以直接联系媒体发布公益广告,不必经过广告代理这一环节。但在实际中,从提高公益广告专业制作水平的角度考虑,专业性广告机构参与公益广告的设计制作又是非常必要的。

(4)广告媒体

传播公益广告的信息载体。公益广告的媒体是公益广告主与社会公众之间的中介。包括报纸、电视、广播、杂志、网络等媒体。

(5)广告费用

指公益广告主从事公益广告所必须支付的制作成本费用。按照国外惯例,真正的公益广告费用仅指广告制作费用,不应含有广告公司的代理费、服务费和广告媒体的刊播费。

(6)广告受众

指公益广告信息的接受者,一般为广大社会公众。

公益广告六要素的特征,为研究公益广告运作模式中各要素之间的关系和作用提供了相应的理论支持。

3. 公益广告的特征

(1)公益广告的特征

①公益广告的一般特征

从公益广告的定义要素分析中可看出,公益广告具有如下一些特征。

第一,公益广告具有广告的一般特征,即"以某事公告于众",是一种信息传播形式；

第二，公益广告不以营利为目的，公益广告是纯粹意义上的"公众服务广告"，不含有任何商业目的，有别于以营利为目的商业广告；

第三，公益广告的受众是社会广大公众，为公众利益服务。

②公益广告是典型的公共物品

公共管理的目标是更有效地为社会提供公共物品，保障和促进社会公共利益的公平分配。公共物品具有非竞争性和'两个重要特征。

非竞争性是指，当一种商品在增加一个消费者时，其边际成本等于零。也就是说，一个使用者对该物品的消费并不减少它对其他使用者的供应。

非排他性是指，公共物品在技术上不易于排斥任何一个受益者。

"公共物品是这样一种物品，在增加一个人对他分享时，并不导致成本的增长（非竞争性），而排除任何人对他的分享却要花费巨大的成本（非排他性）。"⑦

公益广告是不以营利为目的，向公众传播有利于全社会健康、和谐发展的道德观念、行为规范和思想意识的广告。公益广告的受众是社会广大公众，为公众利益服务是公益广告的重要特征。从公益广告的内涵及特征可以看出，公益广告是典型的公共物品，它提供的服务是全社会性的。对于公共物品来说，市场配置是失灵的，它具有的非竞争性和非排他性使得私人企业没有提供这种物品的积极性。但随着社会的发展，对公益广告这类公共物品的社会需求日益扩大，在无法像私人物品那样由市场进行有效配置的情况下，为了满足社会对公共物品的需求，就必须主要由政府和其他公共部门来提供。怎样使公益广告这样一种具有非竞争性和非排他性的公共物品能够更有效地被提供，怎样引导企业积极参与到公益广告的制作、发布中，政府如何建立有效的公益广告良性运作机制，正确研究公益广告所具有的公共物品的特征，有助于我们回答和解决这些问题。

（2）公益广告与商业广告、政治宣传的区别

为了进一步明确公益广告的含义，需要明确公益广告与商业广告、公益广告与政府宣传的界限。

①公益广告与商业广告

社会公益事业是一种社会性事业，需要社会全体成员参加，它在开展和运作过程之中同样离不开信息的传播和交换，特别需要公益事业的主体向社会成员传播信息的媒介和渠道，这就导致了公益广告的产生和发展。因此，社会公益事业的存在和发展是公益广告存在和发展的现实基础。⑧

公益和营利之间的区别，既是社会公益事业和社会营利事业之间的区别，

也是公益广告和商业广告之间的区别。这种区别表现在动机、内容、结果等各个方面。制作广告的动机,一个是为了公益,一个是为了盈利;作为广告的内容,一个是传播公益信息,一个是传播商业信息;作为广告的结果,一个是推动公益事业的发展且不带来利润,一个是推动营利事业的发展且带来利润。⑨

在广告的分类中,按广告活动的目的进行分类,广告可分为商业广告和非商业广告。商业广告是指商品经营者或者服务提供者承担费用,通过一定媒介和形式直接或间接地介绍自己所推销商品或者所提供服务的广告。它是广告主通过委托广告公司代理制作、媒介单位公开发布的一种付费的信息传播形式。非商业性广告则是通过传播某一事项或观念,为社会公众提供免费服务的信息传播形式。公益广告是非商业性广告的一种。

公益广告和商业广告一样,都是以科学的营销调研为基础,进行艺术化的创作,然后在媒体上公开发布,进行信息传达。但二者又有明显的不同。

广告目的不同。公益广告主发布公益广告,目的是宣传有利于社会的观念,倡导有利于社会的行为,从而为公众利益服务,公益广告推销的是精神形态的产品——观念;而商业广告主发布商业广告,进行产品信息或企业形象的传播,目的则是开拓市场促进销售,提升企业形象,从而为企业获取经济上的利益,商业广告推销的是物质形态的产品——商品、劳务,或者企业个体形象。

广告内容不同。公益广告传达的是公众服务性的非商业信息,目的是唤起广大社会公众的道德良知,弘扬良好的社会风尚,从而促进人与自然、人与社会的协调发展;而商业广告主要是为广告主谋取经济上的利益,广告内容是有关广告主的产品和企业形象的商业信息,旨在向目标市场宣传产品,传达企业精神,以更好地促进产品销售,提升企业形象。

广告的传播效益不同。公益广告传达公益观念,弘扬社会正气,服务于公众,产生直接的社会效益。企业出资创作公益广告,可以赢得公众的信任,树立良好的企业形象;商业广告传达商业信息,为企业的经营服务,广告是一种投资行为,有效的广告活动往往能给企业带来直接的经济回报(见图3)。

②公益广告与政府宣传

政府宣传是指政府机关或部门出于国家政治上的需要,以宣传口号、标语等形式向社会大众传达观念、发布公告等。以公益广告的形式作政府宣传是公益广告的重要特点。回顾公益广告的发展历史,我们可以发现,无论是中国还是美国,最初的公益广告都带有浓厚的政治性和军事性,政治性公益广告在当时的公益广告中占有相当的比重。在我国,公益广告活动主要由政府有关部门组织,各类社会民间组织、公益团体的参与程度远远不够。不可避免地,即使是在以公众服务性公益广告为主的今天,政治性公益广告仍然大量存在。

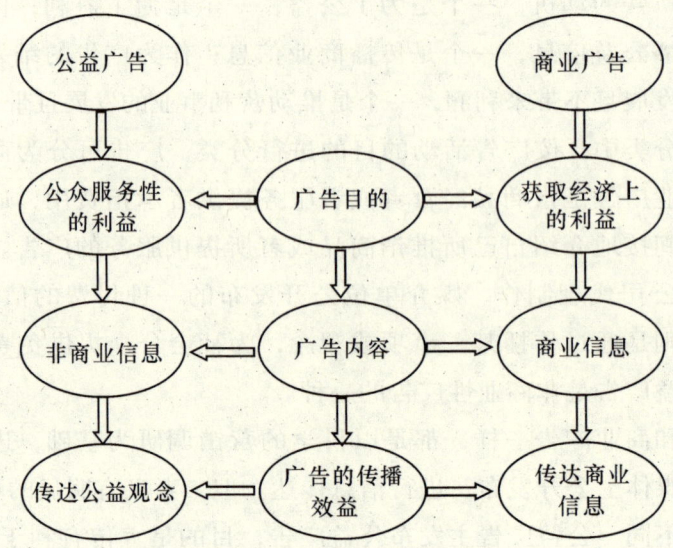

图3　公益广告与商业广告区别

政治性公益广告与政府宣传有很多相似点,都不以赢利为目的,属非商业性广告;都以传达某一事项或观念为主要内容。但两者也有明显的不同,主要表现在表达方式上。政府宣传是用正式而严肃的言辞,以宣传口号、政治标语等形式来传达某种观念,解释国家的政策方针,指导公民的行为。政治宣传依靠国家的威严性和政治的严肃性起作用。而公益广告则可以以一种轻松、幽默的方式灵活有趣地传达某种观念,可以用艺术手法进行润色、渲染,根据受众的心理接收特点巧妙地进行诉求,公益广告主要通过情感交流,依靠道德的力量来发挥抑恶扬善的作用。

划分公益广告与商业广告、公益广告与政府宣传的界限,有利于公益广告的管理和控制;还可以有效地防止其他广告形式,尤其是商业广告伪饰成公益广告,借用国家或社会对公益广告的鼓励作为营利手段,以保证国家和社会对于公益广告的优惠措施确实为公益广告服务。同时,明确这些界限,还可以加强对公益广告概念的理解,即公益广告是以艺术的手法,倡导有利于社会的观念或行为,从而为公众利益服务的信息传播形式。

(三) 公益广告对于公共管理的意义

1. 公益广告是公共管理的重要手段

(1) 社会营销理论及对公益广告的影响

"为什么不能用销售肥皂那样的方法来销售兄弟互爱和理性思维呢?"——

社会营销理论创始人之一韦比(G. D. Weibe)提出推销商品和服务的原则与技巧同样可以成功地用来推行对社会有益的观念,这就是社会营销理念的开始,也是公共管理采用私营部门成功的管理手段和经验的具体体现,西方国家正是在新公共管理理念的影响下,将公益广告运用于公共管理中。

社会营销(Social Marketing)理论提出:推销商品和服务的原则与技巧也同样能够成功地用来推行对社会有益的观念。社会营销理论强调社会效益,强调营销活动不仅要满足消费者的需要和保证企业的利润,而且要符合消费者自身和整个社会的长远利益。要能够正确处理消费者需要、企业利润和社会整体利益之间的矛盾,统筹兼顾,求得三者之间的平衡与协调。社会营销理论是从人类最终福利的层面,探视市场及企业的经济行为,评价市场行为的最终社会效益。这一概念下的三方利益见图4。正是在社会营销理论的影响下,西方国家将商业广告的技巧、表现手法和艺术广泛运用到公益广告的发展中,利用公益广告的形式销售社会正义,使公益广告在西方国家得到了长足的发展,也对公共管理的方式和手段产生了重要影响,公益广告业成为政府及其他公共组织公共管理的重要手段。

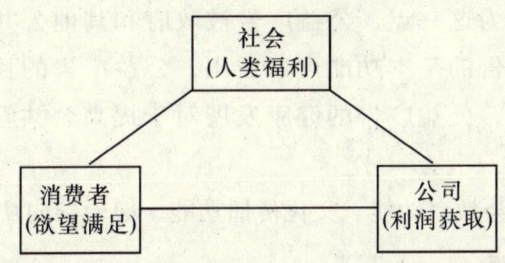

图4 社会营销概念下的三方利益关系

(2)公益广告是公共管理的重要手段

公共管理是公共权力机关和非盈利社会组织为了促进社会整体协调发展,更有效地提供公共物品和公共服务,保障和增进社会公共利益公平分配,正确运用公共权力和各种行之有效的科学方法,依法对社会公共事务进行的管理活动。

公共管理最显著的特征是它的公共性,它追求的是公共利益。

政府是公共管理的重要主体,管理的价值目标追求的是社会公平和社会正义。当前,我国政府正在学习和借鉴西方新公共管理的成功做法和经验。西方新公共管理提倡"政府的管理职能应是掌舵而不是划桨;政府服务应以市场或顾客为导向;政府应广泛采用私营部门成功的管理手段和经验"。在西方国家,公益广告已经成为政府和其他公共组织管理部门表达理念、提倡行为和沟通民众的重要手段。

"美国需要你!"——这则美国二战时期著名的征兵广告,语言简短,内容严肃,把当兵打仗这项艰苦危险的事情,通过这则公益广告,成功地激起了千万美国青年的爱国热情,从军成为一种义不容辞的光荣。

美国很多公益广告的发起者和资助者都是联邦政府,政府有关部门通过制定有关公益广告政策和直接资助公益广告的方式倡导公益广告,这是美国公益广告得以持续发展的重要原因。美国每年的公益广告活动主题有三分之一到五分之二是美国政府提出的。

我国过去把公益广告更多地是作为政治宣传的手段,很少作为公共管理的手段来加以重视和研究。在提倡公共管理理念的今天,国家在一定时期内提倡什么、反对什么,在经济、政治、意识形态领域有什么主张和导向,都可以通过公益广告来有效地引导舆论。

2. 公益广告对于公共管理的意义

公益广告是借用广告的形式,向社会销售有益的社会观念,以使社会更加和谐美好。公益广告以其特殊的社会功能和社会价值正逐渐成为最佳的大众社会教育工具,正是因为这一点,公益广告被政府和其他公共组织广泛运用于公共管理中。从公益广告的基本功能可以看出,公益广告的目标和价值取向是和公共管理完全一致的,公益广告的健康发展对于提高公共管理的水平和成效有着十分重要的意义。

公益广告具有社会教育功能、文化传播功能、舆论导向功能和社会关怀功能。

(1)社会教育功能

在西方,广告是教会和学校之外对人的行为观念有着重要影响的传播形式,公益广告以其特有的易于为公众接受的情感交流方式成为最佳的大众社会教育工具。无论在西方还是我国,都成为政府的社会教育工具。每一则公益广告,不论它有没有文字说明,都在表达某种思想、观念,体现某种价值评判和价值追求。人们接受公益广告的过程就是对其蕴涵的思想、观念、价值取向的解读和受教育的过程,这种教育功能是在不知不觉中,潜移默化地发挥着作用。一则优秀的公益广告可以影响甚至改变一个人的行为,它所蕴涵的理念可以渗透到人们精神世界里。

图5为日本的一则制止滥砍滥伐的公益广告。

画面红色的背景下,只有一把伐木的斧头,斧头的手把上面,发出了嫩绿的树芽。

没有说明性的文字,但广告中发芽的斧头把却提醒我们:不要砍伐,记得种树。

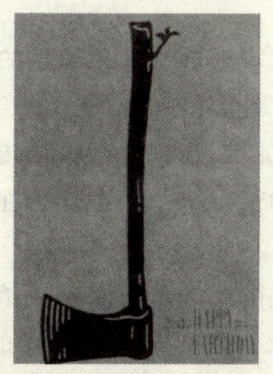

图5　日本一则制止滥砍滥伐的公益广告

(2) 文化传播功能

公益广告在内容上不是介绍商品，也不是宣传企业，而是传递事关社会公众利益的一种观念，或是告知与全民福利有关的信息，或是宣传助人、健康的活动，或是传播政令、共识、理念，以取得全民的认同，或是倡导一种合理的生活方式等。

(3) 舆论导向功能

国家在一定时期内提倡什么、反对什么，在经济、政治、意识形态领域有什么主张和导向，除了新闻部门通过新闻报道来传播和解释之外，通过公益广告来引导舆论也是一种有效的手段。

英国政府为了改变年轻人不愿当教师的状况，制作了一系列提高教师形象的公益广告。在电视广告中，人们看到，布莱尔首相与17位英国各界知名人士每人都列举了一个令自己难忘的教师名字，首相用自己的形象和感召力，号召和鼓励年轻人选择教师的职业。

(4) 社会关怀功能

社会关怀是公益广告较高层次与境界的功能，它体现了公益广告的本质意义，即"公益"就是要"益公"，对公众有益，为公众谋福利，这是对整个人类的一种博大关怀。

在美国"9·11"恐怖事件的第二天，在纽约的媒体上出现了一则"催人泪下的消防队员队服"的公益广告，广告中说："在世贸大厦轰然倒塌的时刻，数以百计的消防队员和营救人员也失去了自己的生命，如果你愿意帮助他们留下的家庭，请捐赠至纽约消防员纪念基金会。"在这则广告的感召下，无数的美国人用捐赠的方式对消防队员的家庭表达了真切的关怀和帮助。

在我国，公益广告的社会关怀功能体现在一些较大的问题上，如救灾赈灾、抗洪抢险、希望工程等。

公益广告是公共管理的有效手段，公共管理的目标和任务可以通过公益广告的形式来促进实现。公益广告是传递政府意图、解决社会问题、树立政府良好形象的重要途径和最佳形式。在当今社会大众传播媒介深入人心、深刻影响着人们思想观念和行为模式的情况下，公益广告在引导社会舆论、传递政府意图等方面承担着更重要的责任。

随着经济的发展，社会道德风尚日益受到挑战，针对这种情况，越来越多的政府官员、企业管理者、社会各界人士在强烈的人文意识下反思社会责任，在经济新伦理的指导下寻找有利于物质文明和精神文明建设同步发展的新的思路、新的市场行为和新的社会措施。在税收、补贴、公共管制等手段之外，公益广告是解决经济与公德二律背反和成本外部化的新型的、富有成效的手段。

中国的公益广告受众调查分析，94.9%的受众喜欢公益广告。⑩

公益广告关心人的生存状态，关心人自身的完善，关心人与人、人与社会、人与自然的和谐。借助大众传媒的力量帮助人类进行全面的道德建设，树立更高境界的理想、信念与责任感。公益广告的成功运用对于丰富公共管理的手段，提升公共管理的水平和绩效有着特殊的效果和意义。

二、中外公益广告比较

我国的公益广告起步比美国晚40年，比日本晚15年，在美国、日本等国家，公益广告已经发展成为一个比较成熟的产业，有一套比较完善的运作机制。对比研究国外公益广告的发展情况，对于摸索出一条既借鉴国外成功经验，又符合中国国情的中国式公益广告发展道路具有十分重要的意义。

（一）中外公益广告发展历史及现状比较

1. 中外公益广告发展历史回顾

（1）中国公益广告的兴起

在中国，如果把口号、标语等宣传看做公益广告的萌芽，在新中国建立之初就出现了公益广告，内容大多是政治、军事上的宣传：抗美援朝，保家卫国；鼓足干劲，力争上游，多快好省地建设社会主义。但当时的这些宣传不能算是严格的现代意义上的公益广告，只能说是一种带有公益性的政治宣传。

文革之后，中国从一个一切"以阶级斗争为纲"的政治时代开始步入经济时代。在文革中消失的广告业开始在中国重新出现，并且开始发展。在这一阶段，媒体工作人员会根据上级的指示或者自发地就国家重要的政策方针和社会公德对受众进行宣传和教育，以及发动群众参与一些被认为是有益于社会的活动。我国真正意义上的公益广告产生于改革开放之后，随着具有中国特色的社会主义广告业的不断发展和完善，我国公益广告也被纳入社会主义精神文明建设的轨道，逐渐进入有序发展的阶段。⑪

中国最早出现的电视公益广告，是1986年由贵阳电视台制作播出的《节约用水》，最具有影响意义的公益广告节目是中央电视台1978年创办的第一个公益广告栏目《广而告之》，之后专门成立广而告之广告公司，专门从事公益广告制作工作。此后，公益广告在全国如雨后春笋般地发展起来，各省市电视台、广播电台、报纸、期刊及网站相继开设了公益广告栏目。

（2）美国及日本公益广告的兴起

①美国公益广告的兴起

20世纪40年代，美国社会经济得到长足发展，但高度发达的工业文明同时带来一系列社会问题，作为商业组成部分的广告业受到社会非议，国会甚至在讨论立法征收广告税。当时的美国整个广告业陷入低迷，广告业积极寻求自救之道。

1941年11月，美国广告联合会与美国广告公司联合会召开联席会议，寻找广告业生存出路。会上，一位名叫詹姆斯·杨（James Young）的广告人提出，广告的使命在于促进公众之利益，作为一种强有力的传播方式，广告可以帮助重建人们对商业及其赖以生存的经济制度的尊重。⑫当时美国政府也派代表参加了这次会议，他们感兴趣的是，如何利用广告动员民众，加强国防。于是促使会议做出了筹建"广告理事会"的决定。会后三个星期，珍珠港事件爆发，美国宣布参战。一个月后，"战时广告理事会"正式成立，其宗旨是"以广告主、广告公司和大众媒体的资源服务于政府"。战时广告理事会协助美国政府开展了大规模的战争宣传，动员全国人民为赢得"二战"的胜利而战斗。二战结束后，理事会将"战时"删除，更名为"广告理事会"（The Advertising Council），成为一个独立非营利组织，⑬并把注意力转移到诸如森林防火、交通安全等社会问题。这可以说是现代公共广告的开端。美国AC对公共广告的基本定义是"服务于公众利益的广告"，其目的是通过教育，提高公众对重大社会问题的认识，改变公众的态度和行为，促进社会进步。

②日本公益广告的兴起

日本公益广告事业的产生与美国有着相似的经历。日本在二战中国民经济受到极大破坏，经过战后近二十年的高速发展，日本经济迅速崛起，到了1970年，日本的经济已经跃居世界第二位，整个日本社会物质极为丰富，大量生产、大量消费，但也大量地废弃，环境污染极为严重，虽然经济占世界第二位，但同时也成为第一公害大国。在经济高速发展的同时，人们的公共意识缺失，出现社会公德沦丧等一系列社会问题。

1970年，时任日本广告主协会理事长的佐治敬三在提议成立日本公共广告实施机构时说："与我国快速的经济增长相反，在我国社会、经济、文化等很多方面都存在着亟待解决的问题。如今正是政府、企业、以及市民等所有的社会成员应该对此再思索的时候，我们每个人都应该扪心自问自己该为此做点什么，所以利用最有效的广告为手段，开展公众活动将是方法之一。而且这些活动应该排除一切营利性的目的，要依赖参加者的奉献精神。"他同时呼吁："各企业应该深刻认识到其社会责任及公益性，并将其明确地向市民社会表现出来。同时，市民也应该有很高的自觉性去遵守社会公德。"[14]广告本身是使社会变得更好的力量。

在佐治敬三的推动下，1971年，"关西公共广告机构"成立，以关西为中心，通过主要的报纸、电视、杂志等，开展有关"公共心"的宣传活动。1973年，开展了第一个日本全国性的宣传爱鸟活动。经过三年的摸索，"关西公共广告机构"有了长足的发展，1974年经过通产省的许可，成立了日本全国性的公共广告机构，正式成立社团法人"日本公共广告机构"，即日本的AC(Japan Advertising Council)。日本AC的成立，标志着日本公益广告进入一个新的发展阶段。

2. 公益广告发展现状比较

（1）中国公益广告发展现状

公益广告在我国的发展状况，可以概括为三个阶段。

第一阶段：自发的零星地方性公益广告。

文革结束以后，国家还没有考虑到以公益广告的形式来加强精神文明建设和引导舆论，只有一些地方媒体结合当地实际工作的需要，零星发布一些公益广告，大多是提倡家庭和睦、尊老爱幼、友爱互助等传统伦理和美德。当时全国性的公益广告很少，但也有一些著名的公益广告，如"实践是检验真理的唯一标准"。

第二阶段：以"广而告之"为标志的全国性公益广告。

1987年10月26日，我国公益广告历史上第一个电视公益广告栏目——"广而告之"首次播出，这一事件在中国公益广告发展史上具有里程碑式的意义，它以广告的方式向民众传递行为观念和伦理道德，改变了人们的观念：原来广告也可以是这样子的，受到民众的好评。它为全国的大众传媒和广告业树立了一个榜样，带动了全国公益广告的蓬勃发展；同时还深刻影响了政府和广告业最高层关于开展全国性公益广告的决心。从此，全国性的公益广告活动进入新的全面发展阶段。

第三阶段：政府主导下的全国公益广告主题活动月的开展。

公益广告活动的发展逐渐引起了有关政府部门的重视，自1996年以来，国家有关部门开始对全社会的公益广告活动进行统筹规划和组织，公益广告开始成为全国性的活动。1996年6月，作为国家广告业主管部门的国家工商行政管理总局发出了《关于开展"中华好风尚"主题公益广告活动的通知》，政府主导下的全国性公益广告活动全面展开。

1997年8月，中共中央宣传部、国家工商行政管理总局、广播电影电视部以及新闻出版署下达《关于做好公益广告宣传的通知》，反映了这一阶段的公益广告活动改变了以往由媒体发起，由企业参与的性质，从一个主动的、自发的行动变成了必须完成的由上级下达的任务。而文件中有关媒体发布公益广告的数量以及规格（时段/版面）等要求反映了在制度的安排之下，公益广告走上了常规化的道路。

这些全国性的公益广告活动大致可分为三个阶段。

第一阶段是1996—1998年。国家工商行政管理总局在全国范围内每年都组织开展不同主题的公益广告活动。这个阶段，政府部门的组织协调主要体现在"抓两头"，即抓公益广告最初的主题规划和最终的评奖活动，对于具体的创作过程，政府部门基本不介入。政府部门对主题的规划，通常是根据党和国家当时的宣传重点而确定。主题确定后，以《通知》的形式直接传达给有关媒体和广告公司，并下达给下一级政府部门，由各地方政府部门组织在当地开展相关的活动。国家工商总局年终对已经在媒体刊播的公益广告进行评奖，对优秀的作品予以表彰，以鼓励公益广告的创作。

第二阶段是1999—2000年。1999年，国家工商行政管理总局印发《关于进一步做好公益广告创作有关问题的通知》，将每年举行的全国性公益广告评选活动改为每两年举行一次，各地方可以结合当地实际，按年度或每两年安排本地区的公益广告评选活动。对公益广告的主题有了较灵活的处理，只要在媒体上公开刊播过的公益广告都可以参加评选。

第三阶段是2001—2002年。2001年被称为是公益广告年，从年初开始，由中央电视台、共青团中央等单位组织开展了一系列多主题、规模空前的公益广告活动。政府部门的组织力度也相应加大。政府部门开始介入创作过程，组成专门评审小组，对广告创意进行审定。并成立"作品征集办公室"具体负责统一协调工作，拟定活动通知、活动计划等相关文件，对广告主题、征集办法、报送程序等做出规定。作品征集办公室的职责类似于美国和日本的AC，但这只是一个临时机构。

(2) 美国及日本公益广告发展现状

①美国公益广告的发展

几十年来，美国公益广告的运作模式也在不断演变。一些非赢利组织和政府机构出资购买媒体版面和时段，以使自己的宣传能在自己需要的版面和时段播发。但美国 AC 始终遵循建立之初所确立的公益广告准则，即独立而不接受政府资助；从事全国性的而非地区性的、非宗教性的、非特殊利益的宣传；保持无党派和非政治性；各项运作建立在志愿基础之上；不接受不适宜于广告的项目；除了公众利益明显超越商业利益的项目外，不接受带有商业利益的项目。

进入 20 世纪 80 年代以后，美国的 AC 不再是唯一的公益广告实施者。建立于 1987 年的美国反毒品合作组织开始独立在电视媒体制作、发布反毒品的公共广告。20 世纪 80 年代末 90 年代初，该组织的反毒品广告在美国的电视媒体大量播出，并取得相当成功的宣传效果，一度有 92% 的美国青少年报告看到过该组织的反毒品电视广告。20 世纪 90 年代初，越来越多的机构参与公益广告的制作和发布，其中不乏付费广告。1998 年，美国国家药品控制政策署（ONDCP）拨款 10 亿美元购买媒体时间进行反毒品宣传。这一史无前例的拨款被认为是基于政府"广告可以在帮助年轻人改变态度和行为方面发挥重要作用"的信念。公益广告的"繁荣"因媒体广告时空有限而带来了激烈的竞争。美国 Kaiser Family Foundation 2001 年的调查发现，美国电视媒体用于免费公共广告的时间大约为平均每小时 15 秒，即不到 0.5%，而 ONDCP 和其他机构的付费公益广告为平均每小时 9 秒，相当于免费公益广告的三分之二。面对这种新情况有人提出疑问：大众媒体是否向公益广告提供了足够的免费时空？付费的、给企业带来某种利益的公益广告还是原来意义上的公益广告吗？[15]

②日本公益广告的发展

日本公益广告的发展借鉴了美国的模式，但与美国不尽相同。日本公共广告机构的活动经费全部来自会员的会费和赞助。广告创意和制作费用由会员广告公司和制作公司承担，广告作品由会员媒体免费提供版面和时段刊发。

1995 年是日本公益广告发展历史上重要的一年，被称为"日本公益广告元年"。1995 年 1 月 17 日，日本阪神发生大地震，在救灾活动中，日本 AC 迅速组织公益广告制作成员，只用了五天时间，制作了不少高水准的帮助遇难者渡过难关，鼓励受灾者重建家园的公益广告，及时在精神上给受灾地区巨大的支持，鼓舞了灾区人民的士气，也深受日本政府的欢迎。从此以后，人们对公益广告的关注大为提高，日本 AC 也通过在这起灾难事件中的积极行动提高了自己的知名度，加速了 AC 的发展。

日本公益广告的成长历程，在某种程度上也就是 AC 的成长历程。日本公益广告事业的发展与 AC 的组织、协调作用密不可分，可以说是 AC 的出现才推动了日本公益广告事业的快速发展。日本 AC 成立的 31 年里，AC 通过电视播放的公益广告近 200 条，通过报纸发布的公益广告是电视广告的两倍。日本 AC 在促进日本国民自发地尊重人性精神方面起到了重要作用。

中、美、日三国公益广告发展特点比较见表 1。

表 1　　　　　　　　　　中美日三国公益广告发展特点比较

	中国	美国	日本
兴起时间	20 世纪 80 年代中期	20 世纪 40 年代初	20 世纪 70 年代初
公益广告组织机构	无	美国广告理事会	日本公共广告机构
公益广告的主要发起者	政府、媒体	政府、社会团体、民间组织	社会团体、民间组织
发展特点	公益广告主要依靠政府的推动，媒体作为党和政府的喉舌，成为促进公益广告发展的主力军。媒体根据上级的指示或者自发地就国家重要的政策方针和社会公德对受众进行宣传和教育，以及发动群众参与一些有益于社会的活动。	美国 AC 以"以广告主、广告公司和大众媒体的资源服务于政府"为宗旨，按照"独立而不接受政府资助；从事全国性的而非地区性的、非宗教性的、非特殊利益的宣传；保持无党派和非政治性；各项运作建立在志愿基础之上；不接受不适宜于广告的项目；除了公众利益明显超越商业利益的项目，不接受带有商业利益的项目"的准则组织协调全美国的公益广告活动。	日本 AC 通过主要的报纸、电视、杂志等，开展有关"公共心"的宣传活动，广告创意和制作费用由会员广告公司和制作公司承担，广告作品由会员媒体免费提供版面和时段刊发。在经济高速发展中，对从战后贫困的时代中解脱出来的消费者来说，广告成为建立幸福生活的重要指南和信息源。

（二）中外公益广告运行模式比较

1. 主题的选择比较

中国公益广告的主题选择是自上而下的，是从党和政府宣传的中心工作出发的。

1996 年以来，国家工商行政管理总局每年都在全国范围内组织开展按照确定主题实施的公益广告活动。如 1996 年"中华好风尚"，1997 年"自强创辉煌"，1998 年"下岗职工再就业"，2000 年"树立新风尚，迈向新世纪"等活动。政府部门在公益广告活动中"抓两头"，即抓公益广告最初的主题规划和最终的评奖活动。政府部门对主题的规划，通常是根据党和国家当时的宣传重点而确定。主题确定后，以《通知》的形式直接传达给有关媒体和广告公司，并下达给下一级政府部门,由各地方政府部门组织,在当地开展相关的活动。

这种做法有鲜明的中国特色,是中国国情下发展公益广告的优势之一,可以使某些部门在较短的时间内,按照政府希望的主题方向开展全国性的公益广告活动。但同时,这种做法有时会导致确定的公益广告主题同社会公众的利益点、关心点相脱节,在一定程度上影响了公益广告的传播效果。

回顾我国历年公益广告活动的宣传主题,主要是围绕政治、爱国情操及传统美德,与民生攸关的主题较少,只有下岗再就业及环保两项。对于一些与市民健康及生活有关的主题,如防止滥用药物、消费维权、防火、健康生活等,公益广告活动未给予足够的重视。

美国公益广告主可能是联邦政府机构,也可能是社会民间团体或其他经济组织,他们可以向广告理事会提出合作申请,每年广告理事会可以收到几百份请求配合的申请,董事会按照广告理事会的选择标准,从中挑选出 25～30 份申请,作为合作对象。对于社会性公益广告活动的主题,都必须由董事会先行批准,然后投票表决,获得四分之三以上票数才能通过。美国公益广告主题的选择涉及的多是社会和民众关注的问题:如交通安全、学校教育、更强大的美国、防止毒品、水质污染、消灭癌症、防止虐待儿童,等等。

日本的公益广告主题在确定之前,一般都会进行一些实证性的调查研究工作,以确保每年选择的公益广告主题是社会公众关心的问题。主题主要有:提倡礼貌、美化环境、建立美好的市民社会,等等。中国公益广告界目前在这方面还没有形成类似的运作机制。

中、美、日三国公益广告主题选择程序比较见表2。

表2　　　　　　　　　　中美日公益广告主题选择程序比较

	中国	美国	日本
主题选择程序	公益广告的主题选择是自上而下的,是从党和政府宣传的中心工作出发的。	对于全社会性质公益广告活动的主题,都必须由董事会先行批准,然后投票表决,获得四分之三以上票数才能通过。	日本的公益广告主题在确定之前,一般都会进行一些实证性的调查研究工作,以确保每年选择的公益广告主题是社会公众关心的问题。
主题内容	主要围绕政治、爱国情操及传统美德,与民生攸关的主题较少。	主题的选择涉及的多是社会和民众关注的问题。如交通安全、学校教育、更强大的美国、防止毒品、水质污染、消灭癌症、防止虐待儿童,等等。	提倡礼貌、美化环境、尊重生命、环境问题、枪械管理问题、社会高龄化问题,建立更美好的市民社会等。

2. 运作程序比较

中国的公益广告活动，无论是各实施主体自发组织，还是国家工商行政管理总局统筹安排的，其宣传主题都是由实施主题确定的，整个公益广告活动的工作流程呈现自上而下的模式（见图6）：

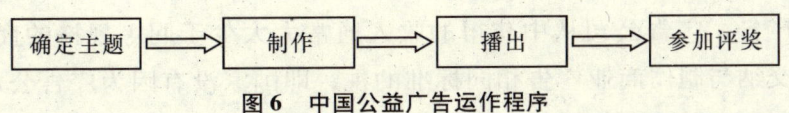

图6 中国公益广告运作程序

以电视公益广告为例，具体工作流程如下：首先是创意征集，由组织者向广告公司布置创作主题，同时开展全国范围内相关主题的创意征集；其次是创意提交，广告公司在一定期限内将文字创意稿交组织者审阅，获得认可后制作分镜头脚本，对拍摄构想加以形象化的说明，在脚本获得主事者的认可后即可准备拍摄；再次是筹备制作，确定创意被采用后，由组织者与提交该创意的广告公司签订制作合同，如果此广告公司没有制作能力，则合同的签订方还要包括摄制单位，合同签订后由组织者向创意提交方、广告片制作方支付部分创意和制作费用，用于广告片的制作；最后，广告公司将制作完成的广告成品交组织者审定，获得通过后便可在媒体播出。此外，广告播出后组织者有时还会推选优秀的广告作品参加有奖评选。

日本的公共广告机构组织的公益广告活动，每年都要向会员公司和个人会员就本年度的宣传主题进行意见征询，委托专业公司进行相关数据分析，然后在全国联合审议会议上确定宣传主题，在刊播后还要聘请专业调查机构对公益广告效果进行评估，以对今后的公益广告主题选择提供依据（见图7）。公益广告的活动流程呈现双向互动的模式。

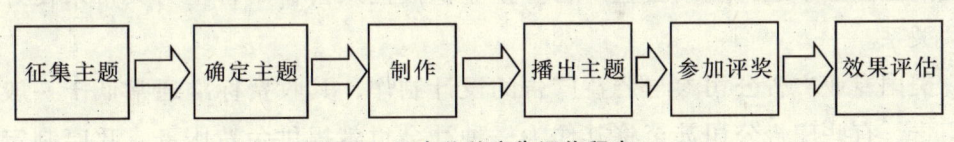

图7 日本公益广告运作程序

日本的公共广告机构（AC）每年都要向社会公众，以问卷调查的形式征集社会公益广告活动的主题。1997年，根据民众调查的结果，围绕人们最为关心的环境问题、枪械管理问题、社会高龄化等问题，最后确定以"尊重生命"为当年的公益广告主题。1998年，日本人民参与公益活动的积极性日益提高，日本公共广告机构决定将1998年度的主题确定为"创造人与人紧密结合的社会"。

3. 资金来源比较

中国公益广告的费用来源多样，有政府投入、媒体出资、企业赞助等形式。

一般来讲，制作公益广告的资金主要有四个来源：一是政府拨款；二是广告公司从制作商业广告的利润中提取；三是大企业无偿赞助，企业与广告公司联合制作（署名赞助）；四是社会资助或捐款（见图8）。对于得到企业赞助而制作的公益广告，广告公司从中获得的收入通常大大少于同等规格的商业广告，但也必须交纳与制作商业广告相同标准的税，即国家没有因为广告公司参与公益广告的制作而给予税收上的优惠。这在很大程度上打击了广告公司投身公益广告活动的积极性。

我国的广播、电视、报纸、杂志等媒介与国外的性质完全不同。这就使我国在建立"有人出钱、有人制作、有人发布"的公益广告运作发展机制时，必须考虑我国的国情。

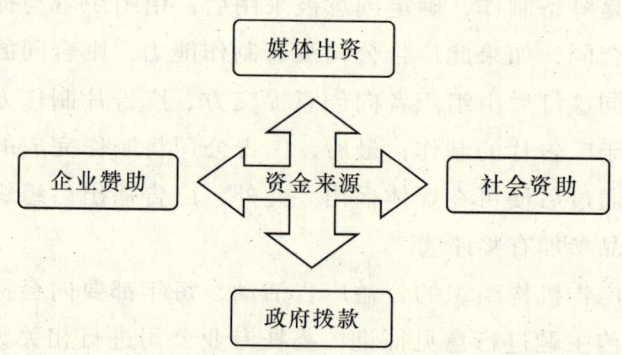

图8　中国公益广告资金来源

美国的公益广告在很大程度上依靠大众媒介及企业界的资助。很多公司特别是大型企业，经常赞助公益广告。企业积极投入公益广告也为其带来良好的公共关系。

美国专业广告公司参与公益广告的设计制作，其收费标准通常低于一般商业广告，有些广告公司甚至将其作为一种社会贡献提供免费服务。政府制定有利于广告公司的政策，如在税收上的优惠，虽然广告公司以低价甚至免费为组织者制作公益广告，但是它们仍然按照商业广告公司的收费标准来计算制作成本，公益广告的制作成本与商业广告制作成本之差，按照美国税务规定，属于捐献，无需纳税。

美国每年志愿参与公益广告设计与制作的专业广告公司要在美国广告公司联合会进行事先登记，轮流接受任务。

广告理事会的年经营资金约为 300 万美元，来自 400 多家企业的捐助。

美国的公益广告是 20 世纪 40 年代出现的，其公益广告的制作费用大多来自媒介的主动捐赠，同时政府在对广播电视媒介进行审查时，其中的一项重要内容，就是看其是否利用"广播电视"这种公共资源服务于"公众的利益、方便和需要"，而公益广告则是广播电视经营者用以表现其为公众利益服务从而继续获得从事广播电视经营权的一个非常有说服力的理由。

日本的公益广告活动由 AC 与媒体签订协议，由媒体会员提供免费播放时间和版面。日本 AC 没有接受政府的资金援助，其公益广告活动费用全部来自 AC 会员的会费和赞助，广告制作的费用由 AC 的媒体会员承担，各媒体会员每年都会免费提供一部分的广告版面、时段。日本几乎所有的报社、广播电视台以及杂志社等 AC 会员向公益广告提供的广告空间、广告时间以及海报框等都是免费的。这些会员免费提供的版面、时段等换算成广告费用，2000 年达到 307 亿日元。

美国和日本公共广告机构所有的经营管理费用不依靠政府的资助，而是依靠会员和志愿者的赞助。它们都是由赞同其宗旨的企业、广告公司、大众媒体等共同参与组成的。美国的公共广告机构 20 世纪 90 年代后期的年经营资金为 300 多万美元，来自 400 多家企业的赞助。1999 年媒体捐助首次突破了 10 亿美元，2000 年继续保持，2001 年媒体捐助了 15 亿美元，达到历史最高。日本公共广告机构现有会员 1370 个，年广告媒体费用 2000 年度已超过 307.8 亿日元，约合 2.4 亿美元。

美国和日本公共广告机构的会员来自企业、广告公司、大众媒体等各个行业，所有公益广告的制作费用由会员企业和广告公司分别负担。公益广告的刊播由大众媒体的成员单位免费提供版面和时段。在美国，对于每一美元公益广告的捐款，公共广告机构可能得到近 500 美元的媒介支持。

美国和日本的公共广告机构，每年都对公益广告计划进行讨论、审议，通过调查分析，指定年度公益广告的主题，以低廉的成本制作高质量公益广告并得到大众媒体的刊播保证，将有限的精力和资源集中在突出的社会问题上，节省了成本，加强了宣传效果。

1993 年开始，美国和日本公共广告机构开始合作，双方相互提出公益广告企划，选出最佳方案进行制作。至今已经进行了多次以保护水质为主题的集中型公益广告活动。

中、美、日三国广告资金来源比较见表 3。

表3　　　　　　　　　　中、美、日公益广告资金来源比较

	中国	美国	日本
资金来源	资金主要有四个来源：一是政府拨款；二是广告公司；三是大企业无偿赞助；四是社会资助或捐款。	广告理事会的年经营资金约为300万美元，来自400多家企业的捐助。	公益广告活动费用全部来自AC会员的会费和赞助。

4. 政府角色比较

和西方国家相比，中国政府在公益广告中的作用最为突出，中国政府是公益广告的发动者、导向者、支持者和鼓励者。在中国，由政府直接出面组织社会公益广告活动，体现了国家政府对公益广告事业和社会精神文明建设的高度重视。同时，充分发挥政府的作用，可以调动更广泛的社会力量投入公益事业，并且政府可以在公益广告活动的主题规划、指导性筹资、公益作品的集中收集、管理、投放等环节发挥重要作用。

（1）组织活动

公益广告在中国逐步推广后，受到党和政府有关方面的关注，由有关主管部门组织开展了众多颇有影响的公益广告活动，比较典型的有1996年"中华好风尚"活动。1996年6月18日，国家工商行政管理总局发出《关于开展"中华好风尚"主题公益广告月活动的通知》；1997年"自强创辉煌"活动；1998年"下岗职工再就业"活动。

在这三年里，全国报纸、广播、电视、杂志、户外媒体共发布公益广告作品5万多件，涌现出一批创意独特、内涵深刻、制作精良、质量较高的公益广告作品，为促进社会主义精神文明建设发挥了积极作用。

为了不限制公益广告的发展，后来的公益广告没有再设置一定的主题。

（2）组织赛事

全国性的广告评选；全国性的优秀公益广告评选；专门的公益广告评选。

王众孚同志在1998年度公益广告活动总结颁奖大会上就政府在公益广告活动中的地位做出高度评价："各地党委、政府的高度重视和有关部门的支持配合是公益广告活动取得成效的关键。"除了政府的指导和协调外，政府有关部门还根据自己的工作职责和经费情况，进行了各种各样的公益性宣传。如优生优育、防止交通事故、绿化造林、保护环境、保护珍禽异兽、宣传爱国卫生运动等。

中国的公益广告事业在发展变化过程中，受政府政策指导思想的影响很大。不同历史时期的政治背景和政策的变化，从公益广告的内容中可以清晰得到反映。如体育方面，从20世纪五六十年代的"锻炼身体保卫祖国、锻炼身体建

设祖国"到70年代初的"友谊第一，比赛第二"，再到80年代的"更高、更快、更强"，以及90年代的"开展全民健身运动"，从这些公益广告语的变化中，我们可以看到不同时期中国体育的指导方针和运动水平。还有宣传政府人口政策的公益广告从早期的"英雄母亲"到"一个不少，两个正好，三个多了"，再到70年代末以来的"优生优育"、"只生一个好"，从这其中的变化，可以看到人口政策从无计划状态到有计划状态的控制阶段，直至严格控制数量、注重提高质量的变化过程。中国公益广告和政治联系紧密，受政府指导思想影响大，中国公益广告的发展，从一个侧面反映了中国政治、经济和社会发展的历史。

美国联邦政府是很多公益广告的发起者和资助者，并制定有关公益广告的政策。政府有关部门积极倡导并直接资助公益广告，这是美国公益广告得以持续发展的重要原因。美国AC诞生之初就是作为政府战时情报局的合作者而发挥作用的，其与政府的关系久远。战后AC虽然成为了民间组织，但是政府经常通过AC来引导舆论，AC每年的公益广告活动主题有三分之一到五分之二由美国政府提出。AC每年召开一次华盛顿会议，出席者除了AC的理事、工商业咨询委员和公共政策委员外，还有政府的高级官员，他们会在会议上对政府的方针、情况进行说明，并与与会者交换意见，通常美国总统也会到会致辞。

美国联邦政府各个部门围绕管辖领域中的不同问题，往往能够高瞻远瞩，切中目标，以较强的针对性，发动全社会的公益广告活动。1997年，当时的克林顿总统提出一项"反对使用毒品"的五年公益广告计划，预算耗资17.5亿美元，然而这笔钱美国政府准备只付一半，希望另一半来自大众媒体免费提供的广告时间和版面。美国政府部门出面组织并参与公益广告活动，方能做到少花钱、多办事、办成事。

美国政府支持公益广告发展的政策鼓励：在美国，大部分公益广告发布在由联邦通讯委员会（FCC）管理下的广播电视媒介上，广播电视经营权由联邦通讯委员会负责审查和颁发许可证，"广播电视经营许可证要颁发给那些真正为公众利益服务的机构"。企业或私人要得到这种的无线电信号——公共资源的商业使用权，就必须向联邦委员会提出申请，该委员会在决定是否颁发和延长经营许可证使用期时，最看重的是申请者能否以这种公共资源服务于"公众的利益、方便和需要"。而公益广告则是广播电视经营者用以表现其为公众服务，从而继续保留公共频率使用权的非常有力的实证。

最近几年美国政府要求广播电视台每周至少要有三个小时的教育性节目（含公益广告）。实际上，据调查显示，美国广播电视经营者已经自愿做到了三到三个半小时。

美国政府对公益广告的直接组织还表现在政府领导人的直接参与。在克林顿担任总统的几年中,全美电视台纷纷播放由克林顿总统与黑人女星艾黎西主演的反暴力公益广告。

日本政府对公益广告的关注远远不及中国政府,有关广告的法律法规也没有具体到公益广告,处于相对分离的状态。但日本的公益广告却开展得很好,AC 起到了至关重要的作用。日本的公益广告评审主要靠 AC 把关,评审标准十分严格,主要包括五个方面:有关身边的社会性、公益性福利问题的广告,能取得成效的广告主题,能预见将来的启蒙性广告,能紧跟时代及时地开展活动,不依赖特定的党派、宗教、企业及团体的非营利活动。

日本的公益广告受美国的影响极大,政府对公益广告只是通过间接的方式予以鼓励,直接的指导行为很少。不过,从 20 世纪 90 年代开始日本也由政府部门提供公益广告主题[16]。

表4 中外公益广告中政府角色比较

	中国	美国	日本
政府角色	处于主导地位。中国政府在公益广告中的作用最为突出,中国政府可以说是公益广告的发动者、导向者、支持者和鼓励者。以直接参与为主要形式。	美国联邦政府是很多公益广告的发起者和资助者,并制定有关公益广告鼓励政策。政府有关部门积极倡导并直接资助公益广告。	政府直接指导较少,处于相对分离状态。政府一般不介入公益广告主题的选择,也没有政府资金援助,但从20世纪90年代开始,也开始由政府部门提供公益广告。

5. 媒体角色比较

中国的大众传播媒体具有双重属性,既是党和政府的喉舌,又是经营组织,即"事业单位,企业化经营"。媒体相应具有两种功能,即宣传功能和产业功能,一方面报刊、电视、广播等大众传媒的政治属性一直被放在突出的地位;另一方面随着改革开放和市场经济的逐步深化,我国传媒业也开始注重经济效益,开始进行产业化、市场化经营的探索。

媒体的这一特性决定了媒体公益广告的刊播理念:一方面,刊播有利于精神文明建设的公益广告是自身的义务,不应该收费;但另一方面,从经营角度考虑,如今广告资源的开发利用对于媒体的正常运作关系重大,媒体不可能过多承担无偿刊播公益广告所损失的利润,因此允许企业以署名的形式赞助刊播。

中国媒体的主要任务是为建设中国特色的社会主义事业，做好舆论宣传和信息服务工作，是联系党、政府和人民之间的重要纽带，必须负担起宣传党和政府的政策、方针，宣传公共意识，提高全民道德文化修养水平的重要任务。采用公益广告这种喜闻乐见的传播形式是完成这一系列重要任务的有效手段之一。

为使媒体认真履行精神文明建设的义务，政府有关部门对此做出专门规定，以保证公益广告的刊播。1997年8月，中共中央宣传部、国家工商行政管理总局、原广播电影电视部、新闻出版总署联合发出《关于做好公益广告宣传的通知》，其中要求"广播、电视媒介每套节目用于发布公益广告的时间应不少于全年发布商业广告时间的3%；电视媒介在19：00～21：00的时间段内，每套节目发布公益广告的时间应不少于该时段发布商业广告时间的3%。2002年12月，中共中央宣传部、中央文明办、国家工商行政管理总局、国家广播电影电视总局、新闻出版总署再次发出《关于进一步做好公益广告宣传的通知》，在重申大众媒介应发布一定数量、比例公益广告的同时，还对互联网、户外媒体发布公益广告的比例作出了具体规定，同时实行公益广告发布备案和检查制度。各媒介单位每季度要将发布公益广告的情况送当地工商行政管理机关备案，当地工商行政管理机关要对各媒介公益广告刊播情况进行定期和不定期的检查。

美国、日本的媒体，首先是作为一个营利性的组织存在，这与中国媒体有巨大的区别。在日本的电视台中，除了日本广播协会（NHK）是唯一一家公共广播机构外，其他的都是私营的商业电视台。它们的媒体性质具有明显的二重性：商品属性和社会公器属性。媒体就是一个产品，它服务于一个特定的市场，满足这个市场的特殊需求。由于这个原因，媒体必须是一家完全意义上的企业，只有市场能决定媒体的经营状况和经济效益，媒体的经营和编排必须围绕市场的开发、保持和满足。所以，媒体必须走向市场，建立市场意识，明确"独特市场占有"。同时，必须满足"舆论导向"、"文化宣传"、"信息传播"的三大要求，具备相应的社会公器属性。

美国、日本几乎全国所有的报纸、广播电台、电视台以及杂志等媒体都是AC的会员，媒体会员达到1300多家。《读卖新闻》、《每日新闻》、《朝日新闻》等会员每年都向AC免费提供公益广告的版面、时间及户外媒体。媒体只负责公益广告的刊播，公益广告的主题确定、设计、制作等具体工作都有专门的成员单位负责，媒体不需要插手。[17]

三国媒体角色比较见表5。

表 5　　中美日三国媒体角色比较

	中国	美国	日本
媒体作用	中国的大众传播媒体具有双重属性，既是党和政府的喉舌，又是经营组织，同时具有宣传功能和产业功能。国家做出专门规定强制要求媒体保证公益广告刊播版面和时间。	大众媒体是营利性组织，作为AC会员为公益广告免费提供版面和时间。在美国的公益广告活动中发挥着重要作用。	媒体作为AC会员免费提供版面和时间，既是媒体义务的体现，也是媒介树立自身良好形象的需要。媒体一般不负责公益广告的设计制作。

6. 行业组织比较

中国没有成立专门的公益广告机构，公益广告活动由各实施主体自行组织开展，整个社会的公益广告活动由政府有关职能部门负责。由于政府的权威性，使公益广告活动的组织具有一定的强制性，活动有强有力的保障。但同时，由于政府职能部门并非专职于公益广告活动，在组织活动的专业性、科学性方面存在局限，公益广告活动往往存在较大的随意性和分散性。

美国和日本都有专门管理公益广告的机构，美国为广告理事会（Advertising Council），简称美国AC，日本为公共广告机构（Japan Advertising Council），简称日本AC。

美国AC成立于1942年，日本AC成立于1971年，至今分别有60多年和30多年的历史。美国和日本的AC都是以促进公益广告的实施为目的而设立的非营利性民间组织，在公益广告活动中，起着十分重要的作用。[18]

美国AC自诞生之日就承担起了美国公益广告事业发展的使命，在美国公益广告发展中起着十分重要的作用。它专门从事全国性公益广告的组织协调工作，理事会由2000多名专业志愿者组成。依靠这些广告界的精英，广告理事会能够以较少的资金制作出高质量的公益广告，并且使公益广告在最大程度上获得媒体的采用。广告理事会的决策机构是董事会，由85人组成，代表着企业界、广告界、大众媒介和各个基金会。

日本AC是在日本企业家的倡议下组建的，它从成立之初就作为企业为社会作贡献的团体，成为以促进公益广告的实施为目的而设立的社团法人机构（非营利性民间团体）。日本的AC是非官方的独立机构，它联合社会各界的力量，以公益广告方式，力求对社会有所回报。日本的公益广告活动主要通过AC来组织实施，媒体、企业、广告公司都是该机构的成员，由公共广告机构组织运作的公益广告是日本公益广告活动的主要方式。

日本AC开展公益广告活动的方针是："建立更好的市民社会"，"促进市民自发地开展尊重人性的精神的运动。"

综上所述，我们发现，行业协会是连接政府和经营者之间的纽带，在国外，行业协会能够解决的问题都不需要政府解决。而在中国，不少应该由行业协会做的事情却由政府来承担，政府做了许多不该做也做不好的事情。对比国外公益广告的运作模式，我国政府承担了组织公益广告活动等本应该由行业协会来做的事情，广告行业协会在公益广告发展中应有的作用发挥不到位。

三国行业组织比较见表6。

表6　　　　　　　　中美日三国行业组织比较

	中国	美国	日本
广告协会等公共管理机构组织的作用	中国广告协会，发挥其对行业的指导、协调、服务、监督职能，但缺乏对公益广告的管理、组织，作用相对薄弱。	美国AC诞生之日就承担起了美国公益广告事业发展的使命，在美国公益广告发展中起着十分重要的作用。	日本AC是以促进公益广告的实施为目的而设立的社团法人机构。

7. 企业角色比较

中国的公益广告活动中，广告主即企业不是主要角色，并不处于主导地位，政府才是公益广告活动的核心角色和真正的实施主体。

中国的企业参与公益广告目前还停留在企业个体的行为水平上，企业参与公益广告的主要目的是塑造企业形象，获得个体利益，并没有延伸到真正回馈社会的层面。这一局限性不利于公益广告主体的选择和实际效果的获得。

美国的公益广告活动中，企业居于相对主导的地位。美国的广告公司自觉投入公益广告，一方面显示公司为社会谋福利的精神和社会责任感，另一方面也显示公司的经济实力和社会关系。如美国奥美广告公司（世界十大广告公司之一），为了保护野生资源，曾为世界野生动物基金会向16个国家的媒介单位募集了650万美元的免费广告，奥美在这项活动中不仅不收任何费用，还在人力、物力上资助了这项活动。1979年，美国的几大媒介主动捐赠了总价值6亿美元的版面和时间给美国广告协会，用以发布公益广告。1984年，美国几家电视台提供了价值15亿美元的广告时段，为有关民间机构播放了高等教育、防癌和急救知识等方面的电视公益广告。据一项调查表明，1996年11月，在美国商业电视网的黄金时间，美国几大电视网平均每小时播放公益广告在2～11秒之间。

日本的公益广告活动中，企业是最重要的核心角色，企业居于主导地位。AC虽然是由企业、媒体、广告公司三方组成，但企业却是其成立和发展的主导力量，参与公益广告活动是企业回馈社会的重要手段。

日本企业参与公益广告活动不能为企业带来及时的利益，在 AC 的公益广告中是不出现广告主名称的。在战后几十年的发展中，日本企业意识到共同营造良好的社会环境是企业自身发展的重要条件，以社会完善作为自身发展基础已经成为日本企业的基本理念，也是企业自愿参与公益广告活动的动力和目标。日本的公益广告活动已经形成相对规范的操作系统和运作模式。

我国公益广告活动的发展需要进一步建立和完善既具有中国特色又能与国际接轨的运作机制，其中广告主所起的作用至关重要。呼吁广告主的社会发展意识，政府通过建立引导企业自愿参与公益广告运作的机制，逐步使企业成为公益广告的核心力量，这是推动中国公益广告活动蓬勃发展的有效途径。

三国公益广告角色比较见表 7。

表 7　　　　　　　　　　　中美日公益广告企业角色比较

	中国	美国	日本
企业角色	企业不是核心角色，不处于主导地位	美国的公益广告在很大程度上依靠企业界的资助，居于比较主导的地位。	企业是最重要的核心角色，居于主导地位。

（三）我国公益广告发展中存在的问题

从以上中外公益广告发展及运行模式的比较中，我们可以看到，公益广告的发展前景是毋庸置疑的，但就目前的发展状况来说，中国公益广告业与发达国家相比还存在着一些问题和差距。

1. 公益广告市场化运作程度低

和美国、日本等国家的公益广告运作相比，中国政府介入公益广告的运作最多，政府投入也最多，但是，中国公益广告的发展，不论是数量、质量，还是运作水平，都和发达国家有较大的差距。究其原因，没有建立起市场化运作的良性发展机制，是影响中国公益广告健康发展的重要原因。

公益广告具有广告的一般特征，广告的运作是有一整套市场化的运作机制和模式的，公益广告也必须按照广告的基本运作机制和模式才能有自身发展的原动力。我国目前的公益广告基本上是靠政府的推动甚至是行政性命令来推行，无论是广告公司、企业还是媒体自身，投入公益广告的积极性都不高，公益广告没有自身发展的生命力。谁是公益广告的主体，各公益广告主体为什么要投资公益广告，有什么激励机制鼓励和保障各主体投入公益广告的积极性，公益广告的资金有什么保障机制，公益广告的主体如何确定，如何测定公益广告的投放效果，如何有效配置公益广告各项资源等一系列问题都必须在公益广告的运作机制中加以解决，只有在一整套良性循环机制的保障下，公益广告才可能由市场这只"看不见的手"来有效推动和不断发展。

2. 政府角色错位

总体而言，在中国，公益广告活动还是一种政府行为，公益广告活动的发起人主要还是由政府机构来承担，企业的参与较少。政府行政指令在公益广告活动中起着很大的作用，近年来主要的全国性公益广告活动都是在政府部门的统一指导下组织开展起来的。每年国家工商总局和中央精神文明办都会发出关于开展主题公益广告宣传活动的通知，动员广告主、广告经营者和广告发布者出资、制作、发布公益广告，要求新闻媒介严格执行有关规定，比如要求媒介在电视黄金时间段或报纸主要版面按规定刊播主题公益广告。

与欧美、日本等国家的公益广告活动相比，中国政府在公益广告活动中所处的主导地位是非常明显的。但是，与发达国家相比，无论是公益广告的质量和数量，还是公益广告的运作机制以及在社会发展中所起的作用，都有较大的差距，原因何在？政府在公益广告的发展中，把主要精力放在了组织具体的公益广告活动上，如举办公益广告大赛，开展公益广告月等，没有在建立公益广告的市场化运作方面做更多基础性、引导性工作。结果是在公益广告活动月期间，全国的公益广告活动开展得有声有色，但活动一结束，大部分公益广告就销声匿迹。

政府承担了过多的划船的工作，没有在掌舵上下好功夫；政府承担了过多的公益广告运作的具体工作，没有从公益广告发展、运作的体制上、机制上下功夫，没有建立一整套有效的公益广告运行的体制和机制，动员和配置全社会的公益广告资源，制定政策鼓励和保护公益广告参与者的热情和积极性。

3. 企业没有成为公益广告的主体

目前由于我国的公益广告制作、发布大多靠政府推动，还没有形成企业、广告经营单位的自觉行为，企业长期投入公益广告的能力和热情不足，制约了公益广告的长期稳定发展。从美国、日本等国公益广告发展的成功经验看，企业的参与是公益广告发展的市场推动力，企业成为公益广告的主体是公益广告持续、稳定发展的重要因素。企业尤其是大企业成为公益广告的主体，不仅解决了公益广告发展中最重要的资金问题，还在公益广告的设计、制作水平上充分体现了企业的实力和社会贡献精神，是推动公益广告稳定发展的最活跃的市场化因素。在西方发达国家，作为企业形象的最佳宣传方式，企业投资公益广告的数量和商业广告不相上下，有的企业的公益广告投入甚至超过了商业广告的投入，日本松下电器公司做公益广告的费用远远大于商业广告，松下电器的名字和形象随着公益广告画面产生的视觉冲击和影响在消费者心中留下了深刻印象[19]。

我国当前的公益广告主要还是靠政府组织和推动，无论是资金的来源、活动的组织还是公益广告主题的确定，无不具有鲜明的政府行为印记。企业的主动参与较少，不可避免地出现政府组织的时期，公益广告开展得较好，而活动一结束，公益广告就失去了发展的市场推动力的问题。

提高企业的社会责任感，政府制定相关政策鼓励企业参与公益广告的积极性，是促使公益广告走向良性发展轨道的关键。

4. 法规政策保障不足，没有形成公益广告的激励机制

目前，我国的《广告法》、《广告管理条例》都没有对公益广告做出界定，《广告法》对广告的界定是："本法所称广告，是指商品经营者或者服务提供者承担费用，通过一定媒介和形式直接或者间接地介绍自己所推销的商品或者提供的服务的商业广告。"可见，《广告法》并不适用于公益广告。我国的公益广告立法尚处于理论探讨阶段。在《广告法》之外，关于公益广告的法律性管理规定也未制定。目前，我国有关公益广告管理的规定仅体现在有关部门发布的公益广告活动的规范性文件中，但这些规范性文件都没有涉及公益广告的界定问题，关于公益广告的各种法律界定并不清晰。关于公益广告的内涵，公益广告的资金来源，公益广告成本界定，公益广告与商业广告在作品表现上的区别，公益广告内容的署名权、法律责任等都没有十分清楚的界定。广告主、广告公司、媒体在公益广告的投入上由于得不到政策的鼓励和保障，积极性不高，有的企业甚至把投入公益广告看作是对社会的施舍。

5. 没有专业的公益广告组织机构

美国、日本公益广告的发展中，值得我们学习借鉴的成功经验很多，但其中至关重要的一条经验，就是都成立了专门的公益广告管理协调组织——AC。美国的公益广告发展历史几乎就是美国广告理事会的发展历史；日本学习美国的公益广告成功经验后，做的第一件事就是成立日本的AC，日本的公益广告事业在AC的强有力组织和协调下迅速健康发展，影响越来越大。

我国政府虽然十分重视公益广告的发展，但是由于体制问题，宣传部门、工商部门、新闻出版部门、文化部门都有管理公益广告的职责，但又都不是公益广告管理的法定部门。《广告法》虽然规定了工商行政管理机关是广告监督管理机关，但工商机关的主要职责是对广告的监督管理，无论是职责还是职权都无法完全承担起公益广告发展和管理的工作。中国公益广告的多头管理，造成政府单位和部门之间职责分工不明确，目前各地广告行业协会由于体制的原因，

也不具备统筹协调公益广告发展的职责和能力,使得公益广告活动的开展受到一定程度的阻碍。每次全国性的公益广告主题活动都有几个部门联合发文,看似轰轰烈烈,但一涉及经费的来源、部门的协调,广告主、广告公司、媒体之间的统筹,发布效果的反馈等具体工作就往往没有法定的部门和人员具体落实,工作不细、不深入,解决问题不彻底。活动一结束,没有一个部门和机构来筹划和安排日常的公益广告工作,策划全年的公益广告计划安排,规划公益广告的长远发展。

6. 公益广告资金来源没有保障

目前,我国公益广告资金来源有限,国家在税收方面没有给予优惠,在某种程度上打击了广告公司的积极性。一般来讲,制作公益广告的资金来源主要有四个:一是政府拨款;二是广告公司从制作商业广告的利润中提取;三是大企业无偿赞助,企业与广告公司联合制作(署名赞助);四是社会资助或捐款。对于那些得到企业赞助而制作的公益广告,广告公司从中获得的收入通常大大少于同种规格的商业广告,但也必须交纳与制作商业广告相同标准的税,即国家没有因为广告公司参与公益广告的制作而给予税收上的优惠。这在很大程度上打击了广告公司投身公益广告活动的积极性。

7. 公益广告资源没有被充分利用

目前,我国的公益广告还在一个较低水平上运作,指令性多于自发性,盲目性大于计划性,精品不多,传播效果影响不大。

中国目前公益广告活动的开展主要有三个途径:一是自发性的,多由广告经营单位来策划选题,有时还有搭配任务的性质,这种情况下,往往有敷衍行事、东拉西扯的现象,难以出精品,不能形成合力和规模效应;二是以中央电视台为主的媒体发布的公益广告,虽然做了很多工作,但毕竟是大众传播媒体,其号召力、组织力有限;三是由政府部门出面,如由国家工商行政管理总局组织,声势大,成绩突出,但容易流于表面,只有阶段效应,不能持久。

中国公益广告的投放机制与美国、日本公益广告的投放机制相比还有待完善。许多来自专业广告公司的非常优秀的公益广告作品,只能出现在各类公益广告评奖图集中,却不能在大众媒体中与广大读者、观众见面,这不能不说是一种遗憾,是一种严重的资源浪费,在一定程度上扼杀了许多专业广告公司创作公益广告的热情。造成这种情况的原因是多方面的,其中投放机制的不健全是原因之一。如果没有健全的媒体投放机制,没有公益广告投放在法律和制度上的有力保证,没有媒体、广告公司、企业三方的协力配合,这些状况是很难扭转的。

8. 公益广告的主题选择与民众的需要还有一定距离

从公益广告的定义出发，社会效应是其首要的追求，其诉求主题应是公益性的、慈善性的、服务性的，其目的是赢得公众的好感和支持。公益广告面对整个社会，它的服务对象是公众，受公众监督，而且要对公众负责。每一则公益广告的切入点不同，广告主题、广告内容、广告诉求点也不同。它的目标受众应该是某些相关群体，不能因为强调了它的公众性而忽略了它对某种问题、某种现象的针对性，只有加强公益广告的针对性，才会使公益广告对社会诸多问题切入准确，渗透力强。例如：优秀公益广告作品《心声要用心去聆听》，唤起了社会对老人、孩子的关爱。主题明显，受众明确。公益广告的创意也应该遵循一般广告的基本规律，要有明确的目的和广告对象，在强调公益广告的社会性及公共性的同时，也要看到广告活动的基本规律和受众特定性。

由于中国公益广告主题的确定由政府部门进行统一部署、组织、选择，一定程度上忽略了大众的需求，政治性的主题较多，关系民生、贴近民意的主题相对较少；公益广告的主题选择也缺乏连续性和承继性，一个政府组织的公益广告活动结束后，常常就进入消极待命的状态。主题选择和民众需要的差距是公益广告还未得到社会普遍关注的原因之一。

三、完善公益广告发展中政府行为的建议

从以上分析可以发现，当前我国公益广告发展中存在着各种问题，这些问题的解决都需要政府行为的引导。政府机制是公益广告事业发展的方向盘，市场机制是公益广告事业发展的推动力。

公益广告长期稳定发展的关键是建立公益广告的良性运作机制，在这个机制中政府、媒体、企业、受众的职责关系和功能定位，关系到运作机制的正常运作，其中政府是核心，其作用至关重要，政府的行为直接影响着机制中其他环节的运行。公益广告中涉及的各个环节环环相扣，它们的关系如下（见图9）：

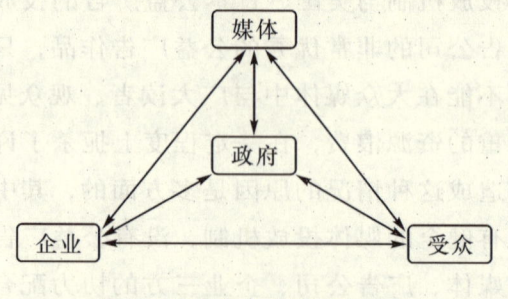

图9　公益广告中的四大关系

（一）处理好公益广告发展中的几大角色关系

1. 政府的职能与定位

政府部门肩负着社会职能和文化职能，推进和发展公益广告是政府责无旁贷的职责，公益广告的健康发展为社会的和谐发展带来深远有益的积极影响，好的公益广告可以改变人的行为方式，公益广告是政府管理社会、引导民众思想行为模式的有效手段。

我国的公益广告活动都由政府部门结合当时的工作重点和宣传任务，以行政命令的形式发起，多由行政部门的宣传部门负责具体工作，通过政府部门的组织体系贯彻实施（见表8）。和西方国家相比，我国政府在公益广告发展中的直接关注和投入是最多的，但是，目前我国的公益广告发展无论是在数量上、质量上、社会效应上还是运作机制上都和西方国家有不少的差距，究其原因，是我国的公益广告发展主要依靠政府的推动，有时甚至是强制完成任务。结果是政府推动公益广告专项活动的时候，公益广告的发布量就大，各地就重视；活动一结束，各地公益广告的发布就冷冷清清。

要改变我国公益广告目前的这种状况，政府必须改变在公益广告发展中的角色定位，变直接组织、管理的角色为推动、协调、鼓励、监督的角色。要把主要精力放在如何建立公益广告的良性运作机制上，着力解决以下一些关系到公益广告发展全局性的问题，如建立怎样的公益广告专业管理机构组织架构，如何调动全社会各方面力量投入公益广告的积极性，如何合理配置公益广告的各种资源，如何建立公益广告发布的激励保障机制，等等。

表8　　　　　　　　　政府在公益广告中的职能与定位

政府定位	机制的建立者 规则的制定者 主体参与的激励者 利益的协调者 资源的保障者
政府职能	1. 组织。通过建立专业公益广告管理机构等方式，组织全社会的公益广告活动。 2. 协调。协调处理公益广告发布中政府、媒体、企业、受众的关系。 3. 管理。运用政府的公共权力，依法对公益广告的运作过程进行管理，以规范公益广告发布行为。 4. 引导。制定相关政策引导、鼓励全社会参与公益广告活动。

政府应成为机制的建立者，规则的制定者，各主体参与的激励者，利益的协调者，资源的保障者。

在公益广告的发展中，政府的行为更多的应该是掌舵，而不是划桨。

2. 政府与媒体的关系

在我国，由于媒体的特殊地位，媒体尤其是中央媒体发起的公益广告具有广泛的规模和深远的效应。媒体的公益广告活动主要通过两种形式来开展，一是直接向广告公司约稿，由媒体确定创作主题，制作单位多为专业广告公司。这种方式是媒体组织公益广告活动的常规形式。二是举办公益广告大赛，由一家媒体牵头，联合其他单位共同举办，面向社会各界广泛征集公益广告活动创意或成片，创作主题相对宽泛。

在我国，媒体的主要任务是为建设中国特色的社会主义事业做好舆论和信息服务工作，是联系党、政府和人民之间的重要纽带，因此，中国的媒体必须担负起宣传党和政府的政策、方针，宣传公共意识，提高全民道德文化修养水平的重要任务。媒体发布公益广告既是责任也是义务。但是，当前，我国的媒体本身又是经营实体，其发展壮大有赖于自身经营效益的提高。公益广告是一项公益性事业，媒体对公益广告的投入难以在短期内为媒体自身带来经济效益，甚至因为版面、时段的占用，短期内还会影响媒体经济效益。如何处理好公益宣传和经济效益的矛盾，如何继续发挥媒体在我国公益广告事业中的重要作用，是党和政府在媒体发展和管理中要解决的问题。

当前，应当加强新闻媒体刊播公益广告的计划性。政府根据每年公益宣传的主题及投放量情况做好全年度公益广告的宣传计划。需要做公益宣传的社会团体或职能部门，根据本年度自身的工作实际，确定公益宣传的选题和投放量报公益广告管理机构，由公益广告管理机构集中后进行统筹安排，制定年度公益宣传计划。宣传计划分常规性（如精神文明建设）和临时性（如"非典"等突发性事件），按时按需要予以投放。

公益广告的设计制作，可以采取两种方式：

一是政府向社会招投标，由中标公司承担公益广告的设计制作，中标作品的所有权属公益广告管委会，并无偿提供给有关媒体发布。

二是由公益广告管理办公室组织专业设计人员进行设计制作。这样不但可以解决公益广告（尤其是电视和户外公益广告）制作成本较高的问题，而且还可以大大提高公益广告的质量。统一设计制作的公益广告由公益广告管理办公室提供给各类媒体并免费发布。

在目前媒体既是党和政府的喉舌，又是经营实体的国情下，必须明确媒体发布公益广告的费用问题，中共中央宣传部、中央文明办、国家工商行政管理总局、国家广播电影电视总局、新闻出版总署发出的《关于进一步做好公益广告宣传的通知》规定媒体发布公益广告的数量不得少于版面和时间的3%，但却没有明确这3%发布的费用问题，是应该由媒体免费发布，还是应向公益广告投放单位收取。

3. 政府与企业的关系

企业成为公益广告的主体，是西方国家公益广告得以持续健康发展的重要因素。美国和日本的公益广告都是在本国企业尤其是大企业的有力支持下迅速发展起来的，企业成为公益广告的广告主，这既是企业社会责任的体现，也是企业自身发展到一定阶段的自我需要。公益广告的非营利性表明，公益广告制作的最大原动力是高度的社会责任感，强调的是奉献精神，而不在于赢利。倘若企业不能做到这一点或者意识不到这一点，就不会自觉主动地去完成，更不会为公益广告尽职尽责。企业参与发布公益广告又是对自身长远发展的绝好投资，"企业出资的公益广告是深藏着商业目的的商业广告"，"公益广告是一本万利的商业广告"，这些理念已融入到这些大企业的社会营销理念中，投入公益广告已是企业自觉的行为。

思想是行为的先导，意识、观念来源于实践又指导实践。要提高我国公益广告的整体质量，发展公益广告事业，政府要通过一系列措施引导企业自觉参与到公益广告的制作发布中。从广告经营者、企业广告主的经营理念上，广告创意、策划、设计、制作、刊播人员的意识上，甚至广告管理者的组织管理思想上，按照发展社会主义市场经济的新思路，把精神文明建设提高到广告界各项工作中更加突出的地位。不仅要在商业广告中提高社会责任感，增强精神文明建设的自觉性；更要在公益广告活动中强化公益意识，转变做公益广告是得不偿失的自私心态，把研究、部署、落实、检查、制作公益广告，推动精神文明建设，纳入到所有广告工作的议程内，用强化公益广告活动来深化公益意识，又以增强公益意识来推动公益广告活动[20]。

但是，我们也应该清醒地认识到，作为广告的从业者、经营者，他们置身于严酷的市场竞争当中，不可能只从公益方面考虑自身的经营。这就要求政府不仅从观念上要加强对企业的引导，培养企业的公共意识，而且更重要的是让企业能够从中获取相应的回报，以此来激励广告主自觉主动地从事公益广告的制作。

过去，公益广告多是由行政部门以红头文件摊派的形式制作和发布的，企业的积极性不高，参与度低，公益广告粗糙、单一。不讲公益广告作品质量，不出精品，就没有影响力、没有生命力，就无法保证公益广告事业的顺利发展。2002年，中共中央宣传部、中央文明办、国家工商行政管理总局、国家广播电影电视总局、新闻出版总署发出的《关于进一步做好公益广告宣传的通知》中已经明确了企业参与出资公益广告的鼓励性规定，规定"企业出资设计、制作、发布的公益广告，可以标注企业名称和商标标识，但不得标注商品（服务）名称以及其他与企业商品（服务）有关的内容"。

政府通过制定法规、政策鼓励和保障企业参与公益广告制作发布的积极性，使企业通过发布公益广告在体现自身社会责任感的同时，能够得到相应的效益回报，逐步使更多的企业自觉参与公益广告的制作发布。

4. 政府与受众的关系

中国的公益广告主题由政府自上而下制定，具有某种优势，可以快速地进行制作、发布。但是了解受众的接受心理、需求，制定贴近民意的主题，需要政府进行一定的调研。调研需要大量的成本支出，政府可以相应承担这些费用，组织一定的机构或者委托相应的团体进行定期调查，研究受众的需求、心理，以保证政府制定的公益广告主题与受众需求之间不脱节，做到事前有规划，有针对性、有目的性地开展有效的公益广告宣传。

公益广告在表现手法上应更多地考虑受众的接受心理，讲究以情动人、以情感人。广告印象产生的大致过程为：感觉——知觉——注意——记忆——联想，是使人由被动接受到主动接受的思维过程。广告发生作用的机制和过程完全是一种心理性的过程。这个过程对任何类别、性质的广告来说都是一致的。

公益广告与商业广告相比，更多的是一种观念的诉求，而非单一的商品信息的传递。公益广告为达到一种观念诉求的成功，对创意就提出了更高的要求，即在诉诸于视觉和听觉这两种认知形式的初级阶段开始，就要寻求对人们心灵中最柔情的角落给予触动，使人们由认知的比较被动阶段进入知觉的综合阶段，并尽快地对人的主观意愿产生影响。作为单一商品信息传递的商业广告，若在此阶段失利，还可以在品牌认知阶段采用地毯式轰炸法，以尽可能大的强度将商品信息灌注给受众。而以观念传递为主要内容的公益广告若在此阶段失利，则代表彻底失败了。

考虑到公益广告这一观念传递的特殊性，公益广告的高水平创意，是公益广告成功和发展的根本。比如一则海外优秀公益广告，主题是呼吁社会公众关心和资助残疾人。它在电视画面上极细致地、不厌其烦地展示了一位失去双臂的女子怎样艰难地用嘴代替双手煮咖啡、打鸡蛋，使用微波炉，用烤箱烤面包，为自己准备一顿早餐的全过程。每个动作都深深地震撼了观众的心灵，同情之余，观众更多的是对她顽强生活态度的敬佩。广告片结束后，字幕打出接受捐赠的电话号码和帐号。这时，欲使观众拨通电话、签发支票的初衷自然达到了。基于同一个道德理念，对比我们的作品，差距显而易见。公益广告是一种观念的传递，而非概念的传递。上述这则广告的成功，是它在传递一种观念时，排斥了概念化的叙述，是一种实实在在的精神和理念的再现。广告在表现手法上还渗入了受众参与机制，完成了一个双向传播的互动过程。

（二）完善公益广告发展中的政府行为

要解决我国当前公益广告发展中的问题，建立运作协调的公益广告运行机制是基础性工作。公益广告良性运行机制不可能在市场经济条件下自发地建立起来，它需要全社会的积极参与和大力支持，建立公益广告运作机制是项系统工程，在这个社会系统工程中，政府是关键环节，政府控制着公益广告发展的方向，市场机制推动着公益广告的发展步伐。政府通过组织、协调、监督、引导等手段，合理调配社会公益广告资源，把全社会的力量汇集起来，组织和协调社会方方面面的关系，形成公益广告发展的良性运作机制。

1. 政府转换角色和工作重点

公益广告是典型的公共物品，具有非竞争性和非排他性的特点，使得公益广告不可能从自然的市场规则中得到顺利发展，企业不可能长期自愿地投入公益广告。这就需要政府通过有效的手段制定和建立公益广告市场化运作的机制，鼓励和保障社会各界对公益广告的投入和关注。

从前面的分析可以看出，我国当前公益广告发展相对落后，其主要原因并非政府不重视公益广告工作，而是重视的方向、工作重点存在一些误区，导致政府把很多的精力放在直接组织公益广告活动上，但效果并不长久。要彻底改变这种被动局面，政府就要把工作重点从直接组织公益广告活动转换到建立公益广告运作机制的基础性工作上来（见图10）。

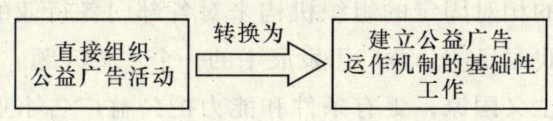

图10 政府在公益广告中的角色转换

在建立公益广告运作机制的基础性工作中，政府要从组织机构、运作模式、资金保障、法规建设、激励机制、监督管理等关键环节着手（见表9）。

表9　　　　　　　政府建立公益广告运作机制的基础性工作

关键环节	工作重点
组织机构	建立符合中国国情的专业公益广告管理组织机构，统一组织协调全国的公益广告活动。
运作模式	建立政府、企业、社会团体、中介组织等多主体参与的公益广告发展模式，建立科学的公益广告主题选择、设计、制作、发布、效果测定及反馈的良性运作模式。
资金保障	建立多渠道的公益广告资金保障体系，包括政府专项资金、企业出资、专项税收政策、建立公益广告基金捐助机制等。
法规建设	在《广告法》中明确公益广告的性质和管理规范，制定相应的鼓励和规范公益广告发展的配套法规章体系。
激励机制	制定相关法规政策鼓励全社会积极参与公益广告活动，保障各主体参与公益广告的权益和积极性。
监督管理	运用政府行政权力控制公益广告活动的各个环节，保证公益广告活动的健康开展。

政府在公益广告的发展中要从既掌舵又划桨，逐步转换到以掌舵为主、指导公益广告主体划桨的角色上来。

2. 建立我国的公益广告专业组织机构

从美国、日本等公益广告发展得比较好的国家的经验看，成立公益广告专业组织机构是公益广告持续、健康发展的关键性手段。从20世纪40年代美国成立"广告评议机构"（AC）承担全国的公益广告组织策划，到70年代日本成立"公共广告机构"负责全日本的公益广告发展，两国的公益广告都是在专业公益广告机构的强力推动和有效组织下走上了持续、健康的发展道路。我国台湾地区近年也成立了类似的组织。作为一个民间常设机构，这类组织对于规范协调规划公益广告行为、吸纳社会捐助大有裨益[21]。毫不夸张地说，没有AC的有力协调和组织，就没有两国公益广告的健康有序发展，正是AC的富有实效和号召力的工作，使全社会的公益广告资源得以有效利用和发挥。

没有一个长期的相对固定的组织机构来对各部门各行业的公益广告资源进行总体协调，这是我国目前公益广告发展中的一个主要问题。

我国作为社会主义国家，更有条件和能力把公益广告事业推向健康发展轨道。从我国公益广告发展的十几年来看，由于没有专业的公益广告机构制定长期的系统的公益广告发展规划，公益公告活动总是在运动式制作发布中，显得凌乱，阶段性强，效果受到影响。当前成立公益广告专业组织机构，加强公益广告的组织力度是当务之急和关键性工作（见表10）。

表 10　　　　　　　　建立我国公益广告专业管理机构架构设想

机构性质	行业协会
运作方式	政府主管，民事运作，自主运作，代理政府行使公益广告管理
组织领导	宣传部门，工商部门
费用来源	政府拨款，专项基金与会员会费相结合
工作职责	1. 结合政府的中心工作和全社会关心的主题活动，规划和组织公益广告活动。 2. 负责协调政府各职能部门的公益广告发布活动，统筹安排公益广告的设计、制作和发布。 3. 协调政府、民间组织、广告媒体、广告主、广告经营单位等机关和业界公益广告活动的关系，整合公益广告资源。 4. 管理公益广告活动基金，对政府投入、社会赞助、媒体免费提供的资金和公益广告资源进行管理和有效利用。 5. 负责组织实施公益广告评选活动。 6. 负责组织挑选专业广告公司设计制作公益广告，评定和挑选公益广告精品并统筹分布到各广告媒体进行发布。 7. 负责对发布的公益广告进行效果评定和对公益广告意见反馈的收集整理。 8. 健全和完善公益广告管理规范。

公益广告专业机构享有管理上的充分自主权，它不以赢利为目的，自主经营，广泛吸收企业、广告公司、媒体等共同参与。强化行业自律，协调会员关系，开展行业内部及外部的交流与合作，促进广告界与政府、企业和媒体之间的多元合作关系。只有通过公共广告机构的统一组织、统一规划，才能从根本上解决公益广告经费不足、宣传力度不够的问题。

在公益广告专业组织机构的组织和统一管理下，可有效解决公益广告的主题规划、经费管理、创作主体和媒体发布渠道等问题。不仅能够把社会各方面参与公益广告活动的积极性调动起来，统一起来，发挥出来，而且还能有效解决当前公益广告制作经费不足、片源紧张、精品力作不多、责任心不强，宣传力度不够等无序、随意、自流、乏力的现象，将会大大促进我国公益广告事业的繁荣和发展。

3. 规范政府对公益广告的管理和引导

我国目前对公益广告的管理上存在一些问题亟待规范和完善。

首先是管理的主体上，多头管理，责任不清。宣传部门、工商部门、文化部门都有管理的职责，又都不是公益广告的主管部门，工商部门是广告的主管部门，但《广告法》中广告的界定并不包含公益广告，对商业广告的管理方式不能完全照搬到对公益广告的管理上来；公益广告的内容属于精神文明的范畴，又是宣传部门的职责，但宣传部门作为党委部门并不具体履行管理职责；文化部门的职责和公益广告有一定联系，但其又不是广告的法定监督管理部门。

其次是在管理的内容上不够明确，管理仅仅局限在简单的完成任务式的层面上。宣传部门确定主题，和工商部门联合发文要求各地发布公益广告，最后评奖表彰，但对于管理中的鼓励、协调、引导、监督的工作开展得较少，尤其对公益广告发布主题的规划，媒体强制性发布义务的监督管理，政府公益广告专项资金的合理运用，公益广告资源的合理配置等缺位严重。

第三，在管理的手段方式上过于依赖行政手段。每年的公益广告活动都是自上而下的行政命令式的任务，没有从如何调动各界积极性方面，从经济手段上、鼓励形式上下功夫。

因此，现在亟待规范和加强政府对公益广告的管理，通过有效的管理促进公益广告的良性发展（见表11）。

表11　　　　　　　　　　政府对公益广告的管理和引导

管理的重要环节	存在问题	改进方向
管理主体	多头管理，职责不清。	成立公益广告专业管理机构，政府授权其对公益广告进行全面的管理，政府各部门的职责通过机构来统一协调。
管理内容	完成任务式的低层次管理，在鼓励、协调、引导、监督中缺位。	加强对广告发布主题的规划，媒体强制性发布义务的监督管理，政府公益广告专项资金的合理运用，公益广告资源的合理配置等内容。
管理手段方式	过于依赖行政手段。	行政手段与经济手段相结合，在制定和实施鼓励措施上多做工作。
管理和引导的关系	管理和引导脱节。	管理是为了引导，通过管理规范和引导公益广告健康发展。

4. 完善公益广告法规建设

广告是市场行为，公益广告作为广告的一种重要形式，也要遵循市场运作的规律，而市场行为的规范需要健全的法制。利用广告法规来管理广告，是世界各国对广告活动进行管理的普遍方法。法律控制是公益广告发展的强有力保障，它为公益广告和商业广告做出界定，制定公益广告活动的发展范畴，改变我国目前仅有规范商业广告的法律规范，缺乏公益广告法律规范的现状，保证了公益广告的独立性。公益广告在性质上属于民事行为，应由法律加以规制，制定公益广告管理法规，为公益广告完善的运作机制提供法律依据。用立法来保证公益广告运行的刚性规范。只有把公益广告纳入法制轨道，才能形成长期健全的公益广告运行机制。公益广告法规建设要解决的具体问题见表12。

表12　　　　　　　　　公益广告法规建设要解决的具体问题

基本要求	公益广告法规主要内容
公益广告发布主体、发布内容、法律责任等方面	1. 公益广告的界定。 2. 公益广告的主体及权利义务。 3. 公益广告的主管部门及其职责权限。 4. 公益广告的知识产权的确定。 5. 公益广告的资金来源渠道及使用范围。 6. 媒体发布公益广告的责任义务关系，发布公益广告成本的确定。 7. 对公益广告设计制作发布单位的各项优惠鼓励政策。 8. 公益广告内容的基本要求。 9. 公益广告发布的法律责任。 10. 公益广告的监督管理。

（三）建立公益广告的市场化发展模式

1. 加快公益广告的市场化运作模式的建立

公益广告具有广告的一般特征，广告的运作是有一整套市场化的运作机制和模式的，公益广告也必须按照广告的基本运作模式才能有自身发展的原动力。要使公益广告的发展尽快从计划经济模式向市场经济模式过渡，靠市场规则来推动公益广告的健康发展，改变单一由政府来推动的局面。

公益广告传播的市场化是指在公益广告的运作流程中，引入商业化、市场化的操作规则，发挥市场机制在公益广告传播过程中的作用。借鉴商业广告成功的运作经验，结合公益广告的特点创作、传播公益广告。公益广告传播的市场化的过程，即不断健全公益广告的市场要素，提高市场机制在公益广告的传播过程中的地位，以一种系统化、理论化的策略来解决问题的过程。

公益广告不同于一般宣传之处在于它运用市场运作方式，借鉴商业广告的传播技巧推行对社会有益的观念。从某种意义上讲，公益广告和商业广告一样，从事的也是一种产品推销活动，只不过它推销的是一种特殊产品——有益于全社会的公益观念，目标受众是最广泛的社会大众。整个产品从定位、制作到投入宣传，都离不开市场化运作。它也遵循等价交换的原则，目标受众付出时间、精力，附加潜在的消费需求，换取自身文明素质的提高与道德品质的升华；媒介、企业、广告公司等广告主通过公益广告活动，可以提升自身形象，增加品牌影响力，激发受众潜在消费欲望，有利于其他产品的销售。所以，借鉴商业广告成熟的营销经验，引入有效的市场化运作机制与营销战略，找准公益化与市场化的结合点，让广告主、广告公司、媒介、受众等形成的公益广告的生产销售链条在市场中形成互利互动的关系，在市场化操作的土壤中保持公益性品质，这是公益广告事业获得繁荣发展的保证[22]。公益广告市场化运作模式见图11。

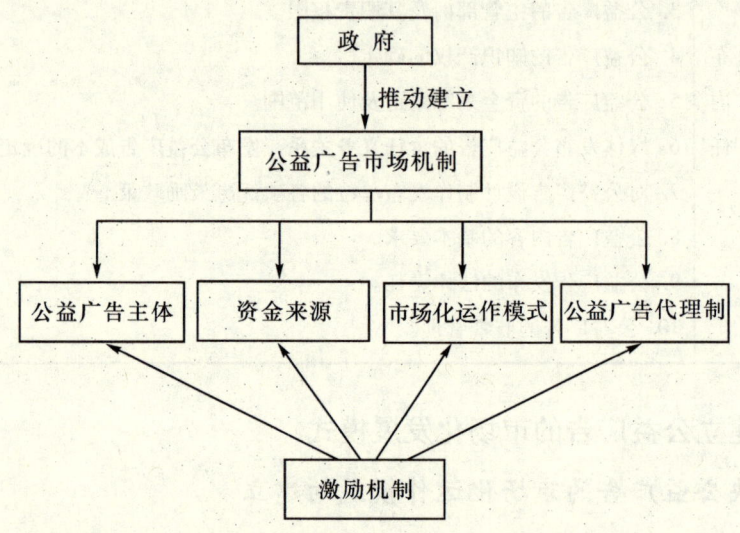

图11 公益广告市场化运作模式

随着市场经济的发展和广告市场的成熟，我国越来越多的企业深切体会到以公益广告的方式参与公益事务是提高企业形象的有效途径，不少企业结合本企业的精神、理念，主动发起相关主题的公益广告活动。如哈尔滨制药六厂曾经在全国多个省级电视台播出系列公益广告，主题包括亲情、爱心、爱国主义、民族精神等。据报道，公益广告费用约占哈尔滨制药六厂全年广告费的一半[23]。哈尔滨制药六厂在公益广告上的巨大投入在创造社会效益的同时，也为自身带来了良好的社会形象，近年来，该厂在同行业的地位和市场占有率日益提高。

2. 逐步引导企业成为公益广告的主体

企业成为公益广告的主体是西方国家公益广告得以长期健康发展的重要原因，美国、日本等国政府对公益广告的投入十分有限，但由于建立了有效的公益广告运作机制，充分调动了社会各方的积极性，企业、媒体、广告公司、社会团体、中介组织等纷纷从不同的角度为公益广告贡献资源。借鉴西方国家的成功经验，结合我国国情，政府应在保持政府大力推进公益广告发展的同时，制定切实措施，鼓励企业积极参与公益广告，逐步引导企业成为公益广告的主体，具体措施见表13。

企业通过参与公益广告，一方面通过宣传企业的社会责任感、价值观念、经营理念、企业宗旨等来塑造企业在社会上的良好形象，沟通企业与公众的关系，从而扩大企业的知名度，提高企业的美誉度；另一方面，在公益广告中企业名称的出现，带给了观众商业信息，观众逐渐信赖该企业，并对其产品和服务产生好感和信赖。

表13　　　　　　　　引导企业成为公益广告主体的措施

引导措施	1. 允许企业在公益广告中有条件地使用企业名称和商标。 2. 对投入公益广告的企业在税收上给予一定的鼓励性优惠政策。 3. 对积极参与公益广告的企业给予各项便利政策和精神的奖励，如公益广告投放量达到一定的程度可以享受政府制定的相应优惠措施等，形成全社会对公益广告参与者的尊重和支持的良好风气。 4. 理顺企业制作发布公益广告的渠道，政府统筹协调优秀公益广告作品资源，制定媒体发布企业参与的公益广告的优惠政策，使企业能够以较少的成本刊播公益广告。 5. 支持鼓励广告公司设计制作公益广告，支持专业公益广告设计制作公司的发展，对长期参与公益广告的专业广告公司给予各项优惠便利政策。

3. 建立多渠道的公益广告资金保障体系

资金问题是限制公益广告发展的主要问题之一。近年来，各地在筹集公益广告资金方面有了一些成功的做法和经验，根据我国目前的国情，公益广告的资金来源可以采取多渠道的方式（见图12）。

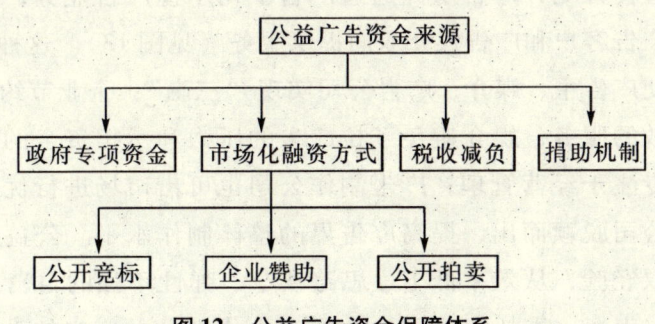

图12　公益广告资金保障体系

一是政府建立公益广告专项资金，目前我国各级政府以及政府职能部门都有专项的宣传费用，这些宣传费用有的已经用于公益广告的宣传，但由于公益广告运作机制不畅，宣传效果有限，资金效益没有充分发挥。可在宣传费用中单列公益广告资金，专款专用，统筹使用，发挥政府资金的最大公益广告宣传效应。

二是采取市场化的多渠道的公益广告融资方式。在国外，企业出资的公益广告是公益广告的主要部分。我国在引导企业投入公益广告上有很大的发展空间，通过制定相关政策，鼓励企业在公益广告上的投入，是解决公益广告资金的长远之计。融资方式主要有以下三种方式。

公开竞标。通过公开竞标的方式，将公益广告活动的经办权、策划权，公益广告的署名权、制作权、播出权等所属权转让。

企业赞助。在大型的公益活动中，争取企业的支持和资助，充分利用企业在公益广告上的资金投入。

公开拍卖公益广告的所属权。

这些融资方式，是市场经济发展的产物，体现了公益广告人士被市场激活的观念，值得推广。

三是通过税收政策，减免公益广告设计制作单位的税收，鼓励更多的广告经营单位参与公益广告的发布。

四是建立相应有效的公益广告基金捐助机制。可以考虑以建立某种民间组织，设立公益广告基金会等方式，有条件地吸纳有一定社会影响力的社会组织和海内外知名人士为基金会成员，使得集资活动经常化、规范化、法制化，并建立起完善的社会监督机制[24]。

4. 推行公益广告制作代理制

广告代理制是商业广告中已经成熟的广告经营模式，由广告客户委托广告公司实施广告宣传计划，广告媒介通过广告公司承揽广告业务，广告公司处于中介地位，为广告客户和广告媒介双向提供服务（见图13）。这种商业广告的运作方法，可以使广告主、媒介、广告公司实现"三赢"：企业节约了经费，得到了更专业更有效的服务；媒介避免了拉广告的压力和承担资金的风险，有利于媒介腾出精力专注于经营管理；广告制作公司也可借市场进行优胜劣汰，使优秀的广告制作公司脱颖而出，提高广告界的整体制作水平。公益广告制作也可从中借鉴和吸取经验，从效率低下、思路狭窄、弹性不强的自营式广告代理公司中走出，面向市场，委托专业广告公司全面代理公益广告的计划、创意、制作、促销；改变任何机构和单位都动手制作公益广告的现状，多出制作精良、以情动人、富有感染力的公益广告作品。[25]

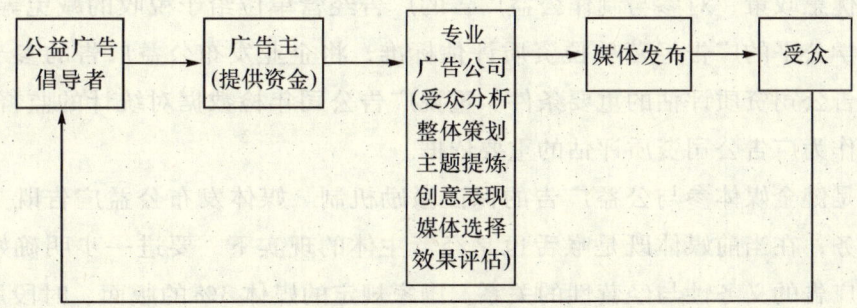

图13 公益广告代理制流程

采用代理制运作形式，可以大大提高公益广告的专业水平。在我国，公益广告的倡导者一般为政府机关、社会团体，公益广告的投资者一般为企业。虽然他们的公益传播意图清晰、目的明确，然而，由于大多数的公益广告倡导者或公益广告投资者并非专门的营销传播机构，对于公益观念的推广，往往缺乏传播技巧和技术操作上的经验。因此最好把公益广告的策划与创作任务交给专业广告公司，这样，才能在公益广告的传播中注入专业化的力量，提高公益广告的传播效果。

同时，也只有采用代理制的运作方式，提高公益广告的专业水平，才能创作出优秀的公益广告作品，才能让"口号式"的创作现状得以改观。也只有这些真正意义上的公益广告作品，才能更有效地发挥公益广告的作用，繁荣我国的公益事业。

在代理制运作方式下，公益广告倡导者、公益广告投资者、公益广告策划执行者和公益广告发布者将各司其职、分工合作，走"以专业促发展"的社会化大生产的路子[26]。

5. 完善公益广告的激励机制

公益广告作为一项长期公益事业，仅仅靠奉献精神，公益广告在数量上和质量上都难以保证。因此，政府必须运用制定法规政策等方式，建立公益广告的激励机制，鼓励社会各界长期保持对公益广告的投入热情，从充分调动广告主、设计制作单位、发布媒体、大众等各个环节的积极性着手，促进公益广告的良性发展。

一是鼓励企业、社会团体、中介组织等社会各界对公益广告的投入。对发布公益广告数量、质量及效果比较突出的广告企业，以政府的名义进行表彰并给予一定的奖励，激发企业发布公益广告的热情。

二是调动广告经营单位参与设计制作公益广告的积极性。建立公益广告发布税收优惠政策，对参与制作公益广告的广告经营单位给予税收的减免等优惠；建立科学公平的广告经营单位资质评估标准，将企业发布公益广告的参与程度作为广告公司资质评估的重要条件。重视广告公司年检数据对统计的监督意义，并以此作为广告公司资质评估的重要依据。

三是健全媒体参与公益广告的保证激励机制。媒体发布公益广告既是责任也是义务，在当前媒体既是喉舌也是经营主体的现实下，要进一步明确媒体发布公益广告的义务性与经营性的关系。国家规定的媒体3%的版面、时段用于公益广告发布的义务如何具体体现和实施，3%以外的公益广告如何收费，对于积极主动发布公益广告的媒体如何鼓励等，这些问题必须明确。

四是调动全社会的公益广告资源。政府要组织好广告比赛及关注比赛作品的归属问题。设立全国性、全省性、全市性的公益广告设计大赛，并纳入一年一度的文化事业活动安排。对于比赛结束后的优秀广告作品，可以以政府的名义给予奖励，购买其使用权，并在媒体上进行播放。

注　释

① 李海荣．公益广告与社会营销．现代广告，1997(3)

② 黄升民，杜国清．公益广告：企业理念的重构与表现．国际广告，1997(5)

③ 潘泽宏．公益广告导论．北京：中国广播电视出版社

④ 现代广告词典．北京：中国友谊出版公司，1993

⑤ 潘泽宏．公益广告导论．北京：中国广播电视出版社

⑥ 高萍著．公益广告初探．北京：中国商业出版社

⑦ 陈荣富著．公共管理学前沿问题研究．哈尔滨：黑龙江人民出版社

⑧ 高萍著．公益广告初探．北京：中国商业出版社

⑨ 论公益广告的社会功能．电视研究，1994(4)

⑩ 倪宁等著．中日公益广告比较．北京：中国轻工业出版社

⑪ 余明阳主编，张明新著．公益广告的奥秘．广州：广东经济出版社，2004.27~28

⑫ 余明阳主编，张明新著．公益广告的奥秘．广州：广东经济出版社

⑬ 高萍著．公益广告初探．北京：中国商业出版社，1999

⑭ 倪宁等．广告新天地　中日公益广告比较．北京：中国轻工业出版社，2003

⑮ Berger, Warren. Public Service Advertising in America. http：//www. kff.

org/entmedia/loader. cfm? url—/commonspot/security/getfile. cfm & PageID

⑯ 倪宁等著. 中日公益广告比较. 北京：中国轻工业出版社

⑰ 倪宁等著. 中日公益广告比较. 北京：中国轻工业出版社

⑱ GYAACADEMY. 公益广告的运作. http：//www. njweb. cn/academy/academy/academyFile/20031113162039. asp

⑲ 余明阳主编，张明新著. 公益广告的奥秘. 广州：广东经济出版社

⑳ 潘大钧. 发展公益广告的若干思考. 北京商学院学报，1997(1)

㉑ 孙瑞祥. 繁荣公益广告事业的对策. 中国广播电视学刊

㉒ 郑文华. 公益广告的运行机制. 现代广告，2003(1)

㉓ 倪宁等著. 中日公益广告比较. 北京：中国轻工业出版社

㉔ 孙瑞祥. 繁荣公益广告事业的对策. 中国广播电视学刊

㉕ 郑文华. 公益广告的运行机制. 现代广告，2003(1)

㉖ 聂艳梅. 我国公益广告传播市场化策略研究

（作者单位：广东省深圳市工商局）

参考文献

[1] 欧文·E. 休斯. 公共管理导论. 第2版. 北京：中国人民大学出版社，2002

[2] 赵定涛. 公共管理导论. 中国科学技术大学 MPA 中心，2002

[3] 陈富荣. 公共管理学前沿问题研究. 哈尔滨：黑龙江人民出版社，2002

[4] 凯瑟林·米勒. 组织传播. 第2版. 北京：华夏出版社，2000

[5] 樊勇明，杜利. 公共经济学. 上海：复旦大学出版社，2001

[6] 高萍. 公益广告初探. 北京：中国商业出版社，1999

[7] 实用广告词典. 长沙：湖南科技出版社，1993

[8] 现代广告词典. 北京：中国友谊出版公司，1993

[9] 潘泽宏. 公益广告导论. 北京：中国广播电视出版社，2001

[10] 潘泽宏. 广告的革命——社会文化广告论. 长沙：湖南大学出版社，2002

[11] 倪宁等. 中日公益广告比较. 北京：中国轻工业出版社，2003

[12] 余明阳，张明新. 公益广告的奥秘. 广州：广东经济出版社

[13] 中国公益广告活动五年回顾. 现代广告. 2000

[14] 论公益广告的社会功能. 电视研究，1997 (4)

［15］ 武汉信息金盾网．武汉市户外广告发展现状及前景探讨．武汉广告协会，2003－08－20

［16］ 中华传媒网：公益广告：媒体宣传新的增长点．2002－04－01

［17］ 张海鹰．公共广告再认识．和讯传媒

［18］ 全球采购网站．全球商人学院——美国广告业现状及发展趋势．2005－01－06

［19］ 百度网．广告百年发展史

［20］ 密尔．代议制政府．北京：商务印书馆，1982

［21］ 丁丁．试论我国公益广告的发展．宁夏社会科学，1999（93）

［22］ 青海经济信息网．入世与发展的关系

［23］ 黄升民，丁俊杰．媒介经营与产业化研究．北京：北京广播学院出版社

［24］ 程士安，陈文轩．对我国公益广告现状的一点思考．新闻大学

［25］ 南京大学新闻系．试论公益广告在我国的发展．宁夏社会科学，1999（2）

［26］ 孙瑞祥．繁荣公益广告事业的对策．中国广播电视学刊

［27］ Altschull, J. Herbert. Agents of Power: the Role of the News Media in Human Affairs. New York : Longman, 1984

［28］ Bishop, L. Robert. Qi Lai. Mobilizing One Billion Chinese: The Chinese Communication System. Iowa: Iowa State University Press, 1989. 92~107

［29］ Chan, Joseph Man. Commercialization without Independence: Trends and Tensions of Media Development in China. In: Joseph Cheng and Maurice Brosseau. China Review 1993. Hong Kong: Chinese University Press, 1993

［30］ Chan, Joseph Man. Calling the Tune without Paying the Piper: The Reassertion of Media Controls in China. In Joseph Cheng and Maurice Brosseau. China Review 1995. Hong Kong: Chinese University Press, 1995

［31］ Chan, Joseph Man, When Capitalist and Socialist Television Clash: The Impact of Hong Kong TV on Guangzhou Residence. In Chin Chuan Lee. Power, Money and Media: Communication Patterns and Bureaucratic Control in Cultural China, Evanston, IL: Northwestern University Press, 2000. 245~270

［32］ Berger, Warren. Public Service Advertising in America, http://www.kff.org/entmedia/loader.cfm? url-/com-monspot/security/getfile.cfm& PageID-13936

一等奖

集贸市场政策分析与制度设计

陈季修 张国山

一、集贸市场的政策定位——给集贸市场一个说法

在计划经济时代，我们把政策理解为执政党的路线、方针和策略，并且把它直接用于行政管理工作之中，实际上是把党的政策作为管理的唯一和全部的工具，取代了行政手段和法律手段的独立功能，这是党政不分、政企不分的必然结果，其弊端是多方面的。改革开放后，在党政分开、政企分开的改革过程中，党的政策手段、行政管理手段和法律手段逐步分离，各行其道，各自发挥功能。

在最高层位的治国方略上，我们用了很长时期致力于推行依法治国，取得了公认的成就。党的"十五大"又适时提出"以德治国"，将其作为强化依法治国效果，并与依法治国并行不悖的重要措施。在最高层位治国方略统领之下，党的领导方式、政府的行政方式和司法（包括立法、审判、检察三个方面）体制也在发生着不断的转变。其中，行政管理体制和行政法制的改革不断取得成绩。尤其是在我国传统经济体制发生重大转变、市场经济体制框架基本确立后，政府职能发生了重大转变。一方面，市场经济要求政府与市场明确分工，把不必由政府包办的事务放给市场或非政府组织办理，由替代（市场）型政府转向补充（市场）型政府。政府需做那些市场功能难以企及，做不到、做不好的事务，即补充市场功能的不足；同时还要坚持处理企业和社会需要和亟待解决的问题，就是为企业服务。具体地说，政府职能的范围主要是：利用财政货币政策调控经济，保证经济增长，控制通货膨胀指数，实现充分就业，实现国际收支平衡；通过财政投资向社会提供公共产品，维护自然社会环境；建立社会保障制度，资助弱势群体；通过搜集、整理、发布信息为社会服务；建立和维护市场经济秩序，等等。概括起来，政府只在公共领域范围内提供公共产品和公共服务，私人的、民间的、市场的事物靠主体自律和法律规范机制解决，政府不直接主动参与。这方面的转变在我国加入世贸组织后十分明显，直逼目标。代表性的事件是正在进行的行政审批制度改革，行政许可法的制定对传统的政府行政管

理产生直接而强烈的冲击,势必造就行政管理新格局。另一方面,在政府与市场明确分工之后,政府的行政管理方式全面转向公共管理这一市场经济的通行模式。在欧美市场经济国家,伴随市场经济发展进程,行政管理经过一系列演变已经经历了由行政管理向公共管理的发展①。传统行政管理侧重于行政系统自身管理,涉及人事行政、财务行政、行政执行等,不仅覆盖面较窄,而且管理关系简单,是基于政府与管理对象间的纵向强制关系,注重效率;公共管理是基于市场经济条件下政府如何让市场机制充分发挥作用,如何弥补市场的不足,如何管好公共经济领域的思想所形成的理论体系。相比于传统行政管理,不仅背景与任务不同,而且着眼点超出行政领域自身范围,从市场经济整体运行的角度确定政府职能的定位和运作方式,注重公平、权利,把管理建立在各种相关理论和理念之上,体现科学性和人文精神。公共政策分析是公共管理的代表性手段,标志公共行政管理的宏观性、科学性、严谨性和民主性。它是行政管理的起点,行政管理措施的制定与实施均须在科学的公共政策统帅之下,否则,任何行政措施都会因不合科学、不合民意而夭折,社会事务也势必因谬于管理而荒废。因此,政府管理机关和公务人员应学习和掌握公共管理的思想和方法,认识到政策分析工具在今日政府公共管理中的重要性,善于用政策分析的方法分析问题和解决问题,切忌简单的行政命令,也不应把行政管理中的政策手段等同于计划经济时代的"以党代政"和以权代法的"人治"。

　　集贸市场问题一直是社会议论的焦点,这个问题说不上大,也不能说小,却很有些棘手。对于这类问题必须首先在政策上予以明确,即便暂时难以提出长远的政策,也要提出明确的阶段性政策,并保持阶段性政策的连续性。新中国成立后至改革开放前,集贸市场因社会主义要不要发展商品经济而困惑;改革开放后一度因"市容与繁荣"的矛盾而困惑;今天又因传统与现代的矛盾而困惑。集贸市场不时成为困惑的问题,与集贸市场的身份、名分不正有关,"名不正则言不顺",或者是政策不到位、不明朗,或者是政策停留在临时讲话、只言片语上,不系统、不规范、不一贯,或者对有些政策坚持和强调得不够,这些归根结底是对集贸市场的地位、身份、作用认识不清、态度不明、信心不足所致。一个典型的例证是:《城乡集市贸易管理暂行条例》是关于集贸市场规范管理的专门性法规,也是最高权威的专门法律规范,应该是集贸市场政策的集中体现。然而,这一暂行规定自 1983 年制定后从未修改,也无新的法律规范替代它,而它的内容早已过时,这个法规几乎形同虚设。国家有关部门从 20 世纪80 年代末期起几次提议修订,却始终未能出台。主管部门和地方政府只能靠行政规章和地方法规甚至地方规章来规范、引导集贸市场的发展,管理的统一性、权威性无疑受到很大影响，集贸市场的地位和影响因此在递减，集贸市场发展和自我更新机制缺少后劲，制度创新速度减慢乃至停滞。另一例是普遍存在于集贸市场上的临时用地现象。包括一些规模较大、有一定名气和影响的集贸市场，竟然在用地上从来没取得合法身份，随时可以命令拆除。这说明集贸市场在政策上没有彻底解决身份问题。改革开放以来，对集贸市场曾有过"集贸市场是社会主义市场经济的必要补充"、"集贸市场是社会主义商品流通的重要渠道"、"集贸市场是社会主义市场体系的组成部分"、集贸市场是我国"市场经济的摇篮"，以及城市居民的"菜篮子"、"米袋子"等定位。但这些结论主要是在事后作出的，是总结性的。在后续发展中，又坚持得不够，重申不够，尤其是在国家宏观政策上体现得不够，终究导致前面提到的连集贸市场发展和管理的法律依据都成为问题。这种状态说明国家和政府对集贸市场的态度不够彻底明确，政策的根本性指导必不到位，也就是说，始终没有从根本上彻底确立集贸市场的重要地位，这必然导致集贸市场的发展缺乏长远规划，建设和运行乏序，对集贸市场的看法和说法的差异大，议题停滞不前，同样或类似问题不断提出，既不能形成共识，也不能使议题适当提升，反而不断地成为发展羁绊。

今天，在我国商品经济向完全规范的市场经济体制迈进的关键阶段，面对经济全球化的趋势，在国民总体消费水平提高和消费观念转变以及经济发展水平不平衡的情况下，应当总结历史经验，结合国情和国际惯例，对集贸市场的政策加以明确或重申，以澄清各种不同认识，指导未来发展，并成为未来政策延续的基础。

据此，我们认为以下方面应作为集贸市场政策的基点。

（一）集贸市场是市场体系的有机组成部分

市场经济是以市场配置资源的经济，资源配置的效果取决于市场的形态与结构。在形态上，市场经济条件下的市场是一个体系，即市场体系。构成市场体系的市场种类越多，市场体系就越发达，市场或市场体系配置资源的功能就越强，市场经济也就越发达。集贸市场是市场体系的特定组成部分，这并非主观臆断和一厢情愿，而是由生产力结构和产业基础决定的。市场配置资源在于市场的健全和发达，市场的健全发达在于市场结构的完备。高中低档市场、大中小型市场、各种交易形式的市场都是配置资源所需要的，因而都是市场体系的组成部分。资源配置效果是一种综合性指标，单一的市场无论如何发达与高级，都不直接等于市场体系的发达，因而不等于资源配置的高效。资源配置需要的是具有客观功能的市场机制，任何客观存在的生产消费形态都需要获得资源、组织资源、发掘利用资源，与之相应的资源配置机制就不可或缺，这是不容主观厌弃或因推崇某种市场形式而破坏和扭曲资源配置的正常机制。

据此,我们认为,"集贸市场是社会主义市场体系的有机组成部分"。这符合我国城乡目前及今后相当时期的实际,有利于集贸市场的健康发展,应当作为集贸市场的一项基本政策。没有集贸市场,市场体系就不健全,市场功能就残缺,那一特定层次的生产链、就业链、消费链就会断档,经济运行就会中断或扭曲,经济秩序乃至社会秩序就会出现问题。

(二)集贸市场是商品流通的重要渠道

自20世纪90年代以来,集贸市场商品零售额一直占据社会商品零售总额的25%~30%,农副产品、干鲜果品等适于集贸市场交易的商品零售额占社会商品零售总额的90%以上。90年代中期以来,家具、建材、石瓷陶器、装饰装修用品、花卉等新商品专业市场迅速发展,为集贸市场增添了新的发展空间,显示出集贸市场的生机。尽管近年来百货商店、超级市场、连锁商店、仓储式商店、平价商店等新的商业业态分流了部分集贸市场份额,但集贸市场仍有着独特的优势和庞大的消费群体,仍是商品流通的重要渠道。

商品流通渠道取决于生产者、经营者和消费者的选择,也与商品特性有关。农产品等初级产品和一次性消费品(对卫生等有特殊要求或专业性强的商品除外)以使用价值为重,流通渠道对商品的附加值影响不大,更适于以开放、方便、维护费用低见长的集贸市场交易与流通。生产规模小、技术含量低、实力不强的生产经营者和收入不高、对附加值要求不高的消费者,更注重商品的实用性和价格的低廉性,易于选择集贸市场这种流通渠道出售和购买商品。在全国大部分地区,中小企业和中低收入者是主体,这部分生产企业、经营者和消费者对集贸市场的依赖性很强,选择中高档百货商店销售和购物的概率总体上不大。实际上,在日用消费品和食品方面,选择超市购物的主要是中高收入者和知识分子阶层。再者,超市在所有品种上和价格上取代集贸市场并非易事,即便可能,从超市网络建设和技术上也需时日。至少在未来十年内,集贸市场仍将是商品流通的重要渠道。

在商品流通渠道的建设与选择上,要坚持符合国情和自由选择这两条原则。政府的引导和推动有时是必要的,但不能无视这些原则。

韩国汉城大学、中央大学农产品流通和中国经济问题专家、产业经济学教授兼中国研究所所长金成勋先生在研究了24个国家的情况后,得出一个得到联合国粮农组织认可的结论:市场销售体系发展有"三个阶段",一是人均收入在250美元(按照1972年价格计算)以下时,消费者的目的是不挨饿,是半自给自足型经济,建立粮食批发、零售系统是最重要的;二是人均收入达到250~600

美元时，人们解决了温饱的问题，干鲜水果和水产品的需求就会加大，生产者与销售者进一步分离，批发商和零售商更多地发展起来，这期间就要组织消费合作社；三是人均收入达到600~850美元或更高时，人们需要更多的娱乐时间，要求产品质量提高。这时，政府应当引导企业家进行销售系统的变革，同时应当制定各类商品质量标准，制定对大公司的监督办法和限制垄断的政策法规[②]。金成勋强调，发达国家和发展中国家农产品生产体制不同，劳动成本、消费收入水平、城市化程度、文化背景（包括饮食习惯）等都不一样。不经过认真研究就盲目地从别的国家引进流通手段，是一种极大的冒险，极易导致失败。这方面韩国是有过教训的。20世纪60年代，韩国政府为了提高农民福利，引进了美国超级市场联网的做法，连乡一级都建立了超级市场，结果生意很冷清。原因是当经济收入和文化水平都较低时，人们还习惯于讨价还价的购物方式[③]。

在我国，集贸市场经历三个发展高峰后，从20世纪80年代末期以来稳中有升，虽存在一些问题，但始终未出现明显的衰落。而且，城市的集贸市场在制度和管理上有改造创新的潜力，农村集贸市场则在数量扩张上尚处于欠账状态，这些都是集贸市场的发展空间。事实说明，集贸市场并非穷途末路，在相当长的时期里，它仍是我国商品流通的重要渠道。仅就农村集贸市场而言，也堪当此任。

（三）多样化是商品经济的特征

商品经济的奇妙之处在于多元化。多种经营主体、多种经营方式、多种经济形式同时并存，平等竞争，互不歧视，只要你有生存的土壤即可。多样化使商品经济支撑点密布，基础雄厚，缓冲风险，保持平稳运行；多样化使商品经济丰富多彩，生机勃勃；多样化使市场机制得以在各个层面上配置资源，在最大范围、最大深度上发挥最充分的作用；多样化保证经济主体在力所能及的范围内行使自主权，实现其权利的自由，调动所有经济主体的最大积极性。这的确是商品经济的秘诀。集贸市场无疑是多样化市场形式和流通方式之一，它是由生产力水平决定的，是由生产、经营、消费能力与偏好决定的，是由其自身独特优势决定的，是由产业状况和产品特点决定的，是由文化习俗决定的。商品经济本身不厌弃集贸市场，只要它在经济生活中受欢迎、被需要。

（四）集贸市场是开放的，因而是可发展的

集贸市场不是封闭的，不是一次性的，它是开放的系统，像呼吸一样与外部世界传递着信息与能量，维持机体的生存并更新发展。集贸市场是最古老的交易形式，它延续至今，早已不是最初的集市贸易。在不同的历史阶段，集贸市场都以反映时代特点的形式表现自己。改革开放以来，集贸市场在20世纪80

年代末期发生了一次巨大变化；90 年代末期又显现了新的机制、新的业态、新的魅力、新的品种。集贸市场总能在物竞天择的进化中找到适合它的发展形式，必将在与时俱进的调整中延续下去。

根据以上政策基点，集贸市场应当得到长期的政策支持。它将长期是一条商品流通渠道，一种商品经营方式，一种企业经营形式，一种商业文化模式，一种基本的谋生手段和就业途径。政府应始终允许并为集贸市场创造发展环境。

集贸市场的基本政策确定以后，有关的具体政策和配套政策应相应出台。这些政策包括与集贸市场有关的城市规划政策、城市监管政策、交通政策、外来人口户籍政策和务工经商政策，以及与外来人口有关的子女入托、入学政策等。这些政策需要政府协调各有关部门研究制定，集贸市场主管部门应主动提出建议，积极促成政策形成。由此形成的政策体系构成集贸市场生存与发展的政策环境，这是解决集贸市场发展前途不得不为之事。

二、集贸市场的建设规划——预则立，不预则废

（一）规划在实践中的必要性

政策是态度，决定集贸市场的地位和发展方向；规划则是蓝图，决定集贸市场发展的步骤和布局。凡事"预则立，不预则废"。规划的重要性因事物性质有所不同。市场建设需占用土地，用地数量较大，时间较长，投资少则几十万元，多到几亿元，投资回收需一定周期，坐落位置和分布涉及城市整体布局建设，这些决定了集贸市场规划的必要性。近年来，对集贸市场规划的呼声很高。起初，是针对市场建设扎堆儿、跟风。当年的北京市海淀区西郊汽车配件城成立没多久，就被周围大大小小的汽车配件店铺包围起来，这些店从管理到经营很不规范，假冒伪劣不仅损害购货者的利益，也损害了汽车配件城的声誉，还经常遭受不正当竞争的攻击。为此，汽车配件城的总经理苦不堪言，会上会下呼吁规划。这种一个市场起来无数市场跟风现象，至今仍然是令商家和政府困惑的问题。20 世纪 90 年代以来，家具家装建材市场接二连三地建设，有人担心数量失控造成浪费，事实上也一直有些市场因盲目建设而致有场无市，投资难以回收，不断改换门面，对企业对社会都是财富的浪费。市场建设用地问题也是呼吁规划的原因之一。临时用地、违法违规用地竟成为集贸市场领域的家常便饭，说拆就拆，说迁就迁，经营者诚惶诚恐，市场发展失去了稳定性和持续性，对区域经济发展也很不利，尤其不利于市场体系的培育和发展。北京市玉泉路粮油批发市场总经理说，这个市场近年已经三次搬迁，她最担心的是再搬家，最希望的是不再搬家了。北京市丰台区大红门地区已成为市场产业拉动区

域经济增长的典型地区，不少市场名气很大、影响范围很广，但其用地仍是未规划的，拆迁成为这一地区一些市场老总的心病。此外，规划不力也导致市场建设自身缺乏严肃性、规范性，导致随意建市场的恶性循环。位于北京市东四环慈云寺桥附近的某建材市场位置显眼，规模可观，却是一家非法建设项目，而且建设在高压线下，隐患严重。

然而，市场建设究竟应该"计划生育"，还是应该自由竞争，看法分歧很大，有关部门似乎也无所适从，规划在争议和犹疑之中被耽搁起来。实质上，规划和市场是可以结合，也是必须结合的。

（二）规划在理论上的可行性

规划是管理所必需的，是管理的一个环节和一种手段，是政府职能的体现方式之一，也是政府与市场进行互补的一种途径。规划是管理的宏观措施，大局不定，微观盲目，无序是必然的。对于集贸市场也同样如此。规划是集贸市场的活动天地，如果无规划，集贸市场的发展格局就难以展开，只能簇成一团，恶性竞争，活力也难以真正施展。实践中的教训已证实这一点。集贸市场长期处于落后无序状态，根子在规划上。无规划，则发展无依据、无目标（至少无长远目标）；管理无依据（至少无宏观依据），必然导致市场建设、经营、管理的短期行为。规划不仅影响秩序，更进一步的是影响发展。到目前为止，集贸市场的市场体系（含内部外部）建设无规划、市场分布无规划、市场用地无规划的现象十分普遍，大多是权宜之计。因权宜之计生，则易于因权益之计灭。今天，重又探讨和强调集贸市场的地位问题，反证了这一点。规划是管理的起点，集贸市场的规范与发展必须从规划做起。

（三）规划的任务与方法

规划决不是包办一切，规划要讲求任务和方法。我们认为，集贸市场的规划应致力于下列问题：①规划目标。即确定集贸市场在市场体系、经济发展、城市发展、居民生活中的功能。②布局。即集贸市场在城市市区、近郊区、远郊区的分布。这要综合考虑城市建设、市场体系建设（包括集贸市场规模类别的匹配、集贸市场与商场、超市等其他市场形式的匹配）、历史传统及原有基础等因素。③条件与标准。原则规定集贸市场设置的区位条件、集贸市场的设施样式（如开放封闭程度、建材与装饰等）与建筑标准（包括高度、跨度等）。

规划是划线、定界，是描绘蓝图，是对市场原则的补充，它必须是原则性的，不应过于制约市场的活力。在规划区范围内，允许市场建设的竞争，其风险由投资主体承担，这一点政府不宜干预过多，应充分尊重市场机制，相信市场自身能解决这个问题。否则，政府干预过多，不仅有代替市场之嫌，而且难以承担决策风险，或付出过高的代价。一些市场主办单位反映市场建设过多、扎堆儿、跟风、不具备条件等问题，有的需政府发挥作用，有的只能由市场调节解决。政府能发挥作用的只有严格执行，包括执行规划，审查标准，制止不正当竞争。其他属于企业投资自由、自担风险、自主决策范围的事务，只要不违背上述规定，政府不宜干预。

同时，应当看到，有些政府不便干预的事务，可发挥市场协会的作用。一些市场无力承担、政府不便承担的事务可能恰好适合行业组织去做。而我国行业组织的缺位和错位，也是集贸市场规划空缺的原因之一，同时造成政府左右为难，这一点提醒我们强化行业组织的职能，以替代政府和市场，通过发布行业发展信息、政策分析、专家意见、同行看法以及行规等引导市场投资建设向健康方向发展。

（四）规划的要点

1. 突出两端

一端是投资热情高的市场，如工业品市场、农副产品批发市场、专业市场等，将其控制在法律、规划和公共利益所允许和能承受的范围内；另一端是居民需要而投资建设难、热情低的市场，如农产品零售市场、居民区的市场，政府应当提供政策支持，甚至直接投资。

2. 各有侧重

对于大型市场、专业市场、批发市场和农产品市场，在规划和组织制度上多考虑一些；对一般规模市场、零售综合市场、日用消费品市场，则侧重市场机制和监管制度的建设，规划不是主要问题。

3. 样式

可分为厅棚式、院落式、楼阁式，规定基本标准；城区集贸市场可考虑设计统一样式，统一外装修的颜色或其他规格，美化环境，避免妨碍市容。

4. 标准

制定集贸市场的最低设施标准；对设施质量、防火条件、电路安全等规定强制性标准；规定各类和各式集贸市场的基本标准，包括高度和跨度。

5. 分布

批发市场应与城市中心区、闹市区、居民区保持足够距离，以减轻城市管理和市民生活压力；大、中、小市场，批发、批零、零售市场形成相对均衡的辐射圈。

6. 场间距离

专业市场和批发市场一般规模都较大，可考虑规定最小设置距离，既避免过度竞争，又防止有碍交通、市容、治安、卫生等，还便于购买者选购。

7. 禁区

少数特殊地区可列为设置市场的禁区，或某类市场的禁区。

集贸市场规划措施的制定和实施，应密切依靠行业组织，与行业管理制度和措施协调配合运用。

三、规范和创新市场运行制度，提升市场形象——打铁还需自身硬

集贸市场的出路最终还在自身建设，这是最根本的。政策与规划是集贸市场发展的外部环境，这是必要的，但是，如果集贸市场自身缺乏生机，再好的环境也不会必然导致集贸市场的繁荣。生存力和发展力是集贸市场存续的内因，是决定因素。只有集贸市场自身形成规范的制度，有吸纳营养和利用外界条件的能力，才能在竞争中生存，在创新中发展。

集贸市场的生存力和发展力决定并体现着集贸市场的素质，而这一切都要落实在集贸市场的运行制度上。制度状态标志着事物的成熟度，也决定着事物的生存能力和发展能力。当集贸市场的运作处于随意、疏散、凌乱、无规律的低级组织形态时，很难形成一定的制度，其生存与发展的能力很有限。随着集贸市场规模的扩大，结构的复杂，集贸市场的经营者情况、流通品情况、辐射范围等都会发生极大变化，不再是简单商品生产或小农经济时的情况，而是有着日益发达的产业依托和基础，使集贸市场活动与社会联系的触角紧密、发达、深入，某种制度形态开始在集贸市场内部加速生成，并日趋稳定和完善，使集贸市场有了生存和发展的制度基础，有可能在与外界环境（包括机遇和挑战）的互动中调整和壮大。可见，制度生成与建设对集贸市场的发展至关重要，是集贸市场素质的体现，是集贸市场生存力和发展力着陆、集结、积累的基点。尤其我国已加入事事讲规则的世贸组织，集贸市场面临国内外多种商业业态的激烈竞争，加之集贸市场自身的弱点，制度建设显得十分关键和重要。可以说，制度建设是集贸市场发展的核心和管理的重点，是集贸市场的命运所在。

集贸市场在我国有着悠久的历史，在社会经济发展的不同阶段，集贸市场都体现着那个时代的社会经济制度的特点。改革开放后，集贸市场在商品经济浪潮中迎来了制度形成的良机，成为中国市场经济的摇篮，并进而成为与中国商品经济发展中某些产业、产品、生产方式和消费方式相对应的特定流通渠道。

20世纪90年代中期以来，商业体制发生深刻变革，商业业态发生重大变革并展开激烈竞争，集贸市场在自身的发展中依然不失时机地孕育了新的生机。这一切说明集贸市场具有自己独特的制度特色，也说明集贸市场到了着力突出和完善其独具特色的交易制度的时代。

（一）规范集贸市场制度

1. 明确集贸市场的核心制度

集贸市场制度必须首先明确集贸市场的独特内质，这就是"集中交易"。集中交易是集贸市场不同于商店、商场和超市等其他同类商业业态的根本标志，集贸市场的一切制度都将以此为核心，以此为特色建立起来。

集中交易决定了集贸市场制度的两个特点：①进入集贸市场的经营者是各自独立的市场主体，他们汇集在一起从事交易活动，使集贸市场不仅是商品的汇集，同时也是不同商品经营者的汇集；②集贸市场存在着双重经营层面和双重经营主体。场内各个独立的经营者是一层，整个市场的经营管理者是另一层。前者经营商品，后者经营市场，有人称之为"物业管理"。这种双重经营市场运行制度并非集贸市场的落后性特征，而是属于现代市场制度范畴的商品交易所、期货交易所和为各时代所包容的商品展销会的市场运行体制。这种运行体制应作为集贸市场的基本制度确定下来，并沿着这个思路逐步加以完善。

2. 明确集贸市场投资和经营的经济性质

市场投资经营者对集贸市场的管理属于企业管理，因此，集贸市场的投资经营属于企业，应按企业设立的条件和程序取得法律地位，并以企业的身份接受国家法律的规范和政府的行政管理。过去，集贸市场性质不明确，导致法律地位不明确，管理上无所适从，反而使其游离于管理之外，产生很多问题。

3. 明确集贸市场经营管理者同集贸市场场内经营者的关系和各自的权利与义务

首先，二者是商事契约关系，是一种招商合作行为。其次，二者存在着企业内部的管理与被管理关系，市场的经营管理者有权利、有责任在法律规定和协议范围内对场内经营者进行管理。这种管理是与其所提供的服务相对应的。因此，管理行为除合法外，还要含有协议这层约束。再次，场内经营者是独立的市场主体，具有依法直接对外从事经营活动的权利，不是企业的雇员，这一点与商场等一般企业不同。

4. 把集贸市场交易活动所涉及的各种权利义务关系用法律制度确定下来

上述权利义务关系应当通过国家或政府的市场监督管理、法律规范和市场经营管理者的内部制度，以及市场经营管理者与场内经营者之间的协议来体现和保障。这样可以使集贸市场的活动关系在规范的基础上固化下来，并可以随着发展加以调整、充实和完善。比如，根据集贸市场的特点，在集贸市场推行合同示范文本，对于规范集贸市场交易行为，增强法律规范意识，提高经营者素质等均有实际意义。为此，集贸市场经营管理者应抓紧做好以下工作：一是梳理国家和各级政府及其所属部门发布的有关市场监督管理的法律、法规和规章，再整理出与各市场业务密切相关的法律规范体系。二是清理有关政府部门要求建立和市场自己制定的经营管理制度，分门别类加以梳理，使之条理化、系统化；在此基础上，清理掉那些不合法、不规范的制度，更重要的是建立健全内部经营管理制度。这些制度至少涉及采购、销售、存储、退换货、账务、财务、税务、票据，合同管理、员工管理、安全卫生、消费争议、公关宣传，等等。实行市场企业化管理，像建设企业制度那样建设市场制度。三是市场内部管理机构的建设。有条件的市场要建立健全内部管理机构；条件不完全具备的，应增强意识，对管理人员进行培训教育和职责分工；市场规模较小、管理人员少的，也应有意识地把对内对外业务分成几块，分工负责。这里，我们不是干预市场内部事务，是建议、提醒、引导、督促市场强化这方面意识，这对市场竞争、市场发展有益处，是市场生存之策、竞争之策。事实上，多数市场没意识到或不重视这些工作；也有很多市场忙于经营，顾不上这些工作；还有为数不少的市场因素质、能力所限做不到这个水平。然而这些都是集贸市场在今天和今后生存、发展必须解决的问题。

（二）创新集贸市场制度

改革大潮汹涌澎湃，商业业态百舸争流，集贸市场不进则退。集贸市场不能只满足于规范，还必须谋求发展。规范是生存的基础、发展的前提，创新才是发展的动力和本体。创新也是时代进步、环境变化的要求。随着社会经济水平的提高，集贸市场的发展水平也应相应提高；消费者消费能力提高，消费观念更新，要求集贸市场适应新的需要；集贸市场还得符合时代潮流。

1. 借鉴和引进现代交易制度

超市连锁、物流配送、电子商务被视为现代流通形式。这些流通形式不可能是空中楼阁，它们都是传统市场形式长期积累演变的结果，所以，与传统市场并不矛盾。市场形式演变的历史轨迹是连续的，而非跳跃式的。新的市场形式在传统市场形式中孕育出来以后，有一些（开始总是少数）独立成市，成为一种全新的市场；另有一些处于新旧交融、此消彼长状态；还有一些以传统形式为主。这是事物发展的一般规律。连锁超市、物流配送、电子商务一方面作为新的商业形式，与传统的百货商店、集贸市场并列竞争；另一方面，它们的思想、优势也为传统形式所借鉴。尤其是物流配送和电子商务，更多的是一种商业发展的组织形式和技术手段，可以为各种商业形式借鉴和采用。

（1）借超市发展之机提高集贸市场质量，改善集贸市场结构

集贸市场作为简易、初级交易形式，自改革开放以来发展迅速，成为遍及城乡的商业形式。尤其在城市里，集贸市场成为农副产品、日用消费品购销的主要渠道和重要渠道。这是与低水平生产经营尤其是低水平消费相对应的，不是一成不变的。超市具有统一性、便利性、廉价性。一方面，会分流部分消费者，使集贸市场商品的购买力有所下降，集贸市场的发展有所抑制；另一方面，面对竞争，集贸市场也将采取对策，在保留优势的同时，弥补劣势，改善购物环境，完善经营管理制度，提高服务水平等。一些集贸市场借鉴超市的方法和理念，推动集贸市场制度创新，促使集贸市场由粗放走向集约，由自发走向规范，集贸市场的质量和结构得到优化。浙江义乌小商品市场在全国开设网点，就是一种尝试。北京东方家园已经在全国设立了6家店，正在推行统一形象、统一采购、统一管理、统一财务。当然，不排除一些集贸市场直接转为超市。

（2）物流配送为集贸市场发展壮大提供后盾

物流业是专门分工从事和支撑商品流通中储存、运输、调配的设施、技术和服务活动，它使物流交接顺畅高效，解决了规模化商品流通的难题。总之，物流业使商品实体的流转有了强大的物质技术基础，有利于商流、物流和信息流的协调发展，提高了流通规模和效率，从而推动整个商业水平的提高，当然也对提高集贸市场层次大有裨益。集贸市场有了物流配送业的支持，就逐步改变肩扛手提、人随货走、散进散出、野蛮装运、辗转延误等粗放、低效状态，使物的流通有序、批量、专业化进行。集贸市场摆脱落后物流的钳制，既可以成倍提高成交量，扩大交易规模，又可以推动建立新的交易制度，改善市场秩序，还使市场管理者有可能把更多精力投放到制度创新、提升档次上来。一些大型集贸批发市场，当其所经营的商品具备相当规模、达到较高质量或一定标准，并有一定的需求网络时，就可以尝试配送服务。北京新发地农产品批发市场有50多家配送中心参与配送，2001年配送蔬菜6亿千克。该市场拟于今年投资建立大型配送中心，深入实施配送制度。北京红桥市场的水产品等也向宾馆、酒店提供配送服务。随着发展，还可以逐步扩大配送的品种范围和地区范围，实行跨地区跨省配送。对集贸市场来说，物流配送是其产业纵深发展的后盾，是集贸市场持续发展的深厚基础。因此，这些现代流通形式与集贸市场不仅不矛盾，而且十分有助于集贸市场制度的完善、更新和提升，正是集贸市场发展

的方向。

(3) 建设集贸市场的电子商务

电子商务是电子信息技术设备在商业活动中的运用，也包括在集贸市场经营管理中的运用。电子计算机和管理软件是当代先进的管理手段，是提高商业活动和管理活动效率的最佳技术途径。集贸市场也应根据情况适当采用，并逐步扩大应用范围和程度。当然，这取决于集贸市场的发展水平和经济实力，但应当提倡采用。市场本身则应当积极采用，尤其是具备一定规模的市场，应注重提高经营管理效率和集贸市场的技术含量。事实上，许多市场已经不同程度地采用了计算机管理、计算机联网和各种先进的管理软件。如由几位高校教授合伙创办的北京丰台区马场千佳市场、朝阳管庄板材市场，等等。北京丰台丽泽东方家园斥巨资购进IBM设备和美国先进的管理软件，实施高水平的管理。

电子商务在集贸市场的推广还有赖于经营管理观念的转变，有赖于管理者素质的提高，有赖于集贸市场对信息需求程度的提高，有赖于市场与社会、市场与市场之间的沟通，亦即有赖于更大范围的信息网络的发达。目前，集贸市场对信息技术的运用主要停留在单体计算机和统计、档案等浅层次上，应引导市场在网络连接、软件应用、监测分析等深层次上的开发应用。

(4) 探索集贸市场的拍卖制度

拍卖是重要的商品交易形式，充分体现了"公平、公正、公开"原则，充分、合理地体现了商品价值。花卉和农产品的拍卖是国际上较典型的交易制度。它将大量分散的交易集中起来，根据拍卖法和统一严密的拍卖程序、拍卖制度进行，可以有效避免因分散交易带来的压级压价、哄抬价格、财务信息失准、价格垄断等行为，增强交易的组织化、制度化程度。

在我国，实施拍卖制度有一定难度。从实际情况来说，我国农副产品是一家一户为主的分散生产，规模上不去；农产品的标准化工作落后。这些制约了批发市场拍卖制度的推行。从主观上说，围绕农产品交易制度的研究薄弱，尤其是交易制度改革的工作不受重视，配套条件不具备；集贸市场自身缺乏改革的动力、压力和能力。实际上，这项工作对市场、对交易者、对政府管理和国家利益都有益处，是有探索价值的工作。在产业基础条件、政策条件、配套管理条件尚不充分的情况下，可以考虑在大型农产品市场，如新发地市场、大钟寺市场，联合周边具备规模的生产基地和配送中心，探索、尝试拍卖制度，取得经验后逐步宣传推广。对此，政府应发挥一定作用，包括政策和投资。

(5) 经纪人制度

经纪人在我国市场上已经比较普遍，在文化、体育、房地产、技术市场、生产资料等交易中较发达。在集贸市场目前尚不突出，但也存在，应加以关注和研究，随时将其纳入管理制度范畴。我国1995年就已经由国家工商行政管理总局制定发布了《经纪人管理办法》，并已实行了经纪人考试制度，集贸市场制度建设在这方面不应成为空白。

以上说明，集贸市场不是孤立存在的事物，连锁超市、物流配送、电子商务这些所谓现代流通制度也不是孤立的，集贸市场可以以不同方式，在不同程度上借鉴、吸收、利用这些新的流通制度和其他任何有关制度，从而使集贸市场在社会经济发展的历史航程中与时俱进，不断创新。集贸市场在吸收这些制度的营养后，只能使集贸市场自身特有的内质——集中交易制度更加完备，更加突出其特色和优势。

2. 引进现代经营理念

经营理念是经营管理的灵魂，是市场发展的灯塔。没有一定的经营理念充实着的市场或企业，就像人没有灵魂一样，就没有精神与文化的内涵，这样的企业或市场是不为时代所推崇的。集贸市场是古老而传统的商业形式，许多商业文化、商业精神和商业理念孕育和产生于集贸市场，如"人叫人百叫不语，货叫人点头就来"，讲的是商品质量；"好栈三年不换客"，讲的是信誉；"货卖一张皮"，则强调包装的重要；"一物差三市"，讲的是价格差异；"快马赶不上青菜行"，讲的是蔬菜行业特点，等等。改革开放后，集贸市场在竞争发展中总结出"你无我有，你有我鲜，你鲜我廉，你廉我转"的竞争策略，温州人则总结出"千辛万苦、千言万语、千方百计、千山万水"的经营方略等新的思想。但是，应当承认，在对外开放的过程中，面对世界各国层出不穷的新的商业思想，集贸市场的经营理念显得微薄落后，似乎不需要什么经营理念，也不需要什么管理，但这是难以适应激烈竞争的商业大潮的。

集贸市场在历史上是一种古老的商业形式，在今天是一种独特的商业业态。时代要求我们必须把它作为一种事业来经营，把它作为一种产业去开发，要让它焕发传统文化的温馨古朴和现代文化的奇光异彩，实现中外文化和古今文化的完美结合。这个文化要靠集贸市场经营管理者和场内经营者共同建设，要靠学习来完成。当前，应重点学习法学、经济学、市场营销学、企业管理学、财务管理学、公共关系学等，在经营管理中树立营销思想，讲究研究消费者心理；树立形象意识，讲究环境美、商品美、包装美、货物摆放美、言行举止文明等；强化知识经济、技术经济、信息经济意识，营造学习气氛和文明氛围，形成积极向上的风气。

(三)提升集贸市场形象

集贸市场给人的印象是低档、简陋、杂乱、肮脏、拥挤、喧闹、污浊等，总之形象不佳。集贸市场肯定不是高级市场，设施和环境也属于简陋型，但是，这并不意味着集贸市场必须是、永远是、只能是脏、乱、差，也不意味着集贸市场不可能有好的形象。集贸市场应该有形象意识，讲究形象，否则，难免为当今这种讲究形象的时代所淘汰。集贸市场讲究形象的关键是找准定位。集贸市场的形象不应追求豪华甚至奢华，这既不可能也不必要。集贸市场形象应定位为简朴、整洁、方便。

集贸市场是满足人们日常生活或生产经营需要的功能性市场，而不是休闲场所，人们对它的要求就是方便、实用。其实，国内外的大型连锁超市包括一些著名超市并不豪华，而恰恰很简陋，但是很宽敞、很方便。在国内，我们曾参观北京丰台区王佐乡的一个农贸市场，其市场设施很简陋，但因场内干净整洁，货物摆放有序，地面干爽清洁，货位距离较大，行走通畅，让人感到很随便、很自然、很舒服。不仅没感到它低级简陋，相反觉得农贸市场这样更适当也更好，至少觉得这样就够了。集贸市场的形象不佳，不是因为它不豪华，主要是因为它不整洁。为此，集贸市场应在这些方面下些工夫，也可以做些工作。至少可在下列方面做些改善工作。

1. 市场设施方面

在城市里，原则上禁止沿街的地摊儿市场。允许庭院式、厅棚式和楼房式三种设施的市场。庭院式和厅棚式应当有标准的摊床、库房、上下水、通风、垃圾储运等配套设施，应能保证市场维持整洁状态。

2. 摊位或货架距离方面

应兼顾经济效益和环境效益，要舍得牺牲部分经济效益换取环境效益。以适当的间距体现开阔、宽敞、方便，保持通道畅通，不致很拥挤。

3. 货物摆放方面

大类商品应加以分区，区域之间有明显界限，污染性商品与卫生性商品分隔空间（隔墙或隔楼层）设置。无论摊位式、庭院式、楼房式市场，无论农产品市场、工业品市场，也无论堆放、悬挂，都要讲究秩序，一些特种商品还要讲究卫生、文雅，甚至讲究美观。

4. 空气环境方面

应保证有足够的通风道口。易腐易变和散发气味的商品争取单独设区，或采取更有效的疏散措施。某些污染性、放射性超标的商品应采取特别措施，或禁止大批、长期、集中存放，或禁止带入场内，只许在露天场所销售。这个问题与某些商品的质量管理有关，应结合商品质量标准及其管理措施来解决。

5. 经营者形象方面

经营者形象是集贸市场形象的重要方面。经营者应讲究必要的服饰，讲究语言、行为、态度等的得体。这里包括对待消费者的表现，也包括经营者内部交往中的言行举止。我们经常发现集贸市场经营者之间嬉笑怒骂和处理内部事务甚至个人在饮食过程中表现出诸多的不文明、不礼貌、不得体的地方。这直接影响集贸市场形象。其实文明礼貌不仅是集贸市场管理的要求，也是一个文明公民在公共场所里言行举止的起码标准。

此外，如果在集贸市场外观设计、名称规范、牌匾悬挂、市场标志等方面也能有所作为又不致越俎代庖的话，也很有助于树立集贸市场的良好形象。

四、建立新的市场监督管理体制，完善市场监管制度

秩序，是市场持续运行和发展壮大的命脉。在简单商品经济和小型市场阶段，秩序问题往往不为人注意。但在商品经济发展壮大、市场规模逐步扩大后，秩序问题便至关重要，牵系市场的命运。比如，在集贸市场恢复发展的20世纪80年代，有的市场主办者摸索出一条培育市场的普遍经验，叫做"先经营、后规范、不怕乱"。但90年代试点期货市场时，却由于先期规则和制度的论证、制定不充分而导致市场秩序混乱，终致市场萎缩乃至关闭。集贸市场经过20年的摸索、积累和发展，必须突破传统的自发模式，走有序发展的路子。正像我国的企业，经过近20年各具形态的自由发展模式后，还要探索与现代企业制度的接轨。因为，原始和传统的东西虽然有特色，但是总是难以打入世界的主战场。组织的秩序是组织维持和壮大的经络和血脉。作为市场，其秩序取决于它的运行机制、内部制度和外部规则。市场监管就是通过外部规则来维护市场秩序的力量，这是市场秩序建设不可或缺的因素。

有人打这样的比喻：当你驾驶牛车时，你可以抱着鞭子躺在车上睡觉，偶尔吆喝几声就行了；当你驾驶汽车时，你需紧盯着眼前道路，至多也只能偶尔旁视一下；当你驾驶火车时，紧盯眼前就不够了，还必须不时地进行瞭望；而飞机的航行安全就必须靠精密设计的监测导航系统来保证。这说明机械的复杂程度和运行速度不同，运行的风险大小和发生频率不同，则对其运行的监测和督导的要求也不同。市场运行之于监督管理的关系，道理也是如此。

伴随市场经济的深入和我国加入世界贸易组织，政府职能正在发生重大转变，有人把新的政府职能概括为"调控经济、公共服务、维护市场秩序"，可见

市场监督管理在市场经济发展中的重要地位。

市场监管对市场发展应发挥双重作用。除了有剔除市场机体的痈疽即"切除"功能外，还应有通过健全市场内外机制与制度使市场强身健体和预防疾病的作用，即促进发展的作用。这是积极的监管，也是市场经济和世界贸易组织精神的要求。这就对市场监管提出了建设科学、合理、文明、有效的监管体制、监管方法的问题。

集贸市场是市场体系的一部分，是由其特点所决定的，集贸市场又是体现市场秩序最敏感、最直接、最充分的地方，对其实施管理十分必要和重要。工商行政管理机关作为主管市场监督管理和行政执法的职能部门，应当探索科学管理集贸市场的方法，使集贸市场不仅活而有序，而且在规范和引导下向健康、强大、创新的方向发展。

"管办合一"是旧的、落后的集贸市场管理模式，"管办脱钩"成为集贸市场向规范化管理的重大转折，是缔造科学管理体制的起点。

（一）"管办脱钩"后集贸市场监督管理体制的新情况

表面上看，"管办脱钩"似乎仅仅是集贸市场"管"、"办"的分家，似乎仅仅意味着工商行政管理机关少了一项工作内容而已。实际上，这意味着市场监督管理体制的重大变革，具有划时代的意义。"管办脱钩"后，市场监督管理体制和方式更加符合市场经济的要求，更加符合入世对政府行为方式的要求，市场监督管理活动更能体现"三定"方案关于工商行政管理机关职能的定位，使市场监督管理体制改革有了更加广阔的探索空间。参照国家工商行政管理总局有关方面消息，"管办脱钩"给集贸市场监督管理体制带来的新情况包括以下方面。

1. 工商行政管理机关市场监督管理职能更加清晰，身份更加明确

在"管办不分"的时期，工商行政管理机关建市场、办市场、经营市场、服务市场，同时又监督管理市场，不仅外界各方面看不清工商行政管理机关的真正职责，久而久之，就连工商行政管理机关自己也搞不清自己的真正职责是干什么，该怎么干了。职能错位不觉得，习以为常，甚至感到理所当然了。"管办脱钩"后，工商行政管理机关不得不寻找自己的本来位置，不得不思考体现职能的方式，从而摆脱错位职能的干扰，净化和突出市场监督管理职能，使其职能更加清晰，身份也更加明确。

2. 工商行政管理机关市场监督行政行为的相对方更加明确

"管"、"办"不分时，工商行政管理机关市场监管行政行为的相对方主要是

场内经营者，由于市场开办者是工商行政管理机关或其委托的企事业单位，从经济关系和法律关系上都不可能使工商行政管理机关与市场开办者之间形成行政监管关系。甚至与其他非工商行政管理机关的市场主办单位的行政监管关系也因此发生扭曲或弱化。管办脱钩后，工商行政管理机关与市场主办单位之间的关系明确为监管与被监管的关系，市场主办单位也是经营者，与场内经营者共同作为工商行政管理机关的监管对象，共同构成市场监管行政行为的相对方。

3. 工商行政管理机关市场监管的方法更加丰富

管办脱钩前，由于利益关系，工商行政管理机关难以把精力放在监管方法的探索与创新上，即便有一些好的方法也难以出笼和实施。管办脱钩使工商行政管理机关从利益关系的困扰中解脱出来，专心致志地考虑监管问题。"心底无私天地宽"，工商行政管理机关完全可以从监管效能出发考虑监管方式与方法，任何监管措施、监管方法的出笼都不会因为顾虑利益关系而受到干扰，从而使各种有效的监管方法从利益的牵制中获得解放，为监管方法的创新和实施提供了广阔的空间。

4. 工商行政管理机关市场监管人员素质要求更高

社会对政府管理者的要求和对市场经营者的要求标准是不同的。工商行政管理者由市场主办经营者变为市场监督管理者，应该符合政府管理者的标准，对市场监管人员素质的要求提高了，任务变了，维护市场秩序的任务比作为经营者的经营管理任务所要求的标准提高了。市场不断发展，各类市场发展水平也不等同，一些大型重要的商品交易市场，如北京市棉花交易市场、烟草交易市场等，并非传统低级集贸市场那么简单，工商行政管理机关既应当不断适应市场发展的需要，又要不断适应高水平的市场对监督管理的要求。此外，管办脱钩后，工商行政管理机关直接对市场进行监管，无法回避市场经济和世贸组织对政府一般行为方式的要求，市场监管方式的改革和创新面临挑战，所有这些都要求工商行政管理机关和市场监管人员提高素质。

（二）致力于建设科学的市场监督管理职能体系

以往的集贸市场监督管理有三大偏差：一是边经营边监管，导致监管三心二意，从思想到行动不到位；二是监管变成了简单的收费和服务，使监管成了附属于经营的事务性工作；三是监管简单地等同于事后查处或突击整治，使监管职能畸重畸轻，监管市场成了搞运动。随着"管办脱钩"等改革的深入，前两个问题相应改观或缓解，监管职能从经营、服务和收费等非监督职责中突出出来，直接成为工商行政管理机关的主要任务甚至唯一任务，如何深入研究监管职能，建立健全监管体系，科学发挥监管作用，是入世以后市场监督管理工作需要突破的问题。

市场监管职能需要通过三个环节的职能来实现，即规范、监督和执法。

1. 规范职能

规范，就是通过制订行为准则和质量标准，引导和规制市场行为在有序的范围内活动。规范职能的地位是事前管理，规范职能的机制是法的预见、指引、教育、评价功能。规范职能的作用是在事前就将大多数经营者引导到秩序的轨道上来，以减少事中和事后的违法违规行为，简而言之，就是预防作用。规范职能的效果取决于法律规则和质量标准的状态，对此，一方面要求法律规则和标准要健全完备，做到有法可依、有章可循；另一方面要求法律规则和标准应科学、合理、可行，这是质量上的要求；另外，还有一点同样非常重要，就是法律规则的公知度或法律意识的强化。只有做到这三点，规范职能才能充分发挥预防作用。在集贸市场管理上，这三方面均有加强的必要。

在法律规则建立健全方面，目前国家有相关法律，国务院有专门的法规，地方政府有地方法规，工商局系统有部门规章和相关规定，但要在此基础上形成一套"法典"式的集贸市场法律规则体系，还需对这些规定加以整合。因为，一些专门规定的基本内容和指导思想早已过时，国家工商总局关于集贸市场的规定也不一而足，北京市除了地方法规外，市政府的地方规章和工商局的种种办法也在不断出台。这些规定中，有的事过境迁了，有的缺乏充分的法律依据，有的交叉重叠，且不说经营者难以理出头绪，就连执法者恐怕也是一头雾水。这种状况倒是做到了有法可依，但是也很容易造成有法难依，实际上难以发挥法的规范作用。如果能在现有法律规则的基础上，清除那些过时的和与上位法抵触的及不符合世贸规则精神的，整合出一套集贸市场的有效规则体系，再与市场内部的规章制度相衔接，使管理者和经营者头脑中装有一套清清楚楚的行为规则体系，这对于集贸市场秩序形成无疑是十分有益的。

质量标准体系的建设是规范职能的组成部分，集贸市场管理尤其需要。近年来不断出现的商品假冒伪劣恶性事件已经暴露出这方面工作的薄弱性。就连注水肉这样一个查处多年的问题，到今天却发现我们仍拿不出一个正常含水量的标准来。前不久报载的黑豆腐事件又使我们发现我们一直就没有合格豆腐的质量标准。纯净水到底纯净不纯净，纯净水究竟在多长时间内不变质，一直糊里糊涂。那么，诸如矿泉水瓶贴上标注的各种矿物质含量指标是否科学、是否与实际相符，恐怕也只有在又一个恶性事件发生后才恍然大悟。这种商品基础标准管理的松弛状况，在集贸市场上只能产生假冒伪劣现象的放大效应。在集贸市场上，大批量的便宜货质量肯定不高，却十分受低收入者和特定消费群的欢迎，是否应该把这些商品列入劣质产品而销毁，这决不是简单的一句话所能了断的。因此，不得不承认，面对种类繁多、数量巨大、档次分层细化、收入水平差别拉大、消费者自主消费的新情况，我们必须研究制定合乎实际的、具有积极管理功能的商品质量标准体系，这是科学管理的基础，是对市场发展负责的态度。

此外，法律规则与标准的质量和公知度也是应该高度重视和加强的。有法可依固然重要，但如果法律不科学、不合理、不可行，那么，它不仅无用，而且有害。随着法制建设的深入，当前更迫切需要解决的已不是有法可依，而是有好法可依。集贸市场也要讲求法律的质量，应防止因集贸市场层次低便随意立法的态度，提高集贸市场立法质量。法律规范是为当事人制定的，应加强法律规范的宣传力度，加强对经营者的教育，提高其法律意识，否则，仍然难以发挥规范职能的应有作用。

制度建设也是改善集贸市场监管机制的有效方法，包括市场运行制度和市场监管制度。制度是一套成熟、完备的做法，是工作程序与方法的成熟形态。一项或一套制度的形成表明某一事务或活动从分散、疏离状态进入了完备成熟阶段。集贸市场监督管理长期以来缺少一套较为成熟、完备和相对稳定的做法，东撞一头、西撞一头，今朝这样明朝那样，头痛医头、脚痛医脚，治标不治本，治标又不一贯，使集贸市场监管始终处于散打状态，缺乏一套连贯的制度。如果我们能够根据国家有关法律法规结合集贸市场特点，逐步摸索制定出适合集贸市场的监督管理制度及各种具体类型市场的监督管理制度，那么，集贸市场的运行秩序就会更多地靠制度自动维持，形成良好的日常秩序，从而避免问题成堆时再突出整顿的应急情场。已有的如集贸市场经营规范、文明集贸市场评比制度、市场监管的巡查制、即时处罚制度等都是这方面的好做法，需要坚持，并随形势变化加以调整、完善，逐步成为一整套丰富、完备、有效的集贸市场监管制度。"无为而治"，"不战而屈人之兵"是我们应该学习的好方法。

2. 监督职能

把"监督"理解为"查处"是错误的。"监"之本意是"自上而下或在旁边看"；"督"则强调"看"的目的，仅"看"是不够的，"看"后要表态。表什么态，就是根据规范标准衡量对象事物是否合法。合法者，加以肯定，反之，加以提醒、警示和纠正。这就是监督。若干年前，阅读日本广告监管经验材料，当怀着强烈的求索、好奇之心终于阅读完毕后，却发现其监管的精髓竟是一个"劝告制度"。几年前听一位金融专家讲课，在金融监管问题上，最吸引我的是在国外很受重视的所谓"窗口指导"制度。像广告、金融这类领域，在国内即便是刀光剑影、血溅津门都不足以让以身试法者望而却步，怎一个"指导"、"劝告"了得。这正是我们在监管的理解和监管机制的建设上应该反思的。想当年改革初期，人们最担忧的是物价，政府管得最严的也是物价，物价却老出问题。逐步地我们把物价交给了市场，交给了经营者，物价却没有像人们担心的那样攀升，反而稳中有降，人们一直享受着低物价的实惠。在街边绿地被铁丝网围拦着的年代，绿地却不时遭到破坏，而今没有任何围栏的绿地却很少被人践踏。这里蕴涵着的道理是一种有效的机制。机制的妙处在于整体的合理，而不在于哪一个单一因素的好坏与强弱。在集贸市场监管上，我们更多地强调查处这个单一的强制环节，而忽略了预防这一柔性环节及其与强制环节共同构成的整体监管机制的作用。监督职能的地位是事中管理，监督职能的任务是搜集信息、掌握动态、及时反馈和纠正，监督职能的作用是防微杜渐。如果我们建立健全了集贸市场的行为规范，又有一套熨平随时萌生的违规苗头的监督办法，那么我们的市场监管工作就完成了一大半。巡查制是我们近年来摸索的一套新的监督方法，要充分发挥这样的监督作用，还需一系列的具体措施和制度来支撑和落实。此外，政府监督只是一部分信息通道，还要协同社会力量建立起监督网络。

3. 执法职能

执法就是法律的适用过程。执法职能是通过依法处理违法行为以阻止违法行为继续、证实法律权威和警示他人的功能。执法职能的地位是事后管理，执法是规范的预防作用和监督的防微杜渐作用的保证，没有执法，前两个职能环节就形同虚设了。执法职能的关键在于执法要严，要公平、公正，要体现打击的力度。

上述三个环节是集贸市场监管的三个支点，相当于三道防线，其中，规范是基础，监督是窗口，执法是拳头。前两道防线可以分解市场监管的任务，减轻执法环节的压力。因此，我们应该有意识地将市场监管重心适当前移，均匀分布监管职能，以达到事半功倍、科学合理的市场监管效果。

（三）致力于建设科学的市场监督管理网络体系

集贸市场"管办脱钩"后，工商行政管理机关对集贸市场的事务性管理少了，市场监管的任务重了，而市场监管人员又减少了，为了应对这一矛盾，实行了市场监管的巡查制。但这也是不够的，还应该探讨新的监管机制。首先，应该转变一种观念，就是市场监管只能由政府独立直接进行的观念，而去探索由政府牵头，通过社会各方面力量间接达到监管目的的办法。这些社会力量包括行业协会、中介组织、经营者自律、媒体监督、消费者举报等。

1. 行业协会

与集贸市场有关的协会很多，如市场协会、个体劳动者协会、建材协会、烟草协会、家庭装饰协会、布艺行业协会，等等。这些协会是介于政府与企业经营者之间的最大组织，是行业秩序的组织者，每一个行业的秩序好了，整个市场的市场秩序就有了基础和保障。

发挥行业协会维护集贸市场秩序的作用需解决好如下问题：一是逐步明确政府和行业协会的职责分工。目前政府代行行业协会职责，行业协会采取政府工作方式的情况同时存在。二是行业协会需增强与会员的亲和力，反映会员心声，争取政府政策，组织开展会员需要又难以单独完成的事务，取得会员的认同和信任。三是政府与行业协会要找到配合与沟通的渠道与模式。目前，政府还不太重视行业协会的作用，二者之间缺乏沟通联系制度与方式。从长远看，行业协会只有站在会员一边，与会员形成合力，才可能逐步提高地位，扩大影响。当行业协会相对成熟时，政府便进一步从繁杂的事务和市场秩序的困扰中解脱出来，专心研究重要和长期问题及宏观战略问题，更有利于市场秩序的维护。这也就是近来经常被提到的所谓"长效机制"。

2. 中介组织

中介组织的作用目前在集贸市场交易活动中尚不突出，但不会没有，工商行政管理机关应有这方面的意识，注意有关动向，研究新问题。因为中介组织为交易双方的交易活动提供检验、评估、出证、咨询等服务，以便交易公正进行，所以，对市场秩序至关重要。如商标的交易，必须由商标评估机构对商标价值进行评估，才能成交，否则，双方没有客观评估商标价值从而达成一致的能力。因此，中介机构的行为对市场秩序十分重要。中介机构是知识性、专业性和规范性组织，发挥其良好作用有助于市场监管目标的实现。实际上，集贸市场的组织管理机构就是中介组织，是它的中介作用将众多经营者组织到一起从事经营活动，它又介于政府和经营者之间，它对经营者的组织管理有利于集贸市场秩序的维护。

3. 经营者自律

经营者自律对市场秩序当然是有效的，问题是经营者有无自律的可能性，回答应当是肯定的。处于对自身利益的考虑和道德精神的追求，经营者可以走上高层位的赢利机制。正在全国范围进行的市场秩序整顿就是试图在道德、文化、信用、精神层面上构筑市场秩序的大厦，我个人以为这是不同于以往市场秩序整顿的区别之所在，因为，这是迟早要做的事，更因为经过20多年的改革发展，具备了提升秩序层面和秩序机制的条件。集贸市场虽然基础相对薄弱，但随着大环境改善的引导和所带来的压力，也具备营造自律机制的条件，况且，自律基础的相对薄弱，正说明提升的迫切性。这一点，市场监管者不可忽略和放松。提升的方法主要是实施培训教育战略，开展一场普遍、有用、有力的培训教育，提高素质和观念意识。同时配合以其他措施与制度，与提升自律意识挂钩。

4. 媒介监督

媒介是社会的雷达，其本性就是收集信息和公开报道信息，客观上具有监督的作用，这是不需投资的监管者。市场监管者应善于利用其搜集信息、发布信息，据此督促、引导、抨击、协调市场经营者和市场交易的关系。

5. 消费者监督

消费者是另一个无须投资的市场监管志愿者。它有两大监督优势：一是数量众多，广泛分布，是一个异常发达的监测网；二是对市场违法违规侵权行为深恶痛绝，具有内在的监督积极性。这决定了消费者群体是传递信息的优势资源。市场监管部门应当为消费者举报、投诉提供方便，甚至奖励，并保证安全。

（四）市场监管的其他问题

1."小局大所"与集贸市场监管

集贸市场是通过工商行政管理所直接进行监督管理的，工商所的体制直接关系到集贸市场管理。集贸市场的制度规范、制度创新和高层位的发展需要高素质的管理。工商所是实施新的集贸市场监管战略的组织基础和保证。近年来提出的"小局大所"的工商行政管理组织模式是正确的改革方向，也有利于加强和改善集贸市场监管，值得提倡。其意义在于：①"小局大所"使管理权力和任务在组织层级的分布上重心下移，有利于加强基层工商行政管理力量，改善市场监管效果。基层工商所是落实市场监管任务、实现市场监管职能的终端，必须拥有足够的管理资源，包括权力、力量、素质、手段等。管理资源过分集中在上级机关的"倒金字塔"体制不适合市场经济的要求，应加以改革。集贸市场上存在着工商行政管理机关所需管理的各种业务，如企业资格、合同、商标、广告、竞争、质量、消费者权益等，工商所必须直接拥有有关业务的监管权限，才能及时有力地把集贸市场管好。②有利于提高基层工商所素质。为胜任重心下移后的监管任务，需充实工商所干部，提高干部素质；需改革工商所体制，丰富和完善工商所内部机构设置，改变内部机构单一的状况；赋予工商所独立执法和处罚的权力等，从而提高工商所的整体素质。③有利于改善工商行政管理的形象。基层工商所与社会接触最广泛、最深入,代表工商局整体形象,基层工商所素质提高了、形象改善了,工商行政管理在群众和社会中的形象地位就提高了。

2. 促成市场监管的"猫鼠机制"

"猫鼠机制"近年偶而有人提起,但因所指不同,便有褒有贬。一种含义是讲政府监管部门与老百姓的关系应当是鱼和水的关系,不应是猫与鼠的关系,因而对"猫鼠机制"持否定意见。另一种含义是讲政府监管部门与违法者之间应当是猫与鼠的关系,而不能是狼与狈的关系,因而对"猫鼠机制"持肯定意见。我们在这里要讲"猫鼠机制"是指后一种含义。市场监督执法者相当于"猫",市场违法者相当于"鼠",前者对于后者就像猫见鼠一样,势不两立。如果所有的猫都瞪大眼睛捉老鼠,即便因猫少鼠多一时捉不完所有的鼠,其他的鼠也不敢出来冒险。而目前的情况恰恰相反,监管者与监管对象之间缺乏这种机制,监管者对违法现象或无能为力,或熟视无睹,违法者则铤而走险,甚至招摇过市。如集贸市场公开摆卖假冒伪劣商品,沿街兜售发票、光盘、假证、印章刻字,以及公开打小广告收购药品等现象,就说明了这一问题。

当然,"猫鼠机制"的缺乏不是因为工商管理干部和工商管理机关不管或不想管,而是一个涉及了法制、标准、体制及其他方面的社会问题,因此,解决这一问题是一个系统工程。但市场监管和市场秩序的良性循环最终要靠包括这一机制在内的科学合理的监管机制,各方面应从实际工作出发积极促成这一机制的形成。

五、以整顿为契机治标,以治标为契机治本——千里之行始于足下

整顿市场经济秩序是我国国民经济和社会发展"十五"规划的重点工作,整顿集贸市场秩序是今年市场秩序整顿工作的重点。集贸市场应当借此机会进行规范改革,或为集贸市场制度规范与创新创造条件、开个好头。

(一)正确理解李岚清讲话

党中央国务院十分重视集贸市场的发展。李岚清同志在1993年全国工商行政管理工作会议上指出:集贸市场是中国市场经济的摇篮、发源地,因为发展市场最先是从这里开始的。他认为,工商行政管理机关在培育各类市场,特别是集贸市场方面起了先锋带头作用。两年后,李岚清同志又及时地敦促工商行政管理机关完成了集贸市场的"管办脱钩"改革;继而在2001年,在我国市场经济体制框架基本确立、加入世贸组织后,李岚清同志再一次为集贸市场的提

升和创新敲响了警钟:"过去,一些地方大建集贸市场,认为这就是搞市场经济。实际上,集市贸易不是现代流通方式。尽管楼大了、高了,但还是一种小农经济。集贸市场如果不加以规范改革,严加管理,就会成为假冒伪劣的集散地、偷税漏税的'特区'、藏污纳垢的庇护所,成为破坏市场经济秩序的毒瘤。"深入领会李岚清同志讲话,结合当前集贸市场秩序整顿,推动集贸市场规范改革,对促进集贸市场健康发展意义重大。

1. 规范改革——前提和归宿

事物的发展过程是分阶段的,各阶段有各阶段的任务,当上一阶段的使命完成后,事物自然进入新的阶段。如果事物长期停留在某一阶段,则不仅影响事物的正常发展,而且会因落后于时代,缺乏生机,滋生腐败而致荒废。为了促进事物向新的阶段发展,我们可以根据对事物的分析和预见,促成事物发展条件的成熟,以完成转化。当然,不应揠苗助长。集贸市场伴随改革开放逐步发展,曾依托小农经济成为商品流通的补充渠道;后依托农村商品经济、乡镇企业和专业生产成为商品流通的重要渠道;今后,集贸市场继续发展的依托是什么,地位是什么,方向是什么,确实是值得思考的问题。从实践方面看,集贸市场在20世纪70年代末恢复,80年代有两次发展建设高潮(即1984年前后、1987年前后)。自1989年至今,其发展更新节奏减缓,其间大的事件只有管办脱钩,又是很被动地完成。推动集贸市场发展确实是当务之急了。

总结集贸市场的发展历程,在经历了80年代的恢复发展阶段、90年代中期以来的规范阶段后,当前应该到了改革创新阶段,以跨入规范、现代、国际化的市场经济时代。李岚清同志的讲话是在对现实洞察、对历史分析、对未来预见的基础上给集贸市场发展前途提出的警告、鞭策、方向和途径,是对集贸市场向新阶段转化的有力推动。

规范改革是李岚清同志对集贸市场提出的发展途径。经历近20年自然发展的积累后,集贸市场应该做一下制度性总结和规范工作,这是进一步发展的前提,也是改革创新的前提。面对规范、现代的市场经济的门槛,集贸市场只有改革和制度创新才能完成这次跨越。所以,规范改革是李岚清同志讲话的目的和归宿,也是防止集贸市场陷入假冒伪劣、偷税漏税、藏污纳垢境地和沦为破坏市场经济秩序毒瘤的前提。

总之,学习领会李岚清同志讲话,应当着力进行集贸市场的规范和改革。

2. 小农经济——似是而非的说法

小农经济,原指农业中的个体经济,即以小块土地个体所有制为基础,从事个体劳动的自耕农经济。不过,通常所说的小农经济,主要是从其经营规模和个体劳动而言，不限于生产资料的个体所有制④。小农经济也可以指小农经济的习惯势力和思想及其在经营管理、生产技术、交换和分配上的反映。但是，小农经济首先是指农业经济形态，而且总体上属于自然经济或小商品经济范畴。集贸市场作为一种交换形式，自然要依托特定的生产经营主体及其组织形式，因而隶属于那种经济形式的性质。但是，经过20年改革的中国，商品经济从思想观念到生产经营方式已经成为社会的主体和主导，说集贸市场是小农经济不免有失恰切。首先，今日之集贸市场含义模糊，它不是传统的集市贸易，也远不仅是农副产品的市场，不好概而言之为小农经济；其次，即便是农副产品集贸市场，支撑它的也不完全是传统意义上的自耕农或个体生产，凡是全国和跨地区的市场，主要是依托国有农场、集体农庄、私营企业、联合公司、公司加农户、专业化生产等；再次，即便那些仍然处于分散经营的个体农户，也早被卷进商品经济的大潮中了。当然，我们不可否认集贸市场残存着小农经济的成分和思想、习惯，尤其是远离城镇的农村和偏远地区，农业生产的小农经济还很浓厚，但就主导性和趋势性看，集贸市场不是小农经济，而是商品经济，而就思想性看，它仍不失为中国土生土长的市场经济思想的圭臬。很多工业小商品在我国南方虽然以家庭生产为依托，但其专业化的生产方式和规模化的生产能力决不是小农经济所能比拟的。

集贸市场依托的是小型经济，但不一定是小农经济。

中国的情况十分复杂，生产力水平千差万别，历史传统千差万别，文化习俗千差万别，自然环境千差万别，而市场经济就降落在这存在千差万别的国度里，可想而知，生长出来的必然是千差万别的市场经济——至少在成长阶段是这样。因此，集贸市场是否小农经济是很难说清楚的。

3. 毒素——务须根除

"集贸市场如果不加以规范改革，严加管理，就会成为假冒伪劣的集散地、偷税漏税的'特区'、藏污纳垢的庇护所，成为破坏市场经济秩序的毒瘤。"李岚清同志尖锐地指出了集贸市场的三大隐患，目光深邃，语言犀利，针针见血，值得高度重视。这三大弊端在集贸市场普遍存在，但程度不同。集贸市场要继续发展、创新提高必须下决心根除这些毒素。但要切实解决和取得积极效果，又必须头脑清醒、冷静分析、循序渐进。

（1）假冒伪劣——关键是明确标准

假冒伪劣在描述集贸市场问题时主要指假名牌、假产品和劣质产品问题。

对于假产品的处理没有认识障碍，严肃处理即是。

假名牌问题就复杂些，人们在认识上不尽一致。比如，假名牌价格明显便宜,凡是知道名牌的人,根据价格就知道是假的,知假买假,愿打愿挨,没有欺诈问题。而真名牌厂商不要求权利,执法机关奉行不告不理,于是,假名牌大行其道。正是这种认识问题,使得一些专卖假名牌的集贸市场长期存在。对于这个问题,此次调研尚未深入到这个领域,需要从法理上、实践上专门深入研究,广泛听取各方面意见,尤其是真名牌厂商的意见,理出政策思路。调研组认为,对这种现象应加以抑制,即便有些商品确实因历史、习惯、文化等原因可容忍保留这种经营方式,也应采取一定的管理措施,保证信息的充分公开,防止误解和欺诈。至少应对商品范围做明确限制。总之,对这种现象长期听之任之、放任自流,对市场秩序和管理权威极为不利。

对于劣质产品问题,关键是明确标准。目前,对于劣质产品,多凭感觉判断,产品使用不久就坏了,就说"假冒伪劣"。究竟劣在什么地方,在什么标准上叫"劣",缺少标准。卖方则强调商品价格便宜,质量理应如此。对此,建议通过下列措施解决。第一,规定集贸市场禁止经销的商品类别或档次,以免混淆造成消费者误认。第二,对低档便宜商品划分设置专区,明示为"低档货"或"便宜货",使消费者心知肚明,自愿选购;对非专区内的商品,卖方应负责保修保退保换。第三,设禁销商品,对某些难以满足基本使用,或有毒有害、问题突出的破烂货,设置低界限,实行末位淘汰,禁止流通。第四,严格设定特殊商品在集贸市场经营的条件,限制经营,如食品尤其是肉类食品、药品、卫生用品等。

(2)偷税漏税——不可简单处置

集贸市场因其特殊交易形式,加之管理松弛,确实存在税款征收不完全的问题。据了解,集贸市场税额占成交额的1%~3%。对此,应通过健全税收征管制度,加强管理措施加以解决,使集贸市场发展壮大后相应增大税收贡献,也是集贸市场走上规范发展的重要方面。

同时,对集贸市场的税收贡献不可估计过高,还要考虑其征税成本高的特性。20世纪80年代,对集贸市场高度评价的贡献之一就是税收贡献。那时,集贸市场的税收从无到有、从少到多,是很令人高兴的税源。集贸市场发展了,规模扩大了,经济运行规范了,社会对集贸市场税收贡献的期望也提高了,这是正常的。但是,我们不可淡忘当初发展集贸市场的背景,在很大程度上是"民间自救"的一条道路。农村家庭联产承包是自救,城市待业人员自谋职业干个体是自救,集贸市场正是这两条自救事业催生出来的交换方式和流通渠道,也是一条自救之路。20年集贸市场的发展,它的基本贡献是什么?这个问题不宜含糊。我国南方长江三角洲和珠江三角洲地区的丰富实践经验给出了精辟的回答:"建一处市场,活一片经济,富一方群众,带几门产业,兴一座城镇",这是铁一般的事实证明了的。而就业大军的难题,已在其中消解了。人们都知道近年来拉动地区和全国经济增长的主要力量是民营经济,而中国民营经济的希望相当程度上也在这里。这是了不起的成绩啊!

因此,我们应该全面看待集贸市场的贡献,适度把握集贸市场的税收贡献度,坚持放水养鱼、养鸡生蛋,防止顾此失彼、竭泽而渔、因小失大。

4. 传统与现代——我们只能生存在两者之间

集贸市场是传统交易形式,但它不可能也不应该"独善其身",否则,它就难以在现实生活中与时俱进;连锁超市、物流配送、电子商务是现代流通方式,但它不可能割裂传统,横空出世。没有绝对的传统与绝对的现代,我们都只能生存在传统与现代之间,任何将二者对立起来的处世哲学,都只能陷入进退维谷、裹足不前的境地。

(二)以整顿为契机治标,以治标为契机治本

整顿市场经济秩序是"十五"规划的重点,整顿集贸市场秩序是今年的重点,工商行政管理机关应借此东风对集贸市场进行大盘点,以整顿为契机治标,解决难点,清除隐患,净化市场。对条件太差、管理太乱、问题突出的商品、市场和经营者划出界限坚决切除,作为示范案例,供今后工作借鉴。与此同时,趁热打铁,制定标准,健全规章,督促市场进行制度化建设,选择若干重点市场进行改革试点,提供示范样板,达到治本目的。

治标要谨防4个误区:①发展市场经济就是建设市场的误区;②以封闭管理维护繁荣发展的误区;③整顿就是停止发展的误区;④只治标不治本的误区。

治本要落实在提高市场自我发展能力上,应明确以下要点:①整顿思想比整顿市场重要;②清理制度比清理市场重要;③建设制度比建设市场重要;④内部机制比外部监管重要;⑤日常监管比突击整顿重要。

注 释

① 全国公共管理硕士专业学位教育指导委员会秘书处组织编写. 中国MPA. 北京:中国人民大学出版社,141~153
② 市场管理国际研讨会论文集. 北京:改革出版社
③ 市场管理国际研讨会论文集. 北京:改革出版社
④ 许涤新主编. 政治经济学辞典. 第1版上卷. 北京:人民出版社,1980. 277

(作者单位:首都经贸大学)

一等奖

行政许可中商事登记疑难问题对比研究

王伟民

行政许可法已经实施两年多了。工商登记机关作为一个重要的行政许可实施机关，在贯彻行政许可法一年多的时间里遇到一些实践和理论上需要研究解决的问题。这些问题有的属于基本理论问题，有的属于行政许可中商事登记的专业问题。本文现通过实例展开分析。

一、行政许可中商事登记疑难实例

实例1 《中共中央国务院关于促进农民增加收入若干政策的意见》（中发〔2004〕1号）"对合法经营的农村流动性小商小贩，除国家另有规定外，免于工商登记和收取有关税费"，问题是：流动商贩为什么无需登记，能否为其找一理论依据？

实例2 普济心血管病研究所是经过民政部门登记，取得民办非企业单位证书（个体）的组织。但工商机关认为，该组织是私人设立的，名为医学研究，实为看病挣钱，应当办理工商登记而未登记，构成无照经营。问题是：该研究所是什么性质的社会组织，如何判断该单位是否有营利行为，各类私立研究机构是否需要办理工商登记，商事主体与非商事主体的区分在哪里？

实例3 某市计算技工学校是事业单位，但也经常发广告招收社会学员有偿办班培训。问题是：该单位是否应办照？

实例4 居民甲要搬家，在临街上出售自己家的旧家具、衣物等，问题是：偶尔的经营行为是否应当办照？

实例5 公民甲和公民乙参照北京中关村科技园区关于有限合伙的规定，向哈市工商部门申请有限合伙企业，工商机关不予许可。问题是：企业组织形式是否允许公民创设，地方性法规或规章是否有权设立新的企业组织形式？

实例6 甲公司在向工商机关申办营业执照时申请核定很多项目的经营，以至于营业执照上经营范围一栏难以排下，工商机关认为甲公司不过是注册资本为50万元的经贸公司，竟然核定如此多的经营范围，超过其经营能力，拒绝办理。而甲公司称，这些经营项目不是同时经营，法律没有禁止其经营项目的多寡。问题是：工商机关为什么核定经营范围，不核定经营范围行不行，核定经营范围的依据到底是什么？

实例7 律师丙到工商局要求查一外资企业的书式档案，特别提出要看年检资料中资产负债表和损益表，但被工作人员告知，必须有法院的立案证明方可查阅，再说年检资料资产负债表和损益表是商业秘密，不允许查询。但律师提出"其查档的目的是为了立案，查完档案才能决定是否起诉解决，履行判决的能力有多大，所以没有立案证明。商事登记档案应当是公开的，查询不应当设条件。"但工商局拒绝查档。问题是：商事登记档案的性质是什么，是否允许不问原因查询，在国家档案法和国家工商总局关于企业查档的文件修订以前，工商机关是否有权突破法律规定？

二、理论探讨

这里所称的商事登记，是指商人或商人的筹办人，为设立、变更或终止商人资格，依法由当事人将登记事项向登记机关提出申请，经登记机关审查核准，将登记事项记载于商事登记簿的综合法律行为。商事登记是典型的行政许可行为。

（一）为什么进行商事登记，登记的法律效力到底是什么

现在世界范围内普遍对商事主体进行登记，但是为什么进行登记，是否所有营利行为都要登记，各国的回答又不相同。

在我国，基本上是实行强制登记。也就是说，只要经商，就得登记，否则构成无照经营。法理上认为，只有依法履行了商事登记才能取得商事主体资格和商事能力，未经商事登记者则不具有商事权利能力和行为能力。不经登记从事商业行为者将受处罚。《无照经营查处取缔办法》第二条和第二十一条规定，除了农民在集贸市场或者地方人民政府指定区域内销售自产的农产品外，任何单位和个人不得违反法律、法规的规定，从事无照经营。该办法第四条列举了五种无照经营行为，后面还有罚则①。《意大利民法典》第2194条、2195条也有类似的规定。

但目前的政策似乎有所放松，国家立法者似乎认识到并非所有营利行为都须经登记②。《中共中央国务院关于促进农民增加收入若干政策的意见》（中发〔2004〕1号）就规定"对合法经营的农村流动性小商小贩，除国家另有规定外，免于工商登记和收取有关税费"。

不少国家和地区存在任意性登记。任意性登记也指商事登记，是从事商业活动的前提，但并非从事商业活动的必备要件。

任意登记可以分三种情况：①偶尔从事非连续性营利活动的当事人可不必履行商事登记程序；②从事营利性活动的当事人可以先开业，继而再进行商业登记；③法律虽然不将商事登记作为商事主体资格或能力取得的逻辑前提，但非经登记，其从事的商业活动没有对抗第三人的效力③。

例如《德国商法典》第二条就是关于"自由登记商人"的规定，而第五条是"依登记商人"的规定④。在德国，从事农业、林业及其从属业的经营者，以及小商人都属于任意商人。自由职业包括律师、会计师等，虽然也从事营利活动，但是与工商业不同，因此他们可以申请企业主体资格登记，也可以不申请登记，是自由登记商人。上述主体可以申请登记，也可以不登记，是否登记根据业务需要和本人意愿，悉听尊便。登记注册不是他们必须履行的义务。

美国、日本、澳大利亚、新西兰等国家和我国台湾地区都有任意商人的规定。

为什么对商人进行登记，各国的规定不同，但也可以分析出一些共同的认识。

根据美国的法律观念和制度，从事营利性商业活动是每一个公民的天赋或法定的权利，无需任何行政部门再以企业登记的程序加以确认和限制。任何有经营能力的公民个人都可以按照自己的意愿，依法从事经营活动，取得合法收益⑤。国家工商行政管理总局去美国的考察团，也考察到"是否设立企业、设立何种企业、经营何种项目、如何管理，都成为企业所有者的神圣权利，政府只是对企业的选择予以认可和规范而已"⑥。澳大利亚、新西兰等英美法系的国家多有类似规定。

从英、美国家的观念可以分析出，他们对商人进行登记实际是对公民天赋权利的一种确认，而不是"赋权"。因为，在他们的观念中，经商的权利是天赋的权利，无需他人再赋予。商事登记更多地体现出一种类似我国的"备案"性质。登记机关的登记行为更多体现的是一种责任，而不是权利的行使，表现在实务中更多地体现出的是一种政府的服务行为。这一点与我国的观念有很大的不同。在我国，登记哪些内容似乎更多地体现出的是政府的权利。

而在德国，"投资人要办公司从事经营活动，首先要到法院登记，确认为有限责任公司。这时，投资人只是为其创办的公司申请了一个法人资格，公司还没有营业资格，不能从事经营活动。公司只有到营业局进行营业登记后，才具有营业资格，可以从事经营活动"⑦。由此可见，德国的商事登记很有大陆法系的特点，按照权利能力和行为能力的理论，先进行法人主体资格登记，取得主体资格后再到政府部门办理营业登记，以取得商事行为能力。德国的商事主体权利能力和行为能力是分离的，这和我国的情况有很大的不同。我国现有的登记制度实际上没有区分主体资格和营业资格，营业执照既是主体资格证书，也是营业资格证书。有人撰文认为应当将商事登记分为主体登记和营业登记，并分别发给商事主体登记证和营业执照两个登记证明文件[8]。有商事主体登记证的好处是确实可以解决实务中的一些问题，比如取得主体登记证以后，可以以此向行政机关申办行政许可；可以开展筹建活动，比如招聘工作人员；当营业执照被吊销而商事主体登记证没有注销时，可以以商事主体身份从事清算、诉讼等活动。但笔者看到的资料表明，多数国家没有主体资格和营业资格区分登记制度。笔者认为，将登记证明文件区分为主体登记和营业登记，确实与传统大陆法系的民商法理论结合得更紧密，但合二为一也未尝不可。那样可以简化登记程序，提高办事效率，也符合多数国家的情况。行政许可、筹建活动和清算活动完全可以通过制度的安排予以解决。

从我国的商事登记制度、意大利、日本的商事登记制度来看，商事登记似乎更多地体现出来"赋权"的性质。也就是说，多数情况下商事主体经商必须登记，未经登记可能会有不利后果。这时经商的权利就不是"天赋"的权利、法定的权利，而是当事人申请的权利，政府赋予的权利。潜台词是当事人本来没有这项权利，但是经过当事人的申请和行政机关的许可，才将这项特权赋予了当事人。还有一种"解禁说"，认为经商确实是公民本来就有的权利，但法律做出了不得无照经营的禁止性规定，换个角度说，经商必须办照，这等于国家收回了商事主体自由经商的权利。但经当事人申请和政府的许可，可以解除这个禁止。基于这样的观点，商事登记人员往往把登记行为看作是权利的行使，而不是履行职责，为民服务。当事人也认为，申办营业执照是个纯粹的请求行为，一般是客气的、恭敬的。

笔者认为，如何看待经商权，对理解为什么进行商事登记有重大影响。

今年的宪法修订首次规定了私有财产保护制度[9]，但还没有见到"公民具有经商的权利"的表述。法律的进步绝非一朝一夕的事情，可能需要几代人的努力。但这并不妨碍我们借鉴法律制度——这种人类共同智慧的结晶来认识和理解我们尚未深入研究的事物。笔者认为，借鉴英美国家关于天赋经商权的观点，可能更有利于我们观念的改变。但折中的方法可以将经商权看成是法定权利，比如在将来出台的民法典或商事登记法中规定，"公民有权利经商"，"公民从事营利活动不要求必须以商人身份登记，但法律另有规定或公民自愿，可以登记为商人"。

假如认为公民有经商的法定权利，那么我们还对商事主体进行登记，多数情况下就应当解释为是确权行为,经登记产生的主要是公示效力。也就是说,法人型商事主体——以公司为代表,除其商人身份的取得是依据登记取得的以外,非法人型商事主体——如个人独资、个人合伙等,商人身份的取得不是由于登记注册,而是由于实施了某种商业行为这一法律事实,即使未经登记也被认为是商人。也就是说,某人被认定为商人,根本与商事登记无关,那么在这种情况下商事登记只是具有公示的效力。荷兰、比利时等国就采取这个观点。1998 年修订后的《德国商法典》规定,除股份有限公司和有限责任公司以外的所有商人均不以登记为其商人资格的要件,故登记注册只有公示效力[⑩]。

即使公民有经商的法定权利,也不排除国家对登记采取强制登记为主,任意登记为辅的登记原则,尽管任意登记本来应当是前提和基础。这是因为自由放任的经济时代已经过去,国家必须对经济进行适度干预。多数国家对于从事矿产业、邮政业、交通业、烟草业、金融保险业、证券业等行业的商事主体的设立,采用核准主义,其他行业多采取严格准则主义。承担有限责任的商事主体登记,有创设效力和公示效力,采用较为严格的管理;而承担无限责任的商事主体登记,只认为有公示效力,采取较为宽松的管理。

那么,综合不同的商事登记制度,结合我国的实际情况来回答,为什么对商事主体进行登记,可以得出两个看似矛盾但并不矛盾的结论呢?一是对商人身份的确权,二是对商人身份的赋权。登记主要产生创设效力和公示效力,有时只产生公示效力。当然,还可以派生出其他理由解释为何登记。登记的作用和效用有如下几点。

1. 登记是为了保证交易安全

首先,商事登记法(如公司登记条例)在申报事项上的明确而强制性的要求,有助于相关当事人对相关交易主体资信能力进行了解,以便预测交易风险,从而提供交易安全。其次,公示有助于维护未来的交易安全。再次,商事登记对于各种违法行为赋予严格责任,也有利于保证交易安全。

2. 登记是为了增进交易效率

其一是促进交易主体的个人效率。虽然经商前需要办照会增加成本支出,但是经登记和公告后的各种信息对于交易双方意味着成本降低,有助于交易主体便利地获得相关信息。其二是增进社会整体效率。经济秩序混乱往往与虚假出资、虚假披露、欺诈和隐瞒有关。商事登记法要求商事主体准确披露有关信息。所有的商事主体均准确披露相关信息,无疑会为整个社会的经济秩序稳定提供条件[⑪]。"禁止反言"和"外观主义"法律原则的确立,无疑会促进社会整体效率。

(二)对哪些主体、哪些行为进行商事登记

这涉及对商事主体的确认标准。各国的规定不同。总的包括：①行为标准，即商事主体必须是实施商事行为的人；②职业标准，即商事主体从事的商事行为在时间上要有连续性，以从事该行为为职业；③名义标准，即商事主体应当以自己的名义实施商事行为；④知识标准，即商事主体应当是对交易对象和交易规则有较丰富知识的人[12]。

法国、德国、韩国采取的是行为标准与职业标准的两标准制。以《法国商法典》第1条为代表，"凡从事商事活动，并以其作为经常职业的——则为商人"。日本采取的是三标准制，即增加了商人以自己的名义实施商事行为，名义是核心标准。美国则采取四标准制，特别强调知识标准。尽管各国标准并不统一，但行为标准和职业标准则属于共同标准[13]。

有学者认为商事主体的确认标准主要有两条。第一是营利标准。营利标准基本上等同于国外的行为标准，因为商事行为本质上就是营利性行为。营利性标准包括三方面含义：一是目的的营利性，即商事主体的设立目的是为了营利。营利的目的是指经营活动以获得盈余为目标和指导思想。营利目的是商事经营的一个重要标志，是商事经营和非商事经营相区别的一个重要标志。营利目的的成立，是指经营者主观上确立营利目标，即通过经营使收入大于支出，从而产生剩余额。至于是否实现了赢利则不问。但这里也有例外，如公用企业的设立与否必须以营利为目的，需要依据法律的专门规定。二是行为的有偿性。三是投资人与开办人参与分配，包括分配收益和赢利及剩余财产[14]。第二是营业性标准，相当于国外的职业标准。含义是，商事主体持续地、连续地或反复地从事营利性行为，并以从事该行为为业或谋生[15]。持续性经营是典型的商事行为，而偶尔的经营行为，不是商法上的经营行为，例如偶尔买卖一辆汽车，应当无须登记，而小卖部出售货物确是商法上的经营行为。

结合上述观点，关于商事主体的定义可以分为广义和狭义两种。广义的商事主体，是指能够以自己的名义从事商事行为，享受权利并承担义务的人[16]。广义的商事主体可以登记，也可以不登记，属于自由登记商人。狭义的商事主体，是指以营利为目的，持续、有偿地从事经营活动，并将经营所得归自己或出资人的个人和组织[17]。狭义的商事主体多数情况下属于强制登记的商人。

但是到底哪些行为属于商事经营行为，由于各国因商业传统、历史原因等因素，规定的差异性较大。多数国家采取列举法规定了哪些行为属于商事经营。例如原《德国商法典》第一条第二款列举了9种行为属于商事经营行为。《法国商法典》也是通过列举的方式明确了商事行为的基本范围。《日本商法典》第三

编商事行为，共分十章规定了商事行为。另外，非常重要的是，多数国家的商法典利用排除性规定，规定了哪些行为或组织可以不进行商事登记。如《日本商法典》将营业资金在 50 万元以下的非公司形态商人定为小商人，小商人不适用商法有关商事登记、商号等规定。我国台湾地区的商业登记法则对下列事项免于商业登记法申请登记：沿门沿街叫卖者，于市场外设摊营业者，家庭农林渔牧业者，家庭手工业者，由主管机关所定的小规模营业者。在新加坡，私人的士司机以及医生、律师、会计师等没有组织形式的专业人士，由其他部门发照，不由小贩局负责。三轮车夫、船夫、修鞋匠、锁匠等不发执照[18]。可是在法国，私立学校、医院等多以公司形式设立，并须办理商事注册，法律严格禁止各种形式的准商业活动[19]。建议我国的商事登记法也采取列举和排除性规定，以明确商事登记的范围。

（三）登记哪些内容，根据什么登记这些内容

商事登记事项一般分为绝对登记事项和相对登记事项。绝对登记事项是必须登记的事项，当事人必须申报，登记机关必须登记。相对登记事项是指是否申报和登记由当事人自主决定。

从各国的规定看，登记哪些内容规定不一。德国商法规定，开始经营的基本商事业务、商号、企业地址、分支机构的开设、所有人及特别商事代理权的授予和撤销，以及股份有限公司和有限责任公司的组建等事项，必须在商事登记簿中进行登记。《意大利民法典》第 2196 条规定，企业主在申请登记时，在申请书中应当载明下列事项：①企业主的姓名、出生地和出生日期、国籍；②商号；③企业目的；④企业所在地；⑤经管人或者代理人的姓名。美国的商事登记中，除特殊行业外，无需许可。没有注册资金、经营方式的限制，经营范围载明在法律许可的范围内经营即可。从责任形式上看，主要可以划分为两大类：一是承担有限责任的企业，主要有股份公司和个别合资公司；二是承担无限责任的企业，主要包括独资、普通合伙、有限合伙、合资企业。我国则以所有制进行划分。根据企业的种类和业主或股东的责任区别对待和管理，宽严相济，法律责任明确。如对普通企业，由于不具备法人资格，其业主或股东对企业的债务承担无限清偿责任，登记主管机关只需留下业主或股东的住址、身份证号码等，法院就可以找到他来承担责任，因此，对普通企业可以放宽登记条件，简化登记程序[20]。《日本商事登记法》规定需要办理商业登记的共九类，其中有商号登记，未成年人登记，监护人登记，支配人登记等[21]。在澳大利亚和新西兰，公司注册证（即我国的营业执照）的主要事项有公司名称、9 位数字的公司编码号、企业类型（有限责任公司还是无限公司）、生效日期以及批准人。澳大

利亚和新西兰都允许设立一人公司。合伙和独资企业的注册更加简单。商事登记实质上就是对商号的核准。商号注册证(相当于我国合伙企业和个人独资企业的营业执照)只有两项内容,一是某商号是依法获准注册的,二是此证是何时何人签发的。另外,澳、新两国企业登记部门在商事登记中不核定经营范围,这样使企业有很大的经营活动空间㉒。

根据我国《企业法人登记管理条例》及其实施细则和《公司登记管理条例》的规定,商事主体登记的主要事项包括:商业名称、住所、经营场所、法定代表人、经济性质、经营范围、经营方式、注册资金、从业人员、经营期限、有限责任公司的股东或股份有限公司发起人的姓名或者名称和分支机构。外商投资企业另有登记事项。根据《城乡个体工商户管理暂行条例》第八条和《实施细则》第六条的规定,登记事项包括:名称字号、经营者姓名和住所、从业人数、资金数额、组成形式、经营范围、经营方式、经营场所。其中名称字号在《条例》第八条中属于绝对登记事项,而在《实施细则》第六条则变成相对登记事项了(表述为"没有字号名称的,本项目不登记")。

我国的商事登记事项与国外比较,相同的地方是对承担有限责任的商事主体要求登记的事项比较多,也比较严格,对承担无限责任的商事主体要求登记的事项相对较少,相对宽松。不同的地方主要有以下几点:一是不少国家没有经营范围、经营方式、经济性质、注册资金、从业人员、经营期限这几项中的一项或多项登记事项,而我国则有,这说明我国要求的绝对登记事项相对较多;二是不少国家有商事登记簿的规定,如日本《商业登记法》第六条、韩国《商事登记处理规则》等都有规定,而且规定得往往比较详细。我国《公司登记条例》第四十七条规定"公司登记机关应当将核准登记的公司登记事项记载于公司登记簿上,供社会公众查阅、复制。查阅、复制公司登记事项,应当按照规定交纳查阅、复制费"。我国登记法规上所说的登记注册,实际就是商事登记册。但是除了《公司登记条例》以外,其他法规关于登记注册的规定不知所云。商事登记簿的法律性质到底是什么,有人认为,"登记簿是由登记机关在办理各类登记时制作的,记载各类登记对象的所有登记事项及其变更、注销情况的法律文件"㉓。依此观点,登记簿的性质是法律文件。但它是什么性质的法律文件,功效如何,目前似乎没有得到深入的研究。但从功效上看,它能起到对抗第三人作用、保护债权人利益、提供公共信息、保证交易安全等作用,因此,各国都对商事登记簿采取开放的态度,基本上不问原因,交钱即可查询。可是我国《企业登记档案资料查询办法》却为查询设置了条件。

笔者认为,承担有限责任的商事主体应当登记的事项包括:①商号;②出资人、股东、法定代表人；③住所；④注册资本，另有签发机关和日期。这些属于绝对登记事项。其他项目如经营范围、经营期限、经营场所等属于相对登记事项。而经济性质、从业人员根本就不应登记。承担无限责任的商事主体的登记事项包括：①业主姓名或名称；②住所；③业主身份证号；另有签发机关和日期。这些属于绝对登记事项。其他同上（嗣后结合案例再议）。根据什么登记这些内容呢？根据商事主体承担责任的形式、商事主体的权利能力和行为能力。既然承担有限责任，那么责任范围有多大，就应当有一个清晰的范围。虽然不是以注册资本承担有限责任，但注册资本往往是人们判断责任能力的依据之一。如果是承担无限责任，那么注册资本与责任能力没有关系，所以无需登记。个体工商户中关于注册资金的规定应当取消。但承担无限责任，无限到什么程度，真的没有边缘吗？如果隐瞒财产怎么办，用不用搞一个财产登记制度？这些都还有待研究。责任人是谁必须明确，所以出资人、股东、法定代表人、业主姓名或名称必须明确。为了找到责任人，必须有住所登记，这还涉及法院管辖、送达、履行地确定等法律问题，所以必须明确。是谁核准经营的，行为能力的赋予时间应当明确，所以应当署签发机关的名称和时间，但这不属于登记范畴。

三、实例分析

实例1 流动商贩为什么无须登记，能否为其找一理论依据？

流动商贩为何无须登记？因为国家有规定。能否为其找一理论上的理由，可以借鉴法定经商权的理论：人有法定的（天赋的）的经商的权利，无需任何登记天然具有。登记只不过起到确认和公示的作用。除非商事主体的构成涉及公众利益，如股份有限公司众多股东；或减少、免除本来应当承担的无限责任，如成立的是法人性商事主体，否则是否需要得到政府的确认和公示，取决于当事人的自愿。因此，德国、英国、澳大利亚、新西兰、美国、新加坡等国家和我国台湾地区，不仅农村的商贩属任意登记的商事主体，城市的商贩是否登记也悉听尊便。澳大利亚和新西兰两国对商贩的立法有一个从有到无的过程，目前对商贩已没有专门的法律规定，也不要求进行商事登记。新、澳两国的商贩主要包括：流动商贩（主要指上门直销商），书报摊，星期六、日市场以及跳蚤市场的个体摊商。商贩已不作为单独的商事主体进行登记，由地方市政厅（局）进行管理。

笔者不明白，同样是商贩，因为地域不同，待遇就不同，城里的就仍然登记，城外的就不用登记，是否是地域性歧视？但这种政策上的松动为还权于民提供了初始的依据，意义十分重大，然而还应当扩大自愿登记范围。对流动商贩以及属于商贩性质的早晚市中的个体商贩、社区便民服务点、跳蚤市场中的商贩、下岗职工进入解困市场经营的摊位，以及进城销售自产产品的农民，其他偶然经营行为不再要求必须登记，是否登记悉听尊便，交由市政等有关部门进行管理。

立法建议：在将来出台的商事登记法中应当有关于"商贩"一章，专门解决商贩登记问题。中央1号文件属于政策，从立法的角度看应当上升为法律。

实例2 普济心血管病研究所——商事主体与非商事主体的区分在哪里？

按现有法律制度结合民政部门已经登记的情况来判断，普济心血管病研究所是民办非企业单位。

但什么又是民办非企业单位，法律属性是什么？1998年国务院颁布的《民办非企业单位登记管理暂行条例》第二条规定"本条例所称民办非企业单位，是指企业事业单位、社会团体和其他社会力量以及公民个人利用非国有资产举办的，从事非营利性社会服务活动的社会组织"。至此，通过法律的形式，诞生了一种新的社会组织。"民办非企业单位"这个概念很有特点，它的定义方法是说这个东西不是黑的，是白的吗，还是红的，它并不回答。这个概念属于我国独有的概念，连前苏联、甚至非洲国家也没发现这种概念，而且这个概念还突破了《民法通则》关于民事主体的分类。按《民法通则》的规定，民事主体分公民和法人两大类，法人只有四种：机关法人、事业单位法人、社会团体法人及企业法人，并没有"民办非企业单位"这个类型。与四种法人对应的是各种国家机关组织法、《事业单位登记管理暂行条例》、《社会团体登记管理条例》及各类企业组织法等。而《民办非企业单位登记管理暂行条例》在立法上没有民法通则或其他上位法上的依据。《民办非企业单位登记管理暂行条例》第一条也没说是根据什么制定的本法，该条例是这样表述的——"为了规范民办非企业单位的登记管理，保障民办非企业单位的合法权益，促进社会主义物质文明、精神文明建设，制定本条例"。笔者看到其他法律一般不是这样表述的，如《公司法》第一条有"根据宪法，制定本法"的字样；《公司登记条例》第一条有"依据《中华人民共和国公司法》，制定本条例"字样；《企业法人登记管理条例》第一条有"根据《中华人民共和国民法通则》的有关规定，制定本条例"。《民办非企业单位登记管理暂行条例》到底根据什么制定的，笔者始终不得其解。《宪法》关于国务院行使职权的表述是"根据宪法和法律……制定行政法规"。《立法法》第五十六条再次重申"国务院根据宪法和法律，制定行政法规"。国务院是否有权创设古今中外没有的民事主体？该条例是否属越权立法，就不得而知了。

民办非企业单位的法律特征主要有：①不以营利为目的；②从事社会服务活动，该条例第四条列举了教育、科学、文化、卫生、体育、民政等九类，加上"其他"；③非国有资产举办（非国有资产份额不低于总财产份额的三分之二）[24]；④法律形式为个体、合伙和法人三种；⑤一旦设立财产永久独立。

试分析上述几个特征，看是否科学。依据民政部《民办非企业单位登记暂行办法》第四条的规定，下列行业如果不以营利为目的都可以申请民办非企业单位登记，如民办幼儿园、托儿所、培训班、民办医院、民办婚姻介绍所、民办评估咨询所等。如果是企业、事业单位设立上述机构，不以营利为目的尚可理解，那么个人或合伙设立这类机构，不以营利为目的，国家还专门为此类"活雷锋"立法，不得不赞叹政府想得真周全。如果有人问我，对"活雷锋"有没有立法，我就说"有"——《民办非企业单位登记暂行条例》是也。但是，凡是有正常思维的人都会问，个人或者合伙设立民办幼儿园、托儿所、培训班、民办医院、民办婚姻介绍所、民办评估咨询所等，却不是为了营利，谁信呢？再看看上述已经设立的这类机构，又有几家纯粹是为了慈善目的设立的？即使有，恐怕也不多。有一些私立学校的设立，开办人恰恰是看好教育这个"产业"利润可观才创办的。

依据《民办非企业单位登记暂行条例》第二十五条第一款第七项的规定，民办非企业单位"侵占、私分、挪用民办非企业单位的资产或者接受的捐赠、资助的"要予以相应处罚。《民办非企业单位登记暂行办法》第六条规定"民办非企业单位须在其章程草案或合伙协议中载明该单位的盈利不得分配，解体时财产不得私分"。但是，如果个人创办了一个幼儿园，资产本来就是个人的，幼儿园不办了，解散了，幼儿园的财产归谁？按民商法的一般原理，剩余财产应当按出资人投资比例在出资人之间分配。但《民办非企业单位登记暂行条例》和《登记暂行办法》明确禁止这种"私分"（能不能算"私分"，本来财产就是自己的）。归谁呢，归幼儿园的小朋友，或者干脆收归国有，法规上都没有规定。这导致民办非企业单位一旦设立，财产永久独立。这又是我国的创举。

那么，普济心血管病研究所是否有营利行为，如何判断其营利性，从民政局发给《民办非企业单位（个体）登记证书》来看，应当推定该单位没有营利目的。假设该单位通过经营使收入大于支出，从而产生剩余额，那么算不算营利？通常情况下，应当属于营利。但是，怎么能知道收入大于支出呢？在现有制度下，没办法举证证明。在这个制度创设人自以为聪明的机制下的博弈，政府必输无疑。有营利行为能否说明其不再是民办非企业单位，就应当办理工商登记，法律条文对比没有详细规定。

本例提出的问题是一个复杂问题，复杂在国家法律制度设置上本身就不科学。关节点是没有很好地区分商事主体与非商事主体。那么商事主体与非商事主体的区分在哪里？笔者认为应当坚持两个标准，如前文所述，第一是营利标准。包括目的的营利性，行为的有偿性和投资人与开办人参与分配三个方面。第二是营业性标准，即商事主体持续地、连续地或反复地从事营利性行为，并以从事该行为为业或谋生。

从现有法律规定来看，笔者倾向于认为，该单位属于我国特有的"民办非企业单位"。除非搜集到可靠证据能证明其属于商事主体，否则暂时不进行商事登记为妥。

立法建议：建议我国在民法中尽快设立财团法人制度，尽快废除《民办非企业单位登记暂行条例》。在具体的行政许可法中，即商事登记法中也应当明确这类组织是否需要登记。

实例3 事业单位在什么情况下应当办理商事登记？

实例中的单位是事业单位。什么是事业单位，根据《事业单位登记管理暂行条例》第二条的规定，"本条例所称事业单位，是指国家为了社会公益目的，由国家机关举办或者其他组织利用国有资产举办的，从事教育、科技、文化、卫生等活动的社会服务组织"。

事业单位的法律特征是：①不以营利为目的；②从事社会服务活动，如教育、科学、文化、卫生等；③国有资产举办；④法律形式为事业单位法人；⑤财产最终属于国有。

从事业单位的法律特征来看，与民办非企业单位的法律特征很相似，都是不以营利为目的，都是从事教育、科学、文化、卫生等行业。区别点主要在于举办者的资产性质不一样，用国有资产举办的，就是事业单位，用非国有资产举办的就是民办非企业单位。但这种区分过于牵强，也不科学。财产属性不同，就决定行为属性不同，主体属性不同，有这样的逻辑吗？

笔者认为，有两种划分方法。第一种划分方法，是以是否营利为标准进行划分，凡是以营利为目的的，都是商事主体，不得称事业单位；凡是不以营利为目的设立的，不论举办者出资的财产属性如何，均称事业单位。第二种划分方法是以行为为标准，或者说以从事的行业标准来划分，凡是从事教育、科研、文化、卫生、体育、新闻出版、信息咨询、知识产权、法律服务、社会福利事业、以及经济监督事业的，不论是否具有营利性质，都称事业单位，上述行业以外的都不叫事业单位。笔者更倾向于第一种划分方法。依据第一种划分方法，结合本实例，笔者认为，以国家拨款成立的事业单位，以主业为主，辅助的、偶尔的营利性办班行为，不应当看成其主体属性发生了变化，不宜强制办照。但当事人申请，可以发照，属于任意性登记，当成自由登记商事主体看待。

小结实例2、实例3，研究所、学校，其实都是财团法人。财团法人，是指法律上对于特定目的的财产集合赋予民事权利能力而形成的法人。财团法人的初始资产是基于捐助行为或者遗赠行为。捐助人或遗赠人须在章程中或者遗嘱中确定财团法人的目的、财产、组织、管理方法等。财团法人依法成立后，捐助人或遗赠人需转移财产至财团法人名下，财团法人即依据章程独立运作，不受捐助人和遗嘱执行人的干涉。财团法人的设立不以营利为目的[25]。国家财政拨款设立事业单位实际上可以看做是国家捐助设立的财团法人。企业事业单位或者个人出资设立的所谓民办非企业单位，如果确实不以营利为目的，其实也是财团法人，是个人或企业捐助成立的财团法人。

可惜的是，我国现有法律上没有财团法人的概念和制度，而是学习前苏联使用事业单位的概念，当时前苏联尚没有个人设立的私立学校等民办组织，我国也是近几年才普遍出现了民办组织。可能是没有办法的情况下，首创了"民办非企业单位"的概念。其实，事业单位也好，民办非企业单位也好，这样的概念恐怕不如社团法人和财团法人这样的概念经得起推敲。

笔者认同葛云松先生的观点："……法律上应当给民众提供的选择是，如果一个人希望拿出自己的部分财产，并且希望该部分财产与自己的其他财产相分离而独立地、永久地支持某种非营利性事业，则应当设立财团法人（或者设立公益信托）；如果不希望该部分财产与自己的其他财产相分离，也就是说仍然希望该部分财产可以受到自己的完全支配，则不必登记为法人，如果不收取任何费用，只要行为合法，可以直接进行而无需任何登记，如果收取费用，不论在何种水平上收费，都应当按照工商登记的规定进行申请和登记。""这是因为，价格如何确定，政府根本无法控制和监测……即便举办者声称愿意按照非营利原则来经营，法律上也无法将其与普通的个体经营以及合伙企业区分开来，只能够作相同处理"[26]。这可能是国家工商总局对涉及事业单位或者民办非企业单位如果有营利行为是否应当登记作出多次肯定答复的原因。

立法建议：逐步取消事业单位方面的立法，用社团和财团的概念取代。营利性的"事业单位"纳入商事主体登记范畴。

实例4 偶尔的经营行为是否应当办照？

并不是所有商事行为事前都需要取得商事登记。根据营业性标准，相当于国外的职业标准的规定。其含义是，商事主体持续地、连续地或反复地从事营利性行为，并以从事该行为为业或谋生。这时通常要求登记，但偶尔的营利性行为显然应当排除在办照之列，因为它只具备营利性标准，不具备营业性标准，所以是否办照悉听尊便。

因此，变卖旧家具不具有营业性，无须办照。

立法建议：将来出台商事主体法时，应当有排除性规范，即确认哪些商事主体或商事行为属于自由登记的范畴。

实例5 企业组织形式是否允许公民创设，地方性法规或规章是否有权设立新的企业组织形式？

2001年3月2日北京市人民政府第70号令公布《中关村科技园区企业登记注册管理办法》，该办法第十六条规定"设立风险投资机构，可以登记注册为股份有限责任公司、有限责任公司或者有限合伙。其他组织形式的风险投资机构从其有关规定"，"申请设立股份有限公司的风险投资机构，经市人民政府批准后到市工商行政管理局办理登记注册。设立有限责任公司和有限合伙形式的风险投资机构，直接到市工商行政管理局办理登记注册"。第十七条规定"有限合伙的登记注册，参照《中华人民共和国合伙企业登记管理办法》办理"，"有限合伙经核准登记的，工商行政管理机关应当在其《营业执照》上注明'有限合伙'字样"。上述规定实际上突破了《合伙企业法》的规定。

公民甲和公民乙参照北京中关村科技园区关于有限合伙的规定，向哈尔滨市工商部门申请有限合伙企业，工商机关不予许可。工商部门不予许可的理由是国家的《合伙企业法》中没有有限合伙的规定，哈尔滨市也没有这方面的规定。但申请人强调的是，凡是法律没有禁止的，就是允许的。过去还没有承包经营的概念呢，但是承包经营不是冲破阻力遍地开花了吗？过去还没有公司法呢，叫公司的却由来已久。也有人认为，你北京有中关村科技园区，可以设有限合伙，但是哈尔滨、上海、武汉等都没有这方面规定。多数人不知道有限合伙的含义，交易相对人如何知晓北京有限合伙的责任机制呢？全国没有立法，北京立法了，它的效力如何？其他地区的法院承不承认这个有限合伙的效力呢？

这里涉及一个重要问题，就是行政许可中的商事主体法从其主体形态上来讲是采取法定主义还是非法定主义？是使用任意性规范，还是使用强制性规范？推而广之，人格权是法定主义还是非法定主义？过去的法律里没有隐私权，但是现在隐私权不同样受到法律的保护吗？

我们知道在《合伙企业法》草案中是有有限合伙这一章的，但是通过时却把它划掉了。国务院法制办的理由是，中国还没有有限合伙，你规定有限合伙没有事实根据。但反对的人说，你把有限合伙划掉了，将来有了有限合伙怎么办？答案是，等中国有了有限合伙的经验再制定。但是如果我们采取法定主义，没有这个规定就不能成立有限合伙，成立了工商部门也不能给登记，哪里来有限合伙的经验呢？这个就陷入了一个怪圈。

我的观点是，商事主体形式由法律规定，尚未制定法律的，行政法规可以设立。这符合《行政许可法》第十四条的原则。地方性法规、规章无权创设法律上没有的商事主体。允许地方性法规创设商事主体形式，或者允许申请人创设商事主体形式将导致交易相对人无法确认当事人的权利能力和行为能力，无法确认责任范围，影响交易安全，增加交易成本，导致市场主体混乱。《行政许可法》第十五条规定"地方性法规和省、自治区、直辖市人民政府规章，不得设立应当由国家统一确定的公民、法人或者其他组织的资格、资质的行政许可"。根据《行政许可法》的这条规定，我认为《中关村科技园区企业登记注册管理办法》关于有限合伙的规定应当修订或者废止。

立法建议：将来出台商事登记法中应当明确商事主体的具体形式。地方性法规不易创设新的商事主体形式。

实例6 工商机关为什么核定经营范围，不核定经营范围行不行，核定经营范围的依据到底是什么？

目前一种观点是核定经营范围是确定行为能力。不得超范围经营，特别不能超国家限制或禁止经营的范围，超出后者经营范围的属于无照经营。工商机关核定经营范围是一项重要权利，是"赋权"行为。假如法律规定人有法定经商权，那么经营范围或者说干什么，不干什么应当属于当事人的权利范畴，还用核定吗？澳大利亚、新西兰等国家和我国香港地区的营业执照根本没有经营范围。所以经营范围是否必须核定，答案并不是唯一的。

在我国，企业的经营范围是由工商登记机关核定，而在新加坡，公司和商行的经营范围是由经营者在公司章程中自定。公司法中已有详细规定，经营者需要对其章程中经营项目承担责任。因而，新加坡的公司对自己能干什么、不能干什么、应该在章程写明哪些项目都是很慎重的。用法律迫使商家的行为成为一种自律行为，从而减轻行政管理机关的工作负担和执法的随意性。

而我国是由工商部门来核定名称和企业的经营范围，这和新加坡及其他一些国家比，限制过于严格。这既加重了工商部门的工作负担，又限制了企业合理的自由发展。即使注册资金相同，经营范围有时差距也较大，使企业一开始行为能力范围就不一样，就不平等。

我国企业在申请注册时希望经营范围越宽越好，原因在于没有法条对其加以限制。

我国现行登记制度中对企业经营范围的限制,主要是法律法规规定中禁止经营的项目,以及虽然允许经营但需要事先得到有关部门许可的项目。应当说,企业经营范围还是比较宽泛的。但具体到工商登记实践中,经营范围核定的面就比较狭窄,有的核大类(国民经济行业分类),有的核中、小类。结果出现了营业执照上经营范围一栏写得满满的,投资人还是不满意的情况。虽然这样的设定便于登记部门的管理,但并不符合主体法的精神。因为从民事行为法律角度讲,只要法律法规不禁止的,企业均可以经营。从发展趋势上看,现行的核定经营范围的方法应当逐步改变,即除了法律法规限制经营的领域外,不再具体限制经营范围。

现在北京市海淀科技园区对企业经营范围就采取这种核定方法,并非完全放手不管,企业自主选择的经营项目要报工商部门备案。这个办法实施一年多来,登记了5万多家企业,没有因未核定具体的经营范围而出现这样那样的问题[27]。

如果将来的商事登记法中规定"商人应当依据法律法规的规定开展经营,法律法规规定应当在开展营业前事先取得有关许可,商人未取得该项许可的,或者许可到期、注销、撤销的,不得从事许可经营项目下的经营活动",经营范围由核定变成法定,那么经营范围就可取消。

实例7 查阅档案的权利,提供档案的义务。

根据《企业档案查询办法》第七条规定,"律师事务所代理诉讼活动,查询人员出示法院立案证明和律师证件,可以进行书式档案查询","书式档案中涉及的机密事项,须经工商行政管理机关批准方可查询"。但是,律师查档就是为了查完后根据情况决定是否起诉立案,因为没有证据或证据不足,不符合立案条件,法院可能不受理。此时尚没有取得法院的立案证明,这时查档怎么办?如果不是为了立案,而是为了交易或其他原因,比如查查年检中的资产负债表、损益表,以确定交易风险,请求查档怎么办?至少哈尔滨市工商行政管理局的一些分局受到限制。国家工商总局的上述规定本身就不符合商事登记簿的法律属性和设立功能。另外,笔者尚不明白,书式档案中还有机密事项,哪些事项属于机密事项不能暴露在阳光下呢?

商事登记簿是公众资料,设立的目的之一就是向公众提供相关信息,应当允许不问原因查询。只要交费就可查询。商事档案的属性决定其没有秘密可言。

法国所有企业的注册资料和商标注册资料,都全部集中至工业部工业产权局。任何人只要交纳140法郎的费用,就可通过信函、电话任意查询注册资料。

笔者所看到的介绍国外的商事登记资料，无一例外，全部公开。

借鉴新加坡商行与公司注册局提供有偿服务的经验，我们应当把企业档案向社会公开，并建立一整套档案统计资料服务系统，实现档案统计、查询计算机化，并成立相对独立的服务机构向社会提供咨询服务，向政府提供企业的行业发展状况和未来发展趋势的预测分析报告，为国家制定产业政策和宏观经济调控提供政策依据。预测分析的功能，目前似乎还不具备。

注释

① 见国务院颁布的《无照经营查处取缔办法》
② 《中共中央国务院关于促进农民增加收入若干政策的意见》（中发〔2004〕1号）。
③ 张国键．商事法论．台湾：台湾三民书局，1980.57
④ 杜景林等译．德国商法典．北京：中国政法大学出版社，2000。
⑤ 石慧荣．商事制度研究．北京：法律出版社，2003.2
⑥ 1992年赴美企业登记与监督管理考察团．美国企业登记管理制度
⑦ 2002年赴德企业登记制度考察团．德国企业登记制度
⑧ 杰文．登记证明文件——兼论主体资格与营业资格的区分与证明．工商行政管理，2003(20)：48~50
⑨ 2004年修订后《宪法》
⑩ 范健．德国商法：传统框架与新规则．北京：法律出版社，2003.223
⑪ 李金泽，刘南著．商事登记法律制度研究．见：王保树主编．商事法论集第4卷．北京：法律出版社，2001.9~19
⑫ 任先行，周林彬．比较商法导论．北京：北京大学出版社，2000.214~215
⑬ 范健著．德国商法：传统框架与新规则．北京：法律出版社，2003.79
⑭ 任先行，周林彬．比较商法导论．北京：北京大学出版社，2001.317
⑮ 杰文．商事登记的范围——商事主体的确认与类型划分．工商行政管理．2003(15)：47
⑯ 范健主编．商法．第2版．北京：高等教育出版社、北京大学出版社，2002.29
⑰ 杰文．商事登记的范围——商事主体的确认与类型划分．工商行政管理．2003.47
⑱ 1992年赴新加坡政府的市场行政管理培训团．新加坡的小贩管理

⑲ 1994年赴法国政府对市场主体资格确认与行为规范培训团．法国政府对市场主体资格的确认

⑳ 1992年赴美企业登记与监督管理考察团．美国的企业登记制度

㉑ 1993年赴日政府保障公平交易与反垄断、反不正当竞争培训团．日本工商企业的状况、登记机关和登记程序

㉒ 2002年赴澳、新个体商贩监督考察团．澳大利亚、新西兰商事登记和个体商贩登记管理

㉓ 杰文，登记证明文件——

㉔ 民政部．民办非企业单位登记暂行办法第五条

㉕ 王泽鉴．民法总则．增订版．北京：中国政法大学出版社，2001.150

㉖ 葛云松．中国的财团法人制度展望．见：北大法律评论．北京：法律出版社，2003.181

㉗ 王泽鉴．民法总则．增订版．北京：中国政法大学出版社，2001.150

（作者单位：哈尔滨市工商局）

一等奖

对中国现阶段反垄断问题的研究

刘鸿斌

我国目前处于社会主义初级阶段,生产力水平低,发展不平衡,以公有制为主体、多种所有制经济共同发展的多元所有制结构已初步形成。建立和完善社会主义市场经济体制,是解决社会主要矛盾的必然选择。由于改革的渐进性的滞后性(改革滞后于开放、宏观改革滞后于微观改革、政府改革滞后于企业改革、政治改革滞后于经济改革),导致条块分割的行政管理与市场急需的统一规则之间、计划经济的管理模式与市场经济运行之间产生了难以克服的矛盾。以行政性垄断为代表的垄断问题,阻碍着市场化进程,制约着经济和社会的发展,已成为经济体制转轨的桎梏和进一步改革的障碍。

本文以现代微观经济学基本原理为依据,从经济学角度分析垄断产生的原因、表现及危害,借鉴国外反垄断机制提出了我国当前反垄断选择路径,为反垄断制度的进一步完善提供一些对策和建议。

一、反垄断是市场经济发展的一般规律

(一)垄断的内涵及其经济性分析

1. 内涵

马克思主义政治经济学认为,所谓垄断,是指少数资本主义大企业,为获取高额利润,通过协议或联合,对某一部门或几个部门商品的生产、销售及其价格进行操纵和控制的一种经济关系。西方经济学认为,垄断指一个行业中厂商的数目有限,厂商对产品的供给数量和价格具有控制地位,它是一种市场结构或状态①。

2. 垄断的经济性分析

利润冲动导致了垄断。市场经济活动是根据降低成本增加利润的效率原则进行的,追求利润最大化是市场主体的内在动因。少数生产者运用最低成本的生产方法和资本、技术、管理上的优势,产生了生产成本的差异,进一步使不同企业在市场竞争中所处的地位不同,竞争的结果是生产集中进而形成了垄断。

另一方面,即使市场是完全的,竞争是充分的,但在生产具有弱可加性的部门和领域,大规模生产和服务比之若干小规模生产服务更优越,单个企业给定数量的产品总成本少于多个企业生产该产品组合的总成本,由一家生产比竞争生产更节约,如供电、供水和铁路运输等"自然垄断"行业(例如公用事业、基础设施)。垄断的产生使垄断者不再是市场价格的接受者,而是价格的决定者。

传统理论通常把垄断划分为产品市场垄断、要素市场垄断,买方垄断、卖方垄断和双边垄断。就产品市场结构而言,依照受到限制的程度把市场分为垄断市场、寡头垄断市场和垄断竞争市场三种结构。常见的垄断有卡特尔、托拉斯、辛迪加和康采恩。

在垄断市场,垄断厂商选择的产量影响到市场价格,对于既定的产量而言,价格由厂商决定,产生了价格歧视。价格歧视有针对购买量的歧视(如批发和零售价格差异)和分割市场的歧视(如农用电和工业用电定价不同)。在此情况下,消费者的剩余全部转移给了垄断厂商。在寡头垄断市场,存在每个厂商依据对手既定的产量选择最优产量的"模拟竞争模型"、先行决策厂商选择价格与产量的"领导模型"和以明确的价格和产量等规定形成勾结的"卡特尔"。在此情况下,寡头厂商相互依存。在垄断竞争市场,厂商数目更多,竞争更激烈,是现实中最接近于完全竞争的市场结构。

为了论证在寡头垄断市场状态下垄断的确定性,经济学经典的分析是"囚徒困境"博弈论(又称对策论)。假设存在一个二元的寡头垄断市场,有 X 和 Y 两个卖者,他们做出如下决策:

A. 两个人都给产品降价10%;

B. X 的价格不变,Y 降价10%;

C. X 降价10%,Y 的价格不变;

D. 两个人都不降价。

可能出现以下4种选择结果。

表1　　　　　　　　　　　　二元寡头垄断合作的可能结果

	X 的选择	
Y 的选择	A 各利润600万	B X 利润500万 Y 利润1000万
	C X 利润1000万 Y 利润500万	D 各利润500万

A、D 是合作博弈,如果都降价那么结果是 A,反之为 D。B、C 是一方降价

而另一方不降价不合作博弈达到的均衡,这种均衡叫"纳什均衡",是"坏"的均衡,一般因为上述博弈只进行了一次。如果再次博弈,那么双方都选择利润最大化的合作均衡。这种博弈可以推广到垄断竞争市场结构,也会得到同样的结果②。通过博弈论原理阐释,得出的结论是:垄断厂商的串通合谋、操纵市场是不可避免的。

(二)反垄断是市场经济国家的共同取向

由于资源禀赋是稀缺的,垄断限制了资源的流动的配置,存在着负效应。

一是导致了市场机制作用的弱化甚至失效,进而导致非效率。

在垄断市场的均衡状态下,典型的特征是价格高于生产的边际成本。从社会的意义上讲,价格反映的是消费者的边际福利,而边际成本则反映了社会为生产这一单位产品付出的成本。当价格高于边际成本时,增加生产数量则可以增加社会的福利,从而存在着"帕累托增进"的可能。市场价格与边际成本分离,导致了垄断市场的均衡缺乏效率。垄断利润最大化目标可以不通过降低成本、提高效率来实现,通过控制供给和价格就可达到,将综合要素成本转嫁给消费者。

二是导致了社会福利损失和分配不公。

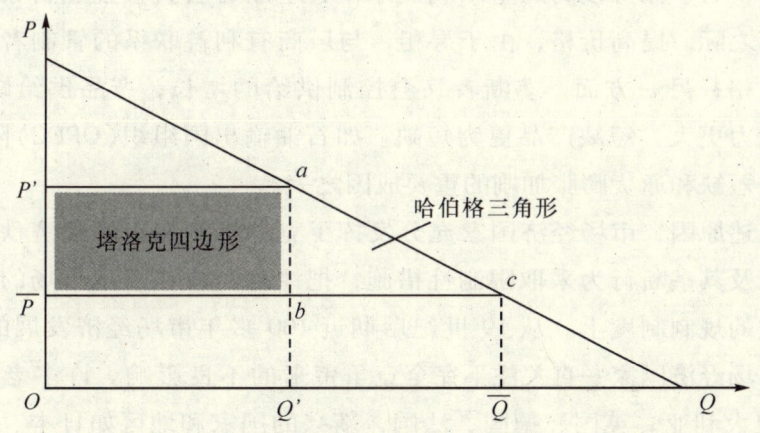

图1 寻租活动的经济学分析

图中 $P\bar{P}c$ 的面积是完全竞争条件下购买数量,为 OQ 时的消费者剩余,但在垄断条件下只有 OQ' 被购买,三角形 abc 表示社会净福利由于垄断而"无谓地"损失,矩形阴影面积是消费者手中转入生产者手中的超额利润。

寻租理论认为,传统垄断理论对形成垄断无需费用的假定是错误的,因为形成垄断事实上要耗费许多实际资源。不管是政府出资还是私人出资,每个寻利的厂商都愿意为获得垄断地位和垄断利润而努力花钱,直到投资上垄断地位的取得达到平衡。一旦确立了这种地位,厂商会继续花钱维持,为此它们愿意支付的费用可以多到能获得垄断利润。将资源用于为获得或维持其垄断地位或阻止竞争者进入市场时，社会将遭受损失，甚至远远高于产量造成的损失。可见，整个矩形面积将会耗散。同理，社会损失也将是整个梯形 P'acP 的面积。垄断利润的获得加剧了社会分配的差距，通常被看成是不公平的。寻租理论的创立和倡导者是戈登·塔洛克和安·D. 克鲁格。所以矩形面积又称"塔洛克四边形"。社会福利损失的研究是由美国经济学家哈伯格做出的，因而表示垄断福利损失的三角形被称为"哈伯格三角形"[③]。

三是垄断可能导致管理松懈和抑制创新。

垄断企业缺乏尽可能降低成本的动力，因而表现出的低效率被称为管理松懈。另外，竞争促使厂商开发新产品和寻找降低生产费用的方法，而垄断者更愿意维持现状，坐收利润，降低技术创新、研究与开发支出，阻碍资源自由流动，阻碍资源行政性分配向市场分配转换，从而不利于资源配置机制的改革和创新。二战后，在世界市场上获得垄断地位的美国汽车业和钢铁业，后来被日本企业赶上或超过，被认为是垄断限制了竞争的典型范例。

四是垄断推动价格上涨。

一方面，为了保持较高的垄断利润水平，垄断者会直接控制价格，借结构性价格改革之际，提高价格，由于寻租，与厂商有利益联系的管制者会维护垄断厂商的价格；另一方面，垄断者又会控制供给的增长，产品供给缺口扩大，价格上涨压力更大，短缺产品更为短缺。如石油输出国组织（OPEC）限产保价。所以垄断是短缺和通货膨胀加剧的重要成因之一。

基于上述原因，市场经济国家充分发挥了竞争机制在市场经济秩序中的作用，对垄断及其垄断行为采取限制性措施，把注意力放在规范市场的竞争秩序并建立相应的规制制度上。从19世纪后期近100多年市场经济发展的实践看，几乎所有市场经济国家一直关注不完全竞争带来的不良影响。许多老牌市场经济国家如澳大利亚、英国、德国、法国，新兴的国家和地区如日本、韩国、我国台湾地区，以及与我国基本同步改革的俄罗斯等国，均制定有较完整的反垄断政策和法律。各国政府通过适度干预来纠正"市场失灵"，制止垄断，鼓励竞争，阻止任何一家或几家厂商联合起来形成具有较大市场支配力的集团。主要目标侧重于促进竞争，调节垄断所造成的收入分配不公。

二、我国现阶段垄断的实际状况、危害和反垄断的必要性

（一）垄断的类型、表现形式和特点

我国经济生活中的垄断多种多样，可从不同角度区分。

第一，从交易主体看，垄断可分为买方垄断、卖方垄断和双边垄断。买方垄断表现为少数买者通过需求控制影响价格，如军工、特种技术产业和大宗粮食交易市场，政府是主要买主。卖方垄断表现为少数卖者通过控制供给影响价格，如保险、医疗、高等教育等。双边垄断是买卖双方均为少数或一个，如公共产品一般由下级政府机构提供产品，上级政府购买。

第二，从控制主体数量看，垄断包括独家垄断、寡头垄断、垄断竞争。独家垄断指产品只由一个卖主提供，如铁路。寡头垄断指卖者是少数而买者是多数的状况，如中国石油、石化，电信市场上的联通、移动、电信。垄断竞争指垄断者数量较多，有大量需求者，常见的有轻工业品等市场的垄断结构。

第三，从控制的范围上看，垄断可分为地方壁垒和条条专政。地方壁垒又叫地方保护，是各行政区域（省、市、县、乡）之间市场封割和切块，常见的有烟草大战、酒类大战。条条专政又叫行业壁垒，行业控制外的市场主体进入困难，已进入的受到更多限制。

第四，从控制的属性看，垄断可分为行政性垄断和经济性垄断。行政性垄断主要指通过政府或政府部门、行业主管部门和行业协会控制来达到垄断。经济性垄断主要有组建企业集团，兼并、收购，通过竞争控制市场等。

第五，从控制主体的来源看，垄断可分为本土垄断和外来垄断。

本文针对我国现阶段的垄断实际，从经济性垄断和行政性垄断来概括分析。

经济性垄断，又叫市场垄断。主要指经营者在市场上通过竞争形成垄断。方式有如下四种。

一是协议限制竞争。主要在竞争激烈的彩电、彩管、农机等行业，经营者以合同、协议、决议、协同行为，操纵市场价格、限制产量、划分市场形成联合抵制。如1998年6月中国农业机械工业协会农用运输车分会召集业内8家重要企业座谈，出台了市场销售自律价及实施细则，规定了最低限价，对不执行限价的山东时风集团进行了两次处罚。证券经纪业务市场化后，券商联手搞"价格同盟"，限制同行之间竞争。2003年"非典"防治期间，药商囤积居奇、划分市场、价格同盟极为普遍④。

二是滥用控制地位。已取得垄断地位的厂商既有采取低价倾销、搭售、固定价格、划分市场等行为，又有欺行霸市、强买强卖等现象。前者如农资、日用品等市场，资本雄厚的经营者以低价等优势挤垮对手，独家占领市场。后者如农贸市场上肉食、水产业中多产生"市霸"，垄断市场的供应和销售。这是垄断的最低层次。人们常认为这是因为管制不到位或处罚不力，很少与垄断联系起来。

三是企业重组。市场主体通过重组可以减少企业数量和竞争阻力,降低竞争程度,是垄断迅速形成的因素之一。并购分为三个层次:一是在同行业横向并购,如中石化、中石油抢购各地社会办加油站;二是按产业链分布,在不同行业中垂直并购,如轻纺集团并购上游企业棉纺厂、印染厂和下游企业专卖店;三是混合并购,组建企业集团,在研发、加工、贸易等领域形成垄断优势地位,许多上市公司的扩张即为混合型并购。

市场性垄断的另一因素是产品差异形成垄断,不同于以上的生产集中型垄断。如"海尔"开发的低温冰箱垄断了江浙闽等茶叶主产区,许多优质鲜茶在采集后很难保存,而该冰箱恰好适合保贮鲜茶,使其保贮期由一个月延长为半年以上。

四是外资并购。加入WTO(世界贸易组织)后,中国向142个WTO成员国开放市场。目前全球投资的主要形式是跨国并购,集中在水平相近的企业中进行。20世纪90年代全球跨国投资和跨国并购年均增长16.5%和54.3%。强强联合、知识资产及无形资产所占比重越来越大,购并规模大、速度快、效率高。埃克森和美孚两家石油公司合并后,其市场价值高达2800亿美元,成为全球最大的企业。据联合国贸发会议委托进行的《2001年世界投资报告》调查数据表明,目前《财富》杂志500强公司中,已有92%考虑在中国设总部。外资并购不断强化其市场地位,乃至占据垄断地位。2001年世界品牌排名第一、品牌价值689.5亿美元的可口可乐,在我国碳酸饮料市场的占有率是39%,而柯达胶卷占彩卷的53%,移动电话中摩托罗拉、诺基亚、爱立信分别占到29.6%、27.2%和14%,数码照相机中索尼占20%、奥林巴斯占19.7%,快餐食品中麦当劳、肯德基占据90%以上的市场。一些外资明显有倾销行为。如新闻纸1997年国际市场正常价是550美元/吨,在我国则为468美元/吨。柯达胶卷在美国零售价为5美元/卷,在中国为2.5元/卷⑤。在资本市场上并购同样活跃。汤姆逊财务公司称,2002年第二季度中国是亚洲最活跃的市场,共进行了155笔交易,价值高达119亿美元⑥。在基础设施建设和具有自然垄断性质的天然气市场上,香港中华煤气、百江燃气、光通信、新奥燃气、海峡集团等通过控股、收购、参股等形式,大举介入相关城市天然气管网。美国休斯敦、法国燃气等同时列出了并购国内企业的计划⑦。

行政性垄断,也称法定垄断。主要指通过法律法规规定或以行政权力支持的形式取得垄断。具体可分为地区封锁、条条垄断及在行政干预下的行业垄断、政府限定交易、行政限制(行政性公司、行政指定兼并)等。主要有以下四种方式。

一是地区封锁,又叫地区壁垒。主要表现为完全禁止(或数量限制)、技术壁垒和费率控制，各级政府以文件规定封锁市场，阻碍商品自由流通；以质检、准销、前置审批、加收费用等形式阻碍外地商品进入本地；对外地商品收取"调节基金"、"入省费"等。前者集中在轿车、化肥、有形建筑市场、加工原料等，第二种集中在烟草酒类等商品⑧。广东中山市小榄镇政府规定非本地户籍者不得开店铺销售，以"保障充分就业"⑨。中国改革基金会国民经济研究所基于1999—2000年份各项统计数据和抽样调查资料公布的"地区市场化进程"报告（2001）显示，产品市场发育方面，广东、浙江、江苏、福建、山东连续3年稳排前5名，上海排第25位，北京则在第29位。北师大经济与资源所的报告显示，2001年中国市场经济发展程度为69%⑩。

二是"条条专政"及行业垄断。我国基础设施建设和公用事业等"自然垄断"体现的不是有利于资源配置的社会性服务，而是依靠行业优势追求最大化的垄断利润，所以行政性垄断属性是其本质属性。表现为公路、铁路、水利、林业生态等基础建设领域投资的规划、投资、建设、经营、管理"五位一体"高度垄断；土地、水利、广电等系统加速程度更高的垄断，如土地储备制度、水务统一经营等；拥有审批权的运管部门将车辆营运权公开拍卖。取得独占地位的公用企业滥用垄断经营权，主要表现在以下几个行业。

邮政：强制用户参加特快专递业务，特快专递计费连包装带函件一并计量；限定用户只能使用其提供的包装物；承兑汇款强制参加邮政储蓄或自动存入；退回非自己销售邮票的邮件等。电信：限定安装电话，强制签订锁网合同；强行承揽固话维修，收取代维费；强行收取来电显示费等。电力：强制购买电表、电线、变压器、电表箱，强制购买用电保险、收取押金，对拒绝安装服务的收取"管理费"。歧视性区分商业用电、机关用电和居民用电价格等。供水：限定最低消费，限定接受指定施工企业，强制购买水表、水管、阀门等。歧视性制定机关用水、商业用水、居民用水价格等。供气：拒绝服务，强制购买指定品牌灶具等。保险：凭借政府、学校、医院、旅游、运输部门优势地位强行推销保险，理赔中指定服务，利用法定保险搭售其他险种等。铁路：强制保险，强制购票服务，强制延伸服务等。民航：价格同盟，机场指定经营等。烟草：强行搭售，限购本地烟等。盐业：限定产品，随意提价等。农村信用社：滥用发放农资贷款优势，限定购买指定经营化肥及其他农资等。商业银行：限定贷款人购买指定开发商房屋，强制贷款人到指定保险公司购买保险，提前还贷处罚等。石油、石化：搭售商品，差别对待等。凡此种种，所有垄断行业都存在垄断行为。

三是政府及其部门限定交易。很多行政机关存在利用行政权力"寻租"限定经营的垄断现象。例如，文化部门利用办理许可证，搭售自印的质次价高的法律法规宣传品；卫生防疫部门要求购买卫生衣帽、卫生筷和消毒设备；物价部门搭售标价签、价格册（簿）；技术监督部门限定产品质量抽检检验机构；工商部门将办照、商标注册交给事务所代理；药监部门在药品购销中以赞助费、管理费名义收费给予市场准入；税务部门强制购买IC卡、将办证等交给事务所，印发税收政策收费；公安部门限定保安服务，指定刻印章、做牌匾、身份证照相，购买消防器材，交警限定验车、购买安全带、防雾灯、除污设备；建设部门限定物业服务，指定质检；财政部门在政府采购中排除某些商品；教育部门限定校服、校徽、作业本及其他教学用品，民政部门限定结婚照拍摄店；交通部门强制车主加入其所属运输公司；房产部门限定勘验房主面积；人事、法制等部门指定培训机构、限购教材等，特权带来了丰厚利润。

四是设立行政性公司。利用"一套班子、两块牌子"垄断经营。如某些地方新闻出版局（版权局）与人民出版社、新华书店"三合一"垄断教材发行；建设局与城市建设投资公司"二合一"；上海崇明县自来水公司与县节水办合而为一，设立最高消费限量，否则处罚，但对消费该公司下属水厂的则不予追究；"煤（炭）管（理）办"收编煤炭经营者组建专营公司等。

与市场经济国家市场垄断、自然垄断为主的"市场失灵"（Market Failure）垄断相比，我国现阶段垄断的最大特点是行政性垄断占主导地位的"管制失效"（Government Failure）垄断。行政性垄断的保护制度如《电力法》、《民航法》等具有明显的权力部门化倾向；涉及的范围无所不及，从各产业各领域到各要素各产品，无论是资本市场、人力资源、土地市场和其他重要生产资料，还是高等教育、环保、信用评级、检验、鉴证、医疗卫生、体育、文化、娱乐、旅游等关系到人们基本生存与发展的各个方面[11]。各种计划经济体制的痕迹依然存在，仅"专营"就包括烟草、食盐、邮政信函、中小学教材、广播电视、殡葬等方面。行政垄断通过审批等措施广泛地延伸到竞争领域，各地各行业形形色色的单项管制机构如"馒头办"、"煤炭办"、"废品办"、"出租车办"等层出不穷。北京出租车垄断黑幕于2002年12月在新闻媒体曝光，引起社会广泛关注。全市6.6万辆出租车如实行市场化运营，则可避免社会福利损失近30亿元/年。而广州市财政局每年通过1.6万辆出租车向乘客收取1.67亿元"公用事业附加费"和"出租车交通建设附加费"[12]。

（二）垄断产生的根源与危害

1. 垄断形成的原因

（1）计划经济运行的惯性和自然经济的影响

计划经济就是行政垄断经济，从计划经济向市场经济转变实行过渡式、渐进式、试点式改革，计划经济运行存在惯性，自上而下的行政约束、计划者主权、部门管制模式等还在经济运行中普遍存在。政府常以加强市场秩序和行业管理为名，通过政策、法令等手段干预，存在计划偏好。企业泛行政化（有级别），是"戴乌纱帽的叫卖者"，自然垄断领域的公用事业提供者更是"钦差大臣"。这是本文将自然垄断与行政垄断未予区分的原因。另外，中国几千年封建自然经济的影响未完全消除，自然经济的基本特征是自给自足、排外、拒绝竞争和保护主义倾向，这种倾向和垄断结合起来后，很容易将范围扩大，要用竞争和统一市场的力量来打破，将是非常艰难、持久的过程。

（2）财税体制导致争利，收入分配机制扭曲

有三个层面的问题。一是"行政区经济"的地区封锁。1994年分税制主要调整了中央和省级政府之间的关系，县级以下财政体制仍属过渡期，与县乡政府的地区间竞争无法匹配。县级行政区内要划走消费税、部分增值税、粮食、水利等专项基金，要承担工资、教育、计生、拥军、民政、社保等刚性支出，上级政府转移支付不到位，地方政府不得不债务融资，反过来更加剧了地区经济的恶性循环。所以保护落后的小工业，搞"围城"封锁，甚至用掠夺的办法来增加财政收入（如赤壁市行政收费标准达2500多项）[13]。诺贝尔经济学奖获得者布坎南认为，在非独裁政治下，中央政府、地方官僚和选民三个层次中，前者和后者的目标是一致的，中间阶层往往忽略了社会目标而追逐任期政绩，因为其考核标准就是财政收入、GDP增长等单项经济指标。二是"条条专政"之间以及与"地区封锁"之间的争利。如对煤炭的管理，煤炭局强调要"统一监管"，电力部门则从保护水电的角度要"综合协调"。以烟草为例，分税制确定的是以增值税与消费税为主的生产环节税收体系，80%的烟草税收征收于生产环节，20%征收于销售环节，等于鼓励生产不鼓励销售，所以一些地方对外地烟流入严格限制。三是公务员薪金分配制度设计不合理，未做到同职同酬。同样的政府部门，海关、税务被认为对财政贡献大，拨给的经费多，奖金高、福利优厚，其他部门一般只保基本工资，福利待遇只给政策不给钱，行业收入差距过大，关税部门一般科员的工资高过贫困地区县长的薪金。加上烟草、盐业、电力等垄断行业收入对比，政府部门利用手中资源千方百计创租、设租，以至垄断经营不可避免，出现"反职能"倾向[14]。

（3）产业政策设计的高度集中性

加入世界贸易组织前，一般认为要抗衡国外企业，必须走做大做强的步子，过分强调了归集，其中有不少是行政性搭配，因此忽略了发展中小企业。产业集

中和企业规模大型化趋势明显。自 20 世纪 80 年代中后期刺激企业集团发展、90 年代中后期鼓励并购以来，企业大型化再度强化。一个企业集团以行政方式控制数个乃至几十个子公司，已司空见惯。产业化垄断阻碍了自由竞争机制的形成。

(4) 政府职能的缺位、越位和错位，以"万能政府"、"无限政府"的方式干预经济

缺位体现在未当好"守夜人"和"裁判"角色，许多地方和领域，没有游戏规则；已有的规则层级较低，由企业主管部门或行业主管部门执行，要么计划色彩太浓，划分领地互相冲突；要么得不到执行，执法不严，严重缺乏统一的竞争规则和反垄断规则。越位体现在具体参与竞争。错位体现在身份的多重性，教练员、运动员、裁判员"三位一体"。如将"办企业"与"管企业"混淆，新闻出版局和出版集团、宣传部门和报业集团、广电局和广电集团孪生共体。交通部门政企不分极为严重，交通厅工程处同时是工程总公司，高速公路管理处同时是高速公路建设总公司。在公路建设上，交通部门既是投资者，又是管理者；既当规划者，又当经营者；既当发包商，又当承包商。仅河南省交通厅每年 40 多亿元的规费、通行费收入，统贷转贷资金近 100 亿元，每年正常投资 150 亿元以上[15]，都在交通系统内部封闭运行，招投标不受制衡，导致高度行政垄断。烟草、食盐、石油等垄断行业以纳税大户 (一般市场主体) 与利益贡献者 (政府的利润提供者) 双重身份，参与规则的制定，向竞争对手发放行政许可证，扭曲了主体利益关系，导致了竞争的无效。

(5) 市场准入的限制性

国民经济 80 多个行业中，国有经济进入 70 多个，外资进入 60 多个，而民间资本仅进入 40 多个[16]。市场准入歧视对待，外资"超国民待遇"、民资"非国民待遇"，产生了不对称竞争。

(6) 反竞争的双重约束

尽管政府已经意识到引进竞争反垄断的重要性，但在改革措施上面临着反竞争的约束。一是财政约束。政府控制的基础设施领域占有相当大的比重，从国家统计局公布的 2000 年营业收入、利润总额最大的 10 家企业来看，中石化、中石油、中国电信等 10 大企业集团单个企业营业收入超过 1000 亿元，利润总额超过 30 亿元。如放松管制引入竞争，在转型阶段会出现政府财政收入下降。二是新旧既得利益集团的约束。这些部门为了维护垄断地位和经营特权，不断地游说和论证垄断的必要性并防止市场竞争，并通过寻租掩盖低效率。美国联合太平洋铁路公司 2.8 万人管理 3 万公里铁路，而我国铁路部门 340 万人管理 5 万公里铁路[17]。

2. 危害

在计划经济时代，垄断的存在曾发挥过积极的作用。对于形成规模经济、集中优势资源超快发展、迅速提高产品总量等具有推动和加力作用，特别是在战争、灾荒等非常时期，更是功不可没。这无论在俄罗斯还是在我国都可得到有力的佐证。但随着世界经济一体化构架的形成，经济形态的竞争性主导地位日益重要，资源配置市场化的经济规律发挥作用以后，垄断反而掣肘了社会和经济的发展。

（1）不利于市场经济体制的建立

垄断分割市场，限制了竞争资源自由流通。自由竞争是市场经济的灵魂，没有或缺乏竞争，就不可能有市场经济。

（2）资源耗散与经济损失

从地区垄断造成经济损失的情况看，在国际市场一体化的同时，国内市场被分割瓦解。巴黎国际研究和发展中心的经济学家庞塞特的研究成果表明，中国国内各省之间的关税1987年大约相当于35%，而到1997年则相当于46%，地区贸易壁垒的程度相当于欧盟各国之间、加拿大和美国之间的水平[18]。从行业垄断造成的经济损失来看，用寻租理论计算，20世纪90年代后半期中国部分垄断行业造成巨大经济损失（见表2）。交通、水利、电力、林业、出版、烟草等政企合一的一元化投资体制挤出效应明显，一元化投资体制本身的周期波动又使整体经济周期波动，转化为通货紧缩，成为宏观经济最大问题之一。还应该注意到，政府多年来给予垄断企业大量补贴，加上所得税返还、减免等优惠政策，垄断行业不仅耗散了巨额租金，造成社会净福利损失，还消耗了大量的国家应得的财政收入。据统计，以1996年与1985年为对比，在垄断行业价格大幅上涨且高于通胀率的情况下，铁路运输亏损13.8亿元、电信市话亏损35.6亿元、邮政亏损70亿元。其低效导致利润下降，最终耗散了租金[19]。

表2　　　　　　　　　1995—1998/1999年中国部分垄断租金估算

垄断行业	租金额（亿元/年）	占GDP比重（%）
电力行业	560~1120	0.75~1.50
交运邮电业	740~900	1.0~1.2
邮政通信业	215~325	0.29~0.43
民航业	75~110	0.1~0.13
医疗机构	75~100	0.1~0.13
合计	1665~2555	2.2~3.4

注：按现价计算，GDP按75000亿元计算。

(3)经济安全受到威胁

以信息产业为代表的新经济为例。Wintel 联盟(Windows 和 Intel 联盟)以"保护知识产权"为由,凭借世界通信技术因特网协议(IP)设备提供者身份,利用其"私有协议"妨碍网络结构调整和功能扩展。我国公司开发产品在应用接口规范、安全协议栈、路由算法等方面被封闭在国外公司之外。微软视窗不断升级操作系统,英特尔公司升级 CPU 硬件设备各自垄断。由于 Windows 对应程序接口是私有的,其他软件公司很难开发,已有用户只能屈服,微软公司从1986 年诞生后迅速成为富可敌国的"巨无霸"。我国每年以巨额外汇购买"私有协议"拥有厂商的设备,加重了信息化建设负担。Wintel 破坏公平竞争的市场环境,如市场不利时可引爆其"私协"炸弹,并且直接威胁到主权国家的信息安全和经济安全。

(4)破坏了政府公信力和信用制度

政府拍卖公共线路经营权,实际上等于排除了部分弱势经营者的竞争。垄断行业动辄以强制交易、强行提价、搭售、格式合同、擅自改变协议等手段强权交易,粗暴地践踏着公平、平等、诚实守信的商业规范,漠视消费者利益,给社会以不良的示范效应。垄断行业长期以"国计民生"、"国家利益"等借口愚弄消费者,哪里有垄断哪里就有欺骗。中国电信、中国铁路等对外称亏本经营,隐瞒其成本和实际经营(以电信资费为例,见表3)。财政部 2003 年 1 月 7日公布了会计信息质量检查报告,检查了保险、烟草等行业 192 户企业及相关91 户会计师事务所,查出了大量假账。审计署对 12 户中央管理的重要骨干企业审计后,发现存在三大突出问题。一是会计信息失真,利润不实率占 32%,不良资产占资产总额的 5.75%;二是决策失误造成国有资产损失严重,违规担保、投资、借款等给国家造成损失 72.3 亿;三是少数人挪用侵吞转移国有资金现象突出[20]。为了保持长期专营的垄断地位,中国盐业公布的情况是"全民缺碘"。中国医科大学副校长、内分泌学专家滕卫平从 1999 年起带着几十名研究生,投入科研资金 180 万元,行程 2 万多公里,专门就"碘营养"问题调查。"全民食盐加碘"使不缺碘地区补了碘,使缺碘地区过度补碘,全国一半以上省份碘过量,造成内分泌失调,引发甲状腺疾病增加[21]。

表3　　　　　　　　　中国电信 IP 电话成本、售价比较

	成本(元/分钟)	实售(元/分钟)	利润率(%)
国内长途	0.08	0.3	375
国际长途	0.6	4.8	800

资料来源:信息产业发展研究院研究员 张复良

(5) 引发了社会危机

行政垄断已成为造成经济损失的重要组成部分，成为中国当前产生腐败最严重的领域之一。近年来因经济犯罪被查处的交通厅长、副厅长，新闻出版局长、药监局长不下十余人[22]。垄断行业中，腐败几率高，企业改制难，而垄断行业高额利润已转化为职工高收入和高福利。广东移动2001年普通员工月收入达1万余元，天津海洋石油公司下岗女工每月享受"分流补贴"2600元。而甘肃低保每人每月130～180元[23]。导致收入分配差距过大，造成极为严重的社会危机。现将中国部分垄断行业非正常收入估算（表4）和2000年行政垄断行业职工工资耗散租金（表5）比较如下。经过对比，行政垄断行业租金由消费者支付的来源一目了然。垄断造成的租金承担了企业低效率经营的巨大成本，成为企业职工福利收入的主要来源。

表4　　　　　　　　中国部分垄断行业非正常收入估算

垄断行业	年份	非正常收入（亿元）	占GDP比重（%）
电力行业违法收取资费	1998—1999	27.4	
居民生活用电同价减轻农民负担	2001	350	0.37
电信行业违法收取资费	1998—1999	21.7	
打击医药购销不正之风为患者减负	2001	101	0.11
价格收费违法	2001	31.5	0.03
合计		531.6	0.60

表5　　　　　　　2000年行政垄断行业职工工资耗散的租金

行业	职工平均工资（元）	全国平均工资（元）	超出全国平均水平（元）	职工人数（万人）	耗散租金（亿元）
电力、煤气及水生产供应	12830	9371	3459	281.8	97.5
邮电通信业	16359	9371	6988	113.2	79.1
航空运输业	23454	9371	14083	11.7	16.5
铁路运输业	13920	9371	4549	187.1	85.1
合计					278.2

资料来源：《中国统计年鉴(2001)》

垄断还涉黑涉暴，践踏人权。浙江仙居"气霸"7次派杀手谋杀竞争对手、武汉新洲区强制人身保险致使女学生自杀等案例令人触目惊心[24]。

分配不公与垄断强权导致社会上"仇富"情绪普遍。"仇富"并非仇视终点的不平等，而是起点和过程的不平等，以至有人喊出了"杀富"的极端口号[25]。

（三）反垄断的意义

反垄断是市场经济的内在要求，反垄断具有重要意义。

1. 加快市场发育，规范市场治理的需要

WTO 规则的基本要求是企业作为独立的市场主体参与竞争，政府不能亲自上阵参与角逐。WTO 的规则既是制约政府的规则，也是规制市场主体的规则。要建立和形成资源可以自由流动，各类资源所有者可以自由选择的机制，以达到提高资源配置效率的目的。

2. 建立和完善社会主义市场经济体制的需要

我国的市场主体既要谋求独立的自主发展，摆脱对政府的依赖，又要面对外企的垄断抑制。面对建立现代企业制度的要求，没有真正独立产权的微观市场主体，一切仍按计划经济的资源配置模式，那么就没有竞争，也就没有企业在机会均等条件下不断创新的积极性，更谈不上市场经济。反垄断直接关系到市场主体迎接双重挑战的"惊险的一跳"。

3. 建设小康社会与公正社会的需要

社会主义要求公平。允许垄断行业存在、总体性精英垄断社会资源，造成分配不公，侵犯了社会众多群体利益，加深了社会危机程度。效率问题应由市场解决、公正问题应由政府解决。如城市像欧洲、农村像非洲，漠视群体利益而偏向小集团利益，两极分化可能导致社会断裂。南亚、拉美诸国是前车之鉴。

4. 保护和培育民族产业，提高企业竞争力，实现强国富民目标的需要

支持经济持续增长依赖于提高全要素 TEP[26]，据世界银行计算（1997），1978—1995 年期间，中国 TEP 生产率在 3.5%，1990—1999 年估计为 4.7%，在 21 世纪头 20 年会在 2%~3%之间，如果 TEP 增长率在 3%以上，翻两番时间少于 20 年。打破垄断引入竞争还会创造就业，从国际经验来看，自由企业 GDP 增长率是垄断市场的 2.7 倍，从国内经验来看，经济增长率至少可以提高 1~2 个百分点[27]。所以要在公平的前提下追求更高效率，促进经济增长。

三、国外反垄断对我国应对垄断的借鉴与启示

（一）国外反垄断的主要做法和经验

国外反垄断主要集中在三个方面。一是对企业兼并和产权购买进行管制，防止出现独占、寡占的市场垄断（或称企业支配地位）。以美国和日本为代表的国家严格禁止市场垄断结构，日本《反对垄断法》禁止一个企业在一年内提供的商品或劳务数量超过 50%，或两个企业各自市场占有率加起来超过 75%。前者要分拆，后者不能并购。以法、德、韩等为代表的多数国家允许垄断结构存在，但禁止滥用其支配地位限制竞争。二是防止阻碍同业竞争、盘剥供给者或

购买者的滥用市场支配地位的行为。具体体现在价格歧视(区别定价)、独家交易(指定销售或服务)、搭售等。三是防止卡特尔,包括竞争企业串谋确定产品或服务的价格和数量,串通投标、划分市场、联合抵制等谋取市场优势和利益的行为。

1. 自然垄断行业的改革与发展

西方国家在20世纪二三十年代经济大危机以后由政府直接或间接控制国民经济要害部门(称为"制高点")。英国国有化几乎涉及所有行业,占整个资产的30%,前苏联全盘国有化、所有资源国有化,美国无法国有化但私人企业的订价、成本、产品标准和市场准入由政府管制。这样做的后果和代价是经济效益和经济活动的普遍下降和减少,民间企业家精神被窒息,经济创造速度减慢,熊彼特所称的创新精神被压制。

市场化改革一是引入竞争。自20世纪70年代末起,美国开始在电信业的国际和洲际长途电话业务中引入竞争,此后成为世界潮流。1996年2月,美国颁布新电信法,撤除电报、地方及长话服务之间的隔离,从AT&T(美电话电报公司)分离7家地区小贝尔(Baby Bells)参与电信市场与长途电话竞争。三大长途公司(AT&T、MCIT和Sprint)也可自由进入电讯市场。1996年6月,英国废止了英国电讯(BT)和大东(C&W)对国际长途的垄断。所有欧盟成员国及瑞士、挪威于1998年开始全面开放电信市场。1993年德国铁路亏损163亿马克,二战后累计亏损672亿马克,政府每年支付利息5亿多马克。为了减轻财政负担,实行公用事业企业化改革,职能政府负责供给但不介入经营,污水处理、供电、供暖、煤气等行业开始赢利,军工和核电站也企业化[28]。香港政府以67亿港币巨资提前7年从香港电信公司购回香港地区国际长途直拨专营权,为香港尽快放开电信市场做准备[29]。

二是引入激励性规制——价格上限制方式。该规制确定的原则是行业价格上涨不能高于通货膨胀率,考虑到劳动生产率的提高,还要使价格下降。价格上限公式是:$P = RPI - X$。其中P是行业产品价格变动率,RPI是零售物价指数,X是该技术进步率。技术进步率由各行业的管制当局核定,每隔4~5年核定一次。英国最早于1984年将价格上限规制应用于电信业,并在煤气、自来水、电力、航空等领域广泛推开。

改革带来的成果是使包括引进各种减价制度在内的收费体系多样化,服务多样化,降低了收费水平,使企业提高了效率,通过削减行政费用减轻了国民负担。自上限规制以来,英国通信公司价格下降27%,电力价格下降25%,天然气价格下降13%。宏观上由于收费水平降低和服务多样化扩大了需求和投资,从而使经济增长率得到提高[30]。

2. 管制重建或改革

为避免垄断利润损害社会利益、形成新的社会矛盾，许多国家对行政性垄断进行了管制的改革。英国是重组管制，实行制衡；美国是管制的改革，撤销管制。

英国在撒切尔夫人执政时开始管制重建，如电力管制办公室主管电力生产和供应的竞争，发放经营许可证，实行最高限价。同时赋权英国垄断和兼并委员会，通过反垄断调查对电力企业行使监督权，赋权公平交易委员会从保护消费者利益和公众利益不受侵害的角度，监督电力市场。美国政府决定改革管制。其中最有名的是航天领域的改革。20世纪30年代以后，美国航空管制局是一个官僚性部门，航空公司飞机的型号、机票定价、飞行航线都由该局决定。70年代末，执政的里根政府委派长期研究管制问题的经济学家科恩管理航空管理局，他主张放宽竞争，允许新航空公司进入，允许公司相对自由定价。改革得罪了既得利益集团，矛盾非常尖锐。一家航空公司老总挑战新任局长，说他是经济学家不懂航空，并让他讲清楚一共有多少种飞机型号。科恩反驳道，对我而言，他们都是带翅膀的边际成本，只要按边际成本定价就会合理。科恩修改了立法，取消了航空局，使得很多公司可以竞争，改变了美国航空业。从70年代之后，美国又放开电信、长途运输、电力、公用事业，直到放开邮政、监狱。我国台湾地区取消实行了100多年的烟草专卖制度，2002年7月1日烟酒公卖局由台湾省政府机构重组为一家自由贸易公司[31]。

3. 企业并购控制与独占防止

企业合并是实现规模经济的重要手段。在发达市场经济国家的各个经济发展阶段，都曾掀起过一次次合并浪潮，这是在全球经济一体化趋势不断深化的背景下发生的，是前无仅有的。但是企业合并会引发阻碍竞争的障碍；各国规范的重点不是结构而是行为，即对竞争不利的行为[32]。各国政府编制的企业并购准则，在综合分析市场条件、进入障碍、效率和破产等因素的基础上，制定了市场份额和集中度等指标作为参数，综合鉴定购并案是否反竞争或垄断。

在独占的防止上，以微软公司垄断案为例。微软公司是世界上最大的软件公司，占世界软件市场的80%以上，其市值曾超过3000亿美元。2000年美国司法部、19个州和哥伦比亚地区法院，指控微软公司利用其市场力量非法挤垮竞争对手。2001年9月6日，美国司法部否决了以拆分方式惩罚微软公司的方案，但维持了地区法院确认微软公司是垄断公司的判决，要求地方法院就把视窗操作系统和浏览器捆绑在一起销售是否违法进行重新审理。2002年11月1日，美联邦法官批准了微软与美国司法部及各州反垄断案和解方案,维持了微软非法垄断判决,为电脑厂商安装微软竞争对手研制的软件提供了更大自由,禁止微软向那些电脑厂商报复,也不得与其达成协议要求单独支持某些微软软件。方案将由一个三人技术委员会负责监督,定期向司法部汇报,期限为5年,到期后还可能延长2年时间。2003年1月,微软同意向加利福尼亚州消费者就控告该公司垄断和不正当竞争退款11亿美元,以了结官司。与此同时,同年2月,包括诺基亚、美国在线—时代华纳公司等在内的"电脑和通信产业协会"向欧洲反垄断机构控诉,要求欧盟采取措施,分拆微软[33]。

4. 反垄断立法

WTO反垄断规则和各国反垄断立法共同奠基于相同的经济学原理,即倘若一个企业在市场所占份额过大,该企业往往会提高产品价格和减少市场供给,政府必须用法律的手段来纠正。19世纪,美国经济在生产、运输、销售等方面出现了严重的垄断倾向和势力。1890年议会通过了《谢尔曼法》禁止市场垄断化[34]。此后,1914年的《克莱顿法》禁止旨在形成垄断的合并,《联邦贸易委员会法》禁止限制性贸易行为。1936年的《鲁宾逊—帕特曼法》扩大了价格歧视条款的适用范围,做出了更为具体的规定。以上四部法律构成了美国反垄断法律体系,成为美国经济法的核心。为防止知识产权滥用,国际规章制定了反垄断指南,如1995年美国司法部、联邦贸易委员会联合发布的《知识产权许可的反托拉斯指南》,欧共体1996年就《罗马条约》对若干技术转让协议的适用问题制定的240号规章(ECNo240/96),日本公正交易委员会1999年重新发布专利和技术秘密许可证合同中的反垄断法指导方针[35]。此外,为保护消费者的利益,美国反垄断法还规定受害的当事人可提起3倍损害赔偿之诉。

(二)对我国的借鉴与启示

中国作为发展中国家,反垄断的主要任务应当是反行政性垄断和维护经济安全。目前我国的情况与英国20世纪二三十年代强化国有的情况类似,用行政班子管理企业,靠行政手段进行商业活动,以行政方式推动经济改革,推进市场化和现代企业制度。通过考察国外反垄断实践,有这样几点启示:

第一,除大量的竞争性行业放开发展多种经济所有制已形成共识外,对于公用企业,从英、德、美等国的实践可以看到,并不是传统经济理论论证和现行法律制度所规定的,是天经地义和不可改变的,这些行业实行民营或企业化经营,吸纳其他经济成分,引入竞争机制,有助于提高国民经济整体效益。揭示出反垄断的本质在于促进竞争力的提高,以整个国民经济与国家整体利益为基本出发点。

第二,国外反垄断的内容十分广泛,与政治、意识形态、文化道德等有紧密的联系。如微软公司对外扩张的主打牌是知识产权,美国为了保持其贸易大国地位,事实上是将微软压制创新的低效率和捆绑销售的损失转嫁给世界贸易伙伴,所以尽管其垄断程度很高,美国仍不分拆,反映了其反垄断的双重标准。

第三,我国已加入WTO,加强国际合作十分必要。竞争法与竞争政策是当前国际领域非常关注的问题,包括联合国贸易与发展会议(UNCIAD)、经济合作与发展组织(OECD)、国际竞争网(ICN)、世贸组织(WTO)等在内的一些国际组织都在大力研究和推进相关工作,建立竞争法与竞争政策多边协议的现实性日益突出。国家有关部门已多次参加 WTO、UNCIAD 政府间专家组会议[36],今后需要进一步融入国际合作。

总体来看,反垄断是建立和完善社会主义市场经济体制的必由之路。我国需要根据自己的情况建立和创新反垄断机制。

四、现阶段反垄断的主要对策与机制选择

垄断以信息不完全、价格刚性、要素流转时滞、交易费用过高等缺陷揭示出在自由放任的市场中,微观目标与社会目标之间矛盾冲突的不可避免,市场性垄断等"市场失效"必然产生;政府和计划补救市场失效存在缺陷,甚至导致的资源浪费和经济损害更多,造成"政府失效"。这两者并不意味着对市场经济的否定,相反却为市场经济需要完善市场机制、矫正市场不足、避免过多的政府干预提供了理论支点,揭示了完善市场体系、加强市场规则建设、政府适度调控市场的必然性和必要性。

社会主义市场经济体制框架的基本点是:适应市场经济要求,产权清晰、权责明确、政企分开、管理科学的现代企业制度;统一开放的市场体系,实现城乡紧密结合,国内与国际市场互相衔接,促进资源的优化配置,以间接手段为主的完善的宏观调控体系,转变政府管理经济的职能,保证国民经济的健康运行;坚持按贡献分配原则,实行效率优先、兼顾公平的收入分配制度;建立多层次的社会保障制度,为城乡居民提供同国情相适应的社会保障,促进经济发展和社会稳定。

按照这一框架要求,反垄断路径选择和体制创新应从五个方面着手。

(一)转变观念,正确认识垄断和反垄断

之所以把观念的转变放在首位,因为在我国反垄断阻力大困难多,主要原因之一是认识不足、观念未转变。过分强调了国内市场的个性,认为垄断行政化是单纯的政企不分,把基础设施建设和公用企业改革视为畏途;过分强调了

效率，忽视了社会主义"最大公平"的本质，造成公平和效率不能并举，更不可能在公平的基础上提高效率；过分强调政府职能的调控性，忽视了服务性，把政府凌驾于市场之上（等于把行政性垄断凌驾于市场之上）；甚至有人把垄断意识形态化，认为是资本主义特有的，等等。这些可从反垄断立法迟迟不能出台、部分垄断行业鼓吹垄断优势理论，以及寻租（如电信向"两会"代表赠优惠券）等方面可以得到体现。加上决策层的认识程度和反垄断自身革命的艰巨性，使反垄断难以持续。

当前改革已进入攻坚阶段，也是最难的利益分配格局重新选择阶段。但必须清醒地认识到，市场经济体制建立和完善的目标不能动摇。改革开放20多年的经验积淀、建设小康社会目标的客观要求以及外来经济压力，使反垄断与体制改革一道必须加快步伐。由此需要持久的培育和弘扬竞争文化，倡导竞争观念的树立，确立竞争政策的位置。竞争政策要与产业政策相互支撑，维护市场的竞争秩序。

（二）加快体制转换

垄断特别是行政性垄断的产生有很深的经济原因，经济体制转换是不可或缺的，为此要在深化财税体制改革、建立统一的市场等方面加快步伐。

1. 继续改革和完善财政体制、税收体制、投资体制和收入分配体制，消除行政性垄断产生的制度根源

要不断完善分税制体制，建立公共财政，加大中央的调控力度，完善转移支付制度。扩大地方税基，规范中央对地方的财政转移支付制度，完善公共投资体制，经济主管部门不能既行使出资人职能又参与经营，要朝出资人转变。改革利益分配关系，干预收入分配形成机制，开征垄断所得税、垄断行业个人所得税，将垄断收入上缴中央，破除"诸侯经济"和"条条专政"，建立统一、开放的市场。地县可尝试打破行政区划，实施以资源为基础的经济合作协调区域，发挥规模经济优势。

2. 推进行政管理体制和政府机构改革

按照社会主义市场经济的客观要求和"精简、效能、统一"的原则，明确各部门的事权、责任和义务，规范政府及其所属部门的行政行为，建立预防政府及其所属部门随意干预市场的有效机制，堵塞各种漏洞，杜绝滥用行政权利限制竞争的现象。进一步"拆庙减神"，压缩机构，把职能相近的部门尽可能合并，精简人员，建立精练政府。明确政府和企业、市场的关系，减少行政审批，营造公开、公平、有序、自由竞争的市场环境。

3. 加快企业改革，实现政企分开，引入竞争机制

积极推进政企分开，特别是产权、人事权等方面割断垄断企业与政府间的"脐带"。取消政府及所属部门办企业的特权，取消对所属企业的各种亏损补贴，凡撤销不了的，要改变隶属关系，进行新的需求方与供给方的合同关系，迫使企业重组，鼓励优势企业兼并劣势企业，限期改造公营机构。加入世界贸易组织以来，中国严格履行承诺，加快了垄断性行业的改革，要在改革电信、电力、铁路、民航等行业的基础上，继续加快石油、天然气、出版、文化、烟草、盐业等行业的改革步伐，取消专卖专营制。必须开放市场，降低准入门槛，吸收多元的国有资本、多元的民间资本和国外资本进入垄断行业。对不具有自然垄断属性的行业打破行政管制，对城乡供水、供气、污水处理、垃圾处理、公共交通等具有自然垄断性质的行业引入竞争对手"重新洗牌、重新摸牌"。放开资本市场，充分利用资本市场对垄断行业的资产进行拍卖、重组、上市，盘活存量资产，逐步降低国有股比例，使其不超过20%，形成分散化的股权结构。

4. 规范垄断利益集团的政治行为和商业行为，限制其政治特权和经济特权

对垄断行业特殊利益集团的改革有三大原则。一是承认其既得利益，逐步消除垄断行业集团；二是限制垄断利益集团的特权，把他们从"贵族"降为"平民"，从经济人与政治人的双重身份变为纯粹的经济人，是企业家、银行家，而不是政治家；三是规范垄断利益集团的行为，重新建立商业游戏规则，迫使垄断行业依靠技术创新、高质量服务、良好信誉等谋求利润最大化。

（三）加强法制建设

经济法规是上层建筑的一部分，市场经济发展形成的一系列行为规范最终需要以法的形式确定下来，这是社会经济基础的客观要求。法制建设主要体现在法律、法规的立、改、废以及行政禁止权限的设定等方面。

1. 立法

我国《反垄断法》一直迟迟未能出台，规制垄断行为仅依靠《反不正当竞争法》中规定的5项条款。1994年5月原国家经贸委、国家工商总局开始起草《反垄断法》，历时10年，起草工作仍停留在"草案"上。必须加快这部"经济宪法"的制定。《反垄断法》要解决的突出问题，大致有以下几点：第一，在反垄断内容方面，对控制市场独占、禁止滥用市场支配地位、禁止利用协议限制竞争这三大反垄断传统领域予以明确。除特殊的行业经批准豁免外，其余必须严格规制。第二，在反垄断执法机关方面要确定职能相近、有执法经验的机关，严格限定执法程序。最近似的是工商行政管理机关公平交易系统，拥有 6.8 万经验丰富的执法人员。近年来已查处过上千起限制竞争、滥用优势等方面的垄断案件。第三，在法律调整范围方面，处理好竞争法与其他相关法律法规之间的关系。第四，要适度界定"保护知识产权"原则，划清反垄断与适用优先的界限。

2. 修改已有的不符合市场经济的法律法规

我国在计划经济条件下和改革开放初期先后出台了一系列规范市场秩序和市场主体的法律法规，由于当时指导思想是先立法弥补空白，法律瑕疵边执行边修改完善，加之由部门自己起草，所以相当一部分法律有浓厚的部门色彩，以法律的形式部门自我授权较多，造成法律相互矛盾，难以执行。在反垄断的基本法律框架确定以后，就要对相关的法律法规做出修改。一是修改内容有局限、有悖公平竞争、管制矛盾较突出的市场秩序法令，主要包括《价格法》、《招投标法》、《政府采购法》、《反不正当竞争法》、《电信条例》等。要把相应的监管规制权让渡给反垄断机关，修改部分限制竞争执法的规定。二是对《烟草专卖法》、《种子法》、《商业银行法》、《民用航空法》、《铁路法》、《水法》、《兽药条例》及部分规章如央行《个人住房贷款管理办法》等规制市场主体的法令修改，对市场进入歧视性规定、授权国有市场主体查处非国有市场主体等规定予以废止。

3. 清理和废止有关地区封锁和行业保护的规定

2001 年 4 月国务院颁布了《关于禁止在市场活动中实行地区封锁的规定》，对地区封锁的含义、表现及法律责任做了具体的规定。列举了八大类地区封锁行为，要求各地清理、废止政府及所属部门实行地区封锁和地方保护的有关规定。主要是省以下地方各级人民政府所属部门规定的含有封锁内容的，由本级人民政府改变或撤销；本级不作为的，由上一级人民政府改变或撤销；以国务院所属部门不适当的规定为依据，省级人民政府设置的地区封锁，由国务院撤销。对法律责任的规定，除由上级政府通报批评、对直接负责的主管人员和其他责任人员按法定程序给予降级或撤职行政处分外，对政府或部门主要负责人、签署规定的负责人依照法定程序根据情节轻重给予降级或撤职处分。国务院规定下发后，地区封锁行为有了明显的改变，以明文规定方式的封锁已不复存在。

（四）加快政府职能转变

政府是市场秩序的天然提供者和维护者。市场健康运行所需的各种法律法规、规章制度只能由政府来提供。政府是全社会利益的代表，唯有站在全局性的立场上，才能提供一整套公正公平的秩序体系和公共服务，履行好社会管理、维护秩序、宏观调控和经济管理职能，为企业充分竞争创造良好的市场环境。

1. 明确和保护产权

回顾市场经济的发展史，产权是市场经济的基础。市场经济承认市场的多元主体地位，这些主体拥有独立的经济利益，各主体之间的产权关系必须明确，彼此的权利义务关系确定。否则风险和收益不对称，市场运行呈现非理性特征，进而破坏市场秩序。垄断企业往往会优先考虑不合作情况下的局部利益，最后造成对谁都不利的情况。同理，政府及其所属部门在出资人和管理者（代表部门管理和代表社会管理）的双重角色中，权力寻租是首选，这与其基本任务相背离。政府有义务明晰产权，保护合法产权，区分国家、企业（集体）、个人的产权，只有这样才能为市场主体提供有效的激励和约束机制，形成公平竞争的基础。

2. 完善市场规则

市场规则包括市场准入与退出规则、市场主体的设立与撤销规则、市场交易规则、公平竞争规则、监管规则、惩处规则和弱者保护规则等。改革开放以来立法立规取得了巨大进展，但仍不能适应市场经济的需要。而且原来的规则侧重于国内市场主体关系的调整，对国际经济的关系约束较少，造成外来经济侵权后无法可依或没有对应的细则。如倾销、垄断、不正当竞争等行为是有内在关系的，但因为行政分权过细，多个部门管辖且法则不一，严肃性和权威性不足。必须将反垄断、反倾销、反补贴纳入同一规则，加大执法力度。

3. 理顺利益关系

政府管理经济，除了制定规则治标，重要的是寻求理顺各方利益关系的治本之策。严厉打击，突击检查、封堵等制裁往往能一时奏效，但效果很难维护，在经济运行中往往会自动趋向原来的状态。现实中交警和交通部门争夺道路清障权、公务员利用职务指定办事者到亲友的企业中接受服务等争权寻租的背后，与利益分配制度设计有关。其实只要像香港那样，规定且确保同职级公务员酬薪行业无差别，公共事务不收费，明确了利益关系，则许多难题可迎刃而解。

4. 强化宏观管理与协调

我国政府的优越性在于全国一盘棋，因此是强势政府。在宏观管理与协调上，一是引导和调控产业发展方向，调整产业目标，形成合理的产业结构，推动经济社会健康发展。二是运用竞争政策争取和创造公平合理的国际竞争环境，在一定时期内适当保护国内经济，制定保护民族经济的有效政策，通过合理引导，帮助企业规避市场风险。还要加大对生产者、经营者、消费者的保护，给予公平竞争以稳定、有效的保护。三是鼓励和引导中小企业发展。培育市场竞争主体，克服高失业率和保持低通胀率，防止经济大起大落。保障总供给与总需求的平衡。针对我国地域辽阔、人口众多、地区间发展不平衡的实际，采取转移支付等手段，帮助落后地区发展，缩小区域差距。四是建立新的公共决策机制。反垄断涉及资源配置方式改革的重大调整。因此，重大决策要经过咨询研究部门的论证，建立审议会、公开听证会制度。垄断行业及其政府主管部门是既得利益阶层，为避免其寻租及反"反垄断"，不能给它们改革的决策权，以免发生转移或分解垄断行为，应由独立的第三方设计改革方案。吸收社会各界代表参加，通过多次民主协商形成可接受的方案，经国务院批准后由专门机构监督实施，而且信息要公开披露，接受社会监督。

（五）建立健全反垄断规制

可在国家工商总局的基础上组建"国家反垄断委员会"或"公平交易委员会"，在国务院总理的直接领导下依法独立行使职权，不受其他行政机关、社会团体和个人的干涉。委员会成员为5~6人，主任委员1人，副主任委员2人，主任委员由总理提名、全国人大常委会任命，其他委员由总理任命。所有成员必须有法学、经济学、管理学等方面的特别知识和经验。其成员、编制和经费单列，禁止成员兼任社会职务。

这个机构应该有准司法权，设立行政诉制。对违反竞争法构成犯罪的行为人由竞争主管机关直接向人民法院起诉，解决多年来以罚代刑、司法腐败、检方专业知识缺乏等问题。并将分离到价格、商务、电信等部门的反垄断职能统一由该委员会行使。

为了保证维护秩序的有效性，反垄断机构具有制定和解释规章权。同时当产业政策与竞争政策不一致时，可审查产业政策并报经全国人大及其常委会、国务院核准适用。该机构还可对垄断价格进行管制，核算企业边际成本和固定成本，分析消费者需求弹性等因素，采取上限法管制，维护消费者利益。

反垄断委员会有权委派特派专员，公开进驻垄断企业调查，有权对行政垄断秘密调查，并对相关行业和地区的行政首长提出建议和意见。同时还要确定域外管辖原则，对发生在境外但对本国市场产生不良影响的国外企业垄断具有管辖权。

总之，反垄断是一个持久的过程，不可能一劳永逸。在旧的垄断未消失，新的垄断方式不断出现(如各类园区的封闭管理、安全生产监督机关附设的限定性垄断等)的情况下，反垄断斗争将是持续的。

注　释

① 古典经济学家认为垄断是非常罕见的。据统计，在亚当·斯密的《国富论》中，平均每90页中只有1页用于论述垄断，在大卫·李嘉图的《政治经济学及赋税原理》中每58页只有1页，在约翰·穆勒的《政治经济学原理》中总共才有1页论述此项。他们认为，垄断仅限指君主就某一商品的制造、进口或销售而赐予的专营权。1838年，法国经济大师当奥古斯丁·库诺特得出边际收益等于边际成本的均衡论断，垄断理论正式进入经济学。库诺特在《财富理论的数学原理研究》中，对寡头垄断的均衡进行了开创性研究，为现代经济学垄断理论奠定了基础。

② 陈东琪，李茂生主编．社会主义市场经济学．长沙：湖南人民出版社，2000

③ 曹建海．过度竞争论．北京：中国人民大学出版社，2000

④ 1999年6月咸阳彩虹、北京松下、上海永新、福地科技、赛格日立、南京华飞等国内八大彩管企业一致停产保价，限产持续时间1个月。2000年6月彩电生产商还在深圳召开"中国彩电企业峰会"。2001年8月，以低价经营家电闻名的国美沈阳分店开业后，占沈阳家电市场份额90%的四大商场联合抵制，迫使十余家生产厂家不敢向国美供货。以上见《中国经济时报》2000年11月4日报道。

⑤ 瑞士ABB集团、美国雪佛龙海外石油公司、德国博世公司都准备把总部设在中国。有近400家进入中国市场，投资了2000多个项目。世界上最主要的电脑、电子产品、电信设备、石油化工等制造商，已将生产网络扩展至我国。排位在前100名的全球最有价值的品牌，目前已有60余种进入中国市场，其中40余种已建立了生产基地。全球最佳8种品牌中，强生、宝洁、雀巢、联合利华、欧莱雅、高露洁、达能等7种在中国已有生产基地或销售网络。宝洁公司美国股东利用税收牌迫使中方逐步退出，现在仅保留了象征性的1%股权。西门子公司则在增资扩股和中方对市场有不同看法时，采取中方退多少它进多少的策略，赎买中方股权，已将45家中德合资企业控股40家。在电子产业上跨国公司取得的市场支配地位已被公认。在销售终端上，麦当劳、肯德基已建近800个连锁店，沃尔玛连锁超市3年内达100个，家乐福、麦德龙、百盛都宣布将建100家以上，咖啡连锁店星巴克计划5年内开设50家。以上见《中国经济时报》

2001年12月6日的《中国工商管理研究》

⑥ 中国经济时报. 2003-02-19

⑦ 中华煤气在广州、中山、苏州、青岛等地，新奥燃气在聊城、廊坊、北京密云等23城市获管网控股权，覆盖城市人口560万人。详见《中国经济时报》2002年10月22日报道。

⑧ 陕西省人民政府1997年4月发文对本省秦川汽车做过鼓励性规定，凡购该车作为出租车的，可享受减免购置费一年等优惠。1997年11月湖北省政府办公厅下发的《关于促进经济型轿车销售有关问题的通知》规定，"凡以财政拨款购买产量达各级党政机关事业单位，按用车标准应用经济型轿车的必须购买神龙富康型轿车。否则公安部门不得办牌照，财政部门不得拨款，社控部门不得办理手续"。并对购买该车的单位和个人减免各种地方性税费，对购买桑塔纳等外地车缴7万元"企业解困金"。1999年4月吉林省政府办公厅转发该省经贸委《关于加强市场开拓促进省内工业产品销售意见》也要求，"凡购买我省各种型牌汽车的省内用户，免收各种机动车辆地方购置附加费、预收通行费；免收购买小汽车教育附加费；免收新购汽车验证费；优先办理执照手续"。2000年上海为保护本地的桑塔纳，规定湖北富康等外地汽车需缴8万元牌照费而桑塔纳只缴2万元。甘肃省计委在中川机场建设中设下6道关卡，对省外施工企业进行限制。详见《法制日报》2001年4月1日报道。

⑨ 人民日报. 2001-01-10

⑩ 市场化指数有5个方面：政府与市场的关系、非国有经济发展、产品市场发育程度、要素市场发育程度、市场中介组织和法律制度环境。以上见《中国经济时报》2002年12月9日报道。

⑪ 垄断甚至限制人们对生活用品的选择，如上海计生委药具站垄断了全市安全套的经营。见《南方周末》"调查"，2003-01-16

⑫ 海南万宁、文昌及三亚等市设有专管垃圾废品市场的"废品办"，后改为"再生资源经营管理中心"，由土产公司"统一价格、统一调运供应、统一收购"。详细报道见《中国经济时报》2002年8月6日。北京市设立的出租车管理局是自收自支事业单位，强令出租车挂靠公司，出租车受到主管当局、公司、运管等几家的盘剥，月收入应得3851元，实得1817.68元。详细报道见《中国经济时报》专刊2002.12.5

⑬ 南方周末. 2002-04-02（A3）

⑭ 傅小随认为，职能部门破坏本部门履行的职能，从事本部门禁止的活动，例如防汛办公室从事破坏防汛行为、林业部门暗中操纵破坏珍稀林木资源、

公安部门勾结地方黑恶势力危害社会治安等属"反职能"行为。详见《管理世界》2003年2月的《地区发展竞争背景下的地方行政管理体制改革》。

⑮ 央视国际 www. cctv. com. cn.

⑯ 中国经济时报. 2001 – 09 – 26

⑰ 卢现祥. 论政府在我国基础设施领域促进竞争及反垄断中的"诺思悖论". 管理世界，2002，2：86

⑱ 过勇，胡鞍钢. 不可低估行政垄断所造成的经济损失. 中国经济时报，2002 – 07 – 13

⑲ 本段及以下所引用图表、数据均源于过勇，胡鞍钢的《不可低估行政垄断所造成的经济损失》，载于2002年7月13日《中国经济时报》。

⑳ 杂文报. 2003 – 03 – 21

㉑ 中国工商报. 2002 – 03 – 14

㉒ 川、湘、粤、桂、豫等省交通厅长伏法见央视国际 www. cctv. com. cn。浙江药监局（与医药公司一体）局长周航年薪30万元、新闻出版局（与出版社、新华书店一体）局长罗鉴宇年薪20余万元（俄罗斯总统普京2001年年薪约折合27万元），皆巨贪，已伏法。详见《中国经济时报》2002年9月22日报道。

㉓ 民航、电信、电力、烟草和金融保险等垄断行业的职工平均工资收入，一般是其他行业职工工资收入的2~3倍。如果再加上工资外收入和职工福利待遇的差异，差距可能超过5倍甚至更高。有的垄断行业一般岗位职工比其他同行业同工种职工收入要高出几十倍。详见专家组《转型期要素分配与收入分配》。广东、天津高收入报道见2001年8月6日《组织人事报》。表4源于过勇，胡鞍钢的《不可低估行政垄断所造成的经济损失》，载于《中国经济时报》2001年7月13日。

㉔ 浙江仙居煤气公司为垄断本地煤矿气供应，先后7次对竞争对手派出杀手致伤9人，寻衅滋事16次伤16人，敲诈勒索15人，详见《南方周末》2002年4月18日报道；武汉新洲区教委与人寿保险公司联手强制保险，潘塘街一女生因交不起20元保费服毒自尽，详见《工商行政管理》2002年1~2期报道。

㉕ 据国家统计局计算，城市居民的可支配收入基尼系数从改革初期1978年的0.16上升到2000年的0.32；农村居民纯收入差距从1995年的0.389上升到2000年的0.417，超过了所谓国际公认的0.4的分配差异警戒线。详见专家组《转型期要素分配与收入分配》。

㉖ 经济学认为，经济增长的四个轮子——人力资源（劳动力供给、教育、纪律、激励）、自然资源（土地、矿产、燃料、环境质量）、资本（机器、工厂、道路）和技术（科学、工程、管理、企业家才能）配置到最合适的地方才能创造最多的社会财富。

㉗ 中国经济时报. 2002－11－23

㉘ 中共中央党校报告选. 2001－05

㉙ 卢现祥. 论政府在我国基础设施领域促进竞争及反垄断中的"诺思悖论". 管理世界，2002，2：86

㉚ 门建辉. 自然领域行业放松管制. 新华文摘，1996(6)

㉛ 中国工商管理研究. 2002(1)

㉜ 如美国波音公司对麦道公司的兼并，金额达133亿美元，成为第一号飞机公司。跨国并购是另一显著特点，美国通用汽车与意大利菲亚特汽车公司通过互换股权，组建世界上最大的汽车生产联合体；巴黎证交所、布鲁塞尔证交所和阿姆斯特丹证交所合并，成为欧洲第二大证交所；德国戴姆勒——奔驰与美国克莱斯勒汽车公司兼并金额达395亿美元；国民银行与美洲银行的兼并金额达616亿美元；美国电话电报公司与英国电信公司的兼并金额达682亿美元。有关案例可登录国务院发展研究中心"国研网"www.drcnet.com。

㉝ 分别来源于《中国经济时报》2003年1月3日报道，2003年2月13日报道及《西部商报》2002年11月3日报道。

㉞ 美国参议员谢尔曼在对以他的名字命名的《谢尔曼法》所作说明中深刻地指出："如果我们不能忍受政治权力的皇帝，我们也不能忍受统治我们各种生活必需品生产、运输和销售的皇帝。我们不能屈服于一个皇帝，我们也不能屈服于以势力阻碍竞争和固定这种商品价格的贸易大亨。"

㉟ 中国工商管理研究. 2001(4)

㊱ 中国工商管理研究. 2002(11)；2003(2)

㊲ 中国电信按业务性质和地域已横向分解，基础电信和互联网领域纵向分解，已形成中国移动、中国联通、中国铁通、中国网通、中国吉通和中国电信等多家公司。在电信增值领域，已为3028个企业发放了许可证。民航业实现了航空运输企业和机场的分离，1992年以来相继成立了16家地方航空公司，现有运输航空公司24个，通用航空公司32个，民用航空机场119个，9个中央直属航空公司组建了3个国有航空运输企业集团。铁路业初步实现主副业分离，铁道部直管的机车车辆工业总公司、通信信号总公司、工程总公司、建筑总公司等6个公司近80万职工与铁路脱钩。同时组建了南昌、柳州、昆明、广州等

5个独立的客、货运输公司。通过行业重组和公司化改造，中国移动、中国联通、中国石化股份、东方航空、首都机场等一批有竞争力的企业在国内外资本市场成功上市，仅电信就累计筹资200亿美元。

参考文献

［1］ 马克思．资本论．1～3卷．北京：人民出版社

［2］ 中共甘肃省委党校．马克思主义著作选读．兰州：甘肃人民出版社

［3］ 洪银兴．发展经济学．南京：江苏人民出版社

［4］ 谷书堂．社会主义经济学通论．北京：高等教育出版社

［5］ 曹建海．过度竞争论．北京：中国人民大学出版社

［6］ 吴易风，刘凤良，吴汉洪．西方经济学．北京：中国人民大学出版社

［7］ 刘元春．交易费用分析框架的政治经济学批判．北京：经济科学出版社

［8］ 樊纲，姚枝仲等．转型期要素分配与收入分配．上海：上海远东出版社

［9］ 郑利平．腐败的经济学分析．北京：中共中央党校出版社

［10］ 王东京，张宝江，杨明宣．与官员谈西方经济学．南宁：广西人民出版社

［11］ 刘进军．改革与发展的经济学思考．兰州：兰州大学出版社

［12］ 刘进军主编．当代中国经济前沿问题研究．兰州：兰州大学出版社

［13］ 王东京，王天义主编．中国市场经济十大理论问题．北京：中共中央党校出版社

［14］ 王众孚主编．WTO与工商行政管理．北京：中国工商出版社

［15］ 陈东琪，李茂生主编．社会主义市场经济学．长沙：湖南人民出版社

［16］ 国家工商局条法司编．反不正当竞争法释义．石家庄：河北人民出版社

［17］ 国家工商局人教司编．工商行政管理专业知识与实务．北京：机械工业出版社

［18］ 国家工商局编．中外市场监督管理比较．北京：中国统计出版社

［19］ 国家工商局编．社会主义市场经济理论．北京：经济管理出版社

［20］ 北京大学学报（哲学社会科学版）．2002（1）

［21］ 潘静成，刘文华主编．经济法概论．北京：中国财政经济出版社

[22] 求是.2002(8)
[23] 中共中央党校报告选.2001.5
[24] 新华文摘.1996.(6)
[25] 经济研究.2001(6),2001(10)
[26] 管理世界.2002(2),2002(4),2002(9),2003(3)
[27] 中国工商管理研究.2000—2002年年度合订本
[28] 工商行政管理.1998—2002年年度合订本
[29] 改革与理论.2002(5)

(作者单位:甘肃省天水市工商局)

一等奖

论建立以工商机关为主导的反垄断执法体制

白 宁

严格地说，虽然我国反不正当竞争执法包括了部分反垄断的内容，但由于反垄断法的缺位和主要执法机关的不确定，我国反垄断执法体制尚未建立起来。因此有必要充分借鉴国外成熟的反垄断立法和执法经验，改革目前市场监管体制，建立中国反垄断执法体制。

本文意在借鉴国外反垄断执法机关及执法体制的运作情况，结合中国实际，论述我国反垄断执法机关设置和建立执法体制的基本问题，论证建立以工商机关为反垄断主要执法机关的执法体制的合法性、合理性和可行性。

一、国外反垄断机关设置和执法体制运作的经验

（一）国外反垄断机关和执法体制的简要情况

世界上已制定反垄断法的80多个国家，大多数都设立了专门负责执行的机关，如美国联邦贸易委员会（FTC），德国的联邦卡特尔局，日本的公正交易委员会，英国的公平贸易局等①。

反垄断专门执法机关可以分为两种类型，即纯行政性的机关和具有准司法权的机关。此外还有一些非专门执法机关，如法国、德国的经济部长，他们只在法定范围内拥有有限的执法权力，一般情况下不是实际执法者，与专门机关之间存在形式上的领导关系。法国经济部长是竞争审议委员会的上级领导，但前者不能影响后者在职权范围内的调查、审查与裁决活动。德国联邦卡特尔局名义上受经济部长领导，但决议处主席和决议员都是终身公职人员，独立办案。1986年修改的韩国公平交易法，将公平交易委员会从经济计划院长官的一个审议机关，发展成为独立的行政机关，接受了原来属于经济计划院长官掌握的各项权力，成为实施主体。还有一种由行业监管机关与专门机关共同执行反垄断法的权力共享型合作执法机制，主要适用于电信、电力与银行领域的企业合并审查方面。在意大利，银行业的监管机关承担了执行反垄断法的职能，意大利银行负责执行有关银行的协议、优势地位的滥用和银行之间的合并的竞争规则，

反托拉斯当局可以提出建议②。对于美国通信委员会(FCC)所监管的电信运营商，美国联邦贸易委员会(FTC)与司法部根据克莱顿法第7条有共同管辖权。美国1996年电信法进一步扩大司法部的权力，废止了原先FCC可以给予地方电话公司合并反垄断审查豁免的权力。对于电力领域电力设施之间的合并，反垄断机关与联邦能源管制委员会(FERC)有共同管辖权。

(二)国外反垄断执法机关的特征

1. 平衡性

表现在各国反垄断执法机关由不同党派、不同专业领域的人士组成，以达到平衡各方利益和立场的目的。这种平衡性是反垄断法或其他行政法直接规定的，具有权威性和稳定性。美国FTC采取两党制，总统不能任命任何一党在委员会中占绝对多数，以保证委员会能够做出公平的决议。法律明文规定，同一政党的委员不能超过三名，这就保证了委员会组成在党派上的平衡。法国竞争审议委员会有十六名委员，其中七名由现任或卸任的中央行政法院、审计法院、最高法院成员或其他行政或普通法院的成员担任；四名由具经济或竞争及消费学识经验者担任；五名由从事生产业、经销业、手工业、服务业或自由业者担任。因此，"委员会之组成堪称网罗官、学、产、法律、经济、理论、实务之各方专家"③。

2. 专业性

反垄断法是法律各部门中最具有不确定性的领域，涉及经济学、法学、行政学等多方面专业知识，因而要求执法人员具有专业性。日本《禁止垄断法》规定公正交易委员会组成人员要"具有法律或经济学识经验"；美国FTC下设竞争处和经济处，竞争处由法学家组成，经济处由经济学家组成；其设立本身就有出于设立更为专业的执行机关以弥补司法部的不足的原因。法国竞争审议委员会由各方面专业人士组成，在体现了平衡性的同时，体现了专业性的基本要求。

3. 独立性

独立性又称中立性，表现在反垄断执法机关执行职务时，不受其他机关或首长的干涉，不受各种利益集团的干扰，保持高度中立；其组成人员的身份受法律保障，无法定事由不能被免职，各国反垄断法和行政法一般对反垄断机关成员从选任、任期和执法程序等方面做出明确规定，以保障其独立行使权力。美国FTC是独立控制委员会之一。委员由总统任命，但要由参议院推荐和批准，所以委员的任命不受任何人把持，除了"工作无效、玩忽职守、渎职"等法定原因外，任何人不得任意解除委员的职务。总统对委员任命虽然有自由决定的权力，但没有自由决定免职的权力。然而，总统对委员会的主席可以自由任命和免职，不受限制。非领导者的工作人员受文官制度的支配④。美国 FTC 委员"不得从事其他实业或职业"，以保证执法不受利益集团的控制。德国联邦卡特尔局独立执行职务，不受经济部长的制约。其成员既不能是企业的所有人或领导人，也不得是企业或有关组织的董事或监事会成员，以彰显其中立性。法国则设计了一种互选制来保证竞争审议委员会的独立性⑤。

(三)美欧反垄断执法的现代化发展

1. 执法重心有所变化

20世纪90年代以来，美国的反垄断法执行呈现一些新的特点。一方面是美国反垄断当局越来越注重调查和制裁国际卡特尔，以维护美国利益。据统计，司法部在1997年和1998年征收的反垄断罚金的90%以上以及1999年征收的全部罚金都是来自国际卡特尔案件，且最大的罚金也是来自外国企业。1997年和1998年美国反垄断刑事案件的一半被告是外国公司。在罚金达到或者超过1000万美元的26家公司中，其中一半是外国公司。2000年司法部反托拉斯局大约1/3的刑事案件涉及国际卡特尔。美国执法机关注重高科技领域的限制竞争活动，约束越来越多的滥用知识产权限制竞争的情况，如对微软公司垄断的诉讼。

1980年以来，美国执法机关在一定程度上放松了反垄断法的实施，司法部在20世纪70年代提起的民事诉讼案件有243宗，80年代有118宗，90年代93宗。但刑事诉讼则大幅度增加⑥。反托拉斯刑事处罚严厉性的增加伴随着反托拉斯刑事案件的增加，反映的不是违反反托拉斯法的行为的增加，而是反映出司法部的执法重心在向固定价格转移。原因是当时司法部信奉"芝加哥学派"，不再强调排他行为而偏向了共谋行为。由于固定价格案件，无论是刑事还是民事的，往往都是直截了当，所以司法部在里根—布什时代面对人员和拨款的锐减，仍然能够使反托拉斯案件的总数增加。克林顿时代，反托拉斯局的人员和拨款得到了大大的增加，但案件数量却减少了，反映出反托拉斯转向了更为雄心勃勃的民事诉讼，如微软诉讼⑦。克林顿上台后，反托拉斯执法稍有收紧，但民主党在1994年国会选举中惨败后，反垄断法的实施又回到了80年代的宽松状态。2000年布什在施政纲领中声称，扩大私人企业在国民经济中的作用，相应削减公有部门，减少对企业的干预。

2. 执法思维的理性化

美国反垄断法发展的初期，对垄断的含义和范围的规定笼统，难以执行。而随着合理原则等执法原则的确立，执法实践不断明确了反垄断的发展路径。重要的因素是经济学理论左右了立法者和执法者，以至在美国不同历史时期反垄断执法呈现不同特点，同时促进反垄断执法的发展和成熟，使其更加贴近于促进竞争、提高效率和保护消费者的宗旨。20世纪80年代，随着里根政府将芝加哥学派几个重要人物任命为联邦法院法官，芝加哥学派的思想在美国反垄断政策中曾经起过重要的作用。20世纪70年代至80年代后期反托拉斯经济学研究经历了一个发展高峰，反垄断理论研究发现，垄断现象和反垄断的实践存在诸多复杂性。首先，企业通过自己的竞争力而得到垄断地位的，是市场行为和自由竞争的自然结果。一些大的公司确实在相关市场形成了绝对优势，但不影响他们在创新和生产率增长方面的佳绩。其次，垄断在国际竞争中具有特别重要的作用。再次，对同一经济现象和经济行为，不同的利益集团在理论观点、政策主张和法律界定等方面相去甚远。四是公共选择理论认为，政府的管理总是有利生产者，并不能真正服务于公共利益。上述认识和理论影响了美国在反托拉斯法实施过程中对违法行为的认定。在批准并购案时，不仅根据市场集中度指标，还考虑兼并后的市场效率。判断垄断的标准不是以企业规模大小来决定的，关键是要看其是否滥用了市场力量。在处理高技术行业垄断案件时，更要考虑行业的特点。美国司法部在处理微软案件时，就没有根据传统理念简单地限制软硬件一体化捆绑，而是进一步分析研究这种捆绑是否属于垄断行为。

3. 执法方式手段的改进

2005年5月1日，为有效监管和简化管理，欧盟制定实施了新的竞争执法制度，确立了欧盟委员会主导、欧盟委员会与各国竞争当局共同执法、欧盟法院监督的新体制，改原来限制竞争协议的通知和集中豁免制度为直接适用的例外制度，由事前控制转为事后控制，所有成员国的法院和竞争当局都可以适用。2000年9月，欧盟委员会提出了第81条和第82条的实施条例的立法建议。该建议所确立的制度的特点是：更有效地保护竞争，更多的执法者参与执法，调整欧盟委员会的权力；为公司的商业活动提供更公平的机会，包括竞争法的更多适用，欧共体竞争法的统一实施；提供更大程度的法律确定性，降低纯行政性要求。为减轻执法压力，欧盟委员会通过发放安慰信（消极批准信或豁免信）非正式方式处理企业限制竞争协议的通知。当然还有国家坚持事先申报制度，如日本所有的兼并都必须事先申报。公平交易委员会在收到企业兼并申报后，启动正式的兼并审核程序[⑧]。

执法机关的自由裁量权也体现了执法方式的变化。韩国公平交易委员会应用经济学的"博弈论"中的"囚徒困境"，通过利用宽大处理和悬赏计划的手段提高案件的侦查发现率。对在公平竞争交易委员会发现之前前来投案自首的卡特尔参与者或是在调查中积极与之配合的，该政策会对其免于处罚或降低制裁的额度。美欧反垄断法也有类似"坦白从宽"的政策。如果触犯反垄断法的公司或个人在违法行为早期向美国司法部反托拉斯局报告，后者则不会对他们提起指控。欧共体委员会在反垄断方面不负有作出决定的法定义务[9]。在国外反垄断执法中，和解、行政指导等软方式也被经常采用。

二、工商机关作为反垄断执法机关的法律依据和可行性分析

有学者总结了理论界关于设立我国反垄断执法机关的不同建议和观点，所谓工商部门说，人民法院加人民检察院说，独立专门机关说等。笔者认为，应确定国家工商总局为反垄断主管机关，辅之以特定行业的监管机关。这比确定其他机关或新的专门机关，具有更充分的法律基础和条件，更合适，也更经济实际。具体观点和理由如下。

（一）工商机关拥有成为反垄断执法机关的依据

现在法律法规赋予了工商机关反垄断职权，比其他机关更直接，更充分。根据2001年8月国务院批准的《国家工商行政管理总局职能配置内设机关和人员编制规定》，国家工商总局的主要职责之一是，"依法组织监督市场竞争行为，查处垄断、不正当竞争、走私贩私、传销和变相传销等经济违法行为"。2001年国务院将国家工商局调整为国家工商行政管理总局，升格为正部级，定位于主管市场监督管理和有关行政执法工作的机关。在我国没有统一的行政组织法和行政编制法的情况下，国务院的"三定"方案实际上发挥了行政组织法的作用，体现了国家在特定管理领域的基本政策，法规应与之保持一致。而商务部的"三定"方案表述是这样的："规范市场运行、流通秩序和打破市场垄断、地区封锁的政策"，很明显，其职责主要是制定市场政策，不同于具体管制某一市场行为的行政执法机关。

《反不正当竞争法》第3条规定，县级以上人民政府工商行政管理部门对不正当竞争行为进行监督检查；法律、行政法规规定由其他部门监督检查的，依照其规定。该法包括了部分垄断和限制竞争行为，因而工商机关既是反不正当竞争的主管机关，同时又是反垄断的执法机关。由于在当时立法背景下，市场经济体制刚刚开始建立，垄断行为的表现还不充分，对垄断的认识存在较大分歧，因此，该法规定的不正当竞争行为包括的垄断行为有限，工商机关相关执法范围自然受限。另一方面，虽然《价格法》、《招标投标法》、《电信条例》分别对价格卡特尔、串通招标投标、电信企业限制竞争行为等确定了其他执法机关，但对特定行业、特定企业和特定形式的反垄断行为，毕竟是例外规定，是整个反垄断和反不正当竞争法律制度的特殊情况。而相关特定领域的执法机关

与工商机关的主导地位并不矛盾。因此,不能以特例否定法律规定的工商机关作为反垄断和反不正当竞争的主管部门的地位[10]。另外,全国已有25个地方性立法机关制定了《反不正当竞争法》的实施条例或实施办法,对《反不正当竞争法》禁止的11种不正当竞争行为,包括5种垄断行为和工商机关履行反垄断职能等内容,做了细化或补充规定。

(二)工商机关的性质和定位适合反垄断执法

我国在计划经济体制下,行政管理权没有细分,政府制定政策和行政执法的分工不明确,而大多数政府机关处在制定政策、分配资源的层面,专门的行政执法为数不多。因此,行政执法的专业性没有得到应有的重视,执法人员没有作为单独的序列管理。在市场经济和法治不断发达的情况下,适应政府职能转变和各部门分工明确的要求,行政执法机关的独立和专业性应特别强调,否则就无法体现法律的专业性和执法的公正权威性。工商机关作为主管市场监督管理和有关行政执法的专门机关,类似于美国FTC等管制机构,具有先天的执法优势,比其他政府职能部门和执法机关更具有专业性。

工商部门目前的大多数职能都与反垄断和反不正当竞争有关,是广义上的竞争执法机关。而垄断对公共利益的危害远大于不正当竞争行为,更需要政府管制和干预,反不正当竞争更关注私人权利,可以更多地寻求司法救济。因此,工商机关在把垄断和限制竞争列为执法重点后,发展成为类似国外专门执法机关的中国反垄断机关是顺理成章的,借口国家工商总局只是一般的部级单位,对其他部门难以约束,因而不适合作为反垄断执法机关的观点,违背了权力分工的组织法原则,明显带有权大于法的思维痕迹。

(三)工商机关拥有查处反垄断和反不正当竞争案件较为丰富的经验

反不正当竞争法实施十多年来,作为主要的执法机关,各级工商机关查处了大量的反不正当竞争和限制竞争案件,虽然案件数量总体上比例不大,但相关的行政执法,特别是反垄断和限制竞争的案件不断突破,取得了一定的社会效益。据统计,1999年至2004年底,全国共查处垄断行业限制竞争案件5200多起,涉及供水、供电、供气、铁路、保险、电信、邮政、商业银行、烟草、石油、盐业等垄断性行业的强制交易、强制服务、差别待遇、搭售、附加不合理条件、滥收费用等行为[11]。广东省工商局对1993—2004年十多年来全省系统反不正当竞争执法情况进行了广泛深入的调研,数据显示:12年里反不正当竞争案件总数为4971宗,在1994年仅为23宗,而在2001年突破为645宗,2002年为1582宗,2003年1543宗。这些案件中,限制竞争案件为104宗,其中公用企业或依法具有独占地位的企业滥用市场优势地位实施强制交易案件85宗,占大多数，政府及其所属部门滥用权力案件3宗[12]。可以看出，近年办案数量的大幅度增加，反垄断领域很宽。这些成绩证明了工商机关查处反垄断行为的能力，也包含了反垄断的复杂性和执法的艰巨性。

(四)充分利用工商机关现有的体制和人员优势

1994年，国家工商总局成立了公平交易局，负责日常反垄断具体工作。全国省市县级工商部门均设立了公平交易执法处、科，专门负责查处不正当竞争案件和反垄断案件，培养了一支近7万人的竞争执法队伍，形成了覆盖全国的竞争执法网络。同时，工商机关实行省级以下垂直领导，为排除地方干扰，加大执法力度提供了组织保障。

(五)工商机关执法方面的不足可以克服和改进

相当多的学者认为，中国的垄断跟外国不一样，外国多半是行业垄断，中国则主要是行政垄断。工商机关无力管制行政垄断，因而反不正当竞争法只给了执法机关的建议权。笔者认为，要以发展的眼光看待这个问题。首先，行政垄断确实是最难解决的垄断行为之一，具有中国特色。政府既是管制政策的制定者和监督者，又是具体业务的实际经营者和最大利害关系人，使得行政垄断与政府行为和利益密切相关，这不是目前任何一个有权威的机关可以解决的，亦非《反垄断法》可以解决，而关系到国家政治体制和司法体制的改革。其次，在一些执法领域，行政管理的相对人包括行政机关。如果反垄断法对政府滥用行政权力的行为做出明确的禁止性规定，对于实施行政垄断的行政机关，法律要明确执法机关的权力，同时要有相关的司法救济措施和体制保障。行政垄断毕竟是中国改革开放和经济转轨过程中出现的问题，《反垄断法》规制的主要内容还是企业的市场行为，不能影响执法走向。

三、建立以工商机关为主导的行政执法体制的其他因素

执法体制除最主要的执法机关要素外，还包括其他许多方面，如执法机关内部组织、执法方式方法、执法程序、执法监督、执法救济等。这些因素也是目前我国市场监管体制中存在的问题。笔者认为，这些因素非常重要，但毕竟是以反垄断执法机关的确定和定位为基础和前提条件，限于篇幅，本文围绕执法机关这个中心，对上述因素提出一些简要的看法。

(一)依法确立行政执法主体以工商机关为主，其他行业监管机关为辅

与一般的执法不同，执法权要上收，即根据垄断和限制竞争行为的特点，

参照现在反不正当竞争执法和其他重要领域行政执法的成功经验,以国家工商总局和各省市以及较大市的工商行政管理机关为执法主体。其他行政监管机关适用的范围要科学论证,保证其中立性,同时在反垄断执法机关的主导下,建立合作机制。

(二)改革内部运行程序和模式

目前行政执法案件需要层层审批,内部程序复杂,影响效率;名义上的两人办案、行政首长负责制却责任不清;执法专业化程度较低。笔者建议行政执法采用合议制,类似法院的合议庭,由三名执法人员组成合议机构,调查并裁决案件,并对案件的质量负责。行政首长负责人员的调配,不干预具体案件的审理,对重大案件提交局长办公会决定。这样可能与行政首长负责制不一致,但行政效率的提高必须建立在合理的授权和分工基础上。

(三)改进行政执法方式,针对不同类型的垄断行为采用不同的管理方式

从广义上讲,目前工商机关的执法方式因具体事项的不同而有所区别,一种是行政许可,即对企业和个体户申请工商登记的核准,另一种是狭义上的行政执法,即查处各类违法行为。反垄断法因为管制事项的不同,也有上述两种方式,即对企业合并的事先审批和对其他垄断行为的处理。对违法行为的处理应既包括现行法律规定的行政处罚、涉嫌犯罪案件移送司法机关等手段,也应包括和解、发行政建议、行政指导等方法。

(四)提升执法人员的素质,借用相关专业机构的力量

在提高执法人员进入门槛的同时,通过培训,确保执法人员的法律和经济方面的专业知识处于理论界的前沿。对技术性的知识和复杂的法律经济等问题,征求专业机构和人士的意见,保障执法公正。反垄断执法要借鉴西方国家经济学分析方法,综合考虑判断市场行为是否构成垄断或限制竞争行为,克服目前行政执法简单化、表面化而实质上有时有失公允的现象,真正建立公平公正的执法体制。

(五)加强与司法机关的联系

一些国家的反垄断法赋予执法机关起诉权,包括提起民事诉讼和刑事诉讼的权力,但在我国,如果这样做,必须有明确的法律规定,同时修改民事诉讼和刑事诉讼等方面的法律,这牵涉重大司法体制,一时难以实现。因此,目前更重要的是完善涉嫌犯罪案件的移送制度,并建立私人反垄断诉讼的司法救济与工商机关等机关反垄断执法的协调机制。

反垄断执法体制以反垄断执法机关及其执法活动为主要研究对象,考察反

垄断机构设置、权限范围、运作程序等内容，涉及诸多因素，因而是一个复杂的系统。本文侧重于反垄断执法机关的归属和定位。笔者认为从法理和实际分析，从国内到国外相关立法和执法经验的考察，我国即将出台的反垄断法应确定工商机关为主要执法机关，建立运作规范、高度专业、执法公正的反垄断和反不正当竞争的执法体制。

注　释

①还有学者将司法机关也称为反垄断法的执法机关，笔者认为，司法机关与行政机关是不同性质的国家机器，虽然司法机关在反垄断法执行中的作用至关重要，但司法体系自成一统，法院对行政的审查和监督在不同领域的差异很小。因此，本文在论述反垄断法执行时主要以反垄断的行政执法机关为主。法院有关案例是执行或解释反垄断法时的重要依据，其与行政机关的关系也涉及反垄断执法体制的重要内容，但关涉到法院内部的组织和运作，则不在本文的视野。

②李国海．论反垄断法执行机构．见：经济法论丛．第7卷．北京：中国方正出版社，2003.182

③何之迈．公平交易法专论．北京：中国政法大学出版社，2004.373

④王名扬．美国行政法．北京：中国法制出版社，1995.176

⑤何之迈．公平交易法专论．北京：中国政法大学出版社，2004.375

⑥理查德·A．波斯纳著．反托拉斯法．孙秋宁译．第2版．北京：中国政法大学出版社，2003.40

⑦"根据反托拉斯局公布的统计数字，以固定（1999）美元为单位的拨款从1981年的8200万美元下降到1992年的6900万美元，该局雇员数量从934人减少到607人"。"到2000年，反托拉斯局的人员增加到801人，拨款增加到10500万美元"。见：理查德·A．波斯纳著．反托拉斯法．孙秋宁译．第2版．北京：中国政法大学出版社，2003.53

⑧韩立余．欧盟反托拉斯法的现代化．法学家，2004（5）

⑨蔡从燕．论私人反垄断诉讼——法实现机制中私人的作用及保障．见：梁慧星主编．民商法论丛．第29卷．北京：法律出版社，2004.277

⑩吴振国．发展中的中国竞争政策与立法．见：王艳林主编．竞争法评论．第1卷．北京：中国政法大学出版社，2005.127

⑪数据来自2005年6月北京召开的"竞争政策与立法国际研讨会"。

⑫广东工商行政管理．2005（5）

（作者单位：武汉大学）

一等奖

行政执法的趋利化与行政执法体制的重构

盛小伟　唐国标

所谓行政执法的趋利化，是指具有行政执法职能的部门，在履行国家赋予的职责过程中，运用行政权力谋求执法活动中支持部门自身生存与发展的不恰当利益。这是我国行政体制改革中必须正视的一个现实问题。

一、行政执法趋利化倾向的形成具有多种原因

1. 制度设计上存在偏差

目前，由于我国公共财政保障体制的滞后，公共财政对行政执法机关的经费保障存在着不保障、保障不好或者虽有保障但难以到位等问题。在这种以"自找皇粮、自种皇粮"为特征的经费保障模式主导下，出于维护自身利益特别是保证生存、提高生活质量的客观需要，行政执法机关的执法行为就有可能甚至不可避免地要发生种种带有趋利动机的执法行为。如：突出部门利益，为罚款而执法办案；可罚与可不罚的尽量罚，可少罚与可多罚的尽量多罚，可单罚与可并罚的尽量并罚；以罚没款多少考评执法办案力度；滥用自由裁量权等。

2. 市场经济条件下的趋利化倾向在行政执法领域中的具体体现

利益作为市场经济发展进程中的必然产物，不但影响和支配着各类市场主体的生产经营行为，而且对承担着调控市场经济活动的行政执法机关也带来了极大的冲击和诱惑。特别是由于历史、经济、体制的原因，我国行政执法机关普遍面临财力保障还不到位的情况，很容易形成执法趋利化倾向。也就是说，行政执法机关作出具体行政行为的价值取向，可能会直接或间接体现在维护自身利益和解决生存问题上，使部门与利益紧密挂钩，使权力体现为利益。

3. 公权力在具体运用中出现异化

人民是公权力的最终所有者。应当说，任何部门或任何个人的权力运用，都必须充分体现权力的公共化取向，全心全意为社会、为人民服务。但由于一些行政执法机关对部门（个人）利益这个"副产品"，形成"权力部门化、部门利益化、利益个人化"的现象，从而导致公权力产生异化。

二、重构行政执法体制的基本设想

健全和完善行政执法体制，关键在于制度的设计。从实践来看，制度亦有好坏之分。好的制度可以使坏人无法任意横行，不好的制度则可以使好人无法充分做好事，甚至会让好人变坏。而设计一个好的规范行政权力运行方式的制度，就必须在设计过程中努力追求科学性、合理性、规范性和实效性。因此，我们要按照现代公共行政的理念，本着"合乎法律本意、合乎发展的需要、合乎市场经济的规范"的原则，大力推进制度变革，重新构建行政执法新体制。

1. 坚持以强化内外两方面的硬约束为取向，重构行政执法的制约机制

与公检法部门间相互制约的体制不同，目前我国的行政执法从发现案源、立案到调查取证、定性，再到核审、处罚等，均由同一执法部门承担，即使实行了调查、核审、处罚的分离，从本质上看也是同一部门内部的不同分工而已。这种体制虽然能起到一定的内部制约与监督作用，但不能从根本上体现制约监督的刚性。特别是当利益成为一些执法部门的生存之需时，来自内部的监督制约或形同虚设或走过场，象征性地对机关的行政行为进行监督，而这种监督又是事后的和不全面的，缺少了对具体行政行为过程的日常性监督。

随着社会主义市场经济法律体系的逐步完备和市场运行机制的逐步规范，我国现行的行政、司法功能在保持中国特色的同时，正在逐步与国际惯例接轨。即：行政干预将逐步趋弱，司法干预将逐步增强。从此意义上说，今后即使实施行政干预也必须逐步向司法原则及其程序靠拢。为此，改革应当从现行的行政执法制约模式中解脱出来，实行部门之间、以外部硬约束为取向的监督机制。即：确定平等独立的部门，分别行使案件调查取证、定性、处罚等职权，从而形成彼此间毫无隶属关系和利益关系的硬性制约。

2. 坚持以公共财政保障为取向，重构行政执法的利益机制

如前所述，行政执法的趋利化倾向与执法机关经费保障模式有着密切的联系。尽管目前财政已实行"收支两条线"原则，但本质上还没有摆脱"以收定支"的模式。即：在具体操作中，仍实行按比例返还或超过基数返还的办法，有收才有支，且多收多支，少收少支。这就在实际上形成规费、罚款数额与单位预算、个人待遇之间的紧密联系。

必要而充分的经费保障，是任何一项工作开展和事业发展的有效前提。行政执法机关作为国家在行政领域内按照法律法规行使职能的部门，要消除行政执法的趋利化倾向，确保执法公正、廉洁，就必须由国家财政来承担其经费保障。

一是要保障到。要通过财政供给渠道的改变和落实，实现公共财政体制中

对行政执法机关的基本保障，使行政机关真正能够吃上"皇粮"而非自己找"皇粮"、种"皇粮"，以彻底解除行政机关在经费问题上的后顾之忧。

二是要保障好。由于行政执法机关的市场监督管理和行政执法的职能，工作上具有一定的特殊性，公共财政应对行政机关经费给予优先保障。这种优先不仅体现在经费保障的及时性上，而且在经费预算人均数量上要略高于一般行政机关。

只有对行政执法机关经费供给上保障到且保障好，建立一种良好的利益补偿机制，才能有效割断行政执法机关及其行政行为同利益之间的"纽带"，堵住因利益驱使而衍生出的制度、机制、体制上的漏洞。

3. 坚持以科学监督为取向，重构行政执法的运行机制

一是要适时。行政执法作为维护市场经济秩序的重要手段，要置身于经济发展的大环境、大背景下，把握住时机，在总的指导思想和原则下，讲究具体的方法和步骤。一个时期、一个阶段要有明确的监管执法重点内容和重点对象，在解决主要问题上突出及时性，体现快速反应和对违法行为的有效制止，使违法违纪人员感到行政监督无时不在，无处不有。

二是要适当。行政执法有着很强的艺术性，必须着眼全局、通盘考虑、张弛有度。在具体实施中，既要做到有法必依、执法必严、违法必究，又要着眼社会稳定和经济发展的要求，注重行政执法的适当性。即：采取的措施、作出的行政处罚，要与当事人违法的性质、危害的程度相当，防止给经济发展带来负面影响。另外，要避免多头执法、交叉执法、重复执法，真正做到刚柔相济、宽严并举、罚教兼施。

三是要适用。实施行政执法，对违法违规的当事人予以行政处罚，目的不在于处罚本身或借助处罚获取利益，而在于通过适用有效的行政惩戒来规范当事人的行为，使之符合市场经济条件下的竞争规则，自觉遵守公共"商德"。因此，科学监管的本意，就是要通过对违法违规行为的汇总分析，针对其一般规律进行适用性强、有针对性的监管，从源头上对违法行为予以及时而有效的制止。

4. 坚持以导入合理性审查为取向，重构行政执法的审查机制

依法行政是依法治国方略的关键，也是行政执法必须遵循的基本原则。但长期以来，人们在"依法"的理解和适用上，往往更多地侧重于对行政行为合法性的审查，而忽视了对行政行为合理性的审查。无论是行政执法机关的内部监督，还是包括司法、舆论监督在内的外部监督，都仅仅重视或突出了对行政处罚在主体和程序上的合法性审查的监督，而忽视了过罚相当的合理性审查的监督。

其实，在行政执法中导入合理性审查，是对合法性审查的重要补充和完善。

特别是对行政相对人来说，由于行政执法中的行政处罚是对受罚者权益的限制、剥夺，因此在这一法律关系中，行政主体处于绝对的强势地位。同时，行政主体及其执法人员在作出行政处罚行为过程中，难免会受到主客观因素的影响。一旦行政行为的后果（如罚没款数量）与部门利益、个人利益存在直接联系，其作出的自由裁量就有可能出现偏差，甚至缺乏公正性、公平性，从而造成对被处罚者正当权益的损害。因此，导入合理性审查，不仅有利于对自由裁量行为的约束，体现对被处罚者正当权益的应有保护，是规范执法的主要内容，而且是立法的目的、精神、本意在实际操作中的应用和体现，是对行政执法审查机制更高、更深层次的要求。

另外，从割断利益与行政执法之间关联的实践看，也必须在坚持合法性审查的同时，导入并加强行政执法的合理性审查。要按照过罚相当原则，规范自由裁量行为，切实保护行政相对人的应有权利，使行政执法摒弃谋利动机，从而更具理性化、人性化。

（作者单位：江苏省无锡市工商局）

一等奖

商标侵权行为之认定研究

崔维纲　唐栋

近年来，随着商标在现代市场经济中的地位彰显，一些不法之徒的"傍名牌"、"搭便车"等商标侵权行为的手段与表现形式更趋多样，使用在相同或类似商品上与驰名商标、著名商标及国外有较高知名度商标相同或近似的商标违法行为屡禁不止，在个别地区还有蔓延趋势。这些行为不仅给商标所有人、消费者利益造成了很大的损失和伤害，而且危及整个社会的公共利益和正常的市场竞争秩序。因此，面对更趋复杂的商标侵权行为，就如何准确认定商标侵权行为，保护商标专用权，维护良好的市场秩序，本文将结合执法实践进行论述。

一、商标侵权行为概述

（一）商标侵权行为的定义

商标侵权行为是指行为人未经商标所有人同意，擅自使用与注册商标相同或近似的标志，或者干涉、妨碍商标所有人使用注册商标、损害商标权人商标专用权的行为。

（二）商标侵权行为的构成要件和表现形式

1. 构成要件

一般来说，构成侵权行为必须具备四个要件：一是有违法行为存在；二是有损害事实发生；三是违法行为与损害事实之间有因果关系；四是行为人主观上必须有过错。商标侵权行为是一种特殊的民事侵权行为，其认定无疑要考虑上述四个基本要件，但同时还应充分注意到商标侵权行为自身的特殊性，如其损害事实并不以客观上已经给商标注册人造成的经济损失为必要，只要求有造成损失的必然性即可，而在行为人主观上适用"无过错责任"原则，即侵权人主观上无论故意或过失都构成侵权，都要承担法律责任。

2. 表现形式

从目前工商行政管理部门对商标侵权行为的查处情况来看，主要有以下几种表现形式。

(1) 典型商标侵权行为

《商标法》和《商标法实施条例》(以下简称《实施条例》)采取概述的方式,将商标侵权行为分为五类,就这五类商标侵权行为而言,第一种侵权行为是基础,可以称之为典型商标侵权行为,其余的商标侵权行为是依附于第一种侵权行为的认定而存在的,是附合式商标侵权行为。因此,对《商标法》概述的商标侵权行为的认定,主要依据第一种商标侵权行为而论。从全国工商行政管理部门对 2003 年商标侵权案件查处情况来看,第一种商标侵权案件数为 10541 件,占商标侵权假冒案件数的 39.80%,这也是工商行政管理机关打击商标侵权行为的主要形式。

典型商标侵权行为的表现形式又可分为以下几种:一是在同一种商品上使用和注册商标相同的商标。二是在类似商品上使用和注册商标相同的商标。三是在同一种商品上使用和注册商标相类似的商标。四是在类似商品上使用和注册商标相类似的商标。

(2) 驰名商标侵权行为

由于驰名商标内所蕴涵的巨大投入和可预期的经济利益,长期是不法侵权者觊觎的对象,更易招致假冒、仿冒等侵权行为的侵害。上海工商行政管理部门近年来开展的诸如在服饰和小商品市场禁售 40 件涉外高知名度商标商品工作等多项专项整治行动,也主要针对国内外的一些驰(著)名商标,这也是我们所说的"傍名牌"行为。在具体的表现形式上,主要有以下几种:一是将驰名商标进行肢解注册。如分别注册"四长"、"川虹"商标,在使用时将这两个商标并排使用在同一商品上,使其与四川长虹公司的驰名商标相类似。二是驰名商标的淡化侵权。即以某种方式歪曲、减弱甚至消除具有某种驰名商标的特定商品与特定的商品生产者的联系,导致商标的显著性和吸引力淡化,从而引起消费者的混淆。

(3) 特殊商标侵权行为

主要表现为反向假冒行为和商号权侵犯商标权的行为。

反向假冒行为,在《商标法》第五十二条第四项规定。从近年来反向假冒行为的查处情况来看,反向假冒区可以分为两种情形:第一种是"显性"反向假冒行为。即未经许可,将商标注册人商品上的商标除去,换上自己的商标,并将该商品作为自己的产品再次出售的行为,该行为明显地在商标标识上表示出了假冒的行为。第二种是"隐性"假冒行为。即擅自将商标注册人商品上的商标除去,并将该商品再次出售的行为。该行为无法从商品上辨别出假冒的行为人。

商号权侵犯商标权的行为。从当前的司法、行政执法实践来看，企业名称中的商号（字号）权和商标权的冲突最为突出，即将他人的商标登记为自己企业名称中的字号，并简化使用企业名称，经营相同商品的行为。

二、典型商标侵权行为的认定

《商标法》及其他规范性文件所概述的商标侵权行为的认定，主要是依据典型商标侵权行为而论的。对于典型商标侵犯行为的认定过程，一般有以下三个基本步骤：首先确定注册商标专用权的权利范围。其次确定被控侵权的具体对象。主要指被控侵权的商标和商标所使用的商品。第三将被控侵权对象与注册商标和其所指的商品进行比较，认定被控侵权的商标与注册商标是否相同或者近似，以及商品是否属于相同或者类似。而在这三个基本步骤中，主要涉及两方面内容的侵权认定：一是相同或近似商标，二是相同或类似商品。

（一）相同或近似商标的认定

1. 相同商标的认定

相同商标是指两商标相比较，文字、图形或者文字与图形的组合相同或者在视觉上无差别。因此"相同商标"包含两个方面的情形：一是形式上完全相同，包括文字、图案及其组合、色彩甚至商标的规格尺寸等完全相同。二是商标视觉认识上相同。如文字、图案、色彩近似，不仔细观察难以区分的细微差别，甚至利用了注册商标的主要部分尤其是显著性的部分造成视觉上难以区分的，均应认定为相同。所以所谓相同是相对的，而不是绝对的。如文字商标而言，只要文字相同，字体的不同并不能改变商标实质相同的事实。

2. 近似商标的认定

近似商标的认定，是在行政执法和司法实践中多数商标侵权案件对商标侵权行为认定中不可或缺的关键环节。然而，近似商标的判断较为复杂，也具有较大的主观判断因素。认定商标近似的具体形态应根据混淆理论，以隔离观察、整体观察、局部观察原则为基础，并结合从外观、发音和观念上进行综合比较，切忌简单片面。

（1）外观相似

外观相似的商标，主要有以下几种情形：一是构图近似。如江苏某公司使用的"HOVER"图形商标与英国某公司的已注册的图形商标"HOOVER"仅一个字母之差。二是色彩近似。如一商标为一圆内三等份且着色为红、绿、蓝，而另一商标为一椭圆三等份，着色为红、绿、黑，其着重突出红、绿色。三是排列顺序近似。如天津某公司使用的"SAFINO"与法国某公司在先注册的"SANOFI"商标字母完全相同，仅最后4个字母排列顺序有所不同。四是由于汉字书写而导致的相似。如"全兴"大曲和"金兴"大曲，由于"金"和"全"字在书写上的连笔，使得"全兴"与"金兴"很难为一般消费者之一般注意所能区分开。五是由于不同语言的差异导致商标外形的相似。如同一个汉字，其书写方法完全相同，但其意义和发音在汉语和日语中差异极大。

（2）读音近似

外观上完全不同的商标可能因其发音的近似或完全相同而导致了混淆。如"今日"和"金日"，两者在外观上不尽相同，但其发音却很相似，如果仅凭发音来识别商标，很可能造成消费者识别商标的错误。此外，一些汉字商标，其读音可能与一些英文单词的发音相同或相似，当这些英文单词已被注册为商标时，如果仅凭发音，则很难将两者区分开。如江苏某公司以"夏奈尔（SUN-NER）"作为商标，虽与法国"CHANEL"（中文译音"夏内尔"）在外观上不相类似，但两者正是由于读音的近似，特别是在汉语语言环境中的使用而构成了近似商标。

（3）含义或观念近似

一般说来，构成商标的文字、图形或组合具有一定的意义，也表达出特定的含义和观念，如果另一商标在含义或者观念上与之相同或相似，也应视为类似商标。例如"BLUE SKY"与"蓝天"中文含义一样，很容易使人误解生产厂商与特定商品之间的关系，误认为标注为"蓝天"的商品系"BLUE SKY"的系列产品。而某一商标为"孙悟空"，另一商标为"齐天大圣"，则可能在观念上导致混淆。

（二）相同或类似商品的认定

对相同或类似商品的认定标准主要是依据《商标注册商品和服务国际分类表》、《类似商品和服务区分表》（以下简称为《商品分类表》和《商品区分表》）。

1. 相同商品的认定

相同商品是指商品名称相同或者虽然名称不同但所指的是同一种商品。为方便注册和管理，国家工商行政管理总局从1988年起开始在商标注册管理中按照国际惯例采用了《商品分类表》，将商品和服务划分为42个类别（包括34个商品分类，8个服务分类），每个类别下又分为若干组。同种商品，一般是指同一类别即可，并不要求同类别下的同组。而同一商品的型号、形状、容量等因素不能改变相同商品的性质。

2. 类似商品的认定

类似商品的认定是商标侵权行为判定的难点，虽然《最高人民法院关于审理商标民事纠纷案件适用法律若干问题的解释》（以下简称《解释》）第十一条规定，"第五十二条第（一）项规定的类似商品，是指在功能、用途、生产部门、销售渠道、消费对象等方面相同，或者相关公众一般认为其存在特定联系、容易造成混淆的商品。"该规定对类似商品的含义和判断依据作出了解释，在规范意义上明确了认定的标准和方法。但在实践中对上述问题仍存在不同理解。以下结合司法、执法的实践和立法情况，提出判定商品类似的一些标准。

（1）类似商品的认定应采用"个案"原则

类似商品的属性应属于相对动态的范畴，过去认为"类似"的商品和"驰名"的商标，现在并不必然同样地"类似"和"驰名"，反之亦然。虽然法律规定了相关判断标准，但归根到底类似商品的判断属于案件事实问题，因此对于类似商品的认定不应该存在普遍意义上的"统一认定"，而应该根据个案中的商品类似与否的事实情况加以具体的分析认定，事先做出的与个案无关的"结论"不应被照搬。

（2）相关公众的一般认知是判断类似商品的主观标准

《解释》第十条第（一）项明确了，"以相关公众的一般注意力为标准"，来作为认定商标相同或者近似的原则之一。而在对类似商品的认定上，相关公众的一般认知也应成为判断类似商品的主要考察因素之一。

所谓"相关公众"是指"与商标所标识的某类商品或者服务有关的消费者和前述商品或者服务的营销有密切关系的其他经营者"。根据此定义，可以发现其包含以下含义：一是对公众的范围进行了限制。即要求是某些相关行业，相关领域里的公众，而不是我们普通生活中所理解的一般大众。二是要求判定者只能站在该限定领域中普通消费者的立场上，以普通消费者的观点来认定商品的近似性问题。

"一般认知"是指对商品的通常认知和一般交易观念，它源于一般生活常识和消费习惯，不受限于商品本身的自然特性，不要求消费者作细致的、施以特别注意力的区分。因此，在对类似商品的认定中，无论是法官还是行政执法者，都应该站在普通消费者的角度依"一般经验法则"来作出初步判断。

（3）商品的功能、用途、生产部门、销售渠道、消费对象等是判断类似商品的客观标准

《解释》第十一条对类似商品的判定确立了五个方面相对客观的标准。符合该标准的商品一般可认定为类似商品。当然，在判断时仍然要以是否造成"混

淆"为总的指导原则。但是在具体实践应用中,判断类似商品的客观标准也有几个适用的注意点:一是该《解释》并未穷尽判定的因素。二是现实中不必要求商品之间必须五要素(或其他因素)俱全才构成类似。三是不宜僵化理解商品的功能、用途、生产部门等问题,这是一个动态的过程。四是类似商品的比较应当尽可能在具体商品之间进行。

(4)《商品分类表》和《商品区分表》是判断类似商品的参考标准

我国是《商标注册用商品和服务国际分类尼斯协定》成员国。国家工商总局从1988年开始在商标注册管理中采取"尼斯分类"。根据"尼斯分类"制定的《商品分类表》和《商品区分表》主要是用于商标注册和管理,其与侵权意义上的商品类似不尽一致。因此,最高人民法院《解释》第十二条将两表定性为"判断商品类似的参考"无疑是正确的。但如何理解和把握"参考"的尺度则是实践中必须面对的问题。笔者认为,对该问题的把握应从混淆原则这一根本原则出发。在实践中,类似商品的判断并不取决于《区分表》对商品类别和类似的划分,而是取决于相关公众对商品的功能、用途、销售渠道、生产方式等客观因素所产生的主观的一般认识,该项判断和近似商标的判断最终都应统一到是否可能造成混淆的衡量原则上。因此,如果两表作为判断混淆的一个辅助因素,对个案的具体事实认定有参考价值的,则可用;反之,则弃之不用。

(5)商标的知名度影响类似商品的范围

商标权的特点之一是权利保护范围没有统一的限定,同样是注册商标,驰名商标的保护范围明显大于普通商标。因此,在普通商标不具备一定知名度的情况下,其类似商品的范围一般应从严把握。而驰名商标类似商品的范围则应适当扩大。

(三)驰名商标侵权行为和特殊商标侵权行为的认定

1. 驰名商标侵权行为的认定

驰名商标侵权的认定适用典型商标侵权行为认定的基本原则和规则,但驰名商标作为"在中国为相关公众广为知晓并享有较高声誉的商标",其具有强烈的识别性、财产性及巨额的价值性,其侵权认定比普通商标更加特殊和宽泛。主要体现在以下两方面。

(1)侵权认定范围的扩大

我国作为《巴黎公约》的成员国以及WTO成员国,对驰名商标侵权行为的认定基本上也沿袭了国际惯例。主要从两方面入手:其一,对已在我国注册的驰名商标而言,从横向和纵向两方面入手扩大侵犯驰名商标行为的认定范围。在横向上,使与驰名商标"近似"的标识范围扩大;纵向上则使驰名商标所标示的商品或服务类别扩大，从相同或类似商品或服务扩大到非类似的商品或服务上。其二，根据《商标法》第十三条第二款的规定，对侵犯未注册驰名商标权的行为的认定范围应以相同或者类似商品为限。

（2）淡化侵权的认定

驰名商标的侵权还有典型商标侵权所不具备的侵权形式，即"淡化"方式侵权。我国法律中虽然没有明确使用"反淡化"的提法，但从现状来看，淡化侵权问题日益突出，也是我们亟待解决的问题。

从《商标法》第十三条、《驰名商标认定和保护规定》第六条、第十三条、《解释》第一条第二项等规定，实际上都包含了商标淡化的基本内容，也奠定了我国反淡化保护的思路。但这些规定既没有明确商标淡化的具体构成条件，也没有规定法律后果。在实践中的操作性不强。笔者根据淡化理论以及执法实践，认为对商标淡化侵权的认定一般可以从以下几方面来把握。

其一，行为人实施了淡化他人驰名商标的行为。商标淡化行为的侵害对象是驰名商标，因此，在认定中，首先需要肯定的是侵权商标与权利人的驰名商标相同或相似。而对于驰名商标的界定，可以以《规定》第三条的考量指标为依据，以"被动保护，个案认定"为主，"主动认定"为参考的思路进行。

其二，商标淡化行为有可能给被淡化的商标和商标权人造成损失，或已经造成了这种损失。此条是对淡化行为的客观判断。一般认为，商标淡化并不要求淡化行为给权利人带来实际的损失（当然也不排除实际损失的发生），只要这种行为有给权利人造成损失的可能性，而这种可能性又是实际存在的，而不是权利人凭空杜撰或主观臆造的，就构成商标淡化，就要受到法律的规范。所以，在商标淡化行为客观方面的认定上，"淡化之虞"的标准同样适合我国国情。商标淡化只要有发生这种损害后果的可能性就可以了，并不要求必须具备实际的损害后果。

其三，商标淡化行为人主观上必须有过错，并以过错推定的方式进行认定。该条是商标淡化行为的主观构成要件。在主观构成要件的认定上有两种观点：一种是认为应当以行为人主观过错作为构成要件，另一种观点则认为应当以无过错作为构成要件。笔者认为，商标淡化行为人应当以主观过错作为其构成要件，并且采取举证责任倒置的方式进行调整。

四、特殊商标侵权行为的认定

（一）反向假冒商标侵权行为的认定

《商标法》第五十二条第四项对反向假冒行为进行了定义和定性："未经商

标注册人同意,更换其注册商标并将该更换商标的商品又投入市场的"属于侵犯注册商标专用权的行为。但对此规定立法或司法解释并无进一步明确的规定,我们根据该定义,从学理角度来推导出认定反向假冒行为的以下构成要件。

1. 以"注册商标"为保护对象

该构成要件和《商标法》保护注册商标的原则相一致。即要求反向假冒商品为具有注册商标的商品,使用非注册商标或无注册商标的商品,不受保护。

2. 以"更换"为假冒手段

该条明确了反向假冒行为的适用范围,即只适用显性反向假冒行为,而排除了对隐性反向假冒行为的适用。因为从"更换"商标来看,一般理解为取下商标注册人的商标换上自己或者他人商标的行为,强调商标的替代性。而隐性反向假冒行为则只有去除商标的动作,不存在替代性。对于"更换"行为构成侵权也是对商标权穷竭原则例外的一个重要适用,因此,更换行为是认定反向假冒行为的本质要件。

3. 以"市场"为侵权行为发生地

侵权商品最终通过市场来到达消费者手中。在执法实践中,一般将"市场"理解为流通领域或生产领域,只要侵权者从事了反向假冒商品的生产,无论其产品是否在生产场地或最终到达消费者手中都构成了侵权。

同时,针对《商标法》未明文规定隐性反向假冒行为,笔者认为,其侵权认定应该和显性反向假冒行为的构成要件基本相同,区别在于隐性反向假冒不存在"更换"行为,只是擅自去除商标权人商品上的商标,使之成为无标识产品并将该无标识产品再次投入市场。

此外,在实际的实践中,运用《商标法》还是《反不正当竞争法》(以下简称《反法》)来认定反向假冒行为还存在一定的争议。但笔者认为,以《商标法》来认定反向假冒行为更有利于案件的事实认定和法律判定,理由如下。

其一,《商标法》直接保护了商标权人的利益。《反法》侧重于保护市场秩序的整体利益。而《商标法》所保护的是特定的商标权人,侧重于对个体利益的保护。两种法律的重点不一导致了对待商标侵权行为的规定有所不同。商标侵权行为在《反法》中只是作了一些原则性的规定,而《商标法》及配套法律法规的相关规定则更为具体和详尽,更符合商标权之私权的特质。

其二,《商标法》对反向假冒行为的认定更易操作。构成不正当竞争行为的要件有三点。行为主体是从事商品、服务和其他商业活动的经营者;行为人在主观上须有排挤其他竞争者之故意;实施了《反法》所禁止的或违背诚信原则和公认的商业道德的行为。其中特别强调行为人的主观故意，对于一些不具有排挤竞争对手故意的行为，《反法》一般都采取列举的方式作出例外的规定。因此，适用《反法》还需考查行为人是否具有排挤竞争对手之故意或损害竞争秩序之过错，无疑增加了举证和认定的困难，也造成了对权利人的不公正。而适用《商标法》则因商标权是一种排他性的权利，只要行为人的行为存在或可能存在损害商标权人利益的客观事实，即可构成商标侵权。

其三，《商标法》的调整更能体现对注册商标合法使用权的保护。商标权能中最重要的是商标使用权，保护注册商标专有权的全部权能，首先就应保护注册商标的合法使用权。而将商标在核定商品上的合法贴附则体现了商标权人对注册商标的合法使用权。《商标法》明确了对商标合法使用权的保护，而反向假冒行为恰恰是对商标贴附的破坏，它消灭了商标权人对商标的使用权，把反向假冒行为规定为商标侵权，则明示了《商标法》对商标的保护，使商标的物权性得以充分体现。而如果把反向假冒行为排除在商标侵权之外，势必形成《商标法》既承认商标的专有使用权，但又对损害商标专有使用权的行为不加禁止的不合理情况，从而模糊了商标权的权能。

（二）商号权侵犯商标权行为的认定

商号权侵犯商标权的行为，从侵权人的行为性质上来看，主要是借助合法的形式，将与他人注册商标相同或近似的文字作为商号在相同或类似的商品上突出使用，侵害他人商誉，使得消费者对商品或服务的来源以及不同经营者之间具有的关联关系产生混淆误认。根据《商标法》、《实施条例》、《驰名商标认定和保护规定》以及国家工商行政管理总局制定的《关于解决商标与企业名称中若干问题的意见》（工商标字〔1999〕第81号）（以下简称《意见》）以及《反法》的相关规定，对其认定可以通过选择《商标法》和《反法》双重保护模式来进行。

商标法的调整方式主要是客观标准，即将禁止混淆作为认定侵权的客观标准。"混淆的可能"是判断商标近似和商品或服务类似的通用标准，也同样适合商号和商标之间的冲突。《商标法》关于侵犯商标专用权的规定也规定了行为人使用的标识与权利人的注册商标相同或者近似，足以造成消费者混淆和误认就构成侵权。因此，对同样具有重要的识别功能的商号和商标而言，判断商号侵犯商标权，只需将商号和商标进行相似性比较，如果造成了混淆和误认，则构成了对商标权的侵犯。需要注意的是，相似性比较必须针对权利人的商标和行为人在被控侵权行为中对企业名称（或字号）的具体使用方式来进行，而非简单地对权利人的商标与行为人的企业名称或字号进行比较。

《反法》则要求权利人证明自己提供的为知名商品或服务。同时，还需证明行为人的主观恶意，要求该行为必须是以不正当手段损害其它经营者的合法权益或扰乱社会经济秩序的行为，这排除了善意注册和使用企业名称中造成混淆误认的情况，也给行为人以合理来源的抗辩机会。

五、完善商标侵权行为认定的对策和措施

（一）明确"有引起混淆的可能"作为商标侵权的前提

制止混淆是商标保护的核心问题，我国其他关于商标的规范性文件中明确规定了"有引起混淆的可能"为前提条件的，在司法和行政执法实践中也都以"有引起混淆的可能"为前提条件来解释"近似"和"类似"问题的。但作为认定商标侵权基本法的《商标法》第五十二条却没有明确以"有引起混淆的可能"为条件，虽然其隐含了该条件，但对其的理解要通过其他的司法解释或行政执法意见来进行，显然对商标侵权行为的认定不利，因此，有必要对《商标法》第五十二条第一项进行修订，加入"有引起混淆的可能"这个条件。该前提条件的明确可以有效地规范行政机关的执法行为，对商标相似侵权等行为的解释也不会存在任意性，既防止了权利滥用，又保护了权利人的利益。

（二）正确界定驰名商标价值，进一步完善驰名商标保护制度

驰名商标的高知名度和法律对驰名商标的特殊保护使我国企业对"认定驰名商标"趋之若鹜。企业对驰名商标的追逐一方面反映出企业对商标这一无形资产日益重视，但另一方面也暴露了企业对驰名商标的错误认识。驰名商标制度设计只是一种特殊商标保护方法，是对驰名商标特殊权利和义务的设置和限制，它只是一种法律概念，而不是企业占领市场的尚方宝剑。因此，对驰名商标的认定至关重要。就目前我国的具体情况而言，虽然已经确立了"被动保护、个案认定"的新原则，但建立以"被动认定为主、主动认定为辅"的复合型认定模式较为合适。一方面，这一模式符合驰名商标保护的宗旨，也是对新《商标法》及《实施条例》中规定的驰名商标"被动保护、个案处理"原则的确认和具体化。另一方面，由于我国市场经济尚不发达，如不充分发挥行政认定的灵活性、主动性和高效性的优势，推动驰名商标保护工作的广泛开展，那么我国企业的不少知名品牌就很难在国内外市场上享受驰名商标的特殊保护，不能在市场竞争中与国际品牌处于平等的竞争地位。因此，通过以上的认定模式，能较好地克服现存弊端，把符合中国国情与不悖国际惯例有机结合起来，形成符合中国特点的驰名商标认定标准。

同时，进一步完善驰名商标法律制度也是推动我国驰名商标发展的重要因

素。我国目前对驰名商标的保护还存在一些不足和缺陷，因此，有必要对驰名商标法律法规进行修订。如《规定》是工商局的部门规章，效力仅限于行政管理范围，不能成为法院审判的依据，可以通过提高驰名商标保护的立法等级，将保护驰名商标作为《商标法》的组成部分，增强保护的法律效力。又如当前对驰名商标缺乏反淡化的认定，可以建立驰名商标反淡化的特殊法律保护，全面深化对驰名商标的保护。最后，还应该完善驰名商标权的限制制度，规范驰名商标和其他权利客体之间的冲突关系，以达到公平合理地保护驰名商标权和其他合法在先权的目的。

（三）对商标侵权行为的认定采取"禁"与"行"并重的思路

商标法赋予商标权人积极使用商标的权利（使用权），同时又赋予其排除他人妨害其商标权的权利（禁止权）。但是在对侵犯商标权的认定中，我们过多关注的是侵犯禁止权，而对是否侵犯商标的使用权，或者说对商标是否合理的使用却有所忽视。

《商标法》对商标的合理使用没有明确规定，而《实施条例》第四十九条是规定商标合理使用的典型体现，这也是我国商标制度对商标合理使用重视的例证。但这一规定过于原则，操作性很差，当发生商标侵权案件时，当事人引用该条进行合理使用的抗辩时，就会出现很多问题，有必要根据当前的实际情况，寻求可资借鉴的判断标准。笔者认为一般可以采取以下方法：

①以除使用与他人商标相同或近似的文字、图形外，是否还加注了其他说明性文字以表明它的"说明性质"为判断标准。

②以当事人所使用的文字、图形是否作为商标来使用，或者该文字、图形是否足以标识、区别商品来源作为判断标准。

③以使用该说明性文字时是否刻意强调该文字的显著性作为判断标准。

④以是否同时标有自己的商标作为判断标准。

⑤以商业惯例和行业协会的意见作为判断标准。

⑥以商标的使用是否导致利润下降、声誉受损作为判断标准。

（四）进一步修订《反不正当竞争法》，完善对商标侵权行为的认定

我国《商标法》实行的是注册商标专用权制度，故全法仅第十三条对未注册的驰名商标予以保护，而且仅限于与相同或类似的商品或服务，除此之外不再扩大保护范围。但在执法实践中我们可以看到，当遇到利用他人未注册商标的侵权行为时，我们该如何认定？同样，对未注册的驰名商标在不相同或不类似商品上的侵权行为，我们该通过怎样的方式来认定？因此，面对这些《商标法》之"遗漏"的侵权行为，我们只有通过《反法》来规制。

知识产权界有一个说法：如果把商标法、专利法、版权法这类知识产权单行法比作浮在海面上的三座冰山的话，那么，《反法》就是托起这三座冰山的水。的确，从我国目前商标保护的现状来看，必须通过《反法》来达到对商标保护的"兜底"作用。

从商标的保护模式来看，一种是美国、德国式的"宽"商标保护模式，另一种是多数国家相对"窄"商标保护模式。而根据我国的立法和司法现状来看，采取"窄"模式比较可行。对注册商标和驰名商标的保护仍用《商标法》调整，而对其他商标侵权行为则可通过《反法》的修订，对《商标法》之漏网之鱼予以规制。因此，可通过对《反法》的及时修订，完善对《商标法》无法界定的商标侵权行为进行认定。如可以在《反法》中增加对未注册且未达到驰名商标水平的商标的保护条款，以扩大商标保护的范围；明确禁止商标和商号的相互侵权行为，规范商号权和商标权的关系；明确规定将商标抢注为因特网域名的行为是不正当竞争行为等，通过《反法》的认定使各种形式的商标侵权行为一网打尽。

当然，《商标法》和《反法》的双重保护模式也给商标侵权的认定带来竞合问题。商标权人可以根据自己的利益来选择有利于自己的法律保护。但对行政执法部门来说，在对商标侵权行为的认定中，必须严格根据行为之构成要件来准确定性，以防止为了部门利益而导致自由裁量权的滥用，毕竟两部法律的处罚力度有所不同。笔者认为，当前的认定思路应以《商标法》为主，《反法》为辅，对《商标法》明确的侵权行为由《商标法》调整，而对侵犯商标权的行为在《商标法》无明文规定时，则可通过《反法》来附加保护。只有分清适用的主次关系，才能体现法律的公正、公平。

（作者单位：上海市工商局）

一等奖

运用现代化手段提高市场监管能力

张志宽

党的十六届四中全会作出了加强党的执政能力的战略决策，明确了党的执政能力建设的目标和任务。2004年底，在全国工商行政管理工作暨双先表彰会上，吴仪副总理向全国工商系统提出了在六个方面加强工商行政管理能力建设的要求，这六个方面能力的提高，也是新形势下工商行政管理部门贯彻十六届四中全会精神、转变职能、改革监管方式的重点。

一、积极推进市场监管方式改革，建立规范市场秩序长效、治本的机制

21世纪，我国进入了全面建设小康社会、加快推进社会主义现代化的新的发展阶段。对肩负市场监管重要职责的工商部门而言，必须积极应对新阶段、新形势、新任务提出的挑战，在改革中寻求发展，在创新中拓展自己的发展领域和空间。具体讲，就是围绕推进工商行政管理现代化、促进首都市场秩序根本好转这个核心，对监管体制、工作机制以及一系列工作手段、方法进行了一系列改革和调整。

（一）研究制定市场主体科学准入规则，实现便捷准入

市场准入是工商部门一项重要职责。在市场主体进入市场之初把好准入关口，改善投资环境，为投资者提供方便、快捷的审批、登记服务，是营造良好市场环境的重要前提，也将为经济户口管理的深化、市场监管的到位提供良好的基础。

一是创造良好的准入环境，为投资人提供更便捷的服务。

市场主体登记注册是政府向社会公众提供的一项程序性的公共服务，这种服务必须做到程序规范，标准统一，让投资者无论在哪里，都能得到公平对待和有质量保证的便捷服务。近年来，我们以全市统一的标准建设三级公众服务平台，所有对外服务一律在平台进行，全面推进工商服务公开，就是在以这种高质量、规范化的公共服务为所有的投资者提供方便。经过充分调研论证和积极协调，2004年初，北京市工商局提出了《改革市场准入制度优化经济发展环境若干意

见》，包括注册资本分期缴付等 11 项改革措施。经北京市政府批准，2 月 15 日在全市实施。改革后，名称核准登记时限由 3 天缩短为 2 小时，88% 的新设立企业不需核定具体经营项目，仅简化验资手续一项即为 58123 户，新设立企业法人节约入市成本 11492 万元，市场准入更加便捷。此项改革得到投资创业者和社会各界的高度评价，被誉为北京市转变政府职能、优化发展环境最有成效的一项举措。

二是完善便捷准入的机制，促进政府行为更趋规范。

积极推进市场准入制度改革，不断完善互联审批制度，在制度和机制上为投资者提供更多、更大便捷的同时，这种制度和程序的优化还有利于政府降低这方面的行政成本，政府行为也更加规范。从我们近年来的实践看，互联审批制度不仅是深化行政审批制度改革的重要内容，也是推进市场准入制度与国际接轨的一项重要举措，在更高标准的要求之下，我们的市场准入行为更趋规范化。结合《行政许可法》的实施，北京市工商局严格规范登记行为，实现了登记注册即时核准，修改完善了一表式注册、一次性告知等工作规范，进一步完善互联审批，向投资者提供在线申请登记等电子化服务，按照以人为本、统一、规范的要求，对分局和工商所服务平台进行了改造，营造了公开、方便、人性化的服务环境；同时进一步完善工作制度，在登记注册前台建立了绩效考核评价系统，对平台工作情况进行有效监督，同时进一步完善审查、备案事项，对各类市场主体准入程序、标准进行清理，取消所有限制性、歧视性审查要求，为投资者提供公平准入的市场秩序环境，推动了现代企业制度和现代产权制度的建立和完善。

三是科学设定准入"门槛"，维护良好的市场准入秩序。

市场准入制度的改革，决不等同于一味地简化市场准入手续、降低门槛，而是在公平准入的前提下，为不同类型的市场主体科学地设定准入标准，以科学的流程管理降低企业登记成本，营造一个良好的投资、发展环境。

为投资者提供便捷的准入环境，不能以弱化监管、牺牲秩序为代价。在为广大投资者创造便捷的准入环境的同时，我们必须对少数高风险、低信用行业及其经营者加强审查，以维护交易安全，所谓"分类管理，宽严适度"，就是按照企业类型、行业特点、所处地域和信用状况等，科学设定准入"门槛"。对投资人承担无限责任的市场主体，无须在准入阶段设置繁复的资质要求；对一般行业的市场主体，可借鉴国际通行做法，实行"低门槛"准入；但对涉及国家利益、交易安全、人民健康和生命财产安全的特殊行业，必须从严审查，适当抬高其准入"门槛"；对锁入"黑名单"的严重失信企业则给予登记注册限制，实行"市场禁入"。

准入门槛的科学与否，直接影响到我们对市场秩序的掌控，而这些门槛的标准也不是一成不变的，"科学设定"的概念，就是要随着市场环境的调整而不断变化。通过市场准入制度改革的深化，建立良好的准入秩序，为广大投资者提供一个便捷、宽松而且安全的投资、发展环境。

（二）改革市场监管方式，深化信用监管

目前我国社会信用体系还很不完善，在法律上应由市场主体承担的信用责任在相当程度上还需要国家信用来维系，信用缺失问题不仅危害交易安全，而且直接影响到社会经济的可持续发展。要从根本上解决这些问题，必须对我们的监管方式进行改革，科学整合我们的监管执法资源。

一是建立一套低成本、高效率的监管机制，实现有的放矢的监管。对市场秩序的维护，不能用"人海战术"，有限的监管力量要用在需要重点监管和控制的领域，通过对信用度、风险度不同的市场主体进行分类分级，采用不同的巡查、监管方式，我们可以集中力量监控和打击那些危害市场秩序的"害群之马"。分类分级的基础，是"无劣推定"制，对市场中大多数经营者，我们通过教育和震慑促进他们自律；同时将我们的管理重点，锁定在少数违法者身上，从而提高对市场秩序的监管和控制效能。

二是加大市场监管震慑作用，通过信用公示让违法者支付"二次成本"。执法部门对违法者的处罚是一时的、有限的，而市场规则对失信者的惩罚则具有长期性和重复性。在向社会公示违法者的失信行为之后，社会公众和他们的交易对象会对此形成一个评价，这个评价就是失信者对违法行为支付的"二次成本"。这种强有力的威慑作用不是来自工商部门自身的权威，而是来自信用机制本身，这就是规范市场秩序的长效机制。通过这个机制，创造一个让企业重视信用、珍惜信用的环境，客观上也强化了我们监管市场、维护公平竞争秩序的职能效果。

三是以政府为主导，促进社会信用体系不断完善。

信用监管既是工商系统内部的管理机制，也是社会信用体系建设的重要内容，工商部门既是信用信息的使用者、信用体系的建设者，也是市场主体信用的管理者。对内而言，通过整合监管信息，实现了低成本、高效率、有的放矢的监管；对外而言，通过信用信息公示和相应的"市场禁入"制度，构成了对失信行为的社会化"惩罚链"，大大提高了失信企业成本，从而起到了规范企业行为的作用，市场秩序也由此得到改善。

（三）商品质量监管关口前移，建立一套从源头上防控假冒伪劣的商品准入制度

商品准入制度的建立，一是基于维护公众利益和市场秩序的客观需求，二

是借鉴国际上的通行惯例和管理方法，三是源于我们在监管市场主体和经营行为的工作中积累的宝贵经验。实施商品准入制度的主旨，就是要在假冒伪劣产品对消费者产生侵害之前，采取预先防范措施，实现监管关口前移，借助市场机制根治假冒伪劣。实施商品准入制度，就是在商品流通的各个环节全面建立质量监控体系，它有四个要点。

一是推动商品质量标准特别是安全标准的完善。既然要把所有不合格的和由于来历不明而可能不合格的商品挡在市场门外，就要有一个科学合理的过滤机制，有一套完善的标准，这些标准不是评价哪些商品质量更好，而是评估有关商品是否符合质量安全标准，合格的可以进入市场流通，不合格的不得进入市场。

市场上的商品种类繁多，进入市场流通的方式和渠道也日渐多样化，所以这个标准准入的过滤机制也是多元化的，既包括重要商品备案制度、以"场厂挂钩"、"场地挂钩"为主要形式的协议准入，也包括在经营者中推行、完善进货验收制度，针对不同商品的流通特点，多管齐下，尽可能阻止不合格的、来历不明的商品进入市场。

二是通过流动快速抽检等方式，强化我们的质量监测手段。首都特大型消费城市的特点，要求我们健全覆盖食品生产、流通、消费等环节的食品安全监测网络，对以化学性污染、生物性污染以及食物中毒为主的食源性疾患进行全面、系统、持续监测。在收集和整理监测数据的基础上，建立预警预报分析系统。这就需要我们运用卫星定位、地理信息、移动通信和网络等现代化监控手段，建立起连贯的风险报告、处置机制，从而迅速果断地控制食品危害。

结合市场监管工作需要，我们与科研单位合作，对食品安全快速检测设备进行了技术更新，将适应实际需要的专业装备、特种装备及时提供给一线执法人员，大大促进了监管能力的提高。2004年北京市工商系统共抽检食品样本18类19307个，合格率为94%。依据抽查结果，对生产、流通和消费环节的不合格食品及其经营者进行了追溯，查处案件3276件。先后34次对487种存在安全隐患的食品采取了全市下架措施，对山东昌邑鸡肉、天津宝坻猪肉和蓟县牛肉实施了区域性退出，责令多次抽检不合格的23家食品生产企业退出北京市场，极大地震慑了违法经营者。

三是总结市场监管经验，促进市场交易方式更加规范。对市场交易的规范，我们在监管实践中已经摸索出了很多很好的方法。比如通过合同示范文本的推广使用，对规范交易行为、减少合同纠纷就起到了积极的作用；通过对以往的进货验收、索证索票和合同规范等行之有效的监管措施加以整合，我们对商品流通中的运输、储存、批发、零售各个环节都实现了有效监控，这种规范和监控的后果,就是公众通过索证查验主体合法性,通过索票查验商品真实性,流通中任何一个环节出现质量问题,都可以及时、准确地追诉到违法主体。实现全程责任追诉不但使违法者受到查处、受侵害的消费者得到补偿,同时也从源头上有效阻断了假冒伪劣的进一步传播。

四是利用市场机制严惩制售假冒伪劣产品的违法者。在市场交易中,一旦发现商品存在质量安全问题,不符合进入市场的标准,如何将其清除出市场,并对其再次进入市场构成制约,是商品准入制度的关键环节。我们作为监管部门,主要职责就是强化市场控制,保证对存在安全隐患的商品迅速下架,强制退出。这种强制退出本身就是对违法行为的一种强有力的震慑,对引导企业自律、督促行业规范也会产生积极的效果,使假冒伪劣在市场中再无容身之地,市场环境得到进一步净化。

无论是执法部门实施的强制退出、市场实施的协议退出还是生产企业的限期追(召)回,都将对生产领域产生深远影响,用市场的需求来引导生产的方向。在我们实施"场厂挂钩"、"场地挂钩"之后,有那么多的外埠基地、企业来索取我们的"北京标准",强化安全质量管理,这就是促进流通源头治理的成果。

二、运用现代科技手段提高市场监管能力,以专业化为基础建设现代化工商

市场主体的多元化、市场交易的复杂化,对工商部门监管现代市场提出了更高的要求,其中最为迫切的一点,就是如果不能及时、准确、全面地掌控市场信息,就无法达到对市场秩序的有效监控和快速反应。

同时,工商部门作为综合执法部门,承担着对市场主体登记、监管和维护经济安全的职能,掌握大量的市场信息资源,如果不能对这些信息进行归集、利用,将是极大的资源浪费。现代信息技术的发展和互联网络功能的提升,为我们提供了方便、快捷的信息处理工具,借助于这些工具,构建适应市场监管工作特点的低成本、高品质的信息网络和信息化工作平台,就能够实现对信息资源和管理资源的科学整合,从而促进工商监管能力的全面提升。

(一)利用现代科技手段,不断提升市场监管水平与效能

近年来,北京市工商局一直在积极探索运用现代化手段提高对市场的控制力,在实践中取得了明显的成效。

一是通过信息化调度指挥体系建设,实现对市场秩序的有效控制。三级联网12315系统,能够在分秒之间完成对消费者投诉、举报、咨询、建议等各类信息的采集、处置和分析工作。目前30条热线电话接通率达到72.2%,全年共处

理各种信息 51.29 万条，为消费者挽回经济损失 2277.97 万元。在一个开放、交互式的网络中，12315 通过对信息资源的归集、分析和发掘利用，进一步拓展信息源，延伸管理触角，同时对执法力量进行科学调度，实现对市场秩序快速反应的信息化监控。

二是通过信用信息平台建设，深化对市场主体的信用监管。"北京市企业信用信息系统"的平台搭建在市工商局，与市政府 48 个有关部门联通，目前这个系统中的信用信息累计达到 339.45 万余条，存在严重违信行为的 79962 户企业和 62454 名法定代表人被锁入"企业不良行为警示系统"，通过信息公示，实现了对违规企业的"二次惩戒"，加大了违法成本，大大提高了市场监管的震慑效果。该系统点击率达 65.3 万余次，在推动社会诚信体系完善方面发挥着越来越重要的作用。

三是通过强化食品安全监管的技术手段，提高对流通领域的市场监控能力。借鉴国际通行的以风险管理机制为基础的食品安全控制模式，我们开发了食品安全快速检测和监控信息系统，通过对消费者投诉举报、食品备案、食品检测结果、专家评估意见及相关案件信息归集、公布，实现对食品安全的动态有效监控。目前，已经有 47 类 112584 个食品通过该系统办理了备案登记；完成食品抽检 56022 次，合格 53936 次，合格率达 96.3%。对抽检不合格的食品，及时实施下架、退市，有效保障了首都食品安全。

四是依托企业互联审批工作平台和企业年检信息工作平台，全面提升公众服务水平。互联审批工作平台联通了市级、区县级共 21 个工商行政管理部门和 444 个行政审批部门，构建了一个相互衔接、协同的机制，企业无须多头申请，一次申报即可完成相应项目的审批，政府公共服务效能和质量的提高，得到社会各界的普遍欢迎。

2004 年，北京市工商局搭建了集年检信息承载、交换、查询、公示为一体的操作平台，将 16 个年检事项表格整合归并，同时将《年检报表》项目内容压减了 38%；借助信用监管系统的数据，我们在年检中只对少数有不良行为记录和有违法线索的企业进行审查，大大提高了工作效率。该系统首次投入运行，北京市就有 24.58 万户企业办理了网上年检，占参检企业总数的 84.2%。

（二）通过应用现代科技手段，推动市场监管方式改革进一步深化

对于现代科技成果的应用，其实并不限于在数字化空间再现我们的工作程序，更重要的是运用科学理念和方法促进管理效能的全面提升。信息流转的顺畅，必须以业务流程的科学、优化为保障。现代科技手段的应用，更多、更深入地检验着我们业务工作的规范化、专业化水平，促进我们的监管方式、业务

流程不断更新和优化，同时也进一步拓展了我们的监管视野和改革、发展的空间，在实践中促进了市场监管方式改革的深化。

互联审批工作平台的运转，在一定程度上促进市场准入程序更加规范化、标准化；信用信息平台放大了市场监管效能，也促进我们实施更加有的放矢的执法巡查，不断完善经济户口分类分级监管的标准，细化辖区监管责任；食品安全工作平台与现场抽查、检测结果相连通，促进了食品安全各项监管制度的不断完善，推动流通领域商品质量监控机制更加健全。

2004年北京市工商局开发了广告监管系统，旨在通过对辖区内的主要媒体发布的广告进行采集，识别出其中的违法广告，自动分发相关辖区执法人员进行监督处理。同时对媒体发布广告质量进行信用评价。目前，该系统已监测广告19万余条，发现违法广告5000余条。广告监测手段的现代化，极大地推进了信用监管方式在广告监管工作中的应用，事实上完全改变了广告监管的传统模式，不但提高了广告监管效能，而且扩大了广告监管范围，建立了对广告违法行为的长效监管机制。

（三）夯实基础工作，向工商行政管理现代化稳步迈进

现代化的市场需要现代化的工商监管，这个现代化的含义，不只是队伍和装备的更新和优化，更在于适应现代市场体系发展需要的监管思路、机制和方法。现代化是一个渐进的过程，它的基础，在于一个规范、高效的专业化市场监管执法机制的不断建立和完善。

在实践中我们深深感到，利用现代化手段提高市场监管能力，和市场监管改革相辅相成，不但使我们在职能作用方面得到显著加强，而且促进我们的内部管理更加科学、资源配置更趋优化。这是工商事业发展的必经之路，也是我们提高工商行政管理能力的必修课。

利用现代化手段提高市场监管能力，需要我们具备现代化的理念、工作模式，也需要专业技术、装备方面的支持，更需要全面提高执法干部的综合素质，这些都是工商行政管理能力建设的重要基础。

2005年，北京市工商局已把深化市场监管方式改革、积极推进工商现代化建设、利用现代科技手段提高市场监管能力列为系统建设的重点工作之一，结合首都实际，进一步夯实各项基础工作，充分发挥互联审批、企业年检、信用系统和食品安全四个市级平台作用，科学整合工商管理信息资源，不断完善相应的运行机制，打造以现代科技手段为支撑的"数字工商"，促进首都工商依法行政能力的全面提高，力争为促进首都市场秩序的根本好转作出新的贡献。

（作者单位：北京市工商局）

一等奖

建立现代商事登记制度
全面提升外资登记工作的质量和水平

王令浚

一、解放思想，提高认识，全面推进现代商事登记制度的建设进程

1. 现代商事登记制度的概念及我国现代商事登记制度的建立模式

现代商事登记制度是与现代商事活动以及现代企业制度相伴而生，并随商事活动的变化和企业制度的发展而逐步发展完善的。可以说，现代商事登记制度是与社会商事活动水平相适应的关于商事主体市场准入的社会管理制度。通过对当今世界上四种登记模式的考量（司法机关、政府机关、专职机构、行业协会），结合我国现实经济生活，特别是根据十六届三中全会确定的社会主义市场经济体制建设目标要求，我们认为，商事主体的现实需要、社会关系相对人的合法权益以及政府社会管理的合理需求三者之间的最佳结合点就是确立我国现代商事登记制度的最佳模式。那么，主体、社会、政府三方面在企业登记环节中的核心需求是什么呢？我们将其抽象出来，可以概括为六个字，那就是"便捷、安全、调控"，即投资主体需要以便捷的方式获得法人资格或经营资格；相对关系人希望最大程度地获得商事主体的登记信息，提高交易的安全程度；政府旨在通过登记手段掌握商事主体市场准入的全面信息，并对准入标准加以必要的控制。因此，商事主体的便捷准入、关系相对人合法权益和交易安全的保护以及政府对准入信息的全面掌握和必要控制，就成为我们建立现代商事登记制度的出发点和目标。正确处理三者之间的关系，做到有机统一，我们就能够把握改革方向，加快制度建设进程。

2. 建立现代商事登记制度的必要性和可行性

必须认识到，现行的外商投资企业登记管理规定，存在着许多市场经济体制建立之初甚至计划经济体制的痕迹。顺应形势发展要求，要建立与完善的社会主义市场经济体制相适应的外资登记制度，就必须全力推进现代商事登记制度。

加入世界贸易组织的全新对外开放形势，全面建设和完善社会主义市场经济体制的社会背景，日新月异的社会经济生活，为建立现代商事登记制度奠定了现实基础，我国法制建设的最新成果，也为商事登记制度的建立提供了必要的法律前提。25年的外资登记管理工作实践，特别是外资登记机构全面恢复以来，各地在登记管理制度创新方面做出了不懈的努力，取得了一系列成果，丰富的改革实践为启动现代商事登记制度的建立进程提供了良好的经验。

3. 结合工作实际，积极推进现代商事登记管理制度

配合贯彻落实《行政许可法》，国家工商总局近期进一步加大了登记改革的力度。积极推进注册官制度试点的调研工作，加紧制定《企业登记程序规定》，积极制定《改进外商投资企业登记管理若干规定》，积极参与《公司法》的修订工作和《商事登记条例》的立法，修订《外国企业常驻代表机构登记管理办法》，争取将《外国企业来华从事经营活动登记管理办法》升格为行政法规。作为以上工作的主要承办单位，外资局将把建立现代商事登记制度的理念贯穿于各项立法工作之中，利用一切机会，充分总结各地的成熟经验，反映外资登记工作实践要求，积极推进商事登记立法，努力创造向现代商事登记制度过渡的途径和方法。

今后，建立现代商事登记制度将成为外资登记管理系统工作的核心目标。通过建立现代商事登记制度工作进程，进一步明确外资系统的工作方向，进一步凝聚和发挥外资系统的向心力和聪明才智，使外资登记管理工作更加适应完善社会主义市场经济体制的要求，更加充分地发挥为市场主体服务和创造良好发展环境的作用。

二、锐意进取，深化改革，努力开展制度创新

千里之行，始于足下。现代商事登记制度这座大厦要靠我们每一项制度创新成果之砖垒起。

1. 以"鼓励投资，便捷准入，科学掌握登记信息"为目标，改革登记制度

我们要充分利用贯彻落实《行政许可法》的有利契机，进一步明确企业登记审查原则，积极推进注册官制度，为现代登记制度的确立提供法律基础和制度保证。正如前面提到的，现代商事登记制度以登记机关直接登记的准则主义和登记的折中审查原则为前提。审查原则的确定直接关系到整体制度的构建。外资系统的同志们要从制度建设的高度，重视登记审查原则的发展变化，并在实际工作中做出切实的调整，以全新的审查理念指导登记工作的开展。注册官

制度具有权责明确、独任高效的特征，适应《行政许可法》关于登记审查的程序要求，是建立现代商事登记制度的必要制度保证。各地要在原有"一审一核"、"绿色通道"以及"首办责任制"等行之有效的措施办法的基础上，进一步探索注册官制度的实现方式，确实提高外资登记管理队伍素质，为全面推行注册官制度做好充分准备。

此外，要本着"鼓励投资，便捷准入"标准，科学审视和调整现行登记程序性规定。主要内容包括：

（1）科学界定登记事项，正确处理便捷准入与全面掌握登记信息的关系，合理设置登记事项与备案内容；

（2）促进投资多元化，依法扩大投资主体范围和投资方式种类，鼓励外商投资企业自主开展境内投资；

（3）合理简化登记程序，提高登记便捷度。减少外商投资企业分支机构的审理审批，取消分支机构设立核准和办事机构的设立登记，取消外国企业常驻代表机构的雇员登记。

（4）积极创造条件，探索实现法人登记与营业登记适当分离又有机配合的登记模式，争取从根本上解决前置审批制约和经营行为监管问题。

调整完善后的登记制度，将更加有利于投资环境的改善，促进全方位、宽领域、多层次对外开放格局的发展；更加有利于市场主体便捷准入和降低成本需求；更加有利于强化工商登记管理机关市场主体资格确认的权威性。

2. 以落实"经济户口"，贯彻属地管理，全面推行企业信用分类监管为重点，调整和加强监督管理工作，实现对外商投资企业的全程监管，促进信用体系建设

加强企业设立后的监督管理工作，符合总局监管后延的要求，一是有利于实现登记机关在简化登记、便捷准入的情况下，发挥在市场准入环节的职能作用。我们应当看到，只有充分加强企业监管工作，才能全面体现工商登记机关在市场准入环节的职能地位，才能切实发挥登记机关在确认主体资格、规范登记行为方面的综合作用，也才能实现在市场主体便捷准入前提下对社会关系相对人合法利益的有效保护。二是改进和加强企业监管是建立现代商事登记管理制度的重要组成部分。三是符合《行政许可法》有关加强监管的法律要求。

如何科学开展外商投资企业监管，是新形势下的新课题、新任务。国家工商总局确定的"经济户口"、属地管理以及近期大力开展的分类监管改革，为外资监管工作提供了方向。在坚决贯彻执行上述工作部署的过程中，外资登记系统的同志要进一步结合本职工作特点，积极探索外资监管的客观规律，创造出一套适应政府经济管理需要，有利于工商登记职能发挥，适应现代企业制度的监督管理措施和方法。科学开展企业监督管理工作，首先要正确认识三个关系，即登记与管理的关系，企业管理与经营行为管理的关系以及政府信用管理与社会征信体系建设之间的关系，只有把握好这三个关系，才能科学确定外资企业监督管理的重点和工作范围，进而调整和完善监督管理的方式、方法、制度、措施。在这方面，各地已经创造了一些有益的经验和做法，值得总结。如上海的"距离监管"理念和北京市工商局的"信用监管五项制度"（约见、建议、预警、披露公示和警示制度）等。下一阶段，国家工商总局要在总结各地经验的基础上，进一步加大企业监管工作的指导力度，做到注册与监管工作的同步协调发展。

结合各地工作开展的实际，国家工商总局决定在东部沿海地区率先推行企业信用分类的联网管理。这项工作既是企业监管工作的制度创新，更是关系工商系统长远发展的重要举措。各相关地方的外资登记管理机构要积极参与，全力配合。避免和克服可能出现的本位主义观念。要舍小利求大局，立足长远，共同搭建工商系统企业监管的全新平台。在联网管理过程中，外资系统要在各地充分参与的前提下，建立完善统一的外商投资企业信用评价系统，并在此基础上，制定实施外商投资企业信用监管和失信惩戒系统。

加强监管是外资登记工作发展的战略之举。外资登记监管的到位，对于提高外资登记的权威性，对于工商机关履行经济执法和市场监管职能，对于建立诚信、理性、竞争的经济秩序，都将发挥重大作用。

3. 完善企业退出机制，切实实现处罚违法与维护社会经济秩序稳定的有机结合

在市场经济条件下，经济法律关系的稳定有序，是经济关系当事人合法权益得以保障的基本前提。正是从这个意义上讲，登记注册对于明确投资人之间的法律关系，固化投资人与企业，企业与社会之间的法律责任，有着十分重要的法律意义。然而，我们目前在实践中采用的以吊销手段终止企业法人资格的做法，使法律关系甚至包括民事法律关系因行政处罚而强行终止，不利于社会法律关系的正常发展变化，客观上可能成为部分责任人逃避债务、规避责任的途径。同时，也使吊销这种普遍使用的行政处罚种类受到社会的质疑。为适应社会法律关系发展变化的正常规律，坚持保留吊销处罚种类，我们必须及时做出调整，将吊销的效力明确界定为取消被处罚人的经营资格，其法人资格在依法清算、办理注销登记之前依然存续。

以上调整是对我们以往传统认识和习惯做法的纠正，符合现行法律的规定

精神，适应司法审判的现实标准。从一定意义上讲也是启动企业法人资格与营业资格分离的一个有效途径。外资系统可以统一认识，先行实施。

4. 充分利用登记管理手段，系统收集整理和利用企业登记信息，大力推进信用体系建设

当前，涉及登记管理的信用建设工作，从性质上可以划分为三种。一是关于诚信工商的政府机关自身信用建设，其中包含公开、透明、规范、优质、廉洁、高效等内容；二是关于企业管理的信用分类方法，其目的在于通过信用建设达到监管到位；三是企业登记资料的信用信息建设。除一、二类信用建设内容在国家工商总局文件和前面已有规定和说明外，这里重点强调一下企业登记的信用信息建设问题。随着现代商事登记制度的发展，商事登记在法律证明和信息公示方面的作用日益突出。如何充分利用企业登记和后期监管两个手段，全面、系统、及时和相对真实地掌握并合理利用企业登记信用信息，不仅关系到登记制度社会公示作用的发挥和社会信用体系的建设，更关系到登记系统的长远发展。可以说，不真正掌握和充分利用登记信息，登记机关就会丧失进一步发展的机遇，甚至会在一定程度上动摇登记机关健康生存的根基。对此问题，登记机关要给以高度重视。登记、监管和信息的公示利用应作为我们今后工作中始终不可偏废的三个重点。

三、充分发挥外资授权体制优势，合理配置系统资源，齐心协力，共同开创外资登记管理工作的新局面

我们将根据经济发展需要和制度建设进度，适时对授权体制进行调整完善。

1. 进一步强化授权意识，加强授权体制管理，巩固确权成果，防止和杜绝回潮，保证外资登记管理工作的统一性、协调性

对取得授权确认的被授权局，要开展不定期的检查，确保授权条件的真正落实；对尚未获得授权确认的单位，加强督促和指导；对逾期仍无法达到授权标准的原有被授权局要坚决取消授权登记资格。

2. 加强授权登记管理工作的指导力度，明确授权体系内的层次工作重点，形成授权系统目标一致、分工明确的工作模式，提高整体工作效能

国家工商总局要从工作高度上下工夫，准确把握登记管理工作方向，科学制定或参与制定政策、法律法规、规章，规范处理和指导重大、复杂、具有典型意义的登记管理实务工作，及时总结和推广地方的先进经验；省级被授权局

要结合本地实际,充分发挥对辖区内外商投资企业登记管理工作的组织指导、监督管理、协调促进、总结上报职能,在工作的深度上下气力;其他各级授权局应把工作重点放在登记管理务实方面,依法行政、积极行政、努力实践,及时发现并提出新情况、新问题,在工作的力度和反应速度上体现职能作用。各级外资登记机关要围绕登记管理实务中的热点、难点问题以及立法工作中的重点问题,加强专题调研,并相应建立对新型登记管理业务的请示备案制度。始终把握登记管理的前沿动态,不断总结经验,推进工作。同时,要建立和保持畅通的立法渠道,及时转化工作成果。

3. 配合工作重点和经济发展需要,适时调整授权管辖及授权标准,做到授权服从于中心工作,授权服务于经济发展

国家工商总局决定将现由总局直接登记管理的大部分外商投资企业及代表机构下放给企业、机构住所地或驻在地被授权局管理,以便集中精力,进一步加强指导工作。

为落实党的十六届三中全会关于"吸引外资加快向有条件的地区和符合国家产业政策的领域扩展,力争再形成若干外资密集、内外结合、带动力强的经济增长带"的决定精神,国家工商总局将适当调整授权标准,加大对外资经济含量相对集中、产业结构布局特征明显以及国家经济发展战略的重点地区的授权力度,授权对象不再限于地级市以上地区。

为适应企业监管属地化要求,将通过规章调整方式,修改现行外商投资企业违反登记管理法规行为的管辖规定,违法行为发生地的县级以上工商行政管理机关均有权依法处理。届时,各授权局要切实做好辖区内县级局的行政处罚指导工作,确保执法质量和水平。

4. 把提高电子政务水平作为完善授权体制的重要工作来抓,实现外资登记管理网络的互联互通

要在现有授权标准的基础上,率先完成外资登记管理数据的定期集中,并创造条件实现即时的互联互通,建立中国外资登记数据库。充分利用《中国外资登记网》这一有效平台,加大系统内电子政务的比重,进而推动全系统电子政务水平的提升。

(作者单位:国家工商总局)

二等奖

法律推定在工商行政执法办案中的运用

朱军华

推定是证据规则中的一项重要内容。所谓推定，是指根据法律规定、已知事实或者日常生活经验法则，能够推断出另一个事实存在的一种证明规则。推定一般由基础的事实和推定的事实构成，是规定这两种事实之间常态联系的法定证明规则，是一种形式化证明方式，具有法定证据制度的某些特征。最高人民法院《关于行政诉讼证据若干问题的规定》第六十八条明确将"按照法律规定推定的事实"和"根据日常生活经验法则推定的事实"确定在推定的范围之列。

从推定的性质和依据来划分，可以将推定分为法律推定和事实推定两种。法律推定，是指根据法律的规定从某一事实而推定另一事实存在的一种证明规则。法律推定的任务是解决前提事实和推定事实之间的逻辑关系，而适用法律推定的条件是确保前提事实的存在与真实。事实推定是根据日常生活经验法则，推论与之关联的需要证明的另一事实是否存在的一种证明规则。事实上的推定，属于逻辑上的演绎推论，如果没有相反的证据提出和相反的推论，当然可以对推定事实的真实性予以确认。事实推定区别于法律推定的明显标志，在于无法律明文规定，而是根据已知事实，按照日常生活经验法则的推定。法律推定是相对于立法权而言，事实推定是相对于执法权而言，两者在深层次上均是基于事物之间的常态关系。对于工商执法办案人员而言，法律推定是适用法律的范畴，而事实推定则属于认定事实的范畴。显然，两者相比，法律推定的结论较之事实推定的结论更具约束力和证明力。

法律上的推定，是立法者把深为人们熟知和掌握的经验规则，通过立法的形式固定化、条文化而成为法律。一般包括以下几个方面的含义：①作为推定的前提事实须由法律、法规或者规章明文规定。②前提事实必须真实可靠，不可处于真伪不明状态。③推定的事实一般情况下无反证推翻其真实性。④推定事实可以作为已证事实适用。综合分析现行工商行政管理法律、法规及规章，涉及法律推定的规定内容很多，主要反映在违法主体、违法行为人主观方面、违法主体客观方面。因此，在工商行政执法办案工作中准确运用法律推定，可以减少不必要的证明对象，避免重复调查取证，节约执法资源和执法成本，切实解决困扰工商执法办案人员的取证难题，能够迅速对当事人的违法事实和性质作出认定，从而能够有效地遏制违法经营行为，保证行政执法的公正和效率。有鉴于此，笔者试就工商行政执法办案实践中所涉及的法律推定及其有效运用，作一粗浅的综合梳理和归纳分析，以求教于同仁。

一、违法行为主体及消费者身份之推定

（一）"经营者"主体资格之推定

《反不正当竞争法》第二条第二款规定："本法所称的不正当竞争，是指经营者违反本法规定，损害其他经营者的合法权益，扰乱社会经济秩序的行为。"据此，只有行为人具备经营者的主体身份，才能构成《反不正当竞争法》上所指的不正当竞争行为。何为经营者？《反不正当竞争法》第二条第三款规定："本法所称的经营者，是指从事商品经营或者营利性服务的法人、其他经济组织和个人。"在工商行政执法实践中，应当从行为性质来认定经营者主体身份，即只要行为人实施的是经营行为，就可以推定其具有法律意义上的经营者身份。经营行为有两个构成要素：一是行为的内容是提供商品或者服务；二是行为的目的是为了营利，即提供商品或者服务的目的是为了赚取利润（包括潜在的经济利益和市场竞争优势），两个要件缺一不可。在执法实践中，办案人员只要收集到能够证明行为人实施经营行为的证据，即可依据《反不正当竞争法》第二条第三款的规定，推定行为人属于法律意义上的经营者。

（二）经营者所属人员职务行为之推定

通常情况下，市场经营主体属于一个经济组织，它的意思表示和经营活动必须通过自然人来实施。法定代表人和其他工作人员在履行职务过程中的作为或者不作为，且无论是否违法，实际上都等于是企业的作为或者不作为。在执法办案工作中，只有严格区分经营者职工的职务行为和个人行为，才能准确认定违法主体。多数情况下，企业职工代表企业实施的行为都是为了整个企业的经济利益或为了实现企业分配的任务服务的。但是，民事责任及行政责任归属于企业还是个人，并不必然取决于行为的内在目的，而关键取决于行为的外在表现，取决于行为赖以实施并产生结果的客观条件。有时，职工出于个人的动机或为了个人的目的而以企业的名义甚至超出职权或授权而实施的行为，同样也可以推定属于企业行为。国家工商行政管理总局《关于禁止商业贿赂行为的暂行规定》第三条规定："经营者的职工采用商业贿赂手段为经营者销售或者购买商品的行为，应当认定为经营者的行为。"据此规定，不论经营者是否明确授

权职工实施商业贿赂行为，也不论职工出于何种目的，只要其采用了商业贿赂手段为经营者销售或者购买商品，工商部门就可以推定经营者实施了商业贿赂行为而予以定性处罚。此外，根据《公司法》、《合伙企业法》、《个人独资企业法》的规定，公司章程、合伙协议中对董事、经理、合伙事务执行人行使职权的限制以及个人独资企业投资人对被聘用人员职权的限制，不得对抗善意第三人。

（三）义务责任主体之推定

《企业法人登记管理条例》第三十五条规定："企业法人设立不能独立承担民事责任的分支机构，由该企业法人申请登记，经登记主管机关核准，领取《营业执照》，在核准登记的经营范围内从事经营活动。"《个人独资法》第九条也相应规定："申请设立个人独资企业，应当由投资人或者其委托的代理人向个人独资企业所在地的登记机关提交设立申请书、投资人身份证明、生产经营场所使用证明等文件。"《合伙企业法》、《公司法》等法律法规也有类似规定。据此，企业法人设立不能独立承担民事责任的分支机构，其申请登记的义务主体是企业法人而非分支机构。投资人设立个人独资企业，其申请登记的义务主体是投资人。如果分支机构或者所设的个人独资企业未经核准登记即开展经营活动，则完全是企业法人或者投资人主观决定并具体实施的。由于未经法定登记注册，所设的分支机构或者个人独资企业在实体上和成立程序上都是非法的，不能成为行为主体和责任主体，其已经实施的经营活动因为没有法律人格上的屏障而实质上都是其设立者的活动。在执法实践中，根据没有法定义务就没有法律责任的法理以及违法行为主体与违法责任承担相一致的原则，办案人员应当将已经发生的违法经营活动依法推定为登记义务主体（设立者）实施的经营活动，将其列为违法主体而实施行政处罚。

（四）无主财产之推定

《江苏省惩治生产销售假冒伪劣商品行为条例》第十六条规定："被查获的假冒伪劣商品的经营者下落不明的，行政执法部门可以发布公告，责令其自公告之日起三十日内到行政执法部门接受处理；逾期不到的，行政执法部门可以将假冒伪劣商品连同涉案物品按照无主财产依法处理，但不免除违法经营者的法律责任。"此外，根据国家工商行政管理总局《工商行政管理机关行政处罚程序暂行规定》第六十一条规定，工商行政管理机关在执法办案工作中所查扣的物品，通过法定方式在三个月内无法找到当事人的，可以推定为无主财产，上缴财政。

(五)"消费者"主体身份之推定

在一些侵害消费者合法权益的案件中,消费对象的主体身份直接决定着案件的性质和法律的选择适用。何为"消费者"?《消费者权益保护法》第二条规定:"消费者为生活消费需要购买、使用商品或者接受服务,其权益受本法保护。"也就是说,如果不是为生活需要而购买、使用商品或者接受服务,则不能构成法律意义上的消费者,其行为不受《消费者权益保护法》的调整和保护。由于对消费者主体身份的确认涉及对经营者欺诈消费者行为的定性处罚,因此,在执法实践中,"知(疑)假而买假"的人是否具有消费者身份,引起了工商执法人员乃至司法机关的广泛关注。有许多人认为"知(疑)假而买假"的人不属于消费者的范围,其理由是这些人的主观目的不是为了生活消费,而是利用法律的漏洞从中获取非法利益。事实上,根据《民事诉讼法》第六十四条确立的"谁主张谁举证"的原则,购买者购买生活消费品是否为了生活消费目的以及是否知假买假,这两个环节的举证必须由经营者提供证据加以证明。由于生活消费的含义和内容的广泛性,关于前一个环节的证明,如果购买者自己不承认的话,任何人通过任何方法都难以证明购买者不是为了生活消费目的;关于后一个环节的证明,经营者最多也只能证明一个可能性,因为商品是真是假,最终结论只能由法定检验机构来作出。因此,"知假买假"一说也只是一些人员凭空推测、假设而虚拟存在的一种形式。在执法实践中,只要没有充分证据证明购买者是用于生产的,工商行政执法人员就应当而且只能推定其购买生活消费品或者接受服务是属于正常的生活消费,并将其作为法律意义上的消费者而予以保护。

二、违法行为人主观过错之推定

违法行为人主观过错是指行为人对于自己实施的违法行为所产生危害社会结果的主观心理状态。在法学理论上,过错包括故意和过失。在工商执法实践中,由于行为人的主观故意是行为人的一种内心活动,非常难以查证或者举证。但作为一些特定违法行为的法定构成要件之一,又是必须查明的,此时,推定就成了能够证明行为人心理状态的唯一途径。但是,推定并不是主观臆断,而是必须严格依照法律、法规及规章规定的条件和行为人所具体实施的违法行为表现,来分析、判断其主观方面的内容。这种推定结论具有高度的盖然性,应当允许行为人反驳。如果行为人反驳的理由不成立,则推定结论成立。

(一)行为人知晓法律之推定

《行政处罚法》第四条第三款规定:"对违法行为给予行政处罚的规定必须公布;未经公布的,不得作为行政处罚的依据。"根据《立法法》及相关规定,现行工商行政管理机关作为行政处罚依据的法律、法规及规章均是由法定的国家机关严格按照法定程序制定的，并在全国发行的各大报刊（权威机关公报）或者当地发行的报刊（权威机关公报）上全文向社会公布。因此，一经公布，即推定被公民、法人或者其他组织知晓，任何人都有严格遵守的法定义务。而且这种推定属于不可推翻的推定，在具体的行政执法活动中，工商执法人员无需收集证据证明行为人是否知晓。

（二）行为人主观直接故意之推定

主观直接故意是指行为人明知自己的行为会发生危害社会的结果，仍希望这种不良后果发生的心理状态。主观直接故意在认识因素上是行为人已经认识到了自己行为所具有的危害社会的性质，在意志因素上又积极地追求这一危害结果的发生，它是认识因素与意志因素的结合和统一。例如：商业欺诈行为的主观构成要件必须是直接故意。在消费争议中，消费者较之经营者处于明显的弱者地位，不仅消费者无法举证证明经营者具有主观欺诈故意，就是工商执法机关也难以收集到此类证据，由此会影响到法律的价值性和公正性，甚至还可能鼓励不法经营者规避法律而逃脱制裁。因此，对经营者的主观故意必须实行法律推定。根据国家工商行政管理总局《欺诈消费者行为处罚办法》第四条规定，如果经营者所销售的商品存在失效、变质、商标侵权、伪造产地、伪造或者冒用他人企业名称或者姓名和质量标志（包括认证标志、名优标志以及特有的商品名称、包装、装潢）等情形之一，则该经营者必须进行反证，反过来举出证据证明其没有实施商业欺诈行为故意。如果经营者不能证明自己确非欺骗、误导消费者而实施此种行为的，工商执法机关即可推定其主观上具有欺诈故意。结合消费者受到损害的事实，运用"事实自证"的原则，由经营者承担惩罚性赔偿责任，并以欺诈消费者行为定性处罚。此外，经营者在举办有奖销售活动中，如果不将设有中奖标志的商品、奖券投放市场或者不与所售商品、奖券同时投放市场，则可以推定其主观上具有欺骗性。

（三）行为人主观间接故意之推定

主观间接故意是指行为人明知自己的行为会发生危害社会的结果，仍放任这种不良后果发生的心理状态。主观间接故意在认识因素上是行为人已经认识到了自己行为所具有的危害社会的性质，在意志因素上又消极地放任这一危害结果的发生，它也是认识因素与意志因素的结合和统一。例如《商标法实施条例》第五十条所指"故意为侵犯他人注册商标专用权行为提供仓储、运输、邮寄、隐匿等便利条件的"中主观故意的认定。在行为人不承认主观故意的情况下，执法办案人员可以从商品的来源、供货单位、价格、数量、商标标识、生产地点、销售发票、结算方式、质量感观、有无回扣贿赂手段等方面综合分析推定。如果按照一个相关正常民事行为能力人的思维判断能力就应当知道其所仓储、运输、邮寄、隐匿的商品属于假冒侵权商品（比如：某出租车司机帮助他人从制假小作坊中转移制造的假五粮液酒），但行为人仍为侵权人提供仓储、运输、邮寄、隐匿等便利条件，此时，即使提供方便条件的行为人拒不承认存在主观故意，工商执法人员也可以依据已经取得的其他相关证据，推定行为人消极放任危害后果，其主观上具有间接故意。

（四）行为人主观非法目的之推定

违法目的是指行为人希望通过实施危害行为达到某种特定结果的主观愿望。作为违法目的，其实际查证并非易事，往往需要通过行为人已经实施的客观行为和从相关事实中加以推定。在工商执法实践中，投机倒把行为的成立必须以行为人主观上具有牟取非法利润之目的为特定构成要件。针对行为人主观牟利目的查证困难，根据国家工商行政管理总局《关于"倒卖行为"界定问题的答复》规定，如果在客观上行为人同时具备'违规购买或者接受国家专控物资'、'转手将其销售'、'从中获得经济利益'三个条件，即使由于某种意志以外的原因而未实施完毕，也可以由此推定行为人主观上具有牟取非法利润之目的。此外，对利用合同骗取他人财物的违法行为也必须以行为人主观上具有非法占有他人财物之目的为特定构成要件。工商部门在查处尚未构成犯罪的合同欺诈案件时，结合《刑法》第二百二十四条规定，对有下列情形之一的，可以推定行为人主观上具有非法占有他人财物之目的：①以虚构的单位或者冒用他人名义签订合同的；②以伪造、变造、作废的票据或者其他虚假的产权证明作担保的；③没有实际履行能力，以先履行小额合同或者部分履行合同的方法，诱骗对方当事人继续签订和履行合同的；④收受对方当事人给付的货物、货款、预付款或者担保财产后逃匿的。

（五）行为人主观明知之推定

明知是指工商执法办案人员根据某种异常的状况或者特定的状态推定行为人是知情的。这里的明知不等于确知，既可以是必然明知，也可以是应当明知。根据最高人民法院和最高人民检察院《关于办理侵犯知识产权刑事案件具体应用法律若干问题的解释》第九条规定，具有下列情形之一的，应当认定行为人主观上是"明知"而销售假冒注册商标商品：①知道自己销售的商品上的注册商标被涂改、调换或者覆盖的；②因销售假冒注册商标的商品受到过行政处罚或者承担过民事责任，又销售同一种假冒注册商标的商品的；③伪造、涂改商标注册人授权文件或者知道该文件被伪造、涂改的；④其他知道或者应当知道是假冒注册商标的商品的情形。工商执法办案人员可以将此司法解释作为参照依据进行推定。在工商执法实践中，需要推定行为人主观明知的情形还有以下几种：①《无照经营查处取缔办法》第十五条规定："知道或者应当知道属于本办法规定的无照经营行为而为其提供生产经营场所、运输、保管、仓储等条件的，由工商行政管理部门责令立即停止违法行为，没收违法所得，并处2万元以下的罚款……"②《产品质量法》第六十一条规定："知道或者应当知道属于本法规定禁止生产、销售的产品而为其提供运输、保管、仓储等便利条件的，或者为以假充真的产品提供制假生产技术的，没收全部运输、保管、仓储或者提供制假生产技术的收入，并处违法收入百分之五十以上三倍以下的罚款；构成犯罪的，依法追究刑事责任。"③《产品质量法》第六十二条规定："服务业经营者将本法第四十九条至第五十二条规定禁止销售的产品用于经营性服务的，责令停止使用；对知道或者应当知道所使用的产品属于本法规定禁止销售的产品的，按照违法使用的产品（包括已使用和尚未使用的产品）的货值金额，依照本法对销售者的处罚规定处罚。"④《广告法》第三十八条第一款规定："广告经营者、广告发布者明知或者应知广告虚假仍设计、制作、发布的，应当依法（与广告主）承担连带责任。"⑤《反不正当竞争法》第十条第二款规定："第三人明知或者应知前款所列违法行为，获取、使用或者披露他人的商业秘密，视为侵犯商业秘密。"

（六）股东同意其他股东向外转让出资之推定

根据《公司法》第三十五条规定，有限公司的股东向股东以外的人转让其出资时，必须经全体股东过半数同意。但是，不同意转让的股东应当购买该转让的出资，如果不购买该转让的出资，则推定其同意转让。

三、违法主体客观方面之推定

违法主体的客观方面是其违法行为的具体外在表现，一般应由执法人员举出证据加以证明，但在某些特定的法定情形下，执法人员只要收集到的证据能够证明行为人一些基本前提事实，就可以推定行为人具备了某些特定违法行为的构成要件。

（一）客观违法行为之推定

在工商执法实践中，具有典型性和代表性的是对侵犯他人商业秘密违法行为的推定。国家工商行政管理总局《关于禁止侵犯商业秘密行为的若干规定》第五条规定："（商业秘密）权利人能证明被申请人（侵权人）所使用的信息与自己的商业秘密具有一致性或者相同性，同时能证明被申请人有获取其商业秘密的条件，而被申请人不能提供或者拒不提供其所使用的信息是合法获得或者使用的证据的，则工商行政管理机关可以根据有关证据，认定被申请人有侵权行为。"这是一项较为完善的法律推定，其推定公式是，首要条件：①权利人的商业秘密信息符合法定条件；②被申请人所使用的信息与权利人的商业秘密具有一致性或相同性；③被申请人知悉或者有获取权利人商业秘密的条件。次要条件：被申请人拒绝证明或无法证明其获得或使用有关信息的合法性。推定结论：侵权成立。

（二）违法行为性质之推定

《江苏省惩治生产销售假冒伪劣商品行为条例》第九条规定："（行为人）持有、储存本条例第六条、第七条所列假冒伪劣商品明显超过合理自用数量范围的，视为销售假冒伪劣商品。"据此规定，如果某个人持有50双假冒名牌皮鞋，则即使没有证据证明其用于销售，工商部门也可以依法推定其实施了销售假冒名牌皮鞋的违法行为而予以定性处罚。此外，根据《公司注册资本登记管理暂行规定》的要求，公司股东或者发起人以实物、工业产权、土地使用权作价出资的，应当于公司成立后半年内依法办理财产权转移手续，以非专利技术作价出资的，应当在公司成立后一个月内依法办理转移手续，并报公司登记机关备案。逾期则可以推定其主观上具有虚假出资的间接故意，并以其实施了虚假出资违法行为予以定性处罚。一般情况下，违法行为性质的推定属于不可推翻的推定。

（三）假冒伪劣商品之推定

通常情况下，商品的真伪优劣都需要通过法定机构依照法定方法、程序鉴定后才能作为定案的依据。但在工商执法实践中，对一些特殊商品则可以不经过鉴定程序就可以直接依法推定其为假冒伪劣商品。根据《种子法》第四十六条规定，如果经营者所生产、销售的种子的种类、品种、产地与标签上所标注的内容不符，则不论该种子的质量如何，均可以依法推定为法律意义上的假种子而定性处罚。另外，《江苏省惩治生产销售假冒伪劣商品行为条例》第七条规定，只要有下列情形之一的商品，均可以不经鉴定程序，直接推定其为假冒伪劣商品：①依法实行许可证制度及质量安全市场准入、准产制度，而未取得合法证件生产、销售的；②无执行标准的；③无检验合格证明或者未使用中文标明商品名称、厂名和厂址的；④应当标明而未标明商品的主要成分和含量的；⑤应当标明而未标明警示标志或者中文警示说明的。在执法实践中依法推定假冒伪劣商品，可以有效减少执法成本，缩短办案周期。

（四）相同违法性质之推定

即行为人已经实施了某种性质较为严重的违法经营行为，推定其尚未实施的行为与其已经实施的行为性质相同。如：某个体户购进大量的酒精原料勾兑假酒而被工商部门查获。工商执法人员在制假现场查获了已经勾兑完好的部分，对其尚未用于勾兑的酒精原料，也应当推定为制假原辅材料而一并列入违法事实，并依法予以没收。再如，某人贩卖假冒中华香烟被查获，则可以推定其随身的其他假烟以及在其住处查获的其他假烟亦为贩卖性质，并将其数量一并计入贩卖的总数。但是，需要注意的是，这种推定属于可以推翻的推定，允许行为人反驳。若行为人反驳的事实无充分证据或者优势证据支持，则不能推翻推定事实。

（五）法律上因果关系之推定

现行工商行政管理法律、法规及规章列举某些违法行为的构成条件时，分别视不同情况，采取了并列关系、选择关系、递进关系、因果关系的表述方式。其中，因果关系是指违法行为规律性地引起某一危害结果的内在联系，法律、法规或者规章又将这一危害结果作为定性处罚必须具备的条件之一。如：《反不正当竞争法》第五条第（三）项规定："擅自使用他人的企业名称或者姓名，引人误认为是他人的商品。"《商标法实施条例》第五十条第（一）项规定："在同一种或者类似商品上，将与他人注册商标相同或者近似的标志作为商品名称或者商品装潢使用，误导公众的。"在立法上，这些都属于因果关系的表述方式。前一个行为是原因，也就是说，只要行为人经营活动中擅自使用了他人的企业名称或者姓名，就必然会产生引人误认是他人的商品的结果。可见，这一结果可以依据行为人的前一个违法行为而直接予以推定。

（六）违法行为人没有相关证据材料之推定

《反不正当竞争法》、《产品质量法》、《商标法》、《奥林匹克标志保护条例》等现行工商行政管理法律、法规均规定了工商行政管理机关具有要求当事人以及利害关系人、证明人提供相关证明材料的职权。最高人民法院《关于行政诉讼证据若干问题的规定》第五十九条也相应地作出规定："被告在行政程序中依照法定程序要求原告提供证据，原告依法应当提供而拒不提供，在诉讼程序中提供的证据，人民法院一般不予采纳。"据此规定，在工商执法实践中，执法办案人员可以根据具体案情，书面要求相关人员提供与经营活动有关的合同、账册、单据、文件、记录、业务函电、授权证书和其他资料。如若当事人拒不提供，则可以推定其没有此类相关证据材料，而且不必担心其在行政诉讼过程中作为重磅炸弹突然抛出。

（七）法律责任承担之推定

如：《广告法》第三十八条第二款规定："广告经营者、广告发布者不能提供广告主的真实名称、地址的，应当承担全部民事责任。"《江苏省实施〈消费者权益保护法〉办法》第二十三条规定："商品或者服务的质量不能检测、鉴定的，经营者应当证明自己无过错；不能证明自己无过错的，应当承担责任。"

四、工商行政执法办案实践中可以直接予以推定成立的其他情形

前面所述部分主要是结合工商行政管理法律、法规及规章的法定标准，对工商行政执法办案工作中的法律推定进行了综合分析和梳理归纳。但由于法律、法规及规章不可能穷尽所有应当适用推定的情形，故对于法律没有规定，而又必须在某些事实之间展开逻辑的推理应用，就使得事实推定不可避免地在执法实践中有着极其广大的运用空间。参照最高人民法院《关于行政诉讼证据若干问题的规定》第六十八条的司法解释，在具体的工商行政执法办案实践中，通常情况下，下列事实亦可以直接予以推定其成立。

（一）众所周知的事实

是指在一定区域内具有通常知识经验的一般人都知道的事实。如重大历史事件、天气变化、一定区域内的自然灾害、少数民族风俗习惯等。

（二）自然规律及定理

自然规律是指客观事物在特定的条件下所发生的本质联系和必然趋势的反映，如四季更替等。定理是指在科学上，通过一定论据而证实的结论。如勾股定理等。自然规律及定理是经过科学研究证明的，为自然科学界普遍接受的原理和原则，具有客观性和真实性。

（三）已经依法证明的事实

具体包括：人民法院发生法律效力的裁判文书所确认的事实；已为仲裁机构的生效裁判文书所确认的事实；已为有效公证文书所证明的事实（但有相反证据足以推翻公证证明的除外）；官方统计的数据和官方公报的事实；已经发生法律效力的行政行为所认定的事实。

（四）根据日常生活经验法则推定的事实

日常生活经验是指人们在日常生活中形成的反映客观世界的自然现象和对周边事物的亲身体验和感知，并逐渐积累的一种规律性认识。它是一般常人所认同的基本的常识性的生活经验，该生活经验是在日常生活中反复发生的一种常态现象，具有日常生活中的一种普遍体察和感受。

（作者单位：江苏省盐城市工商局）

二等奖

关于个体工商户分层分类登记管理改革的思考

孙文序

在2004年12月召开的全国工商行政管理工作会议上，王众孚代表总局党组提出了推进工商行政管理体制、机制和监管方式改革创新的问题，并且把推行个体工商户分层分类登记管理，进一步推进工商所的改革，作为2005年工商系统两项改革之一进行了部署。2005年2月5日，工商总局印发了《关于印发〈个体工商户分层分类登记管理办法〉的通知》（工商个字〔2005〕第26号），各地工商机关随后纷纷提出了贯彻落实的措施，个体工商户分层分类登记管理改革成为工商行政管理工作中的一件大事。

一、推行个体工商户登记管理体制改革是形势发展的需要

随着社会主义市场经济体制的逐步建立和完善，工商部门面对经济转型、体制转轨的剧烈变化，传统的监管理念、监管方式和监管手段，已经越来越难以适应形势发展的需要。

（一）我国劳动者充分就业的需求与劳动力总量过大的矛盾将长期存在，个体经济已经成为大量新增劳动力和下岗失业人员实现就业再就业的重要渠道

这是因为从事个体经济起点较低，并且主要是出于维持生计的基本需要，如果不加甄别地按照传统的个体工商户登记、监管模式对这一弱势群体进行登记监管，可能会直接影响普通群众的温饱问题和社会稳定的大局。

（二）在建立社会主义市场经济体制过程中，诚信体系还不健全，制售假冒伪劣产品的行为时有发生，整顿和规范市场经济秩序是一项长期的任务

一是对重点行业需要加强监管。如：食品餐饮、洗浴按摩、理发美容等重点行业中的个体工商户违法经营问题突出，特别是要对关系人民生命财产安全和社会稳定的重点行业必须加大监管力度；二是对重点地区需要加强监管。如：学校周边200米内不得设立网吧，对城乡接合部出租房屋的情况以及对居民区内

的扰民和环境污染等问题必须加强监管。

(三) 市场经营行为的多元化，需要实施有效的监管

由于受多方面原因的影响，社会上存在着大量的无照经营，这种现象冲击了国家统一的商事登记体制，带来了一系列严重的社会、经济问题。工商行政管理机关作为承担查处无照经营职责的主要部门，面临着如何切实履行自身登记监管职责的问题。《无照经营查处取缔办法》的实施，赋予了工商部门查处无照经营的一些特殊手段，特别是在办法中规定了查处超范围经营行为，加大了处罚的力度，同时也对工商部门提出了更高的要求。一方面要严把市场准入关，对未经前置许可、手续不完备的，不能核发营业执照；另一方面，由于一些经营者前期进行了资金、设备的投入，违规进行无照经营，工商部门需要甄别不同情况，积极引导经营者办理有关证照，合法经营。两方面责任工商部门都要承担起来。

(四) 创建和谐社会，坚持以人为本，必须实现由管理型政府向服务型政府的转变

建设服务型政府是我国行政管理体制改革的一项重要内容。执政为民是服务型政府的基本理念。全心全意为人民服务，让人民群众满意，是服务型政府的基本要求。个体工商户量大面广，平均每户1.9人，资金2万元。因此，不能像管企业那样管理个体工商户，从方便群众办理工商登记、实施有效监管的角度出发，必须改变现有的登记管理体制。

为应对这些新情况给工商行政管理带来的挑战，多年来，一些地方工商机关先后开展了"个体工商户分层次登记、分类监管的改革"、"委托授权工商所进行个体工商户登记"和"滚动验照"等改进个体工商户登记监管体制的改革试点工作。从各地的情况来看，应当说取得了一定的成效，但由于受法律法规和一些实际问题的影响，改革不够深入，不够全面，许多地方大多只是停留在理论研究层面和改革的外围上，对一些涉及实际利益的问题大家都比较谨慎。但是，我们必须看到改革是势在必行，只有改革才能更好地适应形势的需要。

二、推行个体工商户登记管理体制改革是工商系统自身建设的需要

这主要是从工商行政管理机关的职能定位和干部队伍现状来考虑的。

(一) 推行个体工商户登记管理体制改革是工商行政管理机关转变职能的必然要求

随着社会主义市场经济的不断完善，工商行政管理机关的职能也在不断变

化和调整，1978年，国务院在关于成立工商行政管理总局的通知中将工商行政管理机关定位为"无产阶级专政的工具之一"。这是因为"打击投机倒把"是工商部门的重要职责，1979年《刑法》中规定有"投机倒把罪"这一项罪行。

20世纪80年代初，在计划经济为主、市场调节为辅的时期，我国的市场是分割的、不统一的，1983年国务院关于国家工商总局的"三定"方案中确定："工商行政管理机关是综合性的国家经济行政管理机关。"工商行政管理机关监管的市场主要是农村集贸市场和城市小商品市场，管理这些市场的内容包括市场建设、摊位分配、交易价格、货源渠道以及市场交易秩序等，管理的对象主要是个体工商户和从事自产自销的农民。

80年代后期，随着计划经济与市场调节相结合，国家推行有计划的商品经济。1988年，国务院关于国家工商总局的"三定"方案中规定："工商行政管理机关既是经济监督管理机关，又是行政执法机关。"工商行政管理机关在监管各类商品市场的同时，许多地方政府还要求工商部门承担促进个体私营经济发展的职能。在履行市场管理职能方面，工商部门通常采用驻场的方式管理商品市场，每个市场都派驻若干人员，有的工商所就和当地的市场建在一起。管理的内容也是既管市场建设，又管市场秩序；既管经营开发，又管商品流向；既管环境卫生，又管计划生育；既管流动人口，又管社会治安。整天与个体商贩打交道，收取各种费用，没有真正形成有效的市场监管。这里的市场指的是"社会统一大市场"。

1992年，党的十四大确定了我国实行社会主义市场经济体制之后，工商行政管理机关被定位为国家主管市场监督管理和有关行政执法的职能部门，承担着维护社会经济秩序的重要职责。国家法律法规也不断赋予工商部门新的职能，突出的是工商部门承担起了反不正当竞争和消费者权益保护的重要职责，这使工商行政管理工作直接触及市场经济最基本的运行机制——竞争机制。2001年，国家工商总局升格为正部级单位，国务院办公厅为此下发的第57号文件中将工商行政管理机关的性质定位为"市场监督管理和有关行政执法机关"。工商机关的行政行为囊括了行政许可、行政裁决和行政处罚三部分。2001年7月27日，中央领导同志视察工商总局时说"没有强有力的监管执法，就没有社会主义市场经济。工商行政管理部门是市场监管和行政执法的重要职能部门，承担着规范和维护市场秩序的重要职责。概括起来说，就是要把好市场主体的入门关，当好市场运行的裁判员，做好市场秩序的坚强卫士"。这里的入门关，就是行政许可，不经工商部门批准，不得从事经营活动；裁判员就是要制定出规则、办法，判断是非，坚强卫士就是依法行政，维护市场经济秩序。1999年开始的工商系统市场办管脱钩，使工商部门从既办市场又管市场中解脱出来，改变了既当运动员又当裁判员的现象，主要职能转移到管理社会主义统一大市场上来。我理解，管理这个"统一大市场"更多是管理抽象的市场竞争机制，具体表现就是监管市场主体交易的行为，维护市场经济的秩序。这和过去的农贸市场管理、各种商品市场管理是有本质区别的。

（二）推行个体工商户登记管理体制的改革，是改革监管方式的必然要求

随着市场经济形势的发展和工商行政管理职能的转变，我们越来越感到监管机制的不适应和监管力量明显的不足。近几年来，各地在监管方式上做了许多有益的尝试，逐步由驻厂式监管向市场巡查制转变；由静态监管向动态监管转变；由手工操作向信息化、网络化监管转变。到 2004 年底，全国工商系统共有公务员、事业编制人员和工勤人员合计 43 万多人，但同期全国工商行政管理机关共登记各类企业 765 万户，共登记个体工商户 2351 万户，共有 3116 万个市场主体需要工商部门监管，也就是说如果按人头平均，不论是公务员还是普通工勤人员，每人要管 70 多个市场主体。监管任务之巨，难度之大，显然是难以承担的。目前，县级及以下基层工商部门集中了我们一大部分工作人员，占 70% 多，他们在承担着对各种市场主体行为监管的同时，还承担着收取国家规费的繁重任务。因此，工商行政管理机关迫切需要改革登记监管模式，提高人员素质，合理配置监管力量，实行分层分类、分距离监管，只有这样才能更好地履行市场监管的职能。

三、推进个体工商户分层分类登记管理改革的意义

综合个体工商户登记管理体制改革的背景和工商机关推行改革的内在动力，可以看出推进个体工商户分层分类登记管理改革具有十分重大的意义。

（一）有利于建立适合我国现阶段经济社会发展需要的个体经济登记、监管体制，促进个体经济的健康发展

与我国现阶段的经济社会发展水平相比，现行的个体工商户登记管理体制明显滞后，一方面是现行登记管理体制下，设立个体工商户的手续还不够简便快捷，群众还不是十分满意；另一方面是工商行政管理机关投入大量人力对个体工商户进行登记管理，却因为个体工商户数量众多，很难形成有效监管。逐步改进个体工商户登记管理体制，建立适合我国现阶段经济社会发展需要的个体经济登记、监管体制，有利于发挥工商行政管理职能作用，有利于鼓励、支持和促进个体经济的健康发展。

(二)有利于坚持以人为本，营造宽松的创业环境，扩大就业和再就业、维护社会稳定

目前，我国正处在经济转轨和社会转型的历史阶段，经济发展和社会稳定的问题比较突出。就业是民生之本，促进就业和再就业，维护社会的稳定是工商行政管理机关的重要职责。推行个体工商户分层分类登记管理改革，降低开展个体经营的成本，方便群众通过个体经营实现就业和再就业，这也是工商行政管理机关坚持科学发展观，促进经济发展，维护社会稳定，创建和谐社会的具体行动。

(三)有利于建设一个完整的、包括各类市场主体在内的信用体系

到2004年底，全国工商行政管理机关共登记了700多万户各类企业和2300多万户个体工商户。作为市场主体，从总量来看，个体工商户的数量远远超过了各类企业的数量；个体经济是市场经济的重要组成部分。我们建设市场主体信用体系，如果不能把2300多万个体工商户纳入进来，就不能算是完整的市场主体信用体系。推行个体工商户分层分类登记管理改革，就是要参照企业信用分类标准对个体工商户进行信用分类，并建立统一信用监管体系。

(四)有利于工商行政管理机关在监管工作中突出重点，规范市场经济秩序，实施有效监管

推行个体工商户分层分类登记管理改革，以信用分类为基础，辅以其他参照指标，对个体工商户实施分类监管，鼓励诚信经营，加强对市场中存在违法经营行为较多的行业、地域的监管力度，有利于工商行政管理机关在日常监管中突出工作重点，更好地规范市场经济秩序。

(五)有利于工商行政管理机关合理配置行政执法力量，形成有侧重、有针对性的监管模式，实现工商行政管理机关职能转换

市场经济体制的建立要求工商行政管理机关必须转变职能，从我国市场经济发展的要求来看，工商行政管理机关应当把更多的精力和执法力量放到规范和维护市场竞争机制的执法上来，这就要求我们合理配置执法力量，提高执法水平。推行个体工商户分层分类登记管理改革，一个十分重要的着眼点就是要进一步规范基层工商所的职能，通过实行分距离监管，实现有针对性的、有实效的监管。

四、个体工商户分层分类登记管理改革思路的形成

国家工商总局党组一直高度重视个体工商户登记、监管体制的改革，王众

孚多次就改进个体工商户登记的内容和方式、探索实行分层登记和分类监管模式、改革年检验照制度等问题做出指示。

2002年4月23日至28日，王众孚在上海考察工商工作时提出，要探索个体工商户分层登记和分类监督管理的途径，对个体工商户的登记管理，要理顺和明确工商行政管理部门在新世纪、新形势下的工作职能、工作范围、工作目标，要探索个体工商户分层登记注册和分类监督管理的方法。要积极发挥街道、居委会、市政市容管理等部门的作用，实现工商部门职能的转换，把工商部门的主要精力放在对各类企业、各类市场行为的监管上。对个体劳动者从事的修自行车、修鞋等简易行当，要优先鼓励、支持下岗人员加盟，以拓宽就业渠道，促进社会稳定。工商部门要研究个体工商户的简便登记管理办法。王众孚提出改革探索的思路以后，国家工商总局组团于2002年底赴澳大利亚、新西兰，专门考察商事登记和个体商贩登记管理问题，并参照国外经验，结合当时我们的实际情况，提出了关于授权工商所登记管理个体工商户、改革个体工商户验照制度的建议。上海、北京两地的工商部门也于同期开始了"个体工商户分层登记、分类监管改革"试点工作，取得了一些积极的成果。

2003年10月28日，十六届三中全会通过了《关于完善社会主义市场经济体制若干问题的决定》，王众孚谈到贯彻《决定》，强化监管，推进现代市场体系建设的问题时指出，要积极探索对个体经济实行分层登记和分类监管的模式，合理配置监管力量，形成有侧重、有针对、有力度的监管新模式，确保市场监管执法取得实效。2003年底，在广州召开的全国工商行政管理工作会议上，王众孚再一次提出：从有利于促进经济的发展，有利于扩大就业和再就业，有利于社会管理，有利于工商行政管理部门集中精力强化监管执法的角度出发，对从事生产经营的个体工商户与没有资产运营，从事简单修理、服务的个体劳动者，要积极探索实行分层登记和分类监管的模式，要改革个体工商户的登记内容和方式，改革验照制度，更好地促进个体经济的健康发展。王众孚的多次指示，说明了总局对于进行个体工商户登记监管体制改革的决心，同时也确立了个体工商户登记监管体制改革的整体方向。王众孚几次谈话内容极其丰富，十分深刻，我们现在这个改革还没有完全包括王众孚讲的全部内容，有些问题需要进一步统一思想，创造条件，才能实施。但改革的方向是正确的，坚定不移的。

王东峰分管个体司工作之后，对工商户登记管理改革工作十分重视，在他的直接领导下，我们组织专门人员对个体工商户登记、监管体制改革工作涉及的法律、经济和管理方面的理论问题进行了研究梳理，做了大量深入细致的准备工作。最终形成了个体工商户登记监管体制改革的主要内容。

2004年底,在全国工商行政管理工作会议上,王众孚提出要适应建立社会主义市场经济体制的要求,不断推进市场监管制度改革,把推行个体工商户分层分类登记管理,进一步推进工商所改革,作为2005年工商系统两项改革之一。并就建立委托登记、委托备案,实行分层登记、分类监管和规范工商所对个体工商户的行政处罚等问题作出了部署。

2005年1月,国家工商总局在云南昆明召开"全国工商系统港澳居民申办个体工商户登记管理工作座谈会",同时也征求了各地对《个体工商户分层分类登记管理办法》(草稿)和《个体工商户验照办法》(草稿)的意见。随后,在广泛吸收各地意见的基础上对《个体工商户分层分类登记管理办法》进行了修改,最终形成了工商个字〔2005〕第26号文件,作为指导这次改革的基本文件。

五、个体工商户分层分类登记管理改革的基本内容

个体工商户分层分类登记管理改革的内容可以分为三块,概括起来说就是分层登记、分类监管和加强基层工商所监管执法的力度。

具体地讲,分层登记方面主要包括以下几点内容。

一是推行"三项委托"。即加大工商所在个体工商户登记监管方面的权限,由市、县工商行政管理局以及大中城市工商行政管理分局依法委托符合条件的工商所对个体工商户进行设立、变更、注销登记和验照,委托符合条件的工商所对从事经营活动但依照有关规定免予工商登记的个体经营者进行备案。这里,考虑到行政法律关系上的合法性,特别是《行政许可法》的有关要求,我们要求委托应当以书面形式进行,委托应当委托到具体责任人和承办人,同时受委托的工商所应当以委托机关名义行使委托职权。

二是落实"两项免予"。即对农村流动经营的小商小贩免予工商登记,对农民在集贸市场或者地方人民政府指定区域内销售自产农副产品免予工商登记。这两项免予的政策法规由来分别是2004年的中央1号文件和《无照经营查处取缔办法》的相关规定,后者实际上是遵循了工商机关对进城销售自产农副产品的农民免予登记的一贯做法。

三是建立备案制度。考虑到为社会弱势群体营造宽松的创业环境,扩大就业再就业,逐步探索对商贩的管理模式,我们这次提出了工商机关可以根据监管执法工作的需要,对从事经营活动但依照有关规定免予工商登记的个体经营者进行备案,记录其基本经营情况,以掌握市场交易动态,规范经营者行为,维护正常的市场秩序。同时,规定可以委托工商所行使这一职权。为了保护广

大消费者的合法权益，还规定受委托工商所对备案人的违法经营活动依法进行处罚，并且通过备案甄别不符合免予工商登记条件的无照经营者，依照《无照经营查处取缔办法》进行查处。我想这个备案是告知性的，不再进行实质性的审查。

以上内容可以概括为"三、二、一"。即三是三项委托，委托登记、委托验照和委托备案；二是两项免予，农村流动商贩和农民在指定区域内销售自产农副产品免予工商登记；一是一项制度，建立备案制度。

分类监管方面主要包括以下三点内容。

一是建立一个"统一的平台"。这次改革要求各级工商行政管理机关按照个体工商户信用监管指标体系和实施分类管理的要求，加强信息网络建设，本着统一规划、统一标准、统一信息库的原则，在国家工商行政管理总局金信工程框架下开发相关信用监管软件，建立统一的个体工商户信用监管平台，并通过联网实现全系统资源共享。这就要求各地方加强本辖区的计算机网络建设，改善基层工商所的办公条件。

二是推进"两项改革"。即：①推行验照制度改革。推广集中与滚动相结合的验照方式，关于个体工商户验照制度改革，《个体工商户分层分类登记管理办法》并没有详细的规定，总局还要出台专门的验照办法；②推行动态监管改革。形成日常巡查、经检办案和受理12315投诉三结合，对个体工商户的经营行为进行全方位动态监管。

三是确立"四级信用分类"。建立个体工商户的信用等级制度，将个体工商户的诚信分为守信标准、警示标准、一般失信标准和严重失信标准四类。工商行政管理机关对不同类别个体工商户实施不同的管理措施，对诚实守信的个体工商户宽松监管，对诚信评级不良的个体工商户强化监管。合理地调整监管重点，科学地分配监管力量。

分类监管的以上内容可以概况为"一、二、三、四"。一是个体工商户信用监管平台纳入统一的"金信工程"之中；二是"两项改革"，改革验照制度，改革监管方式（实行动态监管）；三是"三个结合"，日常巡查、经济办案和受理12315投诉"三结合"；四是推行四级信用分类。

六、个体工商户分层分类登记管理改革工作应当注意的几个问题

推进个体工商户分层分类登记管理的改革，重点在分层，难点在分类。我们应当掌握以下几个问题。

(一)改革应当在现行法律法规框架下稳步推进

对于国家法律、行政法规有明确限制的改革事宜,应积极推进有关法律法规修改,不宜贸然突破现行法律法规,有的同志提出国外没有"个体工商户"的概念,除了企业就是商贩。从长远来看,可能是发展的方向,但就现阶段而言,个体工商户、个体经济已写入宪法,短时间内不可能取消。

(二)改革应循序渐进、先易后难,分阶段开展

可以先从落实中央一号文件、促进就业再就业工作、落实 CEPA 安排支持港澳居民在内地兴办个体工商户和加强食品安全监管等专项整顿工作入手,探索新的登记监管方式,逐步将改革向纵深推进。

(三)改革应该体现"以人为本"的精神

落实对个体工商户中的弱势群体进行扶持的政策,进一步促进就业再就业工作,并把取缔无照经营和减轻市民、农民负担结合起来。

(四)改革应实事求是,因地制宜

由于全国各地经济发展状况不同,工商所的办公条件、计算机网络以及人员素质等方面存在较大差异,不同地区改革的速度、方式都会有不同。我们要实事求是,积极创造条件,逐步推进。

(五)改革应以点带面,积极引导

推进改革应注意充分发挥改革先进地区的表率作用,我们应适时将代表性地区成熟的改革经验和做法推广到全国工商行政管理环境类似的其他地区。改革进行到适当的阶段,国家工商总局还会召开一些座谈会、交流会,组织各地同志互相交流改革经验。

面对分层问题,许多地方前几年就将个体工商户的登记放在了工商所,有些地方通过计算机互联网,将前置的和监管工作都委托工商所来进行,现在的问题主要是规范委托的形式、手续,以及建立必要的制度。

分类监管工作,许多地方大多与企业的信用监管一并来进行。企业和个体工商户都是"四级信用分类"。难点在 4 个等级的划分标准,也就是说在什么情况下,去划分属于哪一个等级;有的地方是按违纪金额,有的是按违法次数,也有的按问题的性质和严重程度,应当说信用监管是在动态中实施的,不是在登记之初开始。我想全国搞一个统一的标准很难,我们正收集各地的做法,在适当的时候进行交流,以便大致上有个统一的标准和要求。

2005 年 8 月工商总局在上海召开的全国企业信用分类监管工作会议上,王众孚提出了要建设信用工商、法制工商和信息工商的要求,进一步为创新监管

制度、强化市场监管的改革指明了方向。建设信用工商,就必须正确处理监管与服务的关系。要大力加强诚信教育,增强广大工商干部的信用意识。健全诚信制度,强化对权力运行的制约和监督,严格执法、公正执法、文明执法。严肃惩戒失信行为。建设法制工商,就必须正确处理严格程序与放宽准入的关系。要有法必依,依法登记,依法行政,依法监管。要严格程序,严把市场准入关,坚决取缔无照经营行为。建设信息工商,就必须正确处理传统工作方式与利用现代信息技术的关系。要加强信息化建设,大力推进"金信工程",构建全国工商系统监管网络,要更新理念,创新思路,努力实现信息手段与传统方式的有机结合,提高监管效能和水平。

(作者单位:国家工商总局)

二等奖

论网络广告发展与监管对策

杨同庆

在20世纪末期,当代社会发生了人类历史上的重大事件——互联网络的出现与应用。任何重大的科技进步都会给人类社会带来巨大的影响,在经济全球化和网络化已经发展成为潮流的今天,信息技术革命与信息化建设加快了世界经济结构的重组与整合。网络经济将是未来几个世纪世界经济发展的重要驱动力。网络经济的发展正在改变着传统的商务框架,冲击着传统的经济运作方式和社会经济结构,并对经济领域诸多方面提出了挑战。互联网络已成为推动经济发展和管理进步的重要手段,无论是对政治、经济、科技,还是对人类生活,人们已形成共识——网络经济是人类社会发展史上又一场深刻的革命。

网络经济中的网络广告对本世纪的市场和经济发展发挥着巨大与深远的影响。如何促进网络广告的发展,完善网络广告监管法规,施行核准注册准入制度,建立公平、开放、平等的市场交易、竞争秩序,明确网络广告中的违法行为与应承担的法律责任,促进网络广告的健康发展,将是当前一个时期广告监管机关的重大课题。

一、我国网络广告飞速发展

互联网是一个巨大的、超时空的、跨行业的信息库,互联网是信息传递的渠道,是多功能的传递渠道,它兼具了传统媒体的基本特性,因而,互联网是新型媒体。众所周知,印刷品能够传递静止的图像文字,广播能够传递声音与音响,电视能够传递动态的图像与声音,而互联网能够传递数据、文字、图像、声音。

随着互联网媒介的发展,很快出现了网络广告。2001年是中国网络广告飞速发展的一年,网络广告营业额实现翻番;推出多种网络广告表现形式,大批传统行业的企业开始关注并加大网络广告投放;网络广告作为电波、平面和户外广告以外的第四大广告形式的地位已经确立。第八届中国广告节已将网络广告列入重点评选的项目之一,并推出了大量优秀的网络广告。网络广告飞速发展的重要性表现在以下几个方面。

(一)网络广告营业额实现翻番

1997 年 3 月,Chinabyte 网站发布了一则动画旗帜广告,开我国网络广告的先河,网络广告业实现了零的突破。到 1999 年,中国网络广告收入超过 1 亿元,2000 年接近 3 亿元,2001 年超过 6 亿元。

(二)网民数量剧增

据 CNNIC(中国互联网络信息中心)统计,中国网民数量正在呈几何级数增加。1997 年 10 月中国上网用户人数仅为 62 万人,1999 年 7 月达到约 400 万人,2001 年底近 4000 万人。网络作为一种新兴媒体,已强有力地渗入到社会生活当中,拥有了越来越大的"注意力"市场份额和影响力。

(三)网络广告形式层出不穷

打破传统的网络广告 BANNER、BUTTON、文字链接等一成不变的模式,2001 年中国新推出的广告形式着实让人眼花缭乱,目不暇接。中国网络广告形式之多就连网络广告的创始人乔(Joe)、柏瑞(Barry)和何比(Herbie)都始料未及。美国艾维媒体资讯(Evaliant Media Resources)的分类专家称:"中国是网络广告形式最丰富的国家"。据艾维媒体资讯的数据显示,2001 年仅新浪(sina.com)推出的新网络广告形式就有:巨型广告、全屏广告、通栏广告、横向的巨幅广告、声音广告等。

(四)网络广告主的群体迅速扩大

1999 年,投放网络广告的大多是 INTEL、DELL、IBM 这样的 IT 客户,但据艾维媒体资讯的数据显示,2001 年十大网络广告主中,涌现出了海尔和贝塔斯曼这样的传统行业广告主,新浪(sina.com)上甚至还出现了拉链生产商的广告。除媒体信息广告、计算机广告、电子类消费品、软件、电信广告以外,传统行业广告份额已达到约 40%,其中商业/金融业达到了 10.8%,零售业达到了 10.5%,旅游饭店和娱乐业达到了 6.6%。网络广告主已遍布商业金融、零售、旅游饭店、娱乐等行业。

(五)在线购买者日益增多

网络广告不仅可以像电视、广播、印刷品广告那样推广品牌,传递信息,还可以完成销售事务,网络广告使品牌建立、传播信息和进行销售等全部工作在同一地点集中进行。虽然网络支付手段的滞后和送货的困难一直影响着网上营销的开展,但现在推行的"网上商城合作伙伴制",为网民在线购买提供了便利,并被越来越多的网民所接受。

二、网络广告的特点

网络广告是指广告主利用互联网媒体向受众传递商业信息或其他信息的传播活动。网络广告以互联网为传播空间,存在于各个网站,并通过网民点击相应的界面而连接广告主网页,实现广告主传递信息的目的。网络广告媒体是由互联网、用户服务器和用户终端组合而成。它以电子数据的虚拟形式向受众传递广告主发布在不同网站上的广告内容。网络广告媒体的运用,是全新概念的广告主与广告受众双向互动的信息传播过程的体现,在当代电子商务兴起的时刻,网络广告具有重大的作用。网络广告具有如下特点。

(一)交互性强

交互性是网络本身的最大特点,网络不同于传统媒体信息的单向传播,而是信息的双向互动传播。用户可以获取他们认为有用的信息,厂商也可以随时收到消费者的反馈信息。从行销传播的角度观察,网络上的互动式广告有两个基本特质:一是适应个人需求而发布信息,二是广告受众自由选择信息,即不同于在传统媒介上出现的广告,互动式广告允许不同的受众去选择不同的广告信息,来满足个人对信息的需求。

(二)传播范围广泛

网络广告的传递不受时空的限制,它通过国际互联网把广告信息全天候不间断地传播到世界各地,在人类生活的地球上空虚拟一个全新的网上交流互动平台。只要具备浏览互联网的条件,任何人在任何时间、任何地点都可以随时随地阅读网络广告信息。这是传统媒介无法比拟的。

(三)针对性强

网络广告的受众是最年轻、最具活力、受教育程度最高、购买力最强的群体,网络广告可以使广告主直接面对目标消费群体中最有可能产生购买行为的潜在消费者。

(四)精确性强

传统媒介发布广告,对于接触到广告信息的目标受众很难精确统计数量,而在互联网上可以通过权威公正的访问统计系统精确统计出每一条广告信息的接触量,更可以了解目标受众接触广告信息的时间和地区分布,从而为广告主科学的广告效果评估奠定坚实的基础。

(五)广告发布灵活,成本低

网络广告是一种实时、灵活、低成本的广告形式。广告在传统媒介上刊播后很难更改，而且将支付极大的费用。互联网的广告刊播后，可以方便地根据市场的变化、营销策略的调整及时变更广告内容，使广告活动及时有效地服务于营销策略。

(六)表现形式多，实效性强

网络广告的载体基本上是多媒体、超文本格式文件，受众可以对感兴趣的商品了解更为详细的资料，使消费者能够亲身体验商品与服务，这种以图、文、声、像的形式传递多感官的信息，使目标受众如亲临其境感受商品与服务，并通过互联网进行订购、交易、结算，极大地增强网络广告的实效。

网络广告的局限性在于传播的效果比电视差，网络广告的发展有赖于当地科技的发展等。

三、网络广告监管的难点

广告与广告监管是辩证的统一体，网络广告飞速发展，必须强化广告监管，才能使网络广告健康、正常地运行。目前，网络广告监管呈滞后状态，网络广告监管的难点是造成网络广告监管滞后的主要原因。

(一)网络广告传播主体的多元化使监管对象不明确

广告监管机关通过对广告市场三大行为主体的划分，明确了广告主、广告经营者、广告发布者的职责和权限，使广告监管工作比较明确，可具操作性。但在互联网上，个人只要具有一定的网络知识与手段，就可以独自承担信息传递的全过程，而且企、事业单位，社会团体，政府机构等均可利用自身拥有的互联网技术和设备，进行信息交流活动。因而，网络传播主体是多元化的，是无中心的，网络广告的对象不再像大众传播时代那样明确。

(二)信息的广告化与广告信息化使广告监管范围不清晰

网络传播的特点是网络广告形式的淡化和信息的泛广告化。这使广告与信息传播的界定不清，为广告监管带来困难。网民对具有明显强制特性的广告有较强的抵触情绪，所以许多商业宣传都努力淡化广告色彩，经常以"关于商品的新闻"形式出现；信息与广告间的界限越来越不清晰，网络广告监管确定监管的范围，必须明确网络广告的内涵与分类。

(三)网络广告主体的虚拟性和内容的无限性使监管难度加大

与传统广告媒介不同，在网络传播中，人们既看不到对方的样子，也听不到对方的声音，因此，人们可以逃避为自己的语言、行为所承担的责任，网络传播的这种虚拟性是网络监督的一大障碍。传统媒体受版面、时段、印刷成本的限制，传递信息容量是有限的，监管也就相对容易一点；但是对于网络媒体，信息容量是无限发展的。据统计计算，目前 INTERNET 可检索的网页有 8 亿左右，这些网页分布在约 300 万个服务器中，共包含了约 15 万亿比特数据信息和 1.8 亿幅图像，并且 83% 的站点含商业信息。如此巨大的信息量是现行的广告监管模式所无法管理的。

（四）网络广告的跨行政区域性和传播迅捷即时性使行政管辖权无法实施

从信息传播范围来讲，传统的媒体受国家、政治、经济、语言等因素制约，有较明显的地域性；而网络媒体可以穿越国界，覆盖全球。在这种情况下，某一国只在本国内独立完成网络广告信息的监督具有很大的困难。

从信息传递的效果讲，以大众传播媒体为主的现有媒体受技术和发布渠道的限制，信息传播具有延时性；而网络信息发布却具有即时传播，即时发布的特点，而且互动，易于修改，因而一些发布者利用管理层发现之前的时间差发布虚假信息，随时更换，虽然往往发布周期很短，但已造成不好的影响。

网络广告的跨行政管辖区域传播和信息表现的迅捷，使现行的行政管辖制度无法实施。

（五）网络广告的无序与网络广告监管的空白相互依存，恶性循环

由于目前尚没有专门对网络广告进行管理的法律、法规，因此网络广告经营者处于自发无序的状态，缺乏明确的经营资质标准及广告宣传内容的法律意识；网络广告的收费缺乏规范和标准，对网络广告的处罚更缺乏依据。

四、我国网络广告监管的现状与重点

网络广告监管的实质在于根据网络广告传播中的特性，有针对性地制定广告管理措施，维护网络广告市场的秩序，维护广大网民的利益。网络管理是一个不断探索的过程，没有现成模式，在发展过程中，还会不断出现许多新的问题，网络广告管理将在发展中完善。

（一）网络广告监管现状

1. 从广告管理角度分析

由于目前尚没有专门对网络广告进行管理的法律、法规，因此网络广告经营处于自发无序的状态；缺乏明确的经营资质标准及广告宣传内容的法律意识；网络广告的收费也缺乏规范和标准。

2. 从网络广告的实际发布情况研究

网络广告经营的无序导致了网络广告市场的混乱，以及广告内容的鱼龙混杂，其真实性、合法性缺乏保障，有些广告还涉及意识形态和不良文化的问题。

3. 从对网络广告监管的必要性探讨

网络广告不能这样长期无序发展，不能随意扰乱广告市场秩序，网络广告也不能随意侵害消费者的权益。消费者的合法权益受到侵害，该到哪里去讨回公道？因此，对网络广告进行管理的必要性是显而易见的，在网络广告的经营活动和宣传活动中，需要有一个"裁判员"才行。

4. 从对网络广告进行监管的可行性分析

首先，现有的广告监管法律、法规的原理同样适用于我国的网站广告；其次，广告法明确的广告监管机关应承担起对网络广告的监管职能；再次，管理对象也是可以明确的，即在中国设置网站的广告宣传者和经营者。有了管理者和被管理者，有了法律、法规依据，接下来就需要去研究制定适合网络广告特点的一套管理方法和措施，然后逐步实施管理。例如具体的相关法规应包括：对于网络广告经营者主体资格的资质条件的限制；对于网络广告内容的真实性、合法性以及符合社会主义精神文明与否等方面的监控手段、监控标准的规定；对于违法广告的审查和处罚等。

（二）网络广告监管的重点

网络经济新特征的存在，使得对网络广告的监管出现了新的特点，应建立一种新型管理模式。网络广告监管的重点是通过法律、法规和制度保证网络广告信息的真实性。

1. 现有广告媒体的管理法规中对保证广告真实性的规定，大多数仍适用于网络广告

例如：①必须确保广告内容的清晰和准确，不能出现误导消费者的情况；②厂商、广告发布者有责任将消费者的注意力吸引到必要的、关键的、最重要的信息上，确保它们能够被消费者注意到；③重要信息不能被隐藏，如诉求中心信息被隐藏在一大片杂乱的图形或大篇幅文字中间，那么就很不容易发现。

2. 由于传播特点的不同，网络广告有许多现有的广告管理法规和审查标准所无法包含的新内容

因此必须注意以下问题：①网络广告诉求信息与引发的利益承诺，应处在同一个屏幕上，如果需要滚动翻页，广告必须用文字或图形手段明确作出指示，

以保证消费者有机会看到。②现有的 BANNER 和 BUTTON 广告，由于受网页上面积大小限制，一般需点击后仔细观察，这就需要 BANNER 首页的诉求信息必须清楚而显著，避免误导。③对广告清楚而显著的要求不只是集中于中心诉求本身，应对干扰因素加以限制，以保证它们不会扰乱中心诉求的醒目性。④由于互联网的特殊性，许多网络广告运用音频、视频以及动画技术，所以对使用音频、视频手段的广告，需保证广告的声音、节奏、音调、动画长度，都能让观众接受理解。

综上所述，就保证网络广告的真实性而言，网络广告监管最主要目的是要求网络广告信息发布者必须清晰完整地告知消费者，并保证消费者尽可能方便、迅速、准确地获取信息。

五、美国互联网广告内容的管理对我国的启示

虽然互联网广告对消费者具有更多的隐秘性、伪造性和欺骗性，但互联网并不是完全没有法制的天堂。按照美国的法律，互联网广告的法律限制与其他广告形式相同，也就是说，任何广告监管法规对各种媒体具有同样的约束力，不因媒介形式的不同而失效。美国联邦贸易委员会（Federal Trade Commission，缩写 FTC）具体负责互联网广告的法律指导与执行，美国没有中国那样的《广告法》，它是通过联邦贸易委员会法案、消费者投诉、判例等来判断广告是否违法。自1994年，该委员会已经执行了100多个法律行动，避免消费者受到互联网虚假广告的侵害。

（一）互联网广告管理宗旨及说明

① 互联网广告必须是真实的，不得误导消费者；
② 互联网广告中所有的表述必须有事实证明。

所谓广告的真实性，是指广告中的描述可以得到事实证明，尤其是涉及身体健康、安全或操作方面的内容，所描述的事实来自于产品本身，如果广告说该产品"试验显示达到 X 水平"，那么该产品至少要达到这个水平。

广告中所演示的产品效能，必须是在正常的条件之下。

产品或服务的经销商须对广告承诺的内容承担责任，同时，广告代理商、网页设计或分销商如果参与了欺骗性广告的设计或发布过程，或者明知这些广告具有欺骗性仍然参与这些广告，也必须承担一定的责任。

广告代理商及网页设计者承担检查广告信息真实性的责任，他们不得简单地听从广告主宣称他们的广告信息是真实的。至于承担责任的程度，要由联邦贸易委员会调查广告代理商及网页设计者参与广告设计的程度，以及在多大程

度上知道广告主的信息具有欺骗性。

互联网广告的表述必须是清晰完整的。

美国联邦贸易委员会认为，没有一个固定的公式确认广告表述的清晰与完整性，但在确认广告表述时，应当包括广告中的文字、产品名称及相关描述，广告主必须对广告表述承担责任。广告主应当考虑消费者不会浏览整个互联网的网站，如同他们不会阅读印刷品上的每一个字符一样，所以互联网广告应当给消费者提示，即他们已经阅读的部分信息可能不是清晰完整的，即使如此，消费者已经阅读的部分信息也必须是真实的、不是欺骗性的。当产品或服务误导消费者或误导消费者的行为与决定，联邦贸易委员会将根据相关法律决定广告是否存在欺骗性。

中间经销商应该向产品制造商索取证明广告真实性的材料，而不是简单重复制造商的描述，如果制造商不能提供相应的证明材料，中间经销商应该仔细留意产品说明的警示部分。当制造商把他们的产品说得太好的时候，中间商尤其要注意这一点。

对于广告中不承诺的部分，必须向消费者明确、清楚地说明，使消费者能够注意、阅读、理解这些不对消费者承诺的信息，广告主不得因为在广告中不作承诺而发布虚假广告。

（二）专门指导

除此之外，联邦贸易委员会还提出了具体的指导建议。

（1）互联网广告的内容应当保持相近或在同一页面上。

（2）如果广告不能置于同一页面上，应该使用图标或文字引导消费者继续翻页阅读这些广告信息，以免遗漏重要信息误导消费者。

（3）广告中使用的链接必须显而易见，并且标志链接的重要性，所有链接风格应当保持一致，链接注释与链接点在位置上相互接近，消费者点击链接后能够直接阅读信息，经常检查并维护这些链接的有效性。

（4）互联网上的一些高技术还存在一定缺陷，广告主应当避免这种缺陷，比如框架网页或闪烁图像应当在使消费者浏览清晰完整的广告网页之后，才进入订购产品的页面；横幅广告应当以相应的页面链接加以清晰完整的表述。互联网广告在尺寸大小、颜色、图像等方面应该与网页其他部分显著不同，以使消费者明显地注意到这种差别；广告的文字、图形、链接或声音等方面不得干扰消费者对表述的注意；如果网页过长过多，应当对广告中的关键信息进行重复；如果有声音方面的信息，应使用音量与语调方面的技巧，使消费者更容易理解这些声音信息；视觉信息显示的有效时间，应当足够使消费者注意、阅读和理解到这些信息；使用清晰的语言和语法表达广告信息。

(三)隐私保护及儿童广告

互联网的发展为消费者获得信息提供了前所未有的机会，但同时消费者非常关心个人信息在互联网上的安全性和保密性，许多消费者担心互联网的广告利用了他们的个人信息。联邦贸易委员会为此组织了一系列的调研工作，以确定消费者在互联网广告中的隐私权得到保障的程度。在1998年6月发表的报告中指出，85%的网站收集了消费者的个人信息，只有14%的网站告诉了消费者收集这些信息的目的。在2000年的调研中，情况有所改进，有20%的网站在收集消费者个人信息时有所提示。网站应当给消费者清晰明确的提示，他们正在收集消费者的信息、如何收集消费者的信息、收集这些信息的用途、管理这些信息的安全性、是否将这些信息向第三方公开、他人是否通过网站收集了消费者的信息。收集者应当提供相应的条件，便于消费者拒绝或删除已经收集的信息。

针对儿童发布的广告，经销商尤其要小心，因为儿童在评判广告信息的真实性方面存在较大的困难，儿童广告检查联盟对这类广告有专门的指导。2000年4月实施的《儿童在线隐私保护法案》(COPPA)规定，互联网广告收集13岁及以下儿童的信息时，必须得到家长的同意，比如儿童的姓名、家庭地址、电子邮件地址、电话号码、个人兴趣爱好及有关信息。

凡是涉及收集儿童信息的，必须在网页上以清晰的方式告诉儿童，比如更大的字体、颜色上的不同、背景上的区别等。网页上要收集儿童信息的提示必须明确易懂，不得含糊其辞，收集儿童信息的方式要向儿童提示、收集儿童信息的目的也要提示，儿童在家长的指导下，可以拒绝这些收集信息的请求、也可以删除已经收集的信息。所有这些对儿童的提示都必须向家长重复，并且得到家长的确认。如果儿童信息向第三方公开(比如在聊天室里)，必须得到家长的亲笔签名，家长可以随时撤销他们的确认与签名。

(四)环保标识

产品的环保性能已经成为广告界增强诉求吸引力的重要手段，但广告中宣称产品的环保不可泛指，互联网广告也一样，不论是直接的还是间接的方式，除非已经证明产品具有泛指的环保，否则广告具有欺骗性。如果产品不具有明显的环保，广告中不得明显地宣称具有环保，比如宣称垃圾袋是可以回收的但没有任何证据，因为垃圾袋在垃圾场或焚化炉通常不会单独分离出来，不会再次使用，从技术上来讲，袋子可以回收，但广告中这样的宣称具有欺骗性，它宣称的环保并没有明显的意义。

按照联邦贸易委员会的要求，任何宣称具有环保性能的产品，自宣称环保的时间开始，必须具有可以证实的、完全可信的环保依据，所表述的环保依据通常需要科学的证据，比如科学试验、分析、调研或相关领域的专家证据，这些证据是在具有专业资格的人员指导下以客观方式获得的，并且具有精确的实证结果。广告主在比较环保的效果时，应当给消费者清楚的、可以验证的说明。比如一种洗发水的包装瓶上标有"20%以上可回收材料"，这种描述是模棱两可的，正确的做法是，与广告主生产的其他同类产品相比或与竞争产品相比，其包装瓶"可回收"比例是多少。标明"可回收"的，需要说明如何进行回收，比如可以收集在一起重新使用，或其中的一部分分离出来重新使用，或生产商组建了回收的体系。仅仅标明"可降解"、"可生物分解"、"可光学分解"等环保用语的广告属于虚假广告，因为任何降解都需要一定的时间周期，降解后的物质必须完全分裂并还原到大自然中去。为了避免对消费者的误导与欺骗，标明"可降解"、"可生物分解"、"可光学分解"的，应当具体说明自动降解的环境、可降解的程度和速度。保护臭氧层是环保中的重要内容，任何包含对臭氧层有害物质的产品标以"保护臭氧层"或"对臭氧层无害"都属于虚假广告。比如气雾型空气清新剂标以"对臭氧层无害"标志属于虚假广告，它误导了消费者，使人们认为这种产品对大气层是安全的，实际上这些产品含有一些挥发性的有机物成分，这些成分对近地面的臭氧层形成具有破坏作用。

（五）网上销售及其他

一些特殊行业与服务在互联网上发布广告必须强制性接受相关法律限制，包括特许经营、信用卡支付、电子货币、网上公布恶意消费者的信息等。

厂商以电子邮件形式推销，邀请消费者打电话购买他们的产品或服务，这类广告适用于管理电话推销的法令。使用电子邮件推销商品或服务，应当考虑的关键是消费者是否理解或期望从这些电子邮件中得到重要信息，这些信息应当以可保留、可打印的形式提供。除此之外，如果消费者以邮件、电话或计算机通讯的方式提出购买申请，而经销商不能在承诺的时间内送货，经销商必须通知消费者送货时期已经延长，并且给予消费者延期送货或取消订货退还款项的选择。会员制在线经销商使用电子邮件与会员进行联系，广告主应当每月向会员发放购买或消费的邀请通知单，消费者再向经销商返回计划购买或消费的确认单，这些确认单是会员制消费形式的重要组成，经销商应当使消费者清楚地理解到这一点。

在互联网上以图文形式向消费者提供担保证书的，等同于纸质形式的担保证书。如果向消费者承诺了可以退款，广告主必须向不满意的消费者退款。

免费赠送是广告中经常使用的词汇，包括"安全免费"、"买一赠一"、"买二赠一"、"50%免费赠送"、"半价出售"，等等。美国联邦贸易委员会对"免费"这个词的使用作了相应的规定，免费是指正常平均消费价格基础而言，比如消费者以正常平均价格购买了A商品，不再支付费用获得B商品及其价值，再以正常平均价格购买其他商品的条件下，产品B属于免费，并且经销商不得随意修改免费的解释，以次于B的商品代替B。

（六）对我国互联网广告内容管理的启示

我国对互联网广告的管理刚刚起步，国家工商总局作为监管广告活动的机构还没有正式发布相应的法规与管理办法，北京市仅有一个《北京市网络广告管理暂行办法》（简称《办法》）可以参照，这个《办法》是依据《中华人民共和国广告法》《中华人民共和国广告管理条例》的有关规定而制定的，而广告法作为管理我国广告活动的最高法令本身还存在许多不完善和需要修改的地方。制定该《办法》的主要目的是监管互联网广告的经营者，由于只引用了广告法中的有关规定，在操作上存在一定的难度，对广告主的约束力较弱。

借鉴美国对互联网广告内容的管理，可以有如下四个方面的启发。

一是互联网广告的概念定义。概念定义要清楚明确，即互联网广告是以文本、图片、链接、交互图片、视频、音频、电子邮件等形式在互联网上发送广告的所有广告形式。

二是互联网广告的内容方面。互联网广告的内容必须真实，能够得到科学的检验；广告信息必须清晰完整，不得误导消费者。

三是对互联网广告的评估。对互联网广告的效果评估，要从整体效果来考虑，包括文本、图像、链接、网页结构、显示等方面，不得仅限于局部。因为互联网及计算机本身存在技术上的缺陷，一些欺诈性的互联网广告可能只显示引人注意的部分信息而故意不显示对消费者来说非常重要的关键信息，这种做法是误导或欺骗消费者的常用伎俩。

四是消费者隐私权的保护方面。美国的法律规定互联网广告不得未经允许收集消费者的个人信息或将该信息用于其他目的。而国内这种侵犯消费者隐私的现象十分严重，一些互联网经营公司或网站收集消费者的个人信息之后，向消费者发送大量的、对消费者无益的广告邮件，或将消费者信息转手卖给广告主，广告主向消费者强行推销商品，或向未成年人发送大量的低级趣味、损害未成年人身心健康的信息资料，等等。在消费者隐私权保护方面，国内应当直接借鉴美国的做法。

六、网络广告监管的思考

网络广告是个新生事物,且具有较强的技术特征。因此,如何对网络广告进行监督管理仍是个需要充分讨论的问题。开展网络广告监管需从以下几个方面入手。

(一)开展对网络广告的专项研究,总结广告监管经验,推动立法工作

完善对网络广告的监管,要加强对网络经济的理解与认识,研究网络广告的本质与特征,开展专项调查研究,根据事物发展的现状与趋势,制定促进发展的市场规范。

立法是解决问题的有效途径。在法治社会中,明确具体的法律条文能限制违法分子的违法行为,切实可行的法规制度是市场监管的有效依据。广告监管机关在对网络广告进行管理时,应当明确监管的指导思想,即在促进网络广告发展的同时进行规范。规范的目的是维护广告市场经营的正常秩序,保护消费者的合法权益,促进网络广告的健康发展。

中国的网络广告仍处于启蒙阶段,首要任务是促进网络广告的发展,做到管而有序、管而发展。对此,广告监管机关应在上述指导思想下研究制定具体的监管方式、方法。要把网络广告纳入对广告经营活动进行管理的轨道。为了促进网络广告的发展,开始阶段对网络广告经营者主体资格制定的资质条件应当符合已从事网络活动的广告经营者的实际情况,监管重点应放在对网络广告内容的监管上。现有的广告管理法律法规对广告内容的真实性、合法性以及符合社会主义精神文明的要求有了系统化的规定,网络广告的宣传内容应当照此执行,违反者也应当依据现有的处罚条款严肃查处,以切实维护广告经营的正常秩序,保护消费者的合法权益。

(二)明确网络广告的监管机关的职能,赋予行政权力

1. 广告监管部门要改变传统的监管模式,建立适应网络经济特点的监管模式和机制

正如在本次调查中,多个地方工商部门提出的,建立一个垂直领导、内外结合的监管机制和架构,做到上下成网、分级管理、区域协同、统一执行。垂直领导可将广告监管网络向上延伸至国家总局,内外结合是指广告监管机关的控制协调与广告行业组织、网络信息服务提供商(ISP、ICP)的自律相结合,上下成网是指进一步完善现有的监管体系,使其成为整体。分级管理就是相对集

中与分别监管相结合,把主要发布地方性信息的网站,划由省级授权的市广告监管机关监管,发布国家乃至世界信息的全国性网站,则由国家工商总局监管。跨区协同和统一执行,指对涉及异地的网络广告案件,实施国家总局统一领导下的行政干预。

2. 广告监管机关实施对网络广告的管理,首先要明确网络广告的范围

网络上信息量广而大,要对网络广告进行界定,区分广告信息与一般信息,将广告纳入整体广告市场管理范围。

3. 制定网络广告经营者、发布者主体资格的资质条件,实行核准注册制度,确定登记注册的管理机关

网络广告没有地域界限,核准登记注册的管理机关的确认要考虑到国际互联网的存在,与国际规范接轨。

4. 建立适应网络经济发展需要的、符合当代科技水平的网络广告市场交易规范与规则,创造公平、公开、公正的市场竞争秩序

5. 建立对网络广告内容审查制度

明确广告主、广告经营者、广告发布者的审查与法律责任。特别是对广告主远程登录的网络广告内容,要制定具体的规则,把好审查关。

6. 提高网络广告监管机关人员的素质

要解决广告管理机关对网络广告不适应的问题,如管理人员对网络的知识和操作技术的问题,监管设备的问题,管理力量薄弱的问题等。

7. 提高监管技术手段,运用网络技术监管网络广告

实行网上监管,实现以网治网,建立工商行政管理网上信息中心,建立以省局为中心,各市、县、区局为站点的网络系统,同时与12315投诉举报服务网络相链接,形成互联贯通的工商执法信息网,实现信息资源合理利用和共享,实现管理电脑化、储藏光盘化、信息网络化。可以在红盾信息网建立网络广告管理中心,可规定经营性网站发布网络广告,发布前将审查过的广告样稿上传该中心,由中心发至目标网站。

(三)建立行业协会,发挥协会的职能,强化行业自律和消费者监督

我国已加入世贸组织,融入世界经济运行中,WTO的基本原则在于对政府行政行为的制约,使世界经济遵循公平、开放、平等的原则。而行业协会的自我管理,从理论上讲属于类行政行为。WTO的原则对行业组织并无限制性条款,

要建立完善的网络广告监管的法律环境,就必须建立行业组织、发挥组织的作用,确立网络广告行业自律规则,强化行业自律,填补政府广告监管机关职能调整后留下的空白。

广告自律的作用表现为:①广告行业自律是避免网络广告纠纷的有效途径。网络广告协会能够要求参加协会的广告主、广告经营者、广告发布者学习有关网络广告的监管法规,增强法制观念,科学地运用竞争手段,杜绝不正当竞争行为,即使发生纠纷,网络广告协会可发挥协调功能。②广告行业自律是政府广告监管的重要补充,政府的宏观调控与广告行业自律是维护网络广告市场正常运行的两大力量。在WTO基本原则限制政府干预经济的条件下,在我国政治体制改革特别是精简政府机构与人员的形势下,广告行业组织的成立势在必行。③广告行业自律是我国网络广告事业健康发展的保障。网络广告业要持续健康地发展,必须不断提高广告从业人员素质,广告行业组织通过组织培训、交流、舆论监督等多种方式达到自我净化的目的。同时,要在网络界全面推行广告业务员培训上岗制度和审查员制度。

对于网络广告的监管,还需要动员广大的消费者对网络广告实行监督,建立举报制度、监督制度、网上购物保护制度等,以规范网络广告市场秩序,促进网络经济的发展。

综上所述,网络广告的发展与监管还存在诸多难点,但网络广告无可比拟的优越性将使它不断成熟与发展,并产生巨大作用。任何事物的诞生都有一个从幼稚到成熟的发展过程,网络广告的前景同样是美好的。

参考文献

[1] 美国联邦贸易委员会. Advertising and Marketing on the Internet Rules of the Road. Dot Com Disclosures; Privacy online; Fair Information Practices in the Electronic Marketplace; How to Comply With The Children's Online Privacy Protection Rule; Franchise and Business Opportunities

[2] 北京市网络广告经营管理暂行办法

[3] 美国网络广告管理

[4] 我国广告业发展趋势与监管研究

[5] 中国网络广告法律问题

[6] 关于开展网络广告经营登记试点的通知

[7] 关于对网络广告经营资格进行规范的通告

[8] 互联网信息服务管理办法

[9] 互联网药品信息服务管理暂行规定

[10] 关于在网络经济活动中保护消费者合法权益的通告

(作者单位:首都经济贸易大学)

试论商标"窃权"行为及其惩治方法
——兼议我国商标保护机制的改革

杨叶璇

窃者,偷盗也。商标"窃权"行为,顾名思义,系指以非法占有他人智慧劳动成果为目的,乘人不备,采取类似于偷盗的手段,将本来应当属于他人享有的商标专用权窃为己有。商标"窃权"行为并非现行《商标法》所述的商标侵权行为,因为商标侵权行为中的被侵权人已经依法享有注册商标专用权,商标专用权的归属是无可争议的,商标侵权人只是通过非法使用他人商标,或者通过其他手段,给他人商标专用权造成损害。而商标"窃权"行为却与之不同,商标"窃权"行为人不仅窃取了应当属于他人的商标专用权,而且更有甚者,反倒贼喊捉贼地要求查处该商标创立者的所谓侵权行为,使得后者蒙受不白之冤,遭受致命的打击和严重的损失。商标"窃权"行为既破坏了商标确权领域的法律严肃性,扰乱了社会经济秩序,又使得应当享有商标专用权的当事人失去权利并遭受经济或商誉损失,故而,尽管商标"窃权"行为目前还不是《商标法》规定的用语,可是该行为有其明显的特点,而且其危害性显然大于一般的商标侵权行为。

最近一段时期,商标"窃权"行为在我国有愈演愈烈之势。其表现形式主要有这样几种。第一种是抢先申请注册他人商标,其中包括抢先申请注册他人使用在先并有一定影响的商标,甚至是驰名商标。此类案件发生的数量较前几年明显增加。第二种是未经授权,代理人或者代表人以自己的名义将被代理人或被代表人的商标进行注册。需要指出的是,商标窃权行为人实施以上这两种窃权行为时,往往不仅在商标确权领域,也就是说不仅是双方发生了关于商标注册权的争议,而且商标"窃权"者同时伴有在市场上抄袭使用他人商标的行为,形成了市场上的不正当竞争,有的抢先注册商标者甚至状告商标创立者侵权。第三种是伪造公章或者签名,假冒商标注册人,以欺骗手段将他人注册商标予以转让,从中牟利。近两年来,此类案件已经发生数十起。有的案件中,商标"窃权"行为人竟然将一件注册商标连续转让四次,以试图逃避法律惩罚。

由此类行为引起的起诉国家工商行政管理总局商标局的行政诉讼案件已经有十来起。有关法院判决认为，商标局未能尽到必要的行政审查义务，于是撤销"商标局的转让"行为，并且提出要求商标局增加新的"审查义务"的司法建议。第四种是伪造公章或者签名，假冒商标注册人，以欺骗手段，将他人商标许可第三人使用。不久前，在江苏省就曾经发生某一个人将近20件商标转让或者许可他人使用，从中非法牟利30余万元的案件。

商标"窃权"行为的性质以及其对另一方当事人和社会的危害，无异于盗窃他人的有形资产。首先，虽然商标属于无形资产，但是其与有形资产同样具有相应的价值。有一定影响的商标（即市场上有较高知名度的商标），特别是驰名商标，其价值十分可观。经过科学的评估，目前商标价值成百万元或上千万元的有之，甚至价值上亿元的商标也并不罕见。在当今世界的三大贸易（即商品贸易、服务贸易和知识产权贸易）中，商标权的有偿许可使用和转让等实现的贸易额，已经成为知识产权贸易的重要组成部分。再者，在激烈的市场竞争中，商标是生产、经营者生存、竞争和发展的重要手段和资源，失去了商标权，就等于失去了相应的市场和利润，造成的损失有时甚至大于失去同等价值的有形资产。因为有形资产（如机器、设备和原料等）可以用货币迅速购置，以避免造成更大的损失，可是相应的商标权却无法迅速购得，而且改换新的商标，必须经历艰苦的市场培育过程。除了货币，还需要花费大量的智慧劳动和时间，这期间，损失还在继续扩大。第三，商标价值的产生与增长，是由该商标的创立者投入辛勤的智慧劳动，抑或注入大量的有形资产（如花钱做广告等）加以转化而形成，因此商标专用权应当归商标的创立者所有，否则不仅背离了"天道酬勤"的社会伦理，而且也不符合知识产权法律制度激励人们坚持诚实信用，以智慧创新实现自身致富，同时造福社会，促进社会经济文化繁荣与发展的立法宗旨。

总而言之，所有对他人知识产权的窃取或者窃用，均与偷盗无异，均会造成对知识产权所有者的侵害。姑息这类行为的大量发生，则会使整个社会大量滋生和蔓延"不劳而获"的投机心理，挫伤和压抑人们进行智慧创造的积极性。至于以保护民族工商业为幌子，以发展中国家不可避免都要走这条"捷径"为借口，纵容窃取他人知识产权的违法行为大行其道，将对社会风气、民族心理、经济发展内力与后劲都会起到很坏的作用。说穿了，这是民族自卑的另一种极端表现。我国有辉煌的历史积淀和13亿人口，不乏拥有大量的智慧头脑和极富有创造力的人才资源，为什么不能自强不息，在合法地引进和利用国外知识产权的同时，通过良好的知识产权制度，激励人们奋发有为地创立更多的自主知识产权，迅速地赶上和超过别人，却听任一些人去摸别人的腰包，致使整个国家遭人家的白眼？长期以来，人们对于盗窃他人有形资产的行为深恶痛绝并且存有共识。在刑法以及有关的行政法规中，均对盗窃他人有形资产的行为做出了规定，予以严厉惩治，可是人们对于商标"窃权"行为的认识却十分模糊。究其原因，缘于人们重视有形资产而忽视无形资产，这是市场经济尚欠发达的表现。随着市场经济的进一步发展，无形资产的价值以及其在社会生产总值中所占的比例和所发挥的作用将进一步提高，人们对无形资产的重视程度和保护力度必然大大增强。进一步健全和完善我国的知识产权保护制度，对外继续开放，遵循国际通行原则，对内扩大改革，鼓励发展科学技术和先进文化，激励和调动人们的智慧创新能力，实现良性循环与可持续发展，是我们自立于世界民族之林的必由之路。

商标"窃权"行为有哪些特点呢？在此，暂且不从其与盗窃有形资产行为具有共性的利益驱动、不劳而获等角度进行分析，而主要分析商标"窃权"行为特点的以下几个方面。一是商标"窃权"行为人具有主观恶意，其明知或者应知该商标为他人的注册商标，或者该商标是由他人使用在先并且在市场上建立了一定的影响和信誉，却采取不正当手段将该商标权"窃"为己有。二是商标"窃权"行为人所采取的不正当手段在形式要件和程序方面，往往具有符合法律规定的假象，因此具有很强的欺骗性。三是商标"窃权"行为的成本很低，往往只需要花费一两千元商标注册申请费或者商标转让申请费，而牟取的非法利益却十分巨大。四是被"窃取"的商标权属于无形资产，与有形资产不同的是，商标权可以被分割和复制，并且具有很强的促使其他资产增值或转换为其他资产的能力，因此，即使商标"窃权"行为人所"窃取"的商标权被"剥夺"（即抢先注册的商标被撤销，或者欺骗转让商标的行为被宣布无效等），可是商标"窃权"行为人在窃取商标权的期间所牟取的相应非法利益却由于被人们忽视而仍然被其占有。五是制止商标"窃权"行为往往引起行政诉讼。因为商标专用权的取得和某些情况下的行使，须经过商标主管机关的注册或者备案程序。而在许多程序中，按照国际惯例，商标主管机关只能依法对有关的申请进行形式审查，无法辨别该申请的真伪，对于以欺骗手段进行申请的，一律采取事后救济，所以当商标"窃权"行为败露时，人们被表面现象所迷惑，未能正确认识案件的根本属性，误当成一般的行政案件，往往提起行政诉讼，去追究商标行政主管机关的"行政过失"，却让商标"窃权"行为人乘机溜之大吉。六是商标"窃权"行为人还有可能再次利用程序，阻挠他人正当注册商标。按照现行商标法的规定，每件商标取得注册，都必须经过商标初步审定、公告、异议期等诸多程序，因此，即使撤销了被商标"窃权"行为人抢注的商标，应当享有该商标权利的当事人要真正取得该商标的注册，还必须另行提出商标注册申请，经历一段漫长的时日和冒着被再次恶意干扰的风险。也就是说，不排除商标"窃权"行为人还有可能利用程序卷土重来。

由以上分析可以看出，商标"窃权"行为危害性大，蒙蔽性强，破坏领域宽，涉及的法律程序复杂。与盗窃他人有形资产的行为相类似，商标"窃权"行为视其情节和后果的轻重，也可以分别具有民事、行政和刑事案件的属性。商标"窃权"行为的大量发生及其危害，必须引起各有关方面的足够重视，采取恰当的有力措施予以制止，并且应当对其进行深入的剖析和研究，从立法、司法、行政执法以及生产、经营者对自身商标权主动采取正确保护措施等多个层面，加强对商标"窃权"行为的惩治。

依照我国现行法律，应当如何惩治商标"窃权"行为呢？若商标"窃权"行为仅仅发生在商标确权领域，即仅仅为注册商标权归属的争议，抢先申请注册该商标的一方并未在市场上使用该商标，那么该商标注册权归属的争议虽然具有民事纠纷的属性，但是依法应当通过行政程序解决（对商标行政主管机关做出的裁决不服的，可以寻求相应的司法救济）；若抢先申请注册该商标的一方已经在市场上使用了该商标，那么关于商标权属的争议依法应当通过行政程序由商标主管机关裁决，而关于市场上使用该商标行为的纠纷，则应当由有管辖权的工商行政管理机关或者人民法院解决。其中抢先申请注册驰名商标的，可以依照商标法第十三条的规定，在不予核准注册商标的同时，禁止其使用该商标。其他情形的，或许可以依据《反不正当竞争法》解决，不过许多被侵害者并不知晓可以通过这一途径寻求救济。若商标"窃权"行为人采取伪造公章或者签名的欺骗手段假冒商标注册人，办理了转让商标或者许可他人使用该注册商标的手续，那么表面上似乎由于商标局"没有尽到"足够的行政审查义务，构成了"行政诉讼"案件，实质上商标"窃权"行为人已经触犯了刑律，商标注册人要求经济赔偿的，应当属于刑事附带民事的案件类型，而宣布该案所涉商标转让或者商标使用许可合同备案无效的，则又必须历经行政程序。

商标"窃权"行为是市场经济发展进程中必然发生的现象。随着市场经济的进一步发展和市场竞争的加剧，商标"窃权"行为将会迅速增多，其对经济秩序的扰乱和对社会风气的不良影响将进一步增大。发达国家在其市场经济发展进程中，也必然遭遇同样的问题，因此在完善知识产权法制方面积累了相关的经验。目前我国法律对有关商标"窃权"行为的惩治存在一些突出问题，已经不能适应市场经济发展形势的要求，应当改革和完善商标保护机制，理顺相应的法律关系,实现方便当事人诉讼和行政机关及法院的审理,优化行政办案和司法审判资源的配置,简化救济程序、保证执法统一,以实现对商标"窃权"行为的有效惩治,创建更加良好与和谐的法律环境。对于这个问题,应当提升到制定和实施国家知识产权战略的层面来认识。

考虑到我国的国情和商标保护机制的运行现状,结合目前我国已经开始进行的修改商标法的调查研究工作,并且参考有关国家的经验,笔者就加强对商标"窃权"行为的惩治,提出如下建议与读者共同研讨。

一、在商标法中增加关于商标强制转让的规定

在这方面,德国《商标法》的有关规定可供借鉴。德国《商标法》第17条第1款规定,商业代理人或(商标)代理人未经商标所有人同意而申报或者注册商标的,则商标所有人有权要求其转让因商标申报或者注册而形成的权利。我国《商标法》应当增加相应的规定,商标"窃权"行为人抢先申请或者注册他人商标的,被抢注商标的一方有权要求其转让因商标申请或者注册而形成的权利。国家工商行政管理总局商标评审委员会可以依法做出裁决。增加这项规定不仅符合法律的公平公正原则,维护了商标所有人的合法权利,而且体现了效率原则,简化了程序,降低了商标法的执法成本。

二、在《商标法》中增加关于由商标"窃权"行为人支付更高费用的规定

目前,依照我国《商标法》的有关规定,商标行政程序中争议双方的费用,仅为申请启动程序的一方作为申请人缴纳申请费,而被申请人无须缴费。由于商标"窃权"行为人作为申请人抢先申请商标时所支付的申请费用很低,而作为被申请人时无须缴费,甚至经司法审查最终败诉也用不着掏任何费用(作为第三人时),因此,违法成本过低成为此类行为大量发生的重要原因之一。其实,无论是大陆法系的德国,还是英美法系的英国、美国,都在其商标法中对有关行政程序参与方的费用支付问题做出规定,体现了公平合理、扬善惩恶的精神。德国《商标法》第63条关于程序的费用规定:如果有数人参与程序,专利局可以在决定中规定,程序的费用包括专利局的垫款和当事人产生的为合理维护请求权和其他权利所必需的费用,以符合公平原则为限,全部或部分由一名当事人承担。倘若专利局在决定中未对费用做出规定,则每个当事人自己承担其所产生的费用。专利局有关费用的确定问题,准用德国民事诉讼法关于费用确定程序和依据费用裁定进行强制执行的规定。英国《商标法》第68条关于费

用和费用担保规定：可以根据规则制定条款授权于注册官员，在根据本法由他主持的任何程序中，判给参与程序各方中的任一方合理的费用，和该费用应当如何地支持并由哪一方支付。注册官员的上述指令应当被强制执行——在英格兰、威尔士或北爱尔兰，就如执行高级民事法院的命令那样去执行；在苏格兰就如执行高级民事法院要求支付费用的判令那样去执行。注册官员还被授予权利，可以要求参与程序的一方，因该程序或其后的上诉程序，为支付费用而做出担保，以及指明不做出担保的后果。美国商标法第1120条关于虚假注册或欺诈性注册的民事责任规定：任何人在专利与商标局进行商标注册时，以书面或口头形式进行虚假或欺骗性声明或陈述，或者实施了其他虚假行为，应该在民事诉讼中向受害当事人赔偿上述行为的后果所造成的所有损害。

  这些国家的上述规定，不仅符合法律的公平原则，大大提高了违法者的违法成本，使之不敢肆意妄为，而且充分体现了商标注册主管机关的准司法地位和居间裁判的职能（以往人们仅仅停留在商标注册主管机关是否作为准司法机关对待，不应当成为行政诉讼被告问题的认识上）。我国修改商标法时应该增加相应的规定，充分发挥"经济杠杆"的作用，其结果必将有效遏制商标"窃权"行为人利用程序"滥诉"、"缠讼"的现象，改变商标行政确权案件和司法审查案件恶性增长的情况，使商标法的执法成本趋于合理化。

三、在商标法中增加关于行政免责的规定，使商标司法审查重在查明事实，给当事人以救济，对违法行为予以惩治

  商标注册行政主管机关（即商标局和商标评审委员会等）在商标注册审查或者商标争议案件的评审程序，以及后续的司法审查程序中，履行其职责时的一些责任被依法免除（或称排除），是国际惯例。正因为如此，才不可能发生由于商标注册申请先被驳回，后又经复审或者再次提出申请被核准注册等情况，而被要求追究在先程序的行政责任，或者索取"国家赔偿"的案件。商标注册行政主管机关在商标注册审查或者商标争议评审程序中，具有知识产权工作的特定职能和地位，不可以简单地套用我国现行民事诉讼法或者行政诉讼法来追究其的所谓行政责任。这就是为什么目前会发生多起关于抢注他人商标纠纷的司法审查案件"终局不终"，即商标评审委员会执行北京市高级人民法院的二审判决，反倒被案件当事人又一次行政诉讼到北京市第一中级人民法院。以及发生多起"拽住保安责打，而放纵小偷逍遥"的案件，即假冒商标注册人非法转让商标案件，依照行政诉讼法判决商标局具有行政过失、败诉，却使得商标"窃权"行为人逃脱了法律惩罚的症结所在。

英国、德国商标法的有关规定值得我们借鉴。英国商标法第70条对于排除注册官员(专利局长)及其下属官员在履行其职责时的一些责任做出了明确规定,其中包括注册官员不应当被要求保证按照英国《商标法》或者英国参加的国际条约而注册的商标的有效性,或者由于英国《商标法》要求其所做的授权以及任何有关的审查和程序而对其承担任何责任。英国《商标法》第74条对于商标注册官员在有关司法诉讼中的责任和权利做出了规定,在法院的诉讼中,注册官员有权出席并发表他的意见,在法院指令他如此作为时,他才必须出席;除非法院另有指令,注册官员可以向法院提交一份由其签署的书面陈述以代替他的出席;在陈述中要说明的事项包括在其作为注册官员的业务知识领域内,被他认为是和当前争端很有关的某些事件等。有关陈述书应当被认为是作为在诉讼中的证据的一部分。德国《商标法》第68条规定,德国专利局长可以根据维护公共利益的需要,自行决定是否在申诉(司法审查)程序中对专利法院做出书面声明,由专利法院将专利局长的书面声明告知当事人;或者专利法院认为由于某个法律问题具有重大原则性意义,可以通知专利局长并由其自行决定是否参与申诉(司法审查)程序。自参与程序的声明到达时,专利局长即取得当事人地位。

　　英法两国《商标法》的上述规定体现了商标司法审查的实质。其目的在于查明事实,给予商标确权案件当事人以司法救济,而并非一般行政诉讼案件中的"民告官",商标行政主管机关甚至可以自行决定是否出庭或者是否参与程序。而且,商标行政主管机关的地位是具有公信力的权威机构,商标注册官员作为商标专业的专家群体,其有关的业务经验和规范也可以起到证据作用。目前我国商标司法审查程序中,商标评审委员会主任(或者其委托的代理人)无一例外都必须出庭并事先提交书面答辩,否则可能冒有"放弃答辩","即判败诉"之风险。其结果,导致商标评审委员会不得不抽调占全体审查人员比例超过四分之一的骨干力量,组成应诉队伍,疲劳奔波于北京市两级人民法院的四个审判庭(行政庭、民庭)举行的庭审之中。可叹的是,商标"窃权"行为人却可以很低的成本,轻而易举地启动行政诉讼程序,便玩弄起了"老鼠戏猫"的游戏。有的商标"窃权"者明明知道最终将不得享有该商标的权利,却"醉翁之意不在酒",利用程序拖长时间,以实施侵害,谋取非法利益的最大化。而由于商标评审案件审理人员的匮乏,形成商标评审待审案件的大量积压(目前积压案件已超过3万件),审理期间过长,又给商标"窃权"行为人留下了在市场上施行对商标创立者更加长期侵害的机会,造成了恶性循环。因此修改商标法应当增加行政免责规定,彻底扭转偏离商标确权纠纷的属性,重在追究商标行政主管机关的责任,而忽略或者放松了对商标违法者予以惩治的情况。

四、应当依法加强对商标"窃权"行为人违法使用他人商标所造成侵害的责任追究

我国现行商标法与20世纪80年代初颁布实施的商标法明显不同的是,受保护的商标权利不仅因商标注册而形成,而且因商标在先使用并产生一定的影响或者具有驰名性也能够形成,不过有些情况下的保护只限于商标确权领域。今后,一方面当事人、工商行政管理部门和司法机关应当更加深入地贯彻执行商标法,做到既要实现商标注册领域里的公正确权,又要依法加强对商标"窃权"行为人违法使用他人商标所造成侵害的责任追究;另一方面可以在商标法中明确规定,商标"窃权"者除了抢注他人商标,还犯有在市场上使用他人商标行为的,对方有权要求经济赔偿。

五、应当将调整商标法律关系的涉及民事、行政、刑事的有关规定,完整地纳入到商标法体系之中

由于受到历史沿革的影响,我国商标法的条文和篇章主要侧重于商标局对于注册商标申请的审查的规定。虽然在2001年修改商标法时,增加了关于商标评审的部分规定,但是不够完善,造成在实际操作中某些情况下,商标评审委员会难以准确适用法律条款的尴尬现象。这也是为什么在过去相当长的一段时期,一些人误将商标法当作是一部工商行政管理法规的主要原因。

知识产权法律关系有其特殊性。《商标法》是调整商标法律关系的专门法律,应当具有完整的体系,而不应当将许多调整商标法律关系的问题抛在其外。英国、德国等不少国家的《商标法》中都对商标行政行为、商标犯罪行为、以及商标司法审判做出了规定。无论是从尊重客观规律,还是从制定和实施国家知识产权战略,促使我国经济文化健康快速地繁荣与发展的角度考虑,均应当将调整商标法律关系的涉及民事、行政、刑事的有关规定,完整地纳入到商标法律体系中。建议在我国设立知识产权法院,实现包括商标在内的知识产权民事、行政、刑事诉讼案件的三审合一。只有这样,才能很好地实现商标行政和司法审判资源的科学合理配置,方便当事人诉讼,简化救济程序,确保执法统一,有效地避免目前由于多头办案,造成重复审理,相互掣肘,甚至同案不同判的弊端。那么,对于包括商标"窃权"行为在内的违法行为所受到的依法惩治力度必然大大增强。

注:本文所述英国、德国、美国《商标法》的内容援引自《当代外国商标法》,主编卞耀武、副主编李飞,由人民法院出版社出版。其中括号内的文字为笔者所加。

(作者单位:国家工商总局)

二等奖

论工商行政管理部门在市场监管体系中的地位和作用

罗文阁

党的十六届三中全会,将维护和健全市场秩序作为完善市场体系的重要内容提出来,具有重要意义。在市场体系建立初期,工作重点是拓展市场机制的作用空间,使市场机制成为资源配置的基础性机制;在市场体制已经基本建立之后,市场化进程的重点开始转向完善市场经济秩序,因为市场机制的有效运行必须有良好的市场秩序作为保障。政府通过建立良好的市场秩序,促进公平竞争、保护公平交易和消费者利益,以此促进经济的增长。如果市场秩序无序甚至混乱,市场机制运行的效率将因此降低,同时也将影响到社会秩序的稳定。从这个意义上讲,维护和健全市场秩序是完善市场体系的保证。《中共中央关于完善社会主义市场经济体制若干问题的决定》明确提出,要完善行政执法、行业自律、舆论监督、群众参与相结合的市场监管体系,为建立与市场经济相适应的市场监管体系、规范市场秩序提出了任务,指明了方向,同时,也为工商行政管理部门更好地履行职责,发挥作用提供了理论依据。

一、工商行政管理部门是维护市场秩序的主力军

《决定》提出的行政执法、行业自律、舆论监督、群众参与相结合的市场监管体系,是一个多层次多角度的监管体系,在这个监管体系中行政执法起主要作用,而工商行政管理部门是市场监管和行政执法的主力军。2001年,朱镕基同志考察国家工商管理总局时就强调指出,工商行政管理部门是市场监管和行政执法的重要职能部门,承担着规范和维护市场秩序的重要职责。概括起来说,就是把好市场主体的入门关、当好市场运行的"裁判员"、做好市场秩序的坚强卫士。这一概括准确地表述了工商部门在市场监管体系中的地位和作用。主力军的作用来源于5个方面。

1. 工商行政管理部门是综合职能管理部门

市场秩序的基本内容包括市场准入、退出秩序,市场竞争秩序和市场交易秩序。所有这三个领域,工商部门都承担重要的职责。市场准入、退出秩序,

工商部门承担市场主体准入、退出政策的制定，以及对主体进入市场和退出市场进行核准登记的职责。市场竞争秩序，工商部门承担反垄断和反不正当竞争职责，包括对商标、广告、合同以及企业信用的管理。市场交易秩序，工商部门承担消费者权益保护、流通领域产品质量管理的职责。综合性的管理职责决定了工商部门的地位和作用。

2. 工商行政管理部门既管市场主体准入又管主体行为

市场主体准入是市场秩序管理的源头，保证合格的市场主体进入市场，直接影响到规范市场秩序。市场主体的登记信息又是对主体行为进行管理的基础和条件。近年来，工商部门实行的经济户口管理、企业信用管理、企业分级分类管理等管理方式的改革，都是在登记信息的基础上，实现市场主体准入管理与主体行为管理的有机结合。企业身份信息是工商管理的基础，同样也是实现行业管理的基础，工商部门向其他行政管理部门放开企业身份信息，为加强行业管理提供支持，正是工商部门地位和作用的体现。

《行政许可法》实施以后，有一种意见，将所有的行政许可包括市场主体准入拿出来，由一个单独的部门承担，以提高办事效率。需要强调的是，市场主体准入不是简单的备案登记，准入条件的设置要兼顾便捷准入和规范市场秩序，即要实现科学准入。科学准入必须根据经济发展及市场秩序状况对准入政策适时进行调整。如会计师事务所、咨询代理机构等中介机构，因其行为可能引发的法律责任比较大，应该实行无限责任，就是从有利于规范市场秩序出发对中介机构设置的准入条件。其次，为保证进入市场的主体规范，必须要有相应的检查，如对经营场所、经营范围、注册资本（金）的检查，以及强制严重违法主体退出市场等，离开监督检查，市场主体准入设置的条件将成为虚设。而目前登记与检查由工商部门统一承担，有利于登记与管理的衔接。另外，市场主体身份信息是市场监管的基础，如果将市场主体准入登记与管理分开，分别由不同的单位承担，至少在当前不仅会影响科学准入的推进，延缓规范退出的实现，而且还会削弱管理的有效性。

3. 工商行政管理部门有一支专业化的执法队伍

工商部门在基层设有工商所，作为工商分局的派出机构直接承担市场监管和行政执法任务。仅北京就有152个工商所，5000余名工商干部。工商部门有条件有能力对市场主体的行为进行日常的监督管理，在短时间内对危害市场经济秩序的行为进行大范围的检查和清理，对严重的违法经济行为做出快速反应。正因为工商部门有这么一支专业化的执法队伍，行业管理部门在进行行业专项整治时，往往要借助工商部门的执法力量，与工商部门协同行动。正因为工商部门有这么一支专业化执法队伍，其维护市场秩序的主力军作用无可替代。

4. 工商行政管理部门具有较强的执法独立性

政府部门要有效和公正地履行市场监督和行政执法职能，必须保证其独立性。只有具有独立性才能不受各种外界压力的影响，以法律为依据严格执法，特别是在政府职能还未完全转变，地方保护仍很严重的情况下，保证执法部门独立性尤其重要。工商部门已经实行了省以下垂直管理体制，具有了比较强的独立性，为发挥维护市场秩序的主力军作用创造了条件。

5. 加强部门间的协同与合作，形成监管合力

通过不断的改革和不懈的努力，因地区和行业封锁造成的阻碍市场经济发展的条块分割正在被打破，全国统一的市场正在形成；市场主体经营自主权扩大，经营领域相互交织相互渗透，行业界限被弱化，市场日益呈现为多样性和整体性。而与之对应的市场管理却仍在沿袭以行业管理为主的条条管理模式，必然产生不协调，直接表现为政府部门职能交叉，对市场管理领域人为进行分割，信息不能共享难以形成管理合力，管理存在漏洞，管理效率不高。还表现为政府部门的执法能力与职责不一致，一方面，一些行业管理部门有管理职责，但是执法队伍人员少，执法力量不足；另一方面，综合管理部门有一支专业化的执法队伍，管理职责却不明确，执法队伍的作用没有得到充分发挥，这是市场管理不到位的体制性障碍。解决办法如下。

一是行业管理部门市场检查的职能，逐步向有执法能力的综合管理部门转移，充分发挥综合管理部门综合执法的效能，使现有专业化执法队伍的潜力得到充分发挥。

二是加强执法部门间的信息共享。市场管理要深化，最有效的途径就是执法部门间的信息共享。如《公司法》规定，因违法被吊销营业执照的企业法定代表人或负责人，在一定时间内禁止担任新企业的负责人。要落实这一要求，工商部门在企业登记注册时，就要能够即时对新注册企业负责人的身份信息进行核对，防止利用虚假信息进行注册，这就需要能与公安部门的身份证信息实现共享。又如对"网吧"的管理，只要实现部门间信息共享，将电信部门网络接入信息与工商部门的企业登记信息进行比对，很容易将黑"网吧"找出来加以取缔。可以说实现执法部门间的信息共享，是提高市场管理有效性最便于操作的低成本高效率的手段。为了避开商业秘密等法律还不明确的问题，便于操作，执法部门可以将管理信息分为向社会公示信息和执法部门共享信息两类，分对象开放。推进执法部门间信息共享必须由政府牵头，建立有效的激励机制，同时，应该将执法部门实现信息公开和部门间信息共享，作为政府对所属部门

政绩考核的一项内容。

三是实现行政执法与司法的协作和有效衔接。规范市场经济秩序需要行政监管和行政执法，但由于受执法手段以及处罚力度等因素制约，行政执法的力度又显得不足，还不足以对严重经济违法行为形成强大的威慑，必须加强行政执法部门与司法部门的协作，实现行政执法与司法的有效衔接。协作包括与司法部门的信息互通和交换、与公安部门联合执法、与公安经侦部门实行案件会商制度联手办案、严重经济违法案件向司法部门移交等。有效衔接是指改变目前行政执法与司法两套程序互不衔接的状况，简化行政执法转化为司法行为的程序，提高对行政管理部门移送案件的审结时效，使司法成为行政执法的后盾，提高行政执法的权威性。简化程序，例如可以考虑法院对政府行政执法部门移送案件时提供的违法证据，只要当事人认可，法院无须再进行核实；政府行政执法部门移送的案件应在规定时限内开庭等。河南夏邑工商局实行的申请司法机关敦促履行制度就是加强行政执法与司法有效衔接的有益探索。根据制度，工商部门做出的行政处罚未按期履行，由法院根据行政处罚决定书及工商部门的申请，向当事人下达《行政处罚敦促履行令》，敦促当事人履行服从行政处罚决定的义务，并告诫当事人拒不履行行政处罚决定将由法院强制执行的法律后果。与申请法院强制执行相比，法院《行政处罚敦促履行令》的实行，既减少了环节，缩短了结案时间，降低了执行成本，又体现了处罚与告诫、教育相结合的原则，极大地提高了行政执法的权威性。特别是对那些从设立时就没想规范经营，不在乎企业信用，也不怕罚款，大不了原有企业不要了重新注册一个企业的"骗子"公司的负责人，如果他的违法行为或欠缴的罚款将导致追究刑事责任，被限制人身自由，他将会对自己的行为有所约束。

二、工商行政管理部门在推动行业自律方面负有重要职责

发挥行业协会的作用、实现行业自律，已经成为市场机制作用的重要表现形式，行业自律对规范市场经济秩序具有行政管理不可替代的作用。但近年来，行业协会在推动行业自律方面并未取得实质性进展。为尽快改变这种状况，必须采取以下措施。

1. 现政府部门与行业协会合理分权

由于历史的原因，大多数管理资源一直集中于政府管理部门手中，行业协会发展缺少必要的条件。要加快政府职能转变，将可以由行业协会行使的职权让位给行业协会，为行业协会发展创造必要的条件和发展空间。在行业管理的许多方面，政府部门依靠行政手段也可以达到维护市场秩序的目的，但若依靠

行业协会实行行业自律管理，更有利于促进行业的发展和降低行政成本，收到更好的社会效果。《行政许可法》的实施，为政府部门与行业协会合理分权，拓宽行业协会的工作领域提供了契机。近期，北京市工商局决定将经纪人从业资格管理纳入经纪人协会自律管理范围，明确由北京市经纪人协会组织经纪人资格培训、考试、发证、证书年审工作。此外，例如行业标准制定权、行业企业信用等级评定权、先进授予权等，将这些本不属于政府部门基本职能的权力让位给行业协会，既有利于政府部门集中精力做好必须做的事，又给行业协会发挥作用提供了必要的条件。当然，政府实现职能转变，不是简单地将政府职能转移到行业协会，使转移的职能成为协会赚钱的手段，而应该在转移职能的同时，把政府的管理职能同时转变为服务型职能，将转移的职能变为协会为行业企业服务的领域。如经纪人协会在对经纪人资格证书实行年审制度的同时，要向社会公示经纪人的良好信息和不良信息，就是在权力转移过程中实现的向服务职能的转变。

2. 推动行业协会改革，增强行业协会活力

行业协会发挥作用需要政府和社会提供良好的外部环境，更依赖于自身的改革。当前，制约行业协会发展的重要内在因素在于行业协会的行业代表性不强，具体表现在行业协会自主性和独立性不强。目前的行业协会大部分带有半官半民的性质，与相关的政府部门挂钩，在某些方面承担从政府部门分离出来的管理职能。在运作方式上具有浓厚的行政色彩，借助政府部门的行政力量通过行政命令行使协会的职能，不习惯民主办会。行业协会带有很多事业单位的特性，实际是政府部门的附属物，这是造成行业协会难以真正代表大多数行业企业利益的内在原因。要推动行业协会逐步摆脱对政府主管部门的依赖，逐步由政府办会转为由企业家为主办会，由政府部门的附属组织转为市场独立的中介组织，并由政府指导型过渡到市场服务型，使行业协会真正成为行业企业利益的代表。为此，要推动行业协会构建合理的管理机制，引进行业高素质的企业家参与管理，充分体现行业管理的代表性和会员的参与性，加快行业自律体制建设，提高协会自律的公正性、客观性、自主性和独立性，充分发挥行业管理的作用。另外，私营个体经济协会随着市场经济的快速发展会员迅速增加，现在北京市私营企业已达18.6万户，个体工商户44.6万户。私营个体经济协会可否将私营企业和个体工商户按行业组织起来，成立若干行业分会，这将有利于发挥行业自律作用。

3. 指导行业协会强化行业自律职能

行业协会的职能大致可以分为三部分，为行业企业提供服务；行业自律，协调、监督和维护行业企业合法权益；协助政府部门加强行业管理。其中行业自律主要是根据行业特点制定本行业的行规、行约，使行业的诚信自律具体化，把一般性的号召变成实实在在的要求，使行业企业在诚信服务上有所参照、遵循，并由行业协会对行规、行约的实行进行监督管理；再就是参与行业标准，包括质量标准、服务标准、技术标准的制定，推进标准的贯彻实施，开展行检、行评工作，实现行业自我约束、自我管理。现阶段，制订有约束力的行规、行约，对强化行业自律尤其重要。由于多数行业协会是由政府直接倡导和培育，不是由下而上自发产生，缺乏广泛的社会基础，所以制定的行规、行约能够得到政府管理部门的承认和支持才具有权威性，行业协会也才愿意去做这件事。鉴于工商部门在管理市场经济秩序中的地位和作用，使得行规、行约尤其需要得到工商部门的承认和支持。

4. 支持行业协会推动行业自律

发挥行业协会在行业自律中的作用，就要给予行业协会对行规、行约的实行进行监督管理的权力。承认并给予行业协会管理权，并不是工商部门与行业协会分权，行业协会对行规、行约的管理主要是事前的防范性管理，工商部门的管理主要是事中和事后的管理，二者并不矛盾。支持行业协会对行规、行约的实行进行监督管理，推动行业自律，工商部门就要结合职能实现行业自律管理与政府行政管理的衔接。如经纪人协会规定，必须有若干个具有经纪人从业资格的专业人员从业才可以成立经纪人事务所，只有工商部门在企业登记时认可这一规定，规定才具有权威性。又如市场协会应该具有对新申报建立的市场先期进行市场布局调研论证的职能，只有工商部门将行业协会签署的论证意见作为市场主体登记的重要参考，调研论证才有意义。又如，广告协会对广告经营单位进行信誉等级评定，规定低于某一等级的广告经营单位不得代理医药广告，同样，只有有了工商部门的认可和支持，这一规定才具有权威性。另外，工商部门要给予行业协会相关行业企业信息方面的支持。信息化服务是行业协会服务转向快捷、高效化的重要手段。行业协会要实现行业自律，加强行业信用管理，开展行业信用等级评定等，都必须建立自己的行业企业信用信息数据库，通过行业协会的网站，为会员企业提供便捷、准确的信息服务。为此，工商部门的支持是必不可少的条件。

5. 推进行业管理立法

培育和扶植行业协会的发展，实现行业自律，必须推进行业管理立法进程，通过立法确保行业协会职能的确立和到位，并对行业协会的权力加以制约而不致被滥用。当前，在国家立法条件尚不成熟的情况下，应加强地方立法。

三、工商行政管理部门应该欢迎和借助舆论监督的作用

1. 要欢迎舆论监督

舆论监督对规范市场秩序具有重要作用。第一，舆论监督具有重要的宣传教育作用。规范市场经济秩序重要的问题在于宣传和教育。创造依法经营的良好舆论氛围和社会环境，提高企业的法律意识、知法程度和职业道德水平，都要借助舆论宣传的作用。第二，舆论监督具有重要的监督作用。新闻媒介有自己的信息网络，信息来源广、调查深入、报道客观公正，是对违法经营行为重要的监督渠道，特别是对那些隐蔽的深层次问题的揭露，有利于问题的解决。安徽阜阳劣质奶粉问题，就是在舆论监督下才快速得到解决。第三，舆论监督具有重要的警示作用。舆论监督传播速度快、影响大，被曝光的企业将很快丢掉市场，无异于被判了死刑。舆论监督具有巨大的震慑作用。第四，舆论监督具有重要的破解管理难题的作用。工商部门在管理中时常遇到破解不了的难题，如行业垄断、地方保护主义，在舆论监督的支持下就比较容易得到解决。第五，舆论监督具有重要的引导消费的作用，有利于对消费者权益的保护。工商部门应该欢迎舆论监督，重要的是要跳出部门利益的圈子，不要计较一些报道的客观性、准确性有出入，一些报道反映了工商部门工作中的问题，要从规范市场经济秩序的整体上以积极的态度认识和对待舆论监督。

2. 要借助舆论监督

舆论监督是市场监管体系的重要组成部分，工商部门要充分借助舆论监督的作用实现规范市场经济秩序。第一，要借助媒体的作用加强对企业的宣传教育。可以在电台、电视台、报刊或网站建立固定的宣传栏目，开展法律法规宣传，提高企业的法律意识和职业道德水平，创造依法经营的舆论氛围和社会环境。第二，要及时主动为媒体提供报道信息引导消费。通过媒体发布消费警示信息，以及不合格食品信息等，提示消费者不购买不合格食品，用市场的力量逼迫不合格食品退出市场。第三，借助舆论监督发现问题，举一反三改进工作。第四，对严重失信企业通过媒体曝光，使失信企业失去市场，付出巨大的二次成本，实现失信惩戒。借助舆论监督的作用，就要主动与媒体沟通，建立起正常的合作机制，同时要加强对舆论监督方向的引导。

四、工商行政管理部门要为群众参与创造便捷的途径和方式

1. 群众参与是规范市场经济秩序的必然要求

工商部门实行多年的驻场式的死看死守的管理办法，虽然已经被巡查制管

理方式取代，巡查制管理具有更大的灵活性，但仍未脱离一对一上门检查的基本做法。近年来，市场主体快速发展，管理任务加重；而随着政府机构改革，执法人员却大幅减少，管理力量不足的矛盾日益突出，城区管理面积小但管理主体多，有的工商所平均一个干部要管一千多个市场主体，郊区县则面临市场主体少但管理面积大的问题，有的工商所平均一个干部要管一百平方公里面积，一对一上门检查的管理方式显然已经不能适应新形势的要求。当前，不可能增加执法人员编制，解决办法只有改革监管方式，群众参与，借助社会的力量实现市场经济秩序有效监管，是改革的重要内容。同时，群众参与也是我们党历来遵循的相信群众、依靠群众工作方式在市场秩序管理中的体现。

2. 为群众参与市场秩序管理创造便捷的途径和方式

群众参与市场秩序管理没有固定的组织形式，是自愿参与的行为，这就必须具有便于群众参与的途径和方式。工商部门是市场经济秩序的综合管理部门，有责任也有能力为群众参与创造便捷的途径和方式。12315投诉举报系统，是工商部门低成本获得市场管理信息的平台，也是工商部门为群众参与市场管理提供的便捷途径；在网络快速发展的今天，网上投诉举报也是群众参与的有效途径。近年来，手机短信已经成为年轻人进行沟通和交流的重要方式，工商部门还应该探索建立受理手机短信投诉举报的途径。工商工作进社区，是近年来工商部门探索群众参与市场秩序管理的又一种方式。社区是城市管理的基础，工商部门通过在社区设立工作站，实现了工商法规宣传进社区、消保维权进社区、投诉举报进社区，拉近了工商管理与群众的距离，拓宽了市场秩序管理的信息渠道，提高了监管效能。

3. 充分调动群众参与市场秩序管理的积极性

群众参与市场秩序管理的程度，还取决于工商部门的宣传和激励。工商部门要通过多种形式宣传群众，树立维护市场秩序人人有责的观念，形成举报违法行为光荣的社会氛围，同时向社会公示有关信息，为群众参与市场秩序管理提供条件。如不合格食品下架检查是食品安全管理的重要环节，工商部门通过网络或媒体向社会公示不合格食品信息，充分发挥社会监督的力量，是最有效的监督。为调动群众参与市场秩序管理的积极性，还应该实行有效的激励机制。近年来，工商部门实行的举报奖励制度就是一种有效的激励措施。

《决定》提出了建立与市场经济相适应的市场监管体系的基本框架，同时提出了改革行政执法体制相对集中行政处罚权，推进综合执法试点的任务。这对工商部门既是一次新的发展机遇，也是一次挑战。工商部门要按照建立现代市场监管体系的要求，改变管理理念，改革管理方式，探索新情况解决新问题，保持良好的精神状态，充分发挥职能作用，抓住机遇迎接挑战，为建立与市场经济相适应的市场监管体系作出贡献。

（作者单位：北京市工商局）

二等奖

长三角地区市场监管与工商行政执法实务研究

上海市工商局课题组

维护我国社会主义统一市场的良好秩序,需要高度互通、规范统一、密切配合的市场监管与工商行政执法联动体系。这既是市场经济健康发展、促进生产力水平不断提高的本质要求,更是市场监管与工商行政执法体制改革的未来发展方向。多年的实践表明,只有在全国各地、各级工商行政管理机关之间充分实现信息共享、规范互通和高效联动,才能使全国工商行政管理机关形成一股强大的监管和执法合力,形成更为强大的市场秩序控制力。为此,今年以来,我们根据上海市委、市政府确定的工作部署,按照国家工商总局的总体要求,结合上海市工商局的实际和长三角地区经济发展的特点,组织力量对长三角地区市场监管与工商行政执法的若干问题进行了前瞻性研究,并提出了相应的思路和对策。希望通过我们的初步探索成果,引起大家的进一步思考。

一、长三角地区市场发展和监管与行政执法的现状

长三角一般指以上海为中心,包括江苏、浙江、上海两省一市在内的长江三角洲地带,目前有16个中心城市。长三角地区以仅占全国2.2%的面积、10.6%的人口,创造了占全国23.2%的国民生产总值,30.7%的出口份额和33.3%的外商直接投资。长三角地区已成为国际公认的世界六大城市群之一。长三角地区市场体系的建立和发展,呈现以下特点。

一是市场趋向国际化。长三角地区是国内市场和国际市场融合处,市场的国际化趋向十分明显。随着我国加入世界贸易组织和对外扩大开放,通过与国际市场的广泛联系,积极参与国际分工合作和国际竞争,加快长三角地区经济发展步伐,充分发挥辐射功能,起到服务内地经济的作用。

二是市场主体多元化。长三角地区原有公有制经济基础好,国有企业经济实力,强非公经济起步较早,在深化改革中,进一步做大做强,正在向跻身世界500强企业的目标冲刺。其中"苏南模式"为乡镇企业异军突起作出了示范,促进了集体经济的发展和壮大;"温州模式"为发展个体私营经济开拓了思路,有力推动了非公有制经济的发展,成为社会主义市场经济的重要组成部分。长

三角地区又是外商投资的热点地区,外资企业高度集中,世界500强大企业纷纷落户长三角地区,有的将企业的总部、研发中心迁移过来,形成总部经济效应。

三是经营业态多样化。从传统的批发、零售企业,发展为品牌店、便利店、超市、销品茂、大卖场以及无店铺销售,从有形市场向无形市场发展,与世界贸易机制正逐步融为一体。

四是从业人员新变化。长三角地区随着经济体制改革的深化,产业结构的合理调整,城乡差别明显缩小,许多农村劳动力转移到城镇从事第二、第三产业,城乡二元结构日益改善,城市化程度不断提高。同时,全国各地农民工大量拥入长三角地区,提供了充裕的劳动力,对促进长三角经济发展功不可没。

长三角地区区域经济一体化态势日趋明显,但目前地方保护主义和市场监管分割的现象依然存在,跨省市的商标侵权,制假贩假等违法案件时有发生,企业信用的缺失行为尚未得到及时惩处等,制约了区域经济的健康发展。

目前,上海、浙江、江苏两省一市,在建立区域经济合作和市场监督管理互动协作方面,已经就达成一致意见形成共识做了许多工作。上海市政府发表了《关于长江三角洲一体化的政府间行动纲要》、杭州市拟定了《接轨上海,错位发展》的战略取向,两省一市的政府部门已在市场监管合作的多个层面上进行了有效的探索与实践,主要表现在以下四个方面。

(一)联手建立跨省市的消费者维权网络

2004年3月11日,江苏、浙江、上海的工商局,在上海签订了《长三角地区消费者权益保护合作协议》,协调建立全国首个跨省市消费者权益保护网。"协议"明确了长三角地区的16个城市,在消费者异地救济、流通领域商品质量监管、"12315"维权网络链接方面进行合作,建立起消费者异地救济,流通领域商品质量抽查信息通报、结果互认和商品质量案件移送、协办制度,并将定期召开长三角地区消费者权益保护工作联席会议。同年6月底,上海市工商局又在江苏、浙江的配合下,成功搭建完成"长三角地区消费者权益信息共享交换平台",实现了异地消费者举报受理信息的共享与交换、流通领域商品质量监督抽查信息发布,商品质量案件信息的网上移送和处理反馈等功能。自签署《合作协议》到2004年6月底,上海市工商局的"12315"平台已受理长三角地区异地申(投)诉40件,其中转出34件,转进6件,有效维护了长三角地区消费者权益。

(二)联手进行产品质量的监督管理

江、浙、沪三地的质量技术监督局于2003年12月27日共同建立了"江浙沪中外品牌保护协作网",建立了质监情报交换制度,扩大了对案件线索来源,对长三角带有区域性、倾向性的制假售假活动和严重质量问题进行集中整治，联合打假。并可通过"12315"投诉举报网络，实现异地投诉、异地解决、跨省维权。三地质监局还签订了《长三角质量技术监督合作互认宣言》，建立起产品市场准入互认制度，加大打假力度。

（三）联手推进知识产权保护协作

2003年1月16日，长三角地区16个城市的知识产权局，在上海发表了联合加强知识产权保护、联手打击侵权行为的共同《宣言》，协商建立专利保护行政执法协作网，实行异地举报、跨省维权，建立了案件转办、移交快速通道。并将建立人才专家库和16城市知识产权保护联席会议制度，定期检查、交流联合保护知识产权的工作与经验。

（四）联手促进区域间的社会信用建设

2004年5月17日，在第二届"长三角一体化发展论坛"上，上海等16个城市市长及代表签署了《共建信用长三角宣言》提出了加强信用制度建设、推进信用信息共享、努力建设信用政府、积极营造诚信社会等行动宣言，在促进整个长三角信用建设方面共同努力、有效合作，对市场秩序的维护将起到重要作用。

由此可见，目前长三角地区的市场监管体系已经初具雏形，并初见成效。但长三角经济一体化，需要更优越的法治平台，工商行政管理机关在长三角联合执法方面还仅涉及消费者权益保护，覆盖面不广，力度还较弱，与其"市场经济卫士"的职能和地位尚不能完全适应，迫切需要进一步探索建立更全面、更协调、更高效的长三角地区市场监管联动执法体系，深化和完善对区域市场的监督管理。

二、创新长三角地区市场监管和行政执法体系的目标选择

创新长三角地区的市场监管和工商行政执法体系，必须遵循党的十六届三中全会提出的要求，即以构建"行政执法、行业自律、舆论监督、群众参与"四位一体的市场监管体系为框架，把"四位一体"作为完整的市场监管体制改革思路，作为加强和完善市场监管的目标模式。

"四位一体"主次分明。行政执法是主体核心，是弥补市场缺陷的最主要的方法，是国家有关行政机关体现管理效能，维护市场秩序的最强有力的保证。行业自律是基础，是政府监管市场的重要助手。舆论监督和群众参与是市场监管体系不可缺少的有效补充。这四个方面优势互补，相辅相成，共同发挥维护、规范市场的作用。

(一)完善行政执法

近年来,全国工商行政管理体制改革成果显著,取得了较大的发展,但从当前的实践情况来看,江、浙、沪三地市场监管与工商执法工作仍然存在着诸多的矛盾和问题,面临着严峻的挑战。

1. 执法环境矛盾突出

(1)地方行政干预依然存在

工商行政管理体制改革后,省以下工商机关虽然实现了垂直领导,但工商行政管理执法仍受到地方的干扰,跳不出地方保护主义的怪圈。职能部门与地方政府因其所处的位置不同,担负的责任不同,决定了思维方式、目标定位、工作方法等方面的差异,加之一些市场经营者与地方政府千丝万缕的关系,从而导致某些地方领导将行政执法与经济发展软环境对立起来,片面要求工商部门对纳税大户和骨干企业不能查,行政壁垒高筑。

(2)执法管辖交叉、错位

工商部门与许多专职执法机构,如质监、卫生、商检等部门职能重叠,执法范围界定不清,常常出现某些领域的交叉执法、重复执法或监管的盲区。

(3)执法手段匮乏,有效的行政措施难于实施

过去某些工商法规中规定的"强行划拨权"、"物品扣留"等强制措施,现在已全部或者部分地退出执法程序,使工商执法的权威和力度受到了严峻的挑战。

2. 执法尺度参差不齐,部分执法人员素质不高

一些执法人员以前从事的是个体专管工作,处理市场违法违规大案经验不多,对相关的法律、法规不太熟悉,这加剧了对违法案件裁量的随意性,有些执法人员对有关知识(如查账、取证等工作)的掌握比较贫乏,难以胜任等,加之两省一市的地方性法规和规章设定的权利义务不统一,造成监管和执法中的差异,不仅对案件查处进展带来一定的困难,也给长三角区域一体化发展带来一些明显弊端。

(1)重罚轻纠

实践中,一些办案机构在办案时,只注重对当事人罚款,而对违法行为所产生的严重后果及采取有效措施纠正重视程度不够,这使执法走进了"重罚轻纠"的误区。这一现象的表现形式一是"只罚不纠",即对市场上销售假冒伪劣商品的行为只罚款,对已售出的存在严重隐患的产品不认真追查;二是"只打不追",只对查到的问题进行处理,而对表面现象背后的隐患问题不注意追查;

三是手段单一，部分执法人员对行政法律规定的处罚与教育相结合的原则领会不深，处罚决定书的处罚条款往往只有罚款一项，不会运用警告、通报批评、限期改正、责令停业整顿等措施，致使某些违法人员误认为执法机关只要罚款，不管纠正。

（2）重实体、轻程序

由于种种原因，有部分执法人员仍凭经验办事，认为程序是工作上的步骤和方法的问题，只要实体上合法，程序上无所谓；还有的人认为，即使程序错了，也不影响案件的定性和处罚。但是许多行政处罚案件被诉到人民法院之后，不是因为实体问题，往往因为程序不合法而被撤销，如在执法程序方面往往存在以下问题。

①随意简化程序。一是将一般程序案件作为简易程序案件处理。简易程序只适用于罚款和警告两类，而且罚款的幅度法律也有明确规定，但在执法实践中，有的执法人员将没收财物、停业整顿的案件作为简易程序案件，尤其是对异地企业的案件，有的将罚款几千元的案件也以简易程序处理，一味图简单省事。二是任意简化某个程序中的某些环节。程序是一个连续性的过程，一环紧扣一环，如果简化这些环节就会构成程序违法，一旦被起诉到法院，这样的行政处罚将不堪一击。三是随意简化法定程序中的某些手续，如在简易程序案件中，有的执法人员往往就只给当事人开一张处罚决定书，省略了亮证、告知手续等。

②有意规避法定程序。一是对行政处罚案件进行变通处理来规避法定程序。一些被处罚的当事人为了自身利益和声誉，要求工商部门不要下处罚决定，自己以变通的方法交罚没款，如交赞助费或交管理费等，这样既可以将不计入成本的罚款变为计入成本的各项费用逃避税收，又可以抓住工商部门的把柄，牵制工商部门以后对自己的查处。二是执法人员主动与当事人协商来规避法律。正是由于目前执法环境不理想，来自社会各方面的压力较大，一些执法人员为了尽快结案、息事宁人，就主动和当事人协商行政处罚的种类和幅度，只要谈妥，就凭当事人的认识材料处罚。但这种行政处罚只要当事人提起复议或诉讼，工商部门将必败无疑。

③故意违反法定程序。这些程序包括回避程序、调查程序、告知程序、时效程序等。有利害关系的不回避、进行调查时不亮证、勘验后不请鉴证人签名、符合听证条件的不告知听证权、采取先行登记保存超时限，这些问题许多执法人员觉得无所谓，但在诉讼中往往就是这些小细节成为工商部门的"软肋"，只要当事人诉诸法律，工商部门也会败诉。

3. 重证据、轻规范

目前不少工商行政管理执法人员专业知识不够扎实，难以适应新形势下的执法和办案工作，适用法律随心所欲，不知所以然。在法律适用上，知道特别规定优于普通规定，但不知道这一原则只适用于同一机关制定的法，而且特别规定出台的时间必须晚于一般规定；知道新的规定优于旧的规定，但不知道如果新的规定是一般规定，而旧的规定是特别规定就不能简单适用这一原则，不能确定时，应按《立法法》第85条和第86条执行；知道"上位法优于下位法"，但不知道这一原则适用的无条件性。当然，当下位法和上位法一致时可以使用下位法，但是使用上位法可以减少许多麻烦，适用下位法，当事人经常会提出异议，一旦进入复议、诉讼程序还要先证明与上位法相同，而如果直接适用上位法就可免去类似的麻烦。此外，即使适用同一部法律，某些执法人员对于应该适用哪一条也模糊不清，有些执法人员使用的条款竟然与案件风马牛不相及，仍存在"有法不知道，知道不执行，执行不正确"的问题。

完善工商部门行政执法应采取以下相应措施。

1. 要树立"有限管制"的执法新理念

行政执法的新理念必须从"三个转向"着手，即从无限权力政府转向有限责任政府，从部门性转向公共性，从政府单一治理转向社会共同治理。按照改革取向，工商行政管理部门不仅要"有限管制"，而且必须依法定权利行使。必须改变以往大包大揽，"该管的不管，管的不该管"的片面做法。

2. 要注重创新行政执法的思路方法

推进三个转变：①在行政执法的内容上，从见什么打什么、注重个案的单一执法向有重点、全过程的综合执法转变；②在行政执法的方式方法上，从注重事后执法向事前、事中、事后执法相结合转变；③在行政执法的监督上，从消极回避社会监督向积极主动接受监督转变。彻底改变以往重打不重防、重罚不重教、管人不管己的执法观念。

3. 要力求行政执法的公正

①要确保工商独立行使执法权。②要完善和创新内部相关的监督机制。建立委托地方监察部门的案件回访制。③制定两省一市公正执法的标准、准则。④创设一些新的配套制约制度，如"阻却性"制度。

4. 公开执法信息，实行"阳光执法"

实施"阳光执法"，即主动接受社会各界的监督：①公开执法程序和依据，让案件当事人知晓应享有的权利义务；②公开评审，让公众人士了解行政处罚的因果关系,在评审中实行"特邀评审员"制度;③公开处理结果,让社会各界享受行政执法的成效。

5. 提高执法人员的素质

执法人员的素质包括业务素质和道德素质两方面。业务素质包括深厚的法学理论基础、丰富的执法经验、熟悉并能正确运用工商法律法规等。道德素质是行政执法正当运作的重要保证,只有具备高尚道德的执法人员,才能不受外界的干扰,正确公正地执法。提高执法人员的素质方法,一是加大培训力度、实施工商法规考核合格上岗制;二是注重行为规范的教化;三是确立按不同专业素质标准划分不同等级的执法和职业资格;四是重用高素质的专业人才;五是辞退道德素质低下的执法人员;六是引入竞争,建立执法者关心自己声誉的机制。

(二)推动行业自律

市场经济的发展带来了行业组织的应运而生。目前,在长三角地区行业协会的发展势头迅猛,行业协会的发展拓宽了市场监管的空间。工商部门在对地方行业协会进行规范的同时应充分利用这一资源并给予大力支持。两省一市应加强行业协会间的沟通,做到信息资源共享。打破以往同行业信息独享、老死不相往来的局面,形成经营盲区的格局。建立以长江三角洲为单元的部门行业协会,充分发挥行业协会的自律作用,为工商部门在实行严格的市场准入和保证商品质量等方面从源头上提供保证。长三角地区的工商部门要对行业协会及时介入并加以规范引导,通过对行业协会的整合管理,达到指导、调控企业的目的,从而保证长三角统一的大市场内同种行业健康、协调、同步发展。当前行业协会存在的问题主要有以下3方面。

1. 政府与行业协会的角色关系处理不当

不少行业协会隶属于政府行政部门,属于"官办"或"半官办"。有的协会成了行政机关官员的"养老院"、分流人员的"安置所"。有的部门为了掌握会费争抢协会,有一个行业里组建多个相互重复的协会。

2. 行业协会总体素质较差,自律机制不健全

行业协会缺少健全的规章,缺少年轻化、知识化、专业化的工作人员,不少协会财力不足,仍主要靠行政拨款。

3. 政府对行业协会缺乏有效管理,至今尚无一部关于行业协会的法律法规

推动行业协会自律管理的相应措施有:①制定行业协会发展总体规划。

②加快行业协会立法步伐。③切断行业协会的权力背景,做好官办、半官办行业协会的"脱钩改制"工作。严禁党政官员在行业协会兼职,使行业协会与原挂靠单位在人、财、物、业务、名称等方面彻底脱钩。④加强协会自身制度建设,吸引和培养高素质行业协会专业人才。⑤建立长三角地区同行业行业协会的"联合体",以"契约制度"和"磋商机制"来推动协作,加强沟通。

(三)支持舆论监督

舆论监督是"四位一体"的重要组成部分,加强舆论监督可以加强消费者的自我保护,可以促进市场经营主体提高竞争意识和法制意识,可以促进政府执法机关的依法行政。通过有效的舆论监督,社会管理部门能够正确地行使职责,公务员能依法行政、克己奉公。建立和完善市场监督管理体系,必须充分发挥舆论监督的作用,以科学的发展观指导工商行政管理工作。

1. 舆论监督中当前存在的主要问题

(1)舆论单位的误导行为

有些舆论单位见钱眼开,只要给钱就让做广告,不管商品或服务的质量是真是假,误导消费者,客观上成了假冒伪劣商品的传播者。

(2)报喜不报忧

有的行政管理机关为了片面追求政绩,在向舆论单位通报信息时报喜不报忧,或者左右舆论单位的信息搜集,使其搜集到的信息片面,不真实,造成评判结果与事实有异。

2. 舆论监督中工商行政管理部门应加强的工作

(1)牢固树立支持和欢迎舆论监督的观念

舆论监督具有公开性、可靠性、直接性和权威性等特点。通过新闻媒体,把市场监督管理中的"短"和"丑"暴露出来,给行政管理机关造成很大压力的同时,也给行政管理机关带来了动力。工商行政管理机关只有树立起支持和欢迎舆论的观点,才能够把舆论监督的压力变成工作的动力。把"不怕你通报,就怕你见报"的流行说法变为"不怕你见报,就怕你不知道"的正确态度。

(2)充分发挥行政管理机关现有的舆论监督资源

作为工商行政管理机关,可以有效地利用自身的舆论监督资源,在工商报刊和红盾网站上设立"曝光台",对违纪的人与事予以揭露,并建立曝光事件追查制度,实行"曝光—追查"的互动模式,可在一定程度上强化本系统自有的舆论监督影响力和公信力,有利于确立行政执法的形象。

(3)加强"对话"机制,设立工商行政管理机关的"新闻发言人"

通过加强工商行政管理机关与公众的"对话"机制，使公众对工商行政管理机关产生更多信任。为了使"对话"有个很好的载体，可以在工商行政管理机关设立"新闻发言人"。"新闻发言人"应定期向社会发布信息，接受新闻媒体记者的提问，以满足社会公众对工商行政管理机关在职权行使过程中的知情权，这有利于公众对政府行政机关的服务实施监督，也有利于政府机关依法行政、公开行政。

（4）防止舆论单位的误导行为

有必要与舆论单位保持良好的沟通，使舆论监督公正报道，准确评判，发挥舆论监督在构建市场监管体系中应有的作用。

（四）鼓励群众参与

市场监管和行政执法离不开群众的支持和参与，尤其是在经济发达的长三角地区。在监管任务重，监管力量不足的情况下，行政执法机关依靠群众，不仅可增强快速反应能力，而且可增强打击经济违法违章的精确度，更重要的是可以树立政府机关的威信和形象，而目前在这方面仍存在群众参与度低，群众和执法机关沟通差，以及群众不理解某些执法活动等问题，因此，在这方面，工商行政管理机关有许多工作可做。

一是建立和完善履盖全社会的"12315"举报投诉网络，发动企业经营者和群众广泛参与依法维权，勇于保护自身合法权益。随着"3·15"活动的逐年深入，广大消费者也日益觉醒，开始主动同损害其合法权益的行为作斗争；一些企业在激烈的市场竞争中，逐步认识到"消费者至上"的深刻含义，也开始积极参与维权。"3·15"就像一面旗帜，集结着来自社会各方面的力量，更在广大消费者心中生根开花，成为保护消费者权益的代名词。

二是普及法律知识，搞好宣传，以形式多样的方式方法做好"四五"普法工作。开展法制宣传是促进行政执法的有效手段，社会对我们的工商法律法规知道的越多、了解的越多，对我们的执法越有利。在法制宣传方面，要从两个层面上做工作，横向上，要在地方普法办的统一领导下，实施普法宣传培训计划，联合其他有关行政机关，开展法制宣传；纵向上，要积极组织管理对象进行工商法律法规培训，使他们对工商行政管理法律法规有全面、详细的了解，增强他们守法经营的意识。

三是通过咨询服务、工商联络员制度、红盾维权进社区、聘请义务监督员以及建立"志愿者队伍"等形式，把市场监督和行政执法的触角延伸到社区、基层、农村等，逐步形成群众关心并积极参与的有利局面，为市场监管和行政执法创造良好的社会环境。

三、创新长三角地区市场监管和工商行政执法体系的若干思路

创新长三角市场监管和工商行政执法体系,拟建立统一、高效、互通的长三角地区工商机关市场监管的联动执法体系,该体系应定位于综合执法,全面联动。联动执法的范围,应涵盖工商职能的各个方面,形成综合执法的合力。联动执法的参与者,应是长三角地区主要城市的工商局。联动执法的内容:一是执法资源(信息、人力)共享,二是日常执法协作,三是联合执法行动,四是经营者诚信通报等。

长三角地区工商机关市场监管的联动执法体系,宜以制度建设为基础,以信息网络为纽带,以协作行动为重点,在实际效果上切实维护长三角市场秩序,促进区域经济的繁荣和发展。具体拟采纳以下思路。

(一)建立联动执法制度体系,为维护长三角地区市场秩序提供规则保障

只有制度才能治本。可充分借鉴目前长三角地区政府间合作的已有经验,以"合作协议"、"宣言"或"行政契约"的形式,建立工商机关联动执法的一系列基本制度,以制度为依托,形成全面的执法协作机制。

一要建立举报申诉"首告受理"制度。《长三角地区消费者权益保护合作协议》明确了消费者异地救济的举措。但目前并非所有的工作人员都知道该《合作协议》内容,而消费者举报申诉也未必都会选择"12315"系统,实践中仍难免会遇到部门间相互推诿、"踢皮球"现象。为此,建议建立"首告受理"制度,即整个长三角地区的各级工商机关的任何部门,凡系本区域经营者的违法行为或发生在本区域内的违法行为,不论是否应属本机构实际处理,都应当有告必理,先行受理,再内部移交有关业务部门。不属工商职能范围的,应明确告知另行举报申诉的渠道。

二要建立违法案件移送制度。在长三角范围内,发现案件线索不属于本地区管辖的,不能置之不理,要及时移交有管辖权的地区。应以书面规定的形式,明确每个工商局集中一个部门或一个电脑端口统一移送,明确时间节点、责任部门和移送方法。

三要建立异地执法取证的委托协办制度。不少案件需要跨省调查取证,传统做法是经办人员外地出差,增加了工商机关的人力、财力成本,且效果未见得理想。建议借鉴司法系统关于司法协助、委托取证等做法,建立异地执法委托协办制度,明确在长三角地区异地执法,可将需要调查取证的要求直接告知相关部门,由证据所在地的工商机关代为调查取证,并及时将结果报送委托部门,以充分发挥地缘优势,提高执法效率和取证效果。还可规定可委托异地工

商机关发送谈话通知书，送达执法文书，协助处罚决定的异地执行以及"经费补偿"等具体事宜。

四要建立跨区执法情况抄告制度。涉及在外地注册的企业违法案件，应将处理结果抄告当地，这是《行政许可法》的明确要求。但《许可法》未作具体规定。应当明确在作出处罚决定的第一时间内，将处罚决定书复印件抄送当地。此外，对移送案件线索，涉及跨地区的申诉举报处理等案件，均应向有关部门及时通报，并允许移送单位对处理情况进行监督和质疑。

五要建立企业守法诚信联合监控制度。将企业的执法检查和处罚情况纳入统一的数据库，和各地业务部门相链接，纳入共同的重点监控名录和异地开办企业的限制范围，真正做到"一处被罚，处处受制"，以此促进企业诚信的提高。

六要建立著名商标互认制度。上海、江苏、浙江的工商行政管理机关各自认定的著名商标应互相确认，共同保护。

（二）搭建综合执法网络平台，为长三角地区联动执法提供信息技术支持

目前，上海、江苏、浙江的工商行政管理部门均开发了执法办案的专门的数据库系统，实现了内部资源共享。但要实现长三角地区联动执法，还应探索在三方面建立数据联网，实现更大范围资源共享，优化联动执法手段。

一是实现企业注册登记信息的交互查询。注册登记信息，关系到执法办案的管辖权、能否找到当事人并顺利追究违法责任等问题。要实现长三角中心城市间的企业登记信息联网，开通异地交互查询功能，使案发地能第一时间了解当事人的注册情况、年检情况、分类管理情况，从而快速反应，实现案件查处、移交或通报，使异地进行违法活动的经营者无处遁形。

二是违法检查和处理情况的信息互联。目前的异地侵权、异地违法现象日益增多。如上海的"白象"电池在浙江被假冒，注册在宁波的企业在上海从事违法的出国留学中介活动，上海企业在江苏发布违法广告，等等。要开通计算机网络渠道，实现对特定企业日常检查和行政处罚情况的互动查询，从而更全面地了解企业信息，更公正合理地处理问题。

三是开辟网上联动执法工作平台。利用该网络平台，可以在网上实现移交案件线索、调查取证委托、执法结果通报等协作业务，提高工作效率。

四是要探索执法部门间的横向联网。质量技术监督、知识产权局等兄弟部门已经建立了长三角地区联合执法的相应网络，可以充分利用现有资源，促成长三角地区跨部门的网络互联互通，实现更广泛的联合执法。

(三)转变执法干部的观念和作用,为长三角地区联动执法的有效实施提供软件基础

由于地方利益等因素,跨地域联动执法体系的建立,最大的难点在于执法人员观念的改变和行动的落实。真正打破地方保护主义,使长三角地区联动执法效果得以凸现,还需依靠每一位工商干部。要加强长三角地区经济一体化趋势的研究和宣传,让每一位干部都充分认识长三角地区一体化的重要意义,从而转变观念,克服狭隘的地方利益观;要开展长三角地区综合联动执法的专项培训,使执法人员都知道联动执法的制度和措施,都会使用相应的电脑系统和交流途径,从而转变工作方法,提高执法效果。要将联动执法列入相应的干部考核范畴,从而促使干部转变工作作风,从被动到主动,从不愿到甘愿,从"帮别人干活"应付了事,到变为自己本职工作的一部分,尽职尽责完成。

(四)建立监督测评机制,确保长三角地区联动执法以民为本

一是加强群众的监督。可向涉及"异地办案,联动执法"的举报人、当事人及利害关系人征求意见,询问效果;可在网上开辟相应窗口和信箱,广开言路,让群众可以随时发表意见和建议,充分体现"以民为本"的宗旨。二是加强舆论的监督。支持媒体关注长三角执法体系的进程和效果,用舆论力量监督工商机关的联动执法落实情况。三是建立效果评估体系。可联合设立工作部门或委托专门研究机构对执法联动体系做效果测评和统计分析,并向社会公开各地执行联动执法的情况和绩效,从而使工商执法行为展现在阳光之下,统一执法,高效执法。

四、创新长三角市场监管和工商行政执法体系的制度保证

根据长三角地区经济发展的趋势和特点,对市场监管与行政执法工作提出新任务、新要求,努力营造公平竞争的市场环境,促进市场健康、有序发展,是摆在长三角地区工商行政管理部门面前的一项十分紧迫的任务。创新市场监管和工商行政执法新体系,除根据统一目标,通过立法和制定规章来加以保障外,江、浙、沪三地工商行政管理机关应按经济一体化和法制协调的要求,推动各自的运作机制目标化。为此有必要提出以下五点予以保证。

(一)解放思想,更新观念

面对长三角地区市场的新情况、新问题,江、浙、沪三地工商部门必须要进一步解放思想,更新观念,从过去的旧观念和习惯思维定势中解放出来,树立全新理念,迎接新的挑战。一是树立监管现代化、国际化市场观念。面对长

三角地区市场日趋国际化的走向，市场监管执法要有新思路，采取新措施，探索新途径，不断增加科学技术和现代化管理含量，提高规范化程度和国际化水平。二是树立与时俱进、开拓创新的观念。市场监管新的目标和任务，要求我们把握时代的脉搏，发挥长三角地区优势，不断总结新经验，研究新情况，解决新问题。进一步把思想观念从监管单一市场主体、单一的国内市场和采用传统的监管方式方法，转到监管多元化的市场主体、日益国际化的市场和采用现代化的监管执法手段。树立依法行政、恪尽职守的观念。依法行政既要依法办事，又要积极履行职责。市场监管和行政执法是工商行政管理部门的基本职责，要尽职尽责加强监管执法，尽心尽力促进改革发展。三是树立坚持不懈，长效管理的观念。市场监管面广量大、错综复杂，任务繁重，既要突出重点，抓住主要矛盾，解决主要问题，又要坚持不懈，长期作战，防止出现反复，实行长效管理，才能取得实效。

（二）职能到位，严格执法

要认真吸取阜阳劣质奶粉事件的教训，加强市场监管是工商部门的主要任务，是职责所在，不能掉以轻心，坚决守住这条"底线"。一是在思想上要正确认识和处理好管理与服务的关系。促进发展与监督管理目标是一致的，加强管理，搞好规范，建立和维护良好的市场秩序，是经济健康发展的重要保障；放松管理，不讲规范，必然导致市场秩序的混乱，最终阻碍经济健康发展。工商行政管理工作基本职能是维护市场秩序，根本目的是促进改革发展。我们要重新审视工商职能到位问题，认真解决错位、越位、缺位问题。二是在工作上要突出重点，食品市场监管要重点突出对食品经销企业市场主体准入和经营行为的监管；在商标专用权保护方面重点突出驰名商标、著名商标和涉外高知名度商标的保护。三是在力量配置上要把主要力量放在市场监管上。当前要全力抓好食品监管工作，确保人民群众身体健康和生命安全。四是在经费保障上要保证市场监管执法的需要，配备执法车辆、通讯工具和手提电脑等装备，提高执法效能。

（三）力量整合，共享资源

信用是市场经济健康发展的基础，加强长三角地区信用建设，是加快区域协调发展的必要条件。一是加强信用制度建设。工商部门要以身作则，率先垂范，建设诚信工商，大力推行政府职能转变，规范行政行为，严格依法行政，树立诚信政府的良好形象，以此来推动社会诚信体系建设。要加快建立公民和企事业单位信用的激励和约束机制，逐步形成统一的社会信用制度。二是推进信用共享。在建立各自信用信息的基础上，探索建立区域性统一、规范、公开的征信体系。要统一数据标准，整合信息资源，采取统筹规划、分工协作等形式，创建信用信息公共平台，实现信用信息资源共享。三是营造诚信社会。相互借鉴信用建设的经验教训，统筹推进信用建设的步伐，使信用真正成为长三角地区城乡共享的最优质的社会资源。

（四）整顿队伍，提高素质

开展工商行政执法队伍教育整顿，提高执法人员素质和依法行政水平，是加强市场监管的组织保证。一是加强执法干部教育，树立正确的权力观。通过教育，树立马克思主义的世界观、人生观、价值观和正确的权力观、地位观、利益观，真正把立党为公、执政为民的要求落实到市场监管和行政执法工作中去，自觉做到权为民所用，情为民所系，利为民所谋。二是规范执法行为，加强执法监督。有权必有责，用权受监督，违法要追究，侵权要赔偿。建立健全行政执法责任制度、领导责任追究制度、行政执法行为规范制度和行政执法监督制度，强化对行政执法行为的规范和监督，做到文明执法、公正执法、廉洁执法。三是遵纪守法，廉洁奉公。加强法纪教育，自觉遵纪守法，依法行政，严格执法，坚决纠正和防止执法争利、执法扰民、乱收乱罚、徇私枉法等违纪违法行为，建设一支为民、务实、清廉的工商执法队伍，做维护市场秩序的坚强卫士。

（五）搞好协调，加强合作

加强区域合作，搞好协调工作，是加强长三角地区市场监管和行政执法的重要途径和方法。一是长三角地区工商部门应建立相应的市场监管合作机制，定期会晤，沟通信息，分析情况，交流经验，共同研究加强市场监管的措施和方法，互相配合，协同作战，加大市场监管力度，提高行政执法水平，更好维护长三角地区市场经济秩序，促进社会经济全面协调发展。二是长三角地区工商部门应建立一个联动执法的决策、协调领导机构，该领导机构可实行"轮流执政"。联动执法要解决五个问题：①法律上的授权问题；②经费上的补偿问题；③时间上的进度问题；④成败上的责任问题；⑤案件上的多少问题。三是共同进行理论研讨。两省一市的有关部门，如工商学会可就共同关心的课题定期或不定期地开展前瞻性理论研讨，为领导科学决策提供参考依据。

综上所述，长三角地区经济发展到今天，必须有一个与之相适应的市场监管模式和行政执法体系，以消除影响长三角区域经济互动互补的种种障碍，而这个模式和体系的最好选择，应当是在建立长三角地区"行政执法、行业自律、舆论监督、群众参与"四位一体市场监管体系的基础上，在行政区划和利益主体不变的前提下，在统一法制的框架内，谋求两省一市市场监管和行政执法方面的多元化的机制协调，并不断强化和完善这些机制，以进一步推动长三角地区经济全面、协调、可持续发展。

（作者单位：上海市工商局）

二等奖

关于振兴东北老工业基地"软环境"问题的若干思考

谢 地

经济社会发展"软环境"问题历来为党和政府高度重视。在东北老工业基地振兴战略的实施过程中,东北地区,特别是吉林省通过改善"软环境",为经济社会发展创造良好的氛围、加快发展的意愿十分强烈,并且采取了一系列行之有效的措施,"软环境"大为改善。但最近,在"中国网"上进行的200个中国城市竞争力的排名中,无论是用于反映人文"软环境"的创业精神指数、创新意识指数、交往操守指数,还是用于反映政策"软环境"的司法环境指数、制度环境指数、政府服务质量指数、政府规划能力指数,以及代表政府公共管理能力的秩序与安全指数,长春市的排名均基本靠后。无疑,这对长春市乃至吉林省的形象产生了一定的消极影响,是我们在致力于"软环境"建设过程中不得不吞食的一味苦药。

相关信息表明,我们在"软环境"建设方面正面临着十分矛盾的抉择:一方面,为了加快发展,迫切需要引进国外和国内发达地区的资本、技术,这就需要我们为投资者能够提供比珠江三角洲、长江三角洲等发达地区更优惠的政策,政府似乎更应该无为而治,因为"管的最少的政府是最好的政府";另一方面,在完善社会主义市场经济体制的背景下,从社会经济秩序紊乱的实际出发,特别需要政府以法治精神,实施强有力的公共管理,为经济社会发展提供良好的秩序和制度保障,"以霹雳手段,行菩萨心肠"。但又唯恐"损害"投资环境,"吓"跑了投资者。这种矛盾的抉择,在很大程度上与对"软环境"概念理解上的偏差有关。"软环境",实际上是一种由法律、法规、政策、政府行为等架构出来的制度文明,是一种对于投资者来说是可以把握、可以预期,从而有利于实现利润最大化的秩序。围绕这一判断,谈三个方面的认识。

一、"软环境"是使创造社会财富的各种源泉充分涌流的制度安排

由于各种财富源泉不可能自己走出来参与财富的创造,要"让创造社会财富的源泉充分涌流",关键是调动各种财富源泉的产权主体的积极性、创造性,

使其各种财富源泉涌流出来并由市场机制来配置。从制度安排的意义上来考察，以下几个方面的努力是不可缺少的。

1. 打造使劳动解放和活力迸发的环境

调动各类劳动者的积极性、创造性，是东北老工业基地创造并增加财富的关键。在公有制的框架内，对劳动者（包括普通的体力劳动者、管理劳动者和科技劳动者等）必须坚持和完善按劳分配原则。在市场经济条件下，公有制中的按劳分配首先要做到按劳动力价值分配，把收入水平与人力资本价值及劳动者的劳动能力联系起来，并由劳动力市场的供求关系来调节，以调动全社会劳动者通过正规和非正规教育途径不断提高其人力资本价值的积极性；其次，应该使公有制领域的劳动者对自己创造的经济剩余有一定的索取权，纳入按劳分配收入，以调动公有制经济中的劳动者奉献数量更多、质量更高的劳动的积极性。

在全社会范围内，应该超越所有制的界限，普遍树立劳动光荣、不劳动可耻的氛围，尊重和保护一切有益于人民和社会的劳动。不论是简单劳动还是复杂劳动，一切为我国社会主义现代化建设作出贡献的劳动，都是光荣的，都应该受到承认和尊重。各种所有制形式中的企业家的管理劳动、科技人员创新劳动、教科文卫知识分子的知识创新劳动等应该获得更多的劳动收入。一切合法劳动收入应该受到保护，而没有必要再以这种收入是否是按劳动分配收入作为保护与否的标准。

2. 进行产权制度创新，为全社会总产出最大化提供制度安排

为社会的不同阶层和集团安排产权，并通过产权的激励、约束、配置及分配功能，实现社会总产出最大化，并在此基础上增加政府财税收入和政府行为能力，是国家的一个非常明显的现代特征。对于东北老工业基地而言，为了使创造财富的各种源泉充分涌流，现阶段国家最主要的任务就是保护各种非劳动要素产权主体的财产权利，为各种非劳动要素的产权主体提供诚信、合法经营的稳定预期，营造"有恒产者有恒心"的社会环境，激励资本、技术、信息等各种非劳动要素的所有者把它们提供出来，投入社会生产，用于社会财富的创造和增加过程，必须毫不含糊地保护各种合法的非劳动收入。在政策理念上，应该看到，从产权保护入手，让各种财富创造和增长要素的所有者都能"登台表演"，包括放手发展非公有制经济，这不仅仅是加快发展、创造和增加社会财富的客观需要，更是对"民生"的深度关切。

3. 完善劳动、资本、技术和管理等生产要素按贡献参与分配的原则

初次分配坚持效率优先，抛弃"不患寡而患不均"的陈腐观念，以构筑与

社会主义初级阶段基本经济制度相适应的创业机制，营造激励各种要素产权主体干事业、支持其干成事业的氛围。针对按劳动要素和非劳动要素贡献分配引发的收入分配差距，应该通过国民收入再分配而不是平均主义的办法来解决，这样，一方面，既不会损害初次分配中的效率以及各种要素产权主体的积极性、创造性，使其活力竞相迸发，使一切创造社会财富的源泉充分涌流；另一方面，又能够把经济社会发展的成果返还给全社会，让每一个国民都能够享受到经济社会发展的果实，使财富成为社会的财富，而不只是少数人手中的个人的财富。

4. 以产权制度的合理化安排为切入点，加强对自然生态环境的保护

使良好的自然生态环境不仅能够为全社会的财富创造和增加提供基础，而且能够不断创造和增加社会财富，并成为社会财富中越来越重要的组成部分，使人类在回归自然中创造出更有利于人类发展的自然资源。

5. 打造信用政府、责任政府

东北老工业基地振兴战略实施以来，东北地区各级政府在推动改革进程、制定"游戏规则"、刺激经济增长和发展等方面取得重大进展。政府行政理念和行为方式都有积极的变化。但毋庸讳言，政府，特别是某些地方政府在发挥干预和管理经济的职能时还有许多不尽如人意的地方，不利于调动劳动、资本、技术等各种要素的产权主体的主动性、积极性、创造性。例如，在近年来出现的各种信用缺失的案例中，除了大量的自然人和法人信用缺失令人触目惊心外，政府失信问题同样引人瞩目。建立健全社会信用体系，政府对法人、自然人的诚信与否的要求或规范比较多，但对自身的信用建设却少有规范或措施。许多地方政府不仅"上有政策，下有对策"，欺上瞒下，剥夺公众的知情权，大搞暗箱操作，而且政策多变、朝令夕改，让投资者感到雾里看花，不知道这些优惠得让人心跳的政策背后还有什么猫腻。

二、政府有效监管是"软环境"建设不可或缺的部分

最近的一项关于政府公共治理水平研究报告显示，如果用政府效能、监管质量、法治、腐败控制、政治稳定和民众参与等六项指标对政府的公共治理水平进行比较的话，那么，从1996年到2002年，许多地方政府除了法治方面取得重大进步外，其他指标都呈现下降趋势。这几个方面无一不涉及软环境问题。其中，关于"监管质量"下降的评价似乎有点匪夷所思。这是由于人们对政府监管问题的常识与理性认识的偏差所造成的。

政府监督，学术界一般称之为规制或管制，是市场经济条件下政府为实现某些公共政策目标，对微观经济主体进行的规范与制约。主要通过对特定产业

和微观经济活动主体的进入、退出、资质、价格及涉及国民健康、生命安全、可持续发展等行业进行监督、管理来实现。对于政府应该而且必须扮演好宏观调控者的角色，人们似乎已经不再心存疑虑。但对政府是否及应该怎样进行微观经济干预（主要表现为各种政府监管政策的制定和实施）这类认识问题和实践问题，在人们从过去关注"市场失灵"转而集中审视"政府失败"的大背景下，答案似乎变得越来越模糊了。受西方国家追究"政府失败"思潮的影响，我国经济转型时期，淡化或取消政府监管的主张亦颇有市场，而在实践层面则更是不乏案例。

实际上，在市场经济发达国家，政府进行微观经济干预或规制政策早于宏观调控政策，并且有很长历史。如果从19世纪中叶英、美等国政府对铁路行业的规制算起，至今已有1个半世纪以上的历史。在其中的大部分时间里，借助于国家的强制力对微观经济活动进行监管始终是主流，而政府规制放松只是近30多年来发生的事情。而这种"放松"，是与技术进步、市场规模和市场范围的扩张及经济全球化的发展密切相关。尽管如此，政府规制并没有被取消，只是作了一种适应性的调整或改革；是"规制缓和"或"规制放松"。不仅如此，在发达国家，所谓规制放松或规制缓和只是结构性的，针对自然垄断、公共生产服务及某些特殊领域（如金融、保险）的经济性规制可能有所缓和，但用以维护公众身体健康、生命安全和经济社会稳定及可持续发展等方面的社会性规制不仅没有放松或缓和的迹象，而且呈现出不断被强化、细化的趋势。从主要发达国家的政府规制政策的历史和实践来看，政府监管仍然是现代市场经济不可或缺的制度安排。

我国目前正在进行的监管体制改革，如政府审批制度的改革，与西方发达国家正在经历的政府规制放松相比较，存在两个方面的区别。

一是，与西方发达国家基于不断成熟的市场经济，对微观经济活动进行的跨度超过1个半世纪的监管有所不同。我国自新中国成立以来的大部分时间是采取高度集中统一的计划经济体制，政府规制（如果说可以把计划经济条件下政府对微观经济活动管理或"管制"也称之为"规制"的话）更多地表现为适应于计划经济体制运行的需要而采取统制方法（典型的如政府审批制度）。这使得我国的所谓规制体制改革更主要地是针对计划经济条件下形成的政府管理微观经济的方式、方法，而不是市场经济条件下形成的政府规制体制。我国从近代以来从来就没有经历过市场经济充分发展的阶段。在新中国成立以前出现的几个难得的市场经济发展时期，也因为战乱和社会动荡，还来不及建立针对市场经济条件下微观经济活动的政府规制。新中国成立至今的大部分时间里又是处于同市场经济"诀别"的状态。改革开放以来，明确建立社会主义市场经济体制的改革目标，屈指算来还不过10来个年头。在这种情况下，我国面临的主要课题是建立健全与现代市场经济要求相适应的政府规制，而不是改革或取消市场经济的政府规制，因为市场经济的政府规制正在构建的过程之中，缺乏可以改革的对象。这在计划经济色彩十分明显的东北地区更为明显。换句话说，我国的政府规制改革或规制放松，与西方国家在发达市场经济条件下实施的规制放松的内涵有所不同。后者是市场经济的规制放松；前者则主要是计划经济的"规制"放松。因此，西方国家规制放松的部分，可能恰恰是我国需要建立健全和强化规制之所在。

二是，姑且不考虑意识形态和社会经济制度方面的因素，我国目前所处的发展阶段也决定了不能简单移植西方发达国家的规制放松政策。改革开放以来，我国逐步建立起与社会主义市场经济相适应的法律体系，依法治国的步伐大大加快。但毋庸置疑，我国目前的立法、司法与执法过程都存在若干瑕疵，公民和企业的市场经济法律意识都还很薄弱，遵循现代市场经济法律、法规的习惯尚未完全形成，我国正处于构建社会主义市场经济的法律和秩序的中间阶段。一般而言，在法律与秩序水平的初级阶段，过渡的政府规制有可能对经济生活产生不恰当的影响，阻碍经济生活自身自发演进并形成有益的规则和秩序的可能性，为政府官员滥用权力提供温床，因此政府不规制或少监管可能是这个阶段的明智之举；在法律与秩序水平的高级阶段，不论是"成文法"还是"不成文法"，法律法规都十分健全，企业和公民已经养成了熟悉并遵从法律的良好习惯，微观经济活动将主要依据法律、法规，各种冲突、矛盾也主要通过诉讼来解决，政府监管自然被弱化。规制缓和是经济社会发展进入具有较高的法律与秩序阶段必然呈现的现象。英、美等西方发达国家正处于这一发展阶段。但对于像我国这样一个处于社会主义市场经济法律与秩序构建中间阶段的国家而言，放松政府对微观经济活动的规制或监管，会加大经济社会发展的成本，导致大量混乱和无序的状态。改革开放以来，我国发生的一系列引人注目的案例表明，立法、司法和执法过程中的缺陷使我们的法律总是有空子可钻，一旦发生诉讼也因为法律法规的弹性过大、罚则畸轻畸重、缺乏独立的监管机构等，使司法审判旷日持久，受害人望而却步。在这种情况下，逐步建立健全独立的监管机构，细化粗线条的法律法规，强化行政监管的力度可能是比诉论成本更低、效率更高的替代办法。

国内外越来越多的经验证明，"软环境"缺失不仅是政府行为失当的表现，同时也是政府应有的监管职能不到位的结果。建立一个有责任、有能力、高效率、权威、透明、信用的政府监管体制,是"软环境"建设不可或缺的部分,是以人为本,全面、协调和可持续发展的客观需要。

三、规避"软环境"建设的若干误区

基于上述认识,我认为,在振兴东北老工业基地的过程中,"软环境"建设应当防止以下几个方面的认识误区及行为误区。

1. 构建良好的"软环境"不等于行政不作为

从最近的媒体报道中可以发现,某些地方政府出于招商引资,发展非公有制经济,加快地方经济发展的良好愿望,以改善软环境为名,对企业损害消费者合法权益、违背社会公共利益的行为采取不闻、不问、不管的态度,甚至以"转变行业作风"为由,不允许行政执法部门到企业去检查。应当说,基于长期以来政府对非公有制经济控制过多、过死的状况,减少行政对企业的干预,加快非公有制经济的发展,对振兴东北老工业基地来说确实具有紧迫性。这方面的"软环境"确实应该改善。但是,如果对企业或个人的明显违规行为放纵、包容,并以此当成是良好的软环境,实在是天大的误解。国家在阜阳"变质奶粉"案发后对行政不作为的有关当事人的严厉查处,应当引起各级拥有行政执法权力部门的警醒。政府应该而且必须为纳税人和国民提供良好的公共服务,在我国目前的发展阶段,对微观主体的违规行为进行事前、事中及事后的有效监管,对于维护市场经济秩序特别重要,其本身就是公共服务的一部分。从这个意义上说,监管就是服务,执法就是服务。正在进行的行政审批制度改革也绝不意味着取消政府监管。

2. 强化政府监管不等于行政"胡作为"

与把行政不作为当成良好的软环境相反,实践中的政府行为还存在着另外一种倾向,即以强化政府监管为名,认为政府无所不能,因而滥用政府职能来构建所谓的软环境。甚至利用手中过大的自由裁量权,简单、生硬、粗暴,甚至引诱微观主体违规,"请君入瓮"、以罚代管。在我国目前法治建设的发展阶段,由于法律、法规正处于不断完善的过程中,有效的政府监管对于社会来说本来应该是一种比诉讼成本更低、效率更高的解决经济生活中的矛盾的方法。但这种监管必须在现行的法律、法规的框架内展开,由独立、权威的监管机构来实施,并且必须接受公众的监督。强化行政执法队伍建设同样势在必行。在提升队伍的综合素质的同时,强化指导思想和理念层面的引领固然重要("三个代表"、"立党为公、执政为民"等重要思想的意义是划时代的),但细化并加强对各级政府官员的监督,激励勤勉奉公的行为,增加其经济性和非经济性的收

益。惩罚行政伦理缺失及败德行为，增大其机会成本，却是治本之策。而监管体制改革和监管手段的创新则是防止行政"胡作为"的制度保障。

3. 滥用优惠政策不等于良好的"软环境"

从东北地区经济欠发达，急需招商引资、加快发展的需要出发，给予投资者一定的优惠政策是必要的，也是后发国家及国内发达地区的成功经验。但是，优惠政策不能滥用，特别是允诺一些明显不符合实际、难以兑现的政策，只会败坏政府的声誉，损害政府的形象，破坏软环境，也可能为不法商人利用。例如，某些地方为了缓解财政紧张状况，试图在城市自来水生产环节引进外资，并承诺了18%的固定回报率。在现行水价和政府监管体制下，这显然是不可能实现的。其结果是外方退出，地方政府出巨资赎回，造成国有资产凭空流失。还有的地方允诺外资三年免征所得税的优惠政策，吸引IT企业入驻当地的工业园区。由于IT业沉没成本小、退出壁垒低，一些外资企业在三年期满时采取"金蝉脱壳"之计，移师别处，继续享受三年免征所得税优惠政策，空余厂房一座座，地方政府则是竹篮子打水——一场空。在中国已经加入WTO，经济全球化不断发展的形势下，给予内外资以平等的国民待遇，逐步改变饮鸩止渴、急功近利式外资超国民待遇政策，着力营造一种平等、祥和、安全、廉洁、高效的氛围，使人们敢于来投资、愿意来投资、愿意来工作、喜欢来生活，是比优惠政策更为重要的软环境。

4. 经济性监管放松不等于弱化社会性监管

随着技术进步、市场规模和市场范围的变化，垄断行业及金融、保险、证券等领域的政府监管改革不断深化，严格的政府监管有所弱化，但覆盖全社会的，涉及国民的健康、生命、安全及经济社会可持续发展等领域的监管，不仅不能取消或弱化，而且必须加强。这既是包括发达国家在内的世界范围的共同规律，也是中国作为一个转轨国家的特殊性使然。东北老工业基地长期处在计划经济体制下，经济社会发展粗放，转轨过程痛苦、漫长，微观主体行为也比较紊乱。这也是外界对东北老工业基地软环境评价偏低的症结所在。在推动东北老工业基地振兴和改造的过程中，有力的社会性监管可以不断提升政府的公共管理及公共服务的水平，是软环境建设需要特殊关注的问题。

5. "第三部门"不能替代政府的公共管理与服务

近年来，随着市场经济体制的逐步完善，政府职能转变加快。随着《行政许可法》的颁布、实施，政府对自身的职能定位进行进一步的反思，对于什么该管、什么不该管有了越来越清晰的认识。但也存在一种值得注意的倾向，那就是除了把一部分不该政府管的事情交还给市场外，比较热衷于把过去的一部分政府公共管理和服务职能转给所谓"第三部门"（即介于政府与市场之间的所谓非赢利组织）。我对所谓非赢利组织不抱有偏见，也认为发挥非赢利组织的作用，是一种增加公共服务的供给的有效途径。但是，不能忽略这样一个基本的事实：中国是一个缺乏非赢利组织产生、发展土壤的国家。所谓非赢利组织与私人相比具有有过之而不及的逐利性，在缺乏监管并在政府的保护下，可能会极大损害政府的声誉，损害政府孜孜以求的发展软环境。当政府把一部分公共管理和服务职能以市场的办法委以私人承包经营时，应更加慎重。不久前发生的西安体育彩票诈骗案，虽然是个别案例，但教训却十分深刻。

（作者单位：吉林大学）

二等奖

关于吕梁实施品牌兴农战略的几点思考

张学明

进入新世纪以来，特别是中国加入 WTO 后，经济发展相对滞后的农业县区如何加快农业化进程，建设发达的效益农业，是当前面临的一个重要课题。目前工业产品的品牌培养和使用已经成为企业界实施"品牌兴企"战略的共识，但对农产品品牌的培养使用仍是市场经济中的薄弱环节。在当今国际竞争日益激烈的趋势下，安全、优质已成为全球农业发展的主流。缺乏品牌意识，是我国农业参与国际竞争的软肋。面向全球，培育自己独具特色的农产品，创立自己的农产品品牌，已成为各地参与市场竞争的必然要求。吕梁地处山西省中西部山区，作为一个农业大区，独特的地理位置对吕梁地区农业发展既有其不利之处，又有其相对比较优势。笔者试图结合在工商行政管理部门的工作实践和吕梁农业发展现状，运用经济管理的综合知识对品牌战略的概念、吕梁现有的农产品品牌及使用现状、竞争优势进行全面阐述，并对吕梁实施品牌战略存在的问题进行分析和理论探讨，提出吕梁实施品牌兴农战略的目标和措施，探索一条加速吕梁经济发展及广大农村地区正确运用商标战略，使地方优质农副产品尽快打入全国市场和世界市场的新路子。

一、品牌战略的概念

1. 品牌的概念、含义及作用

（1）品牌的概念

品牌是一个复合概念，它由品牌名称、品牌认知、品牌联想、品牌标志、品牌色彩、品牌包装以及商标要素组成。它是整体产品的一部分。是制造商为其产品规划的商业名称，其基本功能是将制造商的产品与竞争企业的同类产品区别开来。品牌的英文是 BRAND，即"烙印，痕迹"的意思，品牌是产品给消费者留下的烙印，是基于买方市场形成的，一切活动都要围绕留下什么烙印来铺开。美国营销学权威菲利普·科特勒（Philip. Kotler）认为：品牌就是一个名字、名词、符号或设计或是上述的总和，其目的是要使自己的产品或服务有别于其他竞争者①。

品牌名称指品牌中可用语言表达，即有可读性的部分，如永久、牡丹、康佳、海尔等。品牌标志指品牌中可识别、辨认但不能用语言称谓的部分，包括符号图案、色彩或字体，如可口可乐的英文图案，太阳神的标志图案。

品牌不同于名称，名称只具有使人将事物辨别开来的功能，不体现事物的个性，而品牌则附有商品或服务的个性以及消费者的认同感，不是纯物质的物品，它是商标名称、名词、图案、牌号等品牌形态的存在。因此，品牌是体现商品或服务个性和消费者认同感，象征生产经营者的信誉，被用来与其他商品或服务区别开来的名称、标志、包装符号的组合。与大众化、通俗化的"品牌"不同。品牌是一个专业化科学化的术语，它们虽然相关联，却是两个截然不同的概念。品牌的实质是产品与消费者和企业三者之间关系的总和，它不仅仅是商标与符号，也不仅仅是产品与形象，它存在于产品、消费者与企业之中。

品牌以商标为标志。商标俗称牌子、商牌、货牌、品牌、牌号以及贸易牌号，本质作用在于区别商品的来源或服务的提供者。商标是一种工业产权，受法律保护。商标在中国已有很长的历史了，早在宋朝就有了实物图形，但品牌的提法没有多长时间，工商行政管理部门管理商标已经有50多年的历史，进入社会主义市场经济时期以后，商标的叫法用得少了，叫品牌比较多了。长期以来，在农产品的商标权上，受传统农业生产经营观念的影响，由于没有认识到"品牌"与"商标"的必然联系，部分农产品商标滞后。另外，受多种因素的影响，对同一资源产品以不同名称反复注册的现象也比较突出，影响品牌的培植和发展。纵观国内外市场，许许多多知名农产品因注册了商标，取得了品牌的"护身符"，因而备受消费者的青睐，而一些没有注册商标的优质农产品被人假冒或抢注商标，已影响了其品牌的声誉，使其销售陷入了困境。因此，商标是品牌兴农的通行证。农副产品要走品牌之路，商标意识亟待增强。

（2）品牌的含义及作用

品牌是生产者，经营者为了标识其产品，以区别于竞争对手，便于消费者认识而采用的显著的标记。品牌可以是一个名称，一个术语，一种记号，一种象征或设计，也可以是上述若干因素的组合。换言之品牌是用以辨别不同企业、不同产品的文字、图形或文字与图形的有机组合等。

现在，品牌已不再仅仅是一个标记了。按照营销学权威P.道尔的说法，品牌是"一个名称、标志、图形或它们的组合，用以区分不同企业的产品"。P.费尔德维克关于品牌的解释是："品牌是由一种保证性徽章创造的无形资产。"费尔德维克是著名的广告代理商BMP公司的执行董事。在过去的大约20年里，该公司开创性地使用较完善的研究技术了解消费者与品牌之间的关系。

应注意的是，费尔德维克所说的"品牌"已不再等同于"标记"，而是一个含义更广、更抽象的概念。换句话说，商标不是品牌的全部，而仅仅是品牌的一种标志或记号。

这一区分很重要，把品牌不再作为一个名称、标识或图形来考虑，而是作为一组"无形资产"来考虑，是一种更完善更有力度的思维方式。

从这个角度来理解品牌，是 20 世纪 90 年代营销发展史上所取得的最重要的进步之一。它是用来解释成功品牌与不成功品牌之间区别的一把钥匙。

企业品牌的作用表现在以下几个方面。

①有利于产品参与市场竞争。首先是品牌具有识别商品的功能，为广告宣传等促销活动提供了基础，对消费者购买商品起着导向作用。其次，有法律保护的商标专用权，将有力遏制不法竞争者对本企业产品市场的侵蚀。第三，商誉好的商标，有利于新产品进入市场。第四，名牌商品对顾客具有更强的吸引力，有利于提高市场占有率。

②有利于提高产品质量和企业形象。品牌是商品质量内涵和市场价值的评估系数和识别徽记，是企业参与竞争的无形资本。企业为了在竞争中取胜，必然要精心维护品牌的商誉。对产品质量不敢掉以轻心，害怕砸自己的牌子。创名牌的过程必然是产品质量不断提高和树立良好企业形象的过程。

③有利于保护消费者利益。品牌是销售过程中，产品品质和来源的保证，有助于消费者购买自己偏好的品牌，以得到最大的满足。当产品质量出现问题时，有助于消费者的损失得到补偿。

事实证明，一个享有盛誉的品牌，将是企业一笔巨大的财富。在世界上，品牌价值雄踞榜首的 Marlboro，其市场价值高达 240 亿美元，第二位的 CocaCola 为 210 亿美元。在我国，著名品牌"红塔山"以 100 亿元人民币夺冠。这固然是企业长期经营的成果，更是由于产品质地优异和市场营销组合的得当。经验表明，品牌决策的正确、品牌设计的科学、品牌保护的得力对企业经营成功有十分积极的作用。

2. 品牌战略的概念及意义

（1）品牌战略的概念

品牌战略既然为"战略"，其就归属于战略范畴。战略原是军事名词，《辞海》中"战略"一词有两个释义，一是"对战争全局的筹划和指导。它依据敌对双方军事、政治、经济、地理等因素，照顾战争全局的各方面、各阶段之间的关系，规定军事力量的准备与运用"，二是"泛指重大的、带全局性或决定全局的谋划"。战略一词英文是 strategy，源于希腊文 stratagia，意思是做将军的艺术和科学，《简明不列颠百科全书》认为："战略是在战争中利用军事手段达到战争目的的科学和艺术"。将战争的概念用到企业管理只有几十年的时间。20 世纪 60 年代，美国管理学者安索夫(H. I. Ansoff)最先在《企业战略论》一书中论述了企业战略和经营战略问题，从而使战略开始成为管理学中经常使用的一种具有科学性的概念。如今在管理学中，战略一般是指"定义和确定目标以及组织随环境变化的范围广泛的计划"。除此之外，被誉为现代营销学之父的科特勒博士为"战略"一词下的定义也是极为精妙："战略是旨在构建并向目标市场传递持续、独特价值观念的粘合剂"。这一定义强调了战略与确定目标的紧密联系。

由此可以看出，品牌战略，顾名思义，是企业以品牌的营销、使用和维护为核心，在分析自身条件和外部环境的基础上制定的企业总体行动计划；是企业通过创立市场良好品牌形象，提升产品知名度，并以知名度来开拓市场，吸引顾客，扩大市场占有率，取得丰厚利润回报，培养忠诚品牌消费者的一种战略选择。品牌战略是现代企业市场营销的核心。从品牌战略的功能来看，一个品牌不仅仅是一个产品的标志，更多的是产品的质量、性能、满足消费者效用的可靠程度的综合体现。它凝结着企业的科学管理、市场信誉、追求完美的精神文化内涵，决定和影响着产品市场结构与服务定位。因此，发挥品牌的市场影响力，带给消费者信心，给予消费者以物质和精神的享受，正是品牌战略的基本功能所在。

(2)企业品牌战略及意义

品牌战略，顾名思义，是企业以品牌的营造、使用和维护为核心，在分析研究自身条件和外部环境的基础上所制定的企业总体行动计划。品牌作为一种经济形态要受制于一定的社会经济条件。因此，品牌战略在企业经营管理中的地位的迅速上升有其深刻的社会和经营背景，品牌战略的发展历程也反映了市场经济的演变历程。商品经济初期，生产力水平较低，卖方市场特征突出，消费者的消费行为简单，没有必要强调产品与服务的外在特征，因而，生产经营主导着企业管理，产品的品牌化程度较低。买方市场的发展引发了消费革命，企业和产品的趋同要求开发产品功能之外的能使消费者动心的异质特色，品牌的文化标识功能得以彰显，品牌战略初露峥嵘。由于市场发展的反复和不平衡性，早期的品牌仅仅是市场营销的基本工具，甚至仅仅处于营销策略层次。即使企业进入战略经营后，企业管理仍紧紧围绕营销的四大要素——产品、价格、地点、促销，品牌战略与企业组织战略、人才战略、投资战略、产品战略、技术战略、跨国经营战略等并列齐观，成为企业诸多战略选择的一种。现代生产力的发展推动了市场的信息化进程，市场的主动权从企业进一步转移到消费者手中，企业沦为市场第二主体，市场配置资源的效率愈加依赖和取决于自身信息化程度高低，企业传统的经营管理方式面临严峻挑战。

品牌绝不是一个单独存在于市场之中的东西，它是在许多市场之外的东西的基础上建立起来的一种信念，这种信念一旦形成，最终会在潜在消费群体中产生类似迷信的概念。

品牌——我们所指的品牌是真正的品牌，那些所谓的"不好的品牌"其实不能称之为品牌——的内涵体现在两个最主要的方面的结合：知名度＋美誉度。任何产品或服务，如果只有知名度而缺乏美誉度的话，注定要在短时间后丧失生存的能力。遗憾的是，我们的企业为了短期发展的利益，追求迅速膨胀的效果，往往专注于用巨额广告打知名度，而不愿花费金钱与精力培养美誉度。这样做的后果是很危险的，一旦有成熟的企业及品牌加入到市场中来，仅有知名度的企业的市场竞争能力是不堪一击的。

3. 正视品牌对经济发展的推动作用

品牌是国家权威部门和社会对一种产品的公认度，集中体现在"驰名商标"、"著名商标"和"名牌产品"等荣誉上。随着经济社会的不断发展，市场经济的逐步完善，品牌已不是可有可无的，而是必然的产物和经济发展赖以推动的重要力量之一。

（1）从市场经济发展过程来讲，品牌是市场经济趋向成熟的必然要求

计划经济不存在竞争，品牌不能显示它的价值；物质贫乏时代消费的选择空间很小，品牌失去存在的意义。这两种情况下，品牌都难有用武之地，不能显现它对经济发展的推动作用。市场经济发展初期，市场竞争往往是一种无序的竞争，人们的品牌意识也很淡薄，品牌也只能处于萌芽状态。随着市场经济日益趋向成熟，各种因素都有了发展变化，品牌逐渐成为必然的追求，对经济发展的推动作用也日益显现。其一，市场竞争逐步从无序走向有序，品牌竞争作为市场有序竞争的一个重要手段也逐步走向市场的前台；其二，丰富的物质世界扩大了消费选择的空间，消费者的选择从被动变为主动，从感性变为理性，消费者的品牌意识越来越强，追求好声誉、高品质、有档次的品牌产品成为消费的主流和方向；其三，企业在有序的市场竞争环境下，也将改变竞争手段，打造品牌成为企业参与市场竞争的理性选择；其四，政府为促进市场经济健康发展，在整顿和规范市场秩序的同时，也必然把另一着力点放在引导企业注重品牌竞争上面。从市场经济的发展过程来看，市场经济越完善越发达，品牌就越来越重要。

（2）从企业自身发展来讲，品牌潜在的生产力可以提升企业的竞争力

品牌，是企业立足市场的实力招牌，反映了一个企业核心竞争力的综合发展水平。在市场经济条件下，品牌就好比是企业的身份证，是市场主体获得竞争优势的入场券，是获得和提升企业无形资产的基本载体，是企业法律地位最受保护的根本所在，也是一个企业信用和质量管理的重要亮点和集中体现。随着我国加入 WTO，市场经济发展步伐不断加快，企业作为市场经济主体在竞争中由原来的成本、价格等初级阶段的竞争演变成为品牌竞争；资本的扩张也由原来的有形资产扩张转化为利用品牌的无形资产扩张。像美国《金融世界》权威量化的可口可乐在市场中，有时无形的品牌甚至比一个有形的企业还重要。比如，全世界著名品牌"耐克"运动鞋，自己就没有一个生产车间；我国名牌服装，温州市的"美特斯·邦威"也没有自己的生产企业。它们共同的经验，就是经营好一个品牌。可以说，品牌既是一种无形的资产，也是一种潜在的生产力，更是一个企业竞争力的外在体现。

（3）从县域经济的发展来讲，品牌直接影响着县域经济发展的可持续力

影响县域经济可持续发展的因素很多，生态环境、土地、资金等要素不可置否，品牌的重要性也显而易见。一个知名品牌，带给消费者的是超过商品本身的满足感，是消费者地位、身份、荣耀的象征，而且更多地带有文化色彩和思想上的影响，起到征服人心的作用。因此，品牌一旦建立，就具有广泛的、深厚的社会基础，就具有公认性、深入性、持久性。这就给一个地方的经济奠定了发展的基础和潜力。同样，品牌独创性、高贵性的特点也彰显了一个地方经济发展的特色。品牌可以增加城市的知名度，提高城市的外在形象，增强城市的对外吸引力。"海尔"为青岛增了辉，"雅戈尔"为宁波添了彩，"虎牌"水泥也为江山增了光，品牌为这些城市带来的不仅仅是荣誉，更为这些城市带来了经济可持续发展的力量。实践证明，品牌的数量、档次显现着一个地方经济的综合实力和外在的影响力，与地方经济的综合实力和外在的影响力成正比，也与地方经济发展的可持续力成正比。

二、实施品牌兴农战略的意义及作用

1. 品牌竞争是当今市场竞争的普遍规律

品牌竞争就是以品牌形象和价值为核心的竞争，是品牌之间的较量，是一种新的竞争形态。在现代市场经济条件下，市场行为的一个显著特征就是顾客往往根据品牌来区别和选择同类商品和服务。如红枣在晋西各县都有，但只有天渊红枣干能够让消费者记在心里或作为馈赠亲朋的佳品，因为天渊红枣是知

名品牌，其他各县的红枣尽管质量同样优良，但却上不了台面，没有市场份额。可见只有具备良好品质的品牌产品才能占据最大的市场份额，并形成市场竞争的一种普遍规律，也就是说良好的品牌形象成为用户选择产品的主要依据。

2. 实施品牌战略是农业产业化经营的客观要求

农业产业化作为市场经济条件下新的农业经营形式，它的首要特征就是以市场为导向。随着国外名优产品的进入，市场中的品牌竞争更加激烈。只有以创品牌、创名牌为立足点，农业产业化经营才能抵御国外农产品的冲击。因此，要实施品牌战略，围绕某种商品生产，形成种养、产供销、服务网络为一体的专业化生产经营系列，做到每个环节的专业化与产业化相结合，使每一种产品都将原料、初级产品、中间产品制成最终产品，以商品品牌的形式进入市场，如使汾阳的核桃、小米、长山药等农产品提升为市场品牌，培育成具有市场竞争力的优势产业和产品，让这些农品在市场中实现最大价值，从而有利于提高产业链的整体经济效益。可见，实施品牌战略是吕梁农业产业化经营的客观要求。

3. 农产品品牌化是参与国际大市场竞争的需要

对外开放和加入世贸后，我国经济逐渐融入世界市场体系，国外产品及其著名品牌大量进入国内市场，竞争越来越激烈。目前在我国国内，打出商标的农副产品售价普遍能高出20%以上，且占据很大的市场份额。加之"入世"后农产品关税降至10%，国外农产品价格至少会下降20%至30%，这些物美价廉的农产品一旦进入中国市场，必然会对我国农产品市场产生强烈的冲击和打压，由此也会波及影响吕梁农产品市场。再者，随着农村生产力水平迅速提高，农产品供求关系向供大于求转变，买方市场初步形成。所以我们如果不重视品牌建设，不培育自己独具特色的农产品，不创立自己的农产品品牌，机会就会一次又一次地错过。因此，加强吕梁农产品品牌化是参与国际大市场竞争的需要。

4. 实施品牌兴农战略在市场经济竞争中的优势讨论

一是总成本优势。农产品品牌可以获得多方面的成本优势，农产品相对于工业产品，其进货成本低，企业直接向农村或农民定货或进货，节约了中间环节的流通费用，而且商品开发成本比较低，农产品直接接触消费者。能及时准确地了解消费者的需求，其开发周期短，产销不易脱节，适销对路的可能性大，开发风险大大降低，实现就地生产、就地加工增值，比如吕梁盛产小杂粮，将优质的小杂粮产品变成各种各样集方便、食用、营养保健于一体的优质食品，以低成本获取较高的经济利益。

二是信誉优势。敢于使用品牌的企业往往有良好的声誉和企业形象。商家长期经营实践中以一种或几种经营特色形成了自己良好的信誉，树立了一定的品牌形象，使企业创立的品牌从开始就具备了名牌的许多特征，极易被顾客接受与认可，有良好的信誉作保证，能够充分激发消费者的购买欲望。

三是品牌忠诚优势。市场竞争的实质是争夺用户，而赢得用户的关键在于赢得用户的心，赢得用户的信赖。企业作为产品与市场、消费与市场的连接点，其开发的品牌真正以消费者为出发点，扩大了在消费者心目中的影响，增加了消费者对其产品的偏好，有利于提高顾客的忠诚度，从而有效地避免了顾客分流所带来的利润损失。

三、吕梁农产品及品牌现状分析

当前，我国农产品交易市场正逐步从集市销售转向超市销售，市场竞争由单纯的产品价格或质量的竞争，转为其内在的信任度、知名度、认知度和其他因素等综合实力的竞争。吕梁的农产品如何在新形势下提升质量，打造品牌，参与国内、国际竞争，提高市场占有率，就此问题笔者在对吕梁农产品市场展开调查研究的基础上，对吕梁农产品品牌现状做些概括分析。

1. 吕梁独特的地理环境，气候条件形成历史悠久的特色农产品优势

吕梁市位于山西省中西部，黄河流域中段黄土高原腹部。介于北纬36°43′—38°43′和东经110°22′—112°19′之间。南靠临汾，北邻忻州，东居晋中盆地与太原市接壤，西隔黄河与陕西省相望。纵观吕梁全境，是一个被黄土覆盖的山地高原，地势北高南低，由东北向西南倾斜，区内丘陵起伏，山峰林立。吕梁的气候属半干旱大陆性季风气候。四季分明，差异悬殊。春季干旱，多风少雨；夏季炎热，灾害频繁；秋季凉爽，雨量集中；冬季寒冷，雨雪稀少。全区年平均降雨量400～550毫米，无霜期120～180天。年平均日照时数2487～2872小时，大于等于10℃有效积温为2300℃～3700℃。独特的地理环境、气候条件形成吕梁历史悠久的特色农产品优势。山区九县光热资源充足，垂直温差和昼夜温差大，是红枣、核桃、小杂粮、大豆、薯类、蓖麻理想的栽植区。沿黄河岸边的红枣林带，年产红枣达1亿公斤，居全省之首。汾阳核桃皮薄油厚，闻名中外，年产量达1500万公斤。野生沙棘资源达156万亩。在这些丰富的农产品资源中，小杂粮、大豆、薯类在全国、全省占有重要地位，是南方和沿海所没有的，只要精细加工，完全可以打入国内外市场，获得较好的经济效益。

2. 吕梁在调整农业产业结构上狠下功夫

按照区域化布局、规模化生产的要求，将五大特色产业进一步向优势产区集中，形成了一批具有较大规模的优质商品生产基地。

以谷子、大豆、马铃薯为主的优质小杂粮由零星分散种植向规模经营转变。基本形成了西部豆类、北部薯类、中部粟类为特征的小杂粮生产格局。小杂粮品种主要有粟类——谷子和糜子（黍子）；豆类——大豆、绿豆、小豆、蚕豆、豌豆；薯类有马铃薯、红薯；麦类主要有燕麦（莜麦）和荞麦（荞麦分甜荞和苦荞）。共有4大类20多种作物，不仅品质好、无公害、无污染，而且营养丰富。全区小杂粮基地建设初具规模，种植面积达到350万亩，其中基地面积已达150万亩，年产小杂粮达3.5亿公斤，建成晋谷21号、晋谷29号和黑支谷等优质谷子基地50万亩，年产优质谷子7500万公斤，占全区谷子总产的80%，建成优质高油、高蛋白大豆基地40万亩，建成脱毒马铃薯基地60万亩，占全区马铃薯面积的60%，从1995年以来，小杂粮及其加工产品累计荣获国家和省的14项金奖、7项银奖、1项铜奖、2项优质奖。特别是汾阳市现已被确定为中国小米之乡，"汾州香"小米被命名为中国名牌产品，"晋奇牌"豆粉获中国杨陵农博会后稷金像奖和国际农博金奖。

以种草养畜为主的畜牧业，由分散饲养向集约化养殖转变，畜牧基地迅猛发展。建成千头肉牛育肥示范场10个，百头养牛场46个，肉牛养育基地年养牛达到18万头，占到全区的78.3%；建成文水同乐、方山相当两大小尾、寒羊种羊场，石楼、岚县又引进回波尔山羊新品种，基地年养羊达到60万只以上，占全区养羊总量的50%；建成2000头以上种猪基地5个，千头以上种猪场15个，年基地养猪达到55万头，占到全区养猪总量的50%；建成万只以上养鸡场20个，500只以上规模养鸡户1万多户，年基地养鸡达到840万只，占全区基地总量的90%。此外，以肉鸽、梅花鹿、獭兔、肉狗、蜗牛、七彩山鸡、驼鸟为主的特种养殖业也形成规模，养殖总量突破100万只，成为畜牧产业的又一新的增长点。现已建成农畜产品加工企业28个，其中龙头企业12个，年加工能力达30万吨以上，产值达6.2亿元。

以红枣、苹果、葡萄、核桃为主的经济林基地迅速扩展，已形成了四大干鲜水果林带。红枣产业是吕梁的一项传统产业、特色产业和优势产业。近年来，经过红枣地方品种评优筛选，不仅木枣、油枣、骏枣、梨枣、帅枣等一批地方优良品种得以大面积栽培和发展，还引进了赞皇大枣、金丝小枣、雪枣等优良品种。17公里宽的红枣产业带，覆盖55个乡镇、1600多个自然村，成为70多万户农民的主要经济来源。在红枣加工企业方面，重点扶持起以加工糖枣类产品为主的山西天渊枣业有限公司，以加工免洗干枣、枣饮料为主的山西天骄食业有限公司，以加工黄河滩枣、枣醋等产品为主的离石都爱食品有限公司，以及石楼果品厂、交城红枣中心，山西天立枣业有限公司等龙头企业，培植起红枣加工大户和中小型加工企事业400多个，年加工转化红枣2000余万公斤，加工增值3000余万元，加工品种达到6系列28个品种。与此同时在区内初步形成柳林三交镇红枣一条街、临县克虎镇、石楼小蒜镇、交城城区、兴县罗峪口镇等一批有一定规模的产地红枣批发市场，并且常年有8000多人的红枣经纪人队伍，在重点城市建立了直销市场，红枣及枣加工产品的销售已遍布全国各大中城市，一些精品还打入日本、俄罗斯、欧洲、东南亚等国际市场。

以反季节、无公害为主的蔬菜基地，面积达到8600公顷。已建日光节能温室8000多个，麦茬复播延秋蔬菜万亩片7个，立体间蔬菜300余公顷片7个，蔬菜专业村68个。

以甘草、柴胡、黄芩、黄芪、金银花为主的新型中药材产业发展势头迅猛，基地面积扩大到8000公顷，成为吕梁特色种植业的又一亮点。

上述五大产业的迅猛发展为吕梁实施"品牌兴农"战略奠定了良好的基础，以龙头企业为载体，以优质品牌为突破口，以基地建设为基础，构筑农工贸一体化的产业链，成为吕梁农业产业化进程的必由之路。

3. 行业协会的健全与农民经纪人队伍的壮大，为吕梁实施"品牌兴农"战略奠定了良好的基础

在加强农副产品的品种、品质管理，技术指导；保证农副产品规模、品质不变的前提下，吕梁成立了各类特色杂粮、干鲜果品、特色养殖加工以及蔬菜、药材营销协会，运用商标策略，为发展特色农业发挥了协会组织作用。汾阳先后组织成立了汾州核桃、汾阳小米、优质红枣和干红白葡萄等专业协会，通过协会协调龙头企业乡村经济组织种植和购销大户，以及科学技术人员间的关系，从而促进了特色农业的产业化开发步伐。

农民经纪人的大量出现，也为特色农产品能够走入市场打开了一条通道。方山县还成立了农民经纪人协会，全县年销售额在百万元以上的农民经纪人发展到70多人，这些农民经纪人将农产品带出大山，远销上海、浙江、福建、山东等省市，方山县去年头10个月，农产品销售额达1.26亿元，农民经纪人成为农户与市场的桥梁，它把市场与农户直接联系起来，即把本地产品卖出去，又把外地产品运进来，既能居中为介，又能沟通信息，起到了桥梁纽带作用，成为农村经济发展不可或缺的力量，从而促进了特色农业的产业化开发步伐。

4. 吕梁特色农产品商标注册与市场经济的发展需求存在极大差距

一是吕梁注册商标积极性差。据统计，截至2004年底，吕梁全市共有注册商标886件，现有效注册商标652件，其中一般商标356件，酒类商标215件，农副产品商标81件，农产品商标数量占全区注册商标总数的12.4%。就全区现阶段商标注册情况看，全区截至2004年底统计各类企业共6274个，平均每9.6户企业拥有一个注册商标，使用注册商标的企业仅占企业总数的10.3%，商标注册的滞后已严重影响吕梁经济的健康快速发展。

二是吕梁农产品品牌使用面窄。目前，吕梁农产品优质商标寥寥无几，仅有国家认定的驰名商标1件。据2004年底初步统计，使用农副产品商标的约占农副产品知名品牌的30%，在使用农副产品证明商标和集体商标上还是块未开发的"处女地"，农副产品缺乏特色和鲜明的地域个性化，严重制约着吕梁农副产品品牌的形成。

四、吕梁实施品牌兴农战略存在的几个问题

1. 观念滞后，缺乏创立品牌意识

受传统观念影响，吕梁有相当一部分农民和基层干部品牌意识淡薄，忽视品牌的创立，生产出来的农产品大多数没有标识，在促销和宣传过程中只是一味地打价格战，而忽视了对该农产品品牌的经营和投入。

缺乏品牌意识，是我国农业参与国际竞争的软肋。就吕梁地区而言，培育自己独具特色的农产品，创立自己的农产品品牌，已成为参与市场竞争的必然要求。然而，长期以来，吕梁农业一直受传统农业经济影响，单纯追求高产，忽视质量和效益，使吕梁农业始终走不出高产、低质、低效的怪圈，许多农民依然挣扎在贫困线上。许多地方一方面农民生产的粮食和其他农产品大量堆积在家，粮库存粮积压，财政负担沉重；另一方面，农民手里没有钱花，地区经济发展落后。

绝大多数经销农产品的企业和经纪人在农产品生产与销售中不知道依靠品牌这个"软黄金"为自己积累无形资产，增加产品在市场上的竞争能力。没有认识到打造品牌，促进农业经济发展的重要意义。缺乏品牌意识，放弃品牌意识，甚至没有品牌意识，是造成吕梁地区农民收入水平低、经济发展落后的重要原因之一。

2. 农产品商标注册的滞后

在吕梁现使用的注册商标中，农副产品商标仅有81件，仅占全区注册商标

总数的 12.4%。一些农产品企业对注册、使用商标及其商标的使用价值认识不够，很多优良产品没有商标，或者虽已注册商标但不能正确使用。一些龙头企业和种养殖大户使用未注册商标，将产品大量投放市场，大搞市场广告宣传，虽然使其商品取得了一定的市场信誉，可是往往会被他人抢先注册，再使用原商标反而成了侵权者。

吕梁包括地域、地名、传统产业、传统产品、历史名人在内的很多特有的名称、标识，已在全国甚至很多国家享有较高的知名度，这是吕梁人祖祖辈辈积累的无形资产，如果这些宝贵资产能及时挖掘、利用，注册为吕梁的特色产品商标，则会对吕梁经济发展起到巨大推动作用。

农产品商标（品牌）申请注册滞后的成因，从企业角度而言，一是产业和行业结构原因，吕梁经济发展相对比较落后，商业和服务业相对不是很发达，企业或业主的原始积累尚未完成，对品牌的培育缺乏持之以恒的努力。二是一些改制后的国企和外来企业处于起步阶段，企业产品处于摸索时期，对申请注册商标的愿望不够强烈。三是企业规模较小，没有更多的富余资金，产品宣传推介的投入资金不足；加上商标申报过程复杂、所需时间较长（商标查询 1~2 天，上报后形式审查 7~14 天，实质审查 9~15 个月，初审公告 3 个月），顺利的话至少需要一年半的时间，客观上也导致了涉农企业既无精力也无财力创立品牌，更没有能力实施名牌战略。

从产品角度而言，一是吕梁是初级农产品和原材料的主要生产基地，企业外销产品不多，即使外销也是待加工的半成品，这些产品习惯上不使用品牌商标也能出售。如吕梁的小杂粮、红枣大多以原料的方式卖出。二是吕梁一般产品多，名优产品少；传统产品多，高新技术和高附加值产品少。即使像红枣这样的优势产品，其企业的生产规模还较小，产品生产销售额不大，市场占有率较低，产品或品牌的影响力不大。三是区域产品优势明显，企业品牌优势相对薄弱，产品本身所应有的经济社会效益未能充分发挥，拉动地方经济增长不足，如"天渊"牌红枣、"山华"牌食用菌等。由于受种种原因的制约，一些企业对注册商标的重视和利用不够，缺乏经营品牌的战略眼光和实际行动。

3. 在开发引进新品种，保护传统产业上技术服务不完善，缺乏统一的技术标准和质量监督与管理

品牌能否在市场叫响，关键在质量，品牌兴农、质量为先。然而由于长期以来，受传统农业生产经营观念的影响，各级政府、有关部门对农副产品使用商标认识没有真正到位，品牌兴农宣传不到位，体现在政府行政管理部门在发展农村经济的宏观规划、领导、指导，发展农村经济上缺乏针对性，存在盲目

性，缺乏市场观念、品牌观念，业务主管部门在发展农副产品的技术指导，开发引进新品种，技术服务上存在被动性，农民好种什么，服务什么，而不是什么品牌有价值，附加值高，有市场优势就指导农民开发什么，企业缺少市场意识，品牌观念，农产品在产品选项、定性、质量上没有统一的质量监督和管理标准，严重影响了农产品品牌市场的发展。

五、吕梁实施品牌兴农战略的目标和措施

1. 吕梁实施品牌兴农战略的目标

通过政府引导和扶持，在吕梁市注册一批具有地方特色的农副产品商标，培育了一批著名农副产品品牌，带动一批县域经济的发展，积极推动吕梁农副产品在全省、全国市场的竞争力，为发展农村经济，全面建设小康社会作出贡献。其战略重点就是实施农副产品商标战略。一是抓商标的申请注册，增加商标数量；二是扶优扶强，培植著名品牌。

2. 吕梁实施品牌兴农战略要破除的几种旧的传统意识

（1）破除传统农业意识，牢固树立发展市场农业的新理念

吕梁农民由于长期受封闭保守思想的束缚，商品意识十分淡薄，严重制约了吕梁农业的发展。必须教育和引导农民面向市场，依托市场，大力发展市场农业，实行产业化经营。一是坚持以市场为吕梁农业发展的基本取向。不仅要按照市场需求引导农民调整种植结构，生产适销对路的农产品，更要加强农产品市场体系建设，发挥市场对结构调整的导向作用；不仅要加强农产品市场信息网络建设，及时准确地向农民提供各种市场信息，更要加快农产品质量标准体系建设，满足市场多样化、产品用途专门化的需求。二是巩固提高纵向一体化经营。大力扶持和引导吕梁农村正在兴起的以"龙头企业（公司）+基地+农户"为代表的纵向一体化经营模式，逐步形成规模优势，扩大模式覆盖面。引导农户与龙头企业结成利益共享、风险共担的利益共同体，避免龙头企业与农户利益发生摩擦时，把企业风险转嫁到农户身上，损害农民利益。逐步探索和实行促使松散型的纵向一体化经营模式向紧密型"股份制龙头企业+基地+入股农户"模式转变的新举措，把纵向一体化经营模式提高到一个新水平。三是大力发展横向一体化经营。在目前吕梁农民市场组织化程度较低的情况下，应当制定优惠政策鼓励支持发展农村各类经济技术合作组织和农民协会，让其参与市场公平竞争。支持他们在向组织内部提供产品系列化服务的同时，逐步向农用生产资料的生产、购销等产前领域延伸，向农产品销售、加工等产后领域拓展。要以横向一体化经营为载体，带动和促进农村二、三产业的发展，吸纳

更多的农村剩余劳动力，活跃农村市场，繁荣农村经济。

(2) 破除小农经济意识，牢固树立培育支柱产业的新理念

近年来，吕梁农民调整产业结构的力度不大，发展特色产业步伐不快，尚未形成具有较强市场竞争力的特色产业和规模效益。在现阶段，必须坚持以家庭承包经营为基础，以优势资源为依托，坚定不移地培育壮大支柱产业，形成规模优势，提高产业效益。一是因地制宜布局支柱产业。可根据吕梁小气候特征明显的特点，科学规划，合理布局，达到优势产业、优势资源和市场需求的最佳组合。根据湖北省兴山县多年的实践，在海拔600米以下低山河谷地区以布局红枣、核桃、大棚蔬菜为主，海拔800~1000米的半高山地区以布局特色蔬菜、小杂粮、药材为主，海拔1000米以上高山地区以布局反季节蔬菜、草食畜为主。总之，吕梁要根据自己的气候、土壤等条件合理规划，形成特色产业布局。二是依托龙头企业带动支柱产业。龙头企业是吕梁市县发展农业支柱产业的重要依托。要千方百计引进、培植龙头企业，组织专门力量深入研究和探索与龙头企业的合作问题，按照市场机制，引导农民与龙头企业建立长期稳定的合作关系，结成紧密的利益共同体。按照加工龙头企业对农产品的要求，大力推行标准化生产，为企业提供优质原料产品，发挥龙头企业的带动作用，逐步配套发展壮大系列化服务体系，互动互赢，促进特色产业健康发展。三是建设生产基地壮大支柱产业。按照总体规划布局，在现已具备一定规模和区域化布局的基础上，大力实施"一乡一品"、"一村一品"战略，推进特色产业向适宜区集中。以农业项目为载体，抓好重点基地项目建设，带动和促进支柱产业的发展。

(3) 破除低效农业意识，牢固树立打造吕梁特色产品的新理念

吕梁市不仅具有独特的小气候特点，蕴藏着丰富的自然资源，同时也孕育了许多特色农产品。长期以来，这些资源没有得到充分开发和利用，特色产品的生产规模、水平、品牌效应和经济效益优势没有得到充分发挥。从吕梁的实际情况来看，应重点从三类产品入手，培育壮大吕梁特色产品：一是改造提升果特产品。根据市场需求，突出特色，分产业、分品种制定结构调整的方案和生产技术标准，着力打造精品特色，不断优化品种、优化品质、优化品牌，提高市场竞争力。二是发展壮大草食畜产品。畜牧业是农业发展水平的重要标志，对于促进农业内部结构调整，转移剩余劳动力，提高农业产业效率等具有重要作用。吕梁具有发展畜牧业特别是草食畜产品的优势，随着退耕还林工程的实施，发展草食畜产品的潜力巨大。依托山场、草场资源，大力发展生猪、菜牛、山羊等草食畜产品，以专业村、专业大户为重点，提高草食畜产品的生产能力。三是大力开发珍稀特产品。吕梁物产丰富，有不少珍稀特产品，市场开发的潜

力很大。应切实加强珍稀特产品开发相关问题的研究，引导农民根据市场需求，调整结构，适度规模化生产。加强产品的技术开发与服务，解决其规模化生产中的突出问题，提高市场竞争力。

(4) 破除原始农业意识，牢固树立科技兴农的新理念

传统农业生产经营方式科技水平低、抵御自然灾害能力弱、农业劳动生产率不高是制约吕梁农业发展的瓶颈问题，实现由传统农业向现代农业转变，由粗放经营向集约经营转变，必须大力实施科技兴农战略。一是下大力气提高农业劳动者素质。以专业技术培训为重点，按照"实用、实际、实效"的原则，结合吕梁特色产业、特色产品的发展，农民需要什么就培训什么。因地制宜，创新培训的方式方法，灵活运用科技推广机构培训、农民技术资格培训、农民技术骨干学历培训、群众性科技组织培训和现场会、印发技术资料等形式，提高农业劳动者的素质。二是下大力气提高农业科技普及率。围绕支柱特色产业发展的需要，加快农业先进适用技术成果的转化，着力提高技术成果运用率、良种良法覆盖率、先进技术普及率。大力引进试验示范国内外最新科技成果，加快转化运用步伐，不断提高吕梁农业的科技水平。三是下大力气提高农业劳动生产率。实现吕梁农业跨越式发展，必须依靠科技进步，提高农业生产率，减少农村人口，调整农村劳动力就业结构，转移农村剩余劳动力。支持鼓励农村二、三产业发展，扩大农民就业和增收空间。加快吕梁小城镇建设，完善城镇布局规划，强化城镇功能，加快发展城镇加工业和个体私营经济，最大限度地吸纳农村剩余劳动力，繁荣城镇经济。

(5) 破除常规农业服务意识，牢固树立示范引导全方位服务的新理念

新阶段吕梁农业农村工作的形势发生了重大而深刻的变化，农民对科技、信息等各种服务的需求也发生了根本变化，常规的、传统的农业服务观念和方式已远远满足不了新形势新任务的需要。农业是先天性的弱质产业，高风险、低回报，服务农村、农业和农民是各级农村干部特别是农业各部门义不容辞的责任。要在全面贯彻落实党关于农村的各项方针政策的基础上，以农民增收、农业增效为核心，切实转变服务农业生产的方式方法，不断提高服务水平。一是健全科技网络，强化科技服务。根据吕梁农业科技推广工作社会性、群众性、综合性、教育性强的特点，建立健全以农业技术推广机构为主体，农业科研、教育、群众性科技组织和农民技术员相结合的农技推广体系。支持和鼓励龙头企业和其他企事业单位、社会团体的科技人员到吕梁农村开展科技服务活动，支持鼓励各种民间科技学会、协会、研究会等科技组织的科技活动，调动全社会方方面面的科技力量服务农业。二是加强试验示范，强化引导服务。改变过

去用行政命令催种催收、种这种那、种多种少的传统农业农村工作方式，尊重农民市场主体地位，重点办好示范基地、示范村、示范户等试验示范样板，引导农民调整结构，发展经济。三是加强产前产后指导，强化全程服务。传统服务方式只注重农业生产领域的服务工作，而对产前信息、种子、农药、化肥等生产资料的服务和产后农产品市场开发、加工销售等服务工作抓得不够，从而造成产品要么不适应市场，要么不能及时销售出去，严重影响了农民的生产积极性。要调整农业服务工作重心，努力实现以产中服务为主向产前、产后全程服务转变；调整农业服务工作领域，既要抓好农业科技服务，又要抓好农业信息、生产资料、市场开发等全方位的服务，更好地促进吕梁农村经济的健康发展。

3. 吕梁实施品牌兴农战略应采取的具体措施

（1）要树立强烈的品牌战略意识

实施品牌战略就是要扶植当地名牌的发展，发挥名牌的带动、整合和提升作用。品牌战略是一项艰巨复杂的工程，要统筹规划，分步实施，一抓到底，要把品牌战略当做经济工作的牛鼻子来抓；要支持地方品牌的发展；利用品牌整合、提升当地经济；要实施品牌战略综合工程，创造品牌，宣传品牌，发展品牌，保护品牌；同时要做好品牌理论、品牌舆论、品牌法制、品牌战略等工作，并建立相应的工作机构，长抓不懈，催化当地品牌的诞生。

随着市场经济的发展和竞争的日益激烈，特别是我国入世以后，农业和农村经济已不在是从前那种封闭式、自给自足或少量的就地就近交换的小农经济，而是一个全面开放的，走向市场的，甚至是按国际惯例（世贸组织规则）参与全球经济大比拼的新型的农村经济。各地的农产品同样不可避免地要走出市门、省门和国门。而"三无"产品即无商标标识、无产地（厂址）、无质量标准认证或保质期等，注定过不了关，出不了国。同时消费者在选购同类商品时，看重的不仅是货真价实，而且越来越注重商品的品牌，因为知名品牌的商品可以满足消费者的物质需求，而商品的知名品牌又可以满足消费者精神文化的需求，吃名牌、穿名牌、用名牌已经成为现代人的一种时尚。

商业企业的经营者，首先是大型商业企业（集团）的经营者，要通过学习现代商业知识，了解国内与国际商业发展的形势，审时度势，及时抓住机遇，实施和推进本企业的品牌战略。深刻认识，实施品牌战略，是现阶段争夺市场份额，求得企业生存与发展的根本手段之一，更是商业为国家、为民族作出应有贡献的一个大途径。有志于商业的经营者、企业家，应从这样的高度和理念出发，树立起强烈的品牌开发战略意识，以高度的政治责任心和紧迫感实施和推进吕梁市的品牌兴农战略。

（2）加快商标注册步伐，推进农产品品牌化进程

鉴于农产品商标注册主体主要是农民，工商部门应采取各种易于接受的方式，向农民宣传农产品注册商标应具备的条件，以及注册商标的作用、商标的使用方法等知识，特别是运用品牌兴农的典型事例引导农民，使其对农产品品牌经营有新的认识和了解，重点鼓励具有一定生产规模、市场前景看好的个别经营大户，帮助他们运用品牌战略建立"以品牌促发展"的良好经济运行模式。同时，采取"走出去和请进来"的办法，请专家、企业家来讲课，组织农民代表外出学习考察，交流培训，开阔视野，丰富知识，逐步提高他们的整体素质和品牌意识，引导帮助他们做好农产品的商标注册工作，推进农产品品牌化进程。

首先政府及职能部门、农产品生产企业必须改变落后的观念，培养品牌经营的战略意识。落后的经营观念是品牌兴农的最大障碍，是阻碍品牌兴起的深层原因。因此要进一步转变观念，努力克服自然经济时期那种"酒好不怕巷子深"的观念，树立充满活力的市场经济观念。要认真去研究、培养、打造有自己特色的农副产品品牌。要在农副产品品牌宣传上突出自己牌子的独特特点、个性、品质、人文内涵、服务质量方面的东西。其次，公司、行业协会、商业团体在品牌宣传上，除了采用传统的报刊、杂志、广播、电视等多种宣传方式，还可以建立地区性农副产品的网络，进行网上宣传，面向世界宣传自己的产品。再次，各级政府、有关部门要广泛宣传商标品牌对农民致富奔小康、地区农业发展的重要性，尽快营造一种重品牌、爱品牌的舆论氛围，提高农业的品牌意识已成为实施"品牌兴农"战略的关键之关键。

（3）立足吕梁实际，进行科学的品牌规划，农产品生产企业要对其产品准确定位

品牌定位是针对目标市场确定、建立一个独特品牌形象并对品牌的整体形象进行设计、传播等，从而在目标顾客心中占据一个独特的有价值的地位的过程或行动。其着眼点是目标顾客的心理感受，其途径是对品牌整体形象的设计，其实质是依据目标顾客的种种特征设计产品属性并传播品牌形象，从而在目标顾客心中形成一个企业刻意塑造的独特形象。品牌定位并不是针对产品本身，而是要求企业将功夫下到消费者的内心深处。简单地说，品牌定位就是树形象，目的是在目标顾客心中确立产品及品牌与众不同的有价值的地位。从某种意义上说，品牌定位实际上是一个基于心理过程的概念。

在实施品牌兴农战略中，要立足吕梁实际，进行科学的品牌规划以避免创牌的盲目性。首先，要对吕梁市农产品进行定位，选择有特色、有规模、有效

益、有竞争优势，发展前景较好的无毒生态产品。进行品牌培育，尽量避免一哄而上，盲目创牌。其次，要把品牌效力范围细分为国际品牌、国内品牌和区域品牌，根据农产品的不同特征，对未来品牌效力范围进行分析定位，合理发展，分步骤地实施品牌发展战略。第三，要对创立的新品牌进行全方位包装，对上市农产品的数量进行合理地控制，结合产品定价进行完善的市场边际分析，严格进行农产品质量检验，同时，对农产品的包装设计，必须进行全面的科学论证，经过科学的品牌规划与实践，才会创出一流的农产品品牌。

市场定位是建立在商业战役中的高级战略组合，是企业争夺有限市场空间的制胜手段之一，它决定了产业的整体发展思路，市场营销战略、竞争战略、拓展战略。市场定位与一个企业的竞争优势紧密相关。品牌定位是塑造品牌的关键，也是第一步，如果不能为品牌找准定位，企业的许多努力，特别是品牌推广的效果就会大打折扣，甚至偏离方向，品牌定位就是为品牌找到一个适合的位置，主要目的是要给消费者一种心理上的享受，如品牌的档次、特征、个性、品位、时尚等。品牌定位是品牌建设的龙头，定位明确了，才能在市场激烈的竞争中占据一席之地。

（4）利用后发优势，开发无公害、绿色产业品牌

吕梁工业基础薄弱，到处青山绿水，水质、空气无污染，洁净度高，土壤农药残留低，有机质含量高，地力肥沃，形成了具备开发无公害、绿色食品得天独厚的后发优势。现有的农产品中，如核桃、大豆、小杂粮、山蘑菇、毛木耳等，它们受环境条件限制少，病虫害少，本身就是天然的无公害食品，只要稍加引导规范，就是一个无公害、绿色食品产业群。因此我们在开发无公害、绿色食品产业中，要以国内外市场为导向，进一步改善生态环境，增加科技投入，以种植业和深加工业为基础，着力建设一批农产品生产基地，组建无公害、绿色食品加工营销企业集团，形成一个完善的无公害、绿色食品大产业。

（5）结合传统产业，开发新奇特色品牌

近几年，吕梁反季节蔬菜发展得很快，但品种、品质没有更新，加上周边地区的迅猛发展，使得价格上下波动很大，菜农的利益得不到保障，如果能结合现有反季节蔬菜基地，引进我国在国际市场上明显占据优势地位的特色果蔬等农产品，开发成新奇特色品牌，就可大大改变这种被动局面。

（6）发展龙头企业，推进农产品品牌经营

农产品的易腐性和季节性，决定了其营销的脆弱性，加工转化是解决农产品卖难、储存难，实现品牌经营、增值增效的必然选择。因为利益关系，农产品加工企业很容易与农户之间建立相对稳定的产销合同和服务契约关系，形成

规模经营。政府应对这类企业给予特别的优惠政策,用行政和市场两只手,鼓励和吸引非农资金投资农产品加工企业,把她们培育发展成行业龙头,并引导这些龙头企业树立品牌意识,实现由商品经营向品牌经营的转变。

(7)配备现代化的信息管理系统,培养高素质的管理人员

采用先进的管理手段可以降低农产品经营成本,使企业运作更高效、科学,更富有市场竞争力。现代的农产品经营管理已经与大量的技术融合在了一起,高科技的渗透会大大提高经营管理效率,实现管理的科学化、规范化、标准化,同时,要加强农产品经营企业的人力资源管理,提高管理人员的整体素质,为实施品牌管理打好基础。

(8)制定严格的农产品技术标准,实行全面质量监督与管理

为顾客提供"物有所值"的商品,必须要求企业技术人员严格把关,实行全面质量控制,决不能让次品充斥市场。从制造商品的原材料标准、生产标准、质量标准入手,对商品的原材料采购、生产、工艺过程甚至销售过程进行全方位监控,严把质量关,真正认识到"质量是产品的生命"。而要构建农产品品牌战略的质量管理体系,不能只是简单地理解为设立一个对工作负责的质量管理部门,选派一批有责任心的质量检查人员,发展一套行之有效的质量管理制度。可见,实施品牌战略所需的全面质量管理,不仅包括全方位的质量控制,还必须建立全员性的质量保证。

树立质量意识,实现品牌标准化管理。质量是农产品的生命线,是农产品创品牌的根本,是消费者产生信任感和重复购买的最直接因素,是品牌大厦不可动摇的根基。目前,在世界范围内,食品污染已成为公害之一,发展无公害食品、绿色食品和有机食品,是未来农业发展的主要趋势。吕梁在实施农业品牌战略过程中,要树立质量意识、法律意识,把质量管理和标志管理贯穿始终,严格按照生产操作规程,认真做好农业环境质量监测、产品质量监测,自觉进行标准与品牌的结合,促进农产品生产的标准化管理。

(9)提供优质服务,促进品牌良性发展

农产品作为一种特殊的生物产品,直接关系到人的安全、营养和健康。经营者对消费者提供服务时,要改变"售后"理念,树立长期服务意识,将服务渗透到农产品的生产、包装、保鲜、运输、销售和售后的全过程中。在消费者需要的时候,用周到的服务和对新产品的详细说明,为他们提供满意的服务,消除他们的思想顾虑;用完美的服务作为品牌后盾,加强经营者与消费者之间的沟通和信任,促进农产品品牌良性发展。

(10)充分发挥政府及其职能部门的作用,以促进品牌农业的发展

品牌兴农战略是一项庞大的系统工程，综合性强、涉及面广，任何部门和单位都无法独立承担。要按照"政府引导、部门协调、企业争创、社会支持"的名牌战略推进方针，坚持"政府推动"不动摇，在政策、宣传、服务上多方面为企业争创名牌创造条件，主动督促企业增强品牌意识，抓好基础质量，进一步培育龙头企业，引导名牌产品企业走规模发展道路。

首先，各级政府要发挥政府在产业结构调整中的宏观调控职能，力求农副产品产业化、科学化。应由政府牵头，成立实施品牌带动战略领导小组，具体负责全县此项工作的组织领导。同时，协调各个部门明确分工、各司其职、各负其责，搞好服务。要广泛宣传实施品牌带动战略的意义，大力推介吕梁名牌产品和商标，增强企业和社会的品牌意识。要引导企业充分认识到名牌战略对提升自身品位、扩大市场占有率、提高经济效益的促进作用，将品牌战略纳入企业重要发展目标来重点落实。要广泛动员企业参与创品牌工作，使创品牌工作在吕梁市形成热潮。继续深入开展"商标帮扶工程"，对争创驰名商标、著名商标的企业在政策、奖金、项目、技术方面给予大力扶持，积极帮助企业培育和申报、认定驰名商标及著名商标。要为名牌产品的市场开拓创造条件，对名牌产品实施动态管理，同时要开展质量综合治理，重点加强对质量问题突出的企业的质量监控，杜绝制售假冒伪劣产品，并严厉打击制假售假行为，维护名牌企业的合法权益。

其次，政府要制定扶持品牌政策，加大政府对企业争创品牌的促进力度。因地制宜地出台农副产品发展的激励政策，并鼓励注册农副产品商标及集体商标。任何一项工作，政府的重视和支持是最大的促动力。创造品牌、经营品牌的主体是企业，但在开始阶段需要政府营造良好的氛围和制定扶持政策加以促进。要充分发挥政府的经济管理与调控职能，确立品牌经济理念，把创品牌和保品牌作为政府的一项重要服务职能。要制定品牌战略长期规划和近期目标，建立领导机构和工作小组、出台实施意见和奖励、优惠政策，加强对企业的引导、培育、扶持和规范，帮助和促进企业争创品牌。如每年从市财政安排一定资金，建立品牌发展专项经费，给予有关企业一定的奖励；每年把争创品牌项目列入市重点工程；对培育发展品牌产品进行的技术改造、技术引进、新产品开发，优先列入市技改计划，享受有关优惠政策；对市级以上知名品牌企业及拟创品牌企业的税收，采取先征后补的办法，使企业轻装上阵，更为从容地参与市场竞争；加大"品牌兴市"的宣传力度，增强全社会尤其是企业的品牌意识等。

在品牌农业打造中，工商行政管理部门要充分发挥职能，加强对农副产品商标的支持和保护。首先是加大对农副产品商标的宣传力度,鼓励懂专业、有实力的营销企业投入到农副产品的生产经营中去,并发挥企业登记管理作用,帮助其建立现代企业制度;其次,作为商标主管机关,帮助农民搞好农副产品商标注册,同时严厉打击商标侵权及行业间不正当竞争行为,维护合法权益;第三是加强合同监管,提高公司与公司、公司与农户的合同履约率,打击合同欺诈,保证农副产品商标战略的顺利实施。

农业在我国是安天下、稳民心的基础产业和战略产业,保持农业和农村发展的良好势头,对保持经济快速发展和社会长期稳定的意义非常重大。而农村基础设施落后、市场体系不健全正成为农业发展的障碍。二十一世纪的市场竞争是品牌的竞争,农产品竞争也必然是品牌的竞争。因此,实施品牌兴农战略,要在采取一系列措施提高农产品质量的同时,进一步拓宽农产品进入城市市场、国际市场的通道,包括调整农村经济结构,实现区域化布局,规模化生产,产业化经营,提高农产品的市场竞争力。要面向全球,培育自己独具特色的农产品,创立自己的农产品品牌,做好农产品商标和地理标志的注册和保护工作,强化品牌兴农、品牌富农的经营理念,实现农村经济产业化、规模化、品牌化,促进农业增产、农民增收,使吕梁农副产品走向全国、走向世界。

注 释

① 菲利普·科特勒著. 市场营销管理. 第6版. 北京:科学技术文献出版社,1991.732

(作者单位:山西省吕梁市工商局)

二等奖

企业年度检验制度反思

郑智敏　韩　珺

企业年度检验制度(以下简称年检)指的是工商行政管理机关按年度对企业进行检查,确认企业继续经营资格的法定制度(《企业年度检验办法》第三条第一款)。1982年,国家工商总局根据国务院发布的《企业管理规定》颁布《工商企业登记管理条例施行细则》,首次规定年检,1983年起在全国范围内对上一年度设立的企业施行年度检验。其后国务院颁行的《企业法人登记管理条例》、《公司登记管理条例》、《合伙企业登记管理办法》等行政法规以及国家工商总局发布的《企业法人登记管理条例施行细则》、《私营企业暂行条例施行办法》、《个人独资企业登记管理办法》等部门规章中均涉及年检内容,国家工商总局1996年颁行的《企业年度检验办法》更是一部专门规范年检的规章。上述法规、规章共同构成了我国的年检法律制度。

年检施行至今已二十余载,固然曾在监督企业合法经营方面取得一定成效,但在《行政许可法》实施之后重新审视这一制度,不难发现其固有的、本质性的弊病日益彰显,实践中所能发挥的作用日趋式微,不仅不能有效解决企业监管中既存的问题,其存在本身又引发了一系列新的问题,值得深刻反思。

一、年检的合法性问题

根据规定,年检兼具确认企业继续经营法律资格与定期对企业有关事项进行检验两大功能。然而这一立法定位却因与《行政许可法》的相关规定相抵触而面临法律效力上的疑问。

1. 年检具有确认企业继续经营法律资格的功能,依规定属于一种许可的方式,而依照《行政许可法》,年检并不属于应当设定许可的法定方式

首先,年检是对企业经营资格的再次确认,是一种"二次许可"的行为,不符合《行政许可法》的规定。

依年检规定,企业应当在规定的时间内接受登记机关的年度检验,登记机关根据企业提交的年检材料,审查企业登记事项,确认企业继续经营资格。若

企业不按规定接受年度检验，登记机关将对其处以一定数额的罚款，并限期接受年度检验；逾期仍不接受年检的，吊销该企业的营业执照。这就意味着，企业的经营资格必须接受每年一次的审查，未参加年检或年检未通过的企业，将面临丧失继续经营资格的法律后果。正是在这一意义上，年检是一种"二次许可"制度。但"二次许可"并不合法。企业经依法注册登记领取营业执照这"一次许可"，就具备合法的经营资质，其经营资格具有先定性、确定性与稳定性，许可之后除非许可因法定事由被撤销或因企业严重实体违法被吊销经营资格，不存在许可证失效问题，不需登记机关再次进行确认。年检"二次许可"行为与许可法规定的"一次许可"的基本精神显然是相违背的。

其次，年检不符合《行政许可法》关于设定行政许可的条件，依许可法不属于应当设定许可的法定方式。

《行政许可法》第十二条、第十三条对哪些事项可以设定行政许可、哪些事项可以不设行政许可作出了明确规定。行政许可必须同时满足这两个法律条款的规定才能被合法设定。其中第十二条第（五）项指出，企业或者其他组织的设立等需要确定主体资格的事项可以设定行政许可。这是企业通过注册登记取得主体资格的许可法依据。企业依法设立后取得法人或非法人的主体资格，非因法定事由被撤销许可或因企业严重实体违法被吊销许可，许可效力不会丧失，并不存在登记机关再次确认的问题。年检的内容是对已经依法设立的企业是否合法设立、合法经营进行审查，并不能赋予未依法设立的企业经营资格，不属于确定主体资格的行政许可事项，不符合《行政许可法》第十二条第（五）项的规定。根据《行政许可法》第十三条第（四）项的规定，行政机关采用事后监督等其他行政管理方式能够解决的事项，可以不设行政许可。而年检正是一种事后监督方式，对已经依法设立的企业的登记事项的执行和变动情况、股东或出资人的出资或提供合作条件的情况、企业对外投资情况、企业设立分支机构情况以及企业生产经营情况等进行监督检查，依照《行政许可法》第十三条第（四）项的规定，属于可以不设行政许可的事项。因此，年检不符合《行政许可法》第十二条与第十三条关于许可设定的要求，不属于应当依法设定许可的方式。

2. 年检对企业有关事项进行定期检验的功能与《行政许可法》冲突，不具备合法性

《行政许可法》第六十二条第二款规定：行政机关根据法律、行政法规的规定，对直接关系公共安全、人身健康、生命财产安全的重要设备、设施进行定期检验。可见，定期检验的对象是重要的设备、设施。之所以要进行定期检验，原因就在于这些设备、设施具有在使用中不断磨损与老化的特点，如因疏忽大意不进行定期检验，则随时可能存在事故隐患，直接危及人身、财产安全。因此，对于这些直接关系公共安全、人身健康、生命财产安全的重要设备、设施必须进行定期检验以确定它们是否能够继续安全适用，对不符合安全标准的，及时修理或更换，从而防患于未然，有效降低事故风险。因此，对直接关系公共安全、人身健康、生命财产安全的重要设备、设施进行定期检验，是保障这些设备、设施本身安全性的内在需求。而企业资格本身既非重要设备，也非设施，不具有不断损耗的客观属性，不存在基于风险控制与公共利益需要进行定期检验的内在需求，不符合《行政许可法》关于定期检验对象的规定，可见，年检对企业有关事项进行定期检验的制度设计是缺乏许可法依据的。

二、年检的合理性问题

一项制度的设定不仅必须合法，即具有法定依据或法理依据，而且必须合理。合法性是一项制度存在的外在要求，而合理性则是该制度存在的本质要求。年检不仅存在合法性问题，其存在的合理性也颇值质疑。

1. 仅因未参加年检就推定严重违法且承担可能被吊销营业执照的法律后果并无法理依据，违反行政处罚的过罚相当原则

行政处罚的轻重程度必须和违法行为本身的性质、社会危害性的大小等相当或者相适应，这就是行政处罚的过罚相当原则，"过罚失当"违反行政处罚的基本原则。

吊销营业执照对于企业而言意味着丧失继续经营的资格，这是一种极为严厉的行政处罚措施，其适用应仅限于依法注册登记的企业从事严重的违法经营活动的情形。而根据《企业年度检验办法》第十九条的规定，只要企业自登记机关催办年检公告发布之日起30日内仍未申报年检的，即予吊销营业执照。事实上，因各种原因未按期参加年检充其量只不过是不主动接受登记机关对其经营活动的监督检查的程序违法行为而已，现行立法对于拒绝行政机关的监督检查的程序违法行为也只规定较轻的罚则，相对于一般的拒绝接受监督检查而言，未按期参加年检其违法性还更轻，然而却要承担被吊销营业执照的严重法律后果，这显然严重违反行政处罚的过罚相当原则，同时也缺乏法理依据。

2. 年检混淆了程序违法与实体违法的本质区别，在程序设置上也缺乏法理依据

年检责任制度的法律逻辑实际上是采用"推定过错"的方法，企业不主动接受检查就推定其严重过错，承担被吊销营业执照的法律后果，这一制度设计

其实混淆了程序违法与实体违法的本质区别。企业拒绝登记机关的监督检查是一种程序违法行为,导致的法律后果是责令改正并处罚款;企业从事严重违法经营活动是一种实体违法行为,情节严重的导致被吊销营业执照的法律后果。以企业拒绝监督检查的程序违法行为推定企业实体违法,吊销其营业执照,这是错误适用过错推定的法理逻辑的结果。更何况因各种原因未参加年检与拒绝登记机关的监督检查尚不能等量齐观。"谁主张,谁举证"是最基本的举证规则,举证责任倒置仅适用于法律明文规定的几种特殊情形,企业存在违法事实应由行政机关负举证责任,以企业未按期参加年检推定其违法经营甚至吊销其营业执照的规定实际上是在规避、推卸登记机关的法定举证责任,缺乏法理依据。

3. 未按期参加年检吊销营业执照的规定并不适用于所有的年检对象,作为一项制度有失严肃性,也有违法律适用的普遍性原则

年检的对象包括所有企业,但现实中逾期年检吊销营业执照的规定并不适用于所有类型的企业,如不适用于公用企业。公用企业关系国计民生,关乎社会稳定,停业、歇业将直接影响广大民众的日常生活,因此,《行政许可法》第六十七条明确规定禁止其擅自停业、歇业。如因逾期年检吊销其营业执照,同样将对公共利益产生极其不利的影响,因此,公用企业逾期年检不可能出现被吊销营业执照的法律后果,只会被责令改正并处以罚款。因而,同一违法行为对于不同对象便产生了不同的法律后果,这违反了处罚法规定的处罚普遍性原则,对于其他年检对象而言是不公正的,这也从反面说明逾期年检吊销营业执照的规定是不合理的。

4. 年检对企业生产经营情况进行定期检查、对通过年检的企业确定等级等规定缺乏合理性,实质上等同于干预企业的经营自主权

根据《企业年度检验办法》第六条的规定,企业生产经营情况是企业年检的主要内容之一。企业申报年检必须提交企业法人年度资产负债表和损益表,公司和外商投资企业应当提交年度审计报告,登记主管机关要了解企业法人资产负债情况,对于有违反工商行政管理法规行为的资信等级为B级的企业,禁止其办理增设分支机构和增加经营范围的变更登记,禁止其投资设立有限责任公司或股份有限公司。但是否设立分支机构、是否增加经营范围完全属于企业经营自主权的内容,登记机关根本无权干预。登记机关之所以对企业进行监督检查,目的在于审查企业的登记事项,及时发现企业登记中的违法行为,而非掌控企业的具体生产经营状况。对企业生产经营情况的检查违反企业自主经营的市场经济规则,并不合理。确定资信等级的规定暂不论其存在的合法性与合理性问题,就资信评价本身所考虑的因素而言,就存在着各种争议,尚未有定论,更何况资信状况在企业存续过程中是随时可能变化的,而且越是资信不良的企业越需要在继续经营中改善资信状况,获取发展机会。登记机关对企业确定资信等级的做法不仅不合理,这种涉嫌侵犯商业信誉的行为还可能导致法律诉争,致使登记机关处于被动地位。

5. 年检实质上加重了登记机关的责任

根据《行政许可法》的规定,登记机关只履行形式审查的义务,申请人根据《行政许可法》第七十八条、第七十九条及相关登记法规的规定对自己提交虚假证明材料、隐瞒真实情况或以欺骗、贿赂等不正当手段取得行政许可的行为承担相应的法律责任。年检也只是一种形式审查,登记机关根本不可能依职权对参加年检企业的真实状况进行核实,只能根据企业提交的材料进行一般的书式审查。然而由于年检制度是确认企业继续经营资格的制度,从而使社会公众对于通过年检的企业存在着合理期待,理论上,严重违法经营或不符合设立条件的企业不可能通过年检,由此自然地推论出通过年检的企业是合法经营或不存在设立瑕疵的企业,可放心地与其进行交易活动。而事实上,参加年检的企业是否合法经营或是否存在设立瑕疵必须进行实质审查,仅仅查看企业提交的年检表格的形式审查远不能得出企业合法经营或不存在设立瑕疵的准确结论。年检本只是对登记事项进行形式审查的制度,社会公众对于通过年检企业的合理期待却要求登记机关对登记事项进行实质审查,这种心理期待实质上加重了登记机关的责任,致使其承担本不应承担的法律以及道义上的责任。

三、实践中年检缺乏效益

1. 年检仍是形式审查,不能实质性地发现问题,而且由于重视年检导致对以后日常监管的疏忽

年检仍只是一种形式审查,登记机关不可能对参加年检企业的真实状况进行实际核查,只能针对企业提交的材料进行一般的书式审查,而且因为年检申报时间过于集中,其间参加年度检验企业的数目庞大,年检工作人员数量又有限,导致实践中年检基本上流于形式,难以发现企业登记事项中实际存在的问题。由于习惯上对年检工作的片面重视,登记机关每年都投入大量的人力、物力收取企业提交的年检资料,审查企业填写的各类表格,确认企业是否可以继续经营,登记机关对企业登记事项的日常监督检查工作反倒退居次要地位。其实根据《行政许可法》的要求,强化对许可事项的事后监管工作才应是许可机关工作的侧重点,强调年检而忽视日常监管实属本末倒置。

2. 年检缺乏效益，通过年检这一形式发现违法经营行为的概率微乎其微

每年因年检产生的行政处罚案件中，绝大多数是逾期年检案件，因未及时申报年检导致被罚款甚至被吊销营业执照的法律后果。通过年检发现企业抽逃出资、虚假出资、虚报注册资本等违法经营情形的极少。

年检设计的初衷在于审查企业登记事项，及时发现企业登记中的违法行为，制度实际施行的结果不仅未能有效审查企业登记事项，反倒使未按时参加年检成为行政处罚的主要事由。为此合法设立、正当经营的企业也必须花费人力物力以便顺利通过年检，取得继续经营的资格，由此增加了企业经营成本，加大了企业负担。更有部分已歇业不愿清算债务的企业利用年检关于逾期不申报年检吊销营业执照的规定恶意逃避债务。行政机关花费大量人力物力实施年检，旨在有效审查企业登记事项，制度施行的结果却不仅不能实质性地审查登记事项，及时发现违法登记的企业，反倒加重了正当经营企业的经济负担，更使部分恶意逃避债务的企业有机可乘，从而，年检不仅未能有效解决企业监管中既存的问题，其存在本身反而成为了问题。可见，年检是一项缺乏效益的制度。

综上所述，我们认为，为降低事故风险，对直接关系公共安全、人身健康、生命财产安全的重要设备、设施进行定期检验，这是年检存在的唯一法定理由。强调个人自治、市场自治、自律管理和事后监督是《行政许可法》的精神实质，必要的许可才设，可设可不设的许可不设。以年检设置"二次许可"既缺乏许可法依据，又不具备客观必要性，实践中还缺乏效益。事实上，企业是否合法经营属于企业登记机关日常监督检查的内容，对于企业的违法经营行为，完全可以通过强化日常监管及时发现及时处理。更何况，强化对许可事项的事后监管是许可法规定的许可机关的一项法定义务。因此我们认为，年检已不具备存在的必要性，企业登记机关完全可以也应当将这种收效甚微的定期管理转变为更有效率的日常监管。

（作者单位：福建省厦门市工商局）

二等奖

实施品牌战略 促进经济增长方式转变

张炳明

一、提高自主创新能力，形成一批拥有自主产权的知名品牌，是时代发展的要求，也是中国走向贸易强国和经济强国不可逾越的里程碑

中国改革开放二十多年，在经济和社会快速发展中造就了世界贸易大国和加工制造大国的地位，取得了举世瞩目的成就，赢得了全世界的赞叹。

但是，在我国经济快速发展的同时，有一种现象却越来越引起人们的关注，即在我们的企业生产和出口商品中，突出表现为自主品牌建设薄弱。2004年，在全国的出口贸易总额中，具有自主品牌的产品不足10%，称得上世界名牌的更是寥寥无几。在世界企业500强中，美国拥有世界级的驰名商标135个，有120多个国家的企业使用它的商标。截至2004年底，中国拥有注册商标224万件，产生了中国驰名商标496件，其中包括国外驰名商标来中国申请认定的100多件，真正属于中华民族自己的不足300件，在200多件中没有一件能入围世界驰名的大品牌范围。2005年8月美国《商业周刊》推出的"2005年全球100个最有价值的品牌"中，美国的可口可乐、微软、IBM等5个位居前5名，亚洲上榜的品牌共10个，其中日本7个，韩国3个，中国企业连续8年杳无踪影。有资料表明，"十五"期间，中国每创造1美元国民生产总值，消耗掉的煤、电等能源是美国的4.3倍、德国和法国的7.7倍、日本的11.5倍；在去年9.5%的GDP增长中，仍有高达6%以上来自固定资产的投入。一台售价79美元的国产MP3，国外要拿走45美元的专利费，中国企业的纯利润只有1.5美元。在医药生物技术领域，几乎所有的专利均为发达国家拥有；在DVD行业，大批企业由于付不起高额国际专利费而倒闭；在汽车制造领域，真正拥有我国自主知识产权的也不足10%。由于缺乏核心技术和自主知识产权，大量企业从事的是贴牌、套牌、低附加值、微利生产。

我国用二十多年时间拼搏成就了制造大国和贸易大国地位，却因为研发设计和营销能力差而身陷"硬苦力"和"打工仔"的低附加值循环链中。不仅如此，我们还在低价值出口国内资源的国际贸易中，不断遭到反倾销诉讼，部分国家甚至采取特殊保护措施，抑制中国商品进口。这既影响贸易收益，也影响中国经济的可持续性发展。

刚刚结束的十六届五次全会指出：必须加快转变经济增长方式，必须提高自主创新能力，形成一批拥有自主知识产权和知名品牌、国际竞争力较强的优势企业；要把增强自主创新能力作为调整产业结构、转变经济增长方式的中心环节。因此说，构筑并实施品牌战略，努力提高产业技术水平，推进产业结构优化升级，既是时代的要求，也是转变经济增长方式，实现经济可持续发展的内在要求。

二、构筑实施品牌战略，提升中国产品、中国企业和中国经济的综合竞争能力

品牌培育、指导市场并引导消费，这已是不争的事实。世界经济发展规律认为，人均 GDP 超过 1000 美元时，人们的消费即开始向发展型和享受型转变。目前我国人均 GDP 已超过 1000 美元，人们的生活水平总体上已由温饱型向小康型转变，随着生活水平的提高，人们的消费已呈现出以下认知特点：一是优质化，二是品牌化。认牌购物已成为多数购物者的消费行为。在琳琅满目的商品海洋中，品牌影响着消费者的购买意愿，品牌引领着企业对商品的设计和研发。

有资料表明，目前国际市场上名牌所占的比例虽然不足 3%，但却拥有高达 40% 的市场占有率，销售额则超过了 50%，有的个别行业甚至超过了 90%。

世界经济发展的历史还证明，可持续赢利能力强的国家不是自然资源丰富的国家，也不是"世界车间"最多的国家，而多数是具有知识产权优势的国家。在生产要素链中，知识产权强国投入的是"知识"要素，是具有科技文化含量的可持续性、高获利性的驰名品牌；缺少知识产权数量和质量的弱国投入的是自然资源要素和初级劳动力要素，其发展的赢利性和可持续性会因资源和环境的恶化而减缓。统计数据显示，改革开放以来，全国十强县以约占全国 0.7% 的人口和 0.1% 的土地，创造了占全国总量 6% 的 GDP 和 10% 的财政收入。但从 2001 年以后，十强县规模以上企业劳动生产率几乎再没有明显提高，去年其人均创造利税甚至还有所下降，其中的要害，就在于企业的技术进步和自主创新动力不足。去年十强县外贸出口总额为 394 亿美元，是我国外贸顺差的主要来源，但对外出口产品中拥有自主知识产权的世界性品牌几乎等于零。这说明现在许多企业目前面临的已不是一个简单的数量问题，而是质量和效益问题。

目前我国有不少制造业产品在性能、质量和价格方面都有很强的竞争能力，

除去在打造培育品牌上存在薄弱的环节外,存在的障碍之一是企业投入的产品研发费低。目前欧美发达国家工业企业的研发费用占销售收入的 15%～20%,而我国规模以上工业企业的研发费用平均只占销售收入的 3% 左右。企业长期低利润率,无力投入研发,继而进入利润率更低的恶性循环。存在的另一障碍是缺乏专业销售技能、渠道和促销手段。要打造和培育自主品牌,在这方面还应认真学习借鉴国外跨国公司的成功经验,美国的通用汽车、福特汽车,日本的丰田汽车、松下电器,韩国的三星电子等跨国公司,它们的产、销、研发机构分布在世界各地,由总公司协调、分工、合作,以获得最大的效益。万宝路在海外市场的销售量是美国本土的两倍,可口可乐 80% 的赢利来自于国际业务。正是它们的这种有分有合的协调生产、销售技能,不仅使公司获得了巨大效益,进一步彰显了品牌,而且由于产销分布在各地,也不同程度地减少了贸易摩擦。

现在我国的进出口贸易额已超过了 1 万亿美元,贸易摩擦高发,解决越来越难,在这种情况下,摆在中国面前的需要寻求的新的经济发展模式之一,就是通过"品牌战略",提升中国产品、中国企业和中国经济的综合竞争能力,使中国从模仿时代进入自主创牌的时代。

三、打造驰名品牌、振兴河北经济

"十五"期间,特别是河北省委六届三次全会以后,河北省向着"翻两番,三步走"奋斗目标不断迈进,四项重点工作、"一线两厢"、"一线两支撑"等发展战略取得了显著成效。河北省主要经济指标逐年攀升,提前一年完成第一步战略目标。2005 年,河北省国民生产总值将突破一万亿元,财政收入将突破一千亿元。经济的快速发展,为构建和谐河北提供了有力支撑。这些成绩的取得,既见证了河北人民高扬"树正气、讲团结、求发展"主旋律所作出的辛勤劳动和艰苦努力,也见证着河北人民树立和落实科学发展观,在整合资源、优化结构、实施品牌战略方面所做出的努力。

(一)商标是品牌,打造和培育驰名商标对推动河北经济发展具有十分重要的意义

1. 商标是品牌的载体和标志

企业要打造驰名品牌,首先要取得品牌商标权。我国商标法规定自然人、法人或者其他组织对其生产、制造、加工、拣选或者经销的商品,需要取得商标专用权的,应当向国家商标局申请注册,包括商品商标、服务商标和集体商标、证明商标;商标注册人享有商标专用权,受法律保护。国家工商行政管理总局商标局主管全国商标注册管理工作,商标评审委员会负责商标争议事宜。

商标自问世以来,始终像一面旗帜,召唤、鼓舞、激励着生产者、经营者为争创驰名商标进行不懈的追求。

2. 什么是驰名商标

"驰名商标"这一词语来源于《保护工业产权巴黎公约》六条之二,指的是在市场上享有较高声誉,并为相关公众所熟知的经商标注册国或使用国主管机关认定的商标。作为商标的一种,驰名商标必须具备一般商标的基本特征,而作为一种特殊的商标,驰名商标所标识的商品或服务,必须享有很高的声誉和质量,且持久和稳定。作为世界贸易组织成员国和巴黎公约成员国,我国采纳了相关国际公约中有关保护驰名商标的条款,在《商标法》、《商标法实施条例》、《驰名商标的认定和保护规定》、《最高法院关于审理商标民事纠纷案件适用法律若干问题的解释》等法律、行政法规和司法解释中均对认定驰名商标作出了规定。实现了同世贸组织《与贸易有关知识产权协议》的完全接轨。根据保护知识产权有关国际公约规定,驰名商标在公约成员国将受到特殊的法律保护,从这个意义上讲,驰名商标也是一个国际概念。

3. 对驰名商标的认定,在法律上有特殊的要求

驰名商标的认定是一个法律概念,在我国有两种认定渠道。一种是经工商行政管理总局(具体为国家商标局和商标评审委),另一种是经法院以司法程序认定。它的产生要经过严格的程序,而不是一种政府部门所进行的评比。认定驰名商标的目的在于解决商标权利冲突,保护驰名商标所有者、利害关系人和公众的合法权益。《中华人民共和国商标法》第十四条规定,认定驰名商标应当考虑下列因素:①相关公众对该商标的知晓程度;②该商标使用的持续时间;③该商标的任何宣传工作的持续时间、程度和地理范围;④该商标作为驰名商标受保护的记录;⑤该商标驰名的其他因素。

以上条款对相关公众对申报商标的耳熟能详知晓程度,商标的使用历史及持续时间,商标的广告投入量、持续时间、覆盖范围,商标在同行业、同领域所处的位置、程度、商标的市场占有率及被侵权和受保护的记录等诸多方面都提出了很高的要求。

按照国际惯例,拥有单一市场10%以上市场份额的商标品牌,才称得上为驰名品牌。换句话说,能够称得上驰名商标的企业,大多应该是同行业、同领域的领导者,或者至少是在同行业、同领域排行比较靠前的商标持有者,打造中国驰名商标,在国内至少应按国家工商行政管理总局《驰名商标认定和管理暂行规定》第五条提出的,申请认定驰名商标,应当提交下列证明文件:①使用该商标的商品在中国的销售量及销售区域;②使用该商标的商品近三年来的

主要经济指标(年产量、销售额、利润、市场占有率等)及其在中国同行业中的排名；③使用该商标的商品在外国(地区)的销售量及销售区域；④该商标的广告发布情况；⑤该商标最早使用及连续使用的时间；⑥该商标在中国及其外国(地区)的注册情况；⑦该商标驰名的其他证明文件。

4. 驰名商标不同于一般商标的最大特点

驰名商标不同于一般商标的最大特点在于受法律的特殊保护。驰名商标受法律保护的范围比一般商标要大。商标一旦被认定为驰名商标后，不仅可以打击跨类别的商标侵权行为，而且对他人使用驰名商标注册企业名称、互联网域名等特殊侵权行为也要追究法律责任。

我国对驰名商标的法律保护有两种情况：一是对未在中国注册的驰名商标的保护。即《商标法》第十三条第一款规定："相同或者类似商品申请注册的商标是复制、模仿或者翻译他人未在中国注册的驰名商标，容易导致混淆的，不予注册并禁止使用。"二是对已注册驰名商标的保护。即《商标法》第十三条第二款规定："就不相同或者不相类似商品申请注册的商标是复制、模仿或者翻译他人已经在中国注册的驰名商标，误导公众，致使该商标所有人的利益可能受到损害的，不予注册并禁止使用。"另外，我国刑法第二百一十三条、第二百一十五条和最高法院、检察院司法解释，明确规定对假冒、非法制造、销售非法制造驰名商标，不论数量大小，款额多少，均属犯罪行为，都要追究刑事责任；对一般商标的刑事追诉，则在非法营销数量和非法经营、非法所得款额上作了量化限制。可见，对驰名注册商标的保护程度要高于非驰名的注册商标。

5. 驰名商标具有巨大的商业价值

今天，对消费者而言，驰名商标意味着优良的商品品质和较高的企业信誉。对驰名商标的持有人而言，驰名商标则意味着广泛的市场占有率和超常的创利能力，驰名商标是企业生产管理、技术水平及企业信誉在商品上的综合反映。在市场流通领域中，伴随着消费者对驰名商标熟知程度的加深，企业的知名度会越来越高，附属于商品的商标信誉也会越来越高。商标的信誉程度越高，其竞争力越强，为企业带来的经济利益也会越多，商标本身价值也会越来越高。2004年美国可口可乐商标评估价值703亿美元，我国的海尔商标评估价513亿人民币，其品牌的价值远远超过其有形资产的价值。《中华人民共和国公司法》、《中外合资经营企业法实施条例》等法规规定，商标作为无形资产，经评估作价，可以作为资本向新设立的企业投资入股，也可以拍卖、转让。

6. 河北省打造和培育驰名商标工作情况及成果

对"实施品牌战略，争创驰名商标"工作，河北省委、省政府高度重视。

省领导多次强调，在市场和资源运动趋势不断向品牌集中的条件下，实施品牌战略、争创驰名商标，是解决地区经济趋同，调整产业结构，提高产品竞争力的重要举措。并为此专门下发了文件（冀发〔2003〕9号），明确规定："对获得驰名商标的企业，省政府奖励30万元"。该文件不仅认真得到了落实，与此同时，河北省各市也都结合当地实际成立了实施品牌战略领导小组，制定了相应的激励机制，有效地促进了河北省打造品牌工作的开展。截至目前，全省拥有河北省著名商标516件，中国驰名商标24件（在全国排第7位）。

驰名品牌的产生对促进企业的生产营销和引领行业的发展都发挥了非常巨大的作用。"雪驰"、"神威"、"华龙"、"惠达"等商标在被认定为中国驰名商标后三年内，公司销售利润都翻了两番，有的甚至三番以上。"衡水老白干"被认定为驰名商标后，产品供不应求，现在正抓紧扩建生产规模，许多公司负责人无不为"品牌"的魔力和对市场的影响力所折服、感叹。

（二）河北省在培育发展驰名品牌方面存在的差距

近些年来，河北省在品牌培育发展方面虽然形成了一定的规模和优势，但与发达地区相比仍有很大差距，究其原因主要是以下几方面。

1. 实施品牌战略在有些地方还未被列入重要议事日程，致使有的地方商标注册量低、著名商标少，有的驰名商标为零。在河北省所有县域特色经济中，至今没有产生一个驰名商标。

2. 有些企业品牌意识差，认识不到品牌、商标在企业发展中的战略地位。截止到2005年6月，河北省有各类经济性质的企业127万户，有企业注册商标5.8万件，商标注册数仅占到了企业总数的4.5%，这就是说现在河北省还有90%以上的企业没有自己的注册商标。有的自己设计品牌名称和商标不到国家商标管理部门办理注册手续，待品牌有知名度再去办手续时才发现商标已被别人注册。"神威"药业商标、"福成"肥牛商标等都是由于当时仅使用未注册，最后被迫花重金从外地购回的。

商标权是法定权利，它必须依法产生，任何人不能自己宣布自己拥有某件商标权，商标权必须得到法律的确认。

3. 有的认为自己是行业"龙头"企业，产品不愁销，创不创驰名商标关系不大。

4. 有的企业负责人和相关人员对培育、打造企业品牌很重视，但对商标注册缺乏必要的了解，不应注册的注册了很多，花了一堆冤枉钱，而该注册的被别人抢注，使企业蒙受了损失，并给企业带来了不必要的麻烦。比如邯郸"美食林"超市，经过不到五年时间发展到包括山东省、河南省在内的大小五家连锁市场，年总销售额已达3亿元以上，由于商标注册知识缺乏，对自己长期使用的"美食林"服务商标没注册，使公司运营陷入被动，带来了许多意料不到的麻烦。又如保定定兴的"五合窖"酒，也是由于商标注册手续办理不及时而和另外一家企业对簿公堂。

5. 有的企业对自身打牌和培育品牌信心不足，贴牌、套牌甘心为国内和国际知名品牌做加工；有的从事一行已十多年，投入了大量资产，购置先进的生产设备，但没一件品牌产品是属于自己的。

6. 有的不注意对自己的商标进行保护性注册，给假冒侵权造成可乘之机；有的对自己的产品只重视了国内市场的知识产权保护，却忽视了将自己的产品到国际相关市场国家去注册，使自己的产品在国际主要市场销售遇到困难。

7. 有的企业产品名称和商标差异大、无关联，有的商标设计缺乏文化内涵和艺术性，影响了打造和扩张商品的知名度。

8. 有的同一系列产品注册多个不相关联的商标，且全面开花，同时使用，分散宣传，失去了集中打造名牌的条件。

9. 有的不善于用商标对商品进行包装、装潢，不注重利用一切机会用商标对商品进行宣传。

10. 有的在资产评估、企业股份制改造、拍卖中忽视了企业商标价值，使实有资产受到影响。

11. 有些企业商标出名后，不能坚持长久的质量信誉或盲目扩张，导致企业走下坡路。

（三）打造河北省驰名品牌的实施对策

第一，各级政府要积极成为"品牌战略"的构筑者，推动实施者和监督者，把这项工作列入重要议程，结合当地实际制定实施方案，建立组织，明确责任，把争创驰名商标工作作为推动地方经济发展的重要举措，要像抓投资、上项目那样抓品牌培育，长抓不懈，抓出成效。

第二，强化宣传教育力度，努力提高全社会的商标意识。首先要抓好各级相关党政干部的"实施品牌战略"重要性教育和《商标法》、《与贸易有关的知识产权协定》等相关法律、法规的学习宣传工作；其次要利用多种手段加大对全社会的商标品牌宣传力度，使广大企业经营者充分认识到培育品牌对企业发展的重要作用，自觉运用品牌战略去参与市场竞争。

第三，在品牌培育的方向把握上，要突出对重点产业、重点企业、重点商标的培育。一是把重点放在具有行业领先优势的大企业品牌培育上，形成以名牌为龙头的产业集群；二是把重点放在县域特色经济商标品牌的持续发展上；

三是把重点放在传统老品牌的挖潜振兴上，使有价值的历史品牌重放异彩。

第四，在品牌发展的推进策略上，把已获得驰名商标的企业作为第一梯次，重点在原有基础上做好提升拓展，最终以创立国际化强势品牌为目标；把实力较强，已获得河北省著名商标的企业作为第二梯次，重点做好集中突破，最终以争创驰名商标为目标；把有实力、发展势头较好的市级知名商标作为第三梯次，重点对其进行如何争创河北省著名商标的指导。

第五，强化跟踪服务，促进河北省注册商标实现量的突破。通过工商系统企业登记、年检和省、市、县、工商所"四级监管网络"，层层建立注册商标和未注册商标户籍跟踪服务机制，并把它列为工商系统经济户口管理的内容，及时指导企业、自然人和个私经营者申请注册商标。

第六，加强对大中型企业、外贸企业和已有一定知名度企业商标工作的指导。指导他们熟悉培育、打造驰名品牌规则和商标保护规则，引导他们及时申请注册防御性、保护性商标，及时进行商标国际注册，通过综合运用商标战略，寻求国内国际最大的法律保护，切实保证企业商标的独占专用权。

第七，工商行政管理机关要充分发挥职能作用，加大对商标侵权行为的打击力度，深入开展以保护著名、驰名商标为重点的市场专项行动，严厉打击商标假冒、侵权的违法行为。特别要加大对商标印制企业的监管力度，严厉查办印制商标标识过程中的违法行为。要加强与司法部门和新闻媒体的配合，对大案要案要曝光处理，以形成震慑力。

四、培育农业驰名品牌，运用农产品商标和地理标志为"三农"服务

用商标尤其是地理标志商标保护农业发展是国际上的通用作法。比如，法国干邑葡萄酒之所以闻名于世，正是由于法国在农产品上运用商标的结果。中国入世后，为保护农业发展，在商标法中明确规定，对商品的特定质量、信誉或者其他特征，主要是由该地区自然因素或人文因素所决定的，可以申请注册为地理标志证明商标，也可以采用注册集体商标的办法对原产地标志予以保护。

把名优特农产品注册成商品商标、集体商标、证明商标，建立以商标标示的农产品为依托的农业产业基地，组建生产、加工、销售为一体的企业产业化龙头企业，实行"商标+公司+农户"的生产经营模式，是促进农村产业结构调整，加快农业市场化步伐的有效措施。

农产品商标和地理标志注册可选择以下两种类型的商标。

证明商标

由于不同的地理环境和气候条件是不可移植的。因此，一个地方的特色农产品的品质也是独一无二、不可替代的。这样的农产品在市场上具有明显的市场比较优势，借助证明商标保护，在与同类产品的竞争中能占主动地位，也容易提高知名度。河北省具有区域特色的名优特农产品资源丰富，如"迁西板栗"（已注册）、"深州蜜桃"、"赵县雪花梨"、"涉县核桃"、"阜平大枣"、"围场土豆"、"坝上荞麦"、"顺平红富士"等几十个品种有待申报注册。

集体商标

在没有独特品质的农产品上，分散经营的农户或较小规模的企业可以选择注册集体商标。有条件的团体或协会应根据当地实际情况将农户分散的力量通过注册集体商标将他们凝聚起来，使产品走出去，参与国内、国际市场竞争。集体商标使用人多，商品规模大，容易产生市场优势，容易提高产品知名度。

只有唤起全社会的农业商标战略意识，中国的农副产品广泛地进入市场，冲出国门，走向世界才有希望。

结束语

西方通过文艺复兴使经济和文化达到了进一步的融合，在中国通过实施品牌战略，将会给我们的经济增长模式注入更多的科技、文化、道德、创新色彩，这将不仅仅会提升我们产品的科技文化价值，提升企业的综合竞争能力，使品牌产生国际影响力，还意味着我们的祖国将进入自主创新的时代。

（作者单位：河北省工商局）

二等奖

时代生成的标志文化——"3·15文化"

丁世和

一、什么是文化

文化,是指一定的政治、经济在观念上的反映,或者是建立在一定政治经济基础之上,反映这种经济、政治状况的精神性的观念系统。文化在总体上具有鲜明的意识形态性质,它的核心部分直接反映并服务于一定社会的政治和经济的要求,直接反映一定社会群体的利益要求。反之,一定群体的利益要求是可以通过文化来反映的。在人类历史上,每一社会都有与其相适应的文化,并且随着物质生产的发展而变化。无论是简单的人类生活还是复杂的人类生活,都必然会产生文化。文化一旦形成,就会成为社会的一种主导价值观。

二、什么是"3·15文化"

我们所说的"3·15文化",是指近20年来,建立在保护消费者权益实践基础上,在人们头脑中所生成的以"3·15"为代表的"维权"认识和理念以及由此所形成的相应社会风尚的统称。这里有五点需要注意把握:①它的时间跨度是20年,不是一朝一夕。也就是说,从时间跨度来说,它是有条件形成的。②它是建立在保护消费者权益实践基础上的,属于复杂的人类生活,而且是涉及所有人利益、所有人都参与其中的人类生活。因此,我们说它可以产生相应的文化。③它是在人头脑中所生成的"维权"认识和理念。也就是说,它属于观念即意识形态的范畴,也即是文化的范畴。④这种维权认识和理念是与"3·15"有渊源的,因此我们将其称为"3·15文化"。众所周知,"3·15"在中国,如今已成为保护消费者权益的代名词。之所以会成为这样一个代名词,源于国际消联的规定:从1983年开始,每年的3月15日为"国际消费者权益日"。中国消费者协会于1986年将这一情况介绍给国内,并于当年3月15日这一天,首次在北京王府井大街举办了宣传咨询服务活动。中国消费者协会于1987年9月加入国际消联后,从1988年开始,每年的3月15日,全国各地都举办大规模的"国际消费者权益日"宣传咨询服务活动。至2005年,这项活动已经开展了

18个年头。活动的方式除了街头宣传等方式外，从1991年开始，中央电视台每年还举办"3·15国际消费者权益日专题晚会"，宣传的声势更大，效果也更好。"3·15"活动的宗旨就是保护消费者的合法权益，引导消费者合理消费。简称之，就是"维权"。这就是"3·15文化"的来历。⑤这种维权认识和理念已经为绝大多数人所接受和奉行，已经成为一种社会风气，或说风尚，也就是前面所说的成为社会的一种主导价值观。

三、"3·15文化"的形成

"3·15文化"是伴随着我国保护消费者权益事业的发展逐步形成的，是在保护消费者权益实践基础上形成的。进入20世纪80年代以后，为适应社会主义市场经济条件下保护消费者权益的需要，同时也是受国际保护消费者潮流的影响，以中国消费者协会成立为标志，中国也开始了轰轰烈烈的消费者保护运动。在各级党委、人大、政府、政协的关心、重视、支持下，在各有关方面的协同、配合下，我国消费者权益保护工作取得了长足的发展和令世人瞩目的成绩。这些成绩主要是：①以《消费者权益保护法》为统帅，与其他法律法规相配套的保护消费者权益的法律法规体系已基本形成。②消费者权益的司法保护已经起步，并正在发挥着越来越重要的作用。③消费者权益的行政保护逐步加强，并正在向市场监管位置前移、实现事先预防的方向转变。④消费者权益的社会保护是一大亮点，其成效有目共睹。一是以消费者协会为代表的社会团体在保护消费者权益中的作用和影响越来越大，已经成为我国保护消费者权益的一支重要力量；二是从中央到地方的新闻媒介对保护消费者权益给予了很大关注和支持，在推进消费者权益保护事业方面也同样发挥了重要作用。⑤一些行业、企业在加强自律方面积极动作，维护消费者权益的自觉性和为消费者服务的水平明显提高。⑥保护消费者权益的观念已经深入人心，广大消费者维护自身合法权益的意识和能力显著增强。⑦保护消费者权益的理论研究也取得了明显进展，在指导保护消费者权益的实践方面发挥了重要作用。⑧保护消费者权益的国际交往和合作不断扩大，为中国消费者权益保护工作的深入开展提供了一个非常好的国际环境和条件，等等。正是由于上述工作和进展为"3·15文化"的生成提供了很好的土壤和实践基础，就是在这样的基础上，"3·15文化"越来越显示出它具有时代特征的文化品质和生命力。

四、"3·15文化"的特征

将"3·15文化"作一概括，我们认为它有四个方面的特征。

(一)具有鲜明的时代性

在我国,"3·15 文化"的形成是与中国社会主义市场经济的发展以及市场经济条件下维权工作的开展紧密联系在一起的,也可以说是同步的,因此,具有鲜明的市场改革取向的时代性。众所周知,伴随市场经济的发展,不可避免地会出现损害消费者权益的现象,这就需要加强对消费者的保护。于是保护消费者权益的课题就提出来了。这一课题提出后,我国政府和社会各有关方面都积极行动起来,采取各种措施,推进消费者权益的保护。特别是作为保护消费者权益重要力量的我国各级消费者协会组织,在保护消费者权益工作中发挥了带头人的作用,为我国消费者权益保护的启蒙和氛围的营造作出了重要贡献。这就为后来逐步风靡的"3·15 文化"奠定了很好的生成基础和条件。

(二)具有影响的广泛性

每年的 3 月 15 日及其前后,全国已成立的县以上消费者协会和一些乡镇分会都组织举办大规模的"国际消费者权益日"宣传咨询服务活动。上至各级党委、人大、政府、政协领导,下至企业、消费者,都热情支持,积极参与,声势浩大,影响广泛。如 1988 年第一次举办"3·15 国际消费者权益日"宣传咨询服务活动时,全国 700 多个已成立消费者协会的大中城市和县城开展了活动。到了 1993 年,也就是《消费者权益保护法》颁布实施之前,全国有 2521 个大中城市和县城开展了活动。进入 2000 年,开展活动的大中城市和县城已达 3223 个,覆盖了全国 96% 以上的城乡,形成一浪高过一浪的"3·15 国际消费者权益日"宣传咨询服务活动的高潮。中国消费者协会每年还与中央电视台等有关部门联合举办"3·15 国际消费者权益日"专题晚会,收视率每年都在 2 亿人以上。因此,可以说,以维护消费者合法权益为主旨的"3·15 文化",无论是在其形成过程中还是在其展开过程中,都充分显现出其具有广泛的影响。这广泛的影响既体现在活动的规模大和覆盖面广,也体现在广大消费者和方方面面参与的广泛性、教育受众的广泛性。也正因此,它才能在全社会很快形成一种潮流,一种氛围,一种舆论导向,并逐步浸润着人们的心灵,成为一种左右着人们生活的意识形态,进而演变为一种文化,即"3·15 文化"。

(三)具有不同于其他国家和地区的特殊性

这种特殊性主要表现在:①它是发生在由长期计划经济向市场经济转轨的发展中国家。在这个国家,人们的权利意识和自我保护意识还相当薄弱,相对于市场经济发达的国家更具有特别的意义。②它是发生在有着 13 亿人的世界人口最多的国家,在这个国家,提高人们的权利意识和自我保护意识,是一项具有极大难度的宏伟工程。③它是发生在保护消费者权益受到高度重视的社会主义国家,在这个国家,党和政府的宗旨就是为人民服务的,保护消费者权益是其宗旨的应有之义。也正因此,在保护消费者权益方面,取得了"起步晚,发展快"的令世人瞩目的成绩。④它是发生在社会各界对保护消费者权益工作都有极高参与热情的国家。无论是各级党委、人大、政府、政协的领导,还是普通的工人、农民、学生、科研人员等,都积极参与,形成了声势浩大的消费者权益保护运动及其氛围,这在国外是没有的。也就是说,"3·15"在中国具有这么大的规模,有这么大的影响力,为全社会所认同,并逐步形成为一种维权文化现象,是中国所独有的。

(四)具有服务经济社会发展的进步性

首先,从服务经济发展方面说,"3·15文化"作为一种先进文化,属于上层建筑的范畴,是服务于经济基础的。其对推动和建立并完善社会主义市场经济体制,促进社会主义市场经济的健康发展,具有重要的推动作用。我国20年保护消费者权益的工作实践已经充分证明了这一点。其次,从服务社会发展方面说,"3·15文化"对影响和促进社会主义的民主政治建设、法制建设、精神文明建设,也发挥了非常重要的作用。仅就社会主义民主政治建设而言,有专家认为,中国公民的权利意识就是从消费者的权利意识开始的,这一论断充分说明"3·15文化"在促进社会发展中的重要地位和作用。

五、"3·15文化"的内容构成

"3·15文化",就其内容构成来说,我们认为主要包含以下八个方面。

(一)消费者权利的观念和意识

应当说,过去,中国人的权利观念和意识是很薄弱的,很多人不知道自己作为公民是享有一定权利的,因此受到损害常常是"忍了算了"、"自认倒霉"、"好人不打官司"。但经过20年保护消费者权益实践的锤炼和熏陶,人们现在已经树立起了一种全新的观念和意识,这就是消费者享有权利的观念和意识。现在,人们受到损害,已不再消极对待,而是以努力争取自身合法权益的积极态度所取代。不仅是广大消费者能理直气壮地与经营者进行交涉,或向有关部门投诉、申诉,向人民法院起诉,还涌现了许多公益维权的先进人物,更彰显了人们的维权意识已经提升到了一个新的层次。这些充分说明,消费者权利意识已经潜移默化到人们的心灵深处,成为一种主导的意识形态和社会氛围,影响和指导着人们的维权行动。这是什么?这就是文化,是消费者权利文化。

(二)市场经济是消费者主权经济的观念和意识

这一文化概念的最经典的表述就是："消费者是上帝"或"消费者至上"。在市场经济条件下，消费者的选择决定着经营者及其所经营的商品或服务的命运。为此，经营者必须按照消费者的要求和愿望进行生产，这就是消费者主权。在我国，自从党的十一届三中全会开始改革开放、党的十四大确定社会主义市场经济体制改革目标以及党的十四届三中全会作出相关决定以来，社会主义市场经济迅速发展，社会主义市场经济体制初步建立。党的十六届三中全会又作出了完善社会主义市场经济体制的决定。在这个过程当中，经营者的经营观念也发生了很大的变化，由计划经济时期的"皇帝女儿不愁嫁"、"我生产什么你就消费什么"的准"生产者主权"模式，向市场经济的"消费者需要什么，我就生产什么"的"消费者主权"的方向转变。大家看到的是，有越来越多的经营者关注消费者的需求，重视市场调查，千方百计提高商品和服务质量，尊重消费者的权利，自觉做好维护消费者权益的工作。他们懂得，在市场经济条件下，只有得到消费者的认可，赢得消费者的(货币)选票，企业才能生存和发展。由此，消费者的地位得到明显提升，"消费者是上帝"的理念在社会上逐步得到认同，而这就是我们所说的消费者主权经济的文化。当然，目前消费者主权经济的文化还处于初级阶段，有待进一步发展。但不管怎么说，我们已经看到了它的雏形和光辉。

(三)世界消费运动的观念和意识

什么是消费者运动？消费者运动系指"以保护消费者权益为目的，从消费者的立场出发，向经营者提出要求和进行批评，并采取相应保护措施与行动的有组织的社会运动"。就世界来说，截至目前，消费者运动的发展主要经历了三个阶段：第一个阶段是消费者自我保护阶段，主要特征是消费者组织的大量建立；第二个阶段是行政法律保护阶段，主要特征是国家法律法规的建立和完善以及行政保护的加强；第三个阶段是消费者的社会保护阶段，主要特征是企业自觉参与到消费者保护中来。现在，发达国家消费者保护工作已进入第三阶段。我国正处于第二阶段，随后，将向第三阶段推进。消费者运动是一种社会运动，必有社会运动的特征。世界消费者运动有九大特征，它们是：①全国范围内出现严重损害利益的重大事件；②消费者组织的蓬勃发展；③消费者运动带头人的积极活动；④消费者意识的日益觉醒；⑤政府首脑极为重视消费者问题；⑥保护消费者权益的有关政府机构的建立和扩充；⑦制定和完善保护消费者权益的法律法规；⑧企业感受到巨大的心理压力和实际损失；⑨舆论为保护消费者权益大声呼喊。回顾我国保护消费者权益的方面所经过的历程，上述方面都有明显的继承、借鉴和体现。坦率地说，中国的消费者运动就是在世界消费者运动的影响下发生和发展起来的，没有蓬勃发展的世界消费者运动，就没有中国的消费者运动。而且在其主要动作方式上，都是借鉴了世界消费者运动的理念、成功做法和经验。当然，我国在具体运用和运行上也有自己的特色。但就世界范围内的保护消费者权益工作来讲，实际已经形成一种文化，这种文化在不断渗透和影响着世界各个国家和地区。适应建立和完善社会主义市场经济体制的需要，我国接纳和借鉴了这种进步文化，结合自己的国情，在中国的土壤予以发展，就形成了具有中国特色的中国消费者运动的文化。

(四)对商品和服务进行社会监督的观念和意识

过去，在中国很少有人知道"社会监督"这个词汇，更甭说去进行"社会监督"。不少人认为"监督是国家机关的事，与老百姓无关"。但是，现在人们的观念变了，监督也是自己的事，而且是自己的一份责任，它与自己的利益息息相关。对商品和服务进行社会监督，在许多消费者那里已将成为一种自觉行为。发现有不法经营者兜售假冒伪劣商品，就有消费者向有关部门反映、投诉、举报。很多消费者积极参加有关部门组织开展的各种对商品和服务的评议活动、听证活动，有的则直接诉诸法律，与经营者"较真"。无疑，这些都是消费者社会监督观念和意识增强的表现。对商品和服务进行社会监督观念和意识增强的另一个表现，就是广大消费者对代表他们利益的消费者协会对商品和服务进行社会监督的高度认同和支持。对商品和服务进行社会监督，是法律赋予消费者协会的任务和职能。20年来，各级消费者协会通过参与有关行政部门对商品和服务的监督检查、组织开展对市场商品和服务的监督调查、对严重损害消费者合法权益的行为进行揭露批评、开展对商品和服务的评议活动(如对不平等格式合同条款的点评)等，逐步确立了消费者协会对商品和服务进行社会监督的权威，而这种监督是代表广大消费者进行的监督，反映了广大消费者的意愿和要求。与一个个消费者的监督行为形成了相互呼应、协同作战的态势，再加上媒体的参与，由此逐步在社会上形成了对商品和服务进行社会监督的氛围，这种氛围就逐步演化为一种人们观念上的认同，即文化。现在，在我们的日常生活中，每天，无论是来自个体消费者，还是来自消费者协会组织，对商品和服务进行社会监督的报道不绝于耳，而人们对这种报道已习以为常，这难道不是观念的变化使然吗？

(五)依法保护和依法维权的观念和意识

保护消费者权益必须立法，有了法，才能对广大消费者实施切实有效的保护。保护消费者权益工作从开始起步，这个认识和观念在工作思路上就始终居于主导地位,而现在,可以说已经成为全社会的共识。从立法机关方面说,从中央到各省、自治区、直辖市、计划单列市人大的立法机关都积极运作,这就促成了全国《消费者权益保护法》和地方《条例》、《实施办法》的出台。从行政方面说,各有关部门针对损害消费者权益的突出问题,也都积极制定相关的行政法规、规章或管理办法,如《欺诈消费者行为处罚办法》、《租赁柜台管理办法》、《部分商品修理、更换、退货责任规定》等。从消费者协会等社会团体和舆论方面说,在推进保护消费者权益的立法方面,中国消费者协会和各地协会做了大量工作。中国消费者协会从一成立起,就开始与有关立法部门沟通,着手这方面的工作。前后历时8年,终于促成《消费者权益保护法》的出台。各地制定颁布的地方保护消费者权益《条例》或《实施办法》,也都倾注了各地消费者协会的大量心血。新闻媒体在呼吁加强保护消费者权益的立法、营造加强立法氛围方面也作出了重要贡献。广大消费者也都逐步认识和懂得了国家法律是自己维权的最有力的武器和后盾,依法维权已经成为风尚。从保护消费者权益的立法到法律法规的贯彻实施。可以说,如今,在全社会人们的心目中,已经较好地形成了保护消费者权益的法制文化氛围,这就为保护消费者权益事业的未来发展和社会主义和谐社会的建立打下了一个良好的基础。

(六)科学、合理、健康消费的观念和意识

保护消费者权益不仅是帮助人们解决受损害的问题,解决市场上的假冒伪劣问题,还要对广大消费者进行宣传教育,帮助他们实现科学、合理、健康消费,这是一项根本性的任务,也是更高层次的保护。在这方面,20年来,无论是政府有关部门、新闻媒体、科研机构、消费者协会等都做了大量工作,应该说成效是显著的。现在,人们追求科学、合理、健康消费已蔚然成风。吃、穿、用、住、行、文化娱乐都要保证健康、安全,不能闹出病灾来;特别是迈入全面建设小康社会以后,人们追求生活质量,更加讲究消费的科学、合理、健康。可以说,科学、合理、健康消费的观念和意识已在人们的头脑中扎根,成为一种主导的社会意识形态,这也是一种文化,即科学、合理、健康消费的文化。

(七)消费者协会组织独特的服务观念和意识

主要包括两个方面:一是服务消费者;二是服务国家的经济发展和社会进步。在服务消费者方面,20年来,我国各级消费者协会组织已经形成了一整套独特的服务观念和意识。如:"想消费者之所想,急消费者之所急";"不论事情大小,都要件件有着落,处理有回音";"小事不过当天,大事不过一周";"对待消费者投诉要热心、耐心、诚心";"消费者的事再小也是大事,个人的事再大也是小事";"不以事小而不为,不以事难而推诿";处理投诉要做到"发函

快、调查快、转办快、处理快、答复快"，等等。正因如此，消费者协会组织赢得了广大消费者的信赖和爱戴。"有事情，找消协"，已经成为广大消费者的一句口头禅。消费者协会组织已经成为人们心目中的"人民公仆"、"当代包公"、"消费者的贴心人"。在服务国家的经济发展和社会进步方面，我国各级消费者协会组织也形成了一整套的理念和思路。如早在1998年，总结十几年做好保护消费者权益工作的经验，中国消费者协会就在理事会报告中明确提出：消费者权益保护工作要做到"四个围绕"，即紧紧围绕国家的经济工作中心来开展工作，为促进经济发展作贡献；紧紧围绕社会稳定来开展工作，为促进安定团结作贡献；紧紧围绕民主法制建设来开展工作，为推进依法治国基本方略在消费领域的实施作贡献；紧紧围绕促进消费领域的社会主义精神文明建设来开展工作，为实现社会主义物质文明和社会主义精神文明协调发展作贡献。2004年，根据党的十六届三中全会通过的《中共中央关于完善社会主义市场经济体制若干问题的决定》，中国消费者协会又提出了"四个高度重视"的工作思路，即：高度重视抓好对商品和服务的监督，为完善市场体系、规范市场秩序服务；高度重视提高消费者的生活质量，为促进人的全面发展服务；高度重视引导可持续消费，为实现人与自然和谐发展服务；高度重视做好农村消费者权益保护工作，为促进城乡协调发展服务，等等。这里仅举两个例子，足以说明我国各级消费者协会在服务国家的经济发展和社会进步方面所做的工作及其所形成的理念和意识。其工作正是在这种根深蒂固的服务理念和意识指导之下进行的。

（八）保护消费者权益国际合作的观念和意识

保护消费者权益没有国界，保护消费者权益必须加强国际合作。保护消费者权益是一个世界范围内的运动。中国的消费者运动就是在世界消费者运动的影响下发生和发展起来的，没有蓬勃发展的世界消费者运动，就没有中国的消费者运动。而且在其主要运作方式上，都是借鉴了世界消费者运动的理念、成功做法和经验。当然，我国在具体运用和运行上也有自己的特色。从这个角度说，保护消费者权益离不开国际合作。从近年发生的一些国际范围的损害消费者利益事件来说，如"二恶英"、"苏丹红"事件等，都是国外先发现，引起我们警惕，对市场进行检查和清理。在这方面，国人的反应是非常快的。这说明，在经济全球化的条件下，在保护消费者权益方面，国人已经有了非常高的国际合作的观念和意识。这种观念和意识到是非常宝贵的，它将引导我们的保护消费者权益工作向完全与国际接轨的方向迈进。

六、"3·15文化"的未来发展

"3·15文化"是中国发展到20世纪80年代以后生成的具有时代特征的先

进的标志性文化。从"3·15文化"的形成及其内容构成，可以观察和体会到我们这个文明古国取得的发展和进步，为已经取得的成就感到欣慰和自豪。展望今后的发展，特别是21世纪头20年的发展，"3·15文化"的发展方向又该是什么呢？除了上面说的八个方面应当继续予以打造和深化外，我们认为，还应特别关世注和突出抓好"四个方面"的文化建设。这"四个方面"如下。

（一）"参与"文化

所谓"参与"文化，是指消费者组织和广大消费者参与到国家有关消费政策、法律法规的制定，参与到企业的生产经营决策中去。以使国家有关消费政策、法律法规的制定、企业的生产经营决策更符合消费者的需要和保护消费者权益的要求。而在这种参与基础上形成的社会共识、理念、习惯就是"参与"文化。"参与"文化的提出，借鉴了国外消费者权益保护的"共同参与权"和"争取共同参与民主制"的思想；同时，它也符合建立"民主"的社会主义和谐社会的要求。我国《消费者权益保护法》赋予消费者协会的职能中就有"就有关消费者合法权益的问题，向有关行政部门反映、查询，提出建议"。这一条其实就是"参与"。因此，说打造"参与"文化，也是符合《消费者权益保护法》的规定和精神的。如何"参与"？凡国家要制定、修改、完善有关保护消费者方面的政策和法律法规时，消费者协会都应积极参与，在参与过程中，反映消费者的呼声、意见和要求；可以应有关部门的要求，组织消费者与有关部门直接进行对话，如各类听证会等；可以组织消费者对商品和服务进行评议。这些都是"参与"的好方式。实践中还可以创造更多的方式实施"参与"。随着时间的推移，"参与"多了，就会形成一种理念和风气，进而形成为一种文化。

（二）"自律"文化

这里所说的"自律"，是指行业自律、企业自律。所谓"自律"文化，是指行业自律、企业自律的文化。行业自律、企业自律能不能形成为一种文化？回答是"能"。在市场经济发达国家，这种文化早已形成。在那里，如果你从商场买了某种商品，而后你又觉得不满意，可以很容易就退货。因为退货是不需要理由的，售货员会非常顺利地给你办理退货手续。而你也会真正感受到当"上帝"的滋味。为什么会这样呢？就是因为那里的经营者非常自律，决不做损害消费者利益的事。他们把消费者当成自己的衣食父母，礼敬有加。而在这方面，我国也有少数企业能够做到，大多数还达不到人家那种程度和层次。因此，对我国的一些行业和企业来说，就需要加强自律建设。这种自律不仅是由于法律、行政方面带来的压力，更应成为行业、企业一种主动的自我追求。只有到了这样一种境界，才能形成所谓的"自律"文化。如前面所说，行业、企业实现自律，则意味着消费者权益保护进入到了较高的阶段，即企业自觉参与到消费者权益保护中来的阶段。要实现这样一个目标，有关方面就必须加大对一些行业、企业的工作力度，也要充分调动和发挥行业、企业的主观能动性，从而使打造行业、企业"自律"文化的工作进行得更快、更好。

（三）"可持续消费"文化

可持续消费是为可持续发展服务的。可持续发展已是一个世界性课题。要实现可持续发展，就必须选择节约资源的消费方式，即可持续消费的消费方式。我国是一个人口众多、资源相对不足的发展中大国，随着经济快速增长和人口的不断增加，资源不足的矛盾会越来越突出。这就更需要在全国开展可持续消费的宣传教育，帮助广大消费者树立可持续消费、可持续发展的强烈意识，同时，大力倡导和推进节约资源的消费方式。通过这些工作，使可持续消费逐步在人们的思想观念和意识中扎根，进而形成一种社会舆论氛围，形成人们自觉普遍追求的生活方式和社会公德。可以相信，到那时，可持续消费自然会成为一种文化。

（四）"自觉的消费者"文化

由于我国市场经济的时间不长，市场的参与者即市场主体——经营者、消费者，受市场经济的锤炼时间都较短，都不很成熟。如上面所说，企业自律还较缺乏。消费者方面呢，也存在意识和知识都相对不足的问题，还不足以成为与大生产条件下的现代经营者相抗衡的现代消费者。这就提出了一个课题，如何提升消费者的素质，使之成为符合市场经济发展要求的现代消费者？这就需要我们做出新的努力，即在全社会打造培育"自觉的消费者"的文化，形成"自觉的消费者"的文化。何为"自觉的消费者"？在消费者的成长阶段中，我们把它划分为"三个阶段"：其一是"聪明的消费者"的培养，使消费者具有比较浅层的自我保护意识和能力；其二是"自立的消费者"的培养，使消费者成为能根据正确的价值判断，实现自主合理选择和消费；其三是"自觉消费者"的培养，使消费者能站在更高的角度审视我们生存的社会，并使自己成为美好生存环境的创造者。这就是我们要达到的"自觉的消费者"培养理念和境界，也是要在全社会形成的"自觉消费者"的文化理念和境界。如何实现这个目标呢？办法就是大力开展消费者教育，用各种可能的办法对消费者进行教育。通过教育，使他们在自身素质方面有一个飞跃，让做自觉的消费者成为每一个人的自我要求，也成为一种社会约束，从而真正成为能与现代化大生产条件下的现代经营者相抗衡的现代消费者。

（作者单位：中国消费者协会）

二等奖

论城镇住宅小区停车位的产权归属及相关问题

邓光达

据媒体报道，2005年7月下旬，北京市工商局和北京市建委联合制定的《北京市机动车地下停车位预售合同》示范文本曾计划出台，引起社会各界的强烈反响。工商行政管理机关作为国家合同管理的行政管理部门，如何依法正确行使合同管理的行政职责，确保当事人合法权益不受行政机关公权及民事主体私权的不法侵害，值得人们不断反思。

对此，笔者试图从财产所有权的角度阐述有关我国城市居民住宅小区停车位的产权归属等问题，从而让人们对工商行政管理机关制定出台有关停车位预售合同示范文本，或房地产预售合同示范文本有关停车位权益约定中存在的问题，做出一个符合法律规定的合理判断，不断改进工商行政管理机关的合同管理工作。

城镇居民商品房住宅小区停车位（场）的产权归属颇具争议，房地产开发商、物业管理公司和商品房住宅小区业主之间在有关停车位的买卖、租赁、使用、收费方面纷争凸现，各方利害关系当事人各执一端，不断衍生出各种问题。学者、专家、官员对此类问题亦众说纷纭，见解不一，似是而非，令人困惑。

商品房住宅小区停车位的产权归属是各种纷争和矛盾的核心所在。商品房住宅小区停车位产权归属不明，将令房地产开发商和置业者的合法利益处于不确定的状态，严重地损害了当事人的合法权益，妨碍着房地产市场的健康发展，给社会经济生活和公共管理带来诸多的难题。

商品房住宅小区停车位的产权，是指其房地产权。房地产权包含土地使用权和建筑物、附着物所有权两方面的财产权利。

长期以来，由于我国物权立法的缺位，社会忽视对公民私有财产的保护，公民的私有财产、共有财产的确定和权利边界经常处于含糊不清的尴尬状态。商品房住宅小区停车位的产权到底属于谁？在现有的法律条文中，人们似乎无法直接找到答案，其产权归属似乎仍处于混沌状态。

对于商品房住宅小区停车位产权归属的认识，现行通常有以下几种说法。一是合同确定论。住宅小区停车位的产权由房地产开发商与买方置业者在房地产买卖合同中约定，依合同约定确定其产权归属。二是推定归属论。当房地产开发商与买方置业者在房地产买卖合同中对小区停车位产权没有约定或约定不明时，推定小区停车位的产权属于买方置业者共有，或由房地产开发商所有。三是销售成本收益归属论。当房地产开发商未将小区停车位建设成本及利润计入其计划的房屋销售收益时，小区停车位的产权属于房地产开发商，反之，其产权属于买方置业者共有。四是登记凭证确权论。商品房住宅小区停车位的产权依买卖合同约定，经房地产登记机关登记确权，由房地产权证持有者所有；否则，其产权处于不明状态。

本人认为，上述的登记凭证确权论相对恰当，登记凭证确权论中的"商品房住宅小区停车位的产权，依买卖合同约定，经房地产权登记机关登记确权，由房地产权证持有者所有"的认识是正确的。但是，登记凭证确权论中"否则，其产权处于不明状态"的认识有失偏颇，其忽视了我国现行房地产登记制度的现实和缺陷，以致认识上出现以偏概全的状况。

以上所述的四种不同认识均不能全面、恰当、准确地解答有关商品房住宅小区停车位产权归属的问题。

本人试图在现行法律制度框架之下，分析和研究有关房地产权法律制度的特征、商品房住宅小区停车位的存在形式、商品房住宅小区土地使用权的取得与房地产权的产权登记等过程，物权法和债权法两个角度，分析土地使用权与上盖建筑物、附属物之间的法律关系，计入建筑容积率的建筑面积和不计入建筑容积率的建筑面积与土地使用权之间的法律关系，运用逻辑推理的方法，探讨和研究商品房住宅小区停车位房地产权的归属。

一、现行法律制度框架下，房地产法律制度的形式、房地产权的内涵和特征

1. 房地产法律制度的形式

在目前的法律、行政法规、地方性法规、规章和规范性文件中，有关房地产行业的法律规范构成了现行的房地产法律制度。房地产的法律制度涵盖了土地使用权、房屋所有权、房地产开发和转让、房地产行业行政管理五大方面的内容，其各方面的内容都有可能涉及房地产权这个重要问题。

2. 房地产权法律制度的具体内涵与规范

《中华人民共和国城市房地产管理法》第三十一条规定：房地产转让、抵押时，房屋的所有权和该房屋占用范围内的土地使用权同时转让、抵押。第四十一条规定：房地产转让时，土地使用权出让合同载明的权利、义务随之转移。

第四十八条规定：房地产抵押，应当凭土地使用权证书、房屋所有权证书办理。第五十九条规定：国家实行土地使用权和房屋所有权登记发证制度。第六十条规定：以出让或者划拨方式取得土地使用权，应当向县级以上地方人民政府土地管理部门申请登记，经县级以上地方人民政府土地管理部门核实，由同级人民政府颁发土地使用权证书。在依法取得的房地产开发用地上建成房屋的，应当凭土地使用权证书向县级以上地方人民政府房产管理部门申请登记，由县级以上地方人民政府房产管理部门核实并颁发房屋所有权证书。房地产转让或者变更时，应当向县级以上地方人民政府房地产管理部门申请房地产变更登记，并凭变更后的房屋所有权证书向同级人民政府土地管理部门申请土地使用权变更登记，经同级人民政府土地管理部门核实，由同级人民政府更换或者更改土地使用权证书。第六十二条规定：经省、自治区、直辖市人民政府确定，县级以上地方人民政府由一个部门负责房产管理和土地管理工作的，可以制作、颁发统一的房地产权证书，依照本法第六十条的规定，对房屋的所有权和该房屋占用范围内的土地使用权的确认和变更，分别载入房地产权证书。

《中华人民共和国城镇国有土地使用权出让和转让暂行条例》第二十三条规定：土地使用权转让时，土地上盖的建筑物、附属物同时转让。第二十四条规定：地上建筑物、其他附着物的所有权人或者共有人，享有该建筑物、其他附着物使用范围内的土地使用权。土地使用者转让地上建筑物、其他附着物所有权时，其使用范围内的土地使用权随之转移，但地上建筑物、其他附着物作为动产转让的除外。第二十五条规定：土地使用权和地上建筑物、其他附着物所有权转让，应当按规定办理过户登记。土地使用权和地上建筑物、其他附着物所有权分割转让的，应当经市、县人民政府土地管理部门和房产管理部门批准，并依规定办理过户登记。

2003年9月1日实施的《物业管理条例》第二十七条规定：业主依法享有物业共用部位、共用设施的所有权与使用权，建设单位不得擅自处分。

建设部发布的《城市房屋权属登记管理办法》第五条规定：房屋权属证书是权利人依法拥有房屋所有权并对房屋行使占有、使用、收益和处分权利的唯一合法凭证。第六条规定：房屋权属登记应当遵循房屋的所有权和该房屋占用范围内的土地使用权权利主体一致的原则。第三十一条规定：房屋权属证书包括《房屋所有权证》、《房屋共有权证》、《房屋他项权证》或者《房地产权证》、《房地产共有权证》、《房地产他项权证》。

《广东省城镇房地产权登记条例》第四条规定：依法核准登记的房地产受法律保护。房地产证是房地产权利人依法经营、使用或者处分该房地产的凭证。

《深圳经济特区房地产转让条例》第五条规定：房地产建筑物、附属物转让时，该建筑物、附属物的土地使用权同时转移，不得分割。

《深圳经济特区房地产登记条例》第二条规定：本条例所称房地产，是指土地及土地上的建筑物和附着物。本条例所称的权利人，是指权利人对土地的使用权和土地上建筑物、附着物的所有人，以及由上述权利产生的他项权利。第三条第二款规定：依法登记的房地产权受法律保护。第五条规定：房地产权利证书是权利人依法管理、经营、使用和处分房地产的凭证。

1994年9月实施的《深圳市房屋建筑面积计算细则》第一条第（二）款第2项规定：公用面积分为应分摊公用面积和不能分摊公用面积两部分。应分摊的公用面积包括室外楼梯、楼梯悬挑平台、内外平台、门厅、电梯房、多层建筑中突出屋面结构的楼梯间等。不能分摊的公用面积除前款所列之外，建筑报建时未计入容积率的公共面积和有关文件规定不进行分割的公共面积，包括机动车库、非机动车库、消防避难层、地下室、半地下室、设备用房、梁底标高不高于2米的架空结构转换层和架空作为公众休憩或交通的场所等。第一条第（五）款规定："公共面积（包括应分摊公用的和不应分摊的）应由物业管理部门统一管理，其产权应属于建筑物内参与分摊该公共面积的所有业主共同拥有，物业管理部门不得改变其使用功能或有偿出租（售）"。

1999年7月1日实施的《深圳市建筑设计技术经济指标计算规定》第2.1.8条规定：建筑物内可供公用使用的面积，包括应分摊公用建筑面积和不分摊公用建筑面积。第3.5条规定：公用建筑面积分为应分摊的公用建筑面积和不分摊公用建筑面积。第3.5.2条、第3.5.2.1条规定：不分摊公用建筑面积包括地下室用于人防、设备用房、车库的建筑面积。

3. 房地产权法律制度的特征

从上述的相关规定中，人们可以清楚地知道我国现行的房地产法律制度具有以下的特征。

（1）在规范土地使用权与土地上盖建筑物之间的关系时，采用土地使用权和土地上盖建筑物所有权的法律概念和法律规范。

（2）只有具备土地使用权的当事人才有可能取得房屋的所有权，土地使用权与房屋所有权的权利主体一致，权利归属合一[①]。

（3）土地使用权与土地上盖建筑物不可分离的法律规范是强制性的。

（4）房地产权是土地使用权与土地上盖建筑物所有权合二为一的法律权利。

（5）在二级房地产市场中，不允许将土地使用权与房屋所有权分离、分割。这意味着，具有土地使用权份额的建筑物才可能取得有房屋所有权，没有土地使用权份额的建筑物的法律权利只能依附于具有土地使用权份额的建筑物，而且是一种从属权利。

(6)在二级房地产市场中，房地产的共用部位的所有权与使用权由买方依法所有，房地产开发商不得擅自处分。

(7)土地使用权和房屋所有权，或房地产权经国家机关法定登记后，其财产所有权(物权)的法律权利才得于确认和保护。

土地使用权和房屋所有权，或房地产权并非由合同约定而确权，其须经法定登记才得于确权和保护。

(8)土地使用权与房屋所有权可以分别登记，亦可合二为一登记。分别登记时，财产权利人分别取得《土地使用权证》和《房屋所有权证》、《房屋共有权证》、《房屋他项权证》；合二为一登记时，财产权利人取得《房地产证》、《房地产共有权证》、《房地产他项权证》。

(9)《土地使用权证》、《房屋所有权证》或《房地产证》是当事人房地产财产权利的法律凭证。

上述我国房地产法律制度特征，表明作为财产法律权利的房地产权，其形式和内容都较为特别，房依地存，地为房载，地转房随，房转地随[②]，法定登记，确权保护。房地产权是土地使用权与上盖建筑物、附着物的所有权合二为一的财产权利，房地产权经法定登记而确权，只有国家确认和保护的房地产权才能取得《房地产证》等房地产权证。

4. 商品房住宅小区建筑物的房地产权表现形式与特点

上述房地产权的法律制度和特征，表明住宅小区建筑物的房地产权具有以下特点。

(1)在形式要件上，只有取得《土地使用权证》和《房屋所有权证》或《房地产证》的建筑物才具有房地产权。

(2)在实质要件上，只有取得有相应土地使用权面积份额的建筑物才具有房地产权。

(3)在现行的房地产行政管理制度下，只有计算建筑容积率(建筑容积率＝建筑总面积/土地使用权面积)的建筑物才可以取得相应宗地号的土地使用权面积份额。

计算建筑容积率的建筑物权利人要依法向国家支付土地使用费，并可依法取得《房屋所有权证》或《房地产证》。

(4)对于不计算建筑容积率的建筑物(面积)，由于其没有相应宗地号的土地使用权面积份额，因此，其权利人无须向国家交纳土地使用费，其初始登记时的法律权利依附于具有房地产权的建筑物（面积），不能单独取得《房地产证》。

（5）不计算建筑容积率的建筑物的房地产权利完全依附于计算建筑容积率的建筑物，其不能单独地从计算建筑容积率的建筑物中分离或分割。否则，将违反房地产法律的强制性规定。

（6）依据经典的"物权法"理论，计算建筑容积率的建筑物（面积）是主物，不计算建筑容积率的建筑物（面积）是从物。从物的法律权利依附于主物。主物转移，从物随之转移，主物与从物不可分割。

从物的法律权利依附于主物，但从物依然享有与主物相互联系的、可分离的使用、占有、收益的三项法律权利。

（7）在二级市场的房地产首次转让时，如果房地产开发商不违反与政府签订的《土地使用权出让合同》约定和相关法律规定，房地产开发商与买方双方当然可以在《房地产买卖合同》中作出如下的约定：主物和从物所有权转移给业主后，从物的占有、使用、收益的三项法律权利由房地产开发商享有。

但是，必须指出，上述的约定只是一项债权约定，而非一项财产所有权转移的确认，从物的所有权仍然依附于主物而属于买方。

（8）房地产共用部位建筑物的所有权及使用权由业主依法享有，房地产开发商不得擅自处分。

二、土地使用权出让和《土地使用权出让合同书》中有关建筑物转让的约定

政府通过拍卖、协议买卖方式将国有土地使用权出让给房地产开发商，土地的用途是建设商品房住宅。在付清地价，依法办理土地使用权转移登记后，房地产开发商取得宗地号土地使用权证书，宗地号的土地使用权属房地产开发商。

政府与房地产发展商订立《土地使用权出让合同书》约定了出让宗地号的土地面积、用途、地价、建筑容积率、开发建设完工期限等规定。同时，《土地使用权出让合同书》通常还有如下的约定：①房地产开发商除向政府给付土地使用权出让金外，每年还必须按规定缴付土地使用权费。②房地产开发商在土地使用年限内依照法律、法规、规章的有关规定以及合同的约定转让、出租、抵押土地使用权，其合法权益受法律保护。③土地使用权的转让包括土地使用权连同地上建筑物的转让。④建筑物必须连同土地使用权一起转让，转让双方签订转让合同并到产权登记部门办理变更登记手续，按政府有关规定缴纳税费。⑤建筑物连同土地使用权转让后，新的土地使用者仍应遵守《土地使用规则》。

由此可见，依《土地使用权出让合同》规定，房地产开发商在二级市场首次转让建筑物时，必须连同土地使用权一起转让。

在商品房住宅小区建筑物首次转让时，当房地产开发商将不计算容积率的建筑物（面积）以买卖合同方式来约定不转移，为房地产开发商所有时，房地产开发商将违反《土地使用权出让合同书》规定，买卖合同将违反房地产法律的强制性规定。

三、商品房住宅小区建筑物的房屋单元房地产初始登记和转移登记

1. 初始登记

商品房住宅小区的建设工程取得法定的建设工程竣工验收证书等法律文件后，房地产开发商将向房地产权登记机关申请办理商品房住宅小区建筑物的房地产初始登记。理论上，房地产权登记机关应按如下原则办理房地产权的初始登记：①明确计算容积率建筑物的建筑面积与宗地号的土地使用权面积的除商关系，以确定计算容积率建筑面积每平方米分摊的土地使用权面积份额。②明确每一房屋单元的建筑面积（含应直接分摊到每一房屋单元的公用面积）的土地使用权面积份额，以确定每一房屋单元的房地产权。③将不计算容积率的建筑物（面积）的法律权利确立并归属于计算容积率建筑物（面积）。

由此可见，在初始登记中，由于不计算容积率的建筑物（面积）不能取得其所在地块的土地使用权面积份额，不能取得完整、独立的房地产权利，不能取得《房地产证》，其法律权利只能依附并归于计算容积率建筑物（面积）。

目前，在房地产初始登记的实务中，房地产权登记机关除办理《土地使用权证》、《房屋所有权证》，或《房地产证》外，对于共有、他项的房地产权证，房地产登记机关并不办理，停车位的法律权利归属亦不记载于房地产权证。

2. 转移登记

在房地产二级市场，房地产开发商与买方签订《买卖合同》，买方依约付清购房款后，双方共同向房地产权登记机关申请办理首次房地产转移登记。

在二级市场首次房地产转移登记中，房地产登记机关将按《房地产买卖合同》的约定办理转移登记，将房屋单元的房地产权转移登记给买方，确认买方的房地产权。

在首次转移登记实务中，停车位的法律权利归属的转移亦不记载于房地产权证。

由于不计算容积率建筑物（面积）的法律权利只能依附于计算容积率建筑物

（面积），当房地产开发商将商品住宅小区的房屋单元全部出售完后，不计算容积率建筑物（面积）的法律权利将全部转移并归属于小区房屋的所有权人，由小区全部房屋的所有权人共同享有。

四、商品房住宅小区停车位的形式和房地产权归属

1. 商品房住宅小区停车位的形式

目前商品房住宅小区停车位的存在可以分成两类四种形式：第一类是城市区域或商品房住宅小区里，独立建设的多层经营性停车位（场）；第二类是商品房住宅小区内的地面停车位、楼房首层架空层停车位、楼房地下停车位（场）。

2. 多层经营性停车位（场）的房地产权归属

在政府与房地产开发商订立的《土地使用权出让合同》和政府发出的《建设工程规划许可证》等法律文件中，均明确规定多层经营性停车位的土地使用权面积，该类停车位建筑物（面积）是计算建筑容积率的。因此，多层经营性停车位可以依法独立办理房地产权的初始登记和转移登记，该类停车场的房地产权利人为持有《房地产证》的当事人。

3. 住宅小区地面停车位的房地产权归属

地面停车位是经政府发出的《建设工程规划许可证》批准同意，在商品房住宅小区地面上直接设置的停车设施。

房地产开发商预售或现售商品房住宅小区建筑房屋单元后，房屋单元办理初始登记及转移登记，房屋单元所有人按份共同拥有该小区宗地号的全部土地使用权。

由于地面停车位是直接设置在土地表面的停车设施，即是直接设置在房屋单元所有人按份共同拥有使用权的土地表面上，地面停车位的房地产权，实际上是土地使用权。鉴于房屋单元所有人按份共同拥有住宅小区宗地号的土地使用权，因此，地面停车位的房地产权由住宅小区房屋单元的所有人共同拥有。

4. 住宅小区楼房首层架空层停车位的房地产权归属

在现行的房地产行政管理法律制度下，首层楼房架空层停车位的建筑面积是不计算建筑容积率的，不能获得相应的土地使用权面积份额，其法律权利依附于计算建筑容积率的房屋建筑物（面积），是住宅房屋单元的从物。

首层楼房架空层停车位的房地产权，实际上是依附于房屋单元的占有、使用、收益的不完全物权。初始登记时，楼房架空层停车位依法不能取得独立的房地产权，其法律权利依附于计算容积率的房屋建筑物。在转移登记时，其不

能取得房地产权证，其房地产权依附于取得《房地产证》的房屋单元。

根据本文以上阐述的房地产法律制度，房地产开发商在转移房地产时，首层楼房架空层停车位不能从计算建筑容积率的房屋单元中分离或分割，不能将其首层楼房架空层停车位的产权约定为房地产开发商所有。否则，将违反相关房地产法律的强制性规定。

房地产开发商预售或现售小区房屋单元后，房屋单元办理初始登记和转移登记，首层楼房架空层停车位的房地产权应依法随房屋单元的转移而转移。

可见，首层楼房架空层停车位的房地产权依附并归属于该幢楼房的全体房屋单元所有人。

5. 小区楼房地下停车位（场）的房地产权归属

在现行的房地产行政管理法律制度下，楼房地下停车位的建筑面积亦是不计算建筑容积率的，因此，楼房地下停车位的产权状况与首层楼房架空层停车位的产权状况如出一辙，楼房地下停车位的房地产权依附并归属于该幢楼房的全体房屋单元所有人。

五、对商品房住宅小区的停车位不计算建筑容积率的建筑物（面积），房地产开发商与买方在《买卖合同》中约定"停车位的产权属于房地产开发商"的条款违反法律的强制性规定，该类条款无效

在二级市场的房地产买卖实务中，许多房地产开发商在《房地产买卖合同》中约定小区不计算建筑容积率的停车位产权归其所有。政府房地产行政管理部门，或房地产开发商往往在格式合同文本约定："小区停车位的产权属于卖方"、"停车位的法律权利属于卖方"。

从本文上述的阐述中，人们可以清楚地知道，该约定违反了政府与房地产开发商所签订的《土地使用权出让合同》中的有关约定，违反了《中华人民共和国城市房地产管理法》第三十一条有关不允许二级市场将土地使用权与房屋所有权分离分割的强制性规定，违反《物业管理条例》第二十七条的强制性规定。根据《中华人民共和国合同法》第五十二条第（五）款规定，该类约定条款无效。

此外，政府房地产行政管理机关应按《土地使用权出让合同》的约定和法律规定，追究房地产开发商的违约责任；买方可提起民事诉讼或申请仲裁，请求人民法院判决或仲裁机构裁决确认该类条款无效。

当然，对上述房地权利发生分离时交易无效的法律观点，有学者认为值得商榷，认为"对房屋所有权和土地使用权在交易过程中是否只能作为一项交易

的财产对待，应当根据各类交易的具体情况具体分析"③。

六、买卖不计算建筑容积率的停车位的行为违反法律强制性规定，买卖该类停车位的合同无效

在目前的房地产法律制度之下，不计算建筑容积率的停车位依法不能取得《预售许可证》或《房地产证》。

在房地产买卖实务中，房地产开发商往往在《房地产买卖合同》中约定，不计算建筑容积率的停车位产权为其所有，然后再出售停车位，或以出租为名，行买卖之实。房地产开发商在没有取得政府房地产管理机关发出的《预售许可证》或《房地产证》的情况下，售卖小区不计算建筑容积率停车位，或将停车位与住宅房屋单元捆绑售卖的现象司空见惯。

根据《中华人民共和国城市房地产管理法》第四十四条第一款第（四）项和第六十七条、《城市房地产开发经营管理条例》第二十三条（四）项和第三十九条、《深圳经济特区房地产转让条例》第三十四条、第三十条和第五十九条、《商品房销售管理办法》第六条第一款和第三十八条等规定，房地产开发商预售或现售房地产的，法律强制规定房地产开发商应取得《预售许可证》或《房地产证》后，才能进行房地产买卖活动，否则，房地产管理机关将依法给予查处。

由此可见，房地产开发商在未取得小区停车位的《预售许可证》或《房地产证》的情况下，售卖不计算容积率的停车位行为，违反法律强制性规定。

此外，售卖不计算建筑容积率的停车位，还违反《中华人民共和国城市房地产管理法》第三十一条有关不允许二级市场将土地使用权与房屋所有权分离、分割的强制性规定。

根据《中华人民共和国合同法》第五十二条第（五）款规定，房地产开发商与买方签订的买卖停车位合同应依法定程序确认为无效合同。

七、应进一步完善房地产的法律，明确商品房住宅小区中不计算建筑容积率停车位的法律权利归属

目前，对商品房住宅小区不计算容积率的停车位可否买卖、应否买卖有两种截然不同的意见，房地产开发商群体和消费者群体的意见泾渭分明。房地产开发商大多主张不计算容积率的停车位可以买卖，其主要理由在于充分调动房地产开发商的投资停车位的积极性，满足社会大众的需要。消费置业者则大多主张不计算容积率的停车位作为住宅小区的公用设施，不宜由少数人或强势集团独占，以避免有限的不计算容积率停车位的共用资源被少数人垄断使用，损

害住宅小区的普通市民的整体利益，而且住宅小区的不计算容积率的停车位已计入房地产开发的建设成本之中，房地产开发商不应利用不计算容积率的停车位谋取非法的商业利益。

据媒体报道，深圳市目前平均每3.3部车才有一个停车位[④]，全国各地均存在停车位的资源远远不能满足社会需要的状况。如何有效地调动房地产开发商投入更多的资源建设停车位，怎样才能合理地、有效率地利用停车位资源，并在二者之中取得平衡，如何才能有效地保护当事人合法权益，这些问题值得人们关注与思索。

1. 加强对房地产财产权利的法律保护

现行的房地产法律制度存在诸多的缺陷，如：对土地使用权与上盖建筑物所有权之间的关系，不计算建筑容积率的建筑物所有权或他项权利的归属关系，主物与从物之间的关系，建筑物共用部位的范围界定等，缺乏明确全面而又清晰的规定，对房地产财产权利的来源、确权、保护产生不同的认知与解读，给社会经济秩序带来诸多的问题。小区停车位产权归属的争议，源于现行房地产法律制度的缺陷，源于政府房地产行政管理机关对房地产市场行政管理的缺位和错位。应尽快完善我国的房地产法律制度，强化法律对房地产财产权利的保护。

2. 提高有关房地产制度的法律位阶

现行房地产制度的法律位阶大多处于较低的层次，许多事关房地产财产权利产生于地方性法规、规章或规范性文件，对房地产财产权利的保护缺乏力度。应进一步提升房地产财产权利制度的法律位阶，将具有前瞻性、公平性、合理性的具体规定上升为法律或行政法规。

3. 完善房地产财产权利的登记确权保护措施

房地产作为要式登记、确权保护的不动产，登记确权保护的具体措施是否完善，直接关系到房地产财产权利的保护能否真正落实这一重大问题。登记机关现行发放的《房地产证》，对建筑物共用部位、他项权利不予记载的登记方式，无意中给政府房地产行政管理部门、房地产开发商拟定的，有违法律规定的格式合同条款大开方便之门。房地产财产权利人无法借助所持有的《房地产证》，以完全物权的绝对权直接对抗该类违法的合同条款，保护自身的合法权益。尽快完善房地产财产权利的登记确权保护措施，提升登记确权制度的法律位阶，对保护当事人合法权益，遏制违法行为，将会起到立竿见影的良好效果。

我国房地产法律制度的完善，不能离开法律追求公平正义的价值目标，在土地资源紧缺的国情下，科学利用有限的城市土地资源尤显重要，立法机关和房地产行政管理机关对城市房地产公共资源的开发和利用应有一个长远的战略目标，住宅小区内共用的停车位资源有限，不应买卖。住宅小区内不计算容积率停车位的法律权利应进一步明确定位归属于小区的全体房屋所有人，由全体房屋所有人共同拥有。同时，要采取优惠和鼓励的政策措施，调动和刺激房地产开发商建设各类经营性的停车位（场），以满足不同层次、不同要求的社会需要。

综上所述，在目前的房地产法律制度下，城镇居民住宅小区计算建筑容积率停车位的产权由取得停车位《房地产证》的权利人拥有，不计算建筑容积率停车位的建筑物或其法律权利归属于住宅小区的全体房地产权人。房地产买卖合同约定不计算容积率停车位产权归属于某一当事人的条款违反法律强制性规定，该类条款无效。买卖不计算建筑容积率停车位的行为违反法律强制性规定，其买卖停车位的合同无效。

显而易见，工商行政管理机关及房地产行业主管部门以地下停车位是否列入公摊面积，来确定地下停车位能否买卖，能否发放《房地产预售许可证》的认识，有违现行的房地产法律制度，有关地下停车位预售合同示范文本征求意见稿的条款内容违反了法律、行政法规强制性的规定。

人们期待拟提交全国人大常委会审议的《物权法（第四稿草案）》能顺应广大民众的意愿，进一步明确规定不计算建筑容积率停车位的法律权益或产权归属于建筑物全体业主共有，确保房地产权利人的合法权益。

参考文献

[1] 王利明著．物权法研究．北京：中国人民大学出版社，2002

[2] 深圳市规划国土局编．深圳市规划国土房地产规范性文件汇编．北京：中国建筑工业出版社，2001

[3] 程信和主编．房地产法．北京：北京大学出版社，1999

[4] 王利明，崔建远主编．合同法．北京：北京大学出版社，2000

注　释

① 王利明著．物权法研究．北京：中国人民大学出版社，2002.319
② 王利明著．物权法研究．北京：中国人民大学出版社，2002.317
③ 王利明著．物权法研究．北京：中国人民大学出版社，2002.319
④ 罗艾文．深圳停车到底有多难．深圳法制报，2002—08—19（13）

（作者单位：深圳市工商局）

[二等奖]

企业注册官制度试点与深化工作探究

方惠萍

2004年7月,经国家人事部和国家工商总局批准,由上海市工商局进行企业注册官制度试点。同年11月4日,上海市工商行政管理系统首批280名企业注册官正式宣誓上岗,标志着企业注册官制度试点进入了实质性操作阶段。目前,这项工作已取得了初步成效,并正在扎扎实实、规范有序地向前推进。

一、企业注册官制度试点的意义

企业注册官,是指具备专业资格、经过考评和聘任、在企业注册岗位依法行使注册核准权的行政执法类公务员。企业注册官制度,是指集受理、审查、核准三位一体的现代国际通行的企业登记制度与对注册官进行管理、规范注册核准权行使的制度体系。实行企业注册官制度,对于工商行政管理部门形成企业登记注册的规范化、制度化、法制化,向职业化发展,进一步提高工商部门的地位,具有重要的意义。

第一,企业注册官制度有利于《行政许可法》贯彻实施。

企业注册官制度是贯彻《行政许可法》的重要内容之一,是转变政府职能、提高行政效率、树立部门形象,与国际接轨的有效途径。如《行政许可法》规定,只要申请人提交的材料齐全,符合法定形式,行政机关能够当场作出决定的,应当当场作出决定。但现行登记注册因各个环节责任不明而很难落实这一规定。施行企业注册官制度,则由制度来规范各个环节,明确了由谁来做、怎么做,最后应由谁来核准等,使《行政许可法》的这一规定落到实处。

第二,企业注册官制度有利于克服现行企业登记注册模式的缺陷。

首先,缩短了操作流程。现行登记注册模式工作流程较长,如办理营业执照,需进行三四道以上的操作环节;而企业注册官制度原则上由2个人来完成,由1个人受理审核,另1个人复核核准。其次,划分了事权,明确了责任。企业注册官制度对各级注册官的事权做了明确的限定,并且通过署名权来实现责权统一。再次,减少了"官本位"思想。现行审批模式责任到人,往往随着层层的审批环节而逐层递交。企业注册官制度则将权力责任一起下放,从而改革了

"官本位"的做法。

第三，企业注册官制度有利于工商行政管理队伍的职业化建设。

企业注册官制度是公务员分类管理诸多制度中的一个重要制度。工商行政管理系统试行企业注册官制度，就是要在公务员队伍的职业化建设上寻求突破。尽管企业注册条线的人员只占工商系统总人数10%不到，但他们却具有一定的代表性。通过实行企业注册官制度，最终形成整个工商系统公务员队伍的职业化。

第四，企业注册官制度有利于改善投资环境，促进经济发展。

企业注册官不仅是建设"服务政府"的集中体现，也是工商行政管理机关对外形象的具体反映。企业注册官制度的试行，对于实现更加规范、专业、透明的企业注册行为提供了制度保障。同时企业注册官权责一致提供的便民、高效服务，提高了办事效率，提升了窗口形象，方便了投资者，促进了经济的发展。

二、企业注册官制度试点的主要做法

第一，制定制度，规范试点。

企业注册官制度的主要特点是"考聘结合、分级管理、责任到人、权责统一、能上能下"。为了探索出适合我国国情的企业注册官制度，规范试点工作，在学习借鉴国外和我国港澳地区企业注册官制度经验的基础上，结合我国现行企业登记注册制度的特点等，制定了5个关于企业注册官制度试点的管理办法，对企业注册官的职位设置、任职资格、聘任方式、管理制度和工作规范等，作了明确规定。

关于企业注册官的职位设置。企业注册官由高到低分为七级（七级为最低），上级企业注册官具有下级企业注册官的核准权限，并可以将其权限内的受理职责委托下级企业注册官履行。企业注册官对于其核准权限内的登记注册申请难以作出许可决定的，应当提请上一级企业注册官受理。

关于企业注册官任职资格的取得。企业注册官必须通过专门的考试取得任职资格。对各级企业注册官每年都要进行复训和复试，复试成绩不合格的企业注册官将失去任职资格。

关于企业注册官的聘任。对取得任职资格的公务员，通过"公布职位—报名申请—资格审查—提名推荐—民主测评—组织考察—任前公示—人员聘任"等八个环节，采用竞聘上岗的方式选任企业注册官。

关于企业注册官的管理。坚持过程监督和结果监督相结合的工作原则，通过建立集体讨论制、回避制、执法检查制和行政执法过错追究制等制度，形成一种能上能下的新体制。企业注册官不实行终身制，对在工作中发生行政执法过错责任的企业注册官，将被调离登记注册岗位。

关于企业注册官的工作规范。对于诸如变更企业住所等简易登记的行政许可事项，六级以上的企业注册官可以行使一人受理、核准权，并可当场作出行政许可决定。简易登记以外的其他行政许可事项，实行"一审一核"制，即由一名企业注册官受理，并由另外一名同级以上（含同级）具有相应事权的注册官作出核准决定。同时，授予企业注册官署名权，为进一步明确企业注册官的法律责任提供依据。

第二，稳步推进，平稳过渡。

我们在试点中着力做好上海市工商系统尤其是注册条线干部的思想工作，统一认识，稳定队伍。市局和区（县）工商分局拟定了贯彻落实上例5项管理制度的实施方案和具体操作步骤，根据实际情况，逐步推进。市局明确，首次拟聘企业注册官，为上海工商系统登记注册部门内在编在职的国家公务员。对首次聘任的企业注册官，坚持"平套"原则（即按从副局到办事员七个行政职级对应套企业注册官七个级别，如副局级套为一级注册官，依此往下类推）。由于思想工作有力，措施得当，目标明确，实现了人员和工作的平稳过渡。

第三，及时总结，不断完善。

我们在试点中，多次召开各种类型的座谈会、交流会，还组织执法监督检查，及时发现问题，改进工作。如针对部分企业注册官未严格按照法定要求收取企业申请材料、文本签署日期存在瑕疵、受理人员意见签署不够准确等问题，及时制定了《企业注册官行为守则》、《企业登记行政许可行为撤销制度》、《企业注册官合议审核规定》等文件加以规范。另外，还就如何合理划分市局与分局企业登记注册权限和企业注册官权限委托等问题，制定了《企业注册官权限委托制度》，做到事权委托的无缝衔接，使企业注册官制度试点不断得到完善。

三、企业注册官制度试点取得的初步成效

第一，企业注册官制度顺应了《公务员法》关于公务员分类的新变化和新趋势。

《公务员法》，将公务员划分为"综合管理类、专业技术类和行政执法类"，同时明确"综合管理类以外其他职位类别公务员的职务序列，根据本法由国家另行规定"。这一规定，为企业注册官制度试点提供了充分的法律依据和制度空间。正在试点的企业注册官制度，从职位设置、资格考试、竞聘上岗、事权划

分、考核任免、责任追究等各个方面，均体现了《公务员法》的这一立法精神，将为确定工商行政管理部门综合管理类以外其他职位类别公务员的职务系列，提供可资借鉴的经验和模式。

第二，企业注册官制度为工商部门贯彻实施《行政许可法》提供了制度保障。

按照《行政许可法》有关规定和国家工商总局的要求，我们在企业注册官制度试点中，建立健全了企业登记审查辅助查询系统，明确规定了企业登记许可事项所需的材料、审查的标准和环节等，初步实现了登记注册口径的统一规范。根据《行政许可法》关于行政机关能够当场作出决定的，应当当场作出书面的行政许可决定的规定，特别优化了简易登记程序，使原来需要2个人甚至3个人才能完成的工作，现在只需由具有相应事权的1名企业注册官当场受理、当场决定，甚至还可视情况当场颁发营业执照。企业普遍感到工商部门的办照效率大为提高。根据测算，企业注册官制度试点之前，工商部门平均审核颁发一张营业执照需要5天以上时间，现在则平均少于4天。

第三，企业注册官制度树立了工商执法的亲民形象，社会满意率进一步提高。

企业注册官制度试点后，注册官身着特制的职业装，比往日少了一份威严，多了一份亲近，与前来办事的人员拉近了距离。为了方便老百姓办理登记事项，上海市21个注册大厅都安装了显示登记状态的大屏幕和电子排队叫号系统等设施，有些分局还安装了服务质量跟踪测评仪和计算机电话录音系统。同时，企业注册官在服务品质上也有所提高，企业注册大厅设置了专门的"咨询接待"及"值班"窗口，保证了规范接待，让投资者感受到不同于以往的专业化、规范化服务水准，得到了社会的好评。

第四，企业注册官制度提高了干部队伍的业务素质。

试点以来，企业注册官在日常工作中出现了"两多两少"。首先是学习讨论的现象多了，"驳回补正"的现象少了。原来对工作中较难把握的业务问题，分局干部往往习惯于上报给市局处理或推给领导决定。试点后，则应当由企业注册官根据责权统一的原则和有关规定独自受理决定。因此，企业注册官们往往更多地在一起研究讨论业务工作，学习氛围愈加浓厚，干部的业务能力得到显著提高。所以，上报材料中出现的补正、驳回现象明显减少。其次是登记材料经抽查合格的多了，出现差错的少了。对企业注册官赋予核准权，由其在法律文书上署名，由此给他们带来了无形的压力，将促使其更加审慎地行使权力。试点后，因信息录入错误而被退回补正的申请案及材料审查中出现的差错已很少发生。

四、企业注册官制度试点面临的主要问题

第一，企业注册官人手紧缺的矛盾仍未得到根本解决。

随着上海经济的持续、快速、健康发展，各类市场主体的开业、变更、歇业日益频繁，导致工商部门企业登记注册的工作量大幅增加。虽然试行企业注册官制度后，提高了工作效率，但现有的企业注册官仍无法满足登记注册工作的需要。据统计，2004年全市工商部门共受理开业、变更、歇业申请和名称申请等71万余件，受理咨询接待等达92万余件。我们对每1位企业注册官处理业务所需的平均时间作了模拟测试，得出每1位企业注册官满负荷工作量为日均受理8件。按此测算，就2004年而言，上海市目前在一线从事企业登记注册的236名企业注册官，实际承担了相当于350名企业注册官的工作量。这一状况反映出企业注册官超负荷工作现象比较普遍，人手紧缺的矛盾仍较突出。如长此以往，则既不利于工作的开展，也无益于注册这条线干部队伍的稳定。

第二，企业注册官承担的责任与待遇挂钩问题。

随着企业注册官制度试点的不断深化，这一岗位越来越呈现出压力大、风险高、责任重的特点。鉴于注册官工作量的不断增长，对他们工作要求的不断提高和工作责任的不断加重，如果没有相应的待遇与之挂钩，则往往会挫伤干部的工作积极性，也会影响企业注册官制度的示范效应，并且也与即将实施的《公务员法》的立法精神相悖。所以，建立和完善相应的激励机制，使企业注册官所承担的责任与待遇相挂钩，对于企业注册官制度的试点和深化，有着重要的作用，应当提上议事日程。

五、深化企业注册官制度试点的初步设想

第一，拟聘用文职人员，以缓解企业注册官超负荷工作的现状。

缓解企业注册官超负荷工作的现状，是深化企业注册官制度试点的当务之急。为此，我们设想，对企业注册官的工作进行合理分解、细化，将登记注册各个环节中的辅助性工作（如企业信息录入、打印营业执照、颁发营业执照等）予以剥离，由向社会公开招聘、经过专业培训的文职人员去做，以保证企业注册官更专注于对企业申请材料的审核把关。

第二，实行晋级挂薪，实现企业注册官责任与待遇的相一致。

所谓晋级挂薪，是指让企业注册官能够获得比工商部门的其他公务员岗位更多的晋升职级的机会，并在工资奖金上参照与企业注册官级别相当的行政非

领导职务执行。

初步设想,对于四、五、六级企业注册官从事注册工作满3年,二、三级企业注册官从事注册工作满4年,经考核,其日常工作量基本处于满负荷工作状态,业务差错率明显低于本部门人均业务差错率,而且没有行政复议变更、行政诉讼败诉等情况,在各类企业注册官业务培训考试中成绩优良的,拟列入当年晋升的范围。四、五、六级企业注册官的晋升比例不超过总数的1/3,二、三级企业注册官的晋升比例不超过总数的1/5。

第三,在个体工商户登记注册中推行注册官制度。

从行政许可的角度看,个体工商户登记注册与企业登记注册一样,同属确认市场主体经营资格的行政许可行为,且两者登记环节基本相同,工商部门承担的责任也基本相同。随着企业注册官制度试点的初现成效,可以把个体工商户登记注册纳入企业注册官制度深化的范围。这将有利于进一步扩大这一制度的示范效应,能进一步激励一线执法干部的工作积极性。我们设想,每一个工商所可以设置四级以下注册官3人,一般为五级注册官1人,六级注册官2人。但工商所的注册官是"专岗不专职、业务定专人",即个体工商户登记注册由注册官完成,但这些注册官,还应当完成工商所所长交办的其他工作。这样既可以提高个体工商户登记注册工作的效率,也体现了这项工作的专业性,又不会对现有的工商执法力量造成影响。这也是企业注册官制度立足当前、着眼长远的必然趋势。

(作者单位:上海市工商局)

二等奖

改革和完善我国食品安全监管体系的思路

李永才

近年来,食品安全问题日益成为一个世界性问题。发生在欧洲的"疯牛病"、"口蹄疫"、"二恶英";发生在东南亚地区的"禽流感"、"非典型性肺炎",以及近年出现的"人感染猪链球菌"等食品事件表明,食品安全问题不仅关系到广大人民群众身体健康和生命安全,关系到经济发展和社会稳定,甚至关乎公民对社会和政府的信赖问题。食品安全是目前公共健康面临的重大社会问题。食品安全监管体系的健全和完善在世界各国都被当做一件战略性任务予以高度重视。我国的食品安全形势也不容乐观,重大食品安全事件年年发生。加强食品安全监管,构建科学有效的食品安全监管体系是我们应当深入研究和探索的重大课题。本文拟做一些粗浅的探讨。

一、我国食品安全监管中存在的问题

吴仪同志指出:当前食品安全形势依然严峻,初级农产品源头污染仍然较重,食品生产加工领域假冒伪劣问题突出;食品流通环节经营秩序不规范,食品卫生安全事故时有发生。专家认为,造成食品安全形势不容乐观的原因主要有法律制度不完善,食品标准体系混乱、经营者食品卫生意识淡薄,监管体制不顺,执法不力。

(一)法律、法规不健全,法规打架与无法可依相互交织

目前,我国的食品安全法律主要由《食品卫生法》、《传染病防治法》、《产品质量法》及《食品卫生行政处罚办法》及《农药管理条例》等近40部相关行政法规和有关部门的近100部规章组成。食品安全监管法律体系存在的主要问题:一是体系不完整,未涵盖从农田到餐桌的全过程。单个法律、法规调整的范围窄,条款分散,且存在相互交叉与冲突的地方。二是内容不全面,一些国际社会广泛采用的重要制度,如食品安全风险评估、食品安全预警与危机处理、食品企业安全保障责任及食品召回等制度内容未纳入法律调整。三是对食品经营者违法行为法律责任规定太轻,起不到应有的惩戒作用。违法成本很低导致

食品经营领域"劣币驱逐良币"的现象时有发生。四是对政府职能部门的监管职责规定不清晰，留下执法"真空"和管理隐患。

（二）体制不顺，多头监督，职责不清

国务院《关于进一步做好食品安全工作的决定》初步明确了由农业、质检、工商、卫生、商务、进出口、药监等七个部门按食品种植（养殖）、生产、加工、销售等不同环节进行监管。这种监管格局存在以下问题。①食品出问题都是以产品为形态，按环节监管的情况下，每一种产品的监管各相关部门都有职责，出了问题大家有责任等于没有责任。反之，一个产品管好了大家有功。各部门要表现自己做得好，就得把更多精力放在琢磨花样上，大力宣传自己。而不是沉下去把某类产品的质量问题真正解决好，"作秀"多于实干。食品安全事故发生后或媒体曝光后才突击整治，监管防范工作十分被动。多年来采取的运动式专项整治也难见实效。②分环节监管导致大多数案件的查处需要联合执法或者各部门间移交才能彻底查处。联合执法要开多少次联席会议，出动多少重复劳动，事后法律责任不清，当事人投诉无门，工作效率之低，成本之高可想而知。而移交工作程序复杂，协调难度大，等案件移交完毕，制假者早已逃之夭夭。③由于各环节的划分不可能完全清晰，中间有很多模糊地带，不仅易出现监管真空，而且各相关部门难免"趋利避责"，结果是部门合作越来越少，矛盾越来越多。例如质监部门在食品市场准入制度上推出了"QS"标志，但这项制度实施的效果很大程度上要依赖流通领域的执法检查，而工商部门要查处市场上未加贴"QS"标志的食品又不能引用质监部门的规章作为依据，势必导致准入制度在较大程度上的落空。"一个部门制订的管理措施要依靠其他部门的执法来保证落实。部门之间这种合作模式是不可思议的"[1]。又如，管生产的不管加工，管加工的不管销售，食品加工与管理游离于各职能部门之间，都在管，都不管。再如食品从生产加工到销售的过程也很难划清质监与工商的职责。生产企业直接销售食品是由质监部门管还是由工商部门管，这是商品质量管理中长期未解决的争议。

（三）标准体系不统一，不完善，与国际标准差距较大

我国已建立了3000多个食品质量标准。其中食品工业标准有1164项，这些标准由不同的部门制定，有的食品如碳酸饮料，饮用纯净水，食盐，酱油等有两套标准。不同安全等级的食品缺乏科学界定，如保健食品、生态食品、无公害食品、绿色食品、有机食品等，由农业、质监、卫生等部门各自为政制定标准。且有的标准严重滞后。标准的不统一和缺乏科学性使企业无所适从，消费者混淆不清，政府监管部门难以沟通。

(四)缺乏风险评估制度，检测及环保体系不健全

我国至今没有任何政府部门建立食品安全风险评估制度。各级食品监管机构仍沿用传统监管模式。对食品生产、加工采取抽样检验，然后发放生产许可证。但近年每每出现食品安全问题的企业无一例外都有质量合格证和相关证照。食品销售企业由于准入门槛低，企业组织化程度低，小作坊，小食品店，小餐馆、流动小摊点量大面广。要让这样的经营者建立自律制度谈何容易？职能部门要实现有效监管也只能疲于奔命。从生产到零售两头监管乏力，中间流通市场则以消费者健康为代价。我们的食品安全之战，还停留在哪里出现"敌情"，就在哪里开辟战场的防御阶段。如此的监管机制已完全不适应当前食品安全的严峻形势。

就食品检测而言，检测体系不健全，标准不统一，部门各自为政，企业自建的检测机构从技术到法律效力都得不到承认，严重影响了消费者对食品安全保障制度的信赖。食品安全重在防范，应当建立独立、公正、权威的食品安全公共实验室，为食品安全监管提供科学、严谨的技术支撑，为食品安全风险评估和预警制度的建立打好基础。

二、发达国家对食品安全监管的做法

欧盟各国、美国、加拿大、日本等发达国家和韩国、新加坡等亚洲"四小龙"都建立了一套体系严密，规范科学的食品安全监管体系。

(一)构建严密的法律体系，开展严格的执法监管

欧美发达国家大多建立了涵盖所有食品类别和食品链各环节的法律体系。如美国自1906年颁布《食品和药品法》至今，制定了35部与食品安全有关的法规，其中《联邦食品、药品和化妆品法令》、《食品质量保护法》、《公共卫生服务法》、《联邦肉类检查法》、《禽类产品检验法》、《蛋类产品检验法》、《联邦杀虫剂、杀真菌剂和灭鼠剂法》等7部法律为食品监管、检测、控制提供了直接依据。欧盟为统一协调食品安全监管，三十年来陆续制订了《食品卫生法》、《通用食品法》等20多部食品方面的法规，形成了较为完整的法律体系。德国的食品管理历史悠久，是全球四大食品出口国之一，占世界成品出口总额的13%，同时又是食品进口大国。德国食品安全法律包括《食品和日用品管理法》、《食品法》、《HACCP方案》。

新加坡对食品管理非常严格，制定了《环境公共卫生(食物卫生)条例》、《食品出售条例》等法规。执法部门包括环境部、国家发展部下属农粮食品和兽医局(简称农粮局)。法律授权执法部门可在任何时间对任何贩卖生产的食品进

行检查。每年要进行近二万次执法检查,平均每天数十次的临检和常规检查与鉴定。其执法部门的权力很大,管理小贩的稽查队每 4 人一组,配备有一名持枪保安。严格执法是新加坡食品安全的主要保障。据报载,新加坡农粮局在例行检查中发现某农场生产的鸡蛋含有残留的违禁药物,不符合安全标准,在第一时间全数销毁了该农场的鸡蛋,并在三天内向该农场鸡蛋的所有零售点发出通知,下令撤掉该农场所生产的鸡蛋,同时对于已经购买了鸡蛋的消费者进行退款。之后,作为责任方的农场企业马上向公众致歉,承诺类似事件不会再发生,并配合政府执法销毁了 300 多万只鸡蛋。在事件发生后两个星期,经政府执法部门重新审核认为生产流程和产品已符合法律规定,才让其重新上市,足见其监管的力度和实效。

(二)实行风险管理,建立从田间到餐桌的全程控制体系。

食品安全管理者的任务就是将食品发生损害健康事件的风险减少到最低程度。这一认识已成为国际食品安全管理理论界的通识。欧美国家在食品安全管理机制上,都采取了以风险评估为基础的风险管理。如美国《总统食品安全计划》强调风险评估在实现食品安全目标中的重要性,要求所有负责食品安全的联邦政府机构成立"机构间风险评估协会",风险评估就是对所有食品的危险因素、影响范围、危害程度等进行系统评估,并以评估结果作为风险管理的基础。英国的食品标准局、德国的联邦风险评估研究所都要负责食品安全的评估与研究。日本、韩国都专门成立了由科学家和政府监管机构的专业人员组成的食品安全委员会对食品安全性进行评价。欧盟食品安全管理局的一项重要职能就是根据理事会、成员国的要求对食品安全问题分析研究,提出独立的科学建议,作为管理当局的决策依据[②]。

在风险预防控制方面,各国都普遍采取了建立和推广危害分析及关键控制点的预防性质量控制体系(HACCP)。从源头到餐桌实行全过程控制。并对食品企业实施《通用良好和生产规章》(GMP)。

通过管理体系的引入,使食品安全危害能够被预防、清除,降低到可接受的最低水平。美国在酸性及低酸性食品,罐装食品,家禽类,水产品以及果蔬汁产品中,强制实行这一质量保证体系。欧盟、加拿大、日本等国也实施了该体系。美国早在 1969 年就将"良好作业规范"(GMP)认证制度推及食品适用。这一管理制度覆盖食品制造的各个方面,从原材料的采购,建筑设施、设备至人员培训,个人卫生都提出了要求,保障食品在制造、包装、储运等过程都遵守良好的操作规范,防止食品受到不卫生或者污染物的威胁。

瑞士联邦政府很早就将食品纳入基本公共管理职能,不断完善食品安全体系。从源头到加工、流通，再到消费形成了一张严密的监督保护网。源头方面，法律要求农作物种植和家畜饲养者必须严格按照有关部门制定的安全标准，选择和使用农药、饲料，保证动、植物的健康和卫生。以动物食品为例，瑞士全国现有160万头肉牛和200万头猪、羊都有饲养档案，记录着出生日期，喂养的饲料，生病用药等信息。这份档案要伴随家畜一生。宰杀前，卫生部门的兽医要对宰杀动物的档案进行查询，对饲料进行审核，合格后才发宰杀许可证。屠宰后，还要检查肉内是否有寄生虫，传染病毒等。进入生产车间进行食品加工，要检查食用香料和添加剂的含量。在运输过程中，食品必须处于冷冻状态，安全卫生检查伴随着售前的每一个环节③。流通方面，销售食品的基本上都是超市和商场，减少了食品变质或受污染的可能性。对超市零售商场也要不定期调集过期食品处理档案查看，若销毁过期食品数量不准，也会受到查处。消费方面，瑞士长期以来倡导消费者直接参与保障食品安全体系，国民教育从小学开设食品卫生课，造就了一个食品安全意识水平很高的消费群体。

三、改革和完善我国食品安全监管体系的建议

改革和完善我国食品安全监管体系，建立科学长效的食品监管机制，确保人民群众的食品安全，是当前政府履行公共管理职能的重要内容，是实现好、维护好人民群众根本利益的具体体现。要实现这一目标，应当从以下几个方面进行大胆改革和探索。

（一）健全我国食品安全法律法规体系

一是借鉴发达国家经验，建立我国食品安全法律、法规体系，建立和完善符合国际食品法典委员会原则的食品安全标准体系，统一食品安全标准。

二是加大食品安全管理有效控制体系（HACCP）的推广力度，切实落实好食品良好操作规范（GMP）制度。实现食品种养殖、生产、加工和销售的全程控制和良好操作。

三是抓紧修订现有法律法规，强化对食品生产、加工、销售违法行为的惩罚力度。同时推进现有法律法规以"食品卫生"规制为主向"食品安全"规制转变。

四是完善相关法律制度。首先是建立健全食品质量安全市场准入制度，提高食品企业准入门槛。其次是建立食品销售企业的追溯和承诺制度。从生产到销售的每一环节建立食品生产、经营认证制度，实现食品质量安全的可追溯性。再是建立食品召回制度。如果食品安全无法达到承诺要求，借鉴美国的做法，按危害程度三级召回，规定生产厂商有将不合格食品召回的法定义务。

(二)构建科学合理的执法监管体制

一是理顺关系,整合管理资源,科学划分职责,建立统一监管模式。将现行食品监管由农业、卫生、商务、质监、工商、进出口、药监等七个部门的监管职责再次进行深度改革。近年来,英美等发达国家食品安全监管体制逐步趋向统一管理。如英国1999年成立的独立食品安全监督机构,食品标准局,负责统一公开食品检测结果,责成企业退市,独立监管、评估和检查其他食品监管机关的执法活动。韩国也于今年成立了国家食品安全政策委员会,负责协调各部门业务,处理紧急、重大食品安全事件。借鉴发达国家经验,对食品进行统一管理,成立国家食品安全委员会,有效整合上述七部门食品监管职能,将食品生产、加工、销售企业的许可证发放、食品市场准入,食品安全监管等职责交由其行使,并监督评估相关部门和地方政府各自履行职责的情况,建立健全权责明确的食品安全管理体系,使食品安全监督工作真正步入法制化管理轨道。

二是整合现有检验检测机构,建立权威高效的食品安全监测体系。整合卫生部门的全国卫生标准技术委员会,国家质量检验检疫总局的食品标准化委员会、进出境检验检疫部门,农业部门农产品农业行业标准的相关管理部门,食品行业相关主管部门等机构,避免多头管理。

三是建立食品安全风险科学评估制度。借鉴国际通行做法,建立科学规范的食品安全风险评估制度。各级政府应当建立专门机构和专家库,采取部门和专家评估相结合的方式,对重点食品的安全程度,重点污染物的危害程度,以及与食品有关的新技术、新工艺、新材料的安全性进行风险评估。对食品安全监测抽查结果,消费者申诉等数据,突发食品安全事件的起因,危害程度和影响进行分析评估。建立食品危害预测模型及安全评估指标,为食品安全科学决策和监管提供依据。

四是加快建立安全可控性强的食品供应组织体系。强化对农贸市场安全控制技术的推广。推行场厂挂钩。倡导农产品生产、销售的协调统一,保持农作物病虫害防治的彻底性和同步性,大力推行科学用药,从种植源头控制农产品的农药残留问题。

(三)建立群防群控,综合治理的社会化管理机制

为着力解决人民群众关注的食品安全问题,我们要按照建立"行政执法、行业自律、群众监督、舆论监督"相互协调,密切配合的机制的要求,积极探索形成党委统一领导,政府牵头负责,部门齐抓共管,群众广泛参与的社会化管理工作格局。充分发挥行业自律、企业自律这个关键,引导企业建立自我监督和相互促进的制度。夯实群众参与食品安全维护这个基础,充分依靠人民群

众的力量,群防群控,综合治理。具体做法是:一是要坚持"标本兼治,重在治本;防打结合,以防为主;突出重点,分类监管"的原则。二是整合社会资源,发动社会各方面的力量参与食品监管工作。要发动基层政府组织及群众自治组织的力量,依靠乡镇党委、政府,街道办事处,社区居委会,村委会完善的基层工作网络开展食品监管工作。发挥基层组织熟悉本地情况、群众基础扎实、了解信息及时的优势,通过设立社区食品安全监督协管员、村组食品监管联络员的方式,完善监管和投诉举报网络。针对农村食品安全监管薄弱的现状,要建立工商所、派出所、畜牧站、防疫站和农技站监管农村食品安全的协调机制,形成县、乡(镇)、村三级监管网络。三是发挥舆论监督的作用,加大对大案、要案的披露和查处打击的宣传力度,形成浓厚的舆论氛围。

注 释

① 韩乐悟. 监管"舞台"上的尴尬"情节". 法制日报,2005 - 04 - 06(8)

② 张志宽. 浅析欧美食品安全监管的基本原则. 中国工商管理研究,2005(6):8

③ 钱慰曾,李永敬,黄慎. 国外如何保障食品安全. 法制日报,2004 - 11 - 21(4)

(作者单位:成都市工商局)

二等奖

我国合同秩序的现状分析及对策研究

卫 琳

为了深入地探讨合同秩序中的问题,现将合同秩序定义为:"通过规范合同主体签约、履约的行为,以实现降低市场总体交易费用和最佳利益的组合状态。"在这一定义中规定了三个主要的研究对象,即合同主体、降低交易费用和最佳利益组合。本文研究合同秩序主要是针对目前我国合同秩序现存的主要问题,分析探究导致合同秩序紊乱的根本原因,回答在合同秩序中谁来规范、规范什么和怎样规范的问题。文中述及的主要问题涉及法学、道德学、经济学、信息学等研究的课题,并且是我国现存合同秩序中亟待解决的问题。在具体分析探究后,提出构建良好的合同秩序现实可行的对策。以此尝试寻找经济学研究和法学研究的结合点,并发现其中的利益联结,以求论题的突破。

一、我国合同秩序现状

近年来,我国每年订立经济合同大约 50 亿份左右,但履约率仅约 60%。社会普遍失信现象对合同主体的危害是巨大的。在 2003 年,全国工商行政管理系统共查处违法合同案件 19706 起,涉案金额达 30 亿元;我国企业的综合平均 DSO 为 90.3 天,远高于发达国家 45 天的水平。

当前我国合同秩序的主要问题表现在:

①合同法律体系不适应经济的发展,法律建设滞后于经济的发展;

②合同主体法律意识淡薄,交易行为不规范,合同主体信用缺失;

③合同监督和管理制度不健全,合同运行无序、低效;

④政府行为干预不当,处罚力度不足,合同失信行为成本过低;

⑤合同主体信用监控体系基础薄弱,加大了信息的不对称性。

二、合同秩序紊乱的原因分析

1. 法律体系不完善

我国 1992 年明确提出建立社会主义市场经济体制。从计划经济体制向市场经济体制的转变,相应地要实现从计划经济体制下法律制度向市场经济体制下法律制度的转变。到现在为止,我国的法律制度仍带有经济体制转轨下法律制度特点。虽然借鉴了国外很多有益的经验和国外市场经济发展过程中成功的做法,但总体看,还带有计划经济的痕迹。因而,这就难免出现法律的真空地带,给一些唯利是图的人以可乘之机。同理,在我国现行的合同法律制度不能完全适应市场经济发展的客观需要的同时,在某些方面日益显现出其存在的不足:一是《合同法》对合同监管只是作了原则规定,实践中很难具体操作;二是关于无效合同查处的行政立法滞后,至今未能明确对故意违法制造无效合同的合同欺诈人应承担的法律责任等;三是对电子商务、数据电文等新合同形式的监管法律存在盲点。

2. 合同监管制度不健全,监管不力

根据近年来的合同纠纷数据统计显示,由于企业合同运行管理制度不健全而导致合同纠纷的产生约占合同纠纷总数的40%。分析其原因主要是两个方面:一是合同管理机构、人员、制度不落实,未建立起合同管理的组织网络;二是合同管理系列化规章制度制订滞后。这里说的系列化规章制度包括合同法律学习培训制度、签订合同审查审批制度、委托代理制度、合同信用管理制度以及合同管理奖惩制度等,这是保障企业合同能有序、高效运行的关键所在。合同主体内部合同运行管理制度不健全,造成了合同管理上的混乱,致使合同签约人不能依法签约、履约合同,同时,也给不法分子提供了可乘之机,使其得以大肆利用合同骗钱、骗物,坑害国家利益、集体利益和他人利益。尤其是加入世界贸易组织后,在新的形势下,合同秩序监管工作面临着新的任务和新的要求。而传统合同秩序监管中的盲点和不断出现的新问题,使得合同秩序监管显得任重而道远。

目前,政府监管部门对合同运行的监管制度不完善。一是对电子商务、数据电文等新合同形式的监管存在盲点。近年来,随着信息技术和互联网络的飞速发展,我国网络经济同样取得了令人瞩目的成绩,电子商务的交易额日趋上升。在电子商务这种新的经济形态中,合同形式不仅表现为传统意义上的信件、合同书面等形式,更有电子数据交换、电子邮件等伴随信息技术出现的新形式。怎样加强对这些新经济派生物的监管,目前我国还没有相关法律,政府监管部门在此监管领域存在盲点。二是政府监管部门对合同运行的监管方式滞后。新形势要求政府监管部门对合同运行必须实行全过程不间断的监管,即对合同运行的监管应该做到事前防范、事中监督及事后查处。而目前由于种种原因,导致对合同运行的监管难以做到全程不间断监管,这样使得政府对合同运行的监

管处于时断时续状态,而且一旦出现问题,经常是依赖突击性检查等短期政府干预行为来治理合同紊乱秩序。政府监管部门对合同运行监管制度不健全,合同运行处于无序、低效状态。

3. 对合同失信处罚不力

政府的政策不连续,致使行政执法中出现了严重的任意性和随意性。政府监管部门主要职能是行政执法,但是我国行政立法尚不完备,且缺乏应有的严密、科学的体系。法律体系的欠缺造成了各部门、各地区的合同监管缺乏预见性、协调性和统一性,致使在执法过程中不可避免地或多或少出现任意性和随意性的不规范行为。如受局部利益的制约,为维护地方或部门利益,对合同运行监管工作的政府行为干预力度时强时弱,动辄实行地区封锁,随意设立关卡,进行非正常的检查活动,妨碍了公开公平竞争。同时,在政策上实行内外有别,对地方企业、地方产品实行保护政策,对与自身利益较近的合同主体的违规行业不闻不问或者只查不处,而对与自身利益较远的合同主体的违规行为查处过于严厉,有时还会出现重复处理现象等。此外,目前政府监管部门存在组织机构设置、人员编制不足,行政经费紧缺,监管方式滞后,监管法律依据不足,监管人员综合素质较低、纪律松弛、执法不力等方面的问题。这些问题的存在削弱了政府行为的干预力度,并且在一定程度上也导致了合同失信行为的发生。

合同失信行为成本过低,助长了合同失信行为的发生。据调查,近年来,89.3%的企业受到不信守合同的伤害,但也有87.3%的企业有明显的违约失信记录。由此可知,对于合同失信者未能有效严厉地依法给予惩罚和制裁,打击不力导致失信成本过低。究其原因,一是缺乏一套行之有效的失信惩罚机制,使得一些失信者得不到有效严肃的惩罚,换言之,合同失信行为的"成本"极低,加之"风险"又小,即"投资少、收益大",由此诱发了大量跃跃欲试的失信者,效果"倍受青睐",更加助长了合同失信行为的发生;二是惩罚"雷声大雨点小",导致了合同失信行为的"乘数放大"效应。即使把合同失信行为被揭露后所受惩罚考虑在内,失信行为的边际"效益"也远远大于边际成本。这一结果只会使合同失信行为越来越猖獗。按照科斯原理分析,失信行为的边界会越伸越远,失信的规模会越来越大。

4. 信用体系建设滞后

由于我国社会主义市场经济是由计划经济转变而来的,因而信用基础比较薄弱。广大民众与企业的商事信誉程度和社会信用不平衡,同社会主义市场经济体制的需要相比,还有相当大的距离。改革开放以来,市场经济的发展对信用提出了愈来愈高的要求,然而目前我国信用制度和信用管理体系的基础设施建设远远落后于这种要求，尤其是合同主体信用管理体系建设更是落后于市场经济发展的要求，如合同主体缺乏现代市场经济条件下的信用意识和信用道德规范；合同主体信用数据库不健全；合同主体信用公示制度和失信约束惩罚机制不完善等，使得失信者得不到应有的惩罚，打击不力，即失信的成本很低，更有利于信用失信的形成。因此，合同主体信息管理体系建设的滞后，不仅不能有效治理合同秩序的紊乱状况，还削弱了合同运行监管和管理的规制力度，其正在成为阻碍我国经济发展和社会进步的瓶颈。

市场经济是一种契约经济，是一种建立在诚信基础上的信用经济，它本应拒绝欺诈，拒绝一切不讲信用的行为。目前在合同秩序方面存在的合同违约、欺诈等违法违规行为和合同主体信用失范现象，与我国合同主体信用管理体系建设滞后密切有关。因此，建设全国范围的主体信息数据库，服务经济建设，提高信息对称度，已成为当务之急。

三、构建良好的合同秩序的对策

1. 完善合同法律，规范合同主体交易行为

不可否认，现行的《合同法》以及辅之实施的各项法规、规章及相关的立法、司法、行政解释等，在规范、调整社会经济活动中起到准绳作用，尤其是对合同订立制度、合同效力制度、合同履行制度、违约责任制度以及针对严重违反合同的行为处罚，都作了详尽规定。但是，随着经济体制改革的不断深入和社会主义市场经济的进一步发展，现行的合同法律制度已经不能完全适应市场经济发展的客观需要。为此，要尽快从以下几方面予以完善。一是对管理不善、不服管理如何处罚等方面充实或制定带强制性的合同管理细则，以便管理者实施有效的管理。也就是说，不能只对管理主体应该"怎么做"作规定，也要对管理客体"怎么做"或"不怎么做"将受到的制裁作出规定等；二是对于利用合同进行欺诈活动的违法者应明确其应承担的行政责任。现行《合同法》只规定了合同当事人的民事权利和民事责任（变更权、撤销权、返还财务、折价补偿、赔偿损失），而对于合同欺诈应承担的行政责任法律没有明确的规定；三是从法律角度或相关立法上明确故意违法、制造无效合同的合同欺诈者应承担的法律责任，完善对无效合同查处的行政方法；四是尽快完善对电子商务、数据电文等新合同形式的监管法律；五是完善合同主体追求营利的目标和社会利益实现的结合。在市场经济条件下，民法、商法主要保护商事主体利益目标的实现，经济方面的法律制度、行政方面的法律制度大多数侧重于要求实现社会的利益。然而，我们的法律制度是应该保护各种利益的。从国外情况看，现代

市场经济发展到今天，不是简单地只保护公民、法人的利益，同时要注意社会利益目标的实现。西方经济学家提出了两种精神：成功精神与信念精神。成功精神主要讲实现企业利益的目标，信念精神是指道德。因此，合同主体的交易行为也应同时体现成功精神与信念精神。

2. 普及合同法律知识，提高各类合同主体自律性

宣传贯彻普及合同法律知识，提高合同主体的自律性，是政府监管部门的主要职责之一。要保证合同运行的有序、高效，最根本的途径在于普及合同法律知识，增强合同主体法律意识，提高合同主体自律性，自觉遵守、维护合同法律制度。这一切都需要政府监管部门大力宣传、贯彻普及合同法律知识，要加强法制法规的宣传教育，提高合同签约人依法签约、科学签约的能力。《合同法》作为市场交易的规则和市场经济的基本法律制度，明确了合同关系的基本内容及其行为规范，总结了中国改革开放以来经济法制的实践经验，大胆借鉴了世界各国立法、司法的成功案例。各级政府监管部门要积极与人大和新闻媒体等部门合作，切实组织对《合同法》及其相关法律法规知识的培训，提高合同签约人依法签约、科学签约的能力，取得实际效果。科学地运用信息经济学来分析导致受骗的原因，通过典型案例的现身说法，使他们在实践中知道应该如何订立合同，如何履行合同；了解哪些是无效合同及其法律后果；了解违约行为的社会危害及法律后果等，知道如何防止合同欺诈等欺骗行为，避免遭受重大损失，提高同利用合同进行违法犯罪行为作斗争的能力以及知道如何行使权利维护自身的合法权益。特别是我国加入 WTO 后，面临机遇和挑战，更加迫切需要普及合同法律知识，提高各类合同主体的自律性。

3. 健全合同运行监督和管理制度

依据制度经济学和信息经济学对导致我国目前合同秩序紊乱原因的探究，使我们清楚地知道，合同秩序紊乱很大程度上是由于合同运行监督和管理制度不健全导致的。因此，健全合同运行监督和管理制度，能有效避免合同运行的无序、低效，保障合同运行有序、高效。

先进的管理和先进的科学技术一起构成了推动现代社会经济发展的"两个车轮"。管理的重要性伴随着企业规模的扩大和经营活动的复杂化而愈益明显。健全企业合同运行管理制度更是如此，强化企业内部合同运行管理，建立防欺诈机制，提高防欺诈能力，确保合同运行有序、高效。一是企业内部要健全合同运行管理组织网络，落实合同管理机构、人员、制度；二是做到签订合同前层层审查，层层审批，层层监督，各负其责；在合同履约过程中，同样要保持多视角的监督机制，防止履约过程中的异常情况；三是要全面健全合同管理系

列化规章制度，如合同法律法规学习宣传培训制度、合同示范文本使用制度、法人委托代理制度、合同专用章使用制度、合同档案归档制度、合同管理奖惩制度等，全面推行企业合同运行流程的规范化管理。

政府监管部门要适应新形势，创新合同运行监管方式，充分运用新型的、有效的监管模式，做好对合同运行全程不间断的监管工作。针对合同秩序紊乱的状况要从源头治理，对合同失信行为要防打结合、标本兼治，真正实现由被动管到主动管的转变；由静态管到动态管的转变；由事后管到事前规范、事中监督、事后查处的全程不间断监管的转变，确保监管职能全面到位，消除对电子商务、数据电文等新合同形式领域监管的盲点。实现合同运行的"四化"管理，即签订合同程序化、履行合同规范化、合同文本使用示范化、监管合同运行全程化。对合同运行做到"全员"、"全方位"、"全过程"监管，切实保障合同运行有序、高效。

4. 提高失信成本，加大处罚力度

强化合同运行监督执法是指政府监管执法部门，依照法律、法规开展监督执法活动，打击违法经营，保护合法经营，维护合同秩序。为此，政府监管执法部门一是要依法行政，适度干预，加强政府监管部门监督执法中的自律；二是要严格执法，加大失信成本，使失信者失去生存空间。

依据对执法者与违法者的博弈分析，使我们清楚地知道，违法者在利用合同进行的违法活动中，除了部分是不懂法以外，主要是利益驱动，在权衡预期的获利和惩罚后而为之的。所以必须严格执法，加大合同失信行为成本，让失信者在利弊权衡后的决策不是选择失信行为，最终使失信者失去生存空间。对合同失信者的惩罚，除了绳之以法外，还应从经济上加大失信行为成本。国家应进一步制定出切实可行的惩罚合同失信行为的法规规章，对失信者除了没收失信所得外，还应该从惩罚的角度上，"新账老账一齐算"。作者认为惩罚的金额要符合下述条件：

失信惩罚金额 $\geq T$

其中：

$T =$ (一次失信所得 + 受损者的其他相关损失 + 外部性)/破案成功率 + 破案成本

从以上不等式可以有如下结论：

A. 失信惩罚金额 $< T$，合同失信者就能实现追求超额"获利"的目的；违法"获利"；

B. 失信惩罚金额 $= T$，合同失信者追求的超额"获利"等价转化为超额惩罚；

C. 失信惩罚金额 $> T$，合同失信者就不能实现追求超额"获利"的目的，

使其失去生存的空间。

合同失信者的唯一目的就是为了追求超额"获利"。如果将其超额"获利"转化为超额惩罚，则失信者的失信动机就消失了。因此，加大合同失信惩罚力度，就能产生让失信者倾家荡产的威慑力，使失信者的边际成本远大于它的边际收益，使其经济期望为零或为负。用经济学原理治理合同失信行为，让失信者失去生存空间。

5. 建立健全信用体系

建立健全完善的合同主体信用管理体系的目的就是规范合同主体交易行为，保障合同运行的有序、高效，降低交易费用，提高合同行为的总体效率。然而，建立健全完善的合同主体信用管理体系是一项复杂的社会系统工程，涉及多个部门，需要方方面面的共同努力才能完成。同时，建立健全合同主体信用管理的多元体系也是能否构建良好的合同秩序的关键问题。

借鉴发达国家的先进经验，信用管理有市场化运作和政府运作两种模式。由于我国目前合同主体的信息大部分集中于政府部门，所以先采用由政府监督、指导，后逐步推向市场化运作的模式较适宜。合同主体信用管理的多元体系架构至少要包括如下要素：

（1）合同主体信用的监管——国家与政府；

（2）信用数据库（登录、记载）——政府监管部门、合同主体内部；

（3）信用评价体系（资信归纳、比较、综合、评定）——合同主体行业协会等自律组织；

（4）信用公示制度和失信惩罚机制——政府监管部门；

（5）信用中介服务（提供资信调查、市场分析、信用担保、商账清理等信用服务）——信用中介服务机构；

（6）信用交易——国家和政府。

由于篇幅的原因，关于我国合同信用管理问题的探讨将另文论述。

四、结语

合同秩序的理想状态表现为：合同主体权利义务明晰化，签约履约依法化，政府行为干预适度化，合同交易费用最小化。

改革开放二十多年来，我国市场化进程取得了历史性进展，社会主义市场经济已显示出蓬勃生机。社会主义市场经济健康运行的基本内核在于良好的合同秩序的建立，合同秩序对于我国市场经济的发展影响重大。从目前的合同秩序分析，还存在着大量的问题。对此，我们应该认识到这些问题的存在并非改革开放政策的方向所致,而是经济体制转型期不可避免的制度"真空"和市场"空隙"的具体表现,应给予客观认识。

我们知道,在市场经济条件下,一切交易活动都是通过缔结和履行合同来进行的,合同作为市场主体进入市场的第一行为,它是联结市场主体与市场的纽带和桥梁,是交易的载体。合同行为贯穿于市场主体从准入到退出的全过程。因此,市场经济就是契约经济。市场经济秩序的核心就是合同秩序。那么,合同秩序紊乱就会影响市场经济的健康发展。如果合同秩序紊乱的状态不能得到有效的治理、控制和改善,还将危及人们对于市场经济体制的信心。因此,要构建良好的合同秩序,我们必须在市场经济制度的总框架下,借鉴西方的成果,结合我国国情,以法律和道德为武器,采用科学的手段和方法,在此基础上,通过不断实践、不断改善的循环往复过程,努力促使我国的合同秩序趋向理想状态。

参考文献

[1] Arrow. K. The Economics of Agency. in J. Pratt and R. Zeckhauser (eds) Principals and Agents: The Structure of Business. Boston: Harvard Business School Press, 1985

[2] Aghion, P. and P. Bolton. An "Incomplete Contracts" Approach to Bankruptcy and the Optimal Financial Structure of the Firm. Mimeo, Harvard University, 1986

[3] Barzel. Y. Economic analysis of property rights. Cambridge University Press, 1989

[4] Coase. "The Firm, the Market, and the law", The University of Chicago Press, 1988

[5] Patton. C. V. and Sawicki. D. S. Copyright. 1993. In: by Prentice-Hall. Basic Methods of Policy Analysis and Planning, 1986

[6] (美)康芒斯. 制度经济学. 北京:商务印书馆,1994

[7] (美)萨缪尔森,诺德豪斯. 经济学. 北京:中国发展出版社,1992

[8] (美)科斯,阿尔钦,诺斯等. 财产权利与制度变迁. 上海:上海人民出版社,1994

[9] (英)米德. 效率、公平与产权. 北京:北京经济学院出版社,1992

[10] (法)卢梭. 社会契约论. 北京:商务印书馆,1995

[11] （美）沃尔夫．市场或政府．北京：中国发展出版社，1994

[12] （美）钱德勒．看得见的手．北京：商务印书馆，1987

[13] （德）勒施．经济空间秩序．北京：商务印书馆，1995

[14] 李金轩．市场运行原理．北京：中国人民大学出版社，1996(7)

[15] 马洪．中国市场发展报告．北京：中国发展出版社，2002

[16] 陈宝庭，刘金华．经济伦理学．大连：东北财经大学出版社，2001

[17] 魏杰．市场经济前沿问题．北京：中国发展出版社，2001

[18] 王利明．合同法要义与案例析解．北京：中国人民大学出版社，2001

[19] 国家工商行政管理总局．工商行政管理统计汇编．2003

（作者单位：安徽省工商局）

三等奖

论商标战略的塑造与经营

王玉英

当今社会，驰名商标、著名商标产品是一个国家、地区经济竞争实力和科技发展水平的重要标志。面对WTO承诺兑现后一体化的国际竞争，中国企业商标意识逐步提升，正努力推进并高效实施着商标战略，对商标价值加以精心培育和保护，使商标真正成为企业市场竞争的强有力武器，呈现出一派可喜的发展趋势。在蓬勃发展的品牌经营中，我们有必要一起探讨商标经营中的一些基本理念，一起深入研究内蒙古的商标塑造与经营之路。

一、商标战略与国家战略

20世纪50～60年代以来，以美国为代表的一些发达国家通过产业结构不断调整与优化，其国家经济主体不再以产品生产为基础，而致力于品牌经营、技术开发与创新、资本运营及与之相关的系列服务。这些国家借此实现了经济的持续、健康发展，推动了世界经济全球化步伐，加速了对世界各国经济的渗透和一定程度的控制，并由此获得巨大利益。

有关资料显示，美国是最具代表性的虚拟经济国家，是全世界最大的财富生产国。但从产品制造的角度看，大量的产品具有美国商标品牌标签而非在美国生产，因为美国的制造业只有7%在其本土，93%则转移出去了，分布在世界上的多个国家。从美国国家的一些中长期发展规划中可以看出，这种势头还会进一步发展下去，他们甚至计划到2010年将制造业100%地转移出去。但这丝毫不能说明美国经济在萎缩、美国货在全世界会减少、其国际竞争力会因此减弱，更不能说明国家和企业的获利将会减少。因为不管在哪里生产，使用的都是美国的商标品牌。相反，由于商标品牌经营能获得比生产经营高得多的巨额利润（这种巨额利润既有巨大的国家利益，也有巨大的企业利益），将进一步强化美国在世界经济中的地位，加强其对世界经济的影响。这种现象无论是从宏观层面的国家战略来看，还是从微观层面的企业发展战略来看，一个重要的经济战略就是商标战略。

由此可见，商标战略是目前西方发达国家致力实施的一项重要的国家战略。

二、商标战略与企业战略

在宏观层面上实施商标战略的同时，西方发达国家的国际性跨国公司也将商标战略作为至上的企业战略，将商标经营列为攸关企业发展的三大战略（开发并掌握核心技术、资本运营和品牌经营）之一。

改革开放以来，我国一些成功的企业也逐步认识到品牌与经营的战略意义。在一个高层经济论坛上，我国一位著名民营企业家曾形象地形容生产经营是1分1分地挣钱，品牌经营是1元1元地挣钱，资本运营是100元100元挣钱。这位著名企业家更细说自己在挣得第一个1000万元时花了14年时间，而在后面的品牌经营与资本运营过程中，只花了短短的五六年时间就成功地将企业的运营资本总量扩大到近百亿元。由此可见，品牌战略也是国内成功企业致力实施的一个重要的企业发展战略。

三、商标战略与内蒙古经济

改革开放20多年来，内蒙古自治区经济社会发展取得了令人瞩目的成就，经济持续高速增长，工业化和城市化进程不断加快，投资吸引力日益增强，取得如此成就的一个重要基础条件就是我区发展起来了一大批具有一定竞争力的企业集团。这些企业在经营管理、人才培养和技术开发方面都具备了一定的实力条件，特别是积累了一定的实施商标战略的经验。一批地区性和全国性品牌产品的诞生，在推动企业和我区经济发展过程中发挥了十分重要的作用。我区早在1995年就把"实施名牌推进战略"确立为内蒙古发展的五大战略之一。现在，"伊利"、"蒙牛"等11件中国驰名商标已成为自治区乃至全国的品牌骄子，中国内蒙古草原节、呼和浩特市昭君文化节的品牌在国内外已经打响。

（一）内蒙古商标发展的现状及存在的问题

截至2004年底，内蒙古自治区注册商标总量为17663件，其中"鄂尔多斯"、"鹿王"、"伊利"、"仕奇"、"草原兴发"、"河套"（面粉）、"蒙牛"、"河套"（酒）、"草原"（糖）、"塞飞亚"、"小肥羊"等11件商标被认定为中国驰名商标，驰名商标总数居西部省区第二位。自治区著名商标总数115件。

从全国来看，特别是与沿海经济发达地区相比，内蒙古自治区商标发展水平还很低。一是全区注册商标总量小，绝对量低，全区共有各类企业88759户，平均每5户企业才拥有1件注册商标。二是商标品牌结构单一，含金量低，商标在拉动经济增长中所起的作用还有待进一步提高。三是许多重点行业的企业属原材料加工型企业，产品属于非终端消费品、特别在煤炭、采矿、机械制造、林业加工等领域表现更为突出。农牧业深加工发展滞后，规模化的精细包装产品少，商标作用未充分发挥。四是科技产品的商标注册率很低，更没有形成超前注册新技术产品商标的意识。五是驰名商标后续竞争力较差，没有形成梯次推进局面。著名商标、知名商标企业在扩大自身生产经营规模、引领行业发展、建立产业群体等方面的作用没有充分发挥。六是大部分企业的商标意识较为淡薄。有些私营控股的大企业、大集团注册商标管理相对较好，商标的知名度和影响力不断增强，也有些大型企业如包钢等对商标工作重视程度就不够。中小企业对商标重使用、轻管理，重宣传、轻保护等问题不同程度地存在。商标在国内外被抢注的情况也时有发生。特别是企业在转制或合并、破产过程中，商标作为无形资产被放弃的现象非常突出。注册商标被假冒、侵权行为也屡屡发生。七是商标发展的外部环境急需改善。少数地方政府在指导经济工作中还没有形成商标经营的理念，有的管理部门对企业实施商标战略工作指导不够。行政、政府机关对假冒注册商标违法犯罪行为的打击有待加强，政府激励企业争创驰名商标、著名商标的具体措施和力度不够。另外，商标中介机构匮乏，也是制约内蒙古商标发展的一个因素。

实际上，内蒙古开展商标战略的优势不少。以现有11件驰名商标为例，其附着的产品均是以内蒙古的绒毛、肉乳、粮食等为原料的制成品，只要我们发挥资源优势，加速工业化进程，使更多的上游原料产品转移为附加值较高的下游产品，企业就能依靠商标去开拓市场。即使是原材料，如钢铁、稀土、木材、盐碱、皮毛、建材，也应讲究自己的商标，因为特有的地理产品、特有的原料本身也为品牌奠定了基础。此外，内蒙古有地理特点的原产地商品、绿色农牧林产品更具产地区优势。

（二）实施商标战略是内蒙古发展的必由之路

目前，我国社会主义市场经济的框架已基本建立，我国已正式加入了世贸组织，经济将进一步与世界接轨。内蒙古自治区尽管在商标战略实施中成效显著，但与国际水平的品牌战略相比还存在差距。从中长期发展来看，从宏观经济发展战略来看，必须强化名牌战略在内蒙古经济和企业发展中的推动作用，必须努力打造有国际影响力的品牌。只有这样才能提高内蒙古经济的综合竞争力，特别是国际竞争力。商标的塑造并非一朝一夕之事，也不可能一蹴而就，必须制定、运用正确的战略和策略，踏踏实实、一步一个脚印地去实施。

1. 宏观上从三个层面入手

内蒙古的商标战略，必须走以市场为主导、以企业为主体、政府主动引导、三大"引擎"一起动的路子，从三个层面同时展开。

第一个层面，必须打造内蒙古经济的区域品牌。进一步完善自治区社会主义市场经济框架，进一步规范、整顿市场秩序，加强道德建设和党风廉政建设，加强对知识产权的保护，加强市场和整个社会的信用建设，重塑内蒙古新形象，全面推进自治区经济与世界经济接轨。让大家一见到内蒙古企业和产品的第一感觉是有实力的、讲信用的、质量和服务上有保证的企业和产品。

第二个层面，必须着力做大、做强、做优一个行业，着力打造内蒙古经济的行业品牌。在众多的经济行业中，必须在前些年大力扶持支柱产业发展的基础上，进一步总结经验，从产业政策上重点引导扶持一个行业，先在全国范围内做大、做强、做优，再促进其与国际性跨国公司加强交流与合作，逐步争取将其做成国际性的名牌行业，将其作为内蒙古国际竞争力的重要源泉。

第三个层面，必须着力做大、做强、做优少数行业领头型的企业和产品。目前，内蒙古少数行业领头企业，已经奠定了在更高层面和更广领域实施品牌战略的基础条件，积累了一定的实际操作经验，在全国范围内享有较高的知名度，占有较大的市场份额。但从国际意义上讲，还远谈不上国际品牌，最多只能说在产品制造方面具有一定的国际竞争力。下一步必须鼓励其加强对核心技术的开发和掌握，提高其对自主知识产权的重视和保护，进一步熟悉国际游戏规则，强化企业的资本运作，提高资本运营水平，大力推进企业的技术创新、制度创新和管理创新，支持品牌企业发挥品牌效应，实行跨行业、跨地区、跨国界进行协作，以品牌为纽带实施新一轮的战略重组，促进资源向名牌企业配套，逐渐培育出若干具有国际竞争力的企业和产品。

2. 微观上要脚踏实地，政策引导，稳步推进

近年来，内蒙古通过实施名牌推进战略，在优势产业中培育了一批在全国享有较高知名度的品牌。前两年自治区党委、政府专门召开了品牌战略大会，表彰对自治区品牌战略发展卓有贡献的企业，表明了自治区对品牌战略的高度重视。另外，自治区近年来对自治区级地方的宣传也纳入到品牌子战略发展之列，像打出中国内蒙古草原节，呼和浩特市昭君文化节等口号并付诸实施，效果甚好，内蒙古呼和浩特的名声大振，经济得到了快速发展。因此，培育和保护驰名商标、著名商标，发挥名牌效应，是做大做强企业，壮大自治区经济的一项重要工作。

（1）政策引导是商标战略推进的关键

鼓励企业争创中国驰名商标，充分调动企业申报认定驰名商标的积极性和在品牌创建中的创新意识，发挥自治区现有能源资源优势，加快工业化进程，使更多的上游原料产品转换为附加值高的下游产品，如稀土、绒毛、木材也要

讲求品牌效应，还要发挥绿色农林牧产品的优势，把品牌打出去。同时，优先发展内蒙古现有品牌产品的销路及途径，大力扶持品牌的发展。如：优先采购和使用内蒙古驰名商标和著名商标企业的产品和服务；申报驰名商标、自治区著名商标的企业，开发新产品、新技术、新工艺发生的各种费用，可不受比例限制，计入管理费用；为争创驰名商标、自治区著名商标支出的产品质量检测费用，经有关部门认定后，可以全额税前列支；要优先赋予申报驰名商标、自治区著名商标企业自营进出口经营权；金融机构要创新品牌质押贷款办法，为企业融资开创新渠道；自治区、盟、市各新闻媒体要以各种方式宣传自治区驰名商标和著名商标企业和产品，对其发布广告给予收费优惠；自治区在制定著名商标认定与保护的办法中，将本区著名商标加以大范围的保护。比如，著名商标一旦被认定，就不允许再将其商标作为其他企业的字号进行登记；行政执法部门和司法部门也要从扶持的角度给予支持，不要动辄就扣物、罚款。各级政府对获得中国驰名商标、自治区著名商标的企业及有功人员，要适当给予奖励，从而使名牌战略逐步推向深入。比如大连，政府对每个新认定为"中国驰名商标"的企业奖励300万元；江苏省、深圳市对新取得中国驰名商标的企业奖励100万元，既鼓励了本企业，也大大激励了其他企业创品牌的积极性。

政府要站在品牌兴区的高度，把实施商标战略作为地区经济发展规划的重要组成部分，引导社会资源向名牌产品和优势企业转移，促进经济结构调整和产业优化升级。

有关职能部门要增强服务意识，加大商标战略工作的力度。积极支持企业实施品牌战略是各职能部门的一项重要职责，职能部门要为企业争创中国驰名商标提供全程服务，要继续抓好自治区著名商标认定工作，在充分调研的基础上，确定争创中国驰名商标的批次重点，建立和完善争创中国驰名商标的企业梯队。各级工商行政管理机关要协助各级政府做好宣传动员工作，提高企业争创中国驰名商标意识，普及商标的相关知识。

（2）要加大对商标知识的宣传，帮助企业提高商标意识

树立品牌塑造与经营意识。企业必须不断提高产品和服务质量，加大促销力度，扩大市场占有率，增强市场竞争力。这是企业所使用的商标能否被认定为驰名商标的重要基础条件。企业家是企业品牌塑造和经营的主导者，企业领导首先要树立品牌和经营意识。品牌代表企业产品质量、管理水平、员工素质和商业信用，是企业市场竞争能力的综合体现，品牌就是财富，是企业最大的无形资产。

扩大品牌产品的市场占有率。按照认定驰名商标的其他条件，企业争创驰

名商标还必须增强商标战略意识，通过品牌策划、传播、实施和管理，增强商标的市场知名度，要切实提高对商标的自我保护意识，把市场巩固、市场开拓等市场营销战略与实施品牌战略结合起来，制定争创品牌产品发展和经营规划，并认真组织实施，充分发挥品牌的规模效应，扩大品牌产品的市场占有率。

质量是品牌塑造与经营的根本。企业要把塑造和经营品牌、争创中国驰名商标作为质量发展目标的关键环节，大力采用国际标准和国内外先进标准组织生产，不断扩大品牌产品的规模和效益，努力提高市场份额，进而使创品牌、保品牌、发展壮大品牌作为在竞争中求生存、求发展的自觉行动。企业要树立质量兴企、产品（服务）质量是创造品牌的基石的理念，依靠高质量的产品、高质量的服务在广大消费者中建立起信誉。

加大品牌商标的宣传力度。要摒弃"酒香不怕巷子深"的传统思维方式，树立在市场经济条件下新的营销观念，积极采用现代营销方式和营销手段，精心包装和宣传，建立对市场信息反应灵敏的营销网络，加强品牌产品形象的塑造和宣传，充分利用新闻舆论、广告宣传、社会活动等手段，不断扩大品牌产品在国内外市场的知名度，同时注重商标、专利等企业知识产权的保护。俗话说"酒好也得勤吆喝"。品牌推广和宣传是企业创品牌中重要一环，品牌的塑造和经营更需要持续宣传。

（三）内蒙古实施商标战略，工商部门责任重大

工商行政管理部门应充分发挥其商标主管机关的职能作用，要帮助企业，影响政府，使其认识到实施商标发展战略的重要性，与时俱进，开拓自治区商标发展新局面。

一是要加大商标法律法规的宣传力度，营造良好的执法环境。要以新《商标法》和《商标法实施条例》以及相关的知识产权法律规范为宣传教育的重点，力争在唤醒企业的商标意识上求突破。

二是要加强对企业商标发展的业务指导和服务，为企业实施商标战略指路引航。工商行政管理部门要找准利益，突出重点，分类指导，选好培育梯次，在发展注册商标数量和质量上取得实效。在指导注册上要出谋划策、简化手续、全程服务，要把重点行业、产品列为商标注册的重点。要重点引导农畜副产品及其加工品注册商标，同时要引导科技行业注册商品商标，提前将好的科技方面的商标进行独占。重点支持有地理标志性的原产地证明商标注册，重点帮扶非公有企业申请注册商标。要努力培育企业商标权的超前意识，消除企业"生了孩子再起名"的思维误区。要牵线搭桥，盘活企业的闲置商标，使无形资产转换为有形物质财富。要帮助企业更新商标内涵，提升商标价值，增强市场竞

争力。

三是要加强对企业商标使用、管理的监督,建立新的更有效的管理机制。①要建立商标管理联络员制度。在企业中特别是大中型企业及知名度高的私营企业、外资企业中发展商标管理联络员,及时掌握商标使用、管理等情况,及时指导企业依法使用商标,制止商标违法行为。②要建立商标信用公示制度,促进和规范商标使用。依托对经济户口的管理,对企业的商标使用、商标信用、驰名商标和著名商标称号使用等情况进行记录和监控,进行信用统计,实行信用公示。③要建立驰名商标、著名商标跟踪管理服务制度。对已认定的驰名商标、著名商标企业实行定期走访,掌握情况,提供服务,解决困难。

四是要采取新的更有力的措施,强化商标专用权的保护。各级工商行政管理机关要认真履行商标监督管理的职能,加大对商标侵权违法行为的打击力度。①启用商标信用网,及时在网上公布打击商标侵权假冒行为的案件及侵权企业和相关人员;建立商标案件协查网页,利用商标信息网络广泛接受社会监督;建立有效注册商标信息库,及时掌握内蒙古有效注册商标的注册和变更情况。②要与企业联合建立商标打假维权联系制度,明确双方在打假维权工作中的权利义务和责任,并便利企业提供侵权线索,及时投诉侵权案件。③要加强与知识产权、公安、海关、质量技术监督等有关行政执法部门和司法部门的协调配合,建立健全情况通报制度、案件线索移送制度,形成职责清晰、渠道畅通、信息共享、快捷高效的商标专用权保护机制。④发挥西部十四省区办案工作协作协议规定的作用,加强内蒙古驰名、著名商标和其他注册商标维权工作力度,同时要积极协调兄弟省、市工商局加强商标维权的配合力度。

五是要积极培育争创驰名商标、著名商标的梯队企业,依法做好中国驰名商标的推荐和内蒙古著名商标的认定工作。争创驰名商标、著名商标是当前企业实施商标发展战略的主旋律。工商部门要协助各级政府培育争创驰名商标、著名商标的梯队企业,对具有自治区特色、发展前景广阔、规模大、效益好、具有较高知名度的商标,重点做好培育工作,积极争创中国驰名商标。选出部分具发展潜力的著名商标作为第二批争创驰名商标的对象,进行重点培育。同时,根据《内蒙古自治区著名商标认定和保护办法》规定,做好对内蒙古著名商标的认定和保护工作。

中国质量万里行组委会主任、名牌专家艾丰教授认为内蒙古的名牌事业大有希望。他说品牌战略已是内蒙古五大战略之一。可以相信,内蒙古的企业只要决心大,以品牌事业为核心,迎接市场竞争,讲求效益和作用,带动产业结构优化,逐步形成各具特色的规模经济,就会以崭新的面貌行走在中国市场和国际市场。笔者相信，只要全社会各个方面都来关心企业发展品牌、塑造品牌、经营品牌，就能形成品牌效应，形成品牌企业群体，从而使内蒙古自治区经济实现腾飞。

（作者单位：内蒙古自治区工商局）

三等奖

新时期工商企业年检制度的剖析与思考

胡 芳

近年来，随着我国经济市场化程度的提高，定期集中审查、成批吊销企业的年检制度的弊端日益凸显，尤其是《行政许可法》的颁布实施，对企业年检制度提出了新的要求。在全球经济已迈向一体化，法治建设彰显其重要作用的新时期，工商机关到底应以什么样的方式改革企业年检制度，从而使其真正发挥监督管理作用，值得我们关注和探讨。

一、现行企业年检制度的缺陷

1. 企业年检制度管理目标错位

国务院颁发的《中华人民共和国公司登记管理条例》第五十一条"公司登记机关应当根据公司提交的年度检验材料，对与公司登记事项有关的情况进行审查，以确认其继续经营的资格"。国家工商总局制订的《企业年度检验办法》第三条第一款"企业年检是工商行政管理机关依法按年度对企业进行检查，确认企业继续经营资格的法定制度"。这些规定实际上都将年检变成了对企业经营资格的"二次许可"。《行政许可法》实施后，第六十二条第一款"行政机关可以对被许可人生产经营的产品依法进行抽样检查、检验、检测，对其生产经营场所依法进行实地检查。检查时，行政机关可以依法查阅或者要求被许可人报送有关材料；被许可人应当如实提供有关情况和材料"。这充分说明，年检属于监督检查范畴。第六十二条第二款"行政机关根据法律、行政法规的规定，对直接关系到公共安全、人身健康、生命财产安全的重要设备、设施实行定期检验。对检验合格的，行政机关应当发给相应的证明文件"。这说明年检对象只能是直接关系到公共安全、人身健康、生命财产安全的重要设备、设施，即只能限于对物的"二次许可"。《行政许可法》确立了行政许可的一系列法律原则，相对于其他有关行政许可的法律而言是特别法。按照"特别规定与一般规定不一致的，适用特别规定"的立法原则，《行政许可法》实施后，工商企业年检作为一种定期检验是行政机关对被许可人是否依法从事有关行政许可事项活动的监督检查手段，不是行政许可。因此，现行年检法律制度定位于确认企业继续经营的主体资格，已与《行政许可法》发生抵触，同时也有违市场经济条件下，企业经营活动的客观需要。

2. 企业年检制度惩戒目标错位

根据《公司法》第二十七条第五款、第九十五条、第一百九十条和第一百九十七条规定，以及《合伙企业法》、《个人独资企业法》和《外商投资企业法》的相关规定，登记机关核准设立登记发给营业执照之日，公司、企业成立；登记机关核准注销之日，公司、企业终止。上述有关公司、企业成立和终止的法律规定表明，公司、企业的法律主体资格，亦即企业的经营权利能力，始于核准设立登记发给营业执照之日，终于核准注销登记之时。公司、企业在成立领取营业执照后，登记注销前，其经营资格受法律保护。而现行年检制度简单地将未参加当年年检的企业统统实施吊销处罚，标志着企业法律主体的经营权利能力是按年度拥有的，有悖程序法确保实体法施行、下位法遵守上位法的基本法律原则，是一种行政权力扩张行为，不仅意味着行政管理成本和企业管理成本的提高，造成行政管理的资源浪费，同时也大大提高了企业的经营成本，企业不通过年检而被吊销营业执照的做法缺失有效的法律依据。

3. 企业年检的广度与深度错位

从年检对象来看，现行年检制度显得宽泛有余，严谨不足。一方面，《企业年度检验办法》第三条第二款规定："当年设立登记的企业，自下一年起参加年检。"无论是诚信守法的企业还是失信违法的企业，自成立的第二年起，都必须接受一年一次统一的全面审查和经营资格再确认，由于年检手续较为繁琐，工商管理部门往往要临时抽调一大批工作人员集中年检，结果是事倍功半，效率和质量流于一般，加大了企业的商务成本（时间和费用）和政府的行政管理成本。另外，这款"一刀切"的规定尤其不利于新设企业申报年检，很多成立还不到一年甚至成立才只有几天的企业，可能连税务登记等手续还未办好，生产经营还处于筹备阶段。对这些企业而言，在认识上容易产生误区，造成因疏忽大意而被吊销执照的问题，而且也的确没有年检的必要。根据年检所能起到的监督检查作用，应是选择式的，而非普查式的，现行的全覆盖式的年检失去了其有效针对性，导致流于形式，监管效果大幅下降。

另一方面，《企业年度检验办法》规定："本办法适用于领取《中华人民共和国企业法人营业执照》、《中华人民共和国营业执照》、《企业法人营业执照》、《营业执照》的有限公司、股份有限公司、非公司企业法人的其他经营单位。"不难看出，其规定的年检对象将合伙企业和个人独资企业排除在外，尽管《中华人民共和国合伙企业法》、《中华人民共和国个人独资企业法》都原则规定了年检事项,但《企业年度检验办法》遗漏了对该类企业的规范事项,使该类企业在年检的具体操作上缺失了法律依据,显得不够严谨。

从年检内容来看,现行的年检方式将年检对企业有关登记事项的审查,扩大为对企业生产经营活动的检查,并要求公司和外商投资企业年检时提交年度财务审计报告,这些做法没有充分的法律依据,违反依法行政的原则。笔者认为,过于加重年检负担,让年检承担不该承担的责任,只会使年检管理目标错位、越位,在浪费行政管理资源,损害了企业营商的法律环境同时,也给工商部门套上了枷锁,影响了工作效率。

4. 企业年检处罚制度错位

为了督促企业按时参加年检,现行法规分不同层次规定了不同的处罚标准,一方面对企业反复督促,给以机会;另一方面,对企业拒不办理年检的,施以重罚。如《企业年度检验办法》第十八条第二款规定:"在年检截止日期前未申报年检,属于公司的,依照《公司登记管理条例》第六十八条的规定,处以1万元以上10万元以下的罚款……"其目的是督促企业按期接受国家的检验。但实际上上述处罚规定很难执行。因为企业逾期年检虽属于违法行为,但它不直接构成社会危害,而是一种过失违法行为。此类处罚幅度,与企业违法行为的社会危害程度不相适应,令企业难以接受,往往认为是工商部门搞罚款创收,影响了工商形象。我们在实际工作中已注意到,凡是仍在继续经营并渴望保持经营资格的企业,往往并非故意不参加年检,可能存在着某些客观原因错过了年检时限,从本质上不存在主观故意性或恶意性,也不直接构成社会危害。对这类企业动辄给以上万元的处罚或简单处以吊销营业执照,不符合"民情"原则。对于企业来说,办一个执照的成本可能只是几百到几千元,而逾期年检的受罚成本却高达上万元,从成本效益上讲,企业宁愿选择重新申办执照,也不愿意接受处罚。

另一方面,真正存在主观恶意或从事违法经营的那些企业,则利用不参加年检的机会退出市场,逃避债务,留下了颇多后遗症。因此从实际效果看,现行的年检处罚制度对真正有意继续经营的企业显得过于苛刻,而对于真正违法经营的企业却束手无策,无法实施规范目的。

二、新时期工商年检制度的改革方向

1. 取消重复性的行政许可行为

目前,有些地区已考虑到吊销未参检企业营业执照的简单做法在法律依据上的缺失和对社会经济秩序产生的不良影响，因而作出了一系列的改革。比如将企业法人资格和经营资格分开确认，提出吊销企业营业执照仅是取消企业经营资格，要求被吊销营业执照的企业在公告后继续完成注销手续的办理。但在实践操作中，这样的改革往往不尽如人意，前来主动办理注销手续的被吊销企业寥寥无几，而数据库中存在的大量吊销未注销企业也成了工商机关开展统计工作和进行执法工作的盲点所在。同时，对被吊销企业能否恢复经营资格等随之产生的一系列问题也没有做进一步的明确，这样的改革显得"欲遮还羞"，其结果是治标不治本。

现行年检法律制度，本质上就是一种重复性的行政许可行为，当企业设立后，对其继续行使重复性的行政许可行为，有违《行政许可法》第六条、第八条的便民、效率、优质服务、不得擅自改变已经生效的行政许可等基本原则。因此，应将企业年检制度定位于：登记主管机关依法按年度对企业登记事项实施监督检查并对企业信用信息进行收集备案。从而还其行政检查的本来面目，去除"确认企业继续经营资格"的工作目标，废弃对未参检企业吊销其营业执照的做法，尽量减少政府公权对合法正常的被许可事务的二次管制和对民事活动干预，减轻公民、法人的被束缚程度，降低行政管理成本，改善企业营商法律环境。

当然，考虑到大量名存实亡企业的存在对市场秩序的影响，可借鉴《民法通则》中关于对自然人宣告死亡的规定，联合税务、银行等部门通过立法规定将三年以上未实施经营行为的企业列入失踪名单，同时修改企业退出市场的相关法规，简化手续，降低退出市场成本，强化当事人不正常办理注销手续的法律责任，尤其是明确法定代表人或负责人的法律责任，规范市场主体退出秩序。

2. 扩大免检范围，实施"信任监督管理"

多年来的实践告诉我们，年检作为工商机关对企业的管理是必不可少的。尽管年检不再是企业继续经营资格的再确认，但我们有必要继续。针对以往集中排队，而年检易流于形式的现象，可以通过分类监管的方式，扩大免检企业的范围，缩小年检对象，由工商部门对少数违法失信或涉嫌违法的企业进行审查，其余绝大部分企业免于审查，从而大大降低登记主管机关的行政成本和行政风险。

具体而言，一是以实质检查作为保障，改革现行监督管理方法，实施"信任监督管理"；二是增加年检内容中的信用信息的总量，进一步充实和完善企业信用基础数据库。实际操作中，工商部门根据企业的诚信守法情况在经济户口系统中进行分类管理，如部分守法经营、无违法记录、信誉良好、前置审批证件有效齐全、持有驰名商标、著名商标的企业，被省、市工商部门评为"重合同、守信用"的企业，连续三年年检为 A 级的企业，成立不满一周年的部分新设企业归为一类或二类企业，可以实行免予年度审查；而对网吧、娱乐、桑拿按摩、美容美发、住宿、食品生产经营、药品生产经营、印刷、市政工程建设、化学危险品生产经营等行业，要加强对前置审批手续的审验和回访次数，强化实质性审查的内容；对存在失信违法记录的企业强调重点检查、加强监管，针对违法行为予以限期整改或立案查处。这样，通过年检形成对企业的动态分类管理，过去守信守法的企业一旦失信违法，将被降级并丧失免检资格。从而营造"诚信守法者，一路绿灯；失信违法者，寸步难行"的诚信体系和政策环境。

目前，从实际数据看，其中一类、二类企业占到了 80% 左右。企业分类年检申报制的实施，将使绝大多数的守信守法企业得到实惠和便利，从而减轻企业负担，提高政府行政效率，与现行企业年检制度相比，将实现"四个转变"。一是由年检确认制转变为年检检查制，有效克服了现行年检制度面面俱到又蜻蜓点水的制度缺陷。二是由重事前审查转变为重事后监管，淡化了对年检材料的书面审查，侧重督促企业对失信违法行为的及时整改，并要求对申报年检的企业进行随机抽查，一旦发现申报不实的情况，将及时予以查处。三是由复杂程序转变为简便程序。对于符合当场年检条件的企业，如果在网上下载好相关的年检表格，可一次办妥所有工商年检手续。四是由单纯的行政监管转变为注重信用制约。在年检结束后，工商管理部门将向社会重点披露不如实申报企业的相关情况，并将其违法和失信行为纳入社会征信系统，体现"有信者立、无信者不立"的信用监管原则。

3. 确保处罚到位、强化责任人的惩戒机制

在明确年检定位，改革年检方式的同时，应降低处罚幅度，特别是弱化经济处罚的幅度，总体思路以教育为主，以从轻处罚为原则，要保证处罚到位和产生积极的效果。如对不依法报送企业年度报告的或报送虚假企业年度报告的企业，无论属于何种企业性质，均应处以相同幅度的罚款，但罚款幅度以不超过 2 万元为妥。

与此同时，要强化对企业责任人不良信用的记录。企业是一个拟人化的组织，其信用程度取决于个人信用，尤其是企业决策成员的信用，因此，围绕企业信用体系建立的企业年检制度必须建立与完善对失信企业相关责任人的惩戒机制。凡不按时参加年检的企业或发现年检报告书中有不实之处，工商部门将对企业或法定代表人进行调查、处罚，并记入警示信息，向社会公示；给社会造成损害的或引发严重后果的，建议司法机关追究其刑事责任。

4. 建立企业信用体系，完善信用信息公示制度

推行市场主体信用监管是工商部门履行监管职能到位、推进执法监管制度改革的创新之举，是转变行政监管理念，实现行政管理现代化，提高执法监管效能的重要体现。要实施企业信用分类监管，必须建立工商企业信用监管系统。而通过年检采集和评价信用信息，能增加企业经营信息透明度，督促企业强化自律行为，有利于提高企业信用意识，有利于社会公众对企业经营行为的监督。为此，要通过立法明确企业报送年度报告的责任、义务；通过立法明确管理部门有公开企业有关信息的权力和信息披露的范围、方式；同时，考虑建立一个综合性、互动式的信用评判系统，把社会各部门提供的企业信用信息也及时纳入到信用系统中，共建一个可供互访的信息平台，使不同部门发现的企业经营中的问题能及时得到沟通和协调，而有些不属于法律监管范围内的企业经营问题也能及时引起重视，尤其是银行、中介组织、有业务往来的单位等提供的企业资产情况、经营情况等往往有重要的借鉴作用。通过企业信用体系的建立和信息公示制度的完善，使企业处于社会公众的共同监督之下，最大限度地提高企业的失信成本，努力营造守法受益、违法受损，一处失信，处处受制的社会信用氛围，从而增强企业的守法经营、诚信自律意识，使企业竞争的大环境真正走向公开、透明。

（作者单位：浙江省宁波市工商局）

三等奖

建立工商行政执法责任制的思考

李学昌

近年来，随着我国实施依法治国和建设法治政府进程的不断加快，作为行政管理机关依法行使行政职权的主要手段和实现行政管理目标的重要途径的行政执法责任制，已日益成为行政执法领域的热点问题。工商行政管理机关作为市场监管和行政执法的职能部门，行政执法是其直接面向社会的经常性活动，其执法水平和质量的高低直接关系到政府的形象和行政相对人的合法权益，必须尽快完善工商行政执法责任制度，理顺行政执法关系，清理行政执法主体，分解行政执法权限，规范行政执法程序，统一行政执法标准，强化行政执法责任，健全行政执法评议考核机制，落实行政执法过错责任追究。做到主体合法、权责一致、依法行政、规范执法、严格监督、落实责任和有权必有责、用权受监督、违法要追究、侵权需赔偿，确保行政执法行为的公正性和廉洁性。

一、行政执法责任制的含义探索

行政执法责任制是以政府机关为实施主体、以分解法定行政管理职权为基本内容、以划分执法范围和执法责任到具体行政执法主体为基本形式、以职权行使与责任承担一体化为主要特征的行政监督管理工作制度。它是法律监督制度和工作管理制度有机结合的综合体，呈开放式、全方位、多层次、自律与他律相结合而以自律为主的形态，其核心制度是行政执法公开公示制、行政执法评议考核制和行政执法过错追究制，其目的是通过对行政执法行为的控制确保依法行政，所承担的责任属法律责任。在这个制度中，"责任"为"考评"和"追究"提供标准，"考评"和"追究"为落实"责任"提供保障。其主要内容如下。

（一）分解行政执法职权

行政执法主体的职权包括行政执法机构的职权和行政执法人员的职权。分解职权时，要根据行政编制序列设置的行政执法机构及其职责，将法定职权层层分解到具体行政执法机构、岗位和人员。分解时，应理顺行政执法关系，明确各层各级各岗各人职责权限范围，分清任务，避免因职责权限重复或交叉导致多头执法。其中，行政执法人员要结合其任职岗位的具体职权进行上岗培训和考试考核，考试考核合格并取得行政执法证件后才具备行政执法资格，方能上岗执法。

(二)明确行政执法依据

主要是梳理行政执法机关所依据的法律、法规、规章和国务院"三定"规定，明确各层各级各岗各人在履行职责时必须严格执行的法律、法规、规章及规定。

(三)界定行政执法责任

行政执法职权既是法定权力又是法定义务，发生过错必须追究法律责任。因此，必须根据行政执法部门及行政执法人员违反法定义务的不同情形，依法设定相应的责任种类和追究措施，为实施行政执法过错责任追究提供依据。

(四)追究行政执法责任

责任追究是在评议考核的基础上进行的。评议考核的主要内容是各层各级各岗行使法定职权和履行法定义务的情况，包括行政执法主体是否具备资格条件、行政执法行为是否符合法定权限、适用法律法规是否正确规范、行政执法程序是否合法合规等。

二、行政执法责任制的发展历程

我国严格意义上的行政执法责任制源于20世纪90年代，其后逐渐发展。其发展历程大致可以分为三个阶段。

(一)初具雏形阶段(1990—1994年)

这一阶段我国法制建设取得长足发展，为行政执法责任制的萌芽提供了空间和土壤。其间，邓小平同志南方讲话发表，社会主义市场经济体制被写进宪法，与之相关的法律法规相继出台，市场经济的法律框架初步成形，法制部门相继成立，一些地方政府为解决行政执法主体不明和责任不清的问题，加强对行政执法权力的监督，创造了以"政府与执法部门签订责任状"为特征的行政执法责任监督制度。

(二)全面实行阶段(1995—1998年)

这一时期推行行政执法责任制的动力来自一些地方政府强化对所属行政执法部门监督的需要，而国务院《行政处罚法》的发布又为这一制度的实行提供了法律支持。地方各级政府纷纷清理行政执法主体，依法向社会公开行政执法机关职能并根据职能划分责任，全面推行行政执法责任制。

(三)立法规范阶段(1999年至今)

这是行政执法责任制的制度实践总结、理论研究探索和立法规范运作阶段。其间，国务院及国办接连颁布了《关于全面推进依法行政的决定》、《全国推进依法行政实施纲要》、《全面推进依法行政实施细要》及《关于推行行政执法责任制的若干意见》。其中，《纲要》第23条明确规定："推行行政执法责任制。依法界定执法职责，科学设定执法岗位，规范执法程序。"而《意见》则对推行行政执法责任制作出具体指导。

三、行政执法责任制存在的问题

我国各级地方政府及其工作部门虽然已经全面建立起以岗位责任制和过错追究制为核心的行政执法责任制，但制度本身和运作过程还存在以下问题。

(一)实行责任制度目标不够明确，规范文件价值取向偏移

行政执法责任制的倡导者为政府本身，一开始就存在着目标不够明确和定位不够准确的问题。而其工作部门实行这个制度则或多或少地出于强化自身的行政权力或执法利益，他们仅仅对原执法体制做一些修改，当做对原体制的完善，有些部门甚至借制订相关规范性文件之机扩大自身的权力和利益。

(二)行政执法主体职责尚不明晰，问责机制难以发挥作用

我国针对行政执法主体违法责任的法律制度还不健全，行政执法过错或违法执法责任的主体缺位现象严重，责任内涵模糊，相互推卸责任，问责流于形式，硬机制变成软约束，最终导致超越权限行政执法、滥用自由裁量权和违反法定程序办事等问题难以杜绝。

(三)程序法律制度处于无序状态，程序过错责任无法追究

尽管我国行政程序法律规范已经有了一定的数量规模，但质量不高且零乱无序，难以据其制定行政执法责任制的程序规范并以其考量行政执法程序的合法与否，使得行政执法程序过错责任的追究缺少程序法律制度的保障，执行中受到一定程度的影响。

(四)行政执法监督机制还不健全，执法责任未能落实到位

我国现行行政执法监督机制要么没有相应的政策法律依据，要么相关规定过于原则、缺乏可操作性。总的表现是监督对象不明确，监督体制未理顺，监督意识较淡薄。具体表现为监督侧重点经常失衡，监督主体间缺乏协调，没有统一的工作机制、工作程序和衡量标准，使得行政执法监督机制软弱无力。

(五)责任制度设计纵向不够深入，横向还不够广泛协调统一

职能部门实行这项制度一般没有将其作为整个社会的系统工程来看待，而是把它作为部门内部的一般性工作要求。于是，纵向上未将实行这项制度同转变政府职能、提高服务质量联系起来深入思考，横向上没有将其他职能部门和行政相对人的参与考虑进去，其结果是动摇不了"条块分割"的行政管理模式，改变不了传统的行政命令方式和行政干预方式。

(六)行政执法队伍整体能力不高，制约责任制度的实施效果

以广东工商系统为例，县级局及工商所两级执法队伍力量相对弱小，整体素质不高，法律理论和依法行政水平有待加强；行政执法经费来源缺乏制度保障，技术设备与现实需要存在差距。这些问题导致行政执法整体能力不高，使实行行政执法责任制的效果受到限制。

四、工商行政执法责任制的构建

(一)工商行政执法责任制的制度构成

工商行政执法责任制的制度体系并不仅仅是这项制度本身，而是与这些责任有关的所有法律制度的集合。工商系统推行行政执法责任制，不仅应当明确这项制度的具体内容，而且应当建立健全相关的执法制度，其制度体系主要包括四个方面。

1. 行政执法主体责任制度

建立健全这项制度需要做好三项工作。一是理顺行政执法关系。依照法律法规和国务院"三定"方案科学界定各层各级行政执法部门的职权，明确具体行政执法依据，理顺行政执法体制。二是清理行政处罚主体。依照《行政处罚法》的规定进行清理，解决执法责任不明、执法主体混乱问题。三是建立执法责任制度。该制度以领导责任为核心，分解、量化并确定各个执法部门、执法主管领导、执法分管领导、执法机构领导及执法岗位人员的职责、任务、权限和责任，做到职权到岗、责任到人、对上负责。

2. 行政执法公开公示制度

这项制度要求把职能部门的执法依据、执法程序、管理职能、工作标准、工作时限和违法责任等事项全面对外公示，以广泛接受社会监督，落实行政执法责任。公示的事项是：①执法主体资格公示。主要公示执法者身份，执法者必须实行资格考试制度，取得执法资格后持证上岗。②办事责任制度公示。公示法定的和内部规定的执法责任制度。③行政执法程序公示。公示注册登记和

年检验照手续、行政处罚告知与行政复议申请的办法、途径及程序。④公务办理时限公示。主要是事项受理和办结时限的承诺等。④违法责任追究公示。公示对违法执法人员的处理情况。

3. 行政执法评议考核制度

这是行政执法责任制最基本的制度之一，也是行政执法责任制不断深化和完善的关键性制度。该制度的设定应遵循客观公正、民主公开、专项考评与综合考评相结合的原则，明确评议考核的内容、形式和方法等。其中，评议考核内容应包括行政执法责任的履行情况和具体效果，尤其是社会效果，把两者有机结合起来作为一个整体进行评议考核；评议考核形式应包括内部评议和社会评议，力求客观公正反映行政执法的状况和水平。

4. 行政执法责任追究制度

这是对行政执法主体因非法、违法、越权、越位执法和失职、渎职、行政不作为等行为导致行政相对人权益受损的一项责任追究制度。制度必须明确以下责任：①行政执法机关的过错责任，即行政执法机关因上述情形应承担的过错责任。②部门行政负责人的过错责任，即行政机关的部门负责人因执法决策或执法领导错误应当承担的过错责任。③行政执法人员的过错责任，即行政执法人员因行政执法行为存在主观过错或重大过失而造成行政相对人财产、人身损失应承担的责任。该制度同时应当明确行政主体的责任类型和实施追究的机关，即行政机关主要承担行政责任、司法责任和赔偿责任等，行政执法人员主要承担行政责任、赔偿责任、违纪责任、违规责任和刑事责任等；分别由责任人所在机关、行政执法监督检查部门、国家权力部门、国家监察部门和国家司法部门等实施追究。

（二）工商行政执法责任制的实施对策

1. 细化行政实体规则，强化行政程序规则

行政执法行为的合法即行为的实体合法并且程序合法，完善行政实体规则和行政程序规则是构建工商行政执法责任制的基础。为此，在实体规则方面，要在全面清理行政执法权限和科学确定行政执法范围的基础上，尽量使行政执法主体的执法权限和行政责任明确具体。在程序规则方面，要通过强化程序过程的公开性、操作性和公众参与性，努力增强程序规则对行政执法行为的监督制约作用，使程序规则在控制权力滥用和保障行政相对人合法权益方面发挥更大的作用。

2. 理顺行政执法体制，强化规范行政机制

要深化工商行政执法体制改革，尽快建立权责明确、行为规范、监督有效、保障有力的工商行政执法体制。一是完善内部监督制约机制。严格按照法律规定和法定程序行使权力并履行职责，规范行政处罚自由裁量权的行使，强化行政处罚决定的说明理由制度。二是健全工商行政执法案卷评查制度。规范行政许可、行政强制和行政处罚等案卷，监管记录、证据材料和执法文书应当立卷归档。三是清理工商行政执法主体。实行工商行政执法人员资格制度，没有取得执法资格者不得从事工商行政执法工作；非行政组织未经法律、法规授权或工商行政管理机关合法委托，不得行使工商行政执法权。四是减少工商行政执法层次。适当下移执法重心，深入开展相对集中行政处罚权改革，推进综合执法网络改革试点工作。

3. 完善责任制度体系，强化制度约束机制

一是全面推行行政执法主体责任制度，理顺行政执法体制，明确行政法律依据，清理行政执法主体。二是全面推行行政执法公开公示制度，强化行政执法行为监督。三是全面推行行政执法评议考核制度。确立行政执法主体责任目标，照章实施评议考核。四是全面推行行政执法过错追究制度，保证行政执法责任落实到人。

4. 严格"四个分离"制度，强化办案制约机制

工商办案机构内部要严格立案、调查、核审、执行四分离制度，拓展内部监督体系，形成相互监督、相互制约和相互促进的工作机制，促进办案工作制度化和规范化，提高办案质量和水平，杜绝不廉洁执法行为发生，降低办案风险。

5. 健全投诉举报制度，强化社会监督机制

工商行政执法主体要自觉接受人大和政协的民主监督，虚心听取其对行政执法工作的意见和建议；对人民法院受理的行政案件要积极出庭应诉并实事求是答辩，自觉执行人民法院依法作出且已生效的判决和裁定；要在完善行政复议工作制度的基础上依法受理合法行政复议申请，探索提高行政复议工作质量的新方式和新举措；要严格执行行政执法过错赔偿制度，保障行政相对人合法权益；要创新层级监督新机制，强化上下级之间的监督；要以"12315"投诉举报网络为依托，完善工商行政执法投诉举报体系；要高度重视新闻舆论监督，认真调查核实新闻媒体反映的问题并依法及时作出处理。

6. 提高队伍责任意识，强化内部责任机制

工商行政执法人员要不断增强法制观念和责任意识，切实提高法律素养和

行政能力。为早见成效，要健全学法制度，定期或不定期对行政执法人员实施依法行政知识培训和考试。同时，要积极探索实施领导干部任前法律知识考试制度和行政执法人员依法行政情况考核制度，不断强化内部责任机制，营造依法行政氛围。

参考文献

[1] 郑传坤，青维富．行政执法责任制理论与实践及对策研究．北京：中国法制出版社，2003

[2] 朱新力，余军．行政执法责任研究——多元视角下的诠释．北京：法律出版社，2004

[3] 杨海坤，关保英．行政执法服务论的逻辑结构．北京：中国政法大学出版社，2002

[4] 姜明安．行政执法研究．北京：北京大学出版社，2004

[5] 杨解君．行政责任问题研究．北京：北京大学出版社，2005

[6] 青锋．行政执法责任制若干问题探讨．现代法学，1998(5)

[7] 程晓敏，李秋生．行政执法责任制的制度内涵及实践意义．中国行政管理，2004(8)

[8] 刘凡．工商行政管理经历的三次发展机遇．中国工商管理研究，2004(12)

[9] 吕成贤．公共服务——工商行政管理创新的出发点和归宿．中国工商管理研究，2005(9)

[10] 郭道辉．"执政能力"的法理解读．法学，2005(7)

（作者单位：广东省云浮市工商局）

三等奖

理性执法：缘由及其推动

盛小伟

一、理性执法内涵分析

1. 从权力的本质属性看理性执法

从现代公共行政的理念来看，权力具有公共性，是一种公共性"产品"，必须用来为社会、为人民服务，而绝不能为任何单位、任何个人谋取任何利益和好处。

从我们党的指导思想来看，"立党为公、执政为民"既是自身权力观的具体体现，又是对权力本质属性的最好阐释。因此，任何部门或任何个人的权力运用，其向社会和人民群众提供的必然是一种公共性的行政服务，谋取的是公共利益，维护的是公共秩序。这样，才能充分体现权力的公共化价值取向。

如果权力在运用过程中衍生出谋取部门（个人）利益这个"副产品"，毫无疑问会使公共权力产生"异化"，出现在权力运用过程中的"寻租"行为。这样一来，不仅会导致非理性执法的种种现象出现，更会引起连锁反应，使社会公众对权力的公共性产生怀疑或否定，对权力应用的公正性产生质疑。

应当说，权力的公共性是一种客观存在，行政执法的公正性也是一种客观要求。行政执法的职责就是在权力的运用中体现公共性，确保公正性，通过公正性来体现公共性，并切实做到"权力与责任挂钩，权力与利益脱钩"。只有这样，我们才能实现权力的运用与利益相分离，真正从权力的本质属性出发来理解和实施理性执法。

2. 从价值导向看理性执法

行政执法机关虽然是政府部门，但其作出的行政行为同任何人的行为都一样，同样受到一定价值观念的引导和规范，并以自身的行为塑造着面对社会和公众的形象。行政执法机关在具体的执法实践中体现"天平"一样的公正性，既是行政执法的基本要求，更是行政执法价值理念的具体体现。

但是在现实生活中，利益作为市场经济发展进程中的必然衍生物，不但影响和支配着各类市场主体的生产经营行为，而且对承担着调控市场经济活动重任的行政执法人员也同样产生着极大的冲击和诱惑。特别是由于历史、经济、体制的原因，我国行政执法机关的财力保障更多地要靠"自种皇粮"、"自找皇粮"来解决，从而导致行政执法机关作出具体行政行为的价值取向时可能直接或间接地体现在维护自身利益和解决生存上。也就是说，当部门与利益紧密挂钩时，权力就容易体现为利益。

在上述价值导向下作出的行政行为，往往由于丧失了公正性而缺少社会公信力，往往是披着合法化的外衣，谋取着部门的一己之利。显然，这种以"利益"作为价值导向的行政执法行为（或行政执法体制）有违法治精神，显现的是行政执法的负面作用，更不能准确反映行政执法对社会政治、经济、文化发展起保障和促进作用的本质特征。

3. 从行政执法的目的看理性执法

不同的行政执法机关根据不同的法律授权、政府职能的配置和工作的分工，都会通过行政执法的实践来体现一定的目的性

以工商部门为例，其行政执法的目的包括：维护国家的利益；维护社会的公共利益；调整经营者和经营者之间的关系，维护市场经济公开、公平、公正的竞争秩序，努力形成开放、统一的市场环境；调整经营者和消费者之间的关系，维护消费者的合法权益，着力营造健康安全的放心消费环境。这既是引导工商行政管理机关实施行政执法的价值导向，也是工商行政管理机关行使公共权力、实施公共管理的必然追求和目标。只有以此为目的导向的行政执法，才会是有效的、理性的执法。

如果我们的行政执法目的中存在着谋取部门利益，甚至将行政执法作为解决生存的一种手段，那么权力的公共性就会被利己性所取代，行政执法所承担的社会责任就会被部门利益所替代，行政执法的公正性就会因利益而打上折扣。同时，行政执法的感性也会甚于理性，有时还会缺少"人性"，并直接导致行政执法的目的被曲解、被支解、被功利化、被实用化，理性执法也就无从谈起。

4. 从行政执法的实践看理性执法

由于公共财政保障体制改革的滞后，对行政执法机关的有效财政经费保障没有得到充分的落实，在"自谋生路、自负盈亏"式的经费保障模式下，便在实践中出现了种种非理性的行政执法行为。这一状况必须得到根本性的改变。

二、努力推动并实现理性执法的四个原则

结合当前实际，笔者认为，要逐步实现以"合乎法律的本意、合乎发展的需要、合乎相对人权益的保护、合乎市场经济的规范"等为特征的理性执法目

标，应着力从以下几方面来推动。

1. 在建立公共财政体制的过程中，体现对行政执法机关经费的优先保障

应做到"给皇粮"而非"找皇粮"，"吃皇粮"而非"种皇粮"，通过财政供给渠道的改变和落实，实现公共财政体制中对行政执法机关经费的优先保障。在经费的供给上，不但要保障到，更要保障好，从而割断行政执法机关及其行政行为同利益之间可能出现的"纽带"，堵住因利益驱动而衍生出的制度、机制、体制上的漏洞。这是实现理性执法的基础和根本。

2. 坚持行政执法权力的公共化价值取向

在完善市场经济发展的法律及制度过程中，应坚持做到以下几点。

一是必须按照建立现代公共行政管理体系的要求，促进和深化对现有行政管理体制的改革，在改革中坚持和保持行政执法权力的公共化价值取向，坚持公共性。

二是必须坚持权力运用的公正性。即：通过公正的执法来体现为民掌权、用权为民，来造福社会、造福于人民。这是理性执法的本质和宗旨所在。

三是必须通过公正透明的程序、规范合法的行为、行之有效的监督，保证行政执法权力在应用中能够准确反映权力的本质属性，反映和体现行政执法权力的公共化价值取向。

3. 实施执法合理性审查，规范执法行为

目前，在行政执法行为的审查上，无论是行政执法机关的内部监督，还是包括司法、舆论监督在内的外部监督，都仅仅重视或突出了对行政处罚在主体（包括执法主体和被处罚主体）和程序方面的合法性审查，而忽视了过罚相当的合理性审查，《行政处罚法》第二十七条关于"应当依法从轻或者减轻行政处罚"条款的适用也不到位。因此，从合法性审查扩大到合理性审查，将有利于规范执法行为，规范自由裁量权的应用，有利于保护行政相对人应有的权利，使行政执法摒弃利益驱动、感性冲动，从而更具理性并富有人性。

4. 提高行政执法人员的素质

应促使行政执法人员不断提高全面掌握和熟练应用法律法规的业务素质、不断提高理性思考的能力。应促使大家善于理解、把握和实践社会主义法治精神，善于站在全局的高度、长远的角度，真正弄清、弄懂法律的本意、精髓，有效体现行政执法的目的性。只有广大行政执法人员的素质得到了普遍提高，才能为实施理性执法提供足够的人才保障。

（作者单位：江苏省无锡市工商局）

三等奖

有限责任制度的缺陷与完善

丁重林

一、有限责任制度的内容及功能

有限责任（Limited Liability）是指在特定的情况下，对一方当事人责任范围进行限制的法律手段。有限责任制度起源于中世纪欧洲的航海业，其直接原因是为了减少投资者的投资风险。1845—1848 年的经济萧条，更加剧了公众舆论对有限责任制度的认同。1855 年 8 月，英国颁布的《有限责任法》明确规定，具备法定条件的公司一经注册完毕，股东只负有限责任，责任的限度为股东所持有股份的名义价值（Nominal Value），并要求在公司名称中必须反映"有限"字样。英国还确定了公司独立人格和独立责任的判例。这标志着有限责任制度的正式确立。

各国公司法确立股东有限责任制度的进程虽不一致，但对股东有限责任的内容均作了明确规定。美国《模范公司法》第 6 条、第 22 条明确规定：除非公司章程另有规定，股东个人对公司的行为或债务概不负责；但他可能因自己的行为或活动而承担责任。德国《股份法》第 2 条第（1）款规定："股份公司为具有独立法人性质的公司，债权人仅以公司财产作为公司债务之担保。"日本《商法典》第 200 条第（1）款也明确规定："股东的责任以其所有股份的认购价额为限。"我国《公司法》则在两种法定的公司形式之前明确冠以"有限"或"股份有限"字样，并在第三条规定，有限责任公司的股东以其出资额为限对公司承担责任，股份有限公司的股东以其所持股份为限对公司承担责任。

有限责任制度自产生以来，特别是其在商事领域中与法人制度结合以来，就逐渐成为促进经济发展的有力的法律工具。美国哈佛大学前任校长伊洛勒（Charles W. Eliot）教授曾指出："有限责任是基于商业目的而产生的最有力的法律上的发明。"许多学者认为，有限责任改变了整个经济史，其功能在于以下五方面。

（一）减少和移转风险

有限责任制度最大之优点，在于减轻投资人投资事业活动的风险。戴尔芒德(Diamond)指出，市场活动中风险与利润并存，"只有在投资的预期利益超过预期风险时，才能促使投资者投资，而预测和减少风险，就要靠限制责任的办法来实现"。另外，有限责任还在移转风险方面有重大价值：一方面，有限责任促使投资分散，无论投资多么复杂，股东都不会受到追索；另一方面，有限责任促使股东将其投资自由转让，使股东可能做出更多的投资。而风险的减少和责任的限制，又使投资自由移转成为可能。

（二）激励投资

社会经济的发展需要靠投资推动，但激励投资应通过良好的法律形式实现，只有当立法者为资本设计出有限责任这一种特殊形式，投资者才能通过此形式而自由地扩大其权利。有限责任制度不仅减轻了投资风险，同时也使股东的投资风险能够预先确定，即投资者能够预先知道其投资的最大风险仅限于其出资，这就给投资者一种保障。所以，有限责任对投资者的广泛参与投资形成了有效的刺激。

（三）促使所有权与经营权分离

投资者作为公司最终所有者，其是否应实际参与管理和经营，在很大程度上要受到责任形式的影响。在无限责任的情况下，投资者为避免承担不可预测的风险，必然要求参与公司的管理，从而难以促成所有权与经营权的分离。而在有限责任情况下，由于风险事先确定且有限，投资者没有必要实际参与管理从而控制公司。基于此，有限责任导致了投资与经营管理的分离，促进了劳动的合理分工。

（四）促进市场交易

新西兰公司法学家法拉尔(Faraar)指出，有限责任和股份的自由转让是联系在一起的，由于投资风险的有限性，增强了股份在市场上的可转让性，从而增进了证券市场上的股份交易，促使资源实现优化配置。由于有限责任促使投资增加、股权分散、股份转让，因此导致股东之间并无任何人身关系，彼此可能互不相识，他们不会承担超出其股份利益的义务，他们所希望的是利润最大化，在出售股票时，尽可能从公司中得到一切。在此基础上，证券市场得以充分发展。

（五）降低交易成本

例如，有限责任制度避免了债权人直接针对单个股东提起诉讼的情况，这样债权人只是在公司不履行其义务时，直接对公司提起诉讼，而不必对每个股东提起费用高昂的、程序繁琐的诉讼。

二、有限责任制度之缺陷

有限责任制度自产生以来,在历史上起到了鼓励投资、促进资本积聚、促使所有权与经营权分离等作用,但该制度也存在明显的缺陷。

(一)对债权人不公正

债权人通常无权介入公司的管理过程,甚至对公司的内部管理一无所知,而一旦公司因经营管理不善等原因造成亏损,蒙受损失最大的还是债权人。如果股东负有限责任,则对债权人不公平。从法律上看,股东是公司的最终所有者,他享有管理公司的权利,不管实际情况如何,至少在理论上,股东是有权管理公司的。然而,股东却仅对其出资负责,这显然与其享有的权利不相称。既然股东已经意识到其投资是有风险的,那他为什么要将其经营风险转移给外部的债权人呢?这是由于股东获得股息、红利等会超出其全部投资额,而债权人却可能因为有限责任而变得两手空空。所以,有限责任制注重了对股东的保护,却忽略了对债权人的保护。

(二)为董事滥用公司法人人格提供了机会

公司的运作是靠人来实现的,每一个公司背后站立的都是个人,在某些情况下,董事可能利用公司的人格从事各种欺诈行为,并为自己谋取非法所得。而即使出现此种情况,由于有限责任的存在,阻碍了债权人要求董事负责的请求。还有一些董事常利用公司的人格从事各种隐匿财产、逃避清偿债务的责任等行为。在集团公司中也可能出现此种情况:集团公司中的附属公司可能并没有财产,只是被母公司用来作为欺诈他人、规避法律的工具。而有限责任的存在,阻止了债权人对董事直接提出请求。

(三)对侵权责任的规避

合同之债中的债权人为自愿的债权人(Voluntary Creditor),侵权之债中的债权人称为非自愿的债权人(Involuntary Creditor)。在现实生活中,任何不特定的当事人均可能因为公司的侵权行为而遭受损害,成为非自愿的债权人。特别是现在产品致人损害的侵权行为已日益普遍,公司侵权行为的受害人也在增加。但是,由于有限责任的存在,使得这些受害人在遭受人身伤害甚至死亡的情况下,常常不可能获得过多的赔偿。因此有限责任对侵权行为受害人的保护是不够的,它虽保护了投资者,却不利于保护广大消费者,因而有限责任制度阻碍了侵权行为制度的作用发挥。诚然,如果侵害的是商业利益,则受害人的补偿问题还可以通过保险的方法来解决,而不必涉及有限责任制度,但是为保护侵权行为的受害人，法律应对公司提出最低资本数额要求，实行强制性保险、增加无过失责任等，以弥补有限责任制度的不足。

在有限责任制度下，若公司雇员因公司的行为受到损害，使得雇员难以对股东提出请求，尤其是在公司因经营不善而宣告破产的情况下，工人的利益很难得到保障。为了弥补这一缺陷，美国一些州（如威斯康辛州）的法律规定股东应对工人未支付的工资负责，加拿大的法律也有类似的规定。

三、完善有限责任制度之对策

有限责任制作为一种经过长期实践检验而确立下来的现代企业基本制度，是现代市场经济发展的必然结果。在运行中，这种制度虽有缺陷，但不能全盘否定，应深入地探讨如何完善这一制度。

在这方面，不少市场经济较发达国家在立法及司法实践中都进行了诸多探索，主要有两种形式。

一是"揭开公司面纱"制度。公司作为法人具有独立的人格，公司以其全部资产独立地对其法律行为和债务承担责任，公司的股东仅以其出资额为限对公司承担有限责任，因而公司的独立人格及股东的有限责任就像一层面纱，它把股东与公司分开，保护了股东免受债权人追索。然而股东因投资而享有对公司管理的权利，在其出资额达到一定规模时，股东就会享有对公司控制的权力，这就有可能使股东通过行使控股权而对公司施加不良影响，很多情况下，股东也极有可能利用公司的人格从事各种违法和规避法律的行为，并会造成对债权人的损害。所以，从维护社会秩序、保护债权人利益出发，在特定情况下，应"揭开公司的面纱"，使股东对债权人直接负责。在大陆法系中，此种措施称为直接责任。

二是对母、子公司的关系加以规制。发达国家的公司法赋予母公司与子公司以独立的法人的地位，但对它们之间的关系，做了不同于一般独立法人的规定。1965年的联邦德国股份公司法就特别规定：①在单纯从属的情况下，如果有控制权的企业让受控企业执行不利于后者的措施，那么，有控制权的企业必须对由此造成的损害予以赔偿。②在母公司与子公司间有控制合同或利润转让等合同相联系的情况下，母公司有义务弥补子公司的年度亏损。③母公司除了要弥补子公司的净亏损外，还须对子公司的全部债务负有直接责任。

在我国，股东滥用公司人格，利用有限责任的面纱侵犯公司及其债权人利益的事件屡见不鲜。如在公司身背重债的情况下，转移财产，逃避债务，以其财产成立一家新公司，使原公司成为空壳；公司成立时股东虽缴足了注册资本，一旦公司成立即抽逃资本或将公司财产与股东财产混同；公司的注册资本虽合法，但公司的经营或服务规模远超过其经济能力；股东任意干预公司事务，使公司的经营自主权名存实亡，等等。在对公司登记的管理体制上，我国一直通过工商行政管理部门的企业登记来确定有限责任的适用范围。凡登记为法人的企业，其设立者、投资人便只对企业债务负有限责任。法院在审理具体案件时，如果债务人有《企业法人营业执照》，其设立者、投资人便可以对企业的债务不负责任。实践证明，这种形式主义的做法是不成功的，使有限责任被滥用。因为工商部门在进行企业法人登记时，不可能对申请企业是否具备法人条件进行实质的、严格的审查，以致让不具备法人条件的企业登记成了企业法人。同时，申请者也可采取虚开资信证明，用借入资金进行登记等手段蒙混过关。因此，防止有限责任被滥用，仅凭形式要件是不够的，还需要具备实质要件。

借鉴市场经济国家的做法，设计我国较为完整的有限责任制应当包括两方面内容：一是列举规定不适用有限责任的例外情形。为防止出资人（或控股股东）滥用法人人格，有必要引进法人人格否认制度，即"揭开公司面纱"。但有限责任的例外情形不能普遍化，否则其社会作用将会削弱甚至失去。1970年欧洲公司法草案第293条规定，母公司须对子公司的债务和义务负责任，母公司是子公司债务和义务的补充担保人。若子公司不能清偿债权人债务或不能履行对债权人的义务，债权人可以对母公司起诉，追究母公司的债务责任。这完全排斥了法人有限责任规则，模糊了分公司和子公司之间的法律界限，在投资者和债权人的利益平衡上完全倒向债权人一面，泯灭了母、子公司独立性方面的法律价值，故至今未被任何国家的立法和判例所接受。我国对有限责任例外情形的规定，应采用概括式。如列举规定公司设立时，公司的设立人、出资人未按公司章程规定或契约的约定缴足出资的情形；公司设立后，公司设立人、出资人抽逃或转移其出资财产的情形；公司的财产与设立人、出资人的财产混同或混淆，致使财务账目不清的情形；公司设立者、出资人截留、平调、挪用法人财产或不按规定分配公司赢利的情形；公司设立者、出资人严重干扰公司活动，使公司失去独立意志和利益，实际成为其代理人的情形等。二是应规定有限责任的适用条件。我国对有限责任的一般适用条件明确规定的时机业已成熟。《公司法》、《合伙企业法》已规定，有限责任制度的适用范围限于依法成立的、在其名称上标明"有限责任"或"股份有限"字样的有限责任公司和股份有限公司，合伙企业不适用有限责任制。随着我国立法体系不断完善，有限责任制度必将得到进一步发展。

参考文献

[1] 王利明.公司的有限责任制度的若干问题.中国政法大学学报

[2] 夏雅丽.中国有限责任制度缺失机制补救之我见.法律教育网 2005-02-16

[3] 冯璐.我国公司法人人格制度的完善.清风檐,2004-08-05

[4] 刘大洪.公司有限责任制度负面效应的法律思考,中国政法管理干部学院学报,1997(5)

(作者单位:西安市工商局)

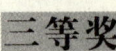

对清算企业及清算组法律地位的思考

黄 炯

关于企业在清算期间（又称清算企业）及清算组的法律地位问题，一直以来在社会上都存在着两种不同的观点。一种观点认为：企业在清算期间主体资格已不存在，清算组具有独立主体资格。也就是说，企业一旦进入清算，其主体资格丧失，企业不能再以企业本身的名义从事任何活动（包括清算活动），而必须成立清算组，以清算组的名义行使其权利义务关系，清算组是企业在清算期间唯一的独立的合法主体。另一种观点则认为：企业法人在清算过程中其主体资格继续存续（或拟继续存续），只不过权利受到限制，企业在清算过程中不得再从事与生产经营有关的活动，但企业从事与清算有关的活动依然受法律保护。清算组是企业在清算期间的特殊内部机构，在清算期间代表企业，但清算组从事清算有关活动必须以企业的名义开展。总之，企业在清算期间主体资格依然存在，清算组不具有独立主体资格。

从社会调查情况看，实践中经常遇到被起诉的法人已经解散、被撤销或被吊销等情形。对此情况，有的法院以被告主体已不存在为由，不予立案，或驳回起诉，要求以清算组名义来起诉；有的法院公告送达，判决已经解散、被撤销或被吊销营业执照的法人承担清偿债务责任；也有的法院根据原告申请，变更相对方上级主管部门、开办人或股东为被告，判决其承担已经解散、被撤销或被吊销企业的相关债务。司法实践的不一，使企业无所适从，不仅冲击着公司的有限责任原则，同时也给部分企业通过清算来规避法律责任有了可乘之机，整个市场经济和管理秩序也受到严重扭曲。据统计，在我国，每年按照法律规定进入清算的企业逾10万家。这些清算中的企业如何行使其权利义务关系，已成为不得不深思的社会问题。

从工商行政管理实践看，长期以来我们在观念上和工作中已经把吊销跟注销等同起来，吊销企业的股权转让问题以及企业吊销恢复等问题一直是困扰工商工作多年的瓶颈，社会反响也极为强烈。根据新公司法的相关规定，明确吊销企业应依法组织清算，办理注销登记，事实上也把吊销企业纳入清算企业的范畴。因此，探索清算企业及清算组的法律地位已不再是远离工商实际的纯法学理论问题,更深远的是对我们履行工商职能,理顺和处理相关业务问题提供理论基础。

一、对清算企业法律地位的思考

笔者认为,清算企业的主体资格依然存在,其理由和依据如下。

1. 企业法人的终止是其主体资格消灭的标志

我国《民法通则》规定,法人具有民事权利能力和民事行为能力。法人的民事权利能力和民事行为能力,从法人成立时产生,到法人终止时消灭。由此可见,企业法人的终止是其主体资格消灭的标志,法人在终止前仍具有民事权利能力和民事行为能力,法人的主体资格依然存在。法人一旦终止,法人的民事权利能力和民事行为能力也不存在,法人的主体资格也随之消灭。

2. 企业法人的终止及其主体资格的消灭必须经过清算,在我国法律有明确规定

我国《民法通则》第四十条规定:"法人的终止,应当进行清算,停止清算范围外的活动。"第四十七条又规定:"企业法人解散,应当成立清算组织,进行清算。企业法人被撤销、被宣告破产的,应当由主管机关或者人民法院组织有关机关和有关人员成立清算组织,进行清算。"可见,企业法人的终止必须进行清算,不经清算,法人不消灭。

3. 清算企业主体资格依然存在的观点,已被许多国家和地区法律普遍采纳

美国《公司法》规定:"一家解散(自愿解散)的公司仍继续其公司的存在,但不能继续经营业务,除了是处理和其结业有关的以及和清算有关的业务和事务"、"一家被行政解散的公司,作为公司是继续存在的……。"日本《商法》第116条规定:"公司解散以后,在清算目的范围内,仍视为存续。"我国台湾地区的《公司法》第25条规定:"解散之公司,于清算范围内视为尚未解散。"换言之,公司解散以后,在清算期间,依法虽不能从事正常的生产经营活动,但仍可以公司的名义,处理未了结的业务,清偿或受偿债务,起诉或者应诉等。

4. 企业法人的终止及其主体资格的消灭与企业注册成立一样,必须有严格的法律登记程序

企业法人的成立,必须进行注册登记,企业自注册登记后,方具有民事权利能力和民事行为能力。既然企业法人的产生有严格的法律登记程序,那么作为企业法人的终止和消灭也应该同样经过严格的法律程序。原因很简单,与企

业法人的成立一样,不经过严格的法律程序,企业法人的独立性以及其独立承担责任的社会性将无法得到有效保障。正如我国《民法通则》第四十六条的规定:"企业法人终止,应当向登记机关办理注销登记并公告。"可见,企业法人的终止应该到登记机关办理注销登记手续,不经过登记机关办理注销登记手续,企业法人不终止,法人的主体资格依然存在。

5. 区分企业终止及企业终止原因两个不同概念

公司终止和终止原因是两个既有联系又有区别的概念,不能相互混同。企业的终止是指企业法人主体资格的消灭,企业在组织上彻底解散并永久停止一切活动。终止原因是指企业因章程或者法律规定的事由出现、或被有关主管机关责令关闭以及其他原因停止生产经营活动,并进入清算阶段,以处理和了结公司的一切权利义务关系。我国《民法通则》第四十五条的规定:"企业法人由于下列原因之一终止:(一)依法被撤销;(二)解散;(三)依法宣告破产;(四)其他原因。"由此可见,企业依法被撤销、解散、依法宣告破产等都是企业的终止原因,并不是企业的终止。企业出现终止原因也不必然会导致企业民事权利能力以及主体资格的丧失。正如自然人死亡,死亡会导致自然人民事权利能力的丧失,但如果出现死亡原因,如生病或因犯罪被法院宣判死刑等,自然人的民事权利能力并不会因此而丧失。

二、对清算组法律地位的思考

笔者认为,清算组不具备独立主体资格。其理由和依据如下。

首先,清算组如果要具备独立主体资格,必须对其行为及法律后果承担责任,对自己的违法行为和失职造成的法律后果负责。

如果视清算组为完全独立的主体,其相关的违法行为和失职造成的法律后果责任,清算组应否负责?如负责,其责任财产从何而来?如不负责,其自身的独立性该怎么体现?从清算组的成立看,清算组的成立并不要求与企业法人的设立登记一样需要一定数额的注册资金,清算组本身并没有因成立而形成独立的责任财产。

其次,如果视清算组的责任财产是企业的清算财产,那么,企业的责任财产呢?唯一能够解释的就是企业在进入清算时其主体资格丧失,企业财产整体人格化成为清算组独立支配的责任财产。换句话说,在清算企业和清算组之间两个独立主体不能同时共存,若承认清算组的独立主体资格,必然会以企业在清算期间主体资格不存在为前提。这又必然带来以下一些问题。

第一,关于清算企业的主体资格问题,笔者在前面曾进行了论证。如果视清算企业主体资格不存在，而清算组具有独立主体资格，这与笔者前面论述的"企业法人在清算期间主体资格依然存在"的观点明显相矛盾。

第二，我国《公司法》规定："企业应该在清算开始日起15日内，成立清算组。"也就是说，企业进入清算和清算组的成立在时间上并不是完全同步的。若否认企业在清算期间的独立主体资格以及承认清算组的独立性。那么，在企业进入清算到清算组成立的这段期间，企业的财产岂不是成为了无主财产，其相关权利又将如何得到保护呢？从法理上显然无法进行解释。

其三，从清算组成员的组成看，清算组的独立性也无法得到保障。按照我国法律规定，清算组成员由股东组织。股东也可以根据情况变更清算组成员，这样的清算组构成与企业原来董事会又有什么本质区别呢？又怎么能保障其独立性呢？

其四，从国外清算法律制度看，清算组不具备独立主体资格已被不少国家普遍采纳。在德国，法律规定清算组的地位相当于企业清算期间的董事会，不具有独立主体资格。如：德国股份公司法规定，清算人在法院内外代表公司，清算人在其业务范围内拥有董事会的权利和义务。与董事会一样，清算人受监事会的监督。在美国，法律上规定了清算企业的独立主体资格，对于清算组法律上没有任何规定，可见，美国法律并不承认清算组的独立主体资格。

最后，引用史际春教授在《公司法》一书中的一段话来结束论证："一般说来，清算组成立后，公司即进入清算程序，公司董事会应停止执行职务，由清算组对内组织清算，对外代表公司。因此，清算组于公司解散后，终止前，取代了董事会的地位，它与公司的关系，可以适用董事会与公司关系的规定。如日本商法规定，清算人准用关于公司代表权及董事与公司关系的规定。我国《公司法》没有明确规定清算组与公司的关系，但从该法第一百九十三条规定的清算组的职权来看，其取代公司董事会在清算期间对内处理清算事务，对外代表公司的地位还是相当明确的。"

三、清算企业主体资格依然存在，清算组不具备独立主体资格理论在工商实践中的运用

1. 进一步论证和揭示了吊销企业主体资格的存在，规范吊销执法行为

2004年，国家工商总局公布了第9号令，明确吊销企业应依法组织清算，办理注销登记。根据清算企业主体资格依然存在理论，吊销企业作为清算中的企业，其主体资格也依然存在。吊销作为行政处罚行为，也不必然会导致企业

原有权利义务关系的消失。回顾我们的吊销工作，为保护企业金融债权，实践中往往会因银行的要求对某企业进行吊销或者暂缓吊销，这在一定程度上也导致我们吊销工作的混乱，从严格意义上讲，这与依法行政是相违背的。

2. 为吊销企业的恢复提供法理依据

吊销企业的恢复不仅有利于解决现实中的实际问题，同时也体现了社会经济效益最大化原则。吊销企业作为清算中的企业主体资格存在，同时也为吊销企业的恢复提供了法理依据。如美国法律规定：一家被行政命令解散的公司，可以申请恢复公司的存在。由此可见，对吊销企业的恢复在国外法律还是有先例的。

3. 进一步完善企业年检制度，为清算企业是否需要年检问题提供理论论证

按照《公司法》年检制度的有关规定，企业逾期不年检，最严重的后果将是被吊销执照。结合清算企业主体资格依然存在，清算组不具备独立主体资格理论，企业的主体资格丧失以清算注销为标志，企业被依法吊销等情形只是企业终止原因的出现，进入清算程序。换句话说，对于逾期不年检的企业，依法将被吊销执照，停止经营活动，强行进入清算程序。由此可见，从企业的角度看，年检的真正意义，在于维持其生产经营活动延续。清算中的企业，事实上已经不具备生产经营资格，再要求其办理年检显然是毫无意义，实属画蛇添足。再从另一方面论证，若清算中的企业依然需要年检的话，首先，从逻辑上，不难推出这样一个不符逻辑的循环：不年检的企业——依法吊销进入清算程序——进入清算程序后依然需要年检。其次，从法理上看，清算企业需要办理年检，也就等于说吊销的企业需要办理年检，明显与法理不符。

清算企业主体资格依然存在，清算组不具备独立主体资格理论对我们探索和完善工商注销登记制度以及清算监管工作等都具有重要的意义。

（作者单位：深圳市工商局）

三等奖

实行流通环节食品安全目录准入制度
提高对食品安全的控制力

左京生

近年来,由于各类食品安全事故不断发生,食品安全已经成为一个基本的公共卫生问题,一个关系到国计民生、社会稳定的大问题,引起了公众的高度关注。为此,北京市工商局将食品安全管理作为工作重点,创新监管方式,实行流通环节食品安全目录准入制度,完善了食品安全信用信息系统,提高了首都市场食品安全控制水平,食品抽检合格率达到94.9%,保证了首都的食品安全。

一、实行流通环节食品安全目录准入制度是可供选择的实现形式

在流通环节实行食品安全准入的前提是,必须要知道哪些企业的产品合格,有一个合格食品的目录。管理农副产品,合格屠宰厂和蔬菜产地是由商务局和农业局认定的。按照国务院"三定"方案,认定加工食品质量的职能部门是质检局,质检局近几年开始实行的《食品生产许可证》制度就是对食品质量的认定。工商部门应该也完全有条件借助质检部门在生产环节对食品质量认定的结果,实现流通环节食品安全准入。

1. 实行流通环节食品安全目录准入制度的含义

各地进入北京市场的食品生产加工企业,必须先向质检部门申请《食品生产许可证》,对食品质量进行检验,在食品外包装加印(贴)QS食品市场准入标志。工商部门将取得《食品生产许可证》企业生产的食品作为合格食品,将质检部门形成的《食品生产许可证》目录,作为允许进入北京市场的食品目录。北京的食品销售企业根据目录选择进货,并不得从目录以外的食品生产企业进货;食品零售商及中间消费者(饭店、单位食堂等)根据目录从批发市场选择进货;工商部门执法人员依据目录对销售企业销售的食品进行检查;消费者根据QS标识选购食品,实现自我保护。

还有另外一种可能:如果国家质检总局不能将核准《食品生产许可证》的

信息，全部、即时地向社会开放，并实现政府部门间共享，可由取得《食品生产许可证》的食品生产企业，通过网络在北京市政府专设网站进行备案，并通过计算机程序自动与国家质检总局的《食品生产许可证》信息进行对比，形成准入食品目录，作为北京食品销售企业选择进货的依据。当然，直接用国家质检总局形成的《食品生产许可证》目录作为市场准入的目录，省去了备案这一环节，应该是一种更为优化的流程。

2. 对质检部门实行的食品质量安全市场准入制度的说明

该制度是质检部门为从生产的源头保证食品质量安全，采取的对具备规定条件的生产者才允许进行生产，具备规定条件的食品才允许生产销售的监管制度。包括三项具体制度：一是对食品生产企业实施生产许可证制度。即对具备基本生产条件、能够保证食品质量安全的企业发放《食品生产许可证》，准许生产获证范围内的产品；未取得《食品生产许可证》的企业不准生产食品。二是对企业生产的食品实施强制检验制度。即未经检验和检验不合格的食品不准出厂销售。三是实行市场准入标志制度。即对检验合格的食品要加印(贴)QS市场准入标志，QS是"质量安全"的英文缩写，没有QS标志的食品不准进入市场销售。

《食品生产许可证》有由12位数字组成的编号，包括受理机关、产品类别、获证企业序号等信息，编号都是唯一的，必须印(贴)在食品外包装上。《食品生产许可证》只应用于同一企业的同类产品，不同类产品分别编制企业序号。《食品生产许可证》由国家质检总局审批，由省质检局发放。企业申办《食品生产许可证》周期为120个工作日(即6个月)。许可证有效期根据不同种类的食品分为3至5年不等。国家质检总局已经建立了《食品生产许可证》信息库，并向社会开放，政府部门间可以通过网络查询。

二、实行流通环节食品安全目录准入制度的必要性和可能性

1. 在生产环节实现食品质量安全准入短期内难以实现

监管食品质量必须管住源头，这是政府管理部门的共识。质检部门建立的食品质量安全市场准入制度，就是力图从生产的源头把住食品质量关，这一管理办法符合发达国家通行的做法。然而，需要看到的是，由于我国食品加工企业绝大多数规模比较小，在全国现有的43.7万家食品加工企业中，77.8%为个体户，即10人以下的手工作坊，很难达到质检部门规定的生产条件和食品质量标准。由于地区经济发展存在差异，在经济欠发达地区，在多数食品加工企业不能达到国家质量标准的情况下，没有办法执法。从实际情况看，2002年质检部门在大米、小麦粉、酱油、食用植物油和食醋5类食品强制实行《食品生产

许可证》制度，至2004年底颁发了2万张生产许可证，只占全国6万家5类食品生产企业总数的1/3，而没有通过质量认证的企业整体生产规模、市场占有率却占全国85%以上。又如2001年国家质检总局发布了"室内装饰装修材料有害物质限量"十项国家强制性标准，但对生产环节的产品质量并未形成很强的约束力。近期，国家工商总局对5个城市市场销售的内墙涂料进行质量抽检，合格率为83.5%；对3个城市市场销售的木芯板进行质量抽检，抽样合格率仅为32.2%。事实说明，从生产源头把住质量关目标的实现需要有一个过程，还可能是一个不短的过程，而且，这一目标不可能在全国同时实现。实现的途径只能是一些大城市和经济发达地区在流通环节先做起来，逐步向全国推广。北京作为首都的特殊地位，以及2008年奥运会对食品安全的特殊要求，决定了北京必须先一步将食品安全准入的门槛抬起来，实现形式就是在流通环节实行食品安全目录准入制度。

2. 管理农副产品的方式不能简单套用到加工食品管理中

场厂挂钩、场地挂钩、索票索证等措施，在保证农副产品安全准入中取得了明显成效。但是，由于农副产品与加工食品具有不同特点，不能简单套用。

第一，供应商的数量不同。农副产品由众多农户生产和种植，非常分散。但是北京的农副产品批发市场不是直接从产地的农户进货，而是从经市政府相关部门认定的屠宰厂和蔬菜产地进货，屠宰厂和蔬菜产地已经把了一道质量关，而且，农副产品种类少，经政府部门认定准许进入的屠宰厂和蔬菜产地，至2004年1月分别为外埠34家和396家，北京市蔬菜产地128家，数量不是很大。因而，场厂挂钩、场地挂钩、索票索证等措施易于落实。而食品加工企业，全国有43.7万家，生产条件和产品质量参差不齐，经销企业又是直接从生产厂家进货，索票索证时产品质量情况只能由生产企业自行提供，存在漏洞比较大。目前，没有对不如实提供食品质量证明的生产企业所占比例进行专门的调查，可以借鉴的数据是，北京市消协近期对北京市场上绿色食品的调查显示，有9.3%的生产企业不能如实向消费者提供相关信息。

第二，进入市场流通的渠道不同。农副产品种类少，流通渠道比较单一，批发市场是农副产品流通的主要源头。目前北京21个大型农副产品批发市场，销售量占全市肉、菜销售量的85%以上，通过监督检查比较容易落实场厂挂钩、场地挂钩、索票索证等制度。销售加工食品的企业数量众多，加工食品也种类繁多，流通渠道五花八门，通过监督检查落实索票索证制度难度非常大。

第三，合格生产企业明晰程度不同。农副产品符合进入条件的厂家和产地是明确的，有一个合格企业目录，既便于批发市场实现场厂挂钩、场地挂钩，又便于政府部门监督和检查。而合格的食品加工企业是不明晰的，没有一个合格食品目录，这就给食品销售企业自律带来了困难，政府部门也难以实现有效的监督和检查。目前，工商部门掌握的销售食品目录，是由销售商提供的，由于不能确定食品的质量，因而不具备直接作为食品安全准入目录的条件。

由此可以看出，索票索证可以有效地控制流通的渠道，遇到不合格食品下架可以提供线索，在控制食品安全准入上也有一定作用。但是，索票索证在控制加工食品安全准入上，不仅难以在所有的食品销售企业落实，难以覆盖所有的加工食品，而且由于生产企业提供不实质量证明的漏洞比较多，存在局限性。

3. 食品质量抽检不能代替源头的管理

实行食品质量抽检的实践已经证明这是一种有效的管理方式，必须坚持做下去，但是单纯的食品质量抽检不能解决不合格食品前面清后面又进的问题，而且食品质量抽检不可能覆盖所有食品。只有把住流通环节的入口，在食品质量抽检前面加设一道准入的门槛，才能最大限度地消除管理盲点。此外，农副产品因为种类少，由批发市场自建检测机构可以发挥一定作用；而加工食品种类太多，在超市建立检测机构作用将会大打折扣。

4. 28类食品都开始实行生产许可证制度，在流通环节实行食品安全目录准入制度已经具备了条件

质检部门从2002年起，先行对5类食品实行生产许可证制度，2004年新增了10类食品，今年又对余下的13类食品实行生产许可证制度。这28类食品基本覆盖了全部食品，这就为在流通环节实行食品安全目录准入制度创造了条件。

5. 实行流通环节食品安全目录准入制度具有法律依据

《中华人民共和国产品质量法》规定："禁止生产、销售不符合保障人体健康和人身、财产安全的标准和要求的工业产品。"《工业产品生产许可证试行条例》规定："凡实施工业产品生产许可证的产品，企业必须取得生产许可证才具有生产该产品的资格"，"没有取得生产许可证的企业不得生产该产品"。这些都是强制性的规定。质检部门依据这些规定实施了食品质量安全市场准入制度。工商部门在流通环节实行食品安全目录准入制度，只是借助了质检部门实施的食品质量安全市场准入制度的结果，是在管理上的延伸，与有关法律法规的规定是一致的。

6. 对流通环节实行食品安全目录准入制度局限性的认识

任何一种管理措施都不是十全十美的，实行食品安全目录准入制度也必然存在局限性。第一，一些生产企业为获得质检部门的《食品生产许可证》，送检的产

品与销售的产品不一致；同时不排除有个别检测机构存在作假行为，出具虚假检测报告。保证发证企业的食品质量是质检部门的管理职责，需要质检部门通过食品质量复检和加强对检测机构的管理来解决。第二，食品生产企业会出现某一批次的产品质量不达标。这种情况是不可避免的，连世界名牌轿车都会出现批次不合格而召回的问题，这就需要通过后续的质量抽检和市场管理作为补救。第三，没有《食品生产许可证》的企业，假冒已经取得《食品生产许可证》企业的产品销售的现象会增加。这也需要通过加强索票索证等后续管理来解决。相比之下这些只是枝节问题，实行食品安全目录准入制度，可以将相当一部分不合格食品挡在市场之外，达到净化市场的目的，这一基本作用不会因上述问题的存在而改变。另外，北京作为一个经济高度发达的城市，实行食品安全目录准入制度，把那些达不到质量要求的小作坊排斥在市场之外，不会影响市场供应，也不会影响经济发展。只是一部分低收入消费者将会因此买不到低质低价的食品，导致生活费用有所提高，而这正是生活在大城市必须付出的成本。此外，还有少量食品未包括在 28 类食品中，如何实现市场安全准入还需要研究。

三、实行流通环节食品安全目录准入制度的意义

1. 是市场监管理念的创新

胡锦涛总书记在论述提高党的执政能力时，提出了一个重要的观点：整合社会要素。以往政府执法部门之间经常在职能交叉方面发生争议，协作通常也只限于执法中的合作。实行食品安全目录准入制度，将质检部门对食品质量的检验结果作为流通环节市场准入的依据，则是实现了政府部门之间职能的对接，使食品安全管理从生产环节到流通环节形成了完整的管理链条，由政府部门多头管理转为政府统一管理，这种社会要素的整合将会焕发出巨大的管理效能。实行流通环节食品安全目录准入制度，将有利于最终实现从生产源头管住食品质量，但不能因此认为这就是为他人做嫁衣裳。市场经济的发展越来越显示出，只靠某一个的政府管理部门难以管好市场，必须整合社会要素实现综合性监管。实行食品安全目录准入制度，就是工商部门在整合社会要素为我所用的同时，把自身融入到社会统一的要素中，将自身的管理工作作为社会完整管理体系的一部分。这种管理理念的变化，对打破政府部门职能分割，实现社会要素的整合具有重要意义。

2. 是食品安全监管方式的变革

这种变革体现在三个方面。第一，有利于落实食品销售企业的责任，实现企业自律。《产品质量法》明确规定，"生产者、销售者依照本法规定承担产品质量责任"，"销售者应当采取措施，保证销售产品的质量，不得销售国家明令

淘汰并停止销售的产品"。法律规定非常明确，保证销售食品质量的责任在销售者。政府部门对食品质量的管理，多年来一直以质量抽检为主，由政府部门发布哪些不合格食品停止销售的信息，销售者按照政府的要求对不合格食品进行下架处理，总体上销售者只是处于被动执行的地位。实行食品安全目录准入制度，使物流活动变得透明，明确了哪些食品质量合格可以销售，这就不仅在法律上，而且从运行机制上为销售者落实主体的责任，实现企业自律创造了条件。食品销售者由被动执行转为主动自律，这一角色转换的意义非常大，对净化首都市场所产生的效能将远大于单纯的政府管理。

第二，有利于实现市场自我净化功能。实行食品安全目录准入制度，并附之以索票索证、质量抽检等保证措施，约束食品销售企业不从未取得《食品生产许可证》的生产企业购进食品，是对生产企业的约束和监督；食品零售企业不从食品批发市场购进未经安全认证的食品，是对食品批发市场的约束和监督；消费者不从食品零售企业购买未标注安全食品标志的食品，是对食品零售企业的约束和监督，这种市场的自我净化功能，是市场管理的更高境界。

第三，有利于实现低成本高效率的管理。流通环节食品安全目录准入制度，主要是通过企业自律来实现，不需要有太多的管理力量和资金的投入，管理效能却会有大幅度提高，无疑是一种低成本高效率的管理手段。

3. 可以极大地提高市场检查的有效性

目前，流通领域食品质量的模糊性，造成销售企业难以自律，消费者无所适从，工商部门的管理无从下手。工商干部对批发市场、超市、商场进行食品安全检查，由于难以确认食品质量，只能解决食品有效期这类显性问题，以及对明确要求下架的食品进行检查，涉及食品质量问题时只能依靠质量抽检。现在以《食品生产许可证》目录作为市场准入的依据，实现了食品质量的透明化，一线执法干部就可以借助技术装备，对销售企业销售的食品即时进行质量核对，极大地提高了管理的有效性。

4. 可以将安全准入的做法应用到其他监管领域

宾馆、饭店，以及学校、建筑工地食堂等中间消费环节，一直是食品安全管理的盲点、难点和问题多发点，历年的群体性食物中毒事件多发生在这类中间消费环节。难管的根源就在于食品质量的模糊。通过实行食品安全目录准入制度，实现了食品质量的透明化，就为加强对中间消费环节的管理创造了条件。另外，建材等其他商品与食品管理有许多共同之处，流通环节食品安全目录准入制度的基本做法，完全可以拓展到建材等其他管理领域，提高对建材等消费者反映比较大的销售领域的控制力。实行流通环节食品安全目录准入制度，对全国各大城市及发达地区的食品安全管理具有普遍意义，北京如果先做起来，将会起到重要的示范作用。

五、流通环节食品安全目录准入制度的实现条件

1. 必须通过地方立法确立制度的权威性

实行流通领域食品安全目录准入制度，涉及生产、流通、消费各环节，在全国也会有很大影响。要实行这一制度，就应该写进北京市即将制定的《食品安全管理条例》，提高这一制度的权威性。

2. 必须实现与质检部门的信息共享

实行流通环节食品安全目录准入制度的重点和难点在于与质检部门的协调，实现《食品生产许可证》信息的共享共用。并要编制软件，使食品销售企业和消费者能够方便快捷地对信息进行查询。

3. 必须减少未包装食品的份额

目前，市场上未包装食品的质量最让人说不清。为提高食品安全目录准入制度的效能，堵塞漏洞，必须减少未包装食品的份额。此外，以往一些难以解决的问题，也可以根据管住市场准入源头的思路，探索解决的办法。如消费者最不放心食用的豆芽，可以通过实行集约化生产和包装销售，将质量没有保证的小作坊生产的豆芽挤出市场。

4. 必须提前对社会进行广泛的宣传

北京如果率先实行食品安全目录准入制度，全国各地很多未申办《食品生产许可证》企业的产品将不能进入北京市场，这就必须提前对社会进行广泛宣传，取得各地政府的理解和支持，并敦促食品生产企业尽快申办《食品生产许可证》。同时，还要取得北京众多食品销售企业的理解和支持，实现企业自律。并且要取得北京广大消费者的理解和支持，充分发挥群众参与管理的效能。

（作者单位：北京市工商学会）

基于信用缺失环境下的弱质民营企业发展路径

王林昌

我国的民营企业已走过了20多年的发展历程,迄今已达430多万家,总体规模也有很大提高。但是,就民营企业的现状来看,有相当多的企业仍然属于弱质企业,尤其是在当前信用普遍缺失的环境中,经营更加艰难,因而更需要全社会给予关注和支持。但是,理论界和社会上包括政府在内,重视的都是那些明星民营企业或者是具有竞争力的民营企业集团,而对于弱质民营企业或民营企业中的弱势群体,却没有给予应有的关注。为了能够引起社会和政府的重视,推动弱质民营企业的发展,有必要对弱质民营企业做一些探讨。

一、弱质民营企业的"弱质"成因

这里讲的弱质民营企业,是指自身缺乏持续正常发展条件或能力的私营企业(需要说明的是,本文研究的不是一般的弱势企业,即竞争中的弱者;也不是劣质企业,即根本不应该存在的"垃圾"企业)。也就是说这类企业在包括资金、人才、技术、市场等条件方面不完全具备,或者是在包括企业的组织能力、管理能力、决策能力、创新能力、竞争能力等方面存在的问题较多[①]。具体表现为以下几方面。

(1)业主虽然兢兢业业,像"工兵"一样亲临现场,从早忙到黑,仍顾此失彼,深感力不从心,但是靠业主和企业自身现有力量又无法扭转和改变这种状况。

(2)企业资金自始至终周转困难,业主虽使出浑身解数,仍告贷无门,不得不拆东墙补西墙,因而使很多赚钱的项目或机会白白错过。

(3)生产的产品或提供的服务质量不高,但又无力且也不愿改变,因为这样就会提高经营成本,减少利润甚至无利可图。

(4)企业经营多年,既没固定产品,更没自己的品牌。市场有利时赚份投机钱,市场不利时就干脆制假售假。再者,就是产品同质化,别人生产经营什么,自己盲目跟进,致使所在行业过度竞争。大量的企业都挤在一些门槛较低、附加值较低的行业,只能是拼成本或打价格战,对谁都没有好处。

（5）业主观念落后，把家族以外的人视为"外人"。在一些民营企业中，业主排外意识严重，人才难以进去，即使进去了，也很难共事。同时，企业中老板与员工常为管理和待遇问题发生纠纷，老板又不善于处理劳资关系。

弱质民营企业就其"弱质"的原因看，既有主观方面的因素，也有客观方面的因素。概括地讲，就是"先天有缺陷，后天无调整"。

所谓"先天有缺陷"，一是对市场功能的认识有误。认为办一个营业执照进入市场就能赚到钱，而不了解市场存在的风险，尤其是现在风险与日俱增。不可否认，在改革开放初期和中期，确有不少民营企业在短期内"暴发"起来。究其原因，主要是改革开放为民营企业的超常规发展和很快致富创造了市场条件。从民营企业本身来说，其产权制度特征和资本的本性，使之比其他经济成分更能适应市场机制下的竞争，更易于掌握市场机遇，因而市场的风险和不确定性暂时被掩盖起来，似乎只要进入市场，就能发财。

二是对自己的创业经商能力估计过高。不少人本无创业经商的质资和能力，但是看到一些智商不比自己强，自认为还不如自己的人，创业后很快发了财，因而在高额利润的诱惑和暴富心态的推动下，就表现出一种投资饥渴和创业发展冲动，他们没认真考虑自己是否具有经商和投资办企业的能力，盲目进入市场。这样，对于那些经营能力不高的经营者来讲，必然会处于上下两难处境。另外，也有一些是在被动的情况下进入了市场的，比如有一部分经营者是在政府的动员或号召下进入市场的，由于其准备不足或原本就不具备经营者的素质和能力，加之进入市场后，政府又不能提供承诺的优惠条件，因而，只能处于"弱质"状态。

三是进入的行业或选择的经营项目不当。由于是盲目跟风追热，致使一些行业形成过度竞争，企业只能在微利甚至无利情况下艰难地生存。

所谓"后天无调整"，一是对企业急功近利的经营理念没能及时调整。一般来说，经营理念能使企业的精神得以传承，企业的发展拥有方向，企业的战略具有远瞻性。而许多民营企业由于经营理念的陈旧或缺失，只看重眼前利益，造成企业缺乏长远的规划，只得跟随市场的短期变化随波逐流。

二是产品结构和营销方式没能及时调整。很多企业长期停留在市场处于过度竞争的低端产品的生产经营上，有的企业甚至是粗制滥造；在营销方面习惯于以低价竞销和返利手段进行营销活动。他们多次错失调整的机会，不懂得而且也不会运用现代营销手段。

三是对家族式管理制度没有进行相应调整。我国的民营企业大多实行家族制管理，尤其是弱质民营企业基本上都是家族所有制和家族式管理的企业。家族制管理的存在和盛行，有其客观必然性。如果不论条件具备与否，过早地放弃家族式管理模式，反而不利于民营企业的成长。因此，对于弱质民营企业，不应过多批评他们的家族管理模式，要求他们过早地建立现代企业制度。但是，弱质民营企业也不应一味地、僵化地坚持家族所有和家族管理，也需要与时俱进，不断调整与完善。因为家族制企业确实存在一些固有的缺陷，如难以引进人才、获得资金、占领市场等问题。

二、信用缺失环境中弱质民营企业的非常态运作

"信用"一词已成为近年来全社会关注的焦点。我国信用缺失仅次于腐败，已经成为阻碍我国经济发展的第二大因素。它使市场机制合理、有效配置稀缺资源的作用失去基础，使经济主体对未来预期带有相当大的不确定性。因此，弱质企业要想尽量降低经营管理的交易成本并稳定自己的理想预期或较好预期，就不得不退而求其次，选择适合自身利益要求的非常态运作理念与行为。

（一）在组织与人的管理问题上，重视管人而忽视管组织

在弱质民营企业看来，管理就是管人。在不少企业中，设置什么样的组织、组织的职责怎样划分等都与对人的管理和监督相联系，而且组织中的部门设置也缺乏科学制衡，处处掣肘。岗位编制比例往往超强度配置，1人当做2人用，组织根本不能很好发挥作用。造成这种状况的原因在于民营企业中权力资源的使用具有特殊性，尤其是在弱质民营企业里情况更为显现。权力资源使用的特殊性，是指权力资源有两种产出：一是权力资源对企业的产出，二是权力资源对权力使用者的产出[②]。

在民营企业中，当所有者和经营者合二为一时，最高决策者就是企业的所有者即业主，由他支配企业的决策权，则权力资源对企业的产出和对决策者的产出是一致的，因为企业就是他自己的。

但是，我们知道多数民营企业中的管理岗位上除了少数的家族成员外，还有相当多的岗位是由外人打理，加上企业的员工在内，可以说外人居多。这就意味着权力资源对企业的产出和对权力支配者的产出有可能发生分离，即权力资源对企业的产出率有可能因此而下降，相反，对权力使用者的外人可能带来更多利益。为了解决权力资源对企业的产出率，在权力不能过于集中的情况下，只能是加强对人的管理和监督，因而对组织的重视程度就可想而知了。

另外，在民营企业中，之所以强调对人的管理，还有这样一种认识，即创造利润的能力是来自于管理者的精明练达和人际关系，而不是来自于企业组织自身的强大战略和渠道能力。对于此种认识和行为，必须明确指出，重视管人

而忽视组织的管理是很危险的，因为组织的能力可以沿承，而个人的能力会随着个人的生死而变化。如果商人、管理者、老板个人去世，也就意味着组织的消失，显然，在这样的状况下，能够"富足三代"已经实属幸运。

（二）在"政商关系"与"法理关系"问题上，重"政商关系"，忽视"法理关系"

随着市场经济观念的进一步深化，我国正由以往的政商关系逐步向业缘关系、法理关系转变，市场竞争原则打破了以往熟人交往的温情纽带，社会人际关系更多地表现为功利取向和利益契约关系。但是，这种变化在弱质民营企业里体现得并不突出。相反，亲情关系、政商关系往往大于法理关系。在这样的"亲情、政商网络"里，冷冰冰的、法律意义上的契约关系只是在维护自己的权益时才想起来。更有甚者在经营中经常碰撞法律，把法律法规置于脑后。从近几年曝光的案件中看到，在每一个倒下的腐败官员的背后，几乎都会看见企业主和老板的影子。虽然企业所处的地区不同、发展的行业不同、各自的经营套路不同，但有一点却是相同的，那就是都会千方百计地在政府中或政府的部门里寻找一个"后台靠山"，以求保护自己的利益。对于寻找所谓的"后台靠山"，尽管不完全都是心甘情愿，但都会重金投入，而且是不断地投入。对此，有人称之为"政商关系"的赢利模式。在弱质民营企业主看来，投资一个有"价值的人"，比投资市场或设备更有巨额回报。

（三）在人才和员工问题上，重眼前的使用，轻长远的发展

企业的根本竞争力在于人。一个好的产品要靠人去设计、生产、销售，企业的形象要靠人去树立，离开了人一切都是空谈。但是，弱质企业的经营者并不重视人才工作。招聘员工时，往往过于强调人工的成本，而忽视员工的才能。招进来后，把员工作为企业挣钱的机器，经常加班加点，不少企业中没有双休日，很多企业里每周只休息一天。有些弱质企业出于成本的考虑，不遵守国家的法律和有关规定，不给员工缴纳养老保险、医疗保险、失业保险和住房公积金。更不愿多花一点钱对员工进行教育和培训。相反，对于"看得见"的硬件，如设备、厂房、原材料等可以盲目地进行大量投资。因为在这些老板看来，硬件投资看得见摸得着，而且投下去就成了自己的财产，而在员工身上的投资，认为是为他人"做嫁衣裳"。可以说，这种"只挤奶、不喂草"的短视行为严重地影响着弱质民营企业的发展。

（四）在企业的发展问题上，重短期行为，轻竞争力的培育

首先，重生产轻服务。制造业向服务业延伸是今后的发展趋势，过去讲售

后服务是为制造服务的，现在已倒过来了，制造只是实现服务的载体，制造从属于服务，服务是提高竞争力的一个重要方面。轻服务表现在很多方面，如企业里没有相应的服务部门，或配置的人员太少，或服务人员的技术和服务水平不高等。其次，产品粗制滥造，甚至假冒伪劣，做的是一锤子买卖。再次，虚假宣传，靠回扣推销产品。企业不仅没有自主知识产权和企业文化，而且也没自己的核心生意。中国有古语"女怕嫁错郎，男怕入错行"，能否选择和确定一个核心的发展方向，是关系到企业能否生存与发展的关键。

三、弱质民营企业变强的路径选择

弱质民营企业大多是中小规模的家族企业，因此，采取什么路径变强，必须要有针对性。根据我国的情况来看，我们认为，弱质民营企业拟采取以下的路径进行发展。

（一）走"强身健体"之路

弱质民营企业变强没有什么捷径，但在现有条件下，发挥自身的优势和完善企业内部制度是很重要的。

首先，充分发挥弱质民营企业的比较优势，重强避弱，扬长避短，"有所不为而后有为"。任何企业，不论其实力多强，都只具有相对优势条件，不具有绝对优势条件。弱质民营企业相对于大企业和其他类型的企业来讲，具有以下不可替代的优势。

一是规模小，环境适应性强，转产和调整比较容易。大多数的弱质民营企业其投资都较少，而且受资产专用性和沉没成本的影响不大，可以根据市场的变化，及时调整生产结构，转产改行。国家在2005年12月21日发布了《促进产业结构调整暂行规定》，鼓励产业结构优化升级。对于弱质企业来说，这是借机而上的好时机，因为大家都在起步阶段，谁上得快、做得好，谁就有竞争力。

二是企业组织结构简单，决策机制灵活。由于这类企业的组织较少采用部门化，管理层级少，因而企业内部交流的壁垒不多，信息传递的速度和决策的执行都快于大企业。如果我们的弱质企业能够在企业内部多一些民主，能够尊重和发挥广大员工的积极性，仅此一项，就能加快弱质企业的转变速度。

三是家族成员的"忠诚"及廉价的组织资源所具有的优势。"在中国独特的家文化传统背景下，家族制企业还将在相当长时期内存在，甚至可能构成中国特色企业制度的重要组成部分[③]。"从组织结构角度而言，当市场不完善、规则不健全、信息不充分时，以家族血缘关系为基础所建立的企业组织，其管理层级少、成员间具有高度的信任感和合作力，企业也具有较强的经营灵活性和较高的风险抵御度,因此与其他组织形式相比,家族血缘关系是一种具有明显比较优势的廉价组织资源。

因此,最大限度地发挥和利用家族成员的"忠诚",用足用活这个"不动产"资源,对企业还是十分有用的。当然,要尽快提高家族成员的专业知识与管理能力,使家族成员专业化,鼓励他们成为管理专家。

四是企业在技术创新方面的机制优势。由于民营企业的私有性,因而在弱质民营企业中有着快速而有效的内部沟通机制,能够迅速地根据需求的变化进行创新,尤其是企业员工勇于承担风险,因而其研究开发效率也比较高。据统计,美国弱势企业的创新率为每百万雇员 322 项,大企业开发率则为每百万雇户 225 项[④]显然,弱势企业的创新潜力还是很大的。

其次,提高弱质企业主的专业素质,当好"一家之长"。业主的素质提高了,才有可能使企业由弱变强。一个好的"一家之长"必须具备下列条件:一是较高的决策能力;二是较高的威望;三是在外界有较好的形象。而具备这种条件的人,其个人素质必然就高。否则,就要想办法尽快提高。提高的途径一是学习相关知识和理论,用新的知识开拓自己;二是学习他人的经营理念和经验教训,比如可以到经济发达地区亲自感受一下。

再次,还要完善企业的管理制度。第一,创新企业制度。对于具备条件的弱质民营企业可以帮助、指导其进行规范的公司体制改革,健全法人治理结构,实现机制创新,完善财务、成本、质量、人力资源和信用等管理制度,推行国际标准系列认证,加强企业文化建设,建立新型劳资关系,提升企业综合素质和赢利能力。对于不具备条件的弱质民营企业帮助其改进家族式管理。这里的改进包括两个方面:一是通过学习和实践使家族成员专业化;二是吸收社会资本,使家族企业的资本社会化。

第二,完善企业的管理制度。在弱质民营企业里,内部制度不健全甚至没有明确的管理制度,管理混乱,效率低下。对于这样的企业,需要根据企业的具体情况,制定相应的规章制度。例如,人力资源管理制度;进货、储存保管、销售制度,财物制度,生产制度等。

(二)走"贴、配、节、绿"之路

"贴"就是贴牌生产(或称定牌生产)简称 OEM(Original Equipment Manufacture 的缩写),即生产商根据客户对加工产品的要求,以客户的商标品牌为其加工生产产品。OEM 在工业化国家发挥过重要作用,它是一种能实现合理分工、有效利用社会资源的先进生产协作方式。对弱质民营企业来说,"贴牌"不仅可以使闲置的生产能力得到充分发挥,设备折旧得以实现,单位产品生产成本下降（包括本企业的产品），员工的收入有了保障，而且可以促进本企业的技术进步，加快设备更新换代的速度。同时还可以缓解技术开发上的投入和销售渠道建设资金不足，解决产品在市场上销路不畅的问题，满足企业短期利益的需要。

"配"就是为大企业配套生产（加工）和服务。小企业在转向为大企业配套生产和配套服务的时候，会在大企业的要求下更加专业化，也就是产品和服务会趋向单调，有利于提高效率和稳定质量，而且在更新工艺设备方面的投资不会很大，这样不但可以为企业的成功营造一个很好的开始，而且可以降低成本和经营风险。大企业也可以更有利地控制这些小企业为自己服务，同时还可以使大企业摆脱来自多如牛毛的小企业的低层次竞争的纠缠，大力发展其主导产品。

"节"就是节约资源和能源。弱质民营企业应该围绕建设节约资源和能源进行转型生产和服务。弱质民营企业发展"建设节约资源型社会"的替代型产品，既符合我国经济发展的方向，也有利于弱质民营企业转强。客观地说，发展"建设节约资源型社会"所需要的产品，也是当前我国发展中的"盲点"，大家都是刚起步，竞争还不激烈。因此，弱质民营企业现在就应在节约资源、能源等涉及"建设节约资源型社会"方面进行技术开发、专利研究、技术培训，争取在市场竞争中占有一席之地。

"绿"就是绿色制造。弱质民营企业转向"绿色制造"，一是要实施清洁生产，即对生产过程的各个环节进行认真的分析、诊断，找出污染源，采取有针对性的措施，解决好污染问题。二是要最大限度消除废料的产生。所有的制造企业，在产品的设计、制造和使用过程中减少所需要的材料投入量和能源消耗量，尽可能通过对短缺资源的代用、可再生或易于再生资源（如太阳能和可再生生物资源）利用，提高资源利用率。通过资源、原材料的节约和合理利用，使原材料中的所有成分通过生产过程尽可能地转化为产品和副产品，从而最大限度消除废料的产生，减少环境污染。弱质民营企业如果能够在"绿色制造"方面行动快一步，也可视为一种发展的机遇。

（三）走"诚实守信"之路

弱质民营企业既然深受失信之苦，理所当然地应该加强企业的信用建设，做诚实守信的经营者。拥有良好的信用，企业可以在市场经济活动中游刃有余，领先对手。没有信用的企业将在市场中寸步难行，无立足之地。近几年来，由于大量假冒伪劣、坑蒙拐骗，导致民营企业的诚信度低，企业的形象不好，严重影响企业的生存和发展。因此，弱质民营企业加强企业信用制度建设十分迫切。

弱质民营企业加强信用制度建设，首要的就是要合法经营，追求合法的企业利润。为此，企业要建立相应的激励和约束制度。其次，提高企业的产品质量和服务水平。再次，要重合同守信用，严格履行自己的承诺。此外，还应加强德治，弘扬信用文化。因为良好信用环境的形成需要通过建立起以讲信用为荣，不讲信用为耻的信用道德评价和约束机制，使企业自觉形成一个"诚实守信"、"履约践诺"的良好氛围。

（四）走"弱者战略"之路

弱质民营企业也应该有战略。在目前的全面市场竞争阶段，企业要想生存、要想发展进步，就必须讲究战略，讲究产品、质量、成本、管理、营销、技术创新、顾客服务等各方面的资源整合。当然，弱质民营企业的发展战略一定要适合"弱质"的特点，根据这一要求，我们认为弱质民营企业的特色战略应该突出以下三个方面。

1. 市场空隙战略

索尼公司董事长盛田昭夫的"圆圈理论"认为，在无数的大圆圈（指大企业占有的销售市场）与小圆圈（即小企业占有的销售市场）之间，必然存在一些空隙，即仍有一部分尚未被占领的市场，这就是所谓的市场空隙。"空隙"市场由于产品服务面比较窄，市场容量不大，大企业在追求"规模效益"中不愿顾及或难以涉足该领域，因而它是弱质民营企业不可多得的商业良机。弱质民营企业只要看准机会，立即"钻进去"，将这些空隙组成联合销售网，必能形成独特的竞争优势。同时，还应该看到，企业"钻进空隙"后，进可以扩大空隙，向专业化方向发展；退可以在别的企业随后进入空隙时，迅速撤离，寻找新的空隙。

2. 市场追随战略

这里是指弱质企业跟随大企业，进入和大企业相同的市场领域，在产品、技术、价格、渠道和促销等大多数营销战略上模仿或跟随市场领导者的公司。追随大企业，一是可以节省企业的市场调研、开发费用，二是可以节省企业的市场宣传、培育等费用，三是可以避开进入市场的风险。不过，实行市场追随战略需要具备一定的条件和实力，同时还要注意防范大企业的报复和反击。

3. 模仿战略

也就是先向已经成功的企业学习，然后再合法地引进与借鉴他们的先进经验、技术和产品。当然，"模仿"并不是照搬，它应该是一种仿中有改，改中有创的渐进性的创新行为。模仿战略不仅使企业研究开发的针对性大大增强，而且回避了研究开发所带来的风险，与自主创新战略相比，模仿战略是一种风险较低的战略。它对于弱质民营企业来讲，值得一试。

注　释

①王林昌．弱势民营企业变强是加快中部崛起的重要力量．中部崛起与湖北发展战略(论文集)．北京：中国言实出版社，2005

②钟朋荣．中国企业为谁而办．北京：中国税务出版社，2001

③田永峰．企业治理与信用环境——企业"泛家族化"现象的新经济社会学分析．中国信息报(京)，2005－05－11

④任淑美．战略管理．北京：经济管理出版社，2005

（作者单位：武汉大学）

三等奖

加大行政执法力度　建立市场监管权威

谭小英

在现代市场经济条件下，市场不再是"自由放任"的同义词，政府也不再是消极的"守夜人"。在充分发挥市场对资源配置的基础性作用的同时，如何切实而有效地发挥政府对经济的宏观调控和干预职能，消除市场自身的弊端，是实行市场经济体制国家的政府所普遍关注的一个重要问题。我国已经确立了建立和发展社会主义市场经济体制的改革目标，目前正处在由计划经济向市场经济过渡的关键的转型期。充分发挥政府的积极作用，"改革流通体制，健全市场规则，加强市场管理，清除市场障碍，打破地区封锁、部门垄断"，对于市场经济体制的尽快建立与发展具有极其重要的现实意义。工商行政管理机关作为专司市场监督管理职责的一个重要的政府职能部门，在其中具有不可替代的地位和作用。为适应市场经济的发展，工商行政管理部门要进一步提高认识、转变观念、准确定位，要突出重点，充分履行法律职责，加大行政执法力度，切实建立起自己在监管大市场、服务大市场、确保市场机制正常运转方面的权威。

一、提高认识，理顺思路，找准位置是强化市场监管执法效能的前提条件

要监管好市场，必须首先科学、正确地认识市场；要遵循市场经济规律，深刻理解市场对政府监管的需求，从而找准自己的位置，把握好工作的方向。

1. 完成从计划经济体制下的管理观念到市场经济体制下市场监督管理观念的转变

计划经济体制（包括有计划商品经济时期）下的工商行政管理，是在没有市场基础或市场基础极其薄弱的情况下对工商业活动的管理。这种工商业活动没有足够的独立性，甚至在其内部就包含或渗透着以计划和管理为表现形式的不平等的隶属关系。在一定程度上，工商行政管理活动本身就是工商业活动的一个组成部分，表现在一是认为管理本身就是目的，为管理而管理；二是管理被曲解为"管制"或"处治"，过分强调对经营者经营活动与经营范围的限制；三

是忽视被管理者在管理关系中的权利和地位。在市场经济体制下，力量日益壮大的市场是工商行政管理活动的基础。进行管理的目的是为了培育市场机制，促进市场发育，形成统一、健全的市场体系和保障市场的公平竞争秩序。工商行政管理是为市场服务的；作为一种公共权力的行使，它是为维护各个独立的市场经济主体，包话经营者和消费者合法民事权利而存在。因此，检验市场监管力度的大小、执法效能的高低，不是以对工商业管制得是否严、束缚得是否紧、处罚得是否多等为标准；而是应看对被管理者合法经营的保护程度、市场的发育程度和市场竞争秩序的公平程度等来确定。

2. 逐步从重微观管理过渡到宏观与微观并重的管理模式

与工商行政管理的目的相一致，工商行政管理在性质上应是国家对市场进行宏观调控管理的一个重要组成部分。工商行政管理机关应把自己的管理活动与市场的整体发展密切联系起来，不但要在微观应上执好法，细致地做好具体案件的查处工作和个案的登记、注册工作，更需要注意从宏观上把握市场运行情况。监督和调控市场运行秩序。为此，一是要对监管对象有一个新认识。工商行政管理是对市场进行监管，而不只是对具体的工商经营者的监管。也就是说，监管的对象是市场，而不仅仅是作为市场构成要素之一的工商企业。同时这里所言的市场是就经济运行体制、资源分配机制而言的整体上的市场。它不仅仅指那些各种有形的市场，更不是指传统意义上的集贸市场。工商行政管理所要监管的是一个社会主义大市场，不能用机械的、狭隘的观点去认识和界定它。二是需要在监管方式和手段上进行完善。在具体的监管手段上，应由单纯的行政管理到综合运用行政的、经济的、法律的手段进行监督管理。在方法上，要适应现代市场经济条件下市场的社会化大生产特征和市场的统一性、复杂多变性等需求，注意利用现代化的科技手段，对市场进行全面的、动态的监控，包括对整个市场经济形势的信息收集、情况预测、措施调整等。与此相一致，在对市场的监控活动中，除了采取具体行政行为外，还应较多地注重对抽象行政行为方式的运用，加强有关市场规则的建章立制工作。一般而言，具体行政行为适应于微观管理，抽象行政行为适应对市场的宏观管理。但有时通过具体行政行为的采取，抓住具有代表性的、反映经济生活中普遍现象的大案、要案，处理好这些案件，同样会发挥对经济的宏观调控作用。

总之，在市场经济条件下做好工商行政管理工作，树立市场执法权威，必须按市场规律办事，不能违背它，要遵从它并服务于它。工商行政管理机关应是社会主义统一大市场的有力维护者、良好的服务者，同时又是市场活动中对纠纷的仲裁者、对违规的查处者，是合法经营、合法经济活动的"保护神"，同时也是非法经营、非法经济活动的"大克星"。这四者是一个有机联系的整体，并共同构成新时期工商行政管理活动的内核。

二、突出重点、充分履行法律职责是加大执法力度的有效途径

工商行政管理机关是行政执法部门，对市场的监管是主要的一种行政执法活动。对市场实施监管就是履行法律赋予的职责，加大执法力度就意味着必须充分履行这些法律职责。离开现行法律规定，奢谈加大市场执法力度无异于空中楼阁。当然，我们也必须认识到，现行有关工商行政管理的法律法规还未能尽如人意，与市场经济的发展要求尚有一定距离，一方面表现为一些法律、法规的滞后，需要修改或总废除；另一方面，一些急需的法律、法规迟迟不能出台，如《仅垄断法》等。另处，现行的有关市场监管立法不够统一、协调，缺乏应有力度。这些立法方面存在的问题确实在一定程度上导致了工商行政管理机关执法手段弱化的问题。但是，我们更应看到，现行法律、法规已经赋予我们相当丰富的权力内容，规定了一系列基本的执法手段和执法依据，形成了一个比较完整的市场监管的基本法律框架。针对市场监管执法活动中存在的问题，我们既要看到法律不完备的一面，更要看到在实践中执法是否严格，能否善于执法、充分履行法律职责的一面。从实际出发，作为行政执法部门，要强化对市场监管的职能，满足转型期市场发展对工商行政管理机关的执法要求，就必须遵循市场经济规律，立足现行法律制度，突出重点，充分履行法律赋予的监管职责，把自己的法律职权用好、用足、用活。

1. 严格、高效地把好市场准入关，努力造就合格的市场主体

合格的市场主体是市场经济形成与发展的重要基础。建立现代企业制度是当前经济体制改革的重点，也是难点。工商行政管理机关在这方面要充分发挥自己的职能作用，根据《民法通则》、《公司法》、《合伙企业法》以及《企业法人登记管理条例》、《合伙企业登记管理办法》、《私营企业管理暂行办法》、《城乡个体工商户管理暂行条例》等法律、法规的规定，加强登记管理，依法严格企业的资质审查。一方面要简化手续、减少环节，坚持准则主义的企业设立原则，保证符合条件的企业及时成立，及时进入市场；另一方面，加强对申请设立企业的法律规定要件的审查，特别是严格验资，并结合年检重点查处虚假出资、抽逃出资等违法、违规行为，把不合格企业拒之"门"外或取消其市场主体资格，逐出市场。

2. 加强对市场主体行为的监督管理，保证市场运行的公平、有序

市场的活力来自于市场主体之间的竞争。但不正当竞争、垄断及其相互之

间的其他侵权行为，则又会扰乱市场的竞争秩序，妨碍市场的正常运转，破坏市场的自我调控机制。对市场主体的行为进行严格的监督管理，是工商行政管理机关的一项基本职责；而且，随着市场经济逐步深入发展，这一职责会愈加繁重、愈有价值。现在，我们已经拥有了《反不正当竞争法》、《商标法》、《广告法》等基本的法律武器，应充分利用好它们，根据市场经济规律的内在要求，努力消除各种限制竞争行为，严厉打击假冒伪劣、走私贩私活动，惩治虚假经济合同、非法传销等各种市场欺诈行为。我们目前的市场环境虽有很大改善，但仍有许多不足之处，各类市场障碍、地区封锁、行业垄断和不正当竞争现象大量存在，是形成不良环境的主要因素。解决这些问题单靠《反不正当竞争法》等某一部法律、靠某一机构的执法是难以奏效的，还要注意形成执法的合力，综合发挥有关法律制度的调整作用。只有把《反不正当竞争法》和《消费者权益保护法》、《广告法》、《知识产权法》、《产品质量法》、《药品管理法》以及价格法规、反垄断的有关规定等相结合，加强执法的统一性与协调性，才能更为完整、有效地保护市场的公平交易和正当竞争，保证市场机制的良性运转。

3. 严格执法、切实保护和依法查处二者并重，强化行政执法的效能

法律在实践中具有多种特性，包括行为模式上的引导和示范性，对权利的确认和保护性、对违法行为的惩罚性。与此相适应，行政执法也有多个侧面，能够发挥不同的功能。必须明确，行政执法不等同于行政处罚，后者只有前者的内容之一。实践中有一种错误的观念，认为加大行政执法力度，就是加大行政处罚力度，这是片面的。实际上，在很多情况下，单靠强调查处违法、加大处罚力度，是难以实现全部目标的。工商行政管理机关在监管社会主义大市场、依法行政中，尤其要防止这种厚此薄彼的片面执法现象。要根据法律在实践中所具有的不同特性，采取不同的执法方式。一是要严格规范，这是以法律的引导、示范性为基础的。在市场经济法律中，也包含着这一特性。市场主体法律，如《公司法》规定和详细描绘了一个标准的公司的模式；市场行为法则为市场主体有序地从事交易活动划定规矩，提出准则，引导各个市场主体把自身行为纳入这一轨道之中。工商行政管理机关开展执法活动，首要任务就是把这些纸上的模式和准则搬到现实的经济生活中，去规范具体的市场主体及其行为，从而达到主体守法、行为合法的监管目的。这也是市场监管的第一层次。为了更好地实现这一目标，特别是鉴于目前法律现实不完备、原则性强、操作性差等特点，行政机关在执法中还必须根据法律规定，制定更为具体的细则、规章，进一步严格规范市场主体的行为，使经济活动有规可循，这样，可以防患于未然。比如对"山西朔州假酒案"这样危害市场秩序、侵害消费者权益的行为的

监管，事先的严格规范比事后的单纯查处要有效得多。这方面的工作应该多做。二是切实保护，即切实保护公民、法人的合法权益。既要保护企业的权利，也要保护消费者的权益；既要保护公有制企业的权利，又要保护私营企业、混合所有制企业的权利。要树立平等保护的观念。对公民、法人合法权益的保护，实际上也就是对市场正常秩序的保护。正常的市场秩序体现的是市场各类主体之间关系的和谐；而这种和谐则是建立在对权利的依法行使和对义务的严格履行之上的。任何对权利的侵犯和对义务的违反都将导致市场秩序的紊乱。切实保护好市场中公民、法人等各类主体的合法权益，就划定了市场主体的行为边界，理顺了各种关系，就维护了市场正常秩序，也就实现了市场监管的执法目标。三是依法查处。这是对前两者的保障，就法律而言则是对法律责任制度的贯彻落实，是行政执法的一个重要组成部分。在众多的有关工商行政管理的法律、法规中，都规定了违法者应当承担的相应的法律责任，赋予了工商行政管理机关对违法行为的查处职权。在这里需要注意的是，要把查处经济违法和解决经济纠纷相结合。违法活动是就单方而言的，纠纷则是双方之间的问题，前者往往导致后者，两者总是相互联系的。查处违法固然是指对违法者的责任的追究，甚至有时就是指处罚，但在工作中不能仅仅一罚了之，还要考虑到对受到违法行为侵害的一方利益的维护问题，特别是要考虑到由此引起的经济关系、市场秩序的问题，一定要在查处经济违法的同时，妥善处理相应的经济纠纷。如果说前者的性质还限于行政执法范畴的话，后者则已多少带有行政司法的色彩，但在本质上也是对法律的执行。正是二者的结合，充分体现了工商行政管理机关对市场的监督和管理职能，加大了行政执法的力度。

三、依法行政，加强执法的规范化、程序化建设，是树立市场监管权威的有力保障

加大执法力度不等于盲目扩权，更不意味着任意行政。权威来源于监管的公正性、有效性和科学性，并需要建立和完善一整套的程序和制度来做保障。在实践中，由于种种原因，在一定范围和一定程度上还或多或少地存在着有法不依、执法不严、超越法定职权和放弃法定职责的现象，有的甚至以言代法、以权压法和执法犯法。这些执法活动中存在的问题，尽管只发生在极少数人身上，严重影响了市场经济法律的贯彻实施，造成法律在执行过程中或者被扭曲变形，或者变成一纸空文，法律的作用和权威被大打折扣。这是导致执法不力、市场监管权威受损的重要原因。因此，依法行政，促进执法的规范化和程序化，建立相应的监管和制约机制，不但是依法治国的基本内涵，也是建设社会主义

市场经济、充分发挥市场监管效能,树立监管权威的内在要求。

1. 进一步明确职责和权限,加强制度建设

一是明确工商行政管理机关内部有关执法机构的执法人员的职责、权限,保证各司其职、各负其责;堵塞漏洞,促进严格执法、公正执法;职责明确,任务清楚,有利于提高执法效能。二是界定工商行政管理机关与其他行政执法机关各自的权责范围。法律有明确规定的,严格依照法律办事;法律规定比较原则化的,可以通过协商划定各自具体的执法权限和责任范围;法律没有规定的,要从有利于执法、有利于为市场经济服务的角度出发,加强与有关部门的综合协调,以免出现执法空当或重要执法等相互扯皮、相互推诿的不良现象。要把上述的权限、职责用制度固定下来,使执法工作有章可循、有矩可蹈,克服任意性,减少盲目性,增强规范性和稳定性。这是行政执法走向成熟的一个重要标志。

2. 着力完善执法程序,确保市场监管工作的健康发展

在市场执法过程中,要改变过去重实体、轻程序的落后观念。程序合法是实体处理正确的重要保障。不按法定程序执法,往往会使执法活动走上歪路,给不法分子留下可钻之空。在现代法制观念中,仅仅程序不当,就足以推翻已经进行的全部执法活动。从树立形象方面来看,重程序也具有重大意义。被管理者及执法对象固然关心最终的处理结果,但他们首先接触的却是工商行政管理机关执法人员的工作方式、方法和作风,以及执法人员的一举一动。在执法过程中表现出来的混乱、任意、不公,都会毁掉整个执法形象,损害市场监管权威的法制基础。目前,我国尚未颁布专门的《行政程序法》,已经实施的《行政处罚法》和《行政复议条例》等法律法规虽然涉及一些执法的程序问题,但从总体上来讲,行政程序制度还相当薄弱。可喜的是,各级工商行政管理机关已经开始重视到这一问题,并在实践中积累了不少好的经验和做法。今后还应进一步总结和提高,使其更加合理和科学,逐步建立起完善的执法程序制度。结合工商行政管理工作实践,这一程序制度主要应包括以下几个组成部分:一是管理、立案程序;二是调查取证程序;三是作出裁决、决定的程序;四是采取强制措施程序;五是内部工作协调程序。同时还应坚持三项原则。一是强调时限原则,管理立案要有时间限制,防止公民、法人的申请、申诉石沉大海,长期没有回音;作出行政裁决、决定要有时间限制,以保证行政效率。二是提高透明度原则,在工商行政管理中,不能搞"执法神秘主义",不但行政裁决、决定等处理结果要予以公开,作出裁决、决定依据的证据材料,也包括作出裁决、决定的过程,只要不涉及国家机密、个人隐私,也应依据一定程序向当事

人公开，向社会公开。比如在处理不正当竞争案件时，就可以考虑听证制。作出具体行政行为要提高透明度，作出抽象行政行为也要建立必要的公示制度。一个规章制度、一项政策的出台，本身就是对市场实行监管的一种表现形式；从提出议案、讨论修改到最后定案，如果加以公示，广泛听取意见，不但有利于决策的科学化和民主化，实际上也是扩大执法影响、营造执法声势、提高执法力度的过程。三是讲求技术性的原则。技术性是程序制度的明显特点。它要求规定的内容必须明确、具体、周密、完整，具有较强的可操作性。这样的程序才具有生命力，才能减少行政执法的伸缩性，才能有利于树立市场监管的法治权威。

3. 适应市场经济发展需求，积极探索工商行政管理机关依法行政的新路子

面临市场经济的快速发展，工商行政管理机关要全面履行其监管职责，尚有不少问题亟待解决。如法律不完备、体制不健全、执法手段不足和监管渠道不畅等，都值得深入研究和探讨。根据"十五大"精神，为改善和加强对社会主义统一大市场的监督与管理，在理论和实践上可从以下几个方面进行探索：完善市场监管的法律体系。在市场主体立法方面，应坚持以企业组织形式和责任形式为主要标准的立法模式，抛弃按所有制为标准的立法模式，以法律确立平等的市场主体资格，形成统一、科学的企业登记管理制度，以便于执法、便于监管。在市场行为法方面，《反垄断法》的立法进程需加快，它和《反不正当竞争法》共同构成竞争法，通过对危害市场秩序的不正当竞争行为和垄断行为的打击，从另一方面对市场行为进行有效的规制。它们与《合同法》一起，相辅相成，对建立公平合理的市场竞争秩序和市场结构具有重大意义，是对市场实行监管的必不可少的法律依据。当然，目前的《反不正当竞争法》也需进行修改和完善。从社会主义大市场的有机统一性出发，除了制定和完善对各专业市场进行调控的行业管理法律、法规，如《药品管理法》、《盐业管理条例》等外，还应考虑制定统一的市场监管法律，以避免和减少重复立法、交叉立法和立法零乱、又易出现矛盾调整空当的不足之处。逐步理顺监管体系，形成一个高效、统一、权威的执法体系。在这里，需要以法律的形式明确工商行政管理机关对社会主义大市场的监管职责和核心地位，理顺与其他政府部门之间的执法协作关系，界定各自的职能范围。为保障工商行政管理监管市场的高效与权威，可以考虑借鉴美国联邦贸易委员会的职权模式，以行政执法权为主，再赋予其一定的行政立法权——制定相应规则的权限和行政司法权，即行政权与司法权的结合。通过立法赋予必要的、合理的执法手段，解决执法手段不足的问

题。如扣押物品、冻结银行账户、行政强制执行、对垄断企业强行分解等手段和措施，都是对市场实行有效监管所必不可少的。

最后，还必须明确，做好工商行政管理工作、加大执法力度、实现监管目标，除了大力加强制度建设外，还应同时加强干部队伍建设，全面提高队伍的政治素质和业务素质，这是我们搞好各项工作的立足点，必须引起高度的重视。

（作者单位：国家工商总局市场研究中心）

三等奖

日本企业合并制度的研究与借鉴

张兰兰

日本是世界范围内反垄断立法较为健全的国家之一。企业合并控制规则作为日本反垄断法的重要组成部分，较好地体现了规制企业合并、阻却经济力量过度集中的客观合理性。日本企业合并规则对于构建和完善我国企业合并管制制度具有重要的借鉴价值。

一、日本反垄断法的沿革

第二次世界大战战败前，在日本的法律体系中并没有反垄断法这部法律。1945 年战败后，出于政治的需要，在占领军总司令部的指导下，日本以美国反托拉斯法为母体制定了反垄断法，这部法在日本法律学界被称为原始反垄断法。它通过解散财阀、解放农地、制定劳动三法等措施，对于战后日本正式启动市场经济、保障公正和自由的竞争、实现民主性经济体制具有划时代的意义。

但是，在这部法律制定后相当长的一段时期内，日本政府和国民都认为它是战胜国美国强行在日本实施的法律，并不代表日本国民的意志，而且与日本中明治时期以来的国家主导型或官民协调型的经济运行体制不相适应，也不符合以和谐、协调为美德的日本传统社会的实际情况。因此，日本社会上下对这部法律始终抱着消极的态度，伴随着美国占领军的撤退以及政治形势的发展，到 20 世纪 60 年代中期前，日本政府终于向着缓和的方向修改了这一法律，而且在实际运用中该法律也处于后退的状态。

在反垄断法的运用处于后退状态的同时，日本经济进入高速增长期，物价随之大幅攀升，寡头垄断市场价格的现象也越来越多。日本社会出现了通过反垄断法加强对价格垄断和黑市管制可抑制物价的观点，开始对反垄断法抱有很大的期待。在 1973 年发生的石油危机的冲击下，日本社会出现了哄抬物价、囤积居奇等行为，并发生了骚动。日本公正交易委员会相应采取了告发石油价格垄断等措施，加强了反垄断法的运用，这一切使人们逐渐认识到维护竞争政策的重要意义。因此，1974 年 9 月，在三木内阁当政下，公正交易委员会公布了加强反垄断法的修改草案。这部草案于 1977 年正式通过。这是日本从原始反垄断法制定以来，第一次对它进行加强性修改，这次修改被称为"1977年修改"。

修改后的反垄断法对垄断的管制新引进了多项制度，例如：对价格垄断等实行罚款，针对寡头垄断产业相互依赖性定价行为征收同步提升价格的内容进行报告等。在市场预测的集中管制方面，新建立了将垄断企业进行分割以恢复竞争状态，对大企业持有其他企业的股份设定了一定的限制条件等措施。

进入20世纪80年代后，公正交易委员会从强调预防性行政的意义出发，通过各种流通实态调查和经济力集中状态调查等，加大了掌握经济实际状态的力度。同一时期，贸易摩擦成为日本突出的问题。随着巨额贸易顺差的不断积累，其他国家怀疑日本市场并未充分对外开放，因此，强烈要求日本加强反垄断法的运用。公正交易委员会在这种状况下对反垄断法进行了相应的修改，增加了对垄断的罚款额，加强了对刑事诉讼的应用。同时，日本政府为了更好地发挥反垄断法的作用，在很多官厅裁减人员的情况下，增加了公正交易委员会的编制，并强化了公正交易委员会的职能。在这一点上，与我国在1998年大规模精简机构和人员的大背景下，政府增设了消费者权益保护局，体现着中国政府对消费者权益保护工作的重视有着异曲同工之处。

目前，日本反垄断法仍然在向加强的方向迈进。

二、日本企业合并制度的特点分析

日本的企业合并立法主要体现在《反垄断法》的有关条文中，它并没有形成自己的单行法规。《反垄断法》对企业合并采取的态度是"对任何妨碍自由贸易与竞争的企业合并都予以严厉禁止"，从而构成了日本企业合并制度的基础。《反垄断法》有关企业合并的内容主要包括：公司控制其他公司股份（第十条）、领导成员兼职（第十三条）、公司外部控股（第十四条）、兼并（第十五条）、公司分割（第十五条第二款）、营业转让（第十六条）等。除了法律之外，公正交易委员会还针对企业合并问题发布了一系列的指针①。另外，公正交易委员会和法院在审查企业合并案件过程中形成的案例所确立的企业合并的一些原则，也是日本企业合并制度中重要内容。

（一）事先申报制度和事后申报制度

为了防止企业在合并后才发现该合并触犯了反垄断法并受到解除合并的命令，导致时间和资源的浪费，日本反垄断法在企业合并问题上采取事先申报制度和事后申报制度。

其中，针对兼并、公司分割、营业转让，采用事先申报制度。在合并开始的时期，企业就应当将合并的有关情况向公正交易委员会申报。当可以合理地预见到某种企业合并将破坏自由贸易和竞争时，公正交易委员会即可对其实施一定的行政措施，这样对于将基于企业合并而产生的垄断及时地遏制在萌芽状态具有重要意义。

针对公司控制其他公司股份，采用事后申报制度。

因为小规模企业的合并通常不会发生触犯反垄断法的问题，所以申报对象一般限定于一定规模以上的企业，这样既可减轻企业合并的申报负担，又可减轻公正交易委员会的处理负担。申报制度的对象一般限定于一方当事人（营业转让时，为接受转让的企业）的资产总额超过100亿日元，而且另一方当事人的资产总额（营业转让时，转让全部营业的企业的资产总额或者转让对象的重要部分的营业额）超过10亿日元。关于控股的事后申报制度，规定公司控股的表决权在总表决权后所占比例每超过10%、25%、50%时，从超过规定比例之日起三十天以内向公正交易委员会申报。

（二）申报前的事先征询

通过申报，当公正交易委员会发现某一合并存在触犯反垄断法的问题时，就进入了与其他违法案件相同的处理程序，第一步是发出劝告。当企业合并当事人对劝告内容有异议时，就进入了正式的审理程序。通过审理，当公正交易委员会确定企业的行为违法时，就命令其采取排除措施。因此，为了能及时地改正某种可能的违法行为，顺利地进行企业合并，绝大部分企业合并当事人在正式的申报前都要征询公正交易委员会的意见。若存在触犯反垄断法的问题时，在事先征询过程中，企业一般提出某种改善措施，经公正交易委员会认可后，才开始办理正式的申报手续。也就是说，在这种情况下，公正交易委员会受理正式的申报是以企业提交问题的解决措施为条件的。如果企业没有提交改正的措施，企业的合并就无法进入到申报的环节，企业合并计划也就归于流产。这种征询，法律并没有做出具体规定，更加不具有强制力，但是在实践中，日本的企业合并都是这么操作的。这也是日本社会的一个特点。

（三）确立以市场支配力为基础的企业合并评判标准

通俗地讲，市场支配力就是支配市场的力量，用定义的话，就是"在获得利益的同时，设定高于以某种程度持续性保持竞争的状态下设定的价格，或者消减低于保持竞争的状态下设定的生产量，以支配市场"。如果拥有市场支配力，即使提升价格，也不会有很多顾客被竞争对手夺走，因此可通过提价来提高利益。但是，并不是只要拥有市场支配力就成为了反垄断法的规制对象，只有该市场支配力达到了一定的程度，"实质上限制一定交易领域中的竞争"，反垄断法才会予以过问。那么，什么是对竞争的实质性限制？东京高等法院1951

年9月19日对东宝苏巴尔案件判决中的表述直至目前也被视为权威性表述："竞争的实质性限制即竞争本身减少，特定的经营者或经营者集团恣意在某种程度上自由地左右价格、质量、数量及其他各种条件，导致出现可支配市场的形态或者至少将会出现这种形态的状态。"它在实践中主要是以合并后的企业市场占有率和集中率作为指标进行判断的。为了能够对构成指标的企业的市场占有率和集中程度等进行测定，必须首先要界定市场（一定的交易领域）。在划定市场时，要充分考虑到商品（交易对象）、地区（交易地区）、时间、交易阶段、交易的对方等要素。市场范围根据具体案件的不同而有所不同，每一个竞争限制行为的类型都会对它产生不同的影响。通常，主张违法的一方会要求界定的市场较窄，而否定违法的一方要求界定的市场较广。日本公正交易委员会在对企业合并案件审理之前，首先是界定相关产品市场和地域市场；法院在对企业合并案件作出判决之前，也首先要考虑相关市场的集中度，市场进入的障碍，价格竞争的强度，市场上长期和短期的供求关系，企业的规模及其与企业竞争力之间的关系等，根据其结果才做出有无市场支配力及其程度的认定。当然，因要合并企业之间的关系不同，企业合并涉及反垄断法的通道也不同，从而"将会实质上限制竞争"的立证方式也有差异。目前，无论是行政机关还是法院，多利用哈费德尔指数（Herfindahl Index HI）②来衡量市场支配力。

（四）对水平型合并、垂直型合并、混合型合并实行一体控制

"水平型企业合并"可减少市场上的竞争单位，使上位企业的合计市场占有率上升，因此可以说是最易于触犯反垄断法的类型。"垂直型企业合并"不会直接减少竞争单位，但会缩小竞争对手能利用的渠道，对市场上的生产商或者销售商构成进入市场的障碍，从而使未参与或未完全参与联合的企业处于不利的竞争地位，也可能触犯反垄断法。"混合型企业合并"虽然不能直接提高一个部门的集中度，但从长远和发展的角度看，它也能推动经济集中和市场势力的增长，因而也应当予以法律控制。例如，如果是有潜在性竞争关系的企业合并或者是提供互补关系的产品的企业为易于捆绑销售而结合时，将有可能触犯反垄断法。不过，在目前"混合型企业合并"在日本触犯反垄断法的案例极为罕见。

三、日本企业合并制度对我国反垄断立法的启示

（一）实行宽、严结合的企业合并控制政策

随着世界经济一体化的逐步发展，反垄断法赖以存在的经济环境已从国内竞争变为国际竞争或全球竞争、从单一竞争到复合竞争、从国内经济集中转为国际经济集中。因此，对企业合并普遍出现了国内控制日益弱化，而国际控制日益强

化的趋势。反垄断法对国内企业合并的控制整体上越来越表现出宽容态度,而将注意力转向了国际市场。例如,美国及欧盟的竞争法当局就抛开了传统的属地原则(Territorial Principle),或采用效应理论(Effect Theory),或采用客观性属地原则(Objective Territorial Principle),对境外企业积极地适用本国或本地区的竞争法[3]。就日本的情况来看,对境内企业的监管,日本以前的反垄断法曾经原则上禁止公司控股和兼并。而目前的反垄断法仅将以下情况列为禁止对象:企业合并采用不公正的交易方法;企业结合将会得以形成、维持和加强市场支配力或易于行使。对境外企业的监管,日本的公正交易委员会以往除了《反垄断法》第六条的适用外,对境外企业适用反垄断法的问题采取着消极态度。但从1998年MDS诺迪恩公司案件开始,公正交易委员会的立场开始发生了改变。

我国的反垄断法有关企业合并的规制应顺应这一潮流,借鉴日本及其他国家的立法经验,实行符合中国国情的、宽严相济的企业合并控制政策。

一方面,从我国市场经济发展的实际来看,现阶段我国市场中大多数竞争主体属于中小企业,经济实力尚未达到高度集中的状态,产业结构的过度集中在绝大多数行业还不成其问题。相反,产业结构过度分散、中小企业管理、技术及设备水平低下,小规模重复建设较多、规模经济效益差等问题则是制约经济发展的一个重要因素。这一客观情况要求我们在确立企业合并的法律原则时,对待我国的企业合并从整体上应采取比日本这些发达国家更加宽容的政策,提升通过互补关系集中设施、技术、人才以实现技术革新的可能性,提高规模经济和行业集中度,建立起有效的公平竞争的市场运行机制。另一方面,加强对某些特殊方面的企业合并的控制力度。同时,还要规定并利用好豁免及适用除外制度,把规范竞争秩序与有效维护国家利益和克服市场缺陷有机地结合起来。

同时,我们应当借鉴日本法律体系中的指针制度,根据社会发展阶段、经济形势和国家利益的需要,通过指针制度随时调整国家的企业合并政策,增强法律的适应性。

(二)建立企业合并申报制度

借鉴日本事前事后双重控制的经验,我国应当建立企业合并申请报告制度,即:法律要求达到一定规模的企业之间的合并或合并后达到一定规模的企业,必须依法向执法机关履行企业合并的申请报告程序。包括日本在内的许多国家的实践经验表明,该制度可使企业合并始终处于国家执法机关的监控之下,对有效控制可能形成的垄断具有重要价值。我国应在反垄断立法中规定科学、系统的企业合并申请报告制度,具体应包括以下内容。

第一,申报前的事先征询。因为在日本社会中已经形成了一个企业在行为前向行政机关进行征询的习惯，所以，在法律的实践过程中，许多可能发生的违法行为就在事先征询的环节被制止了。当然，对企业的征询进行答复会增加行政机关的工作量，但相对于违法行为的事后纠正来说则大大降低了执法成本，也体现了我国打造服务型政府的目标。

第二，企业合并的事前申报。即规定规模达到一定程度的企业或合并后可能会达到一定规模的企业在实施合并前应向反垄断执法机关提出申报，执法机关依照法律要求对其进行审查，视其对竞争的影响情况而决定是否准予合并。

第三，企业合并的事后报告。即规定企业在实施合并后如达到一定规模应及时向反垄断执法机关报告，执法机关可有针对性地对合并后的企业进行审查，一旦出现或可能出现破坏竞争的情况，即可依法采取管制措施。

第四，企业合并的申报事项。主要涉及企业合并各方的情况、合并的理由、企业在市场中的地位、企业合并后可能对竞争造成影响的分析等内容。

（三）确立科学的企业市场支配力认定标准

判断某项企业合并是否合法，关键在于认定该合并是否使企业取得市场支配地位，并且在实质上限制了一定交易领域中的竞争。而企业合并后的市场占有率和集中率则是认定其市场支配地位的基本依据。这是因为，企业的市场占有率是企业的经济实力和市场竞争力的客观反映，市场占有率越大，企业进行交易的独立性和影响、制约其他经营者的能力就越强，滥用市场支配地位的可能性就越大。因此，许多国家的竞争法都是通过数据分析体现的企业的市场占有率来推断企业是否取得了市场支配地位，评价企业合并能否产生反竞争的效果，具有很强的说服力。日本便是其中的代表，值得我们借鉴。因此我国反垄断法在确立企业合并合法与违法的原则界线时，应主要以企业的市场占有率为基础确立审查标准，并考虑特定市场上市场整体需求弹力性、供给代替可能性等问题，从而准确地认定企业的市场支配地位，较为客观地判断合并对竞争的影响作用。而不能继续我国目前实践中将企业的市场销售额、固定资本、职工人数等作为衡量指标的做法。在对市场占有率进行判断的时候，要尽可能地利用数字作为立论的证据，减少人为的随意性。因此，我们也可以借鉴日本等许多国家采用的哈费德尔指数，作为衡量企业合并有无触犯反垄断法的参数。

同时，要充分利用计算市场占有率需要先界定相关商品市场和地域市场的现实，根据国家利益的需要，来最终划定市场的大小。在执法的过程中要在这一点上充分利用反垄断法的灵活性，灵活地达到贯彻反垄断法的目的。

（四）对企业合并中违法行为的处理

在日本，公正交易委员会对企业合并中的违法行为并不会立即予以处罚，而是通常采用劝告、警告的方式；同时在报纸上公开劝告、警告的内容；如果企业不听劝告、警告，公正交易委员会接下来采取的手段将会非常严厉，甚至要启动刑事上的起诉程序。劝告、警告看似缓和，但辅之以公示、刑事制裁等手段，则可以有效地遏止违法行为，同时也不至于有"滥罚"之虞。它对于解决我国基层执法机关普遍存在的乱罚款问题，应当是有很大帮助的。我国在制定反垄断法时，完全可以引进这项制度。

注　释

①"指针"是日本法律体系中比较独特的地方，它在性质上是行政机关自身对法律的理解。行政执法机关通过发布指针的方式将自身对法律的理解告知公众，引导公众的行为。对经济生活中出现的新问题，行政执法机关可以随时发布自己的理解，加强引导作用，以解决法律滞后带来的问题。因此，指针具有非常大的灵活性和适应性，虽然不具有法律的强制执行力，但因为它是行政机关对法律的理解，因此为公众所遵守。

②该指标以市场参加企业的市场占有率自乘后的合计值表示，最大值为10000（只存在一家垄断企业时），最小值则无限接近零。哈德费尔指数的特征在于上位企业和下位企业的市场占有率差异越大其数值越大。根据某个竞争模式，哈德费尔指数越大，则界定费用和价格之间的差异程度就越大，因此市场支配力也随之增强。现在有很多国家利用哈德费尔指数设定衡量企业合并有无触犯反垄断法的标准，比如说，企业合并后的哈德费尔指数不足1000，因企业合并而增加的哈德费尔指数不足100时，则该企业不属于触犯反垄断法。

③在著名的美国波音公司与麦道公司的合并案中，欧盟委员会以该合并将损害欧盟的利益为由，阻止这个合并，迫使波音公司按照欧盟委员会的愿望和要求，做出一系列重大的让步和承诺。

（作者单位：国家工商总局）

三等奖

公司登记机关审查虚假证明文件若干法律问题的思考

李孝猛

公司登记机关（以下简称"登记机关"）基于虚假证明文件之登记行为的法律效力如何，对虚假证明材料应当履行何种审查义务、承担何种法律责任及采取何种措施予以应对等问题，实务界存在诸多不同认识。本文对此提出一些不成熟的思考，以期抛砖引玉，共同推进公司登记及其司法审查工作。

一、登记机关基于虚假证明文件之登记行为的法律效力问题

本文认为，登记机关基于虚假证明文件而实施的登记行为是属于可撤销的具体行政行为。

1. 从登记行为所认定的事实来看，因受欺诈而实施的登记行为是事实不清、证据不足的行政行为

具体行政行为的作出必须基于必要的、适当的客观事实，即行政机关在作出具体行政行为之前应明确地认定相关事实。事实的存在及其正确认定，是行政行为能够成立的基本事实要件，是行政行为正确性和合法性的前提和基础。《行政诉讼法》第五十四条和《行政复议法》第二十八条明确规定事实错误的行政行为是可撤销的。登记行为中，登记机关登记行为的主要证据基本上来自申请人的申请材料，特别是登记机关对申请人的申请材料未作不同认定的情况下更是如此。然而，尽管登记机关对申请人的申请材料未作不同认定，且其所作登记行为的内容基本上是申请人的请求内容，但在法律上该登记行为仍然是登记机关的意思表示而不再是申请人的意思表示。同样，申请人在申请时所陈述的事实和提交的申请材料，也就成了登记机关实施该登记行为的事实和证据。因此，尽管申请人提交的是虚假证明文件，只要登记机关仍然以申请人提交的此种虚假证明文件作为实施该登记行为的事实和证据，在法律上就要认定登记机关所实施的登记行为主要事实不清、证据不足。《行政许可法》第六十九条就明确规定，对申请人以欺诈等手段骗取行政许可的，行政许可机关原则上应予

以撤销，其实也说明此种登记行为是可撤销的。

2. 从法院司法审查职能来看，登记机关因受申请人欺诈而实施的登记行为是可撤销的

行政程序中，登记机关必然要收集必要证据，然后实施登记行为。但是，登记机关所收集的证据的真实性如何，并非始终完全由登记机关独立判断。行政诉讼程序之前，证据问题和事实问题由登记机关独立判断：认为申请材料不齐全或虚假，有权认定申请材料不符合法律规定；反之，亦然。但是，一旦进入行政诉讼程序，证据的真实性就应当由法院来进行判断。因为对法院而言，如果允许登记机关对事实问题任意作出判断，而不管证据如何，不管从已经存在的证据中能够得出何种推论，都意味着登记机关将可以任意改变法律的意义和效果；如果认为登记机关对事实的认定是终局性的，那么司法审查对登记行为将变得几乎毫无意义。对原告而言，则意味着其依赖于事实的各种权利将因为登记机关的错误认定而随时面临被侵犯的危险。因此，只要有必要，法院可不必尊重登记机关对事实所作的认定而通过重新调查取证以自己的判断来代替登记机关的认定。如果原告、被告所主张的事实不同，就应该根据各自提交的证据来判断，或者由法院依职权调查的证据来判断。如果证据最终证明申请人提交的是虚假证明材料，法院就可认定：登记机关在行政程序中所认定的事实是错误的；而事实错误的行政行为是可撤销的。

3. 从《行政诉讼法》立法目的来看，行政审判的主要功能之一是司法救济，故对登记机关无主观过错的登记行为，亦可撤销

登记机关实施登记行为是一种行使国家公权力的行为，其在行政程序中所确认的事实及其登记行为具有公定力、拘束力、确定力和执行力，当然会影响当事人的合法权益。因此，作为以救济原告合法权益为主要功能的行政诉讼制度，明确规定法院应当坚持"以事实为依据、以法律为准绳"，审查行政机关具体行政行为的合法性并对当事人进行司法救济。而法院作为"依据"的"事实"，当然不是登记机关在行政程序中所认定的事实，而是法院在行政诉讼程序中所认定的事实。所以，如果法院在行政审判中一旦查明登记行为所依据的是虚假的证明文件，那么就有权认定登记机关事实认定错误，尽管欺诈行为是登记机关事实认定错误的直接原因。同时，毋庸讳言，登记机关在行政程序中对申请材料真实性的审查标准与法院在行政诉讼程序中对申请材料真实性的审查标准是不同的。一般而言，登记机关对申请材料符合形式审查标准就视为满足了行政证据的真实性、合法性和关联性要求；法院对申请材料符合实质审查标准才能视为满足行政诉讼证据的真实性、合法性和关联性要求。因此，由于对申请材料的审查标准不一致，导致登记机关已经尽到审查义务的登记行为被法院以主要证据不足、事实不清为由予以撤销。从形式上而言，此种司法审查标准似乎是让登记机关承担了申请人提交虚假证明文件的法律责任，或者是法院在要求登记机关履行不可能履行的实质审查义务。而这是登记机关工作人员无法理解、难以接受某种司法判决的真正原因。

4. 法院对登记行为并非能"见假就撤"，而要受到一定的限制

法院对登记行为不能"见假就撤"，而应受到一定的限制。首先，根据《行政诉讼法》第五十四条第二项规定，如果申请人提交的虚假证明文件并非主要证据，法院只能认定为登记行为具有瑕疵，一般不能撤销。其次，根据《最高法院关于执行＜中华人民共和国行政诉讼法＞若干问题的解释》第五十八条规定，被诉具体行政行为违法，但撤销该具体行政行为将会给国家利益或者公共利益造成重大损失的，法院应当作出确认违法判决，而不是作出撤销判决。第三，《行政许可法》第六十九条和《公司法》第二百零六条对登记机关的撤销权作的限制，实际上也是对法院的撤销权作的限制：对某些基于虚假证明文件而所作出的登记行为，登记机关从《行政许可法》"公共利益"或者《公司法》"情节严重"因素的角度考虑出发，可依法行使行政裁量权，不予撤销；此时，如果登记机关没有滥用行政裁量权，法院就应当节制司法裁量权，尊重登记机关不予撤销的决定，《行政许可法》、《公司法》、《行政诉讼法》及其司法解释限制法院撤销权的主要因素是要求法院衡量各方利益和各种法律价值。本文以为，法院需要衡量以下因素：一是衡量撤销登记行为对相关各方利益的影响。撤销公司登记可能对公共利益造成重大损害的；可能影响社会稳定的；不符合比例原则的；不符合行政效率价值或者法的安定性价值的，不予撤销。二是考量公司登记违法行为的性质和程度。登记机关已尽到审查义务且原告在行政程序具有过错的；提交的证明文件虽然虚假但是利害关系人事后予以追认的；现实中无法操作的或者无法执行撤销判决内容的，不予撤销。三是权衡虚假证明文件在登记行为中的作用。虚假证明文件不是主要证据因而不会导致登记行为所认定的主要事实错误的；虚假证明文件不会对公共利益或者其他利害关系人的利益造成重大损害且事后能够及时补救的；登记机关可以责令申请人对虚假证明文件的内容及时改正的，不予撤销。四是考虑公司登记行为存续时间的长短。登记行为虽然尚在法定追诉期但已持续2年以上，所涉及的社会经济关系相对稳定，而撤销将导致较大范围混乱的，不予撤销。

二、登记机关对虚假证明文件之审查义务及其法律责任问题

根据现行法律规定，登记机关审查申请材料以形式审查为原则、以实质审

查为补充。如果登记机关主观上无过错，因受到欺诈导致登记行为被撤销，不承担法律责任；反之，则承担法律责任。

1. 登记机关对虚假证明文件的法定审查义务：形式审查为原则，实质审查为补充

首先，从《行政许可法》来看，公司登记以形式审查为原则，实质审查为补充。从《行政许可法》第十二条第五项、第三十四条第一款、第三十四条第三款规、第五十六条规定的内容可看出，对需要确定企业主体资格的公司登记事项，《行政许可法》专门做了规定，且规定以形式审查标准为原则。其次，从《企业登记程序规定》来看，该规章第三条，特别是第九条有关"申请材料齐全"和"申请材料符合法定形式"的规定，可看出登记机关实行的是形式审查标准，因为登记机关无须对申请材料所反映的内容的真实性进行核实。因此，就现行法律规范层面而言，公司登记主要履行形式审查的法定义务，同时履行一定"核实"的实质审查义务。

2. 登记机关承担实质审查义务的特定情形及其审查

实践中，登记机关履行核实的情形主要有：一是登记机关认为需要听证的涉及公共利益的重大公司登记事项，行政机关应当向社会公告，并举行听证。二是公司登记事项直接涉及申请人与他人之间重大利益关系的，登记机关在作出核准登记行为之前应当告知申请人、利害关系人享有要求听证的权利；申请人、利害关系人依法提出听证申请的，登记机关应当举行听证。三是登记机关在审查登记申请材料的过程中，利害关系人提出异议的或者接到群众举报的，应当予以核实。四是登记机关在审查登记申请材料的过程中，认为申请人有提交虚假证明文件嫌疑的，应当予以核实。第一、二种情形中，登记机关不再是进行形式审查，而是要进行实质审查。因此，对于需要启动听证程序的登记事项，登记机关审查的内容不限于申请人提交的申请材料，还包括利害关系人提交的证据材料；最后是根据听证笔录而不仅仅是根据申请材料作出登记与否的决定。第三、四种情形中，登记机关通过他人提出异议或者举报及其提供的证据，发现申请人提交的是虚假证明文件时，应当予以核实，而不能因为申请人提交的申请材料符合形式审查标准就予以登记。相反，如果登记机关履行了形式审查义务但是实际上明知申请人提交了虚假证明文件而依然核准登记，则应视为未尽审查义务，因为登记机关主观上存在过错，即故意放任违法行为的发生。此外，必须指出，登记机关的实质审查义务，主要是程序上的核实义务，而不是确保结果正确的义务。

3. 登记机关承担法律责任与责任豁免：履行了审查义务，主观上过错，不承担法律责任；反之，应承担法律责任

如果登记机关无主观过错，就无须承担法律责任。一般而言，违法行政应当视为公务过错，但是不能说偏离理想状态的行政管理要求都是公务过错；"违法行政"概念附有可责性的内容，即违法行政行为是否具有可责性。只要登记机关按照法定程序，根据提交的申请材料得出结论，即使错误也不具有可责性；只要在收到申请材料时，登记机关没有理由怀疑该材料虚假的，就不具有可责性。例如，在公司登记中，申请人对其申请材料的真实性负责，只要申请人提交了材料齐全且符合法定形式的材料，登记机关就可以信其为真；如果申请人提交的申请材料内容为虚假，登记机关也不具有可责性，即使其没有发现该材料是虚假的。当然，如果登记机关已发现申请材料属虚假而不及时责令其改正，则具有可责性。值得指出的是，《国家赔偿法》规定行政赔偿责任限于法定情形；对法律规定豁免行政机关责任的，即使行政行为违法，行政机关亦不承担责任。根据《行政许可法》第三十一条规定，申请人通过欺诈等手段取得登记的，登记机关如果无主观过错，履行了法定审查义务，就不承担赔偿责任。

如果登记机关未尽到法定审查义务，则视为主观上具有过错；此时即使是由于申请人提交虚假材料造成登记行为违法，登记机关亦应当与申请人共同承担法律责任。登记机关具有过错应当承担法律责任的情形主要有：一是未尽到法定的形式审查义务。申请材料不齐全、不符合法定形式，登记机关如果核准登记，视为未尽到形式审查责任。二是未尽到特定的实质审查义务。如果登记机关对应当举行听证而未举行听证，或者应当根据听证笔录而未根据听证笔录作出核准的登记行为，视为未尽到法定审查义务，故应当承担相应的法律责任。此外，公司登记审查过程中，对利害关系人提出异议或者举报的，登记机关应当负有核实的义务，否则视为未尽法定审查义务。三是未尽到审慎审查的法定义务。对任何登记申请，登记机关都有审慎审查义务。审慎审查的具体标准并不确定，但此种义务是基于一般人的理性、经验、常识等就应当作出正确判断的义务。例如，对很明显的虚假签名，一般人都能识别出来的；登记机关就应当有义务辨别出来；否则，就视为未履行审查义务。

三、登记机关审查虚假证明文件之主要应对措施问题

为解决申请人提交虚假证明文件问题，本文提出以下设想。

1. 切实履行形式审查义务和审慎审查义务

尽管法院对登记行为的司法审查持实质审查标准，但登记机关不能放弃法

律所规定的、实践中所坚持的形式审查为主导、实质审查为补充的工作原则。因为形式审查使绝大多数的申请得到便捷高效的处理，较之于万分之一的败诉案件，孰重孰轻，一眼可知；况且，实践中，登记机关无法对所有申请材料均进行实质审查，这既不符合效率要求，更无法操作。

2. 及时制定具体的形式审查和实质审查的操作规范

登记机关应当结合公司登记工作的实践，制定具有操作性的工作规范，明确形式审查的内容、范围、方式、程序以及责任。同时，在特定条件下，登记机关负有实质审查的义务，因此，登记机关应当明确实质审查的范围、程序、方法等具体内容。

3. 依法处理提交虚假材料骗取公司登记的行政案件

对骗取公司登记的企业，依法立案查处，并根据违法情节对原登记行为作出处理决定：对情节轻微的，责令其改正，同时依法处罚；对情节严重的，依法予以撤销；对严重影响公共利益或利害关系人利益的，不予撤销，但责令其改正，并依法处罚；对第三人请求撤销登记的或者有群众举报的，启动实质审查程序，依法作出处理；对因申请人提供虚假证明文件而导致登记行为被撤销的，依法对其从重处罚。

4. 积极加强与法院的沟通协调，达成共识，形成规范

要加强与法院沟通协调，根据法院对个案的判决，总结出一般的操作规则，达成共识，形成具体可行的操作规范，以指导公司登记工作实践。同时，对因申请人提交虚假材料而应当予以撤销的登记行为，加强与法院交流沟通，共同商议行政判决书的合理写法，特别是登记行为违法的真正原因应在其中予以明确表述。

5. 严格落实执法责任制度，依法追究工作人员执法过错责任

对在公司登记工作中未履行形式审查义务或者审慎审查义务的工作人员，应依照法律、法规、规章和内部制度追究执法过错责任。

（作者单位：上海市工商局）

三等奖

关于工商行政管理党员干部保持先进性的几点思考

石 栋

什么是党的先进性，怎样保持党的先进性，不同的历史时期有不同的要求和不同的体现。"三个代表"重要思想，把生产力标准、社会进步标准、人民利益标准统一起来，对党的先进性进行了科学的定位，作出了最新的概括，进一步明确了保持党的先进性的基本内涵和根本要求。工商行政管理部门作为国家主管市场监管和行政执法机关，是贯彻落实"三个代表"重要思想的重要载体，每一项工作职能的发挥都关乎先进生产力的发展，关乎先进文化的弘扬，关乎群众根本利益的实现，只有切实保持自身的先进性，才能更好地承担起党和人民赋予的职责。工商行政管理党员干部应如何保持先进性，需要对照新时期保持共产党员先进性的基本要求，紧密结合天津经济发展和社会进步的需要，密切联系工商行政管理工作实际，深入研究，积极践行，以不断把先进性教育活动引向深入。

一、新时期工商行政管理党员干部保持先进性的具体要求

先进，顾名思义就是先行一步进入某种良好的状态或境界。共产党员的先进性，是由党的"先锋队"性质决定的，是共产党员应当具有的、不同于普通群众并对普通群众发挥模范带动作用的一种基本的品质、能力和行为。党的先进性从来都是同党在各个时期的具体历史任务相联系的，是具体的，而不是抽象的；是随着形势和任务的变化而不断丰富和发展的，是历史的，而不是一劳永逸的。进入新世纪新阶段，我们党所处的国内外环境、所肩负的历史任务和党员队伍的现实状况都发生了深刻变化，这对保持党的先进性提出了新的要求，也给党的先进性赋予新的内涵。关于新时期共产党员保持先进性的基本要求，中共中央《关于在全党开展以实践"三个代表"重要思想为主要内容的保持共产党员先进性教育活动的意见》已作出了高度概括，胡锦涛同志也进一步强调指出要做到"六个坚持"。应当说，这"六个坚持"与中央《意见》所作的概括就是对全体共产党员总的要求或者说是基本要求。那么，在新的历史条件下，工商行政管理党员干部保持先进性，究竟要达到什么样的具体要求呢？我认为，

在做到《党章》规定的党员义务和中央、天津市委明确的基本要求的同时，努力做到：①增强学习观念，特别是认真学习邓小平理论和"三个代表"重要思想，学习党的路线方针政策，学习有关法律法规和业务知识，进一步坚定正确的政治方向，努力提高从事工商行政管理工作的本领。②增强法制观念，坚持依法行政，公平、公正、公开地履行职责，诚信、文明、礼仪地实施监管。③增强发展观念，牢固树立发展是第一要务的思想，积极为催生育强各类市场主体提供优质高效的政策性服务、职能性服务和主动性服务。④增强宗旨观念，始终站在人民群众的立场，认真监管市场行为，积极维护广大经营者和消费者的合法权益。⑤增强勤政观念，时刻保持良好的精神状态，务实勤奋地做好各项工作，积极改进监管服务的方式方法，不断提高工作效率和水平。⑥增强廉洁观念，牢记权力的来源和属性，切实树立正确的权力观，确保权力干净运行。

二、工商行政管理党员干部保持先进性的主要着力点

保持先进性，是马克思主义政党自身建设的根本任务，是推进党的建设新的伟大工程的一项基础工程，是每一位共产党员加强自身建设的长期任务和永恒课题。如何使工商行政管理党员长期接受教育，永葆先进性，其途径和方法是多方面的。结合当前工商行政管理工作和党员队伍的实际，应认真把握好以下四个着力点。

（一）勤学善鉴，在思想政治上保持先进性

勤学善鉴是保持先进性的基础。胡锦涛同志指出，马克思主义政党的先进性首先表现在理论上的先进性，表现在用科学的理论武装思想、指导行动上。作为一名合格的共产党员，必须坚持党的思想路线，解放思想，实事求是，与时俱进。特别是我们正处在一个历史大转折的时代，面临着复杂多变的国内外形势和前所未有的新情况、新问题。如果我们思想僵化，固步自封，不能对形势作出科学判断，跟不上时代前进的步伐，那就谈不上保持先进性。所以对每一位工商行政管理党员干部来讲，都要努力做到勤学善鉴。

所谓勤学，就是要坚持以与时俱进的科学理论武装头脑，这是在思想上保持先进性的前提。我们党是高度重视理论武装的党，而且越是在革命、建设、改革的重大关头，越是反复强调理论学习的重要性。这方面，毛泽东、邓小平、江泽民、胡锦涛都有很多重要论述。理论上的清醒，是政治上坚定的基础，理论素养是领导素质的核心。作为一名工商行政管理党员干部，如果没有深厚的理论功底，没有对党的方针政策的深刻理解，就不可能适应剧烈变化的时代要求，始终保持清醒的头脑和正确的政治立场；如果不能对有关法律法规了如指

掌、运用自如，就不可能顺利解决执法服务工作中不断出现的新问题。现在有的党员干部之所以对一些大是大非问题看不准、吃不透，感到心里没底，并自觉不自觉地习惯于按计划经济的惯性和经验而不是按市场经济的惯例和规则来办事，遇到新兴业态的受理申请、疑难案件的处理把握，不出主意光摇头，归根到底还是理论功底不扎实和业务素质不高强的问题。因此，必须注重抓好自身的政治和业务学习，牢固树立正确的世界观、人生观和价值观，并不断用新的知识充实自己，努力提高执政能力和领导水平，增强驾驭工作和处理问题的能力。勤学首要的是学习党的基本理论，不断提高自己的理论素养。特别是要刻苦学习邓小平理论和"三个代表"重要思想，努力掌握其理论体系和精神实质，掌握马克思主义的立场、观点和方法。其次要努力学习工商行政管理法律法规，学习现代经济、科技、管理理论，拓宽知识领域，储备知识能量，努力使自己成为本职工作的行家，成为从业领域的精英。同时，要注意发扬理论联系实际的学风，自觉地把科学理论运用到市场监管与行政执法的具体实践中去，历史地、辩证地分析问题，合理地、合法地解决问题，真正发挥出理论对实践的指导作用，做到学与用、知与行的统一。

所谓善鉴，就是要善于从政治上看问题，善于鉴别是非曲直、良莠好坏，不断增强政治敏锐性和政治鉴别力，这是在政治上保持先进性的关键。善鉴，要有敏锐的洞察力，就是指在某种错误思潮、错误观点、错误倾向刚一露头，"风起于青萍之末"时，就能见微知著、洞察本质、判明利害；善鉴还要有严谨的分析力，就是善于运用马克思主义的立场、观点和方法，对一些"新潮"观点、"时髦"言论进行认真分析和鉴别，划清是与非、对与错的界限，决不被错误的、有害的东西所迷惑。作为一名党员干部，学会从政治上看问题，是必要的素质，也是成熟的表现。具体到工商行政管理工作，其职责定位是市场监管与行政执法，看起来是经济工作，但其中有着很重要的政治含义。这不仅是说工商行政管理每一项职能的发挥都与"三个代表"重要思想密切相关，就是政治；从另外一个角度讲，从特殊性来看，随着经济全球化趋势的深入发展和我国加入WTO承诺的全面兑现，工商行政管理机关所肩负的维护国家经济安全的责任越来越重大。因此，只有不断提高从政治上科学认识和分析形势的能力，坚定理想信念，站稳政治立场，遵守政治纪律，才能适应不断发展变化的形势与任务的要求，才能在大是大非面前头脑清醒，在关键时刻不迷失方向。

(二)求真务实，在执法服务上保持先进性

求真务实是辩证唯物主义和历史唯物主义一以贯之的科学精神，是实践"三个代表"重要思想和科学发展观，推进科学执政、依法行政、执法为民的必

然要求。大力弘扬求真务实精神，积极履行法定职责，努力做好执法服务工作，是共产党员保持先进性的集中体现。

求真，对于工商行政管理而言，就是要求科学执政、科学监管之真。胡锦涛同志深刻指出，不善于用理论指导实践，难以干好工作；不善于在实践中总结经验并上升到理论，再反过来更好地指导实践，也难以干好工作。工商行政管理党员干部要正确有效地履行市场监管与行政执法职责，就必须善于在科学理论指导下，对不断发展变化的形势任务提出的具体课题进行研究，积极探索适应市场经济发展客观规律的规范市场主体、市场客体和市场行为的监管机制，并根据不同发展阶段的经济特点和市场规律，探索一套高效能、低成本的科学监管方法，以不断增强工商行政管理工作的预见性、主动性和创造性，在促进经济社会全面、协调、可持续发展的工作中找准自己的坐标，发挥出应有的作用。每一名党员干部都要自觉加强理论思维能力的锤炼，在理论和实践的结合中积极进行探索，力争不断有所发现、有所发明、有所创造、有所前进。

务实，对于工商行政管理而言，就是要务依法行政、执政为民之实。作为一名工商行政管理党员干部，仅有为人民服务的意识、精神和觉悟是不够的，还要练就过硬的执法服务能力和本领，切实承担起"把好市场主体的入门关，当好市场运行的裁判员，做好市场秩序的坚强卫士"的具体职责。联系当前的工作实际，工商行政管理机关催生育强各类市场主体的任务还十分繁重，市场秩序中存在的一些突出问题仍未得到根本解决，食品安全形势不容乐观，假冒侵权案件时有发生，商业欺诈行为屡禁不止，工商行政管理干部促进经济发展、维护市场秩序的工作任重而道远。我们必须以务实的态度和精神进一步做好支持服务和监管执法工作。一方面，要增强服务意识，提高服务本领，进一步改革完善各项服务工作，努力促进我市经济社会发展再上新水平。要大力改革登记管理制度，放宽市场准入条件，进一步改进和完善集中联办与并联审批登记管理模式，努力为企业提供政策性服务；充分发挥商标、广告、合同，以及企业注册工作的设立、变更和注销等项目管理职能，帮助企业提高市场竞争能力，努力为企业提供职能性服务；不断增强为企业服务的针对性和时效性，努力促进现场办公、限时办公、延时办公、预约服务、定期走访等服务措施的制度化、经常化和规范化，努力为企业提供主动性服务。另一方面，要强化监管执法，提高执法效能，深入开展整顿和规范市场经济秩序活动，积极营造健康有序的市场环境。当前要以维护食品安全为重点，进一步健全和完善企业自律和行政管理部门他律相结合的监管模式，全面加强流通领域商品质量监管工作；以加大商标保护力度为重点，从强化意识和健全机制入手，努力探索和推行保护企业商标专用权的治本之举，切实保护企业的无形资产；以惩治虚假违法广告为重点，强化对广告主、广告经营者和发布者的全方位、全过程监管，严厉打击商业欺诈行为；以重要商品市场监管为重点，严厉打击粮食、汽车、农资、棉花、成品油、机动车配件等重要商品市场存在的不法行为，努力维护市场稳定。同时，要加快推进信息资源的开发利用和监管执法工作数字化，提高从事电子政务与现代化监管的本领，以支持对市场主体活动全方位和全过程的综合监管，进一步提高行政效率，降低行政成本。

（三）克己慎独，在作风养成上保持先进性

克己慎独是党员干部强化作风养成、保持先进性的重要方面。在作风上保持先进性，就要求共产党员务必树立正确的地位观、利益观和权力观，正确对待地位、名利和权力，夯实思想基础，筑牢道德防线，确保权力干净运行。

所谓克己，主要是指自我约束、自我规范，自觉地遵守党纪国法和社会公德，也就是我们经常强调的自律。自律的意识和能力不是与生俱来的，需要在学习和实践中加以培养和磨砺。物必自腐而后虫生。从唯物辩证法的观点看，内因是变化的根据，外因是变化的条件，外因只有通过内因才能起作用。作为一名工商行政管理党员干部，我们的工作性质和所处位置决定了每一位干部手中或多或少、或大或小都掌握着一定的权力，因此在我们这样一个群体中强调克己自律就显得尤为重要。必须清醒地认识到，权力是一种影响力、支配力和控制力，具有双重性，用好了利党、利国、利民；用歪了就会产生腐败，就会祸国殃民。为此，每一名党员干部都要树立正确的权力观，明了权力的来源和属性，深刻认识到权力是人民赋予的，应该全心全意为人民服务，而不能把公权变私权，以权谋私。要把自己放在适当的位置，给自己以恰当的定位，切不可存"有权不使，过期作废"的思想，"一朝权在手，便把令来行"，因权而私欲膨胀，因势而目空一切。

所谓慎独，就是要慎重处置个人独自活动场合时的各种事项。在一般情况下，有些居心叵测的人向手中有一定权力的政府官员施以重金贿赂或者引诱其从事一些不轨行为，搞权钱交易时，往往都是在回避他人的场合下进行的，而且还信誓旦旦地说"天知、地知、你知、我知"。在这种情况下如果我们的干部意志薄弱，权力观模糊，是不可能经受得住考验的。每一位党员干部都要牢记这样一句话，"世上没有无缘无故的爱，也没有无缘无故的恨"，人家请客送礼是看中了你手中的权力，告你诉你也往往是因为你滥用职权。所以要慎重交朋处友，慎重对待个人生活圈和交际圈，经受住个人独处时廉洁奉公的考验，在个人独立活动的时间和客观上缺乏监督制约的场合谨慎不苟，独善其身，洁身

自好，以免一失足成千古恨。

（四）扪心常省，在自身修养上保持先进性

扪心常省是每个党员干部增强党性修养、永葆先进性的重要途径。所谓扪心常省，就是要经常拍拍自己的政治良心，对照自己举手宣誓的入党誓言，看看自己的品质、能力和行为是否符合共产党员的基本标准；就是要经常反躬自问，身为共产党员，自己的思想、工作、作风是否符合共产党员先进性的时代要求。具体而言，就是要经常检查和反思自己坚定不移地为建设中国特色社会主义而奋斗的理想信念是否坚定；始终站在人民群众的立场，立党为公、执政为民的宗旨意识是否牢固；勤奋学习，严格执法，积极践行"三个代表"重要思想，为企业和群众提供优质高效服务的本领是否增强；遵守党的纪律，坚持"两个务必"，保证权力干净运行，共产党人的政治本色是否永葆。古人讲："吾日三省吾身。"用现在的话讲就是时常对照检查、回头看。应该说，扪心常省是一种优秀的品质和能力，每一个党员干部都应注重修炼自己这种品行，养成这样一个习惯，虽然不一定非得一日三省，但是必须对照先进性的具体要求常回头看看，对做得对的继续发扬光大，对做得错的及时悬崖勒马，永葆共产党员的先进性和纯洁性。

三、关于党员领导干部的率先垂范作用

领导干部发挥表率作用是一个至关重要的问题，是对一个领导干部的起码要求。邓小平同志说过："党是整个社会的表率，党的各级领导干部又是全党的表率。"古人讲"身教重于言教"，现在讲"喊破嗓子不如做出样子"，说法不同，道理一样。领导干部由于所负的责任和所处的位置，其一举一动、一言一行无时无处不处于下级和群众的视线之内，要带好下属，管好队伍，必先管好自己，做出榜样，在前面"领"，在前面"导"。没有这样的素质，就失去了领导资格，就不可能成为一个称职的、合格的领导干部。

领导干部的表率作用与领导干部自身的先进性是相辅相成、相得益彰的。保持自身先进性是发挥表率作用的基础和前提，发挥表率作用又必然会促进自身先进性的有效保持。因此，领导干部要做到先学一步，多学一些，学深一点，在真学、真懂、真信、真用上下功夫，充分展示学习和实践"三个代表"重要思想的自觉性和坚定性；带头查摆自己在思想、工作和作风上存在的突出问题，充分展示敢于正视和解决问题的决心和勇气；带头开展批评与自我批评，胸怀坦荡地亮出自己的缺点和毛病，真诚严肃地开展同志间的相互批评，充分展示对党对人民对同志极端负责的精神；带头着力解决自身存在的突出问题，着力

解决企业和群众反映强烈、通过努力能够解决的突出问题，充分展示求真务实的优良作风。只有这样，才能影响和带动广大党员干部，形成同频共振，上下一心的局面。

无论是领导干部模范带头作用的发挥，还是自身先进性的保持都贵在持久，都应当作为每一位党员领导干部加强党性修养、提高执政能力和领导水平的终生课题，与时俱进，长期培养，永远保持，并以此来带动全体党员干部先进性的有效发挥。要做到这一点，应当注意和把握好以下三个方面。

一是要注意把握好两个效应。领导干部承担着领导责任，处于管理位置，因而是下属和下级言行的示范、服从的权威、跟随的导向、仿效的榜样。领导干部对下属、下级的影响通常有两个效应，一个是追随效应，一个是扩大效应。所谓追随效应就是我们通常所说的上行下效；所谓扩大效应，就是我们通常所说的"上有好者，下必甚焉"。这两个效应都有正负之分。比如，在政风行风方面，正面效应表现为，你洁身自好，他就不敢胡乱伸手，你热情服务，他就不敢懒散冷硬；而负面则表现为上梁不正下梁歪，你敢在邪道上走一步，下面就可能走上一百步，你敢要人一瓶酒，他就敢拿人一箱酒；你敢对人不理不睬，他就敢对人态度蛮横。从业务工作上看，领导干部的工作能力、工作效率直接影响着下属、下级的工作能力和效率，正面的影响是"强将手下无弱兵"，负面的影响就是"将熊熊一窝"。因此，党员领导干部要不断提高自身的理论修养、文化素质和政策水平，不断增强思考问题、分析问题和解决问题的能力，充分发挥好追随效应与扩大效应的积极作用，以自身的先进性来带动和促进工商行政管理党员干部群体先进性的发挥。

二是要善于把握好两个因素。领导干部的表率作用说到底是影响与影响力、号召与号召力、感染与感染力、指挥与指挥力的问题。影响、号召、感染、指挥是领导干部率先垂范的手段，而要使这些手段真正发挥出力量，成为影响力、号召力、感染力和指挥力，往往依靠两个因素。一个是权力因素，另一个是非权力因素。所谓权力因素，就是凭借所处的位置和手中拥有的权力，可以要求下级往东去西、令行禁止。这种权力来源于群众推荐和组织任命，有相应的程序、责任和适用范围，体现了权力作为支配力和控制力的属性，具有明显的强制性。但其所产生的影响是短暂的、浅层的，只停留在服从的层面上。而非权力因素，则是指一个人德、能、勤、绩各方面因素的综合体现，也就是通常所说的人格魅力。这种因素来源于领导干部的个人学识、品德修养、工作作风，来源于学习、工作与交流过程中的日常积淀。非权力因素虽不靠强制力来推行，但其影响力是长期的、深刻的，其所蕴涵的能量是巨大的，可以达到使人心悦诚服的深度。因而，就领导干部保持先进性和发挥模范带头作用而言，非权力因素比权力因素有着更为重要的意义。这就需要我们淡化权力因素，强化非权力因素，把权力的力量和人格的力量统一起来，做到处事公，公生明；律己廉，廉生威；待人诚，诚生信；工作勤，勤生效，不以权力、权威压人，而以正气、能力服人，这样才能从根本上影响、号召和感染广大干部弘扬正气，保持先进性。

　　三是要准确把握好两个距离。党的先进性是具体的，对于不同的群体在具体要求上应有所区别。领导干部因其所承担的责任和所处的位置，决定了其自身的先进性要高于普通干部群众，要始终把握好两个距离。一是在思想境界和工作能力上要努力拉大与部属的距离。党员领导干部所负的职责和所处的位置要求他们必须有着高瞻远瞩的预见、领先一步的创见，以及超越平凡的境界。在这一点上应当尽量与下属拉开距离，不能把自己等同于普通干部群众；而应努力在工作上求突破，用自己的高尚人格和创新的思想引领广大干部同心同德干好工作。二是在生活和感情上要尽量拉近与群众的距离。作为领导干部，要想做好工作，必须树立群众利益无小事的观念，实现和群众的零距离接触，认真倾听群众的呼声，带着对人民群众的真情实感，依靠群众的智慧和力量，创造性地开展工作；必须真正在思想上尊重群众，在感情上贴近群众，在行动上联系群众；必须时刻把群众的安危冷暖挂在心上，想群众之所想，帮群众之所需。这两个距离，说到底讲的是作为领导干部在保持先进性方面应该和群众比什么，应该为群众做什么的问题。应该比什么呢？有句唐诗说得好，"肯将十指夸针巧，不把双眉斗画长"，比的是工作业绩和创新能力，而不应该比生活水平和消费档次。应该做些什么呢？就是要从群众最现实、最关心、最具体、最密切的问题入手，带头深入开展送温暖活动，多搞雪中送炭，多解燃眉之急，不但要通过访贫问苦，扶危济困，给人民群众送去有形的温暖，而且还要特别注意结合工商工作社会性很强的实际，进一步深化"转变作风，走出机关，深入企业，问需解难"和"改善服务态度，提高服务质量"活动，使企业和群众能够透过工商行政管理党员干部执法服务形象的改善，体会到共产党员的先进性，感受到党和政府的温暖。

　　总之，工商行政管理党员干部保持先进性，关键是要深刻理解和掌握"三个代表"重要思想并自觉付诸实践。对此，既要从总体上、从普遍性和共同性方面去把握，又要结合工商行政管理工作的特点，使之与每一名党员干部所在岗位、所负职责相结合，力求走在时代和社会发展的前列。每一名党员干部都要把保持先进性视为一种责任、一种义务，并把这种责任和义务转化为一种压力、一种动力，时刻提醒自己、激励自己，把自己锻炼成"三个代表"重要思想的坚定实践者，使我们党和每一名党员的先进性能够长期保持、有效发挥、不断发展、实至名归。

（作者单位：天津市工商局）

三等奖

中国西部中小企业发展研究

章继刚

一、中国西部中小企业的优势

西部中小企业是我国国民经济和社会发展中的一支重要力量,特别是近几年来,随着西部大开发的步伐加快,西部中小企业在确保国民经济稳定增长、缓解就业压力、拉动民间投资、优化经济结构、促进市场竞争、推进技术创新、促进市场繁荣、方便群众生活、保持社会稳定等方面的作用愈加重要。西部中小企业具有产权清晰、反应灵敏、增值迅速、增加就业、增收明显等独特优势和机遇,易于在市场竞争中获得快速发展(见表1)。西部中小企业市场适应性强,富有经济活力。西部中小企业是技术创新最活跃的主体,具有实用性、广泛性和高效性等特点。

表1　　　　　　西部中小企业发展的独特优势和机遇

西部中小企业发展的独特优势	西部中小企业发展的机遇
(1)产权清晰,易于在市场竞争中获得快速发展	(1)西部大开发的"后发优势"为西部中小企业快速发展提供了强有力的环境支持
(2)反应灵敏,易于黏合各种分散的生产要素	
(3)机制灵活,易于开拓本地市场和国内市场	(2)资产重组浪潮由沿海向西部的梯度推进,为西部中小企业快速成长注入部分活力
(4)增值迅速,易于在产品、产业和企业组织机构调整中发挥作用	(3)国有大中型企业辅业改制,乡镇企业二次创业,为西部中小企业快速发展提供资本扩张机会
(5)增加就业,易于大容量地吸纳城乡剩余劳动力	
(6)增收明显,易于"聚多生财"	

目前,我国西部中小企业的技术创新在许多行业占据主导地位。在西部,大企业利用中小企业的专业规模性,与它们建立稳固的协作关系,从而摆脱"大而全"生产体制的桎梏,有效利用社会资源降低生产成本,求得利润最大化和市场竞争的优势。西部中小企业活跃在市场的前沿,具有灵活的经营机制,按照市场方式参与经济活动,为我国市场经济的发展起到了示范效应。特别重要的是,西部中小企业的发展为冲破传统的计划经济观念,促进市场经济体制的

建立发挥了难以替代的作用。目前，大部分的乡镇企业通过规范的公司化改造，成为私营合资、股份合作企业、有限责任公司、股份有限公司等非公有制中小企业，对于推动我国西部农村工业化、促进西部对外贸易和外向型经济发展将起到更加重要的作用。

二、中国西部中小企业发展遇到的问题

虽然西部中小企业近年发展迅速，但仍存在贷款难、成长性差、创新水平低、产生结构失衡、人才培训滞后、严峻的外部环境制约、发展环境亟待改善、服务体系建设滞后、相关法制建设滞后、自身存在缺陷以及来自外部的挑战等问题，从一定程度上制约了企业自身的发展（见表2）。

表2　　　　　　　　　西部中小企业发展中遇到的困难和问题

西部中小企业发展中遇到的困难和问题	
(1) 贷款难	(7) 严峻的外部环境的制约
(2) 多数企业成长性差	(8) 服务体系建设滞后
(3) 技术创新存在差距	(9) 相关的法律建设滞后
(4) 发展环境亟待改善	(10) 自身缺陷
(5) 人才培训滞后	(11) 来自外部的问题与挑战
(6) 自身产业结构失衡	(12) 自身发展存在道德风险

西部地区中小企业的发展受西部地区经济发展水平的限制以及地理位置和传统观念的影响，总体水平不高。西部地区的中小企业在数量上严重滞后于东部地区。当前，西部地区中小企业最需要的是资金、技术、人才、信息等重要的经济要素，而在西部地区，恰恰是这些要素的供给严重不足。由于中小企业的贷款特点与银行的贷款原则相悖，西部中小企业很难获得银行贷款。

信息流通不畅、信息收集成本较高也是中小企业发展的主要障碍，西部许多中小企业缺乏能够及时获取各种信息的渠道。西部地区中小企业产业结构不合理的主要表现是产业技术层次低。中小企业所处的产业水平较低，"夕阳产业"、"劳动密集型"产业占优势地位和主导地位，中小企业大多集中在加工工业和餐饮服务业等传统的劳动密集型产业，中小企业的产品大多数停留在简单模仿的水平，质量难以得到保证和提高，企业的技术创新能力弱。目前，技术含量低、设备陈旧的问题在西部中小企业表现得尤为突出。我国西部地区的市场功能相对落后，加上西部地区中小民营企业自身的特点和缺陷，建立一个完善的、先进的社会化服务体系显得尤为重要。目前，西部地区为中小企业服务的信息资讯、企业诊断、市场咨询、法律咨询社会化服务体系尚未形成。

中小企业的改革不彻底、不规范以及产权不清等问题，使得企业缺乏明确

的发展动力,许多中小企业出现了"无战略危机",制约了企业的发展。中小企业自身在信息收集、资金筹措、人才储备、技术开发、市场营销、资产管理等方面的弱点越来越突出。近几年来,西部用于市场建设的投资远远低于东部和全国平均水平,再加上专业化程度低、设施差、辐射功能弱等原因,西部的现实投资环境使投资者面临的风险较大,使他们对企业成功的信心不足,也严重影响了中小企业的发展。另外,在中小企业的发展过程中,由于其信用资源的短缺,各种生产要素的取得与人才的引进,亦要比大型企业困难得多,已经成为制约中小企业进一步发展的瓶颈。

一些早期的中小企业主文化水平普遍较低。企业扩展后,认为自己文化不高但成就很大,瞧不起受教育程度高的人。这种经验主义严重影响企业主个人素质的提高,影响企业的人才聚集,也影响企业的进步。中小企业的激励机制不完善。员工,特别是年轻员工心理浮躁,缺乏团队精神,我行我素不屑于磨合和谦让。中小企业所处的行业缺乏竞争力,企业不景气,员工看不到希望,人才流失严重。大量的中小企业重复投资建设,企业布局零乱、分散,带来了交通不便、资源消耗大、生产成本高、环境污染严重等一系列问题,从而制约了企业进一步扩大规模、降低成本和实现经济效益与社会效益双赢,削弱了西部中小企业的市场竞争力。

三、促进中国西部中小企业发展的建议

为了促进西部中小企业快速发展,发挥西部经济建设生力军作用,具体建议如下。

(一)尽快建立健全中小企业法律体系

随着我国市场经济的深入发展,要求国家对经济管理实现法制化、规范化和增加透明度。应尽快建立起中小企业法律体系,不仅要求法律种类齐全,既要有关于中小企业的基本法和专业法,以做到有法可依,也要有强有力的执法监督措施,杜绝有法不依、以言代法和以政代法等现象发生,使有法不依或违法者得到惩罚,还要有严格规范的司法程序,以及便利的社会化、市场化的司法服务。

(二)强化中小企业人才培训

要引导西部中小企业经营者积极参加有关机构、大专院校举办的生产技术和经营管理培训班,不断提高自身素质,增强质量意识和品牌意识,增强市场竞争力。依托高等院校、科研单位,有计划、有步骤地对民营企业经营者、专业技术人员进行经营管理和知识更新培训。

政府可设立培训基金，凡参加培训的企业都可以享受一定的优惠，积极发展多主体、多层次、多形式的职业培训体系。根据西部中小企业的服务需求，以市场为导向，建立以职业分类和职业技能标准为依据、以职业培训和职业技能鉴定工作为支柱的职业技能开发机制，对西部中小企业从业人员进行复合型人才培训。通过培训，帮助西部中小企业经营者提高素质，改善经营管理，促进西部中小企业实现组织创新、技术创新、制度创新和机制创新。

（三）加快中小企业改革创新步伐

一是加强对西部中小企业改制的规范和指导。通过严格的资产清理评估、产权界定和股权设置，科学地帮助企业选择改制形式，妥善地处理债权债务和产权转让收入，安置好富余职工，建立健全国有资产的管理和监督体系，确保中小企业产权制度改革的健康有序进行。

二是积极推进西部中小企业制度的"二次改革"。第一，要澄清集体企业同地方政府的产权关系；第二，对于规模不断扩大、欲求更大发展的中小企业，必须通过明晰家庭内部成员之间的产权关系，改造单个业主制企业和合伙制企业为股份公司制企业，实行产权的社会化，并通过对中小企业建立所有权与法人财产权相分离的规范的法人治理结构，建立起符合市场经济要求的管理机制。

（四）在财税、信贷、用地等方面给予支持

要充分认识西部与发达地区的差距，力求在增大总量和提高质量方面有新的突破，要做到"五个纳入"、"五个放开"，即纳入国民经济社会发展的长期规划；纳入目标管理体系；纳入城市总体建设规划；纳入国民经济统计体系；纳入精神文明建设规划。从业人员放开、经营范围放开（除国家明令禁止的项目外）、经营方式放开、发展速度放开、发展比例放开，促使西部中小企业经济在更大的范围、更广阔的领域快速、健康发展。

1. 加强财税的扶持力度

每年安排扶持西部中小企业专项资金，重点用于支持企业技术创新、中小企业信用担保体系建设和科技型中小企业技术创新基金的配套等。积极支持和协助中小企业投资项目申请国家设立的高新技术产业化资金、农业综合开发资金、中药现代化专项资金、中小企业发展促进资金、科技创新基金、中小企业国际市场开拓资金等各类政策性扶持资金。

2. 对西部中小企业给予信贷支持

金融机构要根据中小企业成长特点，建立健全适合中小企业的信用评级制度，完善贷款政策和管理办法，开发新的信贷品种，积极为民营企业服务。建

立和完善中小企业授信制度，合理使用授信额度。现有商业银行可以针对中小企业特殊的财务、经营状况，设立特殊的评判标准，成立专门的信贷部门；鼓励设立新的、民营的、社区的金融机构，可建立社区银行；鼓励现有的民营金融机构更多地为中小企业服务；鼓励成立专门的小额贷款机构，它不吸收存款，而是专门从事放款业务。通过成立此类金融机构，将民间金融活动引导到正确的发展轨道。各商业银行要积极开展中小企业信贷方式创新，推行以仓单、出口退税、存贷、应收账款等为抵押的贷款方式，试办专利权质押贷款、推出动产质押贷款、法人代表或股东个人资产抵押贷款、法人账户透支贷款、信用贷款、订单融资、"三包一挂"小额贷款等信贷新业务。允许中小企业用房产、土地使用权、有价证券和无形资产等作抵（质）押取得贷款；允许中小企业以知识产权（著作权及其邻接权、专利权、商标权）等作为向担保机构的反担保。正在建造的建筑物、船舶、飞行器、尚未收获的农作物等可以抵押；经当事人书面协议，企业、个体工商户、农村承包经营户可以将现有的以及将来拥有的动产抵押，债务人不履行债务时，债权人有权就约定实现抵押权时的动产优先受偿；公路、电网等收费权可以出质。中小企业要增加自己的信用等级，要和大企业建立稳定的合作关系。推行中小企业租赁担保融资，其租赁标的物是中小企业的机器设备和各种生产资料。中小企业只用少量保证金就能使用100%的设备；银行取得充分的质押、抵押、担保，保证了资金的安全。中小企业只要通过租赁公司和担保公司的联合审查，以租赁的方式获得所需要的设备，首期付款只需20%，承租期满，设备永久归企业所有，避免了经营风险。中小企业流动资金短缺也可以通过售后回租的形式解决，企业将现有固定资产出售给租赁公司，租赁公司以回租形式继续将资产交给企业使用，企业既获得了资金，又不影响正常的生产经营。

对中小企业购买或兼并国有企业，资产变现和资金融通确有困难的，可按有关规定申请办理银行抵押贷款。对符合上市条件的中小企业，要纳入拟上市企业培育范围，积极推介上市。重点安排主业突出、具有成长性和科技含量的中小企业到深交所中小企业板块发行上市，同时，尽可能扩大行业覆盖面，增强上市公司结构的互补性。从防范风险角度出发，在上市资源选择上，重点安排有实体经济的高科技公司上市。

3. 建立和完善多层次、多元化、多形式的信用担保体系

鼓励西部有条件的中小企业建立股份制或会员制等形式的担保机构和风险投资机构。对纳入全国中小企业担保试点范围内的非营利性中小企业信用担保、再担保机构，对其担保业务收入3年内免征营业税。

4. 引进新的投资方式，推行 BOT 等项目融资

西部开发中应大力推行 BOT 方式，将实施领域进一步拓宽，更多地在公路建设、节水工程、环保工程中进行尝试，它将成为解决西部资金短缺的有效途径。境外融资也是成本相对较低且可控制控制权的一种形式，我国目前境外融资形式主要有发行 B 股、H 股、N 股及可转换债券，西部中小企业要抓好以下几个方面：一是选好融资企业和项目；二是按国际惯例做好企业或项目的融资包装，针对不同融资方法和特点设计出具体的融资方案；三是抓好证券人才培训工作，为企业证券融资提供咨询服务。

（五）放宽市场准入

1. 放宽投资领域

凡国家法律、法规没有禁止的投资领域和所有对外资开放的领域，民间资本都可以进入。

开放基础设施的投资领域。供电、供水、供气、公共交通、道路、站场、港口、垃圾及污水处理、园林绿化以及企业铁路专线、地方铁路支线、辖区内城际铁路线等城市设施，民间资本可通过投标取得建设或经营权。鼓励民间资本收购地方铁路、交通设施、城市设施的经营权。对政府投资建成运营并有收益的地方铁路、公路、城市设施等，将其经营权向社会公开拍卖，加快资金回收投入新项目建设。

鼓励和引导民间资本投资高科技领域及优势传统产业、农产品加工业、现代服务业和出口加工业等。

鼓励和支持民间资本发展现代服务业。民间资本可出资参股组建投资公司及风险投资机构。允许民间资本按有关规定采取股份制等形式创办金融机构，鼓励西部中小企业投资参股城市商业银行、股份制银行和保险业。支持民间资本投资铁路、电信、教育、卫生、旅游、社会中介、文化娱乐及全民体育健身等社会事业。

鼓励和支持西部有条件的中小企业参与法律法规未禁止的电力、电信、铁路、民航、石油、公用事业、基础设施等垄断行业和领域的投资与经营，工商行政管理机关依法及时予以登记。

2. 放宽注册登记

降低公司设立注册资本金的最低限额。有限责任公司设立时最低注册资本金为 3 万元，可一次缴清公司章程规定的全额出资，也可以在两年内缴清，但首期出资不得低于注册资本的 20% 和最低限额。凡私人投资并控股的企业组建集团公

司的，其母公司注册资本最低放宽到500万元，母公司和子公司合并注册资本放宽到1000万元。以高新技术成果作价出资的比例不受限制，由出资各方协商约定。

（1）精简前置审批项目，简化前置审批手续。

除法律、法规、国务院的决定规定的行政许可项目外，其他审批项目不得作为企业注册登记前置审批项目，各地在市场准入方面与此不相符合的做法应一律取消。

继续推进企业注册登记审批项目的"互联审批"制度。实施注册登记"一审一核"制，并积极创造条件，逐步推行网上审批、网上登记、网上年检，各有关部门应积极配合，简化办事程序，提高办事效率。

（2）允许以技术等无形资产作为资本投入办企业。

技术或专利所有权人用以法律形式取得产权的高新技术成果或专利、专有技术，投资兴办各种类型企业的，经专门的科技评估机构评估和省科技主管部门认定。企业驰名商标、著名商标经有资格评估机构评估后，都可以作为企业注册的出资形式。

（3）放宽企业对外投资比例。

不论公司制还是非公司制企业对外投资比例，除企业章程另有规定外，累计投资额可以达到70%。

（4）鼓励投资主体多元化，扩大出资者范围。

凡是法律不禁止的企业法人、社会团体、事业单位、民办非企业单位，以及不具备法人资格的个人独资企业、合伙企业、个体工商户、自然人（除法律、法规、规章和政纪限制的外）均可成为公司股东或联营企业、外商投资企业的出资人。鼓励企业内部职工投资入股，对职工人数超过股东法定人数的，允许依托工会设立职工持股会，以职工持股会的名义投资入股。

（5）简化登记程序，支持企业改革改制，鼓励多种经济成分的市场主体参与企业改制。

对企业改变组织形式、经济性质或合并、分立、整体转让的，除法律、法规明文规定应按设立登记程序办理的外，可按变更登记程序办理。

国有企业因管理体制、组织形式调整、改变行政隶属关系，组建国有控股公司、投资公司或企业集团的，允许以股权划转的形式出资，经有关权限部门或投资主体同意后，办理股东变更登记。

支持企业债权转股权。经债权债务人双方协商同意，改制企业可以按照法律程序将债权转为股权，原债权人转为股东。金融债权转为股权的，按国家有关规定办理。

企业在改制前经营范围中已取得专项审批许可证的项目，除国家法律、法规规定外，有效期内申请工商登记经原许可机关确认可不再办理审批手续。

3. 围绕培育、繁荣和规范农村市场

积极鼓励、支持西部农村中小企业参与农副产品批发市场和集贸市场的经营，发展农产品拍卖、网上交易等方式，扩大交易功能；积极拓宽农资商品经营，支持、引导发展各类农业经纪人，扩大农副产品流通，活跃农村经济，促进农民增收。要鼓励和引导西部农村中小企业注册、使用商标和地理标志，实施品牌战略，利用知识权扩大经营规模，提高农副产品市场竞争能力，促其增加经济效益。支持西部农村中小企业实行多种经营形式的优化组合，组建发展企业集团，形成产供销、工商贸一体化的产业经营格局。

4. 要鼓励、支持和引导西部中小企业大力发展第三产业，促进优化产业结构和国民经济持续健康发展

第三产业的加快发展是生产力提高和社会进步的必然要求，是现代社会经济发达的重要标志，是缓解日益严峻的就业压力的重要途径。鼓励、支持西部中小企业从事商业批发与零售业，鼓励、支持西部中小企业从事货物进出口、技术进出口等对外贸易经营；支持和引导西部中小企业从事交通运输、仓储业，为活跃市场流通、繁荣城乡经济服务；支持和引导西部中小企业参与开发具有历史文化内涵和富有现代休闲品位的旅游景点，发展观光、生态、度假、商贸等专项旅游；支持和引导西部中小企业发展房地产、居民服务业、餐饮业和文化卫生事业，为改善和提高人民生活质量服务；支持和引导西部中小企业发展科技、法律、会计、审计等咨询业以及信息业、各类技术服务业，发挥经济类中介组织服务市场经济的积极作用。鼓励发展电子商务、物流配送和连锁经营等现代流通方式。只要有总店、配送中心和三个以上门店，名称中可标明"连锁经营"，需前置审批的经营项目或商品，总店已取得行政许可的，其连锁店可凭总店的批准文件申请经营，法律、法规另有规定的除外。

对适应经济发展需要而出现的西部中小企业信用担保业，在注册资本金足额到位的情况下，应大力支持和发展。对于社区居民服务业等新兴行业，凡法律、法规没有禁止，且有利于方便群众生活和增加就业的，应予积极支持，摸索经验、逐步规范。

5. 支持西部中小企业开展技术引进与合作

鼓励科研所、大专院校、国有大中型企业和拥有专有技术、专利权的人员以技术入股、出让等方式，同西部中小企业进行经济技术合作。以技术股参与

合作的，按双方约定的比例持股。

对创办民营科技型、农产品加工型中小企业，以及下岗失业人员、应届高校毕业生创办非公司制中小企业，其出资额、出资方式、经营方式、雇工人数等条件尚有欠缺，但在1年内能够完善的，可申请核发有效期1年的营业执照。

要继续深入贯彻落实党的十六大"就业是民生之本"的精神，采取多种形式，积极鼓励和扶持下岗失业人员、高校毕业生、归国留学生、退役士兵、残疾人员及其他新增待业人员兴办中小企业，引导出西部中小企业吸纳更多的下岗失业人员和大中专毕业生及新增待业人员就业和再就业，充分发挥中小企业在扩大社会就业方面的重要作用。下岗失业人员、大中专毕业生和城镇退役军人从事个体私营经济的，享受国家优惠政策，免收个体工商户管理费及相关税项。

6. 鼓励私人资本以多种形式进入国有企业

可通过参股控股、兼并、收购等形式，参与国有企业改革和资本重组。要引导产品有市场但负担过重、经营困难的企业，拿出优良资产吸引中小企业进行嫁接改造，扭转发展的被动局面。

（六）对鼓励类产业和领域给予扶持

一是支持有发展优势的传统制造业，鼓励西部中小企业从事农产品加工、储运、营销和大型农产品原料基地建设。支持西部中小企业发展外向型经济。西部中小企业在出口退税、产品认证、中小企业国际市场开拓资金的使用和参加国内外展销洽谈活动的摊位分配上，与其他出口企业享有同等待遇。鼓励西部中小企业实施名牌战略。凡被认定为著名商标、中国驰名商标、中国名牌产品、中国世界名牌产品的企业，给予奖励。

二是由于西部地区特殊的地缘特征，导致了西部比东部有更高的物流成本。西部地区的物流系统现代化，才能促使西部地区与内地市场、甚至与国外市场融为一体，提高西部企业的竞争力。根据第三方物流的市场需求，西部中小企业亦可以考虑在物流系统中选择创业之路。

三是继续坚持把支持和引导中小企业发展同西部大开发、中部崛起、东部加快发展有机结合起来，引导中小企业参与"中国中小企业博览会（广东）"、"中国东西部合作与投资贸易洽谈会（陕西）"、"中国兰州投资贸易洽谈会"以及"中国青海结构调整暨投资贸易洽谈会"、"泛珠三角区域经贸合作洽谈会"等，为东、中、西部地区之间的经济技术合作与交流的牵线搭桥，结合工商行政管理职能，支持区域经济调整优化结构，改进经济增长方式，扩大对外开放，发挥地区的比较优势，为促进区域经济全面、持续、协调发展服务。

四是高度重视西部中小企业文化建设，把企业文化建设与企业管理的重点相结合，进一步确立企业正确、长远的经营理念，将文化融入企业的经营理念和发展目标中，树立员工的主人翁意识，加强员工队伍的凝聚力。通过加强企业文化建设，进一步确立企业的文化精神及提高企业团队和企业员工队伍的整体素质，促进西部中小企业文化建设。可开展"中国西部中小企业家健身工程"，举办"中国西部中小企业家国际音乐节"、"中国西部中小企业家国际旅游节"、"中国西部中小企业家国际健身周"、"中国西部中小企业家国际摄影节"、"中国西部中小企业文化节"。举行企业体育竞技类与文艺类比赛、企业文化讲坛、美术书法与摄影作品评展、演讲比赛、"最美丽的文化墙"评选、扶贫赠书、"同读一本书"征书、企业集邮文化日活动。通过开展"知识改变命运"读书节，向员工推荐一批好书、"邀你同读一本书"、读书征文等活动，提高员工的文化素质。有条件的中小企业团组织，可根据本单位实际，积极开展各类员工读书活动。以学习型企业创建为契机，加强文化载体建设，通过建设企业员工图书室、青年中心、员工之家等，为员工学习创造良好的环境，以推进员工创新创效为目标，在员工中大力开展岗位培训、导师带徒、技术比武、青年岗位能手和"金点子征集"等活动，努力提高员工技术水平和工作能力。评选表彰"荣誉职工"、"岗位能手"、"青年标兵"、"优秀大学生"等先进模范人物。在党员和各级管理人员中开展以"讲学习，讲政治，讲正气"为主要内容的党性党风教育活动，开展"党员闪光"活动，努力提高党员及全体员工的思想素质、政治素质和文化素质，充分发挥党员在工作、学习、生活等各方面的先锋模范作用；开展创建文明窗口活动，评选文明食堂、文明班车（司机）、文明班组、文明柜组，从而在全体员工中兴起学习之风、奉献之风和廉洁之风，等等，更好地实现企业的经营理念和发展目标，提升和加强西部中小企业的向心力、战斗力。

五是在成都、西安等地举办"中国西部中小企业国际研讨会"、"中国西部中小企业融资论坛"、"中国西部中小企业商标发展论坛"、"中国西部中小企业博览会"。在成都创办"中国西部中小企业总部经济集中发展区"、"中国西部中小企业总部基地"、"中国西部中小企业发展研究院"、"中国西部中小企业研修学院"、"中国西部中小企业发展战略联盟"，推动西部中小企业的迅速发展。

（七）营造发展的宽松环境

1. 加快政府职能的转变，切实提高办事效率

各级政府要根据实际需要，扶持建立中小企业服务机构，联系和引导各类社会中介机构为西部中小企业提供创业辅导、企业诊断、信息咨询、市场营销、投资融资、贷款担保、产权交易、技术支持、人才引进、人员培训、对外合作、展览展销和法律咨询的服务。建立与国际惯例接轨的高度专业化的西部中小企

业服务体系，通过有效的协调机制，形成以政府兴办的公益性服务机构为骨干、职能部门共同参与、连接专业化中介机构、覆盖全社会的中小企业服务网络。

2. 营造透明高效的政务环境

透明的政务环境就是政务活动要公开，政府决策和行为除涉及国家安全和商业机密等不宜披露的，都应通过适当的渠道和途径告知社会。高效的政务环境，就是按照法律规定的形式、时限，实施行政行为。

3. 优化融资环境

一是探索西部中小企业融资新途径，努力创建和拓宽二板市场为西部中小企业筹集资金；二是创立西部中小企业发展基金，基金来源包括财政拨款和其他民间资金来源；三是建立和完善中小企业融资担保制度；四是保持国有商业银行对西部中小企业的贷款份额，提高商业银行对中小企业贷款的积极性，逐步完善抵押登记、资产评估、抵押物流转交易市场等环节，切实解决西部中小企业贷款抵押物变现难的问题。

4. 优化市场环境

营造公平竞争的市场环境，采取统一的市场准入标准，打破行业垄断。清理和取消限制民间投资的不合理规定，凡是符合国家法律、法规，不违背产业政策的行业、领域和商品，都应允许各类民间资本经营，外资可进入的行业均应允许民间资本进入。

5. 优化法治环境

任何单位和个人不得以任何形式非法侵占西部中小企业及其从业人员的合法财产和合法收益；不准有任何形式的摊派、乱收费、乱罚款、乱集资以及强制性订阅报刊等；不准吃、拿、卡、要；不准无故停电、断水。

6. 优化舆论环境

各级宣传媒体要加强对西部中小企业投资者及其从业人员是中国特色社会主义事业建设者的宣传报道，形成谁发展谁光荣的社会舆论氛围。对人为影响西部中小企业发展的不良行为和落后管理方式进行舆论监督。

（八）加快建立多层次的资本市场体系

1. 设立国家西部开发银行，提供政策性金融支持

目前虽然有三大政策性银行，但由于现有的中国农业发展银行和中国进出口银行肩负特殊使命，国家开发银行虽然可以部分地承担西部大开发中的有关业务，发展方向正在变化，与西部大开发的要求有一定距离。因此，有必要设

立新的专门面向西部大开发的政策性银行——西部开发银行，由中央财政出资设立，将邮政储蓄划归西部开发银行运用，同时可以面向社会保障基金、商业保险基金和商业银行等发行金融债券融资。

2. 设立金融改革试验区，进行金融改革和金融创新试点

西部地区金融发展相对落后，究其原因，政策方面的限制是一个重要因素。西部地区被人为地排斥在金融创新的大门之外，限制了西部地区金融发展和金融深化的步伐，人为地拉大了东西部的差距。西部大开发在某种意义上是西部地区发展的补课，基于金融问题的特殊重要性，补课应该率先从金融创新补起。

3. 大力发展西部资本市场

西部大开发不仅需要间接融资，同样需要直接融资的支持，从一定意义上来说，发展资本市场，扩大直接融资渠道更加重要和有效。

(1) 按照产业第一的原则，培育一批具有核心竞争力和行业龙头地位的上市公司。

(2) 加快西部产权交易市场发展，建设统一的西部产权交易平台，为中小企业输送丰富的上市公司资源。

(3) 大力发展资本市场中介服务机构，支持在西部注册的券商、期货公司和基金管理公司通过增资扩股、收购兼并等方式，有选择地引入境内外战略合作者和投资者；支持基金管理公司、券商和期货公司建立和完善股权激励机制，推动部分有条件的中小企业实施员工持股计划。积极吸引境内外资本市场中介服务机构和机构投资者落户西部。

(4) 完善资本市场创新体制。大力促进西部资本市场与货币市场、保险市场的对接，同时鼓励建立以市场为主导的品种创新机制。推出具有竞争力和影响力的新产品，推动基金管理公司加快基金品种创新，支持各类金融证券机构开发储蓄替代型证券投资品种和资产证券化品种。

(5) 进一步加强西部与深、港资本市场的合作与交流。

(6) 扩大直接融资规模，提高西部上市公司质量。鼓励本地上市公司进行实质性并购重组，积极吸引主营业务突出、具有核心竞争力、市场盈利前景好、运作规范的国内外有实力的大企业入主西部国有上市公司。采取吸收合并，增发、发行新股等方式，实施集团资源战略性整合，积极推动西部有条件的大型企业集团整体上市。

(7) 努力营造促进西部资本市场发展的良好环境。

(8) 大力促进西部地区债券市场发展。鉴于西部地区旅游资源比较丰富，旅游业发展前景比较好，要采取有效措施鼓励西部企业发行企业债券，大型旅游企业可以发行一定的旅游专项企业债券。可以将债券发行与西部地区投资结合起来，允许愿意到西部地区投资的东中部企业优先发行企业债券，并规定将70%使用于西部地区，30%可以在东部地区使用。

（9）积极探索发展西部区域性证券交易中心。我国现有的两个证券交易所容量有限，且分布过于偏重东部地区，对于西部地区的服务受到较大限制。为了配合西部大开发，可探索发展成都、西安的区域性证券交易中心，作为深沪两个全国性交易所的补充。

（10）建立实验性质的区域性中小企业股票市场。为了推动西部中小企业的发展，可以借鉴国外风险资本交易所和二板市场的经验，结合国内科技产权市场运作的实践，在西部地区建立实验性质的区域性中小企业股票市场。

（九）西部各级政府和部门要加强对中小企业改革和发展工作的组织领导

要把加强对西部中小企业改革和发展工作作为一项重要任务，纳入国民经济和社会发展总体规划和年度计划，研究制定政策，协调解决工作中的重大问题。要改变政府对中小企业的管理方式，逐步实现以政府为主向社会为主，以管理为主向服务为主，以操作为主向监督为主的转变。西部各级政府部门中凡赋予中小企业管理职能的部门，都应各司其职，各负其责，相互配合，认真履行好自己的职责，为促进西部中小企业改革和发展办实事。

参考文献

[1] 章继刚．中国西部中小企业发展战略研究．北京：知识产权出版社，2005

[2] 章继刚．中国西部商机报告．高科技与产业化，2003（11）

[3] 章继刚．中国西部：掀起边贸雄风．西部观察，2004（2）

[4] 章继刚．西部中小企业管理大趋势预测．科技情报开发与经济，2003（8）、（9）

[5] 四川省中小企业局课题组．政府搭台，企业唱戏，打造充满活力的成都经济——对成都市推进中小企业发展典型经验的专题调研．四川中小企业，2005（12）

[6] 李建国等编著．中华人民共和国中小企业促进法政策与实务．北京：中华工商联合出版社，2002

[7] 四川省人民政府．四川民营经济年鉴．2003

（作者单位：四川省工商局）

三等奖

股权出资基本规则试探

蒋 杰

随着新《公司法》的颁布，股权出资的合法性与合理性问题已不复存在，代之而起的是股权出资的操作问题，而且这一问题将日益突出。笔者在此抛砖引玉，在分析股权内涵及特征的基础上，提出关于股权出资规则的几点看法，以促成这一问题的解决。

一、股权的内涵与特征

股权，又称股东权，它是出资人基于对公司的出资或购买公司股份而享有的权利。根据《公司法》的规定，股权的内容包括知情权、选举权、提议权、质询权、诉讼权、分配权、转股权，等等。除《公司法》的规定外，权外内容还受公司章程的调整。股权的特征如下：①它是包含财产权内容和非财产权内容的一种特殊权利，即通常所说的社员权。②它可以用货币估价，而且依法可以转让。股权包含了财产权内容，或者说其实质内容是财产权，这是股权可以用货币估价的原因所在。可以转让则是《公司法》的明文规定，属于法定属性。③股权转让效力的发生因股权类型或股权表现形式的不同而不同。转让有限责任公司股权的，只有在该公司的登记机关办理了股权变更登记才能产生完全的转让效力，即对内和对外的效力；转让股份有限公司记名股票的，只有在该公司股东名册作相应更改后才能发生转让的效力；转让股份有限公司无记名股票的，该股票交付给受让人后即发生转让的效力。

股权的上述特征决定了股权可以成为出资方式，而且也决定着股权出资应当遵循的规则。

二、股权出资基本规则

（一）可以出资的股权应当是出资人已履行了全部出资义务的股权

本条是对出资标的——股权本身范围的界定。原则上，股权因具有可以用货币估价、可以依法转让，且法律、行政法规未禁止以其出资等特征，权利人都可用以出资。具体而言，包括依法持有的有限责任公司股权和股份有限公司股权（股份）。但是，作为出资财产本身的题中之意，应当是真正的权利，不包含对等的义务，也就是说，用以出资的股权应当是出资人已经履行全部出资义务后持有的股权，公司受让后不再有出资义务负担。据此，如果某人对某公司只履行了部分出资义务，那么已履行部分所对应的股权可以出资，未履行部分则不行。至于转让受限制的股权，如股份有限公司发起人持有的股权，只要在认缴出资时间以前有关限制将自动解除，自然可以出资，股权出资规则或登记办法对此是否明确都不受影响。

（二）可用股权出资的人应当是拟设有限责任公司的股东、拟以发起方式设立的股份有限公司的发起人、已设有限责任公司的股东和已设股份有限公司的发起人

本条是对可用股权出资的人的范围的界定。排除的人包括拟设一人有限公司的股东、拟以募集方式设立的股份有限公司的发起人以及股份有限公司中除发起人以外的其他股东。依据有三：一是《公司法》要求一人有限公司、以募集方式设立的股份有限公司的股东和发起人应当在公司设立登记前缴付全部出资。二是股权转让或股权交付（实缴）本身的特点要求受让人应当是已经存在的法律主体。而拟设一人有限公司和拟以募集方式设立的股份有限公司在设立登记前主体资格尚不存在，股权实缴难以进行，所以其股东或发起人不能以股权出资。三是从《公司法》第二十七条、第八十三条和第一百七十九条的规定看，《公司法》允许以非货币财产出资的人包括有限责任公司的股东、股份有限公司的发起人，股份有限公司发起人以外的其他股东并不在列。而且，从外国情况看，有些国家《公司法》就明确规定股份有限公司仅发起人可以非货币财产出资。

（三）可接收股权出资的公司应当限于已设的公司、拟设的有限责任公司和拟以发起方式设立的股份有限公司

本条是对可接收股权出资的公司的范围的界定。其排除的公司包括拟设一人有限公司和拟以募集方式设立的股份有限公司。依据同《公司法》第二条。

（四）股权出资的比例不得高于公司注册资本的百分之三十

本条体现了对股权出资逐步开放的思想，理由与《公司法》关于货币出资金额不得低于公司注册资本的百分之三十的规定一样，是为了在一定程度上保证公司资产价值的确定性和变现能力，维持公司的稳定。

（五）股权的价值评估应当以股权所在公司的净资产额、股权总数、股东表决权确定原则、股东分配权确定原则、经营状况等为依据

价值评估是财产转让中的核心，也是股权等能否作为出资方式争议的焦点，

自然是出资规则不可回避的议题，本条即是对股权价值评估考虑因素的规定。影响股权价值的因素因公司而异，一般而言，当首推公司的净资产额，因为净资产额是股权价值的现实体现。其次是股权总数、股东表决权确定原则和股东分配权确定原则，它们共同决定着某一股东股权利益的大小。特别是新《公司法》规定股权的表决原则和公司利润的分配原则可以不依出资额和股份数确定以后，了解股东表决权确定原则和股东分配权确定原则就更为重要。再次是公司经营状况，它预示着股权价值的发展方向。除此之外，当事人还应当考虑的因素包括其他股东缴付出资的状况和能力、公司从事的产业以及整个产业的发展前景、公司管理层的管理水平，等等。相对而言，股东取得该股权所缴付的出资额反倒不是很重要的因素。

（六）以股权出资的，应当符合《公司法》有关股权转让的规定。以有限责任公司股权出资的，应当经其他股东过半数同意，公司章程另有规定的除外

本条是对股权出资特别程序的规定。股权出资和其他非货币财产出资一样都应当经过评估、缴付、验证、登记等程序，此外，股权作为特定的出资方式还应当有特殊的程序要求，最基本的就是应当符合《公司法》有关股权转让的规定。理由是，股权出资的实质就是股权转让，它与通常的股权转让相比，不同之处在于，股权出资的受让人是公司特别是包括拟设的公司，转让的对价是取得受让公司相应的股权而不是价款。

（七）办理股权出资认缴登记时，登记申请书中应当载明股权所在的公司及份额，以及实缴时价差的处理办法。以有限责任公司股权出资的，应当提交该公司其他股东过半数同意的证明文件或说明

有限责任公司股东和股份有限公司发起人认缴的出资方式是《公司登记管理条例》规定的登记事项之一。那么，认缴出资方式是股权的，应当如何登记呢？除遵循一般规定外，还应从登记申请书的内容和申请文件种类两方面进行研究，本条即是对此作出的具体表述，体现了宽严折中的指导思想。如果从严，还可以要求提交股东在股权价值不足时的补足担保书；如果从宽，可以不要求有限责任公司股东提交该公司其他股东过半数同意的证明文件或说明。要求在登记申请书中载明实缴时股权价差的处理办法，是因为认缴登记与实缴登记常常不是同时进行的，有的间隔时间还比较长，实缴登记时股权的价值与认缴登记时的价值可能有较大差异，包括升高和降低。当出现降低的情况时，股东是以其他股权或其他财产补足，还是降低其出资额，申请认缴登记时就应当予以明确。当然，认缴登记与实缴登记同时办理的，自然不存在这一问题。

(八)办理股权出资实缴登记时,应当提交资产评估机构出具的股权价值评估报告。以有限责任公司股权出资的,还应当提交该公司已在登记机关办理股权变更登记的证明文件;以股份有限公司记名股票出资的,还应当提交该公司更改后的股东名册

与认缴出资方式一样,实缴出资方式也是《公司登记管理条例》规定的登记事项之一。本条即是对股权出资实缴登记的规定,特殊之处主要体现在申请文件的规范上。要求提交资产评估机构出具的股权价值评估报告是为了监督出资的真实性,同时也便于追究虚假评估的法律责任。这种监督不仅包括登记时的监督,也包括登记后的监督,不仅包括登记机关的监督,也包括社会的监督,而且这一要求在国外也不乏先例。例如,日本就规定,非货币(现物)出资依法需要由检查人调查的,公司设立登记时必须提交检查人的调查报告作为附属文件。要求提交股权变更登记的证明文件或更改后的股东名册,目的在于确保股权实缴已实际到位,不留后患。

(九)公司登记机关可以公开股权价值评估报告,接受社会查阅

影响股权价值的因素很多,而且每个公司都各不相同。为了增强交易相对人的信心,促进交易,股权这种出资方式不仅要同其他出资方式一样向社会公开,而且其价额是如何评估出来的也应当公开,接受社会的查阅,让交易相对人和市场来评判其真实性。否则,不仅将影响股权出资积极作用的发挥,而且也难以消除反对股权出资者对股权价值不确定、不透明的顾虑,进而影响本项制度的顺利推行。况且,公开出资审查报告在国外也不乏先例。例如,德国规定,在对公司登记进行公告时应当告知可向法院查阅包含实物出资等内容的设立审查报告。

参考文献

[1] 王保树,崔勤之. 中国《公司法》原理. 北京:社会科学文献出版社,2000.168

[2] 王保树,崔勤之. 中国《公司法》原理. 北京:社会科学文献出版社,2000.168

[3] 参见《公司法》第三十三条、第一百四十条和第一百四十一条。

[4] 准确地讲,无记名股票转让时受让人是否必须是已具有法律地位的主体,其他已具有法律地位的主体是否可以为拟设中的法律主体代为受让,并为其行使股权,还值得研究。对这一问题的认识和主张如何,直接关系到可以用

股权出资的人的范围界定，关系到可以接受股权出资的公司的范围界定，至关重要。笔者的这一主张，着眼点在于"规范"股权出资行为，特别是放开股权出资之初尤为必要。

［5］ 蒋大兴．公司法的展开与批判——方法·判例·制度．北京：法律出版社，2001.49

［6］ 桂敏杰主编．中华人民共和国证券法中华人民共和国公司法新旧条文对照简明解读．北京：中国民主法制出版社，2005.240

［7］ 吕来明．关于股权出资的几个问题．法学杂志，2005（3）：90

［8］ 追究法律责任需要有证据，要求提交评估报告将在客观上起到证据提存和证据保全的作用，必将有助于认定有关行为的违法与否。从这个意义上看，这一要求还可以推而广之，适用到以货币、实物、知识产权、土地使用权以外的其他财产出资上。

［9］ 元长东．日本股份公司设立中的现物出资制度及启示．见：国务院发展研究中心．中国公司法国际研讨会：公司法的修改和实施发言提纲．2004

［10］ 蒋大兴．《公司法》的展开与批判——方法·判例·制度．北京：法律出版社，2001.50

（作者单位：国家工商总局）

三等奖

谈谈陈化粮市场监管

陈 骥

"国以民为本,民以食为天",我国是粮食产销大国,粮食具有举足轻重的地位。陈化粮是粮食中的一个特殊组成部分,出于保护人民群众身体健康和生命安全的角度,国家政策规定陈化粮不用来直接食用,而是用在饲料、酒精生产上。由于利益的驱使,一些不法商贩倒卖陈化粮或擅自改变陈化粮用途。因此,加强陈化粮市场监管是完善社会主义市场经济体制、进一步深化粮食流通体制改革的需要,是贯彻落实中央"三农"大政方针的需要,也是践行"三个代表"重要思想、落实科学发展观的具体行动之一。各级政府和有关管理部门、行政执法机关在陈化粮市场监管中,要认真贯彻落实"三个代表"重要思想和科学发展观的要求,以实现最广大人民群众根本利益为目标,确保人民群众粮食消费安全,认真履行各自的职责,依法管理陈化粮市场主体,依法规范陈化粮交易行为,打击违法违规行为,使陈化粮能按照国家规定的用途得到正确的使用。

一、陈化粮市场概述

目前陈化粮成为中央领导同志和社会各界关注的焦点。由于某些新闻媒体的不恰当炒作,使人们将陈化粮等同于"致癌粮",往往谈陈化粮而色变。从政策和理化指标两个含义入手,回顾陈化粮产生的由来,理清陈化粮的脉络,有助于我们全面了解陈化粮问题。

(一)陈化粮的定义

1. 陈化粮的含义

陈化粮是一个与1998年开始的粮食流通体制改革相伴产生的一个专有名称。陈化粮的定义有两种理解,其一,政策意义上的陈化粮。按照国家有关陈化粮处理的政策规定:它是特指经全国清仓查库鉴定后确认的2001年3月底的库存陈化粮(参见《陈化粮处理若干规定》第三条的规定)。其二,理化指标意义上的陈化粮。理化指标符合"陈化"标准的,即可定性为陈化粮。具体衡量指标有两个，第一个指标是1999年标准。第二个指标是2004年标准。在1999年6月11日，国家粮食储备局、国家质量技术监督局联合下发的《关于印发〈粮油储存品质规定规则〉(试行)的通知》(国粮〔1999〕148号)，首次明确了陈化粮的理化标准。稻谷、小麦、玉米主要有回归评分值、脂肪酸值、黏度、品尝评分值、色泽与气味五项品质标准，每个指标都符合"陈化"标准的，定为陈化粮。2004年3月15日，国家发展和改革委员会、国家粮食局、中国国家标准化管理委员会联合下发了《关于印发稻谷和玉米储存品质判定规则的通知》(国粮发〔2004〕43号)，对陈化粮的理化判定标准做出了重大调整，总体是标准放得更为宽泛。国粮发〔2004〕43号明确判定稻谷、玉米主要有色泽气味、脂肪酸值、品尝评分值三大品质标准，其中只要有某一个标准符合"陈化"的，即可认定为陈化粮。2004年标准颁布后，原1999年的标准作废。

2. 我国陈化粮的政策由来

中发〔2001〕15号、计综合〔2002〕1345号、国发〔2004〕17号、第407号国务院令等有关文件，对陈化粮的用途及销售处理等问题做出了明确的规定。2000年9月28日，中共中央、国务院联合发布的《中共中央国务院关于转发〈国家发展计划委员会关于当前农村经济发展中几个主要问题和对策措施的意见〉的通知》(中发〔2000〕15号)中明确：陈化粮销售处理由国家统一集中处理，立即停止各省分散销售处理陈化粮。

2002年8月8日，经报请国务院原则同意，国家发展计划委员会、国家粮食局、财政部、国家工商行政管理总局、中国农业发展银行联合下发了《陈化粮处理若干规定》(计综合〔2002〕1345号)，该文件明确：陈化粮销售实行面向最终用户的定向销售政策。陈化粮目前主要集中用于生产酒精、饲料等。如用于其他用途，需报经国务院批准。

2004年5月，国务院发布的《关于进一步深化粮食流通体制改革的意见》(国发〔2004〕17号)明确：对库存的粮食，经国务院批准后，按计划统一组织定向销售，严禁倒卖和流入口粮市场。

2004年5月26日，国务院以第407号令的形式下发了《粮食流通管理条例》。《条例》的第十九条明确规定：陈化粮销售、处理和监管的具体办法，依照国家有关规定执行。

(二)陈化粮与陈粮的区别

"陈化粮"与"陈粮"在名称上很相似，极易混淆。首先，陈化粮作为专业术语，是指"储存品质明显下降，一般不宜直接作为口粮食用的粮食"。判定粮食是否陈化，必须依据色泽气味、脂肪酸值、品尝评分值三项指标的检验结果。

但非专业人员对此并不清楚，一般消费者更区分不清，常常把正常的陈粮与陈化粮混为一谈。其次，陈化粮只是原粮，但现在却被广泛套用在了成品粮上，一些人甚至把它用于食品卫生安全的范畴，给社会造成了很大误解。实际上，就食品安全而言，应当检测的主要是成品粮或食品是否符合有关食品卫生标准，而不能错误地套用陈化粮的概念。再之，我国当前的宣传解释有偏差。按照现行粮食储存品质判定规则，陈化粮的检测指标里根本就没有"黄曲霉毒素"这一项，因此，黄曲霉毒素是否超标与陈化粮并无内在联系。个别非本领域的学者在一些影响较大的媒体上，宣称陈化粮就是黄曲霉毒素超标的粮食，导致有的城市居民谈陈化粮色变，误以为陈化粮就意味着黄曲霉毒素超标，就意味着可能24周致癌，等等，这已经在一定程度上造成了社会恐慌。

综上所述，我认为：陈化粮是指超过正常储存年限、人直接食用品质不够好的原粮，这是一个特殊而又极其特殊的概念，使用范围仅限为粮食部门原粮储存环节质量控制环节。如果陈化粮的卫生标准合格，加工成成品粮，仍然是可食用粮食。只是，国家为了保证人民群众的身体健康和生命安全，将陈化粮规定用在饲料和酒精生产上。社会上之所以对陈化粮发生误解，是因为人们将陈化粮与陈粮混淆了。

（三）我国陈化粮市场发展概况

2001年3月末，经国务院清仓查库后确认，当时的全国粮食库存中陈化粮为790亿斤。截止到2004年10月底，全国已定向销售处理了约570亿斤陈化粮，目前尚余约220亿斤待处理的陈化粮。

二、我国陈化粮市场监管概述

（一）我国陈化粮市场监管情况

我国对陈化粮的销售和使用有严格的规定，陈化粮只能用于生产酒精、饲料等。为了防止陈化粮流入口粮市场，国务院明确要求各部门切实履行职责，强化对陈化粮的销售、出库、运输、加工、使用等各环节的全程监管。

目前，国家防止陈化粮流入口粮市场的主要措施，一是对已鉴定为陈化粮的，由当地质量技术监督部门和粮食部门负责实行封存，未经国家有关部门批准，企业不得擅自销售处理陈化粮。二是对陈化粮实行定向销售。由各省级粮食行政管理部门会同省级工商管理等部门统一组织定向销售给酒精、饲料生产企业，其他企业一律不允许购买陈化粮。三是严格审核购买陈化粮的企业资格。粮食、工商部门要选择一些规模较大、生产运营正常、信誉较好的酒精和饲料企业，授予陈化粮购买资格认定书。取得资格认定书的企业购买的陈化粮只限于本企业生产自用，不得转手倒卖；严禁未取得资格认定书的企业购买陈化粮或采取借用其他企业的资格认定书等方式购买陈化粮。四是加强对陈化粮销售出库到加工使用各环节的监管。粮食、工商、质量技术监督等部门，按照各自职能，对陈化粮出库、运输、加工、使用等实行全程跟踪监管，严防陈化粮流入口粮市场。五是严肃查处陈化粮违法案件。对于倒卖陈化粮的，各级工商部门依法进行打击。各级工商部门设立举报电话，并向社会公布，以加强社会对陈化粮销售和使用的监督。2004年，各级工商行政管理机关在陈化粮市场监管执法中，查处倒卖陈化粮的案件504件，查获倒卖的陈化粮7.85万吨，罚没款1534.66万元。

（二）当前陈化粮市场监管中存在的问题

近期各地区、各部门的检查结果表明，目前市场上粮食商品的质量安全总体讲是有保障的，有关部门对陈化粮的监管也是比较得力的，已鉴定出的陈化粮按照有关规定进行处理，没有造成陈化粮大量流入口粮市场。但检查中也发现市场上存在少量不合格大米，一些地方仍然出现个别倒卖陈化粮的案件，这表明当前粮食市场管理中依然存在一些薄弱环节，陈化粮监管过程中也还存在一些突出的问题，需要采取对策和措施加以解决。这些薄弱环节和问题具体表现在以下几方面。

1. 违法主体呈现出多元化的趋势

粮食市场放开后，经营粮食的主体增加，进入市场的粮食商品质量存在隐患，从最近对几个省市抽查的结果看，市场上不时发现有黄粒米超标、口味不正常的问题。倒卖陈化粮的违法主体有自然人、小商小贩，有饲料和酒精生产企业，有粮食生产企业，有贸易中介商，也有个别基层粮库的人员。山东陵县饲料公司利用具备的合法陈化粮购买资格，将从安徽粮食批发市场购买的1885吨陈化粮中的153.5吨，倒卖给个人。该公司的不法行为已受到严肃查处。新疆伊犁康达面粉厂参加新疆陈化粮拍卖会，拍得2780吨陈化粮，将其中2370吨进行饲料加工，其余410吨陈化粮倒卖给一饲料公司，牟利4.1万元。此外，倒卖或转借陈化粮购买资格的现象也比较突出。一些有购买陈化粮资格的饲料、酒精加工企业与其他企业或个人合作，形成一个共同倒卖的链条。有购买陈化粮资格的企业，将营业执照和购买陈化粮资格证书出租或出借给没有购买资格的单位或个人进行倒卖，从中非法牟利。2003年底，具备陈化粮购买资格的安徽省铜陵县正强饲料公司，明知有2个单位和1名个体工商户没有陈化粮购买资格，却将自身的购买资格及相关手续借给他人，从中收取8.9万元手续费。2004年6月，工商部门依法吊销了正强公司的营业执照，没收了非法所得。

2. 粮食市场监管中还存在一定的薄弱环节，需要继续加强

一是陈化粮从销售出库到最后使用，涉及环节多，监管难度大。目前参与购买陈化粮的酒精、饲料企业较多，有的还是跨省购买，涉及范围广，运输方式多样。在这种情况下，陈化粮销售出库后，运输、中转、加工、使用等环节，全程跟踪监管要求很高，一旦某个环节上监管出现漏洞，就容易发生陈化粮倒卖现象。二是陈化粮买卖双方企业所在地相关部门通报情况不够。按照现行管理规定，陈化粮出库后，卖方所在地相关部门应及时将有关情况通知买方所在地有关部门，以便进行监管。但在检查中发现，有时卖方所在地的有关部门未能及时通知买方所在地有关部门，出现了监管上的漏洞。

3. 粮食代储（中转）环节管理还不尽完善

由于运输方式和运力的制约，部分陈化粮在中转过程中需要在港口、车站附近租仓储存或委托粮库代储，但对仓库出租方和代储方存储陈化粮所应承担的责任和义务，目前尚未做出明确规定。

4. 陈化粮、陈粮之间的界定不科学，甚至混淆，加之一些媒体宣传报道不适当，对社会稳定形成一定的负面影响

2004年，按照国务院的指示，国家工商总局、国家发改委、国家粮食局，联合对报道涉嫌劣质大米的情况进行核实发现，目前市场上粮食商品的质量安全总体上是有保障的，有关部门对陈化粮的监管是比较得力的；已鉴定出的陈化粮，基本能按照有关规定进行销售处理；以查获的案件，由于工商、粮食等管理部门主动出击、联合协作，倒卖的陈化粮基本没有大量流入口粮市场的现象；对局部地区出现的个别问题，管理机关已将责任单位和责任人员进行了严肃处理，这也从一个侧面随时提醒着管理部门要认真履行职责，禁止陈化粮流入口粮消费环节。

（三）对加强陈化粮市场监管、严防其流入口粮市场的对策建议

1. 继续保持敏锐的政治敏感性和高度的责任心，坚持执政为民、执法为民，依法履行监管陈化粮市场的职责

有关部门要坚决克服麻痹思想和畏难情绪，不等不靠，认真研究新形势的倒卖陈化粮案件的新特点，对症下药，有的放矢，及时而有效地查处倒卖陈化粮的不法行为。

2. 在认真总结经验的基础上，探索严格陈化粮资格审核、定向销售、全程监管的治本之策

严格核准陈化粮购买企业的资格，对陈化粮从竞拍、出库、运输、入库、

加工、使用全过程实施有效监管，坚决禁止陈化粮流入口粮市场。同时，强化粮食质量检验制度，强调超期储存的粮食销售出库前必须进行质量鉴定，对其他库存粮食如果质量有疑问，也要做到有疑必检。要进一步强化出库环节的管理。在陈化粮开始出库时，工商要和当地粮食、质检等部门共同到现场监督，督促出库企业要严格按照合同要求注明的仓房、堆垛出库，严禁弄虚作假。要认真做好出库记录，注明发货时间、粮食品种、数量、发货库点（仓房、堆垛）、运往目的地、承运人、购买企业等情况，以便跟踪检查。

3. 建立严格的粮食质量卫生标准和管理体系，推进流通领域粮食质量监管关口前移，构筑成品粮质量保护的"防火墙"

健全粮食卫生标准，建立和完善粮食检测监督设施，强化必备手段，健全和完善粮食的质量安全协作沟通机制和管理体系。在粮油批发市场中，要求粮食经营者出具粮食质量合格证明。特别是要建立粮食商品质量合格证明文件查验制度，严把粮食商品上市前的质量关。粮食采购者、加工者、销售者，必须提供粮食检验合格证明和粮食发票。凡不符合标准的稻谷、小麦、玉米，不得加工和销售其制成品。

4. 狠抓大案要案，依法严肃惩处违法违章行为

各级工商行政管理机关要切实履行职责，严厉打击粮食加工企业、贸易企业与酒精、饲料生产企业以及私商粮贩内外勾结、转手倒卖陈化粮的行为。对触犯刑律的，要及时将触犯刑律者移交司法机关追究其刑事责任。

5. 建议国务院授权，取消"陈化粮"这个非科学概念，以正视听

目前，因陈化粮这一专有名称而衍生出"致癌米"、"霉变米"、"垃圾粮"等，屡次见诸报端，已引发出社会问题，如处置不当，还可能诱发社会矛盾，影响社会稳定。鉴于陈化粮容易引起社会误解，必须加以规范。因此，建议有关专业部门尽快研究修改完善现行粮食质量管理办法，妥善解决陈化粮善后事宜。明确划分对原粮和成品粮质量管理的不同办法。属于原粮的，应按粮食储存判定规则进行质量鉴定，只规定"宜存"、"不宜存"等指标；属于成品粮的，应按食品卫生标准进行检验，并划分为"食用粮"和"非食用粮"两个层面。

（作者单位：国家工商总局）

> 三等奖

商号权转让之法律问题探讨

杨 宇

商号权，又称商业名称权，是商业名称合法使用人基于商业登记而对其使用的名称所享有的排他性专有使用权。商号权同商标权、专利权一样同属于工业产权的一种，同被列入了《保护工业产权巴黎公约》中的工业产权保护对象范畴。商标权与专利权的转让在我们的经济生活中出现得较多，但是随着市场经济的发展，取得好字号的商号需求在不断增加，商号权的转让已开始渐趋活跃。因此，笔者认为有必要对商号权转让的法律问题进行一些有益的探讨。

一、商号权转让的依据及客观需求

1. 理论依据

商号权是否可以转让？要回答这一问题，首先要对商号权的性质作出明确的界定。理论界目前占主导地位的观点认为：商业名称权兼具人格权和财产权的双重性质。即商号权既具有姓名权的排他效力，又具有财产权的创设效力，可以转让或继承。一方面，商业名称权是商事主体表示自己的名称所生之权，和自然人的姓名权有同样的性质；另一方面，商业名称是同商誉紧密联系在一起的，是商誉的外在表象和客体，可以成为转让的对象，具有财产权的性质。正是基于商号权兼具有人格权与财产权的属性，各国商法理论和商事立法普遍肯定了商号权的可转让性。

2. 法律依据

我国相关立法已经明确规定了商号权可以转让。《民法通则》第九十九条第二款规定："法人、个体工商户、个人合伙享有名称权。企业法人、个体工商户、个人合伙有权使用、依法转让自己的名称。"

但是，如何转让商号，在世界上一直存在两种学术观点并导致两种不同立法。一种学术观点主张绝对转让主义。在立法上奉行不得单独转让的原则，即商号应当连同营业一起转让，或者在营业废止时转让。奉行这一立法原则的国家主要有德国、瑞士、意大利、日本、韩国等。另一种学术观点主张相对转让主义，在立法奉行可单独转让的原则，即商号可以与营业相分离而转让，商事主体不仅可以单独转让商号而不转让营业，而且多处营业可以同时使用一个商号。商号转让后转让人仍享有商号使用权和其他权利。奉行这一立法原则的国家不多，主要有法国。

对于商号如何转让，我国的法律规定不十分明确。1991年颁布的《企业名称登记管理规定》提出名称可以随企业的一部分转让，这"一部分"的概念在法律上颇不明确。此外，商号是否可以因企业营业废止而转让，法律规定也不甚明确。

笔者认为，我国目前商号权的转让只适宜采取绝对转让主义的原则，即商号权应当连同营业一起转让，或者在营业废止时转让，而不适宜奉行商号可单独转让的原则。原因是：我国市场体系还不健全，企业信用制度尚未建立起来，如果商号可单独转让，极易引起商号使用中的混乱现象。

3. 客观需求

商号权在我国具体表现为企业名称权。根据我国《企业名称登记管理规定》，企业名称由四部分组成，其构成顺序是：①行政区划名称；②字号；③经营对象、经营范围或所处的行业或经营特点；④企业的组织形式。

商号结构中最核心的部分就是字号。字号是可以区别于其他企业，代表本企业形象的特有文字的组合。随着市场经济的发展，市场主体的数量在迅速膨胀，市场主体要参与到经济活动中去首先得要进行工商注册，取得商号，而商号的人格权属性决定了单一商号排他性的特征，即商号在一定的登记区域内享有专有使用权。这样市场主体对商号需求的日渐增多与商号中字号选择权的相对缩小之间产生了日益突出的矛盾，这在一定程度上推动了商号权转让的交易活动。

此外，商号是与商誉紧密联系在一起的，是企业的无形资产。一方面，商事主体需要将无形资产变为有形资产以获取利润；另一方面，有些市场主体要扩展其经营业务，需要借助有良好商誉的商号"借壳上市"。商号转让人与受让人之间有着互补的利益需求，从而推动了商号权转让由需求向实际操作迈进。

二、商号权转让过程中易引发的法律问题

1. 因商号混同引发的债权债务纠纷

由于商号在一定区域内具有唯一性和排他性特征，商号本身具有识别商事主体的人格权的作用。商事主体从事商事活动都是以商号为标志的，商事主体在与其他主体发生债权债务关系时，都是以其商号为识别性标志来参与其中的。因此，当商号发生转让时，如果不在程序上加以规范的话，极易引起商号前后

使用主体之间债权债务关系的混同，给其他债权人的利益也会造成侵害。

2. 因商誉主体的改变而产生的对消费者权益的损害

商号是与商业信誉紧密联系在一起的。商誉是商事主体在多年的商事活动中通过诚实劳动、合法经营逐渐积累起来的。消费者们之所以信赖这一商号，是因为其凝聚了在公众中的信誉度，是诚信的代号。当商号权转让后，另一商事主体继承了这一商号，也享有了这一商誉所带来的利益。但是消费者们却未必知情，他们对这一商号下所代表的商品仍然抱有与先前一样的认同观。如果商号的受让人所提供的商品或服务与原商号所提供的商品或服务在内在质量上有很大差距，那么，消费者将会因为对原商号的忠诚度和信赖度而被欺骗和误导，其权益将会受到侵害。

3. 商号权转让与出借的混同

商号转让是指商事主体将其享有的商号权利全部让与受让人的行为。商号出借是指商事主体将商号使用权部分或全部让与他人的行为。在我国商事实践中，两者极易引起混淆。商号转让与商号出借的关键区别在于：商号转让的效力是出让人丧失商号权，受让人成为该商号权的主体；商号出借的效力是借用人取得对出借人商号的使用权，出借人仍然保留商号的使用权。商号转让后，原商号所有人负有竞业禁止的义务；而商号出借后，原商号所有人仍然可以继续使用商号进行业务活动。商号出借的现象在我国的现实生活中也是普遍存在的，如企业"连锁经营"、"XX加盟店"等。但我国现行法律法规对商号出借没有作出十分明确的规定，因而在商号转让与商号出借的问题上非常容易造成相互混同的现象，从而引起相互之间的责任纠纷。

4. 商事主体解散、破产时，商号权的实现问题

在奉行绝对转让主义立法的国家中，一般都规定了商号应当随营业一同转让或者在营业废止时转让。而在我国，商号是否可以因企业营业废止而转让，法律规定不甚明确。在我国现实商号权转让的实践中主要采取的方式是转让人A与受让人B达成转让协议，由A将商号连同企业一并卖给B，A到工商局进行原企业注销登记，而B在受让了商号后进行开业登记。但是，当商事主体因破产、解散时，在没有企业实体时，是否可以单独转让商号权，这在理论界仍然存在着较大的争议。笔者认为，既然商号权属于财产权的范畴，在商事主体破产、解散时，只要有商号权转让的需求，该商号权仍然具有价值，它也是商事主体财产权的一部分。如果禁止它在解散、破产清算时单独转让，则剥夺了商事主体该项财产权实现的途径。这对于商号权利人来说是不公平的。因此，在

我国立法上有必要规范商事主体营业废止时商号权实现的合法途径。

三、如何规范商号权的转让

1. 加快建立和完善企业信用管理体系

企业信用管理体系包括企业信用数据库及企业信用日常监督管理两部分。建立企业信用数据库的目的是为了使得商号都统一纳入到这一数据库中，使得商号信息公开化、透明化。而企业日常监督管理系统则可以对商号权转让后的企业行为进行跟踪监督，以对公众负责。目前，各地工商行政管理系统都已经开始着手建立这一系统，并且取得了一定的成效，但是我国目前还缺乏一个统一的信用管理系统，向社会的公开性程度也不够，需要加快速度建立和完善。

2. 规定商号权转让的书面登记备案制和公示制

规定商号权的转让必须采取法定的书面形式，即必须由出让方和受让方签订书面协议，协议中明确双方的权利和义务关系，并报工商行政管理局进行核准登记。未经工商行政管理机关注册登记的商业名称转让行为，不得对抗第三人。当商号权转让后，由于商事主体的改变，引起了同一商号所代表的商事主体的不同，应当向社会公众做出公示，增加商号权主体变更的公开性和透明性，一方面可避免因主体混淆而引起的债权、债务纠纷，另一方面可避免对公众产生的欺诈和误导，保护公众的知情权。

3. 商号转让要符合真实主义原则

由于工商行政管理机关是商事登记的主管机关，因而在商号转让登记中要严格把关，使商号符合真实主义的原则。商号名称转让后，商号名称结构中的四个组成部分应当与受让主体的行政区划、经营范围、经营规模、行业特点、组织形式等相符。如果经转让后的商号名称与商事主体的实际情况不符，则禁止其转让，或者只允许其转让商号名称结构中的核心部分即字号。当转让发生效力后，商事主体的实际情况发生改变，与原商号不符的，则撤销其使用该商号的权力。

4. 加强对商号转让后经营行为的监督

为了防止商号受让人在受让商号权后利用公众对原商号的信誉度而滥用商号权的各种利益，国家行政管理机关应当加强对商号转让后商号受让人的各种经营行为的监管，对商事主体的不正当竞争行为和欺骗、误导行为及时予以处罚和曝光，并严格区分商号转让与商号出借的界限，以最大限度地维护第三人的合法权益。同时，还要加强对商号转让人的后继行为的监管，看其是否履行了竞业禁止的义务及有无重复转让的行为。

5. 建立营业终止时商号权的实现制度

在商主体解散或者破产时，建立商号权的拍卖制度，这对于盘活企业资产，保障债务人合法权益方面具有积极意义。可以规定在企业破产、解散时，由清算小组在清算期限内将商号进行拍卖，其拍卖的收益偿还企业的债务，如在清算期内没有拍卖成功，则该商号名称自行废止。按照《企业名称登记管理规定》的要求，企业注销后一年内，被撤销及吊销后三年不得被核准使用。

总之，商号权的转让活动在我国商事实践中已日益活跃，但是我国的相关配套法规尤其是规定商号权转让的程序上的法规却显得缺乏，与现实需要相脱节，难以避免在转让过程中产生各种纠纷和矛盾。但是，我们只要完善各项配套法律制度，对商号权转让合理引导、依法监管，就能推动商号权转让的商事交易活动，从而实现商法中效益、公正与诚信的基本原则。

参考文献

[1] 范健主编．商法．北京：北京大学出版社，高等教育出版社
[2] 赵万一著．商法基本问题研究．北京：法律出版社

（作者单位：江苏省扬州市邗江工商局）

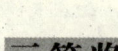

《公司法》修订后的公司章程审查研究

钟 民 李 菁

一、科学审查公司章程的意义

公司章程是公司股东共同制定的有关公司组织和活动的基本规则，是规范公司行为和公司与他人关系的最基本的法律文件，也是政府职能部门监督、管理公司的重要依据。

公司章程是公司设立法律的必备文件之一。《公司法》和《公司登记管理条例》规定，设立公司必须依法制定并向公司登记机关提交公司章程；公司章程有违反法律、行政法规内容的，公司登记机关有权要求公司作相应修改。上述规定说明两点：其一，设立公司时，必须向公司登记机关提交公司章程，公司章程对公司、股东、董事、监事、高级管理人员具有约束力；其二，公司登记机关对公司章程的合法性有审查之责。

作为兼具自治规则和民事契约双重性的法律文件，公司章程本身所包含实体内容和所涉及的法律关系都比较复杂，判断其形式和内容是否合法实属不易。而新《公司法》和《公司登记管理条例》进一步强化公司自治原则，无疑更增加了公司章程审查的难度：一方面，公司章程中的约定记载事项涉及诸多民事和行政法律规范，工作人员在公司设立登记时对约定内容进行合法性审查的难度增大；另一方面，按照新《公司法》规定，股东会会议召开程序、股权转让方式等与公司登记事项有关内容均可由公司章程规定，因此，在公司变更登记时，工作人员比对公司章程的任务更重。因而，在公司登记工作中，能否做到科学审查公司章程，能否合理解决"审什么"和"怎么审"这两个问题，关系到公司章程审查的工作质量，也关系到公司登记机关的工作效率。

二、公司章程记载事项的不同分类的分析

公司章程的记载事项构成了公司章程的内容。不同类型的记载事项，具有不同实体内容、法律效力和法定要求，公司登记机关对其亦有不同的关注程度，而非对某一类事项完全不审查。因此，区别不同类型的记载事项，可以明晰公

司登记机关对公司章程的审查责任。根据《公司法》和《公司登记管理条例》规定，可对公司章程记载事项作如下分类。

（一）绝对必要记载事项和相对必要记载事项

从《公司法》对公司章程记载事项的强行性要求来看，可将公司章程的内容分为绝对必要记载事项和相对必要记载事项。

1. 绝对必要记载事项。

绝对必要记载事项是指《公司法》规定公司章程中必须一一载明的事项，缺少其中任何一项或者任何一项记载不合法，整个公司章程可能即归无效。

根据《公司法》第二十五条规定，有限责任公司章程的绝对必要事项是 7 项，①公司名称和住所；②公司经营范围；③公司注册资本；④股东的姓名或者名称；⑤股东的出资方式、出资额和出资时间；⑥公司的机构及其产生办法、职权、议事规则；⑦公司法定代表人。该条第 1 款第 8 项同时规定，股东会会议认为需要规定的其他事项，亦应在公司章程中明确记载。一般认为，股东会会议认为需要规定的事项，不属于绝对必要记载事项。理由是此项规定实质上是赋予公司股东自治权，从而由股东会共同议定而非由法律强制性规定公司章程需要载明的事项，同时其所记载的事项的内容是不明确、不确定的。

根据《公司法》第八十二条规定，股份有限公司章程的绝对必要事项是 11 项，①公司名称和住所；②公司经营范围；③公司设立方式；④公司股份总数、每股金额和注册资本；⑤发起人的姓名或者名称、认购的股份数、出资方式和出资时间；⑥董事会的组成、职权和议事规则；⑦公司法定代表人；⑧监事会的组成、职权和议事规则；⑨公司利润分配办法；⑩公司的解散事由与清算办法；⑪公司的通知和公告办法。该条第 1 款第 12 项同时规定，股东大会会议认为需要规定的其他事项，公司章程亦应明确记载；同理，一般认为此种事项非绝对必要记载事项。

2. 相对必要记载事项

相对必要记载事项是指法律并未强制规定必须在公司章程中予以明确记载，而是由股东协商一致后同意载入公司章程的有关公司组织和行为的事项。相对必要记载事项一般是法律列举的事项，亦有法律并未列举但是股东决议需要记载的事项。此种相对必要记载事项是否记载于公司章程以及如何记载于公司章程，由公司自行决定。而一旦股东大会会议认为需要予以规定，公司就有必要在公司章程中对此种事项予以明确记载，这既是作为要式法律文件的公司章程对股东的内在要求（股东必须遵守公司章程），又是作为公司的组织和行为基本规范的公司章程对社会公开的要求（公司章程必须提交公司登记机关从而得以向社会公开）。如果此种事项不在公司章程中记载，不影响整个公司章程的效力；如果此种事项已载入公司章程，即具有法律效力；如果记载事项违法，也仅该记载事项无效，并不影响整个公司章程的法律效力。

一般认为，有限责任公司章程在《公司法》第二十五条所规定的7项内容外、股份有限公司章程在《公司法》第八十二条所规定的11项内容外，依据《公司法》规定记载了其他的内容，均为相对必要记载事项。根据该条第1款第8项规定，概而言之，有限责任公司章程的相对必要记载事项是"股东会议认为需要规定的其他事项"。由此可知，相对必要记载事项其实就是绝对记载事项之外的、股东大会决议需要在公司章程中予以规定的其他事项，而这又包括两个方面的内容：一是法律本身已经明确列举但非绝对记载而股东会认为需要规定的事项，二是法律本身并未明确列举但股东会认为需要规定的事项从《公司法》规定来看，法律本身已经列举但非绝对记载事项的内容主要有：公司向其他企业投资或者为他人提供担保的事项（第十六条）；股东会行使的其他职权（法定的10项之外的职权）的事项（第三十八条）；股东转让股权事项，可由公司章程规定；自然人股东死亡后的股东资格继承事项（第七十作条）；对股份有限公司董事、监事、高级管理人员转让其所持本公司股份作出限制性规定的事项（第一百四十二条）；将财务会计报告送交各股东期限的事项（第一百六十六条）；高级管理人员的范围（第二百一十七条），等等。一般而言，对法律本身并未明确列举但股东大会认为需要规定的事项，只要公司法和其他法律、法规没有明确禁止，公司章程均可予以记载。例如对公司董事长、总经理等高级管理人员的薪酬，股东大会或者董事会会议的地址，对于公司聘请高级职员的方式方法等内容，只要法律法规未曾禁止，公司章程一般均可记载。

（二）公司登记事项记载事项与非公司登记事项记载事项

根据公司章程所记载的事项是否同时为公司登记事项，可将公司章程的内容分为公司登记事项记载事项与非公司登记事项记载事项。

1. 公司登记事项记载事项

根据《公司登记管理条例》第九条规定，公司登记事项包括：名称，住所，法定代表人姓名，注册资本，实收资本，公司类型，经营范围，营业期限，有限责任公司股东或者股份有限公司发起人的姓名或者名称，以及认缴和实缴的出资额、出资时间、出资方式。其中，名称，住所，法定代表人姓名，注册资本，经营范围，有限责任公司股东的姓名或者名称以及认缴和实缴的出资额、出资时间、出资方式等内容均为《公司法》第二十五条第1款第1项至第7项所规定的有限公司章程必须载明的事项。同时，名称，住所，法定代表人姓名，注册资本，经营范围，发起人的姓名或者名称以及认缴和实缴的出资额、出资时间、出资方式均为《公司法》第八十二条所规定的股份有限公司章程载明的事项。对此种既是公司登记事项同时又是公司章程必须载明的事项，称之为公司登记事项记载事项。需要注意的是，公司章程绝对必要记载事项与公司登记事项记载事项是一种交叉关系，并不是一种完全重合关系。对此种公司登记事项记载事项，在公司变更登记该事项时，必须修改公司章程，并向公司登记机关提交由公司法定代表人签署的、修改后的公司章程或公司章程修正案。

2. 非公司登记事项记载事项

有的公司章程记载事项同时也是公司登记事项，有的则不是。因此，公司登记事项记载事项之外的公司章程内容，称之为非公司登记事项记载事项。例如，股东股权转让方式的事项、董事会的议事规则和表决程序、监事会的职权和人数等，均为非公司登记事项。对此种情况，公司章程的记载事项变化不涉及公司登记事项变更，所以无需向公司登记机关申请变更登记；但是，公司应将修改后的公司章程或公司章程修正案送公司登记机关备案。

（三）法定事项与约定事项

根据《公司法》和《公司登记管理条例》是否明确具体规定某类事项以及此类规定的法律效力，可将公司章程的内容分为法定事项与约定事项。

1. 法定事项

法定记载事项是指《公司法》和《公司登记管理条例》明确、具体规定某些内容应当以及如何在公司章程中予以记载的事项。在公司章程中，不少记载事项及其内容是来自公司法和其他法律、行政法规的规定。此类规定中，有些内容法律已经作出强制性规定，公司章程无需也无权另作规定，因此，公司章程必须遵守而不能与之相违背，否则整个公司章程或者公司章程相关的内容将无效。换言之，股东的约定或者公司章程的自行规定不得违反法律、行政法规明确规定的内容。例如《公司法》第四十一条规定："有限责任公司设立董事会的，股东会会议由董事会召集，董事长主持……"根据上述规定，公司章程只能规定设董事会的公司，在正常情况下，股东会会议应当由董事会召集，董事长主持，否则无效。

2. 约定事项

约定事项是指允许股东或发起人自己协商、达成一致并在公司章程中予以记载的事项。根据约定记载事项的法律效力，约定记载事项又可以进一步分为约定优先事项和约定补充事项两类：约定优先事项是指在法律规定与股东约定之间，股东约定具有更高的法律效力或者优先适用权。在《公司法》中，通常表述为："公司章程另有规定的除外"、"公司章程另有规定的，从其规定"、"由公司章程规定"、"不得超过公司章程决定的限额"等。约定补充事项是指《公司法》仅仅规定了一定的幅度或者范围，在该幅度或者范围内，股东可以自由选择，例如关于股东人数、出资比例、出资方式、董事会的设置与组成等。换言之，公司章程对《公司法》的规定有细则化的效力。股东的约定可对法律规定的细化和补充，但是必须在法律规定的范围内进行，不能超载法律对约定内容的限制。值得指出的是，即使是由公司章程约定优先的事项，亦不能违反《公司法》以及其他法律、法规的规定。

三、公司章程审查的基本原则和重点内容

公司章程的审查，必须依法进行。轻于审查，是为不履行法定职责；干预过多，是为自找麻烦、费力不讨好。因此，公司审查的"限度"不是由公司登记机关或者工作人员随意而定，而是根据《公司法》等法律、行政法规的规定来定。

（一）审查公司章程的基本原则

一般认为，审查公司章程可以从合法性、合理性和真实性三个方面进行。所谓合法性审查，是指公司章程不得有违反法律和行政法规的内容；所谓合理性审查，是指公司章程的有关内容不得损害股东和债权人利益，不能违背社会有序良德，也不应逻辑混乱，自相矛盾；所谓真实性审查，是指公司章程所记载的事项必须是客观存在的，且与实际情况相符。由于公司登记以形式审查为主，且特别注重效率；同时，由于公司章程的合理性或真实性问题一般可通过其他的法律途径予以解决，因此，审查公司章程应坚持以合法性审查为主，适当兼顾合理性审查与真实性审查的原则。这也就是说，要重点审查公司章程中绝对必要记载事项和公司登记事项记载事项是否有违反法律和行政法规的内容，并且此处所谓的法律和行政法规主要是指《公司法》和《公司登记管理条例》。

对公司章程的合法性进行审查，主要审查两个方面：一是公司章程的形式要符合法定要求；二是公司章程所记载的内容要符合法定要求。公司章程的形式符合法定要求，一般是指公司章程是否有公司股东或者发起人的签名、盖章；公司章程中的绝对必要记载事项是否完整、齐全，等等。公司章程所记载的内容符合法定要求，一般是指：公司章程所记载的事项的内容是否符合法律特别是公司法的具体规定。例如，有限公司股东的姓名或者名称是绝对必要记载事

项，在公司章程中载明时，其人数不能违反 50 人以下的规定；再如公司章程中必须载明公司的注册资本的数额，在载明时就不能违反公司法关于有限公司注册资本不得低于法定限额的规定。即使对于非绝对必要记载事项，公司章程亦必须符合法律、行政法规特别是公司法和公司登记管理条例的规定，例如对于股权转让，并非公司章程绝对必要记载事项，可由公司在公司章程中自行规定，但是亦不能违背公司法和其他法律，譬如不得在公司章程中约定将股权转让给国家公务员。

(二)公司章程审查的重点内容

对不同的记载事项，公司登记机关的审查程度是不同的。一般而言，对绝对必要记载事项所载明的内容和公司登记事项记载事项所载明的内容，应当对其合法性进行重点审查、从严审查。而对相对必要记载事项和非公司登记事项记载事项，由于公司法的本意是体现公司自治原则，法律亦尊重公司股东之间的约定，因此，不宜做过多的干预，更无必要陷于公司内部事务的纠缠之中，除非公司章程所规定的内容明显违反法律、行政法规。具体而言有以下几点。

1. 审查公司章程是否符合法定形式

首先，要重点审查公司章程中绝对必要事项是否按照《公司法》规定载明齐全。即公司章程是否载明了《公司法》第二十五条所规定的有限责任公司章程必须记载的 7 个事项和第八十二条规定的股份有限公司章程中必须记载的 11 个事项。其次，要重点审查公司章程是否具备法律规定的形式，比如说，股东或发起人在公司章程上签名，盖章，等等。

2. 要重点审查法定事项是否按照《公司法》和《公司登记管理条例》规定予以规定

首先，要审查绝对必要记载事项是否符合《公司法》的规定，例如，公司组织机构的职权是否与《公司法》第三十八条、四十七条、五十四条相符，国有独资公司章程所记载的董事长、监事会主席由国资监督管理部门指定，一人公司章程所记载的注册资本是否不低于 10 万元并一次缴足，股份有限公司法定代表人是否由董事会选举产生等；其次，要审查公司登记事项记载事项是否与申请人提交的其他申请材料相一致，例如，公司名称预先核准通知书是否与公司章程记载的一致、公司提交的经营场所使用权的材料是否与公司章程记载的经营场所相一致、验资报告是否与在公司章程记载的出资和注册资本相一致等。

3. 审查公司章程中的约定补充事项有无突破《公司法》和《公司登记管理条例》规定的范围和限制

首先，要重点审查公司章程约定记载事项是否违背法律强制性规定。如股东不能以自然人姓名、商誉等作为出资方式，出资时间是否低于法定时限，董事会、监事会成员的人数是否超过法定的范围，法定代表人是否在董事长、执行董事或者经理中产生等。其次，要审查公司章程约定记载事项是否违背公序良俗，是否明显地违反法律、行政法规。

4. 对于变更登记，还应重点审查两类内容

一是股东会会议的议事规则和表决程序是否符合公司章程规定。按照《公司登记管理条例》和国家工商总局《内资企业申请提交材料规范》有关规定，公司变更股东、注册资本、企业类型等事项时，均应提交股东会决议，变更登记事项涉及修改公司章程的，还应提交修改后的公司章程或者章程修正案。因此，在审查中应注意股东会决议中关于股东会召集程序、表决权力行使的记载、股东签字盖章的记录是否与公司章程约定的内容相符。二是涉及约定记载事项的登记内容，应比对公司章程相应条款。涉及约定记载事项的变更登记事项主要有三部分：一是注册资本或实收资本，二是法定代表人，三是股东变更。因此，在受理上述事项变更登记时，应审查申请材料是否符合公司章程的规定。变更实收资本的，应审查资本到位的时间和金额与章程规定的分期出资的时限和金额是否一致。变更法定代表人的，应审查法定代表人是否由章程规定人选担任，法定代表人的产生方式是否符合章程的规定。变更股东的，应审查章程对股东向股东以外的人转让股权是否有特别的规定，修改公司章程的程序是否按照法定和约定程序进行，内容是否亦如此等。

四、关于公司章程、章程修正案、决定、决议和相关材料

（一）章程、章程修正案、决定、决议的定义和相互关系

公司章程：公司章程是指公司必须具备的、由公司设立人共同制定的，并对公司、股东、董事、监事及高级管理人员具有约束力的自治规则。

章程修正案和修改后的公司章程：章程修正案是指公司通过法律规定和公司章程约定的程序，对公司章程内容进行修改而形成的文件；修改后的公司章程是指公司通过法定的程序，对公司章程内容进行修改后重新制定的新的公司章程。

股东会决议和决定：股东会决议和股东会决定是股东会行使权力的两种不同方式。决议是股东会通过召开股东会议而形成的共同意思表示的文件。决定是股东会不通过召开会议，对于一致同意的事项形成书面材料，由全体股东在决定文件上签字、盖章，其效力等同于股东会决议文件。

有限公司设立时，根据《公司法》的规定，应由股东共同制订公司章程，

并由全体股东在公司章程上签名、盖章。表示全体股东承认公司章程的条款，遵守章程规定，依法行使股东权利、履行股东义务。

公司成立后，需要对公司章程进行修改时，必须按照《公司法》及公司章程的规定履行相应的程序，即有限公司修改章程的决议必须经代表三分之二以上表决权的股东通过。当然，股东一致同意修改章程的，也可采用股东会决定的方式通过。

(二)涉及章程的申请材料及文书规范

公司登记机关在收取申请材料时，对章程的落款形式的审查，应区分不同情况进行。一是公司设立登记时，收取的公司章程应由全体股东签名、盖章；二是公司变更名称、住所、经营范围、经营期限、实收资本等《公司法》未明确规定必须经股东会决议通过的事项的，所收取的章程或章程修正案可由法定代表签署，视为公司已按法律规定履行了修改章程的程序，无须全体股东签名、盖章；三是公司变更法律、法规或公司章程规定必须经过股东会决议表决通过的事项，如注册资本变更、股东变更、企业类型变更等，提交的股东会决议中应载明通过修改章程的内容，并由股东签字、盖章。公司章程或章程修正案仍可由法定代表人签署。

（作者单位：上海市工商局）

三等奖

充分发挥工商职能　积极推进城乡一体化

陈春建

统筹城乡经济发展，推进城乡一体化，消除二元经济结构，是我国实现经济社会发展、人民奔小康的必然选择。城乡一体化是随着生产力发展，有效促进城乡居民的生产方式、生活方式和居住方式改变的过程，是城乡人口、技术、资本、资源等要素相互融合，互为资源，互为市场，互相服务，逐步达到城乡在经济、社会、文化、生态上协调发展的过程。通过促进工业反哺农业，城市帮助乡村等措施来改变长期形成的城乡二元经济结构，实现城乡在政策上的平等、产业发展上的互补、国民待遇上的一致，让农民享受到和城镇居民同样的文明和实惠，其核心是以人为本，坚持科学发展观，增加农民收入，促进城市与农村、经济与社会、人与自然的全面、协调、可持续发展。工商管理部门作为市场的管理者和市场秩序的维护者，在促进城乡一体化的过程中应该有所为，必须有所为，能够有所为。

一、引导农村个体私营经济发展，积极推进农业和农村经济结构调整和农业产业化经营

1. 突出重点行业和领域，引导和支持农村发展个体私营经济

根据农业和农村经济结构调整、农业产业化经营要求，积极引导农村个体私营企业向农产品加工业、种养业以及为农业生产服务的行业拓展；引导农村专业户、专业村、专业乡的发展，形成规模经营；引导农村个体私营企业从事粮食、畜牧家禽、蔬菜及其他农副产品为主要原料的加工业，特别要大力发展农副产品的深加工业；引导支持农民承包开发荒山、荒地、荒滩和退耕还林、还草，从事有特色经济作物的种植业和畜、禽、鱼类的养殖业；引导农村个体私营企业及广大农户实行多种形式的优化组合，组成各种协会、合作社等农村合作组织，把广大分散的从事加工业、种植业、养殖业的农户同千变万化的大市场联系起来，形成产供销、工商贸一体化的经营格局。

2. 积极支持农村乡镇、村组集体所有制企业改组改制，建立现代企业制度，发展农业龙头企业和骨干企业，大力支持农村发展多种所有制和多种经营形式，引导建立现代企业制度

以明晰产权为重点，积极支持农村乡镇企业和村组集体所有制企业改组改制，实施规范的公司制改造，完善法人治理结构，促进企业管理，提高企业经济效益。积极鼓励、大力支持农业龙头企业充分发挥联结企业与农户的桥梁和纽带作用，以多种利益联结方式，形成"公司＋基地＋农户"的经营模式，促进农业企业化和产业化进程，努力提高农业的市场化程度。积极支持发展农业龙头企业和骨干企业，主动为农业龙头企业和骨干企业提供企业登记咨询服务，为企业登记提供各种便利措施，支持符合条件的企业组建企业集团，增强市场竞争能力。鼓励支持现有个体私营企业发展农产品加工业和贸、工、商一体化经营。

3. 积极推进农业和农村经济结构调整和农业产业化经营

农业产业化开辟了在小规模家庭经营的基础上，有效吸纳先进生产要素、以工业化的理念和生产方式来拓展农业的发展空间，进而提高农业规模效益的新途径，是我国农业经营体制的重大创新和实现农业现代化的现实选择，对构筑农民增收的长效机制将起到越来越显著的作用。这种生产组织方式即在农户家庭分散经营的基础上，对农业生产实行区域化布局、专业化生产、一体化经营、社会化服务和企业化管理，通过市场牵龙头、龙头带基地、基地连农户和种养加产供销、贸工农的一体化，大幅度提高了农业的综合经济效益。对农业产业化经营的积极推进，将对我国农业经营体制、实现农业现代化和对农民增收起到巨大作用。

4. 继续执行各项引导和扶持个体私营经济发展的政策规定，继续落实关于促进农民增加收入的有关政策性规定，全力推进对个体工商户分层、分类登记管理改革，方便农民就近申办个体工商户及验照

二、大力培育发展农村经纪人

农村经纪人，就是那些农村经济领域，以收取佣金为目的，为撮合他人成交或直接组织农产品交易的公民、法人和其他经济组织。最新统计数据显示，截至目前，我国农村经纪人（也即农产品经纪人）已逾800万人。

培育农村经纪人是解决"三农"问题的重要途径之一。在社会主义市场经济条件下解决"三农"问题，必须解决好农产品的流通问题，也就是农业生产和市场需求之间的有效衔接问题。农村经纪人对推进农业生产结构调整、保证农民增收、推动农村基层政府职能转变等都起着不可替代的作用，培育和发展农村经纪人，是有效解决农产品流通问题、促进农民增收的一条重要途径。

工商行政管理部门应按照"发展农村经纪人，活跃一方经济"的总体思路，大力扶持、指导、引导农村经纪人发展。大力发展农村经纪人队伍，加强对农村经纪人的教育和培训，认真引导农村经纪人以市场为导向，以科学技术为基础，以信息资源为桥梁，在种植业、养殖业及劳务输出等方面发挥更大的作用，积极推动农村经济向社会化、规模化发展。

1. 实施分类指导，培育和发展农村经纪人

工商部门要结合本地农业发展情况、农产品生产特点、农村经纪人种类和分布情况，注重培育和发展以下四种农村经纪人。

（1）发展农产品信息经纪人

促进当地优势农副产品与市场需求的衔接，发挥他们与农产品生产经营活动关系紧密，对外联系面广的优势，做好市场信息收集、传播工作，引导农民在生产经营活动中克服盲目性，增强预见性。

（2）发展农产品运销经纪人

农产品运销经纪人是依托大型农副产品、农资批发市场为农民群众提供运输、仓储和营销中介服务的一般经纪人。而这类市场是农副产品的重要集散地，市场形成的商流、物流和信息流联系着众多的农产品经营者。工商部门应结合农产品批发市场的建设和培育，加强对农产品运销经纪人的引导、组织与服务。

（3）发展农业科技经纪人

工商部门应重视培育农业科技经纪人，发挥他们的科技带头作用，向广大农民引进、推广先进实用的农业新技术、新品种、新设施，加速科学技术成果的转化和应用。

（4）发展农产品加工经纪人

积极发展农业加工龙头企业，促进农产品初加工和深加工发展，促进农业产业化经营，提高农产品附加值，增加农业效益，提高农民收入。

2. 规范服务，积极引导农村经纪人的发展

一是要放宽农村经纪人的市场准入条件。申请注册个体农产品经纪人的，工商部门除收取工本费外，免收其他费用。边远地区农民从事经纪活动的，工商部门应上门办理登记注册和年检验照。开办农产品经纪有限公司注册资本不足的，可按相关规定允许注册资金分期到位。

二是加强对农村经纪人的培训工作。工商部门应会同农业、税务、科技等部门对农村经纪人进行文化知识、市场经济、农技知识、法规政策、经营管理和国际贸易

等方面知识的系统培训学习,努力提高农村经纪人队伍的业务素质和服务技能。

三是加强对农村经纪人的引导。通过引导农村经纪人参与"重合同守信用企业"、"百佳农村经纪人"等活动。定期进行表彰,倡导诚实守信、合法经营。

四是培育发展农村经纪人协会和专业合作组织,鼓励由农民和农村经纪人逐步走上联合、合作之路,加强经纪人间的联系与行业自律,使农村经纪人队伍向组织化、规模化方向发展,提高市场竞争能力。

五是加强本地区农村经纪人的联系与服务,切实解决实际问题,鼓励农村经纪人开展公开、公平、公正的交易与竞争。结合经纪活动中出现的欺诈、强买强卖等违法行为予以打击,依法查处,维护市场秩序,引导农村经纪人走上合法经营的轨道。

三、商标助农推进农村经济发展

目前,成都市农产品注册商标已有一定的发展,但名牌不多,叫得响的大品牌更是少之又少。农产品创名牌有它自己的规律,既要接受市场这只"无形之手"的牵引,进行市场化运作,但在目前农业市场化程度不高的情况下,又还少不了政府这只"有形之手"的引导和扶持。工商部门不仅要做好农民和涉农企业的商标注册、商标推广和商标维权工作,还应不断创新工作方式,指导农民正确使用商标,引导涉农企业以商标为核心,经营好品牌,把牌子做大做强。从长远来看,只有立足于通过培植有自主知识产权的本地农产品名牌,才是促进区域农村经济发展的根本。

1. 引导农民和涉农企业形成创立品牌的观念

由于广大农民和涉农企业对于农产品进入市场心中无数,特别是对如何将形成品牌的产品打入市场,缺乏足够的经验。尤其需要工商行政管理部门经常指导,引导他们更新思想,转变观念,努力适应新形势下人们对产品的需求,掌握现代城市人的消费观念,向高层次、高起点迈进,走产品要精,包装要美,品牌要响的路子,以优质优价的产品来满足社会各个阶层的消费需求。创立农产品品牌终目的,是促进农业增致,农民增收。

2. 鼓励申请注册涉农产品商标

涉农产品商标的使用对象是广大农民和涉农企业,由于受各种客观环境制约,广大农民和涉农企业对于我国商标法律的认识远远落后于工业企业,特别是与发达地区相比,还存在较大的差距。农民不可能、也没必要家家户户都去注册商标,自创品牌,只需通过使用集体商标和证明商标,就可从中直接受益。有鉴于此,首先应增强农民的商标意识,特别是应该采取典型引路的方法,以品牌兴农的典型事例宣传,增强创立农业品牌的巨大吸引力,提高注册涉农产品商标的积极性。其次，帮助农民注册涉农产品商标。走农业企业化、经营化的路子，帮助农民筛选出寓意鲜明、易懂、易记、朗朗上口的商标名称、文字、图形符号，并及时自国家工商行政管理总局商标局申报注册，进而得到国家法律的保护。对于较有地方特色的农产品，应当积极申报证明商标注册。注册、使用好一个证明商标，就会形成一个地方名优特产品品牌，就会带动一方经济的发展，加快农业产业化进程，富裕一方百姓。三是要引导正确使用好涉农产品商标。要促进农村产业结构调整，运用现代生物技术，科学组织农业生产，生产出绿色无公害产品，这是创立农产品品牌的内涵所在。商品包装要与产品的品质相一致，要设计精美，突出商标名称，使人们在认牌购买商品的同时获得一种享受，使产品的内涵和外延真正统一起来。

3. 引导农民和涉农企业开展有效的广告宣传

一些地区长期未形成一个叫得响的农产品品牌，究其原因，不外乎有两点，一是"养在深闺人未识"——未注册农产品商标；二是"酒好也怕巷子深"——未进行广告宣传。可以说持久而有效的广告宣传是农业品牌形成的重要因素之一。近年来，各类商品广告经历了一个较大的发展过程，可以说广告已成为商家争夺市场的主要手段。但是细细数来，农产品广告依然是凤毛麟角，少之又少。这一方面说明我国农业生产专业化、产业化程度较低，多数农产品提供者还未有斥巨资投入广告的实力，同时也可以看出这正是创立农产品品牌的希望所在。通过正确的市场定位和广告策划，进行适当的广告投入，巧借当地的地理优势、资源优势、人文优势，就一定会创立出较有影响力的农产品品牌。

四、围绕"五重"，严管七类农资商品，集中力量重点查处九种违法违章行为

充分发挥工商行政管理的综合职能，围绕重点季节、重点地区、重点市场、重点品种和重大案件，严格规范农资市场的运行。依法管理好种子种苗（包括种畜禽、水产种苗、热作种苗、牧草种子）、肥料（主要是复混肥）、农药、兽药、饲料（包括鱼粉）和饲料添加剂、农机及零配件、渔机渔具七大类农资商品市场。重点打击以下几种行为：无证照经营，超范围经营，缺乏有效管理的挂靠经营和不具备资格经营；生产、销售过期、失效、变质和标签不全、不合格以及国家禁用的农资产品；生产、销售无登记证、批准文号、品种审定、生产许可证、经营许可证农资产品；生产、销售掺杂使假、以次充好等假冒伪劣农资产品；生产、销售假冒或仿冒他人产品商标、名称、包装、装潢、厂名、厂址的各类农资产品；伪造或者买卖生产经营许可证、批准文号或者产品登记证、推广许

可证；伪造、涂改产品生产经营单位名称、地址、有效期限和有关质量批准；利用各种广告或媒体，对农资产品质量、服务、功效、适用范围等做虚假宣传；农资商品生产销售中的计量等违法违章行为。种子、农药、化肥是"红盾护农行动"监管和整治的重点商品。要进一步规范种子经营活动，对非法生产销售种子的行为，要按照《种子法》的有关规定严肃查处。各级种子公司支持把好种子质量关，坚决杜绝假冒伪劣种子流入市场，坚决杜绝假冒伪劣种子流入市场。一旦发现伪劣种子，要果断采取收缴封存、补救等措施，将伪劣种子造成农业减产、绝收的隐患消灭在萌芽之中。农药市场管理要以查处非法生产、经营禁用限用高毒和剧毒农药为重点。对化肥经营渠道进行认真的清理，加强流通领域化肥质量监测，维护正常的化肥交易秩序。要加强对各种畜禽疫苗、药品及药械等的监管，严防假冒伪劣疫苗、药品、药械坑农害农。

五、标本兼治，建立护农打假长效机制

护农工作在着力于农资市场阶段性、季节性专项整治的同时，还要建立起流通领域农资商品监管的长效机制，进一步贯彻落实和摸索实践农资企业信用分类监管、农资商品准入制度等。

1. 推行农资商品准入制度，严格对农资市场和农资商品的监管，确保农资商品的质量

根据实际，设计制订出统一的农资商品进销货台账、农资商品质量信誉卡、农资商品质量责任书版本式样，统一印刷，发放给农资经营户，指导和督促农资经营户使用，建立"两账两票、一卡一书"制度，即进货、销货必须有详细的经营台账；进货、销货有正规的发货票；农资经营户应给农民开具产品质量"信誉卡"。工商行政管理部门要定期或不定期检查进货来源，巡查货流去向，督促公示经营，并做好巡查记录。

2. 抓好农资经营者信用等级公布制度的实施，引导农资经营者诚信守法经营

对农资经营者的信用等级进行公示，是工商行政管理部门维护农资市场秩序的重要措施，是"红盾护农行动"的重要内容之一。按照国家工商行政管理总局《关于对企业实行信用分类监管的意见》的要求，对农资经营企业的信用状况进行分类。根据市场主体资格、经济实力、商业信用、合同脱约率、守法程度、消费者投诉、公众评价等信息指标的综合情况，对农资经营者的信用以A、B、C、D四级标准来进行划分。其中，A级为守信企业，用绿牌表示；B级为警示企业，用蓝牌表示；C级为失信企业，用黄牌表示；D级为严重失信企

业，用黑牌表示。企业信用等级公布后，对信誉好的 A 级企业给予表彰奖励；对有一定失信行为的 B 级企业予以警示；对有较严重违法行为的 C 级企业予以警示并限期整改；对有严重违法行为的 D 级企业坚决予以取缔。将信用等级制度与实行企业"经济户口"管理结合起来，实施信息披露制度，公开企业身份记录，公开违法行为记录，公示典型违法农资企业。

3. 突出重点，强化对农资商品的规范管理

通过实施市场巡查、市场预警等制度，强化市场业主及经营者的责任，切实加强对专业批发市场、集贸市场内经营业户、商贩的管理。会同有关部门定期或不定期地对城乡结合部、行政区划毗邻地域销售农资产品的经营者及兜售农资产品的游贩进行拉网式检查。加强对农资市场的动态监测和预警，加大对农资商品的监督抽查力度，坚持定期抽查与专项抽查相结合、日常检查与送样检测相结合，查处案件与教育规范相结合的原则，提高抽查的针对性和有效性，定期公布抽查结果。结合流通领域商品质量监管关口前移改革，不断完善农资商品准入制度，严把农资商品入市关。

4. 做好维权工作，完善延伸 12315 消费维权网络

充分发挥 12315 消费维权网络的作用。一方面，通过加强 12315 消费投诉举报网络体系的建设，形成城区、镇、村（居）完整的消费维权网络，将网络延伸至农科技术服务站，增加案源线索，及时查处了农资市场的不法经营行为；另一方面，加强 12315 投诉举报中心的管理，对群众农资投诉案件做到受理快、出动快、查处快，为群众排忧解难。

六、充分利用合同监管职能，促进订单农业发展

订单就是合同，所以订单农业也叫合同或契约型农业，是指农户自身或依靠所在的乡村组织、经纪人同农产品的购买者之间签订订单，然后组织安排农产品生产的一种农业产销模式。

国家"十五"计划纲要已明确提出，要鼓励发展农业等多种形式，大力推进农业产业化经营。但订单农业最主要的风险就是违约，究其原因主要有合同文本不规范、合同双方当事人缺乏合同法律法规知识、双方信息不对称以及工商部门对涉农合同的行政监管力量比较薄弱等。

工商行政管理部门要以合同管理为突破口，规范和发展订单农业，主动为涉农企业和合约个体排忧解难，提高合同履约率，严厉查处利用合同进行欺骗的违法行为。主要应抓好以下几个方面的工作。

1. 积极开展合同帮扶工程，努力做好合同法律法规的普及教育工作

一是送法下乡，加大对涉农企业和农村经纪人的培训力度，提高合同双方当事人的守法意识和维权意识，培养一大批合同明白人。

二是充分发挥工商部门合同监督管理的职能作用，做好涉农合同纠纷的行政调解工作。

三是依托市场巡查，认真处理合同投诉，从中发现合同欺诈案源，并及时向公平交易部门移送，从而严厉打击欺诈行为，净化市场秩序。

四是指导农民正确使用合同文本，无偿为农户提供涉农企业资信情况，防止合同欺诈行为发生。

2. 狠抓涉农合同文本的规范

工商行政管理部门应与有关部门协同配合，认真调研，制订和规范包括农药、化肥、种子买卖以及农副产品订购等在内的涉农合同文本。

完善订单合同形式、合同内容，确定生产的品种、质量、价格结算以及双方的权利、义务、责任，实现订单合同的规范化、标准化。

3. 积极引导涉农企业参加"重合同守信用"活动

培育诚信守约、规范运作的市场主体倡导企业信用文化建设，增强企业的履约意识，并树立一批样板企业，以达到以点带面，从而促进市场秩序优化。

对涉农企业中的佼佼者，实施政策倾斜，加强合同行政指导，促进提高合同管理水平，必要时可减收费用，以吸引优秀企业做大做强。同时，基层工商所紧紧围绕各地特色，培育一批涉农"守合同重信用"企业，在辖区内公告板大张旗鼓地展示、宣传这些企业，让这些企业逐步成为当地农业产业的领军人物。

4. 帮助涉农企业规避订单农业中的各种风险

工商行政管理部门要大力弘扬求真务实精神，牢记自己的职责，把握好自己的定位，真正按照"搭台不唱戏、献策不决策、促合不捏合、帮忙不添乱"的原则，把各项护农促增收的工作做深、做实、做好。与当地政府、农技单位、龙头企业、农村信用合作社或各类银行、保险公司及有关部门积极协作，协调解决好订单农业发展中容易遇到的资金短缺、技术薄弱、自然风险、决策风险等问题，切实推进城乡一体化的发展。

（作者单位：成都市工商局）

三等奖

当前工商执法环境存在的主要问题与对策建议

张务锋　纪连强　吴允福　王来智

随着社会主义市场经济的不断发展和完善，依法治国的基本方略和法治政府建设目标的确立，作为政府主管市场监管和行政执法的职能部门在政府履行职责中的作用越来越明显，越来越重要。但是，工商行政管理机关职责履行效能的高低和市场秩序整顿规范的效果是受多种因素影响的，这当中执法环境的好坏对行政执法实施过程的效率和实施后效果的影响是最大的，这就造成了行政执法不可避免地受到诸多干扰，导致行政效能的低下，加大了行政执法的成本，因此，客观地认识工商行政执法面临的执法环境，对于进一步优化执法环境、实现工商行政执法的全面到位将具有重要的意义。

一、工商行政执法环境中存在的主要问题及其危害

当前，由于我国目前政治、经济体制转轨尚未完成，严格依法行政的理念在全社会并未真正确立起来，加之受传统的人情、关系等因素的影响，工商行政执法环境有待于进一步改善，行政执法过程中所遇到的问题还很多。从调查看，工商行政执法环境中遇到的问题主要有以下几个方面。

（一）排挤、压制工商部门合法收费和行政处罚现象时有发生

此种现象在工商行政管理机关实行垂管以后，更加明显，特别是在经济欠发达地区尤其突出。有的地方政府人为设置障碍，对所谓"重点市场"、"开发区"、"保护区"和招商引资项目、纳税大户、骨干企业实行"土政策"，给予重点保护，明令未经许可不得进行检查和收费，对于工商部门依法作出的行政处罚常常进行干预。有的采取政府发文或相关部门联合发文的形式，设置"门槛"，使工商行政管理机关难以正常地履行职责。

（二）执法手段不强

任何行政执法没有法律授权是决不能使用的，工商行政执法自然也不能例外。并且随着我国社会主义市场经济体制的日趋完善和政府机构改革的深入、工商行政管理机关行使行政强制措施的范围和力度日趋加大，但由于法律的不

完善，以至于许多情况下的工商行政执法难以到位。比如，随着国家把流通领域商品质量监管的责任划归工商行政管理部门后，工商行政管理机关监管的领域和范围迅速扩大，监管责任加重。面对流通领域中成千上万种商品，如何做到有效监管，在目前市场信用体系尚未建立起来、部分生产经营者法律意识还相当淡薄的情况下，是工商行政管理部门亟待研究解决的重大课题。又比如，在现行工商行政管理法律、法规中，赋予工商行政管理机关行政强制措施的规定较少，对当事人拒不配合和有意阻挠工商执法时如何采取强制手段要求当事人协助、配合的问题，法律、法规也无明确规定，缺乏扣留、封存、冻结银行账户等强制手段。因而，有人戏称工商行政管理法律、法规是"君子动口不动手"的"秀才法"。由于缺乏强制手段，执法没有力度，难以保证工商行政管理职能到位。再比如，当前传销和变相传销活动之所以打而不死、死灰复燃，也是与工商行政管理部门缺乏强制手段有着密切的关系，有的传销头目公开叫嚣："不是公安不用怕，工商咋不着咱！"

（三）行政执法受外界干扰多

我国是一个人情、关系网非常复杂的社会，许多事情办起来常常不是按法律规定程序办，往往先是托人情、找关系，一个案子也是如此，常要受到诸多的特别关照，执法者与讲情者讨价还价，法律的尊严和权威受到了挑战。另一方面，虽然我国现行政治体制的安排中，人大、政府以及党委在某些方面都能对工商行政管理机关造成一定的影响，部分官员便常常利用其职位为工商行政执法设置障碍，阻挠执法，使一些本来事实清楚、证据确凿的案件难以得到及时处理，重案轻处、轻案不处的现象时有发生，违法者没有得到应有的法律制裁。这种"以权代法，人治排斥法治"的现象，是某些地方"有法不依、执法不严"的最深层次的根源。

（四）生效行政决定的权威性有待加强

执法环境首先体现在公民、法人对于法律的权威性的认识上，但许多行政相对人出于自身利益，而无视法律的这种权威性，甚至公然向法律提出挑战。在受到行政处罚时，往往只接受有利于自己的裁定，对不利于自己的裁定，则到处拉关系、找熟人，并采取延期履行、垃圾货抵债等种种形式与行政机关讨价还价，有的行政相对人自以为是政府部门或公共权力的拥有者，无视工商行政管理机关的裁定，拒不履行义务。而当工商行政管理机关依法对其进行强制执行时，轻则转移、隐藏财产，重则暴力抗拒。特别是像新闻媒体这样的特殊监管对象，手中握有强有力的宣传工具，在其违法行为受到查处时，经常扬言动用媒体进行报复，使得办案部门畏手畏脚，部分案件甚至不了了之。这不仅从一定程度上损害了法律的尊严，而且也影响了工商行政管理机关的良好形象和行政执法的严肃性和权威性。

以上问题的存在，对于正常的工商行政执法带来的不良后果十分严重，表现在：一是干扰了法律、法规的执行，造成政令不通，法律的尊严受到严重侵害，部分地方出现了法律真空，造成管理失控，违法违章行为大量发生，影响了良好的市场秩序和地方信誉；二是妨碍了行政执法机关依法行使职权，违章违法经营行为得不到及时查处，在一定程度上成为违法违章经营的保护伞，有的违法违章人员气焰嚣张，行政执法人员被打的现象时有发生；三是剥夺了国家赋予工商行政管理等部门的职权，导致行政执法机关不能执法，一些地方工商局人心浮动，有的工商干部已提出辞职，有的人甚至提出要上访，严重影响了干部队伍的稳定；四是国家规费无法依法收取，工商行政管理市场监管职能无法到位。

二、工商行政执法环境中有关问题产生的根源

前面的分析中我们可以看出，工商行政执法环境存在的问题不容忽视，我们必须认真对待，要弄清这些问题产生的根源在哪里，以便对症下药，优化工商行政执法环境。那么，目前工商行政执法环境中所遇到的这些问题，其产生的根源在哪里呢？从调查看，主要根源在于以下几方面。

一是思想认识上存在误区。在目前的各级特别是政府官员考核目标体系中，地方经济的增长占有很大的比重，"唯GDP论"观念重，这就使部分地方官员为了地方经济快速增长，竭尽全力，甚至不惜违背国家法律。工作中有些干部甚至是某些党政部门领导干部，往往把整顿规范市场经济秩序工作与优化开放环境对立起来，错误地认为整顿规范市场经济秩序不利于优化开放环境，是招商引资的"桎梏"，不利于优化发展环境，不利于把经济搞活，片面认为经济要发展，环境要优化，就必须打破条条框框，限制越少越好，不管就是最大的支持。甚至把某些违背经济发展规律，不按政策法律办事的行为作为改革的重大举措及经验加以宣传推广，不讲"开放"单讲"放开"，主张"无规矩也成方圆"，部分企业和个人也打着招商引资的幌子，在生产经营过程中从事违法活动，声称"改革就要敢闯'红灯'"，严重影响了法律、法规的贯彻执行。

二是现行法律不完善。目前，涉及工商行政管理工作的法律、法规多达几十部，但至今没有一部类似"组织法"的《工商行政管理法》来对工商行政管理部门进行法律上的定位，远不能适应工商行政执法的要求。首先，从基层执法实践来看，工商行政管理所依据的法律、规章还存在一些亟待完善的地方，

一些法律、法规、条例之间存在脱节现象，相互衔接补充不好，缺乏连续性，甚至相互矛盾和抵触，难以执行；有些法规、条例过于笼统和抽象，可操作性差。其次，从现行法律、法规制定的时间看，现行工商法律、法规中相当部分是在计划经济体制下制定的，已与我国目前的经济体制不相适应。如在查处案件中经常适用的《投机倒把行政处罚暂行条例》，即带有明显的计划经济色彩，但现在工商部门在某些案件中仍大量地适用这一条例，以"投机倒把"对当事人进行处罚，常引起当事人的误解，说都什么年代了还打击"投机倒把"。《城乡个体工商户暂行条例》、《私营企业暂行条例》等法规"暂行"了十几年，至今还在"暂行"，有必要对其修订完善。《反不正当竞争法》等法律也是在市场经济发展初期制定的，许多新的不正当竞争行为出现在社会经济生活后，《反不正当竞争法》却无明确规定。同时，单项法律、法规肢解《反不正当竞争法》的问题日益突出，如在保险、金融、电力、邮政、电信等垄断性行业分别由行业监督机构负责监督其不正当竞争行为，分散了工商部门的职能，削弱了工商部门作为反不正当竞争行为主管部门的执法权威。再次，从现行法律、法规的具体规定看，对同种违法行为，不同法律条文都有规定，但差异很大，极易造成办案机构与案件审核机构在运用法律上的分歧。比如对引人误解的虚假宣传（无违法所得）的处罚，运用《反不正当竞争法》是处以1万~20万元的罚款，《广告法》则规定处以1万元以下罚款，两者差异如此之大，极不易掌握。

三是部分领域监管无法可依。法律具有稳定性、滞后性的特点，立法时不可能洞察未来的一切，存在监管"盲区"是必然的，有些领域甚至无法可依，这在工商行政执法中也经常遇到。比如，工商行政管理部门监管执法当中，经常涉及金融、证券、房地产、劳动力、科技等要素市场的监管，可对这些市场的监管有时难以找到确切的操作指导，尤其是现代网络技术的普及，网络经济已经初现规模，网上购物、网上消费、网上传输、电子配送、电子商务等新兴的生产和消费模式正在以一股强大的潮流冲击着传统的商业模式。但由于认识的局限性和法律的滞后性，对于这些新兴经营活动的监管还缺少相应的法律、法规作依据，这给工商行政管理机关在处理此类事件时感到很为难。"消费储值"事件则凸现出了对此类事件在法律定性、处罚标准等方面的法律空白。

四是部分群众法律意识淡薄。在行政执法中，时常感受到消费者特别是农村消费者，在合法权益受到侵害时，不知如何维权，有的甚至认识不到自己的合法权益是如何被侵害的，致使广大农村地区成为违法犯罪分子进攻的重点，大量假冒伪劣商品从城市走向农村，而经营者对抗检查的心理较强，不服从监管。

五是少数执法人员素质低的影响。随着社会主义市场经济加快的日益完善，工商行政管理部门所担负的任务越来越重，要求越来越高。但目前人员素质参差不齐，尤其是基层同志具体事务多，学习机会少，业务素质与形势、任务的要求有一定差距，加之受现行财政体制的影响，行政执法中不合理收费、罚款等不依法行政的问题在极少数地方还时有发生，法律法规成了追逐部门利益的工具，引起社会各界的不满，成为政府干预行政执法的一个重要原因，也影响了执法环境。

三、对进一步优化工商行政执法环境的对策建议

良好的行政执法环境是法律得以正确实施的客观保证，工商行政执法离不开一定的社会环境，执法环境优劣对于执法效果的影响很大，在一定条件下，会对执法的成败起着决定性的作用。因此，优化执法环境，是促进监管执法职能到位的重要因素。为此，现提出以下对策建议。

第一，转变对行政执法工作的认识。认识决定思路、决定行动，也决定着行动的成本和效果。依法治国的核心是依法行政，各级党委、政府特别是党政领导，必须充分认识行政执法工作的重要性，进一步增强法制观念，摒弃片面的"政绩观"，按照依法行政的要求，消除一切阻碍行政执法的消极因素。"严格执法，热情服务"是工商行政管理人员执法时一直遵循的指导思想，只有这样，才能维护公共利益，服务社会和广大人民群众，这是现代服务型政府行政执法所追求的根本目标，工商行政管理部门在今后的行政执法工作中必须正确处理行政执法与服务发展的关系，进一步提高执法艺术，做到行政执法与服务发展两不误、两提高。

第二，强化舆论宣传教育。工商行政管理机关在执法时所遇到的阻碍和困难，与社会上一部分人对于工商行政执法的目的和作用不理解甚至误解有一定的关系。因此，应利用各种媒体，对工商行政执法的社会作用进行广泛宣传，大力宣传工商行政管理机关在执法办案中所涌现出的先进事迹，增进社会对于工商行政执法人员爱岗敬业、无私奉献的了解，树立工商行政执法机关在社会上的形象。要多形式开展法制宣传教育，向广大消费者尤其是农村消费者宣传法律知识，树立法律意识，运用法律武器维护自身权益。要采取有效手段，积极组织好监管服务对象的法律培训，增强其守法经营意识，诚实守信，勤劳致富。

第三，积极争取党委、政府和有关部门的理解与支持。工商行政管理体制实行垂管以后，地方党委、政府与工商行政管理机关因财政、人事以及对执法

价值理解的不同,导致地方党委、政府对工商行政执法对地方经济的保驾护航作用认识不到位或者因各种原因认识存在差异。因此,进一步加强与当地党委、政府的沟通与联系,取得支持和理解,对于做好工商行政执法工作至关重要。工商行政管理机关必须从思想上坚决克服抱怨和消极等待心理,紧紧围绕政府的工作中心,积极主动地做好市场监管和行政执法工作。工商行政执法涉及面广,工作难度大,因此,应注意相关职能部门的合作机制研究,通过完善现行的部门联席会议制度使之法定化、规范化、科学化,以法律的形式来界定、规范各部门在行政监管中的职责,不断提高联合执法的行政效能。

第四,加强法制建设。在实际工作中,要把执法工作作为法制建设的重中之重,把加强执法工作真正提上议事日程,加大执法力度。一个法律、法规出台的同时,对该法的宣传教育应同时进行,执法措施同时出台,以避免新法出台、执法滞后出现的法制空挡所诱发的混乱现象。要通过立法或者司法解释,完善法律规范,弥补法律漏洞,真正使工商行政执法人员在执法时有法可依,减少自由裁量权的范围。司法机关或最高行政机关应进一步明确在复议中垂直管理部门的复议机关,消除现在复议中复议机关不明、争夺复议权的问题。加快对网络经济监管等方面的立法,使工商行政管理机关尽快合法、合规地对这领域进行监管。

第五,加大执法力度。应通过立法,赋予工商行政管理部门强制执行权、强制措施权等必要的执法手段。尤其是在目前社会信用体系尚未建立健全、制售假冒伪劣产品泛滥、人民消费安全感日益减低的形势下,加大执法力度,强化执法措施,将是进行有效监管的重要保障。要以建立完善社会信用体系为重点,积极探索长效监管机制,实现行政执法的制度化、规范化。

第六,增强队伍素质。工商行政管理部门履行职能的基层要求是,为经营者和消费者服务、为促进改革发展,而要做到这一点,没有一支高素质的执法队伍是无法完成的。所以,作为工商行政管理部门在今后的行政执法中,要正确认识和处理监管与服务的关系,加强培训教育,不断提高行政执法人员的政治思想觉悟和业务水平,从我做起,从自身每项工作做起,廉洁勤政,依法管理,以良好的形象赢得社会和人民群众的认可,推动行政执法环境的改善。要进一步完善社会监督机制,主动接受社会各界的监督,以防止执法权利的滥用,同时,加快工商信息化建设步伐。无论是行政执法还是服务经济发展,传统的工作模式远远不适应工作需要,必须加快信息化建设,全面实现行政执法的信息化、现代化,进一步提高依法行政的整体水平。

第七,理顺管理体制。要最大限度地减少行政执法在财政、人事等方面对地方、部门的依赖，取消计划单列市、副省级城市的独立管理体制，将管理权上缴省级机关，建立国家、省、市（地）、县四级层次明晰和全国统一的垂直管理体制，从人、财、物上保证行政执法的正常需要。

（作者单位：山东省工商局）

三等奖

信息化建设与工商行政管理组织系统运行模式创新

周裕昌　李瑛

随着信息技术的迅猛发展和广泛运用，工商行政管理正经受着信息化带来的强势冲击。由于现行工商行政管理运转模式还不能完全相应信息化要求，使工商行政管理职能不能得到应有的发挥。因此，从管理学角度认真分析信息化建设与工商行政管理运转模式的关系，找出实际工作中存在的问题，探索新的组织模式，实有必要。

一、信息化建设对工商行政管理组织系统的调整要求

管理学认为，受到冲击的管理组织为达到新的稳定与平衡通常需进行调整和变革，不断淘汰那些陈旧的东西，使自身保持生机活力，以维持组织的稳定。在信息化建设冲击之下，现行工商行政管理组织系统为达到新的平衡也必须进行调整：

其一，从组织结构看，信息化建设赋予了组织结构以信息传递迅速的扁平结构优势，缩短了管理层次的空间距离，克服了传统结构中存在的信息逐层传递时间长、易失真、上下级联系脆弱等缺陷。与此相应，工商行政管理的上下级组织运转模式须由单向式向互动式转变，监管信息须力求真实完整。

其二，从组织协调看，信息化建设中基于整体、系统化设计理念的业务软件，为部门之间业务整合、资源共享、支撑协作提供了技术支持。与此相对应，工商行政管理同级工作模式须转变传统"条块分割"方式和惯性思维，充分认识并执行这种共享与支撑，从而通过整合形成横向监管合力。

其三，从组织控制来看，信息化建设突出对管理全程信息的记录，变间接控制为即时控制，如有偏差上级可及时监控，迅速纠正，保持管理行为的真实、连续与稳定。比如上级打开电脑便可以对欠缴费情况进行分析，以督促基层核销死户，使监管信息趋向真实。与之相适应，工商行政管理业务管理方式须由单纯单向的传达布置向分析、控制、决策等高层管理转变。

其四，从组织内部与外部环境的作用关系来看，信息化与经济户口管理的结合，改变了传统以条线为主的监管模式，建立起以基层监管为主阵地、以计

算机网络为手段、以分级管理与属地管理相结合的上下联动的新型工商监管体制。这样的转变要求基层具备相对应的高素质，要求建立面向基层、指导与协助基层实现监管目标的全方位运行机制。

二、信息化建设实践中，实现工商行政管理组织系统运行模式转变亟待解决的问题

信息化建设要求工商行政管理组织运行模式进行变革和创新，但通过对连云港县区工商局、分局（所）调查发现，在实施这一变革的过程中，尚存在一些亟待解决的问题。

第一，思想认识不到位。调查发现，大多数干部职工对工商系统推行信息化建设存在三种模糊认识：一是"过早论"，认为当前系统内人员有老有少、学历有高有低，人员素质参差不齐，搞信息化难度大，过早；二是"无用论"，认为现在工作重心主要还是收费罚没，钱收不上来，工资没保障，温饱解决不了，搞信息化建设没必要；三是"轻视论"，认为信息化建设也就是傻瓜式办公，要求不高，只要每人会操作设计好的流程就可以。这些模糊观点直接导致了对待信息化建设的排斥性和惰性，一些干部学习上畏难，应用上怕烦，执行上敷衍，一些基层单位经济户口软件应用处于半停顿状态。这种心态不克服、模糊认识不澄清，将直接影响信息化建设的顺利推进，利用信息化进行工商行政管理创新也无从谈起。

第二，基层监管素质不适应。从经济户口管理信息系统在基层的应用情况看，目前并不理想，除去现行财政体制、经济基础等客观因素的牵扯之外，最主要的障碍在于监管素质的不适应。以一份企业《综合检查表》为例，检查内容分必查项目6项、抽查项目15项，要完成这些项目的检查需具备丰富的法律知识和监管技能。从现实情况看，以某工商所为例，该所辖区各类企业1200余家，但在2003年7月28日至10月15日的225条企业监管记录中，"抽查项目"记录全部为空。其企业监管实际上仅限于"跑到了企业，找到了企业"。个体工商户的电子化监管情况大致相当，某工商所辖区1230户个体工商户，自2003年6月15日至10月15日的273条个体户监管记录中，通过抽查项目检查发现问题的仅1条。监管信息的真实完整是电子化监管的基石，而目前监管素质的不适应直接导致了信息化建设基础的不牢固。

第三，组织运行通道不畅。一是上下级组织运行不通畅。信息化建设强化了上下级业务之间的电子化互通，给业务指导和监督控制提供了条件。但不少业务部门在布置工作时囿于惯性思维，仍采取电话传达、书面汇报的单向行政

命令方式，对任务执行情况的掌握也仍停留于传统的间接控制方式，未能有效利用信息化对下级工作全程实现即时控制。二是同级业务部门运行不通畅。一些业务部门对自身业务模块以及与其他业务模块之间的衔接缺乏了解，对同级部门间业务信息的整合与支撑作用认识不到位，出现资源信息虽在计算机中通过网络连通，但在实际工作中不被发现和有效利用的现象。三是基层组织运行不通畅。目前绝大多数的基层单位监管重心仍停留在收费、执罚两项"主业"上，大量监管工作流于应付的思想和行为模式依然沿袭。一部分工商所还尚未将个体工商户纳入经济户口电子化监管，仍沿用管片人员催费时捎带监管的方式。监管信息也未能进入电脑，经济户口电子化监管流于表面。究其原因，在于未能打破传统思维定势和工作模式的桎梏，不能通畅地延伸监管触角，牵制了组织运转目标的实现。

三、适应信息化建设要求，推动工商行政管理组织系统运行模式创新

第一，创新思维观念，为工商行政管理组织系统运行模式创新打牢理性基础。信息化建设过程中出现的一些模糊认识，以及由此产生的种种被动应对、消极厌烦的情绪是拓展工商事业的最大障碍。面对信息化建设，被动适应只会导致改革的消极性。面对新的挑战和机遇，我们应以高昂的创新精神推动信息化建设的发展。一要全面认识信息化建设的迫切性和重要性。通过组织专题讲座、专题大讨论等方式引导干部职工深刻了解信息化建设的背景，增强干部投身信息化建设的紧迫感。工商信息化不是太早，不是没必要，而是形势所逼。信息化是促进工商部门职能到位的必由之路，也是从根本上解决全系统面临的各种现实问题的有效手段，是当前最具战略意义的重点工作。二要通过组织参观学习、理论研讨等方式，引导干部职工深刻认识信息化带来的变革，形成应对信息化建设的清晰思路。信息化绝不是局限于业务程式的"傻瓜式办公"，或是单纯的对已有工作的更新换代，它是借助电子信息技术对传统工作模式进行革命性的改造，是推进工商"腾飞的翅膀"，必须使全系统清醒认识到信息化给工商行政管理模式带来的新变化，积极正视、敏捷应对。三要通过强化追究、效能监察等方式引导干部职工树立系统化、整体化观念，明确个体在整个信息化建设中的价值和作用，推动信息化建设取得实效。

第二，创新教育方式，搭建迎接挑战的工商人力资源平台。一是改善基层监管人员配比结构，在逐步吸收新鲜血液的同时，通过优化组合重新合理配置基层监管力量，逐步解决实际监管与信息化监管要求之间的能力断层问题。二

是创新教育培训方式，通过学习型工商创建，使之以提升监管技能为核心的教育培训成为必修课。多年来，系统不同程度存在着政治学习和业务学习走过场、搞形式的怪现象，必须从形式和内容两方面尽快加以突破，使学有所得。培训方式要由单向式向互动参与转变，借鉴企业培训员工的办法，采取沙龙研讨、轮流授课、观点辩论、监管技能比拼等灵活形式，使干部职工在轻松的活动中自发愉悦地学习。培训内容要由单向性向综合性转变，以监管中经常遇到的实际问题、专项监管技巧、业务法规等内容为主，适当增加管理学、会计学、社会学等知识，拓宽监管知识结构。培训要侧重技术骨干的培养，要通过邀请专家授课等方式，着重培养在单项监管技能突出的行家里手，尽快塑造出一支能打硬仗、敢打胜仗的骨干队伍，带动基层整体素质的提高。三是借助信息化优势逐步建立网上教育平台。选择优秀的教育培训软件，使干部享受到优秀的教育培训资源，并辅以多形式的文化学习，使提高素质成为干部职工的自发追求。

第三，创新工作模式，促进管理组织的协调、高效运转。首先，要畅通决策渠道，增强决策民主性。充分借助内部网上下沟通的便利，一些新制度或重大决策出台前在网上征求意见，赋予系统干部职工以更多的知情权，调动参与积极性，扩大决策的民主基础，使重大决策或工作思路在集体智慧的基础上形成，增强决策的科学性和有效性。其次，要尽快转变业务工作模式，提升管理层次。一是改变以往孤立作业、单向发布指令的传统模式，借助信息资源连续完整的优势，由传达布置工作提升为分析、决策、控制，通过对信息的分析，把握辖区经济发展趋势及监管对象情况，为上级领导和政府决策提供科学依据；二是通过行之有效的形式加强对基层的指导帮助。本系统公平交易部门实行的"法制沙龙"与"网上执法沙龙"是一个良好的尝试，沙龙借助资源共享的网络平台，以丰富多彩的形式、轻松愉快的氛围吸引基层同志参与执法研讨。通过开设执法动态信息、新型案源提示、执法专题讨论、执法办案技巧、新法知识园地五个栏目，贴近一线组织难题攻关，及时为一线执法人员提供办案指导。执法沙龙以平等互动的方式实现了执法资源共享，促进了上下级间的交流，拓宽了执法视野，促进了执法水平的提升。这可以成为信息化条件下业务部门与基层关系的一个范本。三是同级业务部门克服各自为战的状态，统一整合，形成合力。再次，随着信息化建设的逐步推进、工商系统财政供给体制变革的实现，尽快出台相关制度，推动基层工作模式由巡费为主的传统方式向上下联动的新型监管方式转变，主动适应大监管的新形势。

（作者单位：江苏省连云港市工商局）

> 三等奖

商业秘密案件查处研究

郦金花 吉 镇

新经济时代的来临，一方面，开创了人类文明的新纪元，使人类文明从亘古以来的"物质时代"进入向往已久的"精神时代"，这是人类智慧的胜利。另一方面，工业间谍活动成为"最有油水的生意之一"，其猎取目标十分广泛，从尖端技术到日用工艺，从经营管理到普通商业情报，无所不取。西方人把工业间谍视为人间瘟疫。于是，世界上大多数国家和国际组织加快了在制裁侵犯他人商业秘密行为、保护合法经营行为方面的立法。尽管我国商业秘密立法有了长足的发展，但尚存在诸多缺陷。工商行政管理机关查处商业秘密侵权案件时，在适用《反不正当竞争法》进行行政救济过程中，亦暴露出法律规定可操作性差的弊病，极易陷入一些误区。本文结合行政执法实践，谈一谈工商部门在查处商业秘密案中遇到的问题、采取的对策及立法建议。

一、在查处商业秘密案例中需注意的问题

在我国，《反不正当竞争法》第十条和《关于禁止侵犯商业秘密行为的若干规定》第二条中规定，商业秘密是指不为公众所知悉、能为权利人带来经济利益、具有实用性并经权利人采取保密措施的技术信息和经营信息。《刑法》第二百一十九条也有一致的规定。

通过比较，可以说我国法律关于商业秘密的规定与国际上的定义基本一致，其构成要件为：权利主体、秘密性、经济实用性和保密性。

在查处商业秘密案件中，在分析、把握商业秘密构成要件时，要注意区分相关问题。

（一）申诉人与权利人

实际上，申诉人包括权利人、第三人，甚至是侵权人；权利人包括商业秘密的所有者和合法使用者。但在执法实践过程中，有些执法人员可能在接到申诉后，不加区分地将其作为商业秘密的权利人，或者将权利人等同于所有者，并作为受保护的对象。这样，就违背了保护商业秘密权利人的范围。

(二)商业秘密的秘密性与专利性

秘密性是商业秘密与专利在保护方式上的最大区别。商业秘密只要其秘密性能够保持下去,权利人的经济利益就可以无限延续下去;专利性则以牺牲技术秘密性为代价,向社会公开技术换取国家法律的保护,在特定的时间内,任何人不得侵犯专利人的专利权,但超过有效期,专利人就丧失专有权,专利技术成为人人享有的公知技术。所以,很多权利人为了保护"专有"信息的永久性,宁愿放弃专利申请,而把自己拥有的"专有"的信息作为商业秘密保护。另外,专利对于秘密性的要求是较高的,如发明和实用新型专利就要求在申请日以前没有同样的发明或实用新型在国内外出版物上公开发表过,或在国内公开使用过或以其他方式为公众所知,也没有同样的发明或实用新型由他人向专利局提出过申请并记载在申请日以后的专利申请文件中(法律规定的情形除外)。而商业秘密对于秘密性的要求比较低,比如只要对本行业中众所周知的信息进行编辑组合或对原理巧妙地运用,就可以形成权利人自己的商业秘密。如在可瑞斯公司侵犯运友公司商业秘密案中,权利人(运友公司)将收集的零散的货运配载信息编辑成为集中、完整的信息,并通过运友公司的网站传送给自己的签约用户,就具备了信息的"秘密性"。

(三)职工与在职职工

职工在职期间,由于其职务关系,使得其接触或有可能接触到商业秘密,是一种职务便利,因此,在职职工负有约定的保密义务。另外,职工只要与用人单位有特殊约定,即使离职,在约定期限内仍然负有相应的保密义务。劳动部《关于企业职工流动若干问题的通知》第二条规定"用人单位与掌握商业秘密的职工在劳动合同中约定保守商业秘密有关事项时,可以约定在劳动合同终止前或该职工提出解除劳动合同后的一定时间内(不超过6个月),调整其工作岗位,变更劳动合同中相关的内容;用人单位也可规定掌握商业秘密的职工在终止或解除劳动合同的一定期限内(不超过3年),不得到生产同类产品或经营同类业务且生产与原有竞争关系的其他用人单位任职,也不得自己生产与原单位有竞争关系的同类产品或经营同类业务,但用人单位应当给予该职工一定数额的经济补偿"。

二、商业秘密侵权认定原则与具体表现形式

(一)认定商业秘密侵权原则

1. 实质相同原则

侵权人使用的商业秘密属于被侵权人保护对象,并采取了适当的保密措施,

但是由于各种措施不当，最终导致商业秘密的泄露。但商业秘密的泄露不是构成侵犯商业秘密的必要条件，如果别人生产的产品或利用的商业方法等与被侵权人的商业秘密没有实质上的相同，也不能认定侵权人利用了被侵权人的商业秘密。只有侵权人和被侵权人二者在产品或方法上具有实质性的相同点，才能认定侵权人利用了被侵权人的商业秘密。

2. 接触原则

接触可以是多种多样，最多的是人员之间的接触，即使用跳槽者，用不正当手段挖人才。如果双方之间人员无接触，就不存在侵权，哪怕是双方设计图纸相同也不能认定为侵权，因为双方存在各自自行研究开发的可能性。也就是说，即使侵权人生产出实质性相同的产品或利用方法，只要二者没有接触，就不能认定侵权。但如果产品属于专利法保护的范围，应通过专利法来调整。

（二）侵犯商业秘密的具体表现形式

1. 以盗窃、利诱、胁迫获取权利人的商业秘密

以盗窃、利诱、胁迫或其他不当手段获取权利人的商业秘密，其行为主体可以是企业内部人员，也可以是外部人员。非法获取商业秘密的行为本身就构成侵权，而不论行为人获取他人的商业秘密后是否公开或者利用。这种侵权行为的一个显著特点是其手段的非法性。盗窃是以非法占有为目的的窃取他人财物的行为；利诱是以非法占有为目的，以给予利益或者许诺给予利益为手段，如行贿、许以提高待遇或职务等，从有关人员手中得到商业秘密的行为；胁迫是指用威胁或要挟等方法欺诈有关人员透露其掌握的商业秘密；其他不正当手段是指利用盗窃、利诱、胁迫以外的方法，例如，用电子及其他方法进行侦查以获取他人商业秘密的行为。

但是，在行政执法实践中，应该注意区分正当获取商业秘密的例外情况，主要包括以下四种：①他人经过独立开发、研制出与权利人拥有的商业秘密相同的或者相似的商业秘密；②经商业秘密权利人授权包括明示或者默示同意而获取该商业秘密；③他人或第三人以善意的方式获取商业秘密，包括他人不知道或不应知道某信息是权利人的商业秘密而获取，以及第三人在不知道或不应知道是以不正当手段获取商业秘密时从他人处获取的商业秘密；④他人通过反向工程获取的商业秘密。

2. 以披露、使用或者许可他人使用获取的权利人的商业秘密

（1）披露

披露是指侵权人将权利人的商业秘密向他人公开，包括三种情况：一是告

知特定的人，这种告知使商业秘密为该特定人非法占有，无论该人是否又向其他人公开，都不影响侵权的构成；二是向少数人公开，侵权人在某种私下场合谈论其用不正当手段获得的商业秘密，或在公共场所公开谈论，这时的听众虽然是少数，但属于公众的一部分，已构成商业秘密为社会公众所知的事实；三是向社会公开，侵权人通过信息媒体如报纸、杂志、广播、电视等向社会传播，将商业秘密公之于众。这种公开的后果彻底破坏了商业秘密的新颖性，使其进入公知领域，以损害权利人的经济利益，使其失去竞争优势。

（2）使用

使用包括两种方式，直接使用和间接使用。直接使用是指侵权人在生产经营中进行有形使用，这种使用可能与生产活动有关，如邦普公司利用获得的经验公式生产加工减震器；也可能与经营活动有关，如可瑞斯公司利用所获取的运友公司配载信息转发给自己的客户，再如恒诺公司利用获取的权利人客户信息、价格资料等，发展客户、向对方询价。间接使用是指侵权人将以不正当获取的商业秘密用于科研活动中，表面上看不存在使用，实际上可以减少其科研经费、人员的投入，并能以更快的速度创造更大成果，这也是一种使用行为。

（3）许可他人使用

侵权人将以不正当手段获取的商业秘密提供给他人使用，这种许可可以是有偿的，也可以是无偿的，但不管有偿还是无偿，只要是以不正当手段获取的商业秘密，再允许别人使用，就再次构成侵权行为。如可瑞斯未经权利人同意，不正当获取配载信息，并通过网络许可自己的客户使用，就构成了两次侵权。

3. 违反约定或者违反权利人有关保守商业秘密的要求，披露、使用或者许可他人使用其掌握的商业秘密

（1）与权利人有业务的单位和个人违反合同约定或者权利人的保密要求，披露、使用、许可他人使用其所掌握的商业秘密

业务既包括与权利人生产经营活动有直接关系的业务，也包括与权利人的生产经营活动有间接关系的业务。具体而言，与权利人有业务关系的单位和个人包括：权利人的业务伙伴，如贷款银行、供货商、加工商等；支付使用费取得使用权的受让方；为权利人提供某种服务的外部人员，如高级顾问、律师、注册会计师等；权利人以其商业秘密作为投资的合作伙伴。这些单位和个人掌握权利人的商业秘密是有合法根据的，对权利人负有明示或默示的保密义务。明示的保密义务是指与权利人之间订有保密合同，或者权利人对其有明确的保密要求；默示的保密义务是指根据具体情况可以推出，如果侵权人不默示其承担保密义务，权利人就不可能告知以商业秘密。

(2) 权利人的职工违反合同约定或者违反权利人的保密要求，披露、使用、许可他人使用其掌握的权利人的商业秘密

权利人的职工包括在职职工和离职职工。为了保护商业秘密，我国在法律制度和司法实践中都承认了合理的竞业禁止制度，允许企业与职工之间通过签订劳动合同或保密合同，禁止本单位的职工在其任职期间或离职以后利用本单位的商业秘密从事与本单位相同的业务或其他与本单位竞争的行为，从而有效地保护企业在市场竞争中不因解除劳动合同而泄露其商业秘密，避免损失的发生。相应地，职工违反了约定，将会受到法律的制裁。

4. 明知或应知上述三项行为而获取、使用或者披露权利人的商业秘密

第三人构成侵权必须具备两个条件：一是第三人主观上对他人的违法行为明知或应知；二是第三人也实施了违法行为，即获取、使用、披露权利人的商业秘密。

法律规定第三人的侵权行为，有两个方面的实践意义：一方面是规范人才的合理流动，使人才流入单位承担合理的注意义务，不得以此获取人才流出单位的商业秘密；另一方面是规范商业秘密转让行为，增加商业秘密转让的安全性。

在行政执法实践中，第三人侵权案件一般都伴随着权利人职工侵权，在确定被处罚主体时，切忌疏漏职工侵权。

三、商业秘密保护的立法建议

近年来，我国在商业秘密保护方面的立法也在逐步加强。但是，还存在诸多缺陷，亟待完善。

（一）扩大商业秘密权利人的范围

《反不正当竞争法》规范的是经营者与经营者之间的经营行为，该法第10条禁止经营者未经许可获取权利人的商业秘密、使用权利人的商业秘密、披露权利人的商业秘密。可见，受该法调整的主体应当是"经营者"，经营者以外的人不受该法约束。该法第2条第三款规定"本法所称的经营者是指从事商品经营或者营利性服务的法人、其他经济组织和个人"。因此，不是经营者的自然人或非营利性的组织，其商业秘密难以纳入《反不正当竞争法》的调整范围。尽管国家工商总局《关于禁止侵犯商业秘密行为的若干规定》和一些地方性法规对经营者作了扩大解释，但根据《立法法》的规定，这些扩大解释都与《反不正当竞争法》的规定相冲突，给工商部门和法院在适用法律上带来诸多矛盾，不利于及时地保护权利人的合法权益。

（二）规定"不为公众所知悉"的判断标准

由于《反不正当竞争法》关于"不为公众所知悉"的规定过于笼统，工商

部门在查处侵犯商业秘密案件时，执法人员往往对这个问题存在较大分歧，因此，对商业秘密的秘密性就有很大的弹性。为了减小弹性，实现执法统一，不妨借鉴一下国外的"不为公众所知悉"（秘密性）判断标准：一是商业秘密在公司外传播的范围；二是有多少公司职工知道公司的商业秘密，知道公司商业秘密的范围；三是公司保护商业秘密的方法、措施有哪些；四是信息对公司和竞争对手的商业价值大小。

（三）规定行政调查中的强制措施

强制措施权是监督检查权的有力保障，侵权者为掩盖其违法行为，往往转移、隐匿或销毁证据，如不采取强制措施，就会给查清案件事实带来困难，就会给当事人造成不可挽回的经济损失。同时，当事人转移、隐匿或销毁财物，也会使行政处罚落空。尽管国家工商总局《关于禁止侵犯商业秘密行为的若干规定》第6条规定"可以责令被申请人停止销售使用权利人商业秘密生产的产品"，但在工商行政执法实践中，由于缺乏"扣留或者封存与侵犯商业秘密有关的财物"的依据，使得权利人不能从上述规定中得到有效的禁令救济。

（四）规定"可获得最佳证据"的原则

所谓"可获得最佳证据"的原则是指利害关系人不如实反映情况、提供有关资料的，或者没有在合理时间内提供必要信息的，或者以其他方式严重妨碍调查的，工商部门可以根据已经获得的事实和可获得最佳信息作出行政处罚决定。根据此项原则，立法机关可以在国家工商总局《关于禁止侵犯商业秘密行为的若干规定》第5条规定的基础上，进一步具体化，并将其纳入《反不正当竞争法》的范畴。

参考文献

[1] 徐朝贤. 世界商业秘密保护立法最新发展及法理分析. 武汉：武汉科技大学学报（社会科学版），2000，4(25)

[2] 许海峰. 企业商业秘密保护法律实务. 第1版. 北京：机械工业出版社，2004

[3] 孟聪慧，曾帆. 浅谈美国对商业秘密的保护及其借鉴意义. 经济纵横，1997(8)：52

（作者单位：徐州师范大学、江苏省徐州市工商局）

三等奖

商事登记主体的确认与特殊类型

刘安伟

商事登记制度在整个商事法律体系中占有重要地位，是关系到商事主体进入市场的基本法律制度。目前，我国在商事主体登记程序方面还没有全国人大制定的法律，现有的法律位阶比较低，有些还是部门规章，呈现多极化和多样性的特点，建立统一的商事登记制度已经迫在眉睫。在第九届全国人大上，33名代表联名提出商事登记立法建议。国家工商总局自1999年起开始着手商事登记立法工作，2002年国务院将商事登记条例列入立法计划，随后又将商事登记法作为2007年的立法计划。

法学家霍姆斯有句至理名言："法律的生命不是逻辑，而是经验。"工商行政管理机关是现行负责公司、企业、个体工商户等商事主体登记注册和行为监管的行政执法机关，可以为商事登记立法提供大量鲜活生动的经验。本文撷取商事登记法所要解决的首要问题——商事主体的确认标准和类型划分，即什么样的组织和个人应当办理商事登记，进行一些探讨，抛砖引玉，以求教于同仁。

一、商事主体的确认标准

关于商事主体的确认标准，各国的法律规定不尽相同。主要包括以下几种：①行为标准，即商事主体必须是实施商行为的人；②职业标准，即商事主体从事的商行为在时间上要有延续性，以从事该行为为职业；③名义标准，即商事主体应当以自己的名义实施商行为；④知识标准，即商事主体应当是对交易对象和交易规则有较丰富的知识[①]。

在上述四项标准中，第四项标准反映了现代商事主体的特征，将其作为商事主体的判断标准，并以此确定其在交易中不同于非商事主体的义务，可以使商事交易更加公平。但是，实践中判断某一主体是否对交易对象和交易规则有较丰富的知识，只有在市场经济比较发达的国家才较为简便和易行。正因为如此，该标准目前主要被美国所采用[②]。考虑到我国的市场发育实际情况，第四项标准不宜作为我国商事主体的划分标准。第三项标准无疑是可以成立的，由于第三项标准是显然的，实践中很少产生争议。并且该项标准目前仅被日本和韩国等少数国家所采用,因此,在立法中加以强调似乎没有意义。第一、二项标准在实践中被多数国家所肯定并加以采用,如《法国商法典》第一条规定,凡从事商活动,并以其作为经常职业者为商人③。各国的做法我们可以借鉴。结合实践,将我国应当确定的商事主体确认标准阐述如下。

第一,营利性标准。该标准基本上等同于各国所谓的行为标准,因为商行为本质上就是营利性行为。营利性标准主要包括三方面的含义:目的的营利性、行为的有偿性、投资人和开办者参与分配④。

第二,职业性标准。该标准近似于各国所采用的职业标准,是指商事主体应当是持续不断地、反复地从事营利性行为,以从事该类行为为业或谋生。

二、需要研究的几种商事主体的类型

对公司、合伙企业、个人独资企业、外资企业、中外合资经营企业、中外合作经营企业的商事主体问题有关法律已经做出明确规定。除此之外,其他类型的商事主体在实践中要么规定不明确,要么存在交叉,需要在制定商事登记法时加以研究和探讨。

1. 个体工商户

《民法通则》、《城乡个体工商户管理暂行条例》都对个体工商户做出规定,但这些规定在执行过程中一直存在问题。以前的问题是个体工商户如何与私营企业区分,现在的问题是个体工商户如何与个人独资企业相区分。由于在投资者身份、人数、出资要求、组织和责任形式等方面,个体工商户与个人独资企业没有实质的区别,因此,我们可以考虑在名称上加以限定。凡单个自然人申请以自己的名义从事经营活动,就规定登记为个体工商户,相反,另取名称的就规定登记为个人独资企业。这样就符合《民法通则》和《个人独资企业法》的相关规定,也就可以把个体工商户与个人独资企业区别开来。

2. 合作企业

在理论上,合作企业并不是一种常见的分类类型。实践中商事主体类型的划分主要是按照责任与组织形式的标准,通常可以分为商主体、商法人和商合伙。目前法律上关于合作企业的规定主要有《民法通则》和《中外合作企业法》。就这两部法律的规定而言,对于合作企业的规定也是不明确的,存在多种解释。我国《民法通则》第五十二条规定,企业之间或者企业、事业单位之间联营,共同经营、不具备法人条件的,由联营各方按照出资比例或者协议的约定,以各自所有的或者经营管理的财产承担民事责任。依照法律的规定或者协议的约定负连带责任的,承担连带责任。此法律条文中并未出现"合作企业"

的用语，我们称其规定了合作企业，只是一种理解和解释⑤。而《中外合作企业法》所规定的合作企业，在实践中绝大部分都被登记为有限责任公司，因此，《中外合作企业法》所规定的合作企业在实际操作中被作为合资企业来进行登记，具体可称为"契约式合资企业"，这种观点和称谓已经被我国加入世界贸易组织法律文件所运用。

随着公司法律制度的不断完善，商事主体的类型不断扩大，我们认为合作企业可以分解成为有限责任公司和合伙企业。比如，新修订的《公司法》第三十五条规定，股东按照实缴的出资比例分取红利；公司新增资本时，股东有权优先按照实缴的出资比例认缴出资。但是，全体股东约定不按照出资比例分取红利或者不按照出资比例优先认缴出资的除外。该条规定对有限责任公司的同股同权的分配方式进行了新的突破，即股东可以按照约定来进行利益分配，实际上正是合作企业人合作性的体现。同时，除了可以将合作性质的商事主体登记成为有限责任公司外，也可以按照约定登记成为有限合伙。所以我们认为，商事登记立法应该取消合作企业的类型，将其在有限责任公司和有限合伙中加以体现。

3. 农村承包经营户

农村承包经营户是指农村集体经济组织的成员，在法律允许的范围内，按照农村承包合同的规定，使用集体所有的土地和其他生产资料，独立从事商事经营活动的，由一户或多人组成的农户⑥。农村承包经营户的本质特征是：在主体资格上，其必须是农村集体经济组织的成员；同时又必须按照承包合同的规定从事经营活动。从定义我们可以认为农村承包经营户不以绝对商行为和营业商行为为其行为内容，并且依法不需进行商业登记而存在的商事主体，即理论上称其为任意商人。任意商人是大陆法系国家特有的概念。任意商人的主要特征有：一是任意商人所从事的活动并不属于各国商法认定的当然商行为的范畴，而多是属于辅助性商行为；二是任意商人所从事的此种活动就其性质来说并不当然具有营利性，不具有明确稳定的营业内容，不具有严格的持续性；三是任意商人不具有商人所要求的营业性组织的特征，实践中多表现为小商人；四是任意商人不需要登记⑦。从实践上说任意商人是否具备商主体资格，何时取得何种范围的商事能力，以及是否适用商法的规定，都是很难确定的⑧。

综上所述，我们认为，农村承包经营户作为任意商人，不应纳入商事登记的范围之内，不需要进行商事登记。

4. 小商贩

常见的小商贩有走街串巷的小商品出卖者、手艺匠人（如农村中比较普遍的木匠、铁匠等)、街头临时设点的摊贩等。那么，这些小商贩是否属于商事主体？是否属于商事登记法的调整范围？我国目前的法律、法规还没有对小商贩的具体界定的标准，只是在国家工商总局出台相关规范性文件中明确提出流动商贩不需要登记注册，如国家工商行政管理总局 2004 年出台的《个体工商户分层分类登记管理办法》规定，工商行政管理机关依照国家有关政策法规对农村流动小商贩免予工商登记，对农民在集贸市场或者地方人民政府指定区域内销售自产农副产品免予工商登记。工商行政管理机关根据监管执法工作的需要对从事经营活动但依照有关规定免予工商登记的个体经营者进行备案，记录其基本经营情况，以掌握市场交易动态，规范经营者行为，维护正常的市场秩序。

5. 分支机构

分支机构是社会经济发展过程中，企业不断发展中不可缺少的一种企业模式。现行登记法规都规定分支机构应当办理登记。但什么是分支机构，分支机构如何确认却未作具体规定，致使实践中对分支机构问题存在较大争议。争议的焦点主要集中在分支机构有无独立的名义从事经营活动，以及分支机构在什么条件下需要登记，什么条件下不需要登记等。实践中，登记机关难以把握。比如在工商部门实际执法中经常遇到的某外地企业在北京开设办事处，并不从事经营活动，只是进行联络工作，那么这样的办事处是否属于该企业的分支机构。这种情况下，如果认为是分支机构而没有进行登记，就按照《无照经营查处取缔办法》来认定其为无照经营；反之，如果认为其没有进行经营活动，不属于该企业的分支机构，那么如何处理呢？

笔者认为，《商事登记法》对于分支机构的问题需要明确以下三个问题。

第一，分支机构有无独立的名义从事经营活动。关于分支机构是否具有法人资格在我国现行法律、法规中规定不明确。如《中华人民共和国公司登记管理条例》第四十六条规定："分公司是指公司在其住所以外设立的从事经营活动的机构。分公司不具有企业法人资格。"《企业法人登记管理条例》第三十五条规定："企业法人设立不能独立承担民事责任的分支机构，由该企业法人申请登记，经登记主管机关核准，领取《营业执照》，在核准登记的经营范围内从事经营活动。"从以上规定中我们可以看出：《中华人民共和国公司登记管理条例》明确规定分支机构不具有企业法人资格；《企业法人登记管理条例》在"核准登记的范围之内"从事经营活动。法律法规没有明确规定分支机构有无独立的名义从事经营活动，这也是商事登记立法过程中需要解决的问题。笔者认为，把分支机构作为商事登记的主体之一进行登记，对其进行登记的主要事项包括：名称、营业场所、负责人、经营范围（其经营范围不得超出公司的经营范围）。

我们认为应该区分不同的情况决定分支机构有无独立的名义对外从事经营活动。可以通过企业在设立分支机构的企业的章程中加以明确分支机构的职责和权限，同时也可以通过设立分支机构的章程加以明确规定。如果是章程中规定分支机构可以从事的经营活动，则分支机构可以在其职责、权限范围内以独立的名义从事经营活动；反之，则不能超越权限以其独立的名义从事经营活动，必须以企业的名义从事对外经营活动。

第二，分支机构需要登记的条件。分支机构是企业在不断发展壮大过程中不可缺少的，那么，政府行政机关如何对分支机构进行管理，才能实现既有利于企业的发展，又有利于社会交易安全和经济的稳定发展。这就需要解决分支机构在什么条件下需要登记、什么条件下不需要登记的问题，从而实现登记机关向社会公示其身份。笔者认为，可以从三个方面进行分析：一是地域因素。地域因素要求企业在经营地以外从事经营活动必须进行分支机构的登记注册。二是规模因素。这里所说的规模因素的前提是没有从事经营活动，我们可以从地点、人员等方面加以考虑。若只有一间比较小的办公室、两人（包括两人）以下从事对外联络工作，则不需要进行分支机构的登记，但必须明示其企业的相关信息，比如名称、地址等。三是责任承担问题。如何让交易相对人知道相关责任的承担者是解决分支机构登记的根本问题。因此，无论该分支机构是否需要登记，都必须明示其所属公司的相关真实信息。由其所属的公司承担相应的责任。

第三，分支机构再设立分支机构问题。分支机构再设立分支机构已经是经济生活中的一种普遍现象，它反映了企业成长的客观规律，符合企业加强内部管理和不断开拓市场的需要。这类企业主要集中在邮政、银行、电信等一些具有从事社会公众公共利益服务的事业性企业。迄今为止，除了工商行政管理机关的规范性文件对个别行业企业设立多层级分支机构做了规定外，还没有法律法规对此问题做出明确规定。这类企业有其自身的特点：一方面，它属于社会公共服务部门的企业；另一方面，从国家到地方，这类企业实行统一规范的层级管理模式，其管理方式和职权划分类似于行政机关实行的垂直管理模式。这种运作和管理模式要求必须实行分支机构再设立分支机构。为了适应这类企业发展的需要，体现为经济服务的功能，《商事登记法》应当做出相应的规定，在肯定此类分支机构可以设定分支机构的基础上，制定相应的登记管理制度。

比如，省（自治区、直辖市）邮电通信企业，下设的市、县邮电局我们可以认定其为省（自治区、直辖市）邮电通信企业的分支机构。在市、县邮电局之下再设置支局、代办点等，从经营管理的性质和运行方式来看，应视为市县一级邮电局的分支机构，而不能成为省（自治区、直辖市）邮电通信企业的分支机构。这就是比较典型的分支机构设置分支机构的例子。

但是，根据《公司法》规定，分公司不具有企业法人资格，其民事责任由公司承担。因此，分公司不能对外投资或设立分支机构。国家工商总局在2000年《关于分公司擅自设立分支机构如何进行处罚问题的答复》中也主张了相同的观点。这就需要《商事登记法》对此问题做出的特别规定，明确赋予邮电通信、银行等从事社会公共服务行业的企业的分支机构可以再设立分支机构，民事责任由其上一级机构承担。

注　释

① 任先行，周林彬．比较商法导论．北京：北京大学出版社，2000.214~215

② 《美国统一商法典》第2~104条规定："商人是指从事某类货物交易业务或因职业关系以其他方式表明对交易所涉及的货物或做法具有专门知识或技能的人，也指雇佣因职业关系表明其有此种专门知识或技能的代理人、经纪人或其他中介人的人。"见：潘琪译．美国统一商法典．北京：中国对外经济贸易出版社，1995.18

③ 蒋杰．商事登记的种类．工商行政管理，2003(10)

④ 任先行，周林彬．比较商法导论．北京：北京大学出版社，2000.317

⑤ 按照《民法通则》第五十二条规定，依照协议以各自所有的财产承担责任，可视为关于合作的规定。

⑥ 范健主编．商法．第2版．北京：高等教育出版社、北京大学出版社，2002.29

⑦ 赵万一著．商法基本问题研究．北京：法律出版社，2002.295

⑧ 赵万一著．商法基本问题研究．北京：法律出版社，2002.295

（作者单位：中国工商出版社）

三等奖

政府的承诺不应视同于企业的承诺

张 经

2004年3月17日,两份不同的大报选用同一标题先后报道了同一则消息:"(中国)零售业(今年)年底全面开放",副标题也完全相同:"今年12月11日前将取消外商投资商业企业在地域、股权和数量等方面的限制"。两位听取国家商务部张志刚同志3月16日在全国流通改革发展工作会议上讲话的记者不约而同的报道,向世人再次重申了中国入世前的严肃承诺。但笔者读后不禁产生了一个疑问:"零售业年底全面开放"是从哪个角度讲的"全面"?是什么范围的"开放"?12月11日前将取消对外商投资商业企业在地域、股权和数量等方面的限制,那么谁是该取消行为的主体,商务部本身相关行政职能"取消"的同时,中国广大企业是不是也不能保留有"外商投资商业企业在地域、股权和数量等方面的限制"的要求?中国广大企业,还有各行业协会、同业公会等是不是对国内市场某些合理限制的正当诉求和做法也得同时放弃?最后从本质上看,商务部从政府角度"取消"的那部分行政职能从本质上看,是不是与市场经济根本对立即错误呢?

笔者认为这是一个不同的、不能混淆的概念。长期以来,不仅一些企业负责人员,还有各级政府部门公务员,习惯于用计划经济的思维考虑市场经济的问题,这样思维的结果,易将政府及行政机关与广大企业混淆为同一个整体,将政府及有关行政机关的决定与广大企业从自身利益出发的市场企图混淆为同一个概念。在长期的计划经济时期,由于体制而产生的产权关系,企业的一切生产经营活动均是在政府或有关行业部门安排与指导下发生和进行的。在那一时期,政府及有关行政部门说什么,企业就做什么,政府及有关机关表示自己不能做什么,企业也就不去谋什么。这种政府行为与企业行为一体化的意识,无疑是计划经济体制的基础和优势。但在社会主义市场经济体制建立以来,特别是党的十六届三中全会提出要"完善"这一体制以后,上述那种企业依附于政府有关行政机关的安排与指导的格局正在被逐渐打破。广大企业作为具有独立人格的市场主体,正在树立自行决定自己的经营方针、方向与方法的意识,这种意识就是社会主义市场理论体制的核心与要害。与此同时,各级政府及有关行政部门正在从唯一代表的角色转换为社会秩序的坚定维护者和公共服务行为的忠实执行人。这种政府行政行为与企业的市场行为逐步剥离的结果，反映在如何对待中国政府对WTO的承诺问题上，就是政府承诺是否代表不代表市场，政府的承诺并不等于企业的承诺，行政审批的清理并不代表市场规则的清理。对某些经审查从行政机关废止的市场限制并不代表这些市场限制对于市场经济体制和市场经济秩序就是错误的，只不过不能再由行政出面而已。下面的一个事实正在残酷地证明着这个结论。

据《环球时报》2004年4月记者报道，按照10年前关贸总协定谈判达成的协议，从2005年1月1日起中国纺织品的配额将全部取消。但是，随着这一天的临近，中国业界对这一协议能否全面实施的忧虑却在不断加重。今年3月初，美国纺织品制造商协会（ATMI）与美国制造业贸易行动联盟（AMTAC）联合伊斯坦布尔纺织品及服装出口商会（ITKIB）发起了《伊斯坦布尔声明》，要求世界贸易组织在今年7月1日以前召开紧急会议，讨论将纺织品配额延长至2007年年底的建议。《伊斯坦布尔声明》的矛头直接对准了中国纺织业。声明称，中国入世为全国贸易环境带来了重大转变和影响。它们担心，一旦取消配额，中国产品进入全球纺织品及少数几个国家将垄断全球市场，进而导致多个国家出现大规模失业和破产情况。墨西哥、意大利、比利时、奥地利等十多个国家的纺织和贸易协会也表示支持。美国、墨西哥、土耳其的有关协会还声称，它们将发起全球性行动，组织业界支持这项计划。

这充分表明，其他WTO成员国，包括一部分我国一贯政策是增进友谊的发展中国家，由于担心中国在经济全球化目标下加入国际市场的竞争而影响了它们的利益，从而在WTO不允许政府行为与法律成果限制市场的原则后面，充分利用行业协会等WTO规则不能管辖的那些组织的行规行约，将本国不便再由行政和法律出面施加的市场限制重新设置在国内市场的门槛上，尽一切努力阻碍已经入世的中国企业、中国资本的进入。这些组织和它们麾下的广大企业，并不由于所在国是WTO成员而放弃对本国市场的限制。说得再明确一些，在其他那些WTO成员国中，一国政府或行政机关对WTO的承诺，仅是该国政府或行政机关自身范围内的承诺，并不等同于该国企业包括行业组织的承诺，这一市场经济基本思维的观念决定了那些国家的企业和行业组织可以摆脱WTO规则的管辖，铸造起保护自己本国市场的"二道关"。

另外，这种"取消"的含义是什么，即是不是一旦被取消就被证明它针对市场经济而言，从诞生时根本就是错误和不当的？是不是证明某项许可一旦被行政机关取消，就表明它对市场经济而言，就是永远不能再以合理方式被重新确立的内容?

笔者认为,行政许可的清理有几种不同的情况,一是某些行政许可确属计划经济思想的产物,其产生与数量不仅不能由行政机关承担,而且对于中国市场的改革和有序发展也是有阻碍的。这些行政许可被清理是正当的。二是相当一部分原有的行政许可,对于市场秩序、市场结构、产业结构、产品结构的维护,对外资的引进程度的控制、调节和掌握,在任何一个国家都还是必需的,只不过它们不能再由行政机关承担而应迅速改由行业组织等市场中间结构来承接。三是少数对社会的市场经济有益,历史和现实也表明这几项许可不仅对于中国特色的市场是必要的,而且表明这种许可的需要继续理直气壮地交由行政机关来承担,但由于清理与取消的认识和理解不同,所以也在这次行政许可的清理中被清理掉了。

因此,各级政府以及新闻媒体有责任帮助和引导我国广大企业深刻理解和认识这一需要根本性扭转的概念,在为入世而进行的各项行政审批清理过程中,树立自己才是市场的真正主人的意识,充分利用政府对 WTO 的承诺并不约束企业和广大行业组织的联合行为的机会和空当,为自身和本行业在广袤的市场天地中占领自己应有的地位,发挥自己应有的作用而大胆前行!

(作者单位:国家工商总局)

三等奖

浅谈企业改制中的以净资产出资

张琼瑜

随着国有企业改制的深入,"股权转让"或"吸收新股东增资扩股"式的企业改制已经不是改制的主要形式,国有企业在公司制改制进程中,通过对企业的不良资产进行核销,对部分国有资产进行剥离处置,然后将剩余净资产出售给职工个人,将企业改制成有限公司是企业改制方案中常常出现的,以净资产出资、特别是以部分净资产出资是目前企业改制的主要形式。目前大多数人将"以企业净资产出资"列为非法定出资方式的一种。有人认为:净资产是抽象化的财产概念,因为其无法实现财产的交付而不适用于作为注册资本。只有在企业财产整体投入的情况下,才能以净资产折合股份,而不能在一般情况下,将企业全部资产评估后,拿出一部分净资产来作为投资。也有人认为:企业净资产也是一种资产形式,现行法规没有明确的禁止性规定,因此,应该允许以企业净资产作为出资。本文拟通过对净资产内涵的分析,谈谈本人对以企业净资产出资的认识,并对如何完善以净资产出资提出一点建议。

一、从净资产的内涵看,它是包含资产与负债的一个整体

所谓以企业净资产出资,只是针对出资数额而言,它本身并不是具体的出资方式,实质上,以企业净资产出资也是以改制企业的具体财产出资。以企业净资产出资时,它的出资方式是由净资产所包含的具体资产决定的。

一般认为,"净资产"是指企业的资产总额减去负债总额后的剩余额,它在数量上等于企业的所有者权益。"企业净资产"与企业的总资产相对应,反映的是企业所有者权益数额,它与负债一起共同构成了企业总资产的两个重要来源。"净资产"与"总负债"、"总资产"三者间的相互依存关系可用等式"企业净资产＝企业的总资产－总负债"来表示。我们通常所说的企业改制中的以净资产出资即是指企业进行公司制改制时以某一时点为基准,对改制企业的全部或一定范围内的资产、负债进行评估,并以经评估后的净资产的数额作为改制后公司注册资本的全部或一部分,在以净资产出资的情况下,纳入该范围内的所有资产以及所有负债都将带入改制后的企业。以净资产出资包括两种类型:第

一种是指以"企业的总资产减去总负债"后的数额作为改制后公司注册资本的全部或一部分,此种是指以全部净资产出资;第二种是指以"企业一定范围内的资产减去一定范围内的负债"后的数额作为改制后公司注册资本的全部或一部分,此种是指以部分净资产出资。

企业净资产是包含资产和负债的一个整体,本身并没有具体的财产形式,以企业净资产出资,只是针对出资数额而言,它并不是具体的出资方式,实质上以净资产出资也是以企业的具体财产出资,只不过这种出资是附条件的,以净资产出资后,必须带入相应的负债,带入改制后企业的是构成净资产的一定范围内的企业资产加上一定范围内的企业负债,以企业净资产出资时,出资方式具体体现在构成净资产的资产项目上。为了便于说明,这里将带入改制后企业的资产分成两部分,一部分资产是作为出资(在数额上与净资产的数额相等),另一部分资产是用于抵作带入改制后企业的负债(在数额上与带入改制后企业的负债相等)。以净资产出资时的出资方式是由改制企业的具体财产形式决定的,根据企业实际资产项目的不同,以企业净资产出资时在出资方式上不一定能全部符合法律规定。

二、从我国目前相关的法律、法规分析,以企业净资产出资虽不禁止,但要符合一定的条件

(一)从我国的注册资本制度及相关法律、法规关于注册资本的规定分析,只有符合法律、行政法规规定的出资方式和出资条件的企业资产才可以作为出资

《公司法》第二十六条规定,有限责任公司的注册资本为在公司登记机关登记的全体股东认缴的出资额。《公司法》第二十七条明确规定,"股东可以用货币出资,也可以用实物、知识产权、土地使用权等可以用货币估价并可以依法转让的非货币财产作价出资;但是,法律、行政法规规定不得作为出资的财产除外。对作为出资的非货币财产应当评估作价,核实财产,不得高估或者低估作价。法律、行政法规对评估作价有规定的,从其规定。全体股东的货币出资金额不得低于有限责任公司注册资本的百分之三十。"《公司登记管理条例》第十四条规定:"股东的出资方式应当符合《公司法》第二十七条的规定。股东以货币、实物、知识产权、土地使用权以外的其他财产出资的,其登记办法由国家工商行政管理总局会同国务院有关部门规定。股东不得以劳务、信用、自然人姓名、商誉、特许经营权或者设定担保的财产等作价出资。"从上述规定看,企业净资产能够作为出资,前提是作为出资的资产应是符合法律、行政法

规的规定。

根据《公司登记管理条例》第二十条规定："股东首次出资是以非货币财产的，应当在公司设立登记时提交已办理其财产权转移手续的证明文件。"根据《公司注册资本登记管理规定》第十二条规定："公司设立登记时，股东或者发起人的首次出资是非货币财产的，应当提交已办理财产权转移手续的证明文件。公司成立后，股东或者发起人按照公司章程规定的出资时间缴纳出资，属于非货币财产的，应当在依法办理财产权转移手续后，申请办理公司实收资本的变更登记。"

显然，只有符合法律、行政法规规定的出资方式和出资条件的企业资产才可以作为出资。

（二）从改制企业净资产的现状分析，纳入改制企业净资产范围内的资产的多样化决定了以净资产出资时出资方式的多样化。企业改制中以净资产出资，并不意味着在出资方式上对《公司法》的突破

关于企业改制中以净资产出资的相关规定有：国家工商行政管理总局《公司注册资本登记管理规定》第十七条规定，"非公司企业按《公司法》改制为公司、有限责任公司变更为股份有限公司时，折合的实收股本总额不得高于公司净资产额。有限责任公司变更为股份有限公司，为增加资本公开发行股份时，应当依法办理。原非公司企业、有限责任公司的净资产应当由具有评估资格的资产评估机构评估作价，并由验资机构进行验资"。

国家工商总局工商企字〔2005〕第199号文下发"非公司企业法人按《公司法》改制变更登记提交材料规范"中列明的"企业法人的主管部门（出资人）出具的批准改制的文件；内容包括：同意企业改制、对企业净资产评估价值的确认、企业净资产的处置方案（主管部门（出资人）将企业法人净资产作为其在改制后公司的出资，如主管部门（出资人）将企业净资产全部或部分转让，应另附转让协议或者股权交割证明）"中提到，是否可以据此推断企业改制都允许以企业净资产出资呢？

从有关规定看，"非公司企业按《公司法》改制为公司、有限责任公司变更为股份有限公司时，折合的实收股本总额不得高于公司净资产额"。从改制企业净资产的内涵及现状分析，有些企业净资产是不适合作为出资的。企业资产多样化，从改制企业的资产评估报告分析，企业的资产有流动资产、固定资产、长期投资、无形资产、递延资产及其他资产等几大类；企业的负债科目包括：流动负债和长期负债。从改制企业评估报告的"资产评估结果分类汇总表"看，企业的流动资产包括：货币资金、短期投资、应收账款、预付账款、应收出口退税、其他应收款、存货、待摊费用等。企业资产的多样化决定了它的出资方式呈多样化，企业资产科目中有些符合《公司法》对出资方式的规定，有些不符合《公司法》对出资方式的规定。

从实际情况分析，即使经过评估，企业净资产也不一定全部是企业拥有的实际资产。因为有些报表上所体现的应收货款或个人借款，虽然暂时未达到烂账的程度，但由于业务上的种种原因，发生经济纠纷，形成"三角债"，再加上追收不及时等原因，隔了几年之后，企业不但收不到钱，即使能收回也是部分。以某一改制企业评估报告的"资产评估结果分类汇总表"为例，该企业的应收账款数额达800多万元，应收账款的评估价值与账面价值一样，并没有扣除"坏账准备"，从现实情况分析，应收账款是不一定能全部收回的，呆账、坏账常有发生。应收账款虽然最后体现为货币形式，但不是企业目前实际拥有的货币，只体现为企业的所有者权益而已，企业的注册资本与实收资本必须一致，如果以应收款项作为出资，势必造成实收资本与注册资本不一致，因此，应收账款不应当作为出资。以企业净资产出资，并不意味着在出资方式上对《公司法》的突破。

本人认为，要根据公司法规定的出资方式，判断作为出资的净资产中所包含的资产项目里符合规定出资方式的资产数额，以及这些符合法定出资方式的资产中包含哪些需要办理相关财产权转移手续的资产来确定企业的注册资本与实收资本。

（三）以净资产出资时涉及企业相关债权、债务的转移，债的主体发生了变更，根据"债的移转"的有关规定，除债的"法定移转"外，以净资产出资时要符合"债权让与"与"债务承担"的要件，落实所有相关的债权、债务

以净资产出资时涉及企业相关债权、债务的转移，属于民法上"债的移转"。根据"最高人民法院关于审理与企业改制相关的民事纠纷案件若干问题的规定"，对企业公司制改造有关债务的处理规定是："国有企业依公司法整体改造为国有独资有限责任公司的，原企业的债务，由改造后的有限责任公司承担。企业通过增资扩股或者转让部分产权，实现他人对企业的参股，将企业整体改造为有限责任公司或者股份有限公司的，原企业债务由改造后的新设公司承担。"据此我们可以认为，企业在整体改制为有限公司，并未对企业的净资产进行剥离处置的情况下，才符合债的"法定移转"的条件，企业改制前的债权、债务才能由改制后的公司承接。

从理论上说，企业法人具有独立的财产权，投资人在足额缴纳出资后，除

非企业解散并已进入清算阶段,否则企业的出资人无权对企业财产进行任何实体上的处置,包括对其债权、债务进行分割。从登记实践中分析,实际上企业改制时,原企业出资人常根据改制的实际需要而对企业的净资产进行剥离处置,然后将企业剩余净资产出售给职工个人或第三方,以部分净资产出资时涉及对企业债权、债务的处置,债的主体发生了变更,根据民法"债的移转"的有关规定,除债的"法定移转"外,其他类型的"债的移转"要符合"债权让与"与"债务承担"的要件。"债权让与"一般要具备以下条件:须存在有效的债权、被让与的债权须具有可让与性、让与人与受让人须就债权的转让达成协议、债权的让与须通知债务人。"债务承担"的要件是:须存在有效的债务、被移转的债务应具有可移转性、第三人须与债权人或者债务人就债务的移转达成合意、债务承担须经债权人同意。以部分企业净资产出资基本上是企业所有者的单方面行为,显然违反债的移转的有关规定,因此,企业改制中以净资产出资时,应当依照相关法律规定,落实相应的债权、债务。

三、根据目前的相关规定,以净资产出资的改制企业在办理改制登记时实收资本与注册资本存在不一致的可能,但这种不一致与公司设立登记时因分期缴资原因引起的实收资本与注册资本不一致的情况是不同的

在《公司法》及《公司登记管理条例》重新修订前,有限公司虽然是实行实缴资本制,但涉及非货币出资并需办理过户手续的财产可以在登记后六个月内办理相关过户手续,因此,以净资产出资的改制企业在办理改制登记时,虽相关过户手续尚未办理,但实收资本是视同与注册资本一致的。但根据修订后的《公司法》及《公司登记管理条例》,有限公司虽然实行认缴资本制,但涉及非货币出资并需办理过户手续的财产只有在办理相关过户手续后才可计入实收资本。因此,本人认为,以净资产出资的改制企业在办理改制登记时,注册资本与实收资本不一定一致。只有在以净资产出资时,纳入净资产范围内的企业资产中符合法律、法规规定出资方式的资产在数额上大于或等于作为净资产出资的部分,并且这些资产已办理相关财产权转移手续的情况下,企业在办理改制登记时实收资本才是与注册资本一致的。如果作为出资的净资产中,纳入净资产范围内的企业资产中符合法律、法规规定出资方式的资产在数额上大于或等于作为净资产出资的部分,但是这些资产中包含有一些需办理相关过户手续的资产,那么,在未办理过户登记手续之前,根据《公司登记管理条例》及《公司注册资本登记管理规定》,这些资产是不能计入实收资本的。

从企业改制的实际情况分析，在可以作为注册资本的改制企业净资产中，需办理相关过户手续的资产只有在办理企业改制登记后才能办理。以净资产出资的改制企业，在改制登记前，是无法办理纳入该净资产范围内的所有财产的相关过户手续的，需在改制登记完成后才能根据登记机关出具的"准予变更登记通知书"办理纳入该净资产范围内的所有财产的相关过户手续，以净资产出资的改制企业在办理改制登记时实收资本与注册资本存在不一致的可能。

以净资产出资的企业在办理改制登记时，如果一律以验资报告所确认的净资产数额来确定企业的实收资本，一方面与现有规定不符，另一方面也容易造成企业在改制后部分需过户的资产未及时办理相关手续或流失。但企业改制中的实收资本与注册资本的不一致有其特殊性，它与公司分期出资中的实收资本未全部到位是有区别的。企业改制中以净资产出资时，因需办理财产权转移手续的资产未能过户而造成实收资本与注册资本不一致，这种不一致与公司设立登记时因分期出资原因引起的实收资本与注册资本的不一致是不同的。公司分期出资引起的实收资本与注册资本不一致，未到资的部分资产是在股东的掌控之中，根据《公司注册资本登记管理规定》第六条，"公司设立股东时或者发起人的首次出资、公司变更注册资本及实收资本，必须经依法设立的验资机构验资并出具验资证明"。而企业改制以净资产出资时，虽然有些资产尚需办理过户手续，如果计入实收资本与现有规定存在矛盾，但企业改制是经整体评估并验资确认的，未办理相关过户手续的企业资产不是在投资者的掌控之中，而是在改制前的企业名下，并且不需要也不可能通过验资报告来重新确认该资产的评估价格，企业改制是以变更登记程序处理，在企业改制后，凭公司登记机关出具的"准予变更登记通知书"即可办理相关过户手续，因此，以净资产出资的改制企业在登记后办理实收资本到位的变更需要的材料应与分期出资实收资本到位的变更有所不同。

四、建议

（一）立法上完善企业改制登记的相关法律、法规

《行政许可法》颁布实施后，对企业改制的规范登记提出了迫切的要求，依法行政的前提是有法可依，应针对企业改制的不同情况，出台相应的操作规程，特别是进一步完善以企业净资产出资的相关规定，以适应企业改制的现实需要。

1. 针对各种不同的企业改制形式，确定各自的提交材料规范要求

从企业改制的形式分析，有的企业改制是采取出让全部股权，改制企业的

所有债权、债务由改制后的公司承接，改制企业经评估后的净资产数额只是作为改制企业原出资人出让股权的作价依据；有的企业改制是采取原企业出资人将评估后的改制企业的全部净资产协议转让给第三人，购买该企业净资产的第三人全部以所购买的净资产出资，在这种情况下，作为出资的净资产数额有的大于原企业的注册资金，有的因为亏损等原因，企业净资产远远少于其改制前的注册资金；有的企业改制是采取出让部分企业净资产的方式，改制企业的原出资人对企业资产进行剥离处置，仅将企业部分净资产转让给第三人，第三人以所购买的企业净资产出资，根据所提供的净资产转让协议，企业改制前的债权、债务由改制后的公司承接；还有的企业改制是采取原企业出资人对企业资产进行剥离处置后，改制后企业的注册资本全部由改制后股东投入，改制前企业带入改制后企业的是一定范围内的资产与一定范围内的负债，并且该资产与负债在数额上是相等的，也可以说是企业的原出资人收回全部净资产、采取零资产转让的方式进行改制。

分析企业改制的不同情况，我们可以看出，转让净资产的企业改制类似于转让股权的企业改制，但转让企业净资产的企业改制与转让股权的企业改制有明显的差别：转让股权的非公司企业在进行公司制改制时，净资产只是作为转让双方作价的依据，不涉及企业资产的剥离，在出资方式上企业改制前、后没有发生变化，改制前企业的债权、债务当然由改制后的企业承接。但以净资产出资的改制企业原投资主体往往对企业资产进行了处置、剥离，改制企业的出资方式是由纳入改制的净资产中所包含的资产形式决定的，改制前企业的债权、债务是否全部由改制后企业承接是由纳入改制的企业净资产的范围决定的。至于采取零资产转让方式进行的企业改制，虽然带入改制企业的是一定范围内的资产与负债，但出资方式是由改制后股东投入注册资本的方式决定的。因此，不同情况的企业改制在办理改制登记时提交的材料应当有所不同。

采取股权转让方式进行的企业改制不涉及净资产出资问题，但如果该改制企业经评估属于亏损状态，股权的出让方或股权的购买方是否要对改制企业进行补亏处理呢？从理论上讲，企业的股权是与企业的注册资本相对应的，但除非通过减资程序，否则企业的注册资本不能发生变化。但根据国家工商行政管理总局《公司注册资本登记管理规定》第17条规定，"非公司企业按《公司法》改制为公司、有限责任公司变更为股份有限公司时，折合的实收股本总额不得高于公司净资产额"。因此，在企业亏损的情况下，如果注册资本不变的话，净资产额应当补足与注册资本一致。

2. 进一步完善以企业净资产出资的相关规定，以适应企业改制的现实状况

就"企业净资产"而言，每个改制企业所包含的资产、负债情况也都是不一样的，净资产的构成不同。有的改制企业在办理改制登记时，作为出资的净资产中会有涉及如汽车、房屋等需办理财产权转移手续的资产；有的改制企业在办理改制登记时，作为出资的净资产不涉及需办理财产权转移手续的资产。根据现有规定，在办理登记时，它们的实收资本是不一样的。应以立法的形式，明确企业改制中以净资产出资的内涵、需要明确的问题以及适用条件，根据改制企业资产处置的不同情况，出台相应的操作性规范，统一登记程序及所需要提交的资料，避免各部门从各自角度出发而造成改制方案的难以执行。针对企业改制中以净资产出资的现状，建议增加"纳入净资产范围内的财产转移备案登记"的规定，以区别于注册资本分期到位中的实收资本变更登记。

（二）登记实践中根据现有法律、法规的规定，从保证注册资本的实际到位及保护债权人的利益出发，把握以净资产出资的合法性

在目前处理改制企业以净资产出资时没有相关法律法规规定的情况下，在依照国家工商行政管理总局规定提交相应申请材料的前提下，办理企业公司制改制的登记实践中，建议如下：

1. 改制企业的验资报告必须要明确以企业净资产出资时纳入改制后企业的资产和负债的范围

目前对"企业改制为公司"并以净资产出资所提交的验资报告没有具体规范要求。《公司注册资本登记管理规定》对验资报告的内容也只有原则的要求，实践中多数验资机构对企业改制所作的验资报告不能如实反映改制企业的实际情况，有的验资报告将企业改制反映成了变更名称、注册资本或变更股东的验资报告，有的将企业改制的验资报告反映成了新设有限公司，不能如实反映企业改制的现状以及改制后企业注册资本的构成情况。

从本文的分析可以看出，企业净资产是包含资产与负债的一个整体。因此，以净资产出资的改制企业的"验资报告"所体现的内容与一般企业设立或变更注册资本的验资内容是不同的，"企业改制为公司"并以净资产出资时，它的验资报告所体现的资产不是单独存在的，资产附带着相应范围内的负债，验资的依据是改制企业的评估报告，实收资本的构成是改制企业的评估报告所反映的具体的资产。改制企业的验资报告也是改制后企业承接改制前企业相关债权、债务的依据之一。

企业改制中不管是以企业的全部净资产出资还是以企业的部分净资产出资，验资报告中都必须明确列出作为出资的净资产中所包含的资产、负债范围，特别是对需办理财产权转移手续的企业资产要明确列出。否则，在企业改制后，容易造成原企业出资人或改制后企业的股东对已出资资产的抽逃，特别是对以部分净资产出资的改制企业，因对出资的净资产所包含的资产、负债范围不明确，改制后企业在对外承接改制前企业的债权及承担债务时没有依据，影响相关债权的回收，并且容易造成改制企业的原出资人及改制后企业对应承担的改制前企业债务的推诿，损害债权人的利益。

2. 除改制企业以全部净资产出资进行整体改制外，对以企业部分净资产出资的企业改制，要依据债的移转的相关规定，落实企业改制前相关债权、债务的承接

登记实践中要根据改制企业的改制方案、评估报告等，明确改制企业以净资产出资的实际情况。除企业以全部净资产出资进行整体改制外，对以部分净资产出资的企业改制，改制企业的原出资人以及改制后企业的股东要明确纳入改制的资产、负债范围以及被剥离的资产、负债范围，包括要明确所有相应的对外投资股权情况，所有相应的下属分支机构名称，便于企业在改制登记后办理相关的变更登记手续。要依据债的移转的相关规定，落实企业改制前相关债权、债务的承接。

3. 针对改制企业的不同情况，原则性与灵活性相结合，依法出具相关登记证明，支持企业改制工作的顺利开展

目前关于企业名称变更适用的是"企业名称变更登记通知书"，企业根据该通知书可以办理相关的变更登记手续，依法承接相关的债权、债务。企业改制涉及企业名称、企业类型、股东等相关登记事项的变更，是一种特殊的企业变更形式，根据目前最高人民法院对企业公司制改造有关债务的处理规定看，实际上能够承接改制前企业所有债权、债务的只适合于企业的整体改制（产权转让或以全部净资产出资）。对以部分净资产出资的企业改制，对改制前企业债权、债务的承接在改制方案中常有特别的规定，使用"准予变更登记通知书"不能如实反映企业的改制现状。在核准企业改制登记时，出具相关登记证明更能如实反映企业改制的基本情况（包括有关债权、债务的承接情况）。因此，企业因进行公司制改制而变更名称的，建议使用"改制登记说明"替代关于名称变更而使用的"准予变更登记通知书"，并在"改制登记说明"里明确企业改制所依据的相关文件，明确企业改制的基本情况及企业改制前相关债权、债务的处置情况，为企业日后办理相关变更登记手续提供准确的依据。

（三）做好企业改制登记的后续管理工作，确实保证实收资本与注册资本的一致

从上述可以看出，企业改制并以净资产出资往往涉及一些相关资产的过户，因此，企业改制登记的后续管理工作尤其重要。建议结合以下三方面进行监督管理：第一，通过企业年度检验，审查年度审计报表，直接获取信息、加强管理；第二，通过对企业的日常监管，定期回访等，了解企业的动态经营情况，对企业财产的过户情况进行实时监督；第三，借助信息化管理的手段，建立"企业改制"或"净资产出资"数据库，同时在登记业务软件中设置查询和预警提示功能，当该企业办理变更或年检事项时，可自动进行预警提示，从而实现高效管理，保证注册资本的实际到位。

（作者单位：福建省厦门市工商局）

三等奖

对经济户口管理一体化进程的思考

黄炳东

"经济户口"一词是由"户口"一词派生的,两者有着一定的共性。两者都是登记机关通过一定的管理模式对管理对象进行依法登记,形成某种身份记载。"户口"反映的重点是"量"的记录,而"经济户口"反映的重点则是量与质的结合,实质上等同于"户口档案"与"人事档案"的总和,是静态与动态的结合,是一个相对复杂的管理系统。对这两者的认识,有助于我们在建立一体化的经济户口过程中进行借鉴与思考。

一、当前经济户口缺乏统一性的几种表现

(一)思想不统一

建立怎样的经济户口,目前在全国工商系统没有明确的统一模式,在一些省份各市县也存在认识上的差异,相当一部分基层单位认为经济户口就是把原有的企业、个体户书式档案存入电脑的简单再造,对经济户口的功能与作用缺乏真正的认识

(二)技术不统一

经济户口以计算机和网络作为自身的技术平台,需要建立一套统一的经济户口管理软件和操作规程,然而,目前各地经济户口软件开发与运用一直没有相关的标准依据进行统一规范,导致这些软件互不兼容,在联网应用过程中存在一定的技术障碍。经济户口的功能与作用难以有效实现,同时由于软件的不统一,导致操作规程的不统一,对企业注册登记、个体监管、信息采集系统、市场监管系统数据无法进行整合。

(三)内容不统一

由于各业务科室以及工商所应用的软件得不到整合,在经济户口内容录入上还是以注册登记一线为主,经济户口所包括的商标广告、经济检查、市场合同以及工商所掌握的实时信息还是储存在各自的电脑软件里,虽然局机关设立有局域网使各业务科室能互相登录查询,但由于这些内容无法得到整合,出现

了多头管理、信息混乱现象，经济户口的整体功能无法实现。

（四）步调不统一

体现在硬件系统配套不均衡，头重脚轻，就广西省的情况来讲，相当部分的基层工商部门缺乏足够的计算机，同时计算机之间不能实现联网，无形中使经济户口一体化的建立产生断层，最终导致经济户口运转过程中出现的上下步调不一致。

（五）运作机制不统一

目前，经济户口的管理必须坚持属地管理的原则已基本形成共识。然而，由于经济户口的建立还没有形成一体化，使经济户口登记管理机关和属地管理部门之间的信息传输通道无法畅通，信息共享机制无法建立，同时，经济户口的建立与管理还没有明确的合理分工，也就是在合理划分登记管理机关和属地管理机关的职责以及属地管理机关内部岗位的职责划分方面存在一定的滞后性与模糊性，虽然有"谁登记谁录入，谁检查谁录入，谁处罚谁录入"的有关规定，但由于技术上的不统一以及信息传输通道的不畅通使得这些规定形同虚设，结果是经济户口的一体化原则被肢解，给人的印象只是经济户口的初始阶段，即注册登记信息的简单输入。

二、推进经济户口一体化建立的几点意见

（一）强化对经济户口系统特征的认识

经济户口是对企业注册登记、个体监管、信息采集系统、经济检查系统、市场管理系统数据进行重新整合，可以说是一个规模浩大、相当复杂的系统工程，因此，要合理、科学地建立起这么一个系统，有必要对经济户口系统特征进行认识。

1. 经济户口系统的目的性

任何一个系统的设计与建立都有它的目的性，没有明确目的的系统，就失去存在的根基。"经济户口"作为工商行政管理部门为了适应市场经济不断深入发展要求而推出的一种新监管方式，其主要目的是为工商行政管理部门履行市场监管职能打下基础，为国家实施宏观调控，制定调整产业政策以及建立信用体系等提供第一手资料信息服务。因此，我们建立经济户口必须充分考虑其全盘服务的功能，比如经济户口网上"认领"功能、锁定功能、提示功能、查询功能等。

2. 经济户口的集合性

每个系统都是由构成系统的相对要素组成，即系统的集合性。明确了经济户口的功能目的后，首先要考虑的就是经济户口的组成要素，就目前来讲，经济户口的组成要素至少应包括：经济户口的名称、经济户口的管理软件及其功能、经济户口的内容和格式、经济户口的操作规程、经济户口管理的运作机制等，加深对这些要素的认识，有助于我们建立具有一定标准的经济户口。

3. 经济户口的相关性

每个系统内部的组成要素都是相互作用、相互联系和相互制约的，相关性是系统要素之间全部关系的总和。经济户口的相关要素也是彼此相互作用的，任何一个要素的不建立不健全都会直接影响整个链条，经济户口的功能作用就不能整体发挥。

4. 经济户口的层次性

系统作为一个相互作用要素的总体，有一定的层次结构，系统的功能和作用也就分属于各个层次。由于经济户口建设和信息化建设紧密连在一起，经济户口各类信息的产生、获取、传输、存储、处理、识别和应用等，都需要不同层次的管理机构进行相互作用来完成。

5. 经济户口的整体性

系统各要素间的整体协调是每个系统得以生存的基础，系统的各要素各种功能都要按"各占其位，各得其用"的系统思想来安排，同时，系统要求必须按整体目标进行有序运转和均衡发展，经济户口系统的建立与运行必须遵循这种整体性原则。

（二）抓好经济户口管理系统软件的统一实施

1. 提高对统一实施经济户口管理软件重要性的认识

首先，统一使用经济户口管理软件是实现信息化建设一体化的具体措施。经济户口的信息化建立与应用，需要有一个统一的数据中心，而统一数据中心要实现统一的信息化应用，又必须统一各种数据的标准，数据标准统一的途径是统一软件，如果软件不统一，在经济户口管理应用上就难以实现一体化，即使我们储存了大量的数据，那也只能是一滩死水。其次，实施统一软件是为了信用监管，实现信用评价统一的系统，就必须要有一个统一的数据库和统一的软件，也只有这样，才能实现经济户口的网上联动与监督。再次，统一软件是提高工作效率的前提。统一软件可以避免各地对经济户口软件的盲目开发与运用，减少不必要的投入。

2. 建立健全统一的经济户口管理操作规程

软件统一后，就要对各种数据进行重新整合，规范操作流程，明确软件的操作权限、信用采集及使用、数据汇总上报、数据存储与安全等工作职责，也就是要建立健全经济户口组织机构体系。笔者认为，组织机构体系的建立必须与工商行政管理体制、内部机构职能、监管方式相适应和统一，即要用系统观点，拉动机关，拉动基层，上下联动。比如，各级工商行政管理机关都应设立相对应的信息化管理中心，负责协调组织经济户口的实施，提供技术支持，安全整合现有业务数据以及网络安全保密等工作。信息中心同时要督促各业务部门负责监管系统中的部门信息模块输入，如登记窗口负责企业准入系统相关数据录入、维护，明确各级业务单位名称查询权限，市场合同科负责将企业合同信用情况、"重守"企业信息、抵押物登记、拍卖活动备案以及经济检查等信息输入；商标广告科将广告经营单位、商标登记、商标广告管理等信息输入；工商所则负责所辖个体工商户开业、变更、注销登记信息录入，及时认领属地经济户口，输入日常巡查监管信息以及系统中收费模块的数据录入、管理。总的来说，信息管理中心是安装、实施、协调和保障，各条业务线抓应用，负责业务应用和相关数据的录入。

（三）加强对经济户口的一体化管理

经济户口管理系统包括各类主体的登记和监管以及合同、广告、商标、案件情况等，是以经济户口数据库为基础的各个业务的软件综合，因此，对经济户口的管理，既要体现各条业务线的职责发挥情况，又要体现工商行政管理职能的整体性。

1. 建立完善经济户口管理体系

经济户口是一个较为复杂的系统工程，具有层次性与整体性。因此，对经济户口实施有效管理，必须建立与经济户口各类信息收集、整理、应用相适应的统一的管理体系。一要健全核准登记管理体系，即建立健全包括经济户口诞生登记、变更登记、注销登记等内容的核准登记体系，可以说这个体系是经济户口管理的前哨，对经济户口的管理必须以科学、规范的登记管理体系作为基础。二要完善生产经营监督管理体系。即建立包括经济户口、商标广告、合同监管、核准登记事项监管、日常监管等内容的监督管理体系。这个管理体系的建立与实施必须依据登记管理体系也就是要实现登记和管理的统一。三要完善档案管理体系。即建立涵盖对经济户口核准登记过程和监督管理过程中形成的各种信息数据库。具体内容应包括反映经济户口的核准登记、生产经营、日常管理、税费缴纳、商标注册与使用、广告制作与发布、合同签订与履行、表彰与惩处等情况的综合档案。这三个管理体系是相辅相成的,是对经济户口系统工程实施有效管理的途径,各级工商部门要通过建立一定的运行机制来实施这些管理体系。

2. 建立健全经济户口管理运行机制

经济户口管理体系建立后,必须同时建立健全与之配套的运行机制,以推进经济户口的一体化管理。一是属地管理机制。目前,各地工商部门对经济户口的管理都遵循属地管理原则,即工商所履行对经济户口的日常监督管理职责,登记机关则重点对工商所的经济户口管理工作进行指导。这种运行方式与当前倡导的"小局大所"管理体制相适应,不仅克服了工商部门存在的执法不统一、不到位以及登记监管脱节的不良现象,也从根本上解决了"看得见的管不着,管得着的看不见"的被动局面。二是联动管理机制。经济户口的整体性要求构成经济户口的各要素都要发挥既定的功能与作用,因此对经济户口的管理,必须建立登记管理机关同属地管理机关畅通的信息传输通道,实现管理信息互补与共享机制,同时,针对经济户口的层次性以及工商部门内部的条块结构,要求经济户口管理必须明确合理分工原则,合理划分登记管理机关各条业务线和属地管理机关、工商所的职责,建立健全操作性强的经济户口管理责任制,实施相应的管理责任追究,做到层层负责,相互联动。

3. 建立健全经济户口的外部联动机制

经济户口管理的一体化,对进一步提升工商部门对各类市场主体的综合监管职能,有效整合工商系统的各种信息与数据起到关键的促进作用。同时能够在为领导决策、为社会服务方面提供一个便利的"窗口"。当前,在经济户口信息资源的开发利用上,我们的重点是放在企业信息数据利用、信用评价方面,也就是建立工商企业信用评价体系。而这个评价体系所涉及的面广,因为企业是存在于整个社会政治、经济、文化的大环境中,企业的相关信用信息也分散在各个层面,工商部门采集到的信息只是其中的一部分。因此,要确保经济户口信用信息的完整性,就必须加强经济户口的外部联动机制,实现企业信用资源的社会化采集。这方面工商部门应起到一定的带头促进作用,我们可以借鉴公安部门建立身份证的做法,通过以企业营业执照的代码为基础,加强有关部门的协作,建立共同的企业代码,逐步与税务、技监、公安、环保、银行、海关等几大部门互联互通,交换信息,建立起更广泛意义的经济户口,并在政府的统一协调下,建立起全面多层级的企业综合信用体系。当然这种做法需要一定时间的磨合，在条件不成熟的情况下，我们也可以采取老办法，把我们各业务线数据汇总起来，把银行、税务等有关部门的数据通过年检申报形式收集起来，联系起来，以充实经济户口的信息资源。

（作者单位：广西壮族自治区南宁市武鸣县工商局）

三等奖

建立健全陈化粮市场长效监管机制势在必行

王金斌 张 文

宁夏回族自治区灵武市新华桥地区集中了大大小小20多家粮食、饲料加工企业，2004年8月以前有5家陈化粮加工企业，是宁夏粮食、饲料加工企业最多的地方。2004年5月中旬，灵武市新华桥地区5家饲料加工厂涉嫌用陈化粮加工大米或倒卖陈化粮的违法行为被曝光后，灵武市工商局立即行动，集中力量，对涉嫌用陈化水稻加工大米或倒卖陈化粮的企业进行了立案查处，杜绝了有害大米和陈化粮流入市场。

灵武市工商局查处的陈化粮案件，在社会上反响很大，引起了社会各界的广泛关注。为了吸取教训，强化对陈化粮市场的监管，灵武市工商局组织科、所长和执法办案人员对灵武市实实饲料加工厂倒卖陈化粮和用陈化粮加工大米一案进行了深刻的剖析座谈。灵武市实实饲料加工厂于2004年4月14日从石嘴山国家粮食储备库运回竞拍的陈化水稻172.08吨，并将其中的84.08吨陈化水稻倒卖给无陈化粮购买资格的其他粮食加工企业。灵武市实实饲料加工厂又擅自改变陈化粮用途，将剩余的陈化稻加工成大米5.575吨，准备销往口粮市场。灵武市工商局依法没收其生产的不合格大米，并处以倒卖陈化粮金额20%的罚款。同时，监督其将没有加工完的陈化水稻加工成饲料。此案是灵武市工商局查处陈化粮案件中最具代表性的典型案例。灵武市工商局举一反三，一是通过剖析，明确认识了陈化粮案件发生的原因；二是多次组织人员深入到陈化粮加工企业进行调研，进一步了解、掌握了粮食和饲料加工企业的生产、经营状况；三是走访了陈化粮市场相关的监管部门，听取对陈化粮市场监管的意见和建议。在此基础上，认真查找陈化粮市场监管中存在的问题和薄弱环节，积极探索建立健全陈化粮市场的长效监管机制，坚决杜绝陈化粮市场类似违法行为的再次发生。

一、陈化粮市场监管中存在的问题

通过对案件的剖析，我们认为，当前陈化粮市场监管中存在的主要问题有以下几方面。

1. 工商、粮食部门缺乏相互的联系和沟通，导致陈化粮市场监管脱节

《陈化粮处理若干规定》第七条规定："购粮企业在所购陈化粮运到企业后，要及时向所在地粮食行政管理部门报告，经粮食行政管理部门和工商部门到现场验证无误后，由工商部门开具证明，销货地省级粮食行政管理部门根据有效运输凭证、入库单据和工商部门开具的证明，将保证金返还购粮企业。"灵武市五家陈化粮加工企业从2003年11月至2004年4月共竞拍成交陈化粮25975吨，实际拉回陈化粮9124吨，但是，灵武市工商局没有接到一起有关陈化粮拉运到企业的信息情况，并在灵武市工商局没有开具任何证明的情况下就将保证金返还陈化粮加工企业。

2. 拍卖陈化粮中的一些不规范的做法，是导致工商部门对陈化粮市场监管工作被动和滞后的又一重要原因

一是宁夏粮油批发交易市场不能严格控制企业超量购买陈化粮。《陈化粮处理若干规定》第七条规定："企业每次陈化粮购买量不能超过企业半年的粮食消化量，全年购买量不得超过全年粮食消化量，组织陈化粮销售的粮食行政管理部门要在购粮企业资格认定书上注明企业每次实际购买数量，并盖章确认。"但在实际运作中，这一点却被忽略了。例如，灵武市桂林饲料加工厂的饲料加工设备每天不停地运转，一年的生产量也仅有4000吨左右，可是仅2003年这家企业就分两次拍得陈化粮5989吨，每次的数量达2100吨以上。二是销售的发票上没有注明"陈化粮"字样。《陈化粮处理若干规定》第九条规定："销售陈化粮的企业必须在销售发票上注明是'陈化粮'字样，销粮企业所在地省级粮食行政管理部门和工商部门对此进行抽查。"灵武市工商局在对陈化粮案件进行调查时，所提取的粮食部门销售陈化粮的票据，没有一张注有"陈化粮"字样。三是拍卖价格接近好粮价格，却未能引起粮食部门的警觉。譬如，2004年4月12日，宁夏粮食批发市场公开拍卖的陈化粮，平均每吨的成交价竟然高达1200元至1600元。最高每吨成交价1765元，比标的价900元涨了近一倍，直逼好粮市场销售价格，拍卖的陈化粮绝大多数被饲料加工企业拍得。陈化粮作为一种限定用途的特殊专控商品，如果企业以这样高的价格拍得并制作饲料，就已严重背离了它的实际价值，这样的话，企业肯定要亏本。然而，这一切却没有引起粮食部门的警觉。由于有关部门、企业没有严格按照《陈化粮处理若干规定》进行操作，给陈化粮市场监管工作带来隐患，造成工商部门在陈化粮市场中处于被动的局面。

3. 陈化粮加工企业守法经营意识淡薄，信誉较差

《陈化粮处理若干规定》第六条规定："由各省级粮食行政管理部门会同省级工商部门组织陈化粮定向销售，并选择一些规模较大、生产运营正常、信誉较好的酒精和饮料企业授予陈化粮购买资格认定书。"灵武市5家陈化粮加工企业，普遍存在着以下几个方面的问题：一是饲料加工设备简陋，只能把陈化粮加工成饲料的原料或半成品。二是大多数饲料加工企业与粮食加工企业在同一场地经营。灵武市5家陈化粮加工企业中就有4家与粮食加工企业位于同一场地。三是企业守法经营意识普遍较低。陈化粮加工企业倒卖陈化粮或与没有资质的粮食加工厂联手竞买陈化粮的现象普遍存在，导致陈化粮流入口粮市场。四是企业经营人员职业道德素质差，有的甚至见利忘义。根据案件调查，灵武市4家饲料加工厂受利益驱动，曾打算将陈化粮加工的大米销往贫穷山区、民工市场。一旦这些有毒有害大米流入市场，将极大地损害人民群众的身体健康。

4. 工商部门检测手段落后，无法及时发现、查处陈化粮案件

由于法律法规没有明确授予工商部门商品检测权，加之工商部门没有必要的商品检测机构和检测设备，因此，目前灵武市工商局的监管手段仍停留在要求粮食、饲料加工企业建立购销台账和索证索票的制度上。对企业拉运的粮食只能靠眼看口尝进行"技术"鉴定，检测手段极为落后，严重制约了我们对陈化粮市场违法行为的有效监管和及时查处。另外，受有关部门一些不规范做法的影响，灵武市工商局对陈化粮市场检查工作虽有"查"而无"果"。

5. 工商系统内部陈化粮监管信息交流不及时，监管工作未能及时到位

二、陈化粮市场监管工作的经验的教训

对陈化粮市局的监管，一直是灵武市工商局市场监管的重点工作，灵武市工商局建立了陈化粮市场监管机制，加强了陈化粮市场的监管。一是实行合同备案制。陈化粮加工企业在竞买陈化粮后，必须到灵武市工商局进行陈化粮成交合同登记备案，并如实填报陈化粮进货来源、品种、数量、单价、仓储情况和销售意向表。二是要求企业在将陈化粮加工成饲料销售过程中，必须建立《陈化粮销售台账》，详细注明购买单位(个人)、时间、地址、饲料种类、数量、单价、用途、联系电话等情况，便于工商管理部门在日常监管工作中进行核实。三是加大市场巡查力度。灵武市工商局多次部署，多次检查，并且与陈化粮加工企业签订责任书，规范陈化粮加工企业的经营行为。实践证明，采取的这些

措施，在一定程度上对规范陈化粮加工企业生产经营行为起到了积极的促进作用。

上述案件发生后，灵武市工商局立案查处了12家企业涉嫌倒卖陈化粮和用陈化粮加工大米的违法行为，对5家饲料加工厂竞拍的每一笔陈化粮进行了认真的核实，没收用陈化水稻加工的大米38.75吨，罚款23万元，取消了5家饲料加工厂的《陈化粮购买资格证书》，坚决打击了陈化粮市场的违法行为。但是，由于陈化粮市场监管工作本身存在问题，这就使粮食加工企业利用陈化粮加工大米和倒卖陈化粮的违法行为有了可乘之机。这一事件虽已过去一年多了，但带来的教训是深刻的。

1. 市场准入关把得不严，一些不合格的市场主体进入市场，是造成陈化粮违法行为发生的主要原因

灵武市5家饲料加工厂向工商局口头承诺取得陈化粮经营许可证后，建厂房、购设备，灵武市工商局从支持地方经济发展的大局出发，放宽条件，为其申报了陈化粮购买资格证书，在取得陈化粮购买资格证书后，这些企业违法经营，我行我素，成为扰乱市场经济秩序的"祸害"。

2. 要全方位地对陈化粮市场进行检查。对粮食、饲料加工企业的监管不能仅仅停留在对购销台账、索证索票的静态检查上，而是要及时捕捉监管动态信息，加强动态监管

粮食、饲料加工企业购买的原粮，对自己有利的就记载在台账上，对自己不利的就不在台账中反映，单纯检查台账，很难发现违法行为。

3. 陈化粮市场的监管单靠工商部门"孤军奋战"，肯定会顾此失彼

没有粮食等部门的配合和支持，监管好陈化粮市场只能是一句空话。

4. 市场监管人员没有熟练掌握监管陈化粮市场的基本业务知识，对陈化粮流入口粮市场的危害性认识不够，也是导致对陈化粮违法行为监管滞后的原因之一

三、陈化粮市场监管对策

从灵武市工商局监管陈化粮市场工作的得与失来看，加强对陈化粮出库、拉运、入库、加工、销售各个环节的监管，建立管住管好陈化粮市场的长效监管机制势在必行。

1. 严把市场主体准入关

要把好"三关"：一是把好市场主体资格准入关。对申请陈化粮购买资格的酒精、饲料生产企业，粮食部门会同工商部门现场实地勘验企业的生产加工能力，授予资信状况较好的大中型酒精、饲料生产企业陈化粮购买资格；对不具备生产饲料条件、信誉状况不好的企业不予考虑，从源头上杜绝陈化粮流入口粮市场违法行为的发生。二是把好市场主体经营关。加强对已取得陈化粮购买资格企业的跟踪检查，及时了解掌握其经营范围、生产能力和生产经营变化情况，以及陈化粮购买和使用情况等，把陈化粮加工企业纳入工商部门日常监管视线之内。三是把好市场主体退出关。实行企业信用分类监管机制，对倒卖陈化粮、改变陈化粮用途和出租出借购买资格证书的企业，要立即报宁夏回族自治区粮食部门取消其购买资格，并按有关规定给予严肃处理。

2. 规范陈化粮出库、拉运、入库行为

工商、粮食部门密切配合，互通信息，确保出库、拉运、入库环节万无一失。工商、粮食部门做到各负其责，把好陈化粮"出库关口"、"拉运关口"、"入库关口"，实行互相告知制度，建立健全陈化粮出库、入库通知单和全部到货验收单三个凭证。一是粮食部门负责出库环节的监督管理，实行告知制度。陈化粮出库前，购买企业要将有关出库情况向当地粮食、工商部门报告，由当地粮食、工商部门到现场检查，监督出库企业按合同仓号和成交数量出库，监督销售陈化粮的企业必须在销售发票上注明"陈化粮"字样，要将监管人、监管单位落实到位，并对《陈化粮出库通知单》上的签字和盖章负责。二是粮食、工商部门共同负责拉运环节的监督管理。出库后，当地粮食行政管理部门要及时告知购粮企业所在地的粮食和工商行政管理部门此批陈化粮拉运的品种、数量和时间，陈化粮出库地和陈化粮拉运企业所在地工商、粮食部门要紧密联系，杜绝陈化粮中途改变运输路线，流入市场。三是工商部门负责陈化粮入库环节的监督管理。购粮企业在将所购买的陈化粮运到企业后，要立即向所在地工商、粮食部门报告，工商、粮食部门要到现场进行勘验，查看陈化粮的品种和数量与陈化粮所在地粮食、工商部门通报的品种和数量是否一致，要将监管人和监管单位落实到位，并对《陈化粮入库通知单》上的签字和盖章负责。企业所购买的陈化粮全部运到企业，勘验人勘验无误后，在《陈化粮到货现场验收单》上签字并盖章。

3. 强化对陈化粮加工、销售环节的监管

企业在加工陈化粮时，工商部门要定期或不定期地到企业检查陈化粮使用情况，查看企业是否将陈化粮全部用于生产，企业生产加工能力、制成品出货数量是否与陈化粮消耗情况相符。在确认企业所购陈化粮已全部用于本企业生产后，工商部门在《陈化粮加工台账》的检查记录上盖章，经工商部门确认并

签署陈化粮全部用于饲料、酒精生产的意见后,粮食部门再办理保证金退返手续。

4. 建立健全陈化粮监督管理制度

《陈化粮处理若干规定》对陈化粮的用途、监管做出了明确规定,但是有些规定很抽象,在实际监管工作中不便于操作。工商部门应会同粮食等部门制定陈化粮管理工作细则及其具体操作规范,对陈化粮从认定、拍卖、出库、拉运、入库、加工、销售成品等各个环节细化监管部门的职责、任务和要求,制定并实行相关责任追究制,促进各部门相互配合,按照各自的工作职能,共同监管好陈化粮市场。

5. 增强工作人员的责任意识,实行责任追究制度

陈化粮市场的监管任务重、责任大,而且变幻莫测,稍有不慎,就有可能导致陈化粮流入口粮市场。明确监管人员的职责和应承担的责任,提高工作人员对陈化粮市场监管的责任心,以促使市场监管工作人员全身心地投入到陈化粮市场监管之中。

(作者单位:宁夏回族自治区灵武市工商局)

三等奖

倡导信用新理念　建立企业信用监管新机制

何艳红

随着我国社会主义市场经济体制的逐步确立，市场主体日益多元化、分散化、独立化，由于不同市场主体存在利益最大化的倾向，加之没有形成与现代市场经济相适应的信用理念、健全的信用管理制度和完善的信用法律体系等原因，在现实经济活动和社会生活中产生了大量的失信、违信等反信用现象。坑蒙拐骗、制假售假、偷税漏税、逃废债务等现象屡禁不止。这种状况严重影响了我国经济的正常发展和人民群众的身心健康，造成社会资源和人民生命安全的巨大损失和隐患。信用问题，已成为一个事关社会稳定和经济发展的重大问题。工商行政管理部门肩负着维护社会主义市场经济秩序的重任，市场经济秩序的好坏和信用理念是否确立、信用制度是否完善、政府职能部门是否切实履行监管职能有密切联系。本文拟从工商行政管理职能角度，对建立企业信用管理长效机制、整合企业信用资源、加强企业信用全面监管等，谈点儿粗浅的看法。

一、创新信用观念，构筑市场信用的新理念

首先，确立信用是一种社会资源的观念。传统观念中，信用被简单地归为道德领域的问题。事实上，在商品经济社会中，信用更具经济意义，它是商品经济发展的内在要求，属于商品货币关系的一个经济范畴。无论是理论家的阐述，还是无数企业成功发展的历程，无不说明"信用就是一种财富，一种资源"。美国经济学家考埃特认为："良好的信用是一种有价值的稀缺资源。"但它又不同于一般物质资源。德国的马克斯·韦伯认为，它是能给人带来实际好处的美德。一个企业一旦拥有了信用品牌，就可以得到更多消费者的青睐，销售更多的商品，获得更多的利润；就可以得到较多资金、技术、原料、劳动力供应者的信任，在需要资金、技术等生产要素时，得到支持。在现代社会中，信用甚至比有形资产更为珍贵，一个企业缺少资金，通过多种方式可以筹集，而缺少信用，却谁也无能为力。

其次，强化信用的经济价值观。信用的建立不是一蹴而就的，而是需要经

过长期积累的过程，是一种承诺的兑现和支付，是需要花费代价、投入成本的。信用行为实际也是一种投资行为，存在投入产出的回报机制。企业品牌就是企业诚实守信的日积月累，品牌经济效应就是企业信用投资的回报反馈。

再次，培养市场经济是信用经济的意识。诚实守信是市场经济必备的经济伦理理念，没有信用，就没有秩序，没有市场经济的正常运行。从人们的日常生活到社会、经济组织的国内外交往活动，从简单的商品交换到复杂的对外贸易和期货交易，从零钱储蓄到巨额融资，信用无处不在。在商品经济社会中，没有信用的保证，商业信用、银行信用等便无法实施，股票、债券等各种有价证券则如同废纸，虚拟经济创造价值更难以想象。可见，信用已成为商品经济、市场经济赖以存在的思想和行为基础。

市场主体必须牢固树立市场经济是信用经济的观念，明确市场需要信用，市场经济越发达，越要求诚实守信。市场经济的法则是奖励诚信行为，惩罚失信行为。

二、推进制度创新，建立和完善企业信用管理制度

工商行政管理部门肩负着维护社会主义市场经济秩序的重任，而秩序建立在一种激励和约束的体系上。这种激励和约束体系，有强制性的也有非强制性的。非强制性约束一般属于道德约束，通常是通过内心信念和社会舆论来发挥其功能。强制性约束属于制度约束，一旦行为主体越过道德约束而导致他人或社会受害时，就要依靠经济的、政治的乃至法律的制度规范，强制性地约束人们的行为。从实践经验来看，产生大规模失信行为一般都与制度上存在缺陷有关。"假亦真时真亦假。"当造假贩假行为得不到应有的惩罚时，诚实守信就失去动力。现实生活中，并不是所有人都自然而然地守信用，关键是要有一套严格执行的制度，使行为人诚实守信的收益远远大于不讲信用的收益，讲信用的成本远远小于不讲信用的成本。从我们工商部门来讲，首先应做好我们自己能做而未做、能做好而未做好的事。

第一，严格执行对市场主体的各项监管制度，加强对市场主体准入行为、经营行为和退出行为的全过程监管。

工商行政管理部门负有把好市场主体准入关、监管市场主体经营行为和退出行为的重要职责。但我们过去偏重于对市场主体准入行为的形式审查和对市场主体经营行为的监管，忽略了对市场主体退出行为的监管。即便对市场主体准入行为和经营行为的监管，也存在许多不到位的方面。应依法切实加强企业的登记注册工作，认真遵守法律、行政法规规定的程序和条件，坚决避免随意

增加或减少前置审批、提供虚假验资报告和虚假证明文件的情况。对市场主体经营行为的监管要继续完善"经济户口"管理，落实属地监管责任制；进一步深化市场巡查制，创新巡查模式，提高巡查效能；强化企业年检和日常监管。依法查处虚报注册资金、虚假出资、抽逃出资的行为，严厉打击伪造、涂改营业执照和无照经营行为。对市场主体退出行为的监管，各级工商行政管理机关要积极探索吊销营业执照企业的后延监管工作，通过依法监督其资产清算、注销其设立的分支机构、限制负有个人责任的原企业法定代表人对外再投资等途径，加大对债权人的合法权益的保护力度。

第二，制定企业信用等级分类标准，为全面准确掌握企业信用状况提供依据。

建立由市场准入、经营行为和市场退出三方面的信息组成的企业信用监管指标体系。市场准入指标反映的是在确认市场主体资格和经营资格过程中企业的信用状况，内容包括设立登记和变更登记情况，核心在于企业是否符合法定条件，提交的申请材料是否合法有效。经营行为指标反映的是企业在经营活动中的信用状况，内容包括年检、日常检查、专项检查、合同履约，以及遵守工商行政管理法律法规情况，核心在于企业是否守法经营，在交易活动中是否遵守诚实守信原则。市场退出指标反映的是企业在退出市场过程中的信用状况，内容包括清算情况、注销登记和吊销营业执照情况，核心在于企业退出市场是否依法进行清算。根据企业信指标所反映的信用状况，将企业信用等级标准分为守信标准、警示标准、失信标准和严重失信标准。

第三，实施企业信用分类监管，建立企业信用管理机制。

以企业登记静态信息和企业监管动态信息为基础，根据企业信用等级标准将企业相应地分为绿牌企业（守信企业）、蓝牌企业（警示企业）、黄牌企业（失信企业）和黑牌企业（严重失信企业）四类，建立相应的管理机制。一是建立企业信用激励机制。对绿牌企业要重点予以扶持，享受免于年检、免于日常检查、提供优质服务等待遇。二是建立企业信用预警机制。对蓝牌企业要实行警示制度，在日常工作中予以提示。三是建立企业失信惩戒机制，对黄牌企业重点监控，加强日常检查，实施案后回访、办理登记和年检时重点审查、公开违法记录等。四是建立企业严重失信淘汰机制，对黑牌企业，要吊销营业执照并发布吊销公告，公开违法记录。

第四，整合企业信用资源，建立企业信用采集、整理、发布机制。

为有效实施企业信用分类监管，就需要建立企业信用信息采集、记录、整理、发布等一系列制度。一是实行企业信用信息记录制度。各级工商行政管理机关在日常工作中按照"谁登记，谁录入；谁检查，谁录入；谁处罚，谁录入"的原则，及时、准确、完整地记录企业的各种信息。二是建立企业信用信息的采集、整理制度。企业信用信息涉及多个行政管理部门，要注意整合相关部门产生的企业信用信息，及时采集有关部门对企业实施许可证和资质管理的信息、行政处罚信息，以及与企业信用有关的其他信息，进一步充实、整理、评定企业信用信息。三是要实行企业信用信息披露制度。如公开企业身份记录、公开违法行为记录、公布典型案件等，还社会以知情权，以警示、教育广大经营者。

第五，开展"百万守信企业"创建活动。要和"道德规范进万家、诚实守信万人行"等活动相结合，在社会范围内开展"百万守信企业"创建活动。把开展"重合同守信用"活动、"文明诚信市场"和"文明诚信商户"活动作为争创"百万守信企业"的一项重要内容。要对守信企业大张旗鼓地宣传，给予多种优待，努力营造守信企业处处受益、失信企业处处受损的社会环境，引导企业树立诚信自律意识，强化守信守法经营观念。发挥各级个体劳动者协会、私营企业协会、消费者协会、广告协会、商标协会、合同协会等社团组织的积极作用，在各自会员中大力开展诚信教育和职业道德教育。通过创建活动，树立守信典型，加强正面引导，在全社会营造"诚实守信，依法经营"的良好氛围，促进市场秩序的根本好转。

第六，加强信息网络工程建设，为建立企业信用监督体系提供网络技术支持。企业信用监督体系建设是一项系统工程，离开信息网络工程建设无从谈起。搞好企业信用监管，重点是加强企业信用监管信息网络建设，为企业信用监管提供技术保障和基本载体。在信息网络建设上，各地方应由一个部门牵头，通力合作，资源共享，逐步实现全省联网。

企业信用制度建设是一个庞大的系统工程，它涉及部门多，范围广，投入大。工商行政管理部门要在职责范围内为全社会形成诚实守信的社会道德氛围和完善的信用激励、约束机制而不遗余力地工作，争取做到在本部门企业信用资源真实、充分，获取方式迅捷便利，使守信者受益、失信者受损，促进公平竞争，从根本上为市场主体创造良好的市场环境，维护好市场经济秩序。

（作者单位：河南省工商局）

三等奖

理顺内设机构是工商行政管理制度创新的基础

张国山

体制改革就是需要不断创新,工商行政管理内部体制也需要创新。因为内部体制是工商行政管理行为的基础,是内因,外部体制的创新只有在内部体制创新的条件下才能产生效应。内部体制中又尤以内部机构设置的创新最为迫切,因为它直接规定工商行政管理的行为方式、管理效率,影响着工商行政管理干部的观念。过于陈旧的内部机构设置已成为工商行政管理职能转变的"瓶颈"。

一、目前工商行政管理机关内部机构设置的弊端

(一)现行工商行政管理机关的内设机构是由"六管一打"的格局演变而来的,不适应市场经济的需要

"六管一打"格局有其历史的客观必然性、合理性。"六管一打"所涉及的内容都与商品经济有着密切的关系,它们本身就是商品经济的东西,如商标、广告、集贸市场等。然而,商品经济的命运在新中国的历史上是极具个性色彩的。新中国建立初期,政府对商品经济的态度是改造;20世纪50年代末至60年代中期,对商品经济的管理时紧时松;"文化大革命"期间索性把商品经济视为资产阶级法权。总体而言,改革开放前的工商行政管理,不利于商品经济的发展。一方面,"六管一打"囊括了主要的商品经济因素和现象,最具商品经济的东西都成为工商行政管理的对象;另一方面,当时的工商行政管理是把这些商品经济现象与社会主义国民经济的总体相分离甚至是相对立进行管理的,是把它们作为社会主义经济的提防因素、另类而非有机组成部分进行管理的。"六管一打"格局和机制的本质就是通过抑制和控制商品经济来维护计划经济体制,为计划经济服务。

改革开放初期,工商行政管理配合经济政策的变化在"六管一打"的范围内开始放松对商品经济的管制,进而扶持、培育商品经济的发展,但所涉及的内容基本属于"体制外"的部分,所以,这一时期的工商行政管理仍保留着"另类"管理的色彩。

当商品经济成为我国国民经济基础，作为一国经济的基本形式时，要求工商行政管理对商品经济和市场活动的管理由原来对某些有限的商品经济因素的管理转向对商品经济总体的管理，由原来的抑制型管理转为保障型或促进型管理，这时，"六管一打"格局就显得相形见绌、捉襟见肘了，既不能采取那种"另类"式的管制商品经济的做法，也不能继续运用那种计划经济的手段直接培育商品经济了，而必须全面转向为商品经济服务，促进商品经济发展，尤其是管理方式全面转向通过独立地行使市场监督管理职能来维护市场运行秩序。"六管一打"的内设机构格局从总体上不再具有这种服务功能。

另一方面，新中国成立后的30年里，商品经济处于极为简单的形态，商品经济内部各因素之间缺乏丰富而复杂的联系，工商行政管理可以简单化地挑拣那些认为应该提防的商品经济因素加以机械的管理，从而形成"六管一打"的结构。那么，在今天商品经济已深入发展，各种商品经济因素以丰富而复杂的关系与国民经济融为一体的情况下，工商行政管理再简单化地挑拣某些特定的因素设立相应的部门加以管理已不可能。否则，我们不知要增设多少内部机构才能管住那浩瀚无边且不断扩大的市场。

(二)现行工商行政管理内设机构缺乏整合性，难以统一目标、形成合力

现行工商行政管理内设机构的设置标准缺乏统领性思路。企业注册登记机构的设置是出于确认市场主体身份、把好市场准入关的考虑；个体私营经济管理司的设置是鉴于个体私营经济的私有身份，需要特别"关照"；商标注册局的设置是针对一种特定的市场行为的管理及商标制度的建设；广告监督管理司是针对另一种特定的市场行为管理及广告产业的发展；公平交易局的前身是经济检查司，其设立是集中处理违法违章案件；市场规范管理司在20世纪80年代基本是因集贸市场而设置，90年代以来其工作范围、工作内容乃至工作职能含混不清。近年来增设了消费者权益保护司，将来也许还需增设电子商务司之类的机构。这样的设置因为缺乏商品经济背景下的统领性，难以形成内在的合力。由此难免出现三种现象：一是机构之间不必要的职责分散和脱节，如个体私营企业登记与公司登记、其他所有制企业登记的分设，使同类职能分解；市场监督管理与经济检查、反不正当竞争等违法处罚职能机构的分设，导致市场监督管理司业务空虚等。二是机构之间存在交叉和制约，如公平交易是综合性机构与其他专门业务机构有交叉，在市场主体管理上，企业注册局、个体私营经济管理司的业务与广告司对广告公司、市场规范管理司对经纪人的管理有交叉，为了竭力避免交叉就会使管理工作停留在表面上，难以深入地对一个问题或案

件负责到底,从而导致为避免交叉而影响力度,要加大力度就可能出现涉入别人领地的状况。三是面对日益开放的市场系统,总是有网罗不尽的市场秩序要素等待我们再增设一些机构将其纳入工商行政管理范围。

(三)现行内部机构的设置掣肘工商行政管理干部的观念和行动

1992年党的"十四大"提出社会主义市场经济的目标后,1994年国务院印发的国家工商行政管理总局"三定"方案规定:"国家工商行政管理局是国务院主管市场监督管理和行政执法的职能部门。"这意味着工商行政管理的目标是监督管理社会主义大市场,维护市场各种商品交换关系的秩序,为市场经济服务。这是市场经济条件下工商行政管理目标的重大转变,是从管理范围、管理方式到管理思想、管理方向的重大转变。

然而,在战略目标作出重大调整以后,工商行政管理的内设机构始终没有作出适应这一重大转折的战略调整,这是工商行政管理工作陷入被动的重要原因。它直接导致两种后果:一是制约工商行政管理机关和干部探索并实施市场监督管理方式方法改革的行动,消耗改革行动的效果。这在"管办脱钩"、"监管大市场"、"巡查制"等改革行动的推行中都有所反映。二是无意中向工商行政管理干部传递着不必着急的信息,使他们缺乏紧迫感、危机感和只争朝夕的时代气息。

比如,我们的干部一提起打击投机倒把便感到得心应手,一谈反不正当竞争就感到无从下手;说起集贸市场头头是道,讲起监管大市场就愁眉苦脸;说审批、检查、处罚干劲十足,讲规范、监管、技术手段、信息控制便觉得浑身有劲使不出来,等等。有人说这是因为我们的干部素质低、观念差,而我认为主要的因素是在于这种体制制约了人、影响了人。工商行政管理机关多年来试图监管大市场却总是感到力不从心、难以实现就是例证。监管大市场不是不应该,也不是没能力,而只是受制于旧有的内设机构,受制于旧体制,受制于旧有的思维方法、管理观念,旧体制成了孙悟空脑袋上的紧箍咒。

可见,内设机构深深地影响着工商行政管理体制改革的进程与效果,影响着工商行政管理干部的思维方法与观念,影响着工商行政管理的整体形象与风范,从而最终影响它的管理效率与目标的实现。

二、工商行政管理内设机构改革的思路

改革开放以来,工商行政管理的内设机构作了很多调整,如20世纪80年代末,将打击投机倒把从市场管理司分离出来成立经济检查司;90年代初,经济检查司改为公平交易局;90年代末,将消费者权益保护从公平交易局中分离出

来成立消费者权益保护司，等等；此外，内设机构的名称也发生了一些变化。但是，工商行政管理内设机构的变化主要反映在内部机构的分、合、增、减上，而这种增减又往往是随新法律的颁布或旧法律的调整进行的。也就是说，改革、调整是在原来"六管一打"的盘子内进行的，"六管一打"的基本结构始终没有被打破。真正意义的改革，不是平面上、数量上的调减与分合，而是立体的、结构上的改造与重建，是指导思想上的重大变革。小平同志说："改革是一场革命。"工商行政管理的内设机构应该有新的思路，进行制度创新。

工商行政管理的内部机构设多少、设哪些机构、叫什么名称、怎么设等，是一个十分具体的问题，也是一个主观选择性很强的问题，可以有多种方案。这不是理论文章能解决的问题，但原则和思路必须确定，即本着科学、合理、有整合功能、符合时代趋势与目标的原则进行设计。

科学，是相对于经验型、小生产式、狭隘的观念而言。考虑内部机构设置时，要超越经验，用现代理论和开放观念驾驭管理活动。要勇于走出小圈子，主动与现代宏观的经济管理观念及管理体制相衔接、相撞击。

合理，就是符合一般规律，不能违背常识和常理，不能出现诸如机构残缺、机构重叠、相互包容、相互冲突、目标不一致等现象。

有整合功能，就是所设置的机构从各自角度出发产生的工作力始终向着一个特定目标形成合力，避免各自为政或拼凑式的生拉硬拽。

符合时代趋势与管理总目标，是指整合的目标符合时代潮流，如监管大市场而非小市场；通过多种途径维护市场秩序，而非单一的查外和整治；监控制、巡查制而非驻场制；分工制而非包揽制，开放式而非小作坊的封闭式等。

在这些原则下考虑工商行政管理内部机构设置，其基本思路应符合管理过程的完整性和程序的合理性。

管理就是控制，控制是一个过程。一个完整的控制过程总是由事前控制、事中控制和事后控制组成的，亦即事前管理、事中管理和事后管理，构成一个完整的管理过程。工商行政管理机关是国务院主管市场监督管理和行政执法的职能部门，这是工商行政管理机关在国民经济管理中的地位。维护市场秩序是工商行政管理的目标，市场监督管理是工商行政管理的基本任务。根据这些基本规定，可将工商行政管理的市场监督管理系统按管理过程分为三大系统：即规范系统、监督系统和执法系统，对应于事前管理、事中管理和事后管理。

（一）规范系统

规范是事前管理，即对市场主体、市场行为和市场客体等资格、形式和条件作出标准性规定，使市场主体进入市场前具备良好的状态，了解合法的内容与不合法的界限,在市场活动之前就减小违法的可能性。规范的主要手段是立法、立规、立章,提出制度化与规范化要求,并尽可能使之科学合理、有可操作性。同时,组织宣传法律法规规章,使经营者广为知晓。健全的、好的法律制度因社会公知即可以发挥建设良好的市场秩序的作用,其本身就是监督,这是由法律的预见功能、指引功能、评价功能和教育功能所决定的。而且,规范功能是发挥市场监督作用、维护市场秩序的基础,是起点,忽略这一点,市场监督管理体系是不健全的,难以收到应有的效果。曾几何时,工商行政管理任务繁重,取缔违法防不胜防,与市场监督管理环节单一、体系不健全有关,以致把维护市场秩序的担子全部压在大检查、大整顿上。

(二)监督系统

监督是有特定含义的独立环节。它是指监视、督促的意思。"监"本义是"自上而下或从旁查看","督"则是"提醒、使之改正"。把监督等同于"查处、执法"是现存的一种不科学的看法,这是从观念到实践都应当加以扭转的偏差。在工商行政管理活动中,监督就是监测市场运行状况、搜集市场运行信息并予以分析、发布和反馈,也包括对有违规倾向或轻微违规者予以提醒、警告、纠正。监督在市场监督管理中拥有不可替代的重要地位和作用。它是全面、及时了解和研究市场动态的窗口,是市场监督管理做到有的放矢、科学合理的途径。同时,对市场违法行为起到防微杜渐的作用,实现多种方式、多个环节、多种机制的科学管理。科学监督,要有科学工具或手段,在当代则应该充分利用通信手段、大众媒介和电子技术,对信息进行搜集、整理、分析、反馈和发布。监督是市场监督管理观念和方式方法现代化的重要环节与体现,应当重视并加紧建设。

(三)执法系统

这是我们熟悉的环节。执法是对法律的适用过程,是依法对违法行为和违法案件的处理过程。它是工商行政管理职能的综合体现,是工商行政管理的最后防线,也是工商行政管理职能的保证。没有执法系统,工商行政管理就没有权威,工商行政管理职能就无法实现,前述的规范、监督环节就会因没有保障而难以发挥作用。但是,只有执法系统,管理环节单一,管理过程不完整,势必导致执法压力大,执法质量低,管理效果差。而且,单一执法环节的管理是简单化的管理,容易激化矛盾,影响社会稳定。

规范、监督、执法三大系统以管理过程为线索,以市场监督管理职能为依据,将市场监督管理活动整合到维护市场秩序的目标上来。

规范、监督、执法三大系统把市场监督管理的各种活动同化为对市场行为的监督管理，是分别对市场行为的规范、监督和执法。它可以改变工商行政管理的内设机构设立的标准、依据不一的状况，统一按市场行为的管理需要来设置，为科学设置工商行政管理内部机构提供了依据和参考。

（作者单位：首都经济贸易大学）

三等奖

提高工商行政管理能力的对策研究

宁波市工商学会课题组

一、工商行政管理职能与管理能力的分析

1. 工商行政管理及管理职能

工商行政管理是国家为达到干预市场、促进资源优化配置的目的，依法对经营者及其市场经济活动所进行的监督管理和行政执法活动。工商行政管理的主体是国家，在现实生活中是由国家授权的各级工商行政管理机构；工商行政管理的目标是优化资源配置；工商行政管理的客体对象是经营者及其市场经济活动；工商行政管理的依据是法律法规；工商行政管理的范围和领域是市场；工商行政管理对市场干预的基本手段是监督管理和行政执法。以上构成了工商行政管理的整体框架。这个整体框架也就基本界定了工商行政管理部门必须具有的管理职能。

从工商行政管理工作的对象、范围、内容、作用等方面看，工商行政管理职能可概括为准入职能、监管职能、执法职能、保护职能等四大部分。

现阶段，工商行政管理的基本职能有：①市场准入职能，它可以看成是工商行政管理机关管理大市场过程中的事前监督。主要表现在：一是管理经营者主体资格，主要方式是明确主体资格准则，强制注册登记；二是管理经营者主体变迁，例如对企业兼并的鼓励、限制或禁止，控制企业集团的发展，鼓励个体私营经济的发展，规范国有企业改组为现代企业，等等；三是管理经营者市场行为，例如打击制假贩假行为，取缔无照经营，处罚超核准经营范围经营，等等．②监管职能。监督是工商行政管理的一项主要职能，主要体现在对经营者主体资格的监督，经营者诚实交易的监督，对商标使用、广告发布的监督，对市场竞争行为监督(例如对不正当竞争和垄断的监督)，消费者权益的保护。主要手段有：监控、规范、年检、专项治理、处罚等。对市场经济主体经济行为的规范，可以说是工商行政管理机关管理社会主义大市场的事中监督。③执法职能。执法职能是指工商行政管理机关代表国家，依据法律法规，对市场主体在

交易和竞争中的违法行为进行查处。它可以看成是工商行政管理机关管理大市场过程中的事后监督。④保护职能。保护职能是指工商行政管理机关在市场经济中，通过保护生产者、经营者和消费者的合法权益，来达到维护市场经济秩序的目的。商品生产者、经营者和消费者的合法权益能否得到有效保护，也是检验市场经济秩序好坏的重要标准。

2. 工商行政管理能力的界定

工商行政能力是指工商行政管理部门，在代表国家对市场经济活动进行管理的过程中，依据法定的权力，通过监督管理和行政执法，维护市场秩序，实现资源优化配置的能力。因此，根据一般组织管理和行政管理的要求，工商行政管理能力由两个部分构成：一是自我管理能力；二是社会管理能力。自我管理能力是社会管理能力的基础。工商行政管理部门只有对自身实施了有效管理，才具备有效管理社会的基本素质和资格。社会管理能力又是自我管理能力的延伸和体现，只有通过对社会的管理，才能检验工商部门的有效性，也只有通过对社会的管理，才能使工商行政管理部门了解自身需要强化哪些素质和资格，以适时做出调整。

工商行政管理部门的自我管理能力由三个方面构成：一是组织内部事务的管理能力，包括对机关内部的人、财、物等资源的组织动员和合理配置能力，工商机关各部门之间、员工之间的团结协作能力，对工商部门及员工的规范约束和激励能力；二是工商部门的自我变革和发展能力，是指根据外部环境变化的要求而对机构设置、行政文化等进行的调整和创新能力；三是工商部门的适应能力，即工商部门通过主动沟通和学习，不断修正或纠正自己的行为，以符合外界环境的期待和要求的能力。

工商行政管理的社会管理能力由六个方面构成。

（1）制定公共政策的能力。工商部门的宏观公共行政能力主要指是否善于确认社会重大公共问题，并以之为基础正确地制定公共政策和为制定公共政策提供具有合理化、建设性的建议能力，或者说就是是否具有正确地选择作为或不作为的能力。

（2）依法履行职能的能力。

（3）合法高效地提取资源和合理有效地使用资源的能力。具有支撑作用的资源主要有七种：权力资源、财力资源、人力资源、文化资源、权威资源、信息资源、制度资源。对掌控的资源能否合理有效配置，做到人尽其才、物尽其用，发挥其最大功效，这也是政府能力的体现。

（4）提升社会公信度的能力。即提升和运用自身的权威性影响达成管理目的能力，包括法定的公共行政权力和工商部门对社会公众的感召力。反映在工商部门的形象和美誉度高低，作风是否求实、是否雷厉风行，意志是否坚韧，信念是否坚定，气量是否宽广等。

（5）调整社会利益关系从而保证社会的公正和秩序的能力。

（6）服务经济可持续发展的能力。正确处理执法与服务的关系，一直是我们提高行政管理能力的重要课题。促进经济可持续发展是工商行政管理机关维护市场秩序的根本目的所在，从一定意义上讲，工商监管执法本身属于"大服务"的范畴。

3. 工商行政管理职能和管理能力的辩证关系

工商行政管理职能是工商行政管理能力得以施展的基础，其职能框定了能力的基本内容和发展方向，什么样的职能，才允许体现什么样的能力。赋予清晰明确的职能，有利于工商行政管理能力的建设。工商行政管理能力是工商行政管理职能得以实现的保障，能力的水平高低决定了职能的实现程度，有较强的能力才能实现职能的到位。能力必须与职能相当，能力必须跟上职能要求，当职能大于能力时，容易造成管理的缺位，产生"力不从心"的现象，许多该管的事管不起来，该做的事做不好，职能无法实现。职能必须清晰明确，模糊的职能使能力无法用到点子上，特别是交叉的职能，容易造成推诿扯皮。无利时相互推诿，产生管理盲区，许多事务无人管理，使能力得不到充分体现；有利时相互争着管，容易引起矛盾冲突，使能力在冲突中抵消浪费。

二、工商行政管理能力建设中存在的问题和原因

1. 当前工商行政管理能力建设中存在的问题

从目前工商行政管理运作来看，直接反映在管理层面上的是：监管大市场能力不强，力度不足，缺乏有效的手段和措施，特别是新事物、新领域的违法行为，既没有能力去监管，事实上也没有精力去监管。在整个监管中，工商对市场运作缺乏深入的了解，监管者不熟知市场行为、市场环境、企业行为和企业运作规律，存在"外行"管"内行"的倾向。许多新颖的违法行为非常猖獗，工商只能望洋兴叹。一些隐藏较深的违法行为，也无法知晓，任其逍遥法外。这些管理乏力的背后，是工商行政管理能力的不足，主要表现在以下几个方面。

（1）团队学习创新能力不强

学习是获取新知识，加快自身提升的重要手段。许多新生事物的出现，要了解掌握其内在规律，必须加强学习。只有用最短的时间获取更多的知识，才能跟上市场发展的形势。除了极少数自觉的、要求上进的同志外，绝大多数同

志仍处于被动学习的状态，在工作和业余时间都不能认真地学习。许多干部已经失去了学习机能，学习能力退化。参与社会组织的各种学习效果也很差，不是空泛说教，就是形式过场。许多团队也失去了学习功能，达不到能力提高的目的。学习能力的弱化，严重影响了创新能力的发挥，许多干部喜欢老套套、走老路，用老思想去想问题，用老观念、老方法、老手段去处理问题。对新发生的问题不是漠然无知，就是无能力解决。

（2）人力资源开发能力不强

目前，对干部队伍的激励更多地停留在物质方面，对如何通过精神激励的作用，提升人力资源的效用，仍然缺乏有效的手段。没有按照人的差异化去管理，过分强调一致性，希望所有干部清一色，都能全面发展。没有从深度上去开发人力资源，对每个人的基本情况缺乏深入的了解。没有形成强者更强，优者更优的管理机制，往往是落后拖住了先进，有许多优秀的重大决策往往被落后者的阻力而推迟或封杀。用人上也没有体现本人的意愿，"走棋子"式的人事安排，抹杀了个体的特长和激情。没有形成开发的理念，对干部仍停留在简单的使用上，没有充分考虑人力资源的再生性和增值性。

（3）行政监管执法能力不强

主要表现在四个方面：一是新颖的违法行为，无能监管。如房地产市场中的炒房、炒地行为，工商行政管理部门有很多职能都可以监管，但没有去管。结果放纵了恶性炒房、炒地，造成房地产市场的极大混乱。二是深潜的违法行为，无法监管。如汽车修理中的"正厂"、"副厂"配件，定牌加工中的商标侵权，网络、通信中的信息费欺诈等，只能是表面上、局部的监管，对这些违法行为的规律缺乏了解，不能给予毁灭性的打击，监管目的无法达到。三是大范围的违法行为，无力监管。如无照经营长期大量存在，流通领域的食品质量问题极其普遍，如何认识、如何监管、如何建立长效机制都没有能力去研究，去实施，只能是肤浅的、象征性的监管，没有系统的、长效的监管机制，更没有较强的监管能力。四是常规性的违法行为，也无心监管。如市场准入方面的违法行为，虚假违法广告泛滥，总觉得是小问题，不值得去监管。

（4）应对突发事件能力不强

许多突发事件都有较长的潜伏期，而且在潜伏过程中，都能感觉到一些信息，提前发现相应的症兆。只要在巡查中，在广告检查中，在媒体报道中，能够认真地分析问题，整合信息，就能够发现许多具有突发危机的线索。然而，由于工商没有较强的预测能力，没有引起足够的重视，一些信息无能力捕捉；一些信息反应迟钝，任其发展；一些信息处置不当，没有足够的能力予以解决，没有得力的措施防止突发事件发生，结果就有使事态扩大的威胁，一旦造成严重后果或被媒体披露，就会成为突发事件。近年来，虽然对流通领域食品质量安全突发事件制订了应急预案。但是，对如何预测突发事件，做到先知先觉，防止突发事件的发生，把问题解决在萌芽状态的能力仍然不强。平时缺少锻炼和检验，一旦发生突发事件，应对处理就会手忙脚乱。

（5）综合沟通协调能力不强

工商行政管理的职能定位，决定工商行政管理范围大，涉及领域广，与社会公众、与有关部门的关联性都很强。许多工作都需要有关部门、内部职能部门的协调运作，需要社会各界的共同配合和大力支持，才能达到事半功倍的效果。而事实上，工商部门在协调能力方面严重不足。对待部门之间的协调，喜欢处于被动地位，认为自己主动去请求其他部门配合有失面子，会降低身份，最好由其他部门主动来请我们，体现出自身的重要性。许多工作涉及部门间的职能交叉，工商部门不愿主动牵头。像无照经营整治，政府发文都明确由工商部门牵头的，但工商部门却不愿干，担心牵头要承担责任，缺乏当主角的勇气。而事实上，上级和社会公众的责任追究，并不是你牵头了就承担责任，而恰恰是你没有主动履行好法律赋予的职责，造成严重后果才承担责任。倒是有些部门人员不多，敢于牵头，善于借力，往往做出了非他本身所能及的成绩，得到了上级的肯定和社会的认可。在实际协调运作中也有问题，往往是其他部门派人配合了我们，而我们却不会高效地运用这支力量，只是把他们当作随从，不善于指挥应用，浪费资源，达不到预期目标。在内部职能科室协调方面，也存在着不足的问题，一个个小科室，各自为政，画地为牢，信息闭塞，有过推诿，使内部的力量大大削弱。与社会公众信息的相互交流不够积极主动，不是过于闭塞就是过分强调信息的单向传递，接受社会的信息不够敏感，与社会没有形成沟通互动机制。

2. 工商行政管理能力不足的原因

工商行政管理的能力问题已经制约了工商事业的发展。引起这些能力不足的原因很多，有宏观的，也有微观的；有外部的，也有内部的；有上层的，也有基层的；有体制机制的，也有自身的。但是，就地方各级工商行政管理部门的能力而言，归结起来，主要有以下几个方面的原因。

（1）管理理念定位模糊

管理理念定位模糊，使管理能力得不到充分的发挥，越位、错位、缺位现象时有发生。从职能来看，工商角色泛化，什么都可以管，管得太宽、太杂、太乱，确实给工商管理理念的定位带来了非常大的困难。而基层对管理理念的理解更加模糊，往往片面地认为系统内部缺少一种核心的令人奋进的管理理念，难以发现工商部门站在大市场范围、长远发展、群众利益的角度去实施管理的迹象，产生了工商是以收费、罚款、指标、考核和奖金为追求目标的畸形理解，使干部的思想停留在为收费、罚款和奖金而工作上。

（2）机构设置理念错位

以"小局大所"的理念设置市局、分局和基层工商所三级机构，把工商部门有限的精英力量分散在各所，犹如有限的水渗入沙堆，在所里作用难以发挥，局里又形不成人才的规模，缺少团队合作的基础，形不成工商的有劲拳头。而且"小局大所"的理念，会造成"所翻局版"的后果，把所建成又一级分局。

（3）工作运转机制不顺

工商行政管理工作在不同时段、不同地区有不同的侧重点，必须保证基层有能力、有精力、有权力把握自己的侧重点。发个明电、打个电话、发份文件、口头传达、会议部署等。每种形式都是布置工作的载体，载体多了，方式灵活了，但下面变得无所适从了。造成基层的工作"乱成一团麻"，没有头绪。

（4）队伍管理措施乏力

在培养干部上过分倾向于理论修养，忽视实际操作能力。使许多人为读书而读书，只注重自身的理论修养，倾向于提高个体能力的主观性方面。造成能力的应用被忽视，对实际操作技能考虑较少，缺少务实型人才，同时缺乏差异性培训的措施。当前的培训机制方式陈旧、手段落后，分组分批的标准、方式、数量不够科学合理，业务方面领导讲课与大专院校教师上课不够协调，每个干部找不到配"胃口"的培训。绝大多数培训过于肤浅、缺乏针对性，不但在深层次交流挖掘上有问题，而且在基本技巧培训上也有欠缺。

（5）绩效考核机制不全

目前的考核机制，仍然没有打破"大锅饭"的框框。缺乏严肃认真的考核态度，"一年工作半天考核"，考核过于草率。考核的平均化，造成"考"而不"核"，一些考核不想拉开差距，只求大家过得去，给团体或个人没有一个明确的成绩评价。

目前以案、费为考核的主要指标，事实上也偏离了工商部门维护市场秩序的职能目标。把办案罚款和收费这一手段当作目标，容易使工商管理的整个监管工作失真，并走向衰亡。用案件数、罚没款等作为指标，也会造成办案人员过分强调经济效益，忽视社会效益，不肯花精力去突破新案、难案，喜欢走老路、办老案，在自由裁量权上做文章，在养案、纵容违法上做文章。造成一些干部先抓罚没款、查大案；后抓件数、查小案。而实际上所谓的大案就是滥用自由裁量权，提高罚款幅度；而所谓的小案，就是遍地皆是的违法行为，随意查几起，随意罚点款，达不到办案促进秩序好转的真正目的。而且这样下去，办案能力不但得不到增强，固有的本领也会退化。特别是新领域办案，由于因循守旧和急功近利的思想，总体上难以有较大的突破。而且对无意识的轻微违法，一查获就罚款，会造成企业的敌对、地方政府的反感。

评先评优以偏概全，造成激励失灵。被评为优秀者只看到他们的优点，而忽视他们的缺点。未被评上者，往往只看到不足，而忽视其优点，受到冷落、歧视、忽视。评比中，往往是以人缘关系和惯性思维为依据，关系好的不管其他方面好坏就评其为先进，以前是先进的就惯性地评其为先进，没有客观性，缺乏激励力。

(6) 热点问题关注不力

对群众的需求比较漠视，如12315投诉中发现的、平时群众反映的一些问题，容易查的且可以大额罚款的就会有很大的积极性，而对罚款难、不容易查的，就没有吸引力。即使是群众很关心的问题，一般也不会引起重视，认为这是小事，不会去关注。等媒体曝光后，才手忙脚乱，觉得此事重要，跟着检查。其实一些违法行为群众很早就有反映，工商也有自己的信息搜集渠道，也会有所觉察，但就是不相信自己的眼力和判断力，没有引起高度重视。自己不给自己加压，把加压主动权交给媒体，说穿了就是不关心群众，只注重自身利益。结果造成工商跟着媒体走，群众对工商不满意。

许多外来人员，为了求得生存，从事一些小型的经营活动，由于许多条件不符合工商的登记要求，也不知道如何才能达到工商的要求，结果造成无照经营。应该说无照经营者绝大多数都是"良民"，为自己的生存做生意搞经营。我们应该倡导这种求生方式，以扶持的心态促进规范。如果仅用目前的"打而不治"、"治而无果"的落后手段去惩罚他们，势必造成矛盾激化，社会治安混乱，工商的社会认可度和支持力下降，还会严重影响和谐社会的建设。

(7) 资源保障强度不足

工商行政管理能力要得到有效的发挥，必须有充足的资源保障。从当前运作情况分析，工商的主要资源保障没有得到很好的解决。从财力资源来看，财政只保障工商经费的一部分，工商的经费来源很大一块是市场管理费和个体工商户管理费，这些费用都必须由工商部门自行收取，使工商部门的经费一直处在紧张状态。如果不加大力度收取，就会影响办公经费、干部工资、福利和多种待遇的落实，影响工商行政管理工作的正常运转。在这种财政供给机制下，工商部门不得不把主要精力投放在筹集经费中。同时，由于经费的紧缺，严重影响了工商行政管理的决策，影响了日常工作的开展，使工商能力受到制约。从人力资源来看，工商的编制缺少，特别是经济发达地区，市场交易活跃，工商的工作量很大，需要有更多的人来从事工商行政管理工作。但是，由于编制数额的限制，工商的人员增加空间很少。近十年来，工商部门新进公务员数量极少，整个队伍年龄老化，对新形势的适应能力减弱。在激励资源方面更是稀缺，经济激励措施由于财力资源的制约没有多大的弹性，只能在较小的幅度内进行调控。职位激励措施更加困难，数量少、职位低，各县、市工商分局要晋升到副局级、主任科员几乎比登天还难。在权力资源方面，由于工商的职能综合性太强，工商的权利被转移使用的较多，而自身职能履行中，对外界的权力资源需求得不到较好的保障，一些工作只能不了了之。

（8）社会认可程度偏低

由于工商职能广泛，虽然每天所做的事都与社会公众密切相关，而事实上社会公众对工商不甚了解。工商到底是一支什么队伍，到底做什么工作，公众的了解还停留在集贸市场、无照经营、个体户管理等传统的职能上，对日新月异的市场新主体、新行为的管理职能了解较少。对工商的理解不深，许多群众对工商管理无证无照、超越经营范围、非法经营农资等市场行为的做法，表示不理解，认为这种事情不必由政府管理。更有甚者，对工商部门查处假冒伪劣商品的经营行为，也有相当一部分群众不理解。工商在执法管理中，社会公众不知道这支队伍是谁的大有人在，不理解工商履行职能行为的大有人在，社会对工商的认同程度较低，对工商给公众带来的好处了解较少。由于认同程度低，工商的工作就会受到来自社会公众的阻力，排斥、非议、阻碍等的负面影响在工商监管执法中时时可见。社会公众作为工商展现能力、履行职能的主阵地，没有社会公众的高度认同，没有社会公众的大力支持，要提升工商能力就会非常困难。

三、提升工商行政管理能力的对策与途径

1. 实现执法理念上的转变

工商行政管理部门在履行职能时，既有代表国家实施行政管理的特征，又有服务经济发展的共性，其行为必须代表和符合人民群众当前和未来的根本利益。要达到这个目标就必须做到：一是树立执法为民的理念，在经济执法中必须重视回应社会和民众的基本要求，在客观综合地考虑各方面经济利益得失和法律允许的前提下，采取积极行动加以解释、解决和满足。要把工作做到群众真正理解、满意为止。二要正确处理管理和服务上的关系。避免把管理与服务

简单对立起来，认为二者是相互矛盾、相互排斥；同时也要避免把管理与服务完全颠倒过来，认为服务只是具体手段，管理才是根本目的的错误思想。而应认识到管理只是一种手段，服务才是最终的目的。

2. 加强行政立法能力建设

有法可依是依法行政的前提。长期以来，在我国工商行政管理领域存在重执法轻立法的现象，使得某些领域的经济违法行为出现较长的时间后，仍然没有相应的法律对它进行规制。为此，一要扩大工商行政法律法规的覆盖面，尽可能减少法律真空。研究经济领域出现的新情况和新问题，分析原有法律法规对新情况进行规制存在的不足，通过对原有法律进行修改或制定新的法律来弥补漏洞或不足。二要提高工商行政法律法规以及工商行政规范性文件制定的质量。要使工商部门的法律法规真正体现其要履行的市场监管、市场培育、整顿和规范市场经济秩序的职能，成为真正体现广大人民群众意志的"良法"，防止法律法规的部门利益化，防止借依法行政之名谋取部门利益，损害群众利益。三要建立工商立法意见征询制度，在全国工商系统中构建法制网络，要实施定时评审机制，对现行的工商行政法律、法规、规章的实施情况定期进行评估，及时提出"立、改、废"意见。四要建立异议提出机制。对于某些行业管理部门分割工商行政执法权、谋取部门利益、偏袒本部门市场主体经济违法行为的现象，及时向全国人大和国务院法制部门提出异议。

3. 组织结构调整和工作流程再造

工商行政机关组织结构设计的主要根据是组织的目标和任务，是为完成目标和任务服务的，完成目标和任务的最有效结构就是最佳组织结构。由于农村、城市的差别，小局、大局的差别，市场主体简单、复杂的差别，工商行政管理机关组织结构的设计也应有相应的差别。目前，全国工商行政管理机关极力倡导"小局大所"的结构模式为：精简合并分局的科室；经济检查队（科）不再以办案为主要职能，而是以案件指导为主；在工商所主要以"分片管辖"的形式为主，片区内企业登记、消费维权、违法案件查处等与工商行政有关的事务都由"管片"的工商干部负责承担。从推行的效果来看，这两年在基层的反应并不是很好。一是分散了执法力量，在实行"小局大所"的模式以前，分局的经检科集中了各分局执法办案的精兵强将，无论是新执法领域的开拓，大要案查处，疑难案件的指导方面都是非常强有力的，而在机构精简后，执法力量分散到各所，无法形成一个强有力的拳头。二是"分片管辖"，大事小事一起管，"管片"干部忙于具体事务，没有精力和能力进行大要案的查处。

下面是在基层调研的过程中，基层同志比较推崇的一个模式，列出来供大家参考。在小局大所结构模式下，像市场合同，商标广告等登记注册职能都可以合并到工商服务窗口，做到一个窗口对外，同时可以使这些科室人员大大节省。但对于经济检查科，要配足配强人员，构建一个经济检查大队。基层工商所可以根据三块职能设置，一是工商所窗口负责个体户登记管理。二是消费投诉调解和举报案件查处。三是经济检查队，由精干的执法人员组织，负责企业巡查和大要案的查处。

对于各项业务的工作流程进行重新考察，企业注册登记流程，消费维护权调解流程、案件查处流程，对于不必要的环节进行删减，对于必须的环节，进行重新排列和整合，缩减办事流程，提高工作效率。

4. 提高紧急事件应急处理能力

紧急事件主要有三大来源：一是涉及社会公共安全的突发灾害，如"非典"事件、"禽流感"事件、"猪链球菌"事件；二是媒体披露重大产品质量问题，如"雀巢奶粉"、"苏丹红"。三是工商部门通过主动执法检查发现的可能危及人们生命财产安全的产品质量问题，如浙江省工商局披露的"雀巢奶粉"事件。

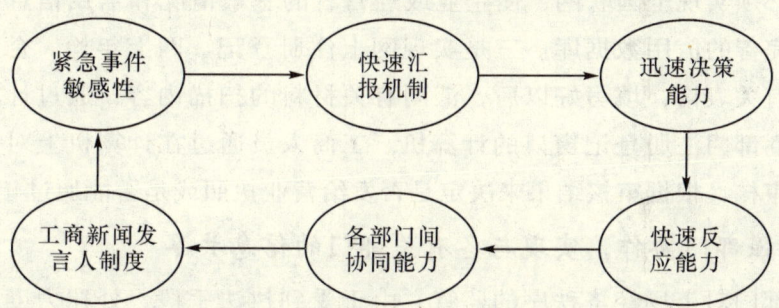

对于紧急事件，工商部门要逐步形成一种应急能力。第一，对于紧急事件要有一种敏感性，工商行政部门要密切关注社会，关注媒体，明确在一些重大社会事件中，本部门的社会责任。第二，建立紧急事件快速汇报机制，界定紧急事件的内涵，并建立紧急事件隐瞒不报的责任追究机制。第三，要形成紧急事件的快速决策、快速反应能力。快速决策，及时应对，防止事件的扩大和蔓延，减少社会危害的发生。第四，加强不同地域工商部门之间的协同合作，加强与同一地域其他政府部门的协调，明确分工，相互协助，积极应对。避免出现同一商场同一种商品，一天有三四个执法部门前来检查的尴尬局面。第五，建立工商新闻发言人制度，在紧急重大突发事件面前，统一对外发布信息，引导媒体宣传动态，及时发布最新进展，稳定人心，避免混乱局面。

5. 加强行政手段的信息化、现代化建设

运用计算机将工商各类工作信息进行数字化处理，并借助计算机网络实现

信息互联和信息共享，通过计算机及其网络强大的信息处理能力和跨时空的信息、数据传输能力，实现组织机构运作的网络化，提高组织内外各系统间的协同能力。各计算机用户终端把组织机构各部门有机联系在一起，通过电脑视频技术、电子邮件、网络会议技术和连接各部门的共享数据库，组成巨大的神经网络，实现迅速沟通和快速协调，把领导、工商干部、各科室、工商所、企业有机地联系在一起。

信息化建设主要体现在以下几个方面：一是建立办公自动化系统，比如设计标准化的案卷模板，开发出案件管理软件；建立网络会议系统，这一系统的优点是能跨越地域空间，实现多个对象之间的信息交流；开通电子短信平台，可以在电脑上安装相应的短信服务软件，单位用这一系统来发送会议通知或年检信息将非常方便；建立无纸化办公系统，将办公电脑通过局域网联结，实现重要文件网上轮阅、重要通知网上发布。二是建立"经济户口"全国网络系统。"经济户口"最吸引人之处就是它完善的各类工商注册登记信息、信用信息、动态监管信息，现在已成为各地工商干部执法办案的得力助手。要发挥它的强大功能，就必须实现全国联网，使企业或经营者的基本情况和信用信息能及时查询，建立完善的信用数据库。三是实现网上注册登记、网上年检。企业通过从网上下载有关表格，填写好以后，汇同有关材料的扫描内容，通过计算机网络传送到工商部门注册登记窗口的计算机。工商人员通过在计算机上对企业有关材料进行审核，根据审核结果来决定是否发给营业执照或是否能通过年检。

6. 加强部门协作，实现与各有关部门的信息共享

工商部门对市场经济秩序的监管，由于受到执法手段、处罚力度等因素的制约，对很多领域的经济违法行为还不能进行有效的遏制。比如在一些对人民生命财产可能造成严重危害的领域，如果仅以违法所得为标准对当事人进行处罚，还不足以对严重的经济违法行为形成强大的威慑。这就必须加强与司法部门的合作，实现行政执法与司法的有效衔接。具体工作包括：与司法部门加强信息交流；对法院查封冻结的资产纳入信用警示记录中，防止发生所有权的变更，或从事动产抵押；与公安部门联合执法，严重经济违法案件向公安部门移交，进入司法程序；对于执行难的案件，申请法院强制执行，使司法机关成为行政执法的坚强后盾，从而提高行政执法的权威性。

工商部门还要重视与各有关部门之间的信息共享，例如与税务部门合作，对无照经营行为进行查处；与电信部门合作，查处地下"黑网吧"；与银行部门合作，查找执行难的当事人的秘密账户；加强与各有关部门的信息共享，便于提高工商行政管理效率，降低行政成本。

7. 提高工商行政机关公务人员自身素质

行政机关依法行政最终必须通过公务人员实施行政职务行为。提高公务人员的自身素质，是提高行政机关依法行政能力的关键所在。由于工商行政机关公务员的工作将逐步从业务操作型向知识智能型转变，例行性工作的自动化趋势越来越强，使管理能力的高低与其知识能力的水平及发挥程度成正比关系，因而提高工商行政人员的素质要落实好以下几点：一要进一步健全公务员录用制度，严把干部"进口关"，根据机关部门未来发展需要，制订出人员需求计划，使挑选的干部真正适合机关未来发展的需要。二要加强教育培训，先由干部和管理专家提出培训要求，制订出培训的具体内容。培训强调专业化与综合化的结合，突出专业化。培养出对工商核心业务深入理解的工作骨干。三是制订"指导计划"对新进人员加强传、帮、带工作。引导他们系统地学习工商有关法律法规，了解工商各方面业务情况，同时为每一位新进人员指定一名业务骨干做"指导员"，使新进人员较快地适应工作，进入角色。四是建立对干部的激励机制。根据干部的业务能力水平，通过考核给予相应的等级认定，在待遇和荣誉上拉开档次，并形成一种制度化的机制，将在一定的程度上提高干部的积极性。五是提高现有工商学校的档次，建立一批本科以上的工商行政管理高校，进行工商行政管理理论研究，培养工商后备人才，并作为工商在职干部定期培训的基地。

8. 提高绩效考核指标的科学化

考核是一根指挥棒，上级工商部门对下级工商部门工作目标责任制的考核制度，在下级工商部门全年工作中起着导向作用。

在具体考核目标的制定上，要注意下列一些方面：一是不同地区考核重点不同。农村地区，日用小百货质量、农药、化肥、种子为监管重点。大城市商业中心，大型商场超市、房产公司、保险公司等以服务业为主的公司为监管的重点。制造业中心，商标、认证标志、企业名称、地址作为监管的重点。二是考核要注意短期、长期指标的结合，重视长期的行为。比如根据国家的产业布局、产业结构目标，通过市场主体登记职能，控制市场主体进入的数量、规模及结构，从而实现产业布局、产业结构的目标，挑选优秀人员并对他们进行培训，在新的经济领域和新的执法领域进行探索。但长期绩效在短期内难以用指标来衡量，但对未来能力的发展很重要，所以考核指标要注意长期指标与短期指标的结合。三是目标考核要注意对大要案与群众关注的实际问题同等关注。考核可能使下级部门只关注与实际经济目标有关的行为，如只关注罚没款较多的大案，对小的无照经营、假冒伪劣、虚假广告不够关注，应当予以纠正。

9. 加强行政效能监察机制，提升行政效能

行政效能监察从健全岗位责任制、改善内部管理入手，强化内外部监督，有利于消除影响和制约经济发展的非经济因素；有利于纠正有令不行、有禁不止、上有政策和下有对策等违反纪律的行为，保证政令畅通；有利于防止和克服官僚主义及各种不良行政行为，营造良好发展环境；有利于提高行政效能，促进经济快速发展，推动社会全面进步。

强化内部监督的同时，加强外部监督，形成内外结合的监督机制。拓宽监管渠道，强化民主监督，设立效能投诉中心，实行以纪检监察机关为主，党委、政府、人大、单位内部监督机构、社会各界、新闻媒体和公民配合的多元化监督结构，对各级工商行政管理机关组织和个人（特别是领导干部）加强监督。

参考文献

[1] 施雪华. 政府权能理论. 杭州：浙江人民出版社, 1998. 309

[2] [美]塞缪尔·亨廷顿. 变化社会中的政治秩序. 北京：三联书店, 1992

[3] 王通讯. 中国政府的行政能力建设. 中国人才, 2003(1)

[4] 方盛举. 对政府能力内涵与结构的再认识. 云南行政学院学报, 2004(3)

[5] 罗文阁. 构建信用监管体系深化工商行政管理职能. 红盾信息网

[6] 任维德. 中国社会转型时期的政府能力开发与建设. 中国行政管理, 2001(11)

[7] 金太军. 政府职能与政府能力. 中国行政管理, 1998(12)

[8] 李奇，李蓉. 政府行政能力问题研究. 湖南行政学院学报, 2004, 16(5)

[9] 徐晓林，周立新. 信息技术对政府行政能力的影响研究. 中国行政管理, 2004(4)

[10] 王和平. 提升公务员行政能力的思考. 中国公务员, 2002(7)

[11] 吴江. 提高政府行政能力，构建服务型政府. 国家行政学院学报, 2005(1)

[12] 黄启乐. 努力建设高效型政府. 广东行政学院学报, 2004, 16(5)

[13] 谭立满. 经济全球化条件下对我国行政能力的新理解. 浙江万里学院学报, 2004, 17(3)

[14] 顾平安. 电子政务对公务员行政能力的影响. 中国行政管理, 2003(10)

（作者单位：浙江省宁波市工商局、浙江万里学院商学院）

三等奖

对有限公司股东变更登记案例的法律思考

肖 薇

案例1 1997年，英国某集团有限公司（以下称外方股东）与我国A市某厂（以下称中方股东）合资组建有限公司（以下称合资公司）。2000年，中方股东编造股东变更的虚假事实，向A市工商局提交虚假的股权转让协议、董事会决议等证明文件，取得合资公司股东变更登记，使外方股东在不知情的情况下丧失股东地位，使第三方非法成为合资公司股东。外方股东将A市工商局告上法庭。

案例2 2000年3月，A某与B某各出资40万元成立有限公司C公司。2003年，A某将其股权转让给D某，由A某办理了C公司的股东变更登记。之后，由于公司经营不善，产生大笔债务，法院裁定由C公司及其股东B某、D某共同承担此债。D某认为A某办理股东变更登记时，提交的C公司章程修正案、股东会决议等文件上的签名并非其本人所签，请求法院确认登记机关的该次变更登记违法。

案例3 2004年9月，某登记机关接到F商业管理顾问有限公司（以下简称F公司）的申诉，请求撤销F公司股东由A某、B某变更为Y某、Z某的股东变更登记。理由是该次变更登记是Z某在公司及股东不知情的情况下，采取私刻F公司印章、伪造F公司股东签名、提交虚假股权转让协议等手段取得的。

近来，由于对公司登记机关作出的股东变更登记之行为不服而引起的纠纷、诉讼越来越多，由此引发了关于股东变更登记行为的性质、登记机关的审查责任以及股东变更登记与《行政许可法》关系等的讨论。笔者认为弄清这些问题有利于登记机关正确地履行职责，有利于司法部门正确地作出裁决。

一、股东变更登记的性质

关于股东变更登记，有人认为：公司运作应本着交易自由、管理从严的原则，否则不利于稳定正常的经济秩序，以及保护善意第三人的利益。工商行政管理机关作为公司的登记机关，对公司股东变更所实施的登记行为，是国家公权力对公司这一营利性主体所实施的管理。公司股东发生变化后，在登记机关办理变更登记是确定新股东资格的必要形式和必经程序，股东变更而未登记属于变更无效。因此，登记机关的登记行为具有创设权利主体或者说创设法律关系的效力，是设权性登记。而笔者认为：股东变更登记属于商事登记，应遵循登记对抗主义的原则。也就是说，公司股东发生变化、产生变更后，未经登记机关登记不会导致公司变更股东这一商事行为的无效，不能否定未列入登记机关股东名单的人的股东资格，只是该变更不会产生对抗第三人的效果。登记机关作出的变更登记行为没有创设股东权利或资格的作用，即使被登记机关登记了的股东也完全可能并不具备股东资格和权利，有关股东及其股权的工商登记内容并不具有实质意义的行政预决效力，而仅仅是起到一种外在的证据作用，完全可以被当事人所提供的相反证据推翻，属于证权性登记。公司办理股东变更登记是公司股东或股权发生变更、实际合法股东产生后，公司和原股东对新股东应尽的完善手续之附随义务。

以上是通过对商事登记的性质及法理分析所得出的结论，从《公司法》、《公司登记管理条例》以及工商总局的相关答复也不难得出此结论。不论是原《公司法》第三十六条"股东依法转让其出资后，由公司将受让人的姓名或者名称、住所以及受让的出资额记载于股东名册"的规定，还是现行《公司法》第七十四条"……转让股权后，公司应当注销原股东的出资证明书，向新股东签发出资证明书并由公司相应修改公司章程和股东名册中有关股东及其出资额的记载"，第三十三条"公司应当将股东的姓名或者名称及其出资额向公司登记机关登记；登记事项发生变更的，应当办理变更登记"的规定，以及《公司登记管理条例》第三十五条"有限责任公司股东转让股权的，应当自转让股权之日起30日内申请变更登记，并应当提交新股东的主体资格证明或者自然人身份证明"的规定，从其条款文义看，并未反映必须到登记机关办理变更登记才能成为新股东。恰恰相反，其表述的意思是，办理股东变更登记的时间是在"股东依法转让股权后"、"股东发生变动后"，并且还要求提交"新股东"的相关证明。试想，非股东如未获得股东资格，公司有何义务来办理变更登记呢？

公司实务中，股东发生变化的原因除了股权转让外，基于股东死亡、生效的司法裁判文书等原因而发生的股东变更也屡见不鲜，由于原《公司法》、《公司登记管理条例》对此无相应的规定，国家工商总局的答复就起着具体指导的作用。工商企字〔1999〕第12号《关于公司股东变更有关问题的答复》中规定"自然人股东死亡的，其合法继承人或受赠人取得股东地位"，从中不难看出，"股东死亡"是产生股东资格由继承人或受赠人继受的事实依据，而其法律依据则是《民法通则》、《继承法》的相关规定。该答复同时还规定，办理此类变更登记应向登记机关提交"继承、遗赠证明"。因此，因股东死亡而办理的股东变更登记是在继受已成事实、股东变更已成事实的情况下，公司所尽的完善手续的附随义务。从工商企字〔1999〕第143号《关于协助人民法院执行冻结或强制转让股权问题的答复》也可看出，对于人民法院所作出的关于股权确权的生效裁决，不仅对当事人直接产生约束力，登记机关也应当依据裁决协助办理变更股东的工商登记。如果这时还坚持认为登记机关的股东变更登记具有设权性，势必会得出荒唐的结论。

修订后的《公司法》第七十三条、第七十六条对"股权因人民法院强制执行而转让的规定"以及"自然人股东死亡后其合法继承人对股东资格继承的规定"也进一步证明了以上观点是正确的。

二、股东变更登记的审查方式

既然公司登记机关的股东变更登记行为不具有设权性，而只是证权性的商事登记行为，那么登记机关在审查公司提交的股东变更登记材料时应采取何种方式呢？

笔者在前面提到的不服登记机关作出的股东变更登记行为所引发的案件中，如果纠纷涉及经营状况良好或有好的发展前途的公司（如案例1、3），原告方均认为登记机关违反审查原则及标准，对他人提交的虚假的股东会决议、章程修正案、股权转让协议等材料予以核准登记，致使其在不知情的情况下丧失股东资格，诉讼中请求法院以登记机关违法登记为由撤销该变更登记，从而恢复其股东身份。如果纠纷涉及的是一经营不善、面临债权人追索债权的公司（如案例2），原告又会以登记机关未尽审查义务、凭他人提交的假冒其名义签署的材料违法登记其为公司股东为由，请求法院撤销登记机关登记，从而否定其股东身份、免除债务。登记机关在诉讼答辩中均强调，登记机关对申请人提交的材料履行形式审查的义务，只要材料齐全、符合法定形式就应予以登记。人民法院在审理此类案件时，司法不统一的现象也比较严重，有时甚至会出现相同案件判决结果截然相反的情况，对登记机关应如何审查股东变更登记材料存在较多的分歧和疑问。

由于《公司法》、《公司登记管理条例》并未对公司股东变更登记的审查方式作出明确规定（虽然修订后的《公司登记管理条例》在公司登记的受理审查程序上较以往作了更细致的规定，但笔者认为这只是对《行政许可法》相关规定的照搬），因此，实践中对公司登记机关应采取何种方式对股东变更登记进行审查至今仍争议较大。目前看来，有形式审查说、实质审查说、审慎审查说之争。形式审查说认为，登记机关仅对申请材料的形式要件进行审查，即审查材料是否齐全、是否符合法定形式,对于申请材料的有效性、真实性不作审查。工商企字〔2001〕第67号答复是此形式审查说的重要依据,也是诉讼中支撑登记机关所持"因申请材料和证明文件不真实所引起的后果,登记主管机关不承担相应责任"观点的最主要的证据。实质审查说认为,登记机关不仅要对申请材料的要件是否具备进行审查,还要对材料的实质性内容的真实性进行审查。审慎审查说认为,登记机关在申请人提交的材料进行审查时,应尽合理谨慎之注意义务,通过一般方法和手段(核对笔迹、印章、就疑点询问申请人等)而非特别方法和手段(调查、鉴定、勘验等)来发现申请材料内容可能存在的真实性问题。笔者认为,随着经济的发展,公司的数量越来越多,公司登记机关根本没有能力对众多公司发生的股东变更申请进行真实性和合法性的审查,实质审查的观念已无法适应市场经济发展的要求。再者,笔者在前文中业已阐明股东变更登记属于商事登记,是证权性的,其本身强调和彰显的是其公示性。因此,笔者不赞成对股东变更登记的审查采取实质审查方式。形式审查方式可以简化登记程序、提高登记效率,但在不同的审查方式下,公司股东变更登记的证明效力是不同的,如果登记机关所公示的内容、证明的事项起不到向社会公众正确提供公司信息、证明特定的民事法律关系,或者其证明力很低时,登记本身就失去了存在的意义。因此,笔者也不赞成采取形式审查的方式审查股东变更登记。审慎审查方式是介于实质审查与形式审查之间的审查方式,它要求登记机关尽其职责和能力相当的义务,从主观上有无过错,客观上按照登记管理人员的知识范围、工作经验应尽的注意义务是否尽到等来判断登记机关的登记行为是否正确。笔者主张在对公司股东变更登记审查时采取审慎审查的方式,同时建议在国家工商总局以答复的形式对股东(包括法定代表人)变更登记所应提交的文件、应审查的内容等方面给出更具体、明确的指导意见,或者对如条例中未做细化规定的,采取"实施细则"的方式解决登记实际工作中所遇到的难题。

三、股东变更登记与《行政许可法》

1. 关于股东变更登记中告知义务的履行

最近,北京、河南等地相继发生不服登记机关股东(或法定代表人)变更登记而产生的诉讼,原告的诉讼理由和请求与笔者在前面所述的基本相同。有专家、法官认为:股东变更登记行为属于行政许可行为,根据《行政许可法》第三十六条"行政机关对行政许可申请进行审查时,发现行政许可事项直接关系他人重大利益的,应当告知该利害关系申请人。申请人、利害关系人有权进行陈述和申辩。行政机关应当听取申请人、利害关系人的意见"的规定,股东变更是直接关系到当事人重大利益的事情,作为登记机关的工商部门理应据此及时通知当事人前来陈述,否则即属程序违法,应予责令重新作出或撤销。的确,股东变更确乎关系公司利益、股东利益的大事,但股东变更登记是否属于行政许可行为,确实值得商榷。按照《行政许可法》第十二条(五)项的规定,企业设立、确定其主体资格的事项可以设定行政许可,我们有理由认为核准公司设立登记的行为属于行政许可行为,并且该许可行为具有双重意义:一是确定了该公司的主体资格,从此公司具有了民事权利能力;二是根据原《公司法》第十一条第三款"公司应当在登记的经营范围内从事经营活动"、现行《公司法》第十二条"公司的经营范围由公司章程规定,并依法登记。公司可以修改公司章程。改变经营范围,但是应当办理变更登记"的规定,确定了公司的经营范围,赋予了该公司相应的民事行为能力。因此,当公司的主体资格发生变化(例如出现分立、合并、内资转外资等情形),或者公司的经营范围发生变化,亦即出现《行政许可法》第四十九条所规定的变更行政许可事项之情形时,应当按照《行政许可法》第三十六条的规定履行告知义务。

公司变更股东的行为是民事法律行为,属于公司行为自治的范畴。公司的股东由谁组成,无须经由登记机关许可,登记机关不应当也无法控制公司自治行为。《公司法》、《公司登记管理条例》中规定公司股东发生变化后,应当在登记机关办理变更登记,该变更登记行为笔者在前文已述属于商事登记行为,按行政法学理论来讲,则属于行政确认行为,即行政主体对某项事实或某种权利义务关系的确认。因此,笔者不赞成将股东变更登记行为纳入行政许可行为的范围。登记机关的股东变更登记行为只要符合现行《公司法》、《公司登记管理条例》的规定就是合法的,而无须受《行政许可法》条文的约束。但笔者认为,《行政许可法》这部具有划时代意义的法所确立的基本原则之一的"救济原则",其中包括在实施行政许可行为时听取申请人或利害关系人陈述、申辩,以及告之其享有听证、申请复议、提起诉讼等权利,确实有借鉴之处。

2. 关于对申请人弄虚作假行为的处理

案例3中,登记机关对于申请人"提交虚假证明文件或者采取其他欺诈手段取得公司股东变更登记"的违法行为应如何处理呢?该案经调查后查明,以F公司名义申请的此次股东变更登记确系Z某采取欺骗手段取得。但对该案当事人Z某应如何处理确实成为难题。由于《公司法》、《公司登记管理条例》对"提交虚假证明文件或者采取其他欺诈手段取得公司登记"违法行为规定处罚时,将违法行为的主体规定为特殊主体"公司",而不是一般主体,因此,造成在查处此类违法行为时,如查明登记机关本身无过错,不存在自纠的问题,且公司也无过错，非违法行为的实施主体；而是由他人（公司内股东或公司外他人）所为时，则突显法律空白，对当事人如何处罚无法可依。笔者在实务中也在不断摸索，初遇此类案件时一般对当事人未给予处罚，而是参照（非按照）《行政许可法》第六十九条的规定撤销该次股东变更登记，但仍然存在法律依据不足的问题，且对当事人也未起到惩戒作用，致使同类型案件越来越多。目前，笔者建议办案单位的做法是：参照《行政许可法》的规定撤销该次变更登记，同时对实施违法行为的当事人按照无照经营进行相应处罚，但前提是当事人利用骗取的执照从事了经营活动。

（作者单位：重庆市渝中区工商分局）

工商行政管理
理论探索

第四次全国工商行政管理论文评选获奖论文集

GONGSHANG
XINGZHENG GUANLI
LILUN TANSUO

中国工商行政管理学会 编

下册

长江出版社

调研报告篇

DIAOYAN BAOGAO PIAN

一等奖

广州市工商局 12315 行政执法网络建设的实践与思考

肖洣海　叶冠勇　高文华　邓良容

  2005 年初,国家工商总局决定在全系统推行以 12315 为基础的工商行政管理行政执法网络建设,建立相对集中受理、统一指挥调度、分工协作办理的运行机制,进一步提高市场监管执法的现代化水平。针对如何贯彻落实国家工商总局这一战略性要求,建设具有广州特色的 12315 行政执法网络体系,提升广州市工商局市场监管的现代化水平,更好地维护人民群众根本利益,我们通过调研,对广州市工商局 12315 的现状进行了分析,找出了当前存在的突出问题,在此基础上,结合当前广州市工商局推行的执法机制改革,就如何加强广州 12315 行政执法网络建设做了一些思考和探索,为建立有利于行政执法、市场监管的机制,有利于统筹、协调的管理体制,提出广州市 12315 行政执法网络建设的构想。

一、建设广州市工商局 12315 行政执法网络的基础

  经过 6 年多的建设,广州 12315 已形成了一个以工商部门行政执法网络为主导,以政府维权协作网络和以大中型企业维权社会网络为外延的相对完备和稳定的组织架构。通过建立完善一整套适合其自身特点的运作机制,实现了对申诉举报的快速受理、分流、处理和反馈,有力地肩负起受理及调解消费者权益纠纷、监管市场、查处各种侵害消费者权益和制售假冒伪劣商品等经济违法行为的重任,在营造安全健康的消费环境和构建和谐广州中发挥了积极作用,为建设广州市工商局 12315 行政执法网络打下了坚实的基础。

(一)组建了三大网络体系

  一是在广州市工商局党委的重视和努力下,广州市工商局 12315 实现了定员定编,共有事业编制 189 名(其中食品监测人员编制 75 名),财政全额拨款,人员正式纳入依照国家公务员制度管理。广州市工商局 12315 指挥中心目前共有人员 33 名,内设 3 个科室,16 个分局的 12315 中心共有人员 71 名(平均每个分局 4～5 名),175 个工商所建立了 12315 消费者申诉举报站,平均每个所有 2～3 名工作人员兼职从事 12315 工作,已初步形成了市局、分局、工商所 12315 三级行

政执法网络体系。

二是在广州市政府的重视下，于2002年3月15日建立了由广州市工商局牵头、广州市政府办公厅、法制办、工商局、公安局、质监局、卫生局等29个政府职能部门组成的广州12315维权协作网络。该网络主要是指导协调政府各相关职能部门共同开展消费者权益保护工作，办公室设广州市工商局12315指挥中心，初步形成了以12315为枢纽，各相关职能部门为支点的消保维权体系，实现了政府部门间对消费者申诉举报的有效衔接和及时处理。

三是广州市工商局于2002年3月15日组建了由56家大中型商贸企业、公用企业、维修行业以及服务业组成的广州12315维权社会网络，现已发展到105家。同时，还开展了"红盾维权进社区"活动，在106个社区、区委会、市场建立了维权工作站，将大量消费纠纷化解在基层和企业内部，减轻了分局、工商所的工作强度，降低了工商部门的维权成本，不断完善了12315维权工作社会化，化解消费纠纷企业内部化的维权路子。

此外，番禺、天河、海珠、白云等分局的12315中心借鉴广州市工商局12315指挥中心的经验和做法，各自成立了由区属大中型企业组成的12315维权社会网络，把纠纷化解在企业内部，解决在萌芽状态，使维权社会网络的触角延伸到全市的各个角落。

(二)基本实现了对申诉举报的快速受理和有效处理

目前，广州市工商局12315已形成"一个中心、三级受理"的体系，即形成了以市局12315为中心，分局12315、工商所为补充的快速受理体系。广州市工商局12315实行每天24小时电话快速受理消费者申诉举报(其中早上9：00到下午17：20为人工受理，10条电话线路)、节假日照常上班的工作制度，并提供来信、来访、互联网申诉举报等多种受理方式。据统计，自2003年以来(数据至2005年9月底为止，下同)，广州市工商局12315指挥中心共接听来电604609个，受理申诉举报121104宗，分局和工商所受理11132宗，分别占了受理量的91.6%和8.4%。

在处理申诉举报上，广州市工商局12315利用三大网络为支撑，形成了三方通话、现场处理、限期处理、督促处理的方式。对受理的申诉，指挥中心自行处理36754宗，占申诉总量的40.8%，其中三方通话处理7960宗，由维权协作网络处理2038宗，由维权社会网络处理26756宗。转分局、工商所处理53366宗，占59.2%，在处理方式上，大多采用电话调解进行处理，占了约八成，其余采用现场处理和组织双方当事人调解处理。据统计，自2003年以来各单位对申诉的办结率达到96%，为消费者挽回经济损失9200万元。

对受理的42106宗举报案件基本上由分局和工商所处理，其中涉嫌无照经营、制售假冒伪劣商品、非法传销、超越经营范围的分别有27476宗、4116宗、1874宗和1122宗，分别占举报总量的65.3%、9.8%、4.5%和2.7%。近年来广州市工商局查获的大案、要案，不少是根据群众向12315提供的线索而查获的。据统计，2003年以来通过12315查处经济违法行为罚没金额达8600万元。

（三）建立了较为规范的运作机制

为确保12315高效运作，广州市工商局12315建立了"四个机制"：一是物资保障机制，先后投入3000多万元对受理机房进行升级改造，配备了228辆12315执法车，基本做到了12315执法办案人员人手一台电脑，实现了市局、分局、工商所计算机三级联网和无纸化办公。目前，广州市工商局12315受理软件已具备地理信息技术定位、三方通话、实时监控、分类审查、数据统计等五大功能。二是指挥调度机制，市局制定了《广州市工商局12315处理消费者申诉突发事件预警制度》，对申诉举报突发事件，广州市工商局12315可直接指挥调度各分局12315、工商所实行快速处理。三是内部规范管理机制，市局先后印发了《广州市工商行政管理局消费者申诉案件行政调解程序》、《广州市工商局各分局12315建设规范》、《广州市工商局处理消费者申诉举报工作评查办法》、《广州市工商局12315消费者申诉举报情况通报制度》等十多项规章制度，同时广州市工商局12315还制定了量化考核制度、服务承诺制度、情况通报制度等近二十项规章制度，探索出一套比较人性化的科学管理机制。四是各成员单位联动机制，对维权协作网络和维权社会网络先后建立了工作例会制度、联络员制度、案件交换制度和情况通报制度，明确了各成员单位的工作职责，实现了对处理申诉举报的有效联动，形成了政府部门和大中型企业的维权合力。

广州市工商局12315经过6年的建设，架起了广大消费者联系政府部门的桥梁和纽带，实现了从单纯维护个别领域消费权益向全方位消保维权的转变，从单纯接受申诉举报向较全面开展市场监管执法的转变，从普通的热线电话向全面收集市场经济秩序信息、统一管理案件线索的转变，起到了市场"经济卫士"和消费者"保护神"的作用。

二、完善广州12315行政执法网络需解决的问题

随着12315知名度的提高，群众期望值增大，市场经济体制逐步完善，社会对工商部门的服务、监管、执法方式和手段提出了更高要求，促使我们在原来的基础上进一步完善广州12315行政执法网络，首先必须找准存在的问题。

（一）指挥调度的局限性

目前广州市工商局实行的执法机制改革相对整合了各部门的执法力量，改变了过去执法类型相对单一、执法力量相对分散的状况，但还未完全整合各业务部门的执法力量，与建立统一、高效、信息共享的行政执法网络的要求有一定距离。以广州市工商局12315指挥中心为例，目前仅限于对消费者申诉举报的处理行使指挥调度权，还不能指挥调度局内各业务部门、各分局开展执法活动，各分局12315中心也同样如此。

（二）线路容量的有限性

与广州作为现代化大都市、拥有近1200万人口的巨大需求相比，目前广州市工商局仅开通10条人工接听线路、4条录音线路。据抽样调查，平均1次呼叫接通率为33%，2次呼叫接通率为20%，群众还不满意。与北京（开通30条线）、上海（开通25条线）、深圳（开通40条线）等城市相比，广州市工商局的线路容量还有较大差距。

（三）信息整合的欠缺性

目前广州市工商局各业务部门的执法信息相对独立，没有通过网络互联互通。12315的信息仅来源于消费者的申诉举报，与维权协作网络、维权社会网络成员单位的信息基本未能共享，工商部门对市场的动态和监管以及执法信息还未完全整合，信息资源未得到充分利用。

（四）法律法规的滞后性

目前工商部门处理消费者申诉主要是依照《消费者权益保护法》以及相关的法规和规定，由于法律法规的滞后性，面临着两个突出问题：一是受理范围不明确。由于消费申诉涉及衣食住行等各个领域，随着市场主体的多元化，消费纠纷的复杂化，经营者侵权行为的多样化，哪些应由工商部门受理，哪些应由政府其他职能部门受理，一直没有通过法规或规定予以明确，容易引起群众对工商部门行政不作为的投诉。二是处理申诉的手段不足和力度不够。由于现行法律、行政法规和行政规章未授权工商部门对经营者侵权应承担的民事赔偿责任作出责令赔偿的决定，因此工商部门只能对受害的消费者提供调解的方式予以救济，无权责令经营者予以赔偿。而调解是建立在经营者和消费者自愿的基础上，一旦经营者拒绝或不服从工商部门的调解，选择仲裁或诉讼方式的消费者微乎其微。

（五）人员整合的迫切性

从申诉举报的数量看，各分局之间的差异较大，天河、白云最多，海珠、东山、番禺次之，开发区、经检、从化、增城、芳村、花都较少，如2004年天河、白云分别有6446宗和4650宗；而芳村、从化分别有800宗和230宗，最多的分局比较少的分局高10倍左右。同一分局不同工商所处理的申诉举报数量悬殊也较大，如天河分局石牌所、天河所与龙洞所、科技所相差8倍，白云分局新市所是神山所、九佛所的60倍。虽然新市所、石牌所、天河所等所人员相对较多一些，但其处理申诉举报的工作量与其他所相比，人力明显不足，急需从内部和外部充实补充人员。

三、加强广州12315行政执法网络建设的构想

加强12315行政执法网络体系建设，是2005年全国工商系统深化市场监管体制改革的重点工作，这既是一个提高行政执法能力的重要手段，又是一项深化市场监管机制的重要举措，目标是提高维权打假和行政执法的能力。根据国家工商总局的要求，结合广州市工商局执法机制改革的实际，广州市工商局加强12315行政执法体系建设的总体构想是：以信息化建设为依托，以现行12315三级执法网络为基础，以健全执法机制和整合信息资源为主线，逐步完善以行政执法体系为主导，社会监督和行业自律体系为两翼，广大群众积极参与的市场监管体系，进一步提高市场监管的现代化能力，更好地维护人民群众根本利益。根据这一构想，着力打造"行政执法、社会监督、行业自律、群众参与"四位一体的市场监管体系。这一体系的主体是行政执法体系，社会监督体系和行业自律体系是行政执法体系的外延和补充。

（一）强化12315行政执法体系建设

强化该体系建设的思路是：在确立12315定位的基础上，以信息化为支撑，理顺工作关系，规范工作流程，建立完善具有"相对集中受理、分工协作办理、应急指挥调度、信息汇总分析、案件线索管理"等五种功能为一体的运作体系。

借强化12315行政执法体系建设的契机，使其真正成为具备集上述五种功能为一体的行政执法体系，我们提出如下构想：广州市工商局在现有12315消费者申诉举报指挥中心的基础上设立12315行政执法局，实行"两块牌子、一套人马"策略，对外仍以12315指挥中心的名义受理和处理消费者申诉举报，对内则以12315行政执法局的名义指挥协调局内各业务部门、各分局开展执法活动。12315行政执法局具有相对独立的人事权和财务权，力争取得市编办的支持，将广州市工商局12315行政执法局定位为副局级单位，12315行政执法局局长由广州市工商局分管局长兼任或另行任命，下设受理一处、受理二处、综合处和食品监测处，级别为副处级。各分局12315依此类推。全体工作人员为公务员（工

勤人员除外）。

为推进12315行政执法网络建设，当前着重要建立和完善以下七大机制。

1. 指挥调度机制

在落实国家工商总局关于12315九项职责和市政府赋予的执法职能的基础上，要明确12315应急调度和应急处理的权限，体现权限责任相统一，实现对应急事件能对内指挥调度各执法口的力量，实行快速处理和信息整合；对外协调相关职能部门共同开展消费者权益保护和其他行政执法的目的。具体来说，一是指挥协调权。即指挥调度局内各执法口处理申诉举报的权力和协调政府各职能部门开展消保维权的权力。二是线索集中管理权。各级12315对申诉举报案件线索实行集中管理，负责对案件线索进行登记、转办、跟踪、反馈、汇总。各业务部门收到申诉举报线索提出处理意见后提交12315转办，对需及时处理的案件线索可直接交办或自行查办，但需向12315补办登记手续。三是先行处理权。对紧急重大或需现场处理的案件线索，12315有权直接指定离案发地就近的分局或工商所快速处理，接到指令的单位或部门应无条件服从，并落实权限责任。四是跟踪督办权。有权对案件线索的办理进行跟踪，及时掌握案件线索的处理情况；对不按要求办理的，有权进行督办。五是监督指导权。有权对申诉举报案件的处理情况实行监督和提出指导性意见，对未按时处理或未及时将处理结果反馈的单位和部门有权要求及时处理并反馈。

2. 线路畅通机制

12315指挥中心首先应增开线路，扩大容量，为呼叫人提供畅顺的呼叫服务。借鉴北京、上海、深圳等大城市的做法，广州市工商局12315受理平台应在现有10条人工线路的基础上，增加到30条为宜，并以先进的软硬件、强大的高科技和完善的数据处理系统为支撑。其次，要针对消费者来电具有不确定性和新异性等特征，不断提升接线人员的服务理念、业务能力和应答技巧。在此基础上，拓展接线人员的系统思考能力、知识组合能力和解决疑难问题的能力，为消费者提供快捷优质的呼叫服务。

3. 案件线索管理机制

在推行广州市工商局执法机制改革的基础上，进一步完善相对集中受理、分工协作办理的机制。"相对集中受理"就是要明确广州市工商局12315指挥中心为一级受理单位，分局12315中心、工商所申诉举报站为二、三级受理单位，负责全系统的申诉举报受理工作，其他业务部门在非特殊、紧急情况下一般不宜直接受理。在线路未大幅扩容的情况下，可尝试增加手机短信受理的渠道。

要建立咨询申诉举报案件分类分检制度，按性质、种类、轻重缓急实行排查，对涉及食品安全、非法传销、假冒伪劣、成品油质量以及群体上访等重大案件线索，要实行快速分流办理，把不良影响降到最低程度。"分工协作办理"就是要明确哪些类型案件需要由分局直接办理，哪些由工商所办理，哪些由维权协作网络办理，哪些由维权社会网络办理。并在此基础上，完善办理、反馈、跟踪、督办等相应制度，着力提高消费纠纷的解决率和查处经济违法案件的成功率。

4. 信息化建设机制

信息化建设是加强12315行政执法网络建设的基础和重要组成部分，在现有基础上，要按"统一标准、整合资源、扩大功能、优化流程、信息共享"的思路加强信息化建设。首先要把广州市工商局内各业务部门分散的信息整合，建立以12315网络为基础，集消费者咨询申诉举报、消费安全预警、案件查办、公平交易执法、消保维权执法、市场监管、商标监管、广告监测、经济户口管理、合同监管、企业信用分类监管等专项网络组成12315行政执法网络，实现市局各业务部门、分局各业务部门和工商所的互联互通，并逐步实现与广东省工商局、国家工商总局行政执法网络的互联互通，结合广州实际，力争与维权协作网络和维权社会网络各成员单位互联互通，实现案件在网上的统一受理、分流、反馈、督办、汇总、分析。当前，要增加广州市工商局12315行政执法软件的功能，增加食品安全监测、商品专项抽查、网上调度指挥的功能。

5. 信息整合利用机制

各种零散信息经过整合、分析、处理才有使用价值，要完善信息的二次开发利用，强化信息分析的服务职能，主要有三个方面内容：一是为实行分类监管服务。对有不良记录的严重违法企业和一般违法企业实行"零距离"贴身监管，例行检查、定期检查一个都不能少；对食品加工等涉及人体健康安全的重点、热点企业，以及有不正常情况的预警类企业，实行"近距离"监管，定期上门检查；而对于守法企业和轻微违法企业实行"远距离"监管，平时不轻易打扰企业。二是为社会和消费者服务。通过利用信息对企业和市场开展跟踪评估，召开信息分析评估会的做法，适时发布消费提示和市场预警，公布违法企业名称，预防和减少群体性的消费申诉和重大违法经营行为的发生。三是为领导决策和指导基层工作服务。市场突发事件以及食品安全重大事件的发生，往往与发现机制不健全有关，通过建立对信息的分析、汇总、排查制度，可针对苗头性、倾向性、典型性的问题，及时地发现问题，为领导决策提供依据，为监管提供服务，防止重大安全事件的发生，推进监管关口前移。

6. 人员合理调配机制

在人员合理调配上，应按"两头重、中间轻"的原则，即充实广州市工商局 12315 指挥中心人员和重点地区工商所的执法力量。广州市工商局 12315 线路扩容到 30 条，人员明显不足，可借鉴深圳局、市城管办等单位的做法，将呼叫业务交给外聘人员办理，现有人员一部分从事后台的管理、分流、督办、信息、协调等工作，另一部分人员充实到执法第一线，加强工商所的办案力量。同时，由于"小局大所"的改革，基层工商所面临的任务越来越重，大量的调解工作给工商所带来很大压力，导致一些案件的处理不够到位，消费者满意度降低，有时甚至引起消费者不满，重复申诉或向上级部门反映。为此，借广州市部分行政区划调整的契机，将一部分人员充实到申诉举报案件较多的工商所，补充基层执法力量，达到人员的合理配置，使申诉举报得到有效处理。

7. 物质保障机制

"兵马未动，粮草先行"。加强 12315 行政执法网络建设需要强大的物资保障，各级领导要统一思想，提高认识，相互配合，为行政执法网络建设提供支持。要增加网络建设的经费预算，做到专款专用，在经费、车辆、设施、工具等方面给予倾斜，确保行政执法工作落到实处，为提高市场监管的现代化水平提供强有力的保障。

(二) 完善维权社会监督体系

完善维权社会监督体系的思路是：充分发挥工商部门消保维权的龙头作用，进一步完善机制，依靠政府和社会各界的力量，广泛开展社会监督，逐步形成政府监督和社会监督并重的监管模式，全方位地保护消费者合法权益。

1. 完善政府部门的联动机制

一是在现有维权协作网络工作制度基础上，制定《12315 联动工作规则》，进一步明确政府各部门处理消费者申诉的职责，提升政府部门的维权合力。当前，尤其需要明确餐饮卫生、物业管理、商品房预售、文化娱乐、劳动技能培训、职业介绍等可能涉及政府部门职能交叉的消费者申诉的办理，避免相互推诿。二是要建立政府部门间的信息共享机制，通过以 12315 消费者申诉信息网络服务平台为枢纽，逐步建立起政府部门间的申诉举报信息平台，实现信息交换和共享，增强联动效应。

2. 建立与消委会密切配合的消费纠纷调解机制。

利用消委会组建时间长、群众基础好、运作机制较为灵活等特点，进一步加强 12315 与消委会在处理消费者申诉（投诉）上的配合。一是在消费纠纷调解上，理清12315行政调解和消委会调解的关系，找出结合点和共同点，建立相互密切合作的消费纠纷调解机制，减少消费者的多头申诉（投诉）和重复上访。二是在案件相互移交和转接上，明确消委会在处理消费者投诉过程中，发现经营者违反法律法规的行为要移交给工商部门查处。三是在发布消费提示做好事前预防上，与消委会增强合作，针对消费申诉（投诉）热点，共同发布消费警示，提高消费者的自我保护和防范意识。

3. 完善新闻媒体的互动机制

在建立申诉举报案件信息和行政执法信息保密制度的基础上，加大工商部门政务公开的力度，通过媒体及时披露重大生产、经销假冒伪劣商品的不法行为，公布严重侵害消费者权益的商家名称和商品品牌，借助舆论监督的手段，加大工商部门对商品和服务的监督力度，建立媒体和行政部门的互动机制，力争实现媒体和工商部门维权工作的快速反应和公开透明，达到增强媒体的宣传效应和提升工商部门社会形象双赢的效果。

4. 建立广大群众积极参与的维权机制

《消费者权益保护法》规定"国家鼓励、支持一切组织和个人对损害消费者合法权益的行为进行社会监督"，工商部门应努力开辟使广大群众积极参与的维权渠道，发动社会各界人士加入到维权工作中来，推进维权工作进社区、进商场、进村镇。当前，要按广东省工商局的部署和要求，着力推进红盾服务维权进社区（农村）工作，通过在社区（农村）构建由工作站、联络员、志愿者三级组成的广东红盾服务维权网络，充分调动群众参与红盾服务维权工作的积极性，力争3年内在全省城镇社区、农村构建一个覆盖城市、乡村的消费者申诉举报网络，基本实现无传销和变相传销行为，无无照经营行为，无侵害消费者生命安全和身体健康的重大事件发生，为构建和谐社区（农村）作出贡献。

（三）建立行业自律体系

建立行业自律体系的思路是：将"消费者权益至上"的理念逐步植入行业、企业，调动行业协会和经营主体维权的积极性，配合工商部门自觉化解消费纠纷，进而减轻工商部门处理消费申诉的压力，从而建立更自然、更和谐的化解社会矛盾的有效机制。

1. 支持行业组织建立消费维权机构

通过推动行业协会建立消费维权机构和制定相应行业规范标准，从而规范经营行为，维护良好的市场秩序，实现市场的良性循环，是一种依靠行业和企业自身的力量实现消费维权的新途径。借鉴西方发达国家保护消费者运动的发展历史，行业内部的自律行为对保护消费者权益有巨大作用，有时比政府部门的行政干预更有效、更自然、更和谐。当前，工商部门首先要在消费者申诉较多和较难解决的物业管理、房地产中介、装修、修理、美容、商业连锁等行业，与这些行业协会密切合作，帮助这些行业协会建立和完善相应的消费维权机构，制定解决消费投诉的相关规定，变企业的被动投诉为主动处理，从企业内部化解消费纠纷，努力做到投诉不出企业、不出社会。

2. 指导经营主体建立消费纠纷和解机制

在现有105家企业组成的12315维权社会网络的基础上，继续扩大成员单位，把具有一定经营规模、一定管理水平、一定自律行为的企业纳入到维权社会网络中来，通过继续完善成员单位处理消费申诉的相关制度，与各企业建立处理消费纠纷绿色通道，把工商部门收到的对相关企业的申诉直接分流，交由企业先行处理，以缓解和减轻12315线路扩容带来的处理消费申诉压力。实践表明，通过在企业内部建立和解纠纷机制，配合工商部门处理申诉，起到了减轻维权的行政成本，减少消费者与企业对立面的作用，也有利于企业进一步树立良好的品牌意识和提高服务质量。

3. 尝试与行业协会建立相关合作项目

针对不同行业的特点，建立相应的经营服务标准，建立涉及疑难申诉责任的认定办法，充分发挥行业协会的专家和技术人员对商品和服务责任的鉴定能力，配合工商部门处理好疑难消费纠纷。对行业内出现的相关问题，及时与行业协会共商解决办法，组织协会专家和相关人员到企业座谈，交流行业自律和处理疑难申诉的心得体会，提升行业的自律水平。还可以与行业协会联手推进开展红盾维权进商家、进市场和"3·15"等活动，提升维权工作的层次。

（作者单位：广州市工商学会、广州市工商局12315指挥中心）

一等奖

新疆维吾尔自治区工商系统基层队伍建设调研报告

刘新海

2004年7月6~16日，国家工商总局第33期党校班第一调研小组一行13人来到新疆维吾尔自治区，就如何适应新时期深化市场监管，提高依法行政水平的需要，搞好基层工商局、所的建设问题进行了专题调研，有关情况如下。

一、新疆工商系统队伍建设基本情况

截止到2003年底，新疆工商行政管理系统共有128个县以上局级机构（含分局），其中，自治区局1个，地州市局15个，自治区直属分局2个，县（市、区）局（分局）110个；基层工商所308个。在职干部职工7947人，其中，党员3910人，占49.2%；少数民族干部3266人，占41.1%；大专以上学历干部6874人，占86.5%，高出全国工商系统平均水平近17个百分点。

从调研中可以看出，新疆工商系统的队伍整体结构，有如下特点：一是少数民族干部所占比重较大，占41.4%，喀什地区甚至高达71%，且少数民族干部相对集中在基层工商所，如岳普湖县团结路工商所10名干部中，少数民族干部就有9人。二是队伍整体学历层次较高，大专以上学历6874人，达86.5%。其中，吐鲁番地区、乌鲁木齐市比较突出，分别达到了91.1%和90%。三是年龄结构比较合理。在地州市局，科级领导干部年龄结构趋向年轻化，县级局班子平均年龄为38岁，工商所长的平均年龄为33.5岁，如喀什地区系统的科级干部平均年龄仅为37岁。四是机构设置比较精练，"小局大所"政策落实比较到位，工商所数量由原来的657个压缩到308个，人、财、物得到有效整合，而且享有登记初审、辖区监管、案件查处等项权力，监管范围和执法力度有所加强。

二、基层队伍建设具体做法

新疆维吾尔自治区工商局对队伍建设一向比较重视。他们认识到工商机关不仅担负着市场监管和行政执法的任务，还肩负着维护边疆社会稳定的重要职责，要努力践行"三个代表"重要思想，坚持立党为公、执政为民，切实体现"权为民所用、情为民所系、利为民所谋"，首要任务就是要抓好队伍建设，尤其是基层队伍建设，在社会上树立起工商行政管理的良好形象。近年来，他们在以下几个方面取得了一定成效。

1. 大力开展思想作风建设

新疆工商系统一直对队伍的作风整顿工作抓得很实。他们从思想教育和作风整顿入手，以风纪严明、服务热情、执法公正、廉洁勤政为宗旨，大力开展思想作风建设，有一些做法和经验值得借鉴。

一是从严治局，树立形象。自1996年开始，从严肃作风纪律抓起，在全系统实行统一着装上岗、统一挂牌服务、统一军姿训练、统一考勤、统一早操等"五个统一"。不论职务高低，一律参与。尤其早操，更是严肃认真，一丝不苟。在喀什期间，我们亲眼观摩了地区工商局机关干部出早操情况。全体干部着装整齐，训练有素，从列队、报数、正步分列到做广播体操，表现出了很好的精神面貌。乌鲁木齐市局提出了"抓纪律、找差距、摆问题、促规范、上台阶"的口号，狠抓纪律作风整顿工作，切实解决干部中工作责任心不强、不扎实、不细致等问题。他们有意识地加大了日常管理力度，对干部考勤由以往的每周两次增加到每周早、中、晚各两次，特别是对会场纪律和各类活动纪律进行严格考勤，对违纪人员严肃处理，毫不姑息。如市局机关一名正科级干部因早操无故迟到10分钟，严重违反工作纪律而被免职，其分管领导也承担连带责任。

二是反腐纠风，狠抓整顿。针对少数干部执法不公、为政不廉、"吃拿卡要"、甚至参与民族分裂活动等问题，新疆维吾尔自治区工商局在全系统开展了以"反腐纠风、纯洁队伍"为主题的思想作风整顿活动，大力整肃队伍作风，严厉处理"害群之马"。自1996年以来，新疆维吾尔自治区工商局系统有500多人受到了党纪、政纪处分，有70余人被清理出了工商队伍。

三是监管到位，重在服务。针对存在的"门难进、脸难看、事难办"的三难问题，新疆维吾尔自治区工商局率先向社会公布了六条政务承诺及违诺处理办法，对违诺干部轻者批评教育，重者依纪严肃处理，有令必行，有禁必止。他们提出了"一次讲清、减少两次、杜绝三次"的口号，在各级工商部门的窗口都设立了政务公开栏、便民服务台、服务咨询卡和第一人服务岗（首办责任制），提高办事效率，方便群众办事，赢得了社会上的普遍赞誉。

2. 注重加强领导班子建设

新疆维吾尔自治区工商行政管理系统按照干部队伍"四化"方针和《党政领导干部选拔任用工作条例》要求，把配好配强地、县局领导班子作为首要任务。他们在工作中坚持严把"四关"，即把好推荐关、考察关、标准关、程序关，把群众公认、政绩突出、年富力强的优秀干部选拔到领导岗位上来。注意从一线选拔任用一批经验丰富、水平突出的干部，不断加大交流、轮岗、上挂、下派的力度。同时，结合边疆地区的特殊性，在地、县两级局机关都设有党组书记，实行"党组是核心、书记是班长、党政一把手负总责"的集体领导体制，切实发挥党组的坚强领导作用。如石河子市局坚持一线配强、机关配好的原则，大力开展干部竞争上岗活动，有40多名德才兼备的年轻干部走上了县（分）局和基层工商所的领导岗位；他们还打破了原有的城、乡干部只能在本地工作就职的界限，大幅度轮岗交流，促进干部的合理流动。喀什地区工商局注意对人员进行动态调整，不断优化基层班子结构，加大干部的交流力度，科所长干部交流面达到了67%；他们还加大选拔、培养年轻干部的力度，着力培养一批靠得住、有能力、能干事、爱新疆、具有创新意识的年轻干部，建立健全用人机制，把那些作风正派、业务精通、埋头实干、不事张扬、政绩突出、群众拥护的优秀中青年干部提拔到科、（所）长岗位上来。

3. 不断加强基层工商所建设

基层工商所是市场监管和行政执法的前沿阵地，是为经营者、消费者服务的窗口，是整个工商系统改革的突破口。1999年，王众孚局长在新疆考察时，就对其基层工商所建设给予了较高评价，并做出了"潜力在基层、希望在基层"的指示。近几年来，新疆区局一直把工商所建设作为重中之重，长抓不懈。

首先是不断拓宽工商所的职能。新疆维吾尔自治区工商局专门制订了《工商所拓宽职责权限暂行办法》及实施细则，把登记初审权、辖区监管权、案件查处权等下放给工商所。按照"小局大所"的思路大力撤并工商所，把工商所数量由原来的657个压缩到308个，使人、财、物得到有机整合。如乌鲁木齐市西大桥工商所的干部就达到38人，与分局的人数不相上下。同时统一工商所内设机构，要求城镇工商所一律设4室，即初审登记收费室、巡查办案室、权益保护室、法制纪检室；农村所设3室，即初审登记收费室、巡查办案室、权益法制纪检室。实行专业分工、片区管理方式，拓宽工商所监管范围，加大执法力度。通过整合、压缩，工商所在机构设置和人员配备上更加合理，扭转了以往工商所因人手紧张、管辖范围大而造成的监管不到位、执法力度弱的不利局面，充分发挥了工商所的一线执法作用。目前，各地工商所办案数量已占到各地办案总数的80%以上，成为全疆市场监管和行政执法的主力军。

其次是政策注意向基层倾斜。按照"人往一线走、物往一线流、车往一线派、钱往一线花"的原则，加强工商所基础设施建设。几年来，共新建、改建工商所269个，配备办案用车410辆、微机800台，初步实现了办公有房、办案有车、吃有食堂、睡有宿舍的局面。还专门组织开发了工商所经济户口管理软件，对工商所辖区企业及经营户实施动态管理。

第三是大力开展工商所中级规范化建设。2001年，新疆区局专门下发了工商所中级规范化建设达标验收标准，提出组织建设规范化（如要求城镇工商所配备干部12人以上，农村工商所配备8人以上）、思想建设规范化（如工商所门前设置公示栏，推行政务公开、政务承诺等制度）、行政执法规范化（如建立"经济户口"、拓宽监管领域）、制度建设规范化（如设置辖区示意栏、办照收费栏、编印制度手册）、设施建设规范化（如要求城镇工商所建筑面积达到200~300平方米、农村工商所达到150~200平方米）等五个规范化要求，全面实施工商所中级规范化达标工作。2003年8~9

月份，新疆区局抽调专门人员，组织了两个达标验收小组，对全疆15个地州市进行了考察验收。目前，全疆80%的工商所已实现了中级规范化达标。

4. 加大党建工作力度

党的建设是队伍建设的根本，抓队伍建设离不开党的建设。新疆区局注意坚持党要管党、从严治党的方针，下大力气抓好系统党建工作。其中，阿勒泰地区工商局在这方面走在了前面。自2001年起，他们结合自身实际，深入扎实地开展了"一名党员，一面旗帜"创建活动，通过抓党建带班子、抓党员带队伍，确保基层队伍建设各项目标的实现。他们专门建立了有14项考核内容42个考核要素组成的目标管理考核体系，还在各个层级、各个岗位上都设置了党员岗位，统一在其办公桌醒目的位置上摆放了《党员岗位》标识牌和党员义务、文明用语提示牌，时刻警示每一名党员要严格遵守党的章程、纪律，注意发挥共产党员的先锋模范作用，自觉接受人民群众的监督。通过开展"一名党员，一面旗帜"创建活动，使党支部的战斗堡垒作用得到有效发挥，加强了机关党委的作风建设，激发了广大党员以身作则、率先垂范的工作热情，在系统上下，形成了比作风、比奉献、廉洁自律、争先创优的良好氛围。

5. 加强党风廉政建设

2003年，针对系统中少数干部存在不公正执法、不廉洁执法、不文明执法等问题，从"一手抓执法、一手促发展"的思路出发，新疆维吾尔自治区工商局专门制订了全疆工商人员"六不准"规定，旨在加强队伍建设，严格执法，依法行政。其"六不准"具体内容是：一是不准办人情证、照和代办、变相代办证、照。二是不准在办案中滥用职权、徇私枉法。三是不准乱减免、乱收费。四是不准接受有影响公务的宴请和在系统内公务活动中饮酒（包括白酒、红酒、啤酒等）。五是不准擅自处理罚没财物。六是不准参与赌博和色情活动。对违反第一至第五条的，经查实给予相应的纪律处分，情节严重的予以开除；对违反第六条的，予以开除。

在国家工商总局《依法行政、文明执法六项禁令》颁布后，新疆维吾尔自治区工商局及时印发至全疆各级工商机关，要求各地结合"六不准"规定，认真贯彻落实。在考察调研中我们发现，各地在落实"双六条"过程中，能够结合自身实际，适时增加一些必要内容，保证队伍的纯洁性。如喀什地区工商局从少数民族干部比较多、情况相对复杂的实际出发，在自治区局"六不准"基础上，增加了"不准参与民族分裂主义和非法宗教活动、不准赊欠和非法占有个体工商户财物、不准吸毒"等三项内容，实践证明，很有必要，效果也很好。石河子市工商局则把学习贯彻"双六条"作为进一步加强党风廉政建设、严格规范执法行为、树立良好工商行政管理形象的大事列入重要议事日程，要求每一名干部人人熟记、个个严守，增强干部遵规守纪的自觉性，切实做到"入脑入耳入心"、"管手管嘴管身"。

6. 加大队伍教育培训力度

提高素质，教育先行。新疆维吾尔自治区工商局认识到工商行政管理机关肩负着监管社会主义统一大市场的重任，担子重，责任大，必须以提高干部队伍素质为着眼点，对教育培训工作长抓不懈。他们采取了有力措施，主要抓了以下几项工作。

一是鼓励在职干部学历再教育。明确要求在职干部（男50岁以下、女45岁以下）都要至少达到大专学历层次，并限期三年内达标。而且要求所学专业要对口，鼓励学习法律、财经、计算机等专业科目。现新疆维吾尔自治区工商系统具有大专以上学历者达到86.5%，高于全国该项指标近17个百分点。石河子市工商局还对参加学历再教育人员给予了一定的时间保障和经济支持。

二是以业务知识为重点，多形式、多渠道开展培训。在培训中，注意增强针对性和实用性，重点指导工商部门新涉及领域如何介入、如何办案等问题。在培训方式上，由过去的"以书说法"变为"以案讲法"、由"灌输式"变为"研讨式"，请执法一线的办案骨干对亲身经历的典型案例进行讲评，传经验，教方法，效果比较明显。如石河子市局通过分级培训、脱产培训、以考代培等诸多方式，开展了计算机操作、公务处理、公文写作以及法律法规的轮训；同时，还在基层大力推行"一月一法、一法一考、以考定岗、末位待岗"制，采取闭卷形式组织考试，强化一线执法人员对法律法规的理解掌握，强调学有所成、学以致用，向培训要成绩，出实效。

三是大力开展《行政许可法》的培训。《行政许可法》是规范政府行为的一部重要法律，对于担负市场监管和行政执法重任的工商行政管理部门而言，学习好，理解好，贯彻好，落实好，意义尤为深远。新疆维吾尔自治区工商局对该法的学习培训工作非常重视，专门拨出70万元专项资金组织培训，还自上而下成立了主要领导挂帅的培训领导小组，加强组织领导。在培训中着眼于工商行政管理工作与《行政许可法》的衔接和适用问题，邀请专家、学者讲课，组织学员开展讨论，确保培训落到实处、收到实效。今年上半年，全疆工商系统共组织了75期《行政许可法》培训班，培训干部7500人，占总人数的94%。喀什地区工商局对全系统进行了《行政许可法》的全面培训，参训比例达到了100%；而且每一期培训班都采取严格的闭卷考试形式检验培训结果，以考促学，确保培训收到实效。吐鲁番地区工商局还提出了要严格贯彻《行政许可法》，强化执法监督，提升执法形象，保证执法到位，切实做到"到位不缺位，有位必有为"。

四是重视对教育培训的投入。近几年来，新疆区局每年都要拿出近百万元的经费组织各项培训。还投入300万元对自治区工商干校进行了改造、装修，不断改善就学环境。现该校干训楼已达到了二星级客房标准，学员餐厅也整茸一新，为全系统的干部培训提供了较好的生活条件和后勤保障。

三、基层队伍建设中存在的问题

在新疆调研期间，我们感受到全疆各级工商行政管理机关对基层队伍建设都给予了足够的重视，基层队伍整体素质和行政执法水平有了长足进步，教育培训工作也抓得有声有色。但同时也有一些亟待解决的问题不容忽视，具体表现在以下几个方面。

1. 基层干部队伍的综合素质有待提高

一是学历层次上，各地不同程度上存在重学历、轻能力的现象。很多干部是在职通过电大、函授等方式获得文凭，学历拿到了，真正学以致用的能力水平并未明显提升，学历与能力不成正比。二是在专业结构上，学习党政管理、政治理论的多，学习经济、法律、计算机、外语的少，特别是熟悉、掌握市场经济管理的干部还比较少。三是知识结构相对单一，高层次、复合型人才比较匮乏。另外，还有一部分大专层次以下人员只能从事收费等简单事务性工作，不能胜任初审登记、巡查办案等项工作。

2. 执法办案质量、水平还需提高

这一点在基层工商所表现比较明显。虽然登记初审权、辖区监管权、案件查处权等权力授予了工商所，但由于工商所干部不同程度存在着"不熟、不精"的问题，导致在监管执法中底气不足，不敢全方位执法、监管，所查办案件还局限于无照经营、超范围经营等原始范畴。另外，个别干部在执法办案过程中还不够规范，随意执法的现象时有发生。

3. 行政执法力度不够，对商品质量的监督缺乏有效的检验、鉴定手段

由于缺乏必要的措施和技术支持，证据提取困难，对消费者投诉的问题不能及早、尽快予以解决。比如，乌鲁木齐西大桥工商所查处变质糖果问题，明知是过期变质，但由于自己缺乏检测手段，请质检部门检测，质检部门则提出必须有被检人提出检测申请方可办理。技术检测手段的缺乏导致监管执法难以到位，让基层一线执法人员颇感无奈。

4. 理论学习教育方面开拓创新的探索不够

培训、学习的形式还比较单一，大多还停留在"你讲我听"、读文件、念报纸等"填鸭"模式，学习内容相对缺少深度和广度。

5. 基层工商所执法办案工具比较匮乏

新疆地域辽阔，地广人稀。有的农村工商所辖区范围甚至上千平方公里。而一个农村工商所一般只有一辆老式212吉普车，而且这种车都是"三高"型，油耗高、故障多、修理费用高，交通工具的不到位从另一个方面制约了工商所监管执法的有效进行。

四、加强基层队伍建设的几点建议

1. 注重对干部的全方位培训，全面提高干部的综合素质和执法办案水平

一是要坚持"干什么、学什么，缺什么、补什么"的原则，以提高干部履行岗位职责能力为目的，大力开展知识更新培训和专门业务培训，增强培训的针对性和实效性。二是要有侧重。针对不同情况、不同特点组织培训。切实做

到重要干部重点培训、优秀干部加强培训、年轻干部经常培训、紧缺人才抓紧培训，避免"听课到一到、考试抄一抄、回去全忘掉"的现象，向培训要成绩、要实效。三是要鼓励、支持干部参加大学本科以上学历教育，引导其学习业务所需的法律、经济、管理、计算机、外语等专业知识，激发其自学成才、岗位成才的积极性，力求做到学有所成，学以致用。四是要树立人人都可以成才的观念，注意发挥、发现每一名干部的优点长处，不唯学历、职称、资历、身份取人，注重能力、业绩、知识、品德，真正体现用人所长，知人善用。五是加大对法律知识的培训。针对基层特点，从实用、应用方面入手，从根本上解决"有法不知道、知道不执行、执行不正确"等问题。

2. 积极引进激励约束机制，激发队伍内在活力

首先，积极推进岗位资格证书制度，通过考试、考核，实行持证上岗，对未获得岗位资格证书的人员要调离行政执法岗位，或者按照国家公务员管理有关规定予以辞退，切实体现"能者上、平者让、庸者下"。其次，注意探索、健全一些简便、科学、可操作性强的定量、定性考核办法，让每一名干部都有紧迫感，都有"不进则退、慢进也是退"的危机意识，形成人人有压力、个个有动力、奋勇争上游的比学赶帮的良好氛围。

3. 加大不同地区、不同省份之间的交流、沟通

鉴于受到经济发展、地理环境等方面的制约，西部地区与中部地区、东部发达地区存在差别，尤其在思想观念、知识能力、业务水平等诸多方面都有一些差距。建议总局能够统筹协调，加大干部异地培养、交流、挂职、锻炼的力度，拓宽西部老少边穷地区工商干部的视野，进一步提高西部地区干部素质。

4. 尽快修改《工商所条例》（以下简称《条例》），进一步规范工商所行政执法行为

工商所是系统承担市场监管和行政执法的前沿阵地和一线窗口，搞好工商所监管方式改革，实现监管职能到位，就必须对工商所的职责权限有个明确定位。新形势下，"小局大所"已成规模，《条例》有些规定已不适应实际工作的需要。譬如在新疆，工商所承担着登记初审、辖区监管、案件查处等大量工作，是名副其实的行政执法主力军。由于《条例》并未作出这样的规定，以致于工商所某些方面的执法就缺乏法律上的依据。有鉴于此，《条例》的修改已是当务之急，应该提到议事日程上来。

（作者单位：国家工商总局）

> 二等奖

完善企业守信激励机制和失信惩戒机制提高信用监管效能

北京市工商学会课题组

党的十六届三中全会《决定》明确提出，形成以道德为支撑、产权为基础、法律为保障的社会信用制度，是建设现代市场体系的必要条件，也是规范市场经济秩序的治本之策。《决定》的这一表述清楚地表明了建立社会信用制度，对建设现代市场体系和规范市场经济秩序的重要意义。社会信用从信用主体来看，由政府信用、企业信用和个人信用融合而成，其中最关键、最活跃和最具影响力的是企业信用。建立企业信用体系主要涉及四个方面的问题：一是企业信用管理相关法律的制定，二是企业信用信息的开放与企业信用数据库的建立，三是信用中介服务机构的建立，四是政府的管理，其中包括守信激励和失信惩戒。建立守信激励机制和失信惩戒机制是企业信用管理体系的重要环节，工商行政管理部门应该充分发挥职能作用，推进守信激励机制和失信惩戒机制的建立。

一、北京市企业信用体系建设取得重要进展

1. 制定了有关企业信用管理方面的法规

2002年北京市政府制定并开始实施《北京市行政机关归集和公布企业信用信息管理办法》。这是全国第一部有关企业信用的地方法规。《办法》的发布和实施，标志着北京市企业信用体系建设向制度化、法制化迈出了突破性的一步。

2. 依托经济户口开发了"北京市企业信用信息系统"，构建了政府企业信用信息平台

该系统已经与北京市政府45个有关部门实现了联网。目前，已经记入企业身份信息251.45万条，提示信息1.45万条，警示信息7.72万条，良好信息0.46万条。另外，企业信用系统还记录了企业法定代表人、主要负责人与企业信用相关的信息65万条，其中警示信息6.2万条。在此基础上，北京市区、县一级企业信用信息平台也已经建立。

3. 企业信用服务市场化运作模式已经基本形成

北京市目前已有企业信用咨询评估机构150余家，采取商业化运作方式，向

社会提供客观、独立的资信调查报告。

4. 工商部门对传统的监管理念、监管方式进行了变革

信用监管并不是把企业登记信息和违法处罚结果上网公示这样简单，必须对工商执法系统进行专业化、数字化、现代化地改造，并要对传统的管理理念、职能布局、执法方式等进行相应的改革。

在管理理念上，从面面俱到的行政统管、直管，过渡到通过信用管理，更多地借助市场的约束机制实现经济秩序的改善；将对具体当事人过错的追究，上升为对社会的失信，通过失信惩戒机制，从更广的范围、更深的层次实现失信制约。

在职能布局上，根据规范市场经济秩序的需要对行政职能加以取舍，减少执法效率难以持久的"专项整治"，增强对市场综合情报的搜集、分析和反应能力，提高针对性管理的能力，增强对市场的控制力。

在执法方式上，实现日常管理和信用监管的统一，将管理效率不高的不分主次一对一上门检查的管理方式，转变为依托企业信用信息，按照风险度和信誉度对企业分级分类，实行重点管理的模式。由责任不清的大锅饭管理方式，转变为责任明确的网格化管理。初步形成以经济户口为基础，以实行分类分级的重点管理为原则，以网格化管理为基本方式，以信息化为依托，以日常管理与信用管理相结合的新的管理模式。

经过近几年的努力，企业信用管理的效能已经开始显现。然而，企业信用管理体系建设还只是开始，还需要不断发展和完善。仅从失信惩戒的效能看，失信惩戒的市场约束作用还不明显，惩戒约束作用主要来自于对失信企业的行为限制，而行为限制又主要局限于市场准入方面，远未形成社会制约机制。

二、扩大信用信息公示范围，拓展信用信息服务领域

信用管理的市场制约机制是通过放大企业的失信信息，对企业的市场前景产生影响，使失信企业失去市场，增大企业违法成本，促使企业加强自律。由此看出，信用管理的市场制约效能与信用信息的公示范围和传播范围成正比，信用信息公示范围越宽，传播范围越广，信用管理的效能越高。

1. 充分发挥工商部门掌握的信用信息的作用，扩大信用监管效能

目前，工商部门已经搭建了企业信用信息平台，企业信用管理有了良好开端。但目前的企业信用信息平台仅登录了企业登记信息、年检信息和违法处罚等信息，工商部门掌握的其他一些涉及企业信用的信息还未充分加以利用。如投诉、举报信息也是工商部门掌握的直接反映企业信用状况的重要信息，特别是那些直接面向消费者提供服务的行业，投诉量和投诉解决率是衡量信用状况

的重要指标。如北京朝阳区一个家政服务中心，在5个月中仅工商部门就接到40起投诉，很能说明该企业的信用状况。投诉解决率也能客观反映企业信用状况。公示投诉解决率，还有利于调动企业自主解决消费投诉的积极性，逐步改变工商部门上门调解消费投诉的被动局面。

2. 拓展企业信用信息服务领域，建立面向社会公众的重点行业企业信用信息平台

目前的企业信用信息平台只是面向政府管理部门和市场主体，服务面窄，作用单一，有些信息还处于半封闭状态，限制了信用信息的广泛传播。消费者是社会最大群体，工商部门必须关注消费者，了解消费者的需要，为消费者提供所需要的服务，而信息服务是面向全体消费者的服务，是大服务。为此，应该充分利用工商部门掌握的信息，建立面向社会公众的个性化信息服务平台。个性化信息服务平台，即根据不同消费群体对不同行业企业信用信息的需求，建立重点行业企业信用信息平台，为消费者提供有针对性的服务。重点行业企业信用信息平台作为工商网站的子系统，要与目前的企业信用信息系统相链接，但又应相对独立，以便突出平台的个性化服务特点。建立重点行业企业信用信息服务平台的理由。

第一，有利于满足社会公众的需要。较长一段时间，房屋租赁中介、职业介绍中介、出国留学中介等行业，一直是社会公众投诉的热点。一些中介机构的欺诈行为之所以能够屡屡得逞，重要原因在于市场透明度低，消费者在接受服务前，不能通过有效的途径了解中介机构的信用状况。由于信息不对称，消费者始终处于弱者的地位。社会公众非常需要有一个权威性的、能够提供个性化服务的信息平台，在接受服务前能够对同类中介机构的情况进行比较，以便做出理智的选择。

第二，有利于提高工商部门的社会认知度。个性化信息服务平台，直接针对消费者的需求，更加贴近消费者。如果消费者在接受服务前，可以通过工商部门的网站查询到企业的信用状况，帮助自己做出正确的选择，无疑可以极大地提高公众对工商部门的认知度，扩大工商部门在社会的影响力。

第三，有利于提高企业信用管理的效能。建立重点行业企业信用信息服务平台，直接面向不同的市场消费群体，公众对网站的关注程度提高，访问量增加，企业失信信息得到充分放大，市场的约束作用才能体现，信用管理的作用才能发挥。

第四，有利于强化对重点行业的管理。充分借助市场的约束作用，是加强企业管理的重要途径。建立面向社会公众的重点行业企业信用信息服务平台的目的，是将与社会公众直接相关、秩序又较为混乱的重点行业，从众多行业中单列出来，通过信息公示使重点行业企业的情况充分透明化，将管理寓于服务之中。在为社会公众提供服务的同时，借助市场的约束作用，强化对重点行业的信用管理。例如建立中介机构信用信息平台，并对房屋租赁中介、职业介绍中介、出国留学中介等进行细分，除登录企业基本信息外，同时公示违法行为被查处信息、被投诉信息和投诉解决率，如果可能，可以通过与行业管理部门协作或合办的形式将行业管理部门掌握的信息包容进来，加大信息量，使消费者不仅可以便捷地查询到中介机构的基本情况，而且可以了解该中介机构的信用情况，对其市场前景施加影响。此外，还可以建立建材市场、汽车配件市场等信息平台，为社会公众的不同需求提供服务。重点行业企业信用信息服务平台涉及范围不求全，但应该是社会公众最为关注的行业。

第五，有利于对行业协会的示范和引导。按照一般道理，行业企业信用信息平台应该由行业协会牵头建立，但由于目前涉及企业信用的信息主要掌握在政府部门手中，行业协会很难得到相关信息，加之行业协会自身的原因，短时间内建立起直接面向社会公众的行业企业信用信息平台难以做到。现在，只有工商部门具有充分条件，应该先做起来，对行业协会起到一种示范作用，待时机成熟可以与行业协会合办，或将信息平台移交给行业协会。

三、完善对企业失信行为的限制措施，形成有效的失信惩罚机制

对失信企业的行为加以限制，给失信企业的经营和发展以及经营者个人的生活带来不便，是失信惩戒的重要方式。特别是部分中小企业和个体工商户，短期行为多，不太关注失信信息公示，行为限制更显得必要。法律规定的对违法企业的行政处罚就是失信惩戒，或者说是失信惩戒的基本内容。近年来，我们提出了失信惩戒五项制度，是对法律规定的补充和完善。法律规定的对企业违法行为的处罚是着眼于事后的惩处，我们提出的预警、《工商行政建议书》、约见法定代表人制度，更侧重事前的防范和事中的提示，警示和曝光则是事后惩处的延伸。与行政处罚相比，失信惩戒五项制度更体现人性化管理、更强调企业自律、更着眼于治本。

1. 预警

是企业未做出违法行为前采取的提示性措施。预警不是一般意义上的防范，有明确的指向性。如某产地蔬菜农药残留超标或某种食品对健康有害，则提示批发市场或食品销售企业不购进该产地蔬菜或食品。预警可以分为消费预警和企业预警。消费预警既是对消费者的提示，也是对企业的提示，企业预警则只

是对企业的提示。当出现需要提示企业和消费者的事由，可以通过媒体公示预警，也可以直接通知企业。根据预警事由影响的范围，可以分为市局、区县分局两级预警。

2.《工商行政建议书》

包括两个方面内容：对市场主体是一种事中的提示性措施，对相关管理部门是实现监管合力的建议性措施。

（1）对市场主体下达《工商行政建议书》分为两种情况：一是当直接经营者出现轻微违法问题，达不到行政处罚标准或没有必要进行行政处罚时，可适用《工商行政建议书》。如同一企业在短时间内多次被投诉，即可通过《工商行政建议书》提示企业改进服务。二是对负有管理责任的市场主办单位、总公司、连锁总店等，在场内经营者或所属企业出现违法问题，工商部门对当事人做出行政处罚后，可以向主办单位下达《工商行政建议书》，督促其加强管理。

（2）对相关管理部门发送《工商行政建议书》也分为两种情况。一是在管理中发现经营主体存在不属于工商部门管辖的问题，如经营主体存在安全隐患，可以向相关部门发送《工商行政建议书》。二是需要相关部门连带做出行政处罚或采取限制措施，以提高整体管理效能时，如对提供虚假报告的注册代理人或会计师，可以通过《工商行政建议书》，建议相关部门或行业协会取消违规执业人的执业资格。

3. 约见法定代表人

实质是一种告诫。告诫具有警告劝诫的意思，告诫事由的严重程度应高于《工商行政建议书》。约见法定代表人是口头告诫，可同时下达书面《工商行政告诫书》，也可单独下达书面《工商行政告诫书》。约见法定代表人或下达书面《工商行政告诫书》分为三种情况：一是在对市场主体下达《工商行政建议书》后未见改进，如因为消费投诉多，下达《工商行政建议书》后，消费者投诉仍未减少，可约见法定代表人或下达书面《工商行政告诫书》。二是有轻微违法问题可以不做行政处罚的，如北京顺义工商分局对区内水泥构件厂违反规定采砂出售的行为，通过约见法定代表人进行告诫。三是落实相关部门转来的建议函。北京市已经建立了企业联系人制度，为约见法定代表人创造了条件。

4. 警示

是对违法行为行政处罚的延伸。失信惩戒的作用主要通过警示体现。警示的条件，包括严重违法行为和屡次违法受到行政处罚的行为。工商部门应该加强对运用企业信用信息提高管理效能的研究，针对本部门、本地区带有共性的违法行为，采取相应的行为限制措施。如注册登记部门对发生代注册申请人垫资或提供虚假证明的注册代理机构，在一定时间内不受理其代理。广告管理部门根据《广告法》有关规定，可以对被行政处罚或经告诫仍然制作和发布违法广告的广告经营单位和发布单位，责令在一定时间内停止制作、发布某种广告。对有严重欺诈行为的中介机构，在重点行业企业信用信息服务平台中该企业名下做出警示性提示等，使失信企业真正感受到失信的危害。

5. 披露

即对企业违法行为曝光，是对严重违法行为行政处罚的延伸。性质恶劣、危害严重的违法行为应该曝光。涉及全局性的危害严重的问题，在北京市全市性媒体曝光。地区性的危害不很严重的问题，可以在区县媒体曝光。

四、完善守信鼓励措施，形成有效的守信激励机制

守信激励也包括市场激励和鼓励措施两个方面，市场激励是主要的。市场激励是通过信息公开化，将企业的守信信息放大，影响消费者，扩大市场份额。在当前企业信用中介服务机构发育还不成熟，信用产品还未被社会普遍接受的情况下，我们尝试由机动车分局、汽车流通协会和汽车市场主办单位联合，在北京各大机动车市场推出了"诚信指数"管理，即针对汽车经营企业守信经营涉及的守法经营、企业自律、遵章守制三方面，制定具体的量化指标，依据指标对日常管理的信息进行量化，得出诚信指数，上网公示。实现守信指数化，将同类企业守信状况分出优劣，为消费者选择经营企业提供参考。实现诚信指数管理，给汽车市场经营秩序带来明显变化，诚信指数高的守信企业的销售额平均高于同规模企业的 20%～30%；经营企业守信意识增强，汽车市场经营秩序好转。实行诚信指数管理三年来，北京市汽车市场消费投诉由原来的每年150起，下降到现在的 30～40 起，下降了73%。汽车行业诚信指数管理系统，实际是一个行业企业管理系统，现在还是以机动车分局管理为主，待条件成熟后，要过渡到以汽车流通协会管理为主。近年来，我们还制定了一系列鼓励企业守法经营的措施，给予守信企业更多的经营便利。如在北京市企业信用信息系统设立了良好信息系统，将受到市级以上行政机关表彰、北京驰名商标等良好信息记入该系统。在日常管理中未发现违法行为的企业视为守信经营，在企业年检时免于审查等，收到了一定的激励效果。

五、提高对信用管理的认识，实现信息共享，建立社会守信激励和失信制约机制

企业信用体系建设不是一个部门或某几个部门的事，实际是一种社会机制，

即必须把各种与企业信用有关的社会力量和制度有机地组合起来,共同制约和惩罚失信行为。如严重失信企业应不能申报驰名商标;严重失信企业应停止政府采购;严重失信企业的负责人应没有资格获得人大代表、政协委员等政治荣誉;严重失信的企业负责人应不能或延期根据有关规定取得北京户口等。只有把各种与企业信用有关的社会力量和制度有机地组合起来,形成合力,鼓励企业守信,共同制约和惩罚失信行为,企业信用管理系统才能发挥最大的社会效用。

1. 进一步放开企业信用信息,实现政府部门间信息共享

建立企业信用体系主要问题在于政府部门掌握的企业信用信息公开化、市场化,使市场主体及信用中介机构可以合法、便捷、低成本地获得企业信用信息。北京市虽然搭建起了政府企业信用信息平台,整合了45个政府部门的企业信用信息,但存在录入信息数量少、不均衡、数据标准不统一、更新不及时的问题。各政府部门掌握的企业信用信息开放程度不够,仍是影响企业信用体系建设的重要原因。由于政府部门的一些基础信息未放开,以致使运用企业信用信息创新管理方式提高管理效能缺少必要的条件。如《公司法》规定,因违法被吊销营业执照的企业法定代表人或负责人,在一定时间内禁止担任新企业的负责人。要落实这一要求,工商部门在企业登记注册时,就要能够即时对新注册企业负责人的身份信息进行核对,防止利用虚假身份信息进行注册,这就需要与公安部门的身份证信息实现共享。又如对"网吧"的管理,只要实现部门间信息共享,将电信部门网络接入信息与工商部门的企业登记信息进行比对,就很容易将黑"网吧"找出来加以取缔。可以说,实现执法部门间信息共享,是提高市场管理有效性最便于操作的低成本、高效率的手段。

企业信用信息只有向社会开放才能产生效用,因此,企业信用信息原则上应该尽可能向社会开放。但企业信用信息开放又涉及法律问题,哪些属于商业秘密法律并不明确。因此,可以将政府部门掌握的企业信用信息分为向社会公示信息和执法部门共享信息两类,分对象、分层次开放。另外,尽快实现企业信用信息全国联网,使失信企业没有空子可钻,也是加强失信惩戒的迫切需要。

2. 以企业登记代码作为建立和查询企业信用信息数据库的基础

政府部门开放企业信用信息要有一个前提条件,即必须有一个统一的企业代码。这是因为利用企业名称检索、不仅查准率低而且速度慢。利用企业代码检索,查准是唯一的而且速度快。现在的问题是工商、税务、技术监督等部门编制的企业代码各不相同,这就为实现系统互联、信息共享带来了障碍。在市场经济条件下,企业身份认证应该实行根认制。企业营业执照是企业的出生证,

工商局编制的企业营业执照代码是最原始的企业代码，其他部门的企业代码都是与之相连接，从其派生出来的。只有以企业营业执照的代码为基础，才能避免遗漏或生成虚假企业，其数据才是动态的，具有可用性。如果政府各部门都以企业登记信息作为源头信息建立企业信用信息数据库，既便于实现政府部门间信息共享，企业在检索各政府部门向社会开放的企业信用信息时，也可以更便捷、准确。为此，有关部门加强协作，建立共同的企业代码，由工商局统一发放，是提高信用监管效能的重要条件。

3. 转变监管方式，充分发挥信用监管的效能

目前，政府部门运用信用信息提高监管效能的成果还未充分显现。重要原因在于，一些政府管理部门仍然习惯于传统的管理方式，对企业信用管理这种新的管理方式认识不足，对如何运用企业信用信息创新管理方式，提高管理效能缺乏研究，对失信企业的行为限制仅限于工商、税务等少数部门，远未形成社会制约机制，未能形成管理的合力。提高对信用管理的认识，结合本部门职能，充分利用企业信用信息，对失信企业采取相应的行为限制措施，形成失信社会制约机制，是提高信用监管效能的必然要求。

企业信用体系是服务与管理的统一，是政府部门大幅度扩展服务领域，提高管理效能的重要途径。政府应建立有效的激励机制，将执法部门实现信息公开和部门间信息共享作为政府对所属部门政绩考核的一项内容，以推动信用体系建设和信用管理效能的提高。

（作者单位：北京市工商学会）

二等奖

关于广东、浙江、江苏三省个体私营经济发展情况的考察报告

王天仁　纪连强　刘德福

一、广东、浙江、江苏三省个体私营经济发展的新趋势、新特点

(一)个体私营经济发展势头强劲，已成为推动地方经济发展的主要力量

近几年来，广东、浙江、江苏三省都把发展个体私营经济作为推动经济增长的主要措施，个体私营经济已形成"整体推进，快速发展"的态势，在国民经济中的地位与作用不断提升。广东、浙江、江苏三省的人口都少于山东省，浙江仅有山东省的一半，但个体私营经济的发展情况明显快于山东省。2002年底，广东、浙江、江苏三省的个体、私营企业户数、从业人员分别达到175.3万户、360.7万人、25.9万户、273.5万人；152.9万户、289.5万人、24.7万户、390.1万人；157.3万户、286.5万人、28.6万户、363.7万人，在全国稳居前三位。广东个体私营经济创造的GDP超过4 000亿元，浙江、江苏也都超过3 000亿元，分别占本省GDP的35%、51%和30%。部分市、县个体私营经济创造的GDP占总量的70%～80%，甚至更高。个体私营经济上缴的利税也非常可观，广东、浙江、江苏三省2002年分别达到320亿、208亿和195亿元。这些指标都明显高于山东省。个体私营经济已经成为推动广东、浙江、江苏三省经济发展的主要力量，并为广东、浙江、江苏三省赢得了经济发展和体制创新的先发优势。

广东、浙江、江苏三省个体私营经济发展各具特点和优势，其实力都处于凝聚和持续跃升阶段，潜力巨大。广东省发挥地理优势，把利用外资作为加快个体私营经济发展的重要途径，以"三来一补"业务为重点，私营企业外向型程度越来越高。浙江省在个体私营经济全面发展的基础上，逐步由"一村一品"向"一乡一业"、连片经营拓展，形成了"小商品、大市场"，"小区域、大发展"，"小资本、大辐射"的格局。全省已形成专业乡镇100多个、专业村1 600多个、个私工业园区500多个。产业集中度的提高，促进了市场占有率持续上升，仅温州市产品的国内市场占有率就为：皮鞋20%，西服10%，低压电器

35%，阀门30%，磁力泵70%，防风打火机90%，民用灯具30%，眼镜80%。

（二）思想认识和工作实践实现重大突破，都把发展个体私营经济作为富民强省的重要途径

认识上，浙江省提出"不论成分重发展，不限比例看效益，不看性质看贡献"，对民营经济做到"政治上认同，社会上尊重，政策上支持，经济上保障"，彻底清除对个体私营经济"干部怕接近、金融部门怕贷款、基层群众怕担风险"的三怕思想。思想解放已走在全国前面的温州市，为与时俱进，目前正在全市开展"全国看温州，温州学全国"的解放思想大讨论，自我加压。江苏省提出要做到"六放"，即放心、放胆、放手、放开、放宽、放活。苏州市明确提出了"亲商、重商、富商、安商"的口号，服务意识增强。

政策上，广东、浙江、江苏三省都把发展个体私营经济作为政府关注和服务的重点，加强政策支持和指导。广东省政府于1998年初下发了《关于促进个体私营经济发展的通知》后，广东省委、广东省政府又于1999年8月作出了《关于大力发展个体私营经济的决定》，出台了12项政策措施。广东省人大还于1999年7月1日颁行了《广东省个体工商户和私营企业权益保护条例》，首开全国先河。2003年，广东省委、省政府又专题召开了高规格、大规模的全省民营经济工作会议，张德江书记亲自讲话，进行表彰和再推进。浙江省委、省政府1997年以来先后下发了《关于进一步推进我省乡镇企业改革与发展的若干政策意见》、《关于大力发展个体私营等非公有制经济的通知》等多个促进个体私营经济发展的文件，1998年浙江省委、省政府专门召开了全省个体私营经济工作电视电话会议，并对不利于个体私营经济发展的政策、法规进行了清理。江苏省委、省政府于1997年、1999年、2001年三次制定下发了加快发展个体私营经济的决定或意见，2000年底专题召开了全省私营个体经济工作会议，21个部门随后制定贯彻落实办法。省人大1998年颁发了《江苏省发展个体私营经济条例》，1999年颁发了《江苏省发展民营科技企业条例》。

行动上，广东、浙江、江苏三省都在竞争性领域中全面推进民营化和发展混合所有制经济。广东省规定，除国家明确限制的投资领域外，所有竞争性领域都向民营资本开放，并享有与国有资本和外资同等的待遇。目前浙江乡镇企业转制面已达98%，其中完全转制为私营企业的占39%。江苏省乡镇企业改制面已达95%，苏州高达98%；全省有3.1万户公有制中小型企业转制为私营企业，有3万多私营企业通过购买、兼并等形式参与公有制企业改制；不少地方实行限期改制，到期不改的，政府组织公开拍卖。多数企业已在1994年以前进行了改制。

(三)注重强身健体,个体私营经济素质和竞争力不断提高

广东、浙江、江苏三省个体私营经济普遍进入大发展、大提高阶段,呈现出"大、高、外"的发展趋势。

一是规模型企业迅速壮大。到2002年底,广东、浙江、江苏三省注册资本达1 000万元以上的私营企业分别达到4 437户、2 356户和1 290户,1亿元以上的分别有100户、68户和25户;私营企业集团分别达262户、342户和147户。2002年,温州市私营企业户均注册资本达到121万元;许多企业的产值超过10亿元甚至百亿元。广东华为技术有限公司年产值超过200亿元,美的集团年产值超过100亿元。仅顺德一个区就有93户私营企业的年销售收入超过了1亿元。

二是科技含量不断提高。有实力的企业纷纷建立技术开发和产品设计机构,与高校和科研单位联姻,设立奖学金和科研基金,设立博士后流动站,加大技改和科研开发投入。广东省2002年底经认定的科技型私营企业达4 740户,年产值超亿元的有190多户,实现的高新技术产品产值占全省总产值的30%。浙江省私营企业近三年固定资产投资中技改投资比重达50%以上,139户私营企业内部建立了科研机构。江苏省不少私营企业已进入高科技领域,有的私营企业还连续承担了国家"863"有关项目;全省现有市级私营企业科技园5个,科技孵化器、创业服务中心16个;省科委认定的1 000多家高新科技企业中,私营企业占1/3,私营科技企业在全省高新技术企业产值中的比重已超过30%。

三是企业外向度日益增强。私营企业与外资企业配套或合资、走出去发展的比例显著扩大,出口创汇水平不断提高。广东省有进出口经营权的私营企业近6 000户,约占全省的一半,2002年出口额达40亿美元,占全国同期私营企业出口额的30.2%。广东格兰仕公司除巩固国内生产基地外,还在欧洲、北美等地打造了微波炉制造王国,其产品现已占国内市场的70%、国际市场的25%。浙江省形成了1.58万户的私营企业出口大军,2002年出口交货值达884亿元,1 573户私营企业与外商合资,私营企业在俄罗斯、阿联酋、越南、巴西、意大利、荷兰、南非等国家开办商城和专业市场20余个。温州私营企业打破日本打火机垄断国际市场的局面,国际市场占有率已达80%以上。温州的康奈集团,自2001年起将专卖店开到了巴黎、纽约,成为我国皮鞋业首家走向国际市场的品牌专卖店,目前已在国外设专卖店23家。江苏省2002年底已有2 211家私营企业取得自营进出口权,年出口额71.5亿元,比上年增长118%,仅苏州市就有与外资企业配套的私营企业600多户。江苏还在苏南设立了6个私营外贸企业创业园,入园企业注册资本只需100万元即可。

四是区域经济逐渐成熟。广东、浙江、江苏三省各类园区、市场、专业乡镇等个体私营经济发展的载体大量涌现,形成了一定的规模经济和示范效应。

义乌小商品城正在打造"国际最大超市",已吸纳 3 万多家个体户,占浙江省总量的 50%;温州的服装、皮鞋、低压电器、制革、打火机、制笔等行业以个体私营经济为主,全力打造"国际轻工城",已获得了 9 个国字号生产基地称号;吴江的纺织面料,顺德的家电、家具等,都形成了大规模的产销基地,有力地带动和促进了区域经济的快速发展。

(四)适应市场经济发展要求,企业产权制度和管理的现代化水平不断提高

一是明晰产权关系,越来越多的私营企业通过股份制改造等形式吸纳民间资本。2002 年底广东私营企业中,公司制企业已达 21 万户,占广东省私营企业总数的 80.8%,自然人持股的股份有限公司有 30 多户。国有企业和集体企业转制普遍采取由私营企业或自然人持股的股份合作制或公司制形式。具备一定规模和素质的企业进一步深化产权制度改革,产权大门不仅向有资本的人开放,也向有知识、有技术、有管理决策能力的人开放,出现生产要素股份化。浙江温州的正泰和德力西集团,都按贡献大小给技术和管理骨干配送股份。

二是企业管理日趋科学、规范,大批上规模的私营企业自觉引入先进的管理制度和方法。温州天正集团外聘 4 名专家董事,董事会和经理班子职能分开;正泰集团董事会成员绝大部分不直接参与企业经营,只负责拟定公司发展目标、重大决策和考核经理班子,公司总经理、部门经理全部高薪聘请。

三是高度重视人才,人员素质普遍提高。随着科技型私营企业的发展,大批具有高等学历和先进经营管理理念的高素质人才进入个体私营经济领域。广东鸿昌涂料公司与中科院合作,聘请 35 位院士为该公司的顾问;广东美的集团公司建立了博士后工作站,首席执行官何享健有一句名言:"宁可放弃一百万利润的生意,也不放弃一个对企业发展有用的人才。"温州市专门组织具备一定文化程度的私营企业董事长或总经理到大学脱产学习 MBA 课程。江苏南京斯威特集团公司员工 90% 以上为本科以上学历,其中有高级职称的占 26%,有 11 名博士生,成为江苏省第一个私营企业博士后工作站。许多有远见的私营企业者和管理人员也正在"加油"、"充电",努力提高经营管理水平。

四是质量管理水平越来越高,品牌意识明显增强。浙江省 2002 年底已有 2 068 户私营企业通过了 ISO 9000 质量体系认证,澳伦、飞鸵等私营企业的产品还获得了国家免检产品称号。浙江省虹桥动力制造有限公司吸收国外先进技术研制出的我国第一台水冷摩托车,填补了 2 项国内空白。私营企业创名牌成效显著。浙江省私营企业已拥有全国驰名商标 13 件,广东省 8 件,江苏 5 件。

二、广东、浙江、江苏三省推动个体私营经济发展的新政策、新措施

（一）一视同仁，为个体私营经济发展创造公平的竞争环境

淡化所有制差异，对个体私营企业与国有、集体企业一视同仁，平等对待，是广东、浙江、江苏三省支持个体私营经济发展的共同政策取向。

一是市场准入平等。对个体私营企业全面开放投资领域，生产经营范围与其他所有制企业一样不受限制；须经资质评定和前置审批才能进入的行业，按照同等标准和要求进行评定，不得变相限制个体私营企业。

二是财税金融政策平等。广东、浙江、江苏三省财政扶持企业发展的各类贷款贴息和技改基金，都已向私营企业开放，不受企业所有制性质限制。广东发展银行把主要服务对象明确界定为个体私营企业。浙江省也明确规定，城市合作银行和城市、农村信用社，要把非公有制经济作为重要服务对象；非公有制企业利用其他企业用地兴办生产性项目，所投资的地面建筑可向有关部门申办产权证，在明晰土地使用权的基础上，可作抵押物申请银行贷款；允许符合条件的非公有制企业发行债券。新办非公有制咨询业、信息业、技术服务业企业，经批准，自开业之日起免征企业所得税两年。江苏省明确规定，对个体私营业户贷款实行与其他类型企业统一的评估标准和贷款发放条件；同时已建立中小企业担保机构47家，允许私营企业以项目直接融资，允许以项目资产折价抵押等形式筹资，鼓励社会资本参与投资。有24家私营企业被纳入省级成长型企业技改规划，得到省财政贷款贴息2 228万元。无锡市115家有良好信用的私营企业被12家银行给予信贷授信，授信金额41.5亿元。

三是实行大行业和社会化管理。广东省政府规定，鼓励个体私营经济业户参与公有制企业改革，在获得土地使用权、定价权上与国有企业同等对待，个体私营经济从业人员的职称评定、知识产权保护等方面，享有公有制企业职工同等待遇。浙江省规定，私营企业收购或兼并公有制企业的，在偿还贷款、费用收取、企业税收等方面，享受国有企业改革的优惠政策。江苏省对产品技术含量高、运行质量好的大型私营企业集团，经省政府批准可享受省重点企业集团待遇。

四是创造个体私营经济发展的良好社会氛围。广东、浙江、江苏三省都重视提高私营企业家的社会和政治地位。广东省对思想道德好、社会贡献大的个体私营业户大力进行褒奖。几年来已有6 000多人立功受奖，1 200多人被选为各级人大代表，800多人被选为各级政协委员，2 600多人被评为县以上劳模。浙江省工商局会同有关部门开展了"百佳私营企业"、"百强科技私营企业"、"十佳个体私

营经济专业村"、"纳税大户"等表彰活动；温州市进行了"功勋企业"评定工作，树立了一批不同类型的个体私营企业先进典型。江苏省不仅推荐私营企业家参选全国或省的人大代表、政协委员，而且让私营企业家参加包括"劳动模范"在内的各类评先进活动，激励经营者放心、放胆、放手创业发展。

（二）大胆改革和突破，创造政策优势

一是深化登记注册制度改革，降低门槛，放宽准入限制，扩大个体私营经济的发展空间。广东、浙江、江苏三省对国家关于个体私营企业的市场准入条件、注册资本要求、注册登记管理和取得进出口经营权的规定等，都有所突破或改进。如放宽个体私营经济的经营领域，凡国家法律、法规没有明令禁止的，都允许个体私营企业登记经营；凡允许国有企业和外资经营的，都向个体私营企业开放。除国家法律、法规规定和少数涉及人民生命财产安全的行业外，取消企业登记的前置审批，必须前置审批的采取"工商受理、抄告相关、并联审批和限时完成"的办法办理；对下岗、失业、分流和科技人员创办的企业，实行企业预备期制；放宽利用无形资产出资的条件，取消非货币出资的比例限制等。

二是制定优惠政策，取得先发优势。浙江省在已取得境外投资先发优势的情况下，又从2002年10月1日起，成为全国首个境外投资外汇管理改革的试点省份，境外投资企业享受取消境外投资购汇限制，企业利润可留在境外使用和实行境外投资外汇登记制等4项优惠政策，进一步加快了私营企业走出去和吸引外省市企业到浙江发展的步伐。江苏省利用民间资本改造常熟、江阴和张家港市的农村信用社，成立农村商业银行股份有限公司，自然人股份占80%以上，在全国率先发展民营金融机构。

（三）采取扶持措施，着力扶优做强

一是解决私营企业融资难。广东、浙江、江苏三省都通过成立贷款信用担保公司等方式，提高私营企业的融资能力。广东省政府今年拿出19.2亿元，专门用于扶持个体私营经济，特别是向贫困地区倾斜。浙江省从1998年起，每年用于支持农业龙头企业的贴息资金达3 000万元，今年又安排500万元财政贴息资金用于农产品加工业发展；2001—2002年，每年安排1 000万元贴息资金，支持乡镇工业专业园区建设。江苏省由省财政拨款2亿元作为启动资金，以省国信集团为主发起组建省贷款担保公司，省市县三级信用担保体系已初步形成。

二是鼓励科技进步。浙江省2002年以省委、省政府的名义颁布了《关于鼓励民营科技企业发展的意见》，对科技型中小企业，优先安排科技项目、推荐上市和推荐安排国家与省的扶持资金，并可享受高新技术企业的优惠政策；中小企业在科技成果引进、转化及生产过程中，技术开发费按照实际发生额计入管

理费用，不受比例限制。江苏省人大1999年出台了《江苏省民营科技企业条例》，为发展民营科技企业提供了保障，这在全国是第一个。

三是推进实施品牌战略。广东、浙江、江苏三省高度重视品牌创建工作，鼓励引导私营企业争创"驰名商标"和省"著名商标"。广东省的南海市、浙江省的温州市对获得"中国驰名商标"的企业重奖100万元，获省"著名商标"的企业奖10万元。目前，温州市已有"中国驰名商标"4件，省"著名商标"46件；顺德有"中国驰名商标"5件，省"著名商标"26件。

四是鼓励特色产业集聚、规模发展。浙江省从培育市场起步，促进专业市场、特色产业和中小城镇联动发展，形成了鲜明的区域块状特色经济。目前，浙江省把抓122个省级乡镇工业专业区和近100个特色工业园区建设作为工作重点，在原有"一乡一业、一村一品"块状经济的基础上，引导企业向园区聚集，打造"中国鞋都"、"中国服装名城"、"中国电器城"等一批高素质和专业化的产业基地。江苏省现有县以上政府批准的工业园区1 404个，园区经济占中小企业经济总量的20%左右。仅苏州就有200多个私营经济园区，其中国家级5个、省级10个，产值600亿元。2002年全省新增私营企业中，有1/3落户经济园区。

五是鼓励拓展新的发展领域。广东、浙江、江苏三省都积极引导个体私营经济向农业和农村拓展，向种养业和都市型农业发展；向服务业特别是现代服务业拓展，积极发展旅游业，大力发展法律、会计等现代服务业，加快发展便民利民的社区服务业；鼓励个体私营经济参与水利、交通、能源和城市基础设施建设，参与文教、卫生等社会事业的建设和发展。浙江省鼓励私营个体业主兴办科技型、就业型、资源综合利用型、环保型、农副产品加工型、出口创汇型、社区服务型企业。江苏目前已有民营高校11所，在校学生3万多人；民营医疗机构2 063家、医院175家。广东省支持个人试办特殊行业和经营项目。

六是鼓励外向型经济发展。广东、浙江、江苏三省都把鼓励私营企业出口作为外贸发展的重点，规定从事外经贸业务的私营企业享受各级政府制定的鼓励发展外向型经济的优惠政策，特别在申报进出口权、分配各类扶持、奖励基金，以及在广交会和国际知名品牌博览会的摊位分配上予以支持，鼓励外贸企业转制和发展民营外贸企业，支持有竞争力的私营企业与外资合作，开展国际化经营。

（四）政府"有所为、有所不为"，重点加强对个体私营经济发展的引导与服务

一是因地制宜，分类指导。广东省对经济较发达的珠江三角洲和沿海地区，通过商标、品牌战略，重点扶持规模较大的生产型、外向型和科技型私营企业，鼓励其对外扩张和兼并、收购、重组国有中小企业，进一步做大做强；对山区和农村，重点引导业户利用当地资源优势，发展种养业、农副产品加工业等。江苏省也针对南北差异，提出个体私营经济发展的不同要求，分类指导。

二是建立健全社会化服务体系。广东、浙江、江苏三省政府积极鼓励建立包括资金融通、技术支持、产权评估、信息服务、市场开拓和人才培训等方面的社会服务体系，并对服务体系建设给予必要的资金和政策支持；鼓励和支持科研院所、大专院校和各类商会等机构为私营企业提供技术创新和科技产业化等方面的服务。

三是开展对个体私营经济从业人员的培训。充分利用现有管理院校等力量，开展面向个体私营业户的投资咨询和职业技能培训。广东省个私协会与劳动等部门配合，举办各类职业技能培训班1 200多期，培训人员达9万多人，其中90%取得了技术等级证书。浙江省财政近几年来筹资600多万元、银行贷款600多万元，建立省中小企业培训中心，国家承认学历，1995年以来已培训厂长（经理）810人、各类经营管理人员1万多人。江苏省在正式启动"2002百名私营企业家培训工程"的基础上，逐步建立私营企业家人才库，已组织两批私营企业家赴美国培训。

四是建立企业信用体系。浙江省工商局在全省各类企业和个体工商户中全面实施"百万企业信用工程"，建立市场主体信用信息档案、信用失范警示和惩罚机制、信用激励引导机制、信用保障机制。江苏省建立了信用评价、警示、奖惩机制，对诚实守信、文明经营者评定市场信誉等级，并挂牌予以褒奖，对违约违纪者给予警告公示。

五是充分发挥行业协会等中介机构的作用。广东、浙江、江苏三省政府都注重发挥个体劳动者协会和私营企业协会的作用，引导私营企业和个体工商户经营者自我教育、自我管理、自我服务。广东省个私协会为会员提供了代办职称评审、出国政审、入党申请、组织产品展销、出国考察和商贸调查等众多服务。

三、学习借鉴广东、浙江、江苏三省经验，推动山东省个体私营经济大发展的几点建议

通过学习考察，我们认为，山东省与粤、浙、苏三省在个体私营经济发展方面存在明显差距，主要体现在以下几方面。

一是思想不够解放。这是山东省与粤、浙、苏三省最大的差距。表现在对发展个体私营经济的重要性和必然趋势认识不够，怕这怕那，放不开手脚；经营者"小富即安"的思想比较普遍，缺乏干大事业的雄心，政治情结重，怕政策变、怕露富。

二是尚未形成发展个体私营经济的理想环境和氛围,扶持的政策和措施力度都不够大。近几年来,山东省委、省政府先后下发了多个文件,出台了不少政策、措施,但并未完全落实到位,存在着"梗阻"现象。

三是企业规模小、效益差、层次低。山东省私营企业注册资本在1 000万元以上的有1 677户,较广东、浙江分别少2 760户和679户,过亿元的只有34户,仅是广东、浙江的1/3和1/2;山东省2002年有出口创汇私营企业1 467户,创汇约9亿美元,仅为广东的1/4。绝大多数企业还未建立健全法人治理结构,与现代企业制度的要求还有相当大的差距。

四是个体私营经济在整个国民经济所占比重低,对山东省经济的拉动作用还不明显。山东省个体私营经济创造的国内生产总值仅占全省GDP的25%左右,与全国平均水平相比尚低5个百分点,更明显低于粤、浙、苏三省,个体私营纳税额占山东省工商税收的比重则更低。目前,山东省居民储蓄存款余额人均只有6 000元,广东省人均1.2万元,是山东省的两倍,而温州已达12万元,义乌超过20万元。

为推动山东省个体私营经济进一步上规模、上水平、上效益,使个体私营经济这个亮点真正亮起来,成为山东省经济重要的增长点,特提出以下几点建议:

(一)更新观念,强化领导

各级、各有关部门要深刻领会党的"十六大"精神,消除一切妨碍个体私营经济发展的错误认识,牢固树立"三个观念":一是"毫不动摇"的观念。从思想深处切实解决姓"公"姓"私"的问题,在毫不动摇地巩固、发展公有制经济的同时,毫不动摇地鼓励、支持和引导个体私营等非公有制经济发展。全省上下要形成抓个体私营经济发展,就是抓发展这个第一要务的共识;特别是市县一级发展经济,主要是发展个体私营经济。二是"一视同仁"的观念。把个体私营等非公有制经济作为社会主义市场经济的重要组成部分,与公有制经济和外资经济同等对待。三是"加快发展"的观念。个体私营经济是我省国民经济发展的弱点,也是亮点和潜力所在。只要我们借鉴粤、浙、苏三省狠抓个体私营经济发展的成功经验,特别是作好国有集体企业改制这篇大文章,就可以实现快速发展,后来居上。

为此,必须进一步加强对个体私营经济工作的领导。要进一步抓好"三个纳入",即将个体私营经济纳入国民经济和社会发展总体规划及年度计划,纳入对地方党委、政府年度政绩的考核内容,纳入地方"两个文明"建设的总结、评比、表彰之中。建议年内山东省委、山东省政府再召开一次高规格的全省个体私营经济工作会议,表彰一批发展个体私营经济成绩显著的先进典型,再出台一个加快民营经济发展的决定，消除发展个体私营经济的各种障碍，在全省掀起大力发展个体私营经济的新高潮。

(二)整体规划，调整结构

山东省公有制经济比重太大，不仅影响国民经济发展的活力和后劲，也不符合党的《十六大》精神和生产力发展的要求。因此，必须把所有制结构调整作为山东国民经济发展的首要问题，提上重要议事日程。要把近五年作为发展的关键时期，其目标可考虑为：三年内，将个体私营经济占GDP的比重提高到40%，五年内达到50%。长远目标可定为：个体私营与国有集体、外资经济各占GDP的三分之一，大致形成"三分天下，各得其一"的战略格局。

要实现上述目标，必须抓好"两个调整"、"四个结合"。"两个调整"：一是调整所有制结构。借鉴苏州市的做法，设定时间表，除必须由国家垄断的行业外，其他国有集体企业限期改制，过期者由政府组织公开拍卖。二是调整产业和产品结构。要突出自己的特色，发展优势产业，拉长产业链，形成产业镇，发展产业带。"四个结合"是：一要把发展个体私营经济与国有集体企业改制结合起来，鼓励、支持个体私营企业承包、租赁、兼并、收购、参股国有、集体企业，促进生产要素的优化组合。二要把发展个体私营经济与县乡机构改革、下岗职工再就业和农村剩余劳动力的转移结合起来。对下岗、失业、机关事业单位分流人员和农村剩余劳动力从事个体、私营经济的，要从融资、税费政策上给予优惠。在经济欠发达地区，要采取更加宽松的政策。三要把发展个体私营经济与城市化进程结合起来。鼓励、引导个体私营经济向农业和农村拓展，参与农业产业化经营。进一步调整、完善现有"村、镇、园"的功能，加快小城镇建设，加快山东省城市化进程。四要把发展个体私营经济与经济国际化结合起来。鼓励支持个体私营经济向外向型发展，帮助更多的私营企业获得进出口经营权，支持有竞争力的企业与外商合资、合作或到境外投资办企业。

(三)优化环境，强化服务

1. 排除市场准入歧视，完善产权保护制度，进一步优化政策环境

对个体私营经济实行国民待遇，除关系国家安全和国家必须垄断的行业外，其他方面全部放开。与国有集体企业和外资企业一视同仁。除国家法律、法规规定的前置审批外，其余一律取消，必须前置审批的，推行"并联审批"制度。通过法律和行政的手段，加大个体私营业者合法财产的保护力度，消除个体私营投资者的后顾之忧。

2. 拓宽融资渠道，方便业户经营，进一步优化金融环境

鼓励商业银行转变工作思路，扩大对个体私营业户的贷款；支持建立以非

公有制经济服务为主的金融机构，鼓励私营企业通过上市、发行债券、兼并、收购等方式直接融资。有条件的地方，政府财政可专门拿出一块资金用于扶持民营经济发展。按照市场运作办法，利用民间资本设立贷款担保公司，充分挖掘民间资本的潜力。

3. 提高效率，优质服务，进一步优化管理环境

各级政府和部门要多服务、少干预，多帮忙、少添乱，多设路标、少设路障，下大气力改进管理和服务水平。继续实施政府"提速"工程，转变作风，降低门槛，简化手续，提高效率。进一步清理、取消对个体私营经济的各种歧视性、限制性规定。要加快机构改革步伐，科学设置机构，减少"吃皇粮"人数，从根本上减轻企业负担。行政执法机关，要更新管理理念，改进监管执法工作，加强行政指导和服务工作。

4. 继续整顿和规范市场经济秩序，维护公平竞争，进一步优化市场环境

特别要加强政府和企业的信用体系建设，引导个体私营业户诚信守法经营，塑造个体私营业户良好的社会形象。

5. 建立健全社会化服务体系，发挥个私协会的作用，进一步优化服务环境

进一步抓好各类批发市场、工业园区建设，为个体私营经济搭建发展平台。各级个体劳动者协会、私营企业协会要充分发挥桥梁、纽带作用，拓宽服务领域，为个体私营企业提供全方位的服务。

6. 加强宣传，弘扬正气，进一步优化舆论环境

新闻媒体要加强舆论引导，为个体私营经济正名、撑腰、鼓劲，消除"红眼病"，在全社会形成自主创业、重商扶商、投资光荣、纳税有功的社会氛围，让人们放心、放手、放胆地从事个体私营经济。政府有关部门要开设个体私营企业的投诉和举报电话，严肃查处侵害个体私营业户合法权益的行为。

（四）骨干带动，重点帮扶

要按照资产、销售收入、利税、就业等重要指标，排出全省"百强私营企业"、"百强专业村"、"百强产业镇"、"百强经济园区"、"百名优秀私营企业家"和"百名优秀个体工商户"。对"六百工程"，要广泛宣传，重点帮扶，并建立必要的激励机制，促其尽快做强做大，发挥骨干带动作用。

（作者单位：山东省工商局）

二等奖

在华跨国公司限制竞争行为表现及对策

国家工商总局公平交易局反垄断处

中国加入 WTO 后,对外开放的步伐进一步加快,许多国际知名跨国公司看好我国市场的巨大容量和经济发展潜力,纷纷进入我国。目前世界跨国公司 500 强中已有 400 多家来华投资。大量跨国公司进入我国市场,极大地促进了我国经济和技术的发展,但也带来了一些负面的影响。与国内企业相比,跨国公司在技术、规模、资金等方面都拥有很大的优势,所以极易在我国市场竞争中形成优势地位甚至是垄断地位,从而实施或可能实施限制竞争行为,妨碍公平竞争,侵害经营者和消费者合法权益。

一、目前在华跨国公司从事主要行业的市场竞争情况

(一)总体情况

截止到 2003 年 8 月,我国累计批准外商投资企业 449926 家,协议投资金额 8956 亿美元,实际利用外资 4846 亿美元。全球跨国公司 500 强中已经有 400 多家在中国投资了 2000 多项项目。涉及的行业有:电子、机械、通信、化工、能源、汽车、饮食、交通运输、房地产、医疗医药、生物、商业零售、港口码头、道路、保险、银行等。

1. 软件行业

软件产品主要分为操作系统软件、支撑软件、应用软件。操作系统是软件的基础和核心。目前,国内操作系统软件市场基本由国外软件所垄断。如微软(中国)公司的桌面操作系统软件的市场占有率高达 95%。支撑软件(包括数据库软件、软件开发工具和介于操作系统及应用软件之间的中间件)产品市场与操作系统相似,国外软件产品占据垄断地位。应用软件除通用的管理软件基本使用国外软件外,财务软件、排版软件、教育软件、手写及语音软件、行业(金融、电信、税务、石油、军事和国防工程等)应用软件等,基本由国内软件垄断。如用友、金碟、浪潮等国内公司的财务软件市场占有率为 90%;方正的电子排版系统占据了 90% 的国内市场;中小学教育软件、计算机教育软件、英语学习软件等基本是国产软件一统天下。

2. 感光材料行业

跨国公司在中国的市场占有率高达80%以上。其中柯达公司超过50%，富士公司超过25%，其他如柯尼卡公司等占8%~9%。目前，国内企业生产感光材料（胶卷）的只有乐凯一家，市场份额15%左右。其他的感光材料（胶卷）厂商福达、公元等已被柯达并购。2003年10月29日，柯达公司以4500万美元现金出资和提供一套用于彩色产品生产的乳剂生产线和相关的生产技术，换取了乐凯公司转让其持有的乐凯胶片股份有限公司20%的股份，市场优势地位进一步加强。

3. 电脑行业

跨国公司没有形成绝对的市场优势和垄断地位。联想公司作为中国PC业的龙头老大，在商用PC、消费PC和笔记本电脑市场占有率较高。具体如下。

商用PC：联想市场占有率为29.3%。Dell（戴尔）、IBM、HP（惠普）分别为6.6%、4.6%和4.3%。

消费PC：联想市场占有率为27%。跨国公司没有进入前十名行列者。

笔记本：联想市场占有率为20%。IBM、东芝、戴尔、惠普分别为17.7%、15.3%、11.8%和5.3%。

IA服务器：HP（惠普）占25.2%；IBM占19.3%；DELL（戴尔）占14.4%；联想占12.9%。2002年，惠普对康柏的并购，使其对中国市场影响力有所提升，尤其在IA服务器领域，市场份额得到巩固和加强。

4. 手机行业

2002年，跨国公司手机市场占有率为70%，其中摩托罗拉占26.8%；诺基亚占16.7%，位居前列。国产品牌手机市场占有率为30%，其中波导占9.9%，位居第三；TCL占7.8%。值得注意的是，国产品牌手机市场占有率呈逐年快速上升趋势。1999年仅为3%，2000年、2001年分别为8%和18%，2002年达到30%。波导手机市场份额已进入中国手机市场前三甲。

5. 照相机行业

无论是传统相机还是数码相机，跨国公司在市场上占有绝对垄断地位。以上海市场为例，传统相机产品，奥林帕斯市场占有率为25%，美能达占20%，位居前列；数码相机市场，佳能占24%；索尼占22%；尼康占20%。

6. 轮胎行业

目前，世界轮胎销售收入前十名的企业除德国大陆公司外，均在中国有合资或独资企业，有的还不止一家。代表轮胎发展方向的子午线轮胎的生产能力80%在外商独资或合资企业。2002年，13家外商独资或合资企业子午胎产量为

3800万条,占总产量的70%。中国企业竞争力弱小。市场竞争主要在米其林、普利斯通、固特异、佳通、锦湖等跨国公司之间展开。

7. 软包装行业

利乐公司(瑞典)是全球最大的软包装供应商,控制全球75%的软包装市场份额。在中国,利乐公司控制95%无菌软包装市场,占绝对垄断地位。伊利、光明、三元等国内乳业巨头都使用利乐的无菌灌装生产线及相应的包装材料。

随着我国入世承诺的兑现,金融、保险、电信、石油、石化、民用航空等行业的逐步开放,跨国公司的投资重点将转移到这些垄断性行业。但目前尚未对国内市场竞争产生影响。

(二)跨国公司在市场竞争中占有明显的市场优势

1. 技术优势

技术优势是跨国公司最重要的优势,对先进技术的控制是跨国公司在我国取得市场优势地位的主要优势之一。据估计,目前跨国公司垄断了世界上70%的技术转让和80%的新技术、新工艺。几乎所有跨国公司都取得市场优势地位、占据较高市场份额的行业,跨国公司都控制着该行业的先进技术,国内企业与跨国公司之间存在巨大的技术差距。如集成电路行业,目前国际上已普遍采用0.18微米、0.15微米工艺,Intel、NEC等跨国公司已经实现0.1微米工艺的突破,而我国总体技术水平仅上海华虹一家达到0.25微米工艺水平,大多数企业都是生产0.5微米甚至1微米工艺的芯片。再如通信行业的手机产品,虽然国产品牌的手机市场占有率逐年上升,2002年达到30%,有专家预测2003年将达到50%,但手机生产的核心技术远未被国内厂商掌握,国内手机企业目前大多采取贴牌或拷贝国外机型的方式生产,技术差距明显,发展后劲不足。近几年,跨国公司纷纷在华设立技术研发中心,开发适应中国市场的产品,意图通过技术优势,控制产品,进而控制市场。

2. 品牌优势

品牌作为无形资产,是企业的宝贵财富。像可口可乐、福特、雀巢、柯达、IBM等国际知名品牌,都有几十年甚至百年以上的历史,是长期的市场竞争积淀下的宝贵的品牌财富。一些跨国公司利用其品牌在国际市场上的优势,通过授权经营、合资经营、跨国并购等手段,不断扩大市场份额。而国内一些企业,缺乏品牌意识,忽视品牌战略;或者在合资时使用外方品牌;或者将国内知名品牌低价转让给外方后而被弃之不用,以至越来越多的国内品牌在市场中消失。据估计,我国现有的三资企业中有90%以上的企业使用外方品牌。跨国公司通过对企业品牌的控制，在许多行业已经成功地占据了较大的市场份额，在竞争中处于优势地位。

3. 资金、管理优势

跨国公司雄厚的财力及先进的管理能力和水平，使其在市场竞争中能立足长远战略，既不放弃利润，也不放弃市场，甚至不要利润也要占有市场。如世界排名第三的生产真空荧光显示器的企业——三星真空公司2002年初在上海刚刚投产，由于受家电价格下降影响，导致亏损。为了不放弃市场份额、扭亏为盈，公司决定增加投资扩大生产规模，其目标是凭借其世界第三、中国第一的生产能力，力争做到世界第一。再如，松下公司不惜代价向我国销售大屏幕彩电，他们称即使损失30亿美元也要在中国大屏幕彩电市场占有优势地位。这对于国内企业来说是难以做到的。

另外，资金和管理的优势使得跨国公司可以通过并购企业的方式，迅速扩大企业规模和实力，较快地取得市场优势地位。跨国公司通过并购同行业中两个或两个以上国内企业，使市场竞争格局发生质的变化。如柯达公司通过"98协议"并购了我国除乐凯以外的几乎所有洗印材料和照相器材厂家，迅速形成市场优势地位。跨国公司还通过直接并购我国的实力企业的方式，避免与我国实力企业的竞争，通过市场势力的简单转移，快速谋取在我国市场的优势地位。如全球领先的通信集成电路供应商ITD公司以8500万美元并购我国电信集成电路供应商新涛（上海）有限公司就是属于这种情况。随着跨国公司对国有大型企业并购步伐的加快，其取得市场优势的步伐也将加快，对我国的竞争性行业的市场结构将产生重大影响。

二、目前在华跨国公司限制竞争行为的表现

（一）滥用市场优势地位行为

1. 搭售和附加不合理条件

一些城市的外资大型超市滥用其优势地位向供应商收取进场费、节庆费、店庆费、条码费、新品费、商场海报费、堆头费等名目繁多的费用；强制供应商购买餐券在其开办的酒店用餐；强制要求供应商在中秋节购买一定数量的月饼；以种种借口拖延供应商的结账时间等。在软件行业也存在销售软件产品时搭售其他软件的行为。

2. 价格歧视

跨国公司对不同的客户实行与成本无关的价格上的差别待遇。如某跨国公司的

产品在中国市场的零售价为1980元，而在美国则是90多美元，相差近一倍。

3. 掠夺性定价

也称低价倾销，即具有市场优势地位的跨国公司以排挤竞争对手为目的，以低于成本的价格销售商品。在我国市场上，跨国公司的掠夺性定价行为也时有表现，其主要目的就是挤垮同行业的竞争者，如某跨国公司在我国国产软件WPS97发布前夕，匆忙推出97元超低价格的同类产品等。

4. 拒绝交易

即具有市场支配地位的跨国公司没有正当理由，拒绝向购买者销售商品或者提供服务的行为。目前，跨国公司在我国市场上拒绝交易的情况也是时有表现的，尤其涉及知识产权的拒绝交易，即知识产权人利用其对知识产权所拥有的专有权，拒绝授予其竞争对手合理的使用许可，从而排除其他人的竞争。例如全球最大的网络设备制造商美国某跨国公司对其拥有专利权或商业秘密的"私有协议"不授权给任何其他企业，人为地阻止了不同企业设备的互联互通，形成了技术、市场壁垒，也使得在招标过程中，其竞争对手难以对它形成实质性的竞争。

5. 独家交易

指具有市场支配地位的跨国公司要求经销商只经销自己的商品，不经销其他经营者的商品。如一些跨国公司出资买断超市一定期限的独家销售权及部分超市销售旺季的促销权，不允许超市陈列其他品牌产品，不允许其他品牌厂家做促销。软件行业也存在不允许代理商代理其他企业的同类软件产品，否则取消代理资格的情况。

(二)限制竞争协议行为

即经营者以协议、决定或者其他协调一致的方式进行限定价格、限定产量、划分市场等限制竞争的行为。近年来在竞争政策的国际会议中恶性卡特尔被经常提到，恶性卡特尔主要指国际上固家价格、限制生产或者销售数量、分割销售市场的卡特尔。根据WTO竞争政策工作小组的报告，1997年国际卡特尔对发展中国家进口贸易的影响高达6.7%，相当于811亿美元的货物和服务贸易。国际卡特尔主要是跨国公司之间的限制竞争协议，发展中国家的企业很少参与这种卡特尔。国际卡特尔行为在我国也存在，如2002年1月国际班轮公会、国际运价稳定组织在我国港口统一时间、统一标准收取码头作业费。

(三)企业并购行为

企业并购是跨国公司为扩大企业规模和实力在东道国市场取得市场优势地位最便捷的途径。虽然企业并购并不当然地削弱市场上的竞争，但很多情况下企业并购的确会给市场竞争带来负面影响，特别是同行业企业并购会导致特定市场上竞争企业数量减少，市场集中度提高，甚至出现少数跨国公司垄断市场的局面，市场竞争格局发生变化，从而削弱竞争甚至消除竞争。如柯达公司并购除乐凯公司之外的几乎所有国内洗印材料和照相器材厂家，迅速形成市场优势地位等。因此，企业并购成为各国反垄断法关注的重点。许多国家的反垄断法都规定，如果跨国公司通过并购进入东道国市场，会破坏东道国竞争性的市场结构，产生或加强市场支配地位时，就要受到反垄断法的干预。目前，跨国公司越来越倾向于通过控股的方式并购国内企业，企业并购也成为跨国公司在华投资的重要方式。这方面的突出问题是，跨国公司并购对我国市场竞争的影响尚没有引起足够的重视。

三、规制跨国公司限制竞争行为的对策

跨国公司滥用市场优势地位实施限制竞争行为、利用垄断协议限制竞争行为以及不正当的企业并购行为，是为WTO的公平竞争原则和世界各国竞争法所不允许的。跨国公司在我国实施的限制竞争行为，损害消费者和其他经营者的合法权益，危害公平竞争的市场秩序，须依法对其进行规制。

（一）完善市场竞争立法，加快修订《反不正当竞争法》和制订《反垄断法》

从目前的法律法规看，在监管跨国公司限制竞争行为上存在无法可依和有法难依的局面。《反不正当竞争法》对经营者搭售和附加不合理条件、掠夺性定价的限制竞争行为，没有规定相应的行政处罚；法律法规对价格歧视、滥用知识产权拒绝交易、独家交易、联合抵制等许多限制竞争行为没有相应的规定。这使得竞争执法部门在监管跨国公司限制竞争行为时无能为力。一些在国外被反垄断法严格禁止的限制竞争行为如垄断协议行为、搭售行为等，在中国实施时，则无法规制。我国的竞争立法已落后于社会主义市场经济发展，不仅不利于社会主义市场经济体制的完善，不利于创造公平竞争的市场环境，也不利于保护我国经济贸易利益，不利于民族产业的发展壮大以及国家经济安全。因此，要加快《反不正当竞争法》的修订和《反垄断法》的出台，尽快完善竞争法律，使得跨国公司限制竞争行为能得到及时制止。

（二）工商行政管理机关作为我国竞争执法机构，要积极探索对跨国公司竞争行为的监管方式，用好用足现有的反限制竞争的法律、法规、规章

对跨国公司限制竞争行为的监管是入世后工商行政管理机关面临的新的挑

战。在《反垄断法》没有出台的条件下，一是可以依据《反不正当竞争法》的立法宗旨及第十二条关于禁止搭售和附加不合理条件的规定，先行研究制定有关规制跨国公司限制竞争行为的有关规章。二是认真执行 2003 年 4 月 12 日起实施的原外经贸部、国家工商总局、国家税务总局、国家外汇管理局等四部门颁布的《外国投资者并购境内企业暂行规定》，对跨国公司并购境内企业的竞争问题进行审查。

（三）加强与国外竞争执法机构的国际交流与合作，有效规制跨国公司限制竞争行为

一方面，我国的竞争立法和执法还处于起步阶段，需要学习和借鉴其他国家竞争执法的成功的经验，特别是对一些知名的跨国公司利用其市场优势地位实施的各种限制竞争行为的规制做法；另一方面，经济的全球化使得限制竞争行为产生域外影响，如国际卡特尔和跨国并购等，需要各国竞争机构之间开展竞争执法领域的国际合作。在完善我国竞争法律制度的基础上，我局应积极探索在竞争执法领域的国际合作，共同打击跨国公司限制竞争行为。

（四）加强执法人员的培训工作，建立一支高素质的竞争执法队伍

竞争执法是一项专业性很强的工作，如果执法人员缺乏对法律的系统学习和研究，对法律规定不熟悉，对法律含义理解不够，对市场竞争中出现的新情况、新问题也缺乏研究，是无法适应执法需要的。因此，要通过举办培训班，召开研讨会、案例分析会等多种形式不断地对执法人员进行培训，提高执法水平。

（作者单位：国家工商总局）

> 二等奖

基于浙江企业信用调查的研究报告

"基于浙江企业信用调查的研究报告"课题组

一、信用和企业信用概念的界定

(一)信用的定义

在英语中,"credit"一词的主要词义被翻译为"信用",它源自拉丁语动词"credo"一词,它的意思是"我相信"(I believe)。而拉丁语的"credo"一词,又来源于"crad"和"do"。crad这一名词的梵文解释为"信任",而do是拉丁动词"我给予"的意思。因此,"信用"一词的原始意思是"我给予信任"。根据《英文韦氏(Webster's)词典》的解释,信用为:The system of buying and selling without immediate payment on security。由此看出,信用是以授信人(债权人)对于受信人(债务人)所作还款承诺(promise)和能力有没有信心为基础,决定是否同意产生授信人到受信人经济价值的转移,其定义含有明确的时间因素。

根据现代经济学理论,"信用"是一个经济学词汇,用于描述市场交易中的借贷关系,从属于商品和货币关系的经济范畴。在市场交易活动中,信用是一种建立在信任基础上的能力,就是不用立即付款便可以获得资金、物资、服务的能力。这种能力受到一个条件的约束,即受信人(credit receiver)在其应允的时间期限内为所获得的资金、物资、服务等付款,有时还包括为应付款支付利息,而这个还款时间期限必须得到提供资金、物资、服务的授信人(credit grantor)的认可。在多数情况下,付款约束条件以契约形式表述,或以一种信用工具进行支付。由此可见,信用的要素包括:授信人、受信人、付款期限、信用工具(或称信用支付工具)和风险。《中国大百科全书》将信用解释为:借贷活动,以偿还为条件的价值运动的特殊形式。在商品交换和货币流通存在的条件下,债权人以有条件让渡形式贷出货币或赊销商品,债务人则按约定的日期偿还借贷或偿还货款,并支付利息。《辞海》则解释了信用的三种含义:其一为"信任使用";其二为"遵守诺言,实践成约,从而取得别人对他的信任";其三为"以偿还为条件的价值运动的特殊形式,多产生于货币借贷和商品交易的赊销或预付之中,其主要形式包括国家信用、银行信用、商业信用和消费信用"。

对"信用"一词的解释,多数词典有契约经济和道德伦理两个方面的词义解释,人们很容易将"信用"在两个方面的意义混为一谈。站在信用经济学和企业信用理论角度探讨"信用"的词义和解释,例如《中国大百科全书》对"信用"一词的解释,完全落在契约经济的意义上。但是,这并不意味着抹杀"信用"一词在社会交往的道德伦理方面的解释,以及公众对"信用"一词的习惯用法。而且,词汇丰富的中国语言文字中有诸如"诚信"、"信任"、"信誉"和"信义"等词汇,这些词汇从不同角度很恰如其分地描述了信用在社会交往的道德伦理方面的意义,它们可以在不同的场合替代"信用"这个词的使用,而且还更贴切。显而易见,上述与信用相关的词汇更多地表达出"信用"这个词在道德伦理方面的意义。在我们的中文词典中,有"诚信"一词,它更加贴切地同时描绘了信用在契约经济和道德伦理两个方面的意义,可以说,"诚信"这个词完全可以取代"信用"一词的传统解释。

在对"诚信"和"信用"进行解释时,各类辞书没有刻意强调"信用"词义在两个方面的区别的原因很多,主要问题在于:存在不同历史阶段的解释;不同种文字间的翻译的误差;中文词汇非常丰富。因此,在中文的词汇中,"诚信"一词应该是比"信用"一词更高一个层次的词汇,"诚信"一词更接近古代对"信用"一词的解释,该词同时具备契约经济和道德伦理两个方面的意思,"信用"一词则突出地体现出"诚信"概念中契约经济部分的意义。关于"诚信"与"信用"等相关词汇之间的关系,如图1所示。

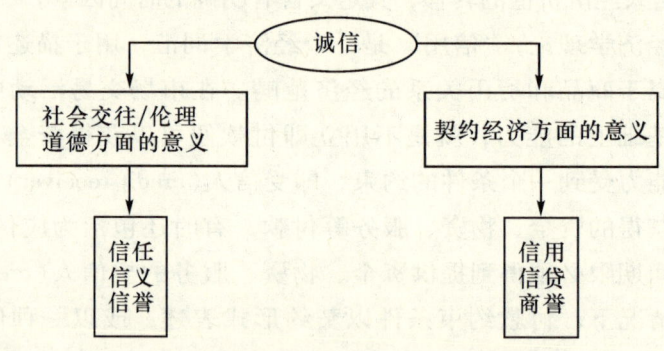

图1　诚信与信用相关概念之间的关系

由图1可见,"诚信"一词中的"诚"字,所表现的是"信任、信义",而其中的"信"字所表达的意思则是经济学意义的信用。对"诚信"一词的这种诠解,可以澄清对"信用"一词在概念上的混淆,符合当前社会经济发展的需要。根据这种解释,"信用"一词应该落在经济学词汇范畴。因此,"诚信"是比"信用"含义更为宽泛的词汇,它同时还具有社会学方面的意义。换言之,根据当代的中文表达来看,应用"诚信"一词。

(二)企业信用概念

企业信用是一种企业信念,一种企业共识和价值观。它是企业在生产、分配、交换、消费等各个经济活动过程中，调整企业与企业之间，企业与社会、消费者之间契约行为规范的总和。它表现为交易合作的一方对他方的可靠性、信赖性和诚实程度有无足够的信心，从而决定是否信任与依赖对方。企业信用具有双重性，既带有强制性的法律、法规等制度硬性约束，也带有非强制性的软性约束。

本次调查所指的企业信用是指企业履行各类经济承诺的能力及可信任程度。

二、浙江企业信用总体分析

(一) 调查的组织与方案设计

1. 调查的组织

为了解浙江省企业信用现状以及企业对信用环境、信用管理、信用秩序及信用绩效等方面的看法与评价，由国务院政策研究室综合司、中国市场学会信用工作委员会、浙江省工商行政管理局、浙江省企业信用促进会和浙江理工大学等部门组成联合课题组，对浙江省企业信用情况进行了抽样调查。本次调查活动的调查方案、调查表和调查数据处理主要由浙江理工大学负责，调查的实施及数据的采集由浙江省企业信用促进会牵头进行。

2. 调查方案

(1) 调查目的

人无信不立，业无信不兴，国无信不威，市无信则乱。企业信用是企业安身立业之本，是企业进行一切经济活动的基石。目前企业信用缺失已成为制约我省经济运行的瓶颈。因此，健全企业信用体系，完善企业信用机制，加强企业信用管理，成为浙江省经济与社会发展中面临的十分紧迫的任务，建设"信用浙江"已经被提到议事日程上来。

(2) 时间进程

本次调查于2005年3月开始酝酿，5月基本确定调查主题，7月进入具体运作阶段，8月完成调查表的设计，9～10月在浙江省展开调查，11月完成数据录入及初步分析，12月形成调查报告。

(3) 调查范围与样本选择

本次调查的范围覆盖浙江省11个市，调查样本的抽取采用分层抽样方法，先根据各市在浙江省的经济总量及企业总数中的大致比例，将先期确定的样本总数分配到各市，然后在各市以随机抽样的方式抽取调查对象。

(4) 调查表的设计与确定

本次调查以问卷调查方式进行。为保证所使用的调查表的科学性、完整性、适用性，调查表的相关设计人员走访了多家企业、银行、协会、高校及政府部门的高层管理决策人员和专家，在广泛听取了各方面的有益意见和建议基础上，经过多次修改后才予确定。

本次调查所使用的调查表具体包含97个不同的问题，主要由企业基本资料、企业信用秩序、企业信用市场、企业信用管理、企业信用环境、企业信用绩效等部分组成。企业基本资料部分主要采用填空、选择等封闭及半封闭式问题；其他部分主要采用李克特量表(7级)方法。

(5)数据分析

本次调查采用的数据分析手段为SPSS统计分析工具。数据分析结果采用图表方式显示。

（二）样本设计

本次调查共发出问卷3050份，收回问卷2916份，问卷回收率95.6%；在全部回收问卷中，有效问卷为2151份，有效率73.77%。问卷采用不记名方式，由样本企业本着诚信原则如实填写。

1. 样本地区结构

本次调查的样本企业来自浙江省杭州、宁波、温州、湖州、嘉兴、衢州、金华、舟山、绍兴、台州、丽水11个地区。各市样本企业具体数量如表1、图2和图3所示。

表1　　　　　　　　样本企业及有效样本地区分布　　　　　　　　单位：个

地区	抽样数	有效数	地区	抽样数	有效数
杭州	350	193	金华	300	234
宁波	350	224	舟山	200	144
温州	350	273	绍兴	300	241
湖州	200	119	台州	300	208
嘉兴	300	223	丽水	200	165
衢州	200	127	合计	3050	2151

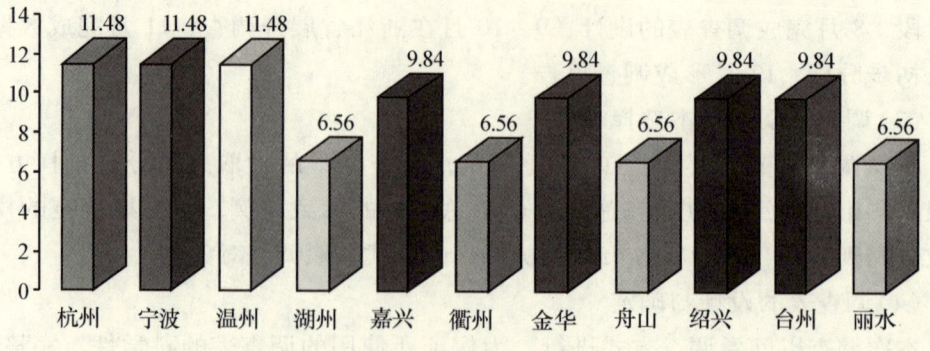

图2　样本企业地区分布（%）

对照表2所示的各市生产总值、规模以上工业企业单位数在浙江省的比重（2003年），杭州、宁波和温州三市明显属于第一集团，比重最大；嘉兴、金华、绍兴和台州属于第二集团，比重次之；湖州、衢州、舟山和丽水归属第三集团，比重最小。所以说，本次调查的样本地区结构是比较合理的。

表2　各市生产总值、规模以上工业企业单位数在全省的比重（2003年）　　单位：亿元、个

地区	生产总值	比重（%）	规模以上工业企业数	比重（%）	地区	生产总值	比重（%）	规模以上工业企业数	比重（%）
杭州	2100	21.05	4689	18.35	金华	802	8.04	2082	8.15
宁波	1787	17.92	4672	18.28	舟山	172	1.72	314	1.23
温州	1226	12.29	3824	14.97	绍兴	1089	10.92	2448	9.58
湖州	491	4.92	1323	5.18	台州	995	9.98	2634	10.31
嘉兴	858	8.60	2526	9.89	丽水	220	2.21	521	2.04
衢州	234	2.35	518	2.03	合计	9974	100	25551	100

资料来源：根据《浙江统计年鉴2004》数据整理

再看有效样本的地区分布情况。从数据上看，各市有效样本在比例上比较接近，这在一定程度上反映出各市被抽样企业对本次调查所涉及的信用问题的重视程度是不一致的。尤以杭州的企业最为不重视。

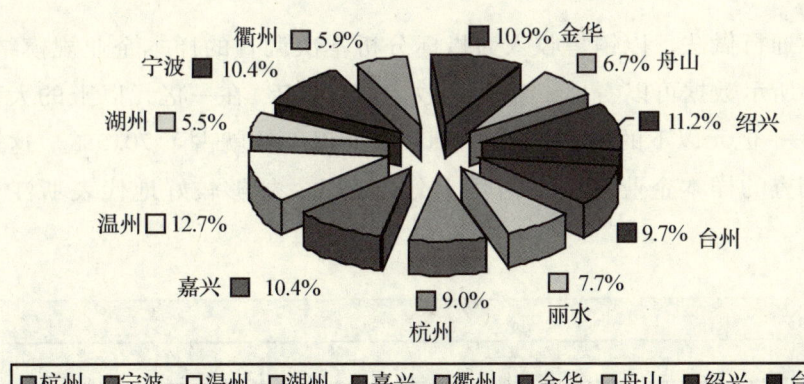

图3　有效样本的地区分布

2. 样本企业规模结构

样本企业的规模结构情况请如表3和表4所示。在所有对该题作答的有效样本企业中，资产规模在一亿元以上的占18.2%，小于5000万元的占71.0%；企业净资产规模在一亿元以上的仅占8.0%，小于5000万元的占83.2%。这样的结构与浙江省主要以中小型企业为主的现实情况是相符的，说明本次调查的样本企业具有较好的代表性。

表3　　　　　　　　　　　　被调查企业资产规模分布

资产规模(万元)	企业数(个)	比重(%)
小于1000	799	37.3
1000~3000	512	24.0
3000~5000	207	9.7
5000~1亿	231	10.8
1亿以上	388	18.2
合计	2137	100.0
无回答	14	
总计	2151	

表4　　　　　　　　　　　　被调查企业净资产规模分布

资产规模(万元)	企业数	比重(%)
小于1000	1181	55.2
1000~3000	447	20.9
3000~5000	151	7.1
5000~1亿	189	8.8
1亿以上	171	8.0
合计	2139	100.0
无回答	12	
总计	2151	

再按国际通行做法，以销售收入为指标分析本次调查的样本企业规模结构。从图4和表5所示数据可以看出，年销售收入(2004年)在一亿元以上的大型企业占17.7%，一亿元以下的占82.3%，5000万元以下的就占了70.5%。这进一步说明本次调查的样本企业规模结构是十分合理的，能够较好地代表浙江企业的总体情况。

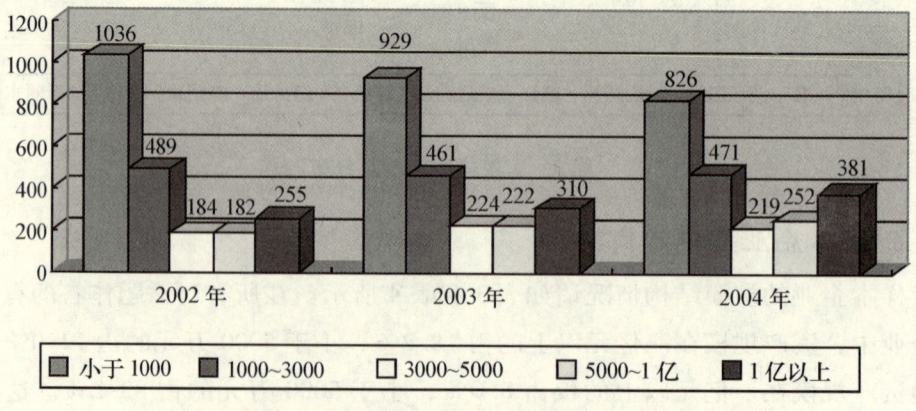

图4　样本企业2002年、2003年、2004年销售收入分类

表5　　　样本企业2002年、2003年、2004年销售收入分布　　　单位：个

销售收入(万元)	2002年		2003年		2004年	
	企业数	比重(%)	企业数	比重(%)	企业数	比重(%)
小于1000	1036	48.3	929	43.3	826	38.4
1000~3000	489	22.8	461	21.5	471	21.9
3000~5000	184	8.6	224	10.4	219	10.2
5000~1亿	182	8.5	222	10.3	252	11.7
1亿以上	255	11.8	310	14.5	381	17.8
合计	2146	100.0	2146	100.0	2149	100.0

3. 样本企业法定代表人学历结构

根据表6和图5所示，样本企业法定代表人半数以上(54.2%)具有大专以上的学历水平，也有11.1%的法定代表人只有初中以下的学历。

表6　　　　　　　企业法定代表人学历结构

企业法定代表人学历	人　　数(人)	比　　例(%)
初中(包括初中以下)	239	11.1
高中	622	29.0
中专	123	5.7
大专	753	35.1
本科	272	12.7
硕士	128	6.0
博士	9	0.4
合计	2146	100.0

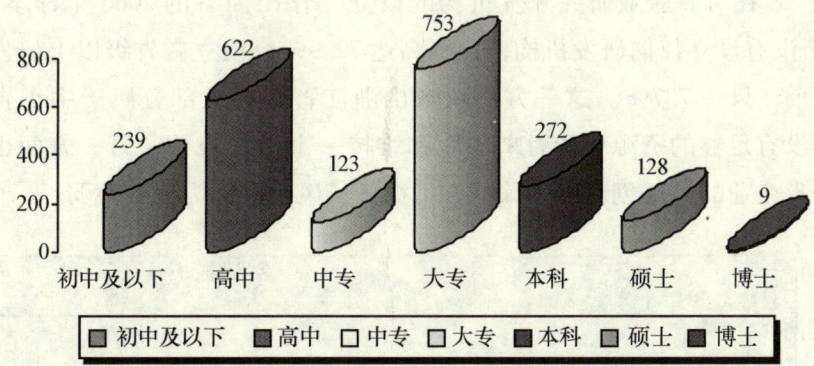

图5　样本企业法定代表人学历结构分析

4. 样本企业性质结构

在本次调查的全部有效的样本企业中，涵盖了外商独资、中外合资、中外合作、国有及国有控股企业、民营或民营控股企业、集体企业及其他所有制性

质的企业。其中民营或民营控股企业有 1486 个,所占比例高达 69.1%;集体企业 131 个,占 6.1%;国有及国有控股企业 106 个,占 4.9%。外商独资、中外合资、中外合作及其他分别占 1.4%、3.0%、0.2% 和 15.2%(详见图 6),这与浙江省以民营企业为主的实际状况相一致,说明从企业性质角度看,本次调查所抽取的样本企业结构也是合理的。

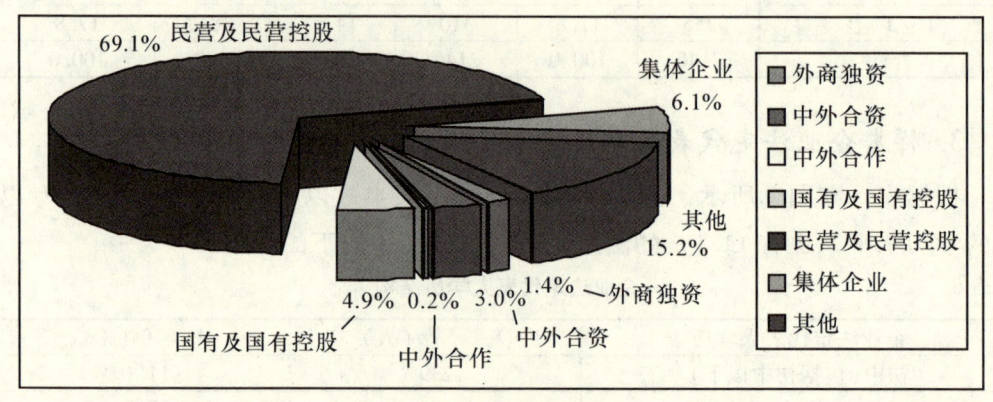

图 6　样本企业性质结构

(三)问卷分析

1. 企业基本资料分析

(1)企业设立研究开发机构情况

见图 7。在对"企业研究开发机构的设立"作出回答的 2060 个样本企业中,有 1501 个没有设立任何研发机构,比例高达 72.9%,设立有省级以上研发机构的只有 159 个,只占 7.7%。这一方面反映出浙江省企业大部分属于中小企业的现实,它们没有足够的资源和能力来建立和维持一个研发机构;另一方面也正好反映出浙江省企业的整体创新能力偏低,抵御市场风险的能力也较薄弱。

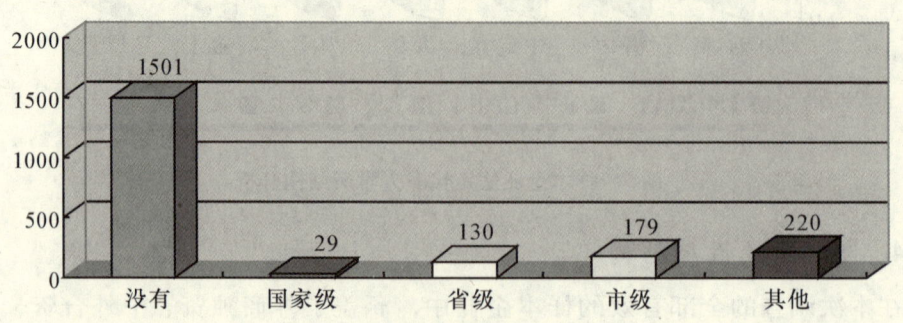

图 7　样本企业设立研究开发机构情况

(2) 企业的信息化状况

从表7所列数据不难看出,浙江省企业的信息化水平总体上说还是比较高的。已经有31.4%的企业建立了局域网,另有27.7%的企业建有自己的门户网站,这在全国来看也是比较好的。但也有41%的企业还是处在无计算机或者单机操作的状态,根本谈不上OA系统、MIS、ERP等的运用。

表7　　　　　　　　　　　样本企业信息化情况表

项　目	企　业　数(个)	比例(%)
无计算机	124	4.2
单机操作	1088	36.8
有企业内网	928	31.4
有门户网站	818	27.7

(3) 样本企业产品出口情况分析

在对"企业产品出口额占总销售额比例"这一问项作出回答的1954个样本企业中,其产品至今还无任何出口的有1087个,占55.6%,产品的50%以上出口的企业为431个,占22.1%(见图8、图9)。这表明浙江省企业的产品市场还是以国内市场为主,主要的生意伙伴或者销售对象是国内经济组织和个人;这表明国内市场信用体系建设的重要性,企业主要面对的是国内市场的信用环境,对国内信用秩序和政府的信用监管也更为关注。但同时也要加强对国际市场信用秩序与信用环境的关注。

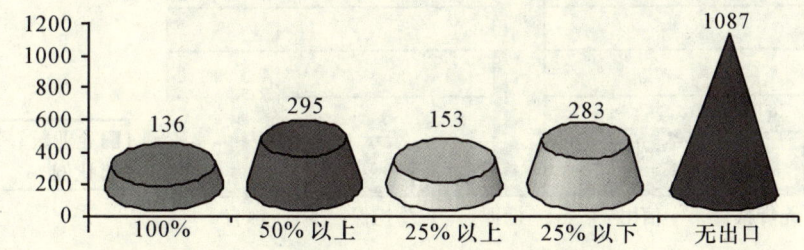

图8　样本企业产品出口依存度分析

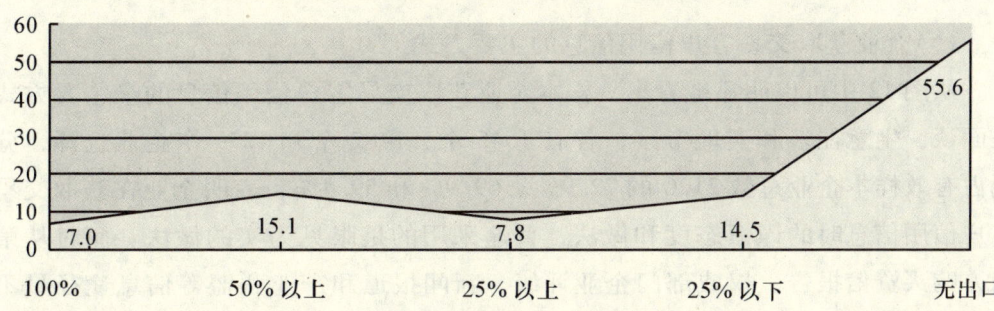

图9　样本企业产品出口依存状况(%)

(4) 企业发展资金来源分析

从本次调查所得结果看，企业业务发展（扩大再生产、扩大经营）所需资金的主要来源是企业利润和银行、信用合作社贷款，在有效样本企业中分别有 1592 个和 1435 个选择了这两项，各占 43.0% 和 38.8%。另有 10.7% 的企业还采用民间借贷的方式筹集资金（见图 10）。这表明企业的资金来源是比较充足的，但资金使用的成本是比较高的。

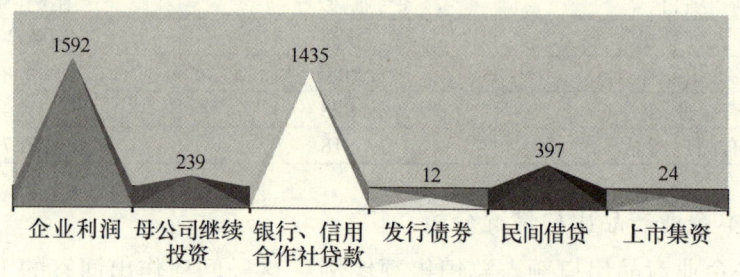

图 10　企业发展资金的主要来源

(5) 企业取得银行贷款的方式

根据图 11 显示，样本企业在以银行贷款途径取得企业发展资金时，有超过半数的企业采用抵押和担保的方式（分别占 42.5% 和 10.5%），表明企业融资的风险相对较高。另外也显示有相当数量的企业（13.6%）不向银行贷款，表明这些企业自由资金充足或者企业弱小、发展缓慢。

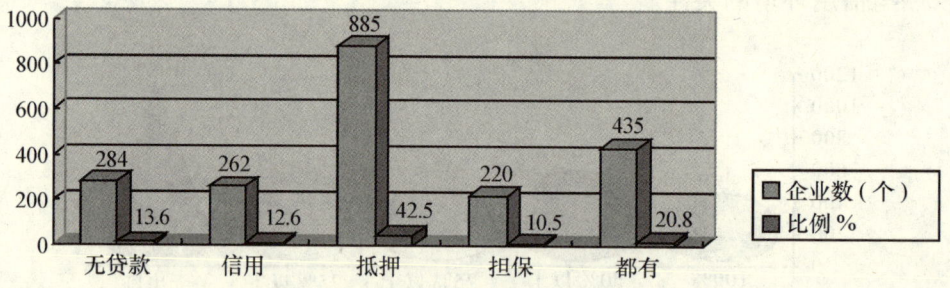

图 11　企业取得银行贷款的方式

(6) 企业获取交易客户信用信息的主要方式

从图 12 中可以明显地看出，样本企业获取交易客户信用信息的最主要方式是面谈、生意往来和实地考察，各有 1545 个、1482 个和 1259 个企业选择，分别占有效样本企业总数 2120 的 72.9%、69.9% 和 59.4%，表明企业在获取交易客户信用信息时的谨慎态度和做法，普遍采用的是眼见为实的做法。而对从第三方购买资信报告、权威部门企业评级、新闻报道和产业联盟等信息途径最不认同。这表明企业普遍注重信息的质量，对信用风险有较强的防范意识。

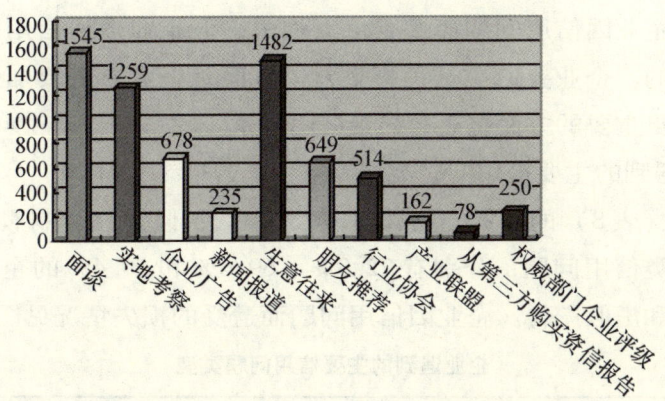

图 12　企业获取交易客户信用信息的主要方式

（7）对信用重要性的认识

在 2130 个有效样本企业中，有 83.4%（1776 个）的企业认为信用对于企业经营来说是非常重要的，11.3%（241 个）的企业认为是较重要的，合计达 94.7%（见图 13）。表明企业对于信用的重要性的认识是相当充分的。

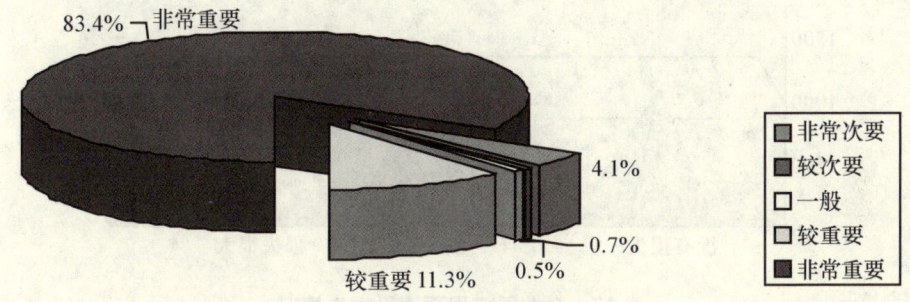

图 13　信用对企业经营的重要性判断

（8）企业遭遇信用欺诈情况及因信用问题遭受损失情况

调查显示（图 14），近 59% 的企业经常遇到或者偶尔遇到过信用欺诈问题。这表明目前社会信用环境状况不容乐观，信用欺诈现象还时有发生，市场秩序有待规范，企业信用管理亟待加强。

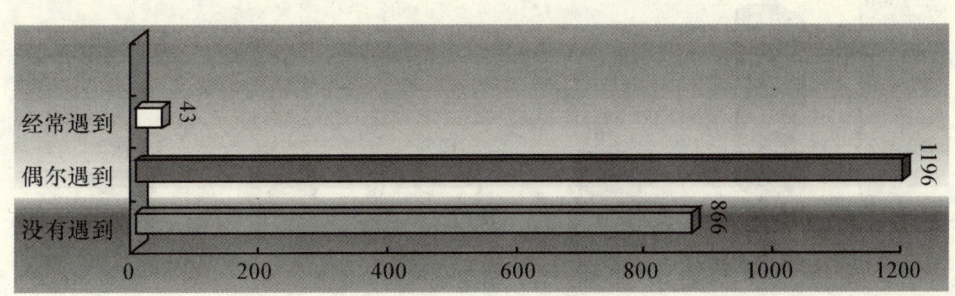

图 14　企业遭遇信用欺诈情况

虽然较少企业因信用问题而遭受巨大损失，但企业遭遇信用问题而带来的损失却是必然的。企业要避免这种损失，一方面是企业自身要加强信用管理予以防范，另一更重要的方面是建立社会信用体系。

（9）企业遇到的主要信用问题类型

本次调查（表8）的样本企业认为，"欺诈"、"假冒"、"制假"是企业遇到的最主要的三类信用问题，分别有72.9%、69.6%和59.4%的企业选择；其次是逃债、毁约和虚假广告。企业因信用问题而遭受的损失情况见图15。

表8　　　　　　　　　企业遇到的主要信用问题类型

类型	比例(%)	类型	比 例(%)
欺诈	72.9	虚假广告	24.2
假冒	69.6	污染环境	11.8
制假	59.4	侵权	11.1
逃债	32.0	不正当竞争	7.6
毁约	30.6	垄断操纵	3.7

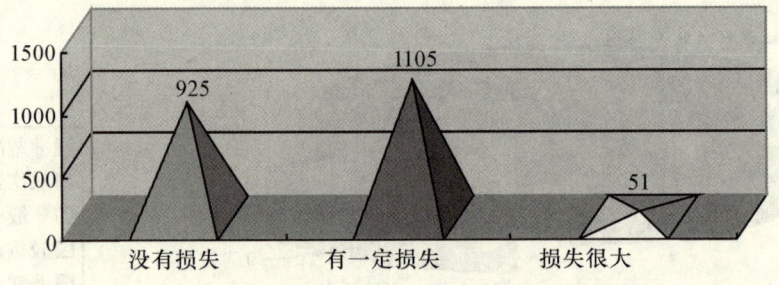

图15　企业因信用而遭受损失情况

（10）企业对客户信用政策的决定层次

图16表明，企业对客户信用政策的决定多数（87.1%）由总经理、分管副总经理等高层管理者作出，这符合企业信用管理的基本要求和一般做法。

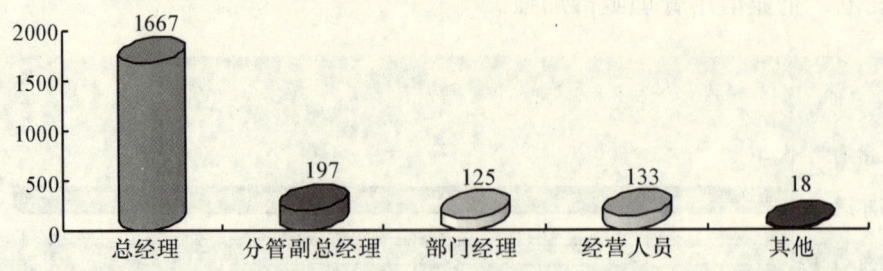

图16　企业对客户信用政策的决定者结构

(11) 新客户信用政策决定因素

由图 17 显示的调查结果表明，企业在决定新客户的信用政策时考虑的最主要因素是其经营业绩，占全部有效样本 2009 个的 67.5%，其次是经营规模，占 46.8%。企业普遍认为新客户的经营业绩、经营规模与其信用水平有很大关系，业绩好或者规模大的客户信用相对较高。

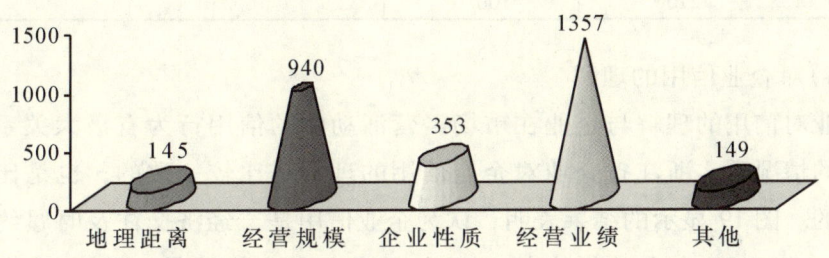

图 17　企业对新客户信用政策的决定因素分析

(12) 样本企业银行信用等级情况

图 18 传递出的信息表明，本次调查所涉及的样本企业的银行信用等级水平总体上说是比较高的，被评为"AAA"级的有 954 个，占全部有效样本 2019 个的 47.3%；评为"AA"级的有 518 个，占 25.7%；两者合计已达 73.0%。

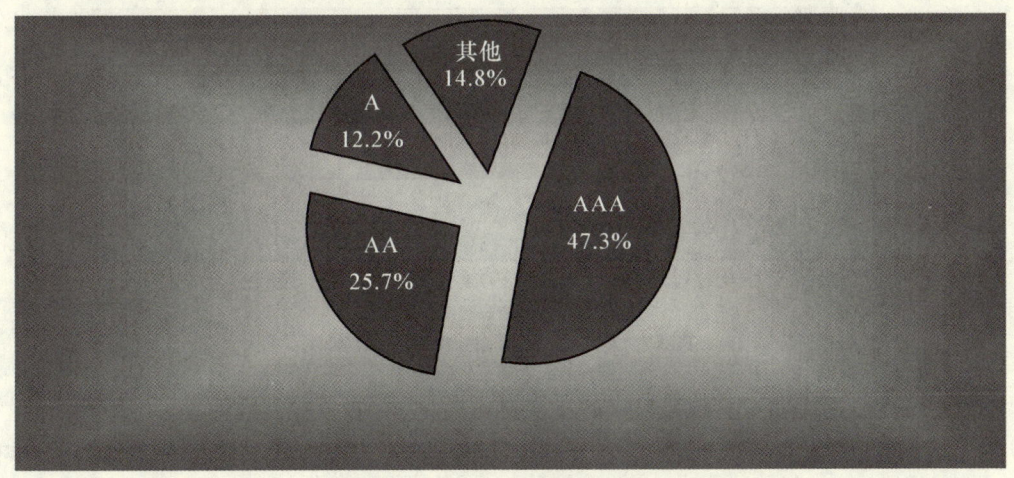

图 18　样本企业银行信用等级情况

(13) 企业取得"重合同守信用企业"荣誉称号情况

从本次调查的结果看，样本企业取得"重合同守信用企业"荣誉称号的比例尚可，如表 9 所示，在 1990 个有效样本中，取得"重合同守信用企业"荣誉称号的为 1288 个，占 64.7%。这与实际情况是非常吻合的。

表9　　　　　　　样本企业获得"守信用、重合同企业"荣誉称号比例

		频率	百分比	有效样本百分比	累进百分比
有效样本	是	1288	59.9	64.7	64.5
	否	702	32.7	35.3	100.0
	合计	1990	92.6	100.0	
缺失		160	7.4		
总计		2150	100.0		

(14) 对企业信用的理解

企业对信用的理解与企业在市场经营活动中的信用行为有极大关系。从本次调查的情况看，浙江省企业对企业信用的理解是比较一致的，也是比较全面和正确的。图19显示的结果表明，认为企业信用是"经济交往及时履约"的有1855个，占2135个有效样本的86.9%；认为企业信用是"守法经营"的有1810个，占84.8%；认为企业信用是"履行社会责任"的有1139个，占53.3%。说明我浙江企业对及时履约、守法经营是比较重视的，也是做得比较好的，这与前述的较好的银行信用与较高的"重合同守信用企业"荣誉称号获得比例是一致的。但是，总体上看，企业的社会责任意识相对薄弱，需要进一步加强。

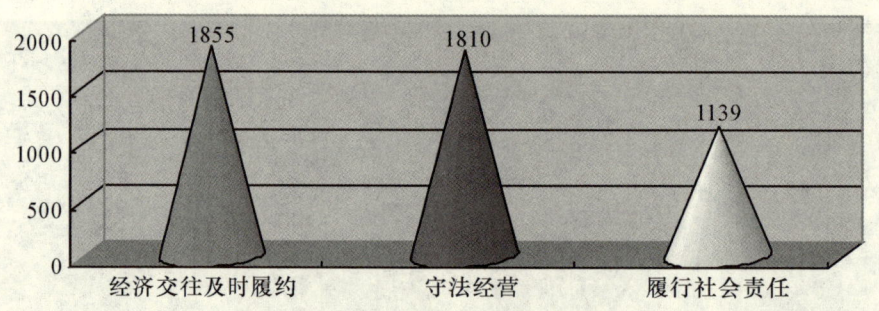

图19　样本企业对企业信用的理解

(15) 企业化解信用问题采取的主要方法

根据图20显示的调查结果表明，大多数企业运用"追踪货款回收"和"调查客户信用"的手段来防范和化解可能遭遇的信用问题（各占样本企业总数2040个的70.9%和63.4%），企业的风险意识还是比较强的，采用的防范手段也是比较稳妥的，尽量在源头上控制或者减少信用问题的产生。但样本企业对于"减少信用结算"等其他化解信用问题的方法运用较少，尤其是信用保险和国际保理两项采用者更是寥寥，这与目前浙江省企业信用管理水平相对较低有着极大关系。

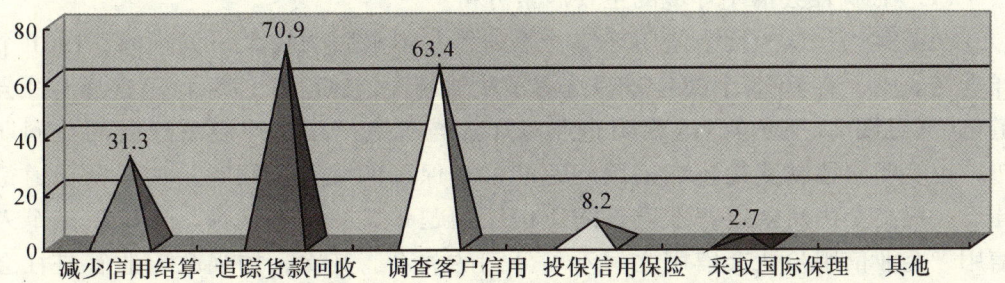

图20　企业化解信用风险的主要方法比较

（16）影响企业内部信用水平的相关因素

调查表明（图21），浙江省企业对影响企业内部信用水平的相关因素的判断还是比较全面的。86.3%的样本企业认为法定代表人信用是最主要的因素，这与企业经营管理的权力结构是相匹配的，与前述的"对客户的信用政策的决定者"也是一致的。企业法人代表讲信用，企业就会注重信用管理和信用绩效，从某种程度上我们可以这样说：企业法人代表的信用就是企业的信用。有78.5%的样本企业认为管理制度是影响企业内部信用的重要因素，要建立良好的内部信用机制需要规范的制度作保证。对员工素质和经济效益两个因素的认同率也在半数以上，分别为57.7%和52.2%，说明企业的内部信用是建立在良好的经济效益基础上的，内部信用与经济效益是相辅相成、相互促进的关系；素质良好的员工队伍是建立健全内部信用的人员保证。但对作为现代企业制度核心的产权关系因素认同率明显偏低，说明浙江省的企业对于产权关系与内部信用体系之间的关系认识不够清楚，明晰的产权关系是建立企业信用的非常重要的基础性因素。

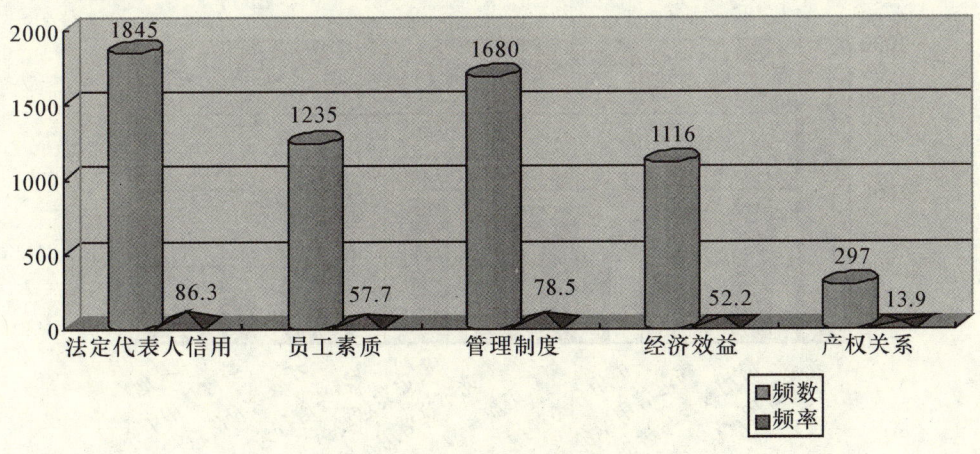

图21　影响企业内部信用水平的因素

(17) 影响社会信用环境的主要因素分析

在考察"您认为社会信用环境受下列哪些因素影响较大"问项时，1951 个样本企业中，有 1638 个(84.0%)选择了法律制度，1472 个(75.4%)选择了社会道德(详见图 22 所示)。这表明企业对加强与规范信用法律制度建设的共同期望，也表明法律制度是解决信用问题的根本保证的现实；同时，加强社会道德建设，提高全民社会道德素质是防止信用问题频发的基本途径，也反映出个人信用、企业信用与社会信用之间不可分割的关系。其次，加强政府监管是社会信用环境建设必不可少的组织保证，表明现阶段政府有关部门在信用监管工作上尚不尽如人意。再则，政府信用的好坏直接关系到整个社会信用环境的好坏，政府的行为在社会信用环境建设中起着极强的示范作用；政府作为社会信用、企业信用的监管人，自己身不正、不守信，何以要求被监管人守信？

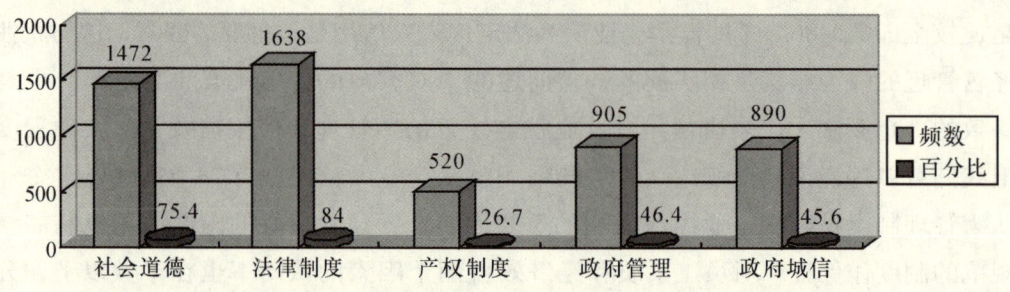

图 22　样本企业对影响生活信用环境主要因素的判断

(18) 政府部门在信用建设中应做的工作

政府在信用建设中到底应该做些什么工作呢？调查表明(图 23)，企业对加强信用宣传、曝光不良信用企业、规范信用评价、严惩失信行为、信用教育与培训、制定奖惩政策、树立正面典型等方面工作的呼声较高，归根到底就是要求政府部门强化信用监管和信用宣传工作。

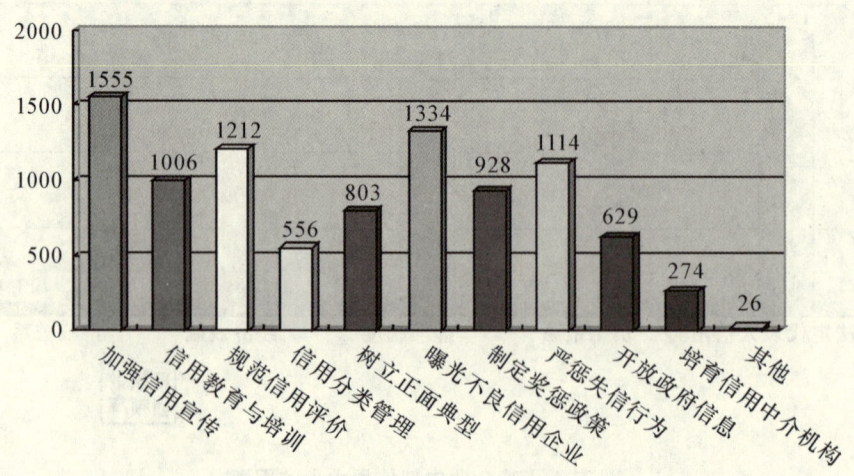

图 23　企业认为政府部门在信用工作中应该有所作为的方面

三、浙江企业信用比较分析

(一) 浙江企业信用秩序比较与评价

1. 企业信用秩序的内涵

企业信用秩序是指企业在社会经济活动中对各种信用规则的遵从状况，是企业按照特定的信用规则开展经济活动的结果，是集体理性的产物。在法学意义上，企业信用秩序指"左右"所有企业的信用准则的总和。从经济学的角度来看，企业信用秩序主要有两层内涵即"自然秩序"和"人为秩序"。从系统论的角度看，企业信用秩序是和系统相联系的一个概念，它反映着企业信用作为一个系统的运行状况，具体地说是指企业信用秩序的各种构成要素在运行过程中所形成的状态。这种状态具有多样性，从企业信用秩序的形成上可分为自然秩序和人为秩序；从具体的内容上可分为市场进出秩序、市场交易秩序和市场竞争秩序。

企业信用秩序由多种要素构成，如果各构成要素能协调发展，共同取向于系统目标，这种状态就是有序的。反之，如果各要素之间互相摩擦，并导致系统偏离目标，或出现某种程度的无规律振荡，这种状态就是无序的。在调研中发现，浙江企业信用秩序有序度均未达显著线（见表10，图24）。浙江企业信用秩序有序度偏低，不仅影响了市场秩序规范化建设，大幅度提高了市场交易成本，降低了经济运行效率，而且直接制约着市场机制配置资源作用的正常发挥，使政府启动投资、扩大内需政策的效用大打折扣；大量的失信行为还破坏了企业之间以合同契约为基础的正常信用关系，造成了社会风气败坏、道德水平滑坡等社会问题。在加入WTO之后的今天，目前浙江企业信用秩序的现状还损害了浙江省的国际信用形象，在一定程度上影响了浙江进一步对外开放的质量和进程。

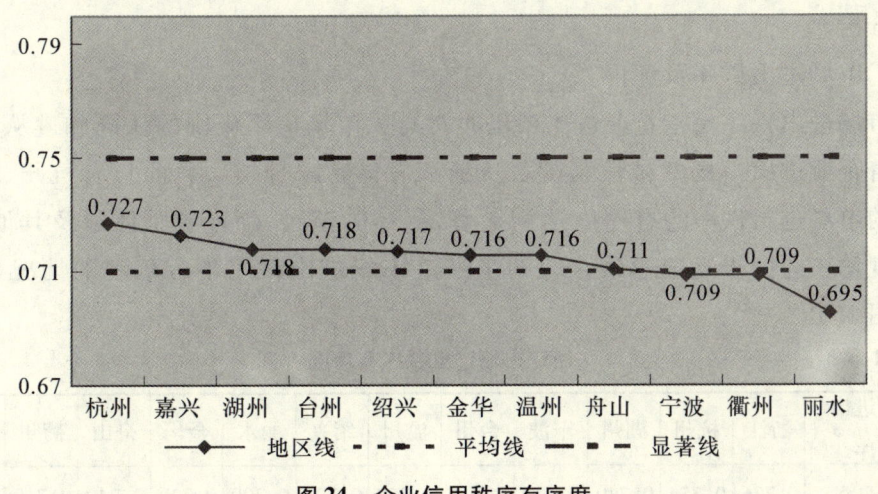

图24 企业信用秩序有序度

表 10　　　　　　　　　　浙江企业信用秩序有序度

企业信用秩序	浙江	杭州	嘉兴	湖州	台州	绍兴	金华	温州	舟山	宁波	衢州	丽水
有序度	0.710	0.727	0.723	0.718	0.718	0.717	0.716	0.716	0.711	0.709	0.709	0.695

2. 浙江企业信用秩序失序的理论与实证分析

（1）理论分析

我国学者主要从制度变迁、信息不对称和产权明晰与否多方面对企业信用秩序进行分析。由于企业信用体系的渐进变迁，不断出现新旧企业信用秩序的交替磨合，不利于企业形成对信用秩序长远、稳定的预期，"导致企业经营行为短期化和企业信用秩序的失序"（王冰，2003）。究其原因，一是由于企业信用实质上是一种经验品，一开始就在信用的提供方和接受方之间存在信息的不对称；其次是维系非人格化交易方式的双边声誉机制（BRM）和双边惩罚机制（BPS）尚未健全（史晋川，2003），企业经营中必然产生机会主义倾向；第三是由于浙江中小企业众多，企业信用信息的传播和扩散速度较慢，而政府管制、地方保护主义等因素加剧了企业信用信息传递的凝滞甚至信息真实性的扭曲（邬关荣，2004），产生"中国现实环境中机会主义的变异"（李厚廷，2004）；而产权的不明晰则强化了企业信用未来预期的不确定性，加剧了企业经营"行为的投机化"（张维迎，2003），以至出现了企业经营中守信的成本高而收益低、失信的成本低而收益高的"合成谬误"（张友仁，2004）。

（2）实证分析

本研究从市场进出秩序、市场交易秩序和市场竞争秩序这三个方面来作进一步分析。

① 市场进出秩序及评价

市场进出秩序是指企业进出市场时对有关市场信用规则的认同和遵从状况，反映着企业进出市场的诚信程度。从浙江总体状况分析，目前只有杭州、温州两地的市场进出秩序的有序度达到显著线（≥0.75），浙江省整体以及其他各地有序度均正向但未达显著线，表明了浙江市场进出秩序不容乐观的情况（见表11、图25）。

表 11　　　　　　　　　　浙江市场进出秩序有序度

市场进出秩序	浙江	杭州	湖州	宁波	台州	温州	绍兴	丽水	金华	舟山	衢州	嘉兴
有序度	0.736	0.754	0.749	0.737	0.743	0.750	0.734	0.700	0.729	0.740	0.719	0.744

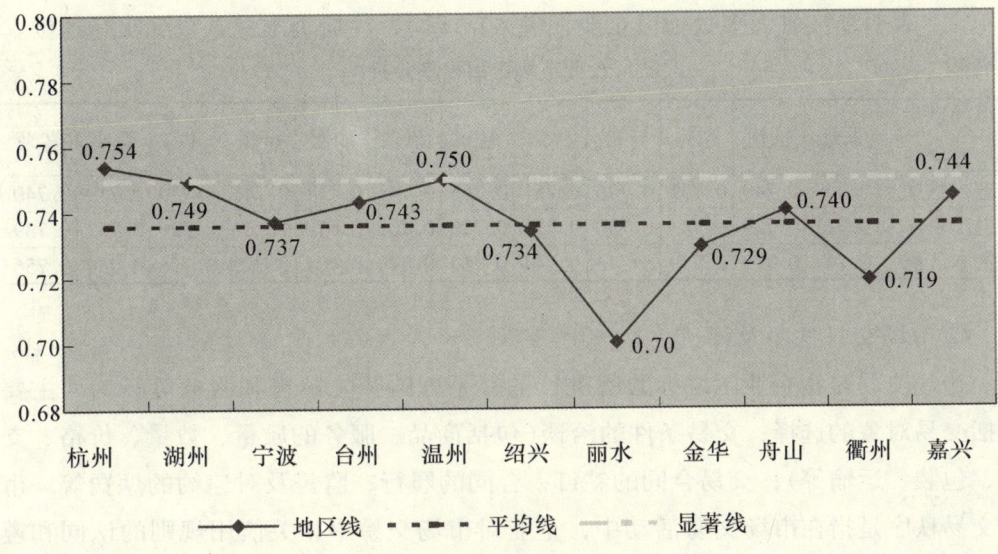

图 25　市场进出秩序有序度

从企业能否自由地进出市场来看，在理想的、完全竞争的市场条件下，企业进入或退出市场是完全自由的，厂商进出一个行业不存在任何障碍或壁垒，所有的资源都可以在各行业之间自由流动。企业能及时地向获利行业转移，及时地退出亏损行业，在这样的过程中，缺乏效率的企业会被淘汰，有效率的企业会生存、成长、不断地发展壮大。现实中存在着各种进入壁垒来限制企业的自由进入，减少竞争压力。进入壁垒的类型主要有两类：一类是经济因素，包括规模经济、进入的高成本、产品差异等；另一类是法律政策障碍，包括专利制度、许可证制度、特许经营等，也包括进口限制。企业退出的障碍主要来自沉淀成本和资产专用性的程度、职工解雇的难度、法律政策限制等。对于资本沉淀较多、专用资产比例大的行业，退出的难度较大，产业转移的成本很高。从市场进入秩序来看，温州、台州和湖州三地有序度正向显著（≥0.75），浙江整体和其他地区均正向但未达显著线。从市场退出秩序来看，仅有宁波的有序度正向显著（≥0.75），浙江全省以及其他地区均正向但未达显著线（见表12）。表明浙江市场进入尤其是市场退出秩序规范化建设程度还有待于进一步提高。

从企业进入市场是否具备与经营活动相匹配符合法律、法规要求的资格条件来看。企业设立要看其是否有符合法律规定的名称，是否有企业章程或协议，是否有符合法律规定的资本、组织制度、经营范围和经营场所，是否依照法定的程序向企业登记主管机关申请开业登记，并经登记主管机关批准取得营业资格，即企业是否合法地进入市场。从进入市场时注册资本的匹配情况来看，杭州、舟山、温州和嘉兴有序度正向显著(≥0.75),浙江全省及其他地区正向但未达显著线(见表12)。表明浙江省大多数地区企业在进入市场时,注册资本并未全部实际到位。

表12 浙江企业市场进出秩序分析

市场进出秩序	浙江	杭州	湖州	宁波	台州	温州	绍兴	丽水	金华	舟山	衢州	嘉兴
进入秩序	0.739	0.749	0.751	0.726	0.751	0.755	0.743	0.711	0.741	0.730	0.719	0.740
退出秩序	0.721	0.739	0.743	0.750	0.726	0.729	0.709	0.670	0.706	0.726	0.701	0.739
资本匹配	0.747	0.779	0.749	0.743	0.744	0.763	0.749	0.707	0.727	0.776	0.734	0.756

②市场交易秩序及评价

市场交易是指企业围绕标的所进行的一系列购买、销售和服务等行为。主要包括交易对象的选择;交易条件的洽谈(包括商品、服务的质量、数量、价格、支付、包装、运输等);交易合同的签订;合同的履行、监督及对违约的惩罚等。市场交易秩序是指在市场交易活动中,企业对市场交易中相关信用规则的认同和遵从状况。从市场交易秩序来看,浙江全省包括各地区总体上超过显著线明显(≥0.800)(见表13,图26),说明浙江企业在市场交易秩序规范化程度较高。

表13 浙江企业市场交易秩序有序度

市场交易秩序	浙江	杭州	湖州	宁波	台州	温州	绍兴	丽水	金华	舟山	衢州	嘉兴
有序度	0.830	0.849	0.837	0.809	0.829	0.824	0.840	0.819	0.837	0.821	0.831	0.837

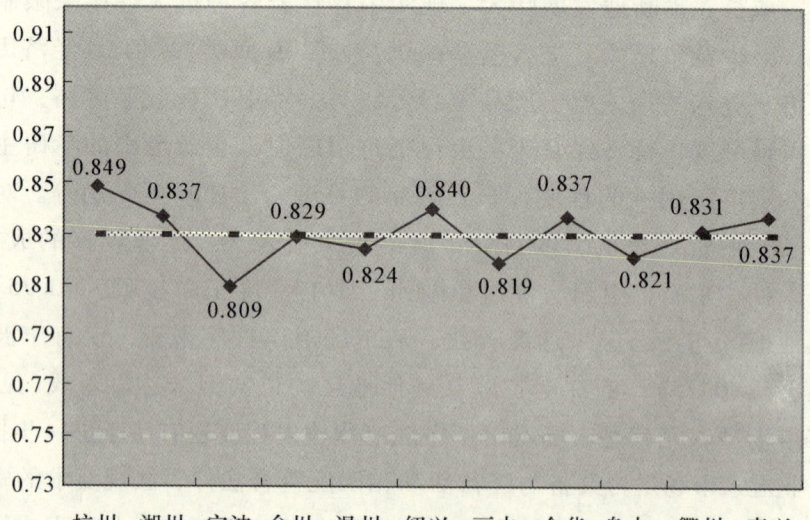

图26 市场交易秩序有序度

从市场客体的规范化状况来看，市场客体是市场上被交易的对象，是市场交易活动赖以进行的物质基础，因此市场交易秩序的好坏首先表现为商品、服务、要素等市场客体的规范化状况。对市场客体规范化状况的评价分为：一是进入市场的商品、服务的规范化状况，主要看其是否符合《产品质量法》、《消费者权益保护法》等法律的规定。就产品合法性而言，浙江全省总体上正向显著性强（≥0.88），其中以杭州为最高，其次是绍兴、舟山、温州、湖州、嘉兴和衢州，与浙江总体水平持平的是台州，低于浙江平均水平的是宁波、金华和丽水，其中以丽水为最低（参见表14）。二是从对待客户问题上来看，浙江全省总体上正向显著性较高（≥0.80）。说明浙江企业对不同地区、不同规模的客户基本做到一视同仁。三是从客户的投诉率来看，浙江全省总体上正向显著性较高（≥0.80）。其中以湖州为最高，其他依次是杭州、衢州、温州和台州，绍兴、舟山与浙江总体水平持平，低于浙江平均水平的是金华、嘉兴、丽水和宁波，其中以宁波为最低。消费者投诉率主要取决于商品、服务的质量和消费者的自我保护意识，在消费者自我保护意识一定的情况下，投诉率低，说明浙江市场客体规范性强，市场交易比较有序。

表14　　　　　　　　　　浙江企业市场交易秩序分析

市场交易秩序	浙江	杭州	湖州	宁波	台州	温州	绍兴	丽水	金华	舟山	衢州	嘉兴
产品合法性	0.899	0.919	0.901	0.896	0.899	0.901	0.907	0.880	0.886	0.903	0.900	0.900
客户平等性	0.844	0.859	0.879	0.804	0.837	0.846	0.837	0.820	0.830	0.864	0.859	0.849
客户投诉率	0.846	0.863	0.880	0.821	0.847	0.851	0.846	0.820	0.834	0.846	0.856	0.833
书面合同率	0.799	0.811	0.796	0.797	0.807	0.790	0.829	0.787	0.831	0.741	0.770	0.817
合同履行率	0.806	0.836	0.793	0.789	0.797	0.787	0.829	0.810	0.813	0.786	0.796	0.823
合同合格率	0.794	0.824	0.786	0.767	0.790	0.783	0.813	0.793	0.803	0.783	0.794	0.807
合同纠纷率	0.824	0.831	0.824	0.781	0.820	0.809	0.823	0.816	0.861	0.831	0.841	0.834

从经济交易合同的规范化及履行状况来看。市场经济是一种交易经济，交易的正常进行要依靠平等的经济合同来保证。随着市场经济的发展，企业与企业之间在各个领域发生的经济关系，都要在平等、自愿、公平、诚实守信的原则下签订具有法律效力的经济合同。如果企业都能依法履行合同，市场交易就会顺利进行，如果企业不履行合同，正常的交易秩序就会被打破。因此合同的签订、执行及对违约的处理情况对市场秩序的状况产生着重大影响。这方面的

指标有很多,从书面合同签订率来看,浙江全省除舟山地区外都正向显著(参见表14)。即书面合同签订率比较高,说明交易行为比较规范,市场比较有序。从合同履行率来看,浙江全省均正向并显著性较高,说明已经履行的合同数与签订合同总数的比率较高。从合同合格率和合同纠纷率来看,浙江全省均正向显著明显,说明在合同监督检查中发现的不合格合同数占所检查合同总数的比率较低,而且合同订立与履行状况较好。

③市场竞争秩序及评价

市场经济是一种竞争经济,竞争是经济活力的源泉,要发挥竞争的有效作用,必须形成良好的市场竞争秩序。市场竞争秩序是企业在进行竞争时对市场规则的遵从状况。良好的市场竞争秩序应该是一种公平、公开、公正的竞争。从调研的结果来看,浙江全省市场竞争秩序有序度明显偏低,远未达到显著线(0.50~0.60),说明浙江企业市场竞争秩序基本处于失衡状态(见表15,图27)。

表15 浙江市场竞争秩序有序度

市场竞争秩序	浙江	杭州	湖州	宁波	台州	温州	绍兴	丽水	金华	舟山	衢州	嘉兴
有序度	0.577	0.577	0.567	0.577	0.582	0.574	0.578	0.567	0.583	0.573	0.577	0.587

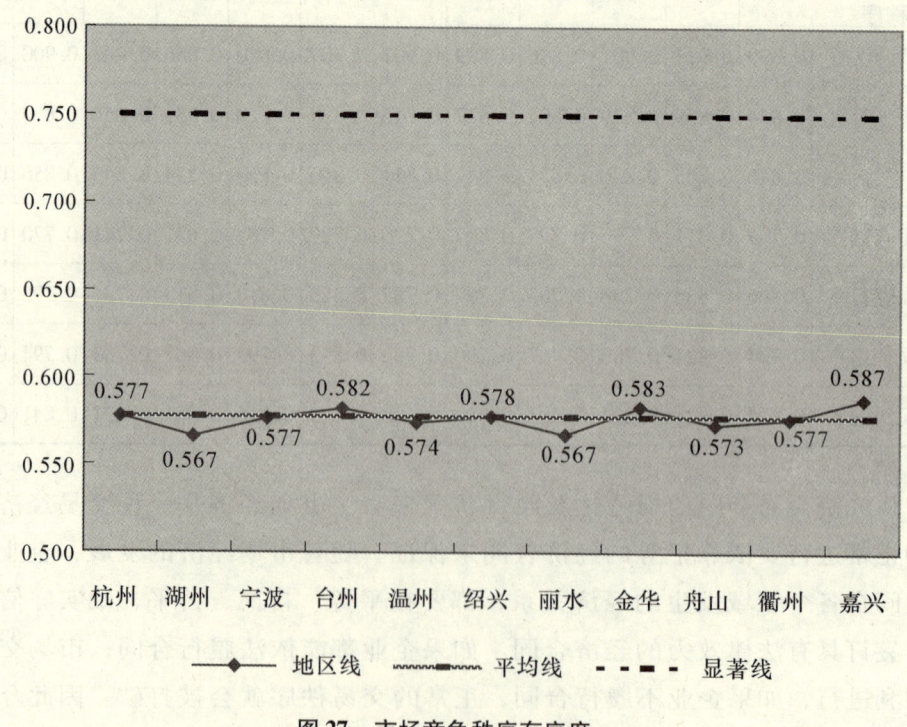

图27 市场竞争秩序有序度

调研发现，一是浙江全省包括十一个地区的企业商标或产品设计等是否被竞争对手仿冒处于正向不确定状态(0.50～0.60)，表明仿冒确实存在但如何打击或保护自身的知识产权，浙江企业的意识明显淡薄；二是企业声誉等被竞争对手负面宣传的情况，浙江全省包括十一个地区同样处于正向不确定状态(0.50～0.60)，说明一方面负面宣传的确存在，另一方面则表明对浙江企业负面宣传的机会成本并不高；三是浙江企业研发费用投入与同行相比，浙江全省包括十一个地区正向但不显著(≤0.70)，说明浙江企业在自主知识产权建设方面并不明显高于全国的同行；四是浙江全省在低成本销售方面正向而不显著(0.70左右)，说明浙江企业总体上有低成本战略偏好，同样低成本也是企业外部化的一种表现；五是浙江企业跨地区、跨行业经营时，全省包括十一个地区均呈正向但不显著(0.60～0.65)，表明由于地方保护主义使得浙江企业在跨行业、跨地区经营时，交易成本有所提高；六是浙江企业广告宣传信度，浙江全省包括十一个地区正向且显著性明显(≥0.80)，说明浙江企业广告宣传中商品或服务的质量、用途和性能得到了客户的基本认同(见表16)。

表16 浙江企业市场竞争秩序评价

市场竞争秩序	浙江	杭州	湖州	宁波	台州	温州	绍兴	丽水	金华	舟山	衢州	嘉兴
仿冒/假冒概率	0.577	0.599	0.551	0.571	0.591	0.613	0.590	0.580	0.600	0.530	0.563	0.553
声誉损失概率	0.530	0.537	0.511	0.521	0.546	0.529	0.529	0.557	0.517	0.529	0.552	0.501
地方保护主义	0.619	0.641	0.636	0.601	0.607	0.596	0.620	0.614	0.610	0.623	0.669	0.584
低成本销售	0.706	0.723	0.680	0.700	0.710	0.679	0.697	0.701	0.710	0.713	0.736	0.710
企业广告信度	0.816	0.823	0.781	0.807	0.831	0.827	0.820	0.803	0.830	0.809	0.823	0.826
企业研发费用	0.663	0.694	0.636	0.647	0.694	0.677	0.687	0.651	0.687	0.596	0.684	0.626

(二) 浙江企业信用市场比较与评价

1. 浙江企业信用市场总体评价

国际经验表明，一个健全的企业信用体系的形成，信用市场的发展起到了关键性的推动作用。从企业信用市场来看，浙江全省包括十一个地区的成长度都很低(0.40~0.43)，表明浙江目前的企业信用市场建设尚在起步阶段，企业信用市场规模小，信用中介机构经营分散，并且信用行业整体水平不高，尚未建立起完整而科学的信用调查和评价体系(见表17，图28)。

表17　　　　　　　　　浙江企业信用市场成长度

企业信用市场	浙江	杭州	湖州	宁波	台州	温州	绍兴	丽水	金华	舟山	衢州	嘉兴
成长度	0.413	0.417	0.414	0.405	0.422	0.425	0.419	0.418	0.414	0.398	0.408	0.407

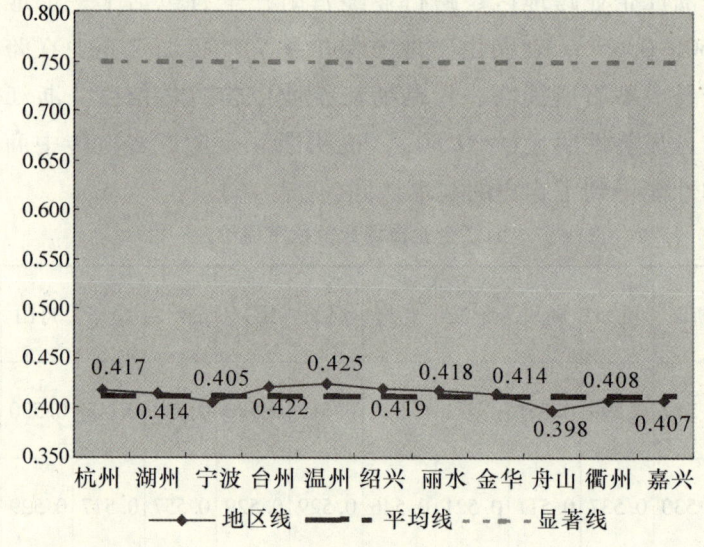

图28　企业信用市场成长度

2. 浙江企业信用市场具体评价

(1)企业信用交易生命周期评价

从表18和图29得知，浙江全省包括十一个地区的企业信用交易生命周期成长度都只有0.30左右，远未达到显著线，表明浙江企业信用交易生命周期处于孕育期，同时也表明信用行业在浙江发展空间还相当大的。

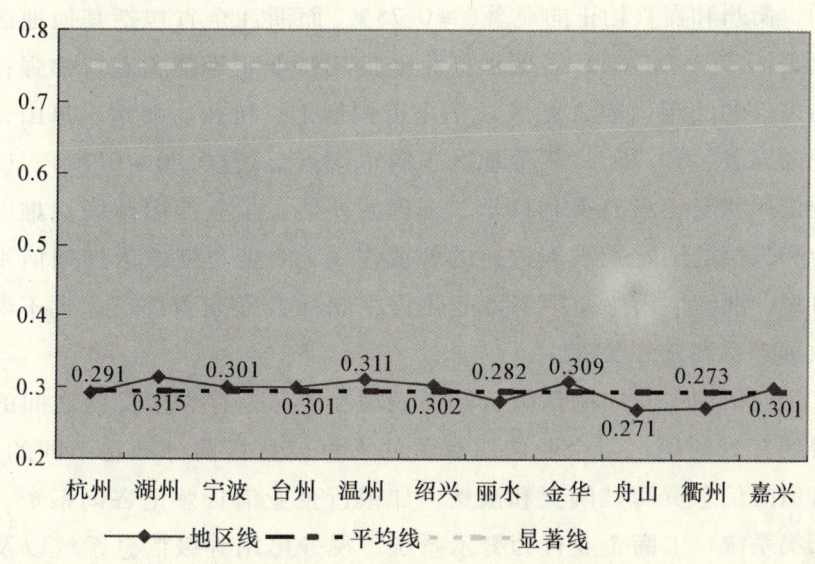

图29 企业信用交易生命周期成长度

表18 浙江企业信用交易生命周期成长度

企业信用交易生命周期	浙江	杭州	湖州	宁波	台州	温州	绍兴	丽水	金华	舟山	衢州	嘉兴
成长度	0.296	0.291	0.315	0.301	0.301	0.311	0.302	0.282	0.309	0.271	0.273	0.301

浙江企业信用交易生命周期初级阶段,表现在信用组织的数量上。目前浙江的信用中介机构正呈"遍地开花"之势,但总体上看数量还是相对偏少,表现在信用中介组织的规模上,浙江的信用中介机构规模普遍不大,综合实力不强,缺乏竞争力,具有一定规模、运作规范、有广泛影响力的信用中介组织很少,特别是没有具有国际影响力的中介组织。这次调研表明(见表19),与其他中介组织相比,浙江信用中介组织数量少、规模小,其中显示正向显著的地区有丽水、舟山、衢州和嘉兴(≥0.75)。浙江全省包括杭州、宁波、温州、台州、嘉兴、绍兴、湖州和金华等地显示正向接近显著(0.70~0.75)。表现在信用服务内容上,发展很不平衡,商账追收行业基本上是空白,信用保险和国际保理等也才刚刚起步(参见第一部分);表现在信用中介组织的发展和运行状况上,其服务市场规模偏小,经营分散,行业整体水平不高,市场竞争基本处于无序状态,没有建立起一套完整而科学的信用调查和评价体系。调研中,与其他中介组织相比,信用中介组织的知名度偏低,衢州地区正向显著(≥0.75),浙江全省包括其他十个地区均正向比较接近显著(0.68~0.75);相对来说,企业资信报告信度较低,浙江全省包括十一个地区均正向但不显著(<0.70),说明由信用中介组织提供的企业资信报告总体上不被企业认可;从行业组织规范性来

看，舟山、衢州和嘉兴均正向显著（≥0.75），而浙江全省包括其他地区则正向但接近显著（0.70～0.75），说明浙江企业信用行业管理能力有待加强；在对失信企业与失信的法定代表人惩戒效率是否偏低上，杭州、丽水、舟山、衢州和嘉兴均正向显著（≥0.75），其他地区正向也接近显著（0.70～0.75），说明由于浙江企业信用状况还没有得到科学、合理的评估，企业信用市场就难以发挥对失信企业和失信的法定代表人进行的惩戒作用，企业也就缺乏加强信用管理的动力。可见，浙江信用中介组织专业化程度和社会影响力都还远远不够，其作用与功效远未得到充分发挥。

浙江企业信用生命周期初级阶段还表现在：一是存在于部门之间的信用信息没有得到有效利用，与企业信用有关的大量信息目前分散在不同的各部门，大量有价值的信息资源被闲置和浪费。如银行企业信贷登记咨询系统、个人信用信息征集系统、工商企业行为警示系统、税务信用等级信息系统以及新近成立的中国进出口信用保险公司等。可以说，能起到信用中介作用的机构和渠道众多，但在资源利用上不尽科学合理。如对企业信用及其他经营行为的记录和监督分散在工商、税务、银行等不同部门中，数据是分割的，难以科学有效地利用和采集。再如对银行系统来说，主要是靠内部评级系统对贷款等业务进行风险控制，对社会信用中介的外部评级系统是不予考虑的。二是企业的信用信息公开尚未开始，多数企业不能向社会开放运营的原始数据，很多涉及企业的信用数据和资料，服务企业无法得到。从本次调研的查询企业信用信息成本是否相对偏高来看，浙江全省包括十一个地区均正向但不显著（＜0.70），说明浙江企业信用信息开放度低是存在的，因此信用中介组织就无法依靠商业化、社会化和公正独立的信用调查、征信、资信评估及其他方式为社会提供信用产品；从企业信用行为传播是否相对缺乏效率来看，浙江全省均正向但不显著（＜0.75），表明浙江全省守信企业或失信企业信息传播效率相对低下是存在的，但"圈内人是知情的"（见表19）。

表19　　浙江企业信用交易生命周期分析

企业信用交易生命周期	浙江	杭州	湖州	宁波	台州	温州	绍兴	丽水	金华	舟山	衢州	嘉兴
查询成本	0.641	0.686	0.621	0.656	0.634	0.644	0.651	0.643	0.639	0.643	0.646	0.589
传播效率	0.693	0.714	0.690	0.704	0.674	0.693	0.739	0.676	0.680	0.706	0.681	0.670
组织规模	0.746	0.724	0.729	0.727	0.731	0.733	0.736	0.774	0.726	0.777	0.783	0.760
组织知名度	0.717	0.711	0.690	0.700	0.711	0.683	0.693	0.749	0.700	0.747	0.784	0.723
资信报告	0.653	0.646	0.621	0.641	0.664	0.647	0.637	0.669	0.630	0.694	0.680	0.650
行业管理	0.735	0.731	0.724	0.739	0.736	0.719	0.699	0.747	0.721	0.766	0.759	0.753
惩戒效率	0.743	0.750	0.718	0.729	0.739	0.707	0.731	0.769	0.741	0.772	0.759	0.751

(2) 企业信用信息集聚评价

经济学理论根据企业信用行为的信息获取的难易程度,将企业信用行为特征分为三类:一是在交易前能够检查和评价的特征,称之为"搜寻特征";二是"经验特征",是在交易前不能准确评价但可以在交易之后进行评价的特征;然而,在缺乏具体形式的信号提示的情况下,即便在交易后也难以检查或评价的特征,被称为"信任特征"。根据企业信用的特征,企业信用行为是不容易被人们所识别和判断的,很容易产生交易的一方较另一方拥有更多信息的情形,即经济学中所谓的"信息不对称"。信息不对称有两种表现方式,一种是事前存在隐藏的交易信息而导致的"逆向选择";另一种是交易一方的活动在交易后不能被另一方所发现的"道德风险"。信息不对称往往使信息弱势的一方处于劣势地位,而信息优势的一方可能利用信息不对称出现"机会主义"和"道德败坏"的行为。

从图30可知,由于相关部门垄断着企业信用信息,使得终端企业难以获得前端企业所有的信用资料,而前端企业也没有合适的渠道公开自己的信用信息,因而浙江企业信用信息的集聚度明显低于显著线(≤0.55)(见表20,图31)。

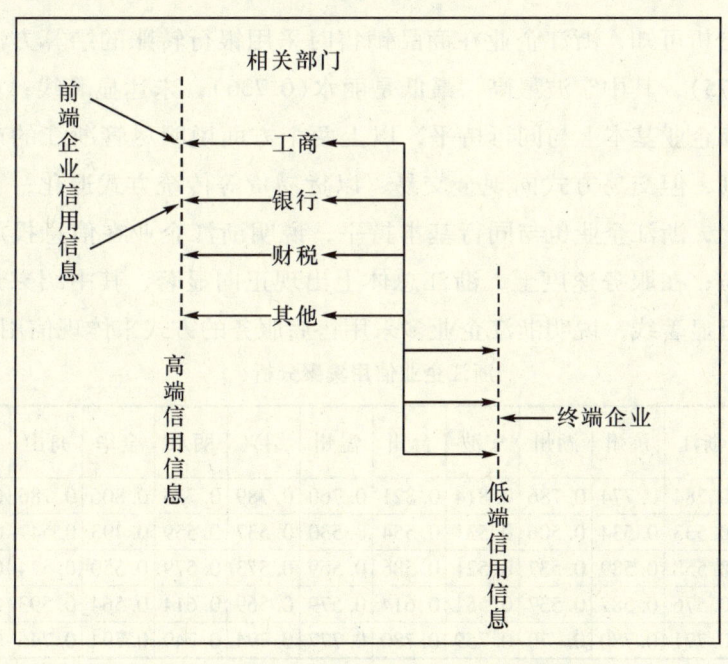

图30 浙江企业信用信息不对称示意图

表20　　　　　　　　浙江企业信用信息集聚度

企业信用信息	浙江	杭州	湖州	宁波	台州	温州	绍兴	丽水	金华	舟山	衢州	嘉兴
集聚度	0.531	0.543	0.513	0.510	0.543	0.539	0.537	0.553	0.519	0.525	0.542	0.514

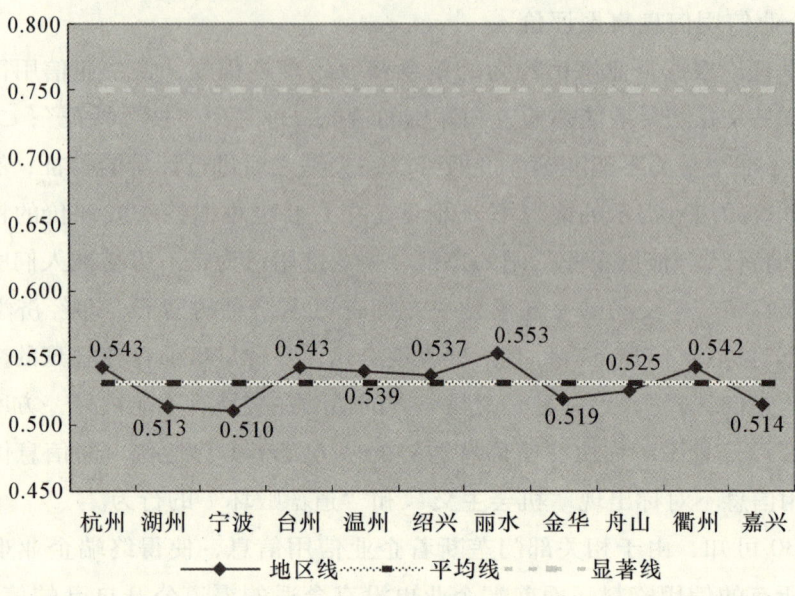

图31 企业信用信息集聚度

进一步分析可知,浙江企业在商品销售时采用银行转账的结算方法总体上正向显著(≥0.75),其中宁波最高,最低是丽水(0.736),未达显著线;在采用赊销方式上,浙江企业基本上与同行持平,以上两个方面说明尽管浙江的市场经济走在全国的前列,但交易方式向现金交易、以货易货等传统方式退化;在广告成本和销售费用上,浙江企业也与同行基本持平,说明浙江企业在信息投放方面并不具有优势地位;在服务速度上,浙江总体上出现正向显著,其中绍兴最高,而丽水和舟山接近显著线,说明浙江企业多采用售后服务的方式来体现信用行为。

表21 浙江企业信用集聚分析

企业信用信息集聚	浙江	杭州	湖州	宁波	台州	温州	绍兴	丽水	金华	舟山	衢州	嘉兴
银行转账	0.784	0.774	0.786	0.814	0.821	0.760	0.789	0.736	0.806	0.786	0.777	0.779
赊销比例	0.533	0.534	0.506	0.531	0.554	0.530	0.537	0.559	0.493	0.547	0.553	0.517
广告成本	0.558	0.589	0.537	0.521	0.586	0.569	0.573	0.579	0.550	0.524	0.580	0.529
销售费用	0.576	0.587	0.537	0.551	0.614	0.579	0.569	0.614	0.564	0.593	0.587	0.540
服务速度	0.771	0.780	0.770	0.759	0.780	0.777	0.794	0.749	0.794	0.746	0.769	0.761

(三)浙江企业信用管理比较与评价

1. 浙江企业信用管理总体评价

考察浙江企业信用管理发展历程,可以发现浙江企业信用管理经历了三个阶段:20 世纪 90 年代中期前的初始期,20 世纪 90 年代中期到 21 世纪初的启蒙期,以及21世纪以来的发展期。初始期的企业信用管理特点是信用思想朴素、信用管理形式简单、企业对信用管理的需求很小。启蒙期的企业信用管理特点是外贸经济活动信用管理需求平稳、内贸经济活动信用管理需求上升、内贸企业开始尝试用一些信用管理服务,信用需求逐渐进入到经济交易的主体企业——内贸企业中。启蒙期企业信用意识仍是朴素、自发和零散的,没有对信用管理形成系统认识,企业内部信用管理的层次很低。

从2000年以后,浙江企业信用管理正式进入成长期。无论是内贸企业还是外贸企业,无论是国有企业还是民营企业,均开始重视信用管理工作。而且,企业信用管理工作已经由单一、零星的管理模式逐渐开始向全面、系统的管理模式转变,在企业内部管理中,信用管理的层次和地位逐步上升。本调查显示,杭州和绍兴企业信用管理的成长度均达到显著线(≥0.75),台州和金华的基本接近显著线(≈0.75),浙江全省以及其他地区还有一定的差距,说明浙江企业信用管理总体上正开始步入稳定的成长期(见表22,图32)。

表22　　　　　　　　浙江企业信用管理生命周期

企业信用管理	浙江	杭州	绍兴	台州	金华	衢州	湖州	宁波	温州	嘉兴	丽水	舟山
成长度	0.737	0.756	0.751	0.749	0.746	0.741	0.739	0.734	0.734	0.729	0.721	0.710

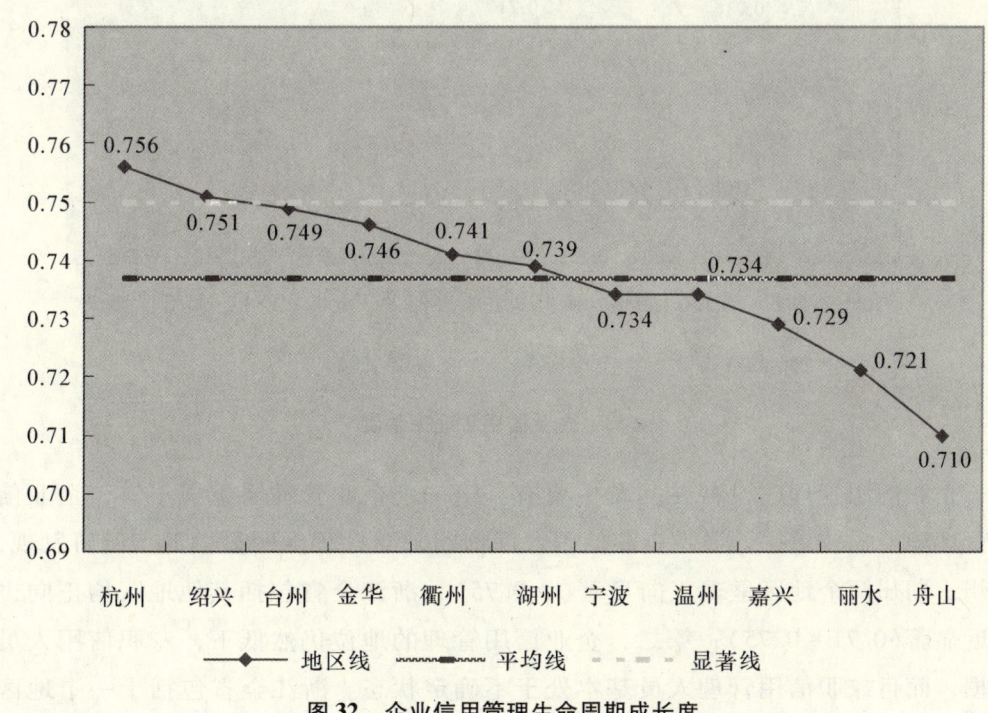

图32　企业信用管理生命周期成长度

2. 浙江企业信用管理建设具体评价

(1) 企业信用管理部门建设评价

从本次调研来看，目前浙江企业信用管理水平仍然处于低水平，浙江全省包括十一个地区均正向但未显著(<0.75)，表明大多数企业尚未全面认识企业信用管理的重要性，或者对信用管理的概念都模糊不清。即使是那些建立了信用管理部门的企业，信用管理水平也比较低下，企业普遍没有建立起系统、科学的信用管理制度（见表23，图33）。

表23　　　　　　　　　　浙江企业信用管理完善度

企业信用管理	浙江	杭州	湖州	宁波	台州	温州	绍兴	丽水	金华	舟山	衢州	嘉兴
完善度	0.710	0.727	0.716	0.701	0.735	0.717	0.723	0.697	0.724	0.681	0.700	0.692

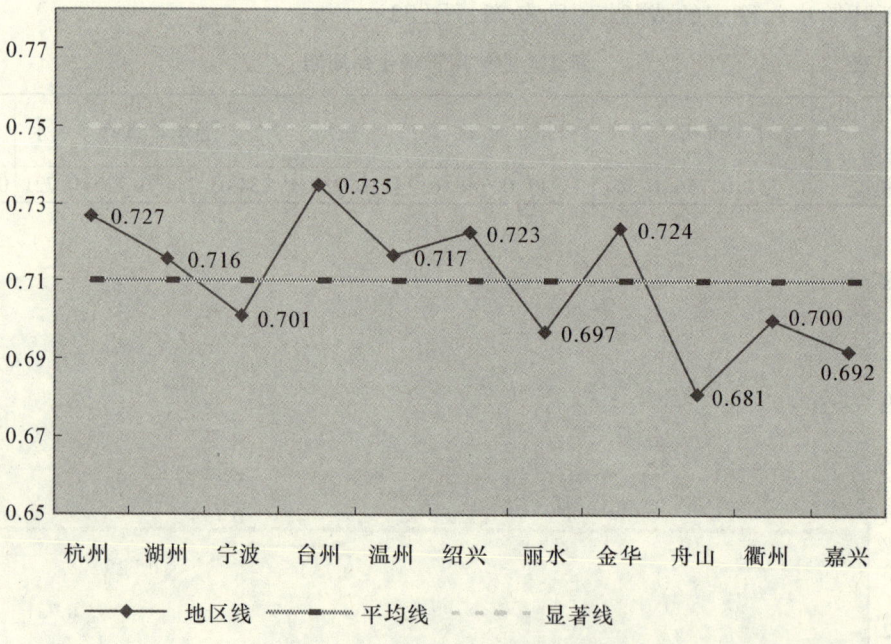

图33　企业信用管理完善度

企业信用管理建设存在问题主要有：第一，企业管理层重视不够，企业信用管理职能比较单一，导致企业信用管理部门独立性程度明显偏低。调研发现，杭州、湖州两个地区呈现正向显著($\geqslant 0.75$)，浙江全省包括其他地区均正向也接近显著($0.71\sim0.75$)；第二，企业信用管理的地位仍然低下，专职信用人员缺损，而且兼职信用管理人员基本处于不确定状态。浙江全省包括十一个地区都正向但远未达到显著水平(<0.75)；第三，缺乏科学的信用管理制度政策。

尽管浙江企业在关注市场变化和及时调整信用政策上，全部正向达到显著水平（≥0.75），但灵活方面并非基于科学的信用政策制定，而是受制于企业管理层；第四，企业信用管理知识培训欠缺以至难以产生优秀的信用管理人员。有关企业信用管理知识培训费用递增问题，浙江全省均正向但未显著，说明浙江企业信用知识培训费用支出是增加的，但不知道哪些方面知识培训是属于信用管理类的（见表24）。

表24　　　　　　　　　　　　浙江企业信用管理部门建设

信用管理部门建设	浙江	杭州	湖州	宁波	台州	温州	绍兴	丽水	金华	舟山	衢州	嘉兴
独立性	0.737	0.756	0.751	0.749	0.746	0.741	0.739	0.734	0.734	0.729	0.721	0.710
专职性	0.644	0.661	0.671	0.624	0.683	0.656	0.664	0.617	0.654	0.600	0.634	0.646
灵活性	0.773	0.790	0.767	0.769	0.801	0.783	0.786	0.751	0.797	0.766	0.749	0.746
知识性	0.684	0.700	0.676	0.660	0.711	0.689	0.704	0.684	0.711	0.630	0.696	0.666

（2）企业信用风险管理评价

从企业信用风险管理上来看，应收账款是信用销售的产物，信用销售一方面可以提高企业的市场竞争能力，扩大销售；但另一方面延迟了企业的现金收回时间，增加了应收账款，甚至遭受坏账损失的风险。所以首先制定信用政策必须兼顾"促进销售额增长"和"保持应收账款合理比重"这样两个目标的均衡和一致。偏重一个目标而忽视另一个目标的做法将导致信用营销战略的失败。企业制定信用政策，就是要在业绩增长和风险控制这两个目标之间寻求协调和一致，以保证最终利润这一根本目标的实现。因此信用销售虽然可以扩大企业的销售额，但也同时增加了潜在的风险。对于信用销售而产生的应收账款，应控制在合理的金额、时间限度内。从调研可知，杭州、宁波两个地区均达到显著线（≥0.75），浙江全省包括其他九个地区均靠近显著线（0.72~0.75），说明浙江在信用风险管理方面比较严格（见表25，图34）。

表25　　　　　　　　　　　　浙江企业信用风险管理

应收账款管理	浙江	杭州	湖州	宁波	台州	温州	绍兴	丽水	金华	舟山	衢州	嘉兴
合理度	0.731	0.753	0.734	0.751	0.731	0.719	0.743	0.713	0.727	0.712	0.737	0.732

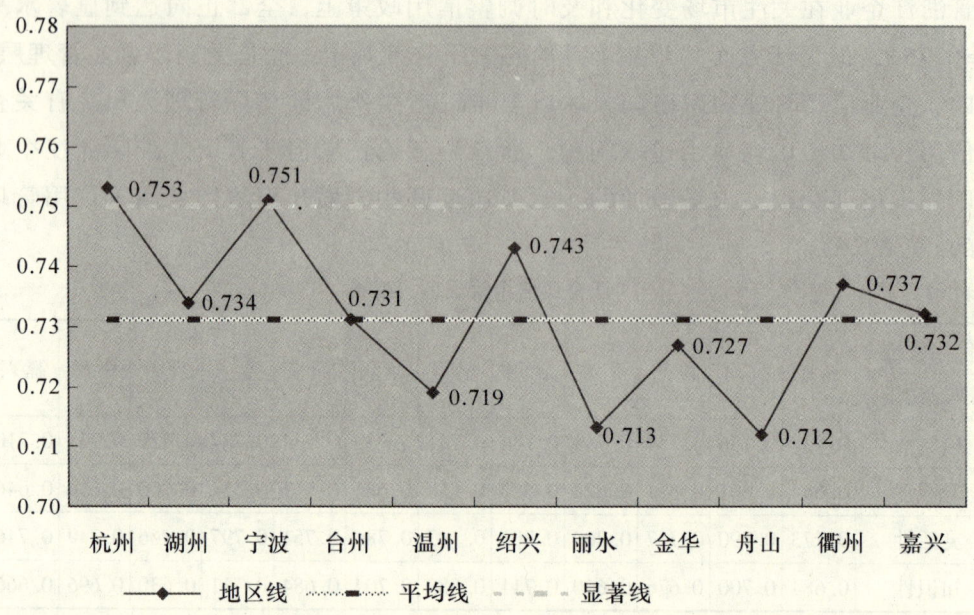

图 34　企业信用风险管理合理度

进一步从应收账款的额度控制上是否偏低来看(见表 26),浙江全省均正向但明显未显著(<0.75),说明浙江企业为促进销售,保持了一定应收账款的额度;从应收账款主要账龄的时间控制上看,杭州、宁波和嘉兴三个地区均正向显著(≥0.75),湖州基本正向显著(≈0.75),浙江全省包括其他七个地区均接近显著线(0.72~0.75),表明浙江企业对应收账款大多控制在 1 年以内,这样成为坏账的可能性相对较小;从逾期应收账款是否有预警管理上看,除丽水、舟山非常接近正向显著外(0.74~0.75),浙江全省和其他地区企业都显示正向显著(≥0.75)。可见,浙江企业对应收账款已经具备了一套比较明确的管理措施。

表 26　　　　　　　　　　浙江企业应收账款管理分析

应收账款管理	浙江	杭州	湖州	宁波	台州	温州	绍兴	丽水	金华	舟山	衢州	嘉兴
相对性	0.677	0.693	0.671	0.704	0.679	0.656	0.690	0.674	0.651	0.667	0.700	0.667
时间性	0.740	0.750	0.749	0.759	0.721	0.724	0.746	0.720	0.744	0.724	0.739	0.759
预警性	0.777	0.816	0.783	0.790	0.774	0.777	0.794	0.746	0.786	0.744	0.771	0.770

(3)企业信用客户管理评价

从企业客户管理体系来看,一是为企业的所有客户建立一个完整的数据库,是客户信用管理的基础。该数据库汇集容纳分公司各部门、各级管理和业务人员所接触了解到的每一条信息资料,作为对客户查询和信用分析的主要信息来源。它使得公司不至于遗漏与客户每一次接触或每一次交易中所获得的珍贵资料,因为这些资料在日后对客户的信用分析中具有极其重要的作用。它也使公司客户管理保持了必要的系统性和连续性。调研得知(见表27,图35),浙江全省包括十一个地区的企业客户信用管理体系相对比较完善,均达到显著线(≥0.75)。

表27　　　　　　　　浙江企业客户信用管理完善度

客户信用管理体系	浙江	杭州	湖州	宁波	台州	温州	绍兴	丽水	金华	舟山	衢州	嘉兴
完善度	0.790	0.809	0.799	0.783	0.799	0.787	0.803	0.780	0.803	0.758	0.799	0.774

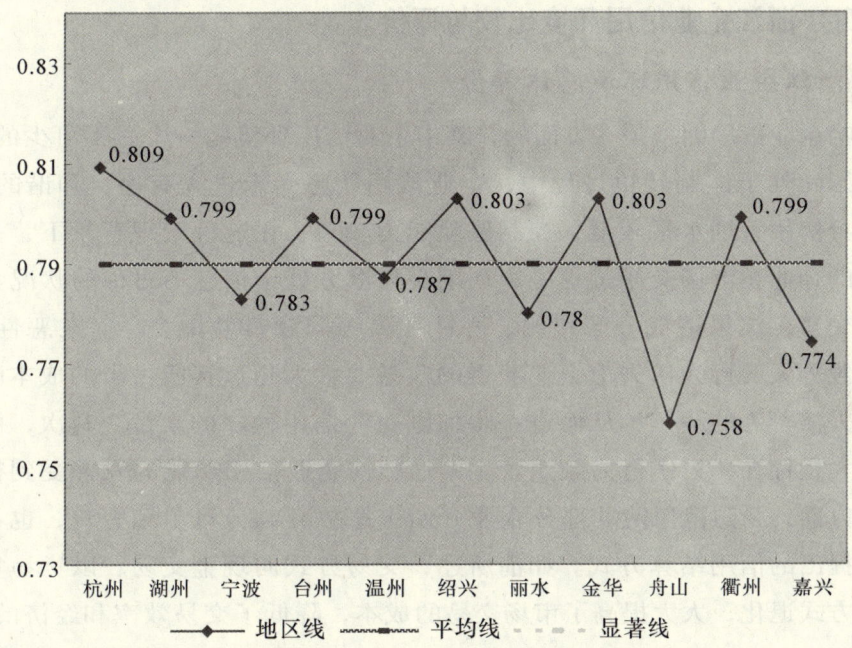

图35　企业客户信用管理完善度

表现在企业客户信用记录完整性(见表3-28)上,浙江全省包括十一个地区均正向显著(≥0.75),其中杭州最高(0.811),只有舟山正向但接近显著(=0.733);表现在客户信用标准设定上,往往需要先评价其赖账的可能性,最常用的评价方法有客户履行偿还债务的态度、客户偿还债务的能力、客户的财务实力和财务状况、客户提供作为授信安全保证的资产和可能影响客户偿债能力的各种经济环境等。浙江企业对客户信用客观评价显著性明显(≥0.800),说明浙江在客户信用评价上已经有一系列适合自身企业发展的评价标准;在客户分类管理上,浙江全省均正向显著(高于0.750),其中杭州最高(=0.810),其次是绍兴(= 0.803)，丽水最低(≈ 0.750)，表明浙江企业重视客户信用档案，并记录客户相关的信用资料。

表28　　　　　　　　　　浙江企业客户信用管理分析

客户信用管理	浙江	杭州	湖州	宁波	台州	温州	绍兴	丽水	金华	舟山	衢州	嘉兴
完整性	0.784	0.811	0.793	0.781	0.784	0.787	0.793	0.788	0.786	0.733	0.789	0.774
客观性	0.827	0.846	0.831	0.816	0.839	0.820	0.836	0.829	0.837	0.801	0.830	0.814
分类性	0.783	0.810	0.786	0.779	0.794	0.773	0.803	0.749	0.798	0.753	0.797	0.770
忠诚度	0.767	0.769	0.786	0.756	0.779	0.769	0.781	0.753	0.789	0.746	0.779	0.739

（四）浙江企业信用环境比较与评价

1. 浙江企业信用环境总体评价

影响企业信用因素是多方面的，其中企业信用环境是一个必不可少的因素。由于我国尚处于体制转轨过程中，企业信用秩序尚未进入有序、和谐的状态，企业自身信用管理水平较低，控制风险能力较差，在这种宏观背景下，一些信用不佳的企业在市场交易过程中，利用交易双方处于信息不对称的状况大量进行信用交易，结果造成合同违约、恶性拖欠等问题日益增多。而在恶性拖欠、制假售假等失信行为使失信企业获得的收益要大大超过其所付出的成本时，必然造成失信行为的蔓延，从而进一步加剧企业信用秩序的紊乱。其次，由于失信企业大量存在，失信行为频繁发生，这就使企业信用功能的发挥受到很大限制。一方面，为防范风险，部分企业开始宁愿放弃部分订单和客户，也不肯采取客户提出的信用结算方式。如前所述，交易方式向现金交易、以货易货等更原始的方式退化，大大提高了市场交易的成本，降低了交易效率和经济的活力；另一方面，由于失信企业占用大量的社会资源，但却无法通过市场的力量使其退出，从而直接影响甚至危害到真正有实力、讲信用的企业发展，造成资源配置效率下降。

由此可见，企业信用环境对于企业信用秩序有序、和谐发展极为重要。本调研，企业对浙江企业信用环境认知度较高，浙江全省包括十一个地区均达到显著线(≥0.75)，其中嘉兴为最高，其他依次是温州、湖州、绍兴、台州、舟山、杭州、衢州、金华、丽水和宁波，其中宁波最低(见表29，图36)，说明浙江企业信用环境总体上比较有利于信誉好的企业的生存。

表29　　　　　　　　　　浙江企业信用环境总体评价

企业信用环境	浙江	嘉兴	温州	湖州	绍兴	台州	舟山	杭州	衢州	金华	丽水	宁波
认知度	0.789	0.803	0.800	0.797	0.791	0.791	0.789	0.787	0.786	0.784	0.779	0.770

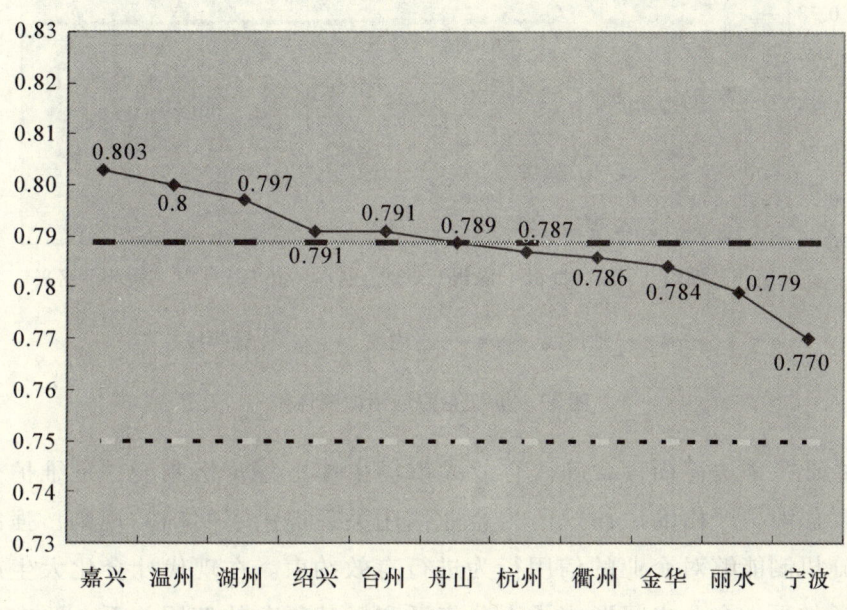

图36　企业信用环境总体评价

2. 浙江企业信用环境具体评价

（1）企业信用体系评价

就企业信用体系而言，浙江全省认知度比较高（表30，图37），均达显著线（≥0.75）。其中温州最高（=0.804），其他依次是嘉兴、舟山、台州、湖州和绍兴，杭州、金华、宁波、丽水和衢州则低于浙江总体水平，最低的是衢州（=0.753）。

表30　　　　　　　　　　浙江企业信用体系评价

企业信用体系	浙江	杭州	湖州	宁波	台州	温州	绍兴	丽水	金华	舟山	衢州	嘉兴
认知度	0.778	0.775	0.784	0.762	0.785	0.804	0.781	0.763	0.770	0.792	0.753	0.792

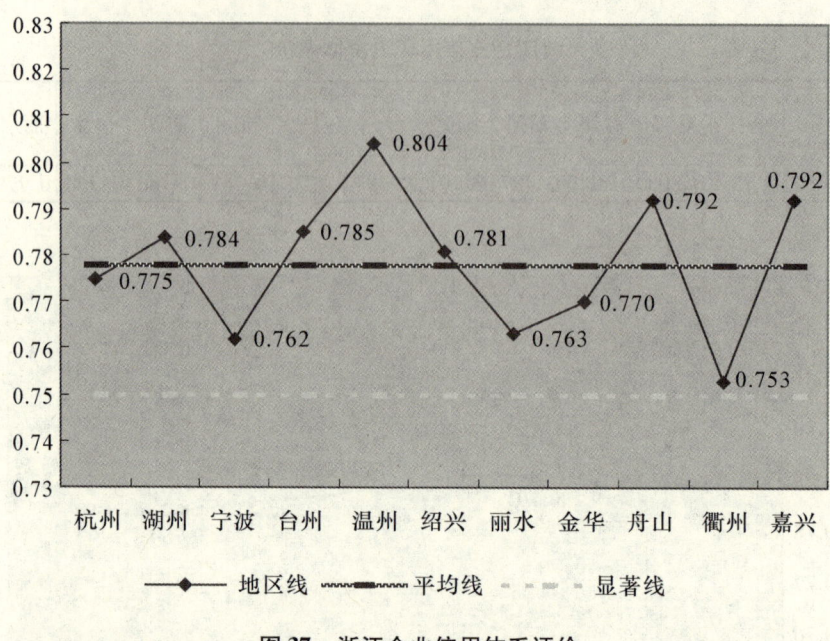

图37 浙江企业信用体系评价

从企业主体法律而言,确认企业的市场主体平等资格制度,是维护企业信用的重要保障,严格的法律规范为企业信用关系提供了明确的规则,强制性的法律实施机制能够对企业的信用行为进行有效约束。在现代社会化大生产和市场经济条件下,企业之间形成了十分广泛和极其复杂的信用关系,要有效地调节这种广泛而复杂的信用关系,形成一种稳定和普遍的企业信用秩序,就必须有普遍、规范和严格的法律来约束。从调研发现,关于企业主体法律,浙江全省均正向显著(≥0.75),说明目前企业市场主体方面法律是能够确立企业信用关系的(见表31)。

表31　　　　　　　　　　浙江企业信用体系分析

企业信用体系	浙江	杭州	湖州	宁波	台州	温州	绍兴	丽水	金华	舟山	衢州	嘉兴
主体法律	0.778	0.773	0.786	0.761	0.790	0.803	0.769	0.774	0.764	0.799	0.757	0.787
产权交易法律	0.779	0.777	0.770	0.774	0.789	0.801	0.790	0.773	0.779	0.787	0.741	0.791
信用信息法律	0.857	0.851	0.861	0.851	0.863	0.867	0.854	0.834	0.861	0.869	0.856	0.861
道德规范	0.719	0.710	0.733	0.696	0.723	0.759	0.719	0.683	0.707	0.736	0.694	0.746
信用惩戒机制	0.820	0.821	0.824	0.797	0.817	0.820	0.823	0.817	0.830	0.813	0.827	0.833

从产权和交易法律而言,强化产权法律保护,建立产权(包括所有权、债权、期权)界定、转让、流通、规范和保护的法律制度,为交易主体提供维护自身利益的法律保障,使之成为诚信原则得以建立的产权制度基础。信用问题与

利益息息相关，只有产权明晰，企业的市场价值与其决策者的利益相关时，决策者才会守信并重视企业的信誉，企业才会为追求长远利益而恪守信用，积极维护自身利益。明确的产权制度是最好的利益激励机制，它能为人们提供一个追求长期利益的稳定预期和重复博弈的规则。

道德是企业信用体系的核心和灵魂。信用是企业关系之间的一种承诺关系，是企业信守承诺不予改变的行为选择，也是企业利用承诺来达成某种交易的活动方式。作为一种承诺关系，信用的实质和核心是诚实，"信者，实也"，是诚实道德在企业信用中的重要体现。道德无疑是维护企业信用的重要机制，但道德约束是一种"软"的约束，它依赖于主体的良心和自律。调研发现，道德规范对企业道德自律作用，浙江全省均正向不显著（<0.75），说明目前的道德规范对有道德的企业是有效的，却难以约束那些不讲道德的企业。因此，对于那些缺乏道德意识、不讲信用者，必须通过法律的强制性来促使其遵守契约，承担责任。调研表明奖惩措施有利于企业建立信用秩序，浙江全省除宁波以外均正向明显显著（>0.80，宁波地区≈0.80），说明一个健全的企业信用体系应该使那些守信用的企业得到应有的奖励，使那些不守信用的企业受到应得的惩罚。

企业信用体系的本质要求信用信息是开放的。从本质上说，企业信用体系是保证企业信用秩序良性运行的一种机制。它以有关的信用法律法规为依据，以信用专业机构为主体，以合法有效的信用信息为基础，以解决企业的信息不对称为目的，使守信者受到鼓励，失信者付出代价，保证市场经济的公平和效率。因此，需要政府出台公开企业信用信息的法律，浙江全省正向并且显著性非常明显（丽水=0.834，其他>0.85），说明只有企业信用信息客观、公开，才能真正起到保证市场经济公平和效率的作用。

（2）企业信用信息机制

从信用信息公开机制来看，信用信息开放的宏观政策体系尚未形成。目前，信用行业的国家主管部门还比较模糊，中国人民银行、商务部等部门在相应的范围内制定了信用信息共享的政策文件，这些政策的出台，在一定范围内推动了信用信息的开放。但是从宏观管理角度看，已出台的有关政策和制度还比较分散，尚未形成全国统一的信用信息开放政策体系。浙江全省总体上对信用信息开放的认知度一致，均达到显著线（≥0.75），其中嘉兴最高（=0.792），其他依次是湖州、衢州、杭州和温州；低于浙江全省水平的是台州、绍兴、金华、舟山、丽水和宁波，其中宁波最低（=0.757）（见表32，图38）。

表32　　　　　　　　浙江企业信用信息机制认知度

信息披露机制	浙江	杭州	湖州	宁波	台州	温州	绍兴	丽水	金华	舟山	衢州	嘉兴
认知度	0.776	0.779	0.790	0.757	0.775	0.777	0.773	0.765	0.772	0.771	0.784	0.792

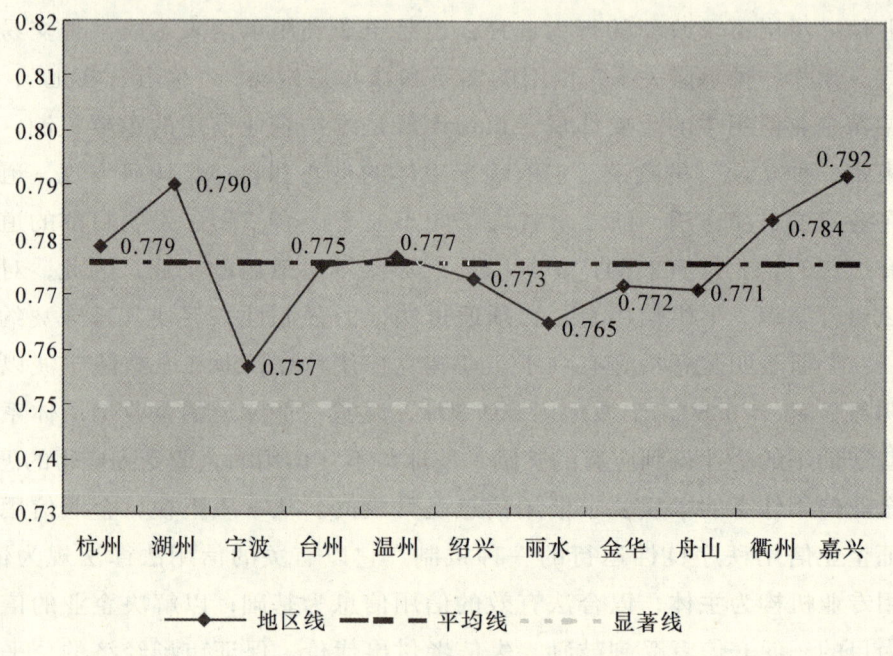

图38　浙江企业信用信息披露认知度

从信息拥有者来看，目前浙江企业信用信息被分散在银行、工商、税务、海关、公安、司法、财政、审计、证券监管、质检、环保等政府部门手中，这些部门占有80%左右的信用信息资源，是最大的信用信息拥有者。由于没有法律的强制，政府相关部门对信用信息严格屏蔽，信用组织难以全面得到涉及企业的信用数据和资料，也就无法依靠信用数据进行商业化、社会化和公正独立的信用调查、评级、报告以及提供信用管理服务，导致信用信息资源割裂和浪费，开发利用不充分。浙江全省对政府相关部门开放企业信用信息认知度一致，都很高（≥0.80），说明浙江企业对政府关于企业信用信息开放的迫切需要；其次，对政府目前所公开的企业信用信息的可信度比较高，温州、嘉兴两地正向显著（≥0.75），衢州基本达到显著（≈0.75）而杭州、湖州、宁波、台州、绍兴、丽水、金华和舟山则接近显著（≥0.71）。

从企业本身来说，愿意公开除商业秘密以外的信用信息，浙江全省包括湖州、舟山、嘉兴、衢州、绍兴、丽水和杭州达到正向显著（≥0.75），台州、金华、温州和宁波正向接近显著(≥0.73);从信用组织的信息公开来说,嘉兴、台州和温州均正向显著(≥0.75),其他地区则正向接近显著(≥0.72)(见表33)。

表33　　　　　　　　　　　　浙江企业信用信息分析

信用信息机制	浙江	杭州	湖州	宁波	台州	温州	绍兴	丽水	金华	舟山	衢州	嘉兴
企业信用信息	0.758	0.751	0.803	0.730	0.743	0.733	0.760	0.760	0.744	0.773	0.769	0.770
相关部门信息	0.825	0.850	0.840	0.800	0.836	0.826	0.817	0.817	0.810	0.821	0.826	0.834
中介组织信息	0.741	0.734	0.741	0.733	0.754	0.751	0.729	0.717	0.740	0.736	0.749	0.770
政府信息信度	0.734	0.736	0.740	0.724	0.727	0.756	0.736	0.713	0.736	0.710	0.749	0.753

(3)政府信用监管评价

从政府相关部门信用监管的角色演变历史来看,企业信用秩序有两种,一种是完善的企业信用秩序,一种是有缺陷的企业信用秩序。进一步说,有缺陷的企业信用秩序又分两种,一种叫失衡的企业信用秩序,一种叫危机的企业信用秩序。由于我国市场化改革处于以政府为主导的时期,企业信用秩序处于失衡阶段。

现实中我国企业信用秩序存在着三种形式的"失衡现象":一类"失衡现象"是由于市场自身净化功能发育尚不成熟引起的,有赖于企业自身的发展来加以克服;一类"失衡现象"则需要由组织机制来代替,通过微观企业组织变革,通过内部化交易,以高效的管理成本来替代较高的外部交易成本;还有一类"失衡现象"则需要政府干预来弥补,运用政治机制来解决信用机制和组织机制所不能解决的问题。只有在最后一种场合下政府干预才是不可或缺的,或者说是适度的。

从企业信用秩序的角度来说,政府干预的适度性指的是:第一,政府在企业信用秩序中的干预行为应具有正的道德示范效应,因此政府的干预必须带有很强的自律性,也就是说,公权力的应用必须具有节制和理性,体现公正和正义。所谓正的道德示范效应指的是政府公权力的每一次应用所产生的榜样作用,这种榜样作用维持了市场的一种道德作用。如果公权力被滥用,则企业信用秩序就会陷入失序和混乱状态。第二,政府的干预针对的是市场力量本身无法解决的问题,具体说来政府在市场中的主要作用在于减少失信行为。第三,政府对企业信用秩序的适度干预是对市场中存在的各种企业信用价值观的一种平衡,比如效率与公平、自由与强制、经济增长和环境保护,等等。尤其是消费者在市场中天生就是一个弱势群体,面对天生就是强者的企业,往往会在社会资源分配和权力分配方面产生巨大的冲突。作为企业信用秩序的监管者,政府负有平衡社会和企业利益冲突的职责。

本次调研总体上浙江全省除宁波外对政府干预的认知度均明显超过显著线(≥0.80),宁波接近0.80(见表34,图39)。从行政执法行为来看,浙江全省认可度较高,大多数地区高于 0.80,宁波和丽水也接近 0.80;从处理失信行为来看,浙江全省均正向显著(≥0.75);从保护消费者权益来看,浙江全省均正向显著性明显(≥0.80);从工商部门对企业的分类管理来看,浙江全省显著性最高,高于0.83(见表 35)。以上调研表明尽管消费者和经营者权益诉求的多元性,但政府对信用秩序维护非常有利于企业诚信经营,尤其是对企业信用实施分类管理的模式,能实现差别性的目的,即让守信企业时时处处感受到法治社会的恩惠;失信企业时时处处遭受到法律的威慑,这是优化企业信用秩序的重要因素。

表 34　　　　　　　　政府相关部门的信用监管认知度

政府部门 信用监管	浙江	杭州	湖州	宁波	台州	温州	绍兴	丽水	金华	舟山	衢州	嘉兴
认知度	0.813	0.810	0.820	0.791	0.813	0.819	0.820	0.806	0.812	0.804	0.819	0.823

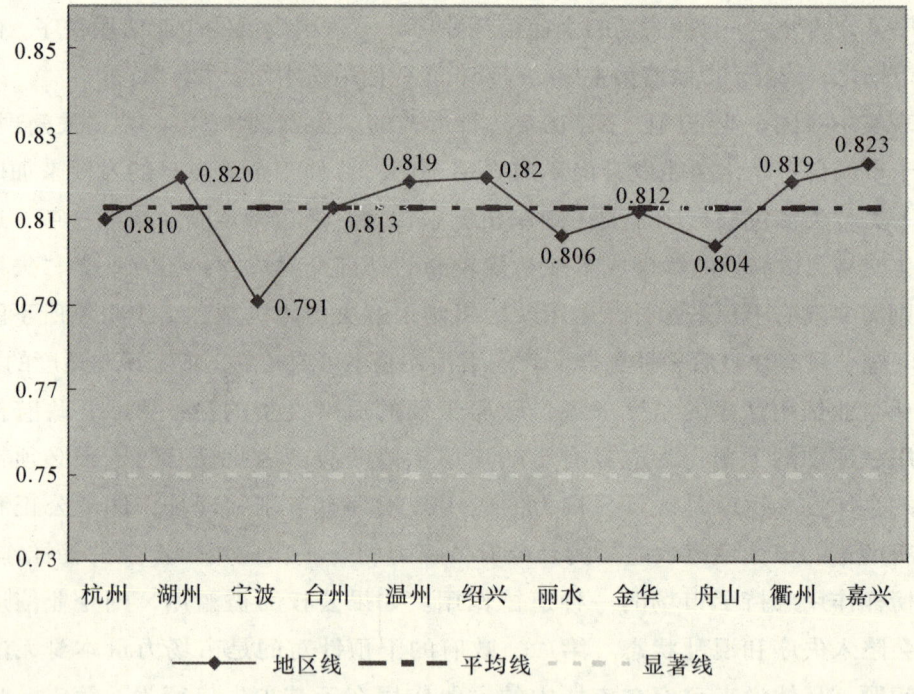

图 39　政府相关部门的信用监管认知度

表 35　　　　　　　　政府相关部门信用监管分析

政府部门 信用监管	浙江	杭州	湖州	宁波	台州	温州	绍兴	丽水	金华	舟山	衢州	嘉兴
行政执法行为	0.811	0.807	0.817	0.793	0.813	0.813	0.823	0.790	0.813	0.801	0.820	0.829
失信行为惩治	0.793	0.790	0.804	0.769	0.794	0.803	0.799	0.780	0.793	0.794	0.801	0.800
消费者保护	0.819	0.820	0.823	0.796	0.824	0.827	0.824	0.807	0.820	0.813	0.833	0.820
工商分类监管	0.844	0.840	0.850	0.823	0.844	0.840	0.843	0.849	0.844	0.837	0.854	0.860

（五）浙江企业信用绩效比较与评价

按照詹姆斯·C. 科林斯和杰瑞·I. 波拉斯（1994）的企业分类方法，将企业信用绩效的构成要素区分为由企业信用价值观、信用目的和愿景构成的核心信用要素和由企业的产品、业务、文化、战略、政策、能力等构成的非核心信用要素。核心信用要素界定了一个企业信用形象特征，它超越了产品或市场的生命周期、技术突破和个人领袖，是一种在企业成长、分权，全球扩展、多元化的过程中把组织聚合起来的黏合剂，造就企业最显著的声誉机制。组织同一性理论将企业信用的构成要素区分为无形的成分和具体的成分，前者是指相对抽象的，超越任何特定的产品、过程、时间、环境的反映信用价值观和信用目的的要素，它回答的是组织为什么讲信用的问题，给组织提供了内在一致性和稳定性的心理预期，处于组织同一性的内层；后者是指相对具体的，与特定的时间、环境条件相联系的要素，回答的是什么是组织守信行为以及如何做的问题，是组织适应企业信用环境可以改变的成分，处于组织同一性的外层。

基于上述分析，本研究认为企业信用的核心要素具有的特征为①主观重要性，即对企业所具有信用价值倾向于稳定，不随时间和环境变化而改变。②持久性，信用成为企业一贯的基础，被企业内外广泛认同。③包容性，以抽象、概括、综合的信用价值观来包容企业信用非核心构成要素的多样性，使它们与企业信用的核心要素保持一致。相对地，企业信用的非核心构成要素则具有如下特征①由企业信用环境、规范确定，具有环境依赖性。②变化性，需要企业组织调整自己来适应企业信用环境的变化。③排他性，企业信用非核心构成要素更加独特和狭义，体现在局部的组织行动层面。

因此，企业信用绩效的核心要素和非核心要素具有相对的特征，具有不同的本质和功能作用，核心要素规定着企业信用价值观导向，提供了稳定性和内在一致性的声誉机制；非核心要素成为企业利润导向的必要基础，提供了企业信用绩效的变化性和多样性。在企业信用绩效实践中，体现为核心要素与非核心要素的显著性差异。

（1）如果核心要素与非核心要素显著性都低，企业信用绩效处于极度失调的一种危机状态，企业缺乏信用价值观导向，无法提供企业信用的内在一致性和稳定性，丧失了组织的自我感和方向感，过度追求利润最大化，但没有形成一致的企业信用行为模式，企业体验到较多的混乱和冲突，形成了认知对立，对企业面对的信用问题不能积极地探索和解决，使企业信用绩效低下。

（2）如果企业信用的核心要素的显著性低，非核心的要素的显著性高，企业信用绩效处于失衡状态，有较多的多样性和变化性，但缺乏企业信用内在一致性的支撑，企业缺乏信用价值准则，可能更多地追求利润和自我利益，有较多的冲突和利益之争，甚至产生认知对立，对外呈现出不稳定的企业信用形象，降低了企业信用绩效。

（3）如果核心要素的显著性高而非核心要素显著性低，企业信用绩效也处于失衡状态，企业信用有较强的稳定性和内在一致性，但忽视对非核心要素与环境的适应程度的关注，缺乏对动态复杂的企业信用环境的探索，产生认知惰性，企业信用表现出较低的绩效。

（4）如果企业信用的核心要素和非核心要素都有较高的显著性，企业信用绩效处于和谐的动态均衡状态，企业以核心的信用价值观来统御企业的多样性和变化性，企业的多样性和变化性表达企业信用理念并能保持与企业信用环境相一致的经营策略、行为方式，从而表现出良好的企业信用绩效。

因此，企业信用绩效的本质是企业的核心要素和非核心要素之间对立统一的相互作用力量和关系，正是企业信用的核心要素与非核心要素之间的和谐关系构成了企业声誉机制的基础，并在企业发展的过程中表现为稳定性与变化性、内在一致性与多样性、认知对立与认知惰性、价值观导向与利润导向的信用效用。如果企业信用绩效内在协调，则成为企业信用发展的动力和促进因素；如果企业信用绩效内在失调，则成为企业信用发展的阻力和抑制因素（见图40）。

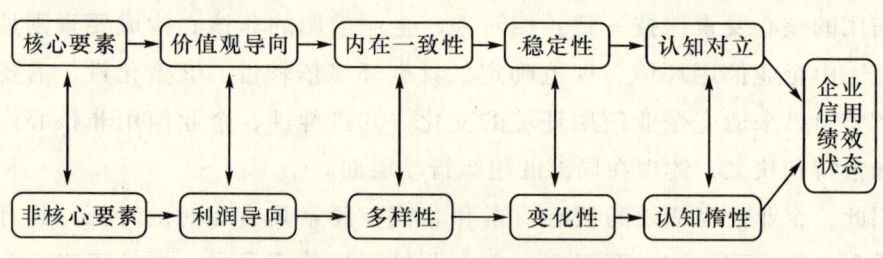

图40 企业信用绩效状态

调查发现，第一，浙江全省包括十一个地区企业信用绩效的核心要素中的价值观导向、内在一致性和认知对立均达到显著线（≥0.75），其中对价值观导向满意度最高（≥0.82）。其次是认知对立性和内在一致性，说明浙江企业上下凝聚力较强，能够控制一定的风险，对客户信用信息传递比较顺畅；对稳定性满意度则较低（≤0.70），说明浙江企业市场成长率和占有率有待提高。第二，浙江全省包括十一个地区企业信用绩效的非核心要素中的多样性满意度较高（≥0.75），说明浙江企业有能力面对客户的信用风险；而对利润导向、变化性和认知惰性满意度均较低，主要体现在财务指标和行业中经济效益方面（见表36）。

表36　　　　　　　　浙江企业信用绩效的核心要素和非核心要素分类

地区	核心要素				非核心要素			
	价值观导向	内在一致性	稳定性	认知对立	利润导向	多样性	变化性	认知惰性
浙江	0.8386	0.7786	0.6521	0.7971	0.6564	0.8029	0.7329	0.6514
杭州	0.8514	0.7900	0.6736	0.8071	0.6593	0.8200	0.7171	0.6743
湖州	0.8286	0.7857	0.6021	0.8057	0.6329	0.7871	0.7400	0.6186
宁波	0.8271	0.7614	0.6243	0.7771	0.6364	0.7857	0.7229	0.6257
台州	0.8543	0.7814	0.6950	0.7971	0.6886	0.8200	0.7643	0.6829
温州	0.8329	0.7929	0.6493	0.8114	0.6450	0.8043	0.7471	0.6686
绍兴	0.8614	0.8000	0.7064	0.8171	0.7021	0.8171	0.7771	0.7257
丽水	0.8200	0.7657	0.6400	0.7829	0.6157	0.7900	0.6886	0.6457
金华	0.8386	0.7700	0.6671	0.8057	0.6621	0.8000	0.7257	0.6671
舟山	0.8386	0.7629	0.6050	0.7743	0.6479	0.7929	0.7186	0.6057
衢州	0.8386	0.7771	0.6400	0.7800	0.6536	0.7972	0.7029	0.6514
嘉兴	0.8386	0.7829	0.6686	0.8043	0.6771	0.8100	0.7514	0.6286

进一步从企业信用绩效的核心要素和非核心要素分析可知（见图41），目前只有绍兴企业的核心要素和非核心要素均显著，进入和谐状态，也就是说在绍兴企业守信的成本低、收益大而失信的成本高、收益小；浙江总体水平包括杭州、湖州、台州、温州、丽水、金华、衢州和嘉兴等八个地区则核心要素显著而非核心要素不显著，说明企业信用绩效处于失衡状态，也就是守信者并非收益大，失信的不一定收益小；而宁波和舟山地区由于核心要素和非核心要素均不显著，企业信用绩效处于危机状态。

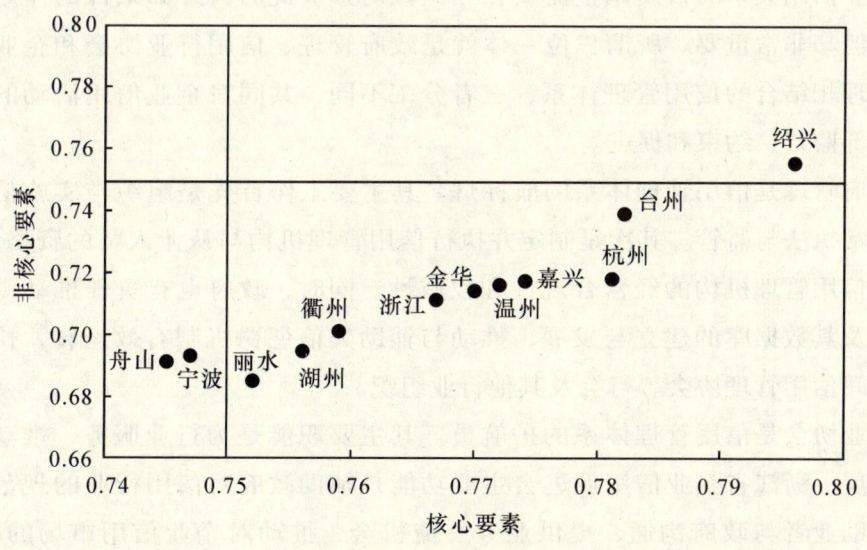

图41　浙江企业信用绩效图

四、浙江企业信用建设的建议

(一)加强企业内部信用管理,积极培育企业信用的内因动力

企业信用问题说到底涉及的就是企业在经济活动中的信用关系。以发达国家的经验判断,良好的社会信用环境就是在加强企业信用管理、自我认识、自我保护、相互制约的机制上建立和发展起来的。大力发展企业信用管理于微观企业经营、于宏观社会经济秩序均至关重要。

良好的企业信用关系是建立在企业之间、企业与消费者之间的因信用而带来的利益平衡的基础上的,这个平衡的过程是市场自发调整实现的,需要市场参与者认识与行为的不断调整。在这个过程中,法规、政府管理、企业信用体系等的作用是有限的。就像是内因与外因的关系。企业信用利益的平衡是内因,是信用关系变化的内部动力,法规、政府的管理、企业信用体系等是外因,是企业信用关系变化的外部条件。

加强企业内部信用管理,实质上涉及企业管理体制改革。从组织上看,要设立专门的信用管理部门;从制度上看,要建立一套科学的信用风险管理制度;从管理上看,要打破企业内部的旧的平衡;从企业文化上看,要革新观念,重树诚信理念。

(二)建立三位一体的企业信用体系,强化信用活动的外部条件

企业信用关系的自发调整需要相当一段时期。此时,外部条件的作用虽然有限,但却非常重要。所谓三位一体就是政府管理、信用行业协会和企业行业协会管理相结合的信用管理体系,三者分工不同,共同对企业信用活动的发展进行外部监督、约束和促进。

政府管理是信用管理体系的航标灯。其主要工作首先是组织与实施信用立法;日常执法与监管。其次是制定并执行信用管理机构与从业人员的资格认定,以保证信用管理机构的经营合规性和权威性。同时,政府也有责任推动专业征信机构及其数据库的建立与发展,推动与辅助失信惩罚机制有效运转,扶助与监管民间信用管理协会、行会及其他行业组织。

行业协会是信用管理体系的护航员。其主要职能是为行业服务,推动行业健康发展。浙江省企业信用促进会主要功能是辅助政府对信用行业的规范和扶持,帮助业者与政府沟通,提供业务交流机会,推动对企业信用市场的教育,保护业者的利益。企业行业协会,目前已存在,需要根据形势发展的需要,增加信用管理与服务的职能。

(三)加快浙江省企业信用管理行业的发展

信用行业的发展与规范是企业信用体系的基础。没有完善的信用管理行业，就没有满意的信用产品与服务，企业信用管理与约束就是空话与形式。

行业管理主要是通过信用行业中各种各类企业的经营活动自发形成与实现的。信用管理行业是由三大类企业构成的，即信用信息管理机构，如征信公司与数据库；专业化的信用评价机构，如资信评估公司；深层次的信用服务机构，如保理、担保公司。它们以社会实体信用活动为基础，以公共部门、金融部门、企业为主要客户，以经营并销售信用信息与信用产品、提供专业化和社会化的信用服务为手段，立足于社会，成为现代信用活动的重要组成部分。

(四)协调各类数据库信用信息共享，加快运行不良信用惩罚机制

1. 数据库信用信息建设

目前，从信用机构发展的角度看，信用制度的模式之争实际上是社会信用中介机构由政府为主创办还是市场发挥主导作用、以民间为主创办的问题。根据我国的具体情况，虽然目前信用中介机构数量多、渠道复杂，但大量的信用信息数据还只是掌握在政府有关部门或国有商业银行等手中。现实的情况是，在目前信用中介机构发展很不规范和相关法律环境不健全的状况下，让这些信息数据全部公开、免费使用，是不现实的。在这种情况下，即使把信用中介的设立门槛大大降低，但由于没有信息数据的支持，信用中介机构也是无法得到健康发展的。

显然，在信用建设初期，政府的主导作用是非常重要的。其主导作用主要应体现在支持信用数据库的建设上。从最终的结果来看，市场是企业信用体系建立的根本动力。从发展社会主义市场经济的根本来看，必须发挥市场对社会信用中介机构，特别是整个信用建设的基础性作用。而对社会信用中介机构而言，市场也最终将发挥它的基础性作用，并做出客观的、符合经济发展规律和社会需求的选择。

从目前来看，应积极寻求有效的途径，规范和充分利用政府信息渠道，寻找政府和市场的结合点。要加大政府信息公开的力度，以法律的形式规范公共信息、征信数据的取得和使用程序，有关部门包括工商、税务等掌握的信用资料，应逐步直至全部公开；银行系统应考虑与社会信用中介机构的积极合作，整合信用资源，为客户提供更有效的服务和寻求自身更好的发展，如国有商业银行在建立内部信用评级体系过程中，应积极向社会信用中介机构寻求咨询和技术援助等。积极整合政府部门掌握着的信用信息，建立统一的信用信息检索

平台。可考虑建立浙江数据交换中心，将各相关部门、区域的信用信息系统纳入交换中心，中心为非赢利性机构，中心的数据免费或部分有偿地向信用中介机构开放。

同时，政府要积极培育信用产品的市场需求。信用中介机构的发展离不开信用产品的市场需求。因此，政府应从多方面、多渠道采取措施，鼓励和引导企业和个人使用信用信息产品，增强企业和个人的信用需求。当然，信用市场需求的扩大也在很大程度上取决于信用服务机构实力的增强和信用产品的创新和发展。

2. 不良信用惩罚机制

不良信用惩罚机制是由社会各界共同参与的，以企业信用记录和信用信息为依据的，通过将其公开来降低市场交易中的信息不对称程度，从而约束企业信用行为的社会机制。

不良信用惩罚机制有三个基本要素：企业的信用信息对征信机构开放；专业征信机构通过联合征信形式采集征信数据，构筑征信数据库，并合法公开不同级别和类型的资信调查结果；由政府倡导，建立一个由所有授信单位参加的社会联防，使失信企业及时被曝光并受到相应的行政处罚。不良信用惩罚机制运行中最重要的环节是采集失信企业的不良记录，并合法地将其公示给有需要的授信单位。

目前，浙江已有很多政府职能部门或建立了与信用相关的数据库，或对信用信息进行了归类管理，但大多未对社会开放，只在系统内使用，信用信息割据、分散、使用效率与作用没有充分发挥。浙江省应协调各部门将其信用信息向社会征信机构有条件、有步骤、有组织地开放，加快浙江地区信用信息共享，将失信行为最大限度地公开，最大限度地加大失信的成本，为有效运行不良信用惩罚机制奠定基础。

（作者单位：浙江理工大学、浙江省工商局、浙江省企业信用促进会）

三等奖

关于台商来鲁投资兴业情况的调查及加快合作发展的建议

闫增谦　倪玉军

2005年4~5月，中国国民党原主席连战和亲民党主席宋楚瑜先后访问大陆，胡锦涛总书记代表中共中央与其会谈后达成广泛共识，其中加强两岸经贸合作交流是一个重要方面。目前，台湾产业转移大陆已是人心所向，台资"北上"山东是大势所趋，鲁台经贸合作面临着良好的发展机遇。山东省委、省政府高度重视对台经济工作，4月25日召开全省会议作出专门部署。为进一步贯彻落实中央对台方针政策和山东省对台经济工作会议精神，立足工商行政管理职能，促进鲁台经贸合作，山东省工商局近日组织17市工商局，对台商来鲁投资兴业情况进行了全面调查，认真分析了台商投资企业的现状、特点，并提出了加快发展的建议。

一、山东台商投资企业的基本情况

据工商部门统计，截至2004年底，山东省实有台商投资企业1544户。（按注册地统计，以第三地名义注册的台资企业不在本报告之列。下同），在所有投资的国家及地区中，我国台湾地区列韩国、中国香港、美国、日本之后，居第五位，占山东省实有外商及港澳台投资企业总户数的8%；投资总额36亿美元，注册资本23亿美元，台商认缴资本18亿美元。其中合资企业740户、合作企业43户、独资企业761户；投资总额1000万~3000万美元的99户，3000万美元以上的2户。

二、山东台商投资企业的特点及发展趋势

（一）发展速度由慢到快，连续多年保持较高发展水平

从1989年山东登记注册第一户台商投资企业起至2004年，山东的台商投资企业经历了起步、快速发展、调整、稳定发展四个阶段。具体是：1989—1991年为台商投资企业的起步阶段，三年共登记185户，平均每年仅登记61户。由于这一

阶段为我国改革开放的初期，多数台商对大陆吸引外资及港澳台投资的政策还不很了解，多为试探性投资。1992—1995年为台商投资企业的快速发展阶段，四年共登记2711户，平均每年登记677户。这一阶段，台商对大陆利用外资及港澳台资本的政策有了比较深入的了解，加之受邓小平南方讲话的鼓舞，台商中的有识之士纷纷来山东投资。1996—1999年为调整阶段，四年共登记662户，平均每年登记165户。这一阶段主要受亚洲金融风暴的影响，台商投资者的投资能力下降，投资处于低谷。2000—2004年为台商投资企业的平稳发展阶段，五年共登记1200户，平均每年登记240户。特别是2003年6月山东省省委八届五次全委会议以来，山东全省各级、各有关部门不断加大对台经济工作力度，对台招商引资连续实现大幅增长，一年一个新台阶。2003年、2004年分别登记台商投资企业254户、233户，台商投资企业的质量也有了明显提高。

（二）投资方式发生重大转变，由合资经营为主逐步转向台商独资为主

改革开放之初，台商投资以合资经营为主。由于在经营中合资纠纷时有发生，而采取独资方式则不受制于人，更便于决策，因此独资已逐渐成为台商选择的主要方式。自1998年新登记的台商独资企业首次超过合资企业以来，已连续七年保持领先于合资企业。在现有的1544户台商投资企业中，合资经营企业、合作经营企业和独资企业的户数分别占台商投资企业总数的47.9%、3%和49.3%，独资企业的数量占了台商投资企业总户数的近一半。

（三）台湾当局限制台商对大陆投资，存在以离岸公司形式的变相投资行为

为规避台湾当局对资金流向限制的政策，降低台海政策变化带来的风险，部分台商采取在维尔京群岛、开曼等地注册离岸公司，再以这些公司的名义向大陆投资设立企业。

（四）投资行业以加工制造业为主，投资结构进一步优化

台商投资行业涉及制造业、农林牧渔业、房地产业、住宿餐饮业、批发零售业、建筑业、租赁业、商务服务业、采矿业、文化体育娱乐业、交通运输仓储和邮政业等十七大行业，其中第一产业51户，第二产业1292户，第三产业201户，一、二、三产业之比为3.3：83.6：13.0。在第二产业中又以加工制造业为主，2004年台商投资制造业已有1283户，占山东省台商投资企业总户数的83.1%，其中青岛、烟台、威海三市从事制造业的台商投资企业有588户，占山东省台商投资制造企业总户数的38.1%。值得注意的是，近几年来，台商投资方向发生新的变化。台商在继续投资资源型和劳动密集型产业的同时，开始向

基础设施和机电、化工、生物等技术含量高的行业和商业批发零售、计算机服务及软件业、交通运输及仓储业等第三产业倾斜，产业结构渐趋合理。目前，山东省从事商业批发和零售的台商投资企业已达28户。

(五)台商投资企业在东部沿海开放城市发展较快，并逐渐向中西部城市推进

从山东省各市台商投资企业发展情况看，青岛、烟台、威海三市台商投资企业分别为513户、261户和120户，合计894户，占山东全省台商投资企业总户数的57.9%。青岛、烟台、威海三市台商投资企业比较集中的原因是：①利用沿海开放城市的优惠政策，吸引台商投资起步早，发展快；②基础建设、投资环境优越，经济效益好；③紧紧抓住加快胶东半岛制造业基地建设的契机，放宽政策，优化投资环境，进一步促进了台商投资企业的发展。同时，由于近几年中西部城市不断强化基础设施建设，加大对台招商引资工作的力度，台商投资企业同样有了较快发展。2004年，济南、淄博、济宁、德州四市台商投资企业户数增幅分别达到30%、26%、25%、23%，列山东省增幅前四位。

(六)效益显著，台商投资企业取得经济社会效益"双丰收"

一是山东省台商投资企业已安置就业人员达到12.7万人；二是，台商投资企业赢利户数已达70%以上，2004年利润额12.7亿元，增资扩股企业越来越多；三是，经过多年培育，已形成了一批著名品牌，如青岛英派斯健身器材有限公司的英派斯牌商标被国家工商总局认定为中国驰名商标，上岛咖啡、康师傅、元祖食品等也逐渐成为台商投资企业中的知名品牌。

(七)台商大陆投资区域发生变化，开始呈现北移趋势

究其原因：①从发展潜力看，环渤海湾地区近几年来经济高速发展，投资软、硬环境不断优化，显示出蓬勃发展的生机与活力；②从企业成本、市场和环境等因素看，珠江三角洲、长江三角洲地区能源短缺，环境污染加剧，土地和劳动力成本上升，人才供应紧张等问题突出，地区优势正逐步丧失，已影响台商新一轮的投资布局；③山东社会稳定、资源丰富、电力充裕、投资成本低、市场辐射强、经济发展快，山东引进台资的重点与台湾产业转移有共同的目标趋向，优势越来越明显，良好的投资环境已成为台商聚集的"风水宝地"；④台湾政局不稳，经济滑坡，导致资本外移，台商纷纷转向大陆投资，以环渤海湾地区为核心的东、北部沿海地区必将成为台商新的投资热点。根据台湾电电公会公布的大陆投资环境调查结果显示，环渤海湾地区首次超过华东、华南，成为台商极力推荐的区域，山东的济南、青岛两市进入环渤海湾地区4个A级极力推荐

城市之中。2004年以来，台湾长荣集团林省三考察团、中亚集团刘宝祺IC考察团、工业总会理监事考察团、萧万长知名企业家考察团、电机电子公会理、监事考察团等十几个台湾团组先后到青岛考察，这是有史以来规模最大、规格最高、投资意向最明确的系列经贸交流活动，表明台商已把关注的目光投向青岛。

三、山东台商投资企业发展中存在的主要问题

（一）成活率低

统计表明，山东已累计登记台商投资企业4758户，累计注、吊销企业多达3214户，占台商投资企业累计登记总户数的67.5%，成活率仅为32.5%。成活率低的原因有：①有的台商不履约出资，导致企业不具备企业法人条件，失去了存在的法律基础，这是主要原因；②有的地方政府把吸引外资及港澳台投资作为衡量政绩的重要指标，办了一些"拉郎配式"的台商投资企业、假台商投资企业；③有的台商投资企业对项目缺乏科学论证，盲目签约，致使项目投产后没有市场，产品销路不畅，造成严重亏损，难以为继；④有的台商投资企业自身资金不足，又难以取得贷款，无法继续经营。

（二）出资率低

2004年底，山东台商投资企业拥有注册资本23亿美元，实际出资14.3亿美元，出资率为62.2%。台商认缴注册资本额18亿美元，实际出资额10.5亿美元，出资率58.3%。台商投资企业的出资率和台商的出资率均比山东省外商及港澳台投资企业出资的总水平低十几个百分点，有几个市的台商投资企业出资率还不足30%。出资率低的原因是：一是有的台商对大陆产业政策和法律法规了解不够，签约后又担心投资风险大，因此持谨慎观望态度，迟滞了出资，甚至不出资；二是假台商投资企业、为树政绩而凑数的台商投资企业不可能出资；三是有的合作各方产生合同纠纷，导致出资不到位；四是为鼓励外商及港澳台商户投资，各地先后出台了一系列优惠政策，有些地方领导和招商人员也做了一些承诺。但在具体操作过程中，由于种种原因，有些优惠政策和承诺难以兑现，影响了出资；五是现行出资管理法律法规有漏洞，可操作性不强，行政执法机关履行出资管理职能不到位。

（三）投资规模小

2004年底，山东台商投资企业户均投资总额233.2万美元、注册资本148.3万美元、台商认缴资本116.9万美元，远低于山东省外商及港澳台投资企户均投资总额360.55万美元、户均注册资本215.9万美元、户均外方及港澳台方认缴

资本 152.39 万美元的水平，台商投资企业户均投资总额、注册资本、台商认缴资本比山东省外商及港澳台投资企业分别低 35.3%、31.3%、23.3%。台商投资企业大项目少，投资总额过千万美元的大项目 101 个，仅占台商投资企业总数的 6.5%。投资规模小的原因是有些小项目属在台亲属资助型；有的内资企业借助少量台资享受优惠政策；多数投资的台商本身就是台湾的小企业；生产加工型企业一般不需太多投资。

（四）技术含量低

台商投资企业中高新技术企业较少，产品科技含量低，市场竞争能力不强，多为劳动密集型的加工制造业。在青岛开发区设立的 33 户台商投资企业，主要集中在模具注塑、包装、电子元件、服装和化工等工艺相对简单、技术含量不高的行业，主要为海尔、海信、澳柯玛、新都理光、三美电机做配套产品及相关服务。

四、进一步做好对台招商的几点建议

（一）充分认识对台招商的重大意义，增强做好对台招商工作的积极性、主动性

对台招商不仅对山东经济发展举足轻重，而且对"以经促政"、"以经遏独"，实现国家和平统一具有十分重大的政治意义。各级政府、各有关部门和企业都应认真学习。胡锦涛总书记会见连战、宋楚瑜时的讲话精神，从"以经制独"、促进国家和平统一的高度认识对台招商工作，充分发挥职能作用，整合各方资源，全力以赴地做好对台招商工作。

（二）加大对台招商引资工作力度，把台商投资北移的愿望尽快变为现实

各级政府部门应主动与当地台商投资协会沟通，通过台办与台湾的行业协会沟通，开展深层次交流。坚持"走出去"与"请进来"相结合，组团赴台或到大陆台商集中地招商，邀请台商个人、台湾龙头企业、台湾经济界人士个人或组团来山东考察。要列出目录，向台商推出一批有吸引力的招商项目，并对有投资意向的台商投资项目，实行重点跟踪，靠上去抓落实。

（三）发挥本地优势，实行特色招商

山东各市应立足本地实际，利用当地的土地、矿产资源、产业等有利条件，向台商推出一批有吸引力的项目。比如，东营市是全国第二大油田，胜利油田所在地，化工行业又是台湾的优势行业，而该市外商在石油化工行业的投资仍为空白。该市土地资源优势很大，但台商在农业方面的投资却很少。山东是农

业大省，也是消费大省。胡锦涛总书记会见连战、宋楚瑜后，推出了开放大陆对台旅游、台湾出口大陆农产品免税等优惠政策。山东对台招商工作应以此为契机，既要与台湾水果商做好贸易，更要吸引台商投资山东省农产品深加工、精加工项目。

（四）调动台商投资企业的积极性，实行以商招商

一个效益好的企业就是一个活的广告，就会发生滚雪球效应。因此，培育好现有台商投资企业，发挥其示范作用，实行以商招商，是引进台资的重要途径。

（五）坚持"大、中、小"并举，重点引进大项目和高新技术项目

在引进中小项目的同时，把招商引资的重点放在大项目和高新技术项目上。台湾地区是世界闻名的高新技术产业区，电子信息、石化、精密仪器、机械设备、精细化工等制造业，以及集成电路、液晶面板、数字化和生化科技等产业都是台湾的核心和支柱产业。要把上述产业、研发机构和大企业、大项目作为对台招商引资的重点。同时，强化对台服务贸易领域的招商引资，重点关注金融保险、现代物流、电子商务以及中介机构等服务贸易领域的项目，以促进山东第三产业的发展。

（六）改善投资环境，增强对台招商的吸引力和凝聚力

一是树立"法制政府"、"诚信政府"的形象。各级政府应营造统一透明的政策环境、公正规范的法律环境、公平竞争的市场环境，做到亲商不媚商。出台的优惠政策不能与法律法规冲突，政策一旦制定就要落实，许诺就要兑现，绝不能失信于人。二是树立正确的政绩观。既要看招商引资的数量，更要看招商引资的质量，既要看审批登记的户数，更要看投资者是否履约出资，是否开展了正常的生产经营活动。要把投资者是否履约出资作为引资的落脚点，把验资报告作为是否引进台资的唯一合法凭据。三是政府职能部门应继续改善服务态度，提高办事效率。进一步完善政务公开制度，严禁乱收费。四是依法处理涉及台商投资企业的纠纷，维护台商的合法权益。五是继续加强基础设施建设，加快城市道路、水、电、暖、气、通讯、文化等各项配套设施建设，不断改善山东的投资硬环境。

（七）充分发挥工商行政管理机关的职能作用，促进台商投资企业快速发展

一是认真抓好出台政策的落实。山东省工商局近几年先后出台了《关于进一步改进登记管理促进外商投资企业加快发展的实施意见》和《关于充分发挥工商行政管理职能作用支持加快胶东半岛制造业基地建设的实施意见》，对外商及港澳

台商投资企业发展，从降低准入门槛、简化登记程序、减少登记材料、转变工作作风、提高办事效率和登记便捷度等方面提出了一系列措施。对此，要切实抓好落实，使其变为现实的生产力。二是加强台商投资企业设立前期的咨询服务。重点内容是企业设立的程序、设立登记应提交的文件、出资的方式和期限等，防止企业走弯路。采取编印教材、举办培训班、发放宣传资料、深入企业进行面对面的指导等多种形式向台商投资企业宣传法律、法规，让企业知法、守法经营。三是全面推行登记窗口标准化服务，为台商投资企业的市场准入开辟"绿色通道"。依法办理台商投资企业的变更登记和注销登记，调解台商投资企业的纠纷，保护投资者的合法权益。四是鼓励台商投资企业参与山东的经济建设。鼓励台商直接投资举办合资、合作、独资企业和股份有限公司；支持国有企业、私营企业利用台资进行改组改造，允许台商受让国有企业、私营企业的股权，认购国有企业、私营企业的增资，允许台商并购境内企业的资产并运营该资产；鼓励台商利用各种合法方式参与胶东半岛制造业基地建设。五是创新执法监管方式。进一步落实"经济户口"管理，对设立登记后的台商投资企业实行跟踪服务和监管，提高台商投资企业的成活率和出资率；进一步落实属地区域监管责任制，发挥县级工商局和工商所的作用，及时掌握台商投资企业的出资情况；进一步落实出资提示制度，对即将到期尚未出资的企业及时发出提示出资通知，对已到期尚未出资的企业发出限期出资通知；对按期出资有困难而且有正当理由的投资者，经审批机关批准，允许延期出资；对以非货币出资过户有困难的企业，允许改变出资方式；对投资者确实无力出资导致台商投资企业不具备企业法人条件的，依法注销或吊销其营业执照。六是积极开展"红盾帮扶工程"。支持台商投资企业实施商标广告战略，以品牌促发展，提高产品知名度和影响力。积极推进台商投资企业信用体系建设，引导、支持台商投资企业参与"重合同守信用"企业创建活动。加大对台商投资企业的依法保护力度，严厉查处侵犯台商投资企业的不正当竞争行为，维护好山东的市场经济秩序。

（作者单位：山东省工商局）

三等奖

发展中介组织 规范中介市场
——哈尔滨市中介组织发展情况调研报告

滕茂行

根据哈尔滨市市政府工作安排，市工商局牵头承担了"发展中介组织，规范中介市场"的调研课题。按照哈尔滨政府对调研课题的要求，哈尔滨市工商局抽调专人组成课题调研工作小组，形成了课题调研工作方案，就哈尔滨市中介组织发展现状、存在的问题等进行了专题调研，并赴长沙、重庆等地进行了考察学习。在此基础上，形成了此项专题调研报告。

一、哈尔滨市中介组织的基本情况

（一）发展现状

市场中介组织的概念，较早、较权威的提法是党的十四届三中全会的《中共中央关于建立社会主义市场经济体制若干问题的决定》中第三部分所提到的——"发展市场中介组织，发挥其服务、沟通、公证、监督作用"，党的十五大报告中再次提出"培育和发展社会中介组织"。

中介组织就是"以营利为目的、在市场经济活动中起服务、沟通、公证、监督作用的，本身不直接生产和买卖的盈利性组织"。如会计师事务所、审计师事务所、评估师事务所、律师事务所，公正、计量、质量检验机构，人才及劳务中介，各类咨询机构、代理机构、经纪机构及其他营利性中介组织。

近年来，哈尔滨市中介服务组织发展迅速，以每年新增近千户的发展势头递增，这将有更多的中介组织不断产生，这些中介组织在促进政府职能转换，界定管理与服务的相互关系方面都起到了健康、积极的作用。由于市场中介组织的这一本质特征决定了它与政府职能上的差别，如何深入研究市场中介组织的现状和分析存在的问题，找出与外地发达城市的差距，提出相应的对策，更好地培育和促进各类市场中介组织健康发展，是当前摆在各级管理机关特别是领导干部面前的重要课题。

经初步调查，哈尔滨市全市共有各类登记注册的中介咨询服务组织约11100多户，共分六大类，其中会计师事务所71户，审计师事务所3户，评估师事务所21户，律师事务所200户，咨询组织7317户，代理组织2691户，中介组织

984户，民办非企业中介协会388户，各类经纪人2240多人。从数量和分布看，中心城区的数量较为集中，约占总数量的80%，中心城区几乎拥有六大类所有中介组织，而周边县（市）分布较少，主要以房屋中介、婚姻中介、家政服务为主，其余为数量很少的会计师事务所、咨询组织。

（二）发展特点

目前中介服务组织发展势头迅猛，但情况较为复杂，由于组织性质、服务对象、设立宗旨的不同，相互之间差异较大，但从总体上看，哈尔滨市中介组织呈现以下特点：

一是投资主体以自然人为主。中介组织已由单一政府主管部门主办完全转向社会，转为民营。

二是经营领域相当广泛。门类齐全，特别是咨询服务业涉及各行各业，但规模较小、档次偏低，还不能满足市场经济发展的需要。

三是中介手段呈现多样化。初步形成规范化、网络化、现代化的市场中介网络，并逐步与国际接轨。

四是中介行为得到了有效监管。逐步规范了部分中介组织的市场行为及服务范围。先后出台了"职业介绍"、"劳务信息管理"、"人才流动管理"、"经纪人管理"等地方性法规。

二、发达地区的经验及与其主要差距

通过对外地中介组织的考察我们看到，北京、上海、重庆、湖南等地的发展快、规范好，相比之下，哈尔滨市的中介组织还存在一定的差距。

（一）发展快、质量高

2002年底上海市仅房地产经纪企业就达7000家，职业经纪人20000人，房地产的销售大多为经纪企业促成。重庆市对全市中介组织进行细化分类，共划分14大类70个小类，全方位发展，极大地促进了全市经济的高速发展。而我市房地产经纪企业还不足千家，且不够规范，影响了房地产交易市场的发展。

（二）监管章法强、力度大

随着《上海市经纪人条例》的颁布和实施近四年的实践来看，有法可依为发展带来了极大的效益，为管理带来了极高的效率。截至去年底，上海市经纪人已有3万多人取得了经纪人执业资格。湖南省去年出台了《湖南省人才市场管理条例》，湖南省工商局对全省经纪人登记和监管进行了统一规范，长沙市1999年就已发布《关于进一步加强货运市场管理的通知》。南京、杭州仅农村执业经纪人都已超过万人甚至几万人，江苏发展执业经纪人更是多达二十万人。而哈尔滨市每年的发展目标也只有300～500人。

（三）加强领导，规范管理

湖南省为加强经纪人管理，专门设立了湖南省经纪人事务所（正处级单位），重庆市工商局也专门设立了中介机构管理处，上海市早在4年前就已经成立了经纪人管理处（正处级单位），从而加强了组织领导，保证了监督管理力度，进一步规范了中介市场。

（四）行业协会作用突出

考察中我们发现，北京、上海、重庆、湖南等地中介市场之所以发展得好，其重要原因之一就是行业协会作用突出。北京、湖南突出行业协会自律，仅北京经纪人协会成立以来已培训各类经纪人达万人以上；重庆、湖南已经由经纪人协会发放"经纪人资格证"；上海经纪人协会根据各行业特点，分别成立若干个专业委员会，既规范了行业经营行为，又增强了行业的自我保护意识和手段，促进了中介市场健康有序地发展，并逐步与国际接轨。

三、哈尔滨市中介组织存在的主要问题

从哈尔滨市市中介组织的数量分布、企业质量、经营性质、规范管理等方面看，主要存在以下问题：

（一）隶属关系难以摆脱

大部分中介组织都是近几年从政府职能部门分离出来的，尤其是一些专业色彩较浓的中介公司，如会计师事务所、审计师事务所、评估师事务所、拍卖公司、各类咨询组织、代理组织，都是由财政、审计、国资局、土地、税务、工商、物价、房产、粮食等政府职能部门分离出来的，而且从业务经营上看，多数中介组织仍然依赖行政职能部门的权力，从事经营活动。

（二）经营业务尚在起步阶段

虽有一些中介组织起步较早，经营机制发育得较为成熟，但从政府职能部门分离出来的中介组织看，推向市场后的自主经营，多数尚在起步阶段，比如会计、审计、评估、商标代理等，前几年大多是挂靠在政府职能部门，经费由政府职能部门统一支付，业务由政府职能部门统一承揽，不存在找"米"下锅的问题，但是从政府职能部门分离出之后，经费开支、业务承揽等各项事由全是事务所自己承担，随之就出现了一些为承揽业务而出具的虚假验资报告，与实际相比差别很大的国有资产评估、土地评估报告，等等。因此在市场经济体

制下怎样实现分离后的角色转换,如何从坐在"家里"等"米"转换到走出"家门"找"米"的过程,又是这些中介组织所面临的新问题。

(三)经营收费缺乏规范,收费情况较为混乱

作为自收自支的经济实体,中介组织收费情况基本是以下几种:一是由行业主管部门会同财政部门统一规定的收费标准,二是通过物价部门核定一定的收费标准,三是有些中介组织自行确定收费标准。由于上述三种收费情况随意性较大,标准不一,收费差距较大,如税务代理、资产评估收费达数千元甚至上万元,专利代理、工商代理则几百元,而专利代理要持续服务十年以上,每年都要为专利申请人进行后续服务,而会计、审计、税务、评估、物价等都是一次性服务,因此所收费用和服务差别巨大,容易造成恶性竞争。而人才、劳务、房屋、婚姻等中介组织,由于服务对象是自然人,收费标准更是随意定价。如二手房交易过程中,由于没有统一的收费标准,如果二手房屋交易成功,房屋中介组织将收取少则一二千元,多则上万元的中介费用,而消费者为逃避此项高额费用,在买卖双方实施交易时就将中介组织抛开,进行私下交易,这就不可避免地产生纠纷。

(四)企业信誉度较低,行业自律意识淡薄

由于中介组织是信息服务,因此很多组织只重视收费而轻视企业信誉度建设,在经营中时常有不承担责任,不受约束的行为。有的公正性中介组织为迎合客户的需要,弄虚作假,提供虚假信息的服务。特别是一些具有垄断性质的中介代理组织,依属于行政权力部门,通过向企业搞强制代理,办培训班等形式从中获利,社会影响很坏。如"哈尔滨新力税务信息中心"就假借税务机关的名义,举办多期税法培训班,收取高额培训费,从中获利。

(五)法律法规滞后不健全

一是立法不全,二是不配套,三是有的法规之间存在交叉甚至抵触,这就造成了准入把关不严,多头审批、多头管理的弊端。各类市场中介组织有相当一部分在组织设立、运作中存在管理尺度不一的问题,造成管理混乱。各行政行业主管部门往往侧重于本行业管理要求,制订有关规则。一方面,这些规则基本以部门规章为主,作为统一的市场行政执法机关在监督管理中很难操作;另一方面,相当一部分中介组织并未办理工商登记,现行有关法规也并未对此作出硬性规定,而这类中介组织又确实有经营行为,如:律师事务所、婚姻介绍所、人才劳务中介组织等。法律、法规不完善,使得各行政部门规章之间相互摩擦。目前有关经纪人、中介组织管理的部门行政规章很多,如国家工商总

局《经纪人管理办法》，中国证监会《期货经纪组织从业人员暂行办法》，中国人民银行《保险代理人管理暂行办法》，国家旅游局《导游员管理办法》等。每个中介组织的行政主管机关都有相应的《办法》，但是由于有些部门规章与现行法律、法规缺乏衔接，而是以审批和颁布许可证代替营业执照，造成了工商行政管理部门对经纪人、中介组织管理职能不到位，管理难以深入。这些行业从业人员的资格认定工作，只是由行业管理部门颁发《执业许可证》、《导游员证》、《律师证》等即可完成，这些行政许可行为不仅仅是开展特殊行业的许可，也是行业行为准入的许可，因此它在实施中介行为时必须具有一定的法人资格，方可从事经营活动。用行业资格证书代替工商执照，不能确定其经营行为的合法性。

（六）用语不规范、一照多点经营、无证上岗，给管理带来困难

在已经登记注册的中介组织中普遍存在用语不规范的现象。一是名称不规范，如有的中介公司只有一两名从业人员，在名称上也用"咨询中心"、"服务中心"的名称；二是中介用语不规范，如中介组织经营范围内涵不明确，营业执照上核准的经营范围注明"国家法律允许的技术咨询"、"信息咨询"、"其他专业咨询"、"公关服务"等五花八门的核准用语，给本来就处在管理边缘的中介组织管理工作带来更大难度。另外，还存在一照多点经营的现象。中介组织为了扩大经营业务，擅自分散设点，多点共用一个营业执照，此种现象在空车配货、房屋中介业较为普遍。还有无证上岗现象严重。按照国家工商总局的《经纪人管理办法》和《哈尔滨市经纪人条例》规定，公司类的中介组织应有四名以上职业经纪人，合伙企业应有二名以上职业经纪人，个人独资企业应有一名以上职业经纪人。哈尔滨市目前八区、十一县(市)，共有注册职业经纪人2240多人，而目前登记注册的各类中介组织有一万多户，无证上岗的人员占80％以上，这里还不包括导游员、保险代理人等。

四、发展哈尔滨市中介组织的对策和建议

针对哈尔滨市中介组织存在的问题，如何加强对各类中介组织规范管理，是确保中介组织健康发展的首要环节，在目前各类中介组织发展不平衡、存在问题较多的情况下，正确扶持、引导中介组织健康发展，我们认为应当做好以下几方面的工作。

（一）尽快完善立法，提供监管依据

目前的中介市场之所以产生无序竞争的局面，是因为无论在登记还是在监管方面都没有可依据的法律或地方性法规。有法可依是培育、发展中介组织的

根本保证，因此加快出台中介组织有关法律或地方性法规——《哈尔滨市中介组织管理条例》，使中介组织在应具备条件、从业人员资格认定、资料备案、注册登记、监督管理等方面都有严格明确的规定，使中介组织的市场运行有法可依，使得所有的中介组织都处在明确的法律规范之下。

(二)扶持行业自律组织发展，提高职业道德水准

中介组织基本存在于无形市场，其中介行为的素质高低，取决于从业人员的责任心、自律程度和职业道德水平。因此，在中介组织领域提高职业道德尤为重要。要积极扶持发展各类中介组织的行业自律组织，使分散的交易经营主体按照各自行业特点，联结为一个有机整体，发挥其自我管理、自我教育、自我服务的作用，既增强管理层次和力度，又减轻管理部门的工作量。

(三)推行法定的合同文本，约束中介组织经营行为

中介组织是一种以营利为目的的市场经营行为，要规范这种行为，并使这种行为具有法律约束力，就必须推行中介法定合同文本，用法律的形式使中介组织和消费者明确各自权利和义务，在经营中一旦发生侵权行为或违反中介合同义务，就必须承担相应的民事责任；同时违反有关行政管理法规的，还必须承担法律责任。

(四)严把中介广告关，避免虚假宣传

根据《广告法》等相关法律、法规的规定，加强日常监管，对未经工商机关登记发布的人才、房屋、婚姻等广告，尤其对涉嫌虚假宣传的广告应依法严肃处理。

(五)加强登记监管，取缔无照经营

登记机关在严把中介组织市场准入关，确保市场主体合法性的同时，要积极拓宽登记领域，对以营利为目的进行登记的中介组织要理顺关系，实施登记，避免因为登记空挡而给中介组织无照经营以可乘之机。对未经登记注册擅自从事中介组织经营活动的要坚决予以取缔，保护合法经营。

总之，中介组织离不开市场，市场又不能缺少中介组织的资源配置作用，而且，随着市场的不断发展和完善，中介组织的发展也会向更高目标前进。各级政府和相关职能部门有责任和义务在工作实践中努力探索、积极工作，不断促进中介组织健康发展。

(作者单位：哈尔滨市工商局)

三等奖

整合系统执法资源
建立科学管理协调运作的执法机制

北京市工商学会课题组

整合系统执法资源是提升工商行政管理能力的重要举措，也是工商部门内部管理体制和管理机制的一项重要改革。为建立科学管理协调运作的执法机制，工商部门进行了长期的探索，近几年推出的监管重心下移，实现"小局大所"，其目的就是试图通过工商监管职能和执法力量的调整，解决条条监管过于强化的弊端，适当加强综合性监管，以发挥最大的监管效能。但几年的实践表明，将执法职能整合在工商所，又暴露出基层综合执法能力不适应的新问题。为此，2005年初北京市工商局提出了发挥分局执法平台作用的指导意见。我们理解这不是原有做法的回归，而是对科学配置工商监管职能和执法力量认识的深化。根据北京市工商局提出的整合系统执法资源的要求，各级工商部门经过一年的认真探索和实践，深化了对整合系统执法资源基本方向和重点的认识，在实践方面也进行了一些有益的尝试。

一、当前执法资源配置方面存在的不适应

工商部门的执法资源表现在多方面，但主要是监管职能和执法力量配置。

1. 分局在着力解决本辖区经济秩序存在的主要问题方面显得被动，执法平台的作用有待于进一步加强

全系统每年开展的几十项专项整治，基本都是北京市工商局布置的，分局针对辖区特点自主安排的有针对性的专项整治不多。分局领导主要精力用于贯彻市局的工作部署，而在研究本辖区市场秩序的特点，有针对性地解决辖区存在的问题上显得被动。

2. 工商所工作负担过重，疲于应付，巡查周期难以落实

（1）临时性工作过多。据宣武分局测算，各项专项整治和临时性突击检查占网格责任人总工作量的60%。全系统2004年专项整治78次，按照实有工作日计算，平均3天就有一项专项整治，整治效果很难保证，许多工作只能是应付。过多的临时性工作对基础性巡查带来很大冲击，网格责任人只能有25%的工作

时间用于基础性巡查,巡查周期难以落实。

(2)业务科按各自监管需要多头向工商所布置工作,时常工作重复,工作安排缺乏整体性,增加了基层工作负担,造成管理资源的浪费。

(3)非法定职能占用大量工作精力,影响到法定职能的实现。消费纠纷调解,在不同的地域工作量有较大的差别,一般占网格责任人10%的工作量,在重要商业区则占到了30%~50%的工作量。

3. 人员素质不高,办案能力弱的状况没有明显改变,影响到网格管理责任的落实

能力不适应主要表现在:对辖区存在的问题不能及时发现;以及缺乏办案经验,发现了案源也取不到证,只能大案办小、小案办无。应该说干部能力不适应是当前以至今后一段时间影响网格责任人履行职责最主要的障碍。

4. 执法力量配置不合理,影响干部工作积极性

执法力量配置不合理表现在三个层面,一是分局之间执法力量配置不均衡。分局之间管理市场主体的数量差异很大,如朝阳、海淀分局市场主体数量已达17万和16万,是有的分局市场主体的6~7倍,但执法人员编制数不到两倍。二是同一分局工商所之间执法力量配置不均衡。如海淀分局,管理市场主体数量最多的工商所和最少的工商所相差6倍,网格责任人管理市场主体数量相差4.5倍。三是同一工商所不同网格责任人之间管理市场主体数量也相差2~3倍。从全系统看,不同分局的工商所,网格责任人平均管理市场主体数量多的相差十余倍。如海淀青龙桥工商所网格责任人最多的管理3263户,已经超出了网格责任人能力的极限,很难管理到位。

5. 信息共享程度低,管理信息重复录入,重复报表也影响到基层干部的工作效率

二、对执法资源配置存在问题的分析和对策建议

1. 调整工作指导方式,留给分局一定的工作自主权,充分发挥分局执法平台的作用

目前,市场秩序存在的一些问题往往呈现区域性高发的特点,如仿冒名牌注册商标问题,主要是集中在几个特定区域,并且具有多样性和复发性。对这类问题单靠统一的专项整治,用解决普遍性问题的方法解决特殊性问题难以奏效,只能是一阵风,应该调整工作指导方式,充分发挥分局的自主性。分局对重点地区重点问题的解决,不能只拘泥于常规的网格管理,因解决这类问题已

经超出了网格责任人的管理能力，必须探索适宜的监管方式，调整管理力量，伤其十指不如断其一指，要形成局部的监管优势，综合运用各种监管手段，在一段时间保持持续的高压态势，防止问题反弹。各辖区重点问题得到解决，才能带来北京市整体经济秩序的好转。在工作指导方式上，由分局在年初根据北京市工商局的整体工作部署，确定辖区年内要重点解决的问题，北京市工商局将其列为全年重点考核项目，以充分调动分局的积极性，发挥分局执法平台的作用。北京市工商局业务部门在布置工作时则不能一刀切，应该分类分区域指导，也不易统得过死，要给分局留出回旋的余地和一定的工作自主权。

2. 强化综合监管理念，实现大监管，提高整体监管效能

工商部门是综合性市场秩序监管部门。工商管理的力度正是体现在监管的综合性上。目前，这种监管的综合性在工商内部分解为若干业务部门，业务部门又习惯于按照部门职责进行对口监管，部门之间缺乏有效的协调机制，使得综合性监管职能不能得到有效发挥。近年来，按业务口布置的专项整治过于专一，综合性的监管措施过少，正是源于这个原因。而市场秩序中一些难点问题，仅仅依靠某个业务部门又难以解决，只有综合运用多项监管手段才能实现监管效能的最大化。

整合执法资源实现大监管，并不是简单地撤并机构，而是指业务部门要树立大监管的理念，就某一个部门而言，不依靠其他部门，不能为其他部门提供支持就不是职能的最大化。另外，部门之间工作要强调统一性、协调性、配合性，部门之间要实现监管信息共享共用。

3. 明确工商所的基本职能，移转非法定职能，为工商所减负

工商所主要是承担工商管理的基础性工作，网格责任人主要是管理经济户口和发现辖区存在的问题，这一职责定位已经形成共识。为保证工商所实现基本职能，就必须为工商所减负。

一是将非法定职能的工作移交行业协会，解决法定职能不到位问题。为工商所减负，重要的是分清职责，集中力量管好必管的事。目前，工商所和网格责任人负担过重，重要原因是承担了过多的非法定职能，即干了很多可干可不干的事。如消费纠纷调解并非工商局的法定职能，而是消费者协会的职能，应该将消费纠纷调解工作移转给消费者协会，既有利于工商干部将精力放在法定职能的实现上，又有利于充分发挥消协的作用。消费者协会力量不够，可以发挥市局和分局两个积极性，通过向当地政府申请增加事业编制加以解决。

二是合并专项整治内容、减少数量、提高效果。专项整治是一种有效的管理方式，现在的问题是专项整治过多而且存在重复，不仅造成工商所的忙乱，

而且使整治效果打了折扣。近年来，分局为减少工商所的忙乱采取了一些措施，但是效果有限。原因在于专项整治任务大多是市局业务处直接下达，业务科都要落实，分局很少有回旋的余地。要加强市局业务处之间的协调，这就必须建立一种协调的机制。为此，我们建议：如仅靠业务科或少数工商所即可完成的专项整治，可以由业务处直接下达；凡需要多数工商所参与，涉及全局性的专项整治，报局长办公会审定。

三是实现巡办分离，使网格责任人从办案中解脱出来。实现巡办分离的必要性：第一，办案能力的提高必须要经过实践，有一个经验积累的过程。此外，办案对人的综合素质有很高的要求，并不是什么人只要有学历，经过培训都适合办案，要使所有网格责任人在短时间内都做到能办案、会办案是不现实的。第二，网格责任人既巡查又办案，办案占用大量时间，巡查的周期难以保证。第三，受考核指标的驱动和工商所办理案件权限的限制，难以避免重罚轻管、重案轻罚的现象。第四，网格责任人都参与办案处罚标准，很难统一，办案质量难以保证。第五，网格责任人与网格内经营者过于熟悉，很容易出现人情案。鉴于此，在城区及郊区城关工商所实行巡办分离是有益的。网格责任人只办理简单的即时处罚案件；工商所设立办案组负责办理简单的不需要内查外调，过多取证的简单案件；复杂的案件转交分局办理。

四是进一步明确业务科的职责。应该由业务科承担，业务科可以单独完成的工作就不得下转给工商所。必要时经局长同意，工商所可以协助业务科办理重大案件。

4. 整合办案力量，调整执法办案事权

在办案事权的划分上，多年来延续的做法是分局各业务科都直接办案，而且将办案数量和罚没款额作为业务科的重要工作成果和年终考核的重要指标。其不利之处在于：业务科都直接办案是造成部门封闭的重要原因；业务科将过多的精力放在办案上，无暇顾及监管工作和对工商所的业务指导，这是造成办案数量和罚没款额不断攀升，监管却显得滞后，市场秩序存在的主要问题难以得到实质性解决的体制上的原因；许多经济违法行为违反多项法律法规，业务科办案时一般只按照相对应的法律法规进行处罚，影响到综合监管效能的发挥。相对集中办案力量，适当归并办案事权，则是可以考虑的选择。这将有利于把相关业务科从办案中解脱出来，将主要精力放在监管上；有利于弱化条条分割的状况，发挥综合监管的效能；有利于尽快打造一支高素质的专业化的办案队伍。归并办案事权是相对的，不能一刀切，归并的形式和范围也应根据分局的实际情况灵活多样。崇文分局的做法是，因商广科、合同科案件较多且专业性

强，办案事权不变，与企业年检相关的案件仍由企监科办理，其他案件移转经检科办理。

5. 实现人力资源管理，科学配置基层执法力量

市场秩序管理必须要有相适应的执法力量作保证。近些年来，随着市场主体数量大量增加，工商部门出现了执法力量绝对数量不足的问题，而且随着市场经济的发展，矛盾日益突出。另外，在工商部门内部还存在相对执法力量配置不均衡的问题。科学的配置执法力量主要取决于三个因素：①市场主体的数量。②市场主体的质量。③执法环境。执法环境，如外来人口聚集区往往就是无照经营聚集区，也是生产假冒伪劣产品聚集区，就需要多投入监管力量。

一是加强与政府有关部门协调，力争参照公安部门按常住人口数量比例配置警力编制的做法，按照市场主体的数量比例配置工商执法人员编制，解决执法力量总量不足问题。

二是市局和分局应将人事管理转变为人力资源管理。可根据影响执法力量配置的三个因素，制定量化指标，依据工作量对分局的人员编制和工商所的人员配置进行适当调配，优化北京全市执法力量的布局，均衡工作量，缓解执法力量配置不均衡的矛盾，使全系统现有人力发挥出最大的效力。

6. 对年终考核方式和考核内容进行适当调整，实现业务部门考核与综合性考核相结合的考核制度

年终考核是个强力的风向标，对基层的工作具有重要的导向作用。目前，北京市工商局的年终考核基本是按业务口进行，导致分局业务科更多的是对对口的业务处负责，因业务科的得分涉及全局的考核结果，分局长也就默认了这种状况。完全的对口业务考核，加重了部门封闭，限制了业务科之间的协调，影响到分局执法平台作用的发挥。实践证明，现行的按业务口考核可以将考核细化，是有益的也是有效的，但有必要进一步加以完善。

一是实行年终业务部门考核与综合性考核相结合的考核制度。即在业务部门对口考核的同时，可以考虑将分局当年重点管理工作完成情况，以及容易导致部门分割的办案数量和罚没款指标等单独拿出来，作为综合性考核指标，实行业务部门考核与综合性考核相结合的考核制度。

二是考核内容的设定要与职能的整合相衔接。目前，工商所自己发现的案源，宁可将案子办小也不愿向分局移转，源于分局对工商所有案件数量和罚没款指标的考核。实行巡办分离以后，为促使工商所向分局移转案源，就应该弱化对工商所办案数量和罚没款指标的考核，而强化对发现案源和移转案源的考核，使考核成为推动基层执法资源整合的手段。

三是提高考核指标的科学性，保护干部的积极性。考核要起到调动干部工作积极性的作用，最重要的是考核指标要公平。目前，对分局的考核，以及分局对工商所的考核都是统一的标准，看起来是公平的。但分局之间，工商所之间管理市场主体的数量和管理难度相差很大。管理难度大的工商所或网格责任人，不仅工作量大且出问题的概率也高，也许已经付出了比别人多的工作量，考核得分却不高，长此以往会挫伤干部的积极性，现在一些干部愿意往边远工商所走即出于这一原因。为此，可以考虑根据影响执法力量配置的三个因素设定合理的考核指标加权系数，以更加体现考核的公平性。为了鼓励干部多办案，对办案质量的考核扣分，可以考虑不按差错件数而采用差错率则更为合理。

7. 整合法律工具资源，方便基层办案

目前涉及工商行政管理的法律、法规、规章有上百种，而基层一线执法人员基本了解、掌握和运用这些法律法规的人不多。此外，网格责任人主要是办理即时处罚案件，这类案件案情清楚简单，但案件办理的程序比较复杂，制作法律文书费时费力，因此在基层存在不愿办小案的倾向。为此，建议采取下列措施：

一是可针对一线执法的需要和工作实际，编写适用的《工商执法手册》。

二是简化办案程序，可参照交通管理部门对违章行为现场填单处罚的做法，探索制定更为便捷的简易处罚程序，减少法律文书制作时间，提高即时案件办理时效。

（作者单位：北京市工商学会）

三等奖

重庆市农村市场流通问题研究

重庆市工商局农村市场流通研究课题组

一、关于重庆市农村市场流通现状与对策研究

随着社会主义市场经济体系的不断完善,农村市场流通对农村经济的发展和增加农民收入的作用更显重要。没有发达的农村市场体系和顺畅的流通,就难以实现农产品的市场价值,难以保证农业生产资料、农民生活资料的供应,难以有效保证农民利益。党的十六届三中全会专门就完善社会主义市场经济体制作出重要决定,并对健全农业社会化服务、农产品市场体系建设提出新的目标和要求,加强农村市场体系建设和促进农村市场流通已成为紧迫任务。本课题第一部分从分析重庆市农村市场流通的现状特点和存在的问题出发,提出了重庆市农村市场建设和流通发展的目标任务及对策措施和建议。

(一)重庆市农村市场流通的现状及特点

1. 农村流通体制改革不断深化

在农村改革中,农村流通体制改革始终是农村经济体制改革的重点。党的十一届三中全会以来,随着农村经济体制改革的不断发展,农村市场流通体制改革也不断深化。从取消统购统销,到放开农产品经营的价格,从允许农民从事短途、少量贩运到支持和鼓励各种经济形式全面参与农村市场建设和大规模的农产品、生产资料和生活资料流通,直至全面建设农村社会主义市场经济体制,着力构建全国统一的大市场,农村市场流通无论是管理体制、经营主体还是流通格局都发生了深刻变化。同时,重庆市农村供销社改革已基本完成,打破了资本结构单一和封闭的状况,改变了统包统揽的管理方式,与农民的联系更加紧密。粮食流通体制加大了改革步伐,放开了粮食经营和粮食收购价格,实现了粮食经营的市场化。农村市场流通已彻底打破了单一所有制结构和对农民及经营主体的种种约束和限制,农产品购销和各种生产、生活资料的流通均已全部放开,农产品及生产、生活资料的交易行为均由市场主体自主决定,绝大多数农产品价格由市场形成,农产品流通已成为自由竞争程度最充分的领域之一。

2. 农村流通环境有较大改善

为促进农村市场流通的发展，各级各部门在改善流通环境上做了大量工作。

制定和落实了促进农村流通的一系列政策，有效消除了阻碍流通的壁垒和限制，为市场流通主体的培育、发展和正常经营提供了明确的政策导向和政策保障。

在重庆市实施了"双十百千工程"、"农业产业化百万工程"、"百个经济强镇工程"和"百万农村劳动力转移就业工程"，为农村市场建设和包括流通业在内的农村第三产业发展提供了有效载体和政策支持及工作推动，促进了农村流通的迅速发展。2004年重庆市各百镇工程镇社会商品零售总额同比增长了19.4%。

加强了农村市场建设，实行了市场"管办分离"，规范了市场管理，改善了市场交易环境和秩序，为经营者和参与交易的农民创造了相对良好的市场经营环境。

构建了农产品运输"绿色通道"，对鲜活农产品运输免收各种路桥费及提供通行便利，促进了农产品方便、快捷、低成本流通。

农村信息体系建设取得一定成效，一些部门的信息网络延伸到了基层，并收集发布相关的信息资料。各区县(市)也建立了县级局域网和信息平台，多数乡镇建立了农村经济信息网，一些大型市场和专业市场也构建了自己的信息系统，为交易提供信息。

以能源、水利、交通、通讯为重点的基础设施建设，推进了农村市场流通环境的改善。"8小时重庆"和"村村通公路"建设，改善了运输条件，缩短了城乡距离，为农产品进城、工业品下乡打开了方便之门，提高了流通效率。农村电网改造和农村自来水入户建设(2003年，重庆市农村自来水受益村6690个，受益1003万人)，加快了家电等商品进入农村的速度，并为农村市场流通和服务业发展提供了基础条件。通讯设施的完善，村村通广播电视工程的实施，有效拓展了农村流通的信息渠道。

城乡居民收入增加，为农村市场流通发展提供了现实的物质基础。2004年重庆市城市居民可支配收入人均9331元，消费支出7973元，分别比1997年增长69.6%和64.6%，农村人均纯收入2535元，消费支出1854元，比1997年增长54.3%和33.4%。城市居民收入增加，扩大了农产品的销售空间，农民收入增加，促进了农村消费品市场的活跃。

由于农村市场流通体制的改革和流通环境的改善，推动了重庆市流通的不断发展。1997—2004年，重庆市县及县以下社会消费品零售总额从230亿元增加到399.9亿元，增长73.87%，年均递增8.22%（见下表）。

重庆市县及县以下社会消费品零售总额情况表　　　　　　单位：亿元

年份	县及县以下	±%	其中：县	±%	县以下	±%
1997	230.0		71.8		158.2	
1998	248.4	8%	77.2	7.5%	171.2	8.2%
1999	264.6	6.5%	82.0	6.2%	182.6	6.7%
2000	282.0	6.6%	88.9	8.4%	193.1	5.8%
2001	301.9	7.1%	96.5	8.5%	205.8	6.6%
2002	328.4	8.8%	106.5	10.4%	221.9	7.8%
2003	353.2	7.6%	112.7	5.8%	240.5	8.4%
2004	399.87	13.2%	129.51	14.9%	270.36	12.4%

3. 农村市场建设取得成效

随着农村经济的发展和农村流通日趋活跃，促进了农村市场的发展，初步形成了多渠道、多主体参与市场建设的热潮，形成了一大批遍布城乡的消费品市场、批发市场、专业市场和生产资料市场。由于市场建设的不断发展和经营主体的不断培育，农村商品市场体系的基本框架初步形成，农村全局性、长期性的买难卖难现象得到有效缓解。

（1）农村消费品市场交易量增加

1997年，重庆市共有农村消费品市场（集贸市场）1896个，占重庆市该类市场的78.1%。此后，由于乡镇一级行政区划的调整，"撤乡并镇"，以及相应的市场变化，农村市场数量有所下降，到2003年，重庆市共有农村消费品市场1374个，占重庆市消费品市场总数的67.3%。但在市场数量减少的同时，农村消费品市场交易不断增加。2003年，重庆市农村消费品市场成交额254.81亿元，比1997年增长82%，占重庆市消费品市场成交额的39.3%，每个农村消费品市场（集贸市场）年交易规模由738万元扩大到1854万元。

1997—2003年重庆市农村消费品市场成交额情况如下图所示。

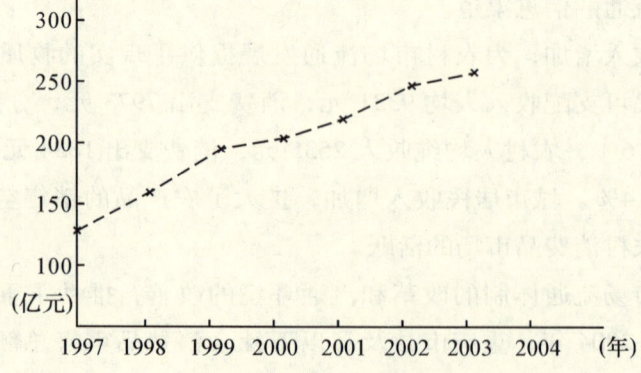

（2）农产品批发市场和专业市场有所发展

重庆市消费品市场以综合市场为主，但农产品批发市场和专业市场也有所发展。2003年，重庆市具有一定规模的主要农产品市场有23个，其中，蔬菜市场7个，干鲜果市场7个，水产品市场1个，粮食市场7个，仔猪市场1个。一批农村市场和农产品市场得到较快发展，目前已有观音桥市场、盘溪市场、菜园坝市场、永川农产品批发市场、开县汉丰市场、合川合州市场、南川中心市场等10多个市场年成交额超亿元；大足龙水小五金市场、石柱黄水黄连市场、江津先锋花椒市场、万州万安水果市场、荣昌饲料市场等一批专业市场已形成了自己鲜明的特色，具有较强的辐射力和知名度。

（3）农村市场设施建设加快

各地结合产业发展和城镇化建设，开始注重市场设施建设，一些乡镇，特别是中心镇和百镇工程镇，通过招商引资和多渠道筹资，建成了有专业设施的农贸市场或综合市场。不少大型市场也注重不断完善市场设施和服务功能，不仅提供交易场所，还逐步开展农产品包装、贮运、信息传递、代理结算等配套服务。一些大型流通企业正在向农村延伸网点，如重客隆、新世纪、重百等已在区县（市）和一些中心镇开设了24个连锁店，重庆市供销社系统建立的4510个"丰谷农资超市"和"联佳超市"以及药品连锁店（柜）已遍布乡镇和村，构成了区县（市）有配送中心，乡镇有便利店，村有小超市的经营网络。

（4）农业生产资料市场稳定发展

除各类经营主体多渠道经营农业生产资料外，供销社系统目前在农村兴办的农业生产资料小超市已有777个，2004年，供销社系统共销售各类化肥215万吨，增长10.26%，农用薄膜6421吨，增长84.2%，农药8985吨，农用生产资料销售额44.97亿元，增长26.6%，其销售额约占重庆市全社会农资销售额的60%。重庆市2004年有农用油料批发机构3个，零售网点600个，全年农用油料批发量8665吨，零售总量19.29万吨，销售总额8.85亿元，增长13.6%。

（5）粮食市场体系逐步完善

随着粮食购销体制改革，重庆市粮食市场建设得到逐步发展。目前，重庆市共有30个粮食批发市场，其中专业批发市场1个（上桥粮食批发市场，年成交量10万吨以上），区县级批发市场29个；重庆市城乡粮食零售市场456个，各类粮食经营户6073户，2004年全社会粮食交易量420万吨，交易额60亿元，其中国有粮食企业销售量154.2万吨。2004年，重庆市市外调入粮食140万吨，我市销往外地粮食40万吨，市外净调入量100万吨见下表。

重庆市粮食市场交易情况表

年份	全社会粮食交易		国有粮食企业		
	交易量(万吨)	交易额(亿元)	购入量(万吨)	销售量(万吨)	库存量(万吨)
1997	421	57	169.3	140.9	228.3
1998	252	35	113.5	83.4	276.8
1999	375	51	89.2	116.9	271.2
2000	421	57	112.4	132.2	277.5
2001	425	58	102.6	132.2	270.7
2002	373	51	73.7	191.9	173.6
2003	618	74	112.6	260.5	92.1
2004	420	60	95.0	154.2	84.0

4. 农产品出口取得一定成效

在农村市场流通不断发展的同时，重庆市注重了扩大农业对外开放，拓展农产品出口流通渠道。目前，重庆市农产品出口国家和地区已达92个，重庆市共建立了9个农产品出口基地区县(市)，实现农产品出口实际的企业增加到152家。2004年，重庆市农产品出口额为1.54亿美元，比直辖前翻了一番多，年均递增10%以上，其中丝绸、兰麻、肠衣、坯绸四大类商品已突破千万美元（见下表）。

重庆市农产品出口情况表

年份	出口额(万美元)	＋%
2000	4418	
2001	8880	101.0
2002	10148	14.3
2003	11816	16.4
2004	15416	30.5

5. 重庆市农村市场流通的主要特点

一是基本形成多元化的农村市场流通主体。一方面，传统的国合商业组织通过改革，在农村流通中继续发挥着重要作用。另一方面，广大农民也日益成为流通的主体，重庆市农村从事批发零售业的从业人员近50万人。各种社会资本也越来越多地进入农村流通领域，无论是在市场建设，还是在农产品购销及生产、生活资料的流通和服务中，发挥着越来越大的作用，目前重庆市农村市场主要是由社会资本投资建设。一批新型的农村合作组织正在兴起。到目前为止，重庆市有农民专业合作组织2470个，综合服务社2398个。这些农民合作组织除提供技术服务，组织生产经营外，也在向流通领域扩展并发挥着重要作用。去年，通过"两社"帮助入社农民实现销售收入15.5亿元。在重庆市社会消费品零售总额中,个体私营经济和其他非公有制经济形态占 84% 以上,其所占份额比 1997 年增加 19 个百分点。随着农村流通主体的多元化,流通形式也日益多样化,除农民分散交易、集贸市场交易、龙头企业定向收购、农村流通专业户的运销等形式外,网上交易、连锁超市、集中配送等新型流通业态也开始进入农村流通领域。

二是农村市场和流通以现货交易为主。在重庆市流通业态中,传统业态比重较大,占 80%。同时,由于受农民交易习惯的影响,以及重庆市农产品生产的分散性、规模小制约,也由于现货交易具有手续简便、灵活,适用面广,较少存在信用风险等原因,重庆市农民在农产品、生产资料和生活资料的交易的各个环节中,均主要使用这种交易方式。但近年来,随着农业产业化经营的发展,订单农业也得到重视和发展,仅在 2005 年 1 月举办的重庆名优农产品展销会上,就签订了各类农业订单 52 亿元。

三是城市中的消费品市场对农村市场流通特别是农产品流通发挥着重要作用。在重庆市的消费品市场中,城市的占 1/3 左右,这些市场多数都与农村市场保持着密切联系,也进行着农产品和生活资料及部分生产资料的交易。各种消费品包括农产品的消费,多半集中在城市。因此,从总体上看,虽然农村市场数量多于城市,但大型的农产品综合市场和批发市场多数是建在城市特别是主城区,如观音桥农贸市场、盘溪蔬菜批发市场、菜园坝水果市场等。因此,在考虑农村市场体系建设和发展农村市场流通时,必须对此充分注意。

四是从农产品市场成交情况看,重庆市农产品为进多于出的入超。在重庆市消费品市场成交额中,农产品销售占 58% 以上,是重庆市农产品流通的主要场所和渠道。但从农产品市场成交额和我市主要农产品商品率和商品产值(现价)的对比看(见下表),重庆市农产品生产量与市场流通量之间有较大差距。这其中虽可能有多次重复交易的因素和通过市场外销的除外,外地农产品进入我市的数量仍然很大。

重庆市消费品市场农产品成交额和主要农产品商品产值对比表

	消费品市场成交额(亿元)		农产品商品产值(亿元)
粮油类	45.13	粮食作物	33.59
肉禽蛋类	142.83	牧业	132.19
水产品类	38.77	渔业	13.19
蔬菜类	112.71	蔬菜	37.10
干鲜果类	41.85	水果、茶、桑	19.23
合计	381.29	农业商品产值	272.05

（二）重庆市农村市场流通中存在的问题

尽管重庆市农村已初步形成多元市场主体参与的，涵盖农产品、工业消费品和农业生产资料市场的市场流通体系，且已成为重庆市乃至全国市场体系的重要组成部分；成为连接城乡之间、产需之间的桥梁和纽带，但与重庆市农村经济和国民经济的发展及农产品、工业消费品和农业生产资料流通日益增长的要求相比较，仍然存在一些问题。

1. 重视程度不够

对农村市场流通在促进农村经济发展，带动农民就业和增加农民收入以及拉动农村消费等方面的作用，在认识上都能基本统一；但在实际工作中，由于种种原因，对加快发展农村市场流通的重视程度仍然不够。在生产与流通的关系上，往往重生产、轻流通；在城乡市场流通的发展上，不论是在工作指导、发展规划、市场和流通设施建设，还是在相关政策、扶持手段上，都还存在着重城市、轻农村的现象。农村市场流通不发达、网点少、设施差、信息不灵，流通业态落后、交易形式简单的现状长期得不到改变或改变较小。在市场观念更新和市场建设上，重视有形市场，忽视无形市场。对国际市场的研究较少，生产经营活动多局限于本地，开拓市场特别是国际市场的意识不强。同时农村流通体制仍不顺畅，生产、流通分离，市场管理和行业管理多部门并存，各管一块而没有形成合力。一些基层干部也缺乏抓流通的必要知识和技能，不知道该如何发展流通和组织农民进入市场。农村市场流通的基本情况和运行情况没有纳入或没有完全纳入全市国民经济统计，基础数据缺乏，难以正确分析和准确定位。

2. 流通主体培育发展不足

当前，重庆市农村市场的经营基本上是以个体经营为主，这些个体户和小商小贩虽然对农村市场流通发展起了很大作用，但由于其规模小、资金不足、稳定性较差等原因，难以形成稳定的流通渠道和从事大批量、远距离的流通，抵御市场风险的能力弱。农村流通的中介组织发育不充分，以流通为主的龙头企业很少，且不少龙头企业还没有与农民结成紧密的利益共同体。为农产品流通服务的出口、质量认证、组织培训、实施标准等方面的行业协会没有得到很好发展。大型商贸流通企业下伸较少且范围不宽，更没有直接在农村建立或联系生产基地，农民缺乏可以依托的商业组织。因此，农民进入市场的组织化、合约化程度很低，多是先生产产品，再寻找收购者，销售行为分散，谈判地位低，利润分配向中间商倾斜且市场风险较大。农民专业合作组织虽有所发展，但数量少,带动面窄,且这些合作组织规模偏小,法人地位不明确,稳定性差,并多偏重于生产技术服务,真正进入流通领域的不多。

3. 农产品生产水平有待进一步提高

重庆市地处内陆,区域优势不突出,农业基础设施还较脆弱,结构调整还有待继续深入,农业的资源优势和产品优势不能充分体现,难以形成国内、国际市场的竞争力。重庆市农产品生产的集约化、规模化水平也较低,主要是分散的小规模生产,一方面因生产分散,难以形成大规模的商品流;另一方面,分散的小规模生产难以适应市场需求变化和提高产品质量,容易形成结构性、季节性的卖难。我市农产品标准化虽已起步,但从总体看,农产品标准化程度仍较低,农产品质量标准不健全,多数农产品还是无标上市,无标流通,品牌农产品更少,不利于开拓国内、国际市场。此外,我市农产品加工业发展较为滞后,全市农业产值与农产品加工值的比例只有1:0.45,低于全国1:0.6的平均水平,且不少加工企业技术落后,规模较小。由于农产品加工业不发达,导致产品附加值低,缺乏市场竞争力。

4. 市场建设滞后

一是对农村市场建设的引导、支持力度不够。由于农村市场交易量较小,农民购买力不强,市场回报率低,农村市场难以吸引社会资本参与建设。因此,农村市场总量仍然较小,种类单一,无法构成完整的市场体系。2003年,重庆市有农村消费品市场1374个,平均每个乡镇只有1.2个,低于全国平均每个乡镇1.6个的水平。重庆市农村平均约58平方公里才有一个消费品市场,而全国同期每个城市消费品市场平均服务面积约3平方公里。在重庆市2860万平方米商业设施总面积中,主城区占44%,渝西经济走廊和三峡库区分别占26%和30%。由于市场总量不足,农民在日常生产生活中"油盐酱醋找个体,日常用品靠赶场,大件商品跑县里"的状况普遍存在。二是对农村市场建设缺乏科学规划,布局不尽合理,市场类型的确定和规模上带有较大的随意性、盲目性和重复性,产区批发市场建设较弱,且现有市场分布不平衡,有市无场和有场无市的现象同时存在,有的甚至有名无实,不能发挥作用。全市粮食批发交易中,进场交易量不到10%。三是市场交易规模较小。在重庆市现有的农村市场中,除有限的几个大型综合市场和批发市场外,多数市场规模较小。2003年,重庆市农村平均每个消费品市场成交额仅1854万元,远低于全国城市消费品市场平均成交额5898万元的水平。四是市场设施较落后,功能简单,交易方式单一。不少农村市场还是露天市场,还有的是以街为市。多数市场设施不完备,配套设施严重不足或基本没有,其运输、仓储、包装加工、配送等辅助功能很弱,市场软件建设更是滞后，多数农村市场的交易方式还停留在面对面的讨价还价形式上或沿袭着"赶场"方式交易。此外，市场管理也有待规范和加强。

5. 基础设施和信息体系亟待加强

直辖以来，虽然重庆市在交通、能源、通讯等基础设施建设上投入了很大力量，取得了较好成效，有效地改善了农村流通环境，但与促进农村市场流通和发展农村经济的要求相比仍有一定差距。目前，重庆市公路路网密度只有0.38公里/平方公里，重庆市公路中，二级以上公路仅占13.9%，三、四级公路占57.9%，等外级公路占28.2%。同时，公路分布不平衡，边远山区和村以下道路交通条件更差，重庆市尚有577个乡镇未通柏油路（水泥路），还有2200个行政村不通公路，重庆市乡镇公路畅通率只有50%，村公路畅通率仅为8.8%。重庆市农村每百户家庭平均拥有的固定电话和移动电话只有城市家庭的44.8%和21%。此外，城市农村用电、供水条件等也有较大差距。交通条件差，导致农村市场流通运输时间过长，损耗大，成本高；通讯条件的差距，影响着农民获取信息的能力和范围；用电、供水设施落后，制约着农民购买和使用一些商品的预期。当前，重庆市农村信息体系建设已经起步，但从总体看，信息体系建设还很不完善。一方面缺乏一个重庆市统一的农村经济信息平台，在信息体系建设上存在着重复建设、部门分割的现象。另一方面，信息收集涵盖的范围较窄，种类不全，时效性差。同时，信息的加工、传递、使用较差，特别是基层缺乏必要的信息传输、分析、发布、使用的设施、设备和技能，难以将信息及时完整地传递到广大农民和经营者手上，致使农民和经营者对市场信息和需求把握不准，不可避免地造成生产流通中的盲目性和波动性。

由于以上问题的存在，导致重庆市农村市场流通发展相对较慢，与重庆市国民经济和农村经济发展的要求仍有一定差距。1997—2004年，重庆市社会消费品零售总额从507.93亿元增加到955亿元，增长88%，年均递增9.44%。其中，城市社会消费品零售总额增长98.2%，年均递增10.27%；而县及县以下社会消费品零售总额增长73.8%，年均递增8.22%，其中县以下年均递增7.96%。平均每个城市人口实现的社会消费品零售总额为7363元，而农村人口只有1683元。重庆市农村从事批发零售和服务业的从业人员只占全市同类从业人员的37%，其中每一个从业人员对应的城镇服务人口为6.04人，农村为32.37人。农产品市场竞争力较弱，大量外地同类农产品占有我市相当大的市场份额，农产品出口与发达地区比差距更大，2004年，重庆市农产品出口额仅占全市商品出口额的8%左右，占全国农产品出口额的份额只有0.66%。

(三)重庆市农村市场流通发展目标、发展原则和对策建议

党的"十六大"报告明确提出了健全农村市场体系的任务。在农业农村经济发展的新阶段要实现农业农村经济的持续、协调、快速发展和农民收入较快增长,就必须按照科学发展观和完善社会主义市场经济体制的要求,继续深化改革,进一步加强农村市场体系建设,全面促进农村市场流通的发展。

1. 发展目标

结合重庆市农村实际,重庆市农村市场建设和流通发展的目标任务应是如下内容。

(1)农产品市场

形成城乡一体的市场格局,逐步建立和形成统一、开放、竞争、有序的农产品市场体系,并融入全国统一的大市场及加强与国际市场的接轨。

形成机制完备的农产品批发市场。加强农产品批发市场建设,完善农产品批发市场的"集"、"散"功能和信息服务功能及价格形成作用,促进农产品批发市场组织形态的演进与交易方式更新,实现批发市场与现代流通方式的有机结合。

完善市场准入制度,保证农产品质量安全。结合农业结构调整,调整产品结构,发展有机和绿色农产品,加强农产品质量检测体系建设,确保农产品质量安全。

逐步形成有区域特征和品种特征的农产品市场交易格局。

结合农业产业化,促进优势和特色农产品发展,形成各具优势和特色的产业带,并依托产业带形成优势特色农产品的大批量批发和交易,促使重庆市具有比较优势的农产品更多地走出去。

(2)生产资料市场

农业生产资料市场建设,应以规范有序、配置合理,保护农民利益、提高为"三农"服务水平为目标,要根据农资需求分布情况,建立区域性农资市场。在主城区建设一个有一定规模的集农资购售和检测服务为一体的综合农资批发交易市场,在一些区域中心建立区域性农资批发市场,形成完善的市场网络,并大力发展农资连续经营企业,提供完整的采购、配送和技术服务。

规范农资市场秩序。建立健全农资价格监控机制和市场准入制度。完善农资市场监督体系,健全损害赔偿机制,切实保护农民利益。

(3)农村消费品市场

农村消费品市场建设,应以形成点多面广、设施齐全、方便高效的流通网络和促进内需为目标。完善消费品市场流通体系,扩大连锁经营,加强便民设

施建设。在都市发达经济圈，应加快发展现代物流产业和以连锁经营为主的市场体系，充分发挥主城区的辐射功能和带动作用。在渝西经济走廊，应完善农村市场体系，着重培育有竞争力的流通企业和流通主体，整合各类资源，为城乡经济一体化、区域经济一体化发展打下基础。

在渝东南和渝东地区，应注重发挥城市的辐射作用和农村各类经济主体的带动作用，加快农村市场基础设施建设，促进农村市场发育。

到2006年，重庆市商业中心镇要初步形成设施配置合理、服务功能完善、以新型商业形态为主导的商业流通服务体系。

到2010年，在重庆市农村构建功能齐备的农产品批发市场、集贸市场、连锁超市相结合的市场体系，形成科学合理的价格形成机制；建成布局合理、设施齐全、管理规范、物流畅通的生产资料和工业消费品流通网络；在农村经济领域实现农村商品市场数量、规模与结构的合理配置，不断缩小城乡在市场体系建设上的差距，推进全面小康建设步伐。

2. 发展原则

重庆市农村市场流通发展应体现以下原则：

（1）农村市场体系建设应着眼于多层次、多类型、多功能的发展定位，以流通现代化带动农业现代化。

（2）坚持分类指导、因地制宜，按照经济规律办市场。要根据各地不同的区位条件、发展水平、产业结构、交易规模、商品流向、资源状况等情况，建设不同类型、各具特色的市场。

（3）科学论证，统筹规划，合理布局，有重点地分步实施。农村市场体系建设是一项长期的、复杂的任务，必须纳入经济和社会发展计划，既要避免盲目建设和重复建设，也要避免市场数量不足、市场建设滞后。各区域中心和中心镇，在农村市场建设上要走在前面，结合完善城镇功能，加快市场建设。

（4）农村市场建设应与农村经济发展、农民收入增加相互配套，协调推进。要大力发展优质、高效农业，加快农业产业化发展，提高商品量和商品率，促进农村经济向商品化、市场化发展。同时，不断拓宽农村劳动力转移和就业渠道，促进农民收入增长，为发展农村市场创造条件。

3. 对策建议

（1）进一步提高发展农村市场流通的认识

发展农村市场流通，大力开拓农村市场，既是促进农村经济全面发展和农民增收的现实需要，也是统筹城乡协调发展、完善社会主义市场经济体制的客观要求，各级党政领导要进一步提高对发展农村市场流通的认识，以"三个代表"重要思想为指导，牢固树立科学的发展观和正确的政绩观，认真贯彻落实2004年和2005年中央的1号文件精神，按照统筹城乡经济发展的要求，把做好农村市场流通工作作为解决"三农"问题、促进农民增收的一项重要任务摆到重要议事日程，加强领导，采取措施，切实抓紧抓好。各有关部门要积极行动，通力合作，加强帮助、指导并对农村市场流通发展在各方面给予积极支持，共同做好农村市场建设和流通工作，更好地发挥市场流通对农业生产和农民消费的促进作用。

（2）着力培育农村市场流通主体

鼓励农民从事农村市场流通，除法律法规禁止的领域外，农村个体工商户和私营企业都可进入，在工商登记和税费方面给予支持。鼓励和支持农业生产大户、运销大户注册为法人，从事农产品运销。鼓励和支持社会资本进入农村流通领域，扩大市场准入，放开经营范围和管理限制，允许跨行业经营。农业产业化龙头企业要积极介入流通领域，加强农产品收购和销售网络建设，通过流通的纽带作用，延长农业产业链条，带动更多的农民。大力发展农民流通合作组织，进一步深化和完善供销社改革，不断进行体制和机制创新，巩固"两社两化"成果，把供销社真正办成农民自己的合作组织。支持在农村建立以农产品为联系或纽带的各类协会、商会，鼓励发展农村经纪人队伍，认真解决农民专业合作组织法人地位不明确的问题，依法保护其合法权益。区县要按照重庆市委、市政府的要求，安排专门资金支持农民专业合作组织的发展及开展服务。

（3）加强农村市场建设

①加强对农村市场建设的宏观指导和规划。把农村市场建设纳入重庆市国民经济发展计划（规划）和基本建设投资计划，尽快制定农村市场特别是产地和销售地批发市场建设规划，使农村市场建设逐步从无序向有序转变，从分散向规模转变。

②加大对农村市场建设的支持力度。鼓励和支持社会资本和农业产业化龙头企业到农村参与市场建设，对社会资本（包括外商）和龙头企业建设、改造和经营农产品市场，不受地区、股权和投资额限制。对经科学论证，符合规划要求的农村市场建设，在行政审批、金融信贷等服务工作上应给予大力支持。农村市场及其设施的建设用地应纳入土地利用总体规划，优先考虑、优先使用，在用地性质上，应作为公益设施用地，在土地出让金和配套费上予以优惠。允许用向集体经济组织租用的方式建设产地农产品批发市场。农村批发市场和中

心市场用电应享受工业用电价格。产地农产品批发市场具有社会效益明显的特征，应将其界定为非经营性农业基础设施，纳入国家农业基本建设投资范围。

③积极发展新型流通业态。鼓励和支持城市大型商贸流通企业和供销社向农村延伸网络，改造传统市场，建设连锁超市、配送中心、便利店等，以增加农村市场网点，拓展服务领域，加快农产品流通，方便农村居民消费，提高农村市场运作效率。

④进一步加强市场管理。加强市场管理的法制建设，建议研究制定地方性的《农产品市场条例》和相关的政策法规，尽快解决农村市场体系建设中市场主体和市场准入、市场载体功能缺乏、中介组织定位等问题。同时，有关部门应切实解决一些市场重收费、轻管理和多头管理、多头收费的问题，严格做到"管办脱钩"，规范执法行为。要加强产品质量检验、检测体系建设，不断促进市场业主完善市场设施，扩展市场功能，改善交易环境。

(4) 继续改善农村市场流通环境

进一步加强农村交通、能源、通讯、广播电视、水利等基础设施建设，不断延伸公路通车里程，提高公路等级，尽快实现村村通公路，提高农村通讯和广播电视的覆盖率，改善收视质量，提高农村电网的供电能力和稳定率，有条件的地方应加强农村自来水设施建设，以此来改善农产品和消费品的流通条件，降低流通成本，并为家用电器和电信等产品进入农村市场创造良好的消费环境。加强信息体系建设，在信息体系建设中应整合各方力量，逐步建成一个覆盖面广、信息种类齐全、传递时效性强的统一的信息平台，并重点解决基层和农民及生产者的信息联结，加强对信息的利用，努力使信息收得起、传得下、用得上。深入开展农业标准化行动和农产品安全行动，制定有效的农产品生产标准，引导农民按标准生产农产品，同时完善农产品质量监测体系，确保农产品质量安全。严格执行鼓励农产品流通的各项政策，完善农产品绿色通道建设，为农产品流通创造宽松的政策环境。

(5) 加强对农村市场流通的指导、扶持

①加强对农村市场流通的指导、协调和服务。农村市场流通涉及的部门、行业很多，为促进农村市场体系建设和流通的发展，建议建立跨部门的发展协调机制。其任务一是对涉及农村市场建设的相关政策进行协调；二是重点研究农村市场体系建设的规划、投资方向、建设重点、管理办法等；三是督促、检查各项政策和工作的落实，统筹解决农村市场流通中的重大问题。

②加强对农村市场流通的宏观管理。应建立完善农村市场流通的统计体系和制度，把农村市场流通纳入重庆市国民经济统计体系，加强对农村市场流通

的统计核算、动态监测，及时、准确地反映农村市场建设和流通发展的情况，为宏观决策提供依据。

③整合部门力量。农村市场建设和流通发展是一项系统工程，必须发挥各部门的合力。各有关部门除应结合自身工作，共同支持农村市场建设外，还应切实做好各项基础工作。在生产领域，要进一步推进农业产业化经营，深入实施农业标准化行动，不断指导、帮助结构调整，探索完善土地流转制度，促进特色优势产业发展和规模的扩大，提高重庆市农产品市场竞争力。在商业流通领域，要加强对农村商业设施建设的帮助指导，高档次、高起点规划农村市场和商业设施，发展新型流通业态。在流通环境上，继续加强各类基础设施建设，不断改善流通环境。同时，有关部门在各自的项目和资金安排上，应给予农村市场建设以足够的重视，市级商业结构调整资金应重点向农村倾斜，中心镇建设和百镇工程专项资金，也应将农村市场建设纳入扶持范围。

④加大投入力度。鼓励和支持金融部门创新金融产品和服务方式，为农村市场建设和农村市场流通主体提供金融服务。探索建立农村市场建设和农村市场流通企业担保体系，有条件的地方政府可根据自身财力参与建立担保机构，鼓励具备条件的社会法人和民营企业成立担保机构及开展担保业务，鼓励发展企业互助担保和商业担保业务。现已有的担保机构也应将农村市场流通主体纳入担保范围。

各级政府应把农产品市场建设及农业社会化服务纳入农业基础设施建设范畴，在财政支农项目下增加支持农村市场和流通基础设施建设项目。为尽快改变重庆市农村市场建设滞后的局面，建议市里设立农村市场流通发展专项引导资金，专项用于引导和扶持农村重点农产品批发市场的建设、改造和提高农业社会化服务的科技含量及网络建设。此外，根据重庆市农用生产资料特别是化肥的生产、使用及市场情况，建议在重庆市建立化肥储备制度，以通过应急机制平抑农资价格，保证生产需要。

二、关于农村专业批发市场的形成与发展研究

这次调研，我们对集市贸易与农村专业市场形成，乡镇企业发展与农村专业市场发育，商品农业发展与农产品批发市场建设等农村专业市场的形成和发展过程进行了分析和研究，同时对农村市场体系发育条件和特点，农村专业市场的组织结构与功能，农村专业市场管理与运行，农村专业市场发展趋势等问题进行了探索和思考。

（一）集市贸易与农村专业市场的形成

集市贸易是重庆市农村市场发育的基础。传统的农村集贸市场主要是零售市场，随着农村商品经济发展，客观要求商品流通突破区域内商品交换，必须培育起跨区域交易的农村专业市场。

农村专业市场具有集贸市场现货交易的基本形式，但功能有了质的提高。第一，农村集贸市场基本上是零售交易，而农村专业市场则主要是批发交易，兼营零售；第二，农村集市是周期性开业（147、258、369赶集），歇业日多于开业日，而农村专业市场则是天天开业，至少开业日多于歇业日；第三，农村集市交易的商品一般是综合性的（俗称：出门一把抓，回去再分家），而农村专业市场有明显的专业特征；第四，农村集市主要是满足生活需要的，也满足农民家庭对生产资料少量需求，农村专业市场，则是更多地支撑农村商品生产的发展，尤其是产地型的专业批发市场，是带动区域主导产业发展的"龙头"。

（二）乡镇企业发展与农村专业市场发育

乡镇企业发展的一个显著特点，就是产业组织高度分散，企业个数多，而单个的企业规模小，特别是农村大量产生出来的个体户、专业户，使农村商品生产形成"小规模，大群体"格局。这样的格局必然要求农村专业市场的形成和发展与之相适应。从江苏常熟的服装专业市场，到浙江绍兴中国轻纺城；从重庆市璧山鞋城到大足龙水五金市场，都是应乡镇企业发展而生的农村专业市场。

（三）商品农业发展与农村市场建设

农村农产品专业市场的建设，是农业市场化的主要组成部分，农业商品化与专业化生产则是促进农村专业市场形成与发展的推进器。农业具有自然再生产和经济再生产的特点，决定了农产品生产具有季节性和地域性，而农产品消费又具有均衡性。所以商品化的农产品流通，要求实现城乡之间和区域之间的大流通，因此农村专业市场主要是形成和建设产地的农产品专业市场。被誉为"江北第一家"的山东寿光蔬菜批发市场就是一个很好的典型，而在重庆市尚未形成这样的农村专业市场。

（四）重庆市农村专业市场发育的条件和特点

随着农村市场经济发展，重庆市农村专业市场、农贸集市也呈现出一些新的运行特点：一是商品交易数量和规模大为增加；二是专门从事商品交易的主体大量涌现；三是不同市场间的联系加强，整合度提高，市场网络逐渐形成，交易量不断拓展。重庆市直辖以来，实施"8小时重庆"和"乡乡村村通公路"

工程，为农村专业市场的发展提供了良好的交通运输条件。但是重庆市农村专业市场与城市相比差距较大，十分落后。第一，传统的、周期性开业的零售市场即农村集市还较多。第二，农村相邻市场之间的整合度相对较低。第三，农村市场基础设施和环境条件相对较差。第四，农村市场主体发育不足。

(五)农村专业市场的组织结构与功能

从投资主体看，重庆市农村专业市场有地方政府所有，国有公司所有、合作组织所有、混合所有、股份公司所有及私营公司所有几种形式；从交易主体来看，我市农村专业市场有长途贩运商，农副产品生产者，合作组织，国有商业企业，供销社商业企业，新型经济联合体，零售商贩等。无论是买方还是卖方，农村专业市场上最主要的一类交易主体就是中间商；从功能来看，重庆市农村专业市场，是实现农村商品流通的主要集散地，不仅具有执行交易的基本职能，而且还有形成价格、调节供求、汇集和传播信息的功能，已初步形成物流、商流、货币流及信息流。

(六)重庆市农村专业市场发展的趋势

产业组织形态是决定商品流通组织形式变化的主要因素。从农村专业市场到合作组织或协作体系，再到产销一体化，是一个由低级向高级发展的过程。重庆市现阶段及未来较长时期内，农村企业或农村商品生产者仍将以"小规模，大群体"为主要特点，所以农村专业市场的发展仍将是一个主要趋势，到农村企业成长为大规模现代企业时，农村专业市场将被取代。

三、关于建立和完善农村市场流通体系的问题研究

这次调研，对重庆市农产品市场流通体制存在的主要问题，深化农产品流通体制改革，培育高效运转的农产品市场体系等问题进行了认真分析和研究；对挖掘农村市场潜力，消除制约农村市场流通发展的因素和开拓农村市场的途径与对策进行了探讨。

(一)重庆市农产品流通体制存在的问题

分析重庆市农产品流通体制存在的问题：一是流通不畅，导致农产品卖难。重庆市与全国一样，农产品市场供大于求局面持续到现在，持续时间长，农产品卖难品种多、范围大，如著名奉节"脐橙"就出现这种情况。二是农产品流通组织性差，交易成本偏高。由于农民势单力孤，交易规模往往很小，盲目性很大，运输距离远，无形增加了运销成本。三是农产品流通宏观调控体系不完善。国家对农产品实行调控，核心手段是农产品储备体系，但一直未取得预期

效果。储备进出不是通过市场运作，储备的职能又不清，该吞不能吞、该吐不能吐，大大影响调控能力的发挥。四是农产品营销观念和手段落后。农产品销售方面与市场经济的要求相去甚远，不能走出去，分级包装等条件还比较落后，流通辅助设施和储藏条件差、能力低，直接影响农产品流通。

(二) 深化农产品流通体制改革

我们认为，重庆市农产品流通体制改革的目标模式是：在国家宏观调控指导下，以家庭经营为基础，运用利益机制，依托法人主体和中介组织，将农业生产到流通连为一体，进行市场化运作，其核心就是"市场调节 + 国家调控"。具体措施是：第一，建立高效、一体化的宏观调控体制；第二，建立和完善以农村专业批发市场为中心的农产品统一市场体系；第三，进一步改革和完善农产品外贸体制；第四，建立健全农产品品质监测体系。

(三) 培育高效运转的农产品市场体系

市场体系，是市场经济的载体、纽带和渠道。培育高效运转的农产品市场体系，应以集散面大，位于交通枢纽的区域农产品批发市场为骨干，以中小型农产品集市为基础，构建现代农产品市场交易体系；设施完善、功能齐备、统一开放、竞争有序的功能体系；以信息网络为主导，运用现代营销手段的营销体系；以分级、包装、标准化建设，商标品牌为主要内容的农产品流通等相关产业体系。

(四) 充分挖掘重庆市农村市场潜力

重庆市现阶段农村市场，呈现出以下几个特点：第一，农村市场发育程度较低，且发展不平衡；第二，农村市场普遍形成买方市场，主体上有效需求不足；第三，农村市场化分工不发达，差异性较大；第四，农产品市场流通不畅，农产品"卖不出，不好卖"现象经常发生；第五，农村总体消费水平不高。这些都充分说明农村市场潜力大有可挖。

(五) 消除农村市场流通发展多种制约因素

首先要消除农村消费需求不足的因素，增加农民收入，提高增长幅度；改变农民消费心理和消费方式；完善公共基础设施和售后服务网络，降低农民消费成本；调整农村商品供给和消费结构，有效地实现农村居民购买力的释放。其次，要消除农村投资需求不足因素。增加建设农村生产资料市场投资来源，改善农村生产资料市场流通渠道，做到产品适销对路，避免农业生产在低水平上的重复建设，实施农业向产业化发展战略。

(六)开拓农村市场流通的途径与对策

首先,增加农民收入是扩张农村市场之根本。收入水平提高是消费水平提高的基础,增加农民收入是提高农民购买力、改变农民生活方式、扩张农村市场需求的长久之计。二是研究实行农村消费信贷政策。消费信贷的发展能在一定程度上缓解农民消费者有限的购买力与现代需求的矛盾,发挥消费促进生产的作用。三是努力解决农村"卖难和买难"问题,全力打造拓展农村市场流通网络体系;四是加强农村市场流通建设,提高流通效率。

四、工商部门促进农村市场流通发展的若干措施研究

"三农"问题,是关系建设中国特色社会主义事业全局的重大问题,解决好"三农"问题,是确保国家粮食安全的迫切需要;是确保社会稳定,实现国家长治久安的迫切需要;是确保国民经济持续、快速、健康协调发展的迫切需要。我们工商行政管理部门,作为党和政府的行政执法部门,作为社会主义市场经济秩序的忠诚卫士,作为支持和促进地方经济发展的一支主要力量,坚决贯彻党中央和国务院"两个一号"文件精神,坚决按照市委、市政府关于心系"三农"、支持"三农"、发展"三农"的一切部署和安排,认真执行,因此在促进重庆市农村市场流通中采取如下措施:

一是开展"3·15服务到农家"送法下乡活动。把农民群众急需的与企业生产有关的知识传授给他们,向农民群众讲解识别假冒农药、化肥、种子的常识,现场解答群众咨询,接受消费者投诉,同时将消费维权知识印制成便民手册发放到农户手中。通过这项活动来增强农民的法制意识和自我保护意识。

二是实施"农产品信息入乡入村"工程。主要是利用重庆市工商系统健全的网络优势,搭建农产品信息"绿色通道",着力解决农产品产销信息不畅的问题。市局在"重庆红盾网"上开通"走近三农"专栏,适时发布与农业有关的政策法规、监管动态、产品信息、消费警示等内容。

三是培育发展农村经纪人和专业中介组织。围绕"百万农村劳动力转移工程"的实施,开展农村专业经纪人培训,加速农村劳动力转移。2005年,重庆市工商局将重点在荣昌、茶江、忠县、涪陵等地开展培训,全年力争培训农村专业经纪人1000人。同时,将引导发展重点农副产品专业流通中介组织,促进搞活农村市场流通。

四是开展"红盾护农行动"。我们将与农业、质监、公安等部门一道,严厉打击生产销售假冒伪劣化肥、种子、农药、农膜、农机具等涉及农民根本利益的违法行为。曝光一批重大案件,加强粮食及收购市场的监管,严格执行粮食

收购准入制度，严厉查处倒卖劣质粮、陈化粮的违法经营行为。

五是加强农村市场监管。加大对分散在城乡结合部和村镇的各类商品批发市场、集贸市场、个体商贩、小加工作坊的监管力度，严厉打击以"送货下乡"为名销售假冒伪劣商品的行为。加强对农村食品市场的监管，确保农村食品消费安全。

六是建立"一会两站"农村消费维权网络。为畅通农民消费维权渠道，我们将在有条件的地方建设"一会两站"农村消费维权网络，即乡镇建立消委分会，行政村建立消费者投诉站和"12315"申诉联络站。2005年年底前，重庆市农村"一会两站"覆盖率要实现以下目标：市局一类考核的各区县（自治县、市）实现30%的村，二类考核的各区县（自治县、市）实现20%的村，三类考核的各区县（自治县、市）实现15%的村，力争在三五年内实现全面覆盖。

七是大力实施农产品商标战略。加强对农产品商标、地理标志注册申请工作的指导和服务，鼓励、引导农民、农产品行业协会、涉农企业使用和注册农产品商标和地理标志；支持农业实施品牌战略，鼓励、引导农产品争创著名商标、驰名商标，提高市场竞争力。加大对农产品商标和地理标志的保护力度，开展保护注册商标专用权专项整治行动。

八是支持发展"订单农业"。结合合同监管职能，帮助涉农企业建立企业合同管理规范，引导涉农企业参与"守合同重信用"企业创建活动；制定和推广涉农合同示范文本，规范农业订单双方的签约行为；积极开展合同行政调解；加强对农业订单的日常监管，探索对农业订单监管的长效机制；依法查处涉农合同中的违法行为。

九是扶持发展农村非公有制经济。引导农村个体私营企业向农产品加工业、种养业以及为农业生产服务的行业拓展，引导农村个体私营企业实行多种形式的优化组合，形成产供销、工商贸一体化的经营格局。对种养殖大户，工商所干部要采取"一帮一"结对子的方式进行定点服务。改革和完善个体私营企业登记管理工作，支持农村乡镇、村组集体所有制企业改组改制。

十是落实支持"三农"的各项优惠政策。包括落实城镇建设市场管理费返还政策和对农村流动性小商贩销售自产农副产品免收工商管理各项收费的政策等。

（作者单位：重庆市工商局）

> 三等奖

关于工商行政管理机关支持服务黑龙江省对俄经贸战略升级的调研报告

孟祥君

2005年5~6月间,为深入贯彻落实黑龙江省委、省政府关于对俄经贸战略升级的部署要求,黑龙江省工商局组成了由局长任组长的调研组,先后深入到同江、抚远、饶河、逊克和嘉荫等边贸口岸,分别与当地党委政府、工商、边贸等有关部门负责同志以及企业、个体工商户代表进行了座谈,认真听取了情况汇报,全面了解掌握了当地政府对俄经贸工作发展思路、发展现状,特别是工商机关支持服务和监督管理工作情况,实地考察了口岸基本设施、生产加工区、对俄贸易企业和专业市场,听取了对黑龙江省工商机关支持服务对俄经贸战略升级工作的意见和建议。经过深入思考研究,进一步理清了支持服务对俄经贸工作思路,明确了推进工作措施。

一、近年来工商行政管理机关支持服务黑龙江省对俄经贸的基本情况

近年来,黑龙江省各级工商行政管理机关认真贯彻落实省委、省政府部署要求,围绕大局,服务大局,不断制定优惠支持服务政策,完善支持服务举措,在创造宽松政策环境、完善市场体系建设、推进名牌战略、维护对俄贸易市场经济秩序、支持对俄贸易企业,做大做强、提升支持服务质量上进行了有益尝试,为促进对俄经贸战略升级作出了积极贡献。截至2005年下半年,黑龙江省在工商部门登记注册的俄方投资企业有100户,注册资本7574万美元;2005年上半年累计进出口总值22.3亿美元,增长30.8%,占黑龙江省对外贸易的54.9%,且已经从初期的一般易货贸易发展到现在以现汇贸易为主,易货贸易、旅游贸易、转口贸易并存的对俄贸易新格局,为对俄经贸取得新成果、跨入历史新时期作出了积极贡献。

(一)围绕提升地方经济外向度,在创造宽松政策环境上进行了积极实践

黑龙江省各级工商局按照省委、省政府对俄经贸工作的总体要求,立足主动、超前行动,积极为地方政府实施对俄经贸战略出谋划策,协助制定符合本

地实际的工作思路。在国家法律法规允许的范围内，先后放宽了企业名称、经营范围等限制，允许大中型企业利用分厂、车间与俄方合资联营，出租、转让、委托和承包，支持俄方投资企业采取合并分立的方式扩大生产经营规模，鼓励组建企业集团。积极探索俄罗斯自然人在边境贸易区开展经营活动登记问题，向国家工商总局提出了建议。进一步整合登记监管资源，积极向国家工商总局申请委托大中城市和边境口岸城市行使外商投资企业登记注册权，目前已有9个市地局、1个县局（绥芬河）获得了国家工商总局授权，位于全国前列；黑龙江省工商局也下放了登记注册权，对投资总额500万美元以上的外商投资企业省局不再行使登记权，由企业所在地被授权局登记注册，为就地就便办理注册手续提供方便。充分利用工商行政机关和个私协会与企业经营者联系密切的优势，积极发挥俄方企业常驻代表机构桥梁和纽带作用，认真组织参加洽谈会、对接会等洽谈活动，为对俄经贸合作牵线搭桥，提供服务，每年都超额完成招商引资任务。2003年，黑龙江省工商局邀请深圳市个私协会会员赴俄罗斯进行参观考察和市场调研，增进了对俄罗斯市场的了解，为进一步加强合作、促进双赢奠定了坚实基础。2004年6月在哈洽会期间，牵头接待了俄罗斯楚科奇自治区代表团，促成了购买黑龙江省食品、通讯设备，以及在俄房地产开发等合作意向，得到了省领导的充分肯定。积极吸引外地企业及民营企业参与边境贸易，吸引国内有实力的大公司、较大规模的个体私营业者兴办经济实体，参与边贸经营，仅在黑河市就有来自全国各地的90余家企业注册了边贸企业，为外向型经济发展注入了活力。

（二）围绕调整对俄贸易结构，在进一步支持市场体系建设上进行了积极实践

积极培育边境贸易互市区和对俄贸易市场，充分发挥有形市场的集聚效应和辐射效应。黑龙江省个私协会凭借诚恳热情的态度和扎实有效的工作，成功引进温州三联房地产公司在佳木斯建设建材大市场项目，该市场将成为黑龙江省东部地区最大的家居装饰建材区域性大市场，可以辐射黑龙江省东部地区和俄罗斯远东的周边地区。绥芬河工商局对绥—波贸易综合体给予重点扶持，创造性地出台了7条扶持措施，对在贸易综合体内从事经营活动的各类企业、个体工商户在收费、登记注册上给予一定的优惠措施，支持该贸易综合体发展，截至目前，绥芬河市场销售额以每年11%的速度递增，万米以上的对俄大民贸市场有14家，形成服装、鞋帽、皮货、建材、家电等规模化、专业化市场体系，每年经营销售额达100多亿元，产品已经辐射到圣彼得堡等俄罗斯腹地城市和周边市县，成为中俄边境上对俄最大的商品集散地。抚远县支持的服务招商引资

项目——正阳贸易大市场建设,以"让企业满意,一百个你好不如把一件事办好,一千个微笑不如一个实效"作为工作的目标和准则,采取一条龙办公方式,预约办理、特事特办、实地年检,并适当减免办照费用,方便业户经营,该市场平均每天接待俄罗斯客商 300～500 人,日成交额可达 40～60 万元人民币以上,对地方经济发展具有很强的牵动作用。同江市工商局围绕市委、市政府提出的木材加工园区、中俄经济技术合作园区和进口矿产品加工区建设,积极支持服务企业早入园区、早出成果、早出效益,同江果蔬建材批发市场已经成为集仓储、境内外批发销售为一体,设备完善、功能齐全的现代化市场,每年出口贸易额度为 3000 万美金左右,场内可以一次完成报关、报验及进出境运输手续,可以为俄罗斯客商提供全方位、一条龙服务,大大促进了市场体系不断成熟完善。

(三)围绕大力推进名牌战略,在支持对俄贸易企业做大做强上进行了积极实践

绥芬河、黑河市工商局支持外贸企业运作"前店后厂",打出自己的品牌,实施商标战略。如绥芬河市"青云"市场,注册了服务商标,并申报知名商标。绥芬河市 2003～2005 新增有效注册商标 42 件,是前 5 年的 3 倍。东宁、同江、饶河工商局注重龙头企业的带动作用,发展一批对俄贸易企业和生产加工企业,并制定商标发展规划,饶河县的黑龙江东北黑蜂开发有限公司,是一个集养蜂、加工、科研、贸易为一体的中外合资企业,其"黑蜂"商标被认定为黑龙江省著名商标。饶河县大顶子山绿色米业有限公司的"大顶子山"商标,于 2003 年 11 月被认定为黑龙江省著名商标,其产品在俄罗斯市场信誉良好,供不应求。抚远、逊克、嘉荫等县依托地缘优势,培育有规模的经贸主体,开始运用品牌战略及多种方式,大力发展口岸经济,边境贸易呈现出良好的上升态势。抚远县鲟鳇鱼繁育养殖有限公司申请注册商标"黑瞎子岛"牌,生产系列鱼产品。同时,各口岸工商局加大商标专用权保护力度,绥芬河市工商局在 2004 年开始的商标专项整治中,共查处假冒侵犯"耐克"、"阿迪达斯"、"都彭"等驰名、著名商标专用权案件 36 起,收缴罚没款 30.4 万元、商标标识 3400 套。同时,还建立商标管理档案,逐步将商标监管融入诚信体系建设。

(四)围绕强化市场监管执法,在维护对俄贸易市场经济秩序上进行了积极实践

黑龙江省工商局每年都专题部署整顿和规范边贸市场经济秩序工作,提出具体明确要求。各口岸工商局积极发挥市场监管执法职能作用,明确重点区域、重点品种和重点市场,采取有效措施,严厉打击无照经营、经销假冒伪劣商品、

不正当竞争、商标侵权、虚假违法广告和合同欺诈等违法行为，切实维护公平竞争的市场秩序。普遍选派俄语专业的专门人才参与12315申诉举报服务中心工作，极大地方便了俄罗斯公民的申诉举报。抚远县工商局仅2004年一年就受理俄方消费者申诉举报12起，已全部解决，为俄方消费者挽回经济损失1万余元，俄方对工商行政管理机关非常信任，对处理结果都十分满意。抚远、同江工商局还重点开展了边贸市场业户、对俄旅游公司及餐饮、服务、住宿、娱乐等行业的法律法规宣传，加大对市场准入行为、商品质量、交易和服务行为的日常监管；深入25户有对俄业务的企业现场办公，帮助建立合同管理制度，完善合同条款35条次，及时纠正了企业对俄贸易合同中的不规范条款，为企业挽回经济损失200余万元；对资金到位情况进行了专项调查，责令企业限期到位，促进俄方投资企业的规范发展。各口岸工商局普遍实行了商品市场准入制度，凡在口岸经销的重要商品，必须有中俄文厂名、厂址、合格证，并督促经销企业、业户建立购销台账，基层工商所定期进行检查，对不按准入制度进货的，给予警告；情节严重的，限期退出市场。绥芬河市工商局在青云等4个大型商场推行了先行赔付制度，强行推行信誉卡制度，在服装、鞋帽、皮革、家电、洗染等行业使用了中、俄两种文字的信誉卡，俄罗斯海关已把这种中俄文信誉卡作为俄罗斯旅游者携带旅游包裹出境的重要购物凭证。一些工商局还针对中俄市场上的"黑导购"、"黑中介"、"黑翻译"行为，积极协调有关部门，摸清情况，进行专项整治，打击了强买强卖不法商贩，维护了市场竞争秩序。

（五）围绕树立工商良好形象，在大力提升对俄经贸服务水平上进行了积极实践

各口岸工商局在法律法规允许的范围内，将外商投资企业设立登记时间由30个工作日提前到7个工作日，变更撤销登记提前到5个工作日，提高了工作效率。普遍开辟"绿色通道"，实行准注册官制和首问负责制，采取提前服务、现场办公、参与论证、为企业提供法律、法规咨询服务、急事急办等方式，切实转变作风，为俄方投资企业发展服务。认真履行监管职责，加强对俄方投资企业的回访，提高资金到位率，规范其生产经营行为。按照黑龙江省工商局统一部署，均单独设立了办照登记大厅，修整配齐了相关设施，扫描仪、电传、档案密集架、电子公示屏等现代化办公室设备一应俱全，建设了信息网络，现代化办公水平不断提高。为树立口岸形象，方便国内外特别是俄罗斯公民旅游购物，黑河、绥芬河、同江、逊克、嘉荫等地工商局积极探索推广中俄文牌匾，将比较知名的企业、接待场所、旅游网点、饭店等牌匾译成俄文，与中文牌匾共同悬挂，受到俄罗斯客商和旅游者的广泛欢迎。黑河市工商局从2004年6月开始，免费为城区个体工商户举办了 5 期俄语培训班，培训人员 903 人，提高了个体业户的基本素质。黑河个私协会还对互市贸易区内商服企业聘用俄籍雇员的用工情况进行了调查，并建档立册，以便与俄方搞好用工对接。抚远县工商局本着"该放宽的放宽，该搞活的搞活，营造开放搞活的宽松市场环境"的理念，要求全局干部职工"跳出工商看工商"，进行换位思考，多服务、不干预，多帮忙、不添乱，多设路标、不设路障，坚决杜绝一切针对边贸的乱检查、乱收费、乱摊派、乱罚款行为，设身处地地为边贸企业和个体工商户服务。同江市在登记注册大厅实行 AB 岗制度，对符合登记注册条件的名称预先核准，开业、变更、登记一个工作日内完成，对一些重点企业涉及的金融、海关、验资等各个环节都派工作人员全程为其办理，创造了宽松的服务环境。

虽然黑龙江省工商系统在支持对俄经贸工作中取得了显著的成绩，也赢得了地方党委、政府的较高评价，赢得了广大外贸企业、个体业户以及俄方客商、消费者的好评，但仍存在一些不容忽视的问题。在工作方法上，主要表现在：一是推进思路缺乏系统性，全省工商系统虽有深入推进此项工作的共识，但尚缺乏具体明确的工作思路，尚未形成全系统合力，甚至极个别工商局尚未摆上工作的突出位置，说起来重要，忙起来次要；二是政策措施缺乏长效性，虽然各地出台了诸多支持服务的优惠政策措施，但从黑龙江省工商系统总体看比较零碎，有的只解决当前，不解决长远，尚未形成完整的政策支持体系，尚未发挥应有的效应，大有潜力可挖；三是服务方式缺乏多样性，对工商行政管理机关在支持对俄经贸升级上的重要作用认识还不深透，有的仅停留在缩短办事时间，提供全程服务等浅层次上，对于电子商务、现代物流等的支持服务还是空白点；四是支持力度缺乏持久性，个别工商局对此项工作浅尝辄止，使一些重点、难点问题尚未得到根本解决。在具体工作环节上，主要表现在：一是边贸市场中有的企业和个人信用度不高，在合同履约、商品交易和服务等方面还存在违法行为，特别是经销假冒伪劣商品违法行为屡禁不止，对于黑龙江省商品的声誉造成了负面影响，亟待进一步整顿和规范；二是外贸企业和基地发展滞后，竞争力不强，尚未形成规模，缺乏代表黑龙江省特色的大企业和大品牌；三是经贸信息不畅，外贸企业、业户对俄罗斯市场还是缺乏必要的了解，在一定程度上加大了经营风险和交易风险；四是俄罗斯自然人管理、俄罗斯商品市场准入等法律法规滞后，形成了监管盲区；五是跨国消费者维权实质进展不大，解决渠道不畅，解决周期过长等等，急需加大力度加以解决。

二、下一步对策

中俄两国资源和经济互补性很强，政治战略伙伴关系比较稳定，省委、省政府已经把对外开放和加快推进对俄经贸合作升级到战略的高度,黑龙江省上下正在掀起新一轮大开放、大发展、大升级的热潮,历史机遇十分难得。工商行政管理机关作为政府主管市场监管执法的直属机构,无论从边贸市场主体准入,还是市场竞争行为、交易行为监管有许多工作去做,在支持对俄经贸战略升级工作中大有可为、必有可为。下一步,要以"三个代表"重要思想为统领,牢固树立和落实科学发展观,站在服从服务于国家政治、经济、文化、外交的战略高度,站在服从服务于黑龙江省经济发展大局的高度,不断深化支持对俄经贸战略升级工作重大意义的认识,按照黑龙江省委、省政府实现"四个突破",加大"三个工作力度"的目标和任务,把工商行政管理各项职能融入到对俄经贸战略升级的各项工作中去,充分发挥好"五个作用",即认真履行市场准入职能,充分发挥引导作用;认真履行商标管理职能,充分发挥扶持作用;认真履行市场管理职责,充分发挥牵动作用;认真履行监管执法职责,充分发挥规范作用;认真履行支持服务职能,充分发挥促进作用,切实做到思路紧扣发展、政策放宽到位、措施务实有力、推进力求实效,积极为黑龙江省扩大对外开放,实现"努力快发展、全面建小康"宏伟目标贡献力量。

(一)充分发挥市场准入职能作用,在引导壮大对俄经贸主体上取得突破

一方面,支持对俄经贸大项目建设,落实好目前已经启动的合作项目优惠政策的推进,特别是在对俄能源原材料投资合作上取得突破,大力支持引导企业通过购买全部或部分股权、参股、租赁等方式,把经营权拿到手。引导、支持和鼓励我省有条件的企业"走出去",促进黑龙江省边境贸易向一般贸易转变;单纯贸易向经贸合作转变;经贸合作向投资和科技等领域全方位合作转变。支持发展跨国加工贸易,利用黑龙江省劳动力价格较低、技术工人素质好的优势,重点发展零部件加工业。引导企业在互市贸易区俄方一侧开展组装生产,辟建家电、汽车、服装、建材、木制品等加工区,并建立连锁销售中心和物流配送中心。另一方面,研究解决信息瓶颈问题。目前中俄经贸最缺乏的也许不是资金问题,而是信息问题。许多到俄罗斯经商的中国企业家,包括一些大公司,是在对俄不很了解的情况下进入的,多数人受到损失。工商行政管理机关要充分利用管理信息资源,加强对俄法律法规和投资环境的研究,加强对俄经贸信息的搜集分析,积极为企业提供咨询服务。

(二)充分发挥商标管理职能作用,在提高对俄经贸品牌战略上取得突破。

一是引导外贸企业深入学习宣传商标法律知识,增强商标法律意识,按照

市场经济规律和本地实际情况，制定《商标发展战略纲要》，逐步形成精心设计商标、及时申请注册商标、正确使用商标、科学运用商标、依法保护商标、积极争创著名及驰名商标的局面。二是充分发挥区域优势和特色，积极实施农产品商标战略，将知识产权运用于农业产业结构调整中，把农业资源优势转化为市场优势，扩大农产品对俄出口份额，使"公司＋农户＋商标"的产业化经营模式更为清晰，实现"一件商标，带动一个产业，富裕一方百姓"的战略目标。着力引导作为证明商标、集体商标的地理标志的申请注册，使得该地理标志受到法律的保护，促进农产品的规模化生产，使多数分散的农民及个体生产者无须自创品牌而分享品牌利益，无须形成规模而分享品牌附加值的可能。三是鼓励支持企业争创著名商标、驰名商标，增强市场竞争力，促进边境贸易大发展。要以优质、特色优势和相对规模产业龙头为重点，进一步加大改制的力度，形成一批更适合口岸经济并充满生机活力的企业，强化扶持引导，集中培育一批著名商标。要从边境贸易的实际出发，对企业有一定规模、产品有一定优势和特色、出口达到一定数额、省内有一定影响、发展潜力较大的注册商标，可以按规定程序认定省著名商标。四是履行法律赋予的商标监管职能，促进边境贸易提挡升级、良性发展。对边境贸易发展到一定程度的绥芬河、黑河市，应加大商标行政执法力度，建立商标长效监管机制。

（三）充分发挥市场管理职能作用，在大力支持对俄市场体系建设上取得突破

一是加大支持市场开拓的工作力度，不断完善黑龙江省在俄商品市场建设、畅通对俄信息渠道，特别是抓好房地产和旅游等方面的市场开拓。针对当前贸易特点，鼓励支持兴办面向俄罗斯的服装、床上用品，民用塑料制品，运动休闲鞋，高、中档塑钢门窗，新型建筑材料，灯具等市场。鼓励支持较大城市利用人才、科技、资金、物流等方面的比较优势，规划建设规模较大、技术含量较高、牵动力较强的出口加工基地；鼓励支持较小口岸城市利用好的地缘优势，建设针对性强、机制灵活、中小企业集聚的出口加工基地。二是支持对俄农贸市场和农产品生产加工基地建设，规范引导农村中介组织和经纪人加大信息服务力度，指导农民搞好种植计划，支持和鼓励有关企业到俄方开展质量认证，获得市场准入资格，同时搞好市场开拓与对接。三是支持条件比较成熟的绥芬河、东宁、黑河、牡丹江、哈尔滨开发区及东北亚经贸合作区等率先启动，尽快形成生产能力。四是支持对俄科技合作基地建设，以项目为重点，不断提高合作水平，进一步发挥企业作用，加强双方的科技文化交流。五是深入开展"文明诚信市场"创建活动，提升市场经营管理水平，扩大我省市场的知名度，

增强市场的辐射能力。

(四)充分发挥监管执法职能作用,在整顿规范对俄经贸市场秩序上取得突破

将规范对俄贸易秩序工作作为一项重要的工作内容,一是加强企业登记工作,强化经营主体资格管理,依法查处无照或者超范围从事对俄贸易业务的行为,严把市场主体准入关。二是加大对俄出口商品市场的监管力度,近期内对从事对俄贸易的专业市场、商品集散地以及边贸市场组织开展一次清理整顿工作,规范入场经营者及有关从业人员的经营行为。三是进一步强化保护知识产权和流通领域商品质量管理工作,重点查办对俄贸易中影响较大的侵犯商标专用权案件和销售不合格商品案件,坚决把假冒伪劣商品清除出市场。四是建立双边政府协调机制。根据《中俄政府关于反不正当竞争与反垄断领域合作交流协定》,加强与俄有关部门在反不正当竞争、反垄断、打击假冒伪劣、维护企业和消费者权益方面的合作,尽快建立定期例会和案件协查机制。五是促进外贸企业信用体系建设。大力推进"守合同,重信用"活动,进一步推行企业信用警示制度,整合企业登记、年检和其他监管信息资源,建立企业信用状况数据库和不良行为警示记录系统,及时公布履约守信企业名单,树立企业良好形象。

(五)充分发挥服务职能作用,在提高对俄经贸服务水平上取得突破

坚持"服务是宗旨,执法是手段,发展是目的"的思想,切实转变作风,加强口岸工商局服务环境建设,做到"不让政策在我们手中截留,不让差错在我们手中发生,不让时间在我们手中浪费,不让企业业者在我们这里受到冷遇"。一是要按照黑龙江省的统一要求部署,进一步减少行政审批内容,简化程序。积极配合有关部门,实行集中办公、"一条龙"服务,提高办事效率。二是进一步完善制度建设。积极推行"并联审批"、限时办结、失职追究、首问负责、否定报备等制度,进一步完善行政执法公示制,增强行政执法透明度。三是要深入开展"满意在企业、满意在市场、满意在业户、满意在消费者"活动,通过现场办公、提前介入、帮助筹划、提供法律法规咨询服务等方式方法,真心实意地帮助外贸企业、业户解决生产经营中遇到的实际问题。四是进一步完善内外监督制约机制,坚决纠正以权谋私、吃拿卡要、乱收费、乱摊派、乱罚款,甚至权钱挂钩等不正之风。严肃查处破坏经济发展环境违法违纪案件。五是充分发挥个私协会支持对俄经贸的作用。开展对俄经贸企业的培训工作,深入宣传有关中俄双方的法律法规和国际贸易知识,提高企业开展对俄经贸合作的素质。探索建立对俄贸易行业协会,加强与境外企业的沟通联系,开展会员的自我管理和服务,增强对俄贸易活动的组织性,搞好对俄贸易企业的维权工作。同时，要坚持"走出去"、"请进来"，积极开展对外招商，完成引资计划，促进对外开放，增强经济发展活力。

（六）充分发挥组织领导作用，在加大推进对俄经贸力度上取得突破。

加强组织领导是做好支持服务对俄经贸战略升级工作的关键。为确保工作顺利开展，一是健全组织机构。从黑龙江省工商局到各口岸局成立由局长担任组长，各主要职能机构负责人参加的推进工作领导小组，负责领导协调各项工作，定期召集会议，定期听取汇报，定期深入基层指导检查工作。二是加大督办检查和信息反馈力度。实行支持对俄经贸战略升级专项督办制度，确保上情下达，下情上明，政令畅通，统一动作。充分发挥各种媒体和载体的作用，积极营造良好的推进氛围。三是构建责任体系。对主要任务进行层层分解落实，做到"人人有任务，事事有人管"。大力强化落实意识，讲求落实作风，强化落实措施，在抓落实上狠下功夫，靠狠抓落实开创支持对俄经贸战略升级新局面。四是建立激励机制，将对俄经贸战略升级工作成效与评先创优联系起来，与干部选拔任用联系起来，引导广大干部职工把思想和行动统一到黑龙江省委、省政府的要求上来，统一到省局党组的部署上来，把精力集中到完成各项工作任务上来，靠真干实干取得新业绩。同时，组织制定出台《黑龙江省工商局关于充分发挥工商行政管理职能作用支持对俄经贸战略升级的实施意见》，尽快形成优惠政策支持体系，全力推进对俄经贸战略，促进各项工作深入开展。

（作者单位：黑龙江省工商局）

三等奖

借鉴香港经验 改革公司注册制度

赵在俊

2005年6~7月我参加了武汉市委组织部组织的赴香港行政管理体制创新研讨班的学习考察。近一个月的时间,我们考察了香港特区政府部门、公营机构及企业等28个单位,对香港行政管理的架构、服务理念、运作机制有了比较深入的了解。结合自身的工作实际,我重点对香港的公司注册制度进行了考察调研,香港公司注册制度的公开透明、便捷高效给我留下了深刻印象,其中有许多值得我们学习和借鉴之处。

一、香港公司注册制度及特点

香港公司注册处是代表特区政府依法对有限责任公司登记注册、签发公司注册证书的法定机构。公司注册处于1993年依据香港公司条例设立(前身是香港公司注册署),1993年8月根据香港《营运基金条例》,成为率先以营运基金形式运作的政府部门。公司注册处的主要职能是:办理公司注册成立或登记事宜;登记及保存注册公司所需递交的文件;办理公司撤销注册事宜;提供查询注册公司记录资料服务等。公司注册处成立十一年来,以"受世界认同为卓越的公司注册处,为社会提供优质服务"以及"以客为尊、群策群力、精益求精"的服务理念,不断改革,创新工作模式,为香港地区的经济繁荣作出了卓越的贡献。归纳香港的公司注册制度,主要有以下特点。

(一)依法登记,职责边界明晰

我们考察香港,所到之处印象最深的是其法律制度的完备周密和香港人严格依法办事的法律意识,到公司注册处也不例外。公司注册处的同仁向我们介绍情况时,最首要的就是介绍其机构设立和职责的法律依据,主要有:《公司条例》、《有限责任合伙条例》、《受托人条例》、《注册受托人法团条例》、《放债人条例》和其他法团条例等。依据以上条例,我们进一步了解到公司注册处主要负责有限责任公司的注册登记,而非有限责任公司只需向税务部门申请商业注册即可。有限责任公司经公司注册处登记成立、签发公司注册证书后,必须向税务部门申请商业登记方可开业,而要申请其他专业商业牌照(如涉及食品卫生、环境保护等行业),需另向相关部门申请。公司注册处的职责与其他部门的职责边界非常清晰明了。公司注册处办事大厅内随手可取的各类指导办事的小册子，也不忘申明其法律关系和责任。每个小册子的扉页都印有一段话："本册子所载资料纯属介绍性质，本文如有错漏，公司注册处及公司注册处处长不会负上任何法律责任，如欲知法规详情，请参阅香港法例第32章《公司条例》。"由此可见其法律责任意识。

香港公司注册制度的依法登记还体现在公司注册处的架构外还设有一个公司法改革委员会，不断追踪公司条例的执行情况，并适时对公司条例提出修订建议。公司注册处的首席律师出任公司法改革委员会的秘书（相当我们内地的秘书长），公司注册处下还设有公司法改革部，其职责是对公司条例及其他规例的检讨提供法律及行政支援。这样就形成了公司注册制度由立法到执法、再由执法到立法，既相互联系反馈、又相互监督制约的完备体系。如公司注册处在实施电子化公共服务和电子方式注册公司规划的同时就提出了公司条例相关的修订意见，并经公司条例改革委员会报立法会通过，使得下一步实施电子化注册公司有法可依。

（二）实行公司注册制，市场准入门槛低

不同于内地公司注册的审批制，香港公司注册实行的是注册制。公司申请人只需通过选择拟注册的公司名称、递交公司组织章程大纲、细则及遵从公司注册规定陈述书并缴纳相关费用两个步骤，即可在6个工作日内获得公司注册证书。由于公司注册不须核定经营范围，也没有最低资本金的要求，所以申请公司注册不必经过任何审批，只需符合公司条例的要求，即可获得注册登记。市场准入门槛低，登记程序简便，体现了鼓励投资创业的理念。因此，在香港投资办企业十分方便，创业成本低，有"一港元即可申请办公司"之说。

公司除更改名称需申请办理名称变更登记手续外，其余事项变更（如办事处地点、秘书及董事等），只需在更改之日的14天内，填写表格向公司注册处备案即可。

类似内地公司年检的做法，香港公司成立周年后的42天内必须向公司注册处报送周年申报表，也同样是备案的性质。

值得一提的是，申请人在申请公司注册时，公司组织章程必须由发起人在见证人前签署，同时须由一名股份认购人（股东）或公司章程细则中指明的公司董事或秘书签署一份指明表格——"遵从公司注册规定陈述书"，即由申请人对申请事项的真实性及符合公司条例负责，公司注册处对申请人的材料的真实性不承担任何责任。

（三）制度透明，办事效率高

走进香港公司注册处办事大厅，各项规章制度、服务承诺，都逐一公示，

而且各项设施都设计周到，十分具有人性化。大厅内随手可取的印制十分精美的小册子，按不同的分类共分为20种。首先是《可否为你效劳》，将本处能够提供的服务，公众如何查询及分类查询的电话、传真、网址都详细标明，还将公司注册处从处长到下面各个部门的负责人的姓名、职务、职责、电话都一一图示公布。服务承诺更是将服务范围、服务理念、服务标准逐一公布，而且将每年度的服务标准兑现情况以表格的形式公布于众，仅从中取其一项就可看出他们的工作做得如何细致。如递交文件（指排队轮候时间）一项：繁忙期间的标准处理时间是20分钟；非繁忙期间的标准处理时间是10分钟。制定的服务标准要求达到98%，实际检查的结果是100%。公司注册处还设有独立机构，跟踪调查服务、监察评估服务质量，并按客户要求调整服务标准。另外，由专业团体的代表和主要客户组成客户联络小组，定期交流沟通情况，及时反馈对公司注册处的意见和建议。

不同于内地公司注册资料不完全公开的做法，香港所有公司注册的资料可随时供公众查询，任何人只要在公司注册处的查册大厅填写需查询公司的表格并缴纳一定的费用后，即可获得该公司按年份存档所有文件的缩微胶片。而且公众也可以登陆公司注册处的网页，随时查询有关法规和最新的资讯。据介绍每月在线查询达23000人次之多。

任何人对服务不满意都可以投诉。公司注册处专门设有客户服务部，负责接受、处理公众的投诉。大厅里有专门征求客户意见和建议的小册子——"Help Us to Do Better" 以问卷调查的方式，对工作人员的态度、知识、效率以及建议逐一分列，客户只要填写、封口，即可投寄。

在公司注册处架构之外，还有申诉专员专门负责调查涉及政府部门的投诉，申诉专员公署的地址、电话、传真也都醒目公示。

制度的公开透明也带来服务的优质高效。据公布的资料，截至2003年3月31日，公司注册处注册在案的公司504246户，平均每个工作日注册196户。公司注册处在年度公务员顾客服务奖励计划"杰出顾客服务奖"比赛中荣获最佳效率奖。

（四）以营运基金运作，讲求成本效益

公司注册处是以营运基金运作的政府部门。1993年6月30日，前立法局根据《营运基金条例》通过决议，设立公司注册处营运基金，拨给营运基金41516万元，其中27670万元为资本投资基金向营运基金贷款，从1994年起，按每年定额2767万元，分十年偿还。公司注册处作为自收自支的公营机构，除保证对社会提供优质服务外，还要对营运基金的营运管理向立法会负责。因此公司注

册处处长下设有公司注册处经理、业务经理、拓展经理，注册处的各项服务都是有偿的，包括注册表格出售、申请登记收费、注册收费、登记周年申报表收费以及逾期申报收费等。公司注册处每个财政年度要对营运基金的运作情况作出详细的财务报告，并由审计署长对其财务报表作出审计并向立法会报告。从公司注册处2002—2003年度的财务报告可以看出，该财政年度公司注册处总收入（营业额）为24230万元，其中主要是年报表登记费，公司注册费，查询及影印收费，分别占总收入的28%、37.8%和19%，扣除营运成本19510万元，其税后盈利4040万元。公司注册处以营运基金运作，不但不需政府财政负担，除缴纳税收外，还每年付给政府股息约1200万元。正是有雄厚的财力支撑，使公司注册处不断改善服务设施，提高服务水平。今年公司注册处拟投入1.5亿元资金建设"公司注册处综合资讯系统"，实现电子化公共服务和电子方式注册公司。

二、两地公司注册制度之比较

法人制度和市场准入制度是构筑市场经济制度的基本要素。我国改革开放二十多年来，从《企业法人登记管理条例》到《公司法》、《公司登记管理条例》……逐步构筑起我们现在的企业法人制度和市场准入制度。但我们现今的登记注册制度还带有许多计划经济时代的痕迹和经济转型时期的特点，与香港公司注册制度相比较，有诸多不同。

（一）理念不同

在香港，政府视来申请注册办公司的申请人为纳税人。纳税人自然是越多越好，因此在制度设计上尽量减少障碍，降低门槛，简化手续。政府登记机关也视来注册公司的申请人为客户，以客为尊的服务理念使他们对来办事的申请人提供热情周到的服务。而我们内地在计划经济时代，除国有企业外，将私人投资经商都视为投机倒把，即便改革开放至今，对私人投资办企业仍有诸多限制，"有罪推定"的思维使得在制度的设计上就对来申请办企业的人是不信任的，从企业名称、法定代表人、经营场所、注册资本、经营范围等等，设置了很高的准入门槛、严格的审批条件、繁琐的审批程序。仅就法定代表人一项，就要有身份证明、任命文件、职业证明还要有计划生育证明等。过高的审批条件和准入门槛，把许多创业者都挡在了门外。要想从事经营又达不到条件，不外乎两条路：一是弄虚作假，因此虚假出资、虚假证明文件防不胜防；二是无照经营，所以无照经营屡禁不止。市场经济秩序的混乱又归咎于审批把关不严，于是再设置新的准入条件……如此恶性循环，使得办照的前置审批越来越多。

另一方面，政府管理部门视企业为管理对象，以管理者自居，使得"门难进、脸难看、事难办"的衙门作风很难改进。

(二)性质不同

香港的公司注册制度是注册备案的性质,是一种"宽进严出"的制度,其市场准入门槛低、程序简单、注册便捷、责任风险小。但公司注册成立后,对公司的经营行为有严格的规范要求和监管制度,包括公司要从事法律规定须取得专业商业牌照的行业,要获得相关部门的批准方可营业。既然是注册备案制,公司登记机关不必为企业的注册行为负责、承担风险,企业必须对自身注册文件的真实性负责。而我们内地的企业注册制度是审批制,是一种"严进宽出"的制度,市场准入门槛高,程序复杂,注册周期长,责任风险大。企业申请注册不仅要经企业登记机关审批,还要经主管部门和相关部门层层审批,但企业一旦获准注册,对其经营行为的监管由于法规不全、职责不明、管理不到位等原因,呈现大家都管又都不管的局面。而且,由于是审批制,各审批部门必须对其审批行为负责,承担风险,企业出了问题,往往要追究审批部门的责任。如河南某娱乐场所发生火灾造成人员伤亡,公司登记机关责任人因无卫生许可核发了营业执照而被追究刑事责任,就是例证。

(三)方式不同

香港公司注册处负责全香港地区的公司注册,采取集中注册登记的模式,政策统一,登记资源集中,且办理公司注册申请事宜仅找一家,办事十分方便。而我们内地企业注册登记采取的是分级登记的模式,国家工商总局、省工商局、市工商局、区县工商局乃至工商所都分别对不同的企业有登记注册的权限,再加上对外商投资企业、内资企业、个体私营企业又依据不同的法规分属不同的部门管辖,造成政出多门,登记注册资源重复浪费(以武汉市为例,同一城市,省、市、区工商局都有各自一套登记注册机构,登记办事大厅,登记信息网络)。对于企业申请人,要办一件事不知是找省工商局,还是找市局、区局;类似同一件事,在这个登记部门办不成,到另一个登记部门又可以办的现象屡见不鲜,使得企业无所适从。另外,由于是审批制,申办企业还涉及诸多前置审批部门,还有验资、资产评估等手续,办一个企业要跑多个部门,甚至一个部门卡壳,使得企业前期大量的投入泡汤。所以有"在美国登记一家企业仅要两小时,在香港仅要两天,在沿海要两周,在内地要两个月"的说法。

三、借鉴香港经验,改革公司注册制度

随着我国国内经济不断发展以及我国加入WTO,我们的企业注册制度愈来愈不适应形势的需要,特别是行政许可法的颁布实施,对现有的企业注册制度

也提出了改革的要求。因此，改革公司注册制度势在必行。香港公司注册的做法和经验，在我们改革公司注册制度中具有借鉴意义。

（一）树立为纳税人服务理念，改善公司立法

曾经有经济学家说过："改革我国的市场准入制度，我们的 GDP 还可能翻番。"降低市场准入门槛，实际也是降低创业的门槛和成本，为更多想投资办企业的纳税人创造机会。促进中小企业发展，增加就业，扩大税收，稳定社会，也是建立社会主义市场经济的题中之义。从这一目标出发，需要重新设计我们的企业登记制度，修订《公司法》、《公司登记管理条例》、《企业法人登记管理条例》等与企业注册相关的法律法规，删除对申办企业不合理的条件和障碍，重新审定现行的行政审批制度，废除过多过滥的前置审批，降低门槛，简化程序。如目前对注册公司最低资本金的要求及对投资人的种种限制等，都应取消或调整。改变对外商投资企业、国有企业、私营企业市场准入条件不一、竞争不平等的状况，即对外资企业的"超国民待遇"，对私营企业的"次国民待遇"的做法。

政府管理部门也要转变观念，树立尊重、服务纳税人的理念，变管理为服务，变"管理者自居"为"以客为尊"，全方位为社会提供规范、优质的投资环境。

（二）建立社会信用体系，改审批制为注册制

香港的公司注册制是建立在企业信用体系基础之上的。但对大陆而言，有一种担心认为在我们当前市场经济制度尚不成熟、法制尚不健全、社会信用体系尚未建立的情况下，改审批制为注册制，将会更加助长不法企业的造假欺诈行为。笔者认为，审批制向注册制的改变与企业的造假欺诈行为之间并无必然的联系，当前我们"严进宽管"的审批制度并没有遏制住普遍的造假和欺诈行为，何况我们的审批制对企业的申请注册也是一种程序上的审查，即对企业申请的形式要件的审查，对申请人申报的文件资料的真实性并不负责。因此，要从根本上遏制造假和欺诈，必须加强事后监管。通过信用制度立法、加强对企业经营行为的规范和监管、建立信用档案和信用信息披露制度、提高全民的公信意识等措施，多管齐下，方能奏效。

香港注册制度另一个很成功的方面就是公开透明，不仅各种法律政策、办事程序、收费事项、服务承诺等都逐一公示，显示了政府的公信力，而且对所有公司注册的资料也一律公开，随时供人查询。公司注册处下设有检控组，负责对违反公司条例的行为进行监管检控，企业的违规记录随时予以公布，用制度来规范和督促企业的公信力。因此，我们的注册制度由审批制转向注册制，不仅有利于登记机关由重事前登记、轻事后管理向加强事后监管转变，而且有利于为建立企业的信用体系创造条件。

(三)整合注册资源，改分级登记为集中登记

分级登记制度实际是我们当前行政体制机构重叠，部门权利利益化的体现。所谓分级登记，就是一种权力利益的分配。财政分灶吃饭、登记收费各自入库的体制，使得省、市、区登记机关都各自把住一块登记权限，以分得自己的一杯羹。这种分级登记制度造成政出多门，登记资源重复浪费，企业无所适从，其弊端显而易见。按科学配置注册资源、方便服务企业的原则，一座城市只应设一个登记机构。以武汉市为例，全市完全可以设立一个企业登记中心，为方便企业办事，可在偏远郊区设立若干办事机构。这样，省、市、区不必重复设立登记机构，不必重复建设登记大厅，也不必重复投资登记信息网络。省级机关可专注于政策研究、宏观指导；基层单位可专注于行政执法、市场监管；企业登记注册机构可专注于注册登记事宜，不断改善服务水平。资源可以大大节约，成本可以大大降低，效率也可大大提高。

(四)利用现代信息技术，提高注册效率和服务水平

香港公司注册处正在实施建设《公司注册处综合资讯系统》，以实现电子化公共服务和电子化注册公司的目标。利用现代信息技术，推行电子政务，已是当今各国政府行政改革和发展的方向。经过这几年的探索，我们武汉市工商局在信息化建设、打造"数字工商"等方面迈出了实质性的步伐，我们已初步建立企业电子档案系统、办公自动化系统、12315投诉指挥系统等，综合业务系统也正在建设试用中。但要使我们这些系统综合发挥作用，还有待于政府的政务平台的有效建立和实施。从目前武汉市信息化建设的情况来看，还没有根本改变：缺乏统一规划、各自为政、盲目开发、信息难以共享的低水平状况仍然存在。因此，如何使工商企业的注册信息与税务、质监、社保、银行、海关、公安、统计等部门的信息整合，开发，应用，共享，还有很长的路要走。值得重视的是，目前各区都在建设区级政务中心，将区一级各职能部门集中联合办公，实施一厅式办公、一站式审批、一条龙服务，这是一件好事，但这种方式只能作为当前部门职能尚未理顺、行政审批繁琐、电子政务尚未建立的一种权宜之计，并不代表将来政府行政的方向。只有实现了真正意义上的电子政务，才可以实现在线申请，网上审批，信息互联，资源共享。民众找政府部门办事可以足不出户，在电脑上登陆政府网站，轻点鼠标，各项事务轻松处理。相比之下，将各部门集中在一个大厅内的办公形式又显得落后和多余了。在广大民众的期待下，我们相信，这种电子政府的时代已经不远了。

(作者单位：武汉市工商局)

课题报告篇
KETI BAOGAO PIAN

一等奖

北京市食品安全现状分析及立法对策

北京市工商局课题组

一、北京市食品市场的特点

(一)北京是食品的特大销区,对外埠食品有较大的依赖性

北京是一个特大消费型城市,常住人口约1500万,流动人口超过300万,市场每日上市猪肉约110万公斤,蔬菜超过1600万公斤,牛羊肉约77万公斤,米面300万公斤,鸡蛋250万公斤,食用油50万公斤。主要食用农产品来自外埠,北京市自给量仅占总需求的30%。近年来北京批发市场上,蔬菜、水果、牛肉、羊肉、水产品五大类来自外埠的则高达85%以上,蛋品、干果、粮食来自外埠的量也在50%以上。猪肉北京货源占85%以上,但很大部分为活猪进入本市屠宰后上市。具体情况如下表所示。

2001—2003年批发市场农产品来源表

项目	2001年		2002年		2003年上半年	
	北京%	外埠%	北京%	外埠%	北京%	外埠%
蔬菜	14.3	85.7	10.5	89.5	16.5	83.5
水果	16.6	83.4	12.5	87.5	12	88
干果	18.9	81.1	27.5	72.5	32.8	67.2
猪肉	87.3	12.7	89.5	10.5	96	4
羊肉	12.0	88.0	14.3	85.7	17.2	82.8
牛肉	16.5	83.5	19.1	80.9	20.6	79.4
蛋品	26.2	73.8	28.9	71.1	23.9	76.1
禽肉	36.9	63.1	52.5	47.5	36.6	63.4
水产品	17.2	82.8	14.4	85.6	12	88
粮食	56.9	43.1	46.7	53.3	40.8	59.2
食用油	64.2	35.8	83.5	16.5	26.7	73.3

河北、山东、内蒙等省区为保证首都市场农产品供应作出了很大贡献。具体如下:

蔬菜:河北、山东两省是最大的供应地;海南为冬季蔬菜的主要供应地之一;

水果:河北、山东、内蒙古、海南等省;

干果:北京周边省市及新疆、内蒙古和福建为主要来源地;

牛肉:主要来自河北、内蒙古,占到63%;

羊肉:主要来自河北、山西;

蛋品:主要来自河北、内蒙古、山东等地,约占总量的60%;

水产品:山东、河北是淡水鱼的主要来源地,而海产品则集中在福建和浙江等沿海省市。①

(二)食品生产经营呈现出多元化特点，经营者众多，业态多样，渠道复杂

北京本市食品经营者众多，全国各地的食品都在北京市场销售。在食品经营者中既有大型国企、跨国公司、中华老字号企业；也有为数众多的个体经营者，这些个体经营者主要集中在批发市场、零售市场和个体食品加工及中小型餐饮行业。此外还有不少未取得营业执照和卫生许可证的食品生产经营者，据城管部门统计，2004年取缔食品相关无照经营者50000余起。

食品销售企业业态在经历了国营企业、集贸市场一统天下的时期后，开始了多样化的时代。北京市有经营食品的集贸市场近700个，具有一定规模的食品批发市场21个。根据北京市场协会的统计，北京市目前还有非正规的早市、非法占路无照聚集群60余个。各种食品相关的超市连锁店达2000多个[②]。批发市场、超市、社区菜市场、早市、连锁店、便民店组成了北京市食品流通业态体系。中国加入WTO以后，放宽了国际大型零售企业的市场准入，家乐福、沃尔玛、易初莲花、普尔斯玛特等超市巨头纷纷在北京开设了大型卖场。多元的食品生产经营者和业态导致了食品流通渠道的多样性。

(三)北京城市居民食品消费的平均水平已达到"富裕型"

根据北京市城乡经济信息中心分析，北京城市居民食品消费已达到"富裕型"水平。北京市城乡经济信息中心网上调查显示，家庭年收入5万元以下的占49.3%，5~10万元的占37.5%，10万~30万元的9.4%，30万元以上的占3.8%。总体看来，北京城市居民的消费倾向呈逐步提高的趋势。全国七大城市居民消费倾向比较数据显示，北京城市居民的消费倾向为82.5%，仅次于杭州，远远高于全国78.3%的平均水平。从1998—2002年的五年间，北京城市居民人均每年食品消费支出占人均年消费支出总额的37%，即恩格尔系数为37%。2002年全国居民平均为37.7%，北京为33.8%，2003年达到31.7%，北京居民生活已经步入"富裕生活"阶段。[③]1998—2002年五年期间，北京城市居民食品消费结构发生了变化，传统农产品消费支出占居民食品消费支出的比例呈逐步下降的趋势。同时城市富裕家庭对某种农产品的消费逐步趋于稳定，其消费偏好朝着健康、营养价值更高的食品转变。城市居民对农产品质量和品牌的重视程度逐渐提高。城市中高收入消费群体的消费偏好，首先考虑的是产品的质量和安全；其次是关注品牌；最后是关注价格。[④]

(四)食品消费群体复杂，消费水平和需求差异大

北京是首都，是政治、文化中心，是一个正在成长中的现代化国际大都市，

食品消费者层次众多，需求各异。北京是中央国家机构所在地，各单位的日常食品供应基本靠北京市场满足。每年的全国"两会"在北京召开，参会人大代表、政协委员的食品供应也依靠北京市场。北京定期举行各种大型庆典及赛事，食品供应的要求也很高。北京是外国驻华使馆所在地，驻华使节及工作人员对食品安全要求非常高。北京近年来出现了以民营企业经营者和高级"白领"为主的高收入阶层，他们一般在饮食上追求营养和时尚，消费水平和需求也比较高。

与食品消费的高需求相比，北京市还有许多低消费人群，他们包括城市中的贫困人群、下岗失业人员和外地来京务工人员，他们的生活水平比较低，食品消费需求也比较低。这种现状为低价低质的食品和无照经营及非法市场创造了生存的空间。如2003年北京市发生的不合格大米事件中，不合格的大米购买者主要是建筑工地的民工食堂。非法早市上的主要购物者都是生活水平相对较低的群体。实际上他们也是最容易受到食品安全事件侵害的群体，需要得到特别的保护。

二、北京市食品安全存在的问题及原因分析

近年来通过北京市政府有关部门的不断努力，北京市食品安全水平有了较大的提升。2004年，食品安全各监管部门在北京市委、市政府的正确领导下，以构建现代化的首都食品安全控制体系，最大限度地预防、减轻和消除食品安全危害与风险为目标，密切协作、通力配合，深入推进食品放心工程，扎扎实实地开展食品安全专项整治，取得了明显的成效。食品安全监督协调工作机制得到进一步完善，食品安全组织监管网络基本建立。2004年，北京市卫生、质监、农业、工商等部门共监督抽查17类食品6.3万余件，符合国家标准的5.95万件，总体合格率为94.4%，同比增长2.4个百分点，大部分食品的安全状况良好。但是食品安全形势仍然比较严峻，问题比较突出，食品的安全消费仍然是市民最为关心的问题。

（一）北京市食品安全存在的问题

目前北京市食品安全仍然存在一些问题，有的问题在某些局部地区还比较严重，有的问题带有一定的普遍性。这些问题不仅危及人民群众身体健康和生命安全，也在一定程度上影响了消费者对食品消费的市场信心。在某些特定的情况下，甚至可以影响到社会经济和政治的稳定。问题主要表现在以下几个方面。

1. 食用农产品产地环境较差，投入品使用不规范

市农业局农业环境监测站对北京市13个区县基本农田（菜田）环境质量进行了检测。共采集到土壤样品301个，蔬菜样品216个。土壤样品的分析结果表明，近郊区县包括朝阳区、海淀区、丰台区、通州区以及大兴区等原污水灌溉

地区蔬菜基地土壤环境质量状况不容乐观。在朝阳、海淀、丰台三个近郊区以及通州区和大兴区的原污水灌溉地区重金属积累比较严重。各卫星城及朝阳区、海淀区、丰台区近郊一些小型的蔬菜生产基地周围都有不同程度的点源和面源污染情况（生活废水、垃圾、白色污染等）。在硝酸盐限量方面，近1/3的蔬菜样品尤其是叶菜类超过北京市食用农产品安全生产暂行标准中规定的硝酸盐含量标准，且超标的样点并非主要集中于某些地区，而是在全市范围内。⑤

在农药、化肥、兽药、饲料及饲料添加剂使用方面，仍存在很多不规范的地方。由于"绿色农药"产品的研发投资大、耗时长，高毒农药的替代品的种类不能满足需要，而且现有"绿色农药"一般价格高、见效慢、药效短，再加上农民受到的教育培训较少，农产品质量安全意识差，高毒农药仍在相当大程度上使用。在化肥、兽药、饲料、饲料添加剂等其他投入品上也存在同样的问题。北京市大部分食用农产品靠外埠供应，各地农业生产管理情况不一，很多地方还处于较低的水平，这给北京市农产品供应带来更多的食品安全隐患。

2. 鲜肉屠宰流通欠规范，注水肉等问题肉品屡禁不止

北京市在规范屠宰环节、规范鲜肉市场、打击注水肉中做了大量的工作，鲜肉质量检测合格率大大提高。但从目前的情况看，鲜肉经营中的违法问题并没有被完全遏制，在某些时段和个别地区总有抬头的趋势。2004年查处私屠滥宰点20余个，没收生猪及猪产品200余头，销毁病死猪100余头，对北京市、外埠的7家屠宰企业和4个产区的有关畜禽鲜肉产品全面退市。由于受到利益的驱使，有些市场及市场周边的非法鲜肉批发活动屡打不绝，而且违法分子面对执法部门的监管，采取了各种应对手段，更增加了监管的难度。

屠宰环节目前存在问题较多，屠宰厂准入门槛过低，小型屠宰厂普遍生产工艺落后，基本的加工屠宰条件不具备。屠宰厂间竞争激烈，只顾赚取屠宰加工费，不能落实屠宰的各项制度，对代宰的牲畜不按规定进行严格检查，代宰规定不落实。屠宰厂缺少对代宰户的管理，造成牲畜来源不明，出了问题无法追溯。私屠滥宰还在一定程度上存在，扰乱了市场秩序。在鲜肉流通环节，批发市场管理中存在一定漏洞，主要是专业购销户的监管还不到位；上市鲜肉标准化程度较低，冷链运输还没有完全实现；鲜肉市场外交易比较严重，对场外交易法规规定不明确，监管权限划分不清。

3. 部分食品生产加工企业内部管理不规范，自律水平差，标准执行不力，食品安全缺少保障

部分食品生产加工企业虽然建立了生产操作规范，但执行起来并不严格。有的企业不执行国家标准而是制定低于国家标准的企业标准。有的企业食品原

材料来源不清，没有完整的生产记录，甚至采购伪劣食品原料。企业没有完全建立自检制度，有的企业没有必要的检测设备，有的虽然有检测设备，也只是在有检查的时候应付一下，随后就不再使用了。有的企业使用国家明令禁止使用的添加剂或过量使用添加剂。

4. 生产加工领域恶意违法情况比较严重，非法食品生产加工窝点难以根除

目前食品生产加工领域的恶意违法情况比较严重，新闻媒体对此曾多次进行暗访曝光。如河北南和的毒油事件、废皮革食品胶事件（央视记者在衡水阜城县古城镇的众多明胶加工厂中看到，这里的明胶竟是用皮革废料加工而成的）、鸡肠子"食用油"事件（央视记者在秦皇岛昌黎县龙家店镇南各庄村发现，这里的村民竟然用鸡的内脏和碎脂肪制作"食用油"）⑥。这些事件还有很多，简直是触目惊心，但又屡禁不止。有时候执法人员严厉打击整治之后不久，这些非法经营者又会卷土重来。

5. 食品市场检测部分食品合格率较低

从 2004 年全年市质监局，卫生局，工商局、消费者协会以及国家一些相关部门公开发布的北京市食品安全检测信息来看，部分食品的检测合格率仍比较低。其中在 80%～89.9% 之间的食品有：固体饮料、方便面、果冻共 3 种（类）；在 70%～79.9% 之间的食品有：桶（瓶）装水、巧克力、生猪肉、碳酸饮料、含乳饮料、速冻米面制品、熟肉制品，共 7 种（类）；在 60%～69.9% 之间的食品有：罐头产品、豆制品、酱腌菜 3 类产品；在 60% 以下的食品有：食用菌，蜜饯 2 类产品，其中蜜饯产品合格率仅为 36%。抽查中反映出的最突出问题是：微生物超标，超范围或超量违规添加食品添加剂，以及标签标识不规范等现象。

6. 餐饮企业、集体食堂食品安全事件时有发生

近年来，北京市餐饮企业和集体食堂食物中毒事件时有发生，其中建筑工地食品安全存在较大隐患。截至 2005 年 12 月，北京市共发生食物中毒 73 起，中毒人数为 1288 人，其中集体食堂占到 30 起，中毒人数为 528 人，占到中毒人数的 41%。

北京市建筑施工面积有上亿平方米，工地 6400 多个、建筑工人约 120 万人，其中没有登记在册约 60 万人。2004 年 1～9 月，北京市共发生食物中毒事件 40 余起，建筑工地 10 起，占总数的 25%；中毒人数 900 余人，建筑工地约 350 余人，约占总数的 40%。2005 年，建筑工地食物中毒事件有 7 起，中毒人数 181 人，占到全年北京市中毒人数的 14%。建筑工地食堂的卫生条件、环境状况总

体上不尽如人意，许多食堂无符合安全卫生要求的食品加工、贮存条件，缺乏相应的食品安全管理制度，操作人员未经食品安全培训，不具备必要的食品安全操作知识，食品及原材料的进货渠道无人把关，极易引发食物中毒事故。建筑工地的食品安全状况已严重威胁到建筑工人的身体健康与生命安全，严重影响到北京市作为全国首善之区的食品安全形象。

(二)北京市食品安全问题原因的分析

1. 食品相关法律、法规滞后，冲突，缺少整体性与可操作性

首先，部门立法，造成了法规冲突，职权分割，责权不统一。在计划经济向市场经济的转型阶段，政府改革尚不到位，食品立法和很多立法一样还沿袭部门立法的模式。《食品卫生法》是卫生部门牵头；《产品质量法》是质量监督部门牵头；《动物防疫法》是农业部门牵头；《生猪屠宰条例》是商业部门牵头。这造成了食品法律的不统一，甚至冲突。

其次，立法空隙造成地区间政策不统一。有些立法在考虑地区发展差距的基础上，对实行某些政策采取了不一致的方式。最典型的是对生猪之外的家畜家禽产品的定点屠宰问题。《动物检疫法》规定：国家对生猪等动物实行定点屠宰、集中检疫。省、自治区、直辖市人民政府规定本行政区域内实行定点屠宰、集中检疫的动物种类和区域范围。北京市在《实施〈中华人民共和国动物防疫法〉办法》中明确规定：北京市牛、羊、鸡、鸭实行定点屠宰、集中检疫。但同时周边供应北京市的省份并没有实行牛羊肉的定点屠宰，这样势必会对北京市场形成冲击，北京的企业因定点屠宰增加了成本，将处于劣势，致使北京市的工作也难以开展。

第三，注重事后查处，事先预防机制不足。如 FAO/WHO《强化国家食品控制体系导则》中指出的："传统的立法"一般是将不合格食品的概念列出来，然后描述如何采取法律手段将不安全(不合格)的食品从流通领域移走，并对有关主体进行处罚。而"现代的立法"则应当允许有关当局在体制中构架预防性措施……我国目前的食品立法如《食品卫生法》、《产品质量法》基本属于传统立法的模式，缺少预防性的措施。立法中缺少对整个食品链条进行高度控制，对目前最先进的技术吸收甚少，尤其是对信息的归集、分析与发布、风险性分析和基于风险性分析的预警体系都没有在立法中体现。这些内容的欠缺会使食品监管工作经常陷于被动。

第四，处罚力度过轻，法律无法起到惩罚违法者和预防违法的作用。以经营无检疫证明的畜禽产品为例，该种违法行为应该是各种食品违法行为中比较严重的。因为实践中无检疫证明的畜禽产品一般为私屠滥宰加工点的产品，食

品安全风险很大。这些加工点没有合法手续，有的为了牟利，甚至收购病死畜禽进行屠宰加工。这样的产品一旦上市，被消费者购买，其风险可想而知。对于如此严重的违法行为，《生猪屠宰管理条例》仅规定由兽医卫生监督机构责令停止经营，没收违法所得，并对未出售的畜禽及其产品依法进行补检。这种处罚的力度可能是源自原来对农民自宰畜禽产品的监管，目前的违法经营者都是相当有实力的专业购销户，每次交易都在数万元，执法部门的一次处罚还抵不上他们一天的收益。用一个举报者的话说："你们处罚他一次，他就当下了场大雪，没出门。"

2. 食品监管相关部门职能交叉、缺位，没有形成科学的食品安全监管机制

对部门监管职能交叉、缺位最形象的比喻莫过于"六个大沿帽管不住一头猪"了。猪肉从生猪饲养到最后消费有多个部门进行监管，但最后监管的效果却非常不好。为什么会造成这种局面？原因很复杂。有人说是分段监管造成的，鲜肉监管环节过多，各部门分段监管缺少整体性，各行其是。这种说法有一定的道理，铁路警察各管一段的做法，难免会产生这样的问题。其实仅仅说是分段监管也不确切，实际的情况是分段交叉式监管。既有分段又有按条，就造成了分段交叉监管的情况。以"缺少整体性"并不能全面概括其缺点，只能用"混乱"来形容其监管状态，如下表所示。

鲜肉监管模式分析表

环节	监管部门	监管内容	法律法规依据
饲养环节	农业	免疫、检疫、饲料、兽药	动物防疫法、饲料管理条例、兽药管理条例
屠宰环节	农业	猪肉检疫、牛羊肉禽类屠宰	动物防疫法
	商业	猪肉屠宰厂定点、猪肉屠宰、肉品检验、私屠滥宰、注水肉	生猪屠宰管理条例
运输	农业	路口消毒检查	动物防疫法
	工商	冷藏车运输	117号令
加工	卫生	卫生许可证、食品卫生	食品卫生法
	质检	产品质量	产品质量法
市场	卫生	卫生许可证、食品卫生、瘦肉精	食品卫生法
	质检	产品质量抽查	产品质量法
	工商	产品质量监管、注水肉、批发市场监管、市场准入、市场控制措施、退出	产品质量法、双生市场条例、117号令
	农业	检疫	动物防疫法
消费	卫生	卫生许可证、食品卫生	食品卫生法
	工商	消费保护	消费者权益保护法

这样的监管模式既造成了行政资源的大量浪费，又使违法者在监管部门的交叉监管中逃避了惩处。如鲜肉的冷藏车运输问题，本来路口检查是否使用冷藏车运输是效率最高的做法，但农业部门却只能进行车辆消毒、查证和对物等内容，而对鲜肉经营必须检查的，如冷藏车运输、是否注水等内容则概不负责。冷藏车运输和注水只能由其他部门到市场进行检查。这样做的结果就是农业部门在路口不管是否为冷藏车运输或注水，全部放入北京市，而这些车辆并非全部进入批发市场，他们完全可以绕过市场环节，采取直销的方式，来规避监管。这种混乱的状况并非鲜肉监管独有，其他食品也存在类似的问题。

在食品检测上这个问题也比较突出。虽然各级政府都强调不要重复检测，但实践中根本无法落实，在某些节日或重大食品安全事件发生以后，一个市场或超市可能迎来各个部门接踵而至的检查和抽检。这样的监管往往令正规企业无所适从，而非法经营者可以利用监管上的漏洞与空隙规避法律法规的处罚。

3. 食品相关标准滞后，体系不完善

标准是食品安全的重要保证。目前中国食品安全的标准制定工作滞后。目前国际通行的标准是联合国食品法典委员会（CAC）标准，它是联合国粮农组织237种食品的检测标准和41个卫生安全标准，对158种农药、54种兽药、1005种添加剂和25种食品污染物进行评估，一共有8000个左右与食品相关的标准。我国目前的标准问题，一是许多标准标龄过长，缺乏科学性与可操作性，在技术内容方面与WTO有关协定和CAC标准存在较大差距。发达国家目前则更多地采用国际标准，某些标准甚至高于现行的CAC标准水平。我国国家标准只有40%左右等同采用或等效采用了国际标准，食品行业国家标准的采标率只有14.63%；二是标准之间相互矛盾，国家标准、行业标准和地方标准之间存在着交叉、重复。部分企业标准低于相应的国家标准或行业标准；三是重要标准短缺，部分标准的实施状况较差，甚至强制性标准也未得到很好的实施。

4. 食品检测的"瓶颈"制约监管效能的发挥

食品质量检测是判断和控制食品安全性，保护人民健康，推动国际贸易，维护国家利益的技术保障，是当今世界食品安全监管的重要手段之一。在实行从农田到餐桌管理的食品安全保证体系中，检测工作起着非常关键的作用。各国政府都十分重视设置检测机构，应用先进检测方法，建立分析质量保证体系以及培养优秀检测人员。与发达国家和国际组织相比当前我国食品安全检测技术水平和技术设备比较落后。现实表明，食品检测构成了制约食品安全控制的瓶颈。

首先是检测方法问题。食品尤其是农产品的保质期限都比较短，实验室检

测方法虽然定性定量准，但更适合于对食品进行日常抽测，并不适用于食品的售前检测。农产品批发市场历来有"鲜鱼水菜"之说，如果售前检测占用太多时间将直接影响农产品的品质。快速检测法可以在很短的时间内对众多的样本进行检测，最适合于农产品的售前检测，但快速检测的效力问题又是争议的焦点。实验室检测法无法满足农产品销售的要求，而快速检测法无法作为执法的最终依据，摆在监管部门面前的是两难境地。

第二是检测技术问题。在批发市场对进场蔬菜进行检测时，由于技术的限制，每次只能检测少量样本，无法进行大量抽样，这种蜻蜓点水式的检测，根本无法达到控制入市蔬菜安全的要求。

第三是检测经费问题。一方面是监管部门经常遇到检测经费不足的情况，另一方面是批发市场自行检测的费用难以维系。监管部门的检测费用可以通过政府加大投入来解决，而市场自行检测的支出就不容易解决了。目前北京市各大批发市场都已经在政府的支持下，自建了检测室，在资金不足的情况下，只能做个摆设，不能发挥其应有的作用。

5. 缺少健全的食品安全信用体系，经营者违法成本过低

从北京市的现实状况来看，由于直接通过行政手段规范食品生产经营活动的法律、法规的不健全，或者操作性差，造成违法经营者往往得不到应有的处罚，或者处罚起不到震慑作用，违法成本远远低于违法所得。相对失信行为给国家和社会经济造成的损失而言，对违法行为的行政处罚也远远不对称。来自一线的食品安全监管工作者反映，违法者往往是今天被处罚，明天就改头换面重操旧业。由于法律、法规一般情况下滞后于经济社会的发展，违法者规避法律的能力也只会越来越强，这样，必然会造成监管的"真空"。发达国家的经验表明，通过制定信用制度基本法规，以完善的信用数据体系为基础，以信用管理的手段约束企业、个人的做法既能大大节约行政成本，也能有效督促企业自律，提高社会整体诚信意识。信用监管方式是一种长效机制，企业一旦严重失信，就可能被市场自动选择甚至淘汰。

目前，北京市按照《北京市行政机关归集和公布企业信用信息管理办法》的规定建立了"北京市企业信用信息系统"，该平台的建立对于促使企业增强信用观念，加强北京市信用建设起到了基础性作用。但是这个系统是以市场主体为骨架搭建的，而没有和食品产品直接对接，因而不能使社会公众、消费者将两者联系起来，也就不能有效通过信用机制引导消费者的消费行为，约束经营主体的经营行为。

6. 市场准入制度还处在起步期，市场准入门槛过低

市场准入一般分为主体准入和商品准入。在主体准入方面，食品生产经营者有一套比较严格的准入制度。主要的做法是发放卫生许可证和食品生产许可证。卫生许可证目前由卫生部门核发，主要对生产经营单位的卫生情况进行审核，并作出是否可以进行食品生产经营的决定。目前问题比较多的是超市和市场内现场加工的问题。

我国自 2002 年 8 月开始实施食品质量安全市场准入（QS）制度，有质量技术监督部门对重点食品生产企业核发食品生产许可证。目前已经分三批将 28 大类食品纳入监管，事实证明收效比较明显。但目前的市场准入制度仅在生产、加工环节实施。影响食品安全的诸多环节和主体还包括农产品种植、养殖过程、流通领域、农产品经销、代理企业等。这些环节的准入规范对于保障食品的安全同样起到至关重要的作用。如果农产品本身就不符合相关安全标准，经过生产加工过程后的工业品的质量也就无从保证。同理，如果流通领域不严格执行准入制度，不符合质量要求的产品同样可以上市经营，则生产加工领域实施的准入制度形同虚设。但是，在上游的农产品种植、养殖领域，即使是已经实施食品质量安全市场准入制度的生产加工领域，也难逃尴尬。同时目前卫生许可证和食品生产许可证之间存在着一定的交叉，也给食品生产者带来了一定的困惑。

商品准入实际上就是食品市场准入。北京市率先实施了食品市场准入制度，并且取得了很好的效果。但由于这项制度还处于探索阶段，目前北京市的食品市场准入屏障还没有完全建立起来。根据食品市场准入制度的要求，食品进入市场主要由标准准入、票证准入、协议准入和商品备案四个主要部分构成。标准准入落实情况比较好。票证准入方面表现为进货验收和索证索票制度，这个制度在重点食品上落实得较好，但在个别地区或市场落实得并不理想，尤其是有些零售市场无法从批发市场经营者那里得到正式的出货单据。商品备案虽然取得一定效果，在一些大型超市已经把是否备案作为进入超市的一个条件，由于备案没有强制力，其预期的效果并没有完全达到。

7. 批发市场的关卡功能没有实现

批发市场在北京市的食品供应中起着举足轻重的作用。批发市场年成交额超过 150 亿元，占北京市年食品消费总额的四分之一。食品在批发市场中经由率很高，其中蔬菜高达 90%。⑦批发市场已经成为食品特别是农副产品的主要集散场所，是外埠农副产品进入本市的主要途径，也是零售环节的主要供应地。集散和关卡是批发市场的两大核心功能。在发展初期，批发市场的作用是为了缓

解农民"卖菜难"与市民"吃菜难"的产销矛盾，主要是发挥集散功能。在这种历史条件下批发市场的任务很单纯，就是要给农民提供一个销售的平台，把农副产品引入城市。由此也就形成了以集散功能为核心的交易模式：简单粗放的现场对手交易。今天的批发市场还在沿袭着其初期粗放的经营模式，这显然是不行的。这种粗放的交易模式下关卡功能基本无法实现，主要表现为：第一，批发市场内交易主体不明确；第二，上市商品标准化程度极低；第三，食品安全检测不落实；第四，票据链条不完整；第五，交易秩序混乱。批发市场的关卡形同虚设，各种不合格的食品可以通过批发市场流向零售和消费领域，也使理想中的全程追溯难以实现。

同时，由于北京市对批发市场的开办并没有严格的限制（在《行政许可法》实施后更是无法可依），任何市场都可以从事批发业务，这就造成了"批发市场转移"的现象。当监管部门对某些批发市场的某些商品监管力度加大时，这些商品就有可能转到其他零售市场去，使零售市场成为批发市场。最典型的是鲜肉销售。北京市曾经实行鲜肉定点批发市场制度，要求鲜肉批发必须在八大批发市场进行。后来这项制度被清理取消，农副产品市场都可以经营鲜肉批发。当监管部门对原有批发市场注水肉加大打击力度后，一些新的鲜肉批发市场就"应运而生"了。

8. 食品生产、经营模式落后，现代化水平低

中国农户生产规模分散狭小，供应能力较低。户均经营耕地 7.94 亩，户均售粮 1047.3 千克，猪肉 97.62 千克，禽蛋 55.45 千克，是全世界最小的农户。这无形中增加了收购、运输、储藏、销售的环节与难度，增加了安全的风险。批发商、农产品加工企业向农户收购，一般不具备检测能力，往往区分不出安全与不安全农产品，这样，农户不承担违规操作的责任，从而导致要求农户按照食品安全要求进行生产仅仅具有号召作用。

2001 年，国家质检总局在全国范围对小麦粉、酱油、食醋、食用植物油、大米等 5 类食品的 60085 家生产企业的专项调查表明，10 人以下的家庭作坊式企业或生产厂占 79.4%，很多生产企业的工艺和技术都非常落后。

在批发市场环节，仍然沿袭着初级农产品对手交易的模式。多年来除了卖菜的三轮车变成了农用车，农产品批发交易模式没有发生大的改变。农产品批发商把蔬菜从基地或产地批发市场运到北京的批发市场，在场内和采购者交易，和农村大集区别不大。

很多餐饮企业和集体食堂还没有建立一整套食品安全控制机制。没有完善的采购制度，没有厨师的资格限制，各种违规的操作在有些单位已经习以为

常。实践中很多工作人员没有基本的食品安全知识，有些建筑工地就是用包工头的亲属负责食堂。这样的状况下才酿成了扁豆中毒、工业用盐中毒等食品安全事件。

9. 全程追溯链条尚未形成

近年来国际上食品的全程可追溯性越来越多地被强调。全程追溯实际上有两层含义：一是食品的全程追溯，一是责任的全程追溯。食品全程追溯的目的在于掌握食品整体流程，对出现问题的环节进行分析和控制，在紧急情况下，向上可以追溯到问题的源头，向下可以追溯到终端消费者。责任全程追溯的目的在于明确食品安全工作中的责任，在食品安全事件发生后，追究相应责任人的责任。只有这样才能使食品安全相关责任人真正关心自己的责任，增加违法者的失信成本。

全程追溯的手段主要包括票证、包装标签、供销协议等。从票证来看，落实的情况很不均衡，可以看到这样的现象：越是安全水平差的食品，票证提供情况也越差。一方面安全水平差的食品一般都是由非正规经营者生产和承销的，相关票证无法按要求提供；另一方面，问题食品的生产和经销商为了逃避监管和追溯，也不愿意提供票据。在这种情况下，如果监管不严，这些生产经营者就不开具或索取相关票证；监管严了，他们会采用开具假票证的方法来规避。食品的包装标签是食品的身份证，但有些食品的标准化程度很低，造成了包装标签无法落实。最典型的是蔬菜和鲜肉。通过供销协议也可以进行追溯，但如同票证一样，非法食品生产经营者是不会签订供销协议的。同时制度上的缺陷也造成了全程追溯无法落实。以外埠白条鲜肉为例，生猪在外埠屠宰厂屠宰时，屠宰厂应核对并记录生猪的免疫耳标，可以追溯生猪的养殖情况，但在鲜肉进入北京检疫路口时采取"一车一票"的方式，免疫耳标的信息并没有附带进来，造成了鲜肉信息的断链，全程追溯无法实现。

10. 外埠生产加工领域监管乏力，直接对北京市市场形成冲击

北京市是食品特大销区，对外埠食品供应的依赖性很强。按照食品安全监管的理论，最无力的监管是终端监管，最有效的监管是源头监管和全程控制。源头一旦"失守"，市场只能疲于应付。回顾近年来发生的与北京相关的食品安全事件，很多都与外埠生产领域有关。有些地方甚至成为北京市场伪劣食品的"专供基地"，有人说："北京被假冒伪劣食品包围了。"

造成这种局面的原因是多方面的。随着经济的发展，食品生产和其他商品生产一样也呈现出越来越明显的专业化趋势，各地都在根据自身的特点发展自己的特色食品。如前文列举的问题食品，实际上都是各地的特色产品。发展特

色食品是好的趋势，值得提倡，问题是对这些特色食品的集中生产活动一旦监管不力，就有可能产生大规模的不安全食品。这种现象和我国整体经济发展水平不高有直接的关系，这些食品的生产者一般是由农民发展而来，受教育程度低，食品安全意识差，生产设施差，只能以家庭式小作坊式进行生产，这样生产出的食品质量难以保障。目前农村地区地方政府的监管普遍乏力，一方面地方政府为了地方经济发展，可能对违法行为视而不见，更多的情况是地方政府对这些成规模的生产已经无力控制。如前文提到的食品生产过程中的博弈现象，在竞争者通过非法手段获利的时候，生产者还坚持合法经营，无异于自取灭亡。由此造成了非法生产和监管无力的恶性循环。

再完备的市场准入体系也只能是一个有限的防御性屏障，加之北京市不是特区，不能设立真正意义上的关卡。非法食品无孔不入，任何封堵措施的出台都会造成不法经营者的应对。面对来自生产领域如此大的冲击，北京市场实在难以承受。

三、北京市食品安全监管地方立法的设想

（一）北京市食品安全监管立法应该遵循的几个原则

1. 首都特殊性原则

北京是首都，是我国政治文化中心，这个特殊地位决定着北京市的食品安全监管有着很强的特殊性。北京有众多的中央机关单位，政府首脑机构都需要本市供应日常消费食品，每年"两会"代表委员的就餐问题，重大会议、活动的就餐问题，驻华使节的日常食品消费，等等。不仅仅是卫生健康问题，还是政治问题。食品安全问题都有可能导致严重的政治与外交事件，后果非常严重。

北京是首都，理应是"首善之区"，食品安全管理水平应代表中国食品安全管理的最高水平，在中国是全国各地学习的典范，在世界上是我国经济发展、政治稳定、人民安乐的体现。北京将在2008年迎来奥运会的召开，届时北京将成为世界瞩目的焦点，其食品安全状况如何，直接关系到奥运会能否顺利召开与进行。

基于首都的诸多特殊性，地方立法也不能以一般城市食品安全管理的标准来要求，必须在上位法允许的范围内，给食品安全的主管政府部门、食品生产经营者提出更多的责任和义务，通过各种手段，建立起一个首都食品安全的屏障，确保万无一失。把握住这个原则，北京市的食品安全监管才能不墨守成规、满足于一般的要求，才能在原来的基础上确有突破，确有作为，改变现状。

2. 系统性原则

基于中国的立法现实，缺少系统性成为目前我国食品相关立法的最大缺点。主要表现在监管职能交叉、缺位与脱节。所以地方立法必须摒弃"部门立法"的模式，站在全局的高度分析与弥补原立法与监管中的脱节与缺位，立一部由"农田到餐桌"的全过程监管的地方法规，全面考虑各部门职能与整体监管的关系，食品生产、流通各环节间的衔接，保证监管流程与食品流程的完全匹配，保证食品信息流的完整和相关身份的可追溯性，认真分析各主体的行为取向，强调监管措施的预见性和应变性。

3. 市场准入原则

市场准入原则的核心就是合法的主体和食品才能进入北京市场。不能允许非法的经营主体、不合格的食品任意进入北京市场，必须通过法律手段建立一个屏障，来保证首都的食品安全，对那些不应该进入北京市场的主体与食品进行筛选过滤，同时对已经进入市场的主体和食品进行判别，对不合格者采取市场退出政策以保证市场的纯洁性。

4. 关键点控制原则

食品生产经营过程复杂，在全程监管中不可能对所有环节和流程进行控制，同时在既有的法律法规中对许多内容已经有了明确规定和要求，地方立法也没有必要做更多的重述。应该抓住目前立法的空白点与监管的薄弱环节，在这些关键点作更多的分析与考虑，并制定相应的对策与措施，对其加以更加强力和有效的控制。这样才能真正提高监管的针对性与效能。

5. 现代化原则

近年来食品安全立法已经成为全球性的热点问题，美国、欧盟、日本等发达国家和地区都相继对自己的食品安全立法进行改进，很多现代化的食品安全监管模式被提出和创建，这都是需要汲取和学习的，地方立法中应该认真借鉴国际上通行的做法和有益的尝试，认真分析其合法性以及在北京的可行性，把这部法立成一部具有国际先进水平的法规。同时在立法中充分考虑目前科学技术的发展，把一些科技手段，包括生产管理、控制、交易等方面，以立法的形式予以推行和倡导，提高北京食品安全的现代化水平。

6. 责任原则

权利、义务和责任应该是一体的。没有责任和责任不明确，法律及制度无法落实。应该通过立法对食品安全监管中各相关主体的责任予以明确，包括食品生产经营者，监督管理者责任，同时也包括相关者的责任，比如为无照加工食品黑窝点出租房屋的，为场外交易提供场所的，为非法食品提供仓储等都要追查责任。这样建立起来一整套责任体系才能把各项制度落实到位。

(二)立法应着重解决的几个问题

1. 建立科学、统一、权威、高效的食品安全监管机制

根据国务院最新的食品安全监管分工情况，我国采取分段为主的监管模式。这种模式的优点在于部门职能明确，责任清楚，工作重点突出，减少了部门间的职能交叉，可以改善原来食品安全监管相对混乱的局面。其缺点在于分段监管整体性差，信息断链，容易造成部门的"割据"，各自为战，统一、权威、高效难以实现。所以必须建立一个食品安全监管的中心协调机构，来克服分段监管自身的这些弱点，这是建立科学的食品安全监管体制的核心问题。

该机构应该处于中心协调位置，而不是与其他各职能部门平级。我国目前采取在药品监督管理局中增加食品监管职能的做法并没有体现出其中心协调的位置，我们并没有采用按部门全程监管特定品种的美国模式。在分段模式下建立与其他职能部门平级甚至更低级别的食品药品监督管理局，只能是在消除了原来部门的职能交叉后，又增加了食品药品监督管理局与其他部门之间新的职能交叉。另外中心协调机构应具有相当的权威性，如果让一个平级机构来承担中心协调和监察职能，以中国的行政管理实践来看，是很难行得通的。只有在一个强力和高级别的中心协调机构下，各职能部门才能真正协调统一起来，才不会出现分段监管而产生的监管空白和脱节。

一个食品安全监管中心协调机构应具备以下主要职能：第一是协调调度职能。该机构制定食品安全监管整体工作规划和计划；负责整合各部门的执法资源和权责，对涉及多个部门的案件或事件组织会商和综合处理；负责对重大紧急突发事件的指挥和调度；负责案件的协调和指定管辖；负责统一的执法和检测行动等。第二是信息收集与发布。汇集各部门和各种来源的信息，进行综合分析；对各种信息，包括信用信息、检测信息和监管信息向社会统一进行发布。第三是监察督导。监察各部门的食品安全监管职责的落实情况，督导重大案件的查处，对重大食品安全事故的调查等。第四是制定综合政策与提供知识技术支撑。

目前北京市设立了食品安全领导小组，并下设了北京市人民政府食品安全监督协调办公室（简称市政府食品安全办公室）。该办公室实际上就承担着中心协调机构的职责，在各区县下设区县食品安全办公室，负责辖区内食品安全工作。从实践的情况来看，这种模式要优于其他省市把食品安全中心协调职能放在食品药品监管局的做法。这个模式在新的立法中应予以坚持。

立法应对各部门法律法规赋予的职责和国务院关于食品安全监管职责的分工予以确认,其中的空白与冲突由食品安全办公室去进行协调,这样的模式更加灵活,避免了地方立法与上位法的冲突,也避免了今后上位法修改给地方立法带来的尴尬。

2. 建立食品安全风险评估制度

风险评估制度已经成为各国食品安全监管的首选制度。《欧盟食品安全白皮书》在第二章食品安全原则中指出,食品安全政策的基础应由风险分析构成。欧盟的食品安全政策要建立在风险分析的三个要素的应用上,即风险评估(科学建议和信息分析)、风险管理(规章制度和管理)以及风险交流。

近年来发生的一系列有关食品安全的恶性事件使公众对食品安全的问题日益关注。中国的食品安全管理体系应该建立在食品风险分析的基础之上,这是国际食品法典委员会和世界贸易组织的通行要求。食品风险主要来自于化学毒物、微生物、食品中营养、功能性成分及新资源食品等。风险分析是通过毒理数据、污染物残留数据分析、统计手段、暴露量及相关参数的评估等步骤决定某种食品风险并建议其安全限量以供风险管理者综合社会、经济、政治及法规等各方面因素制订管理法规。

风险分析在不确定和变化多样的事件预测中起到重要作用。风险分析的重点是定量和分析问题。食品危险(Hazard)是指食物本身或其中具有的某种可能对健康有不良影响的生物的、化学的或物理的物质;食品风险(Risk)是指健康不良影响作用的可能和大小,即食品中危险物产生的后果。

风险分析包括三个部分:风险评估、风险管理与风险情况交流。三者的关系如下图所示。

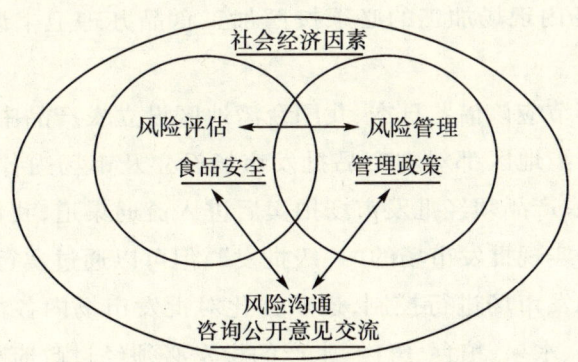

资料来源:建立基因改造食品科学性风险评估体系(台湾 高文彦)

北京市应建立科学的风险分析和监督机制,首先要建立北京市食品安全专家组,进行食品风险评估。风险评估是风险管理的前提和基础,应依据风险评估来制定风险管理的措施。因此北京市应成立食品风险评估专家组,有步骤地开展食品风险评估工作,按照CAC食品风险管理的总原则,对风险管理的各个环节及时进行评估并不断反馈进行纠正,形成科学的食品风险评估机制。

其次,制定风险管理措施。北京市食品安全从农田到餐桌的监管体系涉及的管理部门和管理机构很多,加强各部门之间的相互协调,在食品风险评估的基础上共同制定风险管理措施,形成科学合理的管理体系网,按程序进行风险管理统一行动,从食品生产、销售和消费整个链条的各个环节确保食品安全。

第三,增加风险管理决策的透明度。增加食品风险分析过程的信息透明度,让食品安全的相关部门能清楚地了解出台或即将出台的每一项风险管理措施,以便更好地配合和执行。此外,在风险管理实施过程中与其他部门、组织和消费者的信息及时沟通以提高风险决策的效能。

3. 完善食品市场准入制度,强化关卡功能

在当前放宽市场准入的大趋势下,对食品的准入反而应该采取更严格的措施。这是对原来食品准入门槛较低问题的修正,也是符合当前食品安全的现实情况的。

对于农产品生产应大力推进无公害基地建设,逐步要求只有无公害基地的产品才能进入北京生产,对农产品逐步推行标准化上市。畜禽产品要求经过检疫后才能上市,水产品因为食品安全问题比较多,需要提供产品检测合格证明和水质合格证明方准上市。

在食品加工生产者准入方面应进一步加强食品生产许可证的管理,要求重点食品企业必须经过QS认证才能生产,其产品必须贴有QS标识才能上市销售。在超市或市场内现场加工的必须按照加工食品办理卫生许可证,而不能以零售项目替代。

在批发市场环节应该借鉴日本、我国台湾地区设立农产品中央批发市场的做法。日本和我国台湾地区都对农产品批发市场设立及市场内各经营主体作出了严格的规定,要求农产品须经批发市场拍卖后进入流通渠道,我们应当予以借鉴。虽然我们目前无法实现批发市场的"一级批发",但可以通过实行重点食品批发的专项许可制度对批发市场进行控制,逐步强化对批发市场内各主体的资格准入。批发市场经营蔬菜、水果、粮食、鲜肉、水产的批发必须经过政府部门的审批,要求完善各项管理制度,建立检测机构,实行电子统一结算和网络管理等,规定其他市场不得经营重点食品的批发业务。应重点对批发商进行规范,要求长期经营的批发商必须按规定办理营业执照,改变以前主体不清的状况。对自产自销的农民及

"一次性"销售的商贩虽然不要求办理营业执照,由于其商品质量无法保障,要实行分区经营,区别对待,凡是不能出具无公害基地证明的,要求通过检测后才能销售。对于进入市场购买商品的零售商、餐饮企业和集体食堂等也要建立档案,以便于追溯。

对于屠宰厂要加强资格准入管理,根据北京市的整体情况淘汰一批不达标的屠宰厂,对外埠进京的屠宰厂要坚持认定工作,未经认定的屠宰厂不能与北京市批发市场签订场厂挂钩协议。在屠宰环节还要加强对托屠代宰的管理,要求经营性的代宰户必须凭营业执照进行代宰,农民自养的代宰应出具一定的证明,以堵住屠宰厂随便代宰的漏洞。同时对没有免疫耳标的牲畜不得代宰。在进京检疫路口建立综合执法机制,把各种畜禽产品的监管前移到路口,真正实现路口的关卡功能。

在餐饮业和集体食堂要加强从业人员的资格管理,不能简单地取得健康证就可以上岗,从业人员需经过食品安全培训合格后方可上岗。在餐饮企业和集体食品应逐步推行 HACCP 管理制度。对送餐企业加强准入和监管,要求办理专门的卫生许可证,并执行严格的食品安全制度。

4. 构建北京市食品安全信用监管体系

根据八部委的《关于加快食品安全信用体系建设的若干指导意见》,从 2004 年至 2008 年,为全面推进我国食品安全信用体系建设的五年。通过五年的建设,要逐步建立起我国食品安全信用体系的基本框架和运行机制,使我国的食品安全水平迈上一个新台阶。在制度规范上,初步建立起食品安全信用的监管体制、征信制度、评价制度、披露制度、服务制度、奖惩制度等,使食品安全信用体系建设的主要方面有法可依,有章可循。在运行系统上,初步建立起食品安全信用管理系统和服务系统,如公开、便利的食品安全信用查询系统,科学、公正的食品安全信用评价系统,不断提高管理与服务水平,逐步满足社会对食品安全信用服务的需求。在信用活动中,通过宣传教育、需求培育、失信联防等活动,进一步增强全社会的食品安全信用意识,营造食品安全信用环境,创造食品安全信用文化。在运行机制上,初步建立起食品安全信用运行机制,全面发挥食品安全信用体系对于食品安全工作的规范、引导、督促功能。对食品市场中的制假售假等违法行为充分发挥警示和惩戒作用。

根据该指导意见,北京市应建立具有北京特色的食品安全信用监管体系。首先是建立以北京市食品安全办公室为中心的食品安全信用管理体制。食品办负责体系建设框架的整体设计与实施,明确各监管部门、行业协会、食品生产经营者、社会公众在食品安全信用监管中的权利和义务。其次是根据国家有关部门制定的食品安全信用基础标准确定北京市的食品安全信用标准,确保信息的统一、互通和共享。第三是建立食品安全信用监管信息征集制度。政府有关部门按照各自的法定职责对监管对象的信息进行记录,行业协会按照协会章程对会员的信息进行记录和收集,社会信用服务中介机构按照委托要求进行信息征集。第四是建立食品安全信用评价制度。逐步建立起食品安全的政府评价、行业评价和社会评价三者结合的评价体系。坚持独立、公正和审慎的原则,严格按照标准和程序进行评价,保证评价结论的合法性和权威性。发挥现代科技优势,提高资源使用效率,减少主观因素的影响,应结合先进的信息技术,开发北京市食品安全信用监管网络系统,建立各种信用评价模型,逐步通过统一的信息平台产生评价结果。第五是完善食品安全信用披露制度。食品安全办公室、有关部门和食品行业协会定期通过互联网、电视、广播、报纸向社会披露食品安全信用信息,供社会随时查阅食品安全信用状况。第六是完善食品安全信用奖惩制度。积极推进食品安全监管部门在各自监管领域,根据信用等级状况,对食品生产经营企业实行分类监管。对长期守法诚信企业要给予宣传、支持和表彰,建立长效保护和激励机制。对严重违反食品安全管理制度,制假售假等严重失信的企业,实行重点监管,采用信用提示、警示、公示,取消市场准入,限期召回商品及其他行政处罚方式进行惩戒。

北京市应将主体信用监管信息与客体(食品)信用信息对接,随时反映主体和客体的信用状况。北京市企业的主体信息可以直接通过原有的主体信用数据库,外地企业由于不在本市注册,可以采用与客体绑定的方式来实现对接。进一步完善原有的食品备案库,备案数据不仅仅是简单的备案和查询功能,重要的是为信用监管提供基础性支撑。建议在原来食品备案号的基础上设定"食品信用监管编码",这个编码是唯一的,也就是特定食品的身份证,在食品备案后,即可获得编码,企业应在其食品上标注该编码。企业使用该编码即表明自己的产品愿意受到北京市政府部门的信用监管,可以提升自己的市场信用程度。因为其不是市场准入编码或备案证明编码,政府也不必顾虑为此提供担保。同时该编码可以作为执法部门在一线直接调取食品信用数据的快捷方式,消费者也可以通过信用编码在互联网查询到该食品企业的详细信用监管信息。

5. 强化食品安全市场控制措施

117 号令实施以来,市场临时控制措施大大提高执法部门的监管效能,食品追回和召回制度避免了食品安全事件的发生和扩大,市场退出措施大大震慑了违法者,也对监管失控的地方政府提出了警示。针对实践中法律依据不足的情况,建议立法应对此予以加强。

对于临时控制措施，117号令第十三条和第二十六条分别作出了规定：前者规定依据快速检测的结果可以对食品实施临时控制措施，及时到国家认证的检测机构复测，并依据复测结果作出处理。后者规定有关行政管理部门在市场上发现对人体健康和人身安全造成严重危害或者具有潜在严重危害的食品，应当实施临时控制措施，责令停止购进、销售。这两条规定在实践中就是通常说的食品"下架"，对控制不合格食品起到了非常好的作用。在新立法中应继续沿用，并适当强化。近年来在实践中取得的一些好的做法，如通过固定的媒体发布下架措施，在卖场设置固定的公示栏等，可以写入立法。可以考虑快速检测中发现问题的鲜活产品可以直接留样并进行无害化处理，当事人可以申请复测，如果复测结果证明快速检测有误，由特定基金进行赔偿。同时第十三条和第二十六条都是实施临时控制措施，但对不执行临时控制措施的情况，只有第二十六条设置了罚则，建议立法将两条合并为一条考虑，以免产生歧义。

117号令第二十五条规定了生产经营者对自己不符合安全标准的食品的追回义务，这是食品监管的一次重大探索。该制度也有可以改进之处，一是对不执行追回措施的生产经营者处罚只有5000元以下，显然过轻，建议加大处罚力度。二是建议实行国家先行追回制度，即政府在企业不执行追回措施的情况下，先行回收不合格食品，进行相关处理，同时规定由企业负责回收和处理的费用。这样可以迅速回收问题食品，减少问题食品的风险，同时减少消费者的个体投诉的负担，也可以避免发生大规模集体消费者投诉事件。

执法实践中，在117号临时控制措施的基础上衍生了市场退出制度，分为批次食品退出、特定食品退出、企业退出和区域退出。具体的做法是按照食品的风险程度、主观恶意程度、企业信用状况、区域食品状况等情况，对食品分别由轻到重采取临时控制措施，一级是该批次的问题食品下架；二级是该问题食品无论批次，一律下架；三级是该问题食品企业的所有食品退出北京市场；四级是某产区的全部该类问题食品退出北京市场。其中最具震慑力的是企业退出和区域退出措施。2004年北京市仅就畜禽产品注水和检出瘦肉精的问题，就对北京本市、外埠的7家屠宰企业和天津宝坻、武清、蓟县、山东昌邑等4个产区的有关产品全面退市。另外在香河"毒韭菜"事件、张北"毒菜"事件、"毒龙口粉丝"事件、兴隆果丹皮事件中政府都采取了区域退出的临时控制措施，取得了很好的效果。但在117号令中并没有明确规定企业退出和区域退出的做法，这样做是实践中对地方规章运用的结果，为了更好地发挥该措施的效果，建议在地方立法中予以确定，规定在特定情况下，政府可以对某企业或区域的食品采取集体性的临时控制措施。

6. 形成完整的追溯链条，实行食品安全责任追溯

实现全程追溯就是可以按照食品从生产到销售的每一个环节可相互追查。这就要求食品在流经的每一个环节都要作下记录，以备将来进行查验。在农产品生产源头食用农产品种植、养殖应当实行农产品安全跟踪制度。制定生产技术规程，建立生产记录档案，记录农药、肥料、兽药、鱼药、饲料和饲料添加剂的使用以及防疫免疫情况。猪牛羊饲养应当执行免疫标识制度。

在食品加工生产环节，食品生产经营者应当建立食品安全追溯制度。企业购进食品原料、添加剂、包装材料和容器应查验供货方营业执照及相关检验、检疫合格证明，建立进货登记档案，登记并保存上述材料的复印件。散装食品应当执行售前包装制度，要求豆制品、熟肉制品、调味品等以散装形式销售的食品，在出厂时和零售前，应当具有符合安全卫生要求的包装，并附有食品标签。

屠宰厂应当建立屠宰登记档案，记录委托代宰人、屠宰牲畜的耳标编号、检疫证号、进出厂时间、销售去向等，登记档案保存不少于3年。屠宰厂对代宰牲畜应当进行宰前检查，查验牲畜检疫合格证明、免疫耳标方能进行屠宰。北京市屠宰厂出厂和外埠进入本市检疫路口的白条猪肉应当实行一头一检疫证明，并在检疫票据上详细记录屠宰厂名称和免疫耳标编号。

进入批发市场的食品应具有合法的票据，证明食品的产地、生产者、检测合格等内容。批发商还应建立出货记录制度，对于批量购货单位，应记录购货人的单位名称、联系方式等。食品批发市场应对经常性购货商建立档案，对大宗批发食品去向进行登记。批发市场销售食品应出具北京市统一格式的销售凭证，作为进入下一级零售单位的凭证或其他食品经营单位的进货凭证。

餐饮企业和集体食堂应当建立食品采购台账。送餐企业送餐所用餐具和食品容器上应有标签，注明生产单位名称、地址、联系电话、生产时间。食用农产品食品零售经营者、熟肉加工经营者、餐饮行业经营者、集体食堂应当在批发市场采购鲜肉、蔬菜等鲜活产品并索要批发市场出货凭证，载入经营台账。

北京市食品零售经营者经营列入重点名录食品的，应当建立进货检查验收制度。经营者应当向初次交易的供货人索取、查验相应的营业执照、生产许可证、卫生许可证、商标注册证信用监管编码并保存复印件，以后每年核对一次。零售商销售食品应当出具发票或信誉卡。具体情况如下图所示（见鲜肉全程追溯示意图）。

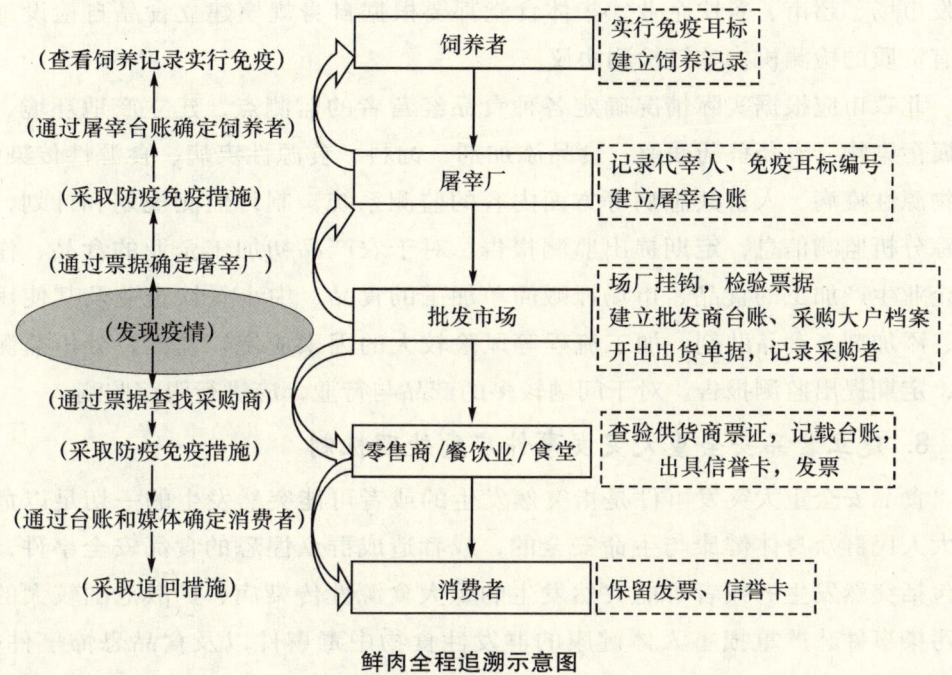

鲜肉全程追溯示意图

7. 建立食品安全检测和监测制度

北京市应通过立法建立食品安全检测体系，提高本市食品检测整体水平，整合现有的检测资源、食品检测的要求，提高检测效率。

首先是通过立法确定快速检测的权威性。快速检测的特点一是检测迅速，二是针对性强，针对食品中的有毒有害违禁成分进行专项检测。目前我国快速检测设备可快速完成肉类水分、蔬菜残留农药、酒中甲醇、肉制品中亚硝酸盐含量等多达30多种食品毒害物质的检测，弥补了法定的定量检测制度不能满足对鲜活食品快速检测需要的不足，其范围几乎覆盖了日常生活中的各类食品。北京市应制定快速检测操作程序，制定具体操作规程，规范检测程序，完善运行规范，确保检测结果的公正性。对检测不合格的食品可以直接采取临时控制措施，当事人若不服检测结果可以在规定时间内申请复测。同时建立专项赔偿基金，为快速检测错误对经营者进行赔偿之用。

其次，政府应加大对批发市场检测的投入。光靠批发市场自身投入检测是不行的，政府应该给予大力的支持，包括资金上和技术上的支持。在给予支持的同时，还要对批发市场课以检测的义务，为其制定食品入场检测制度和计划，对特定食品规定一定的检测规则，批发市场应当按要求进行检测，否则将受到惩罚。

第三是强化食品经营者的自检义务。规定农产品生产基地、食品加工企业、批发市场、超市、餐饮企业、集体食堂都要根据自身规模建立食品自检设施或与有资质的检测机构签订检测协议。

北京市应根据实际情况确定各种食品经营者的监测点，建立产地环境、重金属污染物、农药兽药残留、食品添加剂、饲料、食源性疾病、食源性传染病、动物源性疫病、人畜共患病等方面内容的监测系统，制订监测规划和计划，并跟踪分析监测信息，定期提出监测报告。对于农产品初加工企业的食品、作坊式企业生产加工的食品、市场摊贩简单加工的食品、中小餐饮企业及其使用原料、添加剂、食品助剂、加工流程等风险较大的因素应定期监测，分析监测信息，定期提出监测报告。对于问题较多的产品与行业，应进行跟踪监测。

8. 建立食品安全重大突发事件应急处理机制

食品安全重大突发事件是指突然发生的或者可能突然发生的一切足以危害广大人民群众身体健康与生命安全的，或者造成群众惶恐的食品安全事件，主要包括突然发生的或者可能突然发生的重大食源性传染病、扩散范围较大的食品污染事件、严重损害人体健康的群发性食物中毒事件以及食品恐怖事件等。如何在重大食品安全事件突然发生时，作出及时的反应与处理是特别应该关注的问题。立法应对北京市范围内的突发重大食品安全事件作出特别规定。

首先针对突发重大食品安全事件建立监测体系，对各种可能造成重大事件的因素进行监测，在某些因素达到一定程度或某些食品安全事件处于萌芽状态时，能够作出及时的预警，避免发生更大的损失。

其次是应制订应急预案。对事件发生时的种种可能性作周密考虑，并制定相应的应对措施，建立快速反应、快速警示、快速救援、快速处理的权威高效的应急组织体系。

第三是对突发事件现场控制，对应急设施、设备、救治药品和医疗器械以及其他物资和技术的储备与调度作出安排。

第四是完善紧急情况下食品安全事件信息的举报、报告、收集、分析、通报与发布制度。

第五是在紧急状态下，可以停止或限制某种食品或某些地区的食品在北京市销售。

9. 建立食品安全信息管理制度

食品安全信息应该有一整套管理制度，立法中应予以规定。首先是要建立食品安全信息统一归集制度。由北京市食品安全办公室统一归集食品安全信息，完善信息交换、分析、管理制度。北京市食品安全办公室有权向有关机关、团体、企业事业单位、个体工商户等采集食品安全信息，上述单位应如实提供资料，建立交流食品安全信息的统一平台，实现信息资源的整合和共享。建立食品安全信息库，存储经归集、整理的食品安全信息。面向社会建立食品安全网，发布信息并提供查询服务。

对消费者申诉举报和案件统计的分析，监测、监督抽查和食品安全评估的结果，突发食品安全事件的调查结论，以及北京全市范围内的食品安全预警、警示信息等，由北京市食品安全办公室统一定期发布。对于疫情信息、食品安全重大突发事件信息、警示与预警信息、食品召回公告信息、公布不合格企业信息等重大食品安全信息由北京市食品安全办公室统一发布，其他信息可由各部门依照法律法规的规定向社会公布，但在发布食品安全监管信息前，应将信息向北京市食品安全办公室备案。各区县政府、市政府各有关部门要按照监管职责，及时向北京市食品安全办公室提供食品安全信息和监管情况。食品安全综合监督、动物防疫、出入境检验检疫等部门要建立联系制度，保持信息沟通，共同严防与食品有关的染疫动植物及其制品流入市场。

10. 推进食品生产经营者全面升级

地方立法应该通过提高市场准入门槛和提供鼓励性政策两种手段促进食品生产经营者的升级。

在食品农产品生产环节大力推进无公害基地的建设，逐步要求非无公害基地的蔬菜限制上市，同时鼓励基地进行绿色食品、有机食品的认证。可以借鉴深圳市布吉市场的做法，通过批发市场的自律行为逐步推进蔬菜、水果的标准化上市。⑧

通过提高屠宰厂准入标准和制定屠宰厂建设规划把不合格的屠宰厂挤出北京市场，要求屠宰厂改变以前简单加工代宰的模式，鼓励屠宰厂建立从饲养、收购、屠宰到销售的产业化链条，确实实现现代化经营。

通过对批发市场的重要食品批发许可证制度，强制要求批发市场升级改造，不具备检测功能、不能实行电子统一结算的批发市场就不能经营蔬菜、水果、鲜肉、粮食和水产的批发业务。批发商不能再延续原来无身份的状态，必须办理营业执照。以这些制度带动整个批发环节交易的升级，最终可以实现农产品的标准化上市和拍卖交易。

对食品加工行业，通过食品永产许可证制度促进提高生产水平，不符合要求的，无法获得进入市场的许可。对中小餐饮企业采取市场准入的手段，规定经营面积不达标的不得经营餐饮，以堵住不规范的小企业。同时在食品加工业、餐饮业、集体食堂大力推进 HACCP 体系的建设，必要时可以对非常重要的行业（如大学食堂和特供饮食单位等）采取强制实施 HACCP 认证。

注 释

① 以上资料主要来自北京市城乡信息中心《北京市农产品批发市场功能与布局调研报告及参考资料》。

② 超市连锁店数据为市商务局提供。

③ 按照恩格尔系数的考察标准,高于59%为贫困型,50%～59%为温饱型,40%～49%为小康型,低于40%为发达国家标准(富裕型),低于20%为最发达国家标准(最富裕型)。

④ 城市居民消费需求调研小组.北京城市居民农产品消费需求与投资意向调查报告.见:北京市农村工作委员会."221"行动计划调研报告汇编.2004.14～19

⑤ 农业资源与产业调研小组.北京农业资源与产业调查报告.见:北京市农村工作委员会."221"行动计划调研报告汇编.2004.55～59

⑥ 以上资料源自中央电视台《每周质量报告》。

⑦ 资料来源:北京市城乡信息中心.《北京市农产品批发市场功能与布局调研报告及参考资料》

⑧ 深圳市布吉市场通过市场和批发市场共同制定上市商品标准的手段逐步推进了上市商品的标准化,取得了不错的效果。

(作者单位:北京市工商局)

一等奖

关于网络经济中工商行政监管经验探讨与政策建议

北京市工商学会　北京大学网络经济研究中心课题组

我国传统工商行政管理的重点是控制市场准入门槛，同时监查市场主体的经营行为，并严格查处违规经营者。这种以事前审批为主导，结合事中监督和事后查处的监管方式，其主要目的是保障市场参与者诚实守信，维护各类市场的正常秩序，对于保障改革开放初期经济的健康发展起到了非常积极的作用。但是随着市场经济的深入发展，以及21世纪网络时代的来临，我国的工商行政管理部门面临着崭新的挑战。

从20世纪90年代末开始，互联网、信息技术还有电子商务就在我国迅速发展。2002年，我国电子商务总交易额为1809亿，而2003年这个数字估计将达3556亿。随着网络经济的逐渐成熟，它所体现出来的各种特征也日趋明确。就工商监管的角度而言，网络经济与传统经济相比较，具有"主体多样化、身份虚拟化、进入简单化、交易分隔化"四大特点。"主体多样化"指现在网络上存在客观经营事实的主体早已超出了传统工商企业的范畴，最典型的就是各大拍卖网站上许多个人以网站为平台进行长期的经营性活动，这些人并没有网下对应的企业身份；"身份虚拟化"是指网络上的交易者往往体现为虚拟的电子符号，而与之相对应的实体特征不为人所知；"进入简单化"是指企业和个人进入网络经济的门槛大大低于传统开业经营的门槛，往往只需要支付少量费用（有的甚至完全免费），也无需经过严格的审批，就可以借助第三方平台或搭建自己的网络平台来进行经营；"交易分隔化"是指网络交易大大拓展了"一手交钱、一手交货"的传统交易形式，使得交易双方能够跨越地域和时间的限制完成交易。

网络社会和电子商务的发展极大地影响了经济领域的诚信问题和工商监管的效果。在网络经济中，消费者能够方便地获得充足的商情信息，但同时也面临着巨大的选择困境。由于经营者可以用虚拟身份随意地发布信息，而要变换身份也非常简单，结果消费者虽然面对大量的信息，却难以识别其真伪；再加上网络消费具有时空分隔性，消费者很容易就会受到经济损失。如果没有有效的信用保障，消费者很难放心进行交易。要推动网络经济的发展，首要任务就是建立和维护高度成熟的网络信用秩序，而工商行政管理部门作为企业的监管者和消费者权益的保护者，必须承担起自己的责任。

然而在新的形势下，传统的工商监管方式暴露出一定的局限性。首先，对市场准入的严格审批变得非常困难。通过上面的四大特征可以看出，网络空间几乎是无限的，各种各样的经营者可以非常方便地开辟新的网络市场，事实上经营者甚至可以把网站建立到国外的服务器上。要对形形色色的网络经营行为一一进行事前审批，势必极大地增加工商行政管理部门的管理成本；而通过强制手段对网络经营者进行审批，会造成网络经济发展的巨大瓶颈，这显然不是工商行政管理部门所愿意看到的。其次，对于网络经营的事中监督难度加大。在传统经济中，工商行政管理部门可以通过上门抽查等方式监督经营者的行为，但是在网络经济中，企业并没有固定的"经营场所"和"营业时间"，要对网络空间中发生的庞杂的经营行为进行长期持续监管，必将成为吞噬工商行政管理部门人力物力的无底洞。

网络虽然降低了传统工商监管方法的效用，但它同时又为新的监管模式提供了坚实的技术基础。互联网在搜集信息、传播信息的规模和速度上，是传统社会所无法比拟的。举例来说，一个经营者的欺骗行为如果被发现，通过网络可以在非常短的时间内让成千上万的用户看到这个信息，而且还能被网络长久地保存，这将对欺骗者形成巨大的威慑。网络经济下的工商监管，务必要充分发挥网络的力量。

针对网络经济迅猛发展的新形式，工商行政管理部门势必认真研究如何利用网络时代的新技术，来对新经济进行新型的监管。从2000年开始，北京市工商行政管理局积极地展开了理论探讨和实践摸索，逐渐提出一系列针对网络经济的新型管理方法，为网络经济中工商行政管理部门的监管模式提供了很好的参考和示范。与此同时，许多网络企业从自身的经济利益出发，也在摸索如何打破发展中的诚信瓶颈，它们主动设计了一系列的信用管理机制，并取得了明显的成效，其中以著名拍卖网站易趣网的信用制度最具代表性。这些企业自发的信用制度对于工商行政管理部门设计监管机制同样有着重要的借鉴意义。

一、易趣信用制度对于工商监管的启示

从1999年开始，易趣网逐渐推出了一系列信用制度，至今已经形成了一个比较完整的信用管理体系。首先，每一个注册的卖家必须通过身份认证（由易趣向公安部门确认交易者的身份证信息，或者信用卡信息）才能取得在易趣网出售商品的资格。这一制度解决了网络交易中的虚拟身份问题，由于网络身份和现实身份相联系，使卖者难以借助虚拟身份逃脱违规后的惩罚，对于约束卖者行

为以及增强买者信心有着非常重要的作用。

易趣信用制度的核心是其交易互评计分制度,即在交易完成之后,交易者相互打分(1,-1或者0分)并对对方的表现作出具体评价,交易者得到的分数被累积,根据累积分数划分其信用等级,而其获得的具体评价也被完整记录下来,作为资信参考。现在易趣的相互评价率达到了70%左右,说明这一制度已经深入人心。互评机制的实质是借助互联网技术把最古老的"口碑"(word-of-mouth)机制发挥到前所未有的程度。它是在互联网用户共同体下的第二方机制,其实施不依靠政府、法庭或者网络交易平台本身,而是依靠交易伙伴(包括潜在的交易伙伴)的退出对欺诈行为进行经济上的惩罚,即如果交易者欺骗了对方一次,今后就很可能因为这一不良记录而找不到交易伙伴。这样的持续性惩罚往往比直接一次性的惩处严重得多,因此交易者(尤其是卖者)受到很大的激励去诚实行动。通过下面的抽样数据[①]分析结果,我们可以明确看到互评制度的经济意义。

1. 卖者信用等级对于其登陆商品浏览次数的影响

商品信息浏览次数反映了顾客对于卖者陈列商品的兴趣程度,统计结果显示,随着卖者信用级别的升高,所陈列商品的平均浏览次数呈现明显上升趋势(见图1)。信用等级在这里起到了传递信用信息的作用,刺激了买家的眼球。

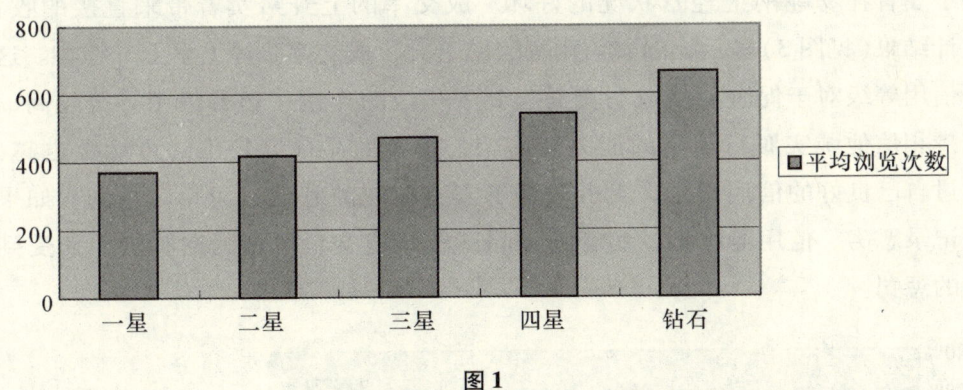

图1

2. 卖者信用等级对于新买家和重复买家的吸引

重复购买是指同一买者对某卖者的商品购买两次以上,新买者是指交易发生时注册不满3个月的买者。对买者重复购买的吸引能力是反映卖者受到信任程度的重要衡量标准——提高客户忠诚度对于任何企业来说都是核心目标之一,只有赢取顾客的充分信任,他才可能成为回头客。而对于刚加入易趣网络拍卖市场,交易经验不足的新买者来说,在选择交易对象时,最希望的就是了解对方的信用状况。统计结果(见图2)显示,信用等级越高,能吸引到的重复购买和新买者的卖者比例越大,而吸引到的重复购买次数和新买者数量也越多,这说明卖者信用等级能够吸引买者建立长期关系,稳定顾客忠诚度,而同时也能有效传递卖者信用信息,赢得更多的新顾客。

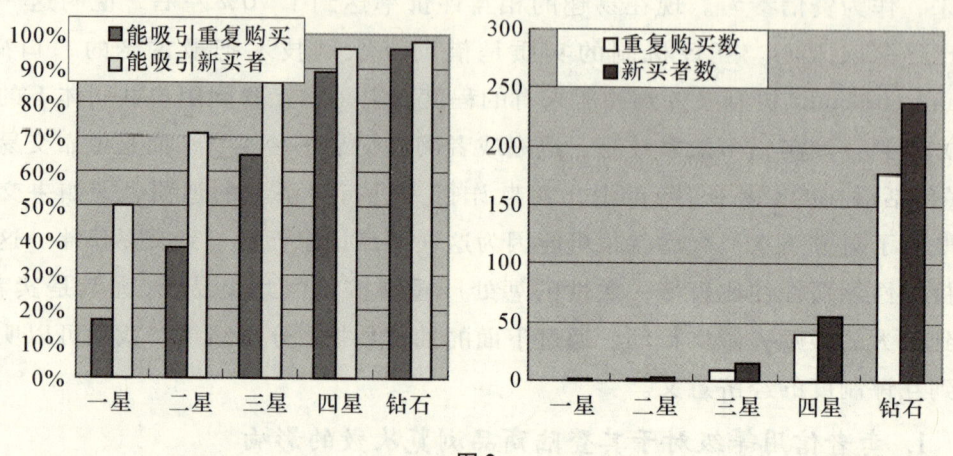

图2

3. 卖者信用等级对于成交率的影响

成交率被定义为成功交易次数/(成功交易次数+登陆但未成交次数),它反映了卖者在易趣网上经营状况的好坏。成交率的上升给卖者带来直接的收益。统计结果(见图3)显示,随着信用等级的上升,成交率整体上呈上升趋势。这说明信用等级对于促进商品成功交易起到了积极的作用,卖者信用等级越高,买家越相信他诚实履行承诺的能力和愿望,卖者商品最终售出的可能性也越大。通过自己良好的信用记录,卖者获得了实实在在的利益;而相对应的,如果交易记录恶劣、信用等级低,卖者的商品就较难成交,他将因欺骗别人而受到市场的惩罚。

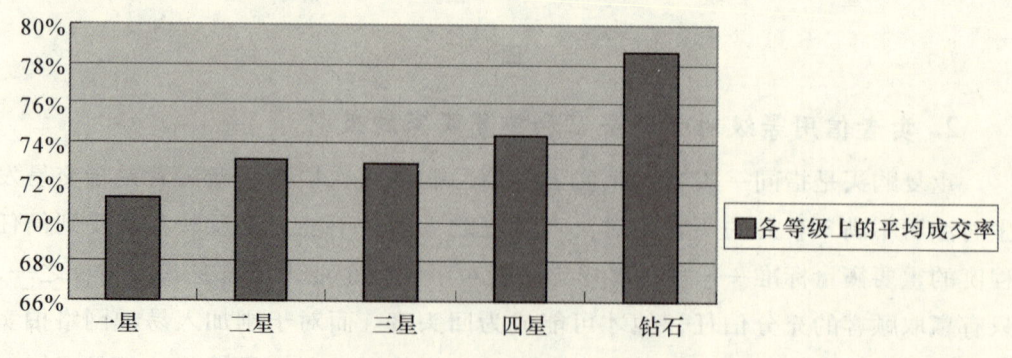

图3

4. 卖者信用等级与其问题交易率

问题交易是指在交易结束后，卖者受到易趣警告或得到买者负评价。统计结果（见图4）指出，信用等级越高，问题交易发生的概率就越小。这体现出高信用等级的卖者更重视自己的长期声誉，愿意付出更多的努力使消费者满意。这正是易趣信用机制设计希望达到的主要目标。

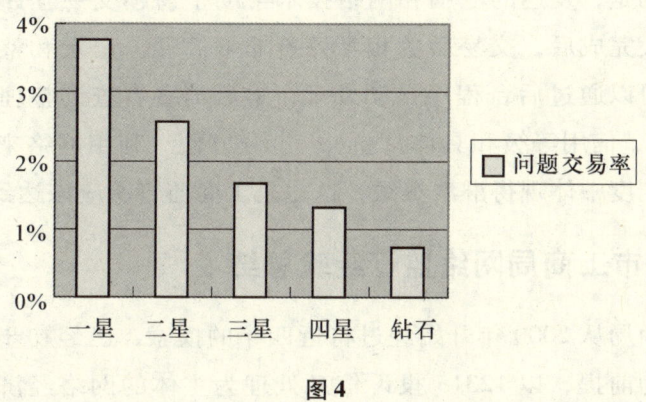

图4

我们列举这些统计结果，其目的是反映信用互评和公示机制如何影响买者的选择，从而激励卖者的行为。事实上，随着易趣信用制度的日益完善，活跃于易趣网上的交易者的信用水平在不断提高，这体现在易趣的互评率、好评率、信用分数均稳步上升，而问题交易率逐渐下降，易趣的认证和互评政策显著地改善了网上交易的质量。

易趣信用制度的成功为工商部门思考和设计网络经济监管手段指出了几个明确的方向。

首先，我们可以看到，将网络交易者的身份明确化，是任何网络管理的起点。无论是作为公共管理部门的工商局，还是作为盈利性企业的易趣，如果要稳定网络交易秩序，促进网络交易发展，就必须保障网络上的交易者与其网下的具体身份一一对应。如果做不到这一点，对被管理者的具体身份都不了解，任何管理和监督都会变成无的之矢。下面将要提到，北京市工商局现行的网站登记备案制度，正是这样一种明确网络经营者实际身份的管理措施。网站登记备案制度是工商行政管理部门监管网络经济的出发点，必须受到足够的重视，并在实践中逐渐完善发展。

易趣网带给我们更重要的启发是其交易互评制度的巨大效用。通过上面的数据分析可以看出，将网络经济主体的遵纪或者违规行为记录下来，并进行公示，使任何人都可以了解经营者在过往交易行为中的表现，有着两方面重要的意义：一方面使消费者获得一个可靠的信用评价依据，便于其选择最值得信赖的交易对象；另一方面，对于网络经营者而言，在这样的制度下一旦失信于人，必将受到市场力量的严惩，损失大量的交易机会，这就如同头顶高悬的达摩克力斯之剑，使他们有积极性主动维护自己的声誉，警醒自己为消费者提供满意的服务。

值得注意的是，发达的电脑和网络技术帮助了易趣交易互评制度的顺利实施。当系统建设完成后，交易后的相互评价非常简便，记录和整理庞大的交易评价数据完全可以通过后台程序自动处理，最后消费者查询整理后的卖者信用信息（信用分数、信用等级和具体评价）也十分方便。利用网络来管理网络，这一思想在易趣制度中体现得淋漓尽致，这也是工商监管所应该达到的目标。

二、北京市工商局网络监管经验总结

北京市工商局从 2000 年开始经过将近四年的摸索，已经初步形成了以网站备案登记制度为前提，以 12315 投诉信息处理为主体的网络经济监管模式。从 2001 年开始，12315 投诉中心共接受关于网络商品和服务的投诉及举报共计 400 多起。我们首先看一个典型案例。

案例一 2003 年 6 月，消费者在某网上商城购买的 MP3 多次出现质量问题，且维修人员在维修过程中将之磨损，消费者要求换货，投诉到北京市工商局东城分局，结果发现该商城并未在东城分局登记过，消费者需要先查找该商城实际位置才能投诉。

在前文中，通过易趣的制度介绍，我们已经讨论了网络交易中，明确交易者真实身份的重要性。案例一则更是体现了"虚拟身份"给消费者进行网络消费，以及工商行政管理部门管理网络经济带来的不便。如果不了解网站的具体地点，工商局就难以按照辖区分管的原则实行监管；更有甚者，如果找不到网络经营者对应的网下实体，那么网上进行的欺诈或其他不规范经营行为就无法得到及时的查证和惩罚，消费者也无法得到应有的保护。

与易趣的身份认证制度类似，北京市工商局现在采用的网站备案登记制度地核心就是破除网络经营者身份的"虚拟性"，将网上信息与网下企业的基本信息进行对应，在工商局备份并在经营性网站上提供直接的查询链接（红盾标志）。备案登记制度与审批制度的区别在于，它仅仅要求企业明示身份，而对于企业在网络上的具体经营行为不予干涉（当然，国家有相关的电信经营法规来限制网站的经营资格）。一方面这保障了网络交易的安全，另一方面给企业和工商行政管理部门带来的负担几乎可以忽略。企业仅仅需要提供相关的身份证明（营业执照等），并且不需要缴纳任何费用，而工商行政管理部门只需要简单地核实这些证明。通过这一制度，工商局用很小的成本就能建立起与实际经济主体对应的网站档案，为今后的监管工作打下了坚实的基础。

最好的管理制度是被管理者自愿参与的制度。企业进行网站备案登记之后将取得网站上的红盾标志，消费者点击该标志即可查实网站背后的真实企业信息，这对于建立网络交易中的信任关系有着非常关键的作用。当消费者充分了解红盾标志的意义所在后，他们就会主动选择完成了登记备案、获得了红盾标志的网站进行交易；而当企业认识到了这一点，它们就有积极性进行网站备案；随着越来越多的网站进行备案登记，消费者也能越来越放心地进行网上消费。这样的良性循环正是工商行政管理部门提出制度之初所希望看到的。②

网站备案登记制度是网络经济监管的基础，12315平台则是工商局行使网络监管职能的核心。网络时代的到来则赋予了投诉平台新的特征。一方面网络技术的发达使得投诉途径更为多样，投诉内容整理更为快捷有效，投诉处理更为公开透明；另一方面，投诉平台在网络经济监管中的地位上升到了一个新的层次。为了对这几年网络经济中北京市工商局的监管对象有一个全面直观的认识，我们对2002—2003年的投诉数据进行简单的分析。

1. 网络商品投诉分类统计

2002—2003年关于网络商品的投诉共47起，其中对于光盘制品的投诉最多，共18起；对于书籍的投诉居次，共9起。在投诉问题中，售后服务所占比例最大，共23起；其次是质量问题，共15起；虚假宣传和假冒商品各占5起和4起（见图5）。

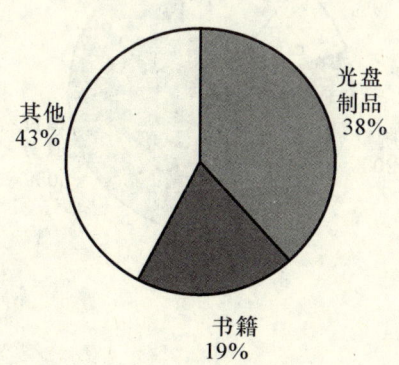 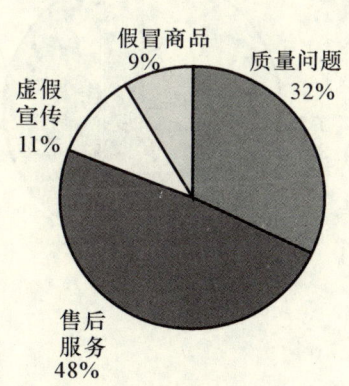

图5

为进行对比,我们随机抽取了 400 条对于网下商品(普通商品)的投诉信息。就商品种类而言,网络商品集中在光盘制品和书籍两类,其他零散的种类每类投诉不超过 3 起,这也反映出现在网络商品销售的集中度,标准化程度最高的光盘制品和书籍占据了网络销售的绝大部分。相对而言,网下商品投诉信息的分布就要广泛得多,在 400 条投诉信息中居前三位的是家电 74 件,家具 48 件,手机 44 件。另外食品、服装、电脑、房屋装修等方面的投诉也都比较多,基本涵盖了传统的衣食住行用等各个方面。

在投诉问题分类方面,网络商品投诉中售后服务的比重相当大,将近一半。而在 400 条对传统商品的投诉中,质量问题超过 260 条,关于售后服务的投诉仅占 30 条左右,不到 10%,由此可以看出网上网下交易中问题不尽相同。实际上,网络商品中的售后服务问题绝大部分来自于交易上的时空分隔。订了货、付了款,却迟迟收不到货物,或者收到的货物与预定的不符合,类似的问题虽然在网下交易中也偶有发生,但是在网络交易中它们发生的频率之高,已经足以让我们意识到网络工商监管应该选择的重点。

2. 网络服务投诉分类统计

2002—2003 年关于网络服务的投诉共有 74 起。其中对于短信服务的投诉达到 40 条,对于电子邮箱的投诉 11 条,对于网络游戏的投诉 6 条。在投诉问题方面,对于各种网站未经消费者同意,擅自服务收费(主要是短信和邮箱服务)的投诉达到了 44 条,关于质量和虚假宣传的投诉各占 15 条和 7 条(见图 6)。

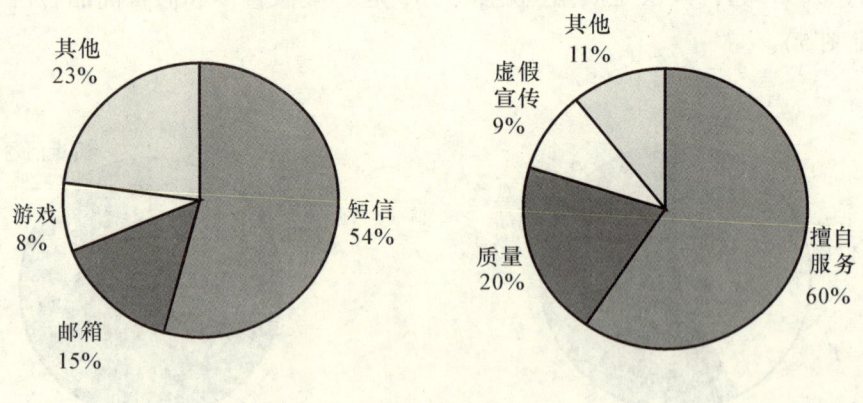

图 6

同样,我们也随机抽取了 400 家对于普通网下服务的投诉信息 400 条作为比较对象。与商品投诉情况类似,对网下服务的投诉分布比网络服务投诉范围要宽泛得多。其中居前几位的是中介服务 69 条,餐饮 40 条,洗染 40 条,理发 37

条。而同样与商品投诉情况类似，网下服务投诉集中在质量方面，共占220余条，其中还有不少是因为服务质量问题引起了消费者的其他损失。而网络服务的投诉则明显集中于网站擅自提供短信和邮箱类服务并强行向消费者收取费用。

这些简单的统计结果有助于我们直观地体会现阶段我国网络交易的主要特征和问题。总体上来说，由于我国的网络经济的发展还处在比较初始的阶段，交易的种类和数量并不十分丰富，而其中体现出来的问题也相对集中，这实际上为工商监管提供了一定的便利。

案例二 在2002—2003年12315投诉中心接受到的关于网络服务的投诉中，有54%是关于短信业务的投诉，集中在网站擅自发送收费信息，或者消费者无法取消定制的收费短信业务。2003年10月底，由北京市工商行政管理局指导，搜狐、新浪、263、TOM四家网站对原短信服务条款作了规范和调整，并形成了统一的《短信服务基本条款》。10月30日起，四家网站的《短信服务基本条款》开始施行，并希望能在其带动下，推进《短信服务基本条款》在整个行业的实行。

在案例二中，北京市工商行政管理局对12315平台的投诉信息进行分析整合，透视到现在网络服务中最为集中、最为突出的短信擅自服务和收费问题，从而组织各大网站制定自律条例，一举治愈这一顽疾。在千变万化的网络经营行为面前，要进行全方位监管几乎是不可能的，那么利用好12315平台的信息集中功能，从投诉信息的整理和分析中寻找最值得关注的网络经营问题，有的放矢，采取有针对性的措施予以解决，无疑是网络经济中工商监管的重要手段之一。比如现阶段，对于网络光盘和书籍的销售中，发货延迟或者错误这一集中的网络商品销售问题，工商行政管理部门就可以提出有针对性的管理措施。事实上，这一方法并不仅局限于处理网络经营问题，对于传统的网下经营监管，它同样是行之有效的。

12315平台另一个重要作用在于：它能够保障工商行政管理部门对违规企业进行事后惩处，维护消费者的权益。当然这一作用在传统经济中同样存在，但是由于前面已经提到，在网络经济中，事前审批和事中监管都非常困难，所以事后的惩处就显得尤其重要。我们必须要有一个服务于消费者的畅通的投诉渠道，使得工商行政管理部门可以及时有效地打击不规范经营者，并起到威慑和警示的作用。我们的统计数据表明，对于网络商品和服务投诉的处理率达到90%以上，不少消费者表示满意，而部分性质恶劣的违规经营者已被移交到公安部门处理，这说明在这一方面投诉平台起到了它应有的作用。

但是我们必须认识到，12315平台的潜在效能其实远不仅此。实际上，在网络经济中,由于相关法律并不健全,而且经营行为千变万化,很多时候工商调解和查处不能完全惩处违规企业,保障消费者利益。例如短信问题,在《短信服务基本条款》出台之前,最终的处理结果往往是停止服务,但对于经营者已经擅自收取的服务费用,消费者基本得不到返还,这显然是有失公平的。这样的处理结果对于违规经营很难起到有效的威慑。然而我们通过易趣的经验已经看到,市场惩罚的力量要比简单的管理者惩罚大得多。如何将12315的投诉平台的潜力充分发挥出来,使之起到类似易趣互评制度的效果,这是下面将要重点讨论的一个问题。

总结起来,北京市工商行政管理局目前使用网站备案登记制度来明确网络企业的身份,而同时通过12315平台接受投诉,来实现其对企业的事后惩处职能,并且总结投诉信息中反映出来的重点问题采取针对性措施予以解决。这些管理手段已经在保障中国网络企业的健康成长,维护网络消费者的正当权益等方面逐渐显示出重要的作用。但是这些监管措施还远没有形成完善的体系,可以发展的空间还非常之大。

三、对于网络经济中工商监管职能发展前景的探讨

1. 12315平台投诉信息的公示

易趣的例子充分展现了利用网络技术将网络交易评价信息进行公示的巨大影响力,而工商行政管理局完全可以利用现成的12315平台和网站备案登记制度来实现相类似的公示机制,只需将12315平台的投诉信息与网络企业的红盾标志相链接即可。其技术成本可以忽略不计,而其收到的成效将是多方面的。既能帮助消费者正确选择交易对象,防止受骗;更能通过市场反馈机制有效地激励经营者遵纪守法,热诚服务消费者。

目前有很多消费者在网络消费中受到损失以后并不愿意反映到政府部门,认为太过麻烦。这将会大大影响公示信息量,降低12315平台的信息传递作用和激励作用。要防止这种现象发生,使12315平台得到更为充分的利用,一方面我们需要进一步保障投诉渠道的畅通,便于消费者反馈信息;另一方面还应该继续丰富12315平台的功能,使消费者能够通过12315平台获得足够的帮助。

与12315投诉信息相类似的,是工商局现有的红黑名单信息。工商局掌握了实体企业在与政府打交道的过程中反映出来的信用情况,如果能将之公诸于众,势必有助于公众了解该企业,也将对企业形成有效的监督和激励;而如果该实体企业还有自己的运营网站,公示就更为便捷,只要将红黑名单信息也与红盾标志进行链接,消费者就能直接查询到网站背后的企业的信用情况。这将使工

商局手中掌握的信息真正体现出其价值。

2. 监管主体的选择与政府、企业合作

案例三 2002年2月，某咨询服务公司在某著名门户网站上刊登租房中介信息，后消费者发现该信息虚假，房主实际无此房，但消费者已付中介费用，要求退款，后经查实该咨询服务公司已不在原址，去向不明，问题无法解决。

通过这一典型案例，我们可以看到网络经营的两种类型：第一类是企业本身作为网站的所有者进行经营（这里的"经营"包括为他人提供经营平台），第二类是借助其他网络平台进行经营。在此案例中，"某咨询服务公司"属于后者，而门户网站属于前者。

工商局现行《经营性网站备案登记管理办法》中对于"经营性网站"的定义是："指网站所有者为实现通过互联网发布信息、广告、设立电子信箱、开展商务活动或向他人提供实施上述行为所需互联网空间等活动的目的，利用互联网技术建立的并拥有向域名管理机构申请的独立域名的电子平台。"这实际上就是指的第一类网络经营者，即拥有自己的网络平台的经营者。同时，办法明确指出："个人只有在已办理有关工商登记手续、领取营业执照后，才可以开办经营性网站并办理备案登记。"这实际上限定了工商行政管理部门网络监管的重点对象是自己拥有网络经营平台的注册企业。而对于那些使用第三方平台进行经营的企业和个人，工商行政管理部门并不要求他们进行备案登记。实际上，网上的一些个人长期拍卖自己的物品，这种经营，能不能算是经营行为，是不是应该由工商局管，这些问题都还没有明确，更别说要求他们进行备案了。

事实上，在现有的技术条件下，对于第二类经营者进行备案管理是难以实现的。就以房介信息为例，每天在各大门户网站以及专业房屋中介网站上发布的信息成千上万，如果每个中介公司发布每一条信息都要登记一次，工商局几乎不可能完全处理，网络信息量也将因此而锐减，这样的登记又有何意义？

值得欣慰的是，即使工商局不要求第二类经营者进行备案登记，他们的行为依然受到自发的经济力量的约束。事实上，在2002—2003年12315投诉中心接受到的关于网络商品与服务的共124件投诉中，针对第二类经营者的投诉仅此一例。首先，由于第二类经营者依托第一类经营者的平台，平台提供者为了维护自己的声誉，将会采取种种措施来限制自己平台上的不规范行为，降低第二类经营者利用自己平台进行欺骗的可能。在这一方面最为典型的例子就是易趣等网站自己设立的信用制度，对网站平台的使用者加以强有力的信用约束。而就房介信息的例子而言，虽然各平台一般都声明自己对平台上的信息完全不承担责任，但是它们往往会整理提供相当充分的资料，供消费者参考，来防止欺

骗发生，而对于得到查实的欺骗者，这些平台也会取消其发布信息的权利。其次，第三方平台往往也为消费者提供信息交流的途径，在平台上进行欺骗的第二类经营者将很容易臭名远扬，从而无法继续经营下去。

当然，仅仅依靠单个平台自身的力量，对于那些游走于各个平台之间的欺骗者仍然显得无能为力。而工商行政管理部门如果能够组织平台型网络企业进行多方合作，把信息公示的威力发挥到极致，则将逐渐填补掉这些监管上的死角。工商行政管理部门可以循序渐进，首先鼓励平台型网站自发对于依托其上的经营者进行身份管理，尤其是对于那些在平台上发生违规行为的经营者身份，应该与工商行政管理部门合作查明其信息，而工商行政管理部门则应将这些违规者信息进行整理，加入黑名单中，供其他网络平台以及消费者参考。这样由工商行政管理部门牵头，将各网络平台的信息实现共享，使得一个人只要在一个平台上进行了欺骗，就会陷入人人喊打的局面。在这样的制度下，第二类经营者虽然没有在工商局进行登记备案，但他们也会有充分的积极性守法守信。

3. 从12315平台出发，建设消费者权益维护体系

案例四　美国的因特网欺诈投诉中心（IFCC）成立于2000年。这个位于西弗吉尼亚州的中心配备了62名工作人员负责接受关于在线欺诈的客户投诉，对每一起投诉进行分析，将之存入数据库并分类发给联邦调查局现场调查部门或者当地的执法机构以便对投诉进行进一步的调查。2003年，它一共接到了12万多件网络诈骗投诉。IFCC定期整理投诉数据，发布警示公告，告诉客户怎样识别恶意或不可靠的电子商务网站和其他类型的欺诈。

案例四介绍了国外相关机构对于互联网经济管理的经验，其中有许多值得我们借鉴的地方。IFCC的主要目的是惩处网络欺诈，净化网络环境，它为防止网络欺诈提供了一系列的服务：接受网络欺诈投诉，将之分流到各部门处理，然后将这些投诉信息进行整理分析，提出种种针对性的警示，同时也提供各种法规政策指引，帮助消费者获得经验，预防网络欺诈的发生。12315平台的现有功能也有类似之处，但是与国外相应机构完备的系统与巨大的影响力相比，现在的12315平台还显得比较稚嫩。工商行政管理部门的职能是为了监管工商企业依法依规行事，并且维护消费者的正当权益。如果说前面提到的备案登记、信息公示等制度的直接效应是监督企业的话，那么像IFCC这样提供一套完整的消费者保护流程就是直接维护消费者权益的最好措施。在面对让人眼花缭乱的网络经济时，消费者作为交易中的弱势一方，往往会无所适从，最后因为没有安全感而放弃交易，这实际上成为网络经济发展的巨大障碍。IFCC作为一个政府机构，提供相关的系统性帮助，从消费前的欺骗识别经验介绍，到消费后的权

益保障服务，指引消费者在网络中理性行事，有效地消除了消费者面对网络时的盲目性与紧张感，这是非常值得我们学习的。

建立这样一套完善的系统并非工商行政管理部门能够独立完成，必须得到多方配合，共同努力，但是工商行政管理部门有理由成为其中的主要组织者。首先如前所述，维护消费者的权益是工商行政管理部门的天职，而在网络经济中消费者急需帮助的时候，工商行政管理部门必须承担起这一责任。其次，12315平台已经粗具规模，完全可以作为新的网络服务系统的基础，避免重复建设成本。

在网络经济大潮中，工商行政管理部门必须使用更加市场化和网络化的方法来发挥好自己的监管职能。在现阶段工作的基础上，工商行政管理部门应该以网站登记备案制度和进一步的电子证书制度为基础，以12315平台为依托，结合现有的红黑名单制度，完善网络企业经营表现的公示，并着手搭建网络消费者指引与帮助平台。这一系统工程非一日之功，但是我们应当看到，它有可能成为网络时代我国整体信用系统的重要基础。加速推进网络经济发展的任务刻不容缓，工商行政管理部门有责任也有能力通过不懈努力最终实现目标。

注　释

① 数据来源于易趣网上1999年5月到2003年4月所有登陆商品的交易情况。我们随机选取69994位在此期间有成功交易的卖者和25621个在此期间没有成功交易的卖者，并抽取他们所有具有卖者信用分数的交易记录，共2093715条。

② 工商部门明确交易者身份的另一重要举措是电子证书制度，现在正在建设中。关于这一制度的讨论已有很多，本文不再赘述。

（作者单位：北京大学、北京市工商学会）

二等奖

论信息化提升工商行政管理能力

罗文阁

贯彻落实党的十六届四中全会精神，增强党的执政能力，落实科学发展观和正确的政绩观，具体到工商行政管理部门，就是要全面提升工商行政管理能力。信息化时代的到来对社会发展产生了深刻的影响，同时也为政府管理部门借助信息化手段，重构新的管理模式，实现行政管理方式的有效转变提供了可能。如何实现信息化与监管方式创新的有效结合，是工商行政管理改革必须与时俱进的课题。

一、对政府信息化的理解

政府信息化即通常所说的电子政务是指运用现代信息技术，以行政过程再造为基础，实现管理网络化、政务活动自动化、决策智能化，不断提高信息资源开发利用范围，提高政府对信息的使用效率，促使社会资源更加高效配置的发展过程。包含四个方面含义：①政府信息化是以现代信息技术与先进的行政管理理念的结合应用为基础，是在网络化管理基础上的行政过程再造，而不是简单的原有管理流程的上网。②政府信息化是依赖网络技术，对政府的内、外部信息资源进行优化配置和集成的信息系统，是大范围的政府信息的整合和利用，而不是简单的部门信息的归集。③政府信息化需要不断发展和完善，是一个长期持续改进的动态过程。④政府信息化的最终目标是增进工作效率，提高政务水平，促进社会资源的高效配置。

工商行政管理部门的信息化是政府信息化的有机组成部分。工商行政管理部门信息化的实质内容，是工商行政管理部门实现各项职能由运用传统手段向运用以计算机、网络等智能工具为代表的信息技术手段转变的过程；是工商系统内部与外部部门之间实现大范围的全面的信息联网和信息共享；是在信息化基础上的管理流程和管理方式的创新。其作用是通过信息化增进工作效率、提高监管能力、规范行政行为。

二、信息化带动工商行政管理能力提升已经取得重要成果

在信息化时代，政府部门如果没有自己的信息工作平台，就无法适应社会公众的多元化需求，公共服务质量和工作效能也将受到制约。经过近十年的发展，北京市工商局建立了比较完善的信息工作平台，各级工商干部的信息化意识普遍增强，应用现代信息技术的能力有了很大提高，以信息化带动业务发展，带动监管方式转变，提高市场监管能力取得了重要成果。

1. 依托信息化手段推进企业登记制度创新，建立便捷高效的市场准入服务体系

企业互联审批工作平台，连通了市级、区县级共21个工商行政管理部门和444个行政审批部门，打破了各政府主管部门之间的管理界限，实现了登记信息和审批信息的发布、共享和流转，企业无须多头申请，一次申报即可完成相应项目的审批，提高了政府公共服务的效能和质量。网上登记注册服务系统，实现了人性化、智能化的注册登记全程代理服务。该系统打破了以往以政府职能部门为中心的工作模式，以企业为本，充分考虑注册申请人的需要和接受水平，集名称预先核准、登记咨询、填表提示、自动生成登记文件、网上申报、受理人员审查为一体。特别是注册申请人在网上无需逐项填表，只需填报几个基本信息即可自动生成全套合格的登记文件的功能，给不熟悉企业登记程序的注册申请人带来了极大的便利。在试点的海淀工商分局有63%的注册申请人，通过网上服务系统完成登记注册，方便了企业，提高了工作效率。

2. 通过12315投诉举报系统，及时掌握市场消费信息

三级联网的12315系统，是市场消费的晴雨表。通过对消费者投诉、举报信息的采集，极大地拓宽了市场管理的视野，增强了发现市场秩序性偏差的及时性，提高了市场信息利用的实效性，实现了执法监管的针对性，有力地强化了对市场秩序的控制力。

3. 通过信用信息平台建设，深化对市场主体的信用监管

在信息化基础上建立的"北京市企业信用信息系统"，与北京市48个有关部门连通，目前系统中信用信息达339.45万条，有严重失信行为的79962户企业和62454名企业法定代表人被锁入"企业不良行为警示系统"，其行为依法受到限制。失信信息的公示，还使失信企业付出巨大的"二次成本"，受到市场的长期惩罚。此外，通过整合企业信用信息，对企业按照风险度分类，按照信誉度分级，实现分类分级监管，将管理重点锁定在少数违法企业身上，极大地提

高了市场监管效能。

4. 通过企业年检信息工作平台，全面提升服务水平

企业年检信息工作平台是相关政府部门共享的集企业年检信息承载、交换、查询、公示为一体的操作平台。该系统将政府相关部门16项年检事项整合归并，实行了多部门网上联合年检，做到一网一表一次上网即可完成相关年检，极大地方便了企业。年检审查，工商行政管理部门以经济户口为基础，借助信用管理系统的数据，结合日常管理记录，只对少数有不良行为记录和违法线索的企业年检申报进行重点审查，大大提高了工作效率。2005年北京市就有32.3万户企业通过互联网完成了年检，占参检企业总数的92.9%。

5. 通过广告监管系统，实现违法广告自动化识别，提高了广告监管效能

由北京市工商局开发的，应用于广告制作、发布单位的广告自律控制应用软件，具有对违法广告自动识别功能，为广告企业自律提供了技术支持。用于工商行政管理部门的广告监管系统，对辖区主要媒体的广告进行采集，应用软件自动识别其中的违法广告，实现了广告智能化管理。该系统将获得的违法广告信息分发相关辖区执法人员调查处理，提高了管理的时效性。建立在信息化基础上的智能化广告监管系统，实现了广告事前、事中、事后的全过程管理，并体现出广告的人性化管理。

6. 通过行政执法案件管理系统，借助信息化管理规范行政执法行为

以往的行政执法监督只限于事后的抽查监督，行政执法案件管理系统实现了从案源开始的行政执法全过程监督，从工作程序上堵住了瞒案不报、压案不办的漏洞。该系统集立案、执法文书制作、证据扫描、局领导网上审批、网上电子签章、罚没物品录入以及工作时限自动提示、数据查询统计功能为一体。案件办理全程纳入计算机管理，增加了办案的透明度，一方面提高了办案效率，另一方面通过程序设定的制约措施、网上公开办案信息的阳光管理、相关部门在各办案环节的适时监督、案件回访等措施提高了行政执法的规范化水平。

三、信息化带动工商行政管理能力提升方面存在的问题

尽管北京市工商行政管理部门在信息化带动工商行政管理能力提升方面取得了可喜的成果，但也存在一些不容忽视的问题。

1. 强化政府部门之间信息互联互通，实现大管理的认识还需加强

信息化的核心内容是，政府部门内部及外部之间实现大范围的全面的信息

联网和信息共享。信息化管理是以整体管理流程全局最优化为目标，这就要求改变原有的政府部门分割管理，以及部门内部按职责分割管理的工作模式，提高整体管理效能着眼在部门内部及部门之间进行管理流程再造，即管理流程创新。近年来，北京市工商局推出的企业登记互联审批就是在信息化基础上的工作流程再造，极大地提高了工作效能。而原有的信息系统之所以与信息化管理之间出现不适用，重要原因就在于，系统建立之初对信息化要以行政过程再造为基础认识不足，信息系统未能引导和体现未来的发展趋势，系统只是原有工作流程的移用，仅是以计算机代替手工系统，没有从提高整体管理效能着眼进行软件功能设计。

2. 对企业宏观引导仍需加强

市场经济条件下的市场是配置资源的基础，政府的责任是加强市场秩序管理，创造良好的发展环境。管理必须标本兼治、疏导结合。近年来，工商行政管理部门的管理方式已经做了很多适应市场经济发展的变革，但基本的管理方式仍然是站在企业后边被动地管，而非站在企业前边主动地引导，就如同是在堵而非疏，这是造成管理效能不高的根源。工商行政管理部门是行政执法部门，堵是必须的，但"堵"的同时必须要"疏"。发达国家企业违法经营发生率比我们低得多，并非他们的企业经营者觉悟高，而在于市场大环境不同，正所谓"橘生淮南则为橘，生于淮北则为枳"。"疏"就是努力营造一个企业诚实守信、依法经营的市场环境，约束企业自觉不违法。可以这么说，良好的大环境营造之时，就是市场秩序根本好转之日。"疏"的主要手段就是企业信用管理，使失信企业在市场中寸步难行。北京市工商局牵头建立的企业信用体系已经进入应用阶段，但与这一目标还有相当大的距离。

3. 借助和利用外部管理信息仍显不足，在管理理念和管理方式上仍然局限于部门管理

工商行政管理部门是政府综合性管理部门，必须借助相关部门的前期管理成果，深化本部门的管理，不会借助相关管理部门的管理信息，不能为相关部门的管理提供信息支持，就不是管理效能最大化，这就要求必须树立政府大管理的理念。

4. 对管理信息的分析利用仍显薄弱

在传统管理体制下，政府部门的信息在上、下、左、右各个方面传递都不畅通，造成信息衰减、闲置，严重制约了管理效能。近些年，工商行政管理部门注重了部门内部及政府部门之间信息的整合，借助多种形式拓宽了信息来源

渠道，但只限于对信息的简单归集和利用，还应该在此基础上进一步对信息进行深层次地综合分析，形成为领导决策的参考意见，使信息化管理发挥出更大的效能。

四、信息化带动工商行政管理能力提升的展望

信息化管理必然要引发监管方式的变革，这种变革不是简单地将传统的政府管理事务原封不动地搬到网上，而是技术创新与管理机制创新相结合的一项工程，影响将是全局性的，必然带来对传统的管理方式、服务方式、业务流程、职能分工、组织结构的调整和整合。

1. 注重管理流程再造，借助管理机制创新，带动工商行政管理能力提升

管理流程再造是信息化实施过程中的一个分水岭，在这之前的信息化可称为 OA（办公自动化）阶段或 ICP（互联网内容提供阶段），这以后则可以称为电子政府阶段。就是说管理流程再造是信息化发展的高级阶段，也是信息化发展的必然。管理流程再造必须树立政府大管理的理念，即以整体管理流程最优化为目标，通过大范围的信息共享和部门间的协作寻求管理效能最大化。大管理分为工商行政管理部门内部和外部两个方面。

（1）工商行政管理部门内部实现职能资源的整合

国家法律法规赋予工商行政管理部门的职能，不是给工商行政管理部门某一个处室的，是赋予整个工商行政管理部门的。而目前工商行政管理部门按照管理领域设置内部机构，各自为政，不易形成管理合力，制约了整体管理效能的发挥，需要进行职能上的整合。职能整合不是简单地撤并机构，而是指部门之间工作的统一性、协调性、配合性，管理信息要实现共享共用，发挥工商行政管理部门的整体管理效能。

（2）政府部门之间实现信息共享共用

政府行政体制改革已经进行多年，但管理按部门分割的基本状况并没有改变，严重制约着整体管理效能的提高。信息化为改变这种状况带来了契机。

一是工商行政管理部门要充分借助相关部门的管理信息。工商行政管理部门是综合性管理部门，基本职能是对企业的经营行为进行监督管理。这不仅要借助工商行政管理部门自身拥有的企业登记信息，而且要借助相关管理部门的管理信息。目前，在认识上还局限于对相关管理部门对企业违法行为处罚信息的整合，将这类信息归入了企业信用信息系统。应该看到，借助相关管理部门的管理信息不仅包括处罚信息，还应该包括相关部门拥有的源头信息。借助相

关部门拥有的源头信息，即具有了政府部门之间管理职能对接的含义，能够更大程度地提高整体管理效能。如工商行政管理部门的登记信息与税务部门共享，有助于帮助税务部门防止新注册企业逃税。反过来，税务部门每月报一次税，对企业续存期间的情况掌握得比工商行政管理部门及时，如能实现信息共享，则有利于降低工商行政管理部门核实经济户口的行政成本。为提高食品安全控制力如能与质监局开展的食品质量 QS 认证信息实现共享，将 QS 认证目录作为北京市食品市场准入的目录，通过部门之间管理职能的对接，形成完整的管理链条，将极大地提高管理的有效性。对黑网吧的管理，如能与电信部门的网络接入信息实现共享，通过与企业登记信息的比对，不难找出那些黑网吧并予以取缔。近期，有关部门决定对食品、保健品广告实行审批制管理，工商行政管理部门只有实现与审批信息共享，实现部门职能上的对接，才能提高工商行政管理部门对食品、保健品广告监管的有效性。这些只是列举，目的是说明不断提高对信息资源的开发和使用效率，充分借助相关部门的管理信息，特别是借助源头信息，对提高工商行政管理部门的管理效能前景广阔、意义深远。

二是工商行政管理部门要为相关部门提供信息支持。大管理要求工商行政管理部门，不仅要将掌握的大量企业信息用于工商行政管理，而且要为相关部门的管理提供服务，为社会服务。这是因为工商行政管理部门掌握的企业身份信息是各管理部门管理的基础，企业动态管理信息对各管理部门的管理也具有重要的参考价值；还因为企业信用管理平台、企业年检平台都建在工商局，这虽然是政府的信息平台，但既然建在工商局，工商局在享有借助相关部门管理信息便利的同时，还负有为相关管理部门提供支持和服务的责任。由此带来的效果是，工商行政管理部门对相关政府管理部门的信息支持越成为管理的基础，工商行政管理部门的地位就越不可动摇。

2. 实现科学化管理，借助信息化提高科学决策水平，带动工商行政管理能力提升

信息化的发展扩大了信息的来源范围，提高了信息的归集速度，这就为管理决策科学化，实现前瞻性管理奠定了基础。目前工商行政管理决策科学化取得一定进展，但总体上管理决策仍然主要依据管理经验，显得滞后。原因在于，近年来在信息化发展过程中，对信息的采集、汇总、分派比较注重，而对信息进行深层次的综合分析，为领导提供决策参考意见仍显不足。就是说工商行政管理部门已经实现了对信息的整合，并运用到实际管理工作中，但还没有运用到领导决策上，而管理决策科学化是信息化的更高目标，意义更重大。为此，要建立一个信息处理机构，这个机构不同于 12315 只归集外部信息，这个机构也

不一定要单设，可以放在12315或其他部门，其主要职责：一是信息归集，包括归集日常监管信息、专项整治信息、投诉举报信息、相关部门反馈信息等；二是对信息进行综合分析；三是为领导提供决策参考意见。

3. 实现针对性管理，借助监管力量的有效投入，带动工商行政管理能力提升

工商行政管理部门无论是过去的驻场式管理还是现在的巡查式管理，基本特征都没有摆脱不分主次的大拉网式的管理方式，由于管理重点不突出管理效率不高。近年来，工商行政管理部门依托企业信用信息，按照风险度和信誉度对企业进行分类分级，甄别出需要重点管理的地域、行业和企业，将有限的管理力量投入到最需要的地方。针对性管理是工商行政管理部门监管思路的重大变革，是解决市场主体大量增加，监管力量又严重不足矛盾的有效措施。当前，重要的是及时总结经验，使分类分级的标准更加科学。由于不同地域企业的情况有很大差异，企业分类分级标准统一应该是相对的，要因地制宜允许地域差异，如果实行计算机自动分类分级，也应是小地域的，以适应地域特点，真正将管理重点突出出来。

4. 完善企业信用管理，借助市场的约束作用，带动工商行政管理能力提升

企业信用管理的约束力来自于两个方面，一是行政限制措施，二是市场的约束作用。工商行政管理部门牵头建立的企业信用监管体系已经有了良好开端，并开始发挥作用，但约束作用主要来自于行政限制措施，市场的约束作用显现得并不充分。为解决这一问题：

（1）充分发挥工商行政管理部门掌握的信用信息的作用，扩大信用监管效能

信用管理的市场制约效能与信用信息的公示范围和传播范围成正比，信用信息公示范围越宽，传播范围越广，信用管理的效能越高。

一是扩大信用信息公示范围。目前，工商行政管理部门搭建的企业信用信息平台，仅登录了企业登记信息、年检信息和违法处罚等信息，工商行政管理部门掌握的其他一些涉及企业信用的信息还未充分加以利用。如投诉、举报信息也是工商行政管理部门掌握的直接反映企业信用状况的重要信息，特别是那些直接面向消费者提供服务的行业，投诉量和投诉解决率是衡量信用状况的重要指标，应该予以公示。

二是提高信息的开放程度。目前的企业信用信息系统公开的一些信息还处于半封闭状态，限制了信用信息的使用和传播。企业信用信息只有充分向社会开放才能产生效用。为此，政府部门掌握的企业信用信息公开应为一般原则，

不公开和保密应是例外。由于企业信用信息开放涉及法律问题，哪些属于商业秘密，法律还不明确。在《政府信息公开法》没有出台以前，可以将政府部门的信息分为社会共享信息和政府管理部门共享信息两类，分对象，分层次开放。

三是拓展企业信用信息服务领域。目前的企业信用信息平台主要是面向政府管理部门和企业，服务面窄，作用单一。消费者是社会最大群体，工商行政管理部门必须关注消费者，为消费者提供所需要的服务，而信息服务是大服务。为此，应该充分利用工商行政管理部门掌握的信息，建立面向社会公众的个性化信息服务平台。个性化信息服务平台也可称为重点行业企业信用信息平台，即根据不同消费群体对不同行业企业信用信息的需求，将与社会公众直接相关秩序又较为混乱的重点行业，从众多行业中单列出来，通过信息公示使重点行业企业的情况充分透明化，为消费者提供有针对性的信息服务。个性化信用信息服务平台，直接面向不同的市场消费群体，公众对网站的关注程度提高，访问量增加，企业失信信息得到充分放大，在为社会公众提供服务的同时，借助市场的约束作用也强化了对重点行业的信用管理。按照一般道理，行业企业信用信息平台应该由行业协会牵头建立，但由于各种原因，现在只有工商行政管理部门具有充分条件，应该先做起来，待时机成熟可以与行业协会合办，或将信息平台移交给行业协会。

（2）借助信息化，建立社会失信制约机制

根据征信国家的经验，失信惩戒的威慑力不是来自某一个部门而是来自于社会，即必须把各种与企业信用有关的社会力量和制度有机地组合起来，形成社会制约机制，共同制约和惩罚失信行为，使失信企业及其主要领导人生活不便、经营受限。如严重失信企业应停止政府采购，严重失信企业应停止工程投标资格，严重失信企业应限制获得银行贷款，严重失信企业的负责人应没有资格获得人大代表、政协委员等政治荣誉，严重失信人员禁止从事某些行业的工作等。只有形成社会失信制约机制，企业信用管理才能发挥最大的效用。

目前，一些政府管理部门仍然习惯于传统的管理方式，对企业信用管理这种新的管理方式认识不足，对如何运用企业信用信息创新管理方式，提高管理效能缺乏研究，对失信企业的行为限制仅限于工商、税务等少数部门，远未形成社会制约机制，未能形成管理的合力。为此，应由政府牵头，协调相关部门，结合各自的职能，对失信企业采取相应的行为限制措施，尽快形成社会失信制约机制。

5. 探索非现场管理之路，借助信息跟踪，带动工商行政管理能力提升

多年来，工商行政管理部门一直实行的是登门检查的管理方式。信息化的

发展为改变这种传统管理方式，通过信息跟踪和信息反馈为实现非现场管理提供了可能。如一些需要照后审批的项目，只要工商行政管理部门将需要审批的企业信息发至相关部门，相关部门将审批后的信息反馈回来，管理人员无须到企业登门检查即可了解其专项审批落实情况，做出相应的处理。

6. 开辟智能化管理的领域，借助科技手段，带动工商行政管理能力提升

智能化管理其实离我们并不遥远，有些我们已经开始做并且初见成效。智能化管理包括两个方面。

（1）提示性管理

如企业分期缴资、专项许可期限、营业执照期限、责令改正期限等都可通过设定的程序对管理人员自动作出提示。企业登记注册时对采取限制措施的企业及法定代表人自动锁定、企业年检时对有违法记录还未接受处理的企业锁定不予通过年检等，都属于提示性管理。提示性管理已经广泛运用于实际工作中。

（2）智能化管理

即通过预设程序，对企业的违法行为自动进行识别。北京市工商局开发的广告监管系统，其意义就在于在全系统开了智能化管理的先河，开创了一条新的提高监管效能的途径。智能化管理决不仅限于广告管理，还有比如对电子商务的监管。电子商务的特性决定了不实现智能化管理，仅靠人力检查，实现有效监管几乎是不可能的。我局近年来搭建的企业网上年检操作平台，实现了多部门网上联合年检。但从网上年检操作平台的功能看，还属于自动化办公系统，如果能对 16 项年检事项做进一步的整合，建立相关年检报表之间数据的对应关系，使之成为一个整体，相关年检报表之间可以互相比对和印证，即上升为智能化管理。实现智能化管理可以使繁琐的企业年检简化，极大地减少年检报表中的虚假信息，提高企业年检的实际功效。

信息化时代的到来必然要求工商行政管理制度的创新，这种创新决不是简单的用信息技术对现行的管理事物进行复制，而是由技术创新带动管理方式创新；这种创新不能一蹴而就，而是一个持续改进的动态过程。信息化是撬动工商行政管理整体工作上水平、上层次的有力杠杆，必将对工商事业未来的发展产生深远影响。

（作者单位：北京市工商局）

二等奖

关于进一步放开粮食收购市场加强粮食市场体系建设和规范管理的报告

王树燕　陈　骥

根据国务院领导指示精神，国家工商行政管理总局、国家粮食局会同国务院研究室、国务院发展研究中心、国家发改委、国家经贸委、国务院体改办、中国证监会、农业部、中国农发行、中国储备粮管理总公司等部门，组成"进一步放开粮食收购市场、加强粮食市场体系建设和规范管理"课题小组（简称课题组），分赴浙江、江西、河北、山东、广东、河南、黑龙江、吉林等省进行了考察，与专家学者多次举行了座谈。大家认为，1998年以"三项政策、一项改革"为重点的粮食流通体制改革政策（以下称粮改）实施后，稳定了大部分地区的粮食生产，保护了广大农民的种粮积极性，维护了国家粮食安全。事实证明，我国的粮食体制改革政策取得了明显的成效。但由于国内粮食市场发育程度低，市场主体发育不充分等因素，迫切需要在进一步放开粮食收购市场的基础上，实行更加深化的粮食流通体制的改革。

一、当前进一步放开粮食收购市场时机已经成熟

随着粮改政策的实施，近年来国内粮食市场供求格局出现了根本性的变化。从目前统计资料看，粮食短缺问题已经得到基本解决。我国现有粮食种植面积一直维持在16亿亩左右，粮食产量1978年为3.05亿吨，到1984年剧增到4.07亿吨，初步解决了温饱问题。1998年粮食产量曾达到创记录的5.12亿吨。1999年以后，此后几年产量虽有回落，但最低年产量也达4.52亿吨。同时，粮食年均消费量（主要含居民口粮、饲料用粮、工业用粮、种子用粮等部分）为4.3亿～4.85亿吨。

课题组认为，现行的粮改政策对粮食的供求关系的调节作用正在弱化。在加强宏观调控的前提下，主要依靠市场力量而不是依靠行政手段来消化和解决粮食过剩，已成为各方达成共识的唯一出路。有关部门的统计数据表明，今后一段时期我国粮食产量提升的幅度略大于粮食消费的增长幅度，是完全可能的。一方面，由于基本农田数量是不可逾越的"红线"，可以维持粮食的基本生产能

力。科学种田的不断普及和先进技术的大量运用，使得我国粮食产量有可能呈现稳中有升的态势。另一方面，随着人民群众的食品结构多元化、需求多样化，全国口粮消费和种子用粮有所减少，工业用粮消费相对稳定；只有饲料用粮消费数量可能会出现一定幅度的增加。即使个别年份供求有缺口，通过调动储备、适量进口等方法进行调剂，粮食总供求也可以达到基本平衡。

随着粮食供求关系的这些转变和我国成功入世，粮食流通体制受市场因素的制约和影响越来越大，对粮改政策做较大幅度的改革已势在必行。原因之一，"三项政策、一项改革"的初衷是保护农民种粮的收益，但由于种种因素只能在一定程度上保护农民种粮的积极性，农民通过种粮售粮所得实惠并不明显。原因之二，现行的粮食购销形成机制不成熟，收购保护价一般偏高于市场价格。国有粮食购销企业的顺价销售难以实现，必然造成粮库积压。库存粮食不断增多，又使国有粮食购销企业支出随之日益增加，背上沉重包袱的国有粮食企业无法适应市场竞争的形势。原因之三，在没有充分发挥市场机制作用的环境下，完全由国家对粮食收购和库存进行补贴，只能导致财政包袱越背越重，有限的财政无法摆脱粮食胀库带来的巨大压力。

近年来，国务院先后批准部分省区的部分粮食品种退出了保护价收购范围，2002年我国东南沿海及部分粮食主销区又相继实行了粮食购销市场化改革，成效相当显著。课题组在浙江、广东、江西和山东等省考察时发现，主销区粮食购销市场化改革，不仅没有造成粮食市场混乱，反而对促进农民增收、搞活粮食流通、发挥主产区产粮、加工和主销区深度加工粮食产品的双向比较优势、促进农业结构调整、加快农村经济发展，发挥了积极的作用。政府调控下的粮食保障体系基本形成，市场机制在粮食流通中所起的作用日益显著，出现了政府满意、农民满意、粮食企业满意、管理部门满意的局面。

有关政府负责同志、专家学者及基层粮食经营单位负责同志一致反映，无论从社会承受度、政府宏观调控能力还是农民的呼声看，各界对进一步放开粮食收购市场已有一定的思想准备，进一步放开粮食收购市场，只要措施完善妥当，可以促进党和政府同广大农民的关系，不会影响社会特别是农村的稳定。

二、粮食市场体系培育建设中的几个突出问题

从全国总体看，粮食市场体系发展的主流是好的、健康的，但仍然存在着一些亟待解决的问题。

（一）市场主体发育不良

1. 从整体上看，国有粮食购销企业没有形成真正的市场主体

一是定位不准，政企不分。国有粮食购销企业承担了部分不应由企业承担

的政府职能；二是经营机制不灵活。收购资金由政策性银行提供和保证，国有企业只要按报告的收购粮食数量领取费用和补贴金额，就可以维持生存，不利于企业提高经营管理水平；三是由于财政、税收、人事、劳动、分配、社会保障制度改革不配套、不同步，单项突进的国有粮食企业改革收效缓慢。

2. 农民作为粮食生产主体，仍然沿袭形成多年并且还要维持相当一段时间的"小生产"规模和劳作方式，使他们难以适应"大流通"的形势要求

1978年开始的联产承包责任制，为农民作为农村市场的主人奠定了基础，但生产的小型化、分散化和"靠天吃饭"的基本状态，小农经济观念和计划经济观念的束缚，使广大农民的市场观念淡薄，分工协作意识差。特别是农村土地流转的政策存在着一定的限制，使土地的集约化、生产的科技化、经营的市场化受到了影响，小生产与大市场不相适应的矛盾始终存在。

3. 中介组织和经纪人发展缓慢

改革开放以来，遍布城乡的粮食经纪人和个体私营加工业主，曾活跃了粮食流通，方便了农民交粮，提高了粮食初级加工速度和水平，促进了粮农增收。但按照粮改政策的要求，它们中多数已被执法机关清理和取缔。由于国有粮食收储企业受体制的约束，难以发挥粮食流通主渠道的积极性，又缺少中介组织和经纪人牵线搭桥，农民生产的粮食难以迅速变现并转化为商品，挫伤了广大农民种粮的积极性和主动性。

4. 一些地方个别的农业产业化龙头企业的市场行为不规范

它们与农民订立的"订单农业"与《合同法》等法律法规要求差距较大，许多条款及其单方面的解释大多不利于处在弱势一方的粮农，因此履约率偏低，粮食生产的产业化链条没有真正形成，原来所期望的示范效应普遍较差，影响了粮食生产种植结构的调整和农业经济结构的完善。

(二) 粮食市场总体发育程度仍然比较低

1. 现有的粮食批发市场缺少区域性整体布局规划，建设中有很大的盲目性

一些地方官员为体现政绩，通过行政力量，推动粮食批发市场建设。如江西赣州等地市政府发文，要求每个县至少修建1个以上粮食批发市场。多数建成的粮食批发市场有场无市，沦为"空壳市场"，资源闲置和浪费比较严重。据调查，交易一直比较活跃的粮食批发市场只占其中的极少数。如河北省粮油批发市场建设的投资额高达2亿元，数量最多时达到了全省125家，目前保有一定

业务量、能维持营运的市场不足 30%。

2. 市场总体发育水平偏低，且很不平衡

有的地区粮食市场发育早，进展快，功能逐步完善，已经出现了一定的规模和辐射力。而中西部地区的一些粮食主产地，粮食市场发展处于起步阶段，市场布局不合理，市场规模不足以促进区域性粮食流通，交易手段较为原始，销售方式较为单一，功能很不完善。

3. 市场垄断与分割现象突出

一些地方政府和管理执法部门利用自身的权力，限制和排斥地区外和系统外合法的市场主体进入本地区和本行业从事粮食经营。一些省市反映，现有粮食批发市场中主要是国有粮食系统开展经营交易，其他形式的粮食经营单位或由于对政策理解有误，或由于行业垄断和地区壁垒，基本没有或不能进场交易。

4. 各类市场形态的组织基础脆弱

粮食经营中购储运销等现代商业信息网络体系尚处在雏形，发育不完全、不规范。在粮食经营中未能广泛引入现代市场营销方式和手段，粮食加工经营网点建设无序，技术水平明显滞后，缺少连锁经营、特许经销、品牌专卖等现代流通方式，制约了粮食产销和市场需求之间的有效衔接。

（三）粮食价格形成机制不合理

价格是市场的信号，价格的合理才能引导生产，促进消费，保证资源的合理配置。我国目前的粮食市场价格体系受行政制约较大，加之产销脱节，粮食价格既不能准确反映供求规律，也不能正确反映价值规律，对调节粮食生产和流通的作用极为有限。

1. 价格形成机制尚未理顺

其主要表现为，一是我国粮食生产成本高，人力因素为主，投入与产出不成比例，价格发生扭曲，价格水平普遍高于国际粮价，因而不具备市场竞争力。二是粮食产销区之间价格不衔接。粮食主产区实行保护价政策，主销区的粮食价格由市场价格形成，粮食主产区的保护价水平却较多高于市场价格，品质、地区、季节差价没有拉开，导致同一品种的粮食价格主产区低于未放开地区。三是主产区收购环节和销售环节价格不衔接。收购环节价格由政府制订，而销售价格完全放开，随行就市。以上两种价格机制的交错存在，不利于全国统一粮食市场的形成，不利于粮食的正常有序流通，不利于粮食出口竞争力的提高。

2. 价格运行不稳定

自 1995 年 10 月以来，我国粮食价格持续大幅度下降，1999 年与 1996 年相

比，粮食批发市场价格（大米、小麦和玉米价格平均数）累计下降了 26.1%。2000年以后，大米等品种的批发价格还在继续下跌，已超出了正常波动的范围，对粮食产销都带来了消极影响。江西南昌早稻谷价格，从 1996 年 4 月的 1700 元/吨下降为 2000 年 9 月的 700 元/吨，跌幅超过 60%。在粮食价格的剧烈起伏中，粮农损失惨重。

3. 价格信号反映机制不及时、不完整、不系统，缺少可以依国际惯例进行套期保值的期货价格信号和反应功能，使我国的粮食期货市场发育滞后

在现有的 3 个商品交易所中，上市的粮食期货品种单一，入场参与者少，根本不能形成有权威的市场价格，对粮食的生产和流通没有起到应有的参考和指导作用。

此外，政府在价格调控方面缺少必要的制约手段，价格管理部门召集省区之间制订的协调价格在执行中被打折扣，影响了价格机制对粮食产销的调剂。

（四）市场交易秩序有待进一步加强整治

1. 一些粮食市场主体的经营行为不规范

一些国有粮食购销企业不严格执行国家政策，或压级压价，或竞购抬价，扰乱了粮食收购市场秩序。一些国有粮食经营及加工企业违法违规经营粮食，有的偷逃税款、逃避监管。个别粮食经营企业倒卖陈化粮的案件已经发生。

2. 对上市的粮产品质量监管时有疏漏

当前入市供应的粮油商品因为经营完全放开，销售商进货渠道繁杂，点多面广线长，技术监督、卫生防疫和工商行政管理部门防不胜防。在粮食加工环节中，个别粮食经营者利欲熏心，利用非食用原料、有害有毒原料加工制作有害粮食或违法经营劣质霉变粮食，使人民群众的身心健康受到了伤害。

3. 一些基层粮食部门反映，一些私商粮贩和涉粮企业无照无证收购粮食、偷逃税费、规避管理，冲击了粮食的正常收购秩序

三、几点政策建议

（一）进一步放开粮食收购市场

总体原则是：三取消、一放开、产销衔接、加强调控。

1. 取消粮食定购任务，取消粮食运销凭证

把粮食生产经营的自主权全部交给农民，允许农民按政府宏观调控下的市

场导向自行调整农业种植品种和结构，发展市场适销对路的优质粮食品种，努力促进农业增效、农民增收。政府要采取措施，为农民发展粮食生产提供信息服务和技术支持。撤销一切阻碍粮食流通的路关道卡，允许和鼓励原粮和成品粮在全国范围内自由运销，任何人、任何单位不得以任何理由阻碍粮食流通。

2. 逐步创造条件，取消对从事粮食收购的市场主体资格的前置性审批

不论何种经济成分，不论何种所有制形式，只要符合法定入市条件，向粮食行政管理部门提出备案并经工商行政管理部门核准登记后，就可从事粮食收购业务。今后在粮食收购资金供应上对所有的收购主体应一视同仁，除中央储备粮和地方储备粮之外的其他资金，均实施非政策性贷款。政府应提供贴息等优惠条件，扶持和鼓励各商业银行积极介入粮食购销活动。扶持组建一批跨地区、跨所有制形式的大型粮食购销加工公司，鼓励直接或通过代理向海外售粮，进一步推进国内国际两个市场的竞争。

3. 放开粮食购销价格

粮食购销价格要由市场形成。取消粮食定购价和保护价，粮食收购完全采取"随行就市，需求定价，优质优价，劣质劣价"的方式。在放开粮食价格的同时，政府要继续对农民种粮实行保护政策，但应遵循WTO《农业协定》等规定，改进保护方式。对粮农的非直接产品行为，如优质种子的培育和发放，广告商标策略的实施，涉粮诉讼案的法律救济等进行明补，使其能够获得社会平均利润率，以维护粮食安全。

4. 鼓励和推动粮食产销区之间在利益均衡的前提下，做好产需衔接

粮食主销区应自觉从长远发展和国家利益出发，尽可能从主产区购买原粮，并通过市场化的途径逐步在主销区形成较大规模、较高水准的原粮深加工区，以使粮食商品不断增值。粮食主产区要充分利用放开市场腾出的空间和时机，发挥产粮的比较优势，生产具有市场需求的优质粮食。积极鼓励粮食主销区的购销企业来本地收购粮食，鼓励粮食主销区在粮食主产区建立储加销基地。要积极鼓励粮食主产区和主销区之间加强省际协作，支持产销挂钩。主产区和主销区可以共同出资创办粮食交易市场或者联办粮食经营股份公司，紧密合作，规范经营。总之，省际间的合作要本着"双赢"的要求，以平等均利为原则，在合作领域、合作方式上要敢于创新和突破。

5. 继续加大力度，确保国家对粮食的调控能力

进一步完善中央储备粮管理体系，确保中央储备粮能"管得好，调得动，用得上"。扶持地方政府的储备工作，逐步有条件地鼓励涉粮企业和私人储备粮食。在市场粮价偏低时，政府通过增加储备和保护性收购，防止粮价过度下跌，

防止"谷贱伤农";在市场粮价偏高时,政府通过抛售储备粮调节市场供求,平抑市场粮价。

6. 进一步促进农民的组织联合,形成有竞争力的粮食生产主体

政府要围绕产前、产中、产后积极做好信息服务和扶持工作,帮助农民搞好农业结构的合理调整和优化布局。经试点,推行粮食生产农民合作体,粮食生产、流通、加工类行业协会等以农民为主要成分的市场化组织,通过这类组织逐步建立健全粮食信息发布制度和信息引导系统,实现对农民的教育和培训,使其熟练掌握先进适用的粮食种植技术,提高农民科技水平和市场经济意识。鼓励土地资源向种植大户、养殖大户和农业龙头企业集中,走科学化、专业化、集约化经营的路子,发展粮食生产专业村、专业乡。大力推动股份合作制、股份制、产业化等多种联合形式,使粮食生产产业化。积极组建市场导向下的大型龙头企业,拉长粮食产业链条,实施粮食产品深加工,努力把粮食生产变成有盈利的产业。加强农村粮食合作社、粮食专业技术协会和农业技术推广站的建设,切实解决种粮中遇到的难题,带动粮农致富。有条件的地区,可以通过给予特别优惠政策,尝试推出农业保险,为粮食生产服务。

(二)加强粮食市场体系建设

总体原则是:政府引导、多方兴办、层次多样、期现并举、有形与无形相结合,以求达到"放而有序、控而不死、活而不乱"的效果。

1. 继续完善粮食市场体系建设

政府要积极引导和培育各地粮食批发市场和零售市场的规划与建设,推进多层次、多功能、品种调剂、需求互补的市场体系的发展。可参照欧盟共同农业政策中行之有效的一些做法,积极推进粮食大市场、大流通格局的形成,以市场来带动和促进粮食生产的发展,推进农业生产结构的升级。积极引导大宗粮食交易进场交易,为用粮大户到粮食批发市场交易提供便利条件的同时,支持主要用于最终消费的粮产品零售市场的运作。

2. 鼓励多种经济主体以多种经营渠道、多种经营方式、多种融资方式,包括吸收社会闲散资金,参与各类粮食市场的建设,实现粮食市场开办者、经营者多元化

3. 各省际特别是毗邻地区的政府要组织省际、地际协调机构,尊重市场传统联系,打破行政区划界限,调整和组合市场功能和布局,推动全国性和区域性粮食批发市场的建设,以避免浪费资源和重复建设

根据市场消费需求所处的不同阶段性,适度扶持和发展一批在全国上档次、

具备现代化交易手段和方式的多功能的粮食批发市场。

4. 合理布局粮食销售商业网点

从政策上进行必要扶持，积极发展粮食连锁店、粮食超市等现代零售业态。在大中城市和经济比较发达的沿海城市，鼓励居民主食厨房工程为代表的新型连锁店等经营方式。推进粮食物流社会化，积极培育粮食物流企业。

5. 稳步发展粮食期货市场

期货市场已被证明为具备套期保值、发现价格等诸多功能的有效的市场调控工具和避险手段。在全面放开粮食市场的前提下，稳定粮食生产经营、促进调整粮食品种结构、提高粮食企业的竞争力等，都离不开粮食期货市场。应积极稳妥地推出现货基础好、辐射面广、对国民经济连带影响大的玉米、大米等粮食期货品种上市。引导涉粮企业和农民合作组织利用期货市场开展套期保值，加强风险监控，以充分发挥市场机制的导向作用。

6. 积极提倡电子商务等新型营销方式，提高交易效率

充分利用计算机通讯、多媒体技术，使粮食交易的有形场所与无形网络相互结合，相互激励、相互促进，达到降低粮食流通成本和交易成本的目的。

（三）加强粮食市场的规范管理

总体原则是：健全法制、依法管理、职责明确、密切协作、强化监管、力度到位。

1. 加快立法步伐，健全法律法规体系

在市场经济条件下，只有健全粮食市场法规，才能规范流通。我们应借鉴国外粮食市场管理的方法和经验，尽快制订《粮食法》、《批发市场法》和《粮食期货交易法》等法律或法规。为解决当前市场管理的需要，可先出台《粮食市场建设与管理条例》、《粮食收购资金管理办法》、《粮食交易限制垄断和制止不正当竞争管理办法》等行政法规或专项规章，规范粮食交易中的收购、加工、运输、批发、零售等行为，进一步细化粮食、工商行政管理、卫生防疫、质量监督检验检疫、公安、银行等部门的职责，以加强对粮产品的监管执法力度。

2. 监管执法部门要切实履行职责，加大监管执法力度

要进一步加强市场巡查，认真监管粮食交易市场开办者和经营者，严禁无照经营和违规经营粮食。严厉打击粮食收购、加工中的合同欺诈行为和扰乱市场、损害农民利益的行为，坚决打击粮食市场中掺杂使假、缺斤短两、以次充好、欺行霸市、囤积居奇、哄抬物价、强买强卖、欺骗和损害消费者利益的各

种违法经营行为。

3. 进一步加强对粮产品质量的管理

粮食、农业、质检、卫生、工商行政管理等部门要紧密配合，形成监管合力，使管理职能和力度到位。粮食部门要积极监督国有粮食企业严把粮食质量关，引导国有粮食企业组织质量可靠、适销对路的粮食进入市场，做守法经营的模范，在竞争中真正发挥主渠道的作用；卫生部门要按照《食品卫生法》等法律赋予的职责，加强粮食商品卫生的监测、检验和技术指导，经常对粮食加工企业制作的成品粮卫生指标进行抽样监测；质检部门要进一步完善粮食检测标准，坚决打击生产、加工过程中掺杂使假、以次充好、缺斤短两等质量违法行为，进一步加强对进出口粮食的监督检查以及检验检疫工作，从源头上保证粮产品的质量；工商行政管理部门要加强粮食市场的监管执法，维护市场秩序。对经营粮产品的市场主体，没有依法取得卫生等部门的许可及法规政策规定应具备条件的，不予办理登记注册；有关管理部门要开展联合行动，清除制售劣质霉变有害粮食的窝点。

4. 积极推进粮食经营企业信用建设

要指导和参与组建粮食生产与经营行业协会，通过自律等方式推进粮食交易信用工程。健全完善粮食经营企业不良行为记录管理系统。将有严重违法行为的企业锁入"不良行为警示记录系统"并随时公示，警示其他经营者，维护交易安全。建立企业良好行为记录管理系统，发挥其示范效应。

5. 加强合同管理

要严格按照《合同法》认真规范"订单农业"，尽快推出"订单农业"合同示范文本，严格约束交易双方当事人的行为，进一步提高履约率，推动"订单农业"向规范化、制度化方向发展，保护弱势群体，打击坑农害农行为。

6. 陈化粮的监管依专项规定

（作者单位：国家工商总局）

二等奖

河北省商品市场监管制度研究

卢玉平　金洪钧　陈爱民　靳志远　赵康民

一、河北省商品市场发展和监管现状及问题

（一）商品市场建设和监管历程回顾

商品市场是从最初的集贸市场发展起来的，是市场经济体系的重要组成部分。市场经济的客观要求，改革开放的战略决策和一系列方针政策，政府及部门的支持扶植和大力推动是商品市场得以迅速发展的重要原因。河北商品市场发展过程也是各级政府和相关部门逐步转变思想观念，改革管理方式，加强日常监管的过程。河北商品市场建设和监管工作大致经历了三个阶段。

1. 第一阶段：培育建设，快速发展（1978—1995年）

党的十一届三中全会以后，河北省政府开始逐步调整限制集贸市场发展的政策，集贸市场迅速得到了恢复和发展。1983年全省集贸市场从1978年底的1118个恢复到1902个。1984年，十二届三中全会作出《中共中央关于经济体制改革的决定》后，我国开始实行计划经济向有计划商品经济的重大转变。从中央到地方，各级政府不断减少指令性计划，放宽上市商品范围，允许个体工商户开展生产经营活动。河北省工商局起草的《关于我省市场建设情况和今后意见的报告》被省政府作为市场建设的指导性文件批转各地执行，推动了全省第一次市场建设高潮。到1991年，全省集贸市场发展到3288个，成交额达到128.5亿元。这一时期基本上由工商部门一家建市场、管市场，"垒台子、圈院子、搭棚子"是当时市场建设主要方式，消费品零售市场是建设重点，市场培育建设资金主要来源于财政资金和收取的市场管理费、摊位费。

1992年邓小平同志发表了南方讲话，党的"十四大"确定了建立社会主义市场经济体制，明确了市场经济的主导地位。各级政府在"建一个市场，带一个产业、活一方经济、富一方群众"思想指导下，把市场培育建设工作摆在经济建设突出位置，竞相制定优惠扶植政策，积极参与，大力支持市场建设工作，在河北省掀起了第二次市场建设高潮。河北省工商局代省政府起草了《关于加

快全省商品交易市场建设的决定》，系统地阐述了市场建设的重要意义、指导思想、目标规划、建设方针和原则要求，明确了如何解决市场建设资金、场地等一系列问题，有力地推动了全省市场建设迅猛发展。这一阶段前期，一般是工商部门直接参与市场规划、论证，直接组织、投资建设市场，包揽了摊位安排、分行划市、市场卫生、消防安全、物业管理、管理费（摊位费）收缴等具体事务，其他行政执法部门基本上没有介入市场管理，税收一般是通过市场管理费（或摊位费）按比例或定额上缴。后期，随着河北省培育建设市场积极性的空前高涨，一家投资建市场的格局已不能适应形势发展，工商部门就提出了"社会办市场，工商一家管"的建设管理模式，河北省迅速出现了乡镇、村办市场，街道、办事处办市场，企业、事业单位办市场和个人办市场的局面，各式各样的市场如雨后春笋般很快遍布河北省城乡。这一时期，河北省市场开办主体从工商一家逐渐呈现为社会多元；市场建设资金来源也呈现财政资金、企业资金、集体资金、集资资金、个人资金等多种渠道；市场开办形式既有一家开办，也有合作联合开办。商品市场建设呈现出两个明显特点：一是市场流通规模不断扩大；二是专业市场发展迅猛。截至1995年底，河北省商品市场达到4408个，由全国第10位前移到第5位；商品市场成交额达到806.5亿元，由全国的第9位前移到第6位；超亿元市场达到115个，总数居全国第6位。在全国百强市场中，河北占10个，总数居全国第二位。石家庄南三条小商品批发市场、新华集贸中心居全国工业品批发市场的第8位和第11位，还出现了一批如安国东方药城、白沟箱包市场等在全国有影响的专业商品市场。河北省形成了以专业批发市场为龙头，专业和综合相结合，零售市场遍布城乡，布局较为合理的市场网络，跃升为全国商品市场大省，实现了历史性跨越。

2. 第二阶段：建管结合，管办分离（1995—2001年）

河北商品市场建设发展也是全国市场建设发展的一个缩影。在各地掀起市场建设高潮的同时，党中央、国务院及时发现了工商部门既建市场又管市场这种政企不分管理体制的弊端，提出了市场管办脱钩的要求。客观地讲，工商部门这种政企不分、集市场监管与经营服务于一身的市场管理体制是在计划经济和有计划商品经济的特定历史条件下形成的，曾为培育和建立社会主义市场经济体系发挥了积极作用，但也确实有悖市场经济体制的基本要求。1994年1月15日，李岚清同志在接见全国工商行政管理系统工作会议代表时，最早提出了市场管办脱钩要求。1995年4月，李鹏同志、李岚清同志对工商部门市场管办脱钩工作做出了重要批示。7月《国务院办公厅转发国家工商行政管理局关于工商行政管理机关与所办市场尽快脱钩意见的通知》（国办发〔1995〕40号），要求工商部门按照政企脱钩、政事分开的原则实施商品市场管办脱钩。这项工作河北和全国一样，在2001年以前进展不大。直到2001年7月27日，朱镕基同志视察国家工商行政管理总局发表了"不脱钩，就脱装"，"利难舍，情难却，就不要干工商了"等措词严厉的讲话后，全国各地才真正开始了轰轰烈烈的管办脱钩工作。到2001年12月20日，河北省市场管办脱钩任务基本完成。11个市、152个单位与所办市场彻底脱钩，移交当地政府702个市场，移交地方政府转岗人员4686名，脱钩市场资产原值10.2亿元、债务2.62亿元。

1995—2001年间，在市场培育、建设和管理方面，工商部门由于有经验、有手段，发挥了主力军作用。这一时期，工商部门市场培育建设和监管的指导思想是"一手抓培育建设，一手抓监督管理"。一方面，工商部门虽然基本不再直接投资建市场，但仍然积极发挥职能作用，为市场培育建设服务，甚至还继续承担着市场设施管理、卫生环境、消防安全、分行划市等应该属于市场主办单位办理的工作。期间，河北省工商部门直接或间接参与、组织了1387个市场的规划、论证和新建、改建工作。河北省工商局代河北省政府组织召开了三次全省市场建设工作会议。截止到2000年底，河北省市场总数达到4997个，成交额2023.9亿元，超亿元市场254个，超百亿元市场有2个（石家庄新华集贸中心和南三条小商品批发市场）。另一方面，市场监督管理也开始受到重视。一是制定修改了《河北省商品市场监督管理条例》等法规规章；二是在机构上，河北省工商局将市场管理处更名为市场监督管理处，体现了工商部门由注重市场建设、经营服务到注重市场监管的转变；三是在监督管理上，河北省工商局制定了市场规范化管理意见，提出了14项市场管理规范和标准，以维护市场内经营秩序为重点，积极打击无照经营、欺行霸市、强买强卖、经销假冒伪劣商品等违法违章经营行为，规范市场秩序；四是其他行政管理部门，如税务（国税、地税）、质监、卫生、公安、消防等，开始积极参与商品市场监督管理。

3. 第三阶段：社会建设，综合监管（2002年—现在）

在市场建设方面，已经从铺摊子、建新点转向升级改造，完善市场自身功能上来，注重市场上档次、上规模，配套设施逐渐完善。商品市场组织化、现代化程度不断提高，新型流通业态以及现代化经营方式发展较快，中介服务组织日益活跃。市场升级改造和部分新建市场开发主要由民营资本来运作，多是由企业或自然人单独投资或联合投资、合作开发，市场建设更加市场化、理性化、规范化。如南三条小商品市场，由18家较大投资主体共同参与市场升级改造，建成了金正食品城、东方文具城、太和日化城等分区交易场所，经销商全部告别了地摊、大棚，进入了超市、店铺，市场规模进一步扩大，市场面貌焕然一新，市场内银行、托运、仓储、餐饮、娱乐等服务功能更加完善。截至2005年底，河北省经过淘汰整合后的各类商品市场(包括消费品市场和生产资料市场)4107个，其中成交额超亿元的市场240个，实现市场成交额2322.9亿元。在市场监管方面，管办分离以后，各级工商部门在转变市场监管理念、创新市场监管理论、改进市场监管方式等方面进行了大量有益的实践探索，如推行"经济户口"制和市场巡查制，实行属地管辖和执法人员监管责任制，保定、廊坊等市工商局将市场登记改为企业注册等，都取得了一定成效。其他相关行政管理部门也把商品市场监管作为重要内容，按照职能依法规范监管行为，改进监管措施，加强市场监管。2002年，省工商局牵头，组织原经贸、公安、卫生、税务等部门，围绕商品市场存在的突出问题，联合开展了集贸市场专项整治活动，部门间协作配合有所加强，初步形成了综合监管的局面。

(二)商品市场监管存在的问题

商品市场是经营者和消费者、经营者和监管者利益矛盾比较集中的场所，长期以来一直是有关部门监管的重点和难点。多年来，河北商品市场监管工作虽然取得了明显成效，但仍有很多问题亟待探讨解决，很多工作有待改进提高。

1. 商品市场存在"三个不明确"

(1)商品市场法律地位不明确

一是商品市场的定义不明确，且互相矛盾。原《河北省市场登记管理规定》(现已废止)对市场的定义是"本规定所称的市场，是指有固定的交易场地和设施，供若干经营主体使用，实行集中、公开交易的场所"，这里强调的是场所。《河北省商品市场监督管理条例》的定义是"本条例所称商品市场是商品交换关系及其交易场所的总和，是指各类消费品市场、生产资料市场，包括集中的商品交易场所和商业网点、商业街等其他商品交易场所"，这里前半句既强调交换关系，又强调交易场所；后半句强调的是场所。1996年国家工商总局颁布的原《商品交易市场登记管理办法》(现已废止)就回避了商品市场的定义，该办法第二条这样表述，"有固定场所、设施，有若干经营者入场，实行集中、公开交易的消费品市场、生产资料市场的开办、变更、注销，应当依照本办法办理市场登记注册"。国家工商总局起草的准备报国务院颁布的《集贸市场管理办法》(征求意见稿)中，对集贸市场定义的表述是："依法设立的，有固定的交易设施，有若干经营者进场经营，由市场经营管理者统一管理，实行集中公开商品交易的场所。"这个定义进一步明确了"依法设立"和"由市场经营管理者统一管理"这两点。"依法设立"就是要把商品市场统一纳入企业登记管理；"由市场经营管理者统一管理",就是明确了商品市场秩序的责任主体,即市场开办者不仅负责市场经营,也要对市场秩序负责。可以看出,迄今为止,对商品市场还没有一个权威定义。根据河北省商品市场发展现状,我们认为,现阶段河北商品市场的定义应是"市场开办者通过出租、转让店铺或摊位,组织若干商品经营者入场经营而形成的,比较集中的消费品或生产资料固定交易场所"。

二是商品市场的组织形式决定了其法律地位不明确。河北省商品市场组织形式主要有两种:一种属于政府行为,另一种属于企业行为。政府办的市场组织形式大多采取"市场管理委员会"、"市场管理局"、"市场建设服务中心"等形式。这些单位多是一级行政部门或履行行政管理职能的事业单位,如果按照《民法通则》划分,应该属于机关法人或事业法人,但却从事经营性活动。这些机构到底属于机关、事业法人,还是企业法人,没有明确界定。如馆陶县政府组建了市场建设管理局,馆陶县政府曾出台《关于成立市场建设管理服务机构的试行意见》,规定由市场建设管理局对全县市场统一领导和管理,组织领导和协调市场建设、经营管理、税费征收、招商服务等工作;陶山市场及各专业市场实行封闭式管理,任何单位和个人未经市场建设管理局许可,不准进入市场收费和罚款。这是带有强烈地方保护色彩,行政机关从事市场经营和管理活动的典型。属于企业办市场的组织形式有以下特点:①市场中存在两个市场主体,即市场开办者和进场经营者;②市场中存在两种经营行为,即进场经营者作为独立市场主体的经营行为,市场开办者与进场经营者作为一个整体的市场经营行为;③市场中存在两个责任主体,即市场开办者与进场经营者分别对其经营行为承担责任。

三是市场登记的法律地位不明确。按照原《河北省市场登记管理规定》和原国家工商总局《商品交易市场登记管理办法》进行市场登记管理,对规范商品市场准入发挥了积极作用,但这种登记仅仅是特定时期内一种特殊的市场主体准入形式。这种形式有以下特点:①登记的法律意义不明确。这种登记是确认主体经营资格,还是一般备案;是对商品市场的场所登记,还是对市场开办者的登记都没有界定。②登记的法律效力不明确。市场开办者通过登记不能获得企业法人地位,不能以市场法人名义签订合同或办理税务登记等,只表明该市场获得了政府或有关部门认可。③那些"非法人"市场开办者非法定化的主体资格使工商部门监管乏力。对既无法人身份又无营业执照市场开办者的违法违章行为没有处罚依据。④市场登记使工商部门承担了许多不应承担的责任。如个别企业、个人拿着市场登记证非法集资、招摇撞骗,市场发生消防、安全、环保、卫生、交通等事故都要求市场登记机关承担。2000年当中央电视台焦点访谈记者对一个经营废旧锅炉市场进行暗访时,该市场开办者就拿出了《市场登记证》，以示自己的经营行为经过工商部门认可，是合法的。

（2）市场开办者与进场经营者之间的法律关系不明确

这是长期困惑社会各界和工商等监管部门的根本问题之一。市场开办者就是市场经营管理者，是应该依法设立，利用自有或租用的固定场所组织场内经营者集中进行现货商品交易，从事市场经营、服务管理的经济组织。进场经营者是在市场内以自己的名义从事现货商品交易的企业、个体工商户、自产自销的农民及其他组织。很多人认为市场开办者与进场经营者之间是租赁法律关系，也有的认为是一种联营法律关系。上述法律关系性质能否准确界定，直接关系两者的权利、义务和责任界定，直接涉及市场开办者的地位和责任定位，直接影响政府有关部门对商品市场的监管。如果把交易设备设施租赁关系当成市场开办者和进场经营者之间的基本法律关系，就使两者变成了单纯的设施设备租赁与管理关系，市场开办者就成了单纯的物业管理者，回避了其在市场交易组织、交易秩序维护与保障等方面的责任。如果两者之间只是租赁关系，就出现了以非本质关系代替本质关系的偏差，无论从理论还是实践的层面上都讲不通。如果将市场开办者和进场经营者之间的法律关系归结为联营法律关系也是不恰当的。其不当在于把进场经营者混同为市场开办者，把进场经营者缴纳的交易费用等当成市场投资，把市场开办者与进场经营者所负的责任相互混淆。而实际上进场经营者只是场内交易者，不是市场交易组织者，无权也无法对整个市场进行管理。

我们认为，市场开办者与进场经营者之间的法律关系不止一种，是由一组法律关系构成的，分为核心法律关系和衍生法律关系（或称附加法律关系）。核心法律关系是商品交易权利的买卖关系。现实中，这种交易权利买卖关系只是被租赁法律关系掩盖起来。市场开办者招商时虽然一般标出的是柜台（摊位、店铺）租赁价格，但是柜台（摊位、店铺）对经营者的意义当然不只是这些设施本身，而是通过这些设施获得市场内有限的交易权利。市场开办者通过提供柜台（摊位、店铺）等设施，为经营者提供了交易机会。这种场内交易机会的获得，使经营者和市场开办者之间建立起法律联系，这是双方核心的法律关系。交易设施设备租赁是市场开办者和进场经营者之间确立商品交易权利买卖法律关系的表现形式和标志。商品交易权利买卖法律关系才是双方本质的、基础的法律关系，交易设施设备租赁法律关系附属于商品交易权利买卖法律关系，是一种衍生的法律关系。同时，交易设施设备租赁法律关系之中还隐含有场地租赁关系，场地租赁费也隐含在交易设备设施租赁费用之中。此外，市场开办者为进场经营者提供的经营管理、物业管理服务，如环境卫生、消防安全、公用设施以及信息、仓储、运输、加工、结算等特约专业服务都是衍生的经营服务买卖关系。

(3) 市场开办者的法律责任不明确

商品市场中存在着以下四种责任关系：一是市场开办者对进场经营者的某些经营行为所承担民事连带责任；二是进场经营者对其自身经营行为承担责任；三是市场开办者对其自身经营管理行为承担责任；四是市场开办者对整个市场经营秩序承担责任。在这四种责任关系中，前两种责任关系基本明确，如《消费者权益保护法》第三十八条就有相关规定。第三种责任不够明确。有些地方依然要求工商部门承担市场消防、卫生、设施管理等责任，一旦市场出现问题，政府就找工商，有的甚至要求工商部门签订市场消防安全责任状。第四种责任更是不明确。市场开办者对市场秩序基本不承担责任。不少市场开办者把圈地收租作为第一要务，为了获取经济利益，对进场经营者销售假冒伪劣商品、缺尺少秤、欺行霸市、偷税漏税等破坏市场秩序、损害消费者利益的行为充耳不闻、听之任之，甚至暗中包庇，以至于公然抗拒检查、抗拒执法。这种市场开办者对市场秩序责任的缺失，已经成为市场监管错位、市场秩序混乱的重要原因。市场开办者对自身经营行为和市场秩序承担责任的不明确，主要是由于市场开办者法律地位不明确。法律地位不明确，法律责任当然无从谈起。从法律规范来说，行政法律关系的产生必须具有相应行政法律关系赖以发生的法律依据。现行法律法规没有明确设定，市场开办者当然不可能对市场秩序负责。

2. 商品市场管办分离最终目的尚未完全达到

按照国务院和省政府的要求，2001年河北省工商部门已经将所办市场、机构、人员、资产和债权债务全部移交给了地方政府，完成了市场管办脱钩任务。地方政府主要采取了两种接收方式：一是政府出面接收市场、机构、人员、资产和债权债务，新建市场建设服务中心等机构直接隶属于政府，如保定市、馆陶县等。另一种是政府指派某职能部门出面接收市场、机构、人员、资产和债权债务，接收单位五花八门，有原经贸、城建、城管等等。由于政府接收后，对大部分市场并没有明晰产权，实行企业化运作经营，实际上形成了虽然工商部门不再办市场，但是政府及其他部门、事业单位却仍然在办市场的局面。据统计，目前在河北各类商品市场中，政府及职能部门办的占30%，事业单位办的35%，企业办的占20%，其他（包括街道、村、个人、联合）办的占15%。这就违背了市场管办分离的初衷，不仅使国务院的决策部署没有真正落到实处，而且造成了一些地方政府、部门、市场建设服务机构市场保护泛滥，甚至排斥、限制工商等部门正常监管执法，成为封闭的"独立王国"。

3. 商品市场监管体制尚未理顺

长期以来，工商部门一直是商品市场的主要监管部门，随着商品市场发展，其他有关政府职能部门逐步介入商品市场管理，也就出现了多头管理、部门职责不清、监管体制不顺等问题。

一是商品市场执法主体多元化。随着社会主义市场经济法制建设的进一步加强，大批法律法规和行政规章相继出台，其中涉及商品市场的就有100多部，每一部法律法规和规章都对执法主体作了原则性的规定和明确。作为一直是商品市场主要监管部门的工商部门的职能也相应作了调整。1996年国家工商行政管理局的"三定"方案是这样表述的，"国家工商行政管理局是国务院主管市场监督管理和行政执法工作的直属机构"。《河北省商品市场监督管理条例》第六条规定，"各级工商行政管理部门是主管本行政区域内商品市场监督管理和行政执法的职能部门"。"三定"方案和河北省地方法规都明确了工商部门监管商品市场的主导地位。但工商部门不是商品市场监管的唯一执法主体。这么多法律法规由工商部门一家来执行，显然也是不可能的。2001年国务院在"三定"方案中对国家工商总局的职能重新明确为，"国家工商行政管理总局是国务院主管市场监督管理和有关行政执法工作的直属机构"，增加了"有关"二字，对工商部门执法范围进行了限定，使职能定位更加切合实际。

二是个别法律法规和规章对商品市场监管执法主体的规定过于原则，甚至存在互相抵触。如《河北省集贸市场食品卫生管理办法》规定，"工商行政管理部门负责城乡集市食品卫生管理工作，即检查卫生许可证、健康证和营业执照，管理环境卫生和从业人员个人卫生，对食品进行感官检查等"，把市场环境卫生责任交给了工商部门。《卫生许可证》是由卫生防疫部门颁发，在集贸市场上却由工商部门来监督检查，存在发证与监管不一致，部门职责交叉不清的问题。又如，最近河北省人大修改《河北省爱国卫生条例》，其修订稿是这样表述工商部门责任的，"做好集贸市场和个体摊点（店）卫生管理，保证市场卫生设施齐全，设有专（兼）职卫生监督管理人员和清扫保洁人员，商品划行归市，从业人员证件齐全，经营食品的摊位有防尘防蝇设施"。这种将市场开办者的责任义务和其他行政部门承担的职责一并强加于工商部门的做法是不妥的。

三是法律法规严重滞后形势发展。按照国务院2001年"三定"方案关于质检和工商部门的职能分工，质检部门主要负责生产领域产品质量，工商部门主要负责流通领域商品质量，但是相关法律法规尚未作相应修改，质检部门仍然将流通领域商品质量监管视做自己的执法领域，经常到商品市场进行质量抽检，甚至商务、卫生、食药监等部门也在流通领域开展质量监督抽查活动，造成了流通领域商品质量监管秩序混乱。

四是部门之间职责不清、职能交叉，个别基层执法部门有利益争着管，有问题急着闪，互相争权、争利、推责，甚至"乱检查、乱收费、乱罚款"，不仅造成了监管越位、缺位，也引起了经营者的不满，影响了商品市场的健康发展。

五是有关部门内部也存在职责不清、职能交叉，执法关系没有理顺的问题。如工商部门就存在营业执照发放不统一、违法违章行为查处内部责任分工不明确等现象。

六是市场开办者法律责任缺失，政府和有关执法部门对商品市场上出现的问题，往往还是习惯找工商，甚至要求工商部门负责。

4. 商品市场监管效能有待提高

河北省商品市场监管工作虽然取得了明显成效，但是监管工作往往还是重打击、轻规范。事后被动检查处罚多，事前主动规范预防少；"治标"整治行动多，"治本"制度措施少；部门各自为政，重复检查多，一起协调配合、综合治理少；粗放式传统管理措施多，现代化精确管理措施少，整体监管水平较低、效能不高。主要表现在：一是经营者自律意识淡薄，受利益驱使，销售假冒伪劣商品违法行为屡禁不止，商品市场秩序依然比较混乱。二是监管部门现代化管理意识不强，监管手段和方式方法相对落后，相关部门之间市场主体前置审批、登记注册、分类监管、市场巡查、行政处罚、纳税情况、融资情况等信息还是独立分割，尚未形成全省统一、资源共享的监管信息网络。三是相关监管部门联系沟通、协调配合不够，合力不强，没有形成齐抓共管、综合治理的监管机制。四是监管工作普遍缺乏主动性、针对性、规范性和系统性，监管成效更多地体现为单方面、暂时性或阶段性。常常是问题出现了，上级过问了，媒体曝光了，群众举报了，影响严重了，就匆忙开展突击行动，进行专项整治，实施严厉打击。一阵风过后，有的问题可能又死灰复燃，存在"混乱—整治—再混乱—再整治"的反复。特别是对上市商品质量和市场交易行为还没有实现入市、交易、退市全过程有效监管，市场商品质量整体不高，甚至个别市场成为假冒伪劣商品集散地。

5. 商品市场中间服务组织发展缓慢

河北省商品市场相关赢利性市场中介服务组织较少，非赢利性行业协会（如市场协会、进场经营者协会）基本尚未建立，中介服务组织发展缓慢。原因主要有三个方面。

一是相关法律制度不完善。目前国家对行业协会管理的法律法规规章主要有国务院《社会团体管理条例》、民政部《社会团体分支机构登记办法》、《社会团体年检暂行办法》等，由于这些法规规章在制定时没有考虑到行业协会自身特征以及行业协会对维护市场秩序的独特作用，而把行业协会与其他社会团体混同管理，使得行业协会没有明确的法律地位，制约了行业协会的发展。主要表现在登记条件苛刻以及双重管理体制。如行业协会必须要由主管部门登记后民政部门才予以登记等。

二是政府管理部门不放权。长期以来各级政府虽然强调加强行业协会等中介组织的作用，强调将属于社会自我调节的功能交给社会中介组织，但事实上，只是停留在口头上，没有真正下力气去引导和推动。政府职能转变不到位，行业协会就不可能得到充分发展。即使勉强建立了行业协会，也会成为政府的附庸，始终处于等、靠、要的尴尬局面，无法获得健康发展。

三是行业协会政会不分。河北省个别地方虽然已经建有市场行业协会，但是由于是依靠政府部门行政权力组建，协会人员由政府部门工作人员兼任，经费受政府控制，有的和政府职能处室一套人马两块牌子，政会不分，官办色彩严重，扮演了"二政府"的角色。甚至个别行业协会为既得利益互相争权争利，有问题互相推诿，难以为企业提供所需服务，还经常发生搭车收费、乱收费事件，出现了协会"戴市场帽子、拿政府鞭子、坐行业轿子、收企业票子、供官员兼职位子"的不正常现象，未能充分发挥市场行业协会自我服务、自我约束、自我发展、自我管理的积极作用。

二、国内外商品市场监管经验

在国内外市场联系日益紧密的形势下，必须紧密结合我国和河北实际，广泛借鉴国内外成熟的市场监管经验，建立完善河北商品市场监管制度体系，加强和改进商品市场监管工作。为此，我们认真研究了发达资本主义国家和东南亚一些新兴市场经济国家以及我国其他省市商品市场监管经验，认为新加坡、日本、英国以及我国北京、上海、山西、浙江等省市的做法，很有参考借鉴和现实指导意义。

（一）新加坡的商品市场监管

20世纪五六十年代，新加坡小贩绝大部分是沿街摆摊或在比较宽敞的空地设立摊位，破破烂烂，秩序混乱，既影响交通，又影响环境卫生，还难于管理，这与河北省市场建设第一阶段是相似的。为了把新加坡建设成花园式城市和国际贸易中心，1968年，新加坡政府投资建立160个小贩中心（类似于我国集贸市场），最大的小贩中心有1000多个摊位。另外也有私人出资建立的小规模小贩中心。小贩全部进入室内经营，分类设摊，既整齐卫生，又便于管理。摊位安排采取招标方式。政府办的小贩中心是安置性的，带有公益性质，租金较低；私人建的小贩中心租金较高。政府专门成立小贩管理局负责小贩中心管理工作，全部属于公务员，兼有行政管理和监督执法双重职能。既承担对小商贩发放营业执照、出租市场摊位（经营者不得转租）、收取租金（全部如数上缴财政，需要时向财政部申请)等行政管理工作,又承担商贩违法行为查处工作。小贩管理局公务人员全部着装,佩带检查证执行公务。小贩中心(市场内)设立管理委员会,成员从小贩中选出,负责调解一般纠纷,组织商贩开展活动,进行自我服务、自我管理,配合小贩管理局工作,类似于我国个体劳动者协会。政府对小贩管理采取政府监管、自我管理和社会监督相结合的形式。小贩在领取执照前,必须进行业务训练。小贩管理局不在市场内设立机构,只有公务人员不定期前去检查(平均一个公务员要管 3~4 个市场)。为了加强对小贩的管理,新加坡国会颁布了条例,小贩局根据条例,制定了"犯规记分制"管理办法,违反条例规定,就被记分,凡在 12 个月内记分累计 6~11 分的,将受到警告;累计 12 分或以上者,将收到暂时吊销营业执照通知,执照将被暂时吊销两到四个星期,直至被撤销。

(二)日本的批发市场管理

日本是典型的政府主导型市场经济国家,其对农副产品批发市场的管理就充分体现了这一特点。日本专门制定了批发市场法,把批发市场作为公益性事业,由国家确定和完善批发市场建设与经营的基本方针和长期发展规划,不仅限定市场位置和数量,而且对中间商数量也作了限制性规定。把批发市场分为中央批发市场和地方批发市场,中央批发市场必须由地方公共团体开办,设在 20 万人口以上城市。政府分级对不同层次批发市场的设立进行审批登记,对交易主体经营资格依法进行确认,对批发市场交易行为进行规范和约束,督促市场开办者及时公布有关信息,增加交易透明度。批发市场的价格通过拍卖形成,各批发市场之间实行信息联网,相互调配批发品种,并建立基金会,较好地起到了联系生产,调节供求的作用。日本政府管理市场有两大特色:一是普遍采用先指导后处理的做法。大量运用行政指导,用书面、口头和事前检查等方式,凭借贷款、补助金、许可证、税收等手段,对企业进行劝告、指示、训示、警告等。这种方式虽然没有明确的法律依据,且大多是以双方商量的态度进行,却对企业有很大的震慑力和约束力,效果很好。二是通过以市场行业协会为主要代表的市场中间服务组织进行管理。充分发挥市场中间服务组织作用,通过不断制定表达行业对市场质量与市场秩序的期望和要求的行规,自律约束经营行为,发挥政府不能在第一线出面时的市场监督与管理作用。健全的法律和严格的监督使企业不是坐等政府上门检查才发现和纠正问题,而是自我监督防患于未然。

(三)英国的市场监督管理

英国在市场监督管理方面,形成了以保护消费者利益为出发点,以维护和促进竞争为核心,包括法律规范、政府监督管理、行业组织自律、企业自我约束、社会各方面监督的市场监督管理体系。市场管理机构:①由政府按行业特点建立的职能部门来管理和监督企业经营,如交通部、能源部等。②由三种功能不同但又相互制约的机构组成监督管理系统,具体由政府贸易与工业部(以下简称贸工部)及其所属的公平交易局和垄断与兼并委员会组成。③行业自律组织。这是独立于政府之外的市场管理组织系统,是独立的民间组织。如经纪人自律委员会、广告行为委员会等。市场监管做法:英国的市场监督管理是通过法律规范、政府监督、行为自律、公众监督以及司法保证实现的。①法律规范。英国市场监督管理的立法宗旨是维护消费者权益,鼓励公平竞争。②政府监管。贸工部及其所属的公平交易局、垄断与兼并委员会共同负责市场监管工作。地方政府中,还设有市场监督具体执行机构。③行业自律。行业自律组织通过制定本行业行为规范,实现自我管理,促进行业健康发展。④公众监督。包括公民监督和社会舆论监督等。⑤司法处理。英国政府市场监管是在法律赋予的权力内进行的,违法严重超出了行政监管范围的,将被移送司法机关处理。

(四)国内部分省市商品市场监管经验

北京市:2005年北京市工商局根据各类市场的专业性特点制定了鲜肉市场、蔬菜批发市场、建材市场、汽车配件市场等13个市场管理规范,并在商品市场大力推行"场厂挂钩",对入市商品实行严格的索证索票和登记备案制度,加强上市商品质量监管;山西省:大力清除执法壁垒,按照"谁办市场谁管理"对名为"封闭式"管理,实为地方保护的所谓"市场管理委员会"和"市场综合办公室"等机构进行集中清理取缔;浙江省:省人大常委会新修订了《商品交易市场管理条例》,对市场举办者、场内经营者、市场监督管理者等进行了重新规范;上海市:"抓住一个主体、两个环节",积极完善地方立法,明确市场开办者为责任主体,明确其对市场运作和管理负有直接责任和义务,对消费者权益的赔偿负有连带责任和义务;把住场内经营者准入关,把住经销商品货源的进出环节;修改《上海市消费者权益保护条例》,增加经营者义务条款,强化经营者自律内容,并赋予执法部门在经营者不履行自律措施时以必要的查处手段;修改《上海市商品交易市场管理办法》,规范市场设立条件,提高市场设立门槛,对食用农产品等重要市场进行规划控制和市场经营权公开招标,实行企业法人化,明确市场开办者负有制定市场交易规则和管理制度、督促进场经营者依法经营以及对市场经营秩序负责等做法,都有很强的针对性,取得了良好效果。

三、完善河北省商品市场监管制度体系

近年来,河北商品市场顺应市场经济迅速发展、人民生活水平日益提高、

社会消费需求更加多元、现代商业业态迅猛发展的新形势，积极进行市场升级改造，大力引进先进交易方式和现代管理手段，呈现出市场建设理性化、规范化，市场分工科学化、专业化，市场供求关系买方化，市场交易形式多元化，市场竞争品牌化，市场组织形式实体化等新的发展趋势。这也对新时期商品市场监管工作提出了新的挑战和更高的要求。当前，应该以宽广的视野，发展的观点，从理顺市场监管者、主办者、经营者、消费者四方关系入手，正确把握市场发展方向，明确市场监管目标，转变思想观念，创新监管模式，不断破除影响商品市场监管的体制性、机制性障碍，加快建立完善"立法规范支持、政府监督管理、行业企业自律、社会各方监督"相结合的"四位一体"的商品市场监管制度体系，逐步实现商品市场监管工作由"以打为主，以突击行动、部门各自为战为主"向"以防为主，以日常监管、社会综合治理为主"的转变，推进监管工作科学化、规范化、现代化、长效化，全面提升河北商品市场监管水平。

（一）完善监管法制基础

市场经济是法制经济。监管必执法，执法必依法。健全完善的法律法规规章体系是监管商品市场的基础依据和法制保障。针对商品市场立法方面存在的缺陷和问题，河北应充分发挥地方法规规章的先行性和实践性特点，在遵循国家基本法的前提下，借鉴国外和省外经验，结合河北省实际，制定完善具有针对性、可操作性的地方性法规规章，进一步建立完善商品市场监管地方法规规章体系。

1. 修改《河北省商品市场监督管理条例》

有关部门应加强调研，抓紧做好修改《河北省商品市场监督管理条例》准备工作，并提请省人大列入立法修改议程，力争使新修订的《条例》做到五个明确：一是明确市场开办者必须是企业法人，开办市场必须经过企业法人核准登记，确立商品市场的法律地位。二是明确市场开办者的法律责任，使市场开办者成为本市场经营秩序的"第一责任人"、商品质量的"连带责任人"。三是明确规定工商、卫生、商务、质监、税务、物价、公安、消防等部门的市场监管责任。四是明确加大对违法行为的处罚力度，增大违法成本，增强法律威慑。五是明确加大对执法行为的监督力度，强化执法责任，规范执法行为。

2. 制定《河北省商品市场管理规范》

建议省政府根据新修订的《河北省商品市场监督管理条例》，制定《河北省商品市场管理规范》，进一步明确市场开办、进场经营、商品上市、商品交易、消费维权、自律经营、监督检查等经营管理规范，增加企业自律内容和相应监管措施，明确相关部门具体职责，增强行政监管手段。

3. 完善有关行业组织的法规规章

通过修改完善法规规章，进一步明确行业协会的法律地位，消除对行业协会实行双重管理的体制性障碍，明确由行政审批部门一家管理，使行业协会成为从部门隶属关系中解脱出来的独立法人，自由发挥作用。赋予行业协会参与相关法律法规起草、政府决策以及提出意见建议等权利。制定完善行业协会章程和行为准则，将行业协会管理行为置于政府管理和法律约束之下，为商品市场协会和进场经营者协会的建立发展并发挥作用奠定法制基础。

4. 发挥规范性文件作用

围绕商品市场发展和监管方面的突出问题，政府应当积极协调有关部门，不断制定促进商品市场发展，规范商品市场管理的规范性文件，开展联合执法，增强监管合力，实施综合治理，扩大监管效果。

（二）加强政府监督管理

各级政府应当加快推进行政管理体制改革，进一步转变政府职能，切实转变政府管理市场方式，逐步从市场经营的控制者转为社会服务的提供者，从"全能型"转为"有限型"，实现政府职能重心向调控、监管、服务方面转变。应根据河北省城乡经济发展水平，适应现代流通发展趋势，按照合理布局、节约资源、分类指导、集约发展的原则，统筹城乡商品市场发展，加快推进市场结构优化升级和交易方式现代化，营造城乡互动、优势互补、相互促进、共同发展的新格局。应建立结构合理、配置科学、程序严密、制约有效的商品市场监督管理机制，坚持"寓管理于服务之中"，加快商品市场管理创新步伐，进一步转变监管理念，改善监管手段，改进监管方法，建立完善商品市场监管责任体系、综合监管执法协作体系、预警防范应急处置体系和日常监管制度体系，确保商品市场主体规范、经营行为合法、商品质量合格、市场秩序良好，做到宏观科学监管，微观精确监管，日常规范监管，综合长效监管。

1. 完善监管责任体系

各级政府应依法科学合理地划分工商、商务、质监、卫生等部门的商品市场监管职责。有关部门应根据具体监管职责，按照属地管辖、分级负责原则，逐级明确商品市场监管领导、指导和岗位责任，明确主要领导为辖区商品市场监管主要责任人，将监管目标任务细化量化，分解落实到具体监管机构、岗位和人员，建立完善的商品市场监管责任体系。基层部门及其派出机构可以通过推行"网格化"监管、"片管制"等措施，落实辖区商品市场监管责任和人员，不断提高执法队伍的政治业务素质，通过加强协调调度和督导检查，着力狠抓落实。同时，应将商品市场监管工作成效纳入政府和部门的考核内容，规范监管执法行为，严肃执法纪律，按照《执法过错责任追究制》等有关规定，严格工作考核，落实责任追究，严肃惩处行政不作为、乱作为等失职、渎职和执法腐败行为，保证执法公正和监管效果。

2. 建立综合监管执法协作体系

政府应在明确划分有关部门商品市场监管职责的基础上，积极组织协调，整合执法资源，理顺监管关系，建立综合执法协作机制，避免职能交叉，消灭监管盲区，减少各自为战，增强执法合力。各级可以探索组建政府主管领导牵头负责，发改、商务、工商、质监、卫生、税务、物价、公安、消防、交通、建设、城管以及新闻媒体等部门单位和行业组织为成员的商品市场监管协调委员会或联席会议。日常办事机构可以设在工商部门，具体负责对商品市场监管工作的规划部署、组织实施、检查考核等。各成员单位应加强沟通联系，密切协同配合，开展联合执法；日常办公机构应完善工作制度，规范工作程序，提高工作效率。应利用现代化网络信息装备和科技手段，大力提高监管工作信息化、现代化水平。积极探索整合河北省工商、质监、卫生、公安等部门相互独立、互不衔接的市场监管网络资源，逐步建立一个容量大、更新快、跨部门、跨行业的全省商品市场监管网络，以此为平台和支撑，完善包括信息收集、信息传递、调度指挥、情况反馈等的工作流程和规章制度，建立信息共享、网络互动、快速执法、协同作战的商品市场综合监管执法网络体系。同时，应加强行政监管部门与司法机关的协作配合，强化司法惩治力度，严厉打击商品市场中制假售假、商业欺诈、侵犯知识产权等严重扰乱市场秩序行为和带有黑社会性质的"市霸"、"菜霸"。对涉嫌犯罪的，行政执法机关应当提请公安、司法机关及早介入，依法及时移送，形成齐抓共管、综合治理的良好局面。

3. 建立预警防范和应急处置体系

商品市场销售假冒伪劣商品等侵害消费者合法权益违法行为容易引发重大突发事件，造成恶劣影响和严重后果。各级政府和有关部门应当建立商品市场信息评估和预警体系，多渠道、多层次广泛搜集各类商品市场监管信息，认真核实汇总和分析，随时了解热点问题及原因，掌握市场动态，评估市场风险，预测市场趋势，适时发布市场监管预警，确定监管重点，及时开展专项整治。应当完善相关制度，制定商品市场重大事件应急预案，建立商品市场预警防范和突发事件应急处置机制，建立快速反应、应急处置预备队伍，依法积极、稳妥、有序、高效地处理重大突发事件，维护市场秩序和社会稳定。

4. 完善商品市场日常监管制度体系

实践证明，集中时间、集中力量对重点地区、重点行业、重点市场、重点商品、重点行为进行专项清理整治,是解决某一时期、某一领域突出问题的重要措施和手段,发挥了重要作用。但是这种短期突击行动往往"头痛医头、脚痛医脚",治标不治本,不是解决商品市场秩序混乱根本问题的灵丹妙药。有关部门应当把主要精力放在加强日常监管上,坚持规范预防为主、惩罚打击为辅,日常监管为主、专项整治为辅,不断创新完善监管制度,改进监管方法,采取有效措施,实现对商品市场主体、客体以及交易行为的全过程、全方位监管,提高商品市场日常监管水平。

(1) 完善商品市场经营主体监管制度

一是彻底实现商品市场管办分离。通过市场调节来实现社会资源有效配置是市场经济的根本特点和基本要求,也是落实科学发展观的现实需要。实践证明,政府直接参与商品市场经营活动容易造成利益上的扭曲,不利于市场发展与监管。河北商品市场中,属于政府及政府职能部门和事业单位办的市场仍然达到65%以上。这不仅是造成商品市场成为经济领域里"独立王国"的根源,甚至还在一定意义上成了地方、部门保护和市场封锁乃至经济腐败产生的温床。这种管办一体的体制不彻底打破,现代商品市场监管体系就不能完全建立。各级政府应当充分认清这一问题的重要性和严肃性,通过深化产权制度改革,建立现代企业制度,不断完善社会保障体系,积极稳妥地推进商品市场管办分离工作,使政府及职能部门与所办市场全面彻底脱钩,真正实现政府从"建设市场"到"监管市场"的职能转变。

二是实行商品市场企业法人登记注册制度。应当将商品市场统一纳入企业登记管理范围,依靠注册登记,依法引导传统商品市场向现代公司制企业发展。通过工商部门具有法律效力、行之有效的企业法人登记审核和年检程序,明确商品市场的法律地位,明确市场开办者是市场秩序"第一责任人",从法律角度规范商品市场开办者主体资格,取缔"市场管委会"、"市场管理局"等官办市场机构的生存空间,巩固商品市场管办分离改革成果,清除影响商品市场监管的地方和部门保护主义障碍,改变执法部门不能进入的被动局面。对政府、部门及事业单位办的市场应当"拆庙"、"清僧",在清产核资、明晰产权、保障国有资产保值增值、妥善安置分离人员的基础上,按照现代企业制度要求,通过转让、拍卖等形式,进行产权重组改造,依法进行企业法人登记。对市场开办者与市场投资主体属于同一企业或实体,市场开办者主要以市场物业管理或市场经营开发为经营范围,并办理了企业法人营业执照的经济实体,应当积极扶植、推广;对市场开办者是市场投资主体设立的企业或实体,办理了企业法人营业执照或非法人营业执照的,应当积极引导、规范;对市场开办者是市场投资主体承担市场经营管理职能的内设机构或分支机构,不具有企业法人资格的,应当积极整改、规范；对街道、村镇办的商品市场，市场开办者是个人承包租赁经营或者是投资主体指定的市场负责人或临时机构的，应当明确资金来源，明确责任主体，逐步清理规范。

三是实行市场主体经济户口管理和信用分类监管制度。工商部门应当加强商品市场主体准入、经营、退出全过程的监管，对辖区市场开办者和进场经营者实行"一户一档"的经济户口管理，及时收集市场主体守法守信经营信息，全面建立市场主体动态信用档案，加快实现经济户口和企业信用档案电子化、网络化，增加面向社会公众的查询和服务功能。完善商品市场主体信用征集、信用评价、信用公示、失信惩戒机制。根据市场主体动态信用情况，将市场开办者和进场经营者分为守信、警示、失信和严重失信四类信用等级，区别不同等级，实行分类监管。对违反商业道德、破坏市场秩序的，降低信用分类等级，实施近距离重点监管，加大监督检查和处罚惩戒力度。通过创建诚信市场、诚信经营户等活动，提高市场开办者和进场经营者自律意识，引导其诚信守法经营。

（2）完善商品市场商品质量监管制度

上市商品质量是监管重点。有关部门应当按照职能分工对商品生产（加工）、入市、流通、消费、退市等环节实行有重点的全过程监管，力争从源头上治理假冒伪劣商品，实现监管关口前移，确保商品市场上市商品质量。

一是实行商品分级监管制度。商品成千上万，应当依照商品的可能危害程度，把商品分为高风险、一般风险两个等级，实行分级管理。各地应结合实际，将关系人民群众生命健康安全和生产生活，且日常消耗量大，一旦发生质量事故发展迅速、影响面广、危害严重的食品（如粮油、肉及肉制品、奶及奶制品、水产品、酒类、饮料、蔬菜、副食调料等）、种子、化肥、农药、电器及配件、农用机具及其配件等作为高风险商品，实施重点监管，并根据监管形势和任务需要，及时调整高风险商品品种。

二是实行商品入市准入制度。建立完善相关部门协作机制，从源头上把好商品质量关。质监部门应当加强生产（加工）环节的质量监管，加快完善质量标准体系，积极推进食品等重要商品的质量认证和市场准入工作；农业、畜牧、水产、林业等部门应当加强农产品生产环节的质量监管，把好商品入市质量关；工商部门应当大力清查流通领域法律法规明令禁止销售的商品，把好上市商品质量关。质监、农业等部门发现的已经进入商品市场的不合格商品，应及时通报工商部门；工商部门在商品市场发现的属于生产环节的质量问题，应及时通报质监、农业等部门规范处理。

三是实行商品质量监测制度。建立以工商部门质量监测为主、企业自检为辅、消费者送检为补充的商品市场质量监测体系。利用企业和消费者提供的商品质量检测信息，围绕市场消费热点和与群众生产生活关系密切的食品、农资、建材等重点商品，完善监测措施，改善监测手段，有计划、有重点地组织开展商品质量监测。在重要商品市场设立日常质量监测点，对重点商品实行定点、定向、定期、动态跟踪监测。坚持快速检测和法定检测相结合，继续加强和改进商品质量快速检测工作，逐步扩大检测范围和项目，提高检测频次和效率，积极发挥快速检测作用，及时将快速检测先期发现的不合格商品送交法定检验机构进行定量检测，根据法定检验结果依法查处，增强监管针对性，节约监管成本，实现精确监管。

四是实行不合格商品退市制度。对经法定检测不合格的商品，工商部门在对经销商实施处罚的同时，应及时采取定点限制销售和强制退市等措施；对属于生产工艺配方和原材料等原因造成的涉及面广、影响面大，有严重质量问题和重大安全隐患的商品，根据其来源和去向，及时将有关信息通报相关部门，在一定范围内进行定向清查、召回，实行全面退市。

五是实行商品质量信息公示制度。有关部门应当建立完善信息采集、审核、发布制度，规范信息发布行为，随时掌握市场商品质量动态，认真分析评估市场消费风险，依法及时、客观发布商品质量信息。工商等相关部门应依托内部监管网络和报纸、电视、广播等新闻媒体，建立商品质量信息发布平台。在商品市场显著位置设立质量信息公示栏，及时公布商品质量信息、发布消费警示，提高群众质量安全意识和自我保护能力，逐步将事后消费维权前移到事前保护防范。

（3）完善商品市场经营行为监管制度

一是大力推行合同示范文本。在当前法律法规尚未明确市场开办者与进场经营者之间法律关系的情况下，积极推广合同示范文本，将国家要求、社会期望、诚实信用原则通过合同内容体现出来，以合同形式明确市场开办者和进场经营者的法律关系和双方权利义务。合同示范文本应主要包括市场交易主体、市场交易关系、市场交易行为、市场交易责任等方面内容。特别是应明确进场经营者不经销假冒伪劣、走私等国家禁止销售以及可能危害消费者身体健康商品的责任义务；明确市场开办者以及进场经营者守法诚信经营、配合政府及有关部门监督检查的责任义务；明确约定消费者合法权益受到侵害时，市场开办者和进场经营者应承担的责任义务及方式等。通过推行合同示范文本，体现市场开办者与进场经营者之间公平、公正、公开的法律关系和双方合理、合情、合法的利益关系。通过双方自觉履行合同，将政府及有关部门的监管要求有效地转化为企业自主行为，达到规范经营行为，维护市场秩序，保护消费者合法权益的目的。

二是全面推行市场巡查制度。2003年市场巡查制在河北省工商系统推行以来，使商品市场监管逐步实现了由静态到动态、由被动到主动的转变，对加强商品市场日常监管发挥了重要作用。但是市场巡查中也存在重点不突出、文书不规范、方法简单、手段落后等问题。工商部门应把市场巡查作为履行工商综合职能的重要手段，建立以辖区工商所巡查为主、县级工商局内部机构抽查、督查和不同工商所交叉巡查相结合，"上下左右协调联动"的巡查模式，继续完善巡查协调机制，规范巡查行为，改善巡查装备，提升巡查层次，提高巡查的针对性和实效性。

三是积极探索推行市场警示制度。市场警示是适应商品市场监管形势和任务需要，按照国家法律法规和政策，对市场主体采取的一种非强制性、不直接产生法律后果的行政监管措施，具有行政指导的基本特征，属于"积极行政"范畴，是一种符合现代法治原则和现代监管趋势、具有行政性质的管理行为。市场警示虽然不具有法律强制力，不产生直接法律后果，但具有贯彻立法意图、弥补法律空白和监管手段不足的效果。从工商部门的实践看，推行市场警示制度可以使执法部门实现监管工作着眼点前移，提前监控市场主体经营行为，对情节轻微且没有造成后果的违法违章行为，及时通过市场警示予以教育提醒，促其及时改正，有利于预防和遏制违法违章行为，将违法违章行为消灭在萌芽状态。推行市场警示制度可以从程序上和制度上改变执法过程中"冷横硬"和动辄罚款、查扣等现象，有效缓解执法部门与监管对象之间的矛盾，促进行政执法民主化，树立政府和执法部门文明执法、热情服务的良好形象。推行市场警示制度要求执法部门以减少或预防违法违章行为的多少，而不是以查办案件和收缴罚没款多少作为市场监管工作成效的主要评判标准，需要处理好推行市场警示制与现行收支两条线、以收定支财政保障体制的矛盾，不能因为财政体制的局限而停止市场监管方式改革创新的步伐。

（三）强化行业企业自律

商品市场开办者和进场经营者应当树立正确的经营理念，遵守公认的商业道德，建立健全并落实自律制度措施，自觉规范经营行为，切实做到对商品质量负责，对消费者负责，对企业信誉负责，对社会负责。

1. 强化行业约束

行业协会是市场经济和社会分工细化的产物，是市场经济体制不可缺少的重要组成部分。作为联系政府、企业、市场的纽带和桥梁，行业协会既是企业走向市场的组织者，又是企业权益和市场秩序的维护者，不仅为企业提供信息服务，降低交易成本，协调企业间、企业和政府间的关系，还可以弥补政府制度供给不足，促进政府职能转变。

我国加入世贸组织后，随着国内外市场的双向开放和发展，更加迫切地需要不断完善市场体系和市场规则。让行业协会发挥作用是国际通用做法，不仅符合市场经济要求，也符合世贸组织规则和国际惯例。从国外经验来看，完善的行业和企业自律体系在规范经营行为、维护市场秩序方面具有灵活、快捷、高效的作用。一项行业自律规则的制定比政府立法要快得多，而且这些规则更多地体现了自愿、公平、公正原则，业内企业更易于接受并自觉遵守。在自律体系内经营者之间不仅互相监督，而且时刻接受公众监督，透明度高，更显公正。当违法行为出现时，自律体系干预也往往比政府处理速度要快、效果要好。面对商品市场的监管形势和需要，培育和发展真正发挥作用的商品市场行业协会和经营者协会，是关系河北商品市场监管体系建设的重要课题。各级政府应把这项工作作为一项重要而紧迫的任务，进一步明确协会法律责任，完善协会组织行业准入和资质认可制度，加快管理体制改革，切实转变政府职能，大力支持扶植，积极引导指导，尽快培育发展河北商品市场协会和进场经营者协会，将政府不该干、干不好、不能干的部分，如市场服务、监督、公证、咨询等职能交给行业协会，建立与河北商品市场监管相适应的功能完备、行为规范、责任明确的行业自律组织体系，通过行业自律性管理和规范化运作，为商品市场发展和监管提供高效服务，提高商品市场组织化程度。

建立河北商品市场协会和进场经营者协会应当走市场化、社会化道路，实行"自愿入会、自理会务、自聘人员、自筹经费"，按照"先新后旧、先易后难、先大后小、自下而上"的原则，在平等、自愿、互助的基础上，以知名市场和企业为龙头，以商品市场开办者和进场经营者为主体，打破部门和所有制界限，吸收行业相关大专院校和科研机构参加，提高协会覆盖面，增强协会代表性。

商品市场协会和进场经营者协会应当参照国际惯例，严格实行政会分开、政事分开，真正成为责权利明确、按照市场经济模式规范运作、功能较为健全的独立法人主体，不能把协会办成政府或有关部门的附庸和从属机构。政府及有关部门应依照国家法律法规，积极指导帮助协会制定统一、公开、公正的协会章程、行业公约和经营规则规范，建立协会内部选举、财务管理、民主决策等制度，完善协会内部管理与运作机制，使河北商品市场协会和进场经营者协会能够成为协助政府落实有关商品市场发展和监管政策措施，承担政府监管商品市场外围工作,加强政府及有关部门与商品市场开办者和进场经营者联系的桥梁和纽带,发挥协会自我服务、自我规范、自我发展、自我管理的作用,从根本上纠正和避免过去政府在商品市场监管工作中的"越位、错位、缺位"现象,改变监管被动局面,促进商品市场健康发展。同时,应依法加强对商品市场协会和进场经营者协会的监督管理,避免出现行业垄断、滥用特权和贪污社会资金等违法行为。

2. 督促企业自律

(1)明确市场开办者和进场经营者责任义务

首先,市场开办者应履行以下责任义务:①市场开办者应当具有法定市场开办资格,并依法办理企业法人登记注册;②市场开办者应当维护经营场所内的卫生环境,确保消防安全,加强销售商品质量管理,并对出售商品质量负有连带责任。进场经营者无法找到的,市场开办者应当承担出售商品完全质量责任;③市场开办者应当查验进场经营者的营业执照、生产(经营)许可证、卫生许可证、专卖经营授权许可及负责人身份证明等相关证明资料,审查进场经营者的主体资格,建立进场经营者档案。督促未办营业执照的进场经营者办理营业执照,把好经营者入场关;④市场开办者应当通过协议明确进场经营者的商品质量责任,督促进场经营者查验进货质量,落实质量自检、购销台账、质量承诺、不合格商品退市等自律措施,督促进场经营者改善经营条件,诚信守法经营,保障入场经营商品质量;⑤市场开办者应当在显著位置公布投诉举报电话、公开商品质量承诺、设立商品质量信息公示栏、设置"公平秤"等,建立消费纠纷调解处理机制,积极维护消费者合法权益;⑥市场开办者对经营场所内经销假冒伪劣商品、欺行霸市、强买强卖等违法违章行为应当及时制止,协助和配合工商等部门加强监管,不得阻挠执法;⑦市场开办者应当积极推行连锁经营、厂家直销、大宗商品协议进入等措施,提高本市场销售商品的整体质量。

其次,进场经营者应履行以下责任义务:①经营者应当采取措施保证商品质量,建立并执行进货检查验收制度,验明产品质量合格证明和其他标识、资料,确保商品来源可靠,质量合格;②经营者不得销售国家禁止销售商品,不得伪造产地,不得伪造或者冒用他人厂名、厂址,不得伪造或者冒用质量认证等标志,不得掺杂使假,不得以假充真、以次充好,不得以不合格商品冒充合格商品;③经营者销售的商品标识应当符合《产品质量法》第二十七条规定,应当如实告知消费者关于商品质量的真实信息,不得作夸大或者引人误解的虚假宣传;④经营者应当对不合格商品自律退市;⑤经营者应当自觉维护消费者的合法权益,由于自己过失给消费者造成人身伤害或其他财产损失的,应当依法承担责任，履行承诺，赔偿损失；⑥经营者应当向消费者提供购货发票或凭证。

(2) 大力推行经营者自律制度

经营者是市场经济行为的实施主体，只有广大经营者都自觉自律并诚信守法经营，市场秩序才能根本好转。政府、有关部门和行业组织应当根据有关法律法规规章规定，在明确市场开办者和进场经营者责任义务的基础上，通过监督检查和宣传教育，引导督促商品市场开办者和进场经营者强化责任意识和自律措施，通过诚信守法经营获得发展和效益。

市场开办者应当通过改善经营条件，完善市场服务，确保商品质量等措施，树立市场品牌，赢得竞争优势，获得发展空间。进场经营者应当通过保证商品质量，改进售后服务，赢得良好信誉，获得经济效益。

行业主管部门、行政执法部门和行业组织、市场开办者应当加强协调配合，大力督促经营者推行以下六项自律制度规范：一是督促经营者对购进商品严格进行质量检查验收，把住商品入市关。经营者应对重要商品实行"索证索票"，审验营业执照、生产许可证及质量合格证明等资料，查验商品生产商（供货商）主体的合法性，商品来源的真实性，商品质量的可靠性，把不合格商品拒之于市场门外。二是对粮食、食用油、蔬菜、水产品、畜禽肉及其制品、建材、化肥、种子、农药等大宗商品，鼓励市场开办者、进场经营者和商品产地或生产商（供货商）通过订立产销协议，实行商品协议进入和退出，保证重要商品质量和供货渠道稳定。三是督促经营者完善内部质量管理制度，改善商品仓储保管条件，采取有效措施，保障售前商品质量安全。四是督促经营者加强商品质量自检，对发现的问题商品实行自律退市，防止其流入消费者手中。五是督促经营者登记重要商品进销货台账，发生质量事故，按照购销台账等证据资料，追缴商品，追究责任。六是督促经营者在经营场所显著位置公开作出诚信承诺，保证销售商品质量合格、标签标注真实、不搞价格欺诈和虚假宣传等，明示"三包"约定等售后服务保障措施，自觉维护消费者合法权益。

从工商部门的实践情况看，自律制度在河北省商品市场的推行，对规范经营行为、保障商品质量起到了积极作用，取得了一定效果，但也存在不少问题。主要表现在：一是部分经营者片面认为落实这些制度规范增加了经营负担，不理解、不配合，工作阻力较大。二是推行这些制度缺乏必要的法律强制手段，只能靠说服、教育、引导、督促，工作难度较大。对此，河北应该借鉴北京、上海等省市的做法，进一步完善有关法规规章，增加相应行政处罚手段，使督促企业自律有法可依。推行经营者自律制度应当按照"典型示范、分类实施、扎实推进、注重实效"的原则，以经营者自觉自愿为前提，以行业主管部门和行业组织为主要推动者，以教育、引导、督促为主要手段，以行政执法为后盾，注重发挥行业组织、市场开办者和社会舆论作用，使经营者由"要我做"变为"我要做"，才能取得广泛的实际效果。

（四）增强社会各方监督

监管商品市场是一项复杂的社会系统工程，需要广大人民群众和社会各界的共同参与，需要畅通社会监督渠道，增强社会监督力量，营造社会综合治理的良好氛围。

1. 畅通社会监督渠道

一是发挥政府及相关部门申诉举报网络作用。加强工商系统12315申诉举报网络建设，逐步开通互联网上投诉和手机短信投诉功能。发挥质监部门"12365"、物价部门"12358"以及卫生等部门监督举报专线作用，及时解答群众咨询，受理申诉举报和建议意见，接受群众监督。二是加快河北产品质量电子监管网络建设。在商品市场布设查询终端，使群众能够利用查假信息机，通过电子监管网，方便快捷地了解有关产品质量信息，增强群众识别假冒伪劣商品的手段和能力，将假冒伪劣商品和违法行为置于群众监督之下。三是加快推进"一会两站"建设。在乡镇政府和街道办事处设立消费者协会分会（简称"一会"），在商品市场和较大规模的商场、超市、社区、行政村等设立12315联络站和消费者投诉站（简称"两站"）。在商品市场和重要商品经营场所显著位置公开投诉举报监督电话，方便群众维权和监督。

2. 增强社会监督力量

一是在商品市场和有条件的进场经营者中设立质量联络员，督促经营者加强内部质量管理。二是聘请社会责任感强、有一定监管能力和管理经验的人员做商品市场社会监督员。三是建立协作机制，加强沟通联系，充分发挥各级消协组织和有关行业协会等社团组织的监督作用。四是按照有关规定，认真落实举报奖励制度，严格为举报人保密，鼓励和引导广大群众积极举报违法行为，参与社会监督。

3. 发挥新闻媒体的舆论引导和监督作用

广播、电视、报纸、互联网等新闻媒体应当积极宣传有关商品市场监管的法律法规、政策措施和主要成效，使商品市场监管工作更加公开、透明，置于社会公众监督之下。大力宣传诚信守法典型，揭露违法行为，曝光典型案件，敢于批评政府及有关部门不作为、乱作为行为，及时发布商品质量监测信息、申诉举报热点和消费警示，营造商品市场社会综合治理的良好氛围。

党的十六届五中全会提出了加快现代市场体系建设的重要任务,国家"十一五"规划制定了我国未来五年的经济社会发展蓝图。面对新形势、新机遇、新任务,各级政府和有关部门应当以科学发展观统领经济社会发展全局,始终坚持以发展和改革的办法解决商品市场发展和监管工作中遇到的问题,以创新的思路、务实的精神,不断探索实践,总结经验,开拓进取,扎实推进商品市场监管制度体系建设,大力维护市场经济秩序,积极保护消费者、经营者和生产者的合法权益,促进河北经济社会全面协调可持续发展。

参考文献

[1] 王众孚.WTO与工商行政管理读本.北京:中国工商出版社,2002

[2] 张经.论现代市场体系若干问题.北京:中国工商出版社,2004

[3] 张经.保护国内市场的新击点——再论入世后行业协会对中国国内市场的保护作用.北京:中国工商出版社,2002

[4] 国家工商行政管理总局外事司.借鉴——国家工商行政管理总局出国(境)考察培训报告辑录(1991—2002).北京:中国工商出版社,2004

[5] 马洪,任兴洲.对健全现代市场体系要点的认识.2003中国市场发展报告.北京:中国发展出版社,2004

[6] 何焱等.论河北行业协会发展存在的问题及对策.河北工商优秀调研成果选编(一).2005

[7] 全国工商行政管理系统集贸市场专项整治工作情况汇编.北京:中国工商出版社,2002

[8] 中国工商行政管理学会编.市场监管理论实践研究——来自行政执法的调研报告.北京:中国工商出版社,2001—2003

[9] 中国工商报.2002—2005

[10] 中国工商管理研究.2002—2005

[11] 中国工商行政管理(半月刊).2002—2005

[12] 河北省政府办公厅.河北省市场建设工作指导意见.2003—2005

[13] 河北经济年鉴.北京:中国统计出版社,2002—2003

[14] 国家工商总局.工商行政管理统计汇编.2003—2005

[15] 河北省统计局.河北省2005年国民经济和社会发展统计报告.2006

(作者单位:河北省工商局)

三等奖

上海外资科技型企业发展的困惑及思考和对策

上海外资科技型企业发展的困惑及思考和对策课题组

一、研究概述

(一)研究背景

最近一个时期，在中国，在上海，在政府、在企业，人们谈论最多的、或在各种媒体中出现频率最高的一个话题就是科技兴国，科技兴市：

党的"十六大"报告提出了全面建设小康社会的奋斗目标，其中一个很重要的阶段性目标是到2020年我国基本实现现代化。报告指出，实现工业化仍然是我国现代化进程中艰巨的历史性任务。信息化是我国加快实现工业化和现代化的必然选择。坚持以信息化带动工业化，以工业化促进信息化，走出一条科技含量高、经济效益好、资源消耗低、环境污染少、人力资源优势得到充分发挥的新型工业化路子。因此，推动科技型企业的发展是实现这一目标的有效途径。

朱镕基在十届全国人大一次会议上指出，国家将继续加大对科技和教育的投入，并加强科技基础条件和环境建设。同时，继续深化科技体制改革，完善科技服务体系，加强知识产权保护，促进专利发明，加快科技成果向现实生产力转化。

上海市委明确提出要将"依托科技、科教兴市"作为上海经济下一轮发展的重点，为上海在新型工业化道路上领先一步指明了方向。

正是在这样的大背景下，上海市工商行政管理局立即行动，联合市科委、市外资委、上海社科院、漕河泾开发区、上海科技京城、张江科技园区等单位共同组成了"外资科技型企业发展的困惑及思考和对策"课题组，对上海政府职能部门，特别是上海市工商行政管理局如何通过有效的政策措施，促进上海科技企业的发展进行了专题研究。

课题组通过问卷调查、召开部分上海现有科技企业负责人参加的座谈会和上门重点专访的形式，了解科技企业的真实需求。同时，还对影响上海科技企业运行、发展的现有政策、法规进行了梳理，并对国内外政府部门促进科技发展的政策措施进行了比较分析。在此基础上，完成了课题研究，供有关部门参考。

(二)发展外资科技型企业的重要性和紧迫性

1. 上海经济的继续发展只能靠科技进步

上海经济连续十多年两位数的高速增长,在积累了相当经济实力的同时,也将各生产要素(资源)的价格抬升到较高水平。上海要想取得进一步的发展,只有两条路:一是降低生产要素的价格,特别是土地资源的价格和人力资源成本,但这种可能性很小,也不符合经济发展的规律;二是提高生产效率,特别是提高产品的附加值,而提高生产效率的有效途径就是技术创新。因此,上海经济的继续发展就只能靠科技进步。

从国际上看,以信息技术、生物技术、新材料和新能源等为主要内容的新技术革命以及新技术成果的广泛应用,使世界经济进入了一个新的发展阶段,世界经济正经历着重大转变。加速推进的知识化进程,成为跨世纪世界经济变动的一个基本趋势。各国政府特别是发达国家政府都已经认识到,技术不仅是产业结构升级、经济发展的根本推动力,而且也是决定国际竞争能力的关键因素。

从国内情况看,无论从国家战略考虑,还是上海自身的发展来看,上海必须继续保持经济的高速增长,而实现目标的唯一策略就是"科教兴市"——以科技进步来促进上海新一轮的经济发展。

2. 外资是上海经济发展的重要动力

上海位居长江流域龙头,独有的集聚和辐射扇面,决定了其得天独厚的区位优势;上海是国内人均GDP最高的几个城市之一,在制造业、服务业的绝对优势和相对优势,为上海率先实现现代化奠定了坚实基础;除了区位和经济优势外,上海在人文环境、社会环境尤其是自然环境、基础设施等方面,也具有或正在显现出独到的优势。上述因素的综合作用,使上海成为中国对外开放的"桥头堡",经过二十多年的改革开放,"外资经济"成为上海经济的"亮点",全社会固定资产投资,外资占1/5;全市出口,外资占2/3;全市工业产值,外资占2/3;上缴利税,外资占1/3。

事实上,外资企业对推动上海经济的发展确实功不可没,特别是制造业的外资投入伴随的技术转移,使上海制造业的技术水平在较短的时间里缩小了与世界先进水平的差距。因此,有效利用外资,特别是高技术外资企业,是上海工业加快融入全球产业体系、提升产业能级、实现自身跨越式发展的必然和现实选择。截至2002年底,上海已累计批准工业性外商投资项目16875项,合同利用外资383.5亿美元,分别占北京市各类外资项目数和合同金额的60.8%和60.5%。在外资企业的推动下,上海工业品出口创汇持续增长,年出口创汇达到

210 亿美元。经济外向度的提高加快了上海工业融入全球产业分工体系的步伐，拓展了上海走新型工业化道路的发展空间。

3. 上海外资企业的技术在不断升级

值得引起注意的是，外资企业在上海的技术转移也出现了新的变化。据分析，由于上海外资产业结构的不断调整和升级，以及市场不断开放引发的竞争加剧，外资企业向上海转移的技术由早期劳动密集型的"手工技术"，到20世纪90年代中期的"设备技术"，再到21世纪初的"头脑技术"，从逐步进入到大幅度转让技术；由被动技术转让到自觉的技术投入；由单纯技术转让向本土化研究开发经营战略转变；产业结构升级与技术投入同步进行；技术投入与发展配套相结合；对技术控制加强。数据显示，上海外资企业已成为上海高技术产业的主体。外资企业的这一发展趋势为上海实施科技兴市战略带来了极大的机遇。

但是，机会是稍纵即逝的。对国际外资流动的研究表明，外资在世界主要国家和地区的流动周期为20年左右。而经济全球化又加速了资本在全球范围内的流动，一旦某地的运行环境不符合要求，企业就会毫不犹豫地将之抛弃，去开辟新的"战场"。上海已处于外资流动周期的临界点。上海引进外资面临的竞争是双重的，既有来自各个国际城市的竞争，也有来自国内其他省份，包括长江三角洲地区各个城市的挑战。面对这样的现实环境，如何抓住机遇，积极利用外资科技企业的新趋势，实现良性"马太效应"，从而提升上海外资经济的总体科技含量，推动上海经济的新一轮发展，成为一项十分紧迫、并且具有重要现实意义的课题。

（三）高新技术产业的分类和外资科技型企业的定义

高新技术产业和科技型企业是两个不同概念。前者是指一个行业，而后者是指在某个行业中经营的实体。

1. 高新技术产业的分类

对于高新技术产业，虽然国际上没有统一的分类，但是各国都有各自的表述和规定。通过对一些国家的产业政策的分析、研究，可以发现这些国家在制定技术产业政策时，均列举了本国认为的高新技术产业（见表1）。

表1　　　　　　　日本、韩国和德国列举的高新技术产业

国家	高新技术产业
日本	信息、电子、软件、半导体、新材料、生命科学、能源、海洋科学、宇宙科学和地球环境
韩国	生物技术、新材料、工程、航天、海洋、原子能、高精度技术
德国	环保、新能源、信息、生物技术

综合世界各国对高新科技产业的选择和区分,目前被列为高新技术的大致包括:①微电子、计算机技术;②信息技术;③新型材料技术;④生物技术;⑤空间技术;⑥激光技术;⑦核技术;⑧自动化技术。此外,还有新能源技术等。

在中国,对高新技术产业的范围有明确的表述,如国家科技部在《中国国家级高新技术产业开发区高新技术企业认定条件和办法》中划定的高新技术范围包括:①电子与信息技术;②生物工程和新医药技术;③新材料及应用技术;④先进制造技术;⑤航空航天技术;⑥现代农业技术;⑦新能源与高效节能技术;⑧环境保护新技术;⑨海洋工程技术;⑩核应用技术;⑪其他在传统产业改造中应用的新工艺、新技术。

另外,国家经贸委、财政部、科技部和国家税务总局联合发布的《国家产业技术政策》中把信息技术、生物工程技术、先进制造技术、新材料技术、航空航天技术、新能源技术、海洋技术等也作为优先发展的高新技术。

2. 外资科技型企业的定义

要为涉及领域极宽的外资科技型企业下一个明确的定义是十分困难的,据资料查询,国际上也很少有国家将外资企业作这样的分类。

中国是对科技型企业进行定义的少数国家之一。虽然没有统一的标准界定,但是各部门、各地区,如科技部门、外经贸系统、财政部以及各省市对此都有各自的表述和规定,以便评定并给予享受"优惠政策"。如"高新技术企业","先进技术企业",此外,还有"高技术企业","科技型企业"等。

中国科技部在《中国国家级高新技术产业开发区高新技术企业认定条件和办法》第五条中把"高新技术企业"定义为"知识密集、技术密集的经济实体"(双"密集"企业)。

上海市科学技术委员会、上海市经济委员会、上海市财政局、上海市地方税务局在《上海市高新技术企业认定办法》中划定的高新技术范围与国家科委一致,但是对高新技术企业的表述略有不同,具体表述为"知识和技术密集度高(含应用高新技术改造传统产业)、建立现代企业制度的经济实体"。

二、发展外资科技型企业的理论依据

现代经济学中的经济增长理论、外国投资理论、激励机制与制度安排理论为发展外资科技型企业提供了理论依据。

(一)经济增长理论

按照经济增长理论,一国的经济发展取决于三方面的条件。首先是生产要素,如果各种生产要素都增加,总产量、经济水平当然提高;其次是产业结构,给定生产要素，如果将这些生产要素从附加值比较低的产业转移到附加值比较高的产业，经济总体水平也会提高，尽管要素总量并没有增加；第三是技术创新，给定生产要素、产业结构，如果技术创新，经济水平同样可以提高。

在上述三种主要条件当中，最重要的是技术创新，因为前面两者都决定于后者。从资本积累的角度来看，如果技术不创新，资本不断积累，就会碰到投资报酬递减，资本的回报和积累的意愿就越来越低。所以，除非保持一个很快的技术创新速度，否则就不会有一个很高的资本积累。从结构变迁的角度来看，如果没有新技术，就不会有新的、附加价值比较高的产品、产业。工业革命以后，新产业不断出现，这是新技术的结果。因此，一个国家经济结构变迁的可能性，相当大程度决定于其技术变迁的可能性。所以，要判断一个国家、社会的经济发展或生产力发展的潜力，其实只要看这个国家、社会技术创新的可能性有多大。

新经济增长理论进一步指出技术创新由经济系统内部产生，经济中对研究和开发的投入决定技术进步，即推动技术进步的知识是厂商进行投资决策的产物，厂商为了实现技术进步必然要将投资投向知识部门。为了推动技术进步、鼓励厂商的研发投入，政府也要向知识部门投资，包括向生产知识的厂商提供补贴，以及推行能够奖励厂商生产知识的政策等。另外，由于人是知识的载体，那么人力资本在现代经济增长中必然起着决定性的推动作用。事实上，各国经济增长的差异主要是人力资本方面的差异以及各国在国际贸易中的人力资本比较优势所决定的。

显然，在新经济条件下发展起来的新经济增长更强调经济系统内技术进步的作用，更强调知识和人力资本在经济运行中的作用。

(二)外国直接投资理论

根据美国著名经济学家曼昆的经济学原理，外国直接投资是指由外国投资者拥有并经营的资本投资。如 GE 公司在中国投资建厂。外国投资是一国经济增长的有效方法。即使这种投资的一部分收益要流回外国投资者手中，但是这种投资也增加了一国资本存量，这就提高了生产率和工资。同时，外国投资也是发展中国家学习、引进发达国家先进技术的一种方式。因此，经济学家都提倡发展中国家制定有效鼓励外国投资的政策。

"技术创新"在不同的发展阶段其来源可以不一样。发达国家，其企业在生产上所用的技术已在较高的水平，它的技术创新主要来自于新的技术发明，不投入资金、人力去从事研究和开发新技术，它就很难有技术"创新"。发展中国家也可以和发达国家一样，投入非常多的资金、人力来研发新技术以取得技术创新；另外一种方式是寻找发达国家的技术差距，引进更新、更好的技术来实现技术"创新"。

中国实行改革开放二十多年来，经济发展的速度和质量都有了很大的提高，相当大的原因就是通过引进国外技术和管理。继续通过外国投资引进高新技术，进而提升国内企业的技术水平，也是发展科技型企业的一个重要渠道。

(三) 激励机制与制度安排

"科教兴国"、"科技兴市"主要取决于创新人才的数量和质量，以及他们组成团队时的实战能力。美国的硅谷就是依靠吸引全世界优秀的高素质人才，其中不仅包括高科技人才，也包括创业人才。

激励与约束的安排，是企业制度和公司治理结构的核心内容。对于从事技术创新和管理创新的技术人员和高级管理人员来说，没有有效的激励，企业的成长不可设想；没有有效的约束，企业的治理则无从谈起。现代企业理论围绕这一问题展开的研究和设计，提出了许多解决问题的视角和参照系，我们要结合中国及上海的实际，构筑能够有效激励与约束的制度环境。

在现代企业中，高级管理人员和技术人员的有效合作，对于创新的成功十分关键，而一个良好的制度环境是创新决策和团队合作的保证。

从广义来说，制度环境就是文化环境。这个环境倡导鼓励创新的观念，使人们普遍接受"创新是一个民族进步的灵魂"的理念；这个环境推行创新的教育和培训，使人们能够掌握有助于创新的新知识、新技能；这个环境将创新精神渗透到生产方式、消费方式等各个方面，以此推动社会经济的持续发展。

从以上理论分析可见，在知识成为经济发展重要因素的今天，创新知识和人力资本已成为一个国家、企业发展的根本源泉。可以通过吸引外国投资、鼓励企业自主研发来发展技术，同时要从制度上保证和激励企业的创新精神。

三、各国的产业技术政策比较

国际上各国都相当重视技术进步对经济发展的重要作用，许多国家都制定了相应的技术发展战略和产业技术政策，强化对研究开发的投资，抢占技术制高点。据一些经济学家测算，美国、英国、日本和德国的技术进步对经济增长的贡献率几乎超过60%，法国曾经超过80%。在一些新兴的发展中国家和地区，如亚洲四小龙分别为40%～55%不等。了解和研究这些国家产业技术政策的特点，对我们制定相关政策有借鉴意义。

(一) 政府的宏观推动

政府加强对发展科技和技术产业化的宏观调控，推动技术的开发、应用和扩散。包括完善领导机制，更好地管理政府研究开发综合计划，消除研究开发的重复投资，确定研究开发的重点，并通过立法将高技术和高技术产业纳入统一规划和法制轨道；加强政府与企业之间的技术合作计划，在政府和企业间合作实施先进技术计划；采用信贷、税收优惠和政府补贴等手段，鼓励和扶植技术的产业化。

（二）不断改善商业运行环境

许多国家的政府为促进技术进步，综合运用经济政策、行政规章和贸易政策等手段，不断改善商业运行环境，增强私营企业开发技术、把技术转化为产品和服务并迅速投入全球市场的能力。韩国政府为私营企业提供一系列的支持和鼓励措施，包括税收政策和财务援助，以加速产业技术创新，目的是刺激私营企业的研究开发活动。

（三）重视综合研究开发能力的培育

重视增强研究开发的综合能力、注重人力资本的培育也是各国普遍的做法。各国都强调基础研究、应用研究和开发研究三者协调发展，加强科技投入和战略技术研究开发以确保发展后劲和增强国际竞争力。同时注重人力资本的培育，因为国家的竞争力和个人的收入水平越来越明显地以劳动力素质为基础。知识和使用信息与技术的能力正在成为决定就业机会和财富的关键因素。如美国政府就实施了一项终身学习计划，以帮助美国职工应付新经济的挑战并把握新经济提供的机会，并在青年和社会公众中强化科学和技术意识，促进健康的科学和技术文化的形成。

（四）促进研究项目的国际合作

通过国内外联合研究项目，促进科学家和科技信息交流，邀请外国科学家到本国研究，与外国研究机构交流研究开发实验室，促进、加强科学和技术的国际合作。如德国就全方位开展国际科技合作，与欧盟国家多边合作是德国科技合作的重点，与俄罗斯及东欧国家合作收益明显，与美、日等国的合作有新发展。

从总体上看，在跨世纪发展过程中，在竞争激烈的国际经济环境中，各国纷纷制定、调整或完善各自的产业技术政策，夺取产业发展的技术制高点，强化本国的技术优势。在政府政策的推动下，各国企业特别是大型跨国公司进一步重视加强对研究开发的投资，以获取或保持技术竞争优势。产业组织结构也在发生一些重要的变化。一是大企业越来越大，美国波音公司与麦道公司合并，成为世界上最大的航空航天高科技公司，其他领域的合并浪潮也在世界范围内展开。企业规模的扩大增强了相关企业的研究开发投资能力,使产业技术竞争更趋激烈。二是中小企业的重要性空前提高,中小企业不仅是大企业的外围配套,更是新的经济增长点,特别是高科技风险小企业是转化科技成果、创立高技术产业的重要途径和方式。三是研究开发功能日益成为企业居核心地位的功能,不仅研究开发新产品,而且研究企业自身的组织再造。

四、中国科技产业政策的现状分析

(一)现有政策的特点

总的来说,近十多年来,从中央到地方,各级政府都下了大力气为企业提供服务,并制订和颁布了很多优惠政策(具体法规政策名单见附件三)。这些法规、政策的主要特点有:

1. 政策主要集中于"税收优惠"

从流转税先征后退,到所得税两免三减半或五免十减半;从企业进口设备的关税减免,到土地免费使用等。

2. 一个政策涉及多个部门

如中央制订了一个鼓励集成电路产业发展的政策,紧跟着各部门又制订了"各自"的配套规定。接着地方各职能部门又会出台一系列政策加以规范。

3. 现有政策历史跨度较大

20世纪80年代的,90年代的,混合在一起实行。因为外部环境不断变化,所以修订和补充的政策比较多。

(二)政策的缺陷与不足

1. 政府各职能部门颁布各自的配套政策,主观上是为了促进外资科技企业的发展,但由于缺乏统一有效的决策,因而形不成合力,政策的"边际效用递减"

据分析,中央政府颁布了一项政策,下面各部门会各自制定一整套优惠政策或激励措施,导致优惠政策过多、过杂、过乱,很多"优惠政策"企业根本不了解,激励效果弱化,外资企业也无法享受到优惠。

2. 职能部门的政策或法规不配套,甚至互相矛盾

据了解,政策制定中存在条块分割的状况,制订政策与执行政策不衔接、不配套。比如:按现有《产业指导目录》的规定,外资不可以独资方式设立贸易性公司,审批部门将严格把关。但如果外资以生产性企业设立独资企业,然后将生产过程外包给其他企业,而自己只负责产品的市场经营,这种情况,税务部门认定其为"非生产性企业",不能享受"两免三减半"的优惠政策。如果外资企业按税务部门的规定不享受"两免三减半"的优惠而照章纳税,实际上这就以事实证明"贸易性"企业外商也可以独资设立。这就是由于政策之间的不配套而导致的矛盾。

3. 政策之间有冲突

外资企业按外资(合资、合作)企业法设立,其最低注册资本并不是根据《公司法》的规定,如3万元、10万元、50万元等。外资企业法(合资、合作)中对注册资本的最低限度并没有明确规定,审批部门内定为投资总额20万美元,70%为注册资本即14万美元为最低注册资本。后来政府为吸引留学生投资,又规定留学生企业最低注册资本为1万美元。当留学生企业需要新的投资者,而新投资者不是留学生时,增资就遇到困难,企业的发展也难以为继。

4. 优惠政策的操作实施过程不透明,降低了政策的激励效果

企业申请优惠的程序十分复杂,获取优惠政策的机会成本很高,企业对此颇多怨言,积极性严重受挫,甚至不得不放弃享受优惠政策。

比如,在上海的外资半导体设计企业可以享受国家及地方政府的有关优惠政策,但实际要享受到这项优惠政策却实在不容易,首先必须交费入会——加入某个部门组织的"行业协会",然后每签订一份设计合同,要经过有关部门的认定,但是,有关部门规定,这份合同必须使用由该部门提供的格式合同(每份一元),而且,必须打印填写,但为了打印填写符合该部门的规定,还必须花500元购买一个打印软件,可是打印软件与格式合同并不配套,打印结果老出错,于是企业就得购买50份、甚至上百份格式合同为打印错误付学费。最后,合同打好了,审批人员就会建议企业,办理这种申请,最好委托该部门指定的中介机构,否则,不能保证通过认定,而中介服务的收费是不低的。

5. 政策在制度方面的保障和激励不够

感觉上政府十分鼓励外资高科技企业发展,但实际上外资企业却没有感受到政府的一片"苦心"。没有从根本上解决企业的需要,即制度保障。但这个问题需要宏观环境的改革。

五、调查中企业反映的主要问题

为了更深入、更清楚地了解外资科技企业经营中遇到的问题,课题组组织了多次由外资科技企业负责人参加的座谈会。样本点主要选择在外资科技企业

比较集中的三个点，即：科技京城、张江高科技园区和漕河泾高新技术开发区。访问了三个开发区管理部门，并对近30家企业进行了调查研究，其中科技京城6家，张江18家，漕河泾开发区6家（具体参加企业的名单见附件二）。在第一次座谈中课题组首先罗列了一些问题，然后做成调查问卷请企业完成（具体问卷见附件三）。课题组还上门访问了5家外资科技企业。

根据调查反馈发现，现在上海外资科技型企业在创立和发展中面临的主要问题有以下几个方面。

(一)优惠政策效用递减

政出多门、信息不畅使优惠政策"效用递减"。一项法律出台后，会有各种实施细则，各级地方政府又会有各自的配套优惠政策，导致实施细则解释、通知和措施多如牛毛，层出不穷，而又没有相应的机构作专门的宣传或者信息发布，政策信息的传播渠道不畅，不仅优惠政策有"效用递减"趋势。而且会被外资企业误认为"政府信息透明度不够"，吃力不讨好。

根本原因在于现行的鼓励外商投资高新技术产业的政策、法律和法规很多，且出自各个职能部门和各级政府，系统性不够，且各部门各自为政，协调不够。

(二)政策导向与实际操作脱节

政策导向与实际操作脱节使优惠政策"形同虚设"。政府鼓励外资设立集成电路设计机构，但一些集成电路设计企业被归类为第三产业，而无法享受制造企业在税收上的"两免三减半"的优惠。有些高新技术企业提供的产品都是一些无形的服务，如系统的集成、解决方案及售后的技术咨询等，而现有的政策中对高新技术的认定都是有形的产品。对这些企业而言，政府的优惠政策"形同虚设"，根本无法享受。更有甚者，有些外资企业为了享受优惠政策，需要过五关斩六将，同时还要留下"买路钱"。

根本原因在于中央与地方政策制定者的角度不同，对国际高新技术的发展前沿的理解出现偏差，因而导致出台的政策导向与实际操作脱节，难以取得应有的政策效果。

(三)科技人员入股问题

科技人员入股问题成为制约科技企业发展的瓶颈。科技型企业的发展依靠的主要是人才，企业间的竞争主要也是人才的竞争。如果企业留不住人才，特别是关键技术岗位的技术人才，企业的发展就成了无源之水，无本之木。

原因在于我国在人才的"智力"入股方面没有现实的政策可以利用。国外的经验一般是以期股期权奖励的形式来激励"关键技术人才"，但国内没有相应可操作的政策。此外,根据目前实施的外资企业法(合资、合作),国内自然人是不可以作为中方出资主体而占有外资公司股(权)份的。许多外资企业就设法"曲线救国",到离岸群岛注册公司,或者用母公司的期权来代替,但这些都不规范,效果也不理想,不能从根本上解决问题。

(四)无形资产的作价问题

许多外资科技型企业希望提高无形资产在企业资本中的比例,以体现知识产权的价值,同时解决其创业初期的资金不足。

在《上海市促进高新技术成果转化的若干规定》中,无形资产的价值占注册资本的比例最高可达35%,但具体实施起来却很难做到。

(五)经营范围的限制问题

经营范围的限制阻碍了科技成果的转化。外资科技企业在进行过程中,企业的经营方式尤为重要。许多企业都希望边试验边生产,成功后再扩大生产。在研究发展初期,对外资科技企业最好的鼓励是允许委托加工、生产,待技术成熟且达到一定规模后再考虑是否自行生产,并决定今后的经营方式。事实上,现在的外资科技型企业大部分都是自行研发后委托生产的,但企业却无法采用这样的经营方式。

原因在于现有的外资政策限制了外资科技企业的经营范围(如不能委托加工)。按照现有的政策,如果是生产性企业,则生产不能外包;而委托生产,它就不能算生产性企业,不能享受到相关的优惠;如果自己生产,就需要更大的投入,冒很大的风险。这使这些企业陷入了两难境地,在一定程度上阻碍了科技成果的转化。

(六)融资问题

融资问题往往是企业发展,特别是科技型企业发展中的重要问题,但此次调研中融资问题并不很突出,因为我们调查的大部分是外资企业,它们进来时就已有了投资者。只是少数留学生企业提出留学生企业的资格认定问题。但如果有更好的融资环境,可以吸引更多的企业,包括国内企业,进入科技创业领域。

(七)投资环境问题

投资环境有待继续改善,"审批成本"需要进一步降低。调研中,许多外资企业都提到了经营环境方面的问题,如软件企业的外汇核销、海关报关问题。这些企业的产品是数据产品,数据通过网上传送给国外的客户就完成了合同的履行,但这样就没有了海关报关这一道手续,拿不到报关单就不能在外汇局对国外支付的外汇合同款进行核销。

企业年检也是较多企业提出的问题之一，他们认为年检牵涉了太多的精力，完全可以实行备案制。还有企业提出中国办企业应从审批制改为登记制。

政府服务态度问题也是外资企业反映较为集中的一个问题。调查中发现，企业对现有政府部门的服务提出了更高的要求。政府部门的工作人员往往不是一次讲清所需的材料，企业为办一件事情往往需要派人三番两次地来回跑，最后还不一定能办成。托人找关系后，下次碰到同一个工作人员，说不定还会设置障碍。

企业中国内员工出访时的手续问题，特别是外省市的员工出访时，要回到原籍去申请护照，手续要提前几个月进行办理，但外资企业因工作需要，国外出差是经常发生的。

许多外资企业希望政府继续改善投资环境，不断提高职能部门，特别是基层或"窗口"单位工作人员业务能力和服务水平，更不要将政府的好政策在实施中"走样"，真正打造"服务政府"，降低外资企业花在审批上（或获得有效信息上）的时间、人力、物力等商务成本。

六、发展上海外资科技型企业的政策思路及建议

中国已经入世，中国的改革开放必定进一步深入。要解决上海外资科技企业在设立、经营中遇到的问题，必须站在全球性及区域竞争的高度来认识，具有国际化的视野，同时要从中国的国情出发，充分考虑中国特色社会主义市场经济的特点。课题组在对问题经过仔细深入地分析后，就发展上海外资科技型企业提出了以下政策思路和具体措施。

(一)政策思路

1. 加快制定、完善并简化外资科技型企业法律法规，是实现政策目标的必要保障

要通过立法的形式，为政策的实施提供法律的保障。上海要进一步创造有利于高科技创业的政策环境和社会经济环境，特别是要鼓励创业投资事业的发展，完善资本市场，为引导社会资金投向科技创业开辟更多的途径。

2. 制定适应国内外形势的产业技术政策

制定上海的产业技术政策时，要全面认识上海所面临的国际竞争环境和国内产业技术发展所存在的问题，真正突出自身的特点和比较优势，围绕国家产业政策，突出主导产业技术方向、重点，完善相关配套政策法规，逐步形成以

产业技术进步为主体的政策体系。通过产业界、学术界和官方的密切结合，制定具有前瞻性、实用性、复合性的具有较大市场潜力和能充分推动产业升级的一系列关键技术计划。

3. 建立良好的市场机制，形成有利于技术创新的外部环境

充分利用世界贸易组织保护特定产业的规则，建立保护国内企业进行技术创新产业发展所必需的市场环境。完善知识产权保护制度，加大执法力度，保护专利权人的合法权益。

以市场为导向，加强技术创新，发展高科技，实现产业化。做好技术引进工作，支持鼓励国内企业在境内外建立合资合作技术研发机构，鼓励外商投资企业在国内建立研究开发中心，促进技术扩散。

4. 强化政府的宏观协调作用，完善有利于技术创新的政策环境

政府在市场预测基础上，加强信息引导，定期发布产业技术开发和引进的鼓励、限制和淘汰目录，有计划地指导社会资源流向高新技术产业，提高社会整体的技术创新能力。上海在认真落实现有支持技术创新的各项政策基础上，应加强财政、税收、金融等的支持力度，对重点技术和关键技术进行重点支持，以吸引社会和企业的投入，鼓励创新。

5. 建立有效的制度激励机制和人才激励机制

在经济全球化的今天，技术进步的主体应该是企业和企业的人力资本，政府的作用是为企业的科技创新创造一个良好、宽松、便利的环境，建立有效的激励机制，从制度上保护和保证企业和人才的利益，激发技术创新。为此，政府应制定和实施有利于技术创新的人力资源政策，鼓励归国留学人员创新开发，推进产学研之间科技人员的合理流动，支持科技人员从事成果转化工作。对技术创新和成果转化实施人给予合理股份体现。灵活运用户籍制度、用人制度、工资分配奖励制度，调动科技人员积极性，努力吸引和培育世界前沿科技人才。

6. 重视教育和职业培训，提高外资企业中方职工的素质

应该制定国家职业培训的具体计划，把培养具有综合素质、创新精神和能够驾驭日新月异的新技术的人才作为教育与培训的重要目标。

7. 重视国际间的技术合作、联合研究开发

加强与国外的联合研究，引进生产线，为吸收和消化新技术创造条件。鼓励国内企业与国外企业开展多种形式的合作，增强国内企业的技术吸收和配套协作能力。通过引进先进技术，来推动国内的产业升级。

(二)具体措施

1. 成立综合协调部门或设立联席会议制度，降低优惠政策的获取成本

不能否认，目前的各个政府部门是一个有着各自"利益追求"的群体，需要有一个机制来平衡。在现在的制度框架下，建议成立一个综合性的"非常设"协调部门（包括聘请媒体或专业研究机构参与），或在现有的机构中选一个部门牵头实行联席会议式的审核制度，使政府一个窗口对外，政策服务效率落到实处。这不仅可以降低企业的信息成本，还可以促使政府部门取消或减少不必要的审批环节和办事程序，提高效率。继续给予科技型企业特殊优惠的财政和税收政策，但要简化申请手续，让真正有技术的企业享受到实实在在的优惠。

2. 成立由多个部门参与的统一的外资科技企业认定机构

可以成立一个统一、有效的外资科技企业认定机构，特别要强调的是，对于科技企业的认定，一定要有政府、研究机构和产业界的共同参与，这样确定的标准才能跟上科技发展的步伐，制定的政策措施才能符合企业需求，更有针对性。同时，将现有的各种关于高科技企业的定义和范围统一起来。就现阶段而言，高科技产业的范围包括政府宏观制定的产业政策目录中指定的产业范围。外资科技企业的经营方式可以多元化，既包括生产、制造，也包括设计、研发，还可以包括系统集成和咨询服务，以适应科技企业的经营特点。

3. 鼓励建立权威的知识产权评估体系

政府应该鼓励通过市场产生权威的知识产权评估机构。只有通过市场的自由筛选产生的评估机构才有更高的权威性和公信度，如国际公认的企业信用评估机构标准普尔、穆迪都是上市公司，都是在市场的历练中诞生成长的。政府应该给予宽松的环境，允许这样的机构成长。

4. 允许自然人持股，允许以无形资产出资

解决科技人员入股的问题，可以允许外资科技型企业中的科技、经营管理人员成为该企业的中方投资者。

解决无形资产的作价问题，可以提高无形资产的比例，允许高新技术成果作价出资最高可达注册资本的35%，人力资本和智力成果等无形资产作价出资最高可达20%，但应在有关公开信息资料中加以备注。

5. 放宽经营范围、组织形式等方面的限制

可以允许外资科技型企业实行委托加工生产模式，并允许对外租赁自产产

品；在设立外资科技型企业时，可以采取公司制组织形式，也可以采取非法人制组织形式；允许高等院校、科研机构与外国投资者合资或合作设立外资科技型企业，鼓励设立外商投资科技型创业投资公司和科技型创业投资管理公司。对投资于外资科技型企业的和外资科技型企业对外投资的可以超过净资产50%的限制，以无形资产对外投资的可不受限制。

6. 加强金融支持

鼓励创业投资公司、活跃风险投资基金的运营。允许设立外商投资科技型创业投资公司和科技型创业投资管理公司。

7. 继续推进网上政府管理，改善投资环境

鼓励发展"网上政府管理"，即通过因特网来公布有关受理投资项目申请、审批程序、行政复议等方面的信息，简化审批程序，提高政策透明度。继续改善投资环境，放宽外资科技型企业年检免检范围或实行年检备案制，不断改进工作人员的服务态度，等等。

（作者单位：上海市工商局、上海市科学技术委员会、上海市外国投资工作委员会、上海市社会科学院外国投资研究中心）

三等奖

北京市信用服务市场现状及其发展对策研究报告

北京市工商局课题组

经过20多年的改革和开放,我国经济已基本上步入了社会主义市场经济的发展轨道,市场机制开始在资源配置中发挥基础性作用,信用交易也逐步成为我国经济生活中一种重要的交易方式。伴随着经济全球化、一体化的快速发展,信用的重要性日益凸显,现实告诉人们,市场的信用问题已成为影响市场秩序和区域经济发展的重要问题,信用管理是整顿经济秩序、促进市场经济发展的重要手段。

江泽民同志指出:"没有信用,就没有秩序,市场经济就不能健康发展"。在新形势下,如何加快推进北京地区社会信用体系的建设,不仅是政府各管理机构需要研究的新课题,更是事关影响首都社会经济发展与市场经济秩序首善之区建设必须加快解决的紧迫任务。"推进信用体系建设,从根本上约束规范市场主体行为,是整顿和规范市场经济秩序的治本之策"。由此,我们把信用问题的核心聚焦于从管理层面如何让企业必须讲信用、如何让信用服务机构提供规范的信用服务、主管机构如何制定信用管理政策和如何实行监管,弘扬守信企业,制约失信企业,确保市场信用秩序的根本好转。

近年来,在北京市政府的正确领导下,北京市工商行政管理机关与有关委办局一边摸索,一边实践,本着研究、尝试、求稳、求实,积极创新进取,在初步建立北京地区企业信用体系建设方面取得了重大进展,成效显著。北京市工商局根据2004年市政府折子工程中关于"发展和规范信用服务机构,逐步开放信用服务市场,强化信用监管体系建设"有关工作任务的要求,在北京信用管理有限公司和中国市场学会信用工作委员会等有关单位参与和配合下深入企业、深入信用行业进行调查研究的基础上,组织企业领导和信用专家进行座谈、访问,广泛收集资料,围绕北京地区信用服务市场的发展与规范问题进行了深入研究,分析了现状,找出了问题,提出了解决问题的思路。

一、我国信用行业发展现状的简要综述

我国以社会主义市场经济为背景的社会信用建设萌芽于20世纪90年代初,

当时国务院在全国组织开展了清理"三角债"工作并首次提出了社会信用问题。1992年底，我国第一家专业从事企业资信调查服务的公司——北京新华信商业风险管理有限责任公司成立，标志着我国的企业资信调查服务进入新的发展时期。之后，我国社会信用体系建设逐步推进，并出现了信用行业服务发展方向的三种主流机构。

第一种代表性的标志机构是信用评级机构的稳步发展，涌现出中诚信、大公和远东等一批资信评估公司。北京地区信用评级机构10余家。

第二种代表性的标志机构是信用担保机构数量的飞速增长。全国各地在国家政策的推动下，担保机构发展极为迅速，至今，据不完全统计，全国担保机构数量已近3000家。北京地区信用担保机构55家。

第三种代表性的标志是区域性的信用体系全面建设，促进了征信机构的快速发展。这里包括地区社会信用体系、政府信用披露系统、社会信用中介机构、行业协会信用体系同时起步并协调发展，其标志有四个。

一是北京、上海、甘肃、浙江、广东、湖北等省市率先启动区域社会信用体系建设试点。

二是北京信用、金诚信用、中诚信用、华安、华夏、上海资信公司等一批社会信用中介机构加快实践步伐并开拓新的信用服务领域，邓白氏等国际知名信用机构也积极开拓中国市场。

三是中国人民银行加快全国银行个人与企业信贷征信系统建设步伐，国家工商总局深化"重合同守信用"活动，包括工商、税务、质检、银行等在内的政府部门信用披露系统互联互通和信用信息共享工作正在由地方向全国发展；

四是行业协会积极发挥维权和自律职能，推动行业信用体系建设步伐，中国工业经济联合会、中国商业联合会、中国市场学会信用工作委员会以及保险、证券、旅游、会计等行业组织也积极推动本行业信用体系的建设。

目前，除信用担保机构外，就征信机构（或称为从事企业资信调查专业的服务机构）而言，其分类大体有三种。

一是中资的企业资信调查公司，以新华信商业风险管理有限责任公司、华夏国际企业信用咨询有限公司和上海中商征信有限公司等为代表。这里包括国有企业（如北京信用管理有限公司）和民营企业（如金诚国际信用管理有限公司）等。

二是外经贸系统、国家统计系统和国家工商行政管理系统以及各商业银行系统所属的专门提供企业资信调查服务的有关机构。

三是进入我国的外资及港澳台资征信公司，如邓白氏公司、ABC公司、TCM公司、台湾省的中华征信所、香港行政特区的城市顾问有限公司等，均已在我国大陆设有分支机构,并提供企业资信调查服务。一些外资征信调查机构经过几年的发展,目前已占有我国国内企业征信市场的较大份额,具有了相当强的竞争能力。

二、党和国家、各级政府高度重视信用体系建设

1. 党和国家、政府机构对信用体系建设的总体要求

党的"十六大"提出:整顿和规范市场经济秩序,健全现代市场经济的社会信用体系。

党的十六届三中全会提出:建立健全社会信用体系,形成以道德为支撑、产权为基础、法律为保障的社会信用制度,是建设现代市场体系的必要条件,也是规范市场经济秩序的治本之策。按市场化原则规范和发展各类行业协会、商会等自律性组织。

全国人大九届四次会议提出:通过《国民经济和社会发展第十个五年计划纲要》明确提出,要在全社会强化信用意识,整顿信用秩序,建立严格的信用制度,依法惩处经济欺诈、逃废债务、不履行合约、侵犯知识产权等不法行为。整顿和规范市场经济秩序,健全现代市场经济的社会信用体系。

全国人大九届五次会议的政府工作报告中指出:切实加强社会信用建设,逐步在全社会形成诚信为本、操守为重的良好风尚。加快建立企业、中介机构和个人的信用档案,使有不良行为记录者付出代价,名誉扫地,直至绳之以法。广泛采用现代化监管手段,综合利用信息网络资源,实现互联互通、信息共享。

全国人大十届二次会议的政府工作报告中指出:要加快社会信用体系建设,抓紧建立企业和个人信用征集体系、信用市场监督管理体系和失信惩戒制度。

政府提出:要用五年左右时间建立起我国社会信用体系的基本框架和运行机制。

《诚信建设纲要》提出:牢固树立"诚信是市场之基,诚信是行业之命"的理念,加强内部治理;以人为本,狠抓执业人员素质的升华,强化内部执业质量复审和监控,不断提高执业水平;大力引导和推动执业机构强化风险意识、责任意识和自律意识;维护和提升行业的独立性;制止恶性压价、同行诋毁等不正当竞争行为,维护行业竞争秩序;建立行业执业质量自律检查制度,完善业务报备、谈话提醒以及年检制度和自律惩戒制度,进一步提高全行业的自律水平。

2. 国家各部委、全国各地区积极努力推进社会信用体系建设

在政府推动、市场需求发展形势的引导下,我国各级政府和社会各界对信

用体系建设工作重要性的认识达到高度统一，对信用建设的作用和价值认识普遍提高，信用观念和风险意识日益增强。一是各行政执法主管部门行动迅速。工商、税务、质检、海关、食品药品监管局等部门，依据国家有关法律法规，制定并不断完善部门规章和管理规范，积极为实施部门信用管理创造条件。在开展专项整治的基础上，结合业务工作制定信用标准，建立信用档案，对管理对象实行信用分类管理；二是各职能管理部门加快步伐。发改委、财政、商务、建设、农业、旅游等管理部门，以行业系统为重点，或是建立数据库系统、建立信用档案，或是制定诚信标准、实施违规公示的试验等；三是金融体系加快推进信用风险管理与体系建设工作，治理金融信用秩序，加大打击逃废债行为；四是其他有关部门积极支持并参与信用体系建设。中宣部、中央文明办、司法部、教育部、全国总工会提出了开展社会诚信宣传活动，加强诚信教育的工作意见。

全国各地区亦积极推动本地区的社会信用体系建设工作。纷纷提出了"信用地区"、"信用政府"、"信用行业"和"守信企业"等建设目标。据商务部统计，至今已有11个省市成立了信用体系建设工作领导小组，负责统筹和协调推进本地区的信用体系建设，统一领导信用体系建设工作。进展较快有北京、上海、深圳、广州、汕头、浙江等省市，山东、吉林、重庆、青岛、安徽等省市政府也专门下发了加快诚信体系建设的文件，全面部署信用体系建设。其他省市根据本地区的具体情况也纷纷提出了以开展诚信教育为主要内容的建设方案。

3. 地方性信用体系相关规章制度相继推出并开始试行

信用体系建设工作开展较早的一些城市，现已陆续出台了一些地区性的管理规章。这些规章制度对地区的信用体系建设起到了非常重要的促进作用。如颁布了个人和企业信用信息征集和评估管理办法等。下面以北京、上海、广东地区为例。

（1）北京出台的相关信用政策办法

《北京市行政机关归集和公布企业信用信息管理办法》；

《北京市行政管理部门登录、公示企业信用信息管理办法》；

中关村管委会发布《关于优先受理信用企业申请科技型中小企业创新基金的声明》；

《中关村科技园区关于推行企业信用报告的通知》；

《中关村科技园区企业信用制度试点暂行办法》。

（2）上海出台的相关信用政策办法

《上海市政府信息公开规定》；

上海市人民政府印发《关于加强本市社会诚信体系建设的意见》；
《上海市2003—2005年社会诚信体系建设三年行动计划》；
《上海市个人信用征信管理试行办法》；
《上海市企业信用档案管理办法》；
《上海市企业信用管理暂行规定》；
《上海市关于促进信用行业发展的若干规定》；
《上海市社会信用信息服务管理人员从业规范》；
《上海市社会信用信息管理办法》。

（3）广东地区出台的相关信用政策
《广东省人民政府关于加强信用建设工作的通知》；
《广东省中小企业社会化专业服务机构信息收集暂行办法的通知》；
广东省《关于加快我省中小企业信用担保体系建设的意见》；
《广州市政府信息公开规定》；
《关于印发汕头信用网披露企业不良记录标准的通知》；
《汕头市企业信用信息披露管理办法（试行）》；
《汕头市企业信用信息采集管理办法》；
《汕头市企业信用评级管理暂行办法》；
汕头市《关于建立市社会信用，建设协调会议制度及成立市社会信用征信监督管理办公室的通知》；
《汕头市社会信用信息网络管理暂行规定》；
《汕头市社会信用信息服务管理人员从业规范》；
《汕头市公务员信用守则》；
《汕头市垂直经济管理部门信用承诺制度》；
《汕头市市民信用公约》；
汕头市人民政府印发《汕头市中小企业信用担保机构管理暂行办法》的通知；
《关于表彰汕头市社会信用建设先进单位和先进工作者的决定》；
《关于开展"汕头市信用体系建设"工作方案（征求意见稿）》；
《深圳海关对企业实施信用等级管理暂行办法》；
《深圳市企业信用征信和评估管理办法》；
《深圳市个人信用征信及信用评级管理办法》。

三、建立社会信用体系的必要性与需求分析

在我国市场经济体制建立、发展时期，加快社会信用体系建设有着特殊重

要的作用和意义。它不仅渗透到社会经济、人们生活的方方面面，在很大程度上将影响到我国改革开放的步伐。

1. 建立社会信用体系是完善社会主义市场经济体制一项重要的制度建设

社会信用体系是现代市场经济的一项基本制度。市场经济既是法治经济，也是信用经济。没有健全的社会信用体系，就不可能建立起完善的市场经济。完备的社会信用体系是在市场经济条件下，以信用为基础所形成的一整套规范和制度，是市场经济发达国家经济运行的基础。市场经济，信用为本。没有良好的社会信用，就不可能有良好的市场秩序，更不可能有完善的市场经济体制。

社会信用体系建立后，企业和企业、企业和消费者的交易行为、消费行为与自己的信用资格关联度越来越大。企业和个人可以快速获得资本市场、商业市场上任何一家企业和消费者个人真实的资信背景调查报告。信用服务公司生产的信用产品大量销售，对失信者产生强大约束力和威慑力，使之付出高昂的失信成本，从而促进信用交易规模的扩大，维护良好的市场经济秩序。

2. 建立社会信用体系是适应加入 WTO 新形势、扩大对外开放的迫切需要

随着我国加入 WTO 和对外开放不断扩大，我国与全球经济的联系越来越密切。我国对外贸易迅速增长，从 1978 年的 206 亿美元增加到 2003 年超过 8000 亿美元，已成为位居世界第五位的贸易大国。我国利用外商直接投资连续 11 年位居发展中国家首位，连续两年位居世界首位，已有 45 个国家和地区外商在中国落户，世界 500 强中 80% 以上的企业加快向中国转移。在"引进来"的同时，我国更多的企业"走出去"开拓国际市场，开展跨国经营。加入 WTO 两年多来，我国的经济管理体制进一步规范和完善，通过清理、修订和新颁布与涉外经济、贸易、投资和知识产权有关的法律、法规和规章，初步建立起适合社会主义市场经济需要，符合世贸组织规则和国际惯例，统一、透明的涉外经济法律体系。国务院各部门和各地方政府全面清理、减少和规范了行政审批，为建立开放型经济创造良好的政策环境。

在对外开放中，当前受到制约和影响最大的是信用关系紊乱带来的一系列问题。有的不按合同履约，有的侵权盗版，有的冒用商标和企业名称，有的商业欺诈，有的不讲商业道德窃取商业机密，有的在国际市场上互相拆台自相残杀。这些问题是一些外商对我国投资环境的最大意见，也是我国企业走向国际市场遇到的难题，严重影响了我国对外开放的正常发展，甚至影响到国家信誉和形象。没有一个比较完善的社会信用体系，就难以更多更好地利用外资，也难以在国际竞争中立足和发展，就会自己被自己打败而自食其果。扩大对外开放，必须遵循国外市场经济的基本规则，加快建立健全社会信用体系。严格产品质量标准，加强知识产权保护，建立公平竞争机制，改善投资和经商环境。只有建立与国际惯例接轨、适应现代市场经济发展的社会信用体系，才能创造良好的市场经济环境，促进对外开放的健康发展。

3. 建立社会信用体系是整顿和规范市场经济秩序的治本之策

我国市场经济体制的建立是一个较长的过程，在新旧体制的交替中，旧体制虽然已无法发挥主导作用，但又经常左右着人们的行为方式，新的体制框架虽然已经确立，应该发挥主导作用，但又存在许多值得改进和完善的地方。导致市场经济秩序紊乱的主要原因有三：一是市场规范不完备，市场规则处于新建和修正之中；二是控制手段失当，各种经济调控手段之间需要一个协调、磨合和完善的过程，司法手段、行政手段和经济手段之间的配合一旦出现问题，就会导致市场传导机制发生偏差；三是市场主体对市场机制作用下的市场经济运行的规律认识和适应有个过程，往往自觉不自觉地背离市场经济的要求，既缺乏保护自己的有效手段，又没有足够的力量打击侵犯自己权益的违法者。在这种情况下，加快建立社会信用体系可以对此起到重要的不可替代的作用。

由于社会信用体系建设的滞后，市场经济秩序混乱的状况还没有得到根本改变，经济领域违法犯罪现象还相当严重。假冒伪劣商品充斥市场，偷税漏税、走私骗汇屡禁不止，商业欺诈、逃废债务现象严重，财务失真、假账假票、违反财经纪律比较普遍，建筑工程招投标弄虚作假、权钱交易滋长蔓延，非法经营问题突出，地区封锁、部门行业垄断在不少地方存在，等等。市场经济秩序混乱令人触目惊心，不仅给国家和人民利益造成重大损失，而且败坏了国家信誉和改革开放形象，严重影响到市场经济的正常发展。究其原因，一个根本问题是社会信用缺失，失信者得不到严惩，风险成本很小而获利巨大；守信者得不到鼓励，依法经营反而无利可图。这势必造成违规者多而法不责众，更使人们对无信获利行为趋之若鹜，市场经济秩序混乱现象愈演愈烈。因此，建立社会信用体系，真正形成全社会的奖优惩劣机制，有效维护经济活动的正常秩序，已成为当务之急。只有建立健全社会信用体系，才能从根本上扭转市场经济秩序的混乱状况，使守信者得到奖励，失信者付出代价，形成"一处失信，处处制约；事事守信，路路畅通"的社会氛围，实现社会经济生活的长治久安。

4. 建立社会信用体系是形成全社会约束机制的必然选择

在计划经济体制下我国对人的管理，主要是通过部门或单位来进行。如所谓"进了国企的门，就是国企的人"，人一旦参加工作，其生、老、病、死都由其所在部门或单位"全包"下来，对人的管理也主要靠部门和单位负责。人的"档案"曾经是一个人的"生命线"。随着用人制度的改革和社会保障体系的建立，越来越多的人从"单位的人"变为"经济的人"和"社会人"。据不完全统计，有近亿原属乡、村管理的农民，离土离乡成为"城市居民"；有2000万~3000万下岗职工，原属国有企业管理，现在"买断工龄"成为社会人；有上千万离退休人员与原单位越来越疏远，在银行领取退休金，大多数提前退休人员又实现再就业；知识分子中出现大量的自由择业者，今天在此，明天在彼；个体和私营经济迅速增长，用工双向选择，来去自由；还有各类开发区以各具特色的优惠政策招聘、吸引全国各地的各种人才，等等。

越来越多的"社会人"的管理，成了转轨时期政府管理经济社会的新课题。近几年出现的一些重特大恶性事件，都和我们疏于对"社会人"的管理有关。征信国家对于"社会人"的管理，是靠严格的征信系统和完整的信用记录进行的，对不讲信用的企业和个人形成强大的压力和威慑力。如：无人与其做生意，无人给予其贷款，无人租给其住房，无人聘用其为雇员，甚至加入各类保险的保费也要比他人高得多。由此，加强了全社会对"社会人"的监督、制约和管理，某种意义上说，信用记录就是"紧箍咒"，对于失信的人就等于自己给自己念"紧箍咒"。

因此，建立社会信用体系，不仅是一项基本的道德建设，也是现代社会文明的基础，市场经济发展的需要。

四、北京地区市场信用环境与信用建设推进情况

1. 市场行为主体不良信用行为的主要表现形式

北京市作为中国的首都，受其是政治、经济、文化中心这一特殊地位的影响，整体经济发展态势良好。在这个大环境下，北京市信用交易规模不断扩大，但随之而来的社会信用秩序混乱对北京市经济发展造成的不利影响亦同时初露端倪。当前，社会对信用问题反映强烈，就信用问题来说，反映出企业及个人的诚信问题、失信现象不仅普遍，而且局部相当严重。主要表现在以下几个方面。

（1）商业交易中欺诈、行骗、假冒伪劣、侵犯知识产权等行为屡禁不止。

（2）资本市场中欺骗瞒报，虚假信息披露和恶意炒作不乏其例。

（3）企业之间债务链久拖难解，甚至拖垮、拖死了部分企业。

（4）企业贷款失信增加，导致银行不良贷款总额上升，金融系统风险加剧，形势严峻。

（5）个人消费信贷中的一些恶意欠债行为也不断暴露出来（如车贷、房贷、

电信欠费等）。

行为主体的以上不良信用行为，不仅严重扰乱了首都市场经济秩序，也大大提高了市场交易成本，降低了经济运行效率，并且直接影响和制约了市场机制配置资源作用的正常发挥，使政府启动投资、扩大内需政策的效用大打折扣；大量的失信行为还破坏了商事主体之间以合同契约为基础的正常信用关系，造成了社会风气败坏、道德水平滑坡等社会问题。在今后的世界贸易中，信用秩序的混乱还将严重损害北京市乃至我国的国际信用形象和经济地位，影响北京市对外开放的进程与发展。对此，信用问题已引起北京市政府及社会各界的高度重视，信用体系建设工作已成为整顿和规范市场经济秩序的重要基础工作。

2. 以工商行政管理机关为主体开展的北京市企业信用体系建设整体推进情况

北京作为全国的政治、经济、文化中心，信用建设起步较早。2001年8月，全国政协和原国家经贸委联合召开的兰州会议确定北京作为信用建设的试点城市。2001年12月26日，北京市政府召开专题会，研究信用体系建设问题，成立了北京市社会信用体系建设推进小组，确定以市工商局、中关村、北京信用管理有限公司为面、线、点的试点建设工作，启动了北京市社会信用体系建设工程。

北京市工商局主导的企业信用体系建设，以实施企业监管提高市场秩序控制力为出发点、以建立企业不良警示系统为切入点，以掌握的企业登记注册数据为基础，以经济户口数据为依托，联合市政府40余个有关部门全面展开。基本情况如下。

2002年3月，北京市工商局召开新闻发布会，正式启动不良警示系统。

2002年7月，发布了《北京市工商局市场主体不良行为警示记录系统管理办法》。

2002年7月，第一批被锁入"黑名单"的373家企业法人和46名自然人进入"企业不良行为警示系统"。

2002年8月，北京市以政府令形式，出台了《北京市行政机关归集和公布企业信用信息管理办法》。据此，建立起覆盖全市60万户企业信用记录和查询的数据库平台。一方面实现了北京市政府40多个委办局之间企业信用信息的数据共享；另一方面开通了面向全社会可查询的"企业不良行为信息警示系统"和"企业良好行为信息系统"。该系统记录了北京市政府有关行政管理部门掌握的，企业和企业法定代表人因严重违法被实施行政处罚的情况，并通过其对违规企业的登记注册、对外投资等行政审批许可等行为实施限制。对不同信用等级的企业依法采取力度不同的监管措施。对规范市场经济秩序，形成政府监管合力，警示违法失信企业发挥了积极作用。

2002年9月，启动北京市企业信用信息系统，向社会公示企业良好信息及不良信息。公布的信息主要有著名商标、驰名商标、CMM认证、重合同守信用及违法被吊销企业信息。

2003年10月，按照国家工商行政管理总局关于建立企业信用分类监管体系，创建"百万守信企业"活动的要求，进一步强化企业信用意识，促进企业诚信经营，优化首都发展环境，推动北京市社会信用体系建设，北京市工商局全面启动了"守信企业"公示活动。其基本方法是坚持"政府组织、企业申报、协会推荐、社会公示"的程序。2003年度北京市公示了2801户守信企业。2004年该项活动继续展开，又有3100户左右的企业开始申报，企业信用监管体系的应用取得了显著成效。

目前，北京市工商局继续对分散在各个部门的企业信用信息资源进行整合，全面推进北京市企业信用信息系统建设。截至2004年10月，北京市政府各委办局进入企业信用信息系统的四类数据共计266.02万条，其中身份信息255.8万条、良好信息4878条、提示及通报信息18166条、警示信息79102条。进入系统的企业99%以上为中小企业，并且系统实现动态管理，每天都有新数据录入。社会公众可通过政府专网和互联网查询到本市各类经营主体的警示信息和良好信息。

3. 中关村信用体系建设基本情况

中关村信用建设工作由中关村科技园区管委会发起，以园区内的企业为征信与服务对象，由大公国际资信评估有限公司、联合资信评估有限公司、北京新华信商业信息咨询有限公司、华夏国际企业信用咨询有限公司、北京信用管理有限公司等六家中介提供信用产品服务。基本情况如下。

2001年11月，中关村科技园区企业信用制度试点新闻发布会。

2001年12月，《中关村科技园区企业信用制度试点暂行办法》正式实施。中关村企业信用服务体系启动，中关村科技园区成立了企业信用信息服务中心。

2002年8月，中关村管委会发布《关于优先受理信用企业申请科技型中小企业创新基金的声明》、《中关村科技园区关于推行企业信用报告的通知》，通知声明中关村科技园区自2002年9月1日起推行中关村企业信用报告。

2003年4月，由园区内百家企业发起的中关村企业信用促进会、中关村科技园区管委会组织实施的"瞪羚计划"启动，出资资助企业融资活动。

2003年9月，中关村管委会制定了"瞪羚计划"，其设计原理是：将信用评价、信用激励和约束机制同担保贷款业务进行有机结合，通过政府的引导和推动，凝聚金融资源，构建高效、低成本的担保贷款通道。"瞪羚企业"（即高成长的中小企业）可以进入中关村科技担保公司的快捷担保审批程序，进入协作银行的快捷贷款审批程序，获得利率优惠，同时获得中关村科技园区管委会的贷款贴息支持。国家开发银行作为国家政策性银行，积极参加到"瞪羚计划"的实施中来，成为"瞪羚计划"的合作银行之一，从2003年下半年到2004年6月，国家开发银行累计为5家"瞪羚企业"发放贷款2350万元。

4. 北京中小企业信用服务体系与中介机构建设发展情况

自1992年11月我国第一家专门从事企业征信的"北京新华信商业风险管理有限责任公司"成立起，随着社会、市场对信用服务的需求，北京地区提供信用服务的各类机构由前几年为人知的几家信用服务机构，现增至为150多个相关机构。按信用行业的业务分类，据不完全统计，主要有：各类资信（咨询、资讯）公司（征信所）10余家、调查公司（中心）70余家，信用管理公司5家、资信评估公司6家、信用担保公司55家、信用保险公司1家、保理公司1家、信用网站及其他服务机构10余家。

在目前开展信用服务的机构当中，按其运作模式大体可分为三种类型。

（1）政府主导型，如在线提供企业信用信息查询服务的北京市工商局信息中心、北京市住房公积金管理中心下属的北京市住房贷款个人信用信息服务中心等。

（2）行业自律型，如中关村科技园区企业信用服务机构。

（3）市场运作型，如金诚国际信用管理有限公司、华夏国际企业信用咨询有限公司等。

下面仅以北京信用管理公司为例剖析其主要服务内容。

北京信用管理有限公司（以下简称"北京信用公司"）是根据2001年12月26日市京政会118号文件精神于2002年成立的由北京市国资公司、原北京市经委、中关村管委会等有关部门组织投资而成立的唯一一家国有企业，具备提供全方位信用服务的资质。目前主要业务范围包括：企业和个人信用调查、资信评级、信用管理培训咨询、信用管理技术研究与开发等。具体如下。

一是信用调查业务。北京信用公司目前承担着国家有关部委、市有关部门赋予的信用服务体系建设试点城市单位和北京市小企业信用服务体系试点单位建设任务。通过北京市各有关单位的共同努力，信用服务体系建设试点工作取得了阶段性成果，并粗具规模。通过自采信息，健全并不断完善中小企业信用档案中心，设计开发了《企业信用信息档案标准管理系统》，对信用档案的数据项作了规范和统一。目前已完成北京市35万户中小企业和8万个企业法人代表信用信息以及北京市500万个人的信息的归档工作。

二是信用评级业务。北京信用公司以中小企业融资和服务为重点，坚持把小企业信用服务体系建设试点与市政府金融支持工程相结合，与改善全市投、融资环境建设相结合，积极帮助中小企业全面提升信用水平，努力帮助中小企业解决融资难问题。一方面通过将信用初审的企业直接推荐给商业银行、担保机构，将中小企业信用服务与企业申请担保、贷款紧密结合，从而简化企业申请担保、贷款的程序，降低企业融资成本，加快企业获贷进程；另一方面，对于有效资产不足，反担保条件偏弱的企业，对其进行信用评级，反映企业的信用状况，揭示信用风险，为商业银行、担保机构提供参考意见。目前，北京信用公司成为全市信用服务行业中唯一同时参加"北京市中小企业金融支持工程"、中关村"瞪羚计划"两项政府工程为中小企业融资提供信用评级服务的企业。在当年北京市已完成的470余家企业的评级工作中，仅由北京信用公司2004年上半年进行评级的就有70余家，其中8家企业通过评级获得1730万元贷款。同时，为进一步开拓企业融资渠道问题，在政府机构、银行机构多方的支持下，"信用桥"网站工作在2003年试运行的基础上，2004年11月底全面开通。此外，北京信用公司围绕企业的诚信评价工作研究了企业诚信评价标准，并开发了《企业诚信评价管理系统》，使评价工作规范化、自动化。

三是教育培训业务。在市政府有关部门、行政管理部门及有关机构的指导与支持下，北京信用公司先后组织或参与了"北京市中小企业银河培训工程"、"信用大讲堂"、"融资与担保培训"等多种形式的教育培训活动，围绕信用管理、风险控制、信用评级等方面为800家企业进行了6次培训，宣传信用知识，帮助企业建立内部信用风险管理制度。

在北京信用公司开展业务的过程中，遇到的主要问题有：发现有关社会现象及行业发展问题不知向哪个主管机构汇报（即主管机构问题），作为公司采集政府机构保有信息目前还没有依据（即政策问题），采集信用信息其数据项所在国家或地区还没有统一的标准（数据项不规范问题），信用应用市场还比较缺乏，信用报告还没有进入到工程、交易等必备流程中（培育市场需求问题）等。

五、信用体系建设过程中存在的主要问题及对北京市经济发展的主要影响

社会信用体系是一个广义的概念，它由社会信用制度、信用服务市场、社会信用活动和信用监管体制四个方面组成。建立社会信用制度是社会信用体系建设的核心，包括建立健全社会信用方面的法律法规、产权制度、信用自律制度和信用风险管理制度及制定统一的信用行业标准化体系等；信用服务市场是社会信用体系的重要组成部分，是依据市场需求对信用主体进行独立、客观、

公正评价的中介服务行业；社会信用活动则包括企业和个人的信用自律与信用风险防范，开展社会诚信方面的宣传教育等；信用监管体制是社会信用体系建设的可靠保障。

社会信用体系是一个与信用道德文化、相关法律法规、制度规范、组织形式、技术工具和运作方式等因素相互联系、相互影响的综合系统，是一项庞大的社会系统工程。目前，北京市作为全国信用体系建设的试点城市，信用体系建设正处于起步阶段中，担负着创新发展、开拓进取的重任。回顾北京市社会信用体系建设的历程，在其发展过程中还存在着许多问题，从信用经济发展的角度重新审视北京市社会信用体系的发展，探寻社会信用体系建设的新思路，发现问题，分析问题，解决问题，将有助于进一步规范和完善北京地区信用服务市场建设，有助于进一步推动和提升北京市经济的发展环境。

1. 主要问题

目前，在北京市的信用服务市场建设过程中，暴露和存在的主要问题有以下几个方面。

（1）信息分割

北京市社会信用体系全面推动自 2001 年 12 月开始，虽然起步较早，且积极参与建设的部门众多，并都取得了一些成绩，但仅从信息的来源来说，还都局限于本领域或本部门，信息条块分割严重，整合力度不足，无法实现信息共享和动态管理；信息保有量与全市企业和个人相比，只占极少一部分，远远不能满足实际需求。这种分散管理在极大程度上阻碍了北京市信用体系建设步伐。可以说，信用数据的不公开已成为信用服务市场，特别是征信服务业发展的瓶颈。

当前，我国整体信用数据的市场开放度还较低，同时也缺乏企业和个人信息的正常检索和获取途径。而在征信国家，征信服务机构可以通过公开和正常的渠道取得和检索法律规定可以公开的信息。但我国在征信数据的开放与使用等方面没有明确的法律规定，政府部门和一些专业机构掌握的可以公开的企业资讯没有开放，造成了信息的不完全性、不完备性，同时，也增加了服务机构在征信过程中获取企业和个人信息的难度。对于征信国家而言，功能完善的信用数据库成为建立社会信用体系必备的基础设施，美国邓白氏公司所建数据库，涵盖了超过全球 5700 万家企业的信息。目前北京市的信用服务机构有些没有自己的信用资料数据库，建有数据库的规模也普遍偏小，信用信息不完整，无法对企业的信用做出公正、客观、真实的评估。

因此，要建立健全北京市社会信用服务市场需要形成企业和个人信用信息的合理流动机制，以便信用信息使用者能够很方便地获得有关企业和个人的信用信息。据估计，政府部门（包括司法机关）在履行市场监管和社会管理职能过程中形成的社会信用信息占信息总量的80%左右。因此，社会信用体系建设必然要求政府部门和司法机关在不侵犯国家机密、商业秘密和个人隐私的前提下，向社会开放有关社会信用信息。这种信息公开机制是政府实行信息公开制度的内容之一，也是政府为社会提供的一种公共服务，更是发展信用服务市场不可缺少的基础条件。

（2）多头管理

以主管部门来说，工商、税务、质检、海关、贸易、交通、银行、证券、保险、公安、法院、药监、环保等任何一个政府机构都需要建立管辖系统内的信用建设工作，从而带来的是多头管理的复杂性使任何一个政府职能部门都无法以兼管的形式完成全面协调和总体规划的任务，"多头管理"成为了制约信用服务业全面发展的一个因素。

在目前社会信用的管理体制上，由于受计划经济的影响，长期以来是依据企业的行业和经济成分实行"多头管理"，一直没有一个统一的负责信用服务市场的政策制定、宏观指导和统筹协调的机构。许多从事信用服务的中介机构受各级基层组织管理，而各部门的管理方式、政策不一，多头领导使得中介机构无所适从，束手束脚。而且信用服务市场的宏观管理分散且不规范，也在很大程度上制约了信用服务业的发展。这一方面使中介机构的经营管理缺乏法律约束，另一方面又使中介机构的许多合法权益得不到应有的保障。

因此，当务之急是加强政府综合推动力，统一领导，明确各部门在整个社会信用管理体系中的地位与作用，其信用管理的目标与内容，并明确一个政府机构作为主管部门，承担综合管理和监管职责，融合资源，减少多头投资，最大限度地实现对社会信用的有效管理和提高经济效益。

（3）规范信用服务市场发展的法律法规不健全

在信用体系比较健全的国家，大多有比较健全的信用法律法规和信用监管体系。目前我国在这些方面存在严重不足。在立法方面，虽说我国已初步建立了社会主义市场经济法律框架体系，我国的《民法通则》、《合同法》、《反不正当竞争法》和《消费者权益保障法》中虽然都有诚实守信的法律原则，《刑法》中也有对诈骗等犯罪行为处罚的规定，但这些法律、法规在规范社会信用环境方面还缺乏相应的实施细则，可操作性不强，如惩罚恶意逃废债务者无相关细则可依，对信用服务机构的规范要求、做法无章可循，不足以对社会的各种失信行为形成强有力的法律规范和约束，针对信用方面的立法仍然滞后。同时，有法不依和执法不严的问题也相当严重，在一些失信和诈骗案件的审理中，还存在严重的地区保护主义倾向。政府对信用市场的监督管理也比较薄弱。无疑，这些都是制约信用服务市场发展的一个重要外在原因。

由于我国的相关法律体系不完善，社会失信惩罚机制不健全，使尚未达到刑事犯罪程度的大量失信行为得不到相应的惩罚，失信成本过低。由于社会没有建立系统、有效的信用联防机制，信用信息不对称，失信者的"黑色记录"得不到有效传播，导致失信活动一再发生。失信惩罚机制的欠缺助长了失信者的气焰，间接地打击了守信者的信心，搞乱了社会信用道德的评价标准。

从地方政府出台的政策法规来看，北京市与上海、广州等城市相比，也还存在一定的差距。因此，加快信用制度建设，严格失信惩戒力度就需要建立北京市统一的企业和个人信用管理模式，制定出信用征集、信用评价、信用担保、失信惩戒等一系列信用制度，有效发挥法律和市场对失信行为的双重惩罚机制，切实保护守信企业的合法权益，为北京市社会化信用体系建设奠定法律基础。结合整顿市场经济秩序工作，加大依法公布失信企业"黑名单"的工作力度，严格依法惩处"失信者"，使"失信者"付出应有的代价，名誉扫地、无处藏身。同时，政府部门要营造有利于信用卡流通、信用报告使用，以及开展商业信用、进行信用担保、信用保险、保理与合法讨债等健康发展的良好政策环境，切实培育和扩大北京市的信用需求。

(4) 服务机构自律与行业协会发牌

从目前来说，现有的信用服务机构还属各自为政，没有统一的职业行业管理，没有规范，更没有标准。行业缺乏自身管理，市场监管不得力，秩序混乱。如有的服务机构为生存和自身发展，企业多给钱就能评到较为理想的评价等级。因此，信用体系建设迫切需要成立专门的信用管理机构，如建立"北京信用管理协会"等行业自律组织，作为政府监管信用服务市场的桥梁和纽带。目前，由北京信用管理公司发起的，联手金诚国际、中贸远大、上海资信、武汉信用、重庆商务等十家较大规模公司形成的唯一一家业内联席机构，反映出了业内的客观需求。

行业协会也属服务机构。一方面代表企业利益；保护企业合法权益，一方面协助政府维护市场秩序和规范市场，这是客观需要。但也应看到：我国目前的行业管理大多是由部门管理脱胎而来的，协会不仅需要有挂靠的政府管理部门，更多的是依靠所赋予的手中职权而不是服务来收取相关费用，从而形成有较浓厚的半政府色彩。因而在这种体制下产生的行业协会往往覆盖面过窄，服务项目单一，服务质量不高。特别是在发放各类奖牌、资牌问题上，反映出的问题居多。例如企业只要想拿到行业颁发的一个荣誉(或资质)，给钱一般就能拿到，这导致了行业标准不高，做法也不规范。牌下发后的结果如何，企业会如何做，如何实施监督管理，都是问题。因为很多企业都需要有个行业荣誉奖牌和行业资质证书，以靠这些牌子来树立企业形象和招揽生意、打开市场。尽管北京市社团管理部门对管理社团做了大量工作，但在力度、技术、能力上都有困难。因此，监管各级协会的不规范做法及发牌质量，实行信用监管十分必要。这方面工作仅靠社会团体是无法做到的。

（5）企业管理者缺乏信用管理知识与信用管理人才缺乏

由于我国市场经济发育不够充分，信用经济发育较晚，市场信用交易不发达，新中国成立后又长期处于计划经济体制之下，导致社会的信用观念淡薄。社会主体普遍缺乏市场经济所要求的守信意识和信用道德理念。改革开放以来，虽然企业和城乡居民的市场经济观念有所增强，但是现代市场经济所要求的信用文化环境并未真正形成。因而全国包括北京市还没有真正树立起以讲信用为荣，不讲信用为耻的信用道德评价标准和约束机制。

在北京地区，建立信用管理机制的企业寥寥无几，仅在少数大中型企业中存在。在全国几千万的企业数量中，加起来也仅有约2万家的企业设立了信用管理部门或配备了信用管理人员，对大多数企业来说，不仅可以说普遍缺乏基本的信用风险控制和管理制度，就连信用的基本概念也十分匮乏。这对企业的发展、防范和驾驭风险，及其监督管理企业信用都是十分不利的。而在国外，发达国家90%的企业都设立有信用管理机构或配备有专门负责的人员，这一经验值得我国众多企业学习借鉴。

企业缺乏信用，关键在于管理者。因此，引发的问题是信用管理人才缺乏。一方面要瞄准管理者让其讲信用，特别是新建企业，其企业领导人必须讲信用，这是根本。进行创业前的培训是十分必要的，绝不能出钱就能办公司，任董事长要有信用证明，这是企业健康发展的基础。上海市人民政府沪府发〔2003〕49号文件明确提出，要用3年的时间，推动上海市80%的大型企业和50%的中小企业建立健全企业信用管理制度。近期，又有明确规定，国有企业老总上岗必须经过信用管理培训。另一方面，要组织培训，并规范培训机构，培育人才。北京地区，现仅有人民大学、首都师范大学两所院校招收了两届信用管理专业的学生，且2006年首届才能毕业。北京市发改委今年深入区县组织的"北京市中小企业银河培训工程"、中国市场学会信用工作委员会在各区县组织的"信用大讲堂"非常受企业欢迎。

综上所述，以上问题一是在于政府管理层面，二是在于信用服务机构层面，三是在于企业自身层面。可以说这是引发市场信用危机的三个重要组成部分，也是影响北京市信用环境健康发展的重要因素。现在，第一，虽然有一些为企业提供信用服务的市场运作机构（如征信公司、资信评级机构、信用调查机构等）和信用产品（例如信用调查报告、资信评级报告等），但总体上市场规模还不大，行业整体水平也不高，市场竞争基本处于无序状态。第二，社会相关的信用数据的开放程度很低，很多涉及企业的信用数据和资料，中介服务机构或企业无法得到。消费者个人信用调查市场开放度更低，谈不上共享信用资源。同时，由于没有建立起一套完整而科学的信用调查和评价体系，导致企业的信用状况得不到科学、合理地评估，市场也不能发挥对信用状况的奖惩作用，企业更缺乏加强信用管理的动力。第三，急需推动和培育市场信用意识。目前，信用服务市场存在严重的供需不足，一方面在于国家有关部门对信用管理的力度不够，企业也普遍缺乏使用信用产品的意识，社会其他主体在经济交往中不知道利用信用产品来保护自己的利益，导致认识不足，社会和企业对信用产品的需求也就十分有限；另一方面，缺乏政策，国内有实力提供高质量信用产品的机构或企业很少，信用服务行业缺少健康发展的市场环境。

在这些问题当中，我们可以看到这样一个事实：政府在信用服务市场的发展方面缺乏强有力的手段，而对于信用服务市场中大多数中介机构来说，在各种权力交错、社会信用广泛缺失的环境下，又显得孤立无援。因此，如何协调政府同市场之间的关系，如何加强信用中介机构监管，如何促使中介机构的协调发展，是北京信用服务市场发展过程中亟待解决的问题。然而，解决这些问题的关键有赖于在政府同信用市场之间建立一座联系的"桥梁"（主管机构和行业协会），这座"桥梁"不仅要具有一定的独立性，同时也要达到消除矛盾、促进发展的目的。

2. 主要影响

目前，由于信用问题发生的大量银行贷款不能回收，企业之间三角债难以解决，商业交易中的欺诈、假冒伪劣、侵犯知识产权，资本市场中欺骗瞒报和恶意炒作，个人消费信贷中的恶意拖欠，以及在人力资本市场上雇主的恶意拖欠工资和雇员不遵守职业道德等现象，可以说，已经在一定程度上为北京市社会和经济的发展埋下了隐患。其主要危害及影响有以下几个方面。

（1）企业任意逃废银行债务，严重扰乱了金融正常运行秩序

一些企业通过不规范的破产、分立、承包租赁、多头开户和资金不入账等办法，恶意逃废银行债务，致使银行惜贷，银企陷入信用危机。在2003年10月召开的朝阳商务节"信用北京"论坛上中国人民银行研究局局长介绍，中国一些企业因为信用缺失而导致的直接和间接的经济损失高达5855亿元，相当于中国年财政收入的37%，中国国民生产总值每年因此至少减少两个百分点。具体说来，中国每年因逃废债务造成的直接损失约为1800亿元，由于合同欺诈造成的损失约55亿元，由于产品质量低劣或制假售假造成的各种损失2000亿元，由于三角债和现款交易增加的财务费用约有2000亿元，另外还有发现的逃骗税损

失以及腐败损失等。中国企业逃债已经不仅仅是单个的企业行为或者银行行为，而是我国的信用制度出了问题，是一种制度性的问题。

据银监会公布的一组数据，到 2003 年末，境内银行的主要金融机构平均不良率为 17.8%，其中国有独资银行和政策性银行平均不良率分别是 20.36% 和 17.39%，股份制银行也达到了 7.92%。这说明中国银行业不良资产的累计水平在全世界是非常高的，和发达国家银行业相比差距甚大，对于吸引外资和其他投资者有非常大的影响。

(2) 企业信誉缺乏，企业间的商业信用萎缩

据有关资料显示，北京市多数企业长期受"三角债"困扰，企业间的逾期应收账款约占贸易总额的 5% 以上，这一比率在发达的市场经济国家为 0.25% ~ 0.5%。由于信誉缺失，相当一部分企业不愿采取信用结算方式，交易向现金交易、以货易货等原始方式退化，市场效率受到严重影响。

根据 2004 年 2 月北京市高级人民法院工作报告提供的数据显示，2003 年涉及合同进行诈骗的犯罪，房地产市场、建筑市场中的犯罪，涉及食品、药品、农资、医疗器械等生产、销售伪劣商品等犯罪共审结案件 597 件，同比上升 23.6%。经济犯罪增多，导致企业授信与交易变得更为小心谨慎。

2004 年北京市公示"守信企业"共计 2685 家，还不到全市企业总数的 1%。从某种程度上也可以看出，北京市信用体系的建设力度不强，信用服务市场还有待开发，企业信用管理还需进一步扩大和加强。

(3) 资本市场信用匮乏，各种违规现象不断出现，严重挫伤了投资者的积极性

不少上市公司做虚假财务报表，骗取上市资格；通过虚假盈利，骗取配股资格；将从股票市场上"圈"来的钱不做项目投资，而用于个人消费或存入银行以获取利息；相当一部分资产评估事务所、会计师事务所和审计师事务所等社会中介组织，在执业过程中有严重的作假活动。有关部门抽查了 32 份上市公司的审计报告，23 份有严重问题，比例高达 70%，如今民间已将中介机构"美誉"为"高级骗子"。由上市公司、中介机构信用破产所引发的证券市场有史以来最大的信用危机，已严重地破坏了转轨时期的社会信用环境。

(4) 产品质量失信，假冒伪劣盛行，消费领域出现信用危机

据统计估算，制假经济的规模高达 1270 多亿元，国家为此年均损失税收 250 多亿元。全国名优企业中，至少有 34.76% 的企业被假冒产品侵权。据中国消费者协会统计，每年消费者平均对于虚假广告、假冒商品、计量不足、欺诈骗销等厂商失信行为的投诉就有 20 多万件。来自北京市工商局的信息显示，2003 年中，北京市共发生了 3 万余起消费者投诉、申诉的案件，工商部门查获的假冒伪劣商品总价值达到了 5800 多万元。产品质量的失信，扰乱了市场秩序，

破坏了社会风气，甚至威胁消费者的健康和生命安全。

六、促进北京市社会信用体系建设及其发展的对策建议

建立社会信用体系，是指一个国家已经成为征信国家，建立了以完善的法律法规为前提，以信用信息开放为基础，以独立、公正且市场化运作的信用服务企业为主体，以健全的国家对信用市场的监管和有效的惩戒机制为保障，形成了市场经济条件下对失信者的约束机制和社会环境。建立该体系，从对象来说，应从政府机构、中介机构、企业及个人三个方面着手。

1. 可借鉴的国外信用体系建设经验

欧美国家的社会信用体系建设从建立信用服务机构起已有160多年的历史，该体系已具备了征信国家的基本内涵，既有比较完善、有效的信用管理体系，也有完全市场化运作的信用服务企业主体，还有对信用产品有强烈需求的信用产品使用者。分析并研究其信用体系建设情况，对于建立北京市区域性的社会信用体系建设有很好的借鉴和推动作用。

立法方面。以美国为例，美国对信用管理的立法主要集中在20世纪60年代至80年代，目前已经形成信用管理的法律体系。这些法律主要有《公平信用报告法》、《公平信用机会法》、《公平债务催收作业法》、《公平信用结账法》等16部。这里特别是关于信贷方面的关键法律是《统一商业守则》（UCC），包括了九个方面的条款，主导着企业的行为、销售、保障以及可谈判手段的一些规范。这些法律大体可分为两大类，一类是旨在规范信用管理中介机构的操作，以保护消费者的利益；另一类用于规范金融机构，对金融机构向市场投放信用和发放信用工具作出了规定和限制。

监管方面。征信国家信用管理体系的重要组成部分，是明确政府管理部门的职能和建立失信惩戒机制。美国政府对信用管理法案的主要监督和执法机构分两类：一类是银行系统的机构，包括财政部货币监理办公室、联邦储备系统和联邦储蓄保险公司；一类是非银行系统的机构，包括联邦贸易委员会、国家信用联盟办公室和储蓄监督局。这些政府管理部门对信用管理主要有六项功能。

（1）根据法律对不讲信用的责任人进行适量惩处。

（2）教育全民在对失信责任人的惩罚期内，不要对其进行任何形式的授信。

（3）在法定期限内，政府工商登记注册部门不允许有严重违约记录的企业法人和主要责任人注册投资新企业。

（4）允许信用服务公司在法定的期限内，长期保存并传播失信人的原始不良信用记录。

（5）对有违规行为的信用服务公司进行监督和处罚。

(6) 制定执行法案的具体规则。

市场运作方面。对失信者的惩戒，除了政府上述做法外，则主要靠各类信用服务公司生产的信用产品大量销售，从而对失信者产生强大约束力和威慑力；靠整个社会对失信者的道德谴责和人们与之交易时的有限信任；靠对失信者信用产品负面信息的传播和一定期限内的行为限制，使失信者必须付出昂贵的失信成本。其产生的结果，一是不能让不讲信用的人自在地、方便地生活在社会上，二是不能让不讲信用的人有机会把生意扩大。

2. 建议继续发挥北京市社会信用体系建设推进小组的作用

2001年12月，北京市政府成立了北京市社会信用体系建设推进小组（见京政会[2001]180号文件），北京除市政府领导直接担任领导外，市各有关委办局主要领导均是小组成员，该小组的成立对北京市建立社会信用体系建设起到了积极的推进作用。

现该小组的各主要领导成员均已调整，其机构目前有名存实亡的危险，缺乏和中断了汇报机制、研究机制、协调机制。鉴于此，建议重新调整其领导人员，继续发挥推进小组的统领作用，其关键目的及作用在于：统一规划、统一领导、综合协调、推进工作。

3. 建议加快出台北京市地方性信用管理法规和一系列规章

社会信用体系的制度建设是社会信用体系健康发展的基石。为适应市场经济发展与社会对信用管理建设的需求，北京市需加快出台一些地方性信用制度与管理办法。在目前国家信用与管理相关法规还不完善的情况下，北京市可充分利用地方立法权限和行政管理手段，由地方人大制定一些地方法规和相关政策或行政规章，以推动、规范和保障信用体系的健康发展。

遵循"在不损害社会利益的前提下，保护个人隐私和商业秘密"的原则，在我国现行法律制度框架上，完善北京市信用制度建议从以下三个方面着手。

一是制定地区征信管理试行办法，规范各种征信机构的征信活动，为信用服务业提供法律依据。该政策办法至少包括以下内容：征信原则；征信机构设立条件、营业范围；信用信息征集范围、征集程序，信用信息产品使用中的使用者范围、使用目的和获取信用信息产品的程序；被征信个人、企业在信息收集、信息保存、信息使用过程中的同意权、查询权、更正请求权和损害赔偿请求权；信息提供者、征信机构和信息使用者的违法责任；信用监管部门的机构设置、监管权限和监管方式等。

二是制定信息技术的基本管理办法。包括：信用信息数据项的标准用词（同一内容而数据项的名称不一致，将对今后的数据资源整合造成麻烦）；信用信息数据项的记录办法、更新办法（特别是指保留过去数据，增加新的数据，而不是覆盖旧数据换成新数据。这是致命的错误）、保存办法、技术接口处理等。为今后全方位信用信息数据整合奠定基础。

三是完善个人隐私的法律保护制度。民法是保护个人隐私最重要的法律，然而我国《民法通则》却未能肯定隐私权的独立法律地位。因此，在北京市制定有关具体制度实施细则时应增加规定隐私权的独立地位，为隐私权提供一套完整的法律保护措施。

4. 积极培育信用市场需求

培育信用市场需求是建立现代信用体系的市场基础。目前我国信用市场发育滞后，供求矛盾十分突出。建议通过行政渠道引导社会各界的信用需求。

一是政府有关部门要带头积极使用信用评级、评估报告等产品。如在集团采购、工程项目招标、人力资源使用等方面，要检查对方的信用状况，让其出具自己的信用评级评分报告，这样也减少了自身风险。

二是针对一些市场经济活动制定企业或个人必须提供信用产品的特殊规则。如在登记注册、行政审批、经营许可、质量监督、政府委托中介机构承办事项、资质认定管理等工作中，应明确规定要按照授权和规范流程，查询企业信用报告或要求企业提供信用报告。

三是金融和商业机构在与企业和个人发生信用交易、信用消费、商业赊销和租赁等业务时，应规定按照授权和规范流程，查询当事人的信用报告或要求当事人提供信用报告。对上市公司发行股票，企业发行债券，以及上市公司的信用状况等，也可以规定实行强制评级或评估。

四是在人力资源使用上，包括学生毕业离校，应聘求职等，上岗时，由当事人提供自身的信用报告。

5. 以"守信企业"示范工作为引导，大力弘扬"守信企业"

（1）积极引导、组织和开展以商业道德与诚实信用为主题的相关活动

以行业协会为依托，推动"企业内部信用管理"规范化活动，即凡申报"守信企业"的单位（企业），必须使用"企业内部信用管理"软件，使参评企业进入企业信用控制程序，在经过一段时间中介服务机构对其经营行为全面跟踪后，核实无失信行为，方可正式认定为"守信企业"，并向社会公示。

一是通过行业培训积极引导企业争创"百万守信企业"，强化企业信用意识和守法经营意识；二是对企业信用培训积极给予扶持，大张旗鼓地进行宣传；三是积极组织开展创建先进个体户、先进私营企业和文明经营户、光彩之星等活动，组织有关单位深入开展诸如"百城万店无假货"、"消费者满意街"、"诚

信单位"等以商业道德和诚实信用为主题的相关活动；四是着眼市场监管对象多元化的特点，积极拓宽诚信履约活动范围，营造良好的信用氛围，在全社会各行业树立人人讲信用，个个守承诺的良好道德风尚，全面提高市场主体质量和信用水平。

（2）制约失信企业并同时进一步完善企业信用修复制度

信用监管的最终目的是规范市场主体行为，促进诚信守约，惩处只是手段，而不是初衷。从教育和规范的角度出发，建立信用修复制度，就信用修复的执行主体、考核程序、考核标准等做出规范性的规定，使信用缺失，被列入蓝牌、黄牌的企业主动自我完善和纠正，通过信用修复后，步入诚信守约的轨道，以扩大信用参与者群体，推动信用体系的建立。信用修复制度是对失信企业的惩戒机制和对"守信企业"的激励机制的完善和补充。主要是对有不良行为并被锁入"警示系统"的企业及法定代表人经营行为实施限制后加快解除限制的一种补救措施。企业信用修复是帮助企业改正错误、修正污点、重新发展的重要环节，是政府"治病救人"优良政策的具体体现，制定该制度对推动社会信用体系建设、整顿和规范市场经济秩序、引导企业诚信经营，降低市场经济的负面影响，促进首都经济发展具有非常重要的积极作用。

6. 推行使用规范化的企业信用信息标准和诚信企业评价标准体系

为打造首都良好的社会信用环境，营造"信用北京"、"信用市场"、"信用企业"，在2003年和2004年开展"守信企业"示范工作的基础上，建议在各行业、各系统在信息采集过程中推荐融合使用信用信息标准，把企业内部信用信息做到标准化、规范化、科学化，为今后的信息化、统一化奠定基础。

一是推行使用企业内部信用信息标准。什么是信用信息，哪些是信用信息，当前各级管理者所要的企业信息五花八门，各唱各的调。就连最简单的数据项：诸如法定代表人、法人代表、企业法人；又如户籍、户口所在地、籍贯、出生地等名词在各类登记中都有所不同，使信用管理和数据库的查询使用极为不便。对此，在中国市场学会信用工作委员会、北京信用管理有限公司等有关专业机构的支持下，现已初步完成《企业内部信用信息管理系统》软件的编制工作。这是在借鉴多家评级机构和建立于企业实用信用的角度考虑研发出来的，建议力推企业选用。该系统涉及企业的12个方面的信息，约750个数据项，企业可根据实际情况，客观真实地记录相关信息。

二是严格执行企业诚信评价标准与评定方法。在企业内部信用信息标准化的基础上，实施企业诚信评价标准化、计算机化的手段管理，对规定的评价项目，数据化、模型化，依据档案信息和评比模型自动评分，按分排队、综合衡量诚信评级，有效防止诚信评价走过场、走形式，防止人为因素考虑企业的种种"特殊情况",使信用标准和整体信用体系走调变味。对此,现正着手开发北京市"守信企业诚信评价系统",拟从多方面综合评价企业信用情况。主要方面有:①评价企业各类基本信息资料信用情况;②评价企业财务管理与债务偿还情况;③评价企业被相关机构认定的信用等级情况;④评价企业市场竞争行为情况;⑤评价企业合同履约情况;⑥评价企业产(商)品或技术质量保证情况;⑦评价企业安全生产管理情况;⑧评价企业司法信息情况;⑨评价企业建设内部信用管理情况(包括劳保等问题);⑩评价企业服务质量管理情况;⑪评价企业主要领导者和高级管理人员信用行为情况。

对此,建议以北京室内装饰协会、北京私营个体经济协会为试点单位,抓好两个协会的信用管理机制的建立、制度的建立、业内企业信用档案标准的建立、网站对信用信息的宣传披露与管理、企业诚信等级的评定,在经验成熟后向全市各行业推广。目前,北京室内装饰协会已经在北京市工商局的支持和北京信用管理公司等单位的协助下,草拟了相关制度、建立了信用信息中心、配备了专业人员,并做好了相应准备工作。

7. 指导建立信用管理行业协会,发挥业内管理机构职能作用

以"政策导向,市场运作、加强监管"为原则,充分发挥政府宏观调控、政策引导作用,减少具体工作,充分发挥行业管理职能。建议按社团管理办法,依法成立"北京信用协会"(或"北京信用管理协会"),使之成为政府和企业之间的桥梁与纽带。

信用管理协会的组建初期可挂靠在工商行政管理部门。信用管理协会的建立,一方面可以解决政府职能转换的问题,另一方面又充分保证北京市社会信用建设推进小组和监管部门指导作用的发挥,符合市场经济环境下行业管理和信用市场化的发展趋势。

其基本职能和任务是:

(1)制定业内服务机构管理办法,促进业内服务机构规范服务;严把服务机构主体的信用关,建立信用服务业预警惩罚机制;

(2)建立行业服务标准,制定并认定适合北京市企业发展需要的信用评级方法、基本流程和管理体系,并监督检查,配合行政管理机构整顿和规范市场经济秩序;

(3)围绕企业和行业诚信建设,制定"守信企业"、"信用行业"评定标准、评定方法,并组织实施;

(4)组织诚信宣传和信用管理知识专项培训;

(5)综合协调,整合信息,以网络宣传为手段,依法披露,广泛宣传;

(6)深入研究,反馈问题,促进行业发展。

(作者单位:北京市工商局)

三等奖

加强工商行政执法能力建设研究

重庆市工商局课题组

加强工商行政执法能力建设，是全面贯彻"三个代表"重要思想的必然要求；是贯彻落实党的十六届四中全会精神的具体体现；是认真反思工商行政执法方面的经验教训，使我们的工作更好地肩负起历史的重托，不断适应经济社会发展的迫切需要；是解决当前市场监管和行政执法中面临的诸多问题、矛盾，保证工商行政管理工作抵御各种风险，经受各种考验的根本途径。

工商行政执法直接面向市场，以把好"入门关，"充当市场"卫士"为己任，所承担的责任和风险越来越大。只有加强工商行政执法能力建设，才能不断提高市场监管和行政执法的效能和水平。

如何加强工商行政执法能力建设，是工商行政管理机关面临的重大课题。2005年初，我们将此确定为重要课题加以研究。经过8个多月的专题调研，多次召开不同类型的座谈会，发出调查问卷500多份（调查对象涉及市局机关各处、室，协会，44个区（市）县的不同年龄段、不同文化层次和不同职务的干部），初步掌握了一些情况，搜集到一些资料，由此分析研究，形成了若干思考。本文旨在通过揭示重庆市工商行政执法能力建设方面存在的问题，剖析问题产生的原因，力求从理论上和实践上摸索出加强工商行政执法能力建设的有效途径。

一、重庆市工商行政执法能力建设的现状及问题

改革开放以来，重庆工商部门与全国工商部门一样，经历了职能转变、体制变革、机制（制度）创新三个重要阶段，伴随着这一过程，工商行政执法能力在艰苦的历练中逐步增强。概括起来，主要体现在七个方面：

一是依法行政、执法为民的理念进一步树立。监管执法的水平进一步提高。二是对社会主义大市场的监管能力进一步增强。工商职能定位进一步明确，管理体制进一步理顺，监管执法条件进一步改善，监管方式明显转变，干部队伍的素质不断提高。三是规范市场主体的能力进一步增强。四是行政执法的能力进一步增强。行政执法力量不断整合，装备进一步完善，手段不断加强，效果

更加明显。五是随着信息化建设的强力推进，行政执法的科技含量大大提高。六是服务经济社会的能力进一步增强。工作作风进一步转变，服务水平和工作效率进一步提高。七是应对突发事件的能力进一步增强。

综上所述，重庆市工商行政执法的能力总体状况是好的。但是影响行政执法能力的问题仍然存在，主要表现在以下几个方面

（一）行政执法理念不太适应经济社会发展的需要，不太适应正确、全面履行工商行政管理职能的需要

1. "和谐监管"的意识不强，导致在行政执法观念上"执法为民"的宗旨有时未能贯彻到底

一些行政执法人员尚未树立权力来源于民的理念，没有解决好"权力来自谁、执法为了谁"的问题，致使在行政执法活动中忽视以人为本、不太尊重管理相对人的权利。时下倡导建立"和谐社会"，客观上驱使我们务必牢固树立"和谐监管"的意识，推行以人为本的管理，用新的思维和观念来指导工商行政执法工作，由此而真正、全面地创新监管理念，更好地树立工商部门崭新的执法形象。

2. 服务地方经济的意识尚未牢固树立

工商行政管理机关作为监管市场的执法主体，与市场主体，广大消费者之间的关系，就是提供服务与接受服务的关系。但在一些执法人员的意识中，程度不同地存在一些偏颇的观点：似乎执法就是对管理相对人实施单向管理，管理就是管制，执法就是执罚。其实，依法监管与热情服务目标是一致的。国务院副总理吴仪同志提出"监管就是服务"。国家工商总局副局长刘凡同志指出："服务实质上是强调政府组织的公共权力来源于社会大众的公共利益和需要，并最终为社会公众服务。职能讲的是政府部门的个性，服务表达的是政府部门的共性，共性寓于个性之中。正如要做到全心全意为人民服务，必须落实到立足本职，体现在各自岗位上的具体一言一行中是一个道理"。但在现实中，少数工商干部一提严格执法，就弱化服务；一提强化服务，就放松监管，始终处理不好二者的辩证关系，始终不能正确理解"管理就是服务"这一命题，致使服务地方经济的意识难以真正确立。

3. 缺乏创新意识，不能与时俱进地研究和处理行政执法中遇到的新情况、新问题

"不求有功，但求无过"的惰性反映在一些工商干部的思想上和行为中就是缺乏创新的精神、智慧和勇气，遇事习惯于照本宣科，或按部就班，或人云亦云，不愿去捕捉新动向，发现新情况，研究新问题，也有的仅把"创新"挂

在嘴边，并不力行。这些现象的存在，必会大大削弱行政执法能力。

(二)干部队伍的综合素质难以适应行政执法的需要

第一，行政执法队伍整体的知识结构不太适应行政执法的需要。一是文化素质与行政执法的要求存在一定的差距。改革开放以来，由于执法人员"进口"渠道多、文化水平参差不齐。虽经我们历年来在培训上下大力提高干部文化业务素质，但学历速成、文凭缩水现象比较严重，文凭与水平差距甚远。二是有的干部业务知识单一，离开本岗位的行政业务就难以应付。三是业务素质与行政执法的要求不相适应。目前，工商干部不会运用现代化知识从事管理和行政执法，不能熟练地掌握和运用现代化办公设备的不在少数；基层工商执法人员不能独立办案的大有人在。

第二，应对突发事件的能力不强。由于整个系统的突发事件应急处理机制尚不健全，在处理复杂、疑难事件时就显得力不从心，致使一些突发事件难以得到及时有效地控制，难以及时消除违法行为的危害和不良影响。

第三，基层工商干部尚未完全从收费型向监管执法型转变过来。行政执法中监管与收费同存，执法与利益相缠，重收轻管的问题仍然存在。

第四，调查研究的气氛不浓，对行政执法的规律性缺乏研究和把握，工作上缺乏前瞻性和预见性。

(三)行政执法手段偏弱，导致行政执法力度不够，效果不佳

一是市场经济的发展所造成的法律、法规空白、滞后，削弱了行政执法的力度。现行工商行政管理法律法规中，只有少数规定了一些行政强制措施，而对当事人拒不配合或有意阻挠行政执法的行为，执法人员则少有强制手段和措施。因此，有人戏称工商行政管理法律法规大多是"君子动口不动手"的"秀才法"。强制手段少，执法力度小，难以保证职能到位。二是监管方式和方法的长期落后，直接制约和影响行政执法的质量和效果。传统执法方式抑制了监管效能和执法水平的提高。三是高科技的手段和网络信息技术的运用刚刚起步，不能适应行政执法的需要。不少地方的行政执法方式尚未完全向办公自动化，监管网络化转变。

(四)行政执法程序欠规范，随意执法时有发生

一是执法责任意识不强，存在缺位、错位、越位、失职的现象。二是执法不到位。对商品(尤其是食品)质量监管不力；对一些特殊商品的监管职责不清、重点不明；对一些新兴行业、领域的监管不到位，有的甚至还未介入等。三是重罚轻纠。一些办案机构在办案时只罚不纠，只打不追，手段单一，只注重对当事人罚款，而对违法行为可能产生的严重后果及如何采取有效措施加以防范

重视不够,措施不力。四是重实体、轻程序。部分执法人员在执法过程中随意简化程序,有意规避法定程序的情况时有发生;个别执法人员甚至与当事人协商"办案",故意违反法定程序。

(五)尚未营造出宽松、和谐的执法环境

1. 思想认识上存在误区,一些地方政府干预行政执法的现象普遍存在

一些地方政府不能正确处理发展与规范的关系,提出先发展、后规范,甚至将发展与规范对立起来,企图通过降低门槛、放松监管等途径来促进经济发展,致使正常的市场执法环境遭受破坏。如一些地方政府要求对工业园区、重点企业、国有改制企业、外来投资企业及一些新建市场(商场)免收各种行政性收费;行政执法机关不准进入企业执法,违者追究责任,等等。

还有一些地方政府及所属部门采取地方保护主义的态度,违背国家的法律法规,利用行政权力干预并操纵市场,一方面限定或变相限定本地企业、单位或个人只能经营、购买本地产品;另一方面对外设定市场壁垒,阻挠和限制外地产品或服务进入本地市场;个别地方政府领导对本地企业经济违法行为迁就姑息,以保护"利税大户","营造宽松环境"为由,用行政命令对行政执法机关的正常执法行为进行粗暴干涉,导致当地的市场经济秩序得不到有效的维护,经济亦得不到健康、有序的发展。

2. 行政执法部门职能交叉,协调、配合不够

工商行政管理部门与质监、卫生、农业、文化、食品、药品监管等多个部门之间存在着执法管辖交叉、执法范围模糊不清的问题,其中既有重复执法的现象,也有监管盲区。这种分而治之的管理体制与市场的整体性不相适应,造成了工作扯皮,相互推诿。有利可图的,各部门争着、抢着管;无利可图的,谁也不想管。而且部门之间的协调不够,市场监管执法缺乏整体合力,这种状况在很大程度上影响了行政执法效能。

3. 少数工商干部不规范的执法行为使本部门承受了多方面的监督压力

一是执法不讲规则。有的执法人员执法简单粗暴,随心所欲,不依法办事,常常在"规则之内求变通,规则之外图方便"。二是执法不严肃。一些执法单位执法思想不够端正,执法扰民,把正常的执法变成有偿服务、权力寻租、吃拿卡要,"三乱"问题时有发生。三是执法不公开。管理对象对工商行政执法有些不满主要集中在程序不公开、不透明、暗箱操作、滥用职权上。这些都严重损害了工商行政执法的形象。

4. 市场主体缺乏法律意识，暴力抗法事件时有发生

市场主体法律意识较差的问题突出表现在三个方面：一是不知法、不懂法；二是出现问题不知道运用法律武器来维护自身权益；三是暴力抗法现象时有发生。有的当事人在被行政执法部门查处后，既不申请复议，也不提起诉讼，首先想到的却是托关系说人情；等到有关部门申请法院强制执行时，才急忙找政府上访，对政府施加压力。近年来，工商执法人员在执行公务中被围攻、殴打的事件时有发生。工商部门缺乏有效的强制手段，有时请公安部门联合执法，付出了较高的执法成本，效果却并不理想。

二、重庆市工商行政执法能力建设方面的问题产生的原因

（一）对行政执法的规律性认识不足，导致行政执法体制不完善、机制不健全

1. 外部职能体制设置不完善

一方面是集中审批流于形式，多头审批积习难改。以市场准入为例，存在着市场主体类型划分标准不统一，登记规则多样，登记程序设置不统一，注册登记前置审批过多、过滥等问题。另一方面是多头执法状况依旧，综合执法未能实现。当前涉及市场监管或行政执法的组织机构多达几十个，既有专业性的，也有综合性的，执法机构太多，难免出现重复监管、重复执法、多头处罚的现象。

2. 内部职能体制设置不统一

从内设机构看，机构人员配备不科学，不实际，内部职能部门职责分工交叉重叠，因人设事、因事设置机构，人为地将内部综合机构肢解开来；同级工商机关内设机构不统一，名称不统一，职级不统一，责权不统一，执法资源难以整合。

3. 内部执法监督制约机制存在缺陷

《行政许可法》、《行政处罚法》、《行政复议条例》实施以后，各级工商行政管理机关为严格依法行政，严格依程序办案，出台了一系列规章制度，突出法制建设的重要性。就目前来讲，现行执法监督制约机制不够完善，表现为监督的范围较为狭窄，以执法办案为主，缺少对行政征收、登记注册等行为的监督。监督制约机构的权威不高，过错责任追究的力度不大，追究制度落不到实处。没有建立起一个结构合理、程序严密、制约有效的工商行政执法监督运行机制，没有构建起多数人监督少数人的严密监督网络，形成强大的监督合力。有权必有责，有责必有为，履责必到位，违法必追究的权力运行监控机制未能

有效运转,使以权谋私等执法腐败有了滋生的土壤。

(二)工商行政管理机关实施省以下垂直管理体制后,地方政府和有关部门弱化了对工商工作的支持

省以下工商行政管理机关实行垂直管理以后,工商行政管理部门不再是地方政府的职能部门,人、财、物等脱离了地方管理,收入严格按照"收支条两线"的规定上缴,不再对地方财政有所贡献,因而一些地方政府和有关部门的重视和支持力度不如以前。在监管执法过程中,协调处理与地方关系的难度加大。突出表现在:一是以优化经济发展环境的名义越权减免工商部门依法征收的规费;二是少数地方政府法制机构受理行政复议案件时,往往做出偏袒当地企业的复议决定;三是地方法院在办理涉及工商部门的行政诉讼案件时有时裁决不公,给工商行政执法造成负面影响。

(三)"以收定支"的财务制度,严重影响行政执法观念的转变和监管职能的到位

一是实行"以收定支"的经费保障体制,一线干部队伍80%以上的人力、时间和精力是在收费,多年以来这种状况未曾改变;二是工商行政管理部门执法经费保障不足,所需经费的80%以上还要依靠行政事业性收费和罚没收入来解决。市场监管执法队伍是国家公务员,应当吃皇粮,不吃杂粮;但当前的经费保障体制将这些执法部门推到了既当"运动员"、又当"裁判员"的两难境地;三是执法经费保障不力使基层工商部门普遍缺少办案车辆、通讯设备,已不能应对市场主体违法手段多样化、科技化、快速化的趋势。国务院将流通领域商品质量监管,特别是食品流通环节的监管职能划归工商行政管理部门以后,由于工商行政管理部门没有自己的专业检测人员和技术设备,难以及时、准确地认定商品品质,只能依赖抽样送检,费用高、周期长,监管效果不尽人意。与此形成鲜明对照的是,一些违法经营者却拥有极为现代化的工具与装备,随时可以闻风而动,逃避检查和制裁。

(四)市、区(市)县职能定位不明确、行政执法目标考核机制不科学

1. 对工商职能的认识和定位存在上下错位的现象

重庆市工商局更多地强调履行监管、办案等法定职责,而区(市)县级工商局及工商所则更多地注重收费、强调经费保障问题,有的甚至给行政执法人员定指标,并将收费、罚款与所在部门或个人奖金挂钩。上下级之间在工作目标上出现了某种程度的错位,导致了基层工商部门不能有效地履行市场监管的法定职能,以致在履行职责过程中"缺位"。

2. 工商所法律地位及职责定位不够明确，且承担了过多的法定职责以外的工作

目前基层工商所实际承担的任务和职责已超出了《条例》规定的范围。《条例》中关于人员行为规范、内部管理、工作制度等各项规定，随着形势的发展已显得过于陈旧，这在一定程度上影响了基层工商所建设。另外，基层工商所大多数工作人员习惯于从事"收费、定费、催费"工作，真正具备办案能力的执法人员偏少。随着工商行政管理部门职能逐渐转变，监管领域和工作任务逐渐增多，工商所干部总体素质很难适应新形势下市场监管工作的要求；工商干部的数量与当前繁重的监管工作任务相比显得过于单薄，尤其是工商所经常承担地方政府交办的各种非法定工作任务，压力很大，负担过重。

3. 行政执法目标考核机制不够科学、完善

目前我们的行政执法目标考核体系，对基层工商局的行政执法考核依据主要是单项工作的抽查考核与年终的全面目标考核，在很大程度上是以基层工商局的自查报告和市局综合各处、室的单项测评为主，测评的主要表现方式基本上是在总分的基础上扣减基层工商局出问题的失分。行政执法的考核效果与行政执法职能是否全面履行，与执法机关所在地政府的确认、社会评价无半点联系，这种考核实质是内部的一种自我欣赏与鉴别。同时，近几年市局的单项工作抽查也存在着"走马观花、局内看卷、闭门测评"的简单粗放的问题。由于考核机制的公开化、程序化不够，基层为了达标也不得不做一些形式上的应付，甚至于违心地搭"花架子"、走过场，以求考核过关。久而久之，基层的问题将会越积越多。

（五）干部队伍结构长期未得到根本性的改变

1. 干部队伍结构调整缺乏创新，动作不大

人员进、出口偏小；高、精人才进入工商行政管理部门的吸引力不强；培养造就工商行政管理复合型人才的基础建设薄弱。

2. 人才的培养、使用机制不健全

在人才的培养、使用上尚未完全体现出"人尽其才"、"能者上前"的制度安排。一些特有专长的优秀人才却难有施展才能的空间和机会。

3. 队伍素质长期以来没有实质性变化，年龄结构也不尽合理

由于历史的原因，工商系统内高学历、高素质的人才较少，尤其缺乏专业人才；年龄结构也不尽合理，一线执法人员年龄普遍较大。垂直管理以后虽把住了进人关，但无法在短期内实现整体素质的优化。有的干部思想观念落后，

政治、业务素质不过硬，不能适应新形势下市场监管执法工作的需要。

(六)工商行政管理法律、法规不完备，不适应行政执法的需要

一是涉及工商行政管理的法律、行政法规虽有几十部之多，但没有一部专门的主体法对工商行政管理进行法律上的准确定位。二是法律法规滞后。工商执法以法律法规为依据，而现行执法依据有些是在计划经济体制条件下制定的，已经不能适应新形势、新情况的需要，如《投机倒把行政处罚暂行条例》等。又如《个体工商户暂行条例》、《私营企业暂行条例》等法律规定"暂行"了十几年，至今还在"暂行"。三是各法律法规之间有互相矛盾之处，不成体系。例如《个人独资企业法》、《合伙企业法》与《私营企业暂行条例》之间，《公司法》、《公司登记管理条例》与《企业法人登记管理条例》之间的有关规定就不尽一致。四是一些法律法规的规定过于原则，操作性不强。如对按照《行政机关移送涉嫌犯罪案件的规定》达到追诉标准的案件，行政机关是否可以先予处罚，各种观点莫衷一是，实际操作中又各有差别，影响了行政执法的严肃性；《反不正当竞争法》修订工作一直未完成，对不正当竞争行为进行调查取证、执行处罚的难度较大，等等。五是必要的强制性措施不够。目前，规定工商机关有行政强制措施权的法律法规仅有《商标法》、《产品质量法》、《投机倒把行政处罚暂行条例》、《无照经营查处取缔办法》等有限的几部，在查处危害较大的违法行为时，对当事人转移财产、拒不履行行政处罚以及拒不作证、拒绝接受询问、对行政执法机关查询复制证据不予配合等行为缺乏有效的约束手段。

三、加强工商行政执法能力建设的目标和任务

(一)工商行政执法能力的概念

关于工商行政执法能力的概念，由于此项研究刚刚起步，我们对此比较陌生，书本上亦查不到相关的论述，因此，仅就我们的思考，试作如下定义：所谓工商行政执法能力，即工商行政管理机关科学高效地组织和运用管理与服务资源，贯彻执行国家法律、法规、政策，充分发挥规范市场主体准入、退出和市场竞争行为，维护正常的社会主义市场经济秩序，营造良好消费环境的职能作用，促进经济、社会全面协调可持续发展的本领。

(二)加强工商行政执法能力建设的目标

工商行政执法能力建设的目标是：适应市场经济发展和政府职能变化的需要，不断创新行政执法体制和机制，进一步改进管理方式，推行电子政务，实现现代化管理，提高行政执法效率，降低行政执法成本，建立行为规范、运转协调、公正透明、廉洁高效的市场监管和行政执法体系，促进市场的规范发展

和功能的有效发挥。

(三)加强工商行政执法能力建设的任务

加强工商行政执法能力建设的过程,是一个目标不断实现、方式不断突破、能量不断累积和释放的与时俱进的过程。在此过程中,应始终围绕"六个方面"的重点内容加强建设。

1. 加强工商行政执法的科学决策能力建设

市场监管的实践表明,各级工商行政管理机关要提高监管效能、实现职能到位,就必须科学决策。在管理实践中,善于进行理性思维和战略思考,不断掌握新知识、积累新经验、增长新本领,是具备和提高科学决策能力的应有之义。

2. 加强科学判断和驾驭市场秩序的能力建设

充分利用信息化手段,建立高效的市场秩序方面的信息采集、处理、分析、指挥、反馈、调整系统,及时判断市场秩序状况,发现市场秩序性偏差,掌握市场秩序的共性和个性问题,采取切实有效的方式实现监管职能到位,是不断提高科学判断和驾驭市场秩序能力的重要内容。

3. 加强应对突发事件的能力建设

市场行为失序的发生虽然不像结构失序那样来势汹汹,导致市场的严重无序和失衡,产生根本性的破坏力量,但由于其发生的"点"多、"面"广,频率较高,有些问题若长期得不到根治和有效解决,就会发生"突变"——形成社会影响大、危害范围广且程度深的突发事件。能否及时、恰当地应对和处置突发事件,是对工商行政管理机关市场监管和行政执法能力和水平的考验。

4. 加强行政执法和依法行政的能力建设

行政执法和依法行政是一个问题的两个方面,都是在市场经济条件下,适应建立法治社会需要的市场监管的基本手段和方式。行政执法侧重于实体内容,主要针对政府的执法部门;而依法行政则更强调法定程序,对政府的所有部门都具有普遍意义。工商行政管理部门既是执法部门,又是行政部门,行政执法和依法行政的能力和水平,是工商行政管理能力和水平的集中体现,二者必须统筹兼顾,同步提升。

5. 加强为宏观调控服务的能力建设

宏观调控又称"流量调控",其直接功能是解决由于市场结构失衡所引发的秩序性偏差;市场监管又称微观规制,其直接功能是解决由于市场主体行为偏差而引发的市场失序问题。正如前面所述,结构失序和行为失序在现实中往往是互为前提、彼此转化、相互影响的。因此，宏观调控和微观规制常常是共同发挥作用。如果说宏观调控是解决市场无序的最根本的、最基础的、最核心的手段的话，那么，微观规制的成效将直接制约、影响宏观调控功效的发挥。所以，提高为宏观调控服务的能力和水平，也是提高工商行政管理能力的内在要求和有机构成。

6. 加强创新能力的建设

随着政府职能的转变和市场状态日新月异的变化，工商行政管理方式、方法和手段要紧随其变化，不断有所创新。创新能力的强弱，将直接影响、制约和决定着工商行政管理能否永葆生机与活力。

四、加强工商行政执法能力建设的方法和途径

工商行政执法能力建设是一项与时俱进的复杂的系统工程，应从构成执法能力的执法主体、执法理念、执法环境、执法目标、执法体制、执法方式、执法资源、执法监督八个基本要素着手强力推进。

（一）打造"五型工商"建设一支过硬的行政执法队伍

工商行政执法主体，是工商行政执法能力建设的直接载体。建设高素质的行政执法队伍，是工商行政执法能力建设的关键。

一是打造学习型工商。应当把行政执法队伍的学习和终身教育作为各级领导的一项重要工作纳入议事日程，常抓不懈；应按照分类培训的原则，采取引进、聘任、培养等方式，逐步建立一支相对稳定的专兼职培训师资队伍，不断提高培训的水平和效益；应健全学习教育激励约束机制，对干部参加调训、脱产进修、在职学习的组织管理，经费开支以及奖惩等问题作出明确具体的规定；应创新教育培训方式，理论联系实际，运用案例教学、情景模拟、对策研究、岗位练兵、网络教学等方式，提高学员分析和解决实际问题的能力；要创建鼓励学习、学有所用的长效机制，使学习成为每个工商干部的内在需求和动力。

二是打造法制型工商。工商行政管理机关对在执法过程中反映出的立法问题应及时向有关立法机关反映，对涉及工商行政管理的法律、法规、规章的实施情况应定期提出评估意见，报告制定机关。对已颁布实施的法律、法规、规章定期清理，适时地对那些内容已经明显滞后的法律、法规、规章进行补充、修改与废止。应制定规范、约束行政执法主体的各种制度，采取多种形式加强法制教育培训。设置行政执法资格准入门槛。创造条件逐步实行"注册官"制度、"主办官"制度和"职业资格准入"制度，夯实行政执法的基础。

三是打造科技型工商。应当继续开展岗位资格达标培训活动，重点是抓好

英语、计算机、商品质量检测方面的培训和考核，以期进一步改善行政执法队伍的知识结构。大力推进信息化和装备建设，提高监管执法的现代化水平。加强对网络交易这一新的交易方式的研究和监管。研究开发一套促进职能到位、执法到位的网络监管、检测工作程序和相应的管理软件，逐步实现对网上登记和网上交易、网上信息发布、网上宣传等网络经营行为的监管。当前，市局应着手研究组建商品质量检测机构的问题。要通过定人、定点、定向的检测知识和检测技能培训，组建一支作风科学严谨、技术精通过硬的商品质量检测队伍；应加强商品质量检测设备的科技投入，增强技术手段，尽快组建商品质量检测机构。

　　四是打造服务型工商。应当按照转变政府职能，建立服务型工商的要求，正确处理三大关系。一是工商行政执法与当地党政的关系；二是工商行政执法与市场主体的关系；三是工商行政执法与消费者的关系。要立足职能，改进执法，全方位地为地方经济发展搞好服务。建设服务型工商，要从体制上解决工商行政管理机关的经费保障问题，扭转目前基层工商部门重收费、轻管理，重罚款、轻教育的现象。建设服务型工商的要求要落实到基层，活力和创造性要根植于基层，成果要体现在基层。

　　五是打造和谐型工商。所谓"和谐"，既包括执法者和执法相对人之间的和谐，也包括行政执法机构内部上下左右的和谐。应该把建一流班子、带一流队伍、树一流形象、创一流业绩的精神贯穿于打造"和谐型"工商的全过程。其一，构建和谐的领导班子。决策科学化：眼光要远，决策要有预见性和超前性；眼界要宽，决策要有广阔性和开放性；眼神要准，决策要有准确性和深刻性。管理现代化：要有群众拥戴的凝聚力，令出行随的执行力，统筹兼顾的协调力。效能显著化：讲效率，讲效益，团结务实，事半功倍。其二，带出和谐的行政执法队伍。以建设信用工商为龙头，坚持以人为本，逐步打造一支政治素质合格、文化水平适应、业务技能过硬、应用能力较强、执法作风优良的行政执法队伍。其三，树立和谐的执法形象。要以创建工商文化为契机，营造积极向上的文化氛围，真正树立起忠于职守、公平公正的执法形象；甘为公仆、廉洁自律的廉政形象；勤政高效、文明礼貌的办事形象；着装整齐、举止端庄的仪表形象。让党委、政府、执法对象和消费者满意。

（二）更新执法理念，实现"四个转变"

　　执法理念是工商行政执法机关对自身所面临的内外环境及其对行政执法提出的客观要求的全面认识，是一种深层次的理性认识。它包括对工商行政管理机关所处社会环境的认识、对自身所面临的机遇和挑战的认识、对自身状况的认识和对所负历史责任的认识等。更新执法理念，实质上就是现代执法理念的创新。

一是突出责任重于泰山的理念，实现"权力工商"向"责任工商"的转变。工商行政执法人员，尤其是领导干部，应当充分认识加强工商行政执法能力建设的重要性和必要性，自觉地将其纳入重要的议事日程。在新的历史条件下，尤其要正确处理权力和责任的辩证关系，坚持以使命为重、责任为先，增强政治意识、大局意识、责任意识、忧患意识、阵地意识，切实维护好市场竞争安全、生产安全、流通安全和消费安全。

二是突出理论创新的理念，实现"理论缺失"向"理论支撑"的转变。加强行政执法能力建设，必须坚持以马克思列宁主义、毛泽东思想、邓小平理论和"三个代表"重要思想为指导，全面贯彻党和国家的基本路线、基本纲领和依法治国、依法行政的基本方略，在执法理论上实行全面的创新。首先，要尊重各级工商行政管理干部的首创精神，把他们创造的实践经验升华为新的科学理论；其次，可尝试对现有综合大学的学科体系进行合理调整，增设市场监管和行政执法专业，形成以院校为载体、以专家学者为支撑的理论研究和人才教育培训基地；第三，要充分发挥现有院校、学会、政策研究机构和行政执法队伍中理论工作者的积极性，形成工商行政执法的专业性理论体系。

三是突出执法为民的理念，实现"罚款收费型"向"监管服务型"的转变。要以维护好、发展好、实现好最广大人民群众的根本利益为核心，以贯彻落实科学发展观、促进经济社会全面协调可持续发展为目标，实行人性化执法。所谓人性化执法，指在执法过程中不仅要保证人民财产不受侵害，还要尊重违法者的尊严和权利，为对方的切身利益着想，以人为本，尊重人权，在执法过程中真正做到"七个体现"：即体现执法为民，体现发展为先，体现依法执法，体现科学执法，体现理性执法，体现诚信执法和体现权责一致，在促进经济发展的同时实现工商行政管理职能全面到位。

四是突出德法并重的理念，实现"对立执法"向"和谐执法"的转变。对市场秩序的治理来说，法治和德治历来都是相辅相成、相互促进的，二者不可偏废。一方面，在社会主义市场经济条件下，要始终坚持依法治"市"，因为它是建设社会主义政治文明的重要内容和保障；另一方面，要把市场治理好，得人心，顺民意，除需要法律、制度的保障外，还需要高尚的道德作支撑。以和谐为特征的执法新理念，确立的基础是以人为本，构建行政执法与行政相对人之间和谐的关系，目的是通过和谐执法，变逆向工作为顺向工作，变与行政执法相对人的"油水关系"或"水火关系"为"鱼水关系"，并以此为导向，构建和谐执法的工作模式和执法监督机制。

（三）明确"四个方向"，改善行政执法环境

工商行政执法环境是指与工商行政执法活动相关的，直接或间接地影响或作用于工商行政执法活动的内外部自然状况和人为因素，它决定着行政执法的难易程度。改善工商行政执法环境是一项社会系统工程，需要进行长期而艰苦的努力。

1. 更新观念，统一思想，步调一致

改善行政执法环境，首先应克服消极、被动地等待行政执法环境自动改善的情绪，因为那样只会严重损害我们的工作积极性和主动性，进而造成恶性循环，导致行政执法环境的进一步恶化。只要各级工商行政管理机关能够处理好全局与局部、长远与眼前、条条与块块各方面的矛盾，始终把发展作为工商行政管理工作的第一要务，把营造公平竞争的市场环境作为工商行政管理的目标，就能够得到政府的支持，企业的支持，群众的支持，就能为营造出良好的行政执法环境创造条件。

2. 规范行为，主动协调，加强配合

一是规范立法行为。现在政策与法规的矛盾、交叉执法的矛盾，根源在立法。因此，规范立法，重点要解决法规的滞后和矛盾问题，要适应情况的变化，抓好法规的"立、改、废"工作。二是规范政府行为。工商行政执法环境的好坏与各级党委和政府的观念和作为是分不开的。因此，从政府层面，应该对各级政府依法行政提出明确的要求。三是规范部门行为。当前应重点制定注册登记、市场监管、合同管理、商标管理、广告管理、经济检查、消费者权益保护等行政执法工作规范。四是应通过多请示、汇报，加强与当地党委、政府及职能部门之间的协调和配合，正确处理部门与政府之间的利益关系，努力形成整顿和规范市场经济秩序的合力，充分发挥综合执法的整体效能。在开展行政执法工作前后，应本着有理、有力、有节的原则，主动与当地党委、政府及部门进行沟通与协调，做到既依法办事，又合情合理，由此而赢得理解和支持。

3. 抓住关键，监管有为，执法有位

应始终抓住市场监管中的重点、难点和广大群众所关心的热点问题开展执法工作。同时，应紧紧围绕党委、政府的中心任务，充分发挥工商职能；继续开展"走近企业"、"走近三农"、"走近市场"、"走近社区"等"红盾执法系列活动"；积极主动地参与、支持地方经济建设。

4. 加强宣传，注重舆论正确导向

应当通过新闻媒体和其他各种群众喜闻乐见的形式，广泛宣传工商行政管

理法律法规知识。及时收集和整理近年来各地查处的各类违法经营典型案例，编写普法材料，送法进市场、进企业，增强市场主体诚实守信、守法经营的法律意识。继续办好市局的"一刊一网"，做好系统内的宣传工作。应及时充分地把全市工商系统的大事要闻、政策思路、工作成效、典型经验宣传出去，扩大社会影响，改善外部工作环境。

(四)健全"三大体系"，确保实现行政执法目标

工商行政执法目标表明了工商行政管理活动的基本方向，指导着工商行政执法的各项业务活动，贯穿于工商行政管理的全过程，是工商行政执法的灵魂和核心，也是行政执法能力建设的目标。

我们认为，工商行政执法目标的制定至少应包括三方面的内容。首先，支持地方经济发展的目标。以经济建设为中心，促进社会主义市场经济健康发展是工商行政执法的最终目标。目标设置内容应包括市、区(市)县年度经济、社会发展计划和精神文明建设对工商行政执法的要求，市、区(市)县党委、政府的重点工作、重要的目标任务分解内容，党委政府领导交办工作事项。其次，维护市场经济秩序的目标。建立和维护市场经济秩序是工商行政执法最直接的目标。确定维护市场经济秩序的目标，主要包括市场准入秩序目标、市场交易秩序目标、市场竞争秩序目标、市场退出秩序目标等四项内容。第三，行政执法责任的目标。这项目标实际上是一项规范执法行为和执法监督活动的保障制度。行政执法责任目标考核的主要内容至少包括行政执法的组织领导情况；法律、法规、规章宣传教育的情况；制定落实行政执法配套措施、制度的情况；行政执法队伍建设的情况；依法实施具体行政行为的情况；行政执法监督工作情况；行政复议、应诉工作情况；行政执法的其他工作情况。

为适应形势和任务的需要，应当把当前实行的初级目标管理责任制加以深化、提高、完善，切实健全"三大体系"。

1. 健全目标体系，努力形成责任明确、科学合理的目标导向机制

确定行政执法目标，我们认为要解决三个问题。首先，要解决制定目标任务的问题。目标的制定是目标管理的主题，制定目标任务，要注意掌握好完整性、可行性、目标的量化性和任务的针对性等原则。其次，要解决配套管理的问题。一要合理制定考核细则，二要合理设置岗位编制，三要合理进行岗位分工，四要搞好表格管理，五要实行"四配套"，即目标管理责任书与考核细则配套，与工作完成依据配套，与工作记录配套，与建立目标管理机构配套。第三，要解决实施过程中的问题。科学构建市局、区(市)县局、处(科)室三级考评体系；要科学设定岗位考核指标，在考核指标的控制上，采取统分结合的方式，

上级规定部分约占50%，各单位根据实际细化部分约占50%；科学搞好任务分解，通过层层签订目标责任书，把全局任务分解到基层。

2. 健全考核体系，努力形成求真务实、真抓实干的落实机制

实行目标考核，形成落实机制，要突出一个"能"字，构建分类考核框架，进行能力评价，以"发现能力、使用能力、开发能力"为核心，建立能级管理制度。一是形成以能为本的价值观。抓住一个"调"字，调动广大干部的工作积极性，构建全新的干部管理机制与动力机制，从理念和政策导向上促进组织发展目标与个人价值的融合与统一。二是形成以能力为核心的考核主线。以能力评定、能力发挥、能力提升等为考核的主要环节，将"能力本位"的思想贯穿于考核的全过程。三是形成以人为本的分类管理办法。对考核对象实行分类管理，将全体人员划分为不同的类别，打破所有人员"大一统"的格局，提高考核的针对性，避免考核千篇一律、千人一面的现象。

3. 健全奖惩体系，努力形成奖罚分明、动真碰硬的激励约束机制

奖优罚劣，奖勤罚懒，是目标考核的关键所在。一是硬化制度约束。建立责任追究制度，研究制度《行政过错责任追究办法》，对责任目标落实不力造成工作滞后、失误或对全局工作带来负面影响的，实行责任追究。二是做好督促检查工作。健全领导督办检查制度，目标责任督查要领导督，督领导。抓好考核工作，严格奖惩兑现。专项考核上，对完成重点工作目标和重点项目取得突出成绩的部门或个人，给予专项奖励；综合考核上，按得分高低分为先进部门、达标部门、未达标部门。三是营造良好氛围。实行按能上岗，优化人力资源配置。在岗位评价与能力评定的基础上，依据"以能为本、岗能结合、竞争择优、按能上岗、双向选择"的基本原则，对中层干部一律实行竞争上岗，一般干部实行双向选择，以竞争择优的方式，最大限度地实现能力资源的优化组合。实行按能绩取酬，优化薪酬机制。将工资以外的奖金全部纳入能力考核范畴，加大对干部能力发挥和工作业绩的考核力度，将干部的能力、岗位和业绩三个方面与干部的个人经济待遇紧密挂钩，在一定程度上建立起强能多得、多劳多得、不劳者不得的薪酬机制。实行动态管理，从制度上解决好对干部的长效激励问题。

（五）推进"三大改革"，完善行政执法体制，改进行政执法方式

工商行政执法体制，是指工商行政管理系统内围绕权力的划分和运行而形成的制度化的关系模式，其核心是行政执法权利的划分和配置。为此，以理性化为导向，以合理化为基础，以规范化为要求，以高绩效为目标，以稳定发展为追求，以落实责任为动力，设计并实施一套具有刚性标准和弹性空间的制度规则，就成为执法体制必须解决的关键问题。

1. 深化行政审批制度改革

按照清理削减审批、改革审批方式、相对集中审批权三个阶段，有步骤地深化工商行政审批制度改革。可考虑采取三种方式：一是对部门内部审批事项和审批环节多的实行"一个窗口"对外的集中受理方式。可实行"窗口受理、限时完成、内部并联审批"的办法，由工商机关内部运转完成。二是对涉及几个部门审批的，实行"一门受理、抄告相关、限时完成、效能监察"的方式。工商登记需要有关部门前置审批或涉及相关部门共同审批的项目，由工商局一门受理后，负责抄告相关部门在规定的时限内提出审查意见，超期视为同意。抄告方式一般为网上传输。三是将相关的审批事项集中进入政府行政审批大厅进行"并联"式审批。主要是将多个审批机关行使的职能相近的审批事项，合并由一个部门统一行使；将目前属于协调性质的"一门式受理"和"并联式大厅"的审批机构逐步转变为实质性、相对独立的审批机构。

2. 推进相对集中行政处罚权改革

应当合理划分事权，集中执法权。应整合工商行政管理内部的执法力量，避免多头执法、职责交叉。可先从理顺职责入手，按职能进行力量重组，相对集中行政许可权、监督检查权和处罚权。一是减少工商行政执法层次，适当下移执法重心。彻底解决多层执法问题，必须减少执法层次。在实行相对集中行政处罚权之前，工商行政执法体制应是市工商局、区（市）县工商局、工商所三级管理，没有必要设置更多的执法层次。二是调整区（市）县局内设机构。可考虑把人事、监察、法制划分一块作为监督机构；把办公室、财会、信息中心划分一块作为保障机构；把公平交易、市场、合同、商标、广告、消保、企业个体监督划为一块作为经济检查机构；注册登记单独一块作为行政许可审批机构。三是应逐渐明确各级工商行政机关的执法权限划分，从制度上消除上下级行政机关执法重叠交叉的现象。对与人民群众日常生活、生产直接相关的行政执法活动，应当主要由区（市）县级工商行政执法机关实施。省、直辖市以上工商行政机关应当主要行使宏观指导职责。四是下放管理权限，拓宽工商所监管职能。在不违反法律、法规的前提下，通过实行委托授权和备案制度，原则上上级工商局管理的事项下级工商局也能管好的，下放下级工商局管理，局机关管理的事项工商所也能管好的，下放工商所管理。

3. 推进行政执法方式改革

工商行政执法方式是指工商行政管理机关通过国家法律、法规和各级人民政府规章、政策授权，掌握、运用和控制工商行政管理权，实现市场监管和行政执法目标的途径、方法、体制和机制的总称。

行政执法方式是否科学、民主、依法，是考量工商行政执法能力建设成效的重要标准之一。认识和把握行政执法的规律性和能动性，是推进行政执法方式改革的重要前提。

所谓科学行政执法，即是把科学的思想、理论、制度和方法科学地运用于行政执法的具体实践之中。要做到科学行政执法，应当在巩固以往已经取得的好经验和改革成果的基础上，继续着力于以下几个方面的探索：①改进市场主体登记注册方式。我们主张，实行商事主体与商事行为分离，即企业法人资格和经营资格登记分离。这有利于规避行政执法风险，是工商行政执法方式改革的目标之一。②改进市场主体行为监管方式。以"经济户口"为基础，全面实施企业和个体工商户信用度分类和风险度分级管理，加大对信用度低和风险度高的企业的监管力度，配合"小局大所"的改革，将"经济户口"管理权下放到工商所，全面推行工商所区域监管责任制。③改进市场客体监测监控方式。按照"突出重点、创新模式、关口前移、分类指导、依法监管"的方针，大力推进重要商品监测监控工作。④改进执法办案方式。推行案件主办人制度，做到职权清晰、责任到人、量质并重、奖惩分明。进一步规范执法办案行为，坚持重大案件"统一指挥、上下联动、交叉办案"的原则，充分发挥垂管优势，排除执法阻力，整合办案资源，集中力量查办大案、要案，提高执法办案的质量和水平。

所谓民主行政执法，就是坚持为人民执政，靠人民执政，以发展党内民主带动人民民主，扩大人民群众对国家和社会事务的知情权、参与权、选择权和监督权等民主权利。定照、定案、定费审批中，应健全和完善四项制度。①坚持公示制度。全面推行"阳光工商局（所）"和"阳光处（科）室"建设，通过政务公开切实提高办事透明度，自觉地接受群众监督。坚持走访制度和义务监督员制度，在乡镇、街道、社会区、企业和个体工商户中广泛建立联系点，畅通信息渠道，随时掌握干部的执法监管情况和八小时以外的行为。②健全和完善集体审批制度。对重大而又有争议的注册登记事项、规费执收或减免、案件定性与处罚等，须经集体研究审批。③健全和完善听证制度。在广泛的行政执法活动领域，凡与公民利益直接或间接相关的决策，都应该举行听证会，直接听取公民的意见，真正做到决策民主化、科学化、公开化。④健全和完善公民批评制度、建议制度、申诉制度、控告制度、检举制度、信访制度、监督制度等，使这些制度成为公民有序参与行政执法的合法途经。

所谓依法行政，指各级行政机关依据法定的职责和程序，行使行政权力，管理行政事务。依法行政要求行政权的存在、行使必须依据法律，符合法律及其规定的权限和程序。实现依法行政，应当满足"六项要求"：即合法行政、合理行政、程序正当、高效便民、诚实守信、权责统一。

(六)突出"三个加强",整合执法资源

资源整合就是通过对资源占有、交换、分配关系的干预,实现资源的效用最大,同时保障必要的资源公平。对工商机关而言,执法资源的概念涵盖甚广,可以从执法活动的执法对象和执法基础两个层面来理解。执法对象是外部资源,执法基础是内部资源,这两个方面的资源整合是高度相关、不可分割的。整合执法资源,我们认为可从以下三个方面去探索:

1. 加强工商系统内部执法资源的整合,实现工商行政执法专业化

应积极推进工商行政体制改革,努力探索执法资源整合的有效途径,形成统一指挥、反应灵敏、协调有序、配合紧密、运转高效的执法运作机制。内部资源也要有效整合,合理设置内部机构,切实解决分工过细、职责交叉、力量分散、监督乏力等问题,通过岗位分类、明确岗位能力要求和竞争上岗,从制度层面为干部的优化配置提供保障。促进人力资源的合理流动,提高干部能力与岗位需要优化组合的程度,做到人尽其才,才尽其用,人事相宜。一是建立注册登记受理审批中心。目前工商机关内设机构的行政许可政出多门,为实现一个窗口对外,应整合注册登记资源,继续采取一站式审批方式,将一个部门内部若干审批单位的受理功能集中于一处,参与"行政审批中心"或"受理大厅",统一对外办公。二是建立经济检查专业机构。针对工商机关内设机构多头办案、相互争案和"重罚款,轻监管"的问题,可将公平交易、消保、市场、合同、商标、广告、企业个体监管等机构的办案力量重组成一个专门的办案机构,统一执法办案。三是整合内部执法保障机构。可把办公室、人事教育、纪检监察、法制机构、行政财务、信息中心等机构整合优化成执法信息传递、能力建设、执法监督、人财物保障的后勤支撑系统。

2. 加强行政执法部门资源的整合,实现工商行政执法系统化

行政执法队伍,包括公安、审计、税务、技术监督、卫生监督、商检、动检、物价等,是一支很大的执法力量,是我们维护市场经济秩序、打击各种经济违法违章行为的同盟军。这些部门之间应当加强合作,彼此取长补短,共同提高执法效能和水平。一方面要建立流通领域商品质量监管协调机构。建议由政府牵头,成立商品质量协调委员会,定期召开联系会议,安排部署阶段性专项整治任务,实行部门集约监管和统一联合执法。另一方面要建立区域性工商行政执法协作网络。工商部门在异地办案时,当地工商机关要予以协助。对于区域性工商机关请求委托调查、委托送达、委托执行等事项的,受托工商机关应认真完成委托事项,并及时主动反馈结果。同时,争取国家工商总局的支持,促进这种协

作由松散型向紧密型转变。再一方面是要建立部门联络制度。这项制度包括各局之间、相关部门之间、与管理相对人之间三个环节的沟通联络，目的是提高整体执法水平，取得相互的理解、支持和配合，建立有效的外部监督机制，加强廉政勤政建设。联络制度的主要内容包括执法工作联络员制度、典型案例分析会议暨执法工作例会制度、执法情况通报制度和案件协助审理制度等。

3. 加强社会法制资源的整合，实现工商行政执法的社会化

一是建立行业自律体系。行业自律是市场监管体系的基础部分，发挥被监管者的行业自律管理功能，对于建立竞争有序的市场环境，降低行政执法成本会起到重要作用。二是建立社会舆论监督体系。工商机关通过中介机构发布市场主体信用报告和流通领域的商品质量报告，通过影响市场主体的生存环境，对市场主体进行公众约束；工商行政管理部门在制定市场游戏规则时，应该设法挖掘并充分利用潜在的社会资源，在不耗费太多的资金和成本的情况下，让这种资源尽快转化为市场主体的无形资产和社会财富，以此增加工商机关对市场主体的凝聚力和号召力。三是建立市场主体信用信息体系。在整合工商信用信息的基础上，建立信用信息共享平台，提高硬件科技含量，保证市局、区（市）县局、工商所"三级执法"，因特网、政府外网、部门内网"三网合一"的高效运行。启动联合征信机制，由工商机关统一向社会公开市场主体信用信息，公开监管"经济户口"，为保证公众的查询、监督创造条件；公开执法信息，保证执法透明；增加公开内容，需扩展的内容包括对行政许可异议的救济，对企业的监督检查的记录等。加强企业登记管理信息资源的深度开发，做好信息咨询服务，把独特、权威、有价值的信息转化为现实生产力和经济效益。

（七）发挥"三大作用"，强化行政执法监督

要依法行政、提高工商行政执法质量，必须强化执法监督。工商行政执法监督是指上级工商行政管理机关对下级工商行政管理机关、各级工商行政管理机关对本机关及其派出机构的行政执法行为进行检查、评议、督促、考核的活动。工商行政执法监督的内容十分广泛，形式也比较多。从目前的情况来看，强化行政执法监督重点应着力于以下三个方面：一是加强对行政缺位的监督。行政缺位实质上是一种执法不到位的表现，应该管理的事务没有管理，或者应该管理好的没有管理好，"重罚轻纠"就是表现之一，这就需要制定明确的执法责任制，如《重大事项备案制》、《工商所以分局名义实施行政处罚的实施办法》、《工商所以自己名义实施行政处罚的实施办法》、《案件领导小组工作制度》、《案件核审制度》等，将不同岗位的职责、任务和目标明确下来，按照要求检验行政执法的绩效，加强监督，对渎职行为追究行政和法律责任。二是做

好内部横向监督。在执法监督工作中，往往上级对下级的执法行为进行监督似乎顺理成章，而一个机关内部同级机构之间的监督容易产生矛盾和摩擦，更容易流于形式，实际上横向监督更容易及时发现问题，防止和纠正错案。三是对行政处罚案件中扣留、罚没的财物要进行全程监督。可以制定《扣留、封存、罚没款物的管理规定》、《行政处罚案件申请法院强制执行规定》、《查询、暂停结算违法当事人在金融机构存款的管理规定》等，对执法过程中的执法行为予以规范，防止执法中的腐败现象。为此，我们要特别注重发挥行政执法监督的"三大作用"。

1. 发挥法制机构的轴心作用，坚持抓好"五项工作"

一是加强立法调研，建立健全法律法规；二是推动依法决策，促进现代程序制度形成；三是普及法律知识，提高法律意识；四是健全行政复议，加强执法监督；五是开展行政诉讼，提供法律服务。

2. 发挥行政执法监督的纠偏作用，大力推行行政执法责任制

行政执法责任制是规范和监督行政执法活动，促进工商行政管理部门依法行政的重要制度。其具体内容主要有行政执法责任制实施方案；法定职责的分解；执法程序流程；培训考核、持证上岗制度；内部执法监督制度；行政执法公示制度；行政执法过错追究制度；内部考评制度等。切实做到有权必有责、用权受监督、违法受追究、侵权须赔偿。

3. 发挥行政执法监督的规范作用，努力实现"七大目标"

一是行为规范、运转协调、公正透明、廉洁高效的行政管理体制基本形成；权责明确、监督有效、保障有力的行政执法体制基本建立；二是提出法律议案、地方性法规草案，制定行政法规、规章、规范性文件等制度建设符合宪法和法律规定的权限和程序，充分反映客观规律和最广大人民的根本利益；三是法律、法规、规章得到全面、正确实施，法制统一，政令畅通，公民、法人和其他组织合法的权利得到切实保护，违法行为得到及时纠正、制裁，市场秩序得到有效维护；四是科学化、民主化、规范化的行政决策机制和制度基本形成，人民群众的要求、意愿得到及时反映，提供的信息全面、准确、及时，制定的政策、发布的决定相对稳定，行政执法做到公开、公平、公正、便民、高效、诚信；五是高效、便捷、成本低廉的防范、化解社会矛盾的机制基本形成，社会矛盾得到有效防范和化解；六是行政权力与责任紧密挂钩、与行政权力主体利益彻底脱钩；七是行政监督机制基本完善，层级监督和专门监督明显加强，行政监督效能显著提高。

（作者单位：重庆市工商局）

三等奖

工商系统公务员能力标准与培训课程参考模式研究

王东国　王瑞萍　谷素华

一、研究的背景、意义、思路和原则

（一）研究的背景

从 2001 年中共中央和国务院分别制发干部培训的"十五"规划，到 2003 年人事部发布公务员九种通用能力标准，再到 2005 年初人事部组织的历时三年完成的新一轮公务员"公共管理"知识培训，关于公务员队伍的培训工作不断加强。

1. 培训课程实施的现状

培训课程是培训工作开展的基础性内容。通过调查和了解，目前全国工商系统培训的课程基本上是凭主观和经验选定的，还缺乏统一的指导和科学的根据。由于没有一个统一的规范和参照标准，负责培训的工作人员普遍反映在具体确定培训课程时，经常是不知所措。随着培训工作的全面开展和不断深入，如何选定培训课程的问题越来越显现出来。

2. 以能力为核心的公务员培训的实践

2003 年人事部发布公务员九种通用能力标准，经过几年的积极探索，人们已经基本形成以能力为核心构建培训课程的共识，为此人事部还组织举办了公务员能力培训示范班。

纵观全国工商系统主要培训工作，无论是国家有统一指导要求的培训，如 WTO 培训、计算机培训、公务员法培训和公共管理知识培训等，还是自行组织的面向部门工作职责和任务的业务培训，其培训课程的选定仍然具有浓重的任务色彩，与国家一级的培训水平尚存在一定的差距。

3. 本系统公务员培训课程模式研究的现状

2003 年国家工商总局曾就"工商行政管理领导干部培训课程体系和培训模式"组织专题研究，其课题面向的对象是处级以上领导干部。受其启发，2004 年河北省工商干校曾就"基层（即科级以下）工商干部的培训课程体系与培训模式"问题组织科研力量进行了研究和探索。由于这两套培训课程模式都是遵循部门职能和工作任务的设计思路完成的，经过一年多的实践证明，以任务为核心的课程模式仍然无法摆脱培训目标模糊，课程设置随意主观的缺陷。就当前培训而言，这两套课程模式的可操作性不强；从长远看，课程设置的稳定性也较差。由于课程设置的面向主体是工作职责和任务，一旦发生工作任务的转变，课程的修改、补充和完善就十分困难。

（二）研究的意义

工商行政管理机关作为市场监管和行政执法机关，担负着维护市场经济秩序的重要职责，其公务员队伍素质的高低和能力的大小直接决定着部门职能的效率和效益。教育培训是提高公务员能力的基本途径，以能力为核心构建起科学的符合实际的培训课程体系，是培训的基础和前提。

1. 工商系统公务员能力标准研究的意义

（1）为培训提供了一个细化的可操作的目标标准

培训活动是围绕着培训目标进行的。工商行政管理培训的总体目标是全面提升工商系统公务员的综合素质和专业素质，但这种表述较为笼统和概括，对于培训只具有一般性的指导意义，对于具体培训中应选择什么课程、课程实现的目标、教师怎样选配、教学方式与教学场所的选定等具体问题的操作上，它的指导性较差。工商系统公务员能力标准的研究和细化，将公务员的素质要求具体化、行为化，使得培训目标变得清楚、明白、易理解、易操作。

（2）为科学地设计和规范培训课程创造了条件

培训课程设计是培训活动实施的基础和关键。课程设计包括课程目标、课程内容、教材、教师、学员、教学策略、教学时间、教学空间、教学评价和教学组织等 10 个要素，涵盖了教学运行的全过程以及教学过程中的各个要素。对工商系统公务员能力标准的研究，使得对课程各要素的设计有了明确的指向，可以大大增强培训的针对性、实用性和实效性。

2. 培训课程模式研究的意义

工商行政管理机构有着其特殊的部门特征，其培训课程的设计有别于普通公务员培训。根据国家对公务员的一般要求，结合本系统各级各类公务员的岗位能力内容，进行有针对性地培训课程模式设计，对于提高各类培训的效果有着重要意义。

(1) 进一步明确能力培养为核心的培训理念

国家工商总局经过若干年的积极探索和研究，确立了"以知识为基础、能力为重点、素质为核心"的工商行政管理培训指导思想。以能力为核心构建培训体系，设计培训课程，可以把这一指导思想深化和具体化，使全系统各级各类培训机构对这一指导思想的理解更为明确，也将有助于这一指导思想的真正贯彻和落实。

(2) 有利于提高培训课程设置的科学性和规范性

其一，对各级各类培训的整体研究和各类培训课程的系统分析，提出了培训设计中科学研究的意识、观念和习惯等问题，这对于今后培养各级各类培训机构及其工作人员的科学素养，提高各级各类培训的科学性，有着建设性的积极作用。

其二，在科学分析和研究的基础上，对培训课程参照表的制定，为今后开展的各级各类培训的课程设置提供了一个标准的参照系，有助于改善以往在培训课程设置上的盲目性。

(3) 有助于推动全系统对培训课程体系的建设和完善

培训课程模式对系统培训的基本课程和常设课程作了全面的分析和概述，各级各类培训机构可以在此基础上，有选择性地开发、建立和完善具有各自特色的课程体系，逐渐形成一套完整的又各具优势的课程体系模式，真正实现全系统培训资源的整体优化。

(4) 填补了工商系统以能力为核心构建课程模式的空白

国家人事部已经在以能力为核心的培训课程方面有了初步的探索，目前工商系统以能力为核心构建的课程模式的研究还是一项空白，本课题试图在这一研究领域有所突破，希望能够起到抛砖引玉的作用。

(三) 研究的思路

公务员的能力标准与其岗位的职责有着密切的关系，而岗位职责是在分析岗位工作内容、岗位的地位和作用、岗位的任务和要求的基础上加以确定的。本课题研究的工商系统公务员培训课程模式，是按照调查岗位工作内容、分析岗位职责、制定岗位能力标准、研究实现能力标准的课程及课程实现的相关条件等研究过程完成的。

(四) 研究的原则

工商行政管理培训课程必须遵循职业教育的规律，满足公务员培训的一般要求，突出工商行政管理的专业特点，根据各级各类培训的要求和干部队伍的素质基础实行分类分层教学，充分体现以提高能力为中心的培训理念。

工商行政管理培训课程模式设计的原则包括以下内容。

1. 针对性和适应性相结合的原则

所谓针对性是强调突出工商行政管理专业能力培养，重点提高专业能力素质；适应性是指适应岗位职级的能力要求，按照不同的岗位职级架构课程模式。

2. 综合性原则

充分认识到干部培训的非系统化的特征，充分利用有限时间，开发一些综合性课程，满足市场监管对宽知识领域的需求。

3. 实践性原则

能力为核心的设计课程，就是要变传统知识培养为知识、观念（或态度）、能力三部分有机组成的新型培训课程，在教学方法上，增加行业训练课程，采用互动式教学模式，以加大实践教学力度，真正实现能力的培养和提高。

二、研究方法

（一）文献法

通过查阅课程论、培训课程设计等方面的书籍与文献，分析梳理前人研究成果。

（二）问卷法

在能力内容和能力结构研究中，使用问卷法，对150名现任所长进行调研，广泛征询他们对能力内容的认识，在汇总整理的基础上，分析确定九种能力标准。

（三）座谈会法

本课题涉及大量岗位工作与教学实践方面的内容，在能力标准和课程模式构建过程中，曾邀请20名市局局长和县局局长以及11名教学教研一线的工作人员，先后组织召开了七次座谈会，认真吸取了他们的意见和看法，对能力内容和结构数据进行了修正。

（四）"特尔斐"法与实证法

1. "特尔斐"法

在培训课程参考模式研究过程中，采用此法，听取教学、教研、教务工作人员的意见，反复推敲课程模式方案；

2. 实证法

针对课程结构问题，在全国工商培训系统挑选 5 所从事教育教学及培训工作时间较长，经验较为丰富的培训机构，对其开设的课程进行结构分析和计算，并进行了比较，对拟定的经验数据进行了印证。

三、能力标准研究的内容

(一)能力标准的类型

不同的培训类型，培训的任务和要求不同，面对的培训对象不同，需要确定的能力标准也不同，因此，能力标准是按照不同的培训对象的类型构建的。

目前系统内开展的公务员培训主要包括：①按照国家对公务员培训的类型划分，有初任、任职、更新知识、专业业务和业务骨干培训；②按照培训内容的综合性划分，有综合能力素质和专业能力素质培训；③按照培训对象的行政职级划分，有科级以下、科级、处级、司局级等。

经过比较、分析和研究，我们认为由于培训对象所处的专业岗位和行政职级不同，其所承担的岗位职责就不同，对其能力要求也就不同，因此能力标准建构的基础是培训对象的划分。考虑对培训对象有综合素质和专业素质培训之分，在建构能力标准的类型时，首先把培训分为综合能力素质和专业能力素质培训两个基本类别，然后将综合能力素质按照培训对象不同分为科员、所长、县区局长、市局长、省局长五类，专业能力素质分为普通岗位科员、专业科长、专业处长、专业司局长四类，合计共九种基本能力类型。这九种基本类型就是工商系统公务员能力标准构建的基本类型。

(二)能力标准构建

1. 能力的综合分析

能力研究分为宏观、中观、微观三个层面。党的执政能力建设、公务员九种通用能力标准属于满足国家要求的宏观层面的公共能力；工商行政管理干部能力属于满足行业部门要求的中观层面的专业能力；针对具体岗位要求的属于微观层面的岗位能力，九种基本类型的能力标准必须结合国家、部门、岗位的要求来建立。

(1)宏观层面的能力研究

①党的执政能力研究

十六届四中全会提出了党的执政能力建设的五个方面，通过分析五种能力的具体内涵,其职能内容体现为政治能力(含公共服务能力)、经济能力、行政运行与管理能力、组织管理与领导能力(含领导决策能力、战略思维能力)、法制观念与依法行政能力(含行政执法能力)等。

②公务员九种通用能力研究

人事部2003年制定公务员九种通用能力的具体内容,它们综合表现为政治能力、管理领导能力、法制能力、创新能力、方法技能能力、心理品质能力(包括积极心态、乐观情绪、坚定意志、心胸开阔)等。

(2)中观层面的能力研究

2005年初,国家工商总局提出在干部队伍中建设五种能力,即:

从政治上把握和处理问题的能力,这是对工商系统公务员的政治能力的要求,是为经济和社会全面协调可持续发展服务的能力,是一种公共服务能力,从能力发挥的目的性上属于政治能力;

依法履行市场监管职责的能力,是一种具有部门特点的专业执法能力,属于依法行政能力的一部分;

坚持改革创新,用现代科技手段提高市场监管的能力,是要求掌握现代化的办公工具,具有现代科技知识与技能,它属于方法技能能力;

与各方面协调配合的能力,属于协作能力,是行政能力中的一种基本能力;抓好队伍建设的能力,实际上是人力资源管理的能力,是组织管理能力的一部分。

(3)微观层面的能力研究

①微观层面的能力,即岗位能力研究

它实际上是完成岗位工作任务,承担岗位职责必需的能力,与工作内容密切相关。

②微观层面的综合能力研究

由于需要构建能力标准的类型分为五种,为简化调查工作,我们只对150名工商所长进行了工作内容调查。根据调查资料,对调查的工作内容分类整理为18个大项,围绕专业要求和行政职责两条主线,对完成每一项工作内容需要的工作能力作对应的分析,通过素质方面、素质内容、能力内容的归类整理和研究,得出所长综合能力内容。对所长能力内容向下(科员)和向上(县区局长、市局长、省局长)分别缩减和扩展,得到科员综合能力和县区局长、市局长、省局长的综合能力内容。

③微观层面的专业能力研究

以国家工商总局人事教育司新修订的《工商行政管理业务培训大纲》(2005

年版）为蓝本，以总局对系统干部能力的要求为指导，针对书中阐述的主要工商行政管理业务内容，提炼拟定各项专业管理所需要的一般能力，然后通过走访专业岗位人员和组织专业任课教师座谈等形式，按照普通岗位科员、专业科长、专业处长和专业司局长的顺序，对专业能力逐级拟定。

2. 能力标准的确定

能力标准包括能力内容、能力程度和能力结构三个部分，能力程度和能力结构在能力内容基础上给予确定。能力程度划分为 A 强、B 较强、C 一般、D 弱的四级形式，能力结构采用百分数的形式表示。

（1）能力内容

①能力内容的组成

综合能力是综合素质的全面体现，在确定其组成时，我们综合以上宏观、中观、微观三个层面的能力研究，将工商系统公务员的综合能力概括为政治能力、管理能力、经济能力、法制监管能力、创新能力、方法技能能力和个性能力七项内容。

②能力内容的确定

其一，前面讲到能力内容研究是从工作实践出发，以具体的工作内容为基础提炼完成的。对能力内容的最终确定，我们进行了三项工作：第一，设计调查表，进行工作内容问卷，对应提炼初步的能力内容；第二，就初步的能力内容征询本级人员和上下两级人员的意见，修正认识；第三，就调研整理的能力内容征询从事干部培训教育教学人员意见，最终定稿。

其二，从理论出发加以论证。能力的形成有其自身的发展规律，从纵向看，能力形成必须经历一个从知识到观念再到能力的发展过程，从横向上看，知识分为填充、补充、更新三个层面，观念分为建立、完善、转变三个层面，能力分为培养、提高、转型三个层面。综合纵、横两方面的分析，我们对根据工作内容提炼而成的能力内容进行了修正，并且按照能力内容的重要程度及其内在逻辑关系分先后顺序排列起来。

（2）能力程度

①能力等级的含义

不同的培训对象，其所在的岗位层级不同，承担的行政职责也不同，因此，我们将能力要求的程度区分为 A、B、C、D 四个等级，其中，D 级要求懂得一般知识常识，有一些概念上的了解和认识；C 级要求知识掌握上能够将基本知识运用于工作中，业务操作上能够应对一般的事务处理，能够合理地进行个人的工作安排和协调；B级要求在C级基础上，能够熟练灵活地运用专业知识和管理知识，能够承担急、难、险、重的工作任务（一般是单位业务骨干），能够监督、指挥、组织、协调团队有效地工作；A级要求对专业业务知识和业务操作有一般性的了解，但能够把握大方向，有大思路，具有较强的决策和规划能力，有相当程度的政策水平和管理领导能力。

②能力等级的分析

为更加准确地确定能力内容和能力程度，有必要对九类人员的岗位能力要求的重点做进一步的分析。

科员、所长副职，专业科长正副职，专业处长正副职、专业司局长正副职的能力重点是管事的能力，因此他们的专业能力要求的标准更高；所长正职、县区局长副职、市局长副职能力重点是以管事的能力为主，管人的能力为辅，因此对他们的要求是突出专业能力，兼顾综合能力；县区局长正职、市局长正职、省局长正副职的能力重点是管人的能力为主，管事的能力为辅，因此对他们的要求是突出综合能力，兼顾专业能力。

各级各类人员的能力等级最终根据上述能力等级划分和能力等级的分析，区别行政职责的强弱修订完成。

(3) 能力结构

能力结构是按照岗位要求确定的能力组合，由岗位工作内容和行政职责两因素决定的。

研究中，我们在调查工作内容确定能力内容以后，根据所在岗位层次承担的行政职责把岗位分为执行层、管理层和决策层三个层次。经过比较分析，认为执行层更多地强调技术技能；管理层是转化层，起着将上级决策转化为行动的作用，还起着带领下级协同工作的作用；决策层更多强调的是对国家宏观政策和形势的理解和认识，以及对全局整体的掌控与决断和运作。基于这样的认识，我们在充分征求实践岗位人员、培训领导和培训教师的意见的基础上，最终确定了各级各类岗位的能力结构。

3. 能力标准对应问题

(1) 综合能力标准对应

综合能力标准研究了五种类型的培训对象，即科员、所长、县区局长、市局长、省局长。对于科长、处长、司局长的综合能力标准可按照相应行政级别对应县区局长、市局长、省局长的综合能力标准。

(2) 专业能力标准对应

按照日常主要业务范围，专业能力标准研究了四种类型的培训对象，即岗位科员、专业科长、专业处长、司局长。对于县区局长、市局长、省局长的专业能力标准同样可按照相应行政级别对应科长、处长、司局长专业能力标准。对于所长专业能力标准,考虑在小局大所改制后,所长行政职责强化,其专业能力标准可参照科长专业能力标准。

(三)培训课程设计的内容

课程设计包括课程目标、课程内容、教材、教师、学员、教学策略(方式)、教学时间、教学空间、教学评价和教学组织等10个要素。由于教材、教师、学员、教学评价、教学组织和教学时间等需要研究的问题较多,本课题不作阐述。这里仅从课程设置角度,对课程与课程目标、课程内容、教学策略(方式)、教学空间等分别进行叙述。

四、能力标准表

(一)综合能力标准

1. 科员综合能力标准

素质方面	素质内容	能力内容	程度等级	结构
1 政治	1 政治修养	1 政治警觉性和敏感性	C	10
		2 政策理解和把握能力	C	
	2 道德修养	3 道德理解力	C	
		4 道德内化力	C	
		5 道德体现力	C	
	3 勤政素养	6 快速反应能力	C	
		7 行政作为能力	C	
2 管理	1 行政管理	8 行政执行能力	C	5
		9 行政效能能力	C	
	2 关系管理	10 人际沟通的一般技能	C	
		11 公务礼仪能力	C	
3 经济		12 市场经济理解力	C	5
4 法制监管	1 法律法规理解	13 理解能力	C	60
	2 法制观念	14 内化能力	D	
	3 专业监管	15 法律运用能力	C	
	4 行政执法	16 执法技能技巧	B	
5 方法技能	1 调查研究	17 调研方法与技术	D	10
		18 写作能力	D	
		19 计算机操作能力	C	
		20 其他	C	
	2 咨询与听证	21 沟通能力	C	
		22 听证能力	C	

续表

素质方面	素质内容	能力内容	程度等级	结构
6 创新	1 个体学习	23 自学能力	C	5
		24 变通能力	C	
	2 方式方法	25 创造能力	C	
7 个性	1 心理个性	26 心理品质	C	5
	2 生理个性	27 生理品质	C	
合计				100

说明：①能力构成说明

文化能力一般通过学历教育和自修等形式，需要较长时间的学习和努力才能够得以提高，短期培训效果甚微，为求得培训课程架构与能力架构的一致性，便于评估的进行，本表未将文化能力列入能力结构中。文化能力具体内容如下：阅读理解能力/信息获取能力/知识技能的学习和运用能力/语言文字表达能力。

②能力程度等级

能力程度划分 A 强、B 较强、C 一般、D 弱四个等级，按照职务级别的要求加以确定。（以下同本表，不再重复叙述）

2. 所长综合能力标准

素质方面	素质内容	能力内容	程度等级	结构
1 政治	1 政治修养	1 政治警觉性和敏感性	B	
		2 政策理解和把握能力	B	
		3 政治理论自修能力	C	
		4 政治鉴别力	C	
	2 道德修养	5 道德理解力	B	15
		6 道德内化力	B	
		7 道德体现力	B	
		8 道德升华力	B	
		9 道德慎独能力	C	
	3 勤政素养	10 快速反应能力	B	
		11 行政作为能力	B	
		12 接受监督能力	C	
		13 行政纠偏能力	C	
2 管理	1 行政管理	14 行政执行控制力	B	10
		15 行政运行能力	B	
	2 组织管理	16 组织控制能力	C	
		17 组织发展能力	C	
	3 关系管理	18 人际沟通的技能技巧	B	
		19 公务礼仪能力	C	
	4 领导艺术	20 组织领导能力	D	
3 经济		21 市场经济理解力	B	5

续表

素质方面	素质内容	能力内容	程度等级	结构
4 法制监管	1 法学理论	22 理解力	C	50
	2 法制观念	23 依法治国的意识与理解力	C	
		24 依法行政的观念与执行力	C	
	3 依法监管	25 法律运用能力	B	
	4 行政执法	26 执法技能技巧	A	
5 方法技能	1 调查研究	27 调研方法与技术	C	10
		28 写作能力	C	
		29 计算机操作能力	C	
		30 其他	C	
	2 咨询与听证	31 沟通能力	B	
		32 听证能力	B	
		33 分析能力	B	
		34 判断能力	B	
6 创新	1 个体学习	35 自修能力	B	5
	2 组织学习	36 学习型组织建设能力	B	
	3 方式方法	37 变通能力	B	
	4 方式方法	38 创造能力	B	
7 个性	1 心理个性	39 心理品质	B	5
	2 生理个性	40 生理品质	C	
合计				100

3. 县区局长综合能力标准

素质方面	素质内容	能力内容	程度等级	结构
1 政治	1 政治修养	1 政治警觉性和敏感性	B	20
		2 政策理解和把握能力	B	
		3 政治理论自修能力	B	
		4 政治鉴别力	B	
		5 政治分析力与判别力	C	
	2 道德修养	6 道德理解力	B	
		7 道德内化力	B	
		8 道德体现力	B	
		9 道德升华力	B	
		10 道德慎独能力	B	
	3 公共服务	11 快速反应能力	B	
		12 行政作为能力	B	
		13 接受监督能力	B	
		14 行政纠偏能力	B	

续表

素质方面	素质内容	能力内容	程度等级	结构
2 管理	1 行政管理	15 行政执行控制力	B	10
		16 行政运行能力	B	
	2 组织管理	17 组织控制能力	B	
		18 组织调整能力	B	
		19 组织发展能力	B	
	3 关系管理	20 人际关系能力(含公关礼仪、形象设计)	B	
		21 公共关系能力	B	
		(形象设计)	C	
	4 领导艺术	22 组织领导能力	C	
		23 危机管理能力	C	
3 经济		24 市场经济理解力	B	5
4 法制监管	1 法学理论	25 理解力	C	45
	2 法制观念	26 依法治国的意识与理解力	B	
		27 依法行政的观念与执行力	B	
	3 依法监管	28 法律运用能力	A	
	4 行政执法	29 执法技能技巧	B	
5 方法技能	1 调查研究	30 调研方法与技术	B	5
		31 写作能力	B	
		32 计算机操作能力	C	
		33 其他	C	
	2 咨询与听证	34 沟通能力	B	
		35 听证能力	B	
		36 分析能力	B	
		37 判断能力	B	
6 创新	1 个体学习	38 自修能力	B	10
	2 组织学习	39 学习型组织建设能力	B	
	3 方式方法	40 变通能力	B	
	4 方式方法	41 创造能力	B	
	5 机制	42 创新能力	C	
7 个性	1 心理个性	43 心理品质	B	5
	2 生理个性	44 生理品质	C	
合计				100

4. 市局局长综合能力标准

素质方面	素质内容	能力内容	程度等级	结构
1 政治	1 政治修养	1 政治警觉性和敏感性	B	30
		2 政策理解和把握能力	B	
		3 政治理论自修能力	B	
		4 政治鉴别力	B	
		5 政治分析力与判别力	B	
		6 政治思想与精神的贯通力	B	
		7 政治思想与精神的实践力	B	
	2 道德修养	7 道德理解力	A	
		8 道德内化力	A	
		9 道德体现力	A	
		10 道德升华力	A	
		11 道德慎独能力	A	
	3 公共服务	12 快速反应能力	A	
		13 行政作为能力	A	
		14 接受监督能力	A	
		15 行政纠偏能力	A	
2 管理	1 行政管理	16 行政执行控制力	B	15
		17 行政运行能力	B	
		18 计划构想能力	B	
	2 组织管理	19 组织控制能力	A	
		20 组织开放能力	B	
		21 组织调整能力	A	
		22 组织发展能力	B	
	3 关系管理	23 人际关系能力	A	
		24 公共关系能力（公共关系能力）	B	
		（形象设计能力）	B	
	4 领导艺术	25 组织领导能力	B	
		26 危机管理能力	B	
3 经济		27 市场经济理解力	B	5
4 法制监管	1 依法治国	28 坚持力	B	30
	2 依法行政	29 贯彻力	B	
	3 依法监管	30 法律运用能力	A	
5 方法技能		31 意识与指导能力	B	5
6 创新	1 个体学习	32 自修能力	B	10
	2 组织学习	33 学习型组织建设能力	A	
	3 方式方法	34 变通能力	A	
	4 方式方法	35 创造能力	A	
	5 机制	36 创新能力	B	
	6 职能	37 转变能力	C	
7 个性	1 心理个性	38 心理品质	A	5
	2 生理个性	39 生理品质	B	
合计				100

5. 省局局长综合能力标准

素质方面	素质内容	能力内容	程度等级	结构
1 政治	1 政治修养	1 政治警觉性和敏感性	A	30
		2 政策理解和把握能力	A	
		3 政治理论自修能力	A	
		4 政治鉴别力	A	
		5 政治分析力与判别力	A	
		6 政治思想与精神的贯通力	B	
		7 政治思想与精神的实践力	B	
		8 政治方向和原则的坚持力和灵活性	A	
	2 道德修养	9 道德理解力	A	
		10 道德内化力	A	
		11 道德体现力	A	
		12 道德升华力	A	
		13 道德慎独能力	A	
	3 公共服务	14 接受监督能力	A	
		15 行政纠偏能力	A	
2 管理	1 行政管理	16 规划构想能力	B	20
		17 战略构想能力	B	
	2 组织管理	18 组织开放能力	A	
		19 组织设计能力	A	
		20 组织调整能力	A	
		21 组织发展能力	A	
	3 关系管理	22 人际关系能力（公务礼仪能力）（形象设计能力）	A	
	4 领导艺术	24 领导艺术	A	
		25 决策能力	A	
		26 危机管理能力	A	
3 经济		27 市场经济理解力	A	5
4 法制监管	1 依法治国	28 坚持力	A	25
	2 依法行政	29 贯彻力	A	
	3 依法监管	30 法律运用能力	A	
5 方法技能		31 意识和指导能力	A	5
6 创新	1 个体学习	32 自修能力	A	10
	2 组织学习	33 学习型组织建设能力	A	
	3 机制	34 创新能力	A	
	4 职能	35 转变能力	A	
	5 体制创新能力	36 创新能力	B	
7 个性	1 心理个性	37 心理品质	A	5
	2 生理个性	38 生理品质	B	
合计				100

（二）专业能力标准

1. 科员专业能力标准

专业类别	工作主要内容	能力内容	程度等级	结构	
企业登记管理专业	1 注册管理	1 事项审核能力	C		40
		2 证照办理能力	B		
	2 监督管理	3 日常监管能力	C		30
		4 执法监管能力	C		
	3 信用监管	5 信息收集能力	C		30
		6 信息整理能力	D		
		7 信息技术能力	C		
市场与合同监管专业	1 市场监管	8 巡查监管能力	C		90
		9 预警警示能力	C		
		10 专项治理能力	C		
		11 信用监管能力	C		
		12 查验登记监督能力	B		
		13 行政执法能力	C		
	2 合同监管	14 文本规范管理能力	C	30	10
		15 行政调解能力	C	20	
		16 法制监管能力	C	50	
公平交易执法专业	1 监督检查	17 监督检查能力	C		15
	2 询案调查	18 调查取证能力	C		30
	3 强制执行	19 行政执行能力	C		30
	4 处罚适用	20 法律运用能力	C		20
	5 案件核审	21 案件核审能力	C		5
商标注册与保护专业	1 注册咨询	22 注册咨询能力	C		20
	2 商标监管	23 使用监管能力	C	30	80
		24 专用权保护 { 侵权认定能力	C	40	
		{ 行政执法能力	C		
		25 驰名商标保护能力	C	20	
		26 商标的国际保护能力	D	10	
广告监督管理专业	1 发布监管	27 发布标准的管理能力	D		30
		28 发布广告的监测能力	C		
		29 违法广告的查处能力	C		
	2 经营管理	30 准入管理能力	C		70
		31 资质标准管理能力	C		
		32 经营资格管理能力	C		
		33 经营行为规范能力	C		
		34 特殊经营管理能力	C		
		35 违法行为的处罚能力	C		

续表

专业类别	工作内容	能力内容	程度等级	结构
消费者权益保护专业	1 保护宣传	36 保护意识和宣传能力	C	10
	2 "12315"接报受理	37 受理处置能力	C	30
	3 商品质量监测	38 监督检测能力	C	30
	4 行政处罚	39 行政执法能力	C	30
个体私营经济监管专业	1 注册管理	40 事项审核能力	C	40
		41 证照办理能力	B	
	2 监督管理	42 日常监管能力	C	30
		43 执法监管能力	C	
	3 无照查处	44 检查处置能力	C	30

2. 科长专业能力标准

专业类别	工作内容	能力内容	程度等级	结构
企业登记管理专业	1 注册管理	1 事项审核能力	B	30
		2 证照办理能力	B	
		3 核准指导能力	C	
	2 监督管理	4 日常监管能力	B	40
		5 执法监管能力	B	
	3 信用监管	6 信息收集能力	B	30
		7 信息整理能力	B	
		8 信息技术能力	B	
		9 信息管理能力	C	
市场与合同监管专业	1 市场监管	10 巡查监管能力	B	20
		11 预警警示能力	B	10
		12 专项治理能力	B	10
		13 信用监管能力	B	10
		14 商品质量监督能力	B	20
		15 查验登记监督能力	B	10
		16 行政执法能力	B	10
		17 行政指导能力	C	10
	2 合同监管	18 文本规范管理能力	B	20
		19 信用秩序建设能力	B	10
		20 行政调解能力	B	20
		21 法制监管能力	B	50
公平交易执法专业	1 监督检查	22 监督检查能力	B	30
	2 询案调查	23 调查取证能力	B	15
	3 强制执行	24 行政执行能力	B	20
	4 行政处罚	25 法律运用能力	B	30
	5 案件核审	26 案件核审能力	C	5

续表

专业类别	工作内容	能力内容	程度等级	结构	
商标注册与保护专业	1 注册咨询	27 注册咨询能力	C	20	
	2 商标监管	28 使用监管能力	B	30	80
		29 专用权保护 { 侵权认定能力	B	40	
		行政执法能力	B		
		30 驰名商标保护能力	B	20	
		31 商标的国际保护意识与能力	C	10	
广告监督管理专业	1 发布监管	32 发布标准的管理能力	C		40
		33 发布广告的监测能力	B		
		34 违法广告的查处能力	B		
	2 经营监管	35 准入管理能力	B		60
		36 资质标准管理能力	B		
		37 经营资格管理能力	B		
		38 经营行为规范能力	B		
		39 特殊经营管理能力	B		
		40 违法行为的处罚能力	B		
消费者权益保护	1 保护宣传	41 保护意识和宣传能力	B	10	
	2 "12315"接报受理	42 受理处置能力	B	25	
	3 工作督导	43 工作督导能力	B	10	
	4 商品质量监测	44 监督检测能力	B	15	
	5 商品质量管理	45 商品质量管理能力	B	25	
	6 行政处罚	46 行政执法能力	B	15	
个体私营经济监管	1 注册管理	47 事项审核能力	B	30	
		48 证照办理能力	B		
		49 核准指导能力	B		
	2 监督管理	50 日常监管能力	B	40	
		51 执法监管能力	B		
	3 无照查处	52 检查处置能力	B	30	

3. 处长专业能力标准

专业类别	工作内容	能力内容	程度等级	结构
企业登记管理专业	1 注册管理	1 事项审核能力	B	30
		2 证照办理能力	C	
		3 核准指导能力	B	
	2 监督管理	4 日常监管能力	B	40
		5 执法监管能力	A	
	3 信用监管	6 信息收集能力	B	30
		7 信息整理能力	B	
		8 信息技术能力	B	
		9 信息管理能力	B	

续表

专业类别	工作内容	能力内容	程度等级	结构	
市场与合同监管专业	1 市场监管	10 巡查监管能力	B	10	90
		11 预警警示能力	B	10	
		12 专项治理能力	A	20	
		13 信用监管能力	B	10	
		14 商品质量监督能力	B	10	
		15 查验登记监督能力	B	10	
		16 行政执法能力	A	20	
		17 行政指导能力	B	10	
	2 合同监管	18 文本规范能力	B	20	10
		19 信用秩序建设能力	B	30	
		20 行政调解能力	B	20	
		21 法制监管能力	A	30	
公平交易执法专业	1 监督检查	22 监督检查能力	B		30
	2 询案调查	23 调查取证能力	B		10
	3 强制执行	24 行政执行能力	B		15
	4 行政处罚	25 法律运用能力	A		40
	5 案件核审	26 案件核审能力	C		5
商标注册与保护专业	1 注册咨询	27 注册咨询能力	B	20	80
	2 商标监管	28 使用监管能力	B	20	
		29 专用权保护 { 侵权认定能力	B	30	
		行政执法能力	B		
		30 驰名商标保护能力	B	30	
		31 商标的国际保护能力	B	20	
广告监督管理专业	1 发布监管	32 发布标准的管理能力	B		50
		33 发布广告的监测能力	B		
		34 违法广告的查处能力	B		
	2 经营监管	35 准入管理能力	B		50
		36 资质标准管理能力	B		
		37 经营资格管理能力	B		
		38 经营行为规范能力	B		
		39 特殊经营管理能力	B		
		40 违法行为的处罚能力	B		
消费者权益保护专业	1 保护宣传	41 保护意识和宣传能力	B		10
	2 "12315" 接报受理	42 受理处置能力	B		25
	3 工作督导	43 工作督导能力	B		30
	4 商品质量监测	44 监督检测能力	B		5
	5 商品质量管理	45 商品质量管理能力	B		20
	6 行政处罚	46 行政执法能力	B		10

续表

专业类别	工作内容	能力内容	程度等级	结构
个体私营经济监管专业	1 注册管理	47 事项审核能力	B	40
		48 证照办理能力	C	
		49 核准指导能力	B	
	2 登记监管	50 监管指导能力	B	40
		51 执法监管能力	B	
	3 无照查处指导	52 检查处置指导能力	B	20

4. 司局长专业能力标准

专业类别	工作内容	能力内容	程度等级	结构
企业登记管理专业	1 注册管理	1 事项审核能力	C	30
		2 核准与指导能力	A	
	2 监督管理	3 监管指导能力	A	40
		4 执法监管能力	A	
	3 信用监管	5 信息收集能力	C	30
		6 信息整理能力	C	
		7 信息技术能力	C	
		8 信息管理能力	A	
市场与合同监管专业	1 市场监管	9 巡查指导能力	A	10
		10 预警管理能力	A	20
		11 专项治理能力	A	20
		12 信用监管指导能力	A	10
		13 商品质量监督能力	A	20
		14 查验监督指导能力	A	10
		15 行政执法能力	A	10
				90
	2 合同监管	16 文本规范能力	A	30
		17 信用秩序建设能力	A	20
		18 行政调解能力	A	20
		19 法制监管能力	A	30
				10
公平交易执法专业	1 行政指导	20 行政指导能力	A	40
	2 监督检查	21 监督检查能力	A	60
商标注册与保护专业	1 注册办理	22 注册受理能力	C	40
		23 注册审核能力	A	
		24 注册核准能力	A	
		25 商标评审能力	A	
		26 商标变动处置能力	A	
	2 商标监管	27 使用监管能力	A	60
		28 专用权保护 { 侵权认定能力 / 行政执法能力 }	A / A	
		29 驰名商标保护能力	A	
		30 商标的国际保护能力	B	

续表

专业类别	工作内容	能力内容	程度等级	结构
广告监督管理专业	1 发布监管能力	31 制定发布标准的能力	A	50
		32 发布广告的监测能力	A	
		33 违法广告的查处能力	A	
	2 经营监管能力	34 准入管理能力	A	50
		35 资质标准管理能力	A	
		36 经营资格管理能力	A	
		37 经营行为规范能力	A	
		38 特殊经营管理能力	A	
		39 违法行为的处罚能力	A	
消费者权益保护专业	1 工作督导	40 工作督导能力	A	50
	2 执法研究	41 法理辨析能力	A	20
		42 法律运用指导能力	A	30
个体私营经济监管专业	1 注册管理	43 核准注册指导能力	A	30
	2 监督管理	44 监管指导能力	A	
		45 执法监管能力	A	40
	3 无照查处指导	46 检查处置指导能力	A	30

五、培训课程参考模式的构建

(一)课程模式类型

工商行政管理系统公务员培训的范围涵盖了从省、司局级等高级公务员到普通公务员及新任公务员等各方面的人员,培训类型主要有初任、任职、更新知识、专业业务和业务骨干五个基本类型,这五个类型的培训又经常分为综合能力素质和专业能力素质两类培训。

培训应以提高工作效益为目的,注重实际能力与素质的培养。与能力标准的基本类型相对应,总结培训实践的经验,本课题将课程模式的类型确定为八类,即科员、所长、县区局长、市局长、省局长五类综合能力素质课程参照表和岗位科员、专业科长、专业处长与专业司局长三类专业能力素质培训课程参照表,其中综合能力素质培训课程的模式类型与其能力标准类型完全对应。

(二)课程模式构建

1. 培训课程构建

培训的课程是根据培训目标和学员需求来设置的,公务员培训的总体要求是重视其行政能力的培养,对于领导干部还应强调管理与领导能力的培养。

(1)综合能力素质培训课程的构建

培训要真正取得实效,而不流于形式,必须与工作有关,要有利于公务员能力的培养、提高和完善，要有利于各级工商行政管理机构的工作效率和效益的提高，要有益于公务员个人的全面发展。

首先，工商行政管理机构是政府的一个行政职能部门，面向系统组织的各类培训应从公共行政意识出发，按照实际公共管理能力培训目标设计培训课程，它包括：①行政管理理论；②现代公共管理和公共政策理论以及本部门的公共问题，包括一些重大问题；③通用的方法、技术和技能等。

其次，工商行政管理机构的职能内容具有特定性，它担负着监督管理社会主义市场经济和行政执法的重要职责。从履行部门职能、完成工作任务出发，培训课程应包括：①一般法律知识和专业法律修养；②法律运用的技能；③市场经济知识等。

再次，我们的公务员队伍应是一支政治上靠得住、人民群众信得过的队伍，每一位公务员都应做人民的公仆。从这个意义上讲，思想政治素质是公务员素质的灵魂。热爱祖国、忠于人民，恪尽职守、廉洁奉公，求真务实、开拓创新，顾全大局、团结协作的行政伦理规范，是每一位公务员应具有的公务精神。从政治标准出发，培训课程包括：①政治理论和政策修养；②政治能力培育；③行政伦理知识和自我规范能力等。

根据上述分析，与能力构成相对应，按照课程内容，将培训课程确定为政治、管理、经济、法律、创新、方法技术、个性品质七大类别（详见综合能力素质培训课程参照表）。

（2）专业能力素质培训课程的构建

在专业能力素质培训课程设计时，根据不同职级岗位的职责标准的差异，把课程要求划分为普及、提高和研究三个类型，它们对应的培训对象分别是普通岗位科员、专业科长、专业处长与司局长，课程内容限在专业监管的业务范围内。

普通岗位科员的培训为普及型培训，即专业业务基本知识和基本技能的普及化学习和训练；专业科长的培训为提高型培训，即专业业务知识的深入学习和理解、专业技能的熟练掌握和运用；专业处长与专业司局长培训为研究型培训，即专业领域中理论修养、政策修养、工作指导和研究等。在此分析的基础上，普通岗位科员的专业能力素质培训课程区分不同专业监管内容分别构建，科长、处长、司局长的专业能力素质培训课程模式实际上只是一个指导性的建议，具体设置什么课程，培训机构可根据具体的情况，依照指导性建议而具体确定。

2. 课程目标与课程内容构建

(1) 培训对象分析

从本系统公务员培训涵盖的范围观察，既包括从事政策研究与分析、领导、决策、规划的高级管理人才，也包括从事具有一般行政素养，能够进行简单行政运行和操作的普通工作人员，由于他们在能力内容、能力构成和能力程度上的差异，对于不同职级的公务员的培训课程目标和课程内容是不同的。

(2) 能力形成分析

在研究分析能力标准时，我们知道能力的形成过程从纵向看，划分为知识积累、形成观念、转化能力三个阶段，从横向看每一个阶段又有不同的学习类型，知识积累阶段的学习分为知识填充、知识补充、知识更新三种类型，观念形成阶段的学习分为观念建立、观念完善、观念转变三种类型，能力转化阶段的学习分为能力培养、能力提高、能力转型三种类型。如下图所示：

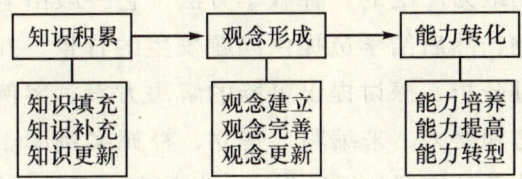

(3) 课程目标和课程内容的拟定

对于某一期具体的培训来说，由于培训目标的差异，不同的培训课程可能涵盖能力形成过程的任何一个阶段或任何两个阶段或全部过程，对能力形成的某一阶段的学习类型进行分析，不同的课程可以是上述三个阶段九种类型的任何一种或几种。考虑不同职级公务员在能力内容、构成和程度要求上的差异，本课题在全面综合复杂因素的基础上，根据能力形成对课程需求的综合结果，针对不同的培训对象类型，分别拟定了课程目标和课程内容（详见（三）课程模式参照表）。

3. 培训教师构建

适应形势和管理的需要，培训的课程及其内容具有多变性和不确定性，这给选用合适的教师造成很大的困难。工商系统公务员培训必须适应培训课程及其内容灵活多变的特点，采取专职教师与兼职教师相结合的方式，建设一支高素质的教师队伍。兼职教师可以是：①各级工商行政管理机构中具有丰富的政府实践经验并具有一定研究能力的管理者，以增强教学的针对性和实用性；②高校、科研院所的理论功底深厚和对实践又有一定研究的教授专家，更好地提升参训学员的思考探究能力和水平。专职教师通常对其实践性研究的要求标准较高，一般每年应不少于1/3的时间从事基层调研和锻炼，完成专家教授和实践岗位人员无法实现或者无法很好地实现的教学任务。

4. 教学方式构建

教学方式一般有案例教学、模拟教学、现场观摩、课堂讲授、练习、小组讨论等。本课题研究的课程参照模式中确定的教学方式是从一般意义上根据培训内容、培训对象的特点确定的，没有考虑培训资源（如设备、经费、场地、时间等）、教师水平等因素的制约和影响。下面对几种主要教学方式加以简单介绍：

（1）课堂讲授

这是一种传统的教学模式，在现代培训中采用的几率越来越小。但是在知识传授、观念培养的过程中仍然有其重要的作用。在有限的教学条件下，也是一种基本的培训方式。

（2）案例教学

这是培训中应用最为广泛的一种教学方法，它一般由老师提出一个比较典型的管理或政策问题，然后给学员提供问题发生的背景，并给学员指出该问题所面临的困境，通过分析、探讨提出可能的解决方案。案例教学的基础是需要花费一定时间、人力和财力，来编写、建立、补充案例库。近年来的培训实践表明，案例教学在公务员培训中很受欢迎，尤其在高级官员培训中。

（3）模拟教学和练习。这是通过学员在模拟情景中的角色扮演来培训他们的管理技能，适用于一般工作知识和技能的学习，特别适用于初任公务员。

（4）现场观摩。它是让学员亲临工作现场去感受工作环境，了解工作情况，学习处事方式和处理问题的方法。学员在学习的过程中除了要接受丰富的理论知识以外，还要进行大量的练习，特别是那些实际操作性较强的课程，因此，适用于一般行政执法技能的学习和规范的培训。

（5）小组讨论教学。它是一种比较普遍常用的教学方式，这种方式有助于交流、提高工作技能，并且在共同研讨的过程中还有利于提高认识、转变观念，培养互助协作的团队精神。

5. 教学地点

教学地点是指包括教室在内的一切可以利用的社会环境。通常的形式有室内与室外、教室与现场、虚拟与现实等多种形式。教学地点是整个培训圆满完成任务的重要辅助，对教学地点的选择与课程目标和课程内容密切相关，本课题对教学地点只是提出了一般性的建议。

（三）课程模式参照表（后附）

（由于篇幅所限，附表内容有删减）

1. 综合能力素质培训课程参照表

(1) 科员综合能力素质培训课程参照表

表一

一级分类	权重	二级分类	权重	三级分类	权重	建议课程	课程目标	教学实施建议	课程内容
1 政治类课程	0.1	1.1 政治修养（政治理论与形势政策）	0.5			马克思主义哲学/毛泽东思想概论/邓小平理论/"三个代表"重要思想	①掌握政治理论的基础知识；②了解当前形势和党的方针政策以及相关政策规定		①与时政要求相适应的政治理论课程；②当前形势政策的解释类课程
		1.2 道德修养	0.5	1.2.1 道德基础知识	0.2	公共道德/行政道德/工商行政管理职业道德	树立正确道德观念	基本知识（知识层次）与职位要求相适应	
				1.2.2 道德观培养	0.3	道德问题大讨论/道德问题大辩论/道德案例研讨/先进人物报告会	能够正确认识道德建设中的一般问题	道德建设中的普遍性的实际问题	
				1.2.3 道德行为训练	0.5	专题型道德训练课	使基本道德观念内化为习惯行为	与基本道德观念相对应的专题	
2 管理类课程	0.1	2.1 行政管理	0.8	2.1.1 行政理论（公共行政学理论）	0.2	行政管理学/行政学研究	对行政工作有一个初步了解	行政运行的基本程序、主要工作内容与方式方法及要求等	
				2.1.2 行政政策与制度（国家政策制度）	0.3	公务员法/公务员行为规范	了解公务员管理的制度和对公务员行为的要求	国家与所在地方或部门颁布的法律、法规、规章制度、办法文件	
				2.1.3 行政工作技能	0.5	行政工作模拟课堂	掌握行政运行的基本技能	行政工作相应的基本技能训练专题	
		2.2 关系管理（人际交往知识与运用）	0.2			人际沟通与技巧/公务员礼仪	了解人际沟通的基本技巧和公务活动的一般礼仪	人际交往的基本知识、一般公务活动应有的礼仪常识	

续表

一级分类	权重	二级分类	权重	三级分类	权重	建议课程	课程目标	教学实施建议	课程内容
3 经济类课程（经济学基础）	0.05					市场经济基础知识/经济形势与政策介绍	①了解普通经济现象；②对常见经济术语有一个基本的理解和了解；③了解形势与政策		①市场经济的基本概念与一般原理；②当前经济形势与政策介绍
4 法律类课程	0.6	4.1 行政法（行政法理论）	0.2			行政行为法：行政执法/行政许可法/行政处罚法/行政强制执法/行政收费法/行政程序法/行政监督法——审计法/行政监察法；行政救济法：行政复议法/行政诉讼法/国际赔偿法	树立依法行政的基本观念	概括性地介绍依法行政方面的知识与学习职务要求相适应	
		4.2 部门法	0.8	4.2.1 法律理论	0.2	①部门法律、法规、规章、规范性文件及相关法律法规（部门主要法律法规有：商标法/公司法/合伙企业法/个人独资企业法/反不正当竞争法/消费者权益保护法/广告法）；②相对密切的法律法规有：合同法/产品质量法/拍卖法/食品卫生法	理解和掌握岗位工作必须具备的法律理论知识	与岗位相适应的法律法规，重点是讲解法条的意义（注意与学员工作安排）；补充、更新的内容与岗位的知识相对应不同阶段或学习层次相适应	
				4.2.2 法律运用	0.6	案例分析与研讨/案例讨论/执法模拟课堂	基本掌握岗位必备法律知识在日常监督工作中的应用	与岗位相对应相对应的案例教学内容	
				4.2.3 办案技巧	0.2	办案技巧/查账技巧/办案文书写作/办案询问技巧	熟练运用办案的技能技巧	办案技能知识与专项训练	办案技能技巧知识与案例

续表

课程类别						建议课程	教学实施建议	
一级分类	权重	二级分类	权重	三级分类	权重		课程目标	课程内容
5 创新能力类课程（创新思维）	0.05					创新思维与方法	树立创新意识，了解创新思维的一般方式方法	创新思维的方式方法
6 一般方法技能	0.05	6.1 调研方法与技能	0.3			社会调查研究基本方法/统计学常识/逻辑学基础/工商行政管理信息化建设	掌握一般调研活动的方法技能	①调研的方法；②统计学知识；③信息处理的方式方法
		6.2 通用技能	0.7			计算机基础/网络基础/行政管理应用软件/公文处理/公文写作/文件检索/普通话基础知识/英语/语言艺术（演讲与口才）/专业术语与规范	掌握日常工作的通用技能	①office办公系统和网络常识；②常用公文写作知识；③公务的日常处理；④语言的艺术和技巧；⑤专业管理中的语言规范；⑥工商行政管理常用英语
7 个性品质类课程（基本知识）	0.05	7.1 个性心理品质	0.5			普通心理学	完善公务员的个性心理品质	心理健康知识（注意与年龄、工作性质相结合）
		7.2 个性生理品质	0.5	7.2.1 健康知识	0.2	健康知识讲座	增长生理健康知识，提高身体保健能力	康体保健知识（注意与年龄、工作性质相结合）
				7.2.2 体能训练	0.8	健身课、军训	强健身体素质，掌握身体保健技能	太极剑、太极拳、广播操、军训项目
合计	1							

(2) 所长（正副职）综合能力素质培训课程参照表

表二

一级分类	权重	二级分类	权重	三级分类	权重	建议课程	课程目标	教学实施建议	课程内容
1 政治类课程	0.15	1.1 政治修养	0.7	1.1.1 基本理论	0.4	马克思主义哲学/毛泽东思想概论/邓小平理论/"三个代表"重要思想	理解掌握政治理论基本观点和原理	①与时政相适应的政治理论；②知识层次有助于理解当前的政策	中国政治制度的一般知识
				1.1.2 政治制度	0.1	中国政治制度	了解中国政治制度，理解中国政治体制		
				1.1.3 形势政策	0.5	中央会议精神辅导/党建活动精神辅导/干部教育活动精神辅导	正确理解和把握当前的政策与形势	①与当前的形势相适应；②考虑当地环境因素；③考虑所长工作的实际；④考虑影响所长工作的其他社会因素	
		1.2 道德修养	0.3	1.2.1 道德基础知识	0.2	公共道德/行政道德/工商行政管理职业道德	树立基本道德观念	基本知识（知识层次应与职位要求相应）	
				1.2.2 道德观培养	0.3	道德问题大讨论/道德问题大辩论/道德案例研讨/先进人物报告会	能够正确认识道德建设中的一般问题，具有一定的辨析能力	道德建设中的普遍性的实际问题（教学内容应注意学员的管理者的地位）	
				1.2.3 道德行为训练	0.5	专题型道德训练课	将基本道德观念内化为习惯行为，具备一定的道德慎独能力	与基本道德观念相对应的训练专题	

续表

一级分类	权重	二级分类	权重	三级分类	权重	建议课程	课程目标	教学实施建议课程内容
		2.1 行政管理	0.4	2.1.1 行政理论（公共行政理论）	0.3	行政管理学/行政效率研究/现代管理学/行政伦理学	了解行政管理的基本原理，掌握行政运行的基本规则和行政伦理道德	行政管理基础理论方面
				2.1.2 行政制度与政策	0.3	国家公务员制度/公务员法/公务员行为规范/干部任用条例	了解我国干部管理制度	当前运行的国家干部管理制度及相关规范
				2.1.3 行政工作技能	0.4	行政工作模拟课堂	掌握进行行政工作管理和操作行政管理的基本技能	与进行本级行政管理与运行的能力相适应的训练专题
2 管理类课程	0.1	2.2 组织管理（管理学基础理论）	0.3			管理学概论/现代管理学/西方管理思想理论/组织行为学/基础知识/组织社会学基础知识	掌握组织管理的基本技术，初步了解组织管理一般原理	组织构成的基本要素和要素功能及要素管理
		2.2 关系管理（人际交往知识与运用）	0.2			人际关系学/公务员礼仪	①掌握人际沟通的一般行为方式与方法，了解人际关系学的基本原理；②掌握并指导公务活动的一般礼仪	人际关系学基本概念、技能技巧等基本知识；一般公务活动的礼仪常识
		2.4 领导艺术（领导学基础知识）	0.1			领导方式与方法	了解领导学常识性知识和领导艺术理念	领导学基础知识
3 经济类课程（经济学理论）	0.05					市场经济基本理论/经济形势分析	掌握市场经济基础知识，理解当前的经济政策和经济形势	经济学基础知识、当前经济形势分析、当前经济政策分析

849

续表

一级分类	权重	二级分类	权重	三级分类	权重	建议课程	课程目标	教学实施建议	课程内容
4 法律类课程	0.55	4.1 行政法（行政法理论）	0.3			行政行为法：行政执法/法律制度——行政许可法/行政处罚法/行政强制法/行政收费法/行政程序法/行政监督法律制度——审计法/监察法；行政救济法：行政诉讼法/行政复议法/国际赔偿法	树立依法行政的观念并有所强化	概括性地介绍依法行政法律法规方面的知识（注意与学员岗位职务实际工作相适应）
		4.2 部门法	0.7	4.2.1 法律理论	0.2	部门法律、法规、规章、规范性文件及相关法律法规有：部门主要法律法规有：商标法/公司法/合伙企业法/独资企业法/反不正当竞争法/消费者权益保护法/广告法；相关密切的相关法：合同法/产品质量法/拍卖法/食品卫生法	较为全面地理解和掌握部门法律理论知识	部门主要法律法规，在讲解法条的基础上，适当讲解法理知识（注意：内容安排与学员的知识填充、补充，更新等不同的学习阶段或知识层次相适应）
				4.2.2 法律运用	0.4	案例分析与研讨/案例讨论/执法模拟课堂	重点掌握部门法律知识在日常监管工作中的应用	与部门法律知识相对应而编写的案例教学内容
				4.2.3 办案技巧	0.4	办案技巧/查账技巧/办案文书写作/办案询问技巧	熟练运用办案的技能技巧	办案技能技巧知识与专项训练

续表

一级分类	权重	二级分类	权重	三级分类	权重	建议课程	课程目标	教学实施建议 课程内容
5 创新能力类课程	0.05	5.1 创新思维			0.4	创新思维与方法	树立创新意识,掌握创新思维的一般方式方法,具有一定的创新能力	创新思维的方式方法
		5.2 学习型组织创建			0.6	学习型组织创建	树立终身学习型理念,掌握学习型组织建设的方式方法	创建学习型组织基本方式或经验介绍
6 一般方法技能类课程	0.05	6.1 调研方法与技能			0.3	社会调查研究基本方法/统计学常识/逻辑学基础/工商行政管理信息化建设	掌握各类调研活动的一般方法技能	①调研学知识;②统计学知识;③信息处理的方式方法
		6.2 通用技能			0.7	计算机基础/网络基础知识/办公应用软件/行政处理/公文写作基础/公文检索/普通话语言基础知识/英语/口才)/专业术语与口才规范	掌握日常工作的通用技能	①office办公系统和网络常识;②常用公文写作知识;③公务的日常处理;④语言艺术和技巧;⑤专业管理中的语言规范;⑥工商行政管理常用英语
7 个性品质类课程(基本知识)	0.05	7.1 心理品质	0.6	7.1.1 心理知识	0.8	普通心理学	完善公务员的个性心理品质	心理学知识(注意工作年龄的个性心理特点)
				7.1.2 心理素质训练	0.2	现代管理中心理素质训练	完善公务员的个性心理品质	训练方式和内容要考虑学员的年龄、工作性质和工作特点
		7.2 生理品质	0.4	7.2.1 健康知识	0.2	健康知识讲座	增长生理健康知识,提高身体保健能力	健康保健知识(注意年龄的个性、工作性质相结合)
				7.2.2 体能训练	0.8	体育/军训	强健身体素质,掌握身体保健技能	太极剑、太极拳、广播体操、军训项目

(3) 县区局长（正副职）综合能力素质培训课程参照表

表三

一级分类	权重	课程类别 二级分类	权重	三级分类	权重	建议课程	课程目标	教学实施建议	课程内容
1 政治类课程	0.2	1.1 政治修养	0.7	1.1.1 基本理论	0.4	马克思主义哲学/毛泽东思想概论/邓小平理论/"三个代表"重要思想	理解掌握政治理论的基本观点和原理	①与时政相适应的政治理论原理；②知识层次有助于理解当前的政策
				1.1.2 政治制度	0.1	中国政治制度/西方政治制度或中外政治制度比较	了解中国政治制度，理解把握中国政治体制	中国政治制度的一般知识
				1.1.3 形势政策	0.5	中央会议精神辅导/重要讲话/党建活动精神辅导/干部教育精神辅导	正确理解和把握当前的政策与形势	①与当前的形势相适应；②考虑当地环境因素；③考虑县区局长工作的实际；④考虑影响县区局长工作的其他社会因素
		1.2 道德修养	0.3	1.2.1 道德基础知识	0.2	公共道德/行政道德/工商行政管理职业道德	树立基本道德观念	基本知识（知识层次注意与职位要求相适应）
				1.2.2 道德观培养	0.3	道德问题大讨论/道德问题大辩论/道德问题案例研讨/先进人物报告会	能够正确认识道德建设中的一般问题，具有一定的辨析能力	道德建设中的普遍性的实际问题（教学内容应注意学员的管理者的地位）
				1.2.3 道德能力训练	0.5	专题型道德训练课	将道德观念内化为习惯行为，具备道德慎独能力	与道德观相对应的训练专题

续表

一级分类	权重	二级分类	权重	三级分类	权重	建议课程	课程目标	课程内容
2 管理类课程	0.1	2.1 行政管理	0.3	1.1 行政理论（公共行政理论）	0.4	行政管理学/行政效率研究/人事行政/现代管理学/规划学基础	了解行政管理的基本原理，掌握行政运行的基本规则和行政伦理道德	行政管理基础理论方面
				1.2 行政制度与政策	0.3	国家公务员法/公务员行为规范/干部任用条例	了解我国干部管理制度	当前运行的国家干部管理制度及相关规范
				1.3 行政工作技能	0.3	行政工作模拟课堂	掌握进行行政工作处理和操作行政工作的基本技能	与进行行政的能力相适应的训练专题
		2.2 组织管理（组织管理学）	0.3			管理学概论/现代管理学/西方管理思想/管理心理学/组织行为学/组织社会学	掌握组织管理的基本技术，初步了解组织管理的一般原理	组织构成的基本要素和要素功能及要素管理
		2.3 关系管理	0.2	2.3.1 人际关系	0.7	人际关系学/公务员礼仪	①掌握人际沟通的一般行为方式与方法，掌握人际关系学的基本原理；②掌握并指导公务活动的一般礼仪	人际关系学基本概念、技能技巧等基本知识；一般公务活动的礼仪常识
				2.3.2 公共关系	0.3	公共关系学/公共形象设计	①了解公共关系的原理；②掌握公共关系基本技巧；③掌握公共形象设计的基本技能	公共关系学的基本知识、公共形象维护的技能技法
		2.4 领导艺术（领导科学）	0.2			领导方法与领导艺术	了解领导学基本知识，树立领导艺术理念	领导学基础知识

853

续表

一级分类	权重	课程类别 二级分类	权重	三级分类	权重	建议课程	课程目标	教学实施建议	课程内容
3 经济类课程（经济学理论）	0.05					市场经济学/经济政策与形势讲座	掌握市场经济基础理论，具有初步的经济政策和经济形势分析能力	经济学基础知识、当前经济形势分析、政策与经济形势分析方法	
						政府与宪法	了解政府与宪法及两者关系	宪法知识、政府建设	
4 法律类课程	0.5	4.1 行政法	0.4	4.1.1 依法治国理念	0.1				
				4.1.2 行政法理论	0.4	行政行为法：行政执法法律制度/行政处罚法/行政许可法/行政强制法/行政收费法/行政程序法/行政监督法律制度：行政审计法/监察法：行政救济法：行政诉讼法/行政复议法/国际赔偿法	树立较为牢固的依法行政的观念	概括性地介绍法律法规方面的知识（注意与学员工作岗位相适应）	
				4.1.3 依法行政理念与实践	0.5	依法行政与工商执法/工商行政管理法制/依法行政监督/依法行政建设现场观摩/依法行政实施纲要讲座	掌握依法行政的方式方法，具备本单位依法行政建设的基本能力	工商执法中依法行政的理念，依法行政实施的研究，学习依法行政建设的经验，解决本部门的问题，校际行政建设中的问题的方法	
		4.2 部门法	0.6	4.2.1 法律理论	0.5	部门法主要法律规范、规章法规及相关法律文件、规范性文件及相关法律法规，有：商标法/公司法/合伙企业法/个人独资企业法/反不正当竞争法/消费者权益保护法/广告法；相对密切的相关法：合同法/产品质量法/粮食法；食品卫生法	较为全面地理解和掌握部门法律理论知识	部门主要法律条款，在讲解法条基础上，重点讲解法律规定的知识（注意：内容安排与学员知识层次相适应，更新阶段或学习层次相适应）	
				4.2.2 法律运用	0.5	案例分析与研讨/执法模拟课堂	重点掌握部门法在疑难问题上的把握	疑难问题的典型案例（需要编写案例）	

续表

一级分类	权重	课程类别 二级分类	权重	三级分类	权重	建议课程	课程目标	教学实施建议 课程内容
5 创新能力类课程	0.05	5.1 创新与管理	0.5			创新管理基础理论/危机管理	树立创新意识，掌握创新思维的一般方式方法，初步掌握应对危机的技能	创立新思维的方式方法、危机管理的基础知识
		5.2 学习型组织创建	0.5			学习型组织创建	树立终身学习的理念，掌握学习型组织建设的方法	创建学习型组织基本方法或经验介绍
6 一般方法技能	0.05	6.1 调研方法与技能	0.5			社会调查研究基本方法/统计学基础/工商行政管理信息化建设	掌握各类调研活动的一般方法技能	①调研的方法；②统计学知识；③信息处理的方式方法
		6.2 通用技能	0.5			计算机基础/网络基础/行政管理应用软件/公文处理/普通话基础知识/英语（演讲与口才）/专业技术与规范	掌握日常工作的通用技能	①Office办公系统和网络基础知识；②常用公文写作知识；③公务的艺术和技巧；④语言管理中的语言规范；⑤专业英语；⑥工商行政管理常用英语
7 个性品质类课程（基本知识）	0.05	7.1 心理品质	0.6	7.1.1 心理学知识	0.7	普通心理学	完善公务员的个性心理品质	心理健康知识（注意工作性质和年龄相结合）
				7.1.2 心理素质训练	0.3	现代管理中心理素质训练	完善公务员的个性心理品质	训练方式和内容考虑学员的年龄、性质和工作特点
		7.2 生理品质	0.4	7.2.1 健康知识	0.2	健康知识讲座	增长生理健康知识，提高身身保健能力	身体保健知识（注意工作性质和年龄相结合）
				7.2.2 体能训练	0.8	体育/军训	强健身体素质，掌握身体保健技能	太极剑、太极拳、广播体操、军训项目
合计	1	—	—	—	—	—	—	—

(4) 市局局长（正副职）综合能力素质培训课程参照表

表四

课程类别						建议课程	课程目标	教学实施建议
一级分类	权重	二级分类	权重	三级分类	权重			课程内容
1 政治类课程	0.25	1.1 政治修养	0.7	1.1.1 基本理论	0.3	马克思主义哲学/毛泽东思想概论/邓小平理论/"三个代表"重要思想/中共党史与党建	理解掌握政治理论的基本观点和原理	①与时俱进相适应的政治理论；②知识层次有助于理解当前的政策
				1.1.2 政治制度	0.2	中国政治制度/西方政治制度或中外政治制度比较	了解中国政治制度，理解中国政治体制	中国政治制度的一般知识
				1.1.3 政治思想史与政治文化	0.1	中国政治思想与政治制度/中国政治文化与政治制度 中国政治思想与政治文化	了解中国政治思想和政治文化与中国政治制度的关系及其对中国政治制度的影响	中国政治制度和政治思想与政治制度之间的关系问题
				1.1.4 形势政策	0.3	中央会议精神辅导/重要讲话、党建活动精神辅导/干部教育精神辅导	正确分析和把握当前的政策与形势	①当前的形势相适应；②考虑当地环境因素；③考虑市局长工作的实际；④考虑影响市局长工作的其他社会因素
				1.1.5 公共服务意识	0.2	执政为民的理念与实践	树立正确的群众观和勤政观	党建关于群众宗旨的论述、几代国家领导人的有关论述、执政为民的工作实践案例

续表

课程类别							教学实施建议	
一级分类	权重	二级分类	权重	三级分类	权重	建议课程	课程目标	课程内容
		1.2 道德修养	0.3	1.2.1 道德基础知识	0.2	公共道德/行政道德/工商行政管理职业道德	树立正确的道德观念	道德修养的全面知识,知识层次注意意与职位要求相适应。
				1.2.2 道德观培养	0.3	道德问题大讨论/道德问题大辩论/道德问题案例研讨/先进人物报告会/中国优秀传统道德文化思想与行政、做人与做官	能够正确认识道德建设责任,正确对待道德建设中的一般问题,具有一定的辨析能力	道德建设中的普遍性的实际问题,注意教学内容为官为政,做官做人相结合
				1.2.3 道德能力训练	0.5	专题型道德训练课	将道德观念内化为习惯行为,具备道德慎独能力	与道德观念相对应的训练专题
2 管理类课程	0.15	2.1 行政管理	0.2	2.1.1 行政理论(公共行政学理论)	0.4	行政管理学/行政效率研究/人事行政学/管理学/规划学理论	理解行政管理的基本原理,掌握行政运行的基本规则和行政伦理道德	行政管理基础理论方面
				2.1.2 行政制度与行政决策	0.4	国家公务员法/公务员行为规范/干部任用条例/行政领导与决策	理解我国干部管理制度	当前运行的国家干部管理制度及相关规范
				2.1.3 行政工作技能	0.2	行政工作模拟课堂	掌握进行行政管理、保证行政有效运转的方式方法	与进行本级行政管理与运行的能力相适应的训练专题

续表

一级分类	权重	二级分类	权重	三级分类	权重	建议课程	课程目标	教学实施建议课程内容
		2.2 组织管理（组织管理学）	0.3			管理学概论/现代管理学/西方管理思想史/管理心理学/组织行为学/组织社会学	掌握组织管理的基本理论	组织设计、组织诊断、组织调整的基本方法和技术
		2.3 关系管理	0.2	2.3.1 人际关系	0.4	人际关系学/公共礼仪	①掌握人际沟通的一般行为方式与方法，了解人际关系学的基本原理；②掌握并指导公务活动的一般礼仪	人际关系学基本概念、技能技巧等基本知识；一般公务活动的礼仪常识
				2.3.2 公共关系	0.6	公共关系学/领导者形象设计	①理解公共关系处理；②重点掌握技巧；③掌握公共关系设计的基本技能	公共关系学的基本知识、公共形象维护的技能技巧
		2.4 领导艺术（领导科学）	0.3			领导科学	理解领导学基本原理，树立领导艺术理念，掌握领导艺术的技能技巧	领导学基础理论
3 经济类课程	0.1	3.1 经济学理论	0.3			市场经济学	掌握市场经济基础理论	经济学基本原理
		3.2 经济政策与经济形势	0.7			经济政策研究、经济形势分析与预测	正确理解国家的宏观经济政策，具有分析经济政策和经济形势的能力	当前国家宏观经济政策和经济形势分析、预测等

续表

课程类别					建议课程	教学实施建议	
一级分类	权重	二级分类	权重	三级分类	权重		课程目标	课程内容
4 法律类课程	0.35	4.1 行政法	0.5	4.1.1 依法治国原理	0.1	政府与宪法	了解政府与宪法的关系	宪法知识、政府建设及宪法的关系
				4.1.2 行政法	0.4	行政法概说	树立牢固的依法行政的观念	重点讲解行政许可法、行政监察法、行政诉讼法、行政复议法、国家赔偿法等内容，课程内容紧紧围绕树立依法行政的观念来设计
				4.1.3 依法行政实践	0.5	依法行政实施纲要讲座/依法行政实践研究(讲座、案例分析、讨论、现场考察与观摩)	重点掌握依法行政建设的方法，具备依法行政建设本单位的基本能力	工商执法中依法行政的理念、依法实施的方法、依法行政建设的经验、依法行政建设本部门主要依法解决本部门在行政建设中的问题的方式方法
		4.2 部门法	0.5			工商行政管理主要法律法规讲座(辅导)	正确理解部门法律法论的精神实质及其在工商行政管理中的作用	概括性地讲解部门法律法规，重视其在工商管理中的合法性
5 创新能力类课程	0.1	5.1 创新与管理	0.5			创新管理/危机管理/创新与工商行政管理	树立创新意识和危机意识，掌握创新与职能转变的方法，具备应对危机的能力	创新思维的方式方法、创新机制创新与职能转变的方法的研究、危机管理的心理准备和科技技能
		5.2 学习型组织创建	0.5			学习型组织创建	树立终身学习的理念，掌握学习型组织建设的方式方法	创建学习型组织基本方法或经验介绍

续表

一级分类	权重	二级分类	权重	三级分类	权重	建议课程	课程目标	教学实施建议	课程内容
6 一般方法技能	0.05	6.1 调研方法与技能	0.6			社会调查研究基本方法/统计学基础/逻辑学基础/工商行政管理信息化建设	掌握各类调研活动的一般方法技能		①调研的方法；②统计学知识；③信息处理的方式方法
		6.2 通用技能	0.4			计算机基础/网络基础/行政管理应用软件/公文处理/公文写作/文件检索/普通话基础知识/英语/语言技巧(演讲与口才)/专业术语与规范	掌握日常工作的通用技能		①office办公系统和网络常识；②常用公文写作知识；③公务的日常处理；④语言的艺术和技巧；⑤专业管理中的语言规范；⑥工商行政管理常用英语
7 个性品质类课程	0.05	7.1 心理品质	0.6	7.1.1 心理学知识	0.7	普通心理学	完善公务员的个性心理品质	心理健康知识（注意与学员的年龄、工作性质相结合）	
				7.1.2 心理素质训练	0.3	现代管理中心理素质训练	完善公务员的个性心理品质	训练方式内容要考虑学员的年龄、工作性质和工作特点	
		7.2 生理品质	0.4	7.2.1 健康知识	0.2	健康知识讲座	增长生理健康知识，提高身体保健能力	康保健知识（注意与学员的年龄、工作性质相结合）	
				7.2.2 体能训练	0.8	体育/军训	强健身体素质，掌握身体保健技能	太极剑、太极拳、广播体操、军训项目	
合计	1	—	—	—	—				

(5) 省局局长（正副职）综合能力素质培训课程参照表

表五

课程类别					建议课程	教学实施建议	
一级分类	权重	二级分类	权重	三级分类	权重		课程目标	课程内容

一级分类	权重	二级分类	权重	三级分类	权重	建议课程	课程目标	课程内容
1 政治类课程	0.3	1.1 政治修养	0.7	1.1.1 基本理论	0.3	马克思主义哲学/毛泽东思想概论/邓小平理论/"三个代表"重要思想/中共党史与党建	理解掌握政治理论的基本观点和原理	①与时政相适应的政治理论原理；②知识层次有助于理解当前的政策
				1.1.2 政治制度	0.2	中国政治制度/西方政治制度或中外政治制度比较	理解中国政治体制	中国政治制度的一般知识
				1.1.3 政治思想史与政治文化	0.1	中国政治思想史/中国政治文化研究或中国政治思想与政治文化	理解中国政治思想和政治文化与中国政治制度的关系及其对中国政治的影响	中国政治制度和政治思想与政治之间的关系问题
				1.1.4 形势政策	0.3	中央会议精神重要讲话/党建活动辅导/干部教育精神辅导；经济发展战略研究/体制改革与政策研究/国际关系与形势分析	正确分析和把握当前的政策与形势	①与当前的形势相适应；②考虑当地环境因素；③考虑省局长工作的实际；④考虑影响省局长工作的其他社会因素
				1.1.5 公共服务意识	0.2	执政为民的理念与实践	树立正确的群众观和勤政观	党建关于群众官的论述，几代国家领导人的有关论述，执政为民的工作实践案例

861

续表

一级分类	权重	二级分类	权重	三级分类	权重	建议课程	课程目标	教学实施建议	课程内容
		1.2 道德修养	0.3	1.2.1 道德基础知识	0.2	公共道德/行政道德/工商行政管理职业道德	树立正确的道德观念	道德修养的全面知识，知识层次注意与职位要求相适应。	
				1.2.2 道德观培养	0.3	道德问题大讨论/道德问题大辩论/先进人物报告会/中国优秀传统道德文化思想与做道德、做人与做官	能够正确认识道德建设责任，正确对待道德建设中的一般问题，具有一定的辨析能力	道德建设中的普遍性的实际问题，注意教学内容与以政、为官相结合，并与学员职位要求相适应	
				1.2.3 道德能力训练	0.5	专题型道德训练课	将道德观念内化为习惯行为，具备道德慎独能力	与道德观相对应的训练专题	
2 管理类课程	0.2	2.1 行政理论	0.1	1.1.1 公共行政与公共政策理论	0.4	公共行政、行政管理学/行政效率研究/人事行政、现代管理学、规划学/政府经济学；公共政策；政策分析方法/政策研究、社会发展方法/宏观管理与国家发展计划/国民经济管理	理解行政管理的基本原理，掌握行政运行的基本规则和行政伦理道德，能够进行行政实践，行政改革与社会管理，规划与政策的探讨与研究，了解规划学及宏观管理与政策制定的基础知识	重点是行政管理的相关理论、行政实践、行政改革与公共政策以及宏观管理的初步介绍。	
				1.2 行政制度与行政决策	0.4	国家公务员制度（公务员法/公务员行为规范）/干部任用条例/行政领导与决策	理解我国干部管理制度	当前运行的国家干部管理制度及相关规范	
				1.3 行政工作技能	0.2	行政工作模拟课堂	掌握进行行政工作的方式方法，保证行政的有效运转	与进行本级行政管理与运行的能力相适应的训练专题	

续表

一级分类	权重	二级分类	权重	三级分类	权重	建议课程	课程目标	教学实施建议 课程内容
		2.2 组织管理（组织管理学）	0.3			管理学概论/现代管理学/西方管理思想/管理心理学/组织行为学/组织社会学	掌握组织管理和组织行为学的基本理论，领会组织管理学的核心精神	组织设计、组织诊断、组织调整的基本方法和技术；组织行为学的基本知识
		2.3 关系管理	0.2	2.3.1 人际关系	0.3	人际关系学/领导者形象设计/公务礼仪	①掌握人际沟通的一般行为方式与方法②掌握人际关系学基本原理并指导公务活动的一般礼仪	人际关系学等基本知识；技能技巧；一般公务活动的礼仪常识
				2.3.2 公共关系	0.7	公共关系学/政府官员的媒体形象	①理解公共关系的原理；②重点掌握公共关系技巧；③掌握公共关系形象维护的基本技能	公共关系学的基础理论、公共关系形象、公共关系维护技能技巧
		2.4 领导艺术（领导科学）	0.4			领导科学/决策科学/战略研究/资源规划与整合/当代中国政府体制/中国政府与地方政府	理解领导学艺术基本原理，树立领导学艺术的理念，全面掌握领导艺术的技能技巧	领导学基础理论实践研究
3 经济类课程	0.05	3.1 经济学理论	0.4			市场经济学/公共经济学	掌握市场经济基础理论	基本原理
		3.2 经济政策与经济形势	0.6			经济形势分析与预测	正确理解国家的宏观经济政策，具有分析经济和经济形势的能力	当前国家宏观经济政策和经济形势的分析、预测等

续表

一级分类	权重	二级分类	权重	三级分类	权重	建议课程	课程目标	教学实施建议课程内容
4 法律类课程	0.3	4.1 行政法	0.6	4.1.1 依法治国原理	0.3	政府与宪法	了解政府与宪法的关系	宪法知识、政府建设及与宪法的关系
				4.1.2 行政法	0.3	行政法概说	树立牢固的依法行政的观念	重点讲解行政许可法、行政监察法、行政诉讼法、行政复议法、国家赔偿法等内容,课程内容紧紧围绕树立依法行政观念来设计
				4.1.3 依法行政实践	0.4	依法行政实施纲要讲座/依法行政实践研究(讲座、案例分析讨论、现场考察与观摩)	重点掌握依法行政的方式方法,具备本单位依法行政建设的基本能力	工商执法中依法行政的理念、依法行政实施研究、学习依法行政的经验,解决本部门的问题的方式方法
		4.2 部门法	0.4			部门法与工商行政管理形势分析和研究	正确理解部门法律主要理论的精神实质及其在工商行政管理中的作用	概括性地讲解部门法主要法律法规,重视其在工商行政管理中的作用及行政的合法性
5 创新能力类课程	0.05	5.1 创新与管理	0.6			创新管理/危机管理/创新与工商行政管理/现代领导体制与管理机制	树立创新意识和创新意识,掌握创新机制、职能转变、体制创新的方式方法,具备应对危机的能力	创新思维的方式方法、机制创新和职能创新的方式方法及体制实践,危机管理准备和处理的方法
		5.2 学习型组织创建	0.4			学习型组织创建	树立终身学习的理念,掌握学习型组织建设的方式方法	创建学习型组织基本方式或经验介绍。

续表

课程类别							教学实施建议	
一级分类	权重	二级分类	权重	三级分类	权重	建议课程	课程目标	课程内容
6 一般方法技能	0.05	6.1 调研方法与技能	0.7			社会调查研究基本方法/统计学基础/逻辑学基础/工商行政管理信息化建设	掌握各类调研活动的一般方法技能	①调研的方法；②统计学知识；③信息处理的方式方法
		6.2 通用技能	0.3			计算机基础网络基础/行政管理应用软件/公文处理/公文写作文件检索/普通话基础知识/英语/语言技巧（演讲与口才）/专业技术语与规范	掌握日常工作的通用技能	①office办公系统和网络常识；②常用公文写作知识；③公务的日常处理；④语言的艺术和技巧；⑤专业管理中的语言规范；⑥工商行政管理常用英语
7 个性品质类课程	0.05	7.1 心理品质	0.6	7.1.1 心理学知识	0.7	普通心理学	完善公务员的个性心理品质	心理健康知识（注意与学员的年龄、工作性质相结合）
				7.1.2 心理素质训练	0.3	体育/军训/健康知识讲座	完善公务员的个性心理品质	训练方式和内容要考虑学员的年龄、工作性质和工作特点
		7.2 生理品质	0.4	7.2.1 健康知识	0.2		增长生理健康知识，提高身体保健能力	康体保健知识（注意与学员的年龄、工作性质相结合）
				7.2.2 体能训练	0.8		强健身体素质，掌握身体保健技能	太极剑、太极拳、广播体操、军训项目
合计	1	—	—	—	—	—	—	—

2. 专业能力素质培训课程参照表

（1）岗位科员专业能力素质培训课程参照表

表六 （普及型）

课程类别		权重	课程目标	教学实施建议	相关法律法规及规章
一级分类	二级分类			课程内容	
1 企业登记管理（基本知识）	1.1 注册管理	0.4	了解企业、公司和法人制度的基本概念，重点掌握企业登记的法律属性、原则、范围和基本程序	1. 登记管理概述：①企业概述；②企业登记管理的概念和特征；③企业注册登记的原则和程序； 2. 公司登记管理：①公司的概念和特征；②公司登记事项；③公司章程；④公司的合并、分立、解散； 3. 非公司企业法人登记和营业登记：①非公司制法人的登记；②营业登记； 4. 外商投资企业登记管理：①外商投资企业登记概述；②外商投资企业的登记程序；③世界贸易组织基础知识和外资市场准入政策；④外国（地区）企业常驻代表机构	1.《中华人民共和国民法通则》 2.《中华人民共和国全民所有制工业企业法》 3.《中华人民共和国公司法》 4.《中华人民共和国中外合资经营企业法》 5.《中华人民共和国中外合作经营企业法》 6.《中华人民共和国外资企业法》 7.《中华人民共和国企业法人登记管理条例》 8.《中华人民共和国乡村集体所有制企业条例》 9.《企业名称登记管理规定》 10.《中华人民共和国公司登记管理条例》 11.《企业年度检验办法》 12.《企业法人法定代表人登记管理规定》
	1.2 监督管理	0.2	了解企业登记监督管理的法律属性、原则、内容、方式和基本要求，重点掌握日常监督检查的主要内容，把握对违反企业登记管理规范的行为的定性和处罚	1. 企业登记监督管理的概念和原则； 2. 企业登记监督管理的内容与方法；	
	1.3 信用监管	0.4	了解企业信用分类监管和企业信用登记分类监管的内涵	1. 企业信用分类监管的背景及发展过程； 2. 企业信用分类监管分类的内涵； 3. 企业信用登记分类标准； 4. 企业信用分类监管与信息技术	

续表

课程类别		权重	课程目标	教学实施建议		相关法律法规及规章
一级分类	二级分类			课程内容		
2 市场与合同监管（基本知识）	2.1 市场规范管理概述	0.3	重点掌握市场规范管理的基本概念、基本职责及管理方式、理解市场规范管理的综合作用	1. 市场规范管理的概念、类型和解读； 2. 市场规范管理方式：市场巡查制、市场预警警示制度、市场专项治理制度、市场交易监管制度、市场信用分类监管制度、抽检和公示、投诉举报制度、商品质量监督抽检和公示、投诉举报制度； 3. 市场监督行政处罚	1.《中华人民共和国合同法》 2.《中华人民共和国拍卖法》 3.《中华人民共和国担保法》 4.《城乡集市贸易管理办法》 5.《粮食流通管理条例》 6.《经济合同示范文本管理办法》 7.《企业动产抵押物登记管理办法》 8.《经纪人管理办法》 9.《拍卖监督管理暂行办法》 10.《关于查处利用合同进行的违法行为的暂行规定》 11.《租赁柜台经营活动管理办法》 12.《商品展销会管理办法》 13.《合同争议行政调解办法》
	2.2 各类市场规范管理	0.5	了解商品交易市场、重要商品市场、商品展销会、租赁经营活动的基础知识，重点掌握工商行政管理机关对各类市场规范管理的基本职责	1. 商品交易市场规范管理； 2. 重要商品市场规范管理：棉花市场规范管理、成品油市场规范管理、汽车市场规范管理、文物市场规范管理、旧商品市场规范管理、蚕茧市场规范管理； 3. 生产要素市场规范管理； 4. 商品展销会及租赁柜台经营活动与规范管理	
	2.3 经纪人及拍卖规范管理	0.1	了解经纪人的概念、作用、经纪资格、经纪活动和拍卖的基本知识和拍卖活动的管理方式，重点掌握工商行政管理机关对经纪人拍卖活动监督管理的职责	1. 经纪人的规范管理； 2. 拍卖的规范管理	
	2.4 合同监管	0.1	了解合同的基本知识，重点掌握合同监管及抵押物登记管理的主要内容	1. 合同订立； 2. 合同的履行、变更、转让和终止； 3. 违约责任； 4. 合同监督管理	

867

续表

课程类别		权重	课程目标	教学实施建议	相关法律法规及规章
一级分类	二级分类			课程内容	
3 公平交易执法	3.1 反不正当竞争行为和限制竞争行为	0.3	1. 重点掌握公平交易和公平交易执法的基本概念和基本任务，理解公平交易执法的特征和重要性； 2. 重点掌握反不正当竞争行为的一般概念，各种不正当竞争行为和限制竞争行为的具体内容，以及反对不正当竞争行为和限制竞争行为的监督检查制度	1. 公平交易和公平交易执法概述：①公平交易和公平交易执法的概念与特征；②公平交易执法的任务；③公平交易执法的作用； 2. 反不正当竞争与反限制竞争概述； 3. 不正当竞争行为的查处：①不正当竞争行为的查处；②不正当竞争行为的主要表现形式；④限制竞争行为的查处	1.《中华人民共和国反不正当竞争法》 2.《关于禁止有奖销售活动中不正当竞争行为的若干规定》 3.《关于禁止公用企业限制竞争行为的若干规定》 4.《关于禁止仿冒知名商品特有名称、包装、装潢不正当竞争行为的若干规定》 5.《关于禁止侵犯商业秘密行为的若干规定》 6.《关于禁止商业贿赂行为的暂行规定》 7.《关于禁止串通招投标行为的暂行规定》 8.《投机倒把行政处罚暂行条例》 9.《国务院办公厅关于加强进口汽车牌证管理的通知》 10.《国务院关于禁止传销经营活动的通知》 11.《国务院办公厅转发工商局等部门关于严厉打击传销和变相传销等非法经营活动意见的通知》
	3.2 执法技术	0.1	略，参见对应的综合能力课程实施方案—		
	3.3 查处经济违法违章行为	0.3	了解经济检查的内容和基本特征，重点掌握经济检查的基本概念、原则以及投机倒把行为、其他经济违法违章行为的查处	1. 经济检查概述； 2. 投机倒把行为的查处； 3. 经济违法违章行为的查处	
	3.4 查禁传销和变相传销行为	0.25	了解传销和变相传销的一般概念，重点掌握查禁传销和变相传销的法律依据	1. 传销和变相传销概述； 2. 查禁传销和变相传销行为	
	3.5 案件核审	0.05	了解案件核审的基本原则和基本要求	1. 行政处罚基本原则； 2. 案件管辖； 3. 办案程序①简易程序；②一般程序	

续表

课程类别		权重	课程目标	教学实施建议		相关法律法规及规章
一级分类	二级分类			课程内容		
4 商标注册与保护	4.1 商标法律制度概述	0.1	重点掌握商标的概念、基本功能、《商标法》的基本原则和商标权产生的基本方式	1. 商标的概念、功能和作用； 2. 商标法的概念、作用及商标法律制度的特点； 3. 商标权的概念、主要特征，产生的主要原因； 4. 商标确权的基本原则； 5. 驳回注册的绝对理由和相对理由	1. 《中华人民共和国商标法》 2. 《中华人民共和国商标法实施条例》 3. 《特殊标志管理条例》 4. 《商标评审规则》 5. 《马德里商标国际注册实施办法》 6. 《集体商标、证明商标注册和管理办法》 7. 《驰名商标认定和保护规定》 8. 《商标印制管理办法》	
	4.2 注册办理（注册受理）	0.15	掌握商标注册的含义、基本程序和商标优先权，实质审查、商标公告、异议审查等重要范畴	1. 商标注册：①商标注册的法律含义；②商标注册的申请与受理；③商标注册的审查和核准 2. 商标评审 3. 注册商标的续展、变更、转让、注销和质押		
	4.3 商标监管	0.3	重点掌握工商行政管理机关对注册商标、未注册商标，商标使用许可合同的管理和商标印制监督管理	1. 商标监督管理概述； 2. 商标使用许可的监督管理； 3. 商标印制的监督管理		
	4.4 注册商标专用权的保护	0.4	重点掌握注册商标专用权的概念、范围、侵权，商标专用权的行政保护，驰名商标、地理标志的保护，了解侵犯商标专用权行为的表现形式	1. 注册商标专用权的保护范围； 2. 侵犯商标专用权行为； 3. 侵犯商标专用权行为的法律责任； 4. 驰名商标的保护； 5. 地理标志的保护		

续表

课程类别			课程目标	教学实施建议		相关法律法规及规章
一级分类	二级分类	权重			课程内容	
	4.5 商标国际保护与国际条约	0.05	了解商标国际保护的含义、基本途径给予商标保护有关的国际条约的主要内容	1. 商标的国际保护； 2. 与商标保护有关的国际条约		
5 广告监督管理	5.1 广告监督管理概述	0.1	掌握广告的概念、理解广告监督管理的涵义，重点把握广告监督管理机关的职能和广告监督管理的内容	1. 广告的概念及分类； 2. 广告监督管理的概念、职能、对象和内容		1. 《中华人民共和国广告法》 2. 《广告管理条例》和《广告管理条例施行细则》 3. 《化妆品广告管理办法》 4. 《药品广告审查标准》 5. 《医疗器械广告审查标准》 6. 《农药广告审查标准》 7. 《兽药广告审查标准》 8. 《医疗器械广告审查办法》 9. 《药品广告审查办法》 10. 《兽药广告审查办法》 11. 《农药广告审查办法》 12. 《酒类广告管理办法》 13. 《户外广告登记管理规定》 14. 《烟草广告管理暂行办法》 15. 《印刷品广告管理暂行规定》 16. 《广告语言文字管理暂行规定》 17. 《房地产广告发布暂行规定》 18. 《食品广告发布暂行规定》 19. 《广告经营许可证管理办法》
	5.2 发布监管	0.3	重点掌握广告发布活动的监督管理	1. 广告发布活动的概念和特点； 2. 广告发布活动监督管理的主要内容； 3. 广告发布标准； 4. 广告审查制度； 5. 广告发布监督管理的主要制度		
	5.3 经营监管	0.4	重点掌握广告经营活动监督管理的基本内容	1. 广告经营主体的准入管理； 2. 广告经营资质标准； 3. 广告经营资格管理； 4. 特殊媒介或形式广告经营活动管理； 5. 广告经营行为的监督管理		
	5.4 对广告违法行为的处罚	0.2	了解广告违法行为的概念和种类，重点掌握对违法广告行为的行政处罚	1. 广告违法行为的概念和种类； 2. 广告违法行为的法律责任		

续表

课程类别		权重	课程目标	教学实施建议		相关法律法规及规章
一级分类	二级分类			课程目标	课程内容	
6 消费者权益保护	6.1 消费者权利与经营者义务	0.1	重点掌握消费者的概念和特征，以及消费者权利和经营者的各项义务	1. 消费者的概念和法律特征； 2. 消费者权利与经营者义务		1.《中华人民共和国消费者权益保护法》 2.《中华人民共和国产品质量法》 3.《中华人民共和国食品卫生法》 4.《中华人民共和国计量法》 5.《中华人民共和国计量法实施细则》 6.《中华人民共和国标准化法》 7.《中华人民共和国标准化法实施细则》
	6.2 消费者权益的国家保护与社会保护	0.1	了解国家对消费者权益的立法、司法和行政保护制度，以及消费者组织对消费者权益的社会保护制度	1. 国家对消费者合法权益的保护； 2. 消费者权益的社会保护		
	6.3 工商行政管理机关对消费者权益的保护	0.8	重点掌握工商行政管理机关保护消费者权益和流通领域商品质量管理的职责，以及对侵害消费者权益行为的行政处罚和商品质量监督检查制度	1. 工商行政管理机关对保护消费者权益的职责； 2. 工商行政管理机关对消费者权益争议的处理； 3. 工商行政管理机关对侵害消费者权益行为的行政处罚； 4. 流通领域商品质量监督管理		

续表

课程类别		权重	课程目标	教学实施建议	相关法律法规及规章
一级分类	二级分类			课程内容	
7 个体私营经济监管	7.1 个体私营经济概述	0.05	了解个体经济、私营经济的基本概念,重点掌握个体、私营经济的存在形式以及党和政府关于个体、私营经济的基本方针政策	1. 个体私营经济的概念及存在形式; 2. 个体私营经济的地位和作用	1.《中华人民共和国公司法》 2.《中华人民共和国合伙企业法》 3.《中华人民共和国个人独资企业法》 4.《中华人民共和国公司登记管理条例》 5.《中华人民共和国合伙企业登记管理办法》 6.《城乡个体工商户管理暂行条例》 7.《中华人民共和国私营企业暂行条例》 8.《无照经营查处取缔办法》 9.《企业名称登记管理规定》 10.《城乡个体工商户管理暂行条例实施办法》 11.《中华人民共和国私营企业暂行条例实施办法》 12.《个人独资企业登记管理办法》 13.《企业年度检验办法》 14.《个体饮食业监督管理办法》 15.《旅游景区个体工商户监督管理办法》
	7.2 注册管理	0.4	了解个体私营经济监管理的概念及意义,掌握个体工商户、个人合伙,以及个人独资企业、合伙企业、私营有限责任公司、私营股份有限公司的设立条件,以及登记管辖、登记事项和登记程序	1. 个体工商户、个人合伙的概念及管理; 2. 私营企业登记管理	
	7.3 监督管理	0.3	重点掌握个体私营经济监督管理的主要内容,对个体工商户、私营企业违章违法行为的行政处罚和处罚依据	1. 个体私营经济监督管理的内容和形式; 2. 对个体私营企业违法行为的行政处罚	
	7.4 无照查处	0.25	重点掌握无照经营的概念、种类、查处取缔无照经营的意义、原则和对无照经营违法行为的处罚	1. 无照经营的概念和种类; 2. 查处取缔无照经营的原则; 3. 查处取缔无照经营的强制措施、程序及职责; 4. 对无照经营违法行为的处罚	

(2) 专业科长专业能力素质培训课程参照表

表七 （提高型）

课程类别			课程目标	教学实施建议		备注
一级内容	二级分类	权重		课程内容		
1 基本知识		0.2	了解本专业管理的主要工作内容、法律依据，监督的重点难点	1. 本专业管理的主要工作概述； 2. 应用的主要法律依据； 3. 监督的基本原则和作用		企业登记管理/市场与合同/公平交易执法/广告监督管理/消费者权益保护/个体私营经济监管以上七个专业分类不同，但包含的具体内容不同，故统一设计。答类型一致，考虑本级培训基本上是同题型的培训，故授课内容只进行了原则性的设计。在具体培训中可按照专业依原则性具体拟定。
2 工作研究	2.1 当前形势分析	0.7 0.2	了解本专业管理工作的现状和水平，重点掌握其发展趋势以及当前工作中应注意的重要环节、重点问题和重要事项	1. 全国或地方专业管理的基本情况和现有水平； 2. 分析经济发展的形势和国内外的管理经验，了解全国及本省内专业监管的发展趋势； 3. 当前专业监管面对的机遇和挑战		
	2.2 实践问题研究	0.7	了解专业管理中的疑难问题，正确理解和掌握监督管理的法律、法规、政策等方面的具体规定	1. 专业监管中重要法律（含法规规章等）条文释义； 2. 专业监管中典型疑难案例讨论		
	2.3 先进经验介绍	0.1	学习创新监管方式的先进经验，提高监管工作的指导水平	1. 监管先进经验介绍； 2. 监管方式的创新与实践概述		
3 其他		0.1	完成符合当时代要求的学习任务	根据当时政治要求、经济发展、科技发展等要求选择		
合计		1	—	—		—

(3) 专业司局长、处长专业能力素质培训课程参照表

表八 （研讨型）

一级内容	权重	课程类别 二级分类	权重	课程目标	教学实施建议	课程内容	备注
1 理论学习	0.3	1.1 专业理论学习	0.9	从法理上掌握法律法规在具体条文上的应用	1. 针对执法中的疑难案例对法律条文进行法理上的剖析； 2. 相近专业法律法规的区分、联系与应用		考虑本级人员的培训基本上是问题型的培训，故授课内容具进行了原则性的设计，在具体培训中可比照原则依具体情况而定。
		1.2 相关理论学习	0.1	掌握与专业监管密切相关的非本专业的必备知识	直接影响专业监管日常工作的相关专业（含非法律的知识）的理论知识		
2 工作研究	0.5	2.1 形势政策分析	0.3	了解国家宏观政策形势和全国工商行政管理发展概况，把握专业领域的发展趋势	1. 国家宏观政策形势与工商行政管理； 2. 全国工商行政管理的发展情况和工作思路		
		2.2 实践问题研究	0.6	有利于解决工作中的疑难问题，加强工作指导	1. 有结论的疑难问题的解答或讲解； 2. 针对有争议的疑难问题进行监管方式、方法及措施等内容的探讨和研究		
		2.3 先进经验介绍	0.1	学习创新监管方式的先进经验，提高监管工作的指导水平	1. 监管先进经验介绍； 2. 监管方式的创新与实践概述		
3 其他	0.2			完成符合时代要求的学习任务	根据当时政治要求、经济发展、科技发展等要求选择		
合计	1		—	—	—		—

参考文献

[1] 王凯燕,王玏玭主编.现代培训课程设计.北京:中国人事出版社

[2] 国家工商总局培训中心.工商行政管理培训体系问题研究.2005.5

[3] 周志忍主编.现代培训评估.北京:中国人事出版社

[4] 廖哲勋,田慧生主编.课程新论.北京:教育科学出版社

[5] 小威廉姆E.多尔著.王红宇译.后现代课程观.北京:教育科学出版社

[6] 丛立新.课程论研究.北京:教育科学出版社

[7] 中共中央印发《2001—2005年全国干部教育培训规划》

[8] 国务院印发《2001—2005年国家公务员培训纲要》

[9] 国家税务局系统公务员任职培训实施办法.国家税务局系统公务员初任培训实施办法

[10] 2004年12月13日吴仪在全国工商行政管理工作暨先进集体先进工作者表彰会议上讲话

[11] 电力职业技术教育课程体系改革的思考与实践

[12] 胡燕燕.浅谈高职课程体系的构建原则.中国职业技术教育2005.1

[13] 单美贤,李艺.网修课程体系的构建原则.全球教育展望

[14] 论职教现代化专业课程体系的评价.职教论坛.2001.8

[15] 构建高职教育课程体系的思考与实践

[16] 浙江省基础教育学校课程建设指导意见(试行)2003.11.18

[17] 普通高等学校本科教学工作水平评估方案指标内涵说明.2003

[18] 张伟刚.工商行政管理系统教育培训教学资源建设探讨

[19] 陈建民.浅谈公务员创新能力构成与开发途径

[20] 上海金融学院课程建设评估方案(试行)

[21] 田振清.谈教育技术学专业的培养目标与课程体系

[22] 周国川.美国税务教育培训及启示

[23] 2002—2005年江苏省国家公务员培训规划.2002.2.10

[24] 国家工商行政管理总局培训中心,北京师范大学教育管理学院.工商行政管理领导干部培训课程体系及应用模式研究

[25] 河北工商行政管理干部学校课题组.河北工商行政管理系统基本培训课程体系及培训模式

(作者单位:河北省工商行政管理干部学校)

三等奖

深圳市广告业发展规划（2004—2010 年）

深圳市工商局　深圳大学　深圳市广告协会课题组

绪言

本规划根据深圳市委宣传部提出的"深圳市文化产业发展规划"的要求，在深圳市工商局的领导下，成立了由深圳大学传播系、深圳市工商局广告处和市广告协会人员组成的课题组。从 2003 年 7—11 月，课题组对深圳市广告行业进行了全面深入的调查研究，其中包括对从 1979 年注册的第一家广告经营单位到 2003 年 6 月注册的第 2044 家广告经营单位逐一进行了历年经营资料的统计分析，对各类广告经营单位发放了近 200 份抽样问卷调查，对深圳市主要媒体、主要广告公司、主要品牌企业 40 多家单位进行了深度专访，对北京、上海、广州、香港四个城市的政府广告管理部门、广告协会、主要广告公司、主要媒体等进行了对比调研。在掌握了大量的第一手材料的基础上，完成了深圳广告业历史与现状、广告产业结构、产业竞争力和法规监管等四个分析报告。最后在上述分析报告的支持下，完成了 2004—2010 年深圳市广告业发展规划。

2003 年 12 月 27 日，由全国广告行业的领导、专家学者及深圳市文化产业研究专家组成的专家组对本规划及相关的分析报告进行了论证评审，得到了领导和专家的肯定，同时对于规划和报告也提出了修改建议。就此规划及相关报告，还听取了来自广告经营单位的意见。课题组充分吸收领导、专家和广告经营单位的意见，对报告做了必要的补充和修改。

一、发展深圳市广告业的指导思想

党的"十六大"政治报告高度肯定文化与经济结合在综合国力竞争中的地位和作用，提出了积极发展文化产业的战略。广东省和深圳市提出了"建设文化大省"和"文化立市"的目标。广告业是文化与经济紧密结合的产物，在市场经济的运行中具有重要的地位，具有极为广阔的发展前景。

广告业是技术密集、人才密集、信息密集的高新技术产业，是一个国家和地区经济繁荣的象征，是品牌形象、城市形象乃至国家形象的表达，是智慧型、创新型的文化传播形式。广告业对于拓展市场、引导消费、传播文化具有重要的作用。在未来的全球化经济格局中，广告业将是竞争最为激烈的领域，是文化资源及其效能可能得到最大发挥的朝阳产业。

深圳市发展广告业的指导思想是：积极发展以特区经济为基础，以强势媒体为依托，以高新技术为载体，以高智人才为核心，以高品位文化为价值的良性循环的广告产业，使之成为具有区域市场占位优势、国际竞争力和文化辐射力的产业，在推动市场经济持续健康发展、全方位对外开放、树立国际化城市形象和形成核心竞争力方面发挥先导作用。

二、发展基础与格局（1979—2003年）

（一）深圳市广告业高速、持续发展

深圳市第一家广告公司成立于1979年。至2003年6月，累计注册广告经营单位2044家。现有广告经营单位和兼营广告经营单位1731家，其中媒体74家，全民广告经营单位126家，其中全民兼营单位63家，私营经营单位1351家，私营兼营单位87家，外资单位30家。广告从业人员10232人。深圳广告经营额从1995年的81754万元增加到2003年的482741万元，增长了5.9倍，2003年度深圳GDP达2878亿元，预计广告业占深圳国内生产总值（GDP）的1.85%。高于全国广告业占全国GDP平均水平1个百分点。深圳占全国广告总营业额将近4%。深圳的广告业产值超过全国其他25个省份和部分直辖市的广告产值。仅就城市来比较，深圳广告业产值在全国城市中居京、沪、穗之后排名第四位。而北京和上海两地平均的年人均广告费1064.5元，深圳市以常住人口504.25万人为基数，2002年人均广告费690.07元，仅为北京上海人均广告费指标的65%，这表明深圳市广告市场还有较大的潜力。

深圳市广告业是持续高速发展的产业，从1996—2002年，年平均递增速度25.15%，高于深圳市GDP年平均增长速度10个百分点，高于全国广告增长速度6个百分点，高于北京8个百分点，高于上海近6个百分点。广告营业额从1995年到2002年增长了3.26倍，而2002年深圳市GDP比1995年增长了1.81倍，广告业增长比GDP增长高出1.45倍。

（二）形成了以大众媒体为龙头的广告经营主体

深圳市广告业主要由媒体广告经营单位、广告公司和其他兼营广告业务的单位组成。根据深圳市工商局2002年上报国家工商总局的统计资料计算，2002年大众媒体（报纸、广播、电视、杂志、出版、互联网）广告营业额20.95亿元，占广告市场的60.2%。广告公司（包含户外媒体公司）经营额占39.21%。户外

广告约占全市广告经营总额的4.74%。如果从广告公司的份额中扣除这部分，非媒体广告市场份额为34.51%。

深圳市广告业以大众媒体及户外媒体为行业支柱产业。对比全国广告市场，平均媒体广告仅占全部广告经营额的43.81%，深圳媒体在广告市场中所占份额实际为64.9%，高出全国平均水平21%。

深圳大众媒体广告经营单位全部为国有资产，主要的户外广告公司也基本是国有资产。从注册的广告经营单位的绝对数量看，90%以上都是私营公司。登记注册的广告经营单位中不到10%的国有单位控制了深圳广告市场65%左右的份额。大众媒体广告中，报业广告占的份额最大，然后是电视广告，户外广告，广播广告，杂志广告。

深圳市媒体广告市场高度集中。2002年，大众媒体排名前5位的单位营业额总计15.5亿元。其中，深圳报业集团2002年广告营业额占全市媒体广告额43.11%，深圳广播电视集团占全市媒体广告额12.35%。排名前3位的户外广告公司：公交广告公司、机场公司、口岸公司共占户外媒体广告市场60%。至2002年，深圳有各类广告公司1100家，占广告经营单位总数的89.6%，但营业额在广告市场中所占的比重为39.21%。深圳市广告市场由国有大众媒体和户外媒体占绝对主导地位。

（三）广告公司由较高素质的文化人才组成，人才趋向于复合型，以设计制作为主，市场营销和品牌服务能力弱，呈现两极分化状态，非媒体广告经营单位规模小，竞争激烈，生存时限短，淘汰率高

按照2002年数据计算，深圳有1100家广告公司，广告公司年度营业额50万元以下的49.8%，50万元以上的41.98%。事实上，有54%的国有广告公司处于亏损状态。民营广告公司有19.6%亏损。2002年深圳广告业户均营业额的283.3万元（仅为上海户均营业额的64.84%）。深圳市大众媒体广告经营单位户均营业额为36743万元，非大众媒体广告公司户均营业额124.03万元，为深圳市广告经营单位平均营业额为43.75%。

深圳市广告公司每户从业人员2~70人不等。至2002年户均人数降至7年来最低，为6人。深圳广告业的人均营业额（除主要大众媒体以外）：国营广告公司人均23.77万元，兼营单位11.56万元；私营广告公司18.47万元，私营广告兼营单位10.89万元。

我们采取15%的比例，对结构相对完整的经营单位作抽样调查发现，深圳市广告经营单位创办者的平均年龄31岁，大专以上文化程度为89%，专业知识背景：新闻、传播及广告专业20.9%，市场营销、经济、管理专业26.4%，美术设计、工业设计等33.1%。企业员工的平均年龄28岁，大专以上文化程度者占72%，其中新闻、传播及广告专业19.8%，市场营销、经济、管理专业21.2%，美术设计、工业设计等27.3%，其他专业（如中文、法律、艺术、社会学、心理学、电子信息学等）31.6%。广告经营单位内部业务分工情况为：经营管理、客户服务、市场调研、广告设计、广告策划、广告制作、广告审查、媒介计划与购买、广告效果评估、广告业务员、文员。

从以上的数据可以看出：①深圳的广告业是一个年轻的行业；②广告业主要以承揽广告业务、广告策划设计和制作为业务主体；③人员知识结构以广告、市场营销、美术设计专业为主，趋向于复合型人才；④总体上在市场营销、信息、品牌管理等服务项目上能力较弱；⑤目前创办广告公司的人才的文化素质及业务能力比公司员工高一些，深圳广告业基本形成了高素质文化群体的雏形。

深圳市广告经营单位在全国的地位：报业广告经营排名中，深圳特区报业集团排名第二，而在中国广告协会2002年公布的营业额前100名的广告公司中，深圳市已名落孙山。深圳市至今没有建立起大型的具有综合服务能力的广告公司。

根据1979年以来的企业年鉴资料逐一统计，累计注册的深圳市广告经营单位有36.99%退出市场（注销、或消失）。退出市场的公司的平均生存年限是2.75年，其中有57.2%的广告经营单位在注册后一年左右的时间消失，80%的广告公司在4年内消失。

（四）广告业务高度依赖本地市场，广告服务以广告业务链的下游服务项目（设计制作与媒体发布）为主

深圳广告公司的本地业务量占经营业务总量的70%以上；有13.4%的公司业务来自广东省内范围；15.3%业务来自内地客户，1.6%的业务来自港澳台。

在业务类型方面，2002年广告公司的广告设计制作费用占53.37%，媒体发布代理费为26.05%，其他业务（市场调研、策划咨询、公关、形象礼仪、展览等）占20.58%。

在业务来源（服务行业）方面，主要广告客户依次是：房地产、人才招聘、食品、化妆品、医疗服务、药品、家用电器、电信、零售百货、服装、教育培训等。

（五）相关行业的发展

深圳印刷业对全市工业的贡献率达到5%，在29个工业行业中名列前茅。印刷业与服装、玩具、珠宝、钟表等其他六种产业一道，成为深圳七大传统支柱产业。目前印刷业年总产值164亿元。深圳已经成为全国重要的印刷产业基

地，深圳印刷业的总体工艺设计水平、生产规模和实力、印刷设备和技术、企业管理以及产品质量等指标，均在全国同行中名列前茅。印刷业不仅可以满足广告业的质量要求，市场也比较规范，广告制作成本合理，交货迅速。图书出版销售3.48亿元，文化娱乐业营业收入20亿元，音像制品和电子出版物销售2.7亿元。会展业总体规模及水平居全国前列。中国国际高新技术成果交易会成为深圳市会展业的"龙头"。住交会、光博会、珠宝展、服装展、礼品展、钟表展等本土品牌展迅速崛起。会展业年产值达5.5亿元，为相关产业带来的收益突破了45亿元。深圳信息化水平处于全国的前列。信息产业对GDP增长贡献率达50%，信息化已渗透到深圳人生活的方方面面。截至2002年，深圳互联网普及率达37.3户/百人，深圳全市移动通讯用户达605万户，每千人拥有计算机213.9台，每千人拥有电视机486.4台，家庭人均信息消费支出（通讯、娱乐、教育、文化等服务消费）占总支出比例22.6%，政府公共服务上网率30%，上网企业占企业总数比例30%。深圳的信息化指数名列全国前茅。其他如礼品制造业、游戏软件业等均有不同程度的增长（此段的部分数据采自深圳市文化立市报告）。

三、深圳广告产业结构及运行特点

（一）深圳广告业持续高速发展的基础原因

1. 深圳市经济的快速发展

从1979年至今，深圳市经过22年的建设，综合经济实力已经进入国内各大中城市前列。2002年全市GDP达到2390亿元，年平均增长15%，居全国城市第4位，人均GDP达到5558美元。

2. 深圳市人口快速增长，达到总人口700万，常住人口504.25万

城市加快规划建设速度。深圳市居民人均可支配收入达到23544元，人均消费性支出17809元，恩格尔系数下降到25%，人们的消费能力大大提高，消费结构发生改变，从日常生活用品转向房地产、汽车、教育、服饰、旅游、餐饮、化妆、医疗等消费。

3. 深圳对内对外贸易活跃，口岸经济特点突出，物流业、零售业、服务业兴旺

4. 大珠三角经济区格局开始形成

深圳处于大珠三角经济圈的纽带位置，周边延伸到广州、佛山、东莞、惠州、中山、珠海等经济发达城市，经济总量占广东省70%以上，人员流动快，消费能力强。

5. 香港经济结构转型，导致房地产业、商品零售业、服装加工业、印刷业等移师深圳及周边地区

香港居民在深圳就业和置业逐年增加。深港经济往来与合作更加密切。

(二)深圳市广告业基本上是一体经济主导下的城市广告业

1. 深圳广告业的基本性质

根据深圳市广告业发展的过程和已经形成的产业组织结构的特点，我们将深圳广告业判定为：媒体经济主导下的城市广告业。这个基本性质判断不仅说明了深圳广告业持续高速增长的根本原因及产业发展动力所在，也说明了深圳广告业的局限性和发展瓶颈。

2. 深圳的媒体经济

作为广告业主导力量的深圳媒体经济，在22年中表现出极为强劲的发展势头。首先是深圳报业经济体的扩张、竞争和整合；进一步是深圳广播和电视经济体的发展和整合。这两个媒体经济体，发展速度和资产营运实现了国内媒体经济发展的奇迹。其强劲势头和深圳市经济社会发展的总体水平是基本保持一致的。这里不排除大众媒体具有一定的垄断性经营的原因。在深圳市内依然活跃着其他媒体经济实体，如《证券时报》、《深圳法制报》、《南方都市报》、《广州日报》、凤凰卫视、南方电视、央视、湖南卫视等，与深圳本地媒体共同分割广告市场。

总体上说，深圳媒体主要是在本地发行和传播的，对于全国的广告市场还缺少辐射能力。

3. 城市发展与户外广告

深圳市从一个边陲小镇迅速发展到容纳700万人口的大城市，其建设速度在全国是最快的。随着人口和城市建设面积的扩大，城市建设水平的提高，口岸经济的发展，户外广告媒体的建设速度和建设质量也相应发展起来，成为深圳市广告业的另一个重要支柱。

4. 依附媒体且不断分化的广告公司

深圳的广告经营单位大多数是非媒体广告公司。这些公司主要是依附于媒体的代理、设计和制作公司，主要从事业务延揽、平面设计、工艺制作等。在广告业的整体技术流程（市场调研—营销策划—广告创意设计—广告制作—媒体代理—媒体策划—广告监测—品牌管理）中，处于中段位置。在广告业务流程的前后两端，深圳的广告业均没有强项。随着广告设计和制作技术的普及，人力资本提高，广告设计已经接近于平均利润，广告制作已经低于平均利润。加上广告设计更多依赖于个人的能力，深圳广告公司在经营高度竞争和媒体高度垄断的市场环境中，不断分解，不断组合，反复在低水平循环。

5. 媒体竞争和秩序决定广告业兴衰

在2000年左右，深圳组建了大型媒体集团。原先分散的媒体（多数是广告兼营单位）聚合到大型媒体集团中，从而推动媒体的广告经营额从1995年的42.34%，迅速上升为2000年的72.22%，回落以后仍然维持在2003年的60.2%的水平。深圳广告经营额从1999年的16亿元上升到2002年的34.79亿元，实现了翻番，主要是媒体经济对于深圳广告业的拉动作用。媒体集团化，实现了对深圳市媒体市场的有序控制。这包括：整合集团所属各个媒体的资源，对各个媒体的定位和市场功能作了清楚划分，扩充广告服务版面和类型，建立统一的广告经营管理中心，制定集团整体的广告战略，统一媒体广告价格和折扣政策，实行统一管理和自主经营相结合的管理模式，加强有效发行和扩大内容渠道覆盖，加强策划与客户服务，设计有效的广告包装，激励员工的业务开拓等等。大众媒体在集团化整合中强化了广告经营能力。

6. 户外媒体画地为牢

深圳户外媒体是点面线结合的资源分布。点拓展为面，主要集中在口岸、机场等地，公交、铁路沿线也是户外广告的集中地带。这些地段，均按照国有经营单位的辖区，划定了户外媒体的位置，实行垄断性经营；在主要交通干线，各商业点的户外广告资源才向社会招标经营。因此户外媒体分为两种：一类是自有媒体，一类是租用媒体。两者经营成本（主要是地租）差异很大。户外广告经营的动力主要是扩大自有媒体。户外广告牌申报设置审批手续繁杂，需要经过工商、城管、公交、规划部门的联合审批，因此处于户外广告资源相对紧缺的状态，即使在电脑喷绘制作利润大幅下降的情形下，发布费仍然维持着高额利润。户外媒体公司的经营活动主要是销售媒体发布，公司的组成基本上也以业务推销为主。

7. 广告公司开始显示上升势头，媒体主导局面并未改变

统计资料显示，2000—2002年，深圳广告业发生了新的变化。

（1）媒体广告经营比例逐年下降

媒体广告经营额在2000年达到广告营业总额72.22%的顶峰以后，开始逐

年下滑，2001年68.64%，2002年60.2%。

(2)广告公司经营份额上升

值得特别注意的是，广告公司营业额1999年至2002年在深圳广告营业额中的比例呈现上升的势头：1999年21.07%；2000年25.8%；2001年29.8%；2002年39.21%，其中户外广告营业额最近4年的上升平均值是9.78%。

在这几年中，没有大的外地广告公司进入深圳，外资也没有给深圳带来大量的广告业务。主要原因是，国有广告企业的效益和经营能力已经明显降低了。一些民营企业通过代理全国性的报纸电视广告、承包报纸栏目和电视节目、经营户外广告牌等扩大了营业额。

(三)深圳广告业发展的主要症结和机会

1. 问题与症结

(1)广告产业结构失衡

深圳广告业的基本产业结构是：大众媒体和户外广告媒体过度集中，广告公司过度分散，两大部类严重失衡。

(2)广告公司散、小、弱

主要外部原因是：第一，深圳地处香港和广州两大经济中心区的中间地带，缺少广告传播和市场营销的辐射力；第二，深圳外向型、来料加工、高科技、仓储物流业、能源等产业对于广告服务的需求有限；第三，缺少覆盖全国的强势大众媒体；第四，缺少跨国广告公司的投入；第五，城市文化发展相对滞后，缺少吸引广告创意人才的文化环境。

主要内部原因：第一，在媒体广告代理制不健全不规范的情况下，媒体扩张和自主经营压缩了广告公司的盈利空间；第二，广告业市场准入门槛较低，缺少雄厚资本投入；第三，广告业在产权结构和经营体制上没有建立现代企业制度，企业缺少资本积累，人力资源不断分解或流失；第四，缺少行业示范和引导，专业化分工程度及专业服务素质较低。

(3)本地广告业务量隐性流失

深圳市经济发展非常迅速，产生了三九、海王、太太、飞亚达、康佳、华侨城、长城、中兴、小护士、金威等一大批著名品牌。但是除了这些企业自办的广告服务部门以外，深圳缺少能够为著名品牌提供跨地区综合服务的大型广告公司。本地广告主在国内外的广告服务业务多数委托外地广告公司。目前支撑深圳广告市场的主要是在本地投放的广告量。

2. 机会与挑战

第一，深圳媒体积聚的经济实力可望转化为强势媒体的对外拓展实力，从而拓宽媒体广告市场空间。深圳的媒体单位必须深刻意识到，媒体改革势在必行，媒体经营部分与媒体宣传部分将作为企业和事业剥离。所有权和经营权也将明确划分开来。媒体经营的多元性的产权结构，媒体市场竞争的公平性是媒体市场的发展趋势。深圳的媒体市场在以往的行政控制下形成的卖方市场将在不久转变成买方市场。媒体与广告主、广告业务商的关系，也将发生改变。对于深圳的媒体来说，需要利用已经形成的经济优势和目前的政策优势，发展为具有全国竞争力的强势媒体，扩大对于全国市场的辐射力。

第二，深圳城市经济和社会发展提供巨大商机和潜力，这个基础条件如何转变为广告业发展的持续动力，关键是看深圳的广告业能否转变为打造本地区著名品牌并实行全面服务的广告业，不再依赖于当地媒体，大力拓展市场服务空间和领域。

第三，深港经济合作带动商品销售市场持续扩大和消费层次提升。深圳的广告业与香港广告业的竞争与合作，将成为新的主题。此项合作除了共同开拓两地及周边地区的消费市场以外，还包括引进香港跨国广告公司的业务和机制，改造深圳广告业成为国际性的成熟产业。

第四，本地品牌向国内外市场的拓展对广告服务的需求，为广告公司提供了巨大的商机和能力素质挑战。

深圳广告公司将发展重点转向市场营销服务，需要在相关服务领域建立信息数据系统，在全国范围内建立技术支援、业务支援合作联盟，以便于在全国乃至国际范围内的协调运作。

第五，国际广告资本的市场介入将随着深圳的经济地位的提升而发生改变。以往国际广告业将发展在华业务的战略重点放在北京、上海和广州等经济中心城市。由于 CEPA 模式的实行，国际广告业对于深圳地位的看法会发生转变。即使跨国广告公司在华业务的总部在短期内可能不会选择在深圳，但是它们的业务节点，分枝项目则完全可能进入深圳，这对于深圳的大量的专营性的广告公司来说，是一个重要的机会和挑战。

四、深圳广告业发展总体目标（2004—2010 年）

（一）深圳市广告业发展指标

根据深圳市经济发展和广告业发展的历史数据，在过去 7 年中，深圳市 GDP 增长幅度为年平均 14%，广告业增长幅度为 25.15%。广告增长量高于 GDP 的增长。根据这一发展速度，到 2005 年，深圳市广告营业额将达到 68 亿元，与 2002 年相比，实现广告经营翻两番的目标。到 2010 年深圳广告营业额将可能达到 209 亿元，人均广告额达到 1207.99 元，成为深圳文化产业的支柱行业。

(二)深圳市广告业发展的定位与阶段

1. 深圳市广告业发展定位

深圳市广告业目前是具有特殊优势、同时产业结构不合理的产业。产业结构不合理,将成为深圳市广告业发展的巨大障碍。深圳市广告业作为媒体经济主导下的城市广告业的性质,是历史形成的。未来的深圳广告业也只能从这个基点上发展。

未来深圳市广告业发展取决于如下因素:①深圳城市经济和社会的发展规模与水平;②深圳市和香港、广州等周边地区经济社会发展的关联;③深圳市经济结构调整以及国际化程度的提高;④深圳经济的辐射力和持续增长力。

深圳广告业将定位于从城市广告业发展为与区域性经济中心相配合的具有华南区域优势的广告业。

直接影响深圳广告业发展的变化因素是:①深圳媒体经济是否有能力突破地域限制成为跨区域、跨国的强势媒体,在更大的范围内拓展媒体广告市场;②深圳能否创造终端消费品名牌,并大力拓展国内外商品市场;③香港跨国传播媒体、跨国广告公司、媒体公司等是否在深圳登陆并拓展业务,实现本土化;④本土广告公司能否建立健全现代企业制度,实现资本和人才的有效配置,在营运管理方式及服务品质上走向国际化;⑤深圳市能否全面优化广告业的发展环境,特别是适合创意型产业发展的人文环境、法律法规及监管环境。

2. 深圳市广告业发展的阶段性目标

(1) 2003—2006 年

抓住进入 WTO 和实行 CEPA 的重大机遇,建立合理的广告市场经营秩序,创造比较完善的广告业发展环境,打造有强大拓展能力的强势媒体,培植具有综合服务能力的大型广告公司。形成以大型广告公司为龙头,以一大批专业性广告服务经营单位为协同的专业生力军,具备为高速发展的现代化国际化城市服务的能力,同时具备向周边经济区域扩张的能力,实现广告营业额翻两番的目标。

(2) 2006—2010 年

发展具有国际化竞争力的强势媒体和大型广告公司,在大珠三角地区以及粤深港澳经济合作区域建立国际化广告产业带,实现广告公司综合服务能力、品牌管理和营销推广能力的提升,创建国际型的大品牌,初步实现跨区域、跨国拓展的实力,形成一定的国际竞争力,成为深圳市文化产业的支柱行业。

五、发展广告业的基本要求

如果以 2002 年的 347967 万元的广告营业额为基数,以过去 7 年广告营业额平均递增率25.15%为标准,预测2003年至2010年的广告营业额,推算出到2005年深圳市广告营业额将达到682071.6万元,2010年广告营业额将达到2094040万元。历年的广告营业额推算(见图表1):

图表1 深圳广告营业额推算数据

年份	广告经营额(万元)
2003	435480.7
2004	545004.1
2005	682072.6
2006	853613.9
2007	1068298
2008	1336975
2009	1673224
2010	2094040

在广告经营额的增长幅度高于人口增长幅度的条件下,可以预期,深圳人均广告费也将有较大幅度的提高。

(一)媒体的广告经营

媒体广告经营的目标是:在打造强势媒体的同时,促成媒体广告资源的效益的最大化,实现媒体广告经营的多元化、专业化。

(1)媒体经济体在如今较为雄厚的经济基础上,从单一纸质媒体向多媒体经营跨越。第一步,以发展报业媒体为主,实行跨媒体经营、多领域发展。整合网络新闻网站资源,开发网络广告市场;在深圳市范围内实现更大范围和更多层次的整合。第二步,实现跨纸质媒体、电波媒体、音图像媒体的综合型媒体经济。同时采取兼并重组、合作联营的形式,实现多媒体兼营、跨地区经营,组成区域性的报业及其他媒体的集群。

(2)从媒体经济体中进一步分化出专营性的媒体策划、媒体设计与创意、媒体购买和媒体效果检测的营业机构,逐步实现媒体广告经营的专业化。

(3)整合有线电视网络资源,继续大幅度提高入网户数,形成对网络电视资源的最有效的控制和利用,从而较大幅度地开发电视及互动广告资源。

(4)开发广播电视的多种节目频道和节目栏目,采取制播分离的体制,培植一批影视广告、网络广告、动画广告策划制作公司。

(5)发展杂志广告市场。深圳目前杂志广告的发展水平还很低。在媒体广告市场上仅占0.68%的份额。随着城市白领人口的扩大,各类周刊、趣味杂志将有较大的市场发展空间。在媒体广告中,未来几年将是杂志广告获得较大幅度增长的时机。

（6）促成广告公司与媒体的深度合作。广告公司在伴随媒体发展的过程中，将从简单地购买媒体、推销媒体的依附性状态，成长为直接参与媒体的策划设计、市场运作的合作伙伴，进而发展出专营某一类媒体的广告代理公司。在今后几年内，随着媒体经营体制的改革，还将有广告公司参股或控股媒体，出现媒体和广告深度融合现象。

（7）建立合理的媒体广告市场秩序。深圳媒体市场将在未来成为区域性竞争的大市场。周边地带的媒体，跨国公司媒体，香港地区的媒体都将以各种方式进入深圳。仅仅通过集团化的行政管理模式控制媒体广告市场价格的做法，有可能受到市场竞争的挑战。但是，媒体从业单位在竞争中必将深刻意识到，任何在简单价格上的恶性竞争，对于行业整体利益来说，都将是严重的损害。必要的竞争秩序，必要的行业维护和必要的价格控制都将在竞争与协调的博弈过程中取得平衡。

（二）户外广告

户外广告的发展受制于城市建设规划和建设规模。深圳户外广告的发展目标是：抓住深港合作的机遇，抓住深圳地铁、轻铁、跨海大桥、高速公路、城市中心区、大型商圈、住宅社区、旧村改造等建设契机，全面规划，合理布局。

发展户外广告要在高标准、高技术的引领下，通过透明、公开、公平的原则，规范户外广告的规划、投标、建设、经营、监管，使户外广告在取得较高的经济收益的同时，成为城市的一道亮丽的风景线，美化环境，创造经济繁荣氛围，传播精神文明。

（1）首先是打破按照行政区划、单位所有制模式规划户外广告的旧体制的做法，将规划与经营场地所有、场地租让和场地使用分开，用经济契约方式规范市场行为，减少行政干预，解除划地为牢的桎梏。

（2）对户外广告设置、竞投标等提出规范化的技术和程序要求，修订深圳市户外广告管理办法和有关的规定。

（3）对"四家联审，一票否决"的审批制度进行改革，根据不同行政部门的管理权限，将规划、审批、检查、监测职能区别开来。

（4）实行分片、分层管理、主要责任管理的新体制。

（5）对户外广告建设和发布价格实行监督。

（6）努力通过科技攻关开发新的户外广告媒体。

（三）广告公司

深圳广告业发展关键是能否建立大型的综合服务的广告公司以及一批有专业化特色的广告公司。

1. 综合服务型广告公司的建立

(1) 引进跨国公司

迄今为止综合服务型的广告公司多半集中在上海、北京，少数在广州。此类公司的业务往往遍及全国范围乃至亚太地区和欧美。1990年代初期，跨国广告公司进入中国本土，至今排在全国广告公司前列的均是此类公司。在2003年至2006年间，跨国广告公司将获得控股和独资权利，可以预见，大型广告公司在国内的发展还将大幅度提升。

跨国广告公司的优势在于：丰富的市场经验、全球信息与技术支援网络、成熟的操作规范、快捷而严谨的市场服务。跨国公司的弱点在于地方社会性资源和本土文化根基薄弱。为了弥补缺点，跨国公司加紧了本土化过程。深圳引进跨国广告公司，有利于本地广告业市场规模的扩大，有利于本土广告业的素质提升。政府需要对跨国广告业的引进采取积极态度，给予相当于外资高新技术企业的优惠政策。

(2) 扶持民营的综合服务类广告公司

过去广告公司零散化的主要原因是没有建立一套现代企业制度，以及人员素质低。要采取扶持和引导相结合的政策，消除任何产权歧视，在法律法规下一切经营单位权利平等。进行广告公司的资质评级，推动广告公司的市场分层，从市场分层中孕育出综合服务型公司。

2. 发展各类专业型广告公司

发展重点是：广告业的市场调查、数据信息服务、品牌管理、整合营销策划、广告设计、影视及多媒体制作、媒体策划、广告效果检测、媒体传播测量等专营公司；同时也鼓励发展跟踪行业的专营广告公司。这些公司共同组成广告经营生态，形成专业互补的协调发展格局。

目前深圳市比较空缺的广告业，如会展业、直销广告业、邮递广告业、网络广告业以及行业专营的广告也有发展前景。

(四) 广告管理

优化广告业的发展环境主要是指：优化政策环境、法律法规环境、文化教育环境，充分发挥社会中介和行业协会的作用，加强广告监管与行业自律。

1. 优化政策环境

明确深圳市发展广告业的基本政策是：以促进广告市场和广告行业更快更好的发展为第一要务，在发展中实施科学监管，推动广告市场和广告经营活动走向规范化，切实保障市场主体和消费者的权益，使广告业进入高速健康发展的轨道。

(1) 积极引进外资和培育大型广告公司,形成深圳广告的龙头企业

重点扶持有实力的综合性广告公司,明晰产权关系,建立现代企业制度,保障投资权益和知识产权权益,鼓励成立基于有法律保障的明晰产权关系基础的股份制、有限责任制、合伙人制的广告企业,鼓励员工持股计划的实施,限制在广告国有企业推行承包制,鼓励广告企业经过法定程序的资产转让或并购。

(2) 逐步放开对广告经营范围的限制,缩小特许经营权范围

除广告发布权外,在具体广告形式的设计、制作、代理等经营范围的确定方面,可以更为宽松灵活。

(3) 实行有利于广告人才专业素质提高、合理流动的政策

通过广告人才资质认证制度,确定优秀广告人才为高新科技人才或高级专家人才,提供有利于这些人才在深圳的落户、工作的政策服务。积极从国内外引进杰出的广告高级人才。重点扶持本地高等院校的广告专业,使之成为高水平的广告人才培养基地。

2. 优化法律法规环境

要根据国家的广告法律法规,因地制宜地建立健全深圳广告法规体系,改变法规建设滞后现状。重点在广告经营单位的资质准入条件、资质和信誉评估、户外广告管理、广告税收管理、广告代理制、广告审查制等关键制度建设。

(1) 确定广告经营单位的资质标准,总体上趋向于提高市场准入标准

广告经营资质标准既重视硬件指标,也重视软件指标。开展广告企业的信誉评估。关于企业的金融信贷信誉、履行合同信誉、服务质量和业绩信誉、经营合作信誉、知识产权信誉、公益贡献信誉、纳税信誉等均需要予以评估并通过一定形式向社会披露。信誉评估与资质评估应当同时并举,互为作用,引导企业通过诚信服务获得长效收益。

(2) 调整广告行业的税种,减少不合理的行政性、政治性税种,如考虑将文化事业建设费转为公益广告基金。

(3) 改革现行的户外广告联审制度

将规划与设置审批划分开来。所有规划方案,要通过城市建设委员会及其专家委员会技术审核,还要通过有关政府部门的集中会审,上报深圳市政府或市人大,成为法定文件,向社会公布,以此作为户外广告建设与经营活动的蓝本。所有在规划内的户外广告位都要区别不同情况,或者按照申请时间排序,或者采取公开竞标和投标方式取得经营权。凡是通过竞投标合法程序的户外广告建设与经营单位必须在规定时间内完成建设和发布。合法树立的户外广告除了投保以应对自然灾害风险外,在被行政管理拆除时还有权获得经济赔偿。对深圳市户外广告的设立和经营实行分级分片管理。

(4) 按照国际通行惯例推行广告代理制

在商业诚信的道德基础和金融信誉基础上进行。在媒体市场积极引入竞争机制，监控、遏制不规范竞争（如竞相杀价、黑箱折扣），实行严格的媒体价格监督。实行公开代理价格，允许发展媒体集中购买业务，发展独立的媒体传播效果测量中介服务。

(5) 建立广告审查监测中心

为政府的监管服务，集中监测违法违规广告。同时可以为广告主提供广告效果监测服务。与高等院校研究机构合作，加强广告审查员业务素质培训。在重点的广告企业设立专职广告审查员，并规定主要负责人为遵守广告法规的第一责任人。对违法广告不仅要加以处罚，还要在资质评级时扣分。加强对医药卫生、教育留学、金融保险等广告的审查。设立广告审查仲裁投诉机构，处理有争议的广告。

3. 优化文化教育环境，实施广告人才发展战略

广告业是高度依赖于高素质人才的创意性产业，而高素质人才又非常需要良好的地方文化环境和创意氛围。深圳市是一个年轻的城市，创造活力有余，文化底蕴不足。这在很大程度上影响到对创意性人才的吸引。为了优化文化教育环境，聚集一大批优秀的广告创意性人才，特提出以下建议。

(1) 政府高度重视广告人才的培养

深圳大学 1989 年创办了广告学本科专业，是国内高校中最早开办广告学历教育，被教育部高教司和同行认可为在国内保持领先的专业。从 1990 年招生，至今培养了 9 届毕业生共 247 人，目前在校本科生 357 人，每年招生和毕业的人数均在 80~100 人。1997 年以来深圳大学广告学专业毕业生大多进入国内高素质广告公司和跨国广告公司，或进入媒体集团，或自主创业，获得过亚太区、全国广告比赛的许多奖项，在业内显示出较强的专业实力。深圳职业技术学院的设计专业、印刷专业也是深圳广告业人才的重要基地。深圳市高等院校的广告教育，有能力为广告业培养大批高素质人才。政府对于大学的广告专业的发展与建设要给予重视，支持并引导大众媒体、高素质广告公司积极参与广告专业的建设，为学生提供实习基地。政府要对高校广告专业加大投入力度，努力将广告专业办成省级名牌专业和重点学科。

广告业是一个学习型的竞争行业。从业人员需要根据广告业的实际发展，持续接受继续教育，广告岗位培训非常重要。国际著名的广告公司都非常重视广告人员的岗位培训，并创造了多种行之有效的教育模式。过去培训工作仅限于广告协会集中举办，也仅限于广告审查员培训的内容。今后培训工作要将师资范围扩大到大学的广告学者、资深广告专家、国际广告大师等。业务培训内

容也要大大扩展到广告业务的各个环节，提升到广告文化和广告科学的层面。培训方式逐步国际化，培训机构和培训计划都需要专门化和常规化，争取在 2005 年建立比较健全的和国际同步的广告从业人员培训体系。

根据国家高等教育改革的精神，鼓励通过国际融资、社会融资，创办有独立产权和法人资格的国际广告学院。新型的广告学院，要坚持走国际化的专业学院的路子，在课程设置、教学内容、教学方式方法、培养模式等方面完全按照国际先进标准，同发达国家的广告学院合作，积极培养未来适应国际化竞争要求的广告人才。同时也要积极探索开展 MBA 广告教育的可行性。

政府需要将优秀的广告人才纳入高新科技人才和高级经营管理人才的范围，他们可以享受高级专家的待遇，可以评聘高级职称。

（2）要积极引进杰出的广告人才，特别是国际化的优秀的广告经营管理人才和广告策划创意人才

广告协会可以设立年度广告经营奖和年度广告创意奖，推出自己的广告杰出人才。

（3）政府要有意识地为广告业造势，高度重视广告在扩大城市影响力，提升城市形象，提高文化品位和美化环境方面的重要作用

①举办各种国际性的广告节、影视艺术节、广告技术展、广告创意大赛、广告摄影展、广告高层论坛等，形成浓厚的创意性文化氛围。

②政府积极引导，通过各种形式的公益广告宣传精神文明：扩大公民对公益广告的参与程度，建立公益广告基金，开展公益广告大赛，在媒体上规定公益广告的固定的发布比例，以公益广告的参与程度作为广告公司资质评估的重要条件。

4. 加强广告监管与行业自律

（1）对广告经营主体实行分级监管

根据广告经营主体的资质和信用水平，将广告经营单位进行分级。对不同级别的经营主体采用不同的监管方式。对于那些信用记录良好的企业，监管部门可以实行免监管、少监管、虚拟监管。对于违法的经营主体，增加监管力度和频率。

（2）利用科学手段监管，建立全市统一的广告监测中心

开发设计先进的资信评估系统和管理信息数据处理系统，将现有的审批监管转变为评估性监管。对广告效果实施科学测定。建议设立开放式办公窗口，接受企业主和消费者投诉。完善广告审查员制度，通过相关的行业自律守则与法规条例，实现规范性经营。

（3）提高城市公共设施管理水平，彻底解决乱涂写、乱投放、乱摆卖、欺诈

广告、文化污染等问题

（4）高度重视做好广告经营情况的信息收集和统计工作

目前广告业的信息搜集和统计分析存在着较大的问题。统计口径不一致，方法不统一，数据不落实的情况还难以杜绝。政府需要根据国家企业统计规定及广告业的具体情况，明确制定一套科学规范的统计指标体系，并指导各个企业统一统计口径，严格按照指标体系进行统计。工商行政管理部门，要尽快将广告管理系统电子化，形成联网的动态管理。

（5）深化体制改革，广告协会逐步与政府脱钩，发挥行业协会的独立的社会团体法人作用

广告行业协会主要职能包括：团结同业人员，代表行业的利益，建立行业规范和自律原则，规划和推动行业的整体发展，对广告业进行资质评估，开展行业培训，提供行业信息，促进专业交流，参与制定行业发展规划与政策和法规，建立行业规范和行业自律，开展国际交流与合作，吸收、引进先进技术、设备和管理经验等。过去有些归政府管的事情，如广告监管审查、调解广告纠纷等业务，需要逐步移交给广告协会，使广告协会更有权威性和凝聚力、更具代表性。

结语

深圳广告业走过了20多年的历程，现已形成了自己的行业结构和经营特点。在未来的发展过程中，如何突破产业结构的瓶颈，如何面对进入WTO以后的市场竞争，如何利用深港合作的契机，快速推进产业优化组合，如何从根本上提高经营素质、管理水平，如何建设一个有利于发展创业的制度和文化环境，如何寻求到健康、高速、持续发展的道路，如何拓展自己的发展空间，形成跨区域发展的强劲力量和创新动力，都是摆在广告经营单位、政府和广告人士面前的课题。本规划在系统调研的基础上，提出了关于深圳广告的基本判断以及发展建议。配合本报告的还有：

附件一 深圳市广告行业历史与现状分析

附件二 深圳广告产业结构分析

附件三 深圳广告业竞争力分析

附件四 深圳广告业政策法规与监管分析

以上四个专项报告，作为对发展规划的论证，同时提供政府决策参考。

本规划以及所附的四个研究报告中的所有资料数据，如未征得本课题组同意，不得公开发表和引用。

附件一

深圳市广告行业历史与现状分析报告

本报告将从广告行业的总体状况、广告产业在国民经济中的比例变化、广告行业内媒体业的发展与现状、专业广告公司的发展与现状等方面全面描述深圳广告行业的历史与现状。

本课题采用了定量调查与定性研究相结合的方法，所有资料全部由课题组直接收集，在使用前对相关资料进行了针对来源及科学性的反复研究与核实。在课题研究过程中，所有主笔人员都直接参加了实地调查，亲自整理各类调查资料，通过文献研究，收集和整理了大量的现有文献资料，并进行甄别和筛选，经过去粗取精后提供给课题组全体成员，保证了资料的共享。

本课题组对工商局广告管理的有关档案进行了研究，设计了一套信息详细、便于查找和随时进行动态管理与分析的广告经营单位管理数据库，并对1979年以来所有注册的广告经营单位的注册及历年的年检资料进行标准化处理，建立了具有近9000条信息的广告经营单位管理数据库。

课题组通过实地考察、深度访谈及焦点小组座谈会等方式，对广告公司、媒介广告部、广告主等相关机构进行了大量的访谈，并对访谈及座谈会录音资料进行整理和归类，通过大量定性研究，发现了很多现象背后的深层原因，为广告规划的制定提供了翔实的第一手资料。

本报告是在大量定量分析及定性研究基础上写成，深圳市广告发展规划中的所有观点都有调研报告的支持，广告发展规划建立在扎实的调查研究基础上。

本报告所使用的数据主要来自以下几个部分。

（1）本课题组对深圳市自1979年有第一家广告公司以来所有登记注册的广告公司的原始资料及历年的年检资料的整理，并按照一定的结构做成数据库后的各项统计资料。该数据库由近9000条信息组成。但是这些原始资料都是广告公司自己在申报材料中填写的资料，当中可能与实际情况有一定的误差，但是目前广告行业的所有统计资料都是来自广告公司自己申报的材料，从资料来源讲，途径是相同的，因此当中的误差可以看成系统性误差。

（2）深圳市工商局自1995年以来向国家工商总局上报的各项统计资料，该资料的来源经核实也来自广告经营单位自身填报的资料。

(3)外地比较资料,如北京、上海的相关资料均采用国家工商总局发布的统计资料,这些资料的来源与深圳资料的来源雷同,统计口径也一致。

(4)课题组对深圳的广告公司、媒介广告经营单位、广告主等有关广告各方的深度访谈及焦点座谈会资料。

(5)课题组对广东省广告协会、广东省工商局、广州市广告协会及工商局、上海市工商局及广告协会、北京市工商局及广告协会、国家工商总局及广告协会的深度访谈资料,并对各地相应广告管理法律法规作了比较研究。

(6)课题组设计的对深圳市广告公司及广告主的抽样调查资料。

一、深圳广告市场的总体描述

根据国际惯例,衡量一个国家或地区广告业的发展状况通常使用的指标是:①广告经营额占国内生产总值的比例;②广告经营总额;③人均广告费等。公认的判断广告行业发展的阶段用"广告经营额占国内生产总值的比例"。本文按照国际通用的标准对深圳20多年来广告行业的总体情况做出如下判断。

(一)广告行业处于成长阶段

深圳广告行业自1979年第一家广告公司登记注册到2003年6月,先后有2044家企业注册专营或兼营广告业务。广告营业额以高于GDP增长速度的速度快速增长,广告行业成为公认的朝阳产业。从80年代初经历15年的发展,到1995年广告营业额占GDP的百分比达到1.03%,基本进入了成长阶段,1997年后广告营业额占GDP的比例稳步提升,到2002年达1.55%,①处于行业成长时期,相当于香港及台湾1993年左右的程度,比全国平均水平高出7~10年的时间(见图表1)。

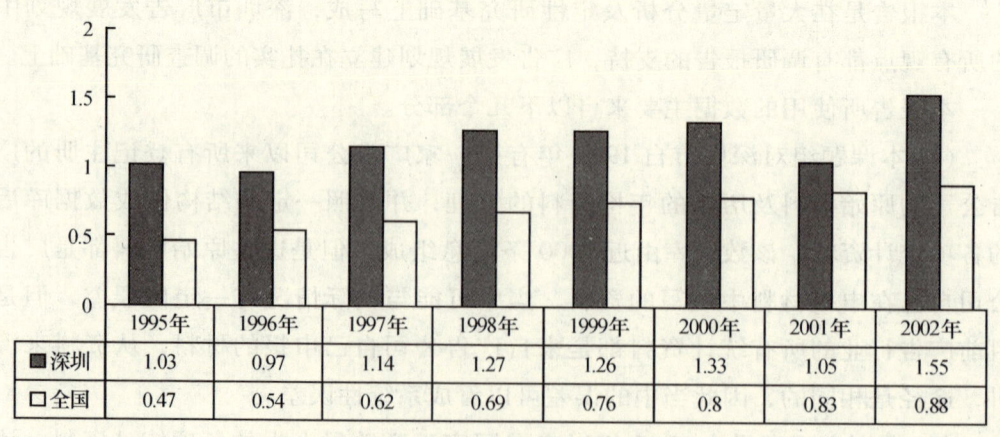

图表1 广告营业额占GPD比例变化(%)

	1995年	1996年	1997年	1998年	1999年	2000年	2001年	2002年
深圳	1.03	0.97	1.14	1.27	1.26	1.33	1.05	1.55
全国	0.47	0.54	0.62	0.69	0.76	0.8	0.83	0.88

(二)广告行业高速发展

深圳广告行业高速发展表现在广告营业额的迅速增长,人均广告费用稳步提高,广告经营单位数量的急剧增加及广告从业人员数量的膨胀。

1. 广告营业额迅速提高

深圳广告经营额从 1995 年的 81754 万元增加到 2002 年的 347967 万元,增长了 3.26 倍,北京同期广告营业额增长了 1.44 倍,上海同期广告营业额增长了 2.31 倍,单从增长速度上讲,深圳 1995 年至 2002 年广告营业额的增长速度比北京和上海都快,增长速度远远超过了深圳国内生产总值(GDP)的增长速度,(2002 年深圳 GDP 比 1995 年增长了 1.81 倍),广告业属于高速增长的朝阳行业。

但是深圳广告营业额增长不稳定,历年递增率波动比较大,2001 年出现负增长,2002 年比上一年增长了 72.86%,出现了大幅度的飞跃。深圳广告营业额的变化情况及与北京、上海的比较见图表 2(注:图表 2 是以 1995 年的广告营业额为比较基点,每年营业额以上一年为基数计算)。

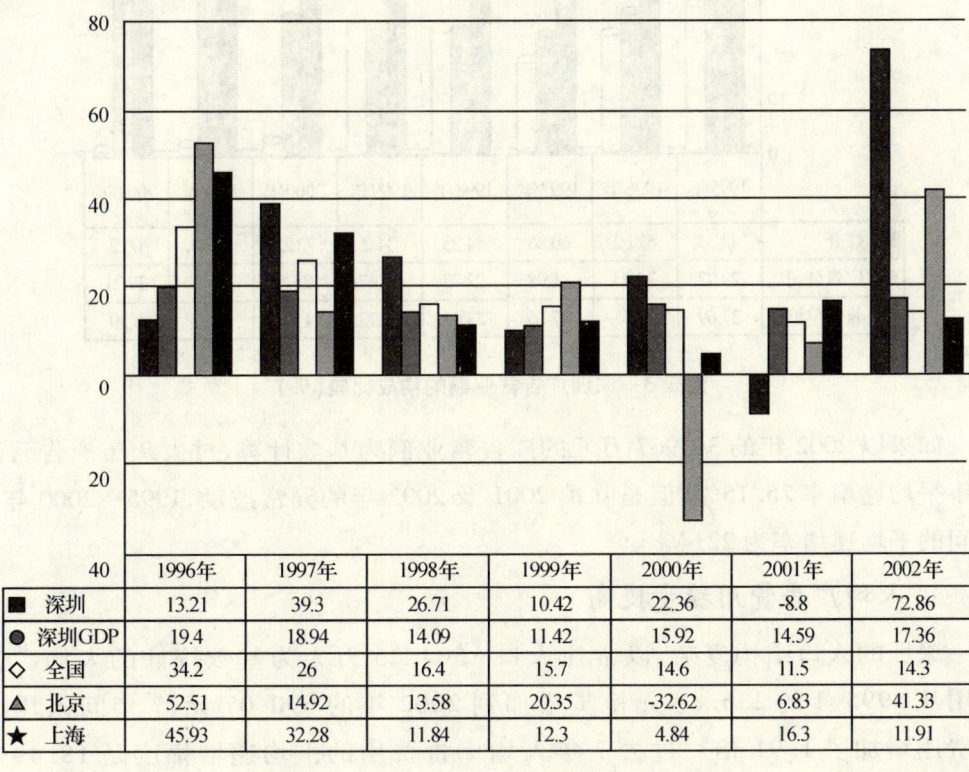

	1996年	1997年	1998年	1999年	2000年	2001年	2002年
■ 深圳	13.21	39.3	26.71	10.42	22.36	-8.8	72.86
● 深圳GDP	19.4	18.94	14.09	11.42	15.92	14.59	17.36
◇ 全国	34.2	26	16.4	15.7	14.6	11.5	14.3
△ 北京	52.51	14.92	13.58	20.35	-32.62	6.83	41.33
★ 上海	45.93	32.28	11.84	12.3	4.84	16.3	11.91

图表 2 广告营业额每年递增状况比较(%)

2. 媒介为主导，广告公司的营业额呈上升趋势

在深圳广告营业额中，媒体一直占主导地位，广告公司在2000年以前所占市场份额大约为四分之一，还有四分之一被广告兼营单位占有。2000年以后，广告兼营单位的营业额大幅度下降，广告公司营业额在行业中的比例逐渐上升，媒介广告营业额在2000年达到高峰（占72.22%）后逐渐回落。到2002年深圳广告营业额中媒体占60.2%，同期上海广告营业额中媒介只占26.63%，全国广告行业经营额中媒介占43.81%。

媒体广告占广告市场比例见图表3：

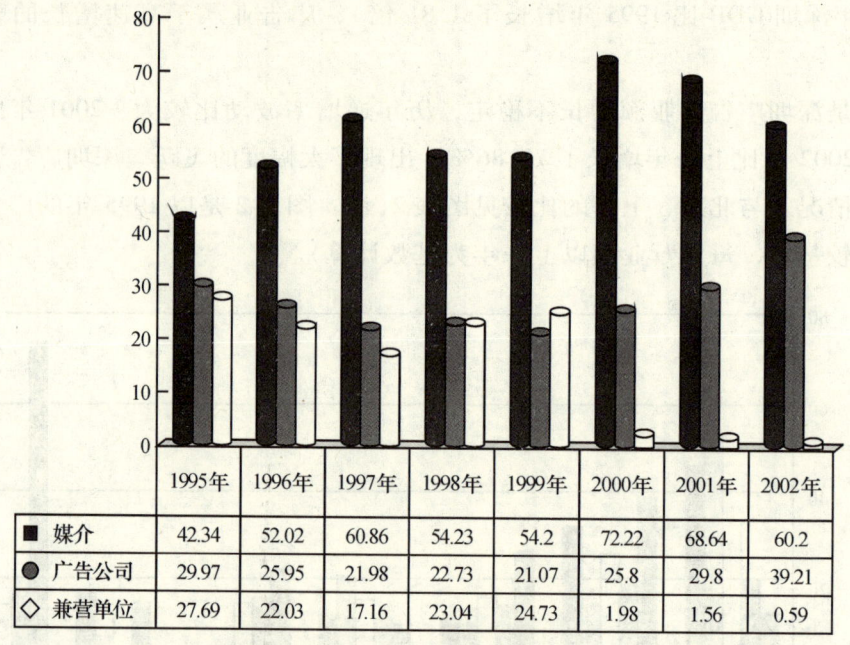

	1995年	1996年	1997年	1998年	1999年	2000年	2001年	2002年
■ 媒介	42.34	52.02	60.86	54.23	54.2	72.22	68.64	60.2
● 广告公司	29.97	25.95	21.98	22.73	21.07	25.8	29.8	39.21
◇ 兼营单位	27.69	22.03	17.16	23.04	24.73	1.98	1.56	0.59

图表3 深圳广告营业额的构成比较(%)

如果以2002年的347967万元的广告营业额为基数计算，过去7年广告营业额年平均递增率25.15%，但是除掉2001及2002年的异常波动，1995—2000年5年间的平均递增率为22.4%。

3. 人均广告费用稳步提高

深圳的人口结构复杂，以常住人口[②]504.25万人为基数统计的人均广告费用从1995年的236.89元稳步增加到2002年的690.07元，7年间人均广告费用增加了1.91倍。过去7年人均广告费用的平均递增幅度是18.49%（详见图表4）。

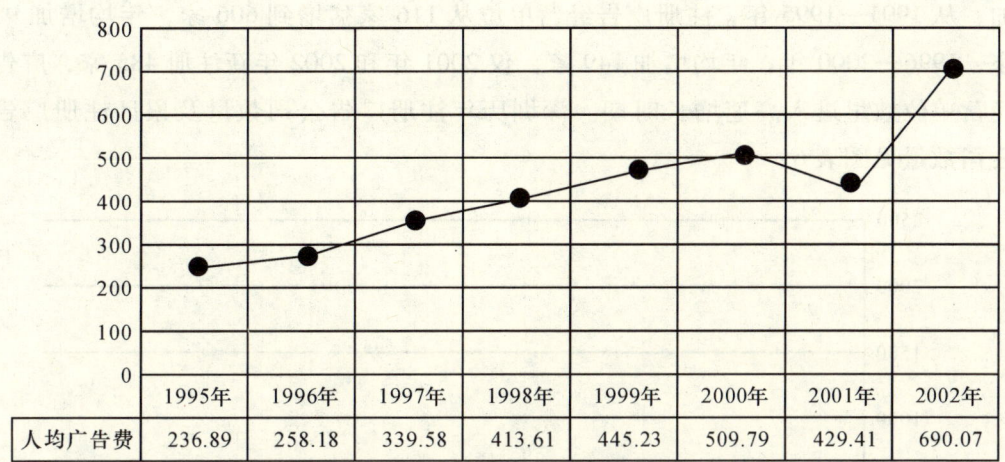

图表4　深圳人均广告费的变化情况（单位：元）

深圳人均广告费远低于北京和上海。上海1997年人均广告费已经达到857元，1999年已经达到1155元，接近目前深圳人均广告费的两倍。2002年上海人均广告费1091元。北京人均广告费1999年达到724元，2002年达到1038元。如果我们将北京上海两地视为中国广告的一线城市，以2002年水平计算，两地平均达到的人均广告费是1064.5元。深圳仅仅达到一线城市人均广告费指标的65%。这意味着深圳广告市场与一线广告城市的经济总量相比还有很大的距离（见图表5）。

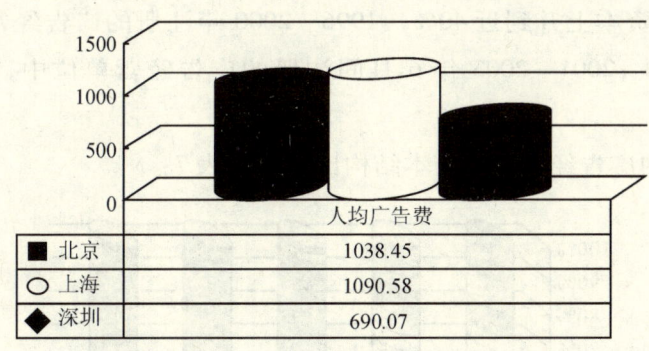

图表5　2002年深圳人均广告费与上海北京比较（单位：元）

4. 广告经营单位数量急剧增加，私营单位成为主体

深圳广告经营单位数量急剧增加，2002年广告经营单位有1228家，其中广告公司1100家，兼营广告企业71家，媒介经营单位57家。从1979年第一个广告公司注册到2003年6月份，深圳先后注册了2044家广告经营单位，1990年以前的10年里仅有103个广告经营单位注册，1991年之后广告经营单位大幅度增

加,从 1991—1995 年,注册广告经营单位从 116 家猛增到 606 家,年均增加 98 家,1996—2000 年,年均增加 149 家,仅 2001 年和 2002 年新注册 485 家,广告经营单位数量进入高速增长时期。深圳历年注册广告公司数量及累计注册广告公司数量见图表 6:

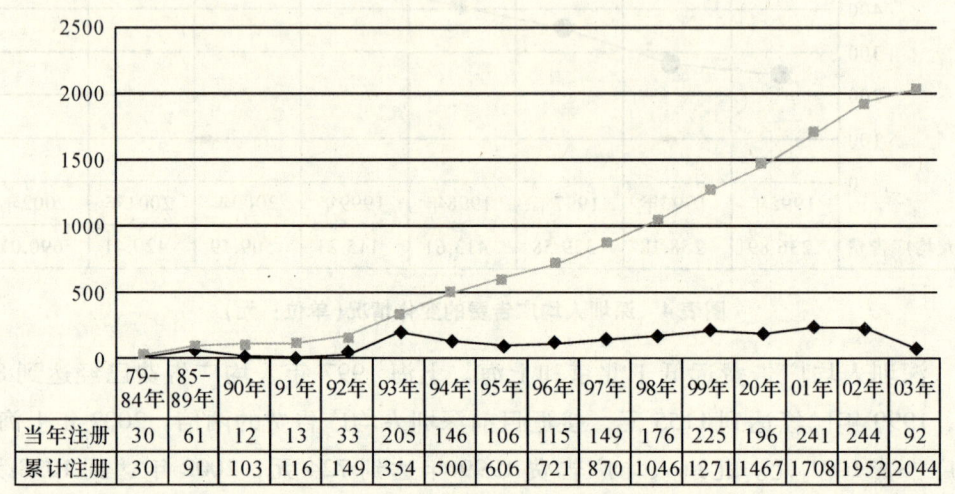

	79-84年	85-89年	90年	91年	92年	93年	94年	95年	96年	97年	98年	99年	20年	01年	02年	03年
当年注册	30	61	12	13	33	205	146	106	115	149	176	225	196	241	244	92
累计注册	30	91	103	116	149	354	500	606	721	870	1046	1271	1467	1708	1952	2044

图表 6　深圳历年注册广告公司数量比较(单位:个)

深圳广告经营单位的资本结构由国有为主逐步转向民营为主。1990 年以前注册的广告经营单位中,国营兼营及国营专营广告经营单位占注册数量的 70% 以上,国营资本是广告行业的主体。1990—1995 年注册的广告经营单位,国有资本降到半数,私营资本上升到近 40%。1996—2000 年注册的广告经营单位,私营资本占到 80% 以上;2001—2003 年 6 月间注册的广告经营单位中,私营资本占到 94.7%。

各年注册的广告经营单位资本结构比较见图表 7:

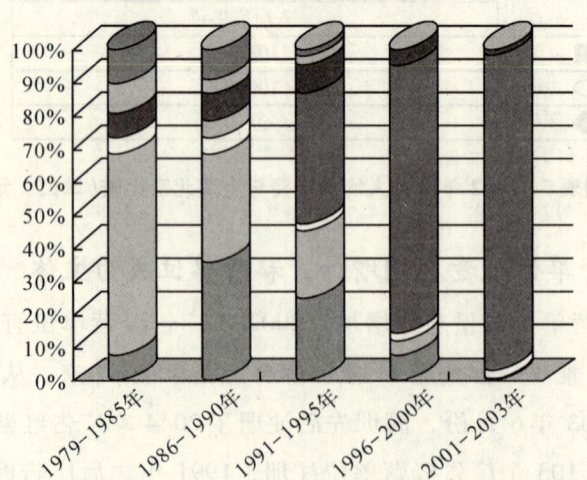

	1979—1985 年	1986—1990 年	1991—1995 年	1996—2000 年	2001—2003 年
☐ 8 其他	0	1.2	0.2	0.1	0
● 7 联营企业	9.5	7.1	1.7	0.7	0.2
◇ 6 外商投资企业	9.5	4.7	2.6	0.2	0
▲ 5 私营兼营	7.2	8.2	7.8	3.8	1.2
★ 4 个体、私营	0	4.7	39.7	80.8	94.7
✿ 3 媒介	4.8	4.7	1.9	1.9	2.6
◆ 2 国有兼营	59.5	32.9	20.3	4.2	0.3
★ 1 国有	9.5	36.5	25.8	8.3	1

图表 7　各年注册广告公司资本类型比较(%)

5. 从业人员数量不断增加，从业人员素质略有提高

1995 年以来深圳广告从业人员数量逐年以相近的幅度递增，到 2002 年达到 8584 人③，除了 2001 年外，其他年份深圳广告从业人员的增长速度均高于上海。从深圳广告从业人员的学历角度看，大专以上文化程度人员比例略有提高。对 2002 年提供年检资料的 1116 个广告经营单位从业人员进行统计显示，大专及以上文化程度者占 70.2%④。这些公司注册时从业人员中大专以上文化程度人员比例占 67.96%。

广告公司人员数量变化情况见图表 8：

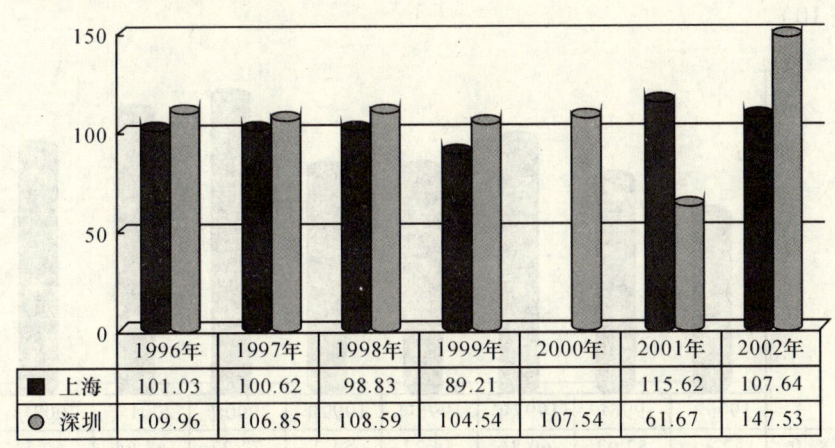

	1996年	1997年	1998年	1999年	2000年	2001年	2002年
上海	101.03	100.62	98.83	89.21		115.62	107.64
深圳	109.96	106.85	108.59	104.54	107.54	61.67	147.53

图表 8　广告行业从业人员变化情况(%)

二、媒体广告的发展

(一)媒体数量略有增加

深圳广告媒体中，电视台的数量由 1995 年的 3 家增加到 2002 年的 11 家，其中 2001—2002 年间增加了 5 家电视台。报社数量由 11 家增加到 15 家，杂志社由 32 家下降到 29 家，2001—2002 年间又下降了 4 家。2001—2002 年是媒体变化比较大的一年。

深圳各类媒体单位的变化情况见图表 9：

图表9　　　　　　　　深圳各类媒体数量变化情况统计表

	电视台	电台	报社	杂志社	合计
1995年	3	2	11	32	48
1996年	5	2	10	31	48
1997年	5	2	13	32	52
1998年	5	1	14	33	53
1999年	5	1	13	32	51
2000年	6	1	13	35	55
2001年	6	2	14	33	55
2002年	11	2	15	29	57

（二）媒体广告是广告市场的主体

第一，深圳媒体广告营业额主要指媒体的广告发布量，衡量的主要指标是占广告市场营业额的比例。媒体广告营业额在1995—2000年呈波动式逐渐上升的趋势，2000年达到高峰（2000年深圳媒体广告营业额15.94亿元，占当年全部广告营业额的72.22%）后逐渐回落，根据深圳工商局2002年上报国家工商总局的统计资料计算，2002年媒体广告营业额共20.95亿元，占当年广告营业额的60.2%。1995—2000年，年均增幅10.34%。2000—2002年，年均降幅9.5%（见图表10）。

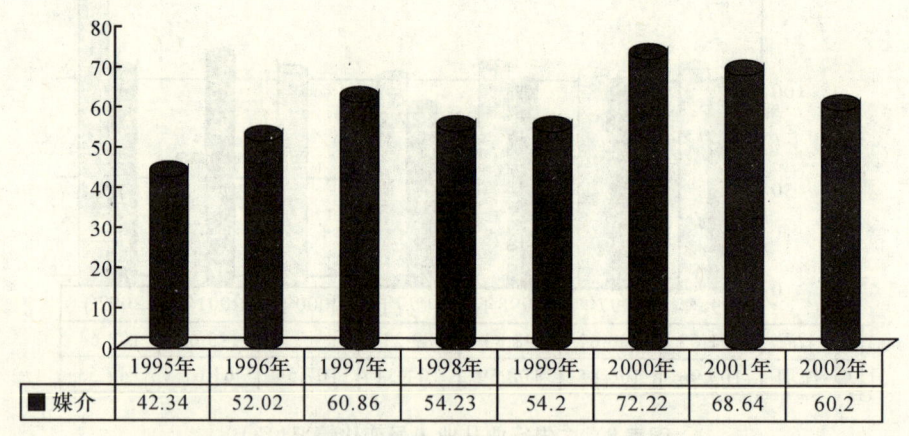

图表10　深圳媒体广告营业额占广告市场的分额(%)

第二，户外广告在统计中没有归入媒体广告额。其主要经营单位均为广告公司。但是从技术角度说，户外广告牌也是一种媒体。从1999年以来户外广告营业额在媒体中一直排名在第3位，仅次于报纸和电视的广告营业额。到2002年，户外广告营业额已经达到1.63亿元。

第三，与全国广告市场状况相比，深圳的广告市场主要由媒体广告市场拉动，媒体广告居于主导地位。其主导的比例幅度，大大高于同期全国一线城市的广告市场水平（见图表11）。

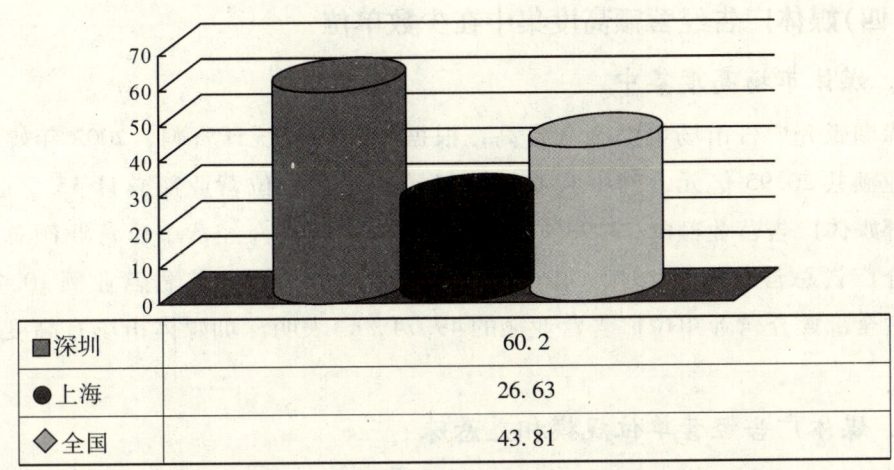

图表 11　媒体广告营业额占全部广告营业额比较(单位:%)

(三)报业广告是媒体广告市场的主体

报业广告是媒体广告的主体,1995 年以来,报纸媒体占媒体广告市场份额的 70%～80%,1998 年占 80.47%。此后逐渐回落,到 2002 年报纸媒体广告营业额占媒体广告市场份额的 71.36%,广告营业额达到 14.95 亿元。电视媒体广告营业额呈稳步上升的趋势,由 1995 年的 9.32% 逐步上升到 2002 年的 22.18%,电视广告营业额达到 4.65 亿元。

各类媒体市场占有情况历年变化统计见图表 12:

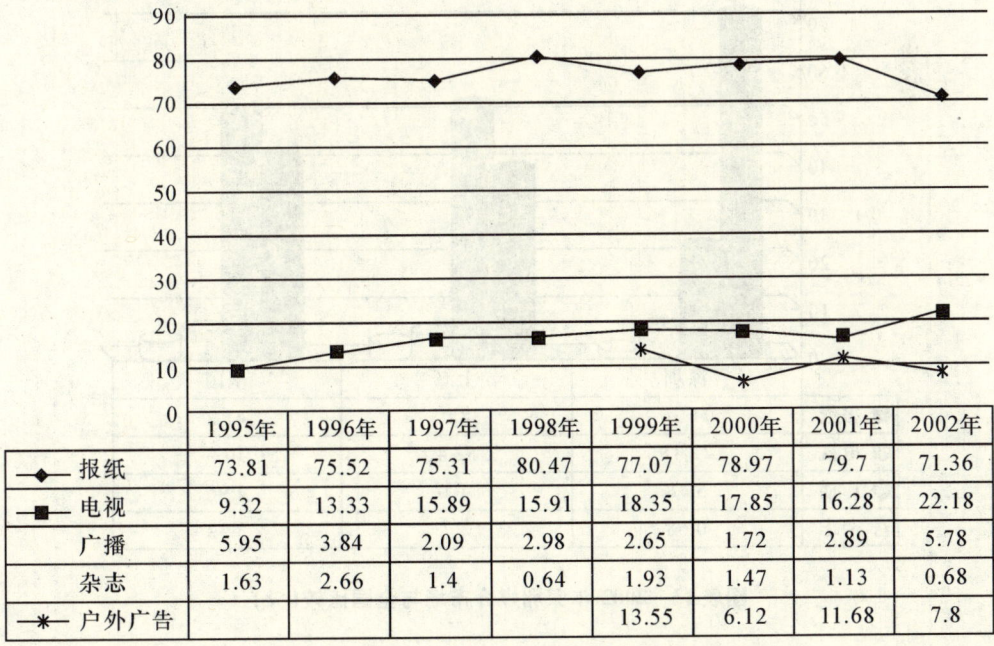

	1995年	1996年	1997年	1998年	1999年	2000年	2001年	2002年
报纸	73.81	75.52	75.31	80.47	77.07	78.97	79.7	71.36
电视	9.32	13.33	15.89	15.91	18.35	17.85	16.28	22.18
广播	5.95	3.84	2.09	2.98	2.65	1.72	2.89	5.78
杂志	1.63	2.66	1.4	0.64	1.93	1.47	1.13	0.68
户外广告					13.55	6.12	11.68	7.8

图表 12　1995 年以来不同媒介营业额比较(%)

(四)媒体广告经营额高度集中在少数单位

1. 媒体市场高度集中

深圳媒介广告市场集中度非常高,根据工商局的统计资料,2002年媒体广告营业额共20.95亿元,其中营业额上亿元的5个单位营业额总计15.5亿元,占全部媒体广告营业额的73.98%,其余86.36%的媒介经营单位营业额总计只有媒介广告总营业额的26%。排名前3位的媒介经营单位广告营业额10.42亿元,占全部媒介营业单位广告营业额的49.74%,表明深圳媒体市场有高度的集中性。

2. 媒体广告经营单位规模相差悬殊

媒介广告经营单位注册的正式员工最多的有91人,最少的只有1人,80%的经营单位从业人员不足10人,60人以上的媒介广告经营单位只有深圳特区报、深圳商报和深圳晚报三家。媒介广告部一般临时聘用拉广告的业务人员,流动性比较大。

2002年深圳57家媒介经营单位中杂志有29家,但是杂志的广告营业额仅占媒体广告市场的0.68%,远低于全国的平均水平(全国杂志广告营业额占媒介广告营业额的3.32%)。深圳与上海及全国的比较见图表13:

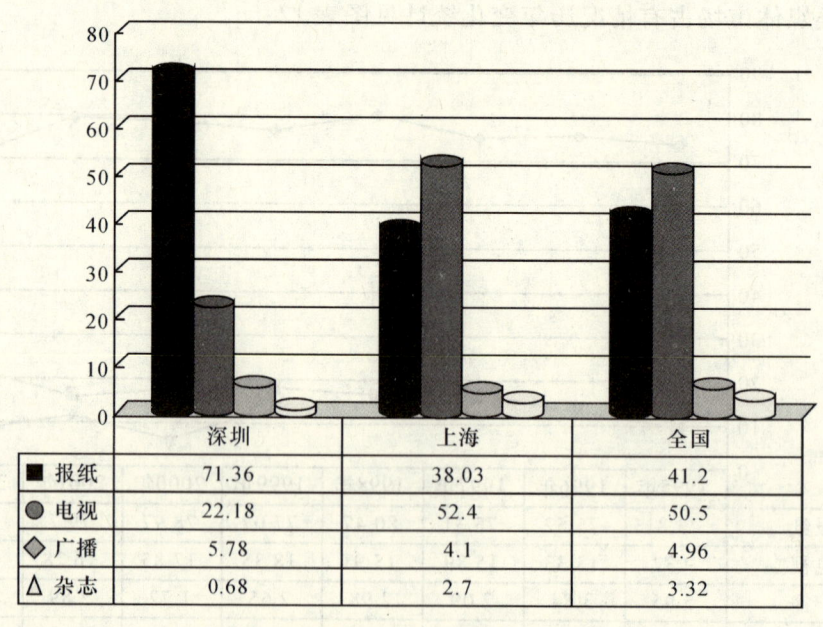

图表13 2002年深圳媒介市场与全国比较(%)

三、广告公司的发展状况

(一)广告公司数量多,规模小

广告公司在数量上是广告经营单位主体,2002 年深圳广告经营单位共 1228 家,其中广告公司 1100 家,占广告经营单位的 89.6%。

深圳广告公司的数量增长非常快,1995 年深圳有 294 家广告公司,到 2002 年已经拥有 1100 家,7 年间广告公司数量增加了 2.74 倍。

1995—2000 年间,广告公司从业人员数量逐年增加。2001 年从业人员数量比上一年锐减了 40%,而广告公司数量却增加了 189 家,出现了比较反常的集中解体现象。

虽然广告公司从业人员数量不断增加,但是增幅低于广告公司数量的增加,表现出广告公司平均规模不断缩小的趋势,1995 年广告公司户均人数 13 人,至 2002 年户均人数缩小到了 6 人,这是非常值得关注的问题。

2002 年深圳拥有 1100 家广告公司,但是大部分规模比较小,从业人员在 2~70 人之间,其中从业人员 10 人以下的公司占 67.4%,人员规模达到 50 人以上的只有 0.7%,广告公司从业人员中位数是 8 人。1995—2002 年广告公司规模的变化情况见图表 14。

图表 14　　　　深圳 1995—2002 年广告公司数量比较

年份	广告公司数量(户)	广告从业人数	户均人数
1995 年	294	3852	13
1996 年	336	4291	13
1997 年	424	4780	11
1998 年	539	5563	10
1999 年	652	6209	10
2000 年	790	7313	9
2001 年	979	4392	4
2002 年	1100	6592	6

(二)私营资本成为广告行业的主体

深圳广告行业的资本结构由国营向私营转化。分析新进入广告行业的资本类型发现,20 世纪 80 年代进入广告行业的资本以国营资本为主,20 世纪 90 年代后，私营资本进入广告行业的比例快速提升，1991—1995 年间注册的广告经营单位中私营资本占 51.8%，1996—2000 年间注册的广告经营单位中私营资本占 89.6%，2001 年至今注册的 544 家广告公司中有 541 家是私营资本，私营资本成为广告行业的主要资本来源。各时期进入广告行业的资本构成见图表 15：

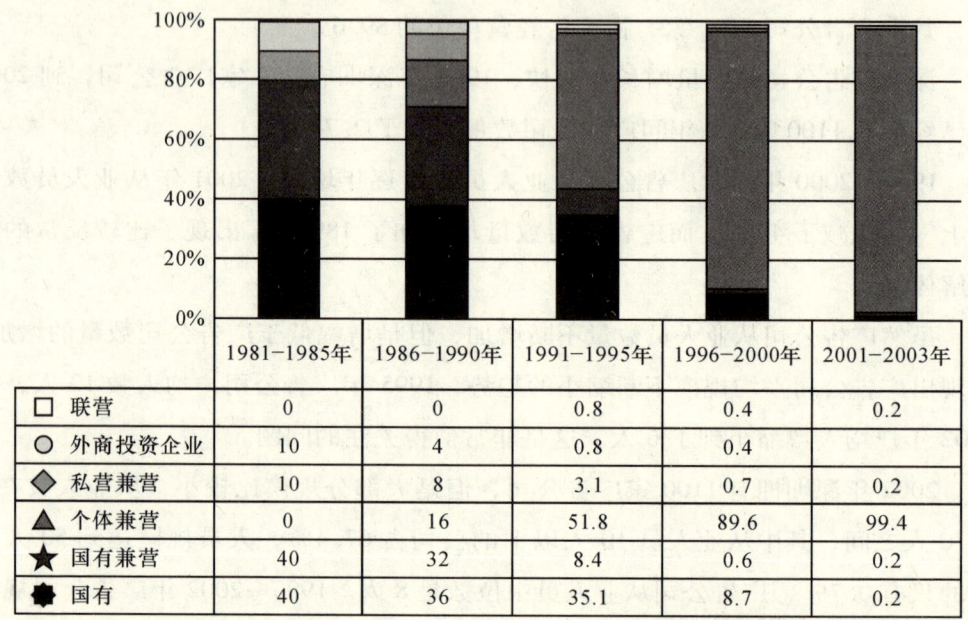

	1981–1985年	1986–1990年	1991–1995年	1996–2000年	2001–2003年
□ 联营	0	0	0.8	0.4	0.2
○ 外商投资企业	10	4	0.8	0.4	
◇ 私营兼营	10	8	3.1	0.7	0.2
△ 个体兼营	0	16	51.8	89.6	99.4
★ 国有兼营	40	32	8.4	0.6	0.2
● 国有	40	36	35.1	8.7	0.2

图表 15　不同时间进入广告行业资本类型比较(%)

(三)深圳广告公司营业额份额偏小

从全国范围而言，作为广告业主体的广告公司注册数量呈上升趋势。广告公司的营业额在广告市场中的比重也不断提高。截至 2002 年，深圳有各类广告公司 1100 多家，占广告经营单位总数的 89.6%，在数量上占广告经营单位的主导地位，但是广告公司的营业额在广告市场中的比重为 39.21%，远低于媒体所占营业额的 60.2%。

1. 广告公司营业额在广告市场中份额呈弧线趋势

1995—1999 年之间深圳广告公司营业额基本处于稳步下降的趋势，2000 年后逐步上升，2002 年达到 39.21%，最近三年稳步上升。平均年增长 23.17%，其中 2002 年比上年提高了 31 个百分点，出现了比较大的飞跃。广告公司营业额的变化情况见图表 16：

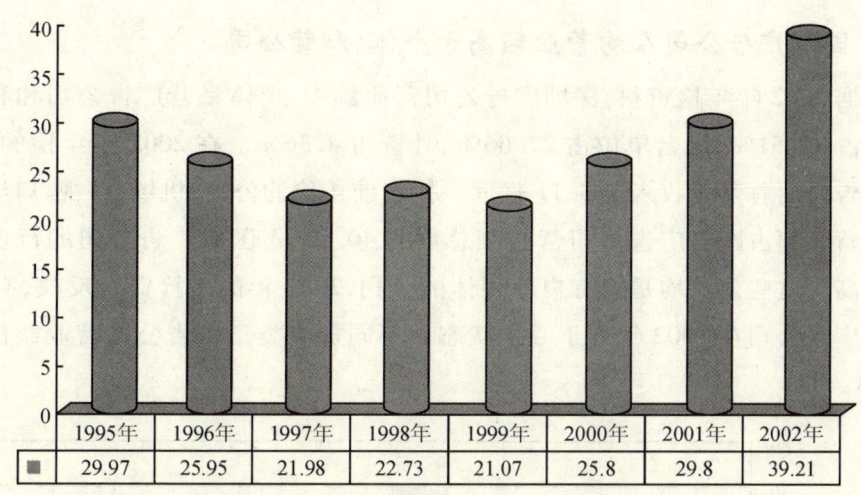

图表16　深圳广告公司营业额占广告市场份额变化比较(%)

2. 广告公司平均营业额低

不同资本类型的广告公司的经营规模表现为营业额除以公司数量后的平均值。国营广告公司2002年平均营业额是357.47万元，个体私营广告公司2002年平均营业额是206.46万元，外商投资公司2002年平均营业额是442万元。2001年深圳广告经营单位户均营业额是176.88万元，2002年户均营业额是283.36万元。对比上海广告经营单位户均营业额：2001年为424万元，2002年为437万元。深圳广告经营单位的户均营业额仅为上海的64.84%，说明深圳广告经营单位总体上经营规模小于上海。广告经营单位中由于媒体营业额比较高，使广告经营单位的户均营业额高于广告公司的户均营业额。

深圳的广告公司户均营业额远低于媒体广告经营单位，2002年广告公司的户均营业额只有124.03万元。广告公司户均营业额的变化见图表17：

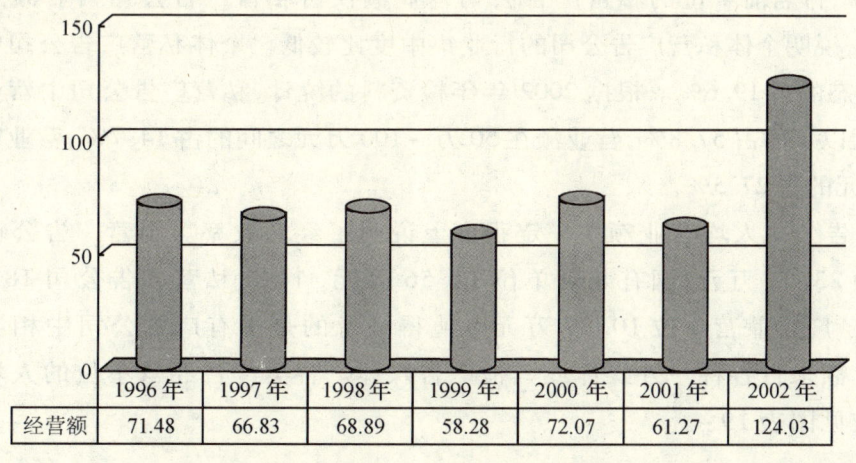

图表17　深圳广告公司户均营业额变化(单位：万元)

3. 国有广告公司人均营业额高于个体、私营公司

根据2002年年检资料,深圳广告公司营业额中,个体私营广告公司和私营兼营单位占72.51%,国营单位占22.66%,外资占4.36%。在2002年年检的87家国营广告公司总营业收入是3.11亿元。排名前4位的公交、机场、深视、口岸广告公司的营业额占国营广告公司营业额总数的40.19%,国有广告公司的行业集中度比较高。这些公司均是拥有户外媒体的公司,2002年的年检资料反映,有54%的国营广告公司在2002年处于亏损状态。不同资本类型广告公司营业额比重见图表18:

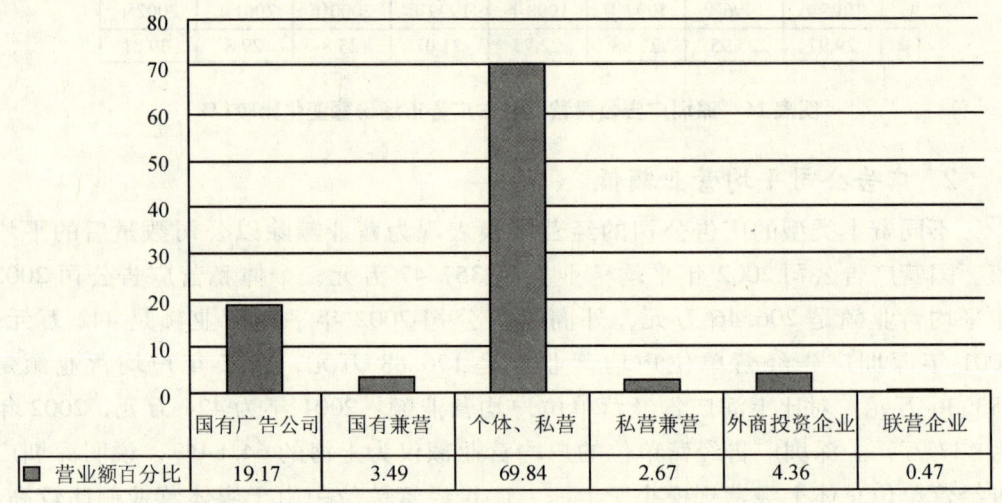

图表18 2002年不同资本广告公司营业额占广告公司总体百分比

2002年年检的805家私营广告公司营业额占广告公司营业额的总量的69.84%,排名前4位的私营广告公司营业额仅占私营广告公司营业额总量的9.58%,说明个体私营广告公司的行业集中度比较低。个体私营广告公司中处于亏损状态的占19.6%。根据2002年年检资料的统计,私营广告公司中营业额在50万元以下的占57.8%,营业额在50万~100万元之间的占14.7%,营业额超过100万元的占27.5%。

广告公司人均营业额在一定程度上说明了经营效率。国营广告公司人均营业额23.77万元,国有兼营单位11.56万元,个体、私营广告公司18.47万元,私营广告兼营单位10.89万元。值得注意的是国有广告公司中相当比例的营业额来自各种户外媒体或其他广告媒体。各类广告经营单位的人均营业额比较见图表19:

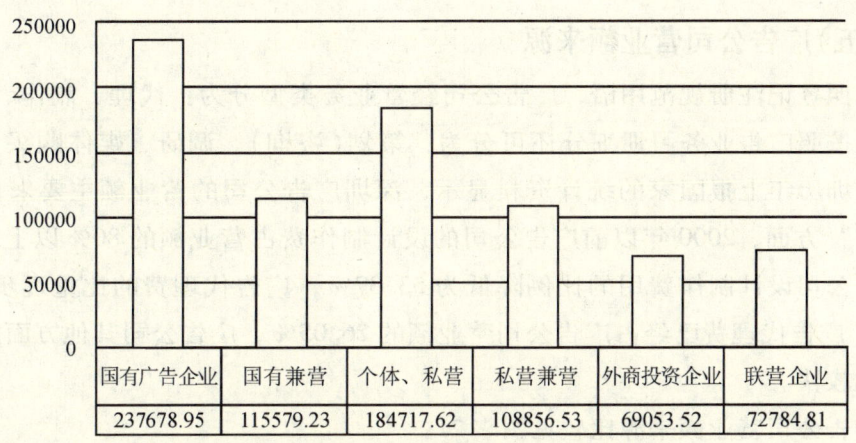

图表19　2002年人均营业额比较(单位：元)

(四)广告公司消失率比较高

从1979年注册第一家广告经营单位起到2003年6月，共注册了2044家广告经营单位，到2003年6月止申报2002年年检资料时不存在的公司被定义为已经消失的公司。根据对全部公司从注册起历年年检资料的跟踪核查，至2002年年检时，有1228个经营单位存在，756个经营单位消失，有60个经营单位更名。消失的经营单位占全部注册单位的36.99%。

对于消失的经营单位，从注册到最后一次年检的时间定义为生存年限。经过对2044个注册过的经营单位的逐个核查统计发现，到2002年年检时已经消失的756个经营单位平均生存年限是2.75年。已经消失的广告经营单位中有57.2%是在注册后一年左右的时间消失，有80%消失的广告经营单位是在4年内消失。

逐个跟踪不同年代注册的广告经营单位存活时间发现，到2003年6月，1991—1995年之间注册的广告经营单位中有58.85%已经消失，1996—2000年注册的广告经营单位中也有40.53%已经消失。2001年注册的241家广告经营单位，到2002年底已经有44家消失，占当年注册单位的18.26%，可见深圳广告行业表现出高速度膨胀与快速淘汰的特点。

不同年代注册的广告经营单位到2003年6月消失的情况见图表20：

图表20　　　　深圳广告经营单位注册与消失的情况比较(单位：个)

	注册数量	消失数量	消失率（%）
1981—1985年	37	20	54.05
1986—1990年	65	34	52.31
1991—1995年	503	296	58.85
1996—2000年	861	349	40.53
2001年	241	44	18.26

(五)广告公司营业额来源

按照登记注册规范用语,广告公司经营业务类型分为:代理、制作、设计、发布。按照广告业务习惯细分还可分为:策划(咨询)、调研、媒体购买、营销等。深圳历年上报国家的统计资料显示,深圳广告公司的营业额主要来自"设计制作"方面,2000年以前广告公司的设计制作费占营业额的80%以上,2002年广告公司设计制作费用的比例降低为53.37%,广告代理费的比重逐步增加,2002年广告代理费已经占广告公司营业额的26.05%,广告公司其他方面的费用增加比较快。

广告公司营业额来源比较见图表21:

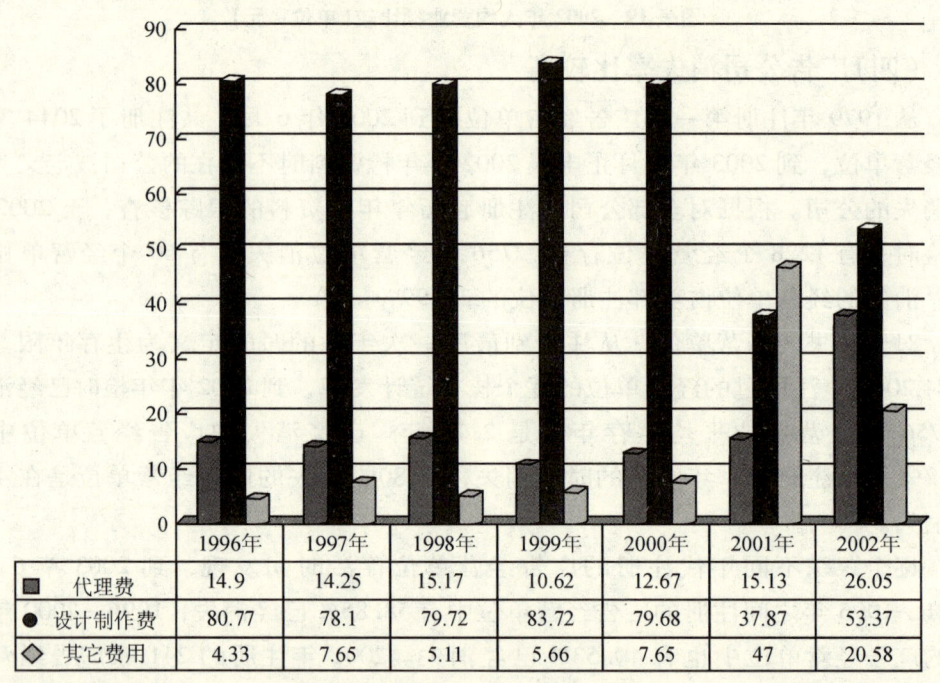

	1996年	1997年	1998年	1999年	2000年	2001年	2002年
■ 代理费	14.9	14.25	15.17	10.62	12.67	15.13	26.05
● 设计制作费	80.77	78.1	79.72	83.72	79.68	37.87	53.37
◇ 其它费用	4.33	7.65	5.11	5.66	7.65	47	20.58

图表21 广告公司营业额来源比较(%)

(六)深圳广告公司主要业务来源

1. 本地市场提供了主要广告业务来源

深圳广告公司以本地客户为主,根据抽样调查结果⑤,深圳广告公司营业额中有约70%来自本地客户,13.4%来自广东省内客户,15.3%来自内地客户,1.6%来自港澳台客户,0.14%来自国外客户。

2. 主要广告业务行业

根据深圳市工商局每年向国家统计局提交的统计,1999年以来的深圳广告业务来源主要是房地产、家用电器、电信、零售业等。2000—2002年房地产广告量在整个广告投放量中的比例呈递减趋势，由2000年的29.81%下降到2002年的18.03%，在食品、药品、化妆品、医疗器械、家用电器等领域广告量都有下降趋势，而"其他"类广告量逐年递增，说明国家统计局的分类项目已经越来越不适合深圳本地的市场结构，到2002年"其他"类营业额已经占到60.53%（见图表22）。

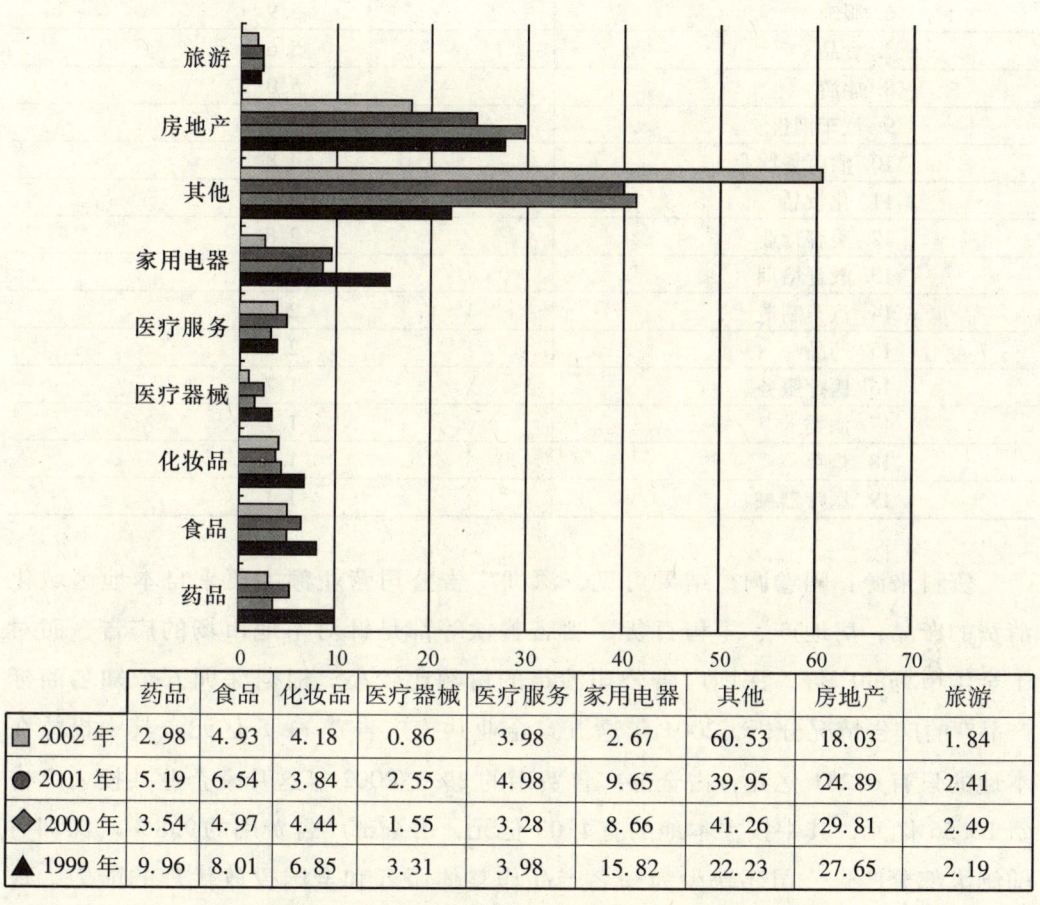

	药品	食品	化妆品	医疗器械	医疗服务	家用电器	其他	房地产	旅游
■ 2002年	2.98	4.93	4.18	0.86	3.98	2.67	60.53	18.03	1.84
● 2001年	5.19	6.54	3.84	2.55	4.98	9.65	39.95	24.89	2.41
◆ 2000年	3.54	4.97	4.44	1.55	3.28	8.66	41.26	29.81	2.49
▲ 1999年	9.96	8.01	6.85	3.31	3.98	15.82	22.23	27.65	2.19

图表22　1999年以来广告营业额的行业来源（%）

为了细分深圳广告营业额的来源，抽样调查中对广告营业额来源进行了细致的划分。根据问卷调查显示，接受访问的广告公司中2002年营业额主要产生的行业，排名前5名的是房地产、家用电器、电信、零售百货、服饰等行业。食品、旅游、汽车销售、酒店餐饮等行业分别排在第6~10位，成为深圳广告营业额的重要来源（见图表23）。

图表 23　　　　　　　　　2002 年深圳广告公司营业额来源

行业	选择公司百分比
1. 房地产	16.2
2. 其他	14.0
3. 家用电器	9.8
4. 电信	7.3
5. 零售百货业	6.4
6. 服饰	5.9
7. 食品	5.6
8. 旅游	5.0
9. 汽车销售	4.8
10. 酒店餐饮业	4.8
11. 化妆品	4.2
12. 美容行业	2.8
13. 教育培训	2.8
14. 汽车制造	2.2
15. 药品	2.0
16. 医疗服务	1.7
17. 酒类	1.7
18. 烟草	1.7
19. 医疗器械	1.1

资料来源：问卷调查结果可见，深圳广告公司营业额主要来自本地区域化消费的产品，房地产、零售百货、酒店餐饮等都是针对本地市场的广告，而对于全国市场的广告，深圳广告公司涉足的份额比较小。根据深圳五个知名商标产品⑥的广告情况分析，2001 年这五家企业共投广告费 11.5 亿元，其中投放在本地的只有 0.231 亿元，占全部广告费用的 2%；2002 年这几家企业共投入广告费 10.56 亿元，其中投在本地的有 1.03 亿元，占全部广告费用的 9.8%。深圳目前绝大部分广告公司还缺少为知名产品作整体服务和全国投放代理的能力，致使本地很多知名产品广告服务需求的是外地公司。

根据对 141 家企业的抽样调查⑦，2001 年有 126 家企业接受了广告公司的服务，其中 122 家企业接受过本地广告公司的服务，占企业总数的 96.8%。但是从接受广告公司数量分析，2002 年共有 314 家广告公司为 126 家企业服务，其中 276 家本地广告公司，占服务广告公司数量的 87.9%。从服务内容看，企业全权委托广告公司设计制作及代理投放的占调查企业的 24.6%，多数企业（56.1%）需要广告公司协助完成设计制作等部分工作，企业直接找媒体投放。可见企业与媒体直接合作的方式在深圳还比较普遍，这是广告市场不成熟的必然结果。

结语

上述统计数据及简要分析结论,用以支持深圳市广告业 2004—2010 年发展规划及相关主题分析报告。关于 2003—2010 年深圳市广告业发展的市场规模预测,主要采用两个指标:广告营业额和人均广告量,作为本报告的附录部分以资参考。

附录

深圳广告业 2003—2010 年广告营业额推算

以正常年份的增长率 22.4% 为标准预测 2010 年的广告营业额,推算出到 2005 年广告营业额能够达到 638091 万元,2010 年广告营业额能达到 1753030 万元[8]。如果依据学者对全国广告营业额估计的增长速度推算,深圳 2005 年广告营业额可以达到 51.55 亿元,2010 年广告营业额可以达到 99.26 亿元。历年的广告营业额推算(见图表 24):

图表 24　　　　深圳广告营业额推算数据　　　　(单位:万元)

年份	推算广告营业额 1[9] (+22.4%)	推算营业额 2[10] (+14%)
2002(基数)	347967	347976
2003	425912	396693
2004	521316	452230
2005	638091	515542
2006	781023	587718
2007	955972	669998
2008	1170110	763798
2009	1432214	870729
2010	1753030	992632

附件二

深圳市广告产业结构分析报告

本研究报告试图在全面考察深圳市广告产业的现行结构的基础上,梳理出影响深圳市广告产业进一步发展的主要因素和目前业内存在的主要问题,有针对性地提出促进深圳市广告产业组织合理化的对策或建议,促使深圳市广告产业组织形成有效竞争的合理化态势,实现令人满意的市场效果。

一、深圳市广告产业发展水平的一般性考察

广告产业的服务性、依赖性表明广告产业的规模和结构受制于国民经济的整体发展水平。一个城市的广告业的发展水平不仅取决于这个城市的经济规模,而且与这个城市在区域经济中的位置密切相关。考察世界广告业的发展状况我们发现:凡是广告业比较发达的城市,无不都是区域乃至世界的经济中心、文化中心以及媒体集中地。

从中国广告业目前的发展状况来看,2002 年全年广告营业额 903.15 亿元,其中北京 148 亿元,占全国广告营业额的 16.38%,上海 146 亿元,占全国广告营业额的 16.16%。可见,广告产业具有明显的区位集中性。

与中心城市相比较,深圳市广告产业的发展水平则存在比较大的差距。2002 年,深圳市广告营业额为 34.8 亿元,占全国广告营业额的 3.85%,占深圳市 GDP 的 1.55%,无论是绝对量还是相对量都与深圳市国民经济的发展水平和在全国的经济地位不相匹配。同时,也说明深圳市广告产业存在很大的发展潜力和空间。

二、深圳市广告产业的市场结构

广告行业的竞争和垄断程度在很大程度上影响着广告企业的经营行为。我们将从两个方面来考察深圳市广告市场的垄断程度,即广告企业的规模差异和广告企业数量。这两个因子基本上显示出深圳市广告行业的市场结构。

衡量市场结构的各种计算方法都存在一些不足之处。本报告采用贝恩的分类方法,测量出深圳市的广告行业的集中程度,并与广告一线城市的广告产业的集中程度作一简单对比。

（一）深圳市广告产业集中度的静态分析

截至 2002 年，深圳有各类广告公司 1100 多家，占广告经营单位总数的 89.6%，在数量上占广告经营单位的主导地位。但是广告公司的营业额在广告市场中的比重为 39.21%，远低于媒体所占营业额的 60.2%。

由于深圳市广告产业规模相对较小，结构也比较简单，所以采用绝对集中度作为判别产业内企业集中、分散的状况比较适宜。

根据调查组获得的第一手数据资料，我们选定广告营业额排名前 4 的企业，即深圳特区报业集团、深圳电视台、深圳广播电台、证券时报等四家媒体广告单位作为计算单位。考虑到数据的完整性，我们选择以 2002 年为时点，对深圳市的广告产业集中度状况进行静态分析。

计算结果表明：深圳市广告产业集中度为 48.75%。按照贝恩的分类方法，深圳市广告市场结构为"寡占 iv 型"，市场集中程度较高。

为了更详尽地了解深圳市广告市场的结构状况，我们可以将北京、上海、广州、深圳的广告市场集中度作一对比，计算结果如下（见图表 1）：

图表 1

城市	北京	上海	广州	深圳
媒体广告市场集中度	75.25%	29.37%	32.67%	48.75%

对比结果表明：除北京市外，深圳市媒体广告市场集中度是最高的。因为北京集中了全国性的最大的媒体，其媒体市场不可简单看作区域性媒体市场，故可以作为例外处理。深圳的四大媒体是覆盖面很小的区域性媒体，就区域性媒体广告在广告市场中的地位而言，在深圳市广告产业供应链中，媒体占有主导地位，且具备较强的市场势力。

我们再来看广告公司的市场集中度状况（不含媒体或媒体广告单位）。仍然分别选择上述三个都市的营业额占前 4 位的广告公司，与深圳市的同等情况作对比，计算结果如下（见图表 2）：

图表 2

城市	北京	上海	广州	深圳
不含媒体或媒体广告单位的市场集中度	32.88%	29.65%	29.56%	9.58%

数据显示深圳市广告市场的集中度低于上述广告一线城市。此结果说明两

点：第一，深圳市广告产业的集中度状况从根本上表现为媒体的相对集中所带来的较强的市场势力。第二，就广告公司而言，深圳市广告产业内不存在任何较大规模的企业，市场竞争状况非常激烈。总体而言，这说明深圳市广告市场结构严重不均衡。

（二）深圳市广告产业集中度的动态比较

对深圳市广告产业集中度的动态比较，主要分析其集中度的走势及其市场结构的变化特征。我们在进行广告产业集中度的动态分析时，将在1998—2002年5个时点上作出较系统的比较分析。选择广告收入前4位的广告经营单位（包括媒体广告经营单位），在统计和计算的基础上，做出如下表格（见图表3）：

图表3　　　　　　　　　产业集中度动态比较

	上海	广州	深圳
1998年	42.32%	43.33%	45.56%
1999年	39.85%	39.89%	38.59%
2000年	30.56%	35.96%	32.47%
2001年	30.71%	33.59%	32.58%
2002年	29.37%	32.67%	48.75%

纵观最近五年的变化，广告产业的集中度大体上呈下降趋势。而深圳市由于媒体数量较少，加上从2002年开始的报业集团化，深圳特区报整合了本市的所有报纸，使得2002年的产业集中度开始上升。如果我们不计算媒体广告单位，则深圳市的广告产业集中度始终保持在1%~3%之间的非常低的水平上。这说明深圳市广告市场在一个比较长的时期内处于非均衡结构状态，即媒体广告市场的媒体和广告市场（不含媒体广告单位）的高度竞争。

（三）深圳市广告产业集中度变化的主要成因与对策

1. 主要原因

（1）历史形成的广告企业结构格局的制约

由于广告产业的进入门槛较低，而且，广告产业在深圳市几乎没有基础，小规模的资本很容易进入这个行业，造成深圳市本土广告公司规模小而数目大。国际上大的广告企业由于种种原因而没有选择深圳，这种小而散的格局导致广告公司的集中度偏低。媒体由于受到政策的保护而形成较高程度的集中。

（2）改革中的政治、经济体制影响

①改革中的企业制度影响

在市场经济条件下，企业规模的扩大，产业经济力的集中，是按两条路径进行的：一是企业内部性的增长，即通过资本自我积累的形式，实现生产规模的不断扩大。二是企业外部性增长，即企业在市场竞争中，通过兼并、合并或股份制等形式使大量资本迅速集中，企业规模迅速扩张。前者速度慢，而后者能够适应现代技术进步、经济发展的要求，推动大规模企业迅速崛起和产业集中度的提高。深圳市私营广告公司由于先天不足，而国营广告企业人格化的法人产权主体地位没有真正确立，企业缺乏自我积累、自我发展的动力机制，缺乏兼并、联合促进资本集中和追求规模经济的内在要求，使得企业规模得不到迅速扩大，产业集中度也难以提高。

②缺乏有效率的金融市场的支持

由于广告企业投资渠道过于单一，没有能力建立起完善的金融市场推动资本的再聚集，导致初始投资普遍不足，容易滋长短期行为，自我积累动机微弱，企业规模难于扩大。

③缺乏市场交易规则

由于市场交易法规缺乏，导致企业之间的专业化协作在现有的市场条件下很难发育，加之企业产权市场缺位，企业之间的联合兼并不能有效进行，这也是产业集中度难于提高的原因之一。

(3) 缺乏明确的产业政策指导

政府在控制和指导广告企业规模结构变动上还缺乏目标和措施，有些政策例如税收政策，将广告业和娱乐业归为同一类别，征收文化宣传事业费，影响到广告业的积累和增长。

(4) 有大媒体，没有强势媒体

如果仅从广告收入来看，深圳市有个别媒体确实位于全国前列，如深圳特区报业集团。但如果从受众人数、覆盖率以及综合影响力来看，深圳市的媒体基本上处于非强势地位。截至2002年，深圳共有11家电视媒体和29家杂志媒体，但没有一家是全国性的媒体。深圳电视媒体无论从哪个角度看都只是地方性的，这就很难吸引跨国广告企业来深圳投资。而杂志媒体的影响力更小，且产权所属非常复杂。

深圳市全国性的强势媒体的缺位直接导致两种后果：一是制约了深圳市广告产业的整体市场规模的扩展，从而限制了深圳市整个广告产业规模；二是没有能力向外拓展的媒体局限于深圳市这一有限的空间内，利用我国新闻媒体改革滞后的大环境和地方保护性政策，向内挖掘而非向外扩张，其结果只能是压缩非媒体广告企业的空间，加据它们之间的恶性竞争。

2. 提高深圳市广告产业集中度的对策

提高深圳市广告产业集中度，促进广告企业规模结构合理化，实现规模经济效益，有赖于经济体制改革的深化和产业组织政策的完善。

（1）加快深圳市媒体的整合步伐，鼓励媒体向外拓展

从长期来看，媒体市场的地方保护不利于提高深圳市广告企业的效益和竞争力，损害整个广告产业，最终不利于深圳市地方经济的发展。但从短期来看，则有利于深圳媒体单位迅速壮大和取得市场利益。然而，消除地区性媒体的过度集中需要有一个过程，它要与新闻媒体体制的进一步改革和深圳市场经济的发展为条件。现阶段可以在三个方面采取措施：一是地方立法，制定和实施广告法的细则，保护合理竞争；二是允许其他地方的强势媒体进入深圳市场，鼓励我市媒体走向全国市场；三是在报业媒体整合取得经验的基础上，整合深圳市的电视媒体。可以将各区的电视媒体（实际上是电视转播站）并入市台，扩大电视台的资产规模，先做大，再图强。杂志媒体由于产权关系复杂且影响力有限，可缓行一步。

（2）制定合理的产业组织政策

要实现产业组织改革和创新的有效竞争目标弥补深圳市广告市场的缺陷，形成大广告企业利用中小广告企业的产业组织形式，更需要通过制定与深圳市实际情况相适应的强有力的产业组织政策，适当干预和引导。具体而言，产业组织政策可以从两个方面配套展开：一是鼓励竞争，限制媒体过度集中的市场秩序政策；二是鼓励非媒体广告企业走规模经济的道路，防止过度竞争。

（3）形成广告企业之间的兼并机制和退出机制

首先要克服深圳市国营企业和集体企业产权方面的障碍，实现国营资产产权制度改革与股份制企业的创新。其次，鼓励和吸引国际知名广告企业，兼并或者购买深圳市的广告企业。

（4）发挥区位优势

利用毗邻香港而经营成本远低于香港的区位优势，吸引香港的广告企业落户深圳，提高深圳市广告企业的整体素质，改善产业结构。

（四）小结

上述分析表明，深圳市业已形成媒体主导下的广告市场的格局，这种格局直接导致两种后果：一是媒体在政策的保护下获得短期超额利润；二是限制了非媒体广告公司的获利空间，减弱了此类公司的自我积累能力，妨碍了具有竞争优势的企业的扩张和壮大。这种结果是深圳市广告产业结构不合理的主要原因之一，也严重妨碍了深圳市广告产业的发展。

三、广告企业的组织结构与市场行为

(一)组织结构及特性

与一线广告城市相比,深圳市小规模的广告企业比例最高,10人以下的广告公司占总数的67.4%。小而散是深圳市广告组织的主要特征。

广告企业的内部组织结构也非常单一。抽样调查统计的结果表明:2002年,深圳市广告公司的广告设计制作费用占53.37%,代理费为26.05%,两项合计为79.42%,而策划、市场调查、整合营销服务等仅占20.58%。其中广告代理费的利润率极低,设计制作利润接近于市场平均利润,而且,上述业务多数都是单项业务,不是整体服务或综合服务,缺少规模效益,广告服务的知识附加值不能充分体现,难怪有些资深的广告人士认为深圳市没有真正的广告公司。

(二)过度集中与过度竞争并存的态势与问题

本报告所分析的广告产业的市场行为是与深圳市体制改革市场化进程相联系的市场行为,特别是与媒体的改革相联系的市场行为。

1. 媒体广告市场的集中一方面大大拉动了区域广告市场,另一方面也抑制了媒体广告市场竞争和广告公司的成长

前面的分析表明深圳市媒体广告企业的市场环境过度集中,市场竞争状态受到抑制。在市场交易中,媒体广告企业(或者单位)具有绝对的控制市场能力。由于媒体的特殊性质,媒体的改革进程将在相当长的一段时期内,滞后于其他行业的改革进程,这样势必造成媒体广告企业与非媒体广告企业在市场竞争中的不平等地位,其媒体广告市场竞争即应对策略行为主要表现在以下方面。

(1)媒体在区域性过度集中的态势下,采取扩版增量和提高价格的措施,扩大媒体广告市场空间,从而达到拉动广告市场的目的。

(2)区域性媒体过度集中长期以来在固定人群中建立了权威信誉,在读者发行市场上处于稳态,媒体广告市场的扩增,采取了新的策略,即拓展新的媒体,占领新的读者人群和广告分众市场。

(3)深圳市外媒体开始进入深圳市场,同深圳市原有媒体之间展开了竞争。媒体在行政指导和干预的影响下,采取建立媒体集团和策略,化解集团内部的广告价格竞争,开始形成比较稳固的价格联盟。

(4)由于媒体广告空间的扩容,相对于比较弱小的广告公司,媒体无法依赖广告公司完成广告经营目标,因此普遍采取广告代理和直接经营的双轨制。对主要媒体的访谈调查结果表明,深圳市主要媒体的广告收入大部分来自媒体的直接经营，一部分广告通过广告公司代理。（不同种类的媒体这一比例有所不同。）有些小媒体采取广告公司承包经营的方式。

（5）媒体集团化以后，集团内部广告价格折扣率开始根据媒体传播状况趋于相对稳定，但是就媒体市场而言，价格仍然有不少不透明因素。

（6）媒体广告经营的主要手段是：扩大发行（覆盖率）、扩版增容（延长时段）、提升价格。由于深圳媒体基本上是本市的区域媒体，扩大发行（覆盖率）十分有限，因此扩版增容和提高价格一度成为主要的广告经营手段。在广告市场越来越趋于饱和的情况下，广告开始和新闻版面的软性推销结合，成为广告推广的重要手段。

抽样调查中多数非媒体广告公司认为大众媒体集团化之后广告价格偏高。实际上是媒体实行有序的集团化广告价格控制，广告公司在取得广告价格折扣上的自由度进一步受到遏制。关于此点，在我们对媒体的访问调查中得到证实。

2. 非媒体广告企业之间的过度竞争

本报告所谓的"过度竞争"有两条衡量标准：一条是企业过度进入深圳市广告产业；另一条是较低或者负的利润率长期持续。截至2002年底，深圳市共有广告公司1100多家，其中，10人以下规模的广告公司占总数的67.4%左右，2002年深圳的广告经营单位（包括媒体）户均营业额是283.36万元，仅为上海的64.84%。而2002年广告公司的户均营业额只有124.03万元，是深圳全市广告经营单位户均营业额的43.77%。54%的国营广告公司在2002年处于亏损状态，个体私营广告公司中处于亏损状态的占19.6%。经过对2044个注册过的经营单位的逐个核查统计发现，到2002年年检时已经消失的756个经营单位平均生存年限是2.75年。已经消失的广告经营单位中有57.2%是在注册后一年左右的时间消失，80%的公司在4年内消失。

3. 不正当竞争问题突出

由于广告法规体系的不完善、监管力度的不足，以及媒体广告市场结构的不合理，导致深圳市广告市场竞争中的不正当竞争行为时有发生，主要表现在两个方面：第一，虚假广告；第二，关系市场。

4. 广告企业过度依赖本地市场，缺少外向型拓展能力

根据抽样调查结果，广告公司营业额中有70%来自本地客户，13.4%来自广东省内客户，15.3%来自内地客户，1.6%来自港澳台客户，仅有0.14%来自国外客户。

（三）提高深圳市广告产业的市场协调能力的三个措施

深圳市广告产业的市场协调行为严重不足。其一，深圳市广告产业的结构

长期处于不合理状态：媒体集中度过高，而广告公司的集中度过低；其二，广告企业之间的兼并、联合滞后，没有形成提高深圳市广告产业规模经济的有生力量；其三，深圳市的媒体广告公司缺乏向外扩张的动力和能力，外地广告公司缺乏进入深圳市的意愿，本地广告公司缺少综合服务能力及向外拓展能力。因此，需要进行三个方面的改革。

1. 政府加强对广告产业的结构调整

具体而言，政府可以通过行政措施或行业协会发挥三个方面的作用：①通过组织协调推动深圳市广告企业之间的联合与改组，促进规模经济的形成；②通过政策引导，促进广告行业的社会集资融资、专业化提升和服务的合理化；③引导行业协会发挥独立作用，制定行业公约（如行业技术标准、质量标准、价格标准），协调同行会员企业间的竞争秩序，自觉控制过度竞争和盲目发展。

2. 组建实力强大的广告企业

媒体集团的组建，虽然局部性地提高了深圳市广告产业的集中度，扩大了广告市场的规模和运行效率，有助于将深圳市的媒体做大，提高深圳市媒体的竞争力，然而，仅仅集中媒体而不能在广告公司中进行适度的集中，不利于广告市场的良性运行，也不利于广告业的持续发展。为改变深圳市广告市场的不均衡结构，短期内可引进国内外有实力的广告公司，推动深圳市的强势企业和广告公司建立合作联盟。广告企业一般是广告产业内企业竞争与协调的产物。短时间内要形成深圳市大型的广告企业有两种可能的选择：一是依托强势媒体，适度剥离媒体的广告资产，整合其他资源而形成规模较大、实力较强、综合性的广告企业，改变媒体的广告经营活动过度依存于本地媒体的情况。二是依托大型企业，特别是有著名品牌的企业，整合其他社会资源而形成有实力的广告企业。

3. 创造环境，引进国际知名的跨国广告公司

据调查，目前在我国投资的国际知名广告公司几乎全部集中在北京、上海、广州，深圳市仅有一家日资企业（电通）的客户服务项目组。引进外企广告公司对提高深圳市广告公司的整体素质至关重要。为此，建议深圳市政府在引进外资的过程中，将外企广告公司与高科技企业放在同等重要的地位上。

四、深圳市广告产业组织的改革与创新

（一）居安思危：数字背后的问题和可能的发展趋势

1. 不断增长的广告营业额与低下的生产效率

1995 年，深圳市广告营业额为 81754 万元，2002 年，增至 347967 万元，增

长了 3.26 倍，而同期北京、上海分别只增长了 1.44 倍和 2.31 倍。增长幅度大主要是因为城市经济增长强劲，人口和市场扩容，媒体经济的拉动。但是并不说深圳市广告产业的生产效率高。2002 年，深圳市广告企业的户均营业额只有 124.03 万元，而上海市同期户均营业额达 437 万元。这一指标最能反映深圳市广告产业的企业规模和生产效率。

2. 双重产权结构下的企业规模

从数量上看，深圳市 90% 以上的非媒体广告公司属私营资本，这些企业规模普遍都很小，平均只有 6 人，产权明晰。在媒体广告企业中，几乎 100% 的属国营资本，规模较大，产权不明晰。这些企业一般不具有向外扩展的内在动力，这点在户外媒体广告公司中表现得最为明显。利用政策环境，守住"一亩三分地"是目前大多数媒体广告企业的心态。

3. 失衡状态下的利益格局

深圳市广告产业的结构特征基本上决定了不同类型的广告组织之间的利益分配。2002 年的统计调查表明：在广告市场这块"蛋糕"中，深圳媒体广告组织占到 60% 以上（对比同期全国媒体所占广告市场平均值为 43.81%，上海媒体占广告市场广告不到 27%，仅有北京集中了全国性大媒体，其所占广告市场比例高于深圳市）。深圳市剩下的不到 40% 的广告市场份额中，有相当大比例的广告营业额属于户外广告单位自办的广告公司，这一部分实际上也应属于媒体的广告营业额。因此，留给非媒体广告公司的份额就非常有限了。所以说，媒体支撑并绝对控制着深圳广告产业。

4. 短期行为盛行

信用理论证明，小企业更容易采取短期行为。过度竞争使深圳市众多的广告公司依赖短期行为而求得生存，导致深圳广告产业的整体正在走向小而专。

解决上述问题的方法是进行产业组织的改革与创新。在市场无力的情况下，政府适当的干预和有目的地组织设计是必要的。

（二）深圳市广告产业组织改革与创新的目标模式

有效竞争应该作为深圳市广告产业组织改革与创新的目标模式，这一模式应该具有以下几个特点。

（1）从市场结构上，形成规模经济与竞争兼容的垄断竞争型和寡占型市场结构。这主要就已经形成的媒体经济格局而言，可以在扩大经营规模的条件下，转向更大规模地跨区域经营。在广告经营策略的层面，从媒体广告资产中分离出独立运作的广告公司。

(2)从广告企业组织结构上,形成一种分层竞争的产业组织结构。即以大的广告公司为核心,以众多中小广告企业实行专业化协作的分层竞争的企业组织形态。这样既避免了全面过度竞争,也可获得专业化分工协作效益和规模经济效益。

(3)从市场行为上,形成一种在政府产业组织政策干预下的企业集团之间的竞争与协调有机结合的市场行为,市场竞争的手段和行为方式,主要是非价格竞争。

(4)从市场效果上,通过广告产业内大型企业间的竞争,通过市场机制能有效地配置资源;而在媒体和广告企业集团内部,以管理替代市场交易,可以节约交易费用,提高资源利用率。

(三)实现深圳市广告产业组织改革与创新目标的意义

(1)有利于加快推动深圳市广告产业结构高度化发展;
(2)有利于增强深圳市广告企业的国际竞争能力;
(3)以大的广告企业为核心的广告组织是实施行业管理的有效中介;
(4)有利于推动广告产业的技术进步和中小广告企业的现代化。

附件三

深圳市广告业竞争力分析报告

依据美国产业经济学者迈克尔—波特建立的模型,一个产业的竞争力由四个要素决定:①给定产业的基本要素的集合,即所关注产业在必要的基础设备、人才资源等方面所处的竞争地位;②需求状况,即市场对于给定产业的产品和服务表现出来的需求特点;③给定产业的相关和辅助产业的状况;④给定产业中公司的策略和结构。在此四个要素之外,偶然性事件和政府行为是决定竞争力的两个附加变量。基于这一模型,以深圳为关注焦点,以北京、上海、广州为主要比较对象,本报告分析了深圳在中国广告业的发展竞争版图中所处的位置。

本报告试图说明,我国长期高速的经济发展为广告市场创造了强劲需求。过去10年来,这一市场的持续扩大,不但为广告产业聚集了必要的设备和人才,也为收入模式建立在广告收入之上的大众媒体提供了发展的基础。然而与此同时,媒体产业,特别是作为广告载体的报纸,广播,电视,开始形成了高度集中的产业结构,在很大程度上制约了广告产业的进一步发展。此外,广告市场需求的转型,跨国广告公司的进入,特别是WTO条款将逐渐给予外国公司从控股到独资的权利,在服务种类、服务质量、企业管理和资本运作等经营层面危及到本土广告公司的生存。

本报告还试图说明,和全国的态势相仿,一方面,深圳特区经济发展的速度和规模为广告产业的发展提供了良好的环境;另一方面,和其他主要地区相比,深圳广告业处于一个媒体高度集中的市场,企业利润空间狭小,无法形成规模经营以提高产品和服务质量,难以集聚人才和资金以实现产业升级来适应中国广告需求市场的转型。

针对深圳广告产业的优势与劣势,本报告为深圳市政府有关部门提出以调整产业结构为基本出发点的三方面建议,并讨论了CEPA对广告产业可能造成的影响,以图改善政策和管理环境,加强深圳广告产业在全国范围内和在"入世"背景下的竞争力。

一、全国广告产业的竞争版图和深圳的位置

(一)持续高速增长的经济和广告产业

广告产业为其他产业服务,以其他产业的市场竞争为自身发展的前提条件。我国不断深化和扩大的经济体制改革,国民经济向市场化方向的持续高速发展带动了广告产业的迅速增长。又由于我国的广告行业起步晚,基数低,这使广告产业的增长大大超过了 GDP 增长速度。统计数据表明,过去 10 年来,GDP 年增长率为 7% 到 8%,广告行业的年度增长率均在 20% 以上,有的年头竟达到 80%。自 1996 年以来,虽然广告产业开始逐渐进入"高投入,低利润"的平缓发展阶段,年平均增长率也保持在 19% 左右,仍高于 GDP 平均增长率。

在市场竞争体制完善的发达国家中,广告投入占 GDP 的 2%~3%。2002 年,我国广告业的产值仅占 GDP 的 0.9%。这表明,在经济体制市场化转型进一步扩大和深入的条件下,我国广告产业仍具有巨大的增长空间。依据尼尔森公司发表的分析报告,如果中国广告业能保持年均 10% 的增长率的话,在未来 35 年内,中国广告市场规模将达到 24196 亿元,成为仅次于美国的世界第二大广告市场。

如此巨大的成长空间成为跨国公司注意的焦点。1980 年,日本电通率先入驻中国,至 20 世纪 90 年代初期,已有 40 多家来自日本、美国和中国香港地区的国际广告公司,和我国大陆公司成立合资的公司。

可以预期,中国经济的高速发展将继续为广告业提供发展空间,同时也将为广告业带来日趋激烈的竞争。

(二)全国广告业发展的两种不平衡现象

在全国广告产业高速发展的整体态势中存在两种不平衡现象:其一,各个地区间的广告产业不平衡;其二,本土企业和有跨国公司背景的企业经营能力的不平衡。

先看第一种不平衡。2002 年统计数据表明,在全国广告行业的经营额中,北京、上海、广东的广告营业额总量占全国总额的 48.33%。广告经营的前 10 位地区(北京、上海、广东、江苏、浙江、山东、天津、辽宁、四川、福建)的广告营业额占全国总额的 78.4%。在中国,成功的广告企业主要集中在北京、上海、广东等经济发达地区和为数极少的全国或区域性大城市。

这种地区间的不平衡有其必然原因。首先,广告和地区经济的规模、消费能力,以及包括媒体在内的其他行业的企业聚集程度有关。三大城市和东南沿海省份在全国经济中的地位是其广告产业居于领先地位的决定性原因。第二,

广告企业的生产较少依赖于物流，较多依赖于人才和技术设备的聚集。拥有人才和设备的企业可以不太困难地提供跨地区服务。几大城市和富裕的沿海省份拥有吸引人才和技术设备的天然优势，可以此作为其向其他地区辐射的基础。第三，与地域广告投入不均衡现象相应的是全国媒体分布的不平衡。例如，在广播电视系统中的中央电视台以及北京、上海、浙江、山东、湖南等电视台，报界中的广州、深圳等报业集团，其收入几乎占据了全国媒体利税的半壁江山。它们收入中的最大部分又来源于广告。如此，拥有强势媒体的地区自然加大了该地区在全国广告收入中的份额，进而加深各地区广告产业整体发展的不平衡。然而，媒体分布的不平衡并非我国独有的现象。事实上，各国强势媒体都集中在少数几个中心城市。这种不平衡以及与此相关的各地广告收入的不平衡是无法避免的。

再看第二种不平衡，即本土公司和跨国公司间竞争力量间的不平衡。2002年度，营业额排名前10位的广告公司中，外资公司占6家之多，经营额居于前5位的均为跨国公司，其中盛世长城国际广告有限公司219588万元；麦肯·光明广告有限公司219588万元；上海李奥贝纳广告有限公司180986万元；北京电通广告有限公司169305万元；智威汤逊—中乔广告有限公司154980万元。这些公司营业额的增长速度也远远超过本土公司，其中盛世长城的增长率更是高达56.8%。

跨国公司和本土公司在经营上的这种不平衡由许多因素造成，有效的经营规模、规范化的管理体制、长期积累的专业经验、稳定的客户群、灵活的人才吸引机制和强大的资本后盾都可能是这些企业成功的重要原因。根据中国加入WTO的承诺，到2004年1月1日之后，将允许跨国广告公司控股；到2006年1月1日以后，将允许外国资本成立自己的独资公司。如果跨国广告公司的强势不减，而本土公司的竞争力没有获得相应的提升，二者的差距将进一步拉大。

可以预期，两种不平衡的现象在相当长的一段时期不仅难以缓解，还有加剧的可能，并可能导致我国广告市场竞争版图的重新划分。

（三）全国广告业的两个竞争层面

在版图的重新划分过程中，广告企业间的竞争可能体现在两个层面上，而这两个层面的竞争又可能相互交织：

（1）经营和服务的竞争，它和资本的竞争相联系；

（2）本土公司和跨国广告公司的竞争，它和上一层面的竞争相关，以前者作为具体内容。

经过20多年的发展，中国广告业正在逐渐走过初期阶段的无序和暴利时期，进入微利、管理和服务升级的行业调整时期。2002年，全国广告经营单位多达89552家，经营总额903146443万元，即每家广告公司的年均营业额仅在100万元左右。另据本课题组对深圳广告公司的统计，2001年深圳广告公司的平均营业额仅为61.27万元，2002年的户均营业额只有124.03万元。2002年深圳国有广告公司亏损率达54%。这种微利甚至无利时代会迫使部分广告公司退出市场竞争，有实力的公司则必须通过改善经营。围绕市场需求提高服务质量来提升自己的竞争能力。

与此同时，中国企业已开始从产品竞争阶段过渡到了品牌竞争阶段，其需求也开始由从前零散的短期性服务向综合的长期性服务过渡，这是广告市场需求的新的特点。如何迅速地在经营和服务上调整和升级便成了广告公司保持核心竞争力的关键。长于规范经营和综合服务的跨国公司的强势进入，更迫使本土广告公司考虑如何能够在短期内完成学习和成长的任务。

面临这样的市场变化，业界专家预言了四种可能的企业发展趋势：

（1）中国的强势媒体或者大型企业集团，可能会投入大量资本试图打造本土的广告航母；

（2）本土广告企业通过上市融资，进行集团化运作；

（3）广告业内部采取联合协作的方式，对抗跨国公司；

（4）跨国广告集团兼并大量本土优势企业。

可以看出，许多优秀本土广告公司将采取资本运作的方式来完成经营和服务的升级，在这种变化过程中，它们也存在被跨国公司兼并的可能。

就跨国公司与本土广告公司间的竞争而言，目前的竞争处于互动和僵持阶段。"国际广告公司进入大陆发展的前三个动机分别是服务国际广告客户、庞大的市场潜力、以及期望成为拓展的先锋。"如在本课题组访谈中电通公司代表所明示，近年来，跨国公司的竞争战略已由早期服务原有国外客户转向服务于本土的客户，并在保持专业优势的同时完成服务本土化的过程。跨国公司本土化的措施包括高薪吸引本土公司的高级人才，任用熟悉中国市场的华裔人士担任公司负责人，与本土优秀的广告公司建立协作关系，或者直接参股本土公司等。这些策略使跨国公司在我国的业务得以快速增长。

跨国公司在我国也面临诸多问题。

（1）专业化与本土化的矛盾。由于中国市场的发展并不成熟，以及本土企业的行政化管理，导致企业广告主短期效益追求与跨国公司的长期性服务宗旨之间的矛盾。

（2）程序化管理与灵活性要求之间的矛盾。跨国公司积累并沿袭着一套严格的制度化管理程序,这与本土广告主需要的灵活变通的服务的要求不尽吻合。

(3)高成本(特别是人力成本)与低利润之间的矛盾。由于广告业的激烈竞争和本土企业重媒体、轻广告公司的习惯,导致跨国公司利润微薄。例如,奥美整合行销传播集团在中国大陆的利润率只相当于在美国的30%,在香港的50%;对于跨国公司而言,20万元人民币以下的业务根本没有利润。这在很大程度上影响到跨国公司的服务质量。

(4)观念上的冲突。跨国公司依赖的是以往的经验和数据,是站在自身的角度提供服务。而本土企业则更多是站在服务对象的立场上来提供"量身定做"的方案和创意。

与跨国公司相比,本土广告公司的优势与劣势都颇为明显。后者的优势包括五个方面:①规模小、人力成本低,熟悉本土市场,可以为企业提供灵活、低廉、贴身的广告服务。②人才优势。由于跨国公司的业务重心还不在中国,本土公司可以凭借人才集中的优势,在某些专项领域与跨国公司争高下。③协作优势。由于本土广告公司规模小,大多只能提供某些方面的专业化服务,在与跨国公司的竞争中,本土广告公司容易相互协作,发挥集合优势。事实上,本课题组在上海的调查得知,上海本土公司常常采用协作方式去参与大型竞标。④市场成熟度不及发达国家。由于跨国企业的服务经验多是来自于市场化程度高、行业相对规范的竞争环境,当服务于中国企业时常常出现水土不服的现象,这恰好为本土企业提供了市场机会。⑤成长空间大。凭借着政策的保护,本土广告公司既可以近距离学习跨国公司的管理经验和专业技能,又能够保持自身的优势。既能打游击战,又能打阵地战。

本土广告公司劣势也十分明显。

①资金不足,广告业难以凭借自身的资金积累来实现资本运作,也无法为广告主提供更全面的服务,在资本运作中容易被吞并。

②管理经验不足,人才流失率高,过度依赖于专业优势而不是管理优势,导致行业稳定性差,无法为客户提供长期的稳定性服务,客户流失率高,行业升级换代乏力。

③政府监管不完善,难以为广告业提供公平、合理、有序的政策环境和竞争环境。

由于跨国公司和本土公司都存在相当明显的优势与劣势,跨国公司必然会倚重本土公司来实现它的"本土化"过程。而本土公司也必然倚重跨国公司的资本、资源、管理和专业技能来实现自我升级。这种相互倚重的局面促成目前既有合作,又有竞争的双向互动态势。

从总体上来看，由于市场需求的变化，经营和服务的升级是广告企业发展的关键，也是本土广告公司和外资同行竞争的核心。而核心竞争力的形成，除了企业通过内部机制实现之外，资本的介入是至关重要的一条路径。

（四）深圳在全国广告产业竞争发展中的位置

界定深圳在全国广告业中的位置可以选择不同的角度和指标。为简便起见，本报告从营业额入手。

如果把全国广告营业额分为30份（除中国港澳台地区外的30个省和直辖市），可以将占营业额1/8（包括1/8）以上地区界定为广告业的一线地区，1/8以下，1/16（包括1/16）以上的地区界定为广告业的二线地区，1/16以下，1/24（包括1/24）以上的地区界定为三线地区，1/24以下的地区界定为四线地区。依照这一划分尺度，2002年度，北京，上海，广东在全国广告业中的比例分别占到16.36%、16.12%和15.85%（根据中国广告协会公布的数据）。位于广东的深圳在地区划分中属于一线地区。

将深圳从广东省抽出直接和全国省份、直辖市比较，深圳占全国广告总营业额的3.76%。换言之，深圳的广告业产值超过全国25个省份和直辖市的广告产值。如果只就城市来比较，深圳广告业产值在全国城市中居第四位，仅在京、沪、穗之后。

又依据本课题组对深圳市广告业的统计，深圳广告产值约占深圳市GDP的1.55%，远远高出全国占0.9%的平均水平。按照国际通行标准衡量，深圳广告业已走过早期发育期，进入成长期，而全国大部分地区仍然处于早期发育阶段（见图表1）。

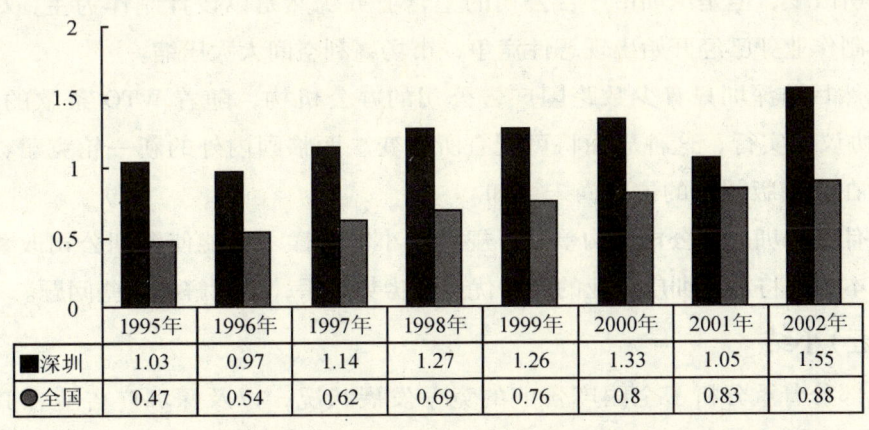

图表1　广告经营额占GDP的百分比

从营业额增长速度看,深圳从 1995 年的 81754 万元增加到 2002 年的 347967 万元,增长了 3.26 倍;北京同期增长 1.44 倍;上海为 2.31 倍。1995 年至 2002 年,深圳广告营业额的增长速度超过北京和上海,也远远超过了深圳 GDP 的增长率——2002 年深圳 GDP 比 1995 年增长了 1.81 倍。

深圳并非中国的地域性中心城市,没有具有全国影响力的媒体,缺少吸引广告人才,特别是设计、创意人才所需要的人文环境。考虑到这些条件限制,就经营额而言,如果深圳广告产业目前在全国的位置尚不能令人十分满意的话,也应该是合理的。

然而,如果从未来竞争的角度分析,不难看出深圳广告业的隐忧。尽管深圳广告营业额增长迅速,从总量来看高居全国第 7 位,但在全国广告公司 10 强,乃至 100 强排名中,不见任何深圳企业。本课题的调查进一步表明,1995 年,深圳广告公司平均雇员数为 13 人;至 2002 年,已下降为 6 人。企业规模缩小率高于 50%。企业规模小,并且有持续缩小的趋势,这成为了制约深圳广告业完成升级换代,向纵深发展的障碍。

公司的规模限制了服务的范围。据本课题组对深圳市广告经营单位年检资料的统计,2002 年深圳地区的广告公司业务分布为媒体广告代理 26.05%,设计制作业务 53.37%,其他业务(市场调查、策划、促销、公关等)20.58%。课题组对广告公司的抽样调查显示,2002 年,深圳广告公司的广告代理业务占总收入的 22.64%,广告制作占 21.76%,广告设计占 20.67%,而为广告主迫切需求的整体营销方案设计、市场调查研究,仅分别占 5.23% 和 1.91%。2000 年广告代理业务量是连续 7 年中最低的,仅为 12.67%,广告设计制作为 79.68%。2002 年的情况开始有所改变,但是深圳市广告公司的主营业务仍然是以设计制作为主,尽管现在设计制作业务已经开始出现恶性竞争,市场赢利空间大大压缩。

虽然目前深圳只有少数跨国广告公司的办公机构,随着 WTO 条款的落实,CEPA 协议的实行,这种局面将可能有所改变。面临国内外的新一轮竞争,深圳广告业在全国版图中的位置尚未可知。

为什么深圳广告公司结构单一,规模狭小?怎样才可能使深圳公司改善这种状况?本报告将从深圳广告业的竞争优势和劣势入手,试图解答这些问题。

(五)小结

本部分着重分析了全国广告业的竞争发展状况,以及深圳广告业在其中所处的位置,得出的结论是深圳广告和全国广告业的发展趋势相仿,既处于高速发展阶段,又面临激烈的竞争,同时又处于产业升级换代的关键时期。深圳广告业要在新一轮的竞争中胜出,必须清楚自己的优势和劣势。

二、深圳广告行业的竞争优势

(一)经济环境：持续发展的经济和领先的消费需求

虽然，由于全国范围内的经济体制改革普遍深化，深圳面临"特区不特"的挑战，深圳仍然能够在全国广告产业中长期保持较为领先的地位，根本原因在于特区持续发展的经济和在国内领先的消费需求。据深圳市统计局统计，2002年，在全国城市中，深圳GDP排名第四，自1980—2002年以年均28.2%的速度增长；人均GDP排名第一，并以年均14.5%的速度增长；城市居民人均可支配收入排名第一，在2002年，深圳居民生活的恩格尔指数已下降到27.4%，依据联合国粮农组织的标准，这表示居民生活在总体上已经达到发达国家的水平。依据2003出版，由中国社会科学院、北京大学、清华大学、南开大学等单位撰写的《(2001—2002年)中国城市发展报告》、《中国城市竞争力报告NO.1》，深圳的城市竞争能力分别被排在全国第三和第二，前者还将深圳的发展潜力排位第一，人才和基础设施竞争力排位第三。下表是广告收入居于前4位的城市的经济指标的详细比较(见图表2)：

图表2

序号	指标名称	北京	上海	广州	深圳
1	GDP	3130亿元	5408.6亿元	3001.69亿元	2239.41亿元
2	人均GDP	2.77万元	4.05万元	4.19万元	4.60万元
3	城镇人均可支配收入	12463.92元	13250元	13380元	24940.68元
4	城镇人均消费性支出	10285.8元		10672元	18925.92元
5	恩格尔指数	33.80%		38.10%	27.40%
6	常住人口	1423.2万	不详	717.13万	504.25万
7	户籍人口	1136.3万	1334.7万		139.45万
9	职工平均工资		19452元	25104元	28087元

(来源：各大城市2002年国民经济和社会发展的统计公报，其中有些数据未公布)

可以发现，尽管深圳的GDP总量仅为第四位，但无论人均GDP，城镇居民的收入和支出，或恩格尔指数，深圳都位居第一。这些指标表示深圳的消费强劲，难以为企业忽视。而企业对这一市场的争夺保证了对深圳的广告投放量，为深圳广告公司和媒体创造出成长空间。下面图表显示出伴随深圳GDP的增长，深圳人均广告投入量增长的势头(见图表3)。

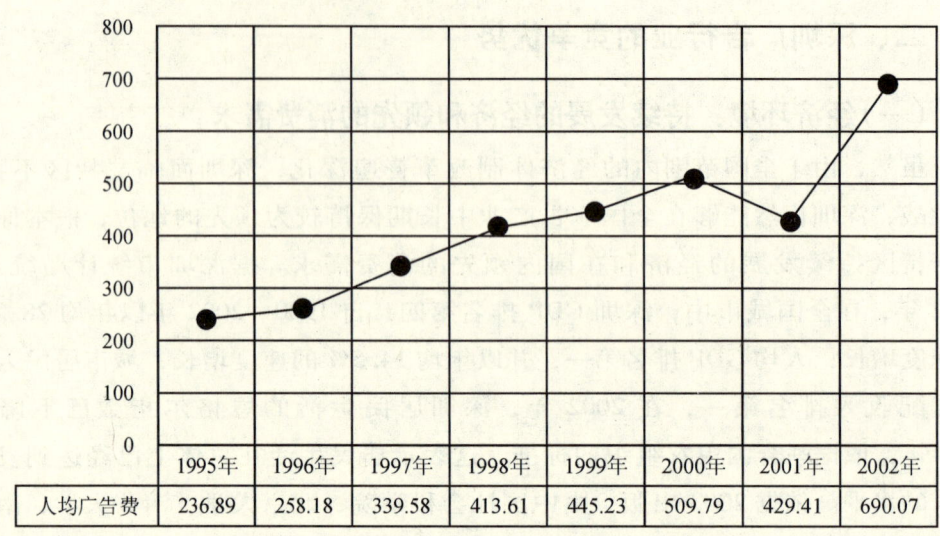

图表3　深圳人均广告费的变化情况（单位：元）

尽管深圳人均广告投入量增长迅速，但从绝对值来看，仍然远远落后于北京和上海（见图表4）。应该注意到，北京是我国政治文化的中心，在北京市场上集中了大量的全国性媒体。上海是我国的经济中心和华东的文化中心，上海媒体，特别是报业，对于华东诸省传统上有着强大的辐射力。因此，两地的广告营业额在绝对值和相对值上的优势与当地、全国乃至跨国企业对这两座城市的广告投放紧密相关，深圳的人均广告投入增长主要是由地区经济发展的因素来拉动，与其作为南中国重要经济城市和开放口岸的地位相关。

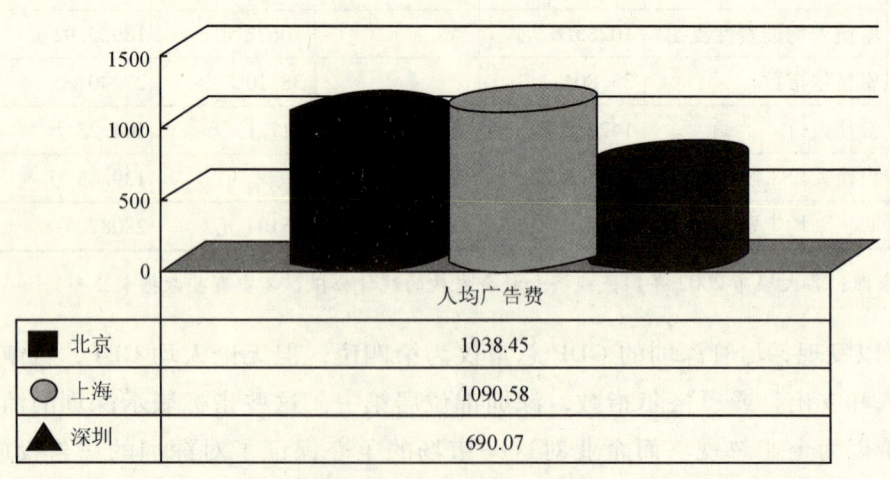

图表4　2002年人均广告费比较（单位：元）

(二)人才、观念和技术：得风气之先的地理位置

深圳是中国经济改革最早和最成功的特区。从1980年代以来，相对宽松的人才流动体制，和香港的近距离互动使深圳在聚集广告人才，建立市场化观念，应用先进技术等方面获益。特别在广告创意和制作技术等方面，深圳领国内风气之先，产生了一些有全国乃至国际影响的广告设计师。在全国普遍开放的今天，深圳仍然在一定程度上保持了这一优势。深圳公司的广告创意和制作仍然为内地同行所瞩目，成为深圳广告企业和内地企业合作时的强项。本课题组通过对深圳市广告经营单位的抽样调查发现，深圳广告公司为异地广告主服务的主要项目依次是：广告设计26.3%、广告策划16.0%、广告代理15.5%、广告制作14.1%。这些数据显示广告设计、广告策划和广告制作是深圳市广告业的强项。

本课题组从年检资料统计深圳广告经营单位中有大专以上文化程度的员工占员工总数的70.2%。对广告经营单位的抽样调查说明具有广告、传播等专业知识背景(包括新闻、传播、广告、经济、设计类专业)的员工占员工总数的68.36%，这些数据说明深圳广告行业有一只专业素质较高的队伍。

(三)相关产业：相对完整的生产链条

广告产业的生产依赖于从广告主，到广告商，到媒体的生产链条。深圳广告业已经大体拥有这样的一种完整的产业链条。

统计资料表明，医药、食品、化妆品、医疗器械、家用电器、服装服饰、房地产、酒、烟草、旅游、汽车等行业是广告投入量较大的行业。其中，房地产属于当地广告投入量最高的行业之一，深圳和珠江三角洲地区拥有相当数量的经营医药、食品、化妆品、医疗器械、家用电器、服装服饰、房地产等行业的企业，在理论上会为广告商提供本地的客户群体，形成广告产业生产链的第一个环节。在实际经营中，深圳的房地产广告经营成绩良好。访谈中，多个企业声称其房地产广告业务已经跨出深圳在内地展开，内地合作者高度评价深圳公司为深圳房地产服务的成功经验。

深圳2002年有1228家注册专营或兼营广告业务的企业，经营范围覆盖市场调研、策划、创意、制作、媒体购买等各个方面。此外，虽然深圳的影视广告制作水平尚待改进，深圳的印刷产业，平面设计和喷绘技术在全国居领先地位，为广告制作提供了技术支持。

在媒体环节中，深圳电视台拥有无线和有线业务，在有境外电视落地的激烈竞争环境中仍然能保持良好的经营记录。2002年，深圳电视台的广告收入达到4亿元人民币，在城市电视台中名列前茅。虽然一些香港电台能够覆盖深圳

地区，深圳电台有效利用了广播媒体地方性的特征，在激烈竞争中求发展，属于全国不多的几家经营良好的电台。就平面媒体而言，发行量较大的报纸绝大部分都归属于"深圳报业集团"旗下。该集团年收入高达13亿元，2003年在全国报业中可望排在第一位。

另外，由于广东地区是中国大陆最早向境外媒体开放的地区，深圳的媒体经营单位，特别是电台、电视台提前经受了境外媒体的竞争，并在竞争中逐渐摸索出自己的经营模式，其观念和管理水平都高于内地同行。本课题组的调查访谈表明，深圳电台，电视台的人才结构已由先前单纯的操作型人才向管理型、策划型和经营型人才倾斜。管理架构已从传统的事业型管理转变为企业型管理。同时，如《深圳晚报》的负责人表示，他们尝试打破行业间的壁垒，由先前的单兵作战过渡到合作共赢，而《深圳特区报》的《天天靓楼》、《天天楼市》等版面甚至直接由一些广告公司承包经营，只要完成报社预定的广告业务量即可，这种方式不仅改变了由记者写稿，由编辑组版的传统模式，而且由于广告公司比报社更了解企业主的需求，更能够根据需求策划和经营版面，因而这不仅是经营模式的转变，更是理念上的深刻转型。

三、深圳广告产业的竞争劣势

（一）经济环境：全国经济格局的变化

自1990年代中期以来，随着中国经济体制改革的进一步深入，继珠江三角洲之后，京津地区，特别是长江三角洲，成为中国经济的新亮点。北京申奥与上海申办世博会的相继成功，更为两地区的经济发展带来良性激励。近年来，国际资本大量涌入长江三角洲，其中心城市上海已成为跨国公司设立中国甚至亚洲总部的首选之都。与之相比较，自1997年亚洲金融危机后，曾长期为深圳发展提供刺激的香港经济一直疲软。深圳本身经过多年的高速发展后，地产、租金、劳动力、水电成本不断攀升，其作为开放窗口的区位优势、新兴城市生产成本优势正在逐步削弱。深交所停发新股和创业版上市无期，也令深圳融资能力减弱。这些因素为深圳的发展前景带来了一系列变数。

这种全国经济格局的变化必然影响到深圳经济的走向，从而也影响到广告业的进一步发展。

（二）企业结构和策略：管理和服务的落伍

就企业规模而言，如上一部分所述，深圳广告公司以中小规模者为主，少有大型公司。本课题组在访谈中发现，由于资金短缺，小型公司无法吸引高端人才，人员流动程度高，缺少广告主需要的诸如市场调查、品牌管理方面的专业人员，无法为客户提供长程的服务项目。

就经营服务而言，大多数深圳广告公司的服务和收入范围集中在广告策划、广告设计和制作、广告代理和广告发布方面。中国广告协会有关课题组的调查显示，广告主最为需要的是市场调查服务和品牌的整合推广能力，恰是深圳广告业服务的薄弱之处。深圳广告产业的这种服务结构和国内广告主对于广告公司的需求有相当大的差距(见图表5)。

图表5　广告主与广告公司对服务加强环节的认知比较

重要性排序	广告公司的认知	广告主的认知
1	品牌的整合推广能力	市场调查
2	客户服务	品牌的整合推广能力
3	广告策划、创意服务	广告策划、创意服务
4	市场调查	设计制作

总之，中国企业间的市场竞争经历了"杂牌对杂牌"，"品牌对杂牌"，"品牌对品牌"的发展阶段。为这种竞争服务的广告行业，也因此呈现出从创意、制作为主的单项服务逐步向市场定位、品牌管理的综合服务过渡。因此，深圳广告行业的公司结构和产品服务策略尚不能适应这一发展趋势，这又可能由于公司规模不大而引起的专门人才的缺乏相关。

(三)相关产业：媒体产业的高度集中结构

和全国许多城市相比，深圳拥有较强大的大众媒体，特别是报纸和广播电视。但同时，深圳媒体的产业结构呈现高度集中状态已成为广告公司发展的瓶颈。

本课题的分报告《深圳广告产业结构的分析报告》指出，深圳媒体市场处于高度集中状态。深圳各主要报纸实际上属于同一家深圳报业集团。无线、有线电视服务则同属深圳电视台。不久，深圳广播电台和深圳电视台还将合并重组为深圳广电集团。与此相对照，深圳广告公司以多和小为特征。这使广告产业生产链条中广告商和媒体二者在产业结构方面处于高度不对称状态：作为媒体购买者的广告公司处于高度竞争的买方市场；作为广告载体出卖者的媒体处于高度集中的卖方市场。

媒体产业集中的现象并非深圳独有。它是我国目前的媒体政策，"事业单位企业经营"在产业层面上的体现。由于近年来推行的媒体集团化政策，各地媒体产业的集中化程度进一步提高，通常以广播电视为甚，报纸行业次之。但就深圳而言，报纸行业集中程度为高。由于中央电视台的主要频道，各省级电视上星频道，以及境外电视在深圳市场占有相当的份额，深圳电视台面临相当强度的竞争。

细作比较可以发现，虽然北京媒体产业也相当集中，但由于中央和当地许多大型媒体同时存在，北京媒体间，主要是报纸之间，有相当程度的竞争。上海的文广集团全面拥有当地的广播、电视，主要出版社，但上海的报业相对活跃。除了市场上占据统治地位的几大报纸之外，上海不但有多家小型报纸的生存空间，广告公司在一些小型报纸中投入股份，协助管理和营销（与上海工商局广告处访谈）。这不但解决了报纸的财政问题，也支持了广告公司的发展。因此，上海报业市场形成类似国外报业的所谓"支配和边缘"的结构。广州是媒体改革较为深入的城市。广州的广播电视行业有省台和市台两个相互竞争的系统。报纸市场则有三家竞争力强大的报业集团，形成类似于寡头竞争的市场结构。

相比之下，深圳媒体集中程度最高。媒体，如《深圳报业集团》的各个子报，通过统一定价，协调矛盾的方法，可以在和广告商的交易中不断提高广告版面的"含金量"。深圳工商局的统计表明，2000年，深圳媒体营业额占到广告总量的72.22%，2002年虽有所回落，也占到60.2%，而上海工商局的统计显示，上海2002年广告营业额中，媒体部分仅占26.63%。全国平均则为48.31%。再如，依照国家工商总局有关规定，广告公司代理媒体，可以获得15%的收入。本课题组访问过的许多深圳广告公司都抱怨，其媒体代理费用远远低于该比例，常常只能获得1%到3%，甚至出现零代理现象。而在上海，依据其工商局广告处的介绍，代理公司通常可获得7%～8%的收入。

本课题组也对深圳市经营业绩良好的民营广告公司进行了访谈，一个让人吃惊的事实是，这些经营业绩良好的民营公司，80%也是依靠媒体挣钱：或者做媒体代理和发布，或者直接承包报纸版面，或者自己拥有媒体。在访问的8家公司中，只有一家公司是依靠整体的策划和创意挣线，这种对媒体过度依赖的生存方式，说明广告公司的独立性还没有确立起来，还没有在市场上真正确立起属于广告业所独有的生存空间和存在价值。

在这种由强势媒体主导的产业链条中，广告公司很难获得足够的利润来吸引高级人才，扩大经营规模，改善服务质量和扩大服务范围。投资人也可能因此失去对于广告行业大规模投入的兴趣。和京、沪、穗等城市相比，媒体产业结构问题已经成为深圳明显的劣势，是广告行业发展的瓶颈。

（四）小结

高速发展的经济和持续上涨的市场需求，专业化的人才，先进的创作理念，相对完备的产业链条和市场化的媒体经营理念是深圳广告业的竞争优势；而全国经济格局的北移趋势，深圳广告企业在管理和服务上的落后，以及媒体的高度集中状况成为深圳广告业竞争劣势。

四、如何增强深圳广告产业竞争力

(一)目标和实现手段的理论分析

1. 目标

基于上述对于深圳广告产业竞争优势和劣势的分析，可以看出，深圳广告业在全国城市中处于领先地位。由于广告产业的发展往往依赖于经济的消费的规模，依附于所在地的政治文化地位，城市辐射能力，深圳广告业目前的位置符合其在国内经济文化版图中的位置。期待深圳与北京，上海或广州并驾齐驱是不现实的。

随WTO的条款逐渐实施，跨国广告公司会在中国市场大举推进。依据韩国、中国台湾和香港地区的经验，这些跨国公司将逐步兼并本土有实力的公司，挤压其他公司，夺取市场份额，以实现其赢利目标。作为反弹，中国本土有实力的公司将采取资源整合战略，通过诸如兼并、联合等方式，以图保持或扩大市场份额。据上海市工商局广告处的同志介绍，上海的一些本土公司已经开始利用整合公司强项，联合竞标的方式来和跨国公司竞争。可以预料，这种趋势的发展将导致中国广告产业竞争版图的重新划分。

在这种背景下，如何保持深圳的领先地位，就成为了强化深圳广告产业的竞争能力的目标。

2. 手段

依照产业组织理论中哈佛学派的观点，产业结构决定了企业的行为方式，而企业行为方式决定了产业的绩效。本课题的其他报告和本报告中的分析已经显示，深圳广告行业在人才吸引、企业规模、服务范围等企业行为范畴处于竞争劣势。从产业结构分析中可以看到，深圳广告产业基本由小型企业构成，缺少大型企业，产业集中度偏低。对相关媒体产业结构的分析则表明，和其他主要城市相比较，深圳的媒体产业集中程度较高，广告业在和媒体的产易中处于利润空间狭小的不利地位。在访谈中，大多数广告公司抱怨深圳市场竞争的"不规范"。所谓"不规范"是指媒体代理费用大幅度缩水，广告公司为拉客户盲目降价，利用熟人关系或其他不正当手段获得低价媒体服务，等等。依据哈佛学派的理论，这些不良经营行为起因于产业结构的不合理。具体而言，是广告产业和媒体产业结构不对称所致。欲提高广告产业绩效，增强其竞争力，应该从产业结构的调整出发来改变企业行为。

(二)微调媒体产业结构

对产业结构的调整，特别是对媒体产业结构的调整，只能是微调，之所以这样说是基于两方面的理由。

（1）在很长的一段时间里，我国媒体仍然会由国家所有，媒体的经营会受到行政权力的强大干预。在这种情况下，尚不可能将媒体完全当作企业来对待。解决其产业结构问题也因此不可能真正完成。然而，上海和广州的经验显示，即便在现行媒体管理体制下，微调媒体产业的结构，鼓励现存媒体间适当的竞争仍然是可能的和可行的。

（2）深圳的广告行业的营业额能够在全国居于领先地位，和媒体收入有至关重要的联系。微调产业结构可以防止伤害深圳媒体的地位，避免使媒体收入大量流失而形成深圳广告收入整体下滑的局面。

如何微调深圳媒体产业结构？深圳不是全国或区域性中心，难以聚集一定数量的大型媒体以形成竞争。深圳可能做的是采取引进来和打出去的微调策略。

（1）放松对于外地媒体进入深圳市场的限制。利用外地媒体稀释深圳媒体的高度集中状态。

（2）鼓励深圳媒体争取在中国其他地区的发行权，落地权，甚至兼并权，向深圳以外扩展，使深圳媒体能够进一步发展其市场竞争优势，做大做强，拓展生存与发展空间。

（3）发挥行业协会的监督和引导作用，提供广告公司间矛盾解决的平台，在强势媒体，弱势广告商的现实环境中，协调广告商和媒体的利益，建立公平、诚信的行业行为规范和比较透明的价格体系。

（4）鼓励媒体调查和测量公司的成长。媒体调查和测量公司应是独立于广告商、媒体和政府之外的企业。国际调查和测量公司的历史表明，这类公司能够通过中介服务，反映真实的广告市场信息，检测媒体传播效果，起到间接保护广告主和消费者利益的作用。

（三）升级经营——服务能力

如果微调媒体产业结构，为广告产业让利的措施能够实现，一部分广告公司可能抓住这一机会，有效利用资源，通过吸引人才，提高服务质量，从目前以创意、制作、媒体购买为中心的服务迅速向市场调查、品牌管理的综合服务方向移动，以适应广告客户需求的变化，扩大服务范围，实现规模经营的目标。这一经营—服务升级的过程必然是竞争的过程。在其中，具备竞争力的公司通过经营扩张、兼并或资本运作等手段扩大规模和市场占有率，成为提供综合性升级服务的大型公司。另一些公司可能收缩经营范围，利用高端人才，利用先进观念和技术，成为小而精的专项服务公司，通过分工细化来提高深圳广告市场的效率，还有一些公司将被迫退出市场。如此，深圳大小广告公司的公布可能出现变化，广告产业的集中度将会有相应提高，产业结构得到了调整。

在这一环节中，政府能够做的是完善市场的竞争机制，利用竞争推动企业选择其发展方向。本课题调查访谈显示，深圳一些广告经营者，特别是如机场，口岸，港口等拥有户外广告发布资源的广告公司，利用资源优势创造出了良好的业绩。其中一些企业有意扩张，但为政府的经营范围所限。如果政府可以在经营范围许可方面作出一定调整，允许这些企业出去，也鼓励其他企业进来，甚至鼓励兼并，将会给有实力的企业提供更大的扩张空间，加速其经营定位和服务升级，在整体上有助于广告产业结构的调整。

（四）推动资本运作

在广告企业能够服务升级，甚至通过竞争得到扩张的条件下，深圳广告业将拥有较大的赢利空间。如此，本地及外地资本会开始或加大对深圳广告产业的投入，通过投资、兼并、合并的方式，为绩优企业经营提供资金，使企业能够持续改善服务质量，扩大市场占有率，实现规模经营。有一批这样的广告公司，深圳便可能保持其广告产业在全国城市中的领先地位。

当某一产业有了赢利的空间，在正常的市场状态下，资本会积极向该产业流动。除非国家有某种战略性考虑，政府不必要有特殊优惠政策，以防打乱市场自发的运行机制对于资本的配置。为引导资本流向，政府可考虑通过让利等方式刺激投资方向和活力，假资本之力量加速广告产业的服务升级和结构调整。

（五）关于CEPA

最后，本报告把CEPA当作波特所谓决定竞争力的变量，偶然性事件和政府行为，将CEPA置于提高深圳广告业竞争力的角度加以分析。所以如此，是由于深圳的地理位置，CEPA必然对深圳经济产生一定影响。

香港产品进入大陆零关税，对广告产业来说，其影响可能体现在以下两个方面：

（1）进入产品包括大量终端消费，替代产品较多的前提下，中国广告市场的总投入将因之增加，进而为广告公司提供了更多机会；

（2）香港广告公司将和其客户产品一起大量进入内地市场，成为本土现有公司的对手，加剧市场竞争强度。

进一步，CEPA的实施可能为深圳广告业带来如下的变化：

（1）由于深圳企业的成本低，制作、风格、观念早已深受香港影响，香港广告商雇用深圳公司为其做专项服务；

（2）由于深圳企业的成本低，服务质量尚可，香港广告主雇佣深圳公司为其服务；

(3) 借助相对雄厚的资本力量，香港广告公司收购、兼并深圳企业，为其在内地的业务服务；

(4) 经过一段时间的发展，香港广告商开始和深圳广告公司争夺本地客户。

从短期看，(1) 和 (2) 对深圳广告企业有利，(3) 和 (4) 对于深圳广告企业有损。但从长期看，香港广告的进入不但可能做大深圳广告业的盘子，吸引资本的注意力，作为新的竞争势力的进入，具有丰富市场经营经验的香港广告公司可能加速深圳企业向综合服务的大型公司，小而精的专业公司分化，淘汰经营不善的企业，从而完成广告产业格局的转变。目前评估盘子增大和竞争加剧的相互关系，利弊消长还为时尚早。但对于此类"突发事件"，政府应持积极态度，跟踪其发展变化，引导其向正面结果发展。

(六) 小结

本部分针对深圳市广告业的竞争优势与劣势，提出了三点有针对性的建议：一是微调目前深圳市媒体产业高度集中的市场结构，促成媒体间的适度竞争，使媒体真正由大到强；二是借助对广告业市场结构的微调，为广告业提供更大的利润空间，吸引外部资本，推动资本运作，使广告业的规模、服务、管理能力跃上新台阶；三是利用 CEPA 为深圳发展提供的良机，在促成广告业内部整合的同时，积极引进跨国广告公司，加速深圳广告产业格局的转变。

附件四

深圳市广告业政策法规与监管分析报告

先进的政策法规和合理有效的监管方式,是广告业健康发展的制度条件。产业政策的目的是通过政府主导建构起良好的产业发展环境,促进广告产业的发展。法规建设的目的则是要施行公共行政职能,通过一定的规章制约和行业监管,建立健全市场秩序,保障广告业的可持续发展。这其中不仅要保障经营主体的合法权益,而且尤其要保障公众利益,重视广告的社会效果和文化影响。本报告根据多层次的调查访问以及在北京、上海、广州等地实地考察的结果,通过纵向分析和横向比较,重点分析深圳市广告业发展的政策法规体系与监管方式体系,提出关于深圳广告业政策调整、法规制度完善及监管方式改革的建议。

一、深圳市广告业政策法规体系与行政执法、行政管理现状评估

(一) 对我国现行广告法律法规体系的基本评价

1. 我国已经初步建立了具有中国特色的广告法律法规体系

从1982年国务院颁布了《广告管理暂行条例》,1987年国务院重新颁布《广告管理条例》起,我国逐步建立了国家广告法律和行政管理法规体系。这个体系由国务院发布的国家广告法律、国家工商行政管理规章和有关职能部门发布的关于广告管理的规范性文件等三个层面构成。地方政府根据国家法律法规又制定了适用于本地管理的地方法规和规章。《中华人民共和国广告法》和《广告管理条例》作为国家法律和行政法规是制定所有广告法规和规章的基础。其他由国家和地方工商行政管理部门颁布的各项管理办法、标准或规定,都是广告管理行政法规在实践中的调整与应用,具有指导性或参照性的意义。

从法规内容上可以分为:①面向广告经营单位的广告法规与政策。主要是有关广告经营单位登记、经营、管理、业务等方面的政策法规。②有关广告内容与广告表现的政策与法规(语言/文字/图片/张贴等)。主要用来规范广告的内容以及与意识形态、社会道德与价值标准的关系等。③专门针对与人民群众生命健康和生活关系密切的行业的广告法规。例如食品、药品、医疗及医疗器械、烟酒、房地产、教育、留学和移民广告、印刷品广告、户外广告等。④广告的

审查制度以及对违法广告行为的行政处罚规定等。

1987年制定的《广告管理条例》对兴起的广告行业起到了监管和引导的作用。1994年通过的《广告法》是在《广告管理条例》基础上建立的。这些法律规章，侧重于对广告内容、社会影响、经营单位资格的审查以及对于违规单位进行处罚。经过三次修改的《广告管理条例实施细则》将主要内容限定在注册登记、资格审核、内容审核、行政管辖范围、行政处罚等层面。上述法规注重广告的社会影响和意识形态宣传作用，注重消费者权益保障，注重广告内容监管，注重坚持我国广告的社会主义思想文化要求与民族文化特点。1993年，为了落实中央关于加快发展第三产业的决定，国家工商行政管理总局和国家计划委员会研究制定了《关于加快广告业发展的规划纲要》，明确了广告在市场经济体系中的重要地位以及作为知识密集、技术密集、人才密集的高新技术产业的特点，提出了广告业全面、快速、协调、健康发展的目标。经过十年的努力，这些目标已经部分实现。但是由于我国广告业的总体发展水平还比较低，加上计划经济体制下形成的观念和行政管理惯性，在广告法规与监管方式上，还有不少不适应广告业发展要求的地方。市场经济的发展和国际化竞争的形势迫切要求进一步改革和完善广告业的法律法规体系和监管制度，以便为广告业的发展注入新的强大动力，推动广告市场和广告行业的规范化和国际化。

2. 现行的国家广告管理法规需要修订完善

经过对深圳市广告行业组织的全面调查研究，对北京、上海、广州等地广告管理部门的重点调研，我们认为国家现行广告法律、法规和行政管理办法需要根据市场经济体制改革的深化进一步修订完善。

（1）需要通过法律形式建立并保护归属清晰、责权明确的广告行业的现代产权制度，推动广告行业混合所有制的发展。逐步打破限制广告业协调、健康发展和公平竞争的行业垄断。为履行WTO准入条款的承诺，有步骤开放广告市场。在产权制度的基础上建立管理规范的广告行业的现代企业制度。

（2）需要将广告内容和社会效果监管目标与促进广告业迅速而健康地发展的目标结合起来，坚持监管与发展的辩证统一。在法律上确认广告业对于市场经济的重要作用以及作为知识密集、技术密集、人才密集的高新技术产业的行业特点。

（3）需要公平地保障消费者、广告经营者和广告主三方的合法权益。过去我们强调维护消费者的合法权益是完全正确的，但同时也要看到，广告经营者和广告主的权益，例如，广告作品的知识产权以及广告主发布广告的发布权等，也需要得到保护。

（4）需要从偏重广告内容审查和行政处罚的法规导向转变为注重广告市场规范化管理的法规导向。从注重具体处罚转变到首先注重制定细致严密的可操作的管理规则，将模糊的意识形态性的规定修改为可以在内容和形式上给予明确界定的规定。

（5）需要通过制定相对稳定的法律法规，引导中国广告市场走向统一、开放和有序竞争。明确政府行政管理权限，理顺管理体制，深化行政审批制度改革，加快转变政府职能，避免不必要的行政干预，推动广告行业的合法经营与自律。切实把政府广告管理职能转到主要为市场主体服务和创造良好的广告业发展环境上来。

（6）需要按照国际通行的广告市场管理规则，推动中国广告市场的国际化，提高中国广告行业的国际竞争能力。

（7）需要增强广告经营者和广告主的信用意识，形成以职业道德为支撑、产权为基础、法律为保障的广告从业信用制度。建立政府监管、社会监督、行业自律三位一体的广告监管体系。

（8）需要将广告业作为文化产业的重要组成部分，发挥广告在精神文明建设中的积极作用。特别是建立公益广告的投融资、规划与发布的制度，改进公益广告的宣传方式，使之为人民群众所喜闻乐见。

（二）深圳市广告法规的建设

1. 深圳市广告法规建设相对滞后

深圳市广告管理的依据主要是国家广告法等相关法律，广告管理条例及国家工商行政管理局制订的各种广告管理办法，广东省政府主管部门颁布的广告管理规定。1994年以来深圳市根据地方立法权限和行政管理责任，制定的主要法规有：《深圳经济特区户外广告管理规定》和《深圳经济特区社会张贴广告管理暂行办法》等。

深圳是一个经济发展速度快、规模大、市场化程度和对外开放程度较高的地区。长期以来，广告行政管理的主要任务是放在与物业流通、城市建设发展、市容市貌关系密切的户外广告的管理方面。相对于北京、上海、广州等城市的广告法规建设的状况，深圳在因地制宜建立健全地方性广告管理法规方面，有很大不足。例如上海市建立的广告管理法规及行政管理规章有户外广告管理、房地产广告、广告用语规范、获奖评比类广告、性生活产品广告、有奖销售广告、公益广告、招商招聘教育留学等服务广告、港澳台广告、出入境广告、广告登记、广告监测、广告审查员、广告经营、特殊事项广告等十五类。其中如《上海市户外广告设置规划和管理办法》、《户外广告设施结构技术规程》、《上海市广告经营单位资质标准》、《上海市广告审查员管理实施办法》等法规文件的制定对于广告行业和广告市场有重要的规范作用。北京市在户外广告、婚姻及房地产中介广告、广告内容规范、公益广告、人才招聘广告、医疗及医疗器械广告、烟草广告、印刷品广告、网络广告、信息广告、广告监测、广告代理制、广告审查员等十三个方面提出了规范管理办法。重要的法规文件有《北京市户外广告管理规定》及实施细则、《北京市户外广告设施规划标准》、《北京市广告审查员管理办法》、《北京市网络广告管理暂行办法》、《北京市广告宣传精神文明标准》、《北京市反不正当竞争条例》等。广东省制定了《广东省户外广告管理规定》、《广东省广告经营者、广告发布者资质条件及广告经营范围核定用语标准》等法规。在全国广告法律法规体系的总框架中，地方政府根据本地实际情况，在地方立法权和行政管理权限的范围内，制定适合本地区广告业的法规，有利于规范本地区广告市场，促进广告业健康有序的发展。总的来说，广东省和深圳市在地方法规建设方面是相对滞后和粗略的。深圳市在认真贯彻执行国家法规和规范性文件的前提下，还有待于认真总结广东省深圳市广告发展实际需要，通过地方立法程序，进行广告管理法规的系统建设。

2. 深圳广告法规的清理与建设有待进行

我国广告法规体系是在市场经济的实践中逐步完善的。广告管理法规体系不可能一步到位。相对来说，广告法应当是最基本的行业法律，其次为各项管理办法和条例等法规，再次是主管部门在行政管理过程中根据具体情况发布的各类规范性文件。由于市场经济发展迅速、体制改革不断深化，需要行政管理规范文件对广告法律法规进行解释并补充其内容不足。长期以来各级工商行政部门发布的规范性文件，内容过时或失效的不在少数。需要不断根据实际情况，对于各种规范性文件及时进行清理，将过时的失效的规定搁置或废止，将规范性文件中被实践证明是稳定的重要的内容，总结出来上升为管理法规。上海市近年来为了进行广告规范化管理，对深圳市发布的各种规范性文件进行清理，2002年宣布废止或失效的文件28件，继续有效的文件36件，从而避免了各种规范性文件之间的冲突。深圳市独立发布的规范性文件比较少，目前还没有进行此项清理和总结工作。深圳市有必要认真研究国家工商总局等主管部门及兄弟省市的法规及规范性文件，制定适合本地广告业的法规，避免因行政权限和地区差别原因造成的矛盾。在一些重要项目上，地方广告管理的法规建设是大有可为的。例如，广告市场准入条件的制定、广告经营者资质评估、广告经营范围审核、广告公共资源规划与竞标投标方式、广告规范用语和地方用语使用限制、广告审查员管理办法、广告市场反不正当竞争法、户外广告管理及设施建设标准、广告监测与审核标准与程序、广告代理制度、公益广告与广告文明建设、广告主及广告经营单位诚信度评估等。

(三)小结

随着市场经济的发展,我国初步建立了国家广告法律、广告行政管理法规和广告管理规范文件等三个层次的广告法律法规体系。为了深化市场经济改革,推动广告业更迅速、健康地发展,需要根据实践经验对现行广告法律法规体系进行修订完善。深圳市在广告法规建设方面相对滞后,有待于认真学习总结经验,在国家法律法规的基础上,在地方立法的权限内,进行广告管理法规的系统建设。

二、深圳发展广告业的政策

(一)深圳市关于发展广告业的政策调整

1. 以发展为第一要务

制定发展广告业的政策基点是:确认广告业在引导企业进入市场、开拓市场、引导消费方面的市场中介服务作用,确认广告业是具有显著经济效益及社会文化效益的新兴文化产业,确认广告业为主要依赖知识创新、技术更新的创意型产业,将广告业纳入重点扶持的产业领域。同时确认我国广告市场还处于成长早期,随着市场经济的迅速发展,广告市场还将持续扩大,并在竞争中逐步走向国际化。因此深圳市发展广告业的政策是:以促进广告市场和广告行业更快更好地发展为第一要务,在发展中实施科学监管,推动广告市场和广告经营活动走向规范化,切实保障市场主体和消费者的权益,使广告业进入高速健康发展的轨道。

2. 深圳广告业亟待提升素质水平

深圳市目前广告业发展的速度和规模逐年上升,但是行业素质水平与市场经济发展的要求并不完全适应。这种不适应主要表现在:广告行业的结构不尽合理,缺少合理的资源配置与行业联合,缺乏市场规范与科学监管,缺少优质而强大的广告经营单位形成行业的核心竞争力,缺少与社会文化建设的互动,缺少国际化因素。深圳广告业在早期市场经济阶段的活力已经基本释放,广告市场扩容不能仅仅依靠较低水平的简单增量。深圳市发展广告业的基本政策将从行政监管为主转变为重点扶持与科学监管并举,通过积极引进外资、扶持重点示范型企业、统一规划及运用市场调控手段合理配置广告资源等方式,实现深圳广告业做大做强的目标。

(二)促进广告行业资源合理配置、强强联合和培植核心竞争力

1. 广告产业的资源要素及其配置调控

广告产业资源要素包括：媒体及公共信息渠道资源、人才资源、技术资源、品牌资源、信息资源、市场地域资源、政策或特许经营权资源、资金等。资源优化和资源配置互为作用。合理配置资源的结果，必然造成资源的进一步优化和增值；反之，资源分散或不合理配置，必然造成资源的递减与损耗。政府的产业政策目标在于促进资源合理配置。广告业资源配置主要发挥市场的自由调控作用，同时政府也要通过行政管理手段积极引导和调控。

深圳市广告业发展的瓶颈是产业资源要素的过度集中和过度分散。过度集中主要是媒体及公共信息渠道资源、特许经营权资源和资金。过度分散的主要是人才、技术、品牌、信息等资源。政府的政策调控的方向应当是，在资源过度集中的领域引入市场竞争机制，促进资源的优化和合理流动；在资源过度分散的领域实行必要的扶持政策，引导资源的相对稳定，集中互补。对于广告业发展不利的状况是，在资源过度集中的领域，继续强化集中趋势；而在资源过度分散的领域，采取放任自流的政策。

2. 发展广告业的政策调控

深圳市广告业政策调控的内容主要包括以下方面

（1）在媒体及公共信息渠道（包括户外媒体）资源领域，逐步引入市场竞争机制，降低垄断化程度

媒体改革的趋势是进一步走向市场化和扩容，这势必将媒体市场从长期以来的卖方市场转变为买方市场。媒体竞争造成媒体特色定位，从而造就若干分众市场。为了应对媒体市场的无序竞争，并积极应对进入WTO的挑战，大众媒体通过联合走向集团化经营模式，这对于稳定媒体市场秩序、遏制无序竞争、合理调控广告价格有一定的积极作用。

深圳特区报业集团成立以后，采取集团内部集中结算和分散经营相结合，统一价格，统一折扣的政策。既照顾到媒体市场的秩序，也照顾到各个报刊的不同市场地位。对于集团内部的各个报刊的竞争，采取协调会议的形式，在集团内部化解价格和经营冲突。这个做法起到了稳定媒体市场的作用，也维护了报业集团的整体利益。但是，目前深圳报业已经不可能完全维持在特区内的绝对垄断地位。广东省内其他报业已经渗入深圳市场，与原来的深圳报业发生了接触战。深圳报业利用自己的品牌优势控制广告市场，采取针对竞争对手的媒体发布价格的区别对待政策。这个做法已经引起广告主和竞争对手的异议，发

生了是否存在价格歧视的不正当竞争问题的讨论。由此可见媒体竞争已经引发了新的法规争论。

市场的相对稳定、集中和分工，有利于媒体资源的保值与增值。但是需要在媒体市场基本稳定的条件下，努力推行广告代理制度，加强对媒体的广告经营运作和价格体系的监控，进一步促成媒体和广告经营的分工。要与媒体联合的趋势相应，通过政府调控和市场调控，推动广告经营单位的集中与联合。在户外广告资源方面，要按照国土资源管理的办法统一规划，在设计、建设、制作、发布方面实行公开竞标，科学监管。逐步打破单位所有制对公共信息渠道资源的无偿占有和任意使用。逐步解除对户外广告经营地段的垄断和封闭，利用经济手段使户外广告资源发挥最大的效益。

（2）逐步放开对广告经营范围的限制，缩小特许经营权范围

除广告发布权外，在具体广告形式的设计、制作、代理等经营范围的确定方面，可以更为宽松灵活。

（3）重点扶持有实力的综合性广告公司，明晰产权关系，建立现代企业制度

保障投资权益和知识产权，鼓励成立基于有法律保障的明晰产权关系基础的股份制、有限责任制、合伙人制的广告企业，鼓励员工持股计划的实施，限制在广告国有企业推行承包制，鼓励广告企业经过法定程序的资产转让或并购。

服务型广告公司。支持建立技术、信息及人力资源合作关系，为各种广告企业搭建的长期或短期合作平台，提供法规监管保障。支持广告企业的跨地区、跨行业、跨媒体、跨专业的联合，拓展广告业的生存空间，扩充多元化的经营服务能力。目前深圳的较大型的国有广告公司大多数都是户外广告媒体公司。这些公司现在面临着一般国有企业都面临的问题，如人员知识老化、机制不灵活、行政干预等等。这些国有企业长期依靠特许经营权、特许地段的户外媒体，主要采取内部承包制方式营运，导致活力衰退，组织机体分散。因此，现有的不多的国有企业必须抓住时机深化改革，利用已有的经济实力发展成全面服务性的或者具有专业竞争力的公司。政府需要对大型广告公司的组建、改制、兼并等予以政策引导或扶持。广告公司的专业化是高水平联合的基础，也是最终形成广告公司核心竞争力的基础。现阶段鼓励市场调查和媒体监测公司，信息数据服务公司，高素质的策划创意、广告设计、影视制作、广告摄影、网络制作、电子动画等专业服务型公司以及专营型广告公司（如房地产广告、汽车广告等公司）的发展，提高广告公司的专业化程度。对于媒体购买和媒体策划公司，实行区别对待的政策。允许媒体效果测量、媒体策划和媒体代理业务的开展，

禁止对媒体资源的控制和倒卖。

（4）引导有实力的广告企业开展综合的长期的广告服务，在广告主和广告经营者之间建立互惠互信的长期合作机制，培育广告公司的全面代理能力和综合性的整合传播、品牌管理服务能力

（5）积极推动广告业进行高新技术革命，不断进行知识更新和技术更新

对于利用高新技术创新服务的广告公司给予高新技术企业的同等扶持待遇。

（6）积极引导高素质的跨国广告公司进入深圳市场

跨国广告公司进入深圳，有利于深圳广告行业的国际化程度的提高，有利于引导国际品牌的企业和商品进入市场，有利于广告行业的信息和资金流动，有利于扩大深圳广告业的经营空间，增强深圳广告市场的吸引力，增强深圳广告业的总体实力，扩大广告市场的容量与规模。

（7）实行有利于广告人才提高专业素质和合理流动的政策

通过广告人才资质认证制度，确定优秀广告人才为高新科技人才或高级专家人才，提供有利于这些人才在深圳的落户、工作的政策服务。积极从国内外引进杰出的广告高级人才。重点扶持深圳市本地高等院校的广告专业，使之成为高水平的广告人才培养基地。

（8）推动广告业积极参与城市的环境建设和文化建设，鼓励各种形式的公益广告活动

（三）小结

深圳市要以发展是硬道理的原则制定广告业的发展政策。充分利用市场机制和政府行政职能的发挥，调控广告资源的配置与优化组合。通过制定有明晰目标的产业政策，推动广告行业整体素质的提高与核心竞争力的形成。

三、现行广告法规制度的改革与完善

（一）广告经营单位资质标准

确定广告经营单位的资质标准，是广告市场准入的前提条件，是广告企业登记注册、年检评估的主要内容和依据。国家工商总局在1995年颁布了《广告经营者、广告发布者资质标准及广告经营范围核定用语规范》，1997年颁布了《综合性广告企业资质等级标准》（试行）、《广告制作企业资质等级标准》（试行）。据此，广东省工商局在2001年颁布了《广东省广告经营者、广告发布者资质条件及广告经营范围核定用语标准》。上海市工商局在2002年颁布了新修订的《上海市广告经营单位资质标准》。对比这些规范性文件，特别是参考上海市的文件，可以了解广告市场准入条件变化的特点。

1. 广告经营单位基本条件和分类条件做了更加明确的划分，总体上趋向于提高市场准入标准

资质分类将广告经营单位分为综合型广告企业、设计制作型广告企业、媒介发布型企业、大众传播媒介等四类业务范围企业。根据专兼营状况将企业分为持《营业执照》的广告法人企业、持《广告经营许可证》的兼营广告业务的企业和临时性广告经营企业。现在总的趋向是提高广告市场准入的门槛。对于综合性广告公司来说，要求有较固定的全面策划代理的广告客户、有户外广告经营和开发能力；对于设计制作型广告公司来说，要求注册资本不少于50万元；对于媒介发布公司来说，均要求有较大的广告发布面积及不少于50万元的注册资本金；对于大众传播媒体要求经营与发布分离，有专门的独立经营的广告部门，规定对原媒体的广告业务不得进行垄断性代理，事业性媒体单位不得办广告公司等。提高广告经营单位基本条件的目的是提升广告业的总体水平。

2. 广告资质标准的提出和修订反映了广告行业总体水平的提高，也反映了广告行业的业务和技术分工更加细致

广东省提出的资质核定标准，并没有反映广告业总体水平的提高要求和行业分工的趋势，为企业注册提供了比较宽松的条件。广东省趋向于相对自由的市场准入，与上海趋向于更加规范化的广告经营资质鉴别管理有一定区别。在广告市场发育和成长的早期，广东省的相对自由的市场准入政策，有利于民间资本、人才、技术向广告业投入，媒体和公共性的广告资源也可以较早突破计划经济的束缚，进入市场。但是，广告业进入到高速成长阶段，规模放量，结构调整，地域或政策优势基本释放，全行业竞争层次提高，政府适当提高市场准入条件，有利于广告经营单位在数量控制基础上提高服务质量和实力，便于广告业务量的集中。

3. 广告经营资质标准既重视硬件指标，也重视软件指标

在20世纪90年代中期制定的广告经营单位的资质标准比较强调注册资金、经营场地等硬性指标，过于强调广告经营单位的服务类型（设计、制作、代理、发布等四类）的区别。上海市在新的资质标准中将市场准入条件划分为基本条件和分类条件。服务类型适当归并为三类：综合型、设计制作型和媒介发布型。同时提高了对于广告从业人员素质、企业管理制度、企业内部专业分工、以及对城市公益事业和公益广告的贡献等软件指标的要求。这对于广告经营单位的素质提高有一定的制约和引导作用，值得参考借鉴。

4. 中外合资、中外合作广告公司中的外资企业投资规定和资质标准将发生变化

以往的资质规定中外有别。主要的法规依据是1994年由国家工商管理总局和对外贸易经济合作部联合制定的《关于设立外商投资广告企业的若干规定》。在1995年国家工商总局发布的《关于执行〈关于设立外商投资广告企业的若干规定〉有关问题的通知》中指示"对外方投资比例高于我方的立项申请，原则上不予批准。"而在2001年国家工商总局给上海市工商局的《关于外商投资企业境内投资广告业有关问题的答复》中，说明"中外合资企业境内投资广告业一般不限制其投资比例。"上海市工商局在2002年公布的广告经营单位资质标准中，将中外合资和合作的广告公司纳入到统一的资质标准中，仍按照以往惯例规定"外方投资比例在2003年12月10日前下限不低于25%，上限不超过49%。"此种情况将在2003年底发生改变。在广告经营领域，外资企业将获得在我国境内自由投资广告业的待遇。2004年后外资可以设立控股公司，2006年后外资可以设立独资公司，这意味着我国广告业的资质认定和竞争将提高到一个新的水平。

(二)广告业税收制度

1. 目前广告经营单位缴纳的税种

目前广告经营单位缴纳的税种主要包括：

(1)营业税：营业额的5%；

(2)城市维护建设税、教育费附加：以纳税人实际缴纳的增值税、营业税、消费税税额为计税依据(纳税人所在地在市区的城市维护建设税税率为7%，所在地在县城、镇的，税率为5%；所在地不在市区、县城或镇的，税率为1%，教育费附加率为3%)，与增值税、营业税、消费税同时缴纳的税、费；

(3)文化事业建设费：营业额的3%；

(4)企业所得税：计税依据为企业应纳税所得额；

(5)个人所得税：从事经营广告业务的个体工商户，按其生产、经营所得缴纳个人所得税。在广告设计、制作、发布过程中提供名义、形象及劳务并取得所得的个人为个人所得税的纳税义务人；直接向上述个人支付所得的广告主、广告经营者、受托从事广告制作的单位和广告发布者为个人所得税的扣缴义务人。

以上税费种相加，相当于营业额的8.4%。

2. 向广告经营单位征收文化事业建设费，已经普遍引起行业争议

在北京、广州、深圳等地广告企业中做的调查反映，从业人员认为广告业

税收增加不尽合理。他们的主要理由包括以下方面。

（1）文化事业建设费的征收对象主要是卡拉 OK 等文化娱乐业，将广告行业归入文化娱乐业是不合适的。

（2）国家工商总局在有关文件中将广告业判定为"投资小，效益高的高新技术产业"（见 1995 年发布的关于执行外商投资广告规定的通知）。在现在广告业竞争激烈、技术更新速度快、人力资源营运成本大幅提高、国际竞争日益临近的情况下，用"投资小，效益高"作判断已经不合乎实际情况。而广告业作为高新技术产业的性质并没有发生改变，广告业不仅不能享受到高新技术产业的税收优惠政策，反而被视同为成本低、利润高的娱乐业，增收了 3% 的税收，对于广告业的成长和积累是不利的。

（3）广告业具有宣传文化的功能和义务。在市场准入资质评估中，已经将是否关心公益事业，创作并发布公益广告当作必要条件。因此额外收取文化事业建设费不尽合理。

（4）文化事业建设费被直接转移为文化和行政管理部门的专项建设经费，实际上成为变相的行政性收费。不少广告企业对于此项税收的合理性与合法性提出了质疑。

（5）一些广告企业提出，如果暂时不能取消此项税收，建议将从广告行业缴纳的文化事业建设费款集中起来，建立当地的公益广告基金。

上述意见是我们在调查中收到的广告行业的反映，仅供有关部门参考。

（三）户外广告管理制度

1. 户外广告管理已经成为系统工程

户外广告是有巨大经济效益、对于城市环境和文化形象有巨大影响力的广告媒体形式。国家和各级地方政府历来高度重视户外广告管理。广东省政府在 1991 年发布《广东省户外广告管理规定》（广东省政府 1998 年第 35 号令修订）。1994 年深圳市政府第 35 号令发布《深圳经济特区户外广告管理规定》（1998 年深圳市政府第 77 号令修订）。1995 年国家工商总局颁布第 42 号令实行《户外广告登记管理规定》。1998 年北京市政府第 18 号令发布《北京市户外广告管理规定》。1999 年上海市政府第 65 号令发布《上海市户外广告设置规划和管理办法》。从中央和各地相继发布户外广告管理规定的时间表上，可以看出，广东省和深圳市对于户外广告管理起步早，反映了对户外广告市场的规范管理的超前意识。户外广告的发展和质量的提高，是与城市建设的速度和水平同步的。上海市近几年大力加强了户外广告管理制度的建设力度，连续出台了《上海市户外广告登记程序》、《户外广告设施设置技术规范》、《上海市机动车车体广告设置和发布管理规定》、《浦东新区户外广告设置规划和管理若干规定》、《浦东新区户外广告设施设置阵地使用权招标、拍卖试行办法》等规定。北京市分别在2000年和2001年出台了《北京市户外广告管理规定实施细则》、《北京市户外广告设施规划标准》、《北京市自设性户外广告(招牌)的管理规定》等规定。广州市也制定了关于户外广告的管理规定和设施规划标准。上海、北京、广州三地的做法,表明户外广告管理已经是一个系统工程,需要将经营规范和技术规范结合起来,高度重视户外广告的技术质量要求、内容形象要求与城市规划和城市形象的协调一致。目前深圳市还没有制定户外广告管理规定和技术规范要求。

系统的户外广告管理法规,应当包括:
(1)管理规定和实施细则;
(2)广告设施规划标准和技术规范细则;
(3)广告竞投标管理办法;
(4)城市户外广告规划蓝图。

2. 户外广告管理审批权限既要协调,又要集中;行政管理走向公开透明,规范和效率的统一,户外广告联审制度必须改革

《中华人民共和国广告法》规定,各级工商行政管理部门是广告的主管机关。户外广告是广告的一种媒体和形式。国家工商总局发布的《户外广告登记管理规定》:"县以上人民政府工商行政管理局是户外广告的登记管理机关。"北京市户外广告管理规定市政建设管理委员会是北京市户外广告管理的主管机关,市户外广告审批管理办公室负责日常管理工作。各区县市政管理部门负责本行政区内户外广告的登记、审批和监督管理。广东省政府在1991年发布的《户外广告管理规定》:"户外广告的管理机关是各级工商行政管理部门。""由当地人民政府组织工商行政管理、城建、规划、环保、公安等有关部门制定规划,工商行政管理部门负责监督实施。"同时规定户外广告经营者的户外广告设计图和场地使用协议书"需提交经城建规划、环保、公安部门签署同意"。

深圳市规定:"深圳市工商行政管理部门是户外广告主管部门。各级城市管理部门、公安交通管理部门、规划国土管理部门按各自职责做好户外广告管理工作。""户外广告设置实行由市工商行政管理部门、市城市管理部门、市规划国土管理部门以及市公安交通管理部门联合审批制度。"实行一票否决,每月定期召开联合审批会议(简称"四家联审,一票否决"制度)。通过深入调查,我们认为此项制度的好处是:四大职能局从各自管理权限的角度审核,集中讨论,协调性强。弱点是:①行政效率很低,任何一块广告牌都要经过四家联审,审查前还要经过实地勘察,因此造成大量的申报项目积压,根本不能适应特区户外广告发展的需要；②企业申报审批增加了难度和成本，一个企业为申报广告牌，往往要跑四家管理单位多次；③行政管理权力集中，规划和设置审批统一造成没有制衡，容易引发行政管理的随意性甚至管理人员的腐败，政府管理没有一定的制衡，也没有经过专家论证和社会监督。此项制度在特区经济和城市发展的早期，还基本适应户外广告发展的需要，现在已经到了非改革不可的地步了。

户外广告审批制度的改革思路包括如下内容。

(1) 根据政府职能，将规划与设置审批划分开

城市规划国土部门，主要负责根据城市建设规划与发展的要求对广告地段进行统一的用地规划和制定原则的技术规格。公安交通、城市管理、环保园林部门主要是参与规划的制定，特别是户外广告技术规范的制定，对已经发布的户外广告进行监督。工商管理部门对户外广告经营活动进行监管。户外广告设置的规划，在布局和技术上要求一定前瞻性。所有规划方案，要通过城市建设委员会及其专家委员会技术审核，还要通过有关政府部门的集中会审，上报市政府或市人大，成为法定文件，向社会公布，以此作为户外广告建设与经营活动的蓝本。所有在规划内的户外广告位都要区别不同情况，分别实行先申请先得或进行公开竞标和投标。凡是通过竞投标合法程序的户外广告建设与经营单位必须在规定时间内完成建设和发布。合法树立的户外广告除了投保以应对自然灾害风险外，在被行政管理拆除时有权获得经济赔偿。

(2) 对深圳市户外广告的设立和经营实行分级分片管理

对城市的景观有重要影响的主要干线、主要场地和巨幅面积的户外广告，纳入市一级管理，由市工商局审批；一般街道、店铺招牌等户外广告，纳入各辖区工商分局管理。对于主要干线的建筑地盘、楼盘、会馆等地的临时户外广告(挂幅、气球等)需要严格控制，提高审批级别。

(3) 加大户外广告监管力度

对于非法户外广告，一律限时拆除或强行拆除。设立广告投诉中心，对于监管不力的行政机构，以行政不作为公诸于众，加以处理。

(4) 户外广告审批实行窗口办公、一条龙审核规划蓝图、技术规格、经营资质、投标程序与结果等环节

实行分级审批责任制，做到每一块广告牌子都有责任人。对于违反规定而设立的户外广告，进行监察追究。

(5) 对户外广告实行价格监督，禁止垄断地段牟取暴利的非法行为

通过公开投标和竞标平抑市场。限制场地租用最高合同年限。户外广告原

则上属于国有的公共资源,国家对于户外广告要征收一定的资源费(不应混同于营业税)。

(6)户外广告资源不应受制于单位和部门所有制

允许在深圳市范围内的公开公平的竞争。在此基础上,促成真正有实力的大型户外广告集团。

(7)审查户外广告经营权,确定企业资质的前提条件之一是企业必须按商业经营的一定比例制作发布户外公益广告

(8)对于户外广告的传播效果进行科学监测,提供数据,作为广告地段竞标投标的科学依据

(四)广告代理制度

广告代理制度是国际通行的广告业经营制度。代理制度建立的基础是媒体和广告公司的专业化分工,以及在广告主、广告商和媒体之间建立的互惠互信关系。广告代理制有利于媒体和广告公司朝着专业化方向发展,有利于广告市场的规范化,有利于提高市场营运效率。为了推行广告代理制,国家工商总局一贯反对媒体直接承揽广告业务,禁止媒体兼办广告公司。但是,广告化理制在试行过程中,遇到的问题很多。

1. 广告代理制不能全面推行存在着诸多原因

(1)媒体资源高度集中和垄断性经营,形成媒体卖方市场,媒体对于广告公司的业务代理没有依赖性。

(2)媒体扩充广告空间之后,改变了媒体广告市场的供求关系。媒体在吃不饱的情况下,必不可免地走双轨制路线:一方面依靠有能力的广告公司实行广告代理,另一方面自主经营直接承揽广告业务。特别是在媒体之间的竞争日益激烈的情况下,直接承揽广告业务已经成为媒体的生存之道。

(3)广告公司实力和资质相对较低,没有能力为广告主提供全面代理服务,因此不能承揽媒体的长线的大额度广告代理业务。

(4)广告主对于媒体有较高的认同,对于广告公司的认同较低。由于没有和广告公司确立稳定的全面服务关系,广告公司也不可能从广告主方面取得媒体发布代理费。

2. 不能实行广告代理制对广告全行业的健康发展带来的损害

(1)广告公司的生存空间变得更加狭小。在深圳的广告公司几乎不可能从媒体获得广告代理费收入。国家工商总局多次明文规定,广告化理费的标准是媒体广告发布费的15%。经过调查,上海市媒体在执行广告代理制方面比较规范,

广告公司基本上可以收到7%~8%的代理费。深圳的广告公司只能勉强收到1%~3%的代理费，有时甚至零收费代理。

(2)媒体的营运成本大大提高，新闻媒体变相广告行为不能遏止。媒体为了经营发展必须设立广告经营部，雇佣大量广告业务员，有些媒体甚至发动记者和编辑拉广告。

(3)媒体实行代理和直接经营的双轨制，势必采取不同的折扣标准和收费制度，形成了价格黑箱操作、歧视性收费的不正当竞争，进一步遏制了广告业的生存发展空间。

(4)广告代理制不能在商业诚信的道德基础和金融信誉基础上进行，造成媒体和广告公司均不敢为广告主垫资营运，导致广告全行业的资本周转速度放慢，风险增高。

3. 采取新的举措，积极推行广告代理制，推动广告行业进入良性循环

国家工商总局在20世纪90年代初就提出要推行广告代理制，但是遇到来自行政部门和市场的各种阻力，在实践中也碰到各种问题。现在我们认识到，推行广告代理制是必由之路，为此必须采取新的举措。

(1)在媒体市场积极引入竞争机制，监控、遏制不规范竞争(如竞相杀价、黑箱折扣)，实行严格的媒体价格监督。

(2)积极引进大型的综合服务型广告公司，以广告承揽投放量、广告投放时间跨度作为主要的代理优惠的根据，实行公开代理阶格。保证广告主和广告商的合法利益不受到损害。

(3)允许发展媒体集中购买业务。对于各类建立在稳定的契约关系基础上的广告联盟、媒体联盟，允许其通过媒体代理的中介服务取得代理资格和价格优惠。

(4)鼓励广告业和媒体的联合。广告公司可以通过参股、合资、合作等方式参与媒体的传播策略的制定和经营，使部分有实力的广告公司同时成为传播公司或媒体策划公司。

(5)发展独立的媒体传播效果测量中介服务，保障广告投放主体的权益。

(6)通过法律手段监督媒体、广告公司和广告主的行为。对于违反广告代理合同者实行处罚。

(五)广告经营单位的资质和信誉评估制度

国家工商总局十分重视对广告经营单位的评估。目前的评估工作主要限于注册登记时的资质评估。公司年检具有统计和行业监督的意义，还没有起到评

估和引导的作用。

广告企业评估的意义在于，促成广告业的市场分层，建立企业行为的诚信规范，对于广告市场发挥引导作用。

广告经营单位的资质评估，需要形成一个有序进行的动态的过程，推动广告业的优胜劣汰。目前国家工商总局制定了综合性广告企业和广告制作企业的资质分级标准。上海市也结合当地情况制定了资质评估标准。中国广告协会正在各地积极开展资质评估工作。为了培育成熟的广告市场和有实力的广告公司，深圳市也需要开展此项工作。

1. 建立科学的公平的资质评估程序

建立资质评价程序的内容如下：

（1）结合实际情况确定比较科学的深圳市广告业主资质评估标准，建立可以量化衡量的、实物鉴证的数据指标；

（2）建立有工商行政管理部门、学术研究部门、行业协会、法律公证等专家参加的资质认证机构，承担资质评估工作；

（3）将资质认证结果公诸社会，通过社会公示程序接受社会监督；

（4）实行规范的动态资质评估。

2. 开展广告企业的信誉评估

广告业是高度依赖于企业信誉的服务行业。关于企业的金融信贷信誉、履行合同信誉、服务质量和业绩信誉、经营合作信誉、知识产权信誉、公益贡献信誉、纳税信誉等均需要予以评估并通过一定形式向社会披露。信誉评估与资质评估应当同时并举，互为作用，引导企业通过诚信服务获得长效收益。

工商行政管理部门需要利用科学手段建立企业资质和信誉评估数据平台，以此为各种广告业务合同的签署及业务合作提供事实依据。在垄断市场的前提下，特别要强制公开媒体广告的发布价格，加强透明度，防止暗箱操作，提高商业信誉。

（六）广告审查制度

目前深圳市的广告审查体系主要是由工商局、经营单位两级审查构成。审查标准是国家工商总局及有关部委办发布的关于各类广告的内容、形式及发布方式的规定。按照规定，每个经营单位都必须设立广告审查员。广告的自查、报审查、根据具体情况发布前预查和发布后审查结合。在一些管理较为严格的经营单位，审查员起到了很好的监督作用。

坚持广告审查制度，是我国社会主义市场经济体制决定的，是维护广大人民群众利益的需要，也是维护市场经济秩序的需要。进一步完善广告审查制度是非常必要的。

（1）建立广告审查监测中心。目前北京、上海、广州等地都建立了独立运作的广告监测中心。这些中心在工商局的直接指导下，作为事业单位、企业化管理的方式运作。普遍采用了电视实时录像分析、电脑统计分析、广播监听等技术手段。广告监测中心，首要任务是为政府的监管服务，集中监测违法违规广告。同时可以为广告主提供广告效果监测服务。

（2）与高等院校研究机构合作，加强广告审查员业务素质培训，采取集中培训、案例教学等方式。

（3）在重点的广告企业设立专职广告审查员，并规定主要负责人为遵守广告法规的第一责任人。坚持广告审查员责任审查制度。在大众传播媒介上发布的广告，均需要广告审查员签字认可，将广告审查水平作为评审广告经营单位资质级别的必备条件。对违法广告不仅要加以处罚，还要在资质评级时扣分。

（4）设立广告审查仲裁投诉机构，处理有争议的广告。

（5）加强重点审查：医药卫生、教育留学、金融保险等。

（七）小结

要根据国家的广告法律法规，因地制宜地建立健全深圳广告法规体系，改变法规建设滞后现状。重点在广告经营单位的资质准入条件、资质和信誉评估、户外广告管理、广告税收管理、广告代理制、广告审查制等关键制度建设。

四、政府行政管理与广告监管方式的改革

目前，深圳市广告监管的方式与行政管理基本上属于依据现有尚不够完善的国家和地方法规而实施的行政命令式监管。由政府单独承担行政监管职能。包括对广告经营主体及其广告内容和发布的集权监管，监管权限比较集中。随着经济发展的速度加快，提高行政效率和管理透明度，更好地监督广告，特别是那些新出现的金融类广告、与人民生活密切相关的个人服务型广告（留学、求职、婚介、医疗、医药、装修等）就更加重要。这一切都迫切需要改革现有监管方式，依据基本原则，推进相应的改革。

（一）广告监管方式改革的基本原则

1. 发展的原则

将保护和推动广告业的发展作为核心理念，广告监管的根本目的是促进产业的发展。结合行政体制的改革和审批制度的改革，向服务型政府转变，用监

管方式引导企业合法运作，实现监管与服务并重，监管与服务的目的是促进发展。

2. 公共利益的原则

保障社会公众权益及社会参与性，关注广告的社会影响层面，保障消费者、广告主、社会公众的权益以及全社会精神文明建设和城市文化的发展；改革现有的广告监管几乎由政府独立包办的局面，扩大社会参与面，强调政府的主导性监管与公众和社会参与性监督相结合。

3. 科学性原则

目前的广告监管手段的科学性不够，而广告经营主体的监管、广告市场的规范化监管以及广告内容和发布的监管等都涉及广告和大众传媒以及市场经济方面的专业性知识和问题。只有了解和研究广告业发展的规律，运用科学的技术手段，才能实现科学监管。广告业的发展和广告市场的形成是一个涉及多种主体、多个领域的系统。政府的广告监管职能也是一个系统工程，零散的、临时性的监管命令难以从根本上解决市场规范和其他相关问题。广告监管要有一个整体性的架构，要具有系统性和稳定性，以便广告从业人员可以照章办事。此外，目前监管方式所依据的法规条文过于粗略和模糊，需学习广告业发达国家和地区的监管条例，做出详尽而明确的和有针对性的监管条款。例如，香港的广播电视广告监管法规，它将广告发布的时间限定与受众的年龄分层结合起来考虑，还特别列出不适用的情况或例外的情况。广告从业者可以依据精确的监管条款从事广告活动，自觉减少违法广告行为，因此，监管还要讲求精确性原则。

4. 效率原则

广告经营主体的资格审批以及户外广告的发布和监管是当前政府行政与监管的主要工作，由于审批时间过长、监管主体过多如四审制，等等，都容易造成监管效率低下、以及部门之间的冲突和矛盾，应当明确广告监管部门的职能分工，按照"轻审批、重规划、重监管"的原则，将户外广告设施的规划、技术标准与户外广告内容的监管区分开来，由不同部门各司其职，提高监管的效率。此外，对户外广告发布的审查从行政机关发布前审查转变到发布后监管，可以大大提高监管效率。

5. 透明度原则

强调政府的行政和监管工作的透明性和可预见性，通过有效的传播途径让业界了解有关行政执法的依据性条文，从审批到服务，公开透明，对公务员处罚违法广告过程中出现问题的处理办法加以细化。

6. 国际性原则

加入 WTO 之后，广告业的资本构成将进一步放开，现有的政策法规对企业投资广告业、外资投资广告业、广告业的资本构成、广告业与传媒业的相渗透等问题没有明确的法规，原有的监管规定也已经落后于 WTO 规则和 CEPA 政策，因此要及时根据国际通行的广告经营规则要求，完善有关法规，调整相应的监管模式。

(二) 广告分级监管

1. 对广告经营主体的分级监管

分级监管主要学习上海的距离监管模式，即根据广告经营主体的资质不同，特别是信用水平的不同，将广告经营单位进行分级。对不同级别的经营主体采用不同的监管方式。对于那些信用记录良好的企业，监管部门可以产行免监管、少监管、上门服务、或通过互联网方式实现虚拟监管。对于信用记录不好的广告经营主体，则依据其违法的性质和程度分等分类监管。特别是对于多次违法的经营主体，增加监管力度和频次。

2. 分区、分片、分路段监管

对于广告经营单位的监管也可以依据其公司规模和公司所在地，进行分级和分区监管，例如，北京市集中了全国大量的媒体。他们的做法是将这些媒体分片监管：在全国和省内公开发行的大众传媒、市级广告经营单位和大型广告经营单位可由市级监管部门进行监管，而区级以下单位则由所在区级监管部门监管。户外广告的监管也采用类似的办法，城市主干道、景观路段和主要片区的户外广告，可由市主管部门监管，而次要路段和片区的户外广告则交由区级部门监管。这种监管模式有利于监管部门上下级之间的协调，还可以缓解现有市级监管部门工作量大、人手少的问题，并提高监管效率。

(三) 科学监管

采用科学监管的方式重点是提高监管的专业化水平和技术手段。

1. 在对广告经营主体的监管中，要将现有的审批监管转变为评估性监管

政府要单独设立广告经营单位资质和信用水平的评估机构，或协助有关科研部门、中介机构设立。

2. 开发设计先进的资信评估系统和管理信息数据处理系统

此外，针对不同媒体的特点，还要开发各类广告发布监测技术系统，实现

广告发布的动态性、实时性检测,保证广告内容和发布的合法性,以及及时处理违法广告。

3. 对广告效果实施科学测定

如收视率、收听率、发行量等数据的采集和发布,体现客观性、准确性和公正性。依靠科学力量规范广告市场。

4. 建立深圳市统一的广告监测中心

目前,上海、广州等市均成立了广告监测中心,重点是对大众传播媒体广告、主要地段的户外广告实行监测,跟踪违法违规广告行为。深圳市可以充分利用高科技手段,利用高等院校广告专业的力量,组建这样的中心。广告监测中心的独立运行与广告经营单位的备案送审制度结合,对广告实施监督。

(四)社会监督

社会监督主要强调推进公众参与,一方面监督政府对广告经营主体行为和广告内容的监管,推动行政执法的公平、公正和公开,另一方面社会公众可以监督广告的发布,及时反映有如虚假广告、不良广告等违法广告的行为,充当政府的耳目,有效地辅助政府的监管职能,社会公众还可以监督和参与广告政策、立法的过程,推进广告业对"公民社会"的适应进程。因此,政府要建立一个有效的实行公众参与的机制,包括对违法广告的投诉与处理的反应机制等。

(五)广告监管与政府廉政建设

从各地和深圳市以往的情况看,广告业的管理与政府廉政建设关系密切。特别是户外广告管理,经营和发布权的审批程序不完备、不严密、不公开,就容易产生漏洞。建议设立面对面开放式办公窗口,规定审核时限、违法责任和查处程序,公布申报资质审批条件,建立高效和廉洁的监管体制。

(六)监管与自律

在现阶段政府监管的过程应当是培育市场和广告经营主体的规范化过程,行业自律也是推进广告市场规范化的重要途径。监管和自律本质上具有相同的目标,应该是互补互动的关系。当前广告行业要积极推进广告审查员制度,一方面通过相关的行业自律守则与法规条例,实现规范性经营;另一方面在广告设计、制作和发布的过程中,可以自我检查,将违法广告消灭在广告发布之前。因此,推动监管与自律的结合需要政府、行业协会以及广告经营主体的共同努力。

(七)小结

政府行政职能要逐步从审批型向服务型转变,广告监管方式的改革也要遵循发展的原则，公益的原则，科学、系统和精确的原则，效率的原则，透明的原则和国际性原则。政府要在科学监管方面以及社会监督方面推出一些有效而实际的改革措施。

五、广告行业协会的发展与建设

（一）广告行业协会的地位与作用

行业协会是由从事同一行业的企业、事业以及其他组织或从业人员自愿组成，实行行业服务和自律管理的非营利性社会团体法人。行业协会产生和存在的价值在于它能够团结一个行业的大多数经营主体，应对行业内部的不规范经营，同时形成实力与政府、外界以及其他相关行业进行协商和合作，谋取本行业的利益，壮大本行业的发展空间。

行业协会的水平如何、定位如何以及所开展的业务和承担的职能如何，都会对整个行业的发展起到重要的作用。在市场经济发达的国家和地区，行业协会的作用更大。例如，美国4A就是广告业的一个联盟机构，推动了广告经营单位的规范化操作，并对美国广告公司开拓世界市场起到了巨大的作用。

加入世贸组织后，我国政府在经济活动中的行政职能和行政程序受到WTO法律框架体系的约束，现在政府承担的许多管理和行政审批职能逐步都要由行业协会来承担。例如，韩国的广告审议并不是由政府来承担，而是由韩国广告行业自律委员会这样的中介组织，受政府相关部门的委托而从事广告的发布审查职能，并参与审查标准的制定。

总之，随着政府职能的进一步转变和部分职能的转交，行业协会还会进一步发现、创造、履行一些新的职能，不断拓展发挥作用的空间

（二）广告行业协会的现状与改革

1. 现状

目前，我国多数协会行政色彩较浓，受政府干预较多，在组织形式、动作机制、人员素质和服务水平等方面，与国际上均有较大差距。加入WTO后，必须减少政府干预，逐步实现政社分离，取得企业认同，真正代表行业利益。其次，现行法规制度面临挑战。目前我国除有《社会团体登记管理条例》外，有关协会立法上严重滞后，特别是缺少针对行业协会、商会等经济团体的专门法规，致使协会法律地位难以确立，功能难以健全并发挥作用。最后，现行观念面临挑战。受传统体制的影响，有些协会对会员企业的服务不够，缺乏维护企业利益的意识，习惯于行政管理和谋求协会自身的经济利益。随着我国行业协

会的整体性改革，广告行业协会也必将改革。

北京、上海等地已经有一些变革的办法，北京出台了《北京市促进行业协会发展暂行办法》（讨论稿）。上海的行业协会改革主要表现在：①制定并颁布了地方性的行政法规，明确行业协会的性质、在社会经济生活中的地位及其职能，解决了长期困扰行业协会的"身份"问题。②新成立了上海市行业协会发展署，明确协会业务管理交由市行业协会发展署承担，主要负责对全市行业协会进行总体规划、布局调整、政策制定以及相关协调、统筹工作；而行业主管部门则继续负责产业发展、行业规范等有关事务的业务指导和监督。上海的广告行业协会也因根据《上海市促进行业协会发展规定》，在推进行业自律、提升行业服务等方面提出了一些新举措和新思路，推进广告行业协会的改革。

深圳广告行业协会是团结深圳市广告业界团体和个人的行业组织，一直挂靠市工商局，目前固定工作人员很少。广告行业协会开展了对广告审查员资格证书的培训、广告从业人员岗位资格证书的培训以及广告业政策法规的培训和组织广告作品的比赛等常规性工作。相比北京和上海的做法，深圳的广告协会需要根据本地状况进行改革。

深圳市的具体状况是：缺少大型的综合型的广告经营单位，从业人员流动性大，广告资源过度集中于大型媒体集团。因此深圳市的广告行业呈现着明显的不平衡状态，行业的自我组织能力和独立生存能力很弱。在此情况下，我们还不能完全照搬上海和北京的做法，至少在几年内，需要通过政府管理和扶持的方式加强行业协会建设，分步骤实现改革目标。

2. 改革建议

（1）转变行业协会职能，优化服务

深圳市广告行业协会是经过民政部门注册登记的社团组织，具有独立法人资格。在深圳市广告业的畸形状态没有完全改变的情况下，广告行业协会首先要在运作方式上区别于工商常规管理，采取聘任制等方式，建立健全各种服务性机构部门，提高服务水准和办事效率。

（2）改革经费管理制度

行业协会是公益性、非营利性社会团体，没有一定的经费渠道与经济支持，协会的工作与活动是很难开展的。深圳市广告协会经费来源依靠会员企业缴纳的会费和各类培训等服务的收入。要积极扩大会员队伍和增加服务性收入，政府可以在特许研究项目、广告监测设备投入等方面给予扶持。对广告协会来说，为了避免利益冲突，会员费应当是主要收入来源，有偿服务收入只能作为辅助性经费。

目前，我国协会的会费标准是按民政部和财政部的有关规定，定为 300～2000 元/年，标准偏低。企业不论大小，都按同一标准交纳。国外行业协会的会费制度多种多样，不是由政府统一规定，一般都按企业的销售收入的一定比例交纳会费。改革会费制度，就是要参照国际通行规则，适当提高会费标准，逐步过度到协会按照民主程序自定会费标准。实现这项制度的改革，关键是协会财务必须严格按协会章程和制度管理，提高财务公开性和透明度。因此，改革会费制度不仅不会形成对企业的乱摊派、乱收费，而且可以由协会的财务公开形成业务公开，完善协会的工作制度与运行机制。

协会的有偿服务收入是辅助收入，必须同时进入协会预算，补充协会经费不足。协会为政府服务，按照市场经济的原则，也应该是有偿服务，向政府收取服务费用，应采取比较规范的有偿服务办法，使协会为政府经常性服务成为一项义务，协会也可以从政府获得部分固定的经费收入。

深圳广告行业协会在改革的早期仍然需要政府的扶持，特别是在经费上和专业的行业协会管理人才上进行必要的扶持。

（3）制定行业协会工作人员的工资福利和社会保障政策，解除后顾之忧

目前我国行业协会专职人员的工资福利，尚无统一规定与相应政策，比较混乱。行业协会工作人员的社会保障没有一个统一的办法。行业协会的工作往往处于人员不稳定的兼职状态、甚至由退休人员承担。未来行业协会独立运行之后，协会工作人员的工资和福利管理办法可以参考行业协会改革的建议，尽快进入属地社会保障体系，同时需要明确解决两个问题，一是进入社会保险制度后，单位负担的常年费用支付，明确由协会的会费支出；二是养老保险的一次性保险基金补交（似规定为十年）建议参照对事业单位的政策，由国家财政作为政策性补贴支付。

（4）建立科学的行业协会整体架构和组织结构

行业协会重在协调行业利益，维护行业形象。行业协会的独立运作，是市场经济发展到一定阶段的必然要求，是协调各方经济利益和社会权益的需要。与广告行业有关的协会，不只是笼统的广告协会，还应当分为：广告商协会、广告主协会、广告媒体协会，等等。这些协会可以在不违反法律法规的前提下为维护市场秩序制定有经济行为约束力的同行规约。同时，广告行业协会也要突破计划经济时期生产与流通分离的旧观念，协会的会员单位应突破生产企业、供应企业、销售企业的划分与限制，要依据广告行业的产业链发展行业性、甚至跨行业的行业协会，吸收各种与广告发展有关的主体参与协会，更科学地为全行业的发展服务。

(5)回归行业协会的本来独立地位和职能，拓展行业协会的发展空间和国际交流服务

随着市场经济的发展，作为社会团体和中介机构的行业协会将进一步回归行业协会的本来职能，即代表行业的利益，建立行业规范和自律原则，推动行业的整体发展。深圳广告行业协会未来的发展趋势和改革方向是顺应行业协会的整体改革思路，同时要适应入世后以及 CEPA 框架的新形势，加强协会与境外相关协会、企业的交流，对行业协会的外事管理，可以参照企业外事管理办法进行，不再实行行政机构的外事管理办法。行业协会将逐步参与经济全球化并推动企业参与经济全球化，把拓宽国际市场作为工商行业协会的重要任务，真正为企业服务。

(三)广告行业协会的业务活动

行业协会的作用以及可以从事的工作主要来自三个方面。一是政府不该管，但从企业和社会的需要来看，又需要有人管的事务，将由行业协会来承担，包括：一般性行业服务标准的制定和执行，行规行约的制定、执行和监督，行业内经营行为的协调，行业信誉的维护等。二是政府需要管，但是单靠政府难以管到位或者政府管理效率较低的事务，例如行业统计调查，行业发展规划的编制和实施，行业的质量管理和监督，行业经营许可证的发放，价格争议的协调，对不公平竞争行为的制裁等。这些是行业协会应该协助政府或接受政府委托直接承担的事务。三是成员企业有需要，但每一个单个企业都难以做到，或即使能做到但会付出高额成本的事务。如行业信息收集，人才、技术和职业培训，行业性展销会或招商引资，国际经济技术交流与合作，推动行业法律法规的完善，向政府反映企业呼声以及其他行业性的社会公益性事务等。

具体而言，我们认为深圳广告行业协会未来的业务主要包括：

(1)团结同业人员，开展业务培训，提高从业人员的素质；

(2)提供行业信息，促进行业合作与联合，承担业务中介服务作用；

(3)参与制定行业发展规划与政策和法规；

(4)建立健全行业统计、资质评估制度，直接组织实施统计和评估的工作；

(5)建立行业规范和行业自律，公布行业诚信状况；

(6)开展国际交流与合作，吸收、引进先进技术、设备和管理经验。举办各种展览、论坛、展销会、比赛等。

政府在广告监管上，需要将原来由政府掌管的部分职能转移到广告协会，使广告协会具有一定的权威性。这些职能可以包括：企业年审、临时性广告经营许可证审批、广告价格监督、广告知识产权保护、品牌和广告企业资信评估、

广告竞投标的组织、广告发展规划、广告企业评级、违法或违规的广告监督、广告和消费者维权等。

广告协会的一切活动都必须在法律的框架内进行，需要聘请专职法律顾问。在政府逐步退出广告协会以后，广告协会必须进入完善的民主和法制管理的轨道。

(四)小结

行业协会是代表行业利益的处于政府和企业之间的中间组织，在日益规范和成熟的市场经济中作用巨大。深圳市广告行业协会要从依附于政府的历史中走出来，真正实现和推动本行业自律和经营行为的规范化，为本行业各成员以及行业整体的发展做出实效性的业绩。

注 释

①由于广告行业统计的不规范性，根据工商局向国家申报的数据，深圳2002年广告营业额是347967万元，但是深圳大学根据2002年年审资料中1036家填报营业额的单位自报营业额统计有38.46亿元，根据同一数据库中税收统计，按照广告行业8.4%税收的水平推算营业额是30.49亿元。这里是根据工商局统计数据计算。本报告中没有特别标明数据出处的，都是根据工商局历年上报国家工商总局的统计数据。

②深圳的常住人口以深圳市统计局公布的历年常住人口为标准，2002年的常住人口是504.25万人。

③根据深圳大学完成的广告经营单位数据统计，2002年年检资料统计，1116个填写从业人员人数的经营单位共有从业人员12519人，其中仅1008家国有广告公司、媒介、个体私营广告公司从业人员有10567人。由于本报告所使用的数据均来自各地工商局向国家工商总局申报的数据，为了保持数据的可比性，在整篇报告中均采用工商局统计的结果，深圳大学所完成的数据库统计结果只作参照。

④2002年年检资料，1116个广告经营单位的统计。

⑤课题组2003年9月对深圳现有广告公司进行了抽样调查，共有200家广告公司接受调查，根据对样本结构的分析，从资本类型到人员结构基本与深圳广告公司的总体结构接近，因此可以用样本统计量推断总体参数。

⑥五个知名商标是：深圳市彩虹创维集团、深圳市城市俪人有限公司、深圳市柔迪实业公司、深圳市喜上喜实业有限公司、海王集团股份有限公司。

⑦课题组于2003年9月对深圳本地企业广告投放情况进行抽样调查，调查

方法及指标设计与对广告公司的调查类似，共有141家企业接受了访问。

⑧有学者对全国广告年额作预测，预测2003年能达到1000亿元，认为到2010年全国广告营业额可以达到2000亿元，2010年能在2003年基础上翻一番。

⑨按照深圳1995—2000年间的广告营业额年均递增22.4%推算。

⑩按照全国预测的年均递增14%推算。

（作者单位：广东省深圳市工商局、深圳大学、广东省深圳市广告协会）

第四次全国工商行政管理优秀论文评选活动优秀奖名单

论文类优秀奖

1. 关于查处经销无合法来源证明进口商品案件的实践与思考
   广东省深圳市工商局南山分局　张振明　蔡寒寒　李运涛
2. 关于建立我国商事登记制度的思考　吉林省长春市工商局注册分局　王　亘
3. 论市场交易及其建构　　　　　　东北财经大学工商管理学院　宋　晶
4. 重庆市行业协会改革与发展刍议　　　　重庆市工商局　冯忠良　谢以湛
5. 农村流通领域商品质量监管的难点及对策
   　　　　　　　　　　　　　　四川省达州市达县工商局　李　玲
6. 公共服务：工商行政管理创新的出发点和归宿　广东省工商局　吕成贤
7. 论市场监督管理体制改革　　　　　浙江大学经济学院　金明路
8. 山东省农产品商标和地理标志现状分析与对策研究
   　　　　　　　　　　　　　　　山东省工商局　孙玉芹　李　军
9. 试论工商行政管理执法与企业信用分类监管
   　　　　　　　　　　　　内蒙古自治区牙克石市工商局　魏章毅
10. 信息化建设与企业信用管理体系的建构
    　　　　　　　　　　新疆维吾尔自治区乌鲁木齐市工商局　王文黎
11. 建立健全市场主体退出机制的探讨　陕西省西安市工商局企业个体监管处
12. 关于"危机管理"的思考　　　　　上海市工商局　何幼龙　蒋　霖
13. 影响我国市场主体有序退出的成因与制度创新
    　　　　　　　　　浙江理工大学　浙江省工商学会　邬关荣　诸永东
14. 浅论《行政许可法》对现代工商行政管理的挑战及对策
    　　　　　　　　　　　　　　　广西壮族自治区工商局　诸葛萍
15. 依托信用体系和网络科技　建立分类监管、三级联动企业监管体系的初步设想　　　　　　　　　　　　福建省厦门市工商局　柯聪尔
16. 商业贿赂行为研究　　　　　　　广东省珠海市工商局　张　丹
17. 关于完善市场主体退出制度的思考　湖北省荆门市工商局　王梅军
18. 加强工商文化建设应当注意解决好差异发展与实际相结合的问题
    　　　　　　　　　　　新疆维吾尔自治区工商局　吐尔逊·阿不都热衣木
19. 浅论工商行政处罚自由裁量权的合理运用　重庆市巫县工商局　李　娇
20. 完善我国反不正当竞争法律制度的思考
    　　　　　　　　　　　　　　福建省晋江市工商局　林清轮　洪德意

21. 创新监管方式 完善监管职能　建立健全市场长效监管机制

　　　　　　　　　　　　　　　　　　　　黑龙江省工商局　刘玉华
22. 长三角：共享、联动、认同　　　　　　上海工商局徐汇分局　沈晓蕾
23. 着力提高马克思主义理论的应用水平　　　天津市工商局　高天彪
24. 弘扬"服务型工商"共享价值观　再造体现先进工商文化的工作流程

　　　　　　　　　　　　　　　　　　　　　　辽宁省大连市工商学会
25. 也谈市场主体退出　　　陕西省西安市工商局碑林分局　张玉梅
26. 浅析取缔　　　　　　　　　　　　河南省济源市工商局　李　钢
27. 发挥工商职能作用　规范电子商务行为　甘肃省张掖市工商局　周天瑞
28. 创新市场监管理念　建立长效监管模式

　　　　　　　　　　　　　　　　辽宁省沈阳市工商局　韩晓言　安景学
29. 浅谈如何做好办公室工作　　　　　宁夏回族自治区工商局　樊胜邦
30. 立足职能　坚持法治　积极参与和谐平安社区建设　广东省工商学会
31. 推进和完善"红盾素质工程"对策研究

　　　　广东省工商局　戴映初　苏志平　贺　勇　朱岸华　陈俊雷　欧罗荣
32. 当前农村制假售假屡禁不止的主要原因及整治对策

　　　　　　　　　　　　　　　　山东省工商局　李培杰　宋　涛　于明磊
33. 探索农资连锁经营　创新农资监管模式

　　　　　　　　　　　广西壮族自治区桂林市工商局　郭全智　黄瑞德
34. 论"六查六看"　　　　　　　　　　　山西省工商局　石清礼
35. 创新监管思路　提高行政执法能力

　　　　　　　　　　　　　　　　上海工商局松江分局　张　建　陆桂林
36. 电子商务中消费者权益保护的经济分析

　　　　　　　　　　　　　　　　浙江大学　金明路　武福兰　李恒年
37. 充分发挥职能作用　进一步整顿和规范市场经济秩序

　　　　　　　　　　　　　　　　　　　　　河南省工商局　何艳红
38. 山东农村经纪人现状分析与对策建议

　　　　　　　　　　　　　　山东省工商局　张以湖　张道前　王海燕
39. 浅析保护消费者安全权的途径

　　　　　　　　　　　　　　　　　　首都经贸大学　刘林清　陈建平
40. 加强能力建设是构建"和谐工商"的有效途径

　　　　　　　　　　　　　黑龙江省齐齐哈尔市工商局　杨守礼　崔明太

41. 浅论工商部门网络监管立法　　　广西壮族自治区北海市工商局　黄明艳
42. 健全维权体系　服务新农村建设　　甘肃省张掖市工商局　侯中甲
43. 始终坚持"四个第一"全面推进工商工作　湖北省孝感市工商局　王志军
44. 也谈企业信用　　　　　　　　陕西省西安市工商局碑林分局　张玉梅
45. 对如何坚持以五中全会精神为指导　用科学发展观统领工商行政管理工作的思考
　　　　　　　　　　　　　　　　　　　四川省达州市工商局　黄建民
46. 浅谈加强诚信工商建设的必要性及其实现途径
　　　　　　　　　　　　　　　宁夏回族自治区银川市工商局　张利华
47. 关于对建立信用监管体系的思考　　山西省阳泉市工商局　郭建民
48. 浅析市场主体退出的制度缺陷　重庆市万州区工商局　张俊林　谢　平
49. 论坚持依法行政与积极行政的有机统一
　　　　　　　　　　　　　　　　　上海市工商局浦东新区分局　张　新
50. 科学构建完善的食品安全预警防范体系初探
　　　　　　　　　　　　　　　　浙江省嘉兴市秀洲区工商局　王亚琴
51. 解读市场预先警示制　新疆维吾尔自治区克拉玛依市工商局　张　峰
52. 浅谈工商所体制职能中存在的问题及对策
　　　　　　　　　　　　　　　　山西省黎城县工商局　王艳军　张长青
53. 论消费者的知情权　　　　　　　　　　　首都经贸大学　郑文科
54. 坚持"五个统一"提高执政能力　　　　　辽宁省工商局　常永泰
55. 《行政许可法》对工商行政管理政务信息网站建设的要求与实现
　　　　　　　　　　　　　　　新疆维吾尔自治区伊犁市工商局　李永辉
56. 经济检查办案需要关注的几个问题　河南省济源市工商局　李　钢
57. 生产经营者自律是食品安全的治本之策
　　　　　　　　　　　　　　　辽宁省大连市工商局金州分局　夏　斌
58. 构建和谐的市场监管机制　　　　上海市工商局长宁分局　施炳荣
59. 建设"服务型工商"营造良好发展环境　辽宁省大连市工商局　李德和
60. "五增五创"的理论意义和实践要求　山西省临汾市工商局　毕建民
61. 坚持以人为本　努力构建和谐工商　广东省珠海市工商学会　郑　方
62. 加强理论研究　开创工商行政管理新局面
　　　　　　　　　　　　　　　　　首都经贸大学　曲德森　张国山
63. 深入学习实践"三个代表"重要思想　大力加强总局机关党的先进性建设
　　　　　　　　　　　　　　　　　　　　　国家工商总局　李毓助

调研报告类优秀奖

1. 构建南京市民营企业核心能力的现状分析及路径选择
   江苏省南京市工商学会　曾向东　朱华桂　朱扬宝
2. 关于我区商品交易市场的调研报告　宁夏自治区工商局　魏尊华　马建仁
3. 广告发布情况调查报告　宁夏自治区工商局商标广告处
4. 当前四川大众媒体广告发布存在问题及建议
   四川省工商局　李伟　李茂柏　阳鸿
5. 关于山东省个体私营经济发展情况的调研报告
   山东省工商局　王天仁　纪连强　刘德福
6. 促进发展是商标监管的主旋律
   江苏省工商局　江苏省苏州市吴中工商局　李成树　宋家骏
7. 商业欺诈的新动向及对策　广州市工商局白云分局　刘献斌　高尚省
8. 广州市合同格式条款侵害消费者权益的情况及立法思考
   广州市工商局　张伟建　谭秦渝　何祺琪
9. 关于长春市个体私营企业发展的研究报告　长春市工商学会
10. 关于加强行政效能监察促进工商管理职能到位的调研报告
    哈尔滨市工商局　于志国　马新　王滨　董晓华
11. 关于北京市文化行业发展现状及管理建议　北京市工商局课题组
12. 迎接品牌竞争时代　促进经济快速发展
    湖北省随州市工商局　柳慈清　李青　鲍旋
13. 关于仙桃市农村经纪人发展情况的调查报告　湖北省仙桃市工商局
14. 从襄樊钻石公司抢注商标看宜昌市的商标发展战略
    湖北省宜昌市工商局　徐伦才

课题报告类优秀奖

1. 广州市非公有制经济组织思想政治工作研究　广州市工商局课题组
2. 福建省政府职能转变的研究报告　福建省社会科学院课题组
3. 论市场主体退出机制的法律建构与完善　浙江省宁波市工商局　宋玉池
4. 商业欺诈行为的现状分析及治理对策
   山东省工商局　王天仁　马九盟　王宁
5. 助动民营经济发展与提高工商行政能力　浙江省温州市工商学会课题组
6. 工商行政管理行政效能监察研究　"工商行政管理行政效能监察"课题组
7. 推行行政执法责任制与提高工商行政能力　浙江省玉环县工商局课题组
8. 关于提高依法行政主体素质的思考　国家工商总局　王树燕
9. 事业单位绩效评估中的误差及其纠偏　江苏省南京市工商局　陈锡进
10. 信息化建设和提高工商行政管理能力研究　浙江省宁波市工商局课题组

后　记

　　近年来，随着工商行政管理工作的深入开展，全国工商行政管理系统的理论研究和学术交流的风气日趋浓厚，涌现出一大批热衷于工商行政管理理论研究的积极分子，他们紧紧围绕工商行政管理中心工作，以求真务实的精神，采取形式多样的调查研究和学术探讨，取得了一批理论和学术成果。为了表彰和鼓励系统内外理论骨干和实践工作者，深入开展理论研究和学术交流，不断提高调研能力和学术工作水平，培养和造就一批既熟悉工商行政管理实际工作，又能弘扬工商文化，文有所长、思有所专的理论研究队伍，中国工商行政管理学会于2006年举办了第四次全国工商行政管理优秀论文评选活动。

　　此次活动得到了国家工商总局、各级地方工商行政管理机关及各单位会员的积极响应。在单位会员的认真组织和精心筛选下，共收到参评论文426篇，其中，论文类307篇，调研报告类69篇，课题报告类50篇，共计200余万字，是历次全国工商行政管理优秀论文评选活动参评单位、参评文章最多的一次。

　　此次论文评选工作，得到了国家工商总局及各业务司局有关领导的具体指导和鼎力支持，使论文评选工作获得圆满成功。为了保证评选工作的客观性和公正性，我们组建了由总局各业务司局有关人员组成的评选委员会，采取分类评选的方式，经过初评、中评和高评三个步骤，层层筛选，最终评选出一等奖14篇，二等奖22篇，三等奖41篇，优秀奖87篇，共计164篇获奖成果。

　　这些获奖成果从不同层面深入挖掘、研究了工商行政管理实践工作面临的热点、焦点和难点问题，在一定程度上反映了工商行政管理理论研究水平，不仅具有一定的理论学术价值，也具有较高的实践应用价值。为此，我们将获奖论文进行编辑整理，出版了《工商行政管理理论探索》系列丛书的第四部，供广大工商行政管理理论和实践工作者参考。

　　在此，我们对给予这次活动大力支持和配合的各级工商行政管理机关以及各单位会员表示衷心的感谢！同时，还要感谢参与论文评选的王学政、屈建民、孙文序、徐雪兰、李文章、王志芳、崔守东、吴东平、杨文彬、刘烨、王树军、张久荣、方跃林各位评委。中国工商学会全体工作人员，在论文评选和文集编辑出版过程中，也都做了大量细致的工作，付出了艰辛的劳动，在此一并表示感谢。

因时间仓促，水平有限，本书的疏漏之处在所难免，恳请读者批评指正。

中国工商行政管理学会

二〇〇七年七月